DIREITOS do CONSUMIDOR

O GEN | Grupo Editorial Nacional – maior plataforma editorial brasileira no segmento científico, técnico e profissional – publica conteúdos nas áreas de concursos, ciências jurídicas, humanas, exatas, da saúde e sociais aplicadas, além de prover serviços direcionados à educação continuada.

As editoras que integram o GEN, das mais respeitadas no mercado editorial, construíram catálogos inigualáveis, com obras decisivas para a formação acadêmica e o aperfeiçoamento de várias gerações de profissionais e estudantes, tendo se tornado sinônimo de qualidade e seriedade.

A missão do GEN e dos núcleos de conteúdo que o compõem é prover a melhor informação científica e distribuí-la de maneira flexível e conveniente, a preços justos, gerando benefícios e servindo a autores, docentes, livreiros, funcionários, colaboradores e acionistas.

Nosso comportamento ético incondicional e nossa responsabilidade social e ambiental são reforçados pela natureza educacional de nossa atividade e dão sustentabilidade ao crescimento contínuo e à rentabilidade do grupo.

HUMBERTO THEODORO JÚNIOR

DIREITOS do CONSUMIDOR

11.ª edição | revista, atualizada e reformulada

■ O autor deste livro e a editora empenharam seus melhores esforços para assegurar que as informações e os procedimentos apresentados no texto estejam em acordo com os padrões aceitos à época da publicação, e todos os dados foram atualizados pelo autor até a data de fechamento do livro. Entretanto, tendo em conta a evolução das ciências, as atualizações legislativas, as mudanças regulamentares governamentais e o constante fluxo de novas informações sobre os temas que constam do livro, recomendamos enfaticamente que os leitores consultem sempre outras fontes fidedignas, de modo a se certificarem de que as informações contidas no texto estão corretas e de que não houve alterações nas recomendações ou na legislação regulamentadora.

■ Fechamento desta edição: *17.10.2022*

■ O Autor e a editora se empenharam para citar adequadamente e dar o devido crédito a todos os detentores de direitos autorais de qualquer material utilizado neste livro, dispondo-se a possíveis acertos posteriores caso, inadvertida e involuntariamente, a identificação de algum deles tenha sido omitida.

■ Atendimento ao cliente: (11) 5080-0751 | faleconosco@grupogen.com.br

■ Direitos exclusivos para a língua portuguesa
Copyright © 2023 by
Editora Forense Ltda.
Uma editora integrante do GEN | Grupo Editorial Nacional
Travessa do Ouvidor, 11 – Térreo e 6º andar
Rio de Janeiro – RJ – 20040-040
www.grupogen.com.br

■ Reservados todos os direitos. É proibida a duplicação ou reprodução deste volume, no todo ou em parte, em quaisquer formas ou por quaisquer meios (eletrônico, mecânico, gravação, fotocópia, distribuição pela Internet ou outros), sem permissão, por escrito, da Editora Forense Ltda.

■ Capa: Aurélio Corrêa

■ **CIP – BRASIL. CATALOGAÇÃO NA FONTE.**
SINDICATO NACIONAL DOS EDITORES DE LIVROS, RJ.

T355d
11. ed.

Theodoro Júnior, Humberto, 1938-

Direitos do consumidor / Humberto Theodoro Júnior. – 11. ed., rev. e atual. – Rio de Janeiro: Forense, 2023.
704 p.; 23 cm.

Inclui bibliografia e índice
"Material suplementar na plataforma do GEN"
ISBN 978-65-5964-658-6

1. Brasil. [Código de defesa do consumidor (1990)]. 2. Defesa do consumidor – Legislação – Brasil. I. Título.

22-80652 CDU: 34:366(81)

Meri Gleice Rodrigues de Souza – Bibliotecária – CRB-7/6439

La institución jurídica del contrato es un reflejo de la institución jurídica de la propiedad privada. Ella es el vehículo de la circulación de la riqueza, en cuanto se admita (no interesa en qué medida) una riqueza (esto es, una *propiedad*) privada [...].

El contrato, cualquiera que sea su figura concreta, ejerce una función y tiene un contenido constante; el de ser el centro de la vida de los negocios, el *instrumento práctico* que realiza las más *variadas finalidades de la vida económica* que impliquen la composición de intereses inicialmente opuestos, o por lo menos *no coincidentes*. Dichos intereses, por el trámite del contrato, se combinan de manera que cada cual halla su satisfacción; de esto deriva, en su conjunto, un incremento de utilidad, de la que participan en varias medidas cada uno de los contratantes, mientras que indirectamente se beneficia también la sociedad. (MESSINEO, Francesco. *Doctrina General del Contrato*. Trad. argentina, pp. 15 e 34).

O contrato de relação de consumo, como já afirmado, não se desvincula dos valores jurídicos adotados pelo direito privado para os contratos em geral. Apenas adota-os de modo mais flexível e com a produção de efeitos que visem a evitar abusos provocados por estamentos econômicos e mais fortes que se posicionam sempre como fornecedor do bem ou executor do serviço consumido. (DELGADO, José Augusto. Interpretação dos contratos regulados pelo código de proteção ao consumidor. *Revista Jurídica*, v. 263, p. 56).

SOBRE O AUTOR

Humberto Theodoro Jr.

Doutor em Direito pela UFMG. Professor titular aposentado da Faculdade de Direito da UFMG. Desembargador aposentado do TJMG. Membro da Academia Mineira de Letras Jurídicas, do Instituto dos Advogados de Minas Gerais, do Instituto dos Advogados Brasileiros, do Instituto de Direito Comparado Luso-brasileiro, do Instituto Brasileiro de Direito Processual Civil, do Instituto Ibero-americano de Direito Processual Civil e da International Association of Procedural Law e da Association Henri Capitant des Amis de la Culture Juridique Française. Parecerista. Advogado.

NOTA DO AUTOR PARA A 11ª EDIÇÃO

Esta edição manteve a orientação de acompanhar a evolução legislativa, doutrinária e jurisprudencial, de modo a representar fonte atual de estudo e pesquisa sobre a legislação consumerista.

Nesse sentido, foi acrescentado um capítulo novo para abordar o complexo tema do superendividamento, objeto da Lei nº 14.181/2021, que dispôs sobre a prevenção e o tratamento do superendividamento do consumidor, incluindo vários artigos ao Código de Defesa do Consumidor.

Essa edição também se preocupou em trazer posicionamentos recentes da jurisprudência, especialmente no tocante ao posicionamento do STJ a respeito do rol de procedimentos e eventos em saúde da ANS (EREsp 1.886.704/SP e EREsp 1.886.929/SP) e dos tribunais pátrios em relação à revisão dos contratos por força da pandemia da Covid-19.

Temas já tratados na edição anterior sobre o relacionamento jurídico eletrônico foram agora mais aprofundados, tais como a Lei Geral de Proteção de Dados e o Marco Civil da Internet.

Outubro de 2022

NOTA DO AUTOR PARA A 10ª EDIÇÃO

Já se completaram trinta anos de vigência do Código de Defesa do Consumidor, de maneira que hoje se pode encontrar posicionamentos dos tribunais e da doutrina assentados em bases bem mais sólidas do que aquelas dos primeiros tempos de vigência da legislação consumerista.

Nesta perspectiva, estamos mantendo nesta nova edição a orientação de acompanhar a evolução legislativa, doutrinária e jurisprudencial. Nesse sentido, foram acrescidos ou inovados itens, entre outros, relacionados com a Lei Geral de Proteção de Dados, o Marco Civil da Internet e as novas Súmulas dos tribunais superiores.

Outubro de 2020

NOTA DO AUTOR PARA A 9ª EDIÇÃO

O Brasil se orgulha de ser um dos precursores na *sistematização* e *codificação da proteção do consumidor*, que, na Constituição de 1988, assumiu papel de elemento essencial para a configuração ideológica do Estado Democrático de Direito, no plano da ordem econômica e financeira nacional.

Ao se aproximar dos três decênios do notável Código brasileiro, é importante registrar que, após as dificuldades e perplexidades enfrentadas inicialmente pela aplicação da inédita proteção legal dos consumidores, rica doutrina e volumosa jurisprudência lograram revelar e implantar no cotidiano do foro, com efetividade, a real função da tutela assegurada à parte frágil da relação de consumo, sem comprometer o irrecusável e relevante papel dos empreendimentos econômicos, numa sociedade democrática e liberal, por definição constitucional: o bem-estar, a liberdade, o desenvolvimento, entre outros são qualificados como valores supremos da sociedade organizada, entre nós, como um Estado Democrático de Direito (Preâmbulo da CF/1988).

Nessa linha, destacam-se, nos *fundamentos* da organização de nossa República Federativa, "a dignidade da pessoa humana" e "os valores sociais do trabalho e da livre--iniciativa" (CF, art. 1º, III e IV). Por isso apontam-se entre seus *objetivos fundamentais* "construir uma sociedade *livre, justa e solidária*", bem como "garantir o *desenvolvimento social*" (CF, art. 3º, I e II). E, convicto do papel dos agentes econômicos na concretização dos objetivos traçados na Carta Magna, o constituinte delineou a ordem econômica a partir de princípios que destacam a *"livre concorrência"* e a *"defesa do consumidor"* (art. 170, IV e V).

A ordem da Constituição para que fosse instituído o Código de Defesa do Consumidor (ADCT, art. 48), nesse quadro, levou em consideração "a necessidade de regular a sociedade de consumo que surgia, além das práticas decorrentes da publicidade massificada", de modo que o CDC adveio em 1990 "para a proteção do cidadão-consumidor vulnerável diante do poderio econômico capitalista, trazendo ferramentas para sua defesa".[1]

---

[1] BARBOSA, Oriana Piske de A; FARIA, Cláudio Nunes; SILVA, Cristiano Alves da. 26 anos do Código de Defesa do Consumidor (CDC): Marco em inovação e cidadania. *Juris Penum*, v. 74, p. 26, Caxias do Sul, mar./2017.

Não veio, porém, o CDC para municiar o consumidor frágil de arma tendente a aniquilar e eliminar o fornecedor. Não foi seu intento tratar o consumidor como o pequeno David que fosse capaz de matar o gigante Golias. Afinal, o fornecedor, sem embargo de seu poder de dominação econômica, é peça fundamental na política desenvolvimentista do Estado Democrático de Direito. A legislação consumerista, na verdade, "orienta-se pela necessidade de estabelecer o equilíbrio na relação de consumo", e suas características foram bem explicitadas pelo legislador:

> As diretrizes da política nacional de relações de consumo encontram-se estabelecidas nos arts. 4º e 5º do Código de Proteção e Defesa do Consumidor (CDC), visando primordialmente o atendimento das necessidades do consumidor, o respeito à sua dignidade, a proteção de seus interesses econômicos, a melhoria de sua qualidade de vida, bem como a *harmonia das relações de consumo*.
>
> A harmonização desses interesses deve ter por base, dentre outros princípios, o da *boa-fé*, a fim de gerar o *justo equilíbrio* entre os protagonistas desta relação.[2]

Em face do amplo acervo jurídico formado em torno da lei de defesa do consumidor, durante o longo tempo de aplicação do CDC pelos tribunais, julgamos oportuna e conveniente a revisão e remodelação da presente obra, ao alcançar sua nona edição.

Foi nosso objetivo, nesse estágio, dar ao estudo uma sistematização melhor e um encadeamento dos temas que mais se aproximassem de sua regulamentação dentro do CDC. Além disso, ampliamos consideravelmente as referências jurisprudenciais e doutrinárias, com evidente objetivo de transmitir uma visão bastante atual da evolução por que têm passado a compreensão e a aplicação da legislação protetiva do consumidor no País.

Maio de 2017

---

[2] BARBOSA, FARIA e SILVA. *Op cit.*, p. 27. Observam os autores, diante da política nacional de consumo, que "os princípios previstos no CDC e aqueles da administração pública e privada são compatíveis entre si, e devem orientar administradores/administrados e consumidores/fornecedores para uma conduta que privilegie o *desenvolvimento equilibrado* e a *justiça social*. Por conseguinte, o administrador público terá de atuar em harmonia com os princípios e normas que regem a administração pública, enquanto o administrador privado terá de, fundamentalmente, *conciliar os princípios da livre-iniciativa e da equidade*. Nesta árdua tarefa, o administrador deverá considerar que só há real crescimento e desenvolvimento de uma empresa quando esta se encontra verdadeiramente pautada em *valores éticos*. Assim, o respeito ao consumidor passa a ser uma estratégia fundamental ao bom desempenho empresarial" (g.n.).

AGRADECIMENTOS

No trabalho de atualização da obra tanto para a edição anterior como a presente, contamos com a prestimosa colaboração da Professora Helena Lanna Figueiredo, pela qual desejamos registrar nosso reconhecimento e os melhores agradecimentos.

ÍNDICE SISTEMÁTICO

Abreviaturas e Siglas Usadas XXIX

PARTE I

Capítulo I – Conceito de Consumidor e de Fornecedor 3
1.1. Histórico do Código de Defesa do Consumidor 3
1.2. Direito intertemporal 5
1.3. Conceito de consumidor 5
    I. Introdução 5
    II. Teoria finalista 6
    III. Teoria maximalista 7
    IV. Teoria do finalismo aprofundado 8
    V. Posição atual do STJ 9
    VI. Vulnerabilidade × hipossuficiência 11
1.4. A pessoa jurídica como consumidor 12
1.5. Consumidor por equiparação 15
    I. Consumidor padrão e consumidor por equiparação 15
    II. Equiparação pelo art. 2º, parágrafo único, do CDC 15
    III. Equiparação pelo art. 17 do CDC 15
    IV. Equiparação pelo art. 29 do CDC 19
1.6. Conceito de fornecedor 20
    I. Fornecedor equiparado 21
1.7. Consumidor e fornecedor nos países da União Europeia 22

Capítulo II – Política Nacional de Relações de Consumo 27
2.1. Política Nacional de Relações de Consumo 27
2.2. Princípios constitucionais de defesa do consumidor 29
    I. Princípio da dignidade da pessoa humana 29
    II. Princípio da liberdade 30
    III. Princípio da isonomia 31
    IV. Princípio da publicidade 31

2.3. Princípios do Código de Defesa do Consumidor 32
    I. Vulnerabilidade do consumidor e a ação governamental 32
        I.1. Vulnerabilidade do consumidor e o superendividamento 34
        I.2. A Lei do Superendividamento 35
        I.3. O endividamento e o dever de mitigar o dano 36
        I.4. A hipervulnerabilidade do consumidor idoso 38
    II. Harmonização dos interesses dos consumidores e fornecedores e compatibilização da proteção do consumidor com a necessidade de desenvolvimento econômico e tecnológico 40
    III. Educação e informação dos sujeitos da relação de consumo quanto aos seus direitos e deveres 42
    IV. Controle de qualidade e segurança de produtos e serviços 42
    V. Meios alternativos de solução de conflitos 42
    VI. Coibição e repressão de abusos praticados no mercado de consumo... 46
    VII. Racionalização e melhoria dos serviços públicos 47
    VIII. Estudo constante das modificações do mercado de consumo 47
2.4. O CDC visto como "lei principiológica" 47
2.5. Direito europeu 49

Capítulo III – Direitos Básicos do Consumidor 51
3.1. Direitos básicos do consumidor 51
3.2. Proteção da vida, saúde e segurança 52
3.3. Educação e divulgação sobre o consumo adequado dos produtos ou serviços. Liberdade de escolha 53
3.4. Informação adequada e clara sobre os produtos e serviços 53
3.5. Proteção contra a publicidade enganosa e abusiva, bem como contra práticas abusivas 61
3.6. Proteção contra cláusulas abusivas 62
3.7. Prevenção e reparação de danos individuais, coletivos e difusos. Acesso aos órgãos judiciários e administrativos 64
3.8. Facilitação da defesa dos direitos do consumidor 65
3.9. Adequada e eficaz prestação dos serviços públicos em geral 66
    3.9.1. Qualidade da prestação a cargo de concessionária de serviço público 67
3.10. Proteção do consumidor contra a cobrança indevida 69

PARTE II

Capítulo I – Responsabilidade Civil 73
1.1. O sistema protetivo do consumidor, em matéria de responsabilidade civil 73

		I.	Legitimados passivos do pleito indenizatório...	73
		I.1.	Entendimento dos Tribunais sobre o tema..................................	74
		II.	Legitimados ativos do pleito indenizatório..	75
1.2.	Os acidentes de consumo e a responsabilidade civil			77
1.3.	O caráter objetivo da responsabilidade civil no âmbito das relações de consumo			79
1.4.	Os elementos da responsabilidade civil objetiva, no caso do fato do produto			81
1.5.	Defeitos do produto ou serviço			86
		I.	O defeito do produto	86
		II.	Tipos de defeitos do produto...	89
		III.	Alguns julgados sobre defeito do produto................................	91
		IV.	Produto não defeituoso..	92
		V.	Defeito do serviço...	93
		VI.	Excludentes de responsabilidade do fornecedor por defeito do produto ou do serviço...	94
1.6.	A responsabilidade pelos vícios do produto			98
		I.	Vícios do produto ou serviço...	98
		II.	Sanções do fornecedor	101
		III.	Ignorância do fornecedor quanto aos vícios	101
1.7.	A multiplicidade de responsáveis pelo acidente de consumo			101
	1.7.1.	Contrato de transporte		103
		I.	Transporte em geral..	103
		II.	Transporte aéreo...	103
		III.	Transporte terrestre	106
	1.7.2.	Contratos de intermediação		108
1.8.	Contratos de agência e de corretagem			108
1.9.	O reconhecimento do tempo do consumidor como um bem jurídico a ser protegido			111
1.10.	Direito europeu			112
		I.	Responsabilidade por defeito do produto.................................	112
		II.	Conformidade do produto com o contrato...............................	114
1.11.	Conclusões...			114

Capítulo II – Responsabilidade Civil na Prestação de Serviços Médicos e Hospitalares 117

2.1.	Prestação de serviços médicos e hospitalares		117
	I.	Responsabilidade do médico...	117
	II.	O consentimento informado	119
	III.	A perda de uma chance	122
	IV.	Responsabilidade do laboratório de análises clínicas...............	124

		V. Responsabilidade do hospital	124
		VI. Solidariedade entre médico e hospital	128
2.2.		A responsabilidade subjetiva do médico e a inversão do ônus da prova....	131
2.3.		Importância da perícia médica	131
2.4.		Responsabilidade do cirurgião plástico	132
2.5.		Responsabilidade do anestesista	134

Capítulo III – Responsabilidade Civil no Relacionamento Jurídico Eletrônico... 137

3.1.	Particularidades do relacionamento jurídico eletrônico	137
3.2.	A legislação brasileira vigente sobre o comércio eletrônico	139
	I. O Decreto nº 7.962/2013	139
	II. O Marco Civil da Internet – Lei nº 12.965/2014	140
3.3.	Negócio final e negócio de intermediação por meio eletrônico	149
3.4.	Responsabilidade civil do intermediador eletrônico	153
	I. O provedor de conteúdo agindo como mero intermediário na celebração do contrato	153
	II. Provedor de conteúdo que realiza buscas de produtos ou informações...	156
3.5.	Direito de arrependimento	158
	I. Conceituação e requisitos para o exercício do direito de arrependimento	158
	II. O direito de arrependimento no comércio eletrônico	159
	III. O direito de arrependimento do consumidor durante a pandemia do coronavírus (Lei nº 14.010/2020)	160
3.6.	Boas práticas no âmbito das relações estabelecidas em meio digital	160
3.7.	Lei Geral de Proteção de Dados Pessoais (LGPD)	161
	I. A Lei Geral de Proteção de Dados Pessoais	161
	II. Princípios e direitos subjetivos	162
	III. Consentimento	165
	IV. Responsabilidade civil	166
3.8.	Direito europeu	166

Capítulo IV – Dano Moral 169

4.1.	Dano moral nas relações de consumo	169
	I. Introdução	169
	II. O caráter punitivo do dano moral	170
	III. Dano existencial	172
	IV. Alguns julgados sobre o tema	173
4.2.	Dano moral coletivo	185
4.3.	Cadastro de proteção ao crédito	188
	I. Introdução	188
	II. Abusos na inclusão e manutenção dos dados	190

III.	Ação revisional e os cadastros	191
IV.	Dever de comunicação ao devedor antes da inscrição	191
V.	Banco do Brasil e Banco Central	194
VI.	Dano moral	194
4.3.1.	Prazo de permanência do registro no cadastro	197
4.3.2.	Cancelamento do registro negativo	198
4.3.3.	Cadastro positivo dos tomadores de crédito	199
4.4.	Direito europeu	203
4.5.	Controle de saída de mercadorias do estabelecimento comercial	204

Capítulo V – Prescrição e Decadência 207

5.1.	Conceito de prescrição e decadência no Direito Civil brasileiro	207
I.	Prescrição	207
II.	Decadência	208
5.2.	Prescrição e decadência no CDC	210
5.3.	Indenização por fato do produto. Prescrição	210
5.4.	Particularidades da prescrição e da decadência, em matéria de responsabilidade civil, no regime do Código de Defesa do Consumidor	213
5.5.	As ações de responsabilidade civil. Os prazos legais e os prazos de garantia	215

Capítulo VI – Publicidade Enganosa e Praxes Abusivas 217

6.1.	A publicidade e os serviços intermediários de informação	217
I.	Introdução	217
II.	Princípio da identificação da publicidade	218
6.2.	Publicidade enganosa	219
I.	Conceituação	219
II.	Alguns julgados sobre o tema	222
6.3.	Publicidade enganosa e contrato de incorporação	230
6.4.	Responsabilidade do anunciante, da agência e do veículo de informação	234
6.4.1.	Responsabilidade do influenciador digital por propaganda abusiva ou por falta de informação	236
6.5.	Direito europeu	237

PARTE III

Capítulo I – O Código Civil e o Código de Defesa do Consumidor 241

1.1.	A teoria do contrato no Código Civil	241
1.2.	Concurso das regras do Código de Defesa do Consumidor e do Código Civil	244

1.3.	Boa-fé e função social no campo das relações contratuais de consumo	245
1.4.	Cláusulas abusivas no Código do Consumidor e no Código Civil	247
1.5.	Função econômica e função social do contrato	248
1.6.	Necessidade de harmonizar a função social com a função natural do contrato	251
1.7.	Uma derradeira ponderação sobre defesa do consumidor, força do contrato e estado de direito democrático	253

Capítulo II – Contratos no Código Civil e no Código do Consumidor 255

2.1.	Introito	255
2.2.	O direito e as relações econômicas	255
2.3.	O contrato e as operações econômicas	257
2.4.	Contrato e ideologia da organização econômica	258
2.5.	A ideologia do contrato no regime capitalista puro	259
2.6.	Visão atual da autonomia de vontade no plano do contrato	260
2.7.	As transformações do contrato na sociedade contemporânea	261
2.8.	A revisão contratual e a segurança jurídica	263
2.9.	A sujeição do contrato de consumo aos princípios gerais do direito contratual	266
2.10.	A função dos tribunais	269
2.11.	A boa-fé como regra de conduta e base da revisão contratual	270
2.12.	O entrelaçamento entre o equilíbrio contratual e a boa-fé objetiva	275
	2.12.1. A configuração da relação de consumo como pressuposto do tratamento diferenciado do contrato previsto no CDC	277
	2.12.2. Associação civil. Inexistência de relação de consumo entre associado e clube social	282
2.13.	A revisão dos contratos no regime do Código de Defesa do Consumidor	282
2.14.	Pretensa superioridade constitucional do Código de Defesa do Consumidor dentro do ordenamento jurídico nacional	284
2.15.	Revisão do contrato desequilibrado (lesão)	287
2.16.	Cláusulas abusivas	289
	I. Introdução	289
	II. Preservação do contrato	290
	III. Declaração de ofício	291
	IV. Alguns julgados sobre cláusulas abusivas	294
	2.16.1. A abusividade da imposição do juízo arbitral	305
2.17.	Limites da indagação de abusividade do contrato	307
	2.17.1. A revisão contratual e a repressão à usura	309
2.18.	Teoria da imprevisão	310
	I. Alegação pelo consumidor	310
	II. Alegação pelo fornecedor	315

	III. Alguns julgados sobre a aplicação da teoria da imprevisão em razão da pandemia do coronavírus..	317
2.19.	A teoria da imprevisão no Código Civil..	320
2.20.	A teoria da imprevisão no direito comparado................................	321
2.21.	O contrato de adesão e seu controle em juízo................................	325
2.22.	Alguns equívocos da jurisprudência em matéria de revisão de contratos de consumo	328
	2.22.1. A ruptura unilateral do compromisso de compra e venda na jurisprudência do STJ	337
2.23.	Conclusões..	339
2.24.	Direito europeu..	342

Capítulo III – Contratos Bancários.. 345

3.1.	Introdução..	345
3.2.	A posição do STJ acerca de inadimplemento do banco na restituição de aplicação financeira (CDB)...	345
3.3.	Princípios do direito dos contratos	346
3.4.	A revisão do contrato na visão do direito positivo	347
3.5.	Equilíbrio econômico e boa-fé...	348
3.6.	Contratos de intermediação financeira	349
3.7.	O fim do contrato e a conservação do negócio	351
3.8.	Resultado da revisão judicial do contrato	352
3.9.	Revisão judicial de contratos financeiros	354
	I. Introdução..	354
	II. Ação de revisão do contrato	355
3.10.	A jurisprudência pacificada do STJ sobre revisão da cláusula de juros nos contratos bancários	357
3.11.	Incidência do princípio do equilíbrio econômico e da boa-fé em contrato de aplicação financeira...	359
3.12.	Aplicação do CDC aos bancos. Jurisprudência do STJ fixada na forma de recurso repetitivo...	362
3.13.	Outras questões relacionadas com os contratos bancários enfrentadas em decisões do STJ...	364

Capítulo IV – O Seguro e o Código de Defesa do Consumidor 393

4.1.	Introdução	393
4.2.	Noção de abusividade no contrato de consumo.............................	393
4.3.	O contrato de seguro e os direitos do consumidor	395
4.4.	O contrato de seguro no Código Civil...	397
4.5.	O contrato de seguro não é aleatório, como outrora se pensava....	399
	I. Introdução..	399

		II.	Seguro de vida em grupo..	400
		III.	Seguro de vida individual..	403
		IV.	Prescrição...	406
		4.5.1.	Responsabilidade da seguradora...	407
		4.5.2.	Interpretação de contrato de seguro e responsabilidade da seguradora...	408
		I.	Introdução...	408
		II.	Interpretação mais favorável ao consumidor.............................	409
		III.	Seguro de dano...	412
		IV.	Seguro de pessoas..	412
4.6.	A jurisprudência sobre a não renovação do seguro de vida em grupo	413
4.7.	Previdência privada..	417
4.8.	Conclusões...	419
4.9.	Alguns julgados sobre seguro...	419

Capítulo V – Planos de Saúde.. 425

5.1.	Aplicabilidade do Código de Defesa do Consumidor.................................	425
5.2.	Limitações nos planos...	429
5.3.	Reajustes...	431
5.4.	Cobertura...	433
	I.	Extensão da cobertura, para abranger procedimentos interligados ao tratamento..	433
	II.	Cobertura para incluir tratamento clínico experimental ou medicamento não registrado na ANVISA...	435
	III.	Cobertura mínima	438
	IV.	Cobertura de procedimentos mais modernos............................	438
	V.	Cobertura dos materiais e meios necessários ao melhor desempenho do tratamento...	439
	VI.	Cobertura de procedimentos solicitados por médicos não conveniados...	439
	VII.	Reembolso de despesas com tratamento realizado em clínica não credenciada...	440
	VIII.	Rol de procedimentos mínimos a serem cobertos elaborado pela ANS...	441
5.5.	Indenização	444
5.6.	Permanência no plano	448
5.7.	Outras questões relacionadas com os planos de saúde enfrentadas em decisões recentes do STJ e de outros tribunais	451

Capítulo VI – A Incorporação Imobiliária e o Código de Defesa do Consumidor.. 471

| 6.1. | O Código de Defesa do Consumidor e a regulamentação dos contratos pelo direito privado tradicional... | 471 |

6.2.	Os contratos imobiliários e o Código de Defesa do Consumidor	473
	I. Introdução..	473
	II. Contrato de administração	474
	III. Contrato de locação	475
	IV. Contrato de incorporação...	476
	V. As relações entre o adquirente e o serviço notarial	477
6.3.	O negócio jurídico da incorporação	478
6.4.	A solução para o inadimplemento do adquirente da unidade autônoma	481
	I. Realização do leilão, previsto no art. 63 da Lei nº 4.591/1964......	481
	II. A resolução do contrato por inadimplemento do adquirente, em face da Lei n. 13.786/2018	486
6.5.	Impossibilidade da restituição pela construtora/incorporadora da integralidade das prestações pagas pelo inadimplente........................	489
6.6.	A correção do critério eleito pelo art. 63 da Lei de Incorporação............	493
6.7.	O que, na incorporação, se submete ao CDC	495
6.8.	Condutas consideradas abusivas pela jurisprudência	499
	I. Cobrança de taxa de corretagem e taxa SATI	499
	II. Alienação fiduciária em garantia instituída pela construtora após a quitação da unidade habitacional	501
	III. Redução de taxa condominial em favor da construtora........	502
6.9.	Prescrição	503
6.10.	Alguns julgados sobre o tema	504
6.11.	Direito europeu...	510
6.12.	Conclusões...	512

PARTE IV

Capítulo I – Questões Processuais nas Ações do Consumidor.........................		517
1.1.	Competência	517
	1.1.1. Foro de eleição em contrato de consumo	518
1.2.	Inversão do ônus da prova..	520
	1.2.1. O caráter excepcional da inversão do ônus da prova	521
	1.2.2. O reequilíbrio entre consumidores e fornecedores............	523
	1.2.3. As provas diabólicas ou impossíveis no sistema geral do processo	524
	1.2.4. O momento processual da inversão do ônus da prova......	527
	1.2.5. Inversão por ato do juiz e inversão *ex lege*.........................	530
	1.2.6. Conclusões	531

1.3. A desconsideração da personalidade jurídica nas ações de responsabilidade civil 532
   I. Introdução 532
   II. Procedimento 536
   III. Decadência 537
1.4. Denunciação à lide 539
1.5. Dispensa de advogado nas ações do juizado especial 541
1.6. Legitimidade do Ministério Público para ajuizar ação civil pública individual como substituto processual 541

Capítulo II – Os Poderes do Juiz na Concretização do Direito 543
2.1. Direito e substância 543
2.2. Direito e outras normas de comportamento social 544
2.3. Do autoritarismo ao estado de direito 545
2.4. O juiz revela e aplica o direito *in concreto* 546
2.5. A arte de julgar 548
2.6. Limites da atividade criadora do juiz 550
2.7. A incompatibilidade do *judge made law* com a sistemática de nosso direito fundamental 552
2.8. Aplicação de "cláusulas gerais" pelo juiz 553
2.9. Conclusões 554

Capítulo III – Ação Coletiva de Direitos do Consumidor 559
3.1. As ações coletivas 559
   I. Histórico 559
   II. Direito material coletivo e direito processual coletivo 561
   III. Ações coletivas possíveis após o CDC 562
   IV. Direitos individuais homogêneos 562
   V. Direitos difusos e coletivos 562
   VI. Procedimento único 563
3.2. Condições da ação 565
3.3. Legitimidade *ad causam* 566
3.4. A legitimidade de parte nas ações do Código de Defesa do Consumidor 568
   I. Introdução 568
   II. Possibilidade de intervenção do consumidor em ação coletiva 570
   III. Legitimidade do condomínio de adquirentes de edifício em construção 574
   IV. Sucessão do autor por outro colegitimado 574
3.5. O Ministério Público e as ações coletivas 576
   I. Direitos individuais homogêneos 576
   II. Direitos individuais indisponíveis 581

3.6.	A ação coletiva intentada por associação civil	582
	I. Introdução	582
	II. Defesa dos direitos coletivos e dos individuais homogêneos	587
	III. Defesa coletiva de direitos dos associados	587
	IV. A associação e a ação civil pública	588
	V. As decisões do STF e do STJ a respeito da legitimidade das associações	588
	VI. Ações coletivas promovidas por sindicatos	592
3.7.	As associações e os direitos difusos	593
3.8.	O requisito da pré-constituição da associação civil	594
3.9.	Legitimidade da defensoria pública para ajuizar ação coletiva	597
3.10.	Conceito de interesses e direitos individuais homogêneos	601
3.11.	Limite territorial da sentença e sua publicidade	602
	3.11.1. Divulgação da sentença coletiva	605
3.12.	Coisa julgada	606

Capítulo IV – Tutela Provisória em Ação Civil 609

4.1.	Introito	609
4.2.	Processo e constituição	609
4.3.	A garantia do devido processo legal	611
4.4.	A ação civil pública	612
4.5.	A Lei nº 7.347/1985	614
4.6.	A ação cautelar movida pelo Ministério Público contra as administradoras de consórcio	615
4.7.	Violação dos princípios da tutela cautelar	616
	I. Notícia sobre as medidas provisórias de urgência no CPC/2015	616
	II. O caso em análise	617
4.8.	Impossibilidade de transformar a ação cautelar inominada em inquérito para devassa na atividade empresarial dos demandados	622
4.9.	Síntese geral	624
4.10.	Conclusões	626

Capítulo V – Execução em Ação Coletiva 627

5.1.	Execução de sentença coletiva	627
5.2.	Execução da sentença de ação coletiva intentada por meio de associação	630
5.3.	Execução da sentença de ação coletiva promovida por sindicato	632
5.4.	Execução coletiva por sindicato. Posição consolidada do STF e do STJ	633
5.5.	Execução da sentença da ação civil pública relativa a direitos individuais homogêneos em geral	634

5.6. Execução da sentença coletiva pelos legitimados, quando não houver habilitação de interessados em número compatível com a gravidade do dano 635
5.7. Mora na ação coletiva sobre direitos individuais homogêneos 637

Capítulo VI – As Ações de Responsabilidade Civil do Fornecedor de Produtos e Serviços 639
6.1. Noção de ação de responsabilidade civil 639
6.2. Ações individuais e ações coletivas 639
6.3. Reparação por vício de produto 641

Capítulo VII – A Disciplina Substancial e Processual do Superendividamento do Consumidor 643
7.1. Da prevenção e do tratamento do superendividamento do consumidor ... 643
  I. Introdução... 643
  II. Dever de informação, regulação da publicidade e proibição de assédio... 644
  III. Superendividamento.. 646
  IV. Dívidas abrangidas pela lei 646
  V. Conexão entre contratos 647
  VI. Práticas abusivas... 647
  VII. Procedimento traçado pela lei 647
  VIII. Incentivo à instituição de Núcleos de Conciliação e Mediação de Conflitos oriundos de superendividamento (Recomendação/CNJ nº 125, de 24/12/2021)... 649
7.2. Superendividamento do consumidor e insolvência civil......................... 650

Bibliografia.. 651

ABREVIATURAS E SIGLAS USADAS

ac.	Acórdão
AC	Ação Cautelar (STF)
ACi	Apelação Cível (STF)
ADCT	Ato das Disposições Constitucionais Transitórias
Ag	Agravo
AgRg	Agravo Regimental
AgRg no Ag	Agravo Regimental no Agravo de Instrumento
AgRg no AgRg no Ag	Agravo Regimental no Agravo Regimental no Agravo de Instrumento
AgRg no AgRg na MC	Agravo Regimental no Agravo Regimental na Medida Cautelar
AgRg no Ag no RE	Agravo Regimental no Agravo de Instrumento no Recurso Extraordinário
AgRg no REsp	Agravo Regimental no Recurso Especial
Ap	Apelação
AREsp	Agravo em Recurso Especial
art.	artigo
Câm.	Câmara
CC	Código Civil
CC	Conflito de Competência
CDC	Código de Defesa do Consumidor
CF	Constituição Federal
CPC	Código de Processo Civil
CPDC	Código de Proteção e Defesa do Consumidor
Dec.	Decreto
Dec.-Lei	Decreto-lei
Des.	Desembargador
DJE	*Diário da Justiça do Estado*
DJU	*Diário de Justiça da União*
EC	Emenda Constitucional
ed.	edição
Ed.	Editora
EDcl.	Embargos de Declaração

EDcl na MC	Embargos de Declaração na Medida Cautelar
EDcl no Ag	Embargos de Declaração no Agravo de Instrumento
EDcl no AgRg no Ag	Embargos de Declaração no Agravo Regimental no Agravo de Instrumento
EDcl no REsp	Embargos de Declaração no Recurso Especial
EI	Embargos Infringentes
Ex	exemplo, exemplar
fs.	fac-símile
i.é	isto é
IDEC	Instituto Brasileiro de Defesa do Consumidor
J.	julgado em
JTJ	Jurisprudência do Tribunal de Justiça
LC	Lei Complementar
LICC	Lei de Introdução ao Código Civil
loc. cit.	local citado
MC	Medida Cautelar
min.	Ministro
MP	Medida Provisória
MP	Ministério Público
op. cit.	obra citada
p./pp.	página/páginas
Rel.	Relator
REsp.	Recurso Especial
RJ	*Revista Jurídica*
RJTJ	*Revista de Jurisprudência do Tribunal de Justiça do Estado de São Paulo*
RSTJ	*Revista do Superior Tribunal de Justiça*
RT	*Revista dos Tribunais*
RTJ	*Revista Trimestral de Jurisprudência*
S	Súmula
SF	Senado Federal
STF	Supremo Tribunal Federal
STJ	Superior Tribunal de Justiça
t.	tomo
T.	Turma
TA	Tribunal de Alçada
TA-SP	Tribunal de Alçada de São Paulo
TJ	Tribunal de Justiça
TJ-SP	Tribunal de Justiça de São Paulo
v.g.	por exemplo (*verbi gratia*)
v.	veja
v. – vol.	Volume

PARTE I

Capítulo I
CONCEITO DE CONSUMIDOR E DE FORNECEDOR

1.1. HISTÓRICO DO CÓDIGO DE DEFESA DO CONSUMIDOR

A idealização do Código de Defesa do Consumidor iniciou-se antes mesmo da promulgação da Constituição Federal de 1988, por meio da constituição de comissão formada no âmbito do Conselho Nacional de Defesa do Consumidor,[1] com a finalidade de elaborar um Anteprojeto de Código.[2] Após diversos trabalhos, discussões, audiência pública e criação de uma Comissão Mista, foi apresentado um novo texto de Projeto de Código, que culminou na promulgação da Lei nº 8.078, de 11 de setembro de 1990.

Nas palavras de Ada Pellegrini Grinover e Antônio Herman de Vasconcellos e Benjamin, o Código de Defesa do Consumidor veio

> [...] coroar o trabalho legislativo, ampliando o âmbito de incidência da Lei da Ação Civil Pública, ao determinar sua aplicação a todos os interesses difusos e coletivos, e criando uma nova categoria de direitos ou interesses, individuais por natureza e tradicionalmente tratados apenas a título pessoal, mas conduzíveis coletivamente perante a justiça civil, em função da origem comum, que denominou direitos individuais homogêneos.[3]

A criação do Direito do Consumidor como uma disciplina autônoma tornou-se necessária, em razão da evidente superioridade do fornecedor frente ao consumidor

---

[1] O Decreto n. 10.417, de 7 de julho de 2020, instituiu o Conselho Nacional de Defesa do Consumidor, com a finalidade de assessorar o Ministro de Estado da Justiça e Segurança Pública na formulação e condução da Política Nacional de Defesa do Consumidor e formular e propor recomendações aos órgãos integrantes do Sistema Nacional de Defesa do Consumidor para adequação das políticas públicas de defesa do consumidor (art. 1º).

[2] Da Comissão encarregada de elaborar o anteprojeto do CDC participaram Ada Pellegrini Grinover, Antônio Herman de Vasconcellos e Benjamin, Daniel Roberto Fink, José Geraldo Brito Filomeno, Kazuo Watanabe, Nelson Nery Júnior e Zelmo Denari, que foram os primeiros juristas a comentar o Código tão logo transformado em lei (GRINOVER, Ada Pellegrini (coord.). *Código Brasileiro de Defesa do Consumidor comentado pelos autores do Anteprojeto*, atualmente em sua 12. ed., Rio de Janeiro: Forense).

[3] GRINOVER, Ada Pellegrini; BENJAMIN, Antônio Herman de Vasconcellos e; FINK, Daniel Roberto; FILOMENO, José Geraldo Brito; NERY JÚNIOR, Nelson; DENARI, Zelmo. *Código Brasileiro de Defesa do Consumidor*. 10. ed. Rio de Janeiro: Forense, 2011, v. 1, p. 2.

em suas relações contratuais. Se é certo que a sociedade de consumo trouxe benefícios, "em certos casos, a posição do consumidor, dentro desse modelo, piorou em vez de melhorar", na medida em que "agora é o fornecedor (fabricante, produtor, construtor, importador ou comerciante) que, inegavelmente, assume a posição de força na relação de consumo e, por isso mesmo, 'dita as regras'".[4]

Tendo em vista que o mercado não consegue, por si mesmo, superar esse desequilíbrio, tornou-se imprescindível a intervenção estatal, consubstanciada na edição de um Código de Defesa do Consumidor. Assim, a legislação deve abarcar todas as facetas do mercado, a fim de se lograr uma proteção integral, de modo que regule "*todos* os aspectos da relação de consumo, sejam aqueles pertinentes aos próprios produtos e serviços, sejam outros que se manifestam como verdadeiros *instrumentos fundamentais* para a produção e circulação destes mesmos bens: o crédito e o *marketing*".[5]

Atendendo, pois, ao comando Constitucional, que relegou ao Estado a função de promover a defesa do consumidor (art. 5º, XXXII), bem como determinou ao "Congresso Nacional, dentro de cento e vinte dias da promulgação da Constituição", elaborar a nova Codificação (art. 48 do ADCT), foi promulgado o Código de Defesa do Consumidor (Lei nº 8.078, de 11 de setembro de 1990), legislação esta pioneira em todo o mundo.

O legislador inspirou-se em legislações estrangeiras, especialmente no Projeto de Código do Consumo Francês,[6] bem como nas leis gerais da Espanha, de Portugal e do México e nas Diretivas do Direito comunitário europeu.[7]

A função principal assumida pelo Código foi declaradamente a de reequilibrar as forças dos sujeitos da relação consumerista, diminuir a vulnerabilidade do consumidor e limitar as práticas nocivas de mercado (art. 4º).

Ada Pellegrini Grinover e Antônio Herman de Vasconcellos e Benjamin assim sintetizam as principais inovações do Código:

> [...] formulação de um conceito amplo de fornecedor, incluindo, a um só tempo, todos os agentes econômicos que atuam, direta ou indiretamente, no mercado de consumo, abrangendo inclusive as operações de crédito e securitárias; um elenco de direitos básicos dos consumidores e instrumentos de implementação; proteção contra todos os desvios de quantidade e qualidade (vícios de qualidade por insegurança e vícios de qualidade por inadequação); melhoria do regime jurídico dos prazos prescricionais e decadências; ampliação das hipóteses de desconsideração da personalidade jurídica das sociedades; regramento do marketing (oferta e publicidade); controle das práticas e cláusulas abusivas, bancos de dados e cobrança de dívidas de consumo; introdução de um sistema sancionatório administrativo e penal; facilitação do acesso à justiça para o consumidor; incentivo à composição privada entre consumidores e fornecedores, notadamente com a previsão de convenções coletivas de consumo.[8]

---

[4] *Idem*, p. 4.
[5] *Idem, ibidem*.
[6] Atualmente, o Projeto francês já se acha transformado definitivamente no *Code de la consommation*, editado em 1993 e submetido a reforma e consolidação em 2016.
[7] *Idem*, p. 7-8.
[8] *Idem*, p. 8.

1.2. DIREITO INTERTEMPORAL

Antes da edição do CDC, as relações privadas eram reguladas pelo Código Civil e, por conseguinte, aquelas travadas entre fornecedores e consumidores. Após o advento da legislação própria, as relações consumeristas foram afastadas do âmbito do Código Civil em tudo aquilo que passou a ser regido pela nova codificação protetiva.

Entretanto, o CDC, que se submeteu a uma *vacatio legis* de 180 dias (art. 118), somente passou a ser aplicado às relações travadas após a sua entrada em vigor. É que a jurisprudência, tanto do STF, como do STJ, é firme no sentido de inadmitir a incidência retroativa do CDC, por afrontar a existência de ato jurídico perfeito.[9] De tal sorte, "não incidem os dispositivos do Código de Defesa do Consumidor nos contratos celebrados antes de sua vigência, pois o fato de aquele se constituir em legislação de ordem pública não traz em si mesmo o condão de desconstituir os atos jurídicos formalizados sob a égide de norma anterior, uma vez que sem conteúdo de aplicação imediata e intervencionista, por força da suspensividade nela mesma contida".[10] Por isso mesmo que "o CDC é inaplicável aos contratos firmados anteriormente a sua vigência".[11]

Ainda que o Código não se aplique aos contratos anteriores à sua vigência, o STJ já firmou o seu entendimento no sentido de que "embora o CDC não retroaja para alcançar efeitos presentes e futuros de contratos celebrados anteriormente a sua vigência, a legislação consumerista regula os efeitos presentes de contratos de trato sucessivo e que, por isso, foram renovados já no período de sua vigência".[12] O caso básico que levou a essa decisão do STJ, diz respeito a contrato de fornecimento de combustível para consumo próprio, por 60 meses, renovável, com obrigação de aquisição de quantidade mínima mensal. Não se trata de modificar o contrato por força da lei nova, mas de aplicar aos fatos supervenientes o regime jurídico do momento de sua ocorrência.

1.3. CONCEITO DE CONSUMIDOR

I – Introdução

Segundo o CDC, consumidor é "toda pessoa física ou jurídica que adquire ou utiliza produto ou serviço como destinatário final" (art. 2º). A lei, ainda, equipara o

---

[9] STF, 1ª T., AI 650.404 AgR/SP, Rel. Min. Ricardo Lewandowski, ac. 20.11.2007, *DJe* 14.03.2008; STF, 1ª T., RE 205.999/SP, Rel. Min. Moreira Alves, ac. 16.11.1999, *DJU* 03.03.2000, p. 089, *RTJ* 173/263; STJ, 3ª T., AgRg no REsp 489.858/SC, Rel. Min. Castro Filho, ac. 29.10.2003, *DJU* 17.11.2003, p. 322.

[10] STJ, 4ª T., REsp 570.755/PR, Rel. Min. Massami Uyeda, ac. 17.10.2006, *DJU* 18.12.2006, p. 400. No mesmo sentido: STJ, 4ª T., REsp 248.155/SP, Rel. Min. Sálvio de Figueiredo Teixeira, ac. 23.05.2000, *DJU* 07.08.2000, p. 114.

[11] STJ, 3ª T., REsp. 1.069.598/SP, Rel. Min. Massami Uyeda, ac. 19.08.2008, *DJe* 05.09.2008. No mesmo sentido: STJ, 3ª T., AgRg no REsp. 969.040/DF, Rel. Min. Nancy Andrighi, ac. 04.11.2008, *DJe* 20.11.2008; STJ, 4ª T., AgRg no REsp. 930.979/DF, Rel. Min. Luis Felipe Salomão, ac. 16.12.2008, *DJe* 02.02.2009.

[12] STJ, 4ª T., AgRg no AgRg nos EDcl. no REsp. 323.519/MT, Rel. Min. Raul Araújo, ac. 28.08.2012, *DJe* 18.09.2012.

consumidor à "coletividade de pessoas, ainda que indetermináveis, que haja intervindo nas relações de consumo" (parágrafo único).

Depreende-se do dispositivo que o Código utilizou o caráter econômico para a conceituação de consumidor, na medida em que leva em consideração o fato de a pessoa adquirir os produtos para utilização pessoal e, não, comercial. Vale dizer, consumidor é quem "age com vistas ao atendimento de uma necessidade própria e não para o desenvolvimento de uma outra atividade negocial".[13]

Entretanto, o que caracteriza a relação como de consumo não é o valor envolvido na operação. Por isso, já decidiu o STJ que

> O valor da operação comercial envolvida em um determinado contrato é incapaz de retirar do cidadão a natureza de consumidor a ele conferida pela legislação consumerista.
>
> É incabível retirar a condição de consumidor de uma determinada pessoa em razão da presunção de seu nível de discernimento comparado ao da média dos consumidores.
>
> Impõe-se reconhecer a relação de consumo existente entre o contratante que visa a atender necessidades próprias e as sociedades que prestam de forma habitual e profissional o serviço de corretagem de valores e títulos mobiliários.[14]

É certo que vivemos em uma sociedade de consumo, onde as relações jurídicas são travadas em massa, por meio de contratos de adesão, previamente elaborados pelos fornecedores, sem qualquer possibilidade de negociação por parte do consumidor. Em regra, cabe a este apenas aderir ou não ao instrumento que lhe é apresentado. Essa situação o coloca numa posição de evidente vulnerabilidade, justificando a proteção especial que o Código de Defesa do Consumidor lhe confere. Eis o motivo pelo qual a conceituação de consumidor torna-se de extrema relevância.

A doutrina apresentava duas teorias acerca da definição de consumidor: uma, mais restritiva, denominada *finalista*; e, outra, *maximalista*, que amplia a noção de consumidor, para o fim de abarcar na proteção legal um número maior de situações jurídicas. Mais recentemente, porém, surgiu a teoria do *finalismo aprofundado*, que se coloca numa posição intermediária àquelas duas teorias originárias.

II – Teoria finalista

A teoria finalista restringe a conceituação de consumidor, para abarcar apenas o não profissional, seja ele pessoa física ou jurídica. Desta forma, estar-se-ia conferindo um maior nível de proteção, pois "a jurisprudência será construída sobre casos em que o consumidor era realmente a parte mais fraca da relação de consumo, e não sobre casos em que profissionais-consumidores reclamam mais benesses do que o direito comercial já lhes concede".[15]

---

[13] FILOMENO, José Geraldo Brito. *In*: GRINOVER, Ada Pellegrini; BENJAMIN, Antônio Herman de Vasconcellos e; FINK, Daniel Roberto; FILOMENO, José Geraldo Brito; NERY JÚNIOR, Nelson; DENARI, Zelmo. *Código Brasileiro de Defesa do Consumidor*. 10. ed. Rio de Janeiro: Forense, 2011, p. 23.

[14] STJ, 3ª T., REsp 1.599.535/RS, Rel. Min. Nancy Andrighi, ac. 14.03.2017, *DJe* 21.03.2017.

[15] MARQUES, Cláudia Lima. *Contratos no Código de Defesa do Consumidor*. 5. ed. São Paulo: Ed. RT, 2005, p. 304.

Para os finalistas, o *destinatário final* a que a lei faz referência é aquele que retira o bem do mercado, dando-lhe uma destinação pessoal, sem qualquer interesse profissional. Trata-se de uma conceituação *fática* e *econômica*. Não basta, portanto,

[...] ser destinatário fático do produto, retirá-lo da cadeia de produção, levá-lo para o escritório ou residência: é necessário ser destinatário final econômico do bem, não adquiri-lo para revenda, não adquiri-lo para uso profissional, pois o bem seria novamente um instrumento de produção cujo preço será incluído no preço final do profissional que o adquiriu.[16]

A proteção, destarte, limita-se ao não profissional, àquele que utiliza o bem ou o serviço adquirido para uso próprio. Vale dizer, exige-se "total desvinculação entre o destino do produto ou serviço consumido e qualquer atividade produtiva desempenhada pelo *utente* ou adquirente".[17]

Nessa linha, o STJ afastou a incidência do CDC em contrato de transporte internacional de insumos. Segundo o entendimento daquela Corte, é impossível "de se desvincular o contrato de compra e venda de insumo do respectivo contrato de transporte".[18] Da mesma forma, "a aquisição de insumos agrícolas se presta ao incremento da produtividade agrícola, destinada ao mercado de consumo interno ou externo", razão pela qual o produtor rural não deveria ser considerado destinatário final e, portanto, consumidor.[19]

Por fim, analisando ação ordinária de indenização por danos morais e materiais ajuizada por acionistas de sociedade anônima, o STJ também afastou a aplicação do CDC à espécie, por não ser "possível identificar na atividade de aquisição de ações nenhuma prestação de serviço por parte da instituição financeira, mas, sim, relação de cunho puramente societário e empresarial". Destarte, "a não adequação aos conceitos legais de consumidor e fornecedor descaracteriza a relação jurídica de consumo, afastando-a, portanto, do âmbito de aplicação do Código de Defesa do Consumidor".[20]

III – Teoria maximalista

Já os *maximalistas* entendem o CDC como um Código geral sobre o consumo, aplicável a "todos os agentes do mercado, os quais podem assumir os papéis ora de fornecedores, ora de consumidores".[21] Desta forma, ampliam sobremaneira a noção de consumidor, adotando um critério puramente objetivo.

Destinatário final, portanto, é conceituado segundo uma análise meramente *fática*: é quem retira o produto ou o serviço do mercado e o utiliza, o consome, "não

---

[16] MARQUES, Cláudia Lima. *Op. cit., loc. cit.*
[17] Voto da relatora no RMS 27.512/BA, STJ, 3ª T., Rel. Min. Nancy Andrighi, ac. 20.08.2009, *DJe* 23.09.2009.
[18] STJ, 3ª T., REsp. 1.442.674/PR, Rel. Min. Paulo de Tarso Sanseverino, ac. 07.03.2017, *DJe* 30.03.2017.
[19] STJ, 3ª T., AgInt no AREsp 1.381.374/GO, Rel. Min. Marco Aurélio Bellizze, ac. 29.04.2019, *DJe* 06.05.2019. No mesmo sentido: STJ, 4ª T., AgInt no AREsp 363.209/RS, Rel. Min. Raul Araújo, ac. 15.06.2020, *DJe* 01.07.2020.
[20] STJ, 3ª T., REsp. 1.685.098/SP, Rel. Min. Ricardo Villas Bôas Cueva, ac. 10.03.2020, *DJe* 07.05.2020.
[21] MARQUES, Cláudia Lima. *Op. cit.*, p. 305.

importando se a pessoa física ou jurídica tem ou não fim de lucro quando adquire um produto ou utiliza um serviço".[22] O aspecto econômico, destarte, não é relevante.

Assim, segundo Heloisa Carpena, consumidor é aquele que adquire o bem, esgotando o ciclo econômico. Destarte, basta que o bem não seja renegociado ou reintroduzido no mercado para que se considere o adquirente um consumidor.[23]

O STJ já adotou, por diversas vezes, essa concepção ampliativa de consumidor:

a) 2. Aplica-se a prescrição do Código de Defesa do Consumidor (art. 27), em caso de ação de indenização decorrente de dano causado em mercadoria durante o respectivo transporte marítimo, *não importando para a definição do destinatário final do serviço de transporte o que é feito com o produto transportado*. No caso, *o serviço de transporte foi consumado com a chegada da mercadoria no seu destino, terminando aí a relação de consumo*, estabelecida entre a transportadora e a empresa que a contratou (*g.n.*).[24]

b) Aquele que exerce empresa assume a condição de consumidor dos bens e serviços que adquire ou utiliza como destinatário final, isto é, *quando o bem ou serviço, ainda que venha a compor o estabelecimento empresarial, não integre diretamente – por meio de transformação, montagem, beneficiamento ou revenda – o produto ou serviço que venha a ser ofertado a terceiros*. O empresário ou sociedade empresária que tenha por atividade precípua a distribuição, no atacado ou no varejo, de medicamentos, deve ser considerado destinatário final do serviço de pagamento por meio de cartão de crédito, porquanto esta atividade não integra, diretamente, o produto objeto de sua empresa (*g.n.*).[25]

IV – Teoria do finalismo aprofundado

Esta teoria abrandou a concepção finalista, para acrescer à noção de destinatário final econômico a ideia de *hipossuficiência*. Segundo esta teoria, haveria uma presunção de vulnerabilidade do consumidor, que justificaria, excepcionalmente, a ampliação da proteção legal também às atividades empresariais, sempre que a pessoa jurídica,

[...] participando de uma relação jurídica na qualidade de consumidora, sua condição ordinária de fornecedora não lhe proporcione uma posição de igualdade frente à parte contrária. Em outras palavras, a pessoa jurídica deve contar com o mesmo grau de vulnerabilidade que qualquer pessoa comum se encontraria ao celebrar aquele negócio, de sorte a manter o desequilíbrio da relação de consumo.[26]

---

[22] Idem, ibidem.
[23] CARPENA, Heloisa. Afinal, quem é o consumidor? Campo de aplicação do CDC à luz do princípio da vulnerabilidade. *Revista Trimestral de Direito Civil*, Rio de Janeiro: Renovar, v. 19, jul.-set./2004, p. 31.
[24] STJ, 3ª T., REsp. 286.441/RS, Rel. p/ ac. Min. Carlos Alberto Menezes Direito, ac. 07.11.2002, *DJU* 03.02.2003, p. 315. No mesmo sentido: STJ, 3ª T., Resp. 235.200/RS, Rel. Min. Carlos Alberto Menezes, ac. 24.10.2000, *DJU* 04.12.2000, p. 65.
[25] STJ, 2ª Seção, CC 41.056/SP, Rel. p/ ac. Nancy Andrighi, ac. 23.06.2001, *DJU* 20.09.2004, p. 181.
[26] RMS 27.512/BA, *cit.*

Devem estar presentes, destarte, dois elementos para a caracterização do consumidor: *(i)* a destinação fática e econômica do bem adquirido; e, *(ii)* a vulnerabilidade do adquirente.

Segundo Cláudia Lima Marques, pode-se verificar quatro tipos de vulnerabilidades: a técnica, a jurídica, a fática e a informacional.

a) *A vulnerabilidade técnica* diz respeito à falta de conhecimentos específicos sobre o objeto adquirido, o que facilita seja o consumidor enganado quanto às características do bem ou à sua utilização. Essa vulnerabilidade é presumida para o consumidor não profissional, mas pode existir, também, para o profissional.[27]

O STJ, amparado pela vulnerabilidade técnica, já reconheceu a hipossuficiência de um freteiro, porque "excepcionalmente, o profissional freteiro, adquirente de caminhão zero quilômetro, que assevera conter defeito, também poderá ser considerado consumidor, quando a vulnerabilidade estiver caracterizada por alguma hipossuficiência quer fática, técnica ou econômica".[28]

b) *A vulnerabilidade jurídica ou científica,* configura-se na falta de "conhecimentos jurídicos específicos, conhecimentos de contabilidade ou de economia".[29] Essa hipossuficiência é presumida para o consumidor não profissional e pessoa física, não valendo para os profissionais e as pessoas jurídicas, "que devem possuir conhecimentos jurídicos mínimos e sobre economia para poderem exercer a profissão, ou devem poder consultar advogados e profissionais especializados antes de obrigar-se".[30]

c) *A vulnerabilidade fática ou socioeconômica* é analisada em relação ao fornecedor, quando se encontra em posição de monopólio, fático ou jurídico. A essencialidade do serviço ou o seu poder econômico impõem sua superioridade a todos que com ele contratam.[31]

d) *A vulnerabilidade informacional* é caracterizada pelo déficit informacional do consumidor, atingido, muitas vezes, pela manipulação das informações prestadas pelo fornecedor. "Se, na sociedade atual, é na informação que está o poder, a falta desta representa intrinsecamente um *minus,* uma vulnerabilidade tanto maior quanto mais importante for esta informação detida pelo outro".[32]

Cláudia Lima Marques destaca a vulnerabilidade informacional em situações alimentares, tais como a ausência de informação a respeito de um produto conter elementos geneticamente modificados.[33]

V – Posição atual do STJ

A jurisprudência do Superior Tribunal de Justiça evoluiu para a aplicação da teoria do *finalismo aprofundado.* Embora adote uma posição mais restritiva de aplicação

---

[27] Op. cit., p. 320-321.
[28] STJ, 3ª T., Resp. 1.080.719/MG, Rel. Min. Nancy Andrighi, ac. 10.02.2009, *Dje* 17.08.2009.
[29] MARQUES, Cláudia Lima. *Op. cit.,* p. 322-323.
[30] *Idem, ibidem.*
[31] *Idem,* p. 325.
[32] *Idem,* p. 330.
[33] *Idem,* p. 331-334.

do Código de Defesa do Consumidor, amparada pela noção de destinatário *fático* e *econômico* do bem, excepciona a regra nas situações em que se mostra evidente a *vulnerabilidade* do consumidor, ainda que profissional ou pessoa jurídica.[34]

Esse foi o entendimento do STJ ao reconhecer a aplicação do CDC à relação travada entre uma empresa fabricante de máquinas e fornecedora de softwares e uma costureira, que utiliza o equipamento para sua subsistência e de sua família:

> 1. A Segunda Seção do STJ, ao julgar o REsp 541.867/BA, Rel. Min. Pádua Ribeiro, Rel. p/ Acórdão o Min. Barros Monteiro, *DJ* de 16/05/2005, optou pela concepção subjetiva ou finalista de consumidor.
>
> 2. Todavia, *deve-se abrandar a teoria finalista, admitindo a aplicação das normas do CDC a determinados consumidores profissionais, desde que seja demonstrada a vulnerabilidade técnica, jurídica ou econômica.*
>
> 3. Nos presentes autos, o que se verifica é o conflito entre uma empresa fabricante de máquinas e fornecedora de softwares, suprimentos, peças e acessórios para a atividade confeccionista e uma pessoa física que adquire uma máquina de bordar em prol da sua sobrevivência e de sua família, ficando evidenciada a sua *vulnerabilidade econômica.*
>
> 4. Nesta hipótese, está justificada a aplicação das regras de proteção ao consumidor, notadamente a nulidade da cláusula eletiva de foro (*g.n.*).[35]

Da mesma forma, aquela Corte Superior reconheceu a vulnerabilidade de caminhoneiro em face da empresa vendedora do caminhão:

> 1. *É relação de consumo a estabelecida entre o caminhoneiro que reclama de defeito de fabricação do caminhão adquirido e a empresa vendedora do veículo, quando reconhecida a vulnerabilidade do autor perante a ré.* Precedentes.
>
> 2. Reconhecida a vulnerabilidade do consumidor e a dificuldade de acesso à Justiça, é nula a cláusula de eleição de foro. Precedentes (*g.n.*).[36]

Certo é que a proteção do Código de Defesa do Consumidor deve abarcar quem realmente dela necessita. A legislação é especial, não se trata de um direito comum, geral, aplicável a toda e qualquer relação. A ampliação exagerada das relações abrangidas pelo CDC, longe de dar-lhe maior eficácia, diminuiria sua importância, pois "se todos somos consumidores (no sentido jurídico), inclusive as empresas produtoras, por que, então, tutelar-se, de modo especial, o consumidor?".[37]

Aquele que não se enquadra no conceito de consumidor da legislação especial encontra perfeita proteção no Código Civil de 2002, que abarcou os princípios da boa-fé objetiva e da função social do contrato, respeitando a eticidade, a operabilidade e a socialidade. Daí porque a tese, às vezes adotada pelo STJ, que amplia a aplicação do

---

[34] Em relação à pessoa jurídica como consumidora, ver item 1.2 *infra*.
[35] STJ, 3ª T., REsp 1.010.834/GO, Rel. Min. Nancy Andrighi, ac. 03.08.2010, *Dje* 13.10.2010.
[36] STJ, 4ª T., AgRg no AREsp. 426.563/PR, Rel. Min. Luis Felipe Salomão, ac. 03.06.2014, *DJe* 12.06.2014.
[37] BENJAMIN, Antonio Herman de Vasconcellos. O conceito jurídico de consumidor. *Revista dos Tribunais*, São Paulo: ano 77, n. 628, p. 77, fev./1988.

CDC para proteger quem finalisticamente não se pode qualificar como consumidor, apenas em função de sua vulnerabilidade eventual, merece uma consideração sempre de excepcionalidade, para não desnaturar o próprio sistema da legislação consumerista. Mesmo o hipossuficiente não consumidor, em regra, encontra proteção adequada e suficiente no Código Civil, que é moderno e afinado com as aspirações atuais de justiça e equidade negociais.

Por fim, como já decidiu o STJ, em princípio, "a condição especial de consumidor não se transmite a cessionário de direitos contratuais".[38]

VI – Vulnerabilidade × hipossuficiência

O Código de Defesa do Consumidor reconhece a vulnerabilidade e a hipossuficiência do consumidor, o que justifica, como se viu, sua proteção especial. Entretanto, essas características não se confundem.

É certo que a *vulnerabilidade* do consumidor constitui uma *presunção legal absoluta*, que impõe o tratamento diferenciado que lhe é dispensado, em face do fornecedor.[39] Isso porque "não se pode pensar em proteção e defesa ao consumidor sem colocá-lo nesta posição de inferioridade perante os fornecedores de modo geral, principalmente diante das intensas transformações pelas quais passaram as relações jurídicas e empresariais nos últimos tempos".[40] Assim, todo consumidor é vulnerável perante a lei, sendo essa característica de ordem material. A *vulnerabilidade*, destarte, "é elemento posto da relação de consumo e não um elemento pressuposto, em regra".[41]

Por outro lado, a *hipossuficiência* não é característica de todo e qualquer consumidor. Trata-se de uma circunstância que deve ser aferida no processo, caso a caso,

---

[38] STJ, 4ª T., AgInt no Resp. 1620852/PR, Rel. Min. Luis Felipe Salomão, ac. 27.11.2018, *Dje* 07.12.2018. No mesmo sentido: "2. Na hipótese, a recorrida é cessionária de milhares de contratos de participação financeira, os quais já foram objeto de negociações anteriores. *Não está presente nenhum vínculo com a situação originária do adquirente da linha telefônica*, interessado na utilização do sistema de telefonia. 3. *As condições personalíssimas do cedente não se transmitem ao cessionário*. Assim, *a condição de consumidor do promitente-assinante não se transfere aos cessionários do contrato de participação financeira*. Precedente. 4. A situação dos autos retrata transações havidas entre sociedades empresárias, de índole comercial, não se identificando quer a vulnerabilidade, quer a hipossuficiência do cessionário" (g.n.) (STJ, 3ª T., Resp 1.608.700/PR, Rel. Min. Ricardo Villas Bôas Cueva, ac. 09.03.2017, *Dje* 31.03.2017).

[39] "O Código de Defesa do Consumidor (CDC) brasileiro assume uma postura protetora ao partir do pressuposto de que o consumidor é a parte fraca na relação. A técnica engendrada pelo CDC considera todo consumidor vulnerável por sua debilidade – sobretudo de informações – em comparação à condição do fornecedor" (TARTUCE, Fernanda; QUEIROZ, Roger Moreira de. Distinção conceitual entre vulnerabilidade e hipossuficiência no sistema jurídico brasileiro. *Revista Magister de Direito Civil e Processual Civil*, n. 97, jul.-ago. 2020, p. 85).

[40] PINTO, Henrique Alves. A vulnerabilidade do consumidor deformada pela ótica subjetiva do intérprete. *Revista de Direito Comercial, empresarial, concorrencial e do consumidor*, v. 13, out.-nov./2016, p. 90.

[41] TARTUCE, Flávio; NEVES, Daniel Amorim Assumpção. *Manual de Direito do Consumidor*: direito material e processual. 2. ed. São Paulo: Método, 2003, p. 33.

e sua caracterização tem por finalidade equilibrar a relação consumerista no bojo da ação judicial. Segundo Henrique Alves Pinto,

> A hipossuficiência funciona como um traço particular de dado consumidor, isto é, o art. 6º, inciso VIII, do CDC, que confere assento à hipossuficiência, possui natureza processual, depende que o consumidor diante da sua pretensão deduzida em juízo demonstre que não possui condições financeiras, sociais ou culturais de "fazer a prova necessária à instrução do processo".[42]

A hipossuficiência, nessa esteira, pode dizer respeito à ausência de condições financeiras para arcar com custos do processo, ou técnicas, para melhor entender o produto ou serviço negociado, justificando o tratamento processual diferenciado do consumidor especialmente para fins de inversão do ônus da prova.[43]

Diante disto, a presunção de hipossuficiência é apenas *relativa*, dependendo, pois, de sua demonstração efetiva no caso concreto, como se passa com a inversão do ônus da prova (CDC, art. 6º, VIII).

1.4. A PESSOA JURÍDICA COMO CONSUMIDOR

Reconhece a jurisprudência do STJ que o CDC não é de aplicação restrita ao consumidor pessoa física. Também as pessoas jurídicas podem se beneficiar de sua proteção, "desde que (i) sejam *destinatárias finais* de produtos e de serviços, e, (ii) ainda, *vulneráveis*".[44]

Logo, não se enquadra, em princípio, na qualificação de consumidor a sociedade empresarial que adquire produtos e serviços de outros fornecedores, todos inseridos no ciclo de prestações entre partícipes de negócio que ainda não alcançou a área de destinação final, na qual se torna possível identificar o consumidor tutelado pelo CDC.

Nas relações entre fornecedores apenas, o produto adquirido se dá como *insumo*, prestando-se a auxiliar no desenvolvimento da atividade negocial e empresarial do adquirente, "e não no intuito legal de aquisição ou utilização do produto ou serviço como destinatário final".[45] A compra de *insumos*, de tal sorte, fica no meio do ciclo produtivo desenvolvido pelo fornecedor. Sendo assim, a pessoa jurídica não pode ser, tecnicamente, qualificada como consumidor.

Assim, segundo o STJ, "a relação de consumo (consumidor final) não pode ser confundida com relação de insumo (consumidor intermediário)".[46]

---

[42] *Idem, ibidem*.
[43] TARTUCE, Fernanda; QUEIROZ, Roger Moreira de. Distinção conceitual entre vulnerabilidade e hipossuficiência, *cit.*, p. 86.
[44] STJ, 2ª T., AgRg no REsp. 1.319.518/SP, Rel. Min. Mauro Campbell Marques, ac. 18.12.2012, *DJe* 05.02.2013.
[45] REsp. 1.319.518/SP, *cit.*
[46] STJ, 3ª T., REsp. 1.352.419/SP, Rel. Min. Ricardo Villas Boas Cueva, ac. 19.08.2014, *DJe* 08.09.2014.

Reconhece-se que a teoria adotada pela jurisprudência do STJ, na conceituação do consumidor, é a *finalista*, para a qual o CDC só é aplicável ao destinatário final do produto ou serviço, "seja ele pessoa física ou jurídica". Fica, portanto, excluído de sua proteção quem pratica "o consumo intermediário, assim entendido aquele cujo produto retorna para as cadeias de produção e distribuição, compondo o custo (e, portanto, o preço final) de um novo bem ou serviço".[47]

Daí por que "não se aplica o Código de Defesa do Consumidor a contratos celebrados por empresa para aquisição de maquinário de elevado valor, a ser utilizado em sua atividade negocial".[48]

No entanto, a partir da ponderação de que certos empresários se mostram bastante vulneráveis em relação a outros, durante fornecimentos dos insumos empregados na produção destinada à comercialização, a teoria finalista tem sofrido certa flexibilização no seio da jurisprudência, em constante evolução.

É por isso que "a jurisprudência – aí incluída a do próprio STJ –, tomando por base o conceito de *consumidor por equiparação* previsto no art. 29 do CDC, tem evoluído para uma aplicação temperada da teoria finalista frente às *pessoas jurídicas*, num processo que a doutrina vem denominando *finalismo aprofundado*".[49]

Nessa perspectiva, o STJ tem "mitigado os rigores da teoria finalista para autorizar a incidência do Código de Defesa do Consumidor nas hipóteses em que a parte (pessoa física ou jurídica), embora não seja tecnicamente a destinatária final do produto ou serviço, se apresenta em situação de vulnerabilidade".[50]

Explica a Min. Nancy Andrighi que, na realidade, a jurisprudência, em circunstâncias particulares, passa a admitir que "a pessoa jurídica [de ordinário, não enquadrável na categoria de destinatário final do produto] adquirente de um produto ou serviço pode ser equiparada à condição de consumidora, por apresentar frente ao fornecedor alguma vulnerabilidade que, vale lembrar, constitui o princípio-motor da política nacional das relações de consumo, premissa expressamente fixada no art. 4º, I, do CDC, que legitima toda a proteção conferida ao consumidor".[51]

---

[47] STJ, 3ª T., REsp. 1.195.642/RJ, Rel. Min. Nancy Andrighi, ac. 13.11.2012, *DJe* 21.11.2012. "Por sua vez, destinatário final, segundo a teoria subjetiva ou finalista, adotada pela Segunda Seção desta Corte Superior, é aquele que ultima a atividade econômica, ou seja, que retira de circulação do mercado o bem ou o serviço para consumi-lo, suprindo uma necessidade ou satisfação própria, não havendo, portanto, reutilização ou reingresso dele no processo produtivo" (REsp. 1.352.419/SP, *cit*.).
[48] STJ, 4ª T., AgInt no REsp. 1.140.331/RS, Rel. Mi. Maria Isabel Gallotti, ac. 29.08.2017, *DJe* 04.09.2017.
[49] Voto da Min. Nancy Andrighi no REsp. 1.195.642/RJ, *cit.*
[50] STJ, 3ª T., REsp. 1.027.165/ES, Min. Sidnei Beneti, ac. 07.06.2011, *DJe* 14.06.2011; STJ, 4ª T., REsp. 1.196.951/PI, Rel. Min. Luís Felipe Salomão, ac. 14.02.2012, *DJe* 09.04.2012; STJ, 2ª T., REsp. 1.190.139/RS, Rel. Min. Mauro Campbell Marques, ac. 06.12.2011, *DJe* 13.12.2011; STJ, 3ª T., REsp. 1.010.834/GO, Rel. Min. Nancy Andrighi, ac. 03.08.2010, *DJe* 13.10.2010; STJ, 4ª T., REsp. 567.192/SP, Rel. Min. Raul Araújo, ac. 05.09.2013, *DJe* 29.10.2014.
[51] Voto no REsp. 1.195.642/RJ, *cit.*

Nessa esteira, o STJ já reconheceu a vulnerabilidade de empresas jurídicas em face de alguns fornecedores, justificando a aplicação do CDC à relação travada entre as partes:

a) Em caso de seguro:

[...] 3. Há relação de consumo no seguro empresarial se a pessoa jurídica o firmar visando a proteção do próprio patrimônio (destinação pessoal), sem o integrar nos produtos ou serviços que oferece, mesmo que seja para resguardar insumos utilizados em sua atividade comercial, pois será a destinatária final dos serviços securitários. Situação diversa seria se o seguro empresarial fosse contratado para cobrir riscos dos clientes, ocasião em que faria parte dos serviços prestados pela pessoa jurídica, o que configuraria consumo intermediário, não protegido pelo CDC.

4. A cláusula securitária a qual garante a proteção do patrimônio do segurado apenas contra o furto qualificado, sem esclarecer o significado e o alcance do termo "qualificado", bem como a situação concernente ao furto simples, está eivada de abusividade por falha no dever geral de informação da seguradora e por sonegar ao consumidor o conhecimento suficiente acerca do objeto contratado. Não pode ser exigido do consumidor o conhecimento de termos técnico-jurídicos específicos, ainda mais a diferença entre tipos penais de mesmo gênero.[52]

b) Em caso de aquisição de aeronave:

1. Controvérsia acerca da existência de relação de consumo na aquisição de aeronave por empresa administradora de imóveis.

2. Produto adquirido para atender a uma necessidade própria da pessoa jurídica, não se incorporando ao serviço prestado aos clientes.

3. Existência de relação de consumo, à luz da teoria finalista mitigada. Precedentes.[53]

Uma significativa distinção se faz, todavia, entre a avaliação da vulnerabilidade, perante o consumidor genuíno e o consumidor por equiparação. Enquanto esta se presume legalmente em relação ao consumidor pessoa física não profissional (CDC, art. 4º, I), o que se presume, perante a pessoa jurídica, é o contrário, isto é, até prova em contrário o empresário, como profissional em seu ramo, não se apresenta como vulnerável no comando de sua atividade.

Portanto, a vulnerabilidade da pessoa jurídica empresarial, quando invocada para justificar a excepcional proteção do CDC, haverá de ser demonstrada e comprovada por quem a alega, sob pena de não lhe ser reconhecida a condição de sujeito de uma relação de consumo.[54] De qualquer modo, é preciso agir com muita cautela na ampliação da área de incidência da legislação consumerista. Isto porque nosso Código Civil é moderno e fornece um excelente sistema de recursos destinados a assegurar a equidade

---

[52] REsp. 1.352.419/SP, cit.
[53] STJ, 3ª T., AgRg. no REsp. 1.321.083/PR, Rel. Min. Paulo de Tarso Sanseverino, ac. 09.09.2014, DJe 25.09.2014.
[54] Há no acórdão do REsp. 1.195.642/RJ, várias vezes citado, uma excelente abordagem sobre o tema da vulnerabilidade da pessoa jurídica, para fins de aplicar-lhe a tutela da legislação consumerista.

e a justiça nos relacionamentos contratuais em geral. A aplicação indiscriminada da lei protetiva especial conspira contra seu próprio prestígio, tornando-a panaceia assistemática e banalizada, capaz de afetar a segurança jurídica e a confiança dos agentes do mundo econômico-negocial.

Por fim, não há relação de consumo entre acionistas investidores e sociedade anônima de capital aberto com negociações no mercado de valores mobiliários. Isto porque "não é possível identificar na atividade de aquisição de ações nenhuma prestação de serviço por parte da instituição financeira, mas, sim, relação de cunho puramente societário e empresarial". De tal sorte que "a não adequação aos conceitos legais de consumidor e fornecedor descaracteriza a relação jurídica de consumo, afastando-a, portanto, do âmbito de aplicação do Código de Defesa do Consumidor".[55]

1.5. CONSUMIDOR POR EQUIPARAÇÃO

I – Consumidor padrão e consumidor por equiparação

O CDC cuida da conceituação de consumidor por etapas: *(i)* no art. 2º, *caput*, configura o consumidor padrão, ou *standard*, que vem a ser literalmente "toda pessoa física ou jurídica que adquire ou utiliza produto ou serviço como destinatário final" (ver o item 1.3, *retro*); *(ii)* em três outros dispositivos, o mesmo Código define o que chama de *consumidor por equiparação*, com o fito de bem dimensionar a área de aplicação de suas normas protetivas, para cuja incidência basta "que esteja o sujeito exposto às situações previstas no Código, seja na condição de integrante de uma coletividade de pessoas (art. 2º, parágrafo único), como vítima de um acidente de consumo (art. 17), ou como destinatário de práticas comerciais, e de formação e execução do contrato (art. 29)".[56]

II – Equiparação pelo art. 2º, parágrafo único, do CDC

Nos termos do art. 2º, parágrafo único, do CDC, "equipara-se a consumidor a coletividade de pessoas, ainda que indetermináveis, que haja intervindo nas relações de consumo". A regra é de natureza instrumental, pois permite a tutela coletiva dos direitos de consumidores (difusos, coletivos e individuais homogêneos), prevista nos arts. 81 a 100 do CDC. Para Bruno Miragem, a equiparação será para a coletividade que haja intervindo nas relações de consumo realizando atos de consumo – adquirindo ou utilizando produtos e serviços –, bem como para quem esteja simplesmente exposto às práticas dos fornecedores no mercado de consumo.[57]

III – Equiparação pelo art. 17 do CDC

Prevê o art. 17 do CDC a figura do "consumidor por equiparação" (*bystander*), por meio da qual a proteção da legislação consumerista é estendida àqueles que, mesmo

---

[55] STJ, 3ª T., REsp. 1.685.098/SP, Rel. p/ acórdão Min. Ricardo Villas Bôas Cueva, ac. 10.03.2020, *DJe* 07.05.2020.
[56] MIRAGEM, Bruno. *Curso de direito do consumidor*. 8. ed. São Paulo: Ed. RT, 2019, p. 231.
[57] MIRAGEM, Bruno. *Curso de direito do consumidor*. 8. ed. *cit.*, p. 232.

sem participar diretamente da relação de consumo, venham a ser vítimas de evento danoso decorrentes dessa relação.

A caracterização como consumidor por equiparação, nos moldes do referido dispositivo, depende, para a jurisprudência do STJ, de o prejuízo decorrer lógica e imediatamente do defeito do produto ou do serviço ofertado pelo fornecedor, como ressalta o seguinte aresto:

> [...] 2. Afasta-se peremptoriamente a pretendida aplicação do Código de Defesa do Consumidor à espécie, a pretexto de à demandante ser atribuída a condição de consumidora por equiparação. Em se interpretando o artigo 17 do CDC, reputa-se consumidor por equiparação o terceiro, estranho à relação de consumo, que experimenta prejuízos ocasionados diretamente pelo acidente de consumo.
>
> 3. Na espécie, para além da inexistência de vulnerabilidade fática – requisito, é certo, que boa parte da doutrina reputa irrelevante para efeito de definição de consumidor (inclusive) *stricto sensu*, seja pessoa física ou jurídica –, *constata-se que os prejuízos alegados pela recorrente não decorrem, como desdobramento lógico e imediato, do defeito do serviço prestado pela instituição financeira aos seus clientes* (roubo de talonário, quando do envio aos seus correntistas), não se podendo, pois, atribuir-lhe a qualidade de consumidor por equiparação.[58] (g.n.)

Na mesma linha, o STJ não reconhece a qualidade de consumidor por equiparação ao recebedor de cheque sem fundos. Para a Corte Superior, há duas relações distintas a serem consideradas na espécie: uma, travada entre o banco e seu cliente e outra de natureza civil ou comercial, existente entre o cliente do banco – emitente do cheque – e o beneficiário do título de crédito. Só haverá responsabilização da instituição financeira se se comprovar defeito na prestação do serviço bancário,[59] o que, obviamente, não ocorre quando o correntista emite cheque sem provisão de fundos em poder do banco.

Em outra oportunidade, analisando o bloqueio de cartão de crédito que impediu a sua utilização por filha da correntista em viagem internacional, a Corte Superior afastou a qualificação da autora como consumidora por equiparação, por entender não ser aplicável o instituto nas hipóteses de vício do produto ou serviço, *in verbis*:

> 4. Em caso de vício do produto ou serviço (arts. 18 a 25 do CDC), não incide o art. 17 do CDC, porquanto a Lei restringiu a sua aplicação às hipóteses previstas nos arts. 12 a 16 do CDC. [...]

---

[58] STJ, 3ª T., REsp 1.324.125/DF, Rel. Min. Marco Aurélio Bellizze, ac. 21.05.2015, DJe 12.06.2015. Na oportunidade, a Turma reconheceu que não teria havido defeito do serviço, uma vez que, ao ser informada do roubo/extravio do cheque, a instituição financeira cancelou o talonário.

[59] "O banco sacado não responde por prejuízos de ordem material eventualmente causados a terceiros beneficiários de cheques emitidos por seus correntistas e devolvidos por falta de provisão de fundos. O fato de existir em circulação grande número de cheques ou de ser recente a relação havida entre o banco sacado e seu cliente, emitente dos referidos títulos, não revela a ocorrência de defeito na prestação dos serviços bancários e, consequentemente, afasta a possibilidade de que, por tais motivos, seja o eventual beneficiário das cártulas elevado à condição de consumidor por equiparação" (STJ, 3ª T., REsp 1.665.290/SC, Rel. Min. Ricardo Villas Bôas Cueva, ac. 13.10.2020, DJe 19.10.2020).

6. Hipótese em que a má prestação de serviço consistente em bloqueio de cartão de crédito sem notificação, impedindo a sua utilização em viagem internacional, configura apenas um vício de qualidade que torna o serviço impróprio ao consumo, na forma do art. 20 do CDC, não incidindo, assim, os arts. 17 e 29 do CDC, carecendo a recorrente de legitimidade ativa para propor a respectiva ação indenizatória.[60]

Por outro lado, quem, por exemplo, numa festa ingeriu bebida ou comida deteriorada pode agir, em busca de reparação do dano sofrido, contra o fabricante da bebida ou contra o *buffet* que preparou os alimentos. Não importa que nenhuma relação direta tenha sido previamente estabelecida entre a vítima e os fornecedores em questão.

O Tribunal de Justiça do Paraná equiparou a consumidor o condômino vítima de evento danoso em condomínio, em razão da falha na prestação de serviços de vigilância ou segurança, em razão de furto ocorrido em sua residência. Na oportunidade, o Relator asseverou que:

[...] apesar de o contrato de prestação de serviço de segurança privada ter sido celebrado entre o condomínio – e não o agravante, pessoalmente – e a agravada, não afasta o reconhecimento da relação de consumo. Isso porque, nos termos dos arts. 2º e 17, ambos da Lei nº 8.078/90 (CDC), consumidor não é somente quem adquire o serviço, mas também quem o utiliza; ademais, "equiparam-se aos consumidores todas as vítimas do evento"; certamente, portanto, os condôminos que residem no edifício enquadram-se ao conceito de consumidores em relação ao serviço de portaria e segurança privada.[61]

O STJ já teve oportunidade de apreciar um caso em que a vítima de um acidente de trânsito não era usuário do serviço de transporte coletivo, mas sofreu prejuízo decorrente do evento provocado pelo veículo da transportadora. Ficou decidido que:

Em acidente de trânsito envolvendo fornecedor de serviço de transporte, o terceiro vitimado em decorrência dessa relação de consumo deve ser considerado consumidor por equiparação [pense-se num mecânico que estivesse no veículo acidentado para realizar um reparo qualquer, ou num fiscal do serviço público que o estivesse inspecionando, no momento em que ocorreu o acidente].[62]

Deve-se, segundo o aresto do STJ, excepcionar da regra do art. 17 do CDC o acidente ocorrido quando o fornecedor não estivesse prestando o serviço a que se destina o veículo. Pense-se no acidente ocorrido dentro de uma oficina para onde ele foi removido para reparos. Inexistindo qualquer relação de consumo no momento do dano suportado pelo terceiro, da qual se pudesse extrair, por equiparação, a condição

---

[60] STJ, 3ª T., REsp. 1.967.728/SP, Rel. Min. Nancy Andrighi, ac. 22.03.2022, *DJe* 25.03.2022.
[61] TJPR, 12ª C.C, Ag. 0048146-22.2021.8.16.0000, Rel. Des. Rogério Etzel, ac. 14.12.2021. No mesmo sentido: TJPR, 1ª Turma Recursal, RI 0004754-22.2014.8.16.0018, Rel. Juiz Leo Henrique Furtado Araujo, ac. 13.09.2016.
[62] STJ, 3ª T., REsp. 1.125.276/RJ, Rel. Min. Nancy Andrighi, ac. 28.02.2012, *DJe* 07.03.2012.

de consumidor para a vítima, não haverá como dispensar-lhe a tutela do CDC,[63] em face da empresa proprietária do veículo em conserto.

Vale ressaltar aresto do STJ, em que se equiparou a consumidor o comerciante vítima de estilhaços provocados pela explosão de garrafa de vidro:

1 – Comerciante atingido em seu olho esquerdo pelos estilhaços de uma garrafa de cerveja, que estourou em suas mãos quando a colocava em um freezer, causando graves lesões.

2 – Enquadramento do comerciante, que é vítima de um acidente de consumo, no conceito ampliado de consumidor estabelecido pela regra do art. 17 do CDC ("bystander").

3 – Reconhecimento do nexo causal entre as lesões sofridas pelo consumidor e o estouro da garrafa de cerveja.

4 – Ônus da prova da inexistência de defeito do produto atribuído pelo legislador ao fabricante.[64]

Em seu voto, o relator ressaltou que "a circunstância de se tratar de comerciante, que se lesionou com o estouro da garrafa de cerveja no momento em que a manuseava em seu estabelecimento comercial, não afasta a condição de consumidor, em face da regra de extensão do art. 17 do CDC". E continua,

As pessoas jurídicas, assim como os intermediários da cadeia de consumo, incluindo comerciantes, atacadistas, varejistas, transportadores, também podem ser vítimas de acidente de consumo. Normalmente, essas pessoas não seriam consideradas consumidoras para efeito de incidência do CDC, salvo quando destinatárias finais do produto ou do serviço (art. 2º do CDC). Todavia, em face da regra do artigo 17 do CDC, a pessoa jurídica e o intermediário, ainda que não sejam destinatários finais, ficam equiparados ao consumidor, caso sejam vítimas de um acidente de consumo.

O Ministro Herman Benjamin, em seus Comentários ao código de proteção do consumidor, fornece exatamente o exemplo do dono de um supermercado que, ao inspecionar sua seção de enlatados, sofre ferimentos pela explosão de uma lata com defeito de fabricação, reconhecendo que ele pode pleitear, do mesmo modo que o consumidor que está a seu lado, reparação pelos danos sofridos em decorrência do produto defeituoso.[65]

Nessa esteira, a conceituação de consumidor por equiparação, em casos de acidente de consumo, engloba os comerciantes que, ao manusearem o produto defeituoso, ficam feridos.

Interessante ressaltar, ainda sobre o tema, alguns acórdãos da mesma Corte que qualificam como consumidor por equiparação: a criança que foi lesionada por

---

[63] STJ, REsp. 1.125.276/RJ, cit.
[64] STJ, 3ª T., REsp. 1.288.008/MG, Rel. Min. Paulo de Tarso Sanseverino, ac. 04.04.2013, *DJe* 11.04.2013.
[65] BENJAMIN, Antônio Herman V. *Comentários ao código de proteção do consumidor*. São Paulo: Saraiva, 1991. p. 81.

garrafas quebradas de cerveja deixadas em via pública pela distribuidora;[66] o gari atropelado por ônibus enquanto trabalhava;[67] menor atropelada ao tentar atravessar a rodovia na faixa de pedestre;[68] os moradores de casas atingidas pela queda de uma aeronave;[69] pescadores artesanais prejudicados em razão de derramamento de óleo no litoral.[70]

O STJ chegou a considerar como consumidor por equiparação aquele que foi vítima de poluição gerada pelo fornecedor na fase de produção, anterior, portanto, à conclusão do processo produtivo e muito mais anterior a qualquer comercialização.[71] De fato, o art. 12 do CDC prevê a responsabilidade do fabricante por danos causados aos consumidores por defeito de fabricação dos seus produtos. Com a devida vênia ao entendimento adotado por aquela Corte Superior, é necessário que exista o produto ou serviço para se cogitar de um vício na sua fabricação que tenha sido capaz de provocar o efeito danoso, seja ao consumidor direto ou ao consumidor por equiparação, para permitir a aplicação da legislação consumerista. A não ser assim, nenhum fabricante teria como escapar da sujeição às regras do direito do consumidor, por mais distante que tenha sido o acidente industrial da entrada ou possibilidade de entrada do produto no mercado. Afinal, a responsabilidade do fabricante em relação ao consumidor por equiparação equivale a uma severa excepcionalidade que, por sua própria natureza, não convive com interpretações extensivas ou analógicas.

IV – Equiparação pelo art. 29 do CDC

Por fim, o art. 29 do CDC equipara a consumidor todas as pessoas, determináveis ou não, expostas às práticas comerciais previstas nos arts. 30 e seguintes da legislação, que dizem respeito às disposições relativas às práticas comerciais pelos fornecedores e à proteção contratual do consumidor, a exemplo da vinculação do fornecedor aos termos da oferta ou da publicidade; ao dever de disponibilizar peças e componentes de reposição; de fazer constar o endereço do fabricante na embalagem do produto; de responder solidariamente pelos atos dos prepostos ou representantes autônomos etc. Ou seja, a proteção do consumidor, determinado ou indeterminado, abarca todas as fases negociais que vão desde o momento da divulgação publicitária, dos contatos pré-contratuais, da contratação, e da execução, até o período pós-contratual.

---

[66] "O propósito recursal consiste em determinar: (i) se é correta a aplicação da legislação consumerista à hipótese dos autos, em que o recorrido foi lesionado por garrafas quebradas de cerveja deixadas em via pública; e (ii) se é possível a solidariedade entre a recorrente, fabricante de cervejas, e a interessada, então sua distribuidora, responsável por deixar as garrafas quebradas em calçada pública. [...] Para fins de tutela contra acidente de consumo, o CDC amplia o conceito de consumidor para abranger qualquer vítima, mesmo que nunca tenha contratado ou mantido qualquer relação com o fornecedor" (STJ, 3ª T, REsp 1.574.784/RJ, Rel. Min. Nancy Andrighi, ac. 19.06.2018, DJe 25.06.2018).

[67] STJ, 3ª T., REsp. 1.787.318/RJ, Rel. Min. Paulo de Tarso Sanseverino, ac. 16.06.2020, DJe 18.06.2020.

[68] STJ, 4ª T., Resp 1.268.743/RJ, Rel. Min. Luis Felipe Salomão, ac. 04.02.2014, DJe 07.04.2014.

[69] STJ, 4ª T., REsp 1.281.090/SP, Rel. Min. Luis Felipe Salomão, ac. 07.02.2012, DJe 15.03.2012.

[70] STJ, 2ª Seção, AgInt nos EDcl no CC 132.505/RJ, Rel. Min. Antonio Carlos Ferreira, ac. 23.11.2016, DJe 23.11.2016.

[71] STJ, 3ª T., REsp. 2.009.210/RS, Rel. Min. Nancy Andrighi, ac. 09.08.2022, DJe 12.08.2022.

Para Herman Benjamin, essa regra, indo além da proteção individual do consumidor *standard* (art. 2º, *caput*), permite também o controle das práticas comerciais por meio da tutela coletiva, ao conceituar seu destinatário (o consumidor) de forma abstrata.[72] Entretanto, somente se aplica a equiparação quando esteja presente a vulnerabilidade do contratante,[73] sob pena de se aplicar a legislação especial para toda e qualquer situação contratual de direito privado, desvirtuando sua própria finalidade protetiva.[74]

1.6. CONCEITO DE FORNECEDOR

Fornecedor, para o CDC, é "toda pessoa física ou jurídica, pública ou privada, nacional ou estrangeira, bem como os entes despersonalizados, que desenvolvem atividades de produção, montagem, criação, construção, transformação, importação, exportação, distribuição ou comercialização de produtos ou prestação de serviços" (art. 3º). Destarte, fornecedor é todo aquele que disponibiliza no mercado produtos ou serviços.

Fornecedor, na lição de José Geraldo Brito Filomeno, é, destarte,

> [...] qualquer *pessoa física*, ou seja, qualquer um que, a título singular, mediante desempenho de atividade mercantil ou civil e de forma habitual, ofereça no mercado produtos ou serviços, e a *jurídica*, da mesma forma, mas em associação mercantil ou civil e de forma habitual (grifos no original).[75]

O critério, portanto, para caracterização de fornecedor é "desenvolver *atividades* tipicamente *profissionais*, como a comercialização, a produção, a importação, indicando também a necessidade de uma certa habitualidade, como a transformação, a distribuição de produtos". De tal sorte que são excluídos da aplicação do Código "todos os contratos firmados entre dois consumidores não profissionais".[76]

E, tratando-se de prestação de serviços, o Código exige, além da habitualidade da atividade, ser ela desenvolvida "mediante remuneração" (§ 2º, art. 3º, do CDC). A remuneração de que trata a lei abrange não apenas as atividades que são pagas pelo próprio consumidor, mas, também, "os serviços de consumo remunerados indiretamente,

---

[72] BENJAMIN, Antonio Herman. Comentário ao art. 29. In: GRINOVER, Ada Pellegrini et al. *Código brasileiro de defesa do consumidor comentado pelos autores do Anteprojeto*. 10. ed. Rio de Janeiro: Forense, 2011, v. I, p. 271-272.

[73] "A jurisprudência desta Corte tem abrandado o conceito finalista de consumidor adotado pela legislação consumerista (destinatário final e econômico), para admitir a aplicabilidade do CDC *nas relações entre fornecedores e consumidores-empresários em que fique evidenciada a sua vulnerabilidade frente a outra parte*" (g.n.) (STJ, 1ª T., REsp 1.321.501/SE, Rel. Min. Benedito Gonçalves, ac. 07.11.2013, *Dje* 23.04.2014). Ao contrário, porém, do consumidor propriamente dito, o empresário, para ser equiparado a consumidor, depende de comprovação efetiva de sua vulnerabilidade perante o negócio praticado com o fornecedor.

[74] MIRAGEM, Bruno. *Curso de direito do consumidor*. 8. ed., *cit.*, p. 235.

[75] FILOMENO, José Geraldo Brito. In: *Código Brasileiro de Defesa do Consumidor. cit.*, p. 48.

[76] MARQUES, Cláudia Lima. *Contratos no Código de Defesa do Consumidor*. 5. ed. São Paulo: RT, 2005, p. 393.

isto é, quando não é o consumidor individual que paga, mas a coletividade (facilidade diluída no preço de todos) ou quando ele paga indiretamente o 'benefício gratuito' que está recebendo".[77]

Em outras palavras, ainda que não haja remuneração direta pelo consumidor, se o custo estiver incluído no preço do serviço, haverá remuneração para os fins da lei. Destarte, "para estar diante de um serviço prestado sem remuneração, será necessário que, de fato, o prestador do serviço não tenha, de maneira alguma, se ressarcido de seus custos, ou que, em função da natureza da prestação do serviço, não tenha cobrado o preço".[78]

I – Fornecedor equiparado

A doutrina, adotando um conceito mais extensivo de fornecedor, admite a figura do *fornecedor equiparado*. Para Leonardo Roscoe Bessa, o Código "ao lado do conceito genérico de fornecedor (*caput*, art. 3º), indica e detalha, em outras passagens, atividades que estão sujeitas ao CDC. Talvez, o melhor exemplo seja relativo aos bancos de dados e cadastros de consumidores (art. 43, CDC)".[79] Assim, a conceituação de fornecedor deve ser feita a partir de uma perspectiva que leva em consideração a atividade desenvolvida pela pessoa física ou jurídica.

Fornecedor equiparado, destarte, é "aquele terceiro na relação de consumo, um terceiro apenas *intermediário ou ajudante da relação de consumo principal*, mas que atua frente a um consumidor ou a um grupo de consumidores como se fornecedor fosse"[80] (g.n.).

O conceito de fornecedor equiparado vem sendo aplicado, pela doutrina, aos influenciadores digitais, assim considerados os "indivíduos que atuam nas mídias sociais ditando comportamentos e tendências, indicando produtos e/ou serviços e compartilhando ideias".[81]

---

[77] MARQUES, Cláudia Lima; BENJAMIN, Antônio Herman V.; MIRAGEM, Bruno. *Comentários ao Código de Defesa do Consumidor*. São Paulo: RT, 2003, p. 94.

[78] NUNES, Rizzatto. *Curso de direito do consumidor*. São Paulo: Saraiva, 2004, p. 98.

[79] BESSA, Leonardo Roscoe. Fornecedor equiparado. *Revista de Direito do Consumidor*, n. 61, p. 137, jan.-mar./2007.

[80] BENJAMIN, Antonio Herman de Vasconcellos; MARQUES, Claudia Lima; BESSA, Leonardo Roscoe. *Manual de direito do consumidor*. São Paulo: Ed. RT, 2007, p. 107. Fornecedor por equiparação é, portanto, "um terceiro que serviria como ajudante na aproximação entre as marcas e os consumidores para que a relação principal entre consumidor e fornecedor se realiza" (SQUEFF, Tatiana Cardoso; BURILLE, Cíntia. Desafios à tutela do consumidor: a responsabilidade objetiva e solidária dos influenciadores digitais diante da inobservância do dever jurídico de informação. *Revista de Direito do Consumidor*, n. 140, p. 317, mar.-abr./2022).

[81] AZEVEDO, Marina Barbosa; MAGALHÃES, Vanessa de Pádua Rios. A responsabilidade dos influenciadores digitais pelos produtos e serviços divulgados nas redes sociais. *Revista Síntese: direito civil e processual civil*. N.º 138, p. 37, jul-ago/2022. O influenciador digital é, pois, "aquele indivíduo com enorme representatividade social no ambiente digital, inserindo características pessoais as quais captam empaticamente indivíduos que vivem no mesmo ambiente cibernético e são influenciados a agirem e opinarem de forma semelhante ou próxima àquela propagada pelo

Uma vez que o influenciador incentiva o consumo de determinados produtos e serviços, recebendo vantagens diretas ou indiretas por sua atividade, é equiparado a fornecedor:

[...] pode-se afirmar que os influencers "podem e devem ser equiparados a fornecedores, devido à criação de conteúdo, facilitação da comercialização e ampla divulgação dos produtos e serviços de consumo realizados por eles", ações que lhes propiciam auferir lucro.[82]

Diversa, entretanto, é a situação do preposto, que é um auxiliar que integra a estrutura funcional da empresa, subordinado ao empresário. Ao agir, o preposto atua em nome e no interesse do fornecedor, vale dizer, é ele uma espécie de representante, razão pela qual não é considerado fornecedor equiparado. Entretanto, para a lei, o fornecedor de produtos ou serviços "é solidariamente responsável pelos atos de seus prepostos ou representantes autônomos" (art. 34 do CDC). Nesse sentido, a jurisprudência do STJ:

4. A fornecedora de veículos automotores para revenda – montadora concedente – é solidariamente responsável pelos atos de seus prepostos (concessionária) diante do consumidor, ou seja, há responsabilidade de quaisquer dos integrantes da cadeia de fornecimento que dela se beneficia. Precedentes.[83]

Sobre a responsabilidade do anunciante, da agência e do veículo de informação, em caso de publicidade enganosa ou abusiva, que, embora não sejam prepostos, apenas divulgam informação prestada pelo fornecedor, ver item 6.4 do Capítulo VI da Parte II desta obra.

1.7. CONSUMIDOR E FORNECEDOR NOS PAÍSES DA UNIÃO EUROPEIA

Por fim, cumpre destacar a conceituação que a doutrina e a legislação dos países da União Europeia conferem ao consumidor e ao fornecedor.

---

influenciador, incentivando-os a consumirem tais produtos ou serviços de forma indireta, com publicidade subliminar ou clandestina, ou diretamente, por meio da publicidade ostensiva" (MALHEIRO, Emerson Penha; PIMENTA, Enki Della Santa. A responsabilidade civil do digital influencer nas relações de consumo na sociedade da informação. *Revista de Direito do Consumidor*, n. 137, p. 63, set.-out./2021).

[82] SQUEFF, Tatiana Cardoso; BURILLE, Cíntia. Desafios à tutela do consumidor: a responsabilidade objetiva e solidária dos influenciadores digitais diante da inobservância do dever jurídico de informação, *cit.*, p. 319). "Pois bem, os influenciadores digitais são fornecedores por equiparação, pois obtêm o lucro conforme as vendas que são realizadas aos seus seguidores-consumidores e, inclusive, dispondo de *vouchers* personalizados que fornecem descontos para compra do produto ou contratação dos serviços daquela marca/empresa" (MALHEIRO, Emerson Penha; PIMENTA, Enki Della Santa. A responsabilidade civil do digital influencer nas relações de consumo na sociedade da informação *cit.*, p. 68).

[83] STJ, 3ª T., AgInt no REsp 1.946.105/MA, Rel. Min. Moura Ribeiro, ac. 23.05.2022, *DJe* 25.05.2022.

Em Portugal, a Lei nº 24/1996, de 31 de julho, que sofreu algumas alterações, sendo a última por meio da Lei nº 47/2014, conceitua o consumidor e fornecedor da seguinte forma: "Considera-se consumidor todo aquele a quem sejam fornecidos bens, prestados serviços ou transmitidos quaisquer direitos, destinados a uso não profissional, por pessoa que exerça com carácter profissional uma atividade económica que vise a obtenção de benefícios" (art. 2º, I).

Na Espanha, o Real Decreto Legislativo nº 1/2007, que aprovou a Ley General para la Defensa de los Consumidores y Usuarios, em seu art. 3º, traz a conceituação de consumidor:

> A efectos de esta norma y sin perjuicio de lo dispuesto expresamente en sus libros tercero y cuarto, son consumidores o usuarios las personas físicas que actúen con un propósito ajeno a su actividad comercial, empresarial, oficio o profesión.
>
> Son también consumidores a efectos de esta norma las personas jurídicas y las entidades sin personalidad jurídica que actúen sin ánimo de lucro en un ámbito ajeno a una actividad comercial o empresarial.

Os arts. 4º e 5º conceituam produtor e empresário:

> A efectos de lo dispuesto en esta norma, se considera empresario a toda persona física o jurídica, ya sea privada o pública, que actúe directamente o a través de otra persona en su nombre o siguiendo sus instrucciones, con un propósito relacionado con su actividad comercial, empresarial, oficio o profesión.
>
> Sin perjuicio de lo dispuesto en el artículo 138, a efectos de lo dispuesto en esta norma se considera productor al fabricante del bien o al prestador del servicio o su intermediario, o al importador del bien o servicio en el territorio de la Unión Europea, así como a cualquier persona que se presente como tal al indicar en el bien, ya sea en el envase, el envoltorio o cualquier otro elemento de protección o presentación, o servicio su nombre, marca u otro signo distintivo.

O Código do Consumo italiano, Decreto Legislativo nº 206, de 6 de setembro de 2005, com as alterações do Decreto Legislativo nº 221, de 23 de outubro de 2007, assim conceitua, em seu art. 3º, consumidor e fornecedor:

> a) consumidor ou usuário: a pessoa física que atua para fins não relacionados a qualquer atividade comercial, artesanal ou profissional; [...]
>
> c) profissional: a pessoa física ou jurídica que atua no exercício de sua atividade empresarial comercial, artesanal ou profissional, ou seu intermediário;
>
> d) produtor: sem prejuízo do disposto no artigo 103, parágrafo 1, letra d, e no artigo 115, parágrafo 2-bis, o fabricante da mercadoria ou o prestador de serviços ou um intermediário, bem como o importador do bem ou serviço no território da União Europeia ou qualquer outra pessoa física ou jurídica que se apresente como produtor, identificando o bem ou serviço com a sua própria marca ou outro sinal distintivo.[84]

---

[84] "a) consumatore o utente: la persona fisica che agisce per scopi estranei all'attività imprenditoriale commerciale, artigianale o professionale eventualmente svolta; [...] c) professionista:

Como se vê, essas legislações são bastante parecidas entre si e com o Código de Defesa do Consumidor brasileiro, conceituando o consumidor como sendo a pessoa que adquire o produto ou o serviço com finalidade não profissional.

Segundo Carlos Ferreira de Almeida, a justificativa para a proteção ao consumidor está na sua condição de debilidade, fraqueza ou vulnerabilidade.[85] Segundo o autor,

[...] o conceito jurídico de consumidor envolve numa só classe todos os cidadãos, desde os milionários aos sem abrigo, reproduzindo nessa medida a proteção dos privilegiados e as injustiças sociais.

Os modelos de consumidor em discussão, tendo especialmente em vista o direito comunitário, distribuem-se agora por um modelo paternalístico (o sujeito em condição estrutural de inferioridade), um modelo de autorresponsabilidade (o sujeito producente, mas necessitado de informação) e um modelo intermédio (o sujeito que necessita de proteção em situações especiais.[86]

Na Itália, embora a lei conceitue o consumidor como sendo pessoa física, tem-se pretendido ampliar essa noção, para abarcar a pequena empresa que se encontre em posição de desigualdade econômica e informativa em relação ao fornecedor. Entretanto, Massimiliano Dona explica que a jurisprudência não tem admitido essa ampliação:

A "fisicalidade necessária" do consumidor parece ser uma suposição inevitável da noção de consumidor, apesar das tentativas de expandir a noção de consumidor para incluir pequenas empresas que também guardam, para grandes empresas, a assimetria econômico-informativa que justifica a defesa do consumidor: a jurisprudência, de fato, bloqueou o caminho para a possibilidade de estender a noção de consumidor além da pessoa física.[87]

Particular atenção merece o *Code de la consommation*,[88] legislação francesa de 1993, reformada e consolidada em 2016, visto que a Comissão Mista encarregada de

---

la persona fisica o giuridica che agisce nell'esercizio dela propria attività imprenditoriale commerciale, artigianale o professionale, ovvero un suo intermediario; d) produttore: fato salvo quanto stabilito nell'articolo 103, comma 1, lettera d, e nell' articolo 115, comma 2-bis, il fabricante del bene o il fornitore del servizio, o un suo intermediario, nonché l'importatore del bene o del servizio nel territorio dell'Unione europea o qualsiasi altra persona fisica o giuridica che si presenta come produttore identificando il bene o il servizio con il proprio nome marchio o altro segno distintivo".

[85] ALMEIDA, Carlos Ferreira de. *Direito do Consumo*. Coimbra: Almedina, 2005, p. 28-29.
[86] *Idem*, p. 29.
[87] "Quello dela "necessaria fisicità" del consumatore sembra essere un pressuposto ormai ineludibile della nozione di consumatore nonostante i tentativi di ampliare la nozione di consumatore fino a ricomprenderevi le piccole imprese che pure pagano, nei riguardi dele grandi, quell'asimmetria economico-informativa che giustifica la tutela consumerista: la giurisprudenza ha, infatti, sbarrato la strada alla possibilità di estendere la nozione di consumatore al di là della persona física" (DONA, Massimiliano. *Il codice del consumo*. Torino: G. Giappichelli Editore, 2005, p. 29).
[88] Código do Consumo.

elaborar o Projeto do nosso Código de Defesa do Consumidor confessadamente adotou como principal fonte de inspiração o Projeto que veio a se transformar no atual Código francês.

A propósito, Jean Calais-Auloy, Presidente da comissão de redação do projeto de Código do Consumo francês, explica, sinteticamente, quais são os fins e os sujeitos da legislação em questão:

> Generalidades. O direito do consumo procura equilibrar as relações entre profissionais e consumidores: coloca a cargo dos primeiros as obrigações que são ao mesmo tempo os direitos para os segundos. Profissionais de um lado, consumidores de outro são os sujeitos do direito do consumo. Definir essas duas categorias permite, por sua vez, compreender a filosofia da matéria e traçar os seus limites.[89-90]

Assim, a definição de fornecedor da lei francesa foi feita por Calais-Auloy nos seguintes termos:

> Proposta de definição. O profissional é a pessoa física ou moral que age no quadro de uma atividade habitual e organizada de produção, de distribuição ou de prestação de serviço. Poder-se-ia bem afirmar que o profissional é a pessoa que explora uma empresa, desde que se tome a palavra empresa no seu sentido mais amplo. É a característica habitual e organizada da atividade que cria o poder do profissional: ele é, na sua especialidade, mais competente que o consumidor. Existe, pois, um desequilíbrio que justifica a aplicação do direito do consumo.[91-92]

Na França, o direito do consumo aplica-se indistintamente às grandes e pequenas empresas, e não apenas aos comerciantes e às sociedades comerciais. Todas as profissões são alcançadas por esse ramo do direito, que compreende as relações que envolvem os consumidores, sejam elas artesanais, liberais, agrícolas ou quaisquer outras. O que importa é que a atividade seja profissional. Incluem-se tanto os produtores como os distribuidores, os vendedores de bens móveis e os de bens imóveis, os prestadores de

---

[89] "Généralités. Le droit de la consommation cherche à équilibrer les relations entre professionnels et consommateurs: il met à la charge des premiers des obligations qui sont autant de droits pour les seconds. Professionnels d'un côté, consommateurs de l'autre sont les sujets du droit de la consommation. Définir ces deux catégories permet à la fois de comprendre la philosophie de la matière et d'en tracer les limites".

[90] CALAIS-AULOY, Jean; STEINMETZ, Frank. *Droit de la consommation*. 6. ed. Paris: Dalloz, 2003, p. 3.

[91] "Proposition de définition. Le professionnel est la personne physique ou morale qui agit dans le cadre d'une activité habituelle et organisée de production, de distribution ou de prestation de service.

On pourrait aussi bien dire que le profissionnel est la personne qui exploite une entreprise, à condition de prendre le mot entreprise dans son sens le plus large. C'est le caractère habituel et organisé de l'activité qui fait la force du professionnel: il est, dans sa spécialité, plus competent que le consommateur. Il existe donc un déséquilibre qui justifie l'application du droit de la consummation".

[92] *Idem*, p. 4.

serviços de toda a sorte (construtores, reparadores, garagistas, banqueiros, seguradores, advogados, médicos, notários etc.).[93]

Distingue-se, no direito francês, por outro lado, o consumidor *stricto sensu* e o consumidor por extensão. O primeiro é "uma pessoa física ou moral que busca ou que utiliza um bem ou um serviço para um uso não profissional".[94] O consumidor por extensão se configura quando alguém é colocado sob a proteção da lei do consumo, sem enquadrar-se na verdadeira noção de consumidor. É o que se passa, no direito francês, com os profissionais que agem fora da sua especialidade, os poupadores em operações financeiras e os não profissionais, quando vendem ou prestam serviços a profissionais.[95]

Enfim, Calais-Auloy aponta os seguintes fundamentos do direito do consumo: a) os consumidores estão naturalmente em posição de fraqueza diante dos profissionais; b) a lei tem por função proteger o fraco contra o forte; c) o direito civil clássico é impotente para garantir a proteção dos consumidores. Segundo o autor, protegendo os fracos, a lei tende a organizar uma sociedade pacífica. Sem cair num idealismo excessivo, pode-se dizer que a eficácia aqui reporta à moral. O consenso é quase unânime sobre a necessidade de proteger os assalariados, os agricultores, os pequenos comerciantes. As mesmas razões militam em favor da proteção dos consumidores.[96]

Ressalte-se que a necessidade de proteger os consumidores contra o poderio dos seus parceiros econômicos quebra as barreiras que separam tradicionalmente as disciplinas jurídicas. Urge, no entanto, não considerar o direito do consumo como um "direito autônomo", que possa operar por si só e sem levar em conta os demais ramos do ordenamento jurídico. "As regras gerais do direito civil, do direito penal, do direito judiciário, do direito administrativo permanecem aplicáveis. O direito do consumo compreende, somente no domínio que é o seu, regras particulares que transcendem as divisões tradicionais."[97-98]

---

[93] *Idem, ibidem.*
[94] "Le consommateur est une personne physique ou morale qui se procure ou qui utilise un bien ou un service pour un usage non-professionnel" (*Idem*, p. 7).
[95] *Idem*, p. 10-14.
[96] *Idem*, p. 19.
[97] "Les règles générales du droit civil, du droit penal, du droit judiciaire, du droit administratif restent applicables. Le droit de la consommation apporte seulement, dans le domaine qui est le sien, des règles particulières qui transcendent les divisions traditionnelles."
[98] *Idem*, p. 17.

Capítulo II
POLÍTICA NACIONAL DE RELAÇÕES DE CONSUMO

2.1. POLÍTICA NACIONAL DE RELAÇÕES DE CONSUMO

O Código, em seus arts. 4º e 5º, previu uma Política Nacional das Relações de Consumo, a fim de garantir não apenas a defesa do consumidor, mas, também, estimular uma relação sadia de consumo.[1]

Essa Política tem por objetivo respeitar e assegurar aos consumidores: dignidade; saúde e segurança; proteção de seus interesses econômicos; melhoria da sua qualidade de vida; transparência e harmonia das relações de consumo.

Além disso, a Política Nacional das Relações de Consumo deve atender aos princípios da vulnerabilidade e proteção efetiva do consumidor; harmonização dos interesses dos participantes das relações de consumo; compatibilização da proteção do consumidor com a necessidade de desenvolvimento econômico e tecnológico; educação e informação dos sujeitos das relações de consumo; incentivo à criação de meios eficientes de controle de qualidade e segurança dos produtos e serviços; ampliação dos meios de solução alternativa de conflitos de consumo;[2] repressão aos abusos praticados

---

[1] Registre-se, também, o Decreto nº 7.963/2013, que institui o Plano Nacional de Consumo e Cidadania e cria a Câmara Nacional das Relações de Consumo; a Lei nº 13.186/2015, que institui a Política de Educação para o Consumo Sustentável; o Decreto nº 8.953/2017, alterador do Decreto nº 7.963, de 15 de março de 2013, que institui o Plano Nacional de Consumo e Cidadania e cria a Câmara Nacional das Relações de Consumo.

[2] Na linha de facilitar a autocomposição entre fornecedor e consumidor, o Ministério da Justiça, por meio do Decreto nº 8.573/2015, instituiu o Consumidor.gov.br, sistema alternativo de solução de conflitos de consumo, de natureza gratuita e alcance nacional, na forma de sítio na internet, para resolver demandas de consumo. Em 5 de abril de 2021, por meio da Portaria 12, a SENACON determinou o cadastro de empresas na plataforma consumidor.gov.br para viabilizar a mediação via internet, pela Secretaria Nacional do Consumidor, dos conflitos de consumo notificados eletronicamente. Para a Portaria, os seguintes fornecedores deverão se cadastrar na plataforma, em até 30 dias: "(i) empresas com atuação nacional ou regional em setores que envolvam serviços públicos e atividades essenciais, definidos pelo Decreto 10.282 de 2020 [esse Decreto foi revogado pelo Decreto nº 11.077/2022]; (ii) plataformas digitais de atendimento pela internet dedicadas ao transporte individual ou coletivo de passageiros ou à entrega de passageiros ou à entrega de alimentos; (iii) plataformas digitais e *marketplaces* que realizem a

no mercado; racionalização e melhoria dos serviços públicos; e do estudo constante das modificações do mercado de consumo:

> Art. 4º A Política Nacional das Relações de Consumo tem por objetivo o atendimento das necessidades dos consumidores, o respeito à sua dignidade, saúde e segurança, a proteção de seus interesses econômicos, a melhoria da sua qualidade de vida, bem como a transparência e harmonia das relações de consumo, atendidos os seguintes princípios:
>
> I – reconhecimento da vulnerabilidade do consumidor no mercado de consumo;
>
> II – ação governamental no sentido de proteger efetivamente o consumidor:
>
> a) por iniciativa direta;
>
> b) por incentivos à criação e desenvolvimento de associações representativas;
>
> c) pela presença do Estado no mercado de consumo;
>
> d) pela garantia dos produtos e serviços com padrões adequados de qualidade, segurança, durabilidade e desempenho.
>
> III – harmonização dos interesses dos participantes das relações de consumo e compatibilização da proteção do consumidor com a necessidade de desenvolvimento econômico e tecnológico, de modo a viabilizar os princípios nos quais se funda a ordem econômica (art. 170, da Constituição Federal), sempre com base na boa-fé e equilíbrio nas relações entre consumidores e fornecedores;
>
> IV – educação e informação de fornecedores e consumidores, quanto aos seus direitos e deveres, com vistas à melhoria do mercado de consumo;
>
> V – incentivo à criação pelos fornecedores de meios eficientes de controle de qualidade e segurança de produtos e serviços, assim como de mecanismos alternativos de solução de conflitos de consumo;
>
> VI – coibição e repressão eficientes de todos os abusos praticados no mercado de consumo, inclusive a concorrência desleal e utilização indevida de inventos e criações industriais das marcas e nomes comerciais e signos distintivos, que possam causar prejuízos aos consumidores;
>
> VII – racionalização e melhoria dos serviços públicos;
>
> VIII – estudo constante das modificações do mercado de consumo;
>
> IX – fomento de ações direcionadas à educação financeira e ambiental dos consumidores;
>
> X – prevenção e tratamento do superendividamento como forma de evitar a exclusão social do consumidor.

---

promoção, oferta, venda ou intermediação de produtos próprios ou de terceiros, comercialização de anúncios, publicidade, bem como provedores de conexão, de aplicação, de conteúdo e demais redes sociais com fins lucrativos; e (iv) agentes econômicos listados entre as duzentas empresas mais reclamadas no Sistema Nacional de Informações de Defesa do Consumidor da Sindec, conforme levantamento da Coordenação-Geral do Sistema Nacional de Informações de Defesa do Consumido".

A execução dessas políticas contará com os seguintes instrumentos previstos na lei:

Art. 5º Para a execução da Política Nacional das Relações de Consumo, contará o poder público com os seguintes instrumentos, entre outros:

I – manutenção de assistência jurídica, integral e gratuita para o consumidor carente;

II – instituição de Promotorias de Justiça de Defesa do Consumidor, no âmbito do Ministério Público;

III – criação de delegacias de polícia especializadas no atendimento de consumidores vítimas de infrações penais de consumo;

IV – criação de Juizados Especiais de Pequenas Causas e Varas Especializadas para a solução de litígios de consumo;

V – concessão de estímulos à criação e desenvolvimento das Associações de Defesa do Consumidor;

VI – instituição de mecanismos de prevenção e tratamento extrajudicial e judicial do superendividamento e de proteção do consumidor pessoa natural;

VII – instituição de núcleos de conciliação e mediação de conflitos oriundos de superendividamento.

2.2. PRINCÍPIOS CONSTITUCIONAIS DE DEFESA DO CONSUMIDOR

O estudo do Código de Defesa do Consumidor deve passar por uma análise dos princípios constitucionais ligados à defesa do consumidor, uma vez que devem nortear a aplicação e a interpretação da legislação.

I – Princípio da dignidade da pessoa humana

Já de longa data se estabeleceu que, no Estado Democrático de Direito, o "núcleo essencial dos direitos humanos reside na *vida* e na *dignidade da pessoa*".[3] Disso decorre a proeminência reconhecida à dignidade da pessoa humana no plano dos direitos e garantias fundamentais, espelhada no amplo consenso de ser ela a *ideia fundadora* dos direitos do homem.[4] Fala-se, a partir dessa constatação, na existência de "princípios constitucionais especiais", em cujo seio a dignidade da pessoa humana ocuparia a posição de "princípio fundamental geral", a que caberia, entre outras, a função estrutural de realizar a proporcionalidade entre todos os princípios presentes na ordem constitucional. Segundo esse importantíssimo critério hermenêutico, o intérprete e aplicador da Constituição haveria de atender à necessidade lógica, além de política, de compatibilizar todos os princípios constitucionais em suas inevitáveis "colisões" no plano de atuação *in concreto*".[5] Nessa opção, presta-se, o princípio da dignidade da pessoa humana, a viabilizar a superação dos conflitos principiológicos, atuando como

---

3   COMPARATO, Fábio Konder. *Para viver a democracia*. São Paulo: Brasiliense, 1989, p. 46.
4   BOBBIO, Norberto. Igualdad y dignidad de lós hombres. In: *El tiempo de los derechos*. Madrid: Sistema, 1991.
5   GUERRA FILHO, Willis Santiago. *Processo constitucional e direitos fundamentais*. 4. ed. São Paulo: RCS, 2005, p. 62-63; MARQUES, Vinicius Pinheiro; LORENTINO, Sérgio Augusto Pereira. A dignidade

critério indicador da prevalência de um princípio fundamental em eventual disputa com outros princípios também fundamentais. Ou seja, prevalecerá, no caso concreto, o princípio que mais se avizinhar do inafastável princípio da dignidade humana.

Por outro lado, não tem sido fácil à doutrina constitucional conceituar, com segurança, a ideia de dignidade humana. O certo é, contudo, que boa-fé e lealdade, como objeto de preceitos éticos de notável valor nas relações negociais, se justificam como mandamentos derivados imediatamente da dignidade da pessoa humana.

O homem, na visão kantiana do imperativo categórico, existe como fim em si mesmo, de sorte que, no processo, haverá sempre de ser considerado como *fim* e nunca como *meio*. E se é um ser que é fim em si mesmo, há de haver "um princípio que demonstre esta finalidade". É o que Kant procura sintetizar na fórmula racional do imperativo categórico, segundo o qual toda pessoa tem de usar a humanidade, tanto em sua própria pessoa como na pessoa de qualquer outro, "sempre e simultaneamente como *fim* e nunca simplesmente como *meio*".[6] Em termos imperativos: "não instrumentalizes ninguém! [...] Respeita-o como sujeito de direito! Ou com Kant pode se dizer: respeita-o em sua *dignidade*!".[7] O que ofende à sua dignidade é a manipulação da pessoa, com desprezo aos seus atributos morais.

II – Princípio da liberdade

A liberdade encontra-se prevista em vários dispositivos da Constituição Federal, especialmente como fundamento (art. 1º, IV) e objetivo (art. 3º, I) da República Federativa do Brasil.

A livre iniciativa é assegurada, de um lado, a todos aqueles que se dispõem a empreender alguma atividade no mercado, configurando o direito de "escolher correr o risco do empreendimento".[8]

Por outro, ao consumidor é atribuída a liberdade de adquirir ou não produtos e serviços, bem como escolher com quem irá contratar. Entretanto, casos há em que a pessoa não consegue exercer sua liberdade de escolha pela essencialidade do produto ou serviço colocado à sua disposição. Além disso, conforme ressalta Rizzatto Nunes, o consumidor não determina o ciclo de produção, de tal sorte que sua liberdade está limitada "àquilo que é oferecido".[9]

Em razão disso, explica o autor, "o Estado deverá intervir quer na produção, quer na distribuição de produtos e serviços, não só para garantir essa liberdade mas também para regular aqueles bens que, essenciais às pessoas, elas não possam adquirir

---

humana no pensamento de Kant como fundamento do princípio da lealdade processual. *Revista Boni-juris*. Curitiba, n. 612, p. 18, nov./2014.

[6] KANT, Immanuel. *Fundamentação da metafísica dos costumes*. Trad. de Paulo Quintela. Lisboa: Edições 70, 2005, p. 69, *apud*, MARQUES, Vinícius Pinheiro; LORENTINO, Sérgio Augusto Pereira. A dignidade humana no pensamento de Kant como fundamento do princípio da lealdade processual. *Revista Boni-Juris*, Curitiba, n. 62, nov./2014, p. 19.

[7] TUGENDHAT, Ernest. *Lições sobre ética*. 3. ed. Petrópolis: Vozes, 1996, p. 155.

[8] NUNES, Rizzatto. *Curso de direito do consumidor*. São Paulo: Saraiva, 2004, p. 27.

[9] *Idem*, p. 28.

por falta da capacidade de escolha".[10] Em outras palavras, "o objetivo constitucional da construção de uma sociedade livre significa que, sendo a situação real de necessidade, o Estado pode e deve intervir para garantir a dignidade humana".[11]

III – Princípio da isonomia

"Todos são iguais perante a lei", esta é a disposição do *caput* do art. 5º da Constituição Federal. Trata-se, como cediço, de princípio dirigido ao legislador e ao aplicador do direito, de modo que, conferindo tratamento desigual aos desiguais, na medida de sua desigualdade, consigam obter, concretamente, a igualdade entre as partes.

Entretanto, Rizzatto Nunes ressalta a importância de se distinguir o tratamento discriminatório, proibido pelo princípio da isonomia, daquele protetivo, que é empreendido em consonância com o preceito constitucional.

Assim, resumidamente, afere-se a adequação ou não ao princípio da isonomia verificando-se a harmonização dos seguintes elementos:

a) discriminação;

b) correlação lógica da discriminação com o tratamento jurídico atribuído em face da desigualdade;

c) afinidade entre essa correlação e os valores protegidos no ordenamento constitucional.[12]

No caso das relações de consumo, a flagrante desigualdade de forças entre fornecedores e consumidores impõe o tratamento protetivo desses últimos, para o fim de viabilizar uma igualdade material no momento da formação dos vínculos contratuais. É, pois, na proteção da *vulnerabilidade* do consumidor, prevista no CDC, que o princípio constitucional da isonomia será respeitado.

IV – Princípio da publicidade

A publicidade, segundo Rizzatto Nunes, na medida em que aproxima o produto ou serviço e o consumidor, tem amparo constitucional, "ingressando como princípio capaz de orientar a conduta do publicitário no que diz respeito aos limites da possibilidade de utilização desse instrumento".[13]

Com efeito, a Constituição Federal, no art. 220, § 3º, II, ao tratar da comunicação social, dispõe competir à lei federal "estabelecer os meios legais que garantam à pessoa e à família a possibilidade de se defenderem de programas ou programações de rádio e televisão que contrariem o disposto no art. 221, bem como da propaganda de produtos, práticas e serviços que possam ser nocivos à saúde e ao meio ambiente".

Desta forma, protege-se a verdade nas publicidades de produtos e serviços colocados à disposição do consumidor. "O anúncio publicitário não pode faltar com

---

10   *Idem*, p. 27.
11   *Idem, ibidem*.
12   *Idem*, p. 34-35.
13   *Idem*, p. 61.

a verdade daquilo que anuncia, de forma alguma, quer seja por afirmação quer por omissão. Nem mesmo manipulando frases, sons e imagens para, de maneira confusa ou ambígua, iludir o destinatário do anúncio".[14]

2.3. PRINCÍPIOS DO CÓDIGO DE DEFESA DO CONSUMIDOR

Como já se disse, a Política Nacional das Relações de Consumo deve atender a alguns princípios destacados nos incisos do art. 4º, do Código de Defesa do Consumidor. Com efeito, referidos princípios encontram fundamento na Constituição Federal, mas são regulados pela codificação consumerista, a fim de viabilizar e estimular uma relação saudável entre consumidores e fornecedores.

Passaremos a analisar cada um dos princípios estabelecidos pelo Código.

I – Vulnerabilidade do consumidor e a ação governamental

Não se questiona que o consumidor é a parte mais fraca da relação de consumo, seja porque não tem qualquer controle sobre a produção ou o mercado, seja porque, na maioria das vezes, não possui conhecimentos técnicos e específicos acerca dos bens colocados à sua disposição. Essa vulnerabilidade que, segundo já salientamos, justifica a elaboração de um Código para a proteção do consumidor nas relações travadas com os fornecedores.

Importante ressaltar, por oportuno, que a Constituição Federal, ao tratar da ordem econômica e financeira, dispõe que ela deve fundar-se na valorização do trabalho humano e na livre iniciativa, observado o princípio da defesa do consumidor (art. 170, V). Eis a razão pela qual, entre os direitos básicos do consumidor, "está a facilitação de seu acesso aos instrumentos de defesa, notadamente no âmbito coletivo, com o estabelecimento da responsabilidade objetiva, aliada à inversão do ônus da prova".[15]

A vulnerabilidade, segundo Cláudia Lima Marques, pode ser técnica, fática, jurídica ou informacional (sobre o tema, ver o item 1.3, VI, do Capítulo I, da Parte I, desta obra).

Em face, pois, do reconhecimento da vulnerabilidade do consumidor, o CDC determina que haja "ação governamental no sentido de proteger efetivamente o consumidor" (art. 4º, II, do CDC). Essa ação governamental deve: a) ocorrer por iniciativa direta; b) ser voltada a incentivar a criação e o desenvolvimento de associações representativas; c) assegurar a presença do Estado no mercado de consumo; e, d) garantir produtos e serviços com padrões adequados de qualidade, segurança, durabilidade e desempenho.

Segundo o sistema do CDC, "leis imperativas irão proteger a confiança que o consumidor depositou no vínculo contratual, mais especificamente na *prestação contratual*, na sua *adequação* ao fim que razoavelmente dela se espera", além de proteger "a confiança que o consumidor deposita na *segurança* do produto ou do serviço colocado no mercado".[16]

---

[14] Idem, p. 63.
[15] FILOMENO, José Geraldo Brito. In: GRINOVER, Ada Pellegrini et al. *Código Brasileiro de Defesa do Consumidor, cit.*, v. I, p. 74.
[16] MARQUES, Cláudia Lima; BENJAMIN, Antônio Herman V.; MIRAGEM, Bruno. *Comentários ao Código de Defesa do Consumidor, cit.*, p. 122-123.

Além disso, o Código prevê não apenas a instituição de órgãos públicos de defesa do consumidor (Procons), como, também, incentiva a criação de associações civis representativas.[17]

Com relação ao Procon, existe o Projeto de Lei nº 5.196/2013,[18] que se encontra, atualmente, na Comissão de Constituição e Justiça e de Cidadania da Câmara dos Deputados, cujo objetivo é o acréscimo de novo Capítulo ao Título I, intitulado "Das Medidas Corretivas", para ampliar as competências legais dos órgãos administrativos de defesa do consumidor.

Por meio dessa lei, os Procons teriam competência para, isolada ou cumulativamente, aplicar e executar medidas corretivas em caso de infração às normas do CDC, tais como: a substituição ou reparação do produto; devolução da contraprestação paga pelo consumidor mediante cobrança indevida; cumprimento da oferta pelo fornecedor; devolução ou estorno, pelo fornecedor, da quantia paga pelo consumidor quando o produto entregue ou serviço prestado não corresponda ao que expressamente se acordou etc. (novo art. 60-A, proposto pelo Projeto de Lei).

E, na hipótese de descumprimento da medida corretiva aplicada, no prazo fixado pela autoridade administrativa, será imputada multa diária, graduada de acordo com a gravidade da infração, a vantagem auferida e a condição econômica do fornecedor. Referida multa será revertida ao Fundo de Defesa dos Direitos Difusos ou aos fundos estaduais ou municipais de proteção ao consumidor (§§ 1º e 2º do proposto art. 60-A).

Segundo Bruno Miragem, essas medidas corretivas propostas pelo Projeto de Lei em referência, repercutem, diretamente, no sistema de defesa do consumidor, em diferentes dimensões:

a) reforça a confiança dos consumidores na efetividade e capacidade de resolução dos Procons; b) previne e reduz litígios judiciais decorrentes destas situações, em especial dos juizados de pequenas causas; c) interfere em eventual juízo do fornecedor quanto a conveniência de estruturar sua atuação ou admitir como característica de sua prática negocial o cometimento de práticas infrativas, considerando a perda econômica representada pela possibilidade de imposição de multa diária pela via administrativa.[19]

O Projeto de lei propõe, ainda, que as decisões administrativas impositivas de medidas corretivas se constituam em títulos executivos extrajudiciais (art. 60-B), que poderão ser executados pelo consumidor.

---

[17] FILOMENO, José Geraldo Brito. *In*: GRINOVER, Ada Pellegrini *et al*. *Código Brasileiro de Defesa do Consumidor, cit.*, v. I, p. 75.

[18] Referido projeto teve parecer favorável da Comissão de Constituição e Justiça da Câmara dos Deputados em 25/09/2019, que entendeu pela constitucionalidade, juridicidade, técnica legislativa e, no mérito, pela sua aprovação. Informações obtidas no site: <https://www.camara.leg.br/proposicoesWeb/fichadetramitacao?idProposicao=568597>. Acesso em: 11.03.2020.

[19] MIRAGEM, Bruno. Aperfeiçoamento das competências dos órgãos administrativos de defesa do consumidor – Procons. *Revista de Direito do Consumidor*, n. 86, p. 305, mar.-abr./2013.

I.1. Vulnerabilidade do consumidor e o superendividamento

Recentemente, vem sendo objeto de estudo, pela doutrina e jurisprudência pátrias e de outros países, o superendividamento do consumidor, que, segundo Marcelo Schenk Duque, deixou de ser uma questão individual e "passou a ser visto a partir de uma perspectiva mais aberta e plural, considerando que o superendividamento também é resultado de más políticas de consumo".[20] A concessão irresponsável de crédito, sem analisar a real situação financeira do consumidor; a deficiência de informação prestada aos mais vulneráveis; o apelo ao consumismo, são fatores destacados pelo autor.

O superendividamento, na lição de Cláudia Lima Marques, é a "impossibilidade global do devedor pessoa física, consumidor, leigo e de boa-fé, de pagar todas as suas dívidas atuais e futuras de consumo (excluídas as dívidas com o Fisco, oriundas de delitos e de alimentos) em um tempo razoável com sua capacidade atual de rendas e patrimônio".[21]

A vulnerabilidade do consumidor é vista, para alguns, como causa do superendividamento, "na medida em que ele se sujeita às imposições do sistema de crédito".[22] Com efeito, o crédito "tem seus perigos", pois dá ao consumidor "a impressão de que pode – mesmo com seu orçamento reduzido – tudo adquirir, e, embebido das várias tentações da sociedade de consumo, multiplica suas compras até que não lhe seja mais possível pagar em dia o conjunto de suas dívidas em um tempo razoável".[23]

Para se demonstrar os perigos do crédito, podemos citar o exemplo trazido por Daniela Corrêa Jacques Brauner, utilizando-se de um cálculo feito pelo engenheiro Antônio de Pádua Collet e Silva: se o consumidor tomar um empréstimo de R$ 1.000,00, com a aplicação de juros de 8% ao mês, capitalizados, ao final de 5 anos, se não fizer nenhuma amortização, terá uma dívida de R$ 101.257,06.[24] Esse crescimento desproporcional da dívida "viola o desenvolvimento da personalidade do consumidor, levando, invariavelmente à sua ruína",[25] comprometendo a sua dignidade.

Segundo a autora, a ausência de regulação de juros no Brasil, que são livremente pactuados, contribui para o superendividamento do consumidor:

> [...] o que vige hoje é o descontrole quanto à aplicação de juros, vendo o consumidor obrigado a contrair cada vez mais dívidas para saldar dívidas antigas e assim sucessivamente, levando a uma situação de superendividamento que assola sua condição

---

[20] DUQUE, Marcelo Schenk. O dever fundamental do Estado de proteger a pessoa da redução da função cognitiva provocada pelo superendividamento. *Revista de Direito do Consumidor*, n. 94, p. 159, jul.-ago./2014.

[21] MARQUES, Cláudia Lima. Algumas perguntas e respostas sobre prevenção e tratamento do superendividamento dos consumidores pessoas físicas. *Revista de Direito do Consumidor*, n. 75, p. 20, jul.-set./2010.

[22] Voto do relator na AC 0211738-69.2015.8.21.700, TJRS, 23ª Câm. Cível, Rel. Des. Clademir José Ceolin Missaggia. *Revista Magister de Direito Civil e Processual Civil*, n. 74, set.-out./2016, p. 149.

[23] MARQUES, Cláudia Lima. Op. cit., p. 18 e 19.

[24] BRAUNER, Daniela Corrêa Jacques. Estado, mercado e defesa do consumidor: uma leitura da proteção constitucional ao consumidor superendividado à luz da intervenção do Estado na ordem econômica. *Revista de Direito do Consumidor*, n. 96, p. 268, nov.-dez./2014.

[25] Idem, p. 277.

mínima de vida, desprovido de um Estado que lhe assegure condições equânimes de contratação, de informação e que lhe evite a falência e ruína.[26]

A preocupação com o superendividamento do consumidor não é apenas brasileira. O Parlamento Europeu, por exemplo, editou a Diretiva 2014/17/EU, relativa a contratos de crédito aos consumidores para imóveis de habitação, demonstrando, claramente, sua preocupação com a vulnerabilidade do consumidor e o seu superendividamento, ao determinar que, "antes da celebração do contrato de crédito, o mutuante proceda a uma rigorosa avaliação da solvabilidade do consumidor" (art. 18º, 1).[27]

O abuso de crédito, muitas vezes, leva o consumidor ao superendividamento, conforme foi observado pelo Tribunal de Justiça do Rio Grande do Sul. Analisando situação em que o consumidor requereu a revisão dos juros previstos em contrato de cartão de crédito, aquele Tribunal reconheceu a abusividade da instituição financeira, que concedeu ao consumidor crédito bem superior "à sua capacidade econômica de suportar o débito, levando-o ao superendividamento, no sentido de fato e de direito, e ao inadimplemento contratual".[28] No caso concreto, embora a renda do consumidor fosse de R$ 1.258,17, o banco, paulatinamente, foi aumentando o limite do cartão de crédito para, ao final, alcançar o valor de R$ 16.800,00. Assim, "em virtude da flagrante discrepância entre os rendimentos do autor e o crédito concedido pela instituição financeira (abuso de direito)", o Tribunal reduziu a taxa de juros remuneratórios fixados no contrato.[29]

É importante ressaltar que a jurisprudência do STJ, embora admita que as instituições financeiras não se sujeitam à limitação dos juros remuneratórios fixados pela Lei de Usura, a taxa fixada no contrato bancário pode ser alterada pelo Poder Judiciário, sempre que constatada, no caso concreto, a sua abusividade.[30] A taxa média de mercado dos juros remuneratórios é utilizada como parâmetro para se analisar o abuso.[31] Trata-se, destarte, de importante ferramenta do Poder Judiciário no combate ao superendividamento do consumidor.

I.2. A Lei do Superendividamento

Finalmente adveio a Lei nº 14.181, de 1º de julho de 2021, cujo objetivo específico foi a introdução, em nosso direito positivo, dentro do microssistema das relações de consumo, da disciplina do crédito ao consumidor, regulando especialmente o tratamento dispensado à crise de superendividamento.

---

[26] *Idem*, p. 280.
[27] Sobre a Diretiva, ver o item 5.10 do Capítulo VI, da Parte III desta obra.
[28] AC 0211738-69.2015.8.21.700, *cit.*, p. 154.
[29] *Idem*, p. 155.
[30] STJ, 2ª Seção, REsp. 1.061.530/RS, Rel. Min. Nancy Andrighi, ac. 22.10.2008, *DJe* 10.03.2009.
[31] "Os negócios bancários estão sujeitos ao Código de Defesa do Consumidor, inclusive quanto aos juros remuneratórios; a abusividade destes, todavia, só pode ser declarada, caso a caso, à vista da taxa que comprovadamente discrepe, de modo substancial, da média do mercado na praça do empréstimo, salvo se justificada pelo risco da operação" (STJ, 2ª Seção, REsp. 420.111/RS, Rel. Min. Ari Pargendler, ac. 12.03.2003, *DJU* 06.10.2003, p. 202).

Afirma-se que essa lei veio para estabelecer um novo paradigma no direito do consumidor brasileiro e promover o acesso ao crédito responsável assim como à educação financeira com o fito de evitar a exclusão social com o comprometimento do mínimo existencial.[32]

A análise do regime legal traçado pela Lei nº 14.181/2021 será feita, adiante, no Capítulo VII.

I.3. O endividamento e o dever de mitigar o dano

Tema correlato com o superendividamento do consumidor é o do princípio do "dever de mitigar o dano", que doutrina e jurisprudência importaram do *common law*, em nome da boa-fé objetiva para tratamento do avolumar exagerado do débito, principalmente nas relações bancárias existenciais e de cartão de crédito. Véra Fradera explica que esse instituto tem sido utilizado com frequência pelo ordenamento alemão e pelo suíço e, sob outra denominação, também pelo direito francês.[33] Lembra Gustavo Trevisan que dito "dever" tem-se feito presente em convenções internacionais, demonstrando sua relevância e crescente utilização como padrão de conduta a ser observado no seio obrigacional. Como exemplo, cita a Convenção de Viena de 1980 sobre venda internacional de mercadoria (CISG), cujo art. 77 contém "o dever da parte que invoca a quebra do contrato de tomar as medidas razoáveis para limitar a perda, nela compreendido o prejuízo resultante da quebra, sob pena de ver excluído de suas perdas e danos o montante da perda que poderia ter sido diminuído". Registra, ainda, que igual norma foi incorporada aos Princípios Unidroit relativos aos contratos de comércio internacional (art. 7.4.8), o mesmo acontecendo com o Código Europeu de contratos, que reproduz em seu texto o art. 7.4.8 dos Princípios Unidroit.[34]

No direito positivo brasileiro, um exemplo de adoção do "dever de mitigar o dano" encontra-se no Código Civil, a propósito do contrato de seguro, que impõe ao segurado, sob pena de perder o direito à indenização, tomar as providências imediatas para minorar as consequências do sinistro (art. 771). Na doutrina, esse "dever" é tratado como uma *cláusula geral* que ganha terreno no campo da interpretação dos casos concretos, capaz de propiciar decisões equitativas, fundadas nos princípios da proporcionalidade e razoabilidade, procuradas pelo intérprete e aplicador do direito, no sentido de encontrar "caminhos mais adequados para a solução do problema".[35]

---

[32] OLIVEIRA, Júlio Moraes. Mudanças trazidas pela Lei do Superendividamento: novo paradigma promover o acesso ao crédito responsável e à educação financeira e evita a exclusão social do devedor de boa-fé. *Revista Bonijuris*, Curitiba, ano 34, edição 676, p. 70, jun.-jul./2022.

[33] FRADERA, Véra Jacob de. Pode o credor ser instado a diminuir o próprio prejuízo? *Revista Trimestral de Direito Civil*, v. 19, p. 112, Rio de Janeiro, jul.-set./2004.

[34] TREVISAN, Gustavo Obata. O "dever" de mitigar o dano e o exercício tardio do direito de ação em contratos bancários existenciais. *Revista Brasileira de Direito Comercial, Empresarial, Concorrencial e do Consumidor*, v. 13, p. 72. São Paulo, out.-nov./2016.

[35] TREVISAN, Gustavo Obata. *Op. cit.* p. 76; MENKE, Fabiano. A interpretação das cláusulas gerais: a subsunção e a concreção dos conceitos. *Revista de Direito do Consumidor*, v. 50, p. 30, São Paulo, abr./2004.

Na jurisprudência brasileira, os tribunais vêm utilizando o princípio a partir da lógica da *evitabilidade do dano*, para "sancionar os credores que não ajuízam a ação imediatamente, restringindo o crédito que lhes é devido no que toca aos valores acrescidos durante a inércia". Não se trata de aplicar o dever de mitigar o dano tão simplesmente por ter o credor atrasado a cobrança judicial, mas, de aliar a ocorrência à quebra da boa-fé nas relações de consumo, aproveitando o banco da fragilidade do devedor para lucrar abusivamente do incremento exagerado da dívida. Recomenda-se, porém, cautela na aplicação da teoria, pois, quando transportada para o direito civil (relações paritárias), trará mais danos do que benefícios, "enfraquecendo os vínculos obrigacionais, aumentando os custos de transação, dificultando as negociações e o fluxo de bens (que a norma visa otimizar), pois obrigará os contratantes a desenhar soluções para fazer frente a um cenário de insegurança e imprevisibilidade".[36]

Sob esse enfoque, apreciando caso em que o consumidor, em agosto de 2009, deixou de usar cartão de crédito oferecido pelo banco e a ação de cobrança só foi ajuizada em abril de 2013, época em que a dívida sofreu um aumento exponencial, o TJSP acolheu a defesa fundada no "dever de mitigar o prejuízo", sob a justificativa de que o banco "deveria agir para mitigar as perdas de seu contratante (o enfoque não é a perda da instituição, mas de seu cliente), e não silenciar para majorar seus lucros. Com isso, limitou a cobrança aos seis meses posteriores à última utilização do cartão".[37] Em outras circunstâncias, o mesmo Tribunal negou aplicação ao princípio em tela entendendo que, no caso dos autos, a consumidora é que deveria minorar seu dano, procurando o banco para solucionar a dívida.[38] A negativa se repetiu, a pretexto de não ter o consumidor demonstrado concretamente a relação de causalidade entre a conduta do banco e seu prejuízo.[39] O TJMS, por sua vez, decidiu pela não aplicação da mitigação do dano, por reconhecer que, no caso concreto, o banco teria adotado condutas para minorar seu dano, oferecendo parcelamento da dívida.[40]

Como se vê, a teoria da mitigação do dano tem sido acolhida em doutrina e jurisprudência, principalmente nas relações bancárias com devedores pessoas físicas, em contratos existenciais, em que se põem em jogo os princípios da boa-fé e da vulnerabilidade do consumidor, evitando aplicação generalizadora e simplista, que possa desnaturar a segurança das obrigações nas relações financeiras e ultrapassar, sem razão séria, as medidas protetivas da legislação consumerista. Os tribunais, enfim, têm observado os princípios da razoabilidade e da proporcionalidade, na espécie, deixando transparecer que "o uso da norma de mitigação nos casos dos contratos bancários

---

[36] TREVISAN, Gustavo Obata. *Op. cit.*, p. 81.
[37] TJSP, 37ª Câmara de Direito Privado, AC 0003834-83.2013.8.26.0445, Rel. Des. Sérgio Gomes, ac. 15.03.2016. Data de registro 16.03.2016.
[38] TJSP, 20ª Câmara de Direito Privado, AC 1006513-08.2015.8.26.0562, Rel. Des. Luis Carlos de Barros, ac. 14.12.2015. Data de registro 18.12.2015.
[39] TJSP, 18ª Câmara de Direito Privado, AC 1013416-90.2015.8.26.0196, Rel. Des. Roque Antônio Mesquita de Oliveira, ac. 13.04.2016. Data de registro 20.04.2016.
[40] TJMS, 5ª Câmara Cível, AC 0805053-28.2014.8.12.0001, Rel. Des. Luiz Tadeu Barbosa Silva, ac. 16.02.2016. Data de registro 18.02.2016.

existenciais, quando o fundamento do incremento da dívida é *apenas a demora da instituição em ajuizar a ação, além de desnecessário, é inadequado*" (g.n.).[41]

I.4. A hipervulnerabilidade do consumidor idoso

A doutrina vem tratando modernamente da hipervulnerabilidade do consumidor idoso. Segundo Rosalice Fidalgo Pinheiro e Deslayne Detroz, o envelhecimento afeta não apenas as características físicas e biológicas do indivíduo, mas, também, sua capacidade de raciocínio, o que acaba por torná-lo vulnerável física, psíquica e socialmente.[42]

Essa situação justificou, inclusive, a edição da Lei n.º 10.741/2003, conhecida como o Estatuto da Pessoa Idosa, que visou resguardar os direitos das pessoas com idade igual ou superior a 60 anos (art. 1º da Lei).

Diante disto, sempre que o consumidor for um idoso necessária será a aplicação das normas do Código de Defesa do Consumidor, buscando subsídios no Estatuto do Idoso, de acordo com o grau de vulnerabilidade, para que, no caso concreto, se alcance a realização final de justiça.[43]

Cláudia Lima Marques também reconhece a maior vulnerabilidade do consumidor idoso, advertindo que

> Apesar de o CDC não mencionar expressamente os idosos, o art. 39, IV, menciona expressamente a "fraqueza" relacionada à idade, da mesma forma que o art. 37 menciona a criança como um consumidor especial. A jurisprudência brasileira já identificou que a igualdade teórica de direitos e de chances entre consumidores "jovens" e consumidores "idosos" não estaria sendo realmente alcançada na contratação e na execução dos contratos de consumo, daí a preocupação em proteger de forma especial este grupo vulnerável. Efetivamente, e por diversas razões, há que se aceitar que o grupo dos idosos possui uma vulnerabilidade especial, seja pela vulnerabilidade técnica exagerada em relação a nova tecnologia (*home banking*, relações com máquina, uso necessário da internet etc.); sua vulnerabilidade fática quanto a rapidez das contratações, sua saúde debilitada [...].[44]

---

[41] TREVISAN, Gustavo Obata. *Op. cit.*, p. 82. Observa o autor que, de ordinário, o CDC contém institutos que são aptos para a construção de uma interpretação que tutele o consumidor no caso de superendividamento. "A própria boa-fé objetiva, a partir da chave de leitura da hipossuficiência daquele, adquire uma função protetiva que pode auxiliar ao intérprete na busca dos objetivos estabelecidos pela Política Nacional das Relações de Consumo" (*op. cit. loc. cit*).

[42] PINHEIRO, Rosalice Fidalgo; DETROZ, Deslayne. A hipervulnerabilidade e os direitos fundamentais do consumidor idoso no direito brasileiro. *Revista Luso-Brasileira do Direito do Consumo*, Curitiba: JM Livraria e Editora Ltda., v. 8, 2011, p. 137.

[43] PINHEIRO, Rosalice Fidalgo; DETROZ, Deslayne. A hipervulnerabilidade e os direitos fundamentais do consumidor idoso no direito brasileiro, *cit.*, p. 137.

[44] MARQUES, Cláudia Lima. Solidariedade na doença e na morte: sobre a necessidade de ações afirmativas em contratos de planos de saúde e de planos funerários frente ao consumidor idoso. In SARLET, Ingo Wolfgang (org.). *Constituição, direitos fundamentais e direito privado*. Porto Alegre: Livraria do Advogado, 2003, p. 194.

A vulnerabilidade do idoso foi atestada e protegida no art. 54-C do CDC – acrescido pela Lei nº 14.181/2021 –, ao dispor ser vedado, na oferta de crédito, assediar ou pressionar o consumidor para contratar o fornecimento de produto, serviço ou crédito, principalmente se se tratar de idoso.

A jurisprudência também reconhece a vulnerabilidade especial do idoso, conforme se vê dos seguintes julgados:

a) Considerando a verossimilhança das alegações do autor, no sentido de que o serviço de telefonia móvel contratado para utilização no exterior mostrou-se defeituoso, culminando com cobranças abusivas, bem como *tendo em vista a vulnerabilidade agravada do consumidor idoso*, é de se julgar procedente o pedido de rescisão de contrato, sem o pagamento de multa, tornando-se inexigíveis os valores a título de ligações internacionais, determinando-se, outrossim, a devolução do valor pago pelo aparelho celular (g.n.).[45]

b) Embora se trate de relação estabelecida com instituição financeira, no caso em apreço são aplicáveis as normas do Código de Defesa do Consumidor, por existir relação de consumo. – *É sabido que, em se tratando o apelante de pessoa idosa, deveria ser devidamente esclarecida das obrigações assumidas, como estabelecido no artigo 50, Estatuto do Idoso.* – Se a parte acredita estar diante de uma contratação de empréstimo consignado na modalidade convencional quando, em verdade, está diante da contratação de cartão de crédito consignado, que lhe é excessivamente oneroso, o negócio jurídico celebrado sob erro é inválido (g.n.).[46]

Interessante julgado do STJ afastou suposta discriminação de idosos por restrição ao empréstimo consignado em instituição financeira quando a soma da idade do cliente com o prazo do contrato for maior que 80 anos, justamente porque reconheceu sua vulnerabilidade e necessidade de proteção:

4. A partir da reflexão sobre o valor humano no tratamento jurídico dos conflitos surgidos na sociedade diante do natural e permanente envelhecimento da população, torna-se imprescindível avaliar também sobre a racionalidade econômica e suas intencionalidades de eficiência pragmática na organização da comunidade, por vezes, (con)fundida com a ética utilitarista de "garantir a cada um o máximo possível".

5. Indispensável compreender a velhice em sua totalidade, como fato biológico e cultural, absorvendo a preocupação assinalada em âmbito internacional (v.g. Plano de Ação Internacional sobre o Envelhecimento, fruto da Assembleia Mundial sobre o Envelhecimento, da Organização das Nações Unidas) e nacional (sobretudo o Estatuto do Idoso) de respeito e valorização da pessoa idosa.

6. A adoção de critério etário para distinguir o tratamento da população em geral *é válida quando adequadamente justificada e fundamentada no Ordenamento Jurídico,*

---

[45] TJRS, 9ª Câmara Cível, Ap. 70025289943, Rel. Des. Marilene Bonzanini Bernardo, ac. 18.02.2009, *DJe* 06.03.2009.

[46] TJMG, 16ª Câmara Cível, Apelação Cível 1.0000.19.105452-7/001, Rel. Des. Pedro Aleixo, ac. 11.12.2019, *DJe* 12.12.2019.

sempre atentando-se para a sua razoabilidade diante dos princípios da igualdade e da dignidade da pessoa humana.

7. O próprio Código Civil se utiliza de critério positivo de discriminação ao instituir, por exemplo, que é obrigatório o regime da separação de bens no casamento da pessoa maior de 70 anos (art. 1.641, II).

8. A instituição financeira declinou as razões acerca da realidade de superendividamento da população idosa, *da facilidade de acesso ao empréstimo consignado e o caráter irrevogável da operação, ao mesmo tempo em que registrou disponibilizar outras opções de acesso ao crédito em conformidade aos riscos assumidos na sua atividade no mercado financeiro*.

9. O critério de vedação ao crédito consignado – a soma da idade do cliente com o prazo do contrato não pode ser maior que 80 anos – não representa discriminação negativa que coloque em desvantagem exagerada a população idosa que pode se socorrer de outras modalidades de acesso ao crédito bancário.[47] (g.n.)

II – Harmonização dos interesses dos consumidores e fornecedores e compatibilização da proteção do consumidor com a necessidade de desenvolvimento econômico e tecnológico

Se, de um lado, o Código de Defesa do Consumidor busca a proteção do consumidor em face do fornecedor, visa, por outro lado, harmonizar as relações de consumo. Isto porque não se pode, a pretexto de proteger a parte mais fraca da relação consumerista, barrar o progresso tecnológico e o desenvolvimento econômico.

Dentro das perspectivas da ordem econômica constitucional, "defender os consumidores não pode significar tomar partido sistematicamente por eles, como se o direito se preocupasse unicamente com eles, ou pior ainda, como se fossem estes que estivessem sempre certos". "Protegê-los" – prossegue Fernando Noronha – "significa essencialmente ser necessário impedir que sejam vítimas de *abusos* nas relações com os fornecedores. É preciso não cair no exagero de imaginar que a proteção significa que os interesses dos consumidores sejam sistematicamente sobrepostos aos dos fornecedores: *o que se procura é somente alcançar razoável equilíbrio entre uns e outros*".[48]

Nunca, portanto, passou pela intenção do CDC assumir o papel de defensor exaustivo de todos os interesses dos consumidores sem que se lhes pudesse contrapor interesses igualmente relevantes dos fornecedores, nem muito menos que outras normas de direito privado, como as dos direitos das obrigações e dos contratos, deixassem de ser obrigatórias para ambas as partes da relação de consumo. É sempre bom lembrar que a exacerbação de tutela dos consumidores, além de contrariar o princípio constitucional da livre-iniciativa, acaba por majorar custos da produção e escassez de certos produtos e serviços, o que, afinal, vem prejudicar os próprios destinatários das normas protetivas.[49]

---

[47] STJ, 3ª T., REsp. 1.783.731/PR, Rel. Min. Nancy Andrighi, ac. 23.04.2019, *DJe* 26.04.219.
[48] NORONHA, Fernando. Significado da tutela do consumidor e suas limitações. *Informativo INCIJUR*, n. 61, ago./2004, p. 4.
[49] COELHO, Fábio Ulhoa. *Os empresários e o direito do consumidor*. São Paulo: Saraiva, 1994. p. 27; NORONHA, Fernando. *Op. cit.*, p. 4.

Segundo José Geraldo Brito Filomeno, essa harmonização de interesses, por exemplo, pode ser realizada por meio de três grandes instrumentos:[50]

a) técnicas de *marketing*, como os Serviços de Atendimento ao Consumidor: proporcionam o relacionamento entre consumidor e fornecedor na fase pós-venda, possibilitando não apenas as reclamações a respeito dos produtos ou serviços, mas, também, sugestões de melhoria na prestação do serviço;

b) convenções coletivas de consumo: pactos celebrados entre as entidades civis de consumidores e as associações ou os sindicatos de fornecedores, estabelecendo condições gerais relativas a preço, qualidade, quantidade, garantia e características dos produtos ou serviços;

c) práticas efetivas de *recall*: convocando consumidores para o reparo de algum vício ou defeito do produto adquirido. Esse instrumento encontra-se previsto no art. 10 do CDC.

A doutrina europeia,[51] sem combater a necessidade de proteção ao consumidor, adverte para três notas que podem comprometer o projeto normativo idealizado para desempenho concreto de tal proteção:

a) ao estabelecer regras preventivas e corretivas, o direito consumerista, principalmente quando institui medidas impositivas aos fornecedores, muitas vezes derroga o princípio da liberdade de comércio e indústria. Por isso, recomenda-se moderação, evitando na regulação protetiva excessos e inconvenientes que possam paralisar a atividade econômica;

b) é preciso, de outro lado, reconhecer que é perigoso dar aos consumidores a impressão de que a lei os protege em toda e qualquer circunstância, criando entre eles uma mentalidade de assistidos, mesmo de incapazes. A superproteção corre o risco de perpetuar a situação de fraqueza na qual se encontra a maioria dos consumidores. Corre, ainda, o risco de ser abusivamente utilizada pelos consumidores de má-fé;

c) enfim, as injunções impostas às empresas têm um custo que repercute necessariamente sobre os preços cobrados dos consumidores.

Essas críticas que se fazem às leis consumeristas não devem ser desprezadas. Na advertência de Auloy-Steinmetz, é talvez mais importante modificar os comportamentos dos próprios consumidores, do que multiplicar exageradamente as regras jurídicas protetivas. É recomendável que os consumidores, na medida do possível, assumam o encargo de sua própria defesa. Nesse sentido, o empenho deve ser maior no terreno da informação e da educação. Não há, é verdade, como deixar no mundo atual o consumidor desprotegido pela ordem jurídica e pelos tribunais, em face dos notórios abusos do poder econômico de que são vítimas. "Finalmente, tudo se resume numa questão de medida: as regras protetivas devem ser eficazes, mas não devem ser numerosas demais, nem constritivas demais".[52]

---

50   *Idem*, p. 81-86.
51   CALAIS-AULOY, Jean; STEINMETZ, Frank. *Droit de la consummation cit.*, p. 20.
52   *Idem, ibidem*: "Tout est finalement une question de mesure: les règles protectrices doivent être efficaces, mais elles ne doivent être ni trop nombreuses, ni trop contraignantes".

III - Educação e informação dos sujeitos da relação de consumo quanto aos seus direitos e deveres

Esse princípio visa à conscientização dos consumidores e dos fornecedores a respeito de seus direitos e deveres nas relações de consumo.

A Lei nº 12.291/2010, por exemplo, tornou obrigatória a manutenção de exemplar do Código de Defesa do Consumidor nos estabelecimentos comerciais e de prestação de serviços. Alguns Estados, na esteira da conscientização do consumidor, inseriram nos currículos do ensino básico e fundamental disciplinas relacionadas à proteção do consumidor. Algumas associações também criaram cartilhas, contendo material informativo, a respeito dos direitos do consumidor.[53]

IV - Controle de qualidade e segurança de produtos e serviços

Os fornecedores devem manter um controle de qualidade e segurança de produtos e serviços colocados no mercado, garantindo a utilização segura e adequada pelo consumidor. Essa responsabilidade, segundo José Geraldo Brito Filomeno, abarca três condutas: a) informar adequadamente os consumidores a respeito dos riscos e das características dos produtos e serviços; b) retirar do mercado os produtos que apresentem periculosidade maior do que a esperada; e, c) estabelecer canais de comunicação com os consumidores.[54]

V - Meios alternativos de solução de conflitos

O inciso V, do art. 4º, do CDC prevê, expressamente, o incentivo a criação "de mecanismos alternativos de solução de conflitos de consumo". Entretanto, o art. 51, VII, dispõe serem nulas de pleno direito as cláusulas contratuais que "determinem a utilização compulsória de arbitragem". Por outro lado, o § 2º, do art. 4º, da Lei nº 9.307/1996 (Lei da Arbitragem), prevê que "nos contratos de adesão, a cláusula compromissória só terá eficácia se o aderente tomar a iniciativa de instituir a arbitragem ou concordar, expressamente, com a sua instituição, desde que por escrito em documento anexo ou em negrito, com a assinatura ou visto especialmente para essa cláusula".

Assim, surgiu uma celeuma na doutrina e na jurisprudência a respeito da possibilidade, ou não, de se utilizar a arbitragem para solucionar conflitos de consumo.

Para Alberto Amaral Júnior, o CDC veda a utilização da arbitragem às relações de consumo "pois a sua estipulação pode ser extremamente lesiva aos interesses dos consumidores".[55] Na mesma linha de raciocínio, esclarece José Geraldo Brito Filomeno, parecer "incompatível, em princípio, o novo juízo arbitral, com os marcos angulares da filosofia consumerista, notadamente aqueles consubstanciados pelo inciso I do art. 4º retromencionado, e incisos. IV e VII de seu art. 51".[56]

---

[53] *Idem*, p. 87-88.
[54] *Idem*, p. 91.
[55] AMARAL JÚNIOR, Alberto. *Comentários ao Código de Proteção do Consumidor*. São Paulo: Saraiva, 1991, p. 197.
[56] FILOMENO, José Geraldo Brito. *In*: GRINOVER, Ada Pellegrini; BENJAMIN, Antônio Herman de Vasconcellos e; FINK, Daniel Roberto; FILOMENO, José Geraldo Brito; NERY JÚNIOR, Nelson; DENARI,

Admitindo a arbitragem para as relações de consumo, Nelson Nery Júnior explica que:

[...] o juízo arbitral é importante fator de composição de litígios de consumo, razão por que o Código não quis proibir sua constituição pelas partes do contrato de consumo; a interpretação a *contrario sensu* da norma sob comentário indica que, não sendo determinada compulsoriamente, é possível instituir-se a arbitragem; existem vários dispositivos no Código dos quais exsurge clara a regra sistêmica de que as deliberações referentes à relação jurídica de consumo não podem ser tomadas unilateralmente por qualquer das partes; portanto, o sistema do Código, configura-se como abusiva, por também ofender o escopo deste inc. VII, a cláusula que deixar a critério exclusivo e unilateral do fornecedor não somente a escolha entre jurisdição estatal e jurisdição arbitral, como também a escolha do árbitro; a opção pela solução é questão que deve ser deliberada equitativa e equilibradamente pelas partes, sem que haja preeminência de uma sobre a outra.[57]

O Superior Tribunal de Justiça, analisando os arts. 4º e 51, do CDC, entende possível a convenção de arbitragem nos contratos de consumo, aos seguintes argumentos:

a) Ao que se percebe, em verdade, o CDC não se opõe a utilização da arbitragem na resolução de conflitos de consumo, ao revés, incentiva a criação de meios alternativos de solução dos litígios; ressalva, no entanto, apenas, a forma de imposição da cláusula compromissória, que não poderá ocorrer de forma impositiva;

b) Com a mesma *ratio*, a Lei nº 9.307/1996 estabeleceu, como regra geral, o respeito à convenção arbitral, tendo criado, no que toca ao contrato de adesão, mecanismos para proteger o aderente vulnerável, nos termos do art. 4º, § 2º, justamente porque nesses contratos prevalece a desigualdade entre as partes contratantes;

c) Não há incompatibilidade entre os arts. 51, VII, do CDC e 4º, § 2º, da Lei nº 9.307/1996. Visando conciliar os normativos e garantir a maior proteção ao consumidor é que se entende que a cláusula compromissória só virá a ter eficácia caso este aderente venha a tomar a iniciativa de instituir a arbitragem, ou concorde, expressamente, com a sua instituição, não havendo, por conseguinte, falar em compulsoriedade. Ademais, há situações em que, apesar de se tratar de consumidor, não há vulnerabilidade da parte a justificar sua proteção;

Zelmo. *Código Brasileiro de Defesa do Consumidor* – comentado pelos autores do Anteprojeto. 10. ed. Rio de Janeiro: Forense, 2011, v. 1, p. 95.

[57] NERY JÚNIOR, Nelson. Apud FILOMENO, José Geraldo Brito. In: GRINOVER, Ada Pellegrini *et al*. *Código Brasileiro de Defesa do Consumidor*, cit. p. 94-95. Da mesma forma, para Gustavo Pereira Ribeiro, "Parece-nos que não há, a princípio, qualquer impedimento para que a solução de litígios de consumo se realize através da arbitragem. [...] podemos mesmo afirmar que a utilização dos mecanismos alternativos de composição de conflitos, dentre eles a arbitragem, é tônica do próprio microssistema consumerista" (RIBEIRO, Gustavo Pereira. *Arbitragem nas relações de consumo*. Curitiba: Juruá, 2011, p. 129).

d) Dessarte, a instauração da arbitragem pelo consumidor vincula o fornecedor, mas a recíproca não se mostra verdadeira, haja vista que a propositura da arbitragem pelo policitante depende da ratificação expressa do oblato vulnerável, não sendo suficiente a aceitação da cláusula realizada no momento da assinatura do contrato de adesão. Com isso, evita-se qualquer forma de abuso, na medida em que o consumidor detém, caso desejar, o poder de libertar-se da via arbitral para solucionar eventual lide com o prestador de serviços ou fornecedor. É que a recusa do consumidor não exige qualquer motivação. Propondo ele ação no Judiciário, haverá negativa (ou renúncia) tácita da cláusula compromissória;

e) Assim, é possível a cláusula arbitral em contrato de adesão de consumo quando não se verificar presente a sua imposição pelo fornecedor ou a vulnerabilidade do consumidor, bem como quando a iniciativa da instauração ocorrer pelo consumidor ou, no caso de iniciativa do fornecedor, venha a concordar ou ratificar expressamente com a instituição, afastada qualquer possibilidade de abuso.[58]

Com efeito, o direito está evoluindo para a utilização de meios alternativos para a solução de conflitos, não se limitando apenas à arbitragem, mas, também, à autocomposição. Antes da vigência do novo Código de Processo Civil, já se registrava um intenso movimento no âmbito do Ministério da Justiça para estimular a consciência de que há necessidade de identificação de situações que, como advertia há décadas Mauro Cappelletti, preferencialmente, devem ser equacionadas fora dos padrões da justiça ordinária. Devem, por isso, ser endereçadas para *mecanismos alternativos de resolução de conflitos*, tais como a *mediação*, a *arbitragem* e outros.

Nessa perspectiva, o TJRGS assentou, em acórdão largamente fundamentado, que a iniciativa da Secretaria Nacional do Consumidor, do Ministério da Justiça, em parceria com o Poder Judiciário, instituindo o Projeto Solução Direta-Consumidor,[59] "está perfeitamente afinado com todas as modernas tendências contemporâneas". E, dentro do espírito do Projeto, entendeu o acórdão ser perfeitamente lícita a decisão judicial que recebeu e manteve suspenso por trinta dias o processo de cobrança de honorários de profissional liberal, a fim de que a parte demonstrasse "ter tentado resolver

---

[58] STJ, 4ª T., REsp. 1.189.050/SP, Rel. Min. Luis Felipe Salomão, ac. 01.03.2016, DJe 14.03.2016. No mesmo sentido: "a validade da cláusula compromissória, em contratos de adesão caracterizado por relação de consumo, está condicionada à efetiva concordância do consumidor no momento da instauração do litígio entre as partes, consolidando-se o entendimento de que o ajuizamento, por ele, de ação perante o Poder Judiciário caracteriza a sua discordância em submeter-se ao Juízo Arbitral, não podendo prevalecer a cláusula que impõe a sua utilização. A mera circunstância de o consumidor ser bacharel em direito é insuficiente para descaracterizar a sua hipossuficiência, uma vez que a vulnerabilidade da pessoa física não é, necessariamente, técnica, mas, principalmente, econômica e jurídica" (STJ, 4ª T., AgInt no AREsp. 1.192.648/GO, Rel. Min. Raul Araújo, ac. 27.11.2018, DJe 04.12.2018).

[59] Pelo Projeto "Solução Direta-Consumidor", o Ministério da Justiça abre um portal eletrônico (consumidor.gov.br), por meio do qual o interessado pode se endereçar diretamente às empresas participantes, as quais se comprometem a receber, analisar e responder em até 10 dias as reclamações de seus consumidores. Trata-se de um serviço público para solução alternativa de conflitos de consumo via *internet*. Esse serviço não substitui os Órgãos tradicionais de defesa do consumidor.

a questão administrativamente",[60] ou seja, junto ao Projeto Solução Direta-Consumidor. Desenvolveu-se, de tal sorte, um esforço de valorização das vias consensuais de composição de conflitos, levado a cabo antes mesmo do advento do novo CPC e da Lei de Mediação, o qual mereceu a atenção da doutrina e jurisprudência, pela relevância dos fundamentos do julgado.

Reconheceu o Tribunal em questão que o excesso de litigiosidade abarrota os tribunais brasileiros com um volume de processos inatendível a contento pelo Poder Judiciário. Preconizou, por conseguinte, a necessidade de o sistema de acesso à Justiça ser repensado, dando-se maior ênfase ao uso dos "mecanismos alternativos de resolução de conflitos", tais como a mediação e a arbitragem. Desse movimento não devem ser excluídos os conflitos de consumo, observadas, naturalmente, as necessárias cautelas.

Essa iniciativa do Sistema Solução Direta-Consumidor tem alcançado êxito, conforme estatística da Secretaria Nacional do Consumidor do Ministério da Justiça, reveladora de que, até março de 2016, haviam sido registradas 260.922 reclamações finalizadas, 221.364 usuários já haviam feito uso da plataforma e havia 304 empresas credenciadas. "Este último número não é significativo em um mercado da proporção do brasileiro, mas sem dúvida é um bom começo".[61] Em março de 2020, os números eram os seguintes: 2.556.937 reclamações finalizadas, 1.877.487 usuários e 657 empresas credenciadas.[62]

É aceito pela doutrina de nosso tempo que "a difusão dos métodos alternativos do tipo conciliatório representa uma evidente rejeição da 'cultura da decisão' em proveito daquela que se poderia definir como uma 'cultura de compromisso'. A tendência em direção à *deregulation* [desregulação= desjudicialização] atinge também a administração da justiça: ao processo visto como instrumento através do qual são implementados os valores incorporados nas normas do ordenamento, prefere-se uma 'gestão privada' da solução das controvérsias. Isto significa que é reconhecida às partes uma *substancial liberdade* para escolher seja o procedimento tido como o mais adequado para atingir um acordo, seja o conteúdo em si do acordo. Nesse contexto, a autonomia privada pode permitir às partes a definição da controvérsia de acordo com critérios mais flexíveis não suscetíveis de serem adotados por um juiz, vinculado que está ao princípio da legalidade".[63]

É nesse rumo que marcha o direito comparado no mundo ocidental. Por exemplo, na Inglaterra, entre os meios alternativos para resolução de conflitos, a tendência pende a considerar a mediação como a forma ligeiramente "mais aconselhável".[64]

---

[60] TJRGS, 9ª CC., Ag. Inst. 70063985626, Rel. p/ ac. Des. Eugênio Facchini Neto, ac. 26.08.2015, *Rev. Jur. Do TJRGS*, v. 298, p. 298.

[61] PASQUALOTTO, Adalberto; BASTOS, Ísis Boll de Araujo. Aplicação dos meios adequados de transformação dos conflitos nas relações de consumo. *Revista Brasileira de Direito Comercial, empresarial, concorrencial e do consumidor*, v. 13, out.-nov./2016, p. 18.

[62] Informações obtidas no site: https://www.consumidor.gov.br/pages/indicador/infografico/abrir. Acesso em 19.03.2020.

[63] SILVESTRI, Elisabetta. Osservazioni in tema di strumenti alternativi per la risoluzione delle controversie. *Rivista Trimestrale di Diritto e Procedura Civile*, 1999, n. 1, p. 327-328.

[64] ANDREWS, Neil. *O moderno processo civil* – formas judiciais e alternativas de resolução de conflitos na Inglaterra. 2. ed. São Paulo: RT, 2012, p. 50. O Código de Processo Civil inglês editado em 1998

Na França, também se tem a mediação como o meio alternativo mais em voga. Ensinam Cornu e Foyer que a mediação representa um "'apelo à participação', no sentido que o mediador não tem nem o poder, nem o dever de resolver o conflito. Sua tarefa é aquela de *auxiliar as partes* a elaborar um projeto próprio de solução do conflito, ou, no máximo, ajudá-las a identificar os pontos de desacordo insuperáveis".[65]

No âmbito da Comunidade Europeia, recomendações de aprimoramento da tutela jurisdicional aos direitos do consumidor desde 1985 preconizam maior uso de técnicas de mediação e arbitragem (Suplemento 2/75 do *Boletim da Comissão Europeia*, Luxemburgo, 1985). Finalmente, em 2007, as sugestões foram objeto de aprovação pelo Parlamento Europeu, transformando-se na Diretiva nº 92 de 2008, no qual se definiu um procedimento estruturado para que as partes em litígio possam dar-lhe solução consensual, com a ajuda de um mediador.[66]

Na Alemanha, na França e na Itália, inovações legislativas, na linha preconizada pelas entidades internacionais, adotaram estratégias para convencer os litigantes a tentar resolver suas contendas fora do contencioso judicial, segundo os modelos da mediação e da conciliação.[67]

Na América Latina merece lembrança a Lei argentina (Lei 24.573, de 1995) que instituiu a sujeição das partes a se submeterem à mediação, em caráter obrigatório, antes de ingressar em juízo. E na América do Norte, o exemplo do direito estadunidense só tem feito incrementar e aprimorar as técnicas de resolução alternativa de conflitos, dentre as quais a mediação e a arbitragem.[68]

VI – Coibição e repressão de abusos praticados no mercado de consumo

O inciso VI do art. 4º do CDC dispõe acerca da "coibição e repressão eficientes de todos os abusos praticados no mercado de consumo, inclusive a concorrência desleal e utilização indevida de inventos e criações industriais das marcas e nomes comerciais e signos distintivos, que possam causar prejuízos aos consumidores". Vale dizer, o Código busca a livre concorrência entre as empresas e a prática de condutas leais no mercado, como forma de propiciar "a melhoria da qualidade de produtos e serviços, o desenvolvimento tecnológico na fabricação e melhores opções ao consumidor ou usuário final".[69] Desta forma, restarão protegidos não apenas os consumidores, mas, também, os fornecedores de produtos ou serviços.

---

consagrou como uma importante inovação os "pre-action protocols", cujo declarado propósito é o de "forçar as partes a tentarem acordos antes de proporem uma ação" (Des. Eugênio Facchini Neto, *Rev. Jur. do TJRGS*, 298/255).

[65] CORNU, Gérard; FOYER, Yean. *Procedure civile*. 3. ed. Paris: P-U-E, 1966, p. 54.
[66] No campo das relações internacionais, o American Law Institute e o UNIDROIT, em conjunto, adotaram um modelo sugerido às legislações nacionais, ao regular o *princípio 24-2*, cujo enunciado dispõe: "o juízo deverá facilitar a participação das partes em procedimentos alternativos de resolução de conflitos, de natureza facultativa, em qualquer estágio do procedimento" (*apud* voto do Des. Eugênio Facchini Neto. *Ver. Rev. do TJRGS*, n. 298, p. 255).
[67] *Rev. Jur. do TJRGS*, n. 298, p. 256-257.
[68] Exemplos: *Civil Justice Reform Act*, de 1990 e *Alternative Dispute Resolution Act*, de 1998.
[69] FILOMENO, José Geraldo Brito. *Código brasileiro de Defesa do Consumidor, cit.*, p. 102.

Afirma, ainda, José Geraldo Brito Filomeno que "se a livre concorrência não é garantida e o mercado passa a ser dominado por poucos, sem que haja fiscalização governamental, a *tendência é o aumento de preços dos produtos e serviços, a queda da sua qualidade, a redução de alternativas de compras e a estagnação tecnológica*" (grifos no original).[70]

Além da proteção da livre concorrência, que, indiretamente, beneficia o consumidor, o CDC, em seu art. 39, elenca uma série de práticas adotadas pelo fornecedor de produtos ou serviços que considera abusivas, por reforçar a vulnerabilidade do consumidor.

VII – Racionalização e melhoria dos serviços públicos

O Código de Defesa do Consumidor é aplicado não apenas às relações de consumo travadas entre particulares, mas, também, quando a prestação de serviços é feita pelo Poder Público (direta ou indiretamente), tal como ocorre nos transportes coletivos, serviços de telefonia, produção de energia elétrica etc. Nessas situações, "os órgãos públicos, por si ou por suas empresas, concessionárias, permissionárias ou sob qualquer outra forma de empreendimento, são obrigados a fornecer serviços adequados, eficientes, seguros e, quanto aos essenciais, contínuos" (CDC, art. 22).

VIII – Estudo constante das modificações do mercado de consumo

Mostra-se relevante o estudo das modificações do mercado de consumo, para o fim de proteger o consumidor, especialmente, das práticas abusivas de *marketing*.

Segundo Maria Cecília Coutinho de Arruda, "tudo estará sempre a exigir não apenas a profunda e cuidadosa análise do homem, destinatário final de todos os bens da vida, como também à sua mais perfeita possível satisfação e tudo presidido por uma ética bastante apurada".[71]

2.4. O CDC VISTO COMO "LEI PRINCIPIOLÓGICA"

Na visão de Nelson Nery Júnior, o CDC, por ser uma lei que fixa os princípios fundamentais das relações de consumo, ocupa uma posição superior dentro do direito positivo. Destarte, "todas as demais leis que se destinarem, de forma específica, a regular determinado setor das relações de consumo deverão submeter-se aos preceitos gerais da lei principiológica, que é o Código de Defesa do Consumidor".[72]

Esse tipo de argumento serviu de fundamento para que se tentasse negar legitimidade à Lei nº 10.931/2004, em face das relações de consumo, já que, ao cuidar da purga da mora nas ações de busca e apreensão do bem gravado de alienação fiduciária

---

[70] Idem, ibidem.
[71] ARRUDA, Maria Cecília Coutinho de. *Apud* FILOMENO, José Geraldo Brito. *In:* GRINOVER, Ada Pellegrini *et al. Código Brasileiro de Defesa do Consumidor, cit.*, v. I, p. 118.
[72] NERY JÚNIOR, Nelson. Da proteção contratual. *In:* GRINOVER, Ada Pellegrini *et al. Código brasileiro de defesa do consumidor* – comentado pelos autores do Anteprojeto. 10. ed. Rio de Janeiro: Forense, 2011, v. I, p. 515-516.

em garantia, teria elevado o *quantum* necessário à medida para cem por cento do saldo do preço financiado. Por representar uma *reformatio in pejus* diante do regime legal anterior, em que o Decreto-lei nº 911/1969 permitia a purga da mora pelo pagamento apenas das prestações vencidas, desde que já se houvesse pago pelo menos quarenta por cento do financiamento, arguiu-se sua inaplicabilidade às relações de consumo.[73] Estas, por conseguinte, continuariam, esdruxulamente regidas pela lei revogada.

Ora, onde se diz na Constituição que o legislador ordinário está jungido em seu poder normativo a regular os direitos civis, pessoais e reais, com estrito respeito às regras principiológicas do Código de Defesa do Consumidor? A Lei Maior determinou que se haveria de estabelecer uma lei que defendesse os interesses dos consumidores, mas não estatuiu qual seria a forma e os limites da proteção. Deixou a cargo, portanto, do legislador comum a sistematização e as dimensões da tutela disponibilizada, tal como sempre se passou com os demais Códigos (Código Civil, Código Penal e Códigos Processuais). Quando alguma garantia especial teria de ser respeitada pela codificação, a Constituição foi expressa e clara, como, por exemplo, no tocante ao contraditório e ampla defesa, no âmbito das leis processuais ordinárias, no referente à tipicidade e legalidade das penas, no direito criminal, no relacionado com a gratuidade do casamento civil e com a inclusão da união estável na proteção dispensada à família, no direito civil, e na especificação dos tributos instituíveis pelo direito tributário. Aí, sim, o legislador infraconstitucional não poderia ignorar o parâmetro traçado pela Lei Maior.

Aliás, se a Constituição, no estabelecimento dos princípios gerais da atividade econômica, inclui a defesa do consumidor, não o faz como se fosse o único a se observar na espécie, mas sim como parte de um feixe de oito outros princípios de igual hierarquia, dentre eles o da propriedade privada, o da livre concorrência, o da defesa do meio ambiente, o do tratamento favorecido para a pequena empresa etc. (CF, art. 170). Nada no texto constitucional cria um *status* tutelar superior para a defesa do consumidor que possa superar, *v.g.*, o fundamento da República constante dos "valores sociais do trabalho e da livre iniciativa" (CF, art. 1º, IV), e no objetivo fundamental de "garantir o desenvolvimento nacional" (CF, art. 3º, II).

Daí porque, na missão que lhe confiou a Constituição, o legislador ordinário está livre para dimensionar e redimensionar, dentro do caráter político de sua função institucional, as garantias que houver por bem constituir em favor dos consumidores.

Por fim, é, ainda, de ser lembrado que, ao prever a elaboração do Código de Defesa do Consumidor, o art. 48 das Disposições Transitórias da CF de 1988 limitou-se a estabelecer o prazo de cento e vinte dias a fim de que o Congresso Nacional se desincumbisse da respectiva missão legislativa. Novamente, nenhum parâmetro, nenhum limite, nenhuma garantia particular ou especial se estipulou para dimensionar o trabalho normativo que o Congresso haveria de soberanamente executar. Nada se estatuiu, outrossim, no rumo de tornar dito Código um diploma de natureza constitucional ou superior à legislação ordinária.

---

[73] CASTRO BISNETTO, Lauro Simões de; CAMACHO, Henrique. Contrato de alienação fiduciária nas relações de consumo: uma leitura fundamental. *Revista Brasileira de Direito Comercial*, v. 12, p. 37-56, ago.-set./2016.

Está, sim, o CDC recheado de normas principiológicas, mas não de maneira diferente dos demais Códigos, já que todos os diplomas legislativos da espécie se caracterizam, na atualidade, por apresentar grande quantidade de princípios normatizados.

Em conclusão, o CDC é uma lei ordinária, como outra qualquer, e que, por isso, pode ser alterado por lei comum superveniente, reduzindo ou ampliando garantias antes reconhecidas ao consumidor, sem que só por isso (*i.e.*, só por alterar o CDC) incorra em inconstitucionalidade ou injuridicidade.

No caso aventado da Lei nº 10.931/2004, que alterou o critério de purga da mora nas ações de execução da alienação fiduciária, não se pode ver inconstitucionalidade na inovação legislativa, porque o legislador se comportou exatamente dentro de seu poder de disciplinar os negócios civis e as garantias reais, bem como o modo de executá-los em juízo. E o fez dentro dos critérios da razoabilidade, se comparados os interesses patrimoniais em jogo na operação econômica disciplinada. Nem mesmo se pode afirmar que tenha havido contraste principiológico com o CDC, porque nele inexiste qualquer regra ou princípio que cuide, direta ou indiretamente da matéria ventilada na Lei da Alienação Fiduciária. E, ainda que existisse, não haveria impedimento constitucional a que lei posterior adotasse preceito diverso. Mormente por se tratar de *lei especial*, voltada para a disciplina de negócio jurídico privado específico.

2.5. DIREITO EUROPEU

A União Europeia, como bloco econômico que visa a livre circulação de mercadorias e pessoas, possui longa tradição quanto ao reconhecimento da importância de dar-se proteção ao consumidor, para o aperfeiçoamento do processo de integração.[74]

Podem-se distinguir três fases na evolução da proteção do consumidor no direito europeu: a) a primeira, iniciada com o Tratado de Roma e o *Comitê do contacto con los consumidores de la Comunidad Europea*; b) a segunda, com a reunião dos Chefes de Estado e de Governo de Paris, ocorrida em 1972, fase em que se elabora o *Programa preliminar para una política de protección a los consumidores*, que trouxe conceitos importantes para a tutela integral dos consumidores; e, c) a última, configura-se pela aprovação de várias diretivas sobre: publicidade enganosa, responsabilidade pelos produtos defeituosos, crédito ao consumo etc.[75]

A essas etapas, Antônio Pereira Gaio Júnior acrescenta uma quarta, representada pelo Tratado de Maastricht, "que eleva essa política consumerista em nível de verdadeira política comunitária",[76] e pelo Tratado de Amsterdã, de 1997. Segundo o autor, a partir desse tratado, a União Europeia vem estabelecendo Planos Trienais para consolidar a proteção dos consumidores no mercado contemporâneo.[77]

---

[74] GAIO JÚNIOR, Antônio Pereira. *O consumidor e sua proteção na União Europeia e Mercosul*. Curitiba: Juruá, 2014, p. 105.
[75] AGUIRRE, Martinez de; ALDAZ, C. *Derecho comunitário y protección de los consumidores*. Madrid: Actualidad, 1990, p. 22 e seguintes.
[76] GAIO JÚNIOR, Antônio Pereira. *O consumidor e sua proteção, cit.*, p. 108.
[77] *Idem*, p. 105.

A União Europeia criou um plano de ação política dos consumidores, para os anos de 1999 a 2001, estabelecendo três domínios de intervenção: i) representação e educação dos consumidores; ii) saúde e segurança dos consumidores; e, iii) interesses econômicos dos consumidores.[78]

Criou-se, posteriormente, a Estratégia da política dos consumidores para 2002-2006 e, em 2007, a Estratégia comunitária em matéria de Política dos Consumidores para 2007-2013. Esta última tem por finalidade estabelecer um nível equivalente de segurança e de proteção em toda União Europeia, através dos seguintes objetivos:

> Dar mais poderes aos consumidores, instaurando um mercado mais transparente que permita efetuar verdadeiras escolhas de consumo, como por exemplo, em termos de preço e de qualidade.
>
> Melhorar o bem-estar dos consumidores do ponto de vista, entre outros aspectos, da qualidade, da diversidade, da acessibilidade e da segurança.
>
> Proteger os consumidores dos riscos e ameaças graves.[79]

Segundo Mauro André Mendes Finatti,

> É interessante verificar que a política europeia de proteção do consumidor abrange diversas outras políticas comunitárias, das quais podem se destacar a política agrícola, a política de proteção ambiental, com o fulcro de se fabricarem produtos mais inofensivos ao meio ambiente, a harmonização dos impostos e a política de concorrência, que se torna notadamente importante na análise das divergências entre os objetivos dos atos de concentração e dos interesses do consumidor.[80]

A política de proteção consumerista se dá por meio de Diretivas, que vinculam o Estado-membro da União Europeia quanto ao objetivo a ser alcançado. Entretanto, caberá a cada Estado dispor quanto à forma e aos meios para obter os resultados pretendidos nas Diretivas.[81]

Entretanto, apesar de ainda não existir, no direito comunitário europeu, uma legislação unificada, "se tem defendido a hipótese de um código europeu do consumo, assim como a possibilidade de integração das normas de protecção dos consumidores num futuro e eventual código civil europeu".[82]

---

[78] *Idem*, p. 109-110.
[79] *Idem*, p. 111.
[80] FINATTI, Mauro André Mendes. A política do consumidor na Comunidade Europeia. *In:* CASELLA, Paulo Borba (coord.). *Contratos internacionais e direito econômico no Mercosul* – Após o término do período de transição. São Paulo: LTr, 1996, p. 258.
[81] GAIO JÚNIOR, Antônio Pereira. *O consumidor e sua proteção, cit.*, p. 125.
[82] ALMEIDA, Carlos Ferreira de. *Direito do consumo*. Coimbra: Almedina, 2005, p. 67-68.

Capítulo III
DIREITOS BÁSICOS DO CONSUMIDOR

3.1. DIREITOS BÁSICOS DO CONSUMIDOR

O art. 6º do CDC elenca, em seus treze incisos, uma série de direitos básicos do consumidor.[1] São eles:

I – a proteção da vida, saúde e segurança contra os riscos provocados por práticas no fornecimento de produtos e serviços considerados perigosos ou nocivos;

II – a educação e divulgação sobre o consumo adequado dos produtos e serviços, asseguradas a liberdade de escolha e a igualdade nas contratações;

III – a informação adequada e clara sobre os diferentes produtos e serviços, com especificação correta de quantidade, características, composição, qualidade, tributos incidentes e preço, bem como sobre os riscos que apresentem;

IV – a proteção contra a publicidade enganosa e abusiva, métodos comerciais coercitivos ou desleais, bem como contra práticas e cláusulas abusivas ou impostas no fornecimento de produtos e serviços;

V – a modificação das cláusulas contratuais que estabeleçam prestações desproporcionais ou sua revisão em razão de fatos supervenientes que as tornem excessivamente onerosas;

VI – a efetiva prevenção e reparação de danos patrimoniais e morais, individuais, coletivos e difusos;

VII – o acesso aos órgãos judiciários e administrativos com vistas à prevenção ou reparação de danos patrimoniais e morais, individuais, coletivos ou difusos, assegurada a proteção Jurídica, administrativa e técnica aos necessitados;

VIII – a facilitação da defesa de seus direitos, inclusive com a inversão do ônus da prova, a seu favor, no processo civil, quando, a critério do juiz, for verossímil a alegação ou quando for ele hipossuficiente, segundo as regras ordinárias de experiências;

---

[1] O Decreto nº 11.034/2022 regulamenta a Lei nº 8.078, de 11 de setembro de 1990 – Código de Defesa do Consumidor, para estabelecer diretrizes e normas sobre o Serviço de Atendimento ao Consumidor.

IX – (Vetado);

X – a adequada e eficaz prestação dos serviços públicos em geral;

XI – a garantia de práticas de crédito responsável, de educação financeira e de prevenção e tratamento de situações de superendividamento, preservado o mínimo existencial, nos termos da regulamentação, por meio da revisão e da repactuação da dívida, entre outras medidas;

XII – a preservação do mínimo existencial, nos termos da regulamentação, na repactuação de dívidas e na concessão de crédito;

XIII – a informação acerca dos preços dos produtos por unidade de medida, tal como por quilo, por litro, por metro ou por outra unidade, conforme o caso.

Não se trata, entretanto, de rol taxativo, na medida em que esses direitos "não excluem outros decorrentes de tratados ou convenções internacionais de que o Brasil seja signatário, da legislação interna ordinária, de regulamentos expedidos pelas autoridades administrativas competentes, bem como dos que derivem dos princípios gerais do direito, analogia, costumes e equidade" (art. 7º).[2]

Iremos analisar, a seguir, cada um desses direitos previstos no art. 6º.

3.2. PROTEÇÃO DA VIDA, SAÚDE E SEGURANÇA

O inciso I, do art. 6º, do CDC estabelece ser direito do consumidor "a proteção da vida, saúde e segurança contra os riscos provocados por práticas no fornecimento de produtos e serviços considerados perigosos ou nocivos". Protege-se, aqui, a incolumidade física do consumidor, seu direito de não ser exposto a perigos. Destarte, o fornecedor é obrigado a garantir a segurança razoável do produto ou serviço disponibilizado no mercado.

Nesse sentido, já decidiu o STJ:

> Código de Defesa do Consumidor. Lata de tomate Arisco. Dano na abertura da lata. Responsabilidade civil da fabricante. O fabricante de massa de tomate que coloca no mercado produto acondicionado em latas cuja abertura requer certos cuidados, sob pena de risco à saúde do consumidor, e sem prestar a devida informação, deve indenizar os danos materiais e morais daí resultantes.[3]

Assim, dispõe o art. 8º do Código que "os produtos e serviços colocados no mercado de consumo *não acarretarão riscos à saúde ou segurança dos consumidores*, exceto os considerados normais e previsíveis em decorrência de sua natureza e fruição" (g.n.). Nesse caso, o fornecedor é obrigado a "dar as informações necessárias e adequadas a seu respeito".

---

[2] A Lei nº 13.455/2017 autoriza os estabelecimentos comerciais a praticar preços diferentes em função do instrumento de pagamento utilizado na transação e do respectivo prazo de pagamento. O texto normativo também determina a nulidade de cláusulas contratuais que proíbam ou restrinjam a diferenciação de preços.

[3] STJ, 4ª T., REsp. 237.964/SP, Rel. Min. Ruy Rosado de Aguiar, ac. 16.12.1999, *DJU* 08.03.2000, p. 127.

3.3. EDUCAÇÃO E DIVULGAÇÃO SOBRE O CONSUMO ADEQUADO DOS PRODUTOS OU SERVIÇOS. LIBERDADE DE ESCOLHA

O inciso II do art. 6º prevê o direito do consumidor de receber educação e divulgação sobre o consumo adequado dos produtos e serviços colocados à sua disposição no mercado. Segundo José Geraldo Brito Filomeno, essa educação deve ser encarada sob dois aspectos: i) a *educação formal*, que deverá ser dada nas escolas; e, ii) a *educação informal*, de responsabilidade dos fornecedores, a respeito das características dos produtos ou serviços que são lançados no mercado.[4]

Além disso, é direito do consumidor ver assegurada a sua *liberdade de escolha* e a igualdade nas contratações. Essa igualdade – ainda na visão de José Geraldo Brito Filomeno – obriga o fornecedor a informar o consumidor previamente sobre as condições contratuais, evitando-se que seja surpreendido por alguma cláusula abusiva.[5]

A necessidade de proteção da liberdade de escolha do consumidor, parte mais fraca da relação de consumo, "leva a impor novos riscos profissionais aos fornecedores, que não poderão ser transferidos aos consumidores por nenhuma manifestação válida da vontade, a redefinir o abuso".[6]

Sobre o tema, o STJ veda a venda casada realizada por fornecedores, uma vez que retira do consumidor a liberdade de escolha do produto ou serviço que pretende adquirir:

1. A venda casada ocorre em virtude do condicionamento a uma única escolha, a apenas uma alternativa, já que não é conferido ao consumidor usufruir de outro produto senão aquele alienado pelo fornecedor.

2. Ao compelir o consumidor a comprar dentro do próprio cinema todo e qualquer produto alimentício, o estabelecimento dissimula uma venda casada (art. 39, I, do CDC), limitando a liberdade de escolha do consumidor (art. 6º, II, do CDC), o que revela prática abusiva.[7]

Não se deve, entretanto, ver venda casada na oferta conjunta, muito comum no mercado, de vários produtos iguais ou complementares, como forma de *marketing* capaz de oferecer preços promocionais. Desde que, é óbvio, não se tolha ao consumidor a opção pela compra apenas do produto que livremente escolher.

3.4. INFORMAÇÃO ADEQUADA E CLARA SOBRE OS PRODUTOS E SERVIÇOS

O direito à informação, previsto no inciso III, do art. 6º, obriga o fornecedor a explicar, de forma clara e pormenorizada, ao consumidor a quantidade, as

---

[4] FILOMENO, José Geraldo Brito. *In*: GRINOVER, Ada Pellegrini; BENJAMIN, Antônio Herman de Vasconcellos e; FINK, Daniel Roberto; FILOMENO, José Geraldo Brito; NERY JÚNIOR, Nelson; DENARI, Zelmo. *Código Brasileiro de Defesa do Consumidor* – comentado pelos autores do Anteprojeto. 10. ed. Rio de Janeiro: Forense, 2011, v. 1, p. 153-154.

[5] *Idem*, p. 154.

[6] MARQUES, Cláudia Lima; Benjamin, Antônio Herman V.; MIRAGEM, Bruno. *Comentários ao Código de Defesa do Consumidor*. São Paulo: Editora RT, 2003, p. 148.

[7] STJ, 3ª T., REsp. 1.331.948/SP, Rel. Min. Ricardo Villas Bôas Cueva, ac. 14.06.2016, *DJe* 05.09.2016.

características, a composição e a qualidade dos produtos ou serviços, bem como os tributos incidentes e o respectivo preço. Além disso, deve expor sobre os riscos que o produto ou serviço apresentem.

Trata-se do princípio da *transparência*, que permite ao consumidor saber exatamente o que pode esperar dos bens colocados à sua disposição no mercado, evitando-se que adquira "um produto que não é adequado ao que pretende ou que não possui as qualidades que o fornecedor afirma ter".[8]

De fato, a informação prestada deve ser transmitida de forma adequada e eficiente, vale dizer, "de modo que seja percebida ou pelo menos perceptível ao consumidor". Informação adequada é aquela que é facilmente compreendida pelo consumidor, de modo que a eficácia do direito à informação "não se satisfaz com o cumprimento formal do dever de indicar dados e demais elementos informativos, sem o cuidado ou a preocupação de que estejam sendo devidamente entendidos pelos destinatários destas informações".[9]

Nesse sentido, o STJ chegou a decidir quanto à obrigação do supermercado de informar ao consumidor, de forma adequada e clara, sobre os preços dos produtos expostos à venda, inclusive por meio de etiquetação individualizada, *in verbis*:

> Um dos princípios básicos em que se assenta a ordem econômica é a defesa do consumidor. A Lei nº 8.078/90, em seu artigo 6º, inciso III, relaciona entre os direitos básicos do consumidor: "A informação adequada e clara sobre os diferentes produtos e serviços, com especificação correta de quantidade, características, composição, qualidade e preço, bem como, sobre os riscos que apresentam".
>
> Os donos de supermercados devem fornecer ao consumidor informações adequadas, claras, corretas, precisas e ostensivas sobre os preços de seus produtos à venda.
>
> O fato de já existir, em cada produto, o código de barras não é suficiente para assegurar a todos os consumidores estas informações.
>
> Para atender realmente o que estabelece o Código do Consumidor, além do código de barras e do preço nas prateleiras, devem os supermercados colocar o preço em cada produto.[10]

Em face das dificuldades práticas de tal sistemática, adveio a Lei nº 10.962/2004, que tornou desnecessária a utilização de etiqueta com preço individual de cada mercadoria.[11]

---

[8] MARQUES, Cláudia Lima. *Contratos no código de defesa do consumidor*, cit., p. 716.
[9] MIRAGEM, Bruno. *Curso de direito do consumidor*. 8. ed. São Paulo: Ed. RT, 2019, p. 289.
[10] STJ, 1ª Seção, MS 5986/DF, Rel. Min. Garcia Vieira, ac. 13.10.1999, *DJU* 29.11.1999, p. 116.
[11] STJ, 3ª T., REsp. 688.151/MG, Rel. Min. Nancy Andrighi, ac. 07.04.2005, *DJU* 08.08.2005, p. 305. No mesmo sentido: "1. Precedentes desta Corte entendiam obrigatória a colocação de etiquetas em todos os produtos, mesmo quando utilizado o código de barras com os esclarecimentos nas gôndolas correspondentes. 2. Com a edição da Lei de nº 10.962/04, passaram a ser admitidas as seguintes formas de afixação de preços em vendas a varejo para o consumidor: 'em auto-serviços, supermercados, hipermercados, mercearias ou estabelecimentos comerciais onde o consumidor tenha acesso direto ao produto, sem intervenção do comerciante, mediante a impressão ou afixação do preço do produto na embalagem, ou a afixação de código referencial, ou ainda, com a afixação

Esse dever de informação clara não se limita às qualificações do produto ou serviço, mas obriga, também, à informação clara quanto ao conteúdo do contrato a ser celebrado, às obrigações que estarão sendo assumidas pelo consumidor, evitando que seja surpreendido por cláusulas abusivas ou que não consiga cumprir.

Segundo Cláudia Lima Marques, esse ideal de transparência ensejou uma alteração nos papéis tradicionais dos sujeitos da relação:

> [...] aquele que se encontrava na posição ativa e menos confortável (*caveat emptor*), aquele que necessitava atuar, informar-se, perguntar, conseguir conhecimentos técnicos ou informações suficientes para realizar um bom negócio, o consumidor, passou para a confortável posição de detentor de um direito subjetivo de informação (art. 6º, III), enquanto aquele que se encontrava na segura posição passiva, o fornecedor, passou a ser sujeito de um novo dever de informação (*caveat vendictor*), dever de conduta ativa (informar), o que significa, na prática, uma inversão de papéis (arts. 46, 51, IV, e 54) e um início de inversão *ex vi lege* de ônus da prova.[12]

A respeito do direito de informação do consumidor, já se pronunciou a jurisprudência do STJ:

> a) 1. O Código do Consumidor é norteado principalmente pelo reconhecimento da vulnerabilidade do consumidor e pela necessidade de que o Estado atue no mercado para minimizar essa hipossuficiência, garantindo, assim, a igualdade material entre as partes. Sendo assim, no tocante à oferta, estabelece serem direitos básicos do consumidor o de ter a informação adequada e clara sobre os diferentes produtos e serviços (CDC, art. 6º, III) e o de receber proteção contra a publicidade enganosa ou abusiva (CDC, art. 6º, IV).
>
> 2. É bem verdade que, paralelamente ao dever de informação, se tem a faculdade do fornecedor de anunciar seu produto ou serviço, sendo certo que, se o fizer, a publicidade deve refletir fielmente a realidade anunciada, em observância à principiologia do CDC. Realmente, o princípio da vinculação da oferta reflete a imposição da transparência e da boa-fé nos métodos comerciais, na publicidade e nos contratos, de forma que esta exsurge como princípio máximo orientador, nos termos do art. 30.[13]
>
> b) [...] 3. *Um dos direitos básicos do consumidor, talvez o mais elementar de todos*, e daí a sua expressa previsão no art. 5º, XIV, da Constituição de 1988, é *"a informação adequada e clara sobre os diferentes produtos e serviços, com especificação correta de quantidade, características, composição, qualidade e preço"* (art. 6º, III, do CDC). Nele se encontra, sem exagero, *um dos baluartes do microssistema e da própria sociedade pós-moderna*, ambiente no qual também se insere a proteção contra a publicidade enganosa e abusiva (CDC, arts. 6º, IV, e 37).

---

de código de barras' (artigo 2º)" (STJ, 2ª T., REsp. 663.969/RJ, Rel. Min. Castro Meira, ac. 23.05.2006, *DJU* 02.06.2006, p. 113); STJ, 1ª T., REsp. 614.771/DF, Rel. Min. Denise Arruda, ac. 13.12.2005, *DJU* 01.02.2006, p. 438.

[12] *Idem*, p. 717.
[13] STJ, 4ª T., REsp. 1.365.609/SP, Rel. Min. Luis Felipe Salomão, ac. 28.04.2015, *DJe* 25.05.2015.

4. Derivação próxima ou direta dos princípios da transparência, da confiança e da boa-fé objetiva, e, remota dos princípios da solidariedade e da vulnerabilidade do consumidor, bem como do princípio da concorrência leal, *o dever de informação adequada incide nas fases pré-contratual, contratual e pós-contratual, e vincula tanto o fornecedor privado como o fornecedor público.*

5. Por expressa disposição legal, *só respeitam o princípio da transparência e da boa-fé objetiva, em sua plenitude, as informações que sejam "corretas, claras, precisas, ostensivas" e que indiquem, nessas mesmas condições, as "características, qualidades, quantidade, composição, preço, garantia, prazos de validade e origem, entre outros dados" do produto ou serviço, objeto da relação jurídica de consumo* (art. 31 do CDC) (grifamos).[14]

c) 2. Constitui dever da instituição de ensino a informação clara e transparente acerca do curso em que matriculados os seus alunos, orientando-os e advertindo-os acerca das modificações ocorridas em relação ao exercício da profissão àqueles que, após outubro de 2005, matricularam-se no curso de licenciatura.

3. Alegada discrepância das informações oferecidas no sítio eletrônico da ré, em que seria garantido o amplo exercício da profissão ao aluno da licenciatura plena evidenciada pela parte autora. [...]

5. Conclusão alcançada na sentença a reconhecer, com base nas provas dos autos e no ônus probatórios das partes, a existência de falha na prestação dos serviços (falha informacional), que, na espécie, deve ser privilegiada, pois consentânea com o quando disciplinado nos arts. 6º e 30 do CDC.[15]

d) A oxigenação do sistema de Direito Privado promovida pelo Código de Defesa do Consumidor, em todos os momentos de uma relação de consumo, operou-se, notadamente, no tocante à exigência de informações claras no período pré-negocial, tendo em vista o modelo de transparência por ele estatuído, como ressaltou o STJ no REsp 1.740.997.[16]

No último julgado, o relator, Ministro Paulo de Tarso Sanseverino, bem ressalta a obrigação do fornecedor de passar ao consumidor a "informação necessária, suficiente e segura acerca do acordo a ser celebrado". Daí porque, havendo divergência entre as informações prestadas e aquelas constantes nas cláusulas gerais do contrato, "há de prevalecer, sempre, a interpretação mais favorável ao consumidor, na forma do art. 47, do CDC".[17]

Nesse sentido, também a lição de Cláudia Lima Marques:

Em caso de conflito entre alguma cláusula contratual e a publicidade veiculada ou alguma outra informação prestada (e provada), a interpretação do conteúdo contratual efetivo

---

[14] STJ, 2ª T., AgRg no AgRg no REsp. 1.261.824/SP, Rel. Min. Herman Benjamin, ac. 14.02.2012, *DJe* 09.05.2013.
[15] STJ, 3ª T., AgInt REsp. 1.738.996/RJ, Rel. Min. Paulo de Tarso Sanseverino, ac. 30.05.2022, *DJe* 02.06.2022.
[16] STJ, 3ª T., REsp. 1.740.997/CE, Rel. Min. Paulo de Tarso Sanseverino, ac. 09.06.2020, *DJe* 12.06.2020.
[17] STJ, 3ª T., REsp. 1.740.997/CE, *cit.*

deve ser sempre a mais favorável ao consumidor e levar em conta a imperatividade e indisponibilidade das normas do CDC, cuja *ratio* é justamente assegurar uma melhor posição contratual ao consumidor que não redige (ou influencia) o contrato escrito (grifamos).[18]

À obrigação do fornecedor de bem informar o consumidor a respeito dos produtos e serviços é acrescido o dever de se abster de dificultar o acesso à informação ou à sua compreensão, conforme se vê dos seguintes julgados da referida Corte Superior:

a) 1. A exibição judicial de documentos, em ação cautelar, *não se confunde com a expedição de extratos bancários pela instituição financeira, sendo descabida a cobrança de qualquer tarifa*. 2. O acesso do consumidor às informações relativas aos negócios jurídicos entabulados com o fornecedor encontra respaldo no Código Consumerista, conforme inteligência dos artigos 6°, inciso III, 20, 31, 35 e 54, § 5°.[19]

b) 3. A Segunda Seção do STJ, em julgamento submetido ao rito dos recursos repetitivos,[20] pacificou o entendimento de que "é cabível a inversão do ônus da prova em favor do consumidor para o fim de determinar às instituições financeiras a exibição de extratos bancários, enquanto não estiver prescrita a eventual ação sobre eles, *tratando-se de obrigação decorrente de lei e de integração contratual compulsória, não sujeita à recusa ou condicionantes, tais como o adiantamento dos custos da operação pelo correntis*ta e a prévia recusa administrativa da instituição financeira em exibir os documentos" (REsp n. 1.133.872/PB, Relator Ministro MASSAMI UYEDA, DJe 28/3/2012).[21]

A Lei nº 13.146, de 2015, acrescentou o parágrafo único ao art. 6°, determinando que "a informação de que trata o inciso III do *caput* deste artigo deve ser acessível à pessoa com deficiência, observado o disposto em regulamento". Assim, o fornecedor deve adaptar os meios de comunicação para que consiga prestar as informações às pessoas com deficiência visual ou auditiva, por exemplo.

Entretanto, cumpre ressaltar que, a pretexto de se dar cumprimento a este princípio, não se pode pretender exigir do fornecedor que preste informações que extrapolem o determinado pela legislação específica que regula a sua atividade. Isto porque, existindo lei especial que institui obrigações diversas ao fornecedor do que aquelas previstas no CDC, haverá de prevalecer a norma específica e não a geral estatuída pela legislação consumerista. O Código do Consumidor, na espécie, incidirá apenas supletivamente, sem revogar, entretanto, o que é objeto específico da regulamentação especial.

Esse é o entendimento do STJ, consoante se depreende do julgamento do recurso especial em que se discutia a obrigatoriedade ou não de os rótulos de vinhos conterem informações a respeito da quantidade de sódio ou de calorias presentes no produto.

---

[18] MARQUES, Cláudia Lima. *Contratos do Código de Defesa do Consumidor*, cit., p. 879.
[19] STJ, 4ª T., REsp 356.198/MG, Rel. Min. Luis Felipe Salomão, ac. 10.02.2009, *DJe* 26.02.2009.
[20] STJ, 2ª Seção, REsp 1.133.872/PB, recurso repetitivo, Rel. Min. Massami Uyeda, ac. 14.12.2011, *DJe* 28.03.2012.
[21] STJ, 4ª T., AgRg no AREsp 359.527/SP, Rel. Min. Antonio Carlos Ferreira, ac. 05.08.2014, *DJe* 13.08.2014.

Naquele julgamento a Corte Superior entendeu não se aplicar o CDC, em face do princípio da especialidade, uma vez que "inexiste a obrigação legal de se inserir nos rótulos dos vinhos informações acerca da quantidade de sódio ou de calorias (valor energético) presente no produto".[22]

Em seu voto, o relator bem explicou a questão:

> Primeiramente, saliente-se que ao Estado incumbe o dever de fiscalizar a comercialização ou a publicidade de bebidas alcoólicas. Indubitavelmente o governo deve agir de modo a proteger a saúde dos consumidores e a promover a venda de produtos de qualidade no mercado. Todavia, a regulação encontra limites na livre concorrência e nos possíveis impactos que novas exigências refletem tanto nas empresas como na livre economia de mercado.
>
> No caso concreto, a informação clara e leal extrai-se do comando legal, não havendo falar em descumprimento da legislação pátria pela vinícola ora recorrente, que cumpriu com os requisitos exigidos pelo ordenamento jurídico.
>
> Não se nega a importância de se conhecer os ingredientes nutricionais dos produtos alimentícios. Todavia, no caso do vinho, a legislação retira tal obrigatoriedade, como se afere da legislação específica, que afasta a aplicação do Código de Defesa do Consumidor, haja vista o princípio da especialidade (*lex specialis derrogat lex generalis*).
>
> Incide ao caso o artigo 2º da Lei nº 8.918/1994, que prevê o registro necessário para comercialização de bebidas, bem como seu decreto regulamentador (Decreto nº 6.871/2009), que não se aplica às bebidas alcoólicas derivadas da uva: [...]
>
> A legislação aplicável à espécie, portanto, não obriga a recorrente a inserir nos rótulos das bebidas que comercializa – no caso, vinhos – informações acerca da quantidade de sódio ou de calorias (valor energético) contida no produto, como bem acentuado pela sentença de improcedência da ação civil pública proferida pelo Juízo da 14ª Vara Cível da Comarca da Capital, que merece ser restabelecida:
>
>> [...] A autorização dada pela legislação para a propositura de ações por associações, de qualquer natureza, não importa em atribuição de prerrogativa de imposição de normas e regras próprias, segundo os seus interesses, àqueles que atuam no ramo industrial.
>>
>> Isso importaria em verdadeira subversão da ordem social, a permitir que as regras particulares fossem impostas coativamente, com violação às prerrogativas do Estado, em especial do Poder Legislativo.
>>
>> A ré se submete a regras de caráter geral, que se aplicam a todos aqueles que exploram seu ramo de atividade.
>>
>> A importância e necessidade de informações exigidas pela autora somente pode ser aferida pelo Estado, no exercício regular do Poder de Polícia Sanitária e se a autora entende que não estão sendo exigidas informações pertinentes deve voltar-se contra a União.

---

[22] STJ, 3ª T., REsp. 1.605.489/SP, 3ª T., Rel. Min. Ricardo Villas Bôas Cueva, ac. 04.10.2016, *DJe* 18.10.2016.

No mesmo sentido, entendendo que a lei especial prevalece sobre as regras gerais previstas no CDC, outro julgado do STJ, referente à comercialização de cervejas:

2. A Lei 8.918/94 dispõe "sobre a padronização, a classificação, o registro, a inspeção, a produção e a fiscalização de bebidas, autoriza a criação da Comissão Intersetorial de Bebidas e dá outras providências". Foi regulamentada pelo Decreto 2.314/97, que, em seus arts. 10 e 66, III, dispunha quanto à classificação das cervejas, "estabelecida, em todo o território nacional", em caráter de "obrigatoriedade", de acordo com a referida Lei. Atualmente vige o Decreto 6.871/2009, que, em seus arts. 12 e 38, este com praticamente a mesma redação daquele mencionado art. 66, estabelece a classificação das cervejas prevendo, no que respeita ao teor alcoólico, que a cerveja sem álcool é aquela em que o conteúdo de álcool for menor que 0,5% (meio por cento) em volume, sem obrigatoriedade de declaração no rótulo do conteúdo alcoólico.

3. Na hipótese, a recorrente segue a normatização editada para regular sua atividade empresarial, elaborada por órgão governamental especializado, tendo obtido a aprovação do rótulo de seu produto pelo Ministério da Agricultura. Nesse contexto, não pode ser condenada a deixar de comercializar a cerveja de classificação "sem álcool" que fabrica, com base apenas em impressões subjetivas da associação promovente, a pretexto de que estaria a violar normas gerais do CDC ao fazer constar no rótulo da bebida a classificação oficial determinada em lei especial e no decreto regulamentar.

4. Não se mostra adequado intervir no mercado pontualmente, substituindo-se a lei especial e suas normas técnicas regulamentadoras por decisão judicial leiga e subjetiva, de modo a obstar a venda de produto por sociedade empresária fabricante, que segue corretamente a legislação existente acerca da fabricação e comercialização da bebida.[23]

No tocante aos produtos de origem transgênica, advertem Júpiter Palagi de Souza e Larissa Oliveira Palagi de Souza que o consumidor deveria ser advertido nas embalagens, uma vez que "deve ter a opção de poder acompanhar o risco de forma transparente e consciente, a influir naquelas situações que possam resultar em possível impacto ambiental. Negar este direito, após todo um trabalho construído pelas sucessivas e determinadas decisões do judiciário brasileiro, é retroceder".[24]

Em relação, outrossim, a produtos que contenham glúten, o STJ já entendeu que "a informação-conteúdo 'contém glúten' é, por si só, insuficiente para informar os consumidores sobre o prejuízo que o alimento com glúten acarreta à saúde dos doentes celíacos", razão pela qual determinou ser "necessária a integração com a informação-advertência correta, clara, precisa, ostensiva e em vernáculo: CONTÉM GLÚTEN: O GLÚTEN É PREJUDICIAL À SAÚDE DOS DOENTES CELÍACOS".[25]

---

[23] STJ, 4ª T., REsp. 1.185.323/RS, Rel. Min. Luis Felipe Salomão, ac. 07.04.2015, *DJe* 03.08.2015.
[24] SOUZA, Júpiter Palagi de; SOUZA, Larissa Oliveira Palagi de. Jurisdicização da transgenia: caminho jurídico para informar o consumidor. *Revista dos Tribunais,* n. 972, out./2016, p. 219.
[25] STJ, 3ª T., AgInt nos EDcl no REsp 1.762.674/MS, Rel. Min. Nancy Andrighi, ac. 27.05.2019, *DJe* 29.05.2019. No mesmo sentido: STJ, Corte Especial, EREsp 1.515.895/MS, Rel. Min. Humberto Martins, ac. 20.09.2017, *DJe* 27.09.2017.

Extraem-se, a propósito ainda do tema relacionado à Lei do Glúten (Lei nº 8.543/1992), interessantes recomendações e informações de acórdão do STJ que tratou da matéria:[26]

a) "O direito à informação, abrigado expressamente pelo art. 5º, XIV, da Constituição Federal, *é uma das formas de expressão concreta do Princípio da Transparência, sendo também corolário do Princípio da Boa-fé Objetiva e do Princípio da Confiança*, todos abraçados pelo CDC" (g.n.).

b) "No âmbito da proteção à vida e saúde do consumidor, o direito à informação é *manifestação autônoma da obrigação de segurança*" (g.n.).

c) "Entre os direitos básicos do consumidor, previstos no CDC, inclui-se exatamente a *informação adequada e clara sobre os diferentes produtos e serviços*, com especificação correta de quantidade, características, composição, qualidade e preço, bem como sobre os riscos que apresentem? (art. 6º, III)" (g.n.).

d) "Informação adequada, nos termos do art. 6º, III, do CDC, é aquela que se apresenta simultaneamente *completa, gratuita e útil, vedada, neste último caso, a diluição da comunicação efetivamente relevante pelo uso de informações soltas, redundantes ou destituídas de qualquer serventia para o consumidor*" (g.n.).

e) "Nas práticas comerciais, instrumento que por excelência viabiliza a circulação de bens de consumo, *a oferta e apresentação de produtos ou serviços devem assegurar informações corretas, claras, precisas, ostensivas e em língua portuguesa* sobre suas características, qualidades, quantidade, composição, preço, garantia, prazos de validade e origem, entre outros dados, bem como sobre os riscos que apresentam à saúde e segurança dos consumidores (art. 31 do CDC)".

f) "A informação deve ser correta (= verdadeira), clara (= de fácil entendimento), precisa (= não prolixa ou escassa), ostensiva (= de fácil constatação ou percepção) e, por óbvio, em língua portuguesa".

g) "A obrigação de informação é desdobrada pelo art. 31 do CDC, em quatro categorias principais, imbricadas entre si: a) *informação-conteúdo* (= características intrínsecas do produto e serviço), b) *informação-utilização* (= como se usa o produto ou serviço), c) *informação-preço* (= custo, formas e condições de pagamento), e d) *informação-advertência* (= riscos do produto ou serviço)" .

h) "A obrigação de informação *exige comportamento positivo*, pois o CDC rejeita tanto a regra do *caveat emptor* como a subinformação, *o que transmuda o silêncio total ou parcial do fornecedor em patologia repreensível*, relevante apenas em desfavor do profissional, inclusive como oferta e publicidade enganosa por omissão" (g.n.).

i) "Embora toda advertência seja informação, nem toda informação é advertência. Quem informa nem sempre adverte".

j) "O fornecedor tem o dever de informar que o produto ou serviço pode causar malefícios a um grupo de pessoas, embora não seja prejudicial à generalidade da população, pois o que o ordenamento pretende resguardar não é somente a vida de muitos, mas também a vida de poucos".

---

[26] STJ, 2ª T., REsp 586.316/MG, Rel. Min. Herman Benjamin, ac. 17.04.2007, *DJe* 19.03.2009.

3.5. PROTEÇÃO CONTRA A PUBLICIDADE ENGANOSA E ABUSIVA, BEM COMO CONTRA PRÁTICAS ABUSIVAS

O inciso IV do art. 6º do CDC, protege o consumidor "contra a publicidade enganosa e abusiva, métodos comerciais coercitivos ou desleais, bem como contra práticas e cláusulas abusivas ou impostas no fornecimento de produtos e serviços".

Essa proteção é tratada, especificamente, pelo art. 30, do CDC, quando atribui à oferta o caráter vinculativo. Vale dizer, "tudo que se diga a respeito de um determinado produto ou serviço deverá corresponder exatamente à expectativa despertada no público consumidor",[27] sob pena de responsabilidade.[28]

A publicidade enganosa é aquela suscetível de induzir o consumidor em erro, em relação à natureza, às características, à qualidade, à quantidade, às propriedades, à origem, ao preço e quaisquer outros dados do produto e serviço (art. 37, § 1º, do CDC). Cláudia Lima Marques exemplifica a situação na propaganda de liquidação ou rebaixa de preços inexistente em uma rede de lojas.[29]

Publicidade abusiva, por sua vez, é aquela discriminatória de qualquer natureza, que incite a violência, explore o medo ou a superstição, se aproveite da deficiência de julgamento e experiência da criança, desrespeite valores ambientais, ou que induza o consumidor a se comportar de forma prejudicial ou perigosa à sua saúde ou segurança (art. 37, § 2º, do CDC). É, destarte, "a publicidade antiética, que fere a vulnerabilidade do consumidor, que fere valores sociais básicos, que fere a própria sociedade como um todo".[30] Sobre o tema, ver capítulo VI, da Parte II deste livro.

A jurisprudência do STJ já analisou, por diversas vezes, a vedação à publicidade enganosa e abusiva, sendo bastante expressivo o aresto que se segue:

> 1. Cuida-se de ação por danos morais proposta por consumidor ludibriado por propaganda enganosa, em ofensa a direito subjetivo do consumidor de obter informações claras e precisas acerca de produto medicinal vendido pela recorrida e destinado à cura de doenças malignas, dentre outras funções.
>
> 2. O Código de Defesa do Consumidor assegura que a oferta e apresentação de produtos ou serviços propiciem informações corretas, claras, precisas e ostensivas a respeito de características, qualidades, garantia, composição, preço, garantia, prazos de validade e origem, além de vedar a publicidade enganosa e abusiva, que dispensa a demonstração do elemento subjetivo (dolo ou culpa) para sua configuração.
>
> 3. A propaganda enganosa, como atestado pelas instâncias ordinárias, tinha aptidão a induzir em erro o consumidor fragilizado, cuja conduta subsume-se à hipótese de estado de perigo (art. 156 do Código Civil).

---

[27] FILOMENO, José Geraldo Brito. *In*: GRINOVER, Ada Pellegrini *et al*. *Código brasileiro de Defesa do Consumidor, cit.*, v. I, p. 155.

[28] "Reconhecida a prática de propaganda enganosa, deve-se reconhecer também a responsabilidade civil da empresa pelos danos materiais eventualmente causados aos consumidores, a serem apurados, mediante amplo contraditório, nas liquidações individuais da sentença coletiva" (STJ, 3ª T., REsp. 1.458.642/RJ, Rel. Min. João Otávio de Noronha, ac. 01.09.2015, *DJe* 04.09.2015).

[29] MARQUES, Cláudia Lima. *Contratos no código de defesa do consumidor, cit.*, p. 805.

[30] *Idem*, p. 808.

4. A vulnerabilidade informacional agravada ou potencializada, denominada hipervulnerabilidade do consumidor, prevista no art. 39, IV, do CDC, deriva do manifesto desequilíbrio entre as partes.

5. O dano moral prescinde de prova e a responsabilidade de seu causador opera-se *in re ipsa* em virtude do desconforto, da aflição e dos transtornos suportados pelo consumidor.[31]

O inciso IV do art. 6º do CDC proíbe, ainda, as práticas abusivas ou impostas no fornecimento de produtos e serviços. As normas que proíbem práticas abusivas são de ordem pública e, portanto, inalteráveis pelas partes. O art. 39 do CDC enumera um rol não taxativo de práticas consideradas abusivas pela lei.[32]

3.6. PROTEÇÃO CONTRA CLÁUSULAS ABUSIVAS

O inciso V do art. 6º do CDC, prevê a possibilidade de "modificação das cláusulas contratuais que estabeleçam prestações desproporcionais ou sua revisão em razão de fatos supervenientes que as tornem excessivamente onerosas".

É importante ressaltar que não se trata, aqui, da teoria da imprevisão, que exige a ocorrência de fato *superveniente* e *imprevisível* para justificar a alteração das condições do contrato. Segundo Rizzatto Nunes, "não se pergunta, nem interessa saber, se, na data de seu fechamento, as partes podiam ou não prever os acontecimentos futuros. Basta ter havido alteração substancial capaz de tornar o contrato excessivo para o consumidor".[33]

Nesse sentido, o entendimento do STJ:

– O preceito insculpido no inciso V do artigo 6º do *CDC dispensa a prova do caráter imprevisível do fato superveniente, bastando a demonstração objetiva da excessiva onerosidade advinda para o consumidor.*

– A desvalorização da moeda nacional frente à moeda estrangeira que serviu de parâmetro ao reajuste contratual, por ocasião da crise cambial de janeiro de 1999, *apresentou grau expressivo de oscilação, a ponto de*

---

[31] STJ, 3ª T., REsp. 1.329.556/SP, Rel. Min. Ricardo Villas Bôas Cueva, ac. 25.11.2014, DJe 09.12.2014.
[32] A Lei nº 13.425/2017 acrescentou o inc. XIV ao art. 39 do CDC, para considerar prática abusiva, diante do risco de incêndio e desastres em estabelecimentos, edificações e áreas de reunião de público, a permissão de ingresso de número maior de consumidores que o fixado pela autoridade administrativa como máximo. Acrescentou também o § 2º ao art. 65 do CDC, para qualificar a prática *supra* como crime, nos moldes do *caput* do referido artigo.
[33] NUNES, Rizzatto. *Curso de direito do consumidor:* com exercícios. São Paulo: Saraiva, 2004, p. 134. No mesmo sentido: "A norma do art. 6º, V, do CDC avança ao não exigir que o fato superveniente seja imprevisível ou irresistível apenas exige a quebra da base objetiva do negócio, a quebra de seu equilíbrio intrínseco, a destruição da relação de equivalência entre prestações, o desaparecimento do fim essencial do contrato. Em outras palavras, o elemento autorizador da ação modificadora do Judiciário é o resultado objetivo da engenharia contratual, que agora apresenta a mencionada onerosidade excessiva para o consumidor, resultado de simples fato superveniente, fato que não necessita ser extraordinário, irresistível, fato que podia ser previsto e não foi". (MARQUES, Cláudia Lima. *Contratos no código de defesa do consumidor, cit.*, p. 916-917).

caracterizar a onerosidade excessiva que impede o devedor de solver as obrigações pactuadas.

– *A equação econômico-financeira deixa de ser respeitada quando o valor da parcela mensal sofre um reajuste que não é acompanhado pela correspondente valorização do bem da vida no mercado,* havendo quebra da paridade contratual, à medida que apenas a instituição financeira está assegurada quanto aos riscos da variação cambial, pela prestação do consumidor indexada em dólar americano.

– É ilegal a transferência de risco da atividade financeira, no mercado de capitais, próprio das instituições de crédito, ao consumidor, ainda mais que não observado o seu direito de informação (art. 6º, III, e 10, *caput,* 31 e 52 do CDC) (grifamos).[34]

Para verificar-se a abusividade ou não da cláusula, não se questiona a intenção maliciosa do fornecedor ao inclui-la no contrato. "A tendência hoje no direito comparado e na exegese do CDC é conectar a abusividade das cláusulas a um paradigma objetivo, em especial ao princípio da boa-fé objetiva; observar mais seu efeito, seu resultado, e não tanto repreender uma atuação maliciosa ou subjetiva".[35]

A codificação, destarte, "vai reduzir o espaço antes reservado para a autonomia da vontade, proibindo que se pactuem determinadas cláusulas, vai impor normas imperativas, que visam proteger o consumidor, reequilibrando o contrato, garantindo as legítimas expectativas que depositou no vínculo contratual".[36] O art. 51, do CDC, elenca as cláusulas consideradas abusivas e, portanto, nulas de pleno direito.

O STJ assim já decidiu a respeito das cláusulas abusivas:

a) 1. O Código de Defesa do Consumidor é zeloso quanto à preservação do equilíbrio contratual, da equidade contratual e, enfim, da justiça contratual, os quais não coexistem ante a existência de cláusulas abusivas.

2. O art. 51 do CDC traz um rol meramente exemplificativo de cláusulas abusivas, num conceito aberto que permite o enquadramento de outras abusividades que atentem contra o equilíbrio entre as partes no contrato de consumo, de modo a preservar a boa-fé e a proteção do consumidor.[37]

b) 1. "É possível ao magistrado manifestar-se sobre eventuais cláusulas abusivas do contrato bancário, diante da incidência do Código de Defesa do Consumidor, relativizando o princípio do *pacta sunt servanda* (cf. AgRg no REsp 732.179, 4ª T., Rel. Min. Jorge Scartezzini, DJ 15.05.06)". (AgRg no REsp 849.442/RS, Rel. Min. Hélio Quaglia Barbosa, 4ª T., j. 22.05.2007, *DJ* 04.06.2007, p. 368).[38]

---

34 STJ, 3ª T., REsp. 299.501/MG, Rel. Min. Nancy Andrighi, ac. 11.09.2001, *DJU* 22.10.2001, p. 319.
35 MARQUES, Cláudia Lima. *Contratos no código de defesa do consumidor.* 5. ed. São Paulo: RT, 2005, p. 905.
36 MARQUES, Cláudia Lima; BENJAMIN, Antônio Herman Vasconcellos; MIRAGEM, Bruno. *Comentários ao código de defesa do consumidor.* São Paulo: RT, 2003, p. 152.
37 STJ, 2ª T., REsp. 1.279.622/MG, Rel. Min. Humberto Martins, ac. 06.08.2015, *DJe* 17.08.2015.
38 STJ, 3ª T., AgRg no Ag. 1.379.942/SC, Rel. Min. Paulo de Tarso Sanseverino, ac. 06.03.2012, *DJe* 15.03.2012.

No entanto, o STJ tem ressalvado, inclusive em regime de recursos repetitivos, que há "impossibilidade do reconhecimento, de ofício, de nulidade de cláusulas contratuais consideradas abusivas, sendo para tanto, necessário o pedido expresso da parte".[39] Sobre o tema, finalmente, foi editada a Súmula 381/STJ: "nos contratos bancários, é vedado ao julgador conhecer, de ofício, da abusividade das cláusulas".

3.7. PREVENÇÃO E REPARAÇÃO DE DANOS INDIVIDUAIS, COLETIVOS E DIFUSOS. ACESSO AOS ÓRGÃOS JUDICIÁRIOS E ADMINISTRATIVOS

Os incisos VI e VII do art. 6º do CDC preveem a "a efetiva prevenção e reparação de danos patrimoniais e morais, individuais, coletivos e difusos", bem como "o acesso aos órgãos judiciários e administrativos com vistas à prevenção ou reparação de danos patrimoniais e morais, individuais, coletivos ou difusos, assegurada a proteção Jurídica, administrativa e técnica aos necessitados".

O Código preocupou-se, como se vê, em proteger o consumidor preventivamente, "nas atitudes que as próprias empresas fornecedoras de produtos e serviços devem ter para que não venham a ocorrer danos ao consumidor ou a terceiros".[40] É o que ocorre, por exemplo, quando as empresas chamam os consumidores para trocarem peças defeituosas nos bens alienados, procedimento denominado *recall*. Protege, também, o consumidor de forma repressiva, ao determinar a reparação integral (patrimonial e moral) dos danos individuais, coletivos e difusos provocados ao consumidor.

A reparação dos danos provocados ao consumidor deve ser integral, não se admitindo qualquer tarifamento: "Com o advento do Código de Defesa do Consumidor, a indenização pelo extravio de mercadoria não está sob o regime tarifado, subordinando-se ao princípio da ampla reparação, configurada a relação de consumo".[41]

A proteção legal engloba não apenas os danos individuais, mas, também, os coletivos e difusos, donde a relevância das ações coletivas previstas no Código (art. 81). Coletivos são os direitos indetermináveis em relação aos titulares, ligados entre si por circunstâncias de fato; individuais homogêneos, por sua vez, são aqueles decorrentes de origem comum (art. 81, parágrafo único, I e II).

As ações coletivas podem ser ajuizadas pelo Ministério Público ou por associações legalmente constituídas para a defesa dos direitos coletivos ou individuais homogêneos.

---

[39] STJ, 4ª T., AgRg no REsp. 942.274/RS, Rel. Min. Carlos Fernando Mathias, ac. 12.08.2008, *DJe* 15.09.2008. No mesmo sentido, STJ, 3ª T., AgRg nos EDcl no REsp. 905.529/RS, Rel. Min. Paulo de Tarso Sanseverino, ac. 04.11.2010, *DJe* 21.11.2010; STJ, 4ª T., AgEg nos EDcl no REsp. 1.100.270/RS, Rel. Min. Maria Isabel Gallotti. Ac. 04.10.2011, *DJe* 13.10.2001; STJ, 2ª Seção, REsp. 1.061.520/RS – em regime de recursos repetitivos – Rel. Min. Nancy Andrighi, ac. 22.10.2008, *DJe* 10.03.2009.

[40] FILOMENO, José Geraldo Brito. *In*: GRINOVER, Ada Pellegrini et al. *Código brasileiro de defesa do consumidor, cit.*, p. 156.

[41] STJ, 3ª T., REsp. 209.527/RJ, Rel. Min. Carlos Alberto Menezes Direito, ac. 15.12.2000, *DJU* 05.03.2001, p. 155. No mesmo sentido: STJ, 4ª T., AgRg no AREsp. 256.521/SP, Rel. Min. Luis Felipe Salomão, ac. 11.02.2014, *DJe* 17.02.2014.

Pacífica é a jurisprudência do STJ no sentido de que "o Ministério Público tem legitimidade para propor ação civil pública em defesa de interesses coletivos", tais como a coibição de aumento abusivo de mensalidade escolar.[42] Além disso, "as entidades sindicais e as associações têm legitimidade ativa *ad causam* na defesa, em juízo, dos direitos coletivos ou individuais homogêneos de toda a categoria que representa ou de apenas parte dela".[43]

A fim de viabilizar a ampla proteção do consumidor, nas esferas administrativa e judicial, é assegurado o seu acesso aos órgãos judiciários e administrativos (tais como os Procons). Essa facilitação engloba a isenção de taxas e custas, atendimento preferencial etc.

3.8. FACILITAÇÃO DA DEFESA DOS DIREITOS DO CONSUMIDOR

O CDC, no inciso VIII do art. 6º do CDC, prevê a facilitação da defesa dos direitos do consumidor, especialmente mediante a inversão do ônus da prova no processo civil. Essa inversão, todavia, é admitida, a critério do juiz quando "for verossímil a alegação ou quando for ele hipossuficiente, segundo as regras ordinárias de experiências". Nessa linha, deve-se reconhecer como abusiva a cláusula que inverta o ônus da prova em prejuízo do consumidor (CDC, art. 51, VI). A inversão que a lei admite é tão somente em prol do consumidor.

Essa distribuição dinâmica do ônus da prova quebra a tradicional regra de processo, na qual ao autor cabe a prova dos fatos constitutivos de seu direito, enquanto ao réu, a do fato impeditivo ou extintivo do direito do autor. Ela é admissível, contudo, de forma extraordinária, e deve ser compatibilizada com os princípios informativos do próprio Código de Defesa do Consumidor.

Essa facilitação da defesa justifica-se em razão do reconhecimento de que o consumidor é a parte fraca no mercado de consumo. Mas somente é admitida quando o juiz venha a constatar a verossimilhança da alegação do consumidor, ou sua hipossuficiência, "segundo as regras ordinárias de experiência". Sem basear-se na verossimilhança das alegações do consumidor ou na sua hipossuficiência, a faculdade judicial não pode ser manejada em favor do consumidor, sob pena de configurar-se ato abusivo, com quebra do devido processo legal.

A *verossimilhança* é juízo de probabilidade extraída de material probatório de feitio indiciário, do qual se consegue formar a opinião de ser provavelmente verdadeira a versão do consumidor.

Quanto à *hipossuficiência*, trata-se de impotência do consumidor, seja de origem econômica, seja de outra natureza, para apurar e demonstrar a causa do dano cuja responsabilidade é imputada ao fornecedor. Pressupõe uma situação em que concretamente se estabeleça uma dificuldade muito grande para o consumidor de desincumbir-se de seu natural *onus probandi*, estando o fornecedor em melhores condições para

---

[42] STJ, 4ª T., REsp. 97.181/MT, Rel. Min. Aldir Passarinho Júnior, ac. 07.12.2000, *DJU* 19.02.2001, p. 173.
[43] STJ, 4ª T., REsp. 1.170.855/RS, Rel. Min. Luis Felipe Salomão, ac. 18.08.2015, *DJe* 16.12.2015.

dilucidar o evento danoso.[44] É de se ressaltar, outrossim, que a hipossuficiência não nasce simplesmente da palavra do consumidor, pois depende dos *indícios* que sejam trazidos ao processo.

Segundo a orientação do STJ, fica a critério do juiz, analisando os pressupostos no caso concreto, determinar a inversão do ônus da prova: "A inversão do ônus da prova fica a critério do juiz, segundo apreciação dos aspectos de verossimilhança da alegação do consumidor e de sua hipossuficiência".[45]

O mecanismo da inversão do ônus da prova se insere na Política Nacional das Relações de Consumo, com o objetivo de tutelar o consumidor, e deve ser aplicado até quando seja necessário para superar a vulnerabilidade do consumidor e estabelecer seu equilíbrio processual em face do fornecedor. Não pode, evidentemente, ser um meio de impor um novo desequilíbrio na relação entre as partes, a tal ponto de atribuir ao fornecedor um encargo absurdo e insuscetível de desempenho.

Ressalte-se que não pode resultar da inversão o ônus para o fornecedor de provar o fato constitutivo do direito pretendido pelo consumidor. O que se impõe ao fornecedor é a prova dos fatos que, segundo sua defesa, excluiriam a responsabilidade que o demandante lhe imputa. Fatos esses que normalmente não se teriam de ser provados, se não existisse nem mesmo o começo de prova das alegações do demandante. Se a inicial nada demonstra que, pela verossimilhança ou pela experiência da vida, se pode ter como indícios da veracidade dos fatos constitutivos do direito, nenhum sentido teria a inversão de que cogita o CDC. O consumidor sucumbirá pela completa ausência de suporte fático-jurídico capaz de sustentar sua pretensão.

3.9. ADEQUADA E EFICAZ PRESTAÇÃO DOS SERVIÇOS PÚBLICOS EM GERAL

Por fim, o inciso X do art. 6º do CDC prevê como direito do consumidor "a adequada e eficaz prestação dos serviços públicos em geral". Como se vê, o Poder Público, como prestador de serviço, submete-se ao Código de Defesa do Consumidor, devendo disponibilizar aos administrados consumidores, um serviço *adequado* e *eficaz*.

Trata-se, com efeito, do princípio da *eficiência*, disposto no *caput* do art. 37, da Constituição Federal, segundo o qual se espera o melhor desempenho possível do Poder Público quanto às suas atribuições, para que logre os melhores resultados.[46] Esse princípio pode, ainda, ser analisado em relação ao modo racional de "se organizar, estruturar, disciplinar a administração pública, e também com o intuito de alcance de resultados na prestação do serviço público".[47]

---

[44] WATANABE, Kazuo. *In:* GRINOVER, Ada Pellegrini *et al* (coord). *Código Brasileiro de Defesa do Consumidor:* comentado pelos autores do anteprojeto. 5 ed. Rio de Janeiro: Forense Universitária, 1998, p. 617-618.
[45] STJ, 4ª T., AgInt no REsp. 1.409.028/PR, Rel. Min. Luis Felipe Salomão, ac. 22.11.2016, *DJe* 01.12.2016. No mesmo sentido: STJ, 3ª T., AgInt no AREsp. 907.749/RJ, Rel. Min. Marco Aurélio Bellizze, ac. 20.09.2016, *DJe* 29.09.2016.
[46] DI PIETRO, Maria Silvia. *Direito Administrativo.* São Paulo: Atlas, 2005, p. 84.
[47] *Idem, ibidem.*

Segundo Alexandre de Moraes,

Princípio da eficiência é aquele que impõe à Administração Pública direta e indireta e a seus agentes a persecução do bem comum, por meio do exercício de suas competências de forma imparcial, neutra, transparente, participativa, eficaz, sem burocracia e sempre em busca da qualidade, primando pela adoção dos critérios legais e morais necessários para a melhor utilização possível dos recursos públicos, de maneira a evitar-se desperdícios e garantir-se uma maior rentabilidade social.[48]

O princípio da eficiência deve ser analisado, principalmente, sob o enfoque qualitativo, isto é, levando-se em conta a qualidade e a adequação do serviço prestado à sociedade.

3.9.1. Qualidade da prestação a cargo de concessionária de serviço público

A Lei nº 8.987/1995, que dispõe sobre o regime de concessão e permissão da prestação de serviços públicos, em seu art. 6º, § 1º, entende como *adequado* o serviço que "satisfaz as condições de regularidade, continuidade, eficiência, segurança, atualidade, generalidade, cortesia na sua prestação e modicidade das tarifas".[49]

É de se observar que a Emenda Constitucional nº 19/1998 alterou o § 3º, do art. 37 da Constituição Federal, dispondo que "a lei disciplinará as formas de participação do usuário na administração pública direta e indireta". A Emenda previu, ainda, em seu art. 27, prazo para que o Congresso Nacional elaborasse referida lei.[50] Em 2017, foi editada a Lei 13.460, dispondo sobre as normas básicas para participação, proteção e defesa dos direitos do usuário dos serviços públicos prestados direta ou indiretamente pela administração pública, aplicando-se à União, aos Estados, ao Distrito Federal e aos Municípios, nos termos do inciso I do § 3º do art. 37 da Constituição Federal. O § 2º, do art. 1º da referida lei não afasta, entretanto, a aplicação do CDC às relações de consumo[51]. Assim, o Código de Defesa do Consumidor é aplicável aos serviços públicos prestados por concessionárias:

> 3. É pacífico o entendimento do Superior Tribunal de Justiça no sentido de que os serviços públicos prestados por concessionárias, como no caso dos autos, são regidos pelo Código de Defesa do Consumidor.

---

[48] MORAES, Alexandre de. *Direito Constitucional*. 5 ed. São Paulo: Atlas, 1999, p. 294.
[49] A Lei 14.015/2020 acrescentou o § 4º ao referido artigo, dispondo que "a interrupção do serviço na hipótese prevista no inciso II do § 3º deste artigo não poderá iniciar-se na sexta-feira, no sábado ou no domingo, nem em feriado ou no dia anterior a feriado.
[50] "Art. 27: O Congresso Nacional, dentro de cento e vinte dias da promulgação desta Emenda, elaborará lei de defesa do usuário de serviços públicos".
[51] "§ 2º A aplicação desta Lei não afasta a necessidade de cumprimento do disposto: I – em normas regulamentadoras específicas, quando se tratar de serviço ou atividade sujeitos a regulação ou supervisão; e II – na Lei nº 8.078, de 11 de setembro de 1990, quando caracterizada relação de consumo".

4. A inversão do ônus da prova em processo, no caso de relação consumerista, é circunstancia a ser verificada caso a caso, em atendimento à verossimilhança das alegações e hipossuficiência do consumidor, razão pela qual seu reexame encontra o óbice na Súmula 7/STJ.[52]

A Corte Superior, entretanto, categoriza os serviços públicos como *próprios* e *impróprios*. Os primeiros são gerais, sem possibilidade de identificação do usuário, sendo financiados por tributos, razão pela qual não se submetem ao CDC. Os últimos, porém, adequam-se àquela legislação, uma vez que são individuais, com destinatários específicos, sendo remunerados por meio de tarifas:

> a) 1. Os serviços públicos podem ser próprios e gerais, sem possibilidade de identificação dos destinatários. São financiados pelos tributos e prestados pelo próprio Estado, tais como segurança pública, saúde, educação etc. Podem ser também impróprios e individuais, com destinatários determinados ou determináveis. Neste caso, têm uso específico e mensurável, tais como os serviços de telefone, água e energia elétrica.
>
> 2. Os serviços públicos impróprios podem ser prestados por órgãos da administração pública indireta ou, modernamente, por delegação, como previsto na CF (art. 175). São regulados pela Lei 8.987/95, que dispõe sobre a concessão e permissão dos serviços públicos.
>
> 3. *Os serviços prestados por concessionárias são remunerados por tarifa, sendo facultativa a sua utilização, que é regida pelo CDC, o que a diferencia da taxa, esta, remuneração do serviço público próprio.*
>
> 4. Os serviços públicos essenciais, remunerados por tarifa, porque prestados por concessionárias do serviço, podem sofrer interrupção quando há inadimplência, como previsto no art. 6º, § 3º, II, da Lei 8.987/95. Exige-se, entretanto, que a interrupção seja antecedida por aviso, existindo na Lei 9.427/97, que criou a ANEEL, idêntica previsão.
>
> 5. A continuidade do serviço, sem o efetivo pagamento, quebra o princípio da igualdade das partes e ocasiona o enriquecimento sem causa, repudiado pelo Direito (arts. 42 e 71 do CDC, em interpretação conjunta).
>
> 6. Hipótese em que não há respaldo legal para a suspensão do serviço, pois tem por objetivo compelir o usuário a pagar multa por suposta fraude no medidor e diferença de consumo apurada unilateralmente pela Cia de Energia (g.n.).[53]
>
> b) 1. Os recorridos ajuizaram ação de ressarcimento por danos materiais e morais contra o Estado do Rio de Janeiro, em razão de suposto erro médico cometido no Hospital da Polícia Militar.

---

[52] STJ, 2ª T., AgRg no AREsp. 183.812/SP, Rel. Min. Mauro Campbell Marques, ac. 06.11.2012, *DJe* 12.11.2012. No mesmo sentido: STJ, 2ª T., AgRg no AREsp. 354.991/RJ, Rel. Min. Mauro Campbell Marques, ac. 05.09.2013, *DJe* 11.09.2013.

[53] STJ, 2ª T., REsp. 793.422/RS, Rel. Min. Eliana Calmon, ac. 03.08.2006, *DJU* 17.08.2006, p. 345. Pelo § 4º do art. 6º acrescido pela Lei nº 14.015/2020, a interrupção do serviço na hipótese prevista no inciso II do § 3º deste artigo não poderá iniciar-se na sexta-feira, no sábado ou no domingo, nem em feriado ou no dia anterior a feriado.

2. Quando o serviço público é prestado diretamente pelo Estado e custeado por meio de receitas tributárias não se caracteriza uma relação de consumo nem se aplicam as regras do Código de Defesa do Consumidor. Precedentes (g.n.).[54]

Em relação aos serviços públicos prestados por concessionárias, a Primeira Seção do STJ, em julgamento de recurso repetitivo, estabeleceu tese interessante quanto à possibilidade de corte de energia. Segundo o entendimento daquela Corte Superior, em casos de fraude do medidor realizada pelo consumidor, o corte não é admitido "quando o ilícito for aferido unilateralmente pela concessionária". Por outro lado, se a fraude for apurada "de forma a proporcionar o contraditório e a ampla defesa", é possível a suspensão. Assim, foi estabelecida a seguinte tese repetitiva:

Na hipótese de débito estrito de recuperação de consumo efetivo por fraude no aparelho medidor atribuída ao consumidor, *desde que apurado em observância aos princípios do contraditório e da ampla defesa, é possível o corte administrativo do fornecimento do serviço de energia elétrica, mediante prévio aviso ao consumidor*, pelo inadimplemento do consumo recuperado correspondente ao período de 90 (noventa) dias anterior à constatação da fraude, contanto que executado o corte em até 90 (noventa) dias após o vencimento do débito, sem prejuízo do direito de a concessionária utilizar os meios judiciais ordinários de cobrança da dívida, inclusive antecedentes aos mencionados 90 (noventa) dias de retroação (g.n.).[55]

Dessa forma, os serviços prestados por concessionárias de serviços públicos, de forma individualizada, com destinatários determinados ou determináveis, submetem-se ao CDC. Não, porém, aqueles qualificados como essenciais e prestados diretamente pelo Estado a toda a comunidade.

3.10. PROTEÇÃO DO CONSUMIDOR CONTRA A COBRANÇA INDEVIDA

Dispõe o art. 42, *caput*, do CDC que, "na cobrança de débitos, o consumidor inadimplente não será exposto a ridículo, nem será submetido a qualquer tipo de constrangimento ou ameaça". A violação dessa regra pode conduzir à configuração de dano moral indenizável.

Por outro lado, prevê o parágrafo único do referido artigo que "o consumidor cobrado em quantia indevida tem direito à repetição do indébito, por valor igual ao dobro do que pagou em excesso, acrescido de correção monetária e juros legais, salvo hipótese de engano justificável". Logo, se o pagamento indevido decorreu de engano justificável não estará o fornecedor obrigado à restituição em dobro.

A jurisprudência do STJ, todavia, faz uma distinção entre a cobrança judicial e a extrajudicial, para concluir que o benefício do art. 42, parágrafo único, aplica-se, basicamente, à cobrança extrajudicial, pressupondo efetivo pagamento consumado. Quanto ao art. 940 do CC, que também pode incidir na relação

---

[54] STJ, 2ª T., REsp. 1.187.456/RJ, Rel. Min. Castro Meira, ac. 16.11.2010, *DJe* 01.12.2010.
[55] STJ, 1ª Seção, REsp 1.412.433/RS, Rel. Min. Herman Benjamin, ac. 25.04.2018, *DJe* 28.09.2018.

consumerista, trata-se de norma que somente se aplica quando a cobrança se dá por meio judicial e que depende da comprovação de má-fé, embora independa de prova de prejuízo, ou seja, basta que a cobrança tenha sido simplesmente reclamada processualmente.[56]

Entende aquele tribunal superior que, mesmo diante de uma relação de consumo, se inexistente os pressupostos de aplicação do art. 42, parágrafo único, do CDC, deve ser aplicado o sistema geral do Código Civil, no que couber. Desse modo, sendo inaplicável o dispositivo do CDC, porquanto a cobrança feita em juízo não resultou em pagamento efetivo, é ainda lícito ao consumidor exigir a imposição da pena estabelecida no CC, se presentes todos os seus requisitos.

Destaca-se que o art. 940 do CC deve ser visto como norma complementar ao art. 42, parágrafo único, do CDC, incluindo-se na política de cumprimento do mandamento constitucional de proteção do consumidor.[57]

---

[56] "Art. 940. Aquele que demandar por dívida já paga, no todo ou em parte, sem ressalvar as quantias recebidas ou pedir mais do que for devido, ficará obrigado a pagar ao devedor, no primeiro caso, o dobro do que houver cobrado e, no segundo, o equivalente do que dele exigir, salvo se houver prescrição."

[57] "5. A aplicação da pena prevista no parágrafo único do art. 42 do CDC apenas é possível diante da presença de engano justificável do credor em proceder com a cobrança, da cobrança extrajudicial de dívida de consumo e de pagamento de quantia indevida pelo consumidor. 6. O artigo 940 do CC somente pode ser aplicado quando a cobrança se dá por meio judicial e fica comprovada a má-fé do demandante, independentemente de prova do prejuízo. 7. No caso, embora não estejam preenchidos os requisitos para a aplicação do art. 42, parágrafo único, do CDC, visto que a cobrança não ensejou novo pagamento da dívida, todos os pressupostos para a aplicação do art. 940 do CC estão presentes. 8. Mesmo diante de uma relação de consumo, se inexistentes os pressupostos de aplicação do art. 42, parágrafo único, do CDC, deve ser aplicado o sistema geral do Código Civil, no que couber" (STJ, 3ª T., REsp 1.645.589/MS, Rel. Min. Ricardo Villas Bôas Cueva, ac. 04.02.2020, DJe 06.02.2020).

PARTE II

Capítulo I
RESPONSABILIDADE CIVIL

1.1. O SISTEMA PROTETIVO DO CONSUMIDOR, EM MATÉRIA DE RESPONSABILIDADE CIVIL

Havendo possibilidade de o consumidor suportar dano ou prejuízo em razão de falha na prestação do fornecedor, cuida o CDC de estatuir um regime de responsabilidade civil que se amolde melhor aos objetivos da tutela consumerista.

I – Legitimados passivos do pleito indenizatório

Como essa tutela é específica para a relação de consumo, e uma vez que importa diferenças significativas em face do regime comum do Código Civil, o primeiro cuidado que se impõe é precisar a pertinência subjetiva, ou seja, quem seriam os legitimados ativos e passivos do eventual pleito indenizatório ou reparatório.

Sendo certo que a proteção e defesa reguladas pelo CDC têm em mira a pessoa do consumidor (ou alguém equiparado a ele por lei), quando se relaciona com o fornecedor, fácil é concluir que a responsabilidade civil, nessa matéria, pressupõe que o causador do dano, com ou sem culpa, seja alguém, dentro da cadeia de produção e colocação do produto no mercado, que juridicamente seja identificável como fornecedor.[1]

A doutrina pátria, seguindo as normas previstas na Diretiva europeia nº 374/1985, distingue três categorias de fornecedores:[2] a) o *fornecedor real*: compreendendo o fabricante, o produtor e o construtor, ou seja, quem fabrica, coloca no mercado e monta os produtos, bem como aquele que introduz no mercado produtos imobiliários; b) o *fornecedor presumido*: o importador de produto industrializado

---

[1] "Quando alude ao *fornecedor*, o Código pretende alcançar todos os partícipes do ciclo produtivo-distributivo, vale dizer, todos aqueles que desenvolvem as atividades descritas no art. 3º do CDC" (DENARI, Zelmo. *In:* GRINOVER, Ada Pellegrini; BENJAMIN, Antônio Herman de Vasconcellos e; FINK, Daniel Roberto; FILOMENO, José Geraldo Brito; NERY JÚNIOR, Nelson; DENARI, Zelmo. *Código Brasileiro de Defesa do Consumidor* – comentado pelos autores do Anteprojeto. 10. ed. Rio de Janeiro: Forense, 2011, v. 1, p. 196).

[2] DENARI, Zelmo. *Código brasileiro de Defesa do Consumidor, cit.*, p. 197.

ou *in natura*. É considerado fornecedor porque "os verdadeiros fabricantes ou produtores não podem, em razão da distância e sem pesados sacrifícios, ser alcançados pelos consumidores";[3] e, c) o *fornecedor aparente*: aquele que coloca o seu nome no produto final, tal como ocorre com as franquias.

Prevalece, em regra, a solidariedade passiva de todos os fornecedores envolvidos na relação (CDC, art. 18, *caput*; art. 19, *caput*, e § 1º, do art. 25).[4]

I.1. Entendimento dos Tribunais sobre o tema

Caso interessante foi analisado pelo STJ, envolvendo consórcio de empresas. O ônibus de transporte coletivo atropelou um pedestre em via pública. Embora tenha reconhecido que, como regra geral, "as sociedades consorciadas se obrigam nas condições previstas no respetivo contrato, respondendo cada uma por suas obrigações, sem presunção de solidariedade", no caso em análise, tratando-se de "responsabilidade derivada de relação de consumo, afasta-se a regra geral da ausência de solidariedade entre as consorciadas, por força da disposição expressa contida no art. 28, § 3º,[5] do CDC".[6] Segundo o acórdão, essa exceção "justifica-se pela necessidade de se atribuir máxima proteção ao consumidor, mediante o alargamento da base patrimonial hábil a suportar a indenização".

Em relação ao fornecedor aparente, a Corte Superior reconhece sua responsabilidade solidária para arcar com os danos causados pelos bens comercializados sob a mesma identificação (nome/marca), pelo fato ou vício do produto ou serviço:

> No presente caso, a empresa recorrente deve ser caracterizada como fornecedora aparente para fins de responsabilização civil pelos danos causados pela comercialização do produto defeituoso que ostenta a marca TOSHIBA, ainda que não tenha sido sua fabricante direta, pois ao utilizar marca de expressão global, inclusive com a inserção da mesma em sua razão social, beneficia-se da confiança previamente angariada por essa perante os consumidores. É de rigor, portanto, o

---

[3] Idem, ibidem.
[4] "2. Com efeito, *é solidária a responsabilidade entre os fornecedores constantes da cadeia de produção ou de prestação de serviços*. 2.1. No caso dos autos, ao analisar a questão, constata-se que o acórdão recorrido se alinhou à jurisprudência desta Corte Superior *ao concluir pela responsabilidade solidária da ora recorrente, notadamente porque, a despeito de não ter negociado diretamente com a consumidora, foi ela quem intermediou a prestação de serviço falho entre a empresa recorrida e a empresa que instalou o autossocorro na carroceria do caminhão.* Incidência da Súmula 83/STJ" (g.n.) (STJ, 3ª T., AgInt no REsp. 1.738.902/AC, Rel. Min. Marco Aurélio Bellizze, ac. 24.09.2018, DJe 27.09.2018). No mesmo sentido: STJ, 4ª T., REsp. 1.378.284/PB, Rel. Min. Luis Felipe Salomão, ac. 08.02.2018, *DJe* 07.03.2018.
[5] "Art. 28. O juiz poderá desconsiderar a personalidade jurídica da sociedade quando, em detrimento do consumidor, houver abuso de direito, excesso de poder, infração da lei, fato ou ato ilícito ou violação dos estatutos ou contrato social. A desconsideração também será efetivada quando houver falência, estado de insolvência, encerramento ou inatividade da pessoa jurídica provocados por má administração. [...] § 3º As sociedades consorciadas são solidariamente responsáveis pelas obrigações decorrentes deste Código".
[6] STJ, 3ª T., REsp. 1.635.637/RJ, Rel. Min. Nancy Andrighi, ac. 18.09.2018, *DJe* 21.09.2018.

reconhecimento da legitimidade passiva da empresa ré para arcar com os danos pleiteados na exordial.[7]

É, também, responsável perante o consumidor aquele que estiver incluído na cadeia de fornecimento do produto, ainda que não seja seu fabricante, devendo "receber o item que apresentar defeito e o encaminhá-lo à assistência técnica, independente do prazo de 72 horas da compra, sempre observado o prazo decadencial do art. 26, do CDC".[8]

Diante de frustração de viagem internacional, o Tribunal de Justiça de São Paulo reconheceu a responsabilidade de empresa intermediadora para a obtenção do necessário visto consular em razão de falha na prestação do serviço ajustado, porque, "embora a documentação tenha sido entregue com mais de 45 dias de antecedência pelo consumidor, a empresa somente deu início do procedimento poucos dias antes da viagem".[9]

Já o TJPR condenou a empresa de Airbnb a indenizar consumidoras que tiveram sua reserva de habitação para o período de férias de fim de ano cancelada pelo anfitrião, de forma injustificada, no dia do *check in*. Isso porque "tanto a divulgação, quanto a própria plataforma de reservas, locação e pagamento é gerida e comandada pela requerida, que de maneira inescusável participa da transação e aufere lucro com tal atividade".[10]

Da mesma forma, reconheceu o TJRS a legitimidade, para responder à ação de indenização, da empresa de tecnologia responsável pelo aplicativo de transporte remunerado privado individual de passageiros, por assalto praticado contra o usuário pelo respectivo motorista, mediante uso de arma de fogo.[11]

II – Legitimados ativos do pleito indenizatório

Do lado ativo, a responsabilidade civil especial do CDC haverá de ser exigida por um consumidor, ou por alguém que a lei equipara, no tratamento de direito, ao consumidor.

Essa equiparação vem a ser feita, por exemplo, no art. 17 do CDC, quando dispõe, textualmente, que, para os efeitos da responsabilidade pelo *fato do produto ou do serviço*, "equiparam-se aos consumidores todas as vítimas do evento", mesmo que não tenham negociado com o fabricante ou o revendedor. Basta que tenham usado o produto e, por isso, tenham sido afetados por sua nocividade.[12]

---

[7] STJ, 4ª T., REsp 1.580.432/SP, Rel. Min. Marco Buzzi, ac. 06.12.2018, *DJe* 04.02.2019.
[8] STJ, 3ª T., REsp 1.568.938/RS, Rel. Min. Moura Ribeiro, ac. 25.08.2020, *DJe* 03.09.2020.
[9] TJSP, 19ª Câmara de Direito Privado, Ap. 1007797-93.2018.8.26.0223, Rel. Des. Hamid Bdine, ac. 13.05.2019, *DJe* 13.05.2019.
[10] TJPR, 5ª Turma Recursal dos Juizados Especiais, Recurso. 0000799-89.2020.8.16.0044, Rel. Juiz. Maria Roseli Guiessmann, ac. 12.03.2021, *DJ* 16.03.2021.
[11] TJRS, 1ª Turma Recursal Cível, Recurso Cível 71008463564, Rel. Des. Fabiana Zilles, ac. 30.04.2019, *DJe* 06.05.2019. No mesmo sentido, condenando a empresa a pagar indenização a consumidor por conduta do motorista que saiu levando as compras: TJRS, 1ª Turma Recursal Cível, Recurso Inominado 71008220428, Rel. Des. Mara Lúcia Coccaro Martins Facchini, ac. 12.12.2018.
[12] Arruda Alvim registra a lição de Thiery Bourgoigne (*Éléments pour une théorie du droit de la consommation*. Bruxelles: Story-Scientia, 1988, p. 21-22), segundo a qual "a tendência atual é

O STJ, analisando o consumidor por equiparação em razão de acidente de consumo, reconheceu a aplicação do art. 17 ao comerciante que foi atingido por estilhaços de uma garrafa de cerveja:

> 1. Comerciante atingido em seu olho esquerdo pelos estilhaços de uma garrafa de cerveja, que estourou em suas mãos quando a colocava em um *freezer*, causando graves lesões.
>
> 2. Enquadramento do comerciante, que é vítima de um acidente de consumo, no conceito ampliado de consumidor estabelecido pela regra do art. 17 do CDC (*bystander*).
>
> 3. Reconhecimento do nexo causal entre as lesões sofridas pelo consumidor e o estouro da garrafa de cerveja.
>
> 4. Ônus da prova da inexistência de defeito do produto atribuído pelo legislador ao fabricante.[13]

Da mesma forma, aquela Corte Superior condenou o estabelecimento comercial por lesões causadas a transeunte em razão de queda em passeio público defronte a ele, que estava escorregadio:

> 1. Nos termos da jurisprudência firmada neste Sodalício, o art. 17 do Código de Defesa do Consumidor prevê a figura do consumidor por equiparação, *sujeitando à proteção desse dispositivo legal todos aqueles que, embora não tendo participado diretamente da relação de consumo, sejam vítimas de evento danoso resultante dessa relação* (g.n.).[14]

Em relação a acidente ocorrido durante evento, o STJ afastou a responsabilidade da empresa patrocinadora, que não participou da sua organização, por entender não integrar a cadeia de consumo:

> 5. Para a incidência do microssistema consumerista, é imprescindível a existência, de um lado, de um fornecedor e, de outro, de um consumidor e que essa relação tenha por objeto o fornecimento de um produto ou serviço. Tratando-se de hipótese de acidente de consumo por defeito do serviço, é de suma importância averiguar se aquele a quem se pretende atribuir a responsabilidade integra a cadeia de consumo. Isso porque, são quatro os pressupostos para a responsabilidade civil, a saber: (i) o dano; (ii) o defeito do serviço; (iii) o nexo de causalidade entre o defeito e o prejuízo e (iv) o nexo de imputação, sendo este o vínculo entre a atividade desenvolvida pelo fornecedor [e] o defeito do serviço.
>
> 6. Aquele que comparece a espetáculo aberto ao público se qualifica como consumidor nos termos da teoria finalista, já que não dá continuidade ao serviço.

---

realmente no sentido de assegurar a incolumidade física não só do utente final, mas também de todos os que eventualmente venham a manipular o produto, como entre outros, o embalador, transportador, distribuidor, vendedor etc." (ARRUDA ALVIM, José Manoel; ALVIM, Thereza; ALVIM, Eduardo Arruda; MARINS, James. *Código do Consumidor comentado*. 2. ed. São Paulo: RT, 1995, p. 26, nota 25).

[13] STJ, 3ª T., REsp. 1.288.088/MG, Rel. Min. Paulo de Tarso Sanseverino, ac. 04.04.2014, *DJe* 11.004.2014.
[14] STJ, 4ª T., AgInt no AREsp 1.076.833/RS, Rel. Min. Luis Felipe Salomão, ac. 06.03.2018, *DJe* 09.03.2018.

7. A ausência de cobrança de ingresso para assistir ao evento não afasta, por si só, a incidência do CDC. O termo "mediante remuneração" presente no art. 3º, § 2º, desse diploma legal inclui o ganho indireto e não significa que o serviço deva ser oneroso ao consumidor.

8. O legislador, com o propósito de conferir proteção mais efetiva às vítimas de acidentes de consumo, ampliou o conceito de fornecedor previsto no art. 3º do CDC, imputando os danos causados pelo defeito a todos os envolvidos na prestação do serviço (art. 14 do CDC). Ou seja, ao valer-se do vocábulo fornecedor, pretendeu-se viabilizar a responsabilização do terceiro que, embora não tenha prestado o serviço diretamente, integrou a cadeia de consumo. Cuida-se do fornecedor indireto ou mediato. Porém, para ser considerado integrante da cadeia de consumo, o terceiro deve ter contribuído com produtos ou serviços para o fornecimento do serviço final.

9. Sendo o terceiro mero patrocinador do evento, que não participou da sua organização e, assim, não assumiu a garantia de segurança dos participantes, não pode ser enquadrado no conceito de "fornecedor" para fins de responsabilização pelo acidente de consumo.[15]

Também em relação aos prejudicados pelas práticas comerciais abusivas, o art. 29 do CDC equipara aos consumidores todas as pessoas a elas expostas.

Entretanto, o STJ já decidiu que a revenda de bem durável constitui nova relação jurídica, razão pela qual a obrigação não atinge quem participou da primeira cadeia de fornecimento:

O fornecimento de bem durável ao seu destinatário final, por removê-lo do mercado de consumo, põe termo à cadeia de seus fornecedores originais. A revenda desse mesmo bem por seu adquirente constitui nova relação jurídica obrigacional, obstando que seja considerada solidariamente responsável por prejuízos resultantes dessa segunda relação, com esteio no art. 18 do CDC, empresa integrante daquela primeira cadeia de fornecimento interrompida (g.n.).[16]

1.2. OS ACIDENTES DE CONSUMO E A RESPONSABILIDADE CIVIL

Ao fornecedor incumbe o dever legal de zelar pela boa qualidade dos produtos e serviços colocados no mercado de consumo, de modo a assegurar que não acarretem riscos à saúde ou segurança dos consumidores, exceto os considerados normais e previsíveis em decorrência de sua natureza e fruição (CDC, art. 8º).[17]

---

[15] STJ, 3ª T., REsp 1.955.083/BA, Rel. Min. Nancy Andrighi, ac. 15.02.2022, *DJe* 18.02.2022.
[16] STJ, 3ª T., REsp 1.517.800/PE, Rel. Min. Ricardo Villas Bôas Cueva, ac. 02.05.2017, *DJe* 05.05.2017.
[17] Pelo Decreto 9.960/2019, foi instituída, em caráter permanente, a Comissão de Estudos Permanentes de Acidentes de Consumo no âmbito do Ministério da Justiça e Segurança Pública, com o objetivo de: (i) definir estratégias e recomendar a implementação de mecanismos destinados a coibir a comercialização de produtos e a prestação de serviços considerados nocivos ou perigosos à saúde do consumidor; e (ii) monitorar e identificar acidentes de consumo, de modo a fomentar o tratamento adequado de suas causas e consequências.

De outro lado, entre os *direitos básicos* do consumidor figura a garantia legal de "efetiva prevenção e reparação de danos patrimoniais e morais, individuais, coletivos e difusos" advindos das falhas verificadas na colocação de produtos e serviços no mercado de consumo (CDC, art. 6º, VI).

A regulamentação sistematizada pelo CDC no tocante às anomalias verificadas nos produtos ou serviços, a que a doutrina denomina "acidentes de consumo", faz uma distinção entre (i) a responsabilidade pelo *fato do produto e do serviço* (arts. 12 a 14), que diz respeito ao vício por *insegurança* verificado na colocação de tais bens no mercado de consumo; e (ii) *vício do produto e do serviço* (arts. 18 a 20), falha que também se costuma qualificar como vício por *inadequação*.[18]

A distinção não é meramente conceitual, visto que a disciplina legal redunda em tratamento diverso para cada uma das espécies de acidentes de consumo. A doutrina ressalta, a propósito, que, por natureza, o *defeito* do produto ou do serviço reveste-se de maior gravidade, pela potencialidade de causar danos à saúde ou à segurança do consumidor; enquanto o *vício* não chega a esse nível e apenas acarreta a inservibilidade ou diminuição do valor do produto.[19] Vale dizer, o vício está vinculado "à impropriedade, inadequação às finalidades próprias"[20] do produto.

O *defeito* (*fato do produto* ou serviço) pressupõe uma repercussão *externa*, consistente nos danos que podem afetar pessoas e patrimônios físicos ou morais, sem qualquer conotação contratual, podendo a vítima ser um simples terceiro. O *vício* (do produto ou serviço), por seu turno, corresponde a uma falha interna da própria coisa, cujo efeito é um prejuízo meramente econômico, correspondente à sua impropriedade, inadequação ou desvalorização.[21]

Segundo Leonardo Roscoe Bessa, "a disciplina da responsabilidade pelo fato do produto só ganha espaço quando já ocorreu um acidente de consumo, com danos efetivos ao consumidor ou terceiro". Por outro lado, antes de ocorrido o acidente, o consumidor somente poderá "invocar a seu favor a disciplina do art. 18, § 3º, do CDC, exigindo o conserto do produto, a troca por outro em prefeitas condições ou a devolução do preço".[22]

---

[18] MARTINS, Guilherme Magalhães. *Responsabilidade civil por acidente de consumo na Internet.* São Paulo: RT, 2008. p. 117.

[19] ARRUDA ALVIM *et al. Código do Consumidor comentado, cit.*, p. 100; MARQUES, Claudia Lima. *Contratos no Código de Defesa do Consumidor.* 3. ed. São Paulo: RT, 1998. p. 576; MARTINS, Guilherme Magalhães. *Responsabilidade civil, cit.*, p. 118.

[20] BESSA, Leonardo Roscoe. Responsabilidade pelo fato do produto: questões polêmicas. *Revista de Direito do Consumidor*, n. 89, p. 148, set.-out./2013.

[21] GRINBERG, Rosana. Fato do produto ou do serviço: acidentes do consumo. *Revistade Direito do Consumidor*, São Paulo, v. 35, p. 149-150, jul-set/2000. No mesmo sentido, a lição de Rizzatto Nunes, para quem: i) *vícios* são as características de qualidade ou quantidade, que tornam os produtos ou serviços inadequados à sua finalidade ou que lhes diminuam o valor, bem como a disparidade existente entre as indicações constantes dos recipientes, embalagens, rotulagens etc.; ii) *defeito* é o vício "acrescido de um problema extra, alguma coisa extrínseca ao produto ou serviço, que causa um dano maior que simplesmente o mau funcionamento". (NUNES, Rizzatto. *Curso de direito do consumidor, cit.*, p. 166-167).

[22] BESSA, Leonardo Roscoe. Responsabilidade pelo fato do produto, *cit.*, p. 150.

Merecem destaque dois aspectos relevantes na diferenciação legal dos acidentes de consumo lembrados por Paulo de Tarso Sanseverino:

a) no *defeito* do produto ou serviço o fornecedor responde perante o prejudicado, sem necessidade de qualquer vínculo contratual entre eles (CDC, arts. 12, 13 e 14); já nos *vícios* a responsabilidade civil reclama a ocorrência de "uma cadeia contratual a unir o consumidor e o fornecedor responsável";[23]

b) o regime jurídico não é o mesmo para o fato de produto ou serviço (*defeito*) e para o seu *vício*. "Nos *vícios*, a responsabilidade do fornecedor de produtos é mais restrita: substituição do produto, reexecução do serviço, rescisão do contrato, abatimento no preço, perdas e danos. Nos defeitos, a responsabilidade é mais extensa, devendo ser reparada a totalidade dos danos patrimoniais e extrapatrimoniais sofridos pelo consumidor".[24]

1.3. O CARÁTER OBJETIVO DA RESPONSABILIDADE CIVIL NO ÂMBITO DAS RELAÇÕES DE CONSUMO

Nas situações configuradoras de *fato do produto ou do serviço* (danos pessoais ou materiais *externos* à coisa ou serviço), a lei é clara ao dispor que o fornecedor responderá independentemente da ocorrência de culpa (CDC, arts. 12, 13 e 14). O regime, destarte, é induvidosamente de responsabilidade *objetiva*.[25]

Ao tratar da responsabilidade por *vício* do produto e do serviço (arts. 18 e ss.), o CDC não faz, explicitamente, a menção à desnecessidade da culpa do fornecedor, o que, entretanto, não permite a ilação de que a responsabilidade civil, *in casu*, seria a *subjetiva*, e não a *objetiva*.

É que, mesmo não se fazendo qualquer menção, nem mesmo indireta, ao elemento subjetivo, a própria índole sistemática da proteção ao consumidor conduz, logicamente, a responsabilização objetiva do fornecedor por qualquer vício contido no produto ou serviços prestados dentro da relação de consumo.[26] Para Sérgio Cavalieri Filho, não

---

[23] SANSEVERINO, Paulo de Tarso Vieira. *Responsabilidade civil no Código do Consumidor e a defesa do fornecedor*. 3. ed. São Paulo: Saraiva, 2010, p. 168.

[24] SANSEVERINO, *Op. cit., loc. cit.* "O mero defeito constatado não caracteriza *fato do produto*, mas apenas *vício*, regulado na forma dos arts. 18 e seguintes, somente configurando-se *fato do produto*, quando do defeito decorrem prejuízos, danos, que não a mera *desvalorização* ou a *impossibilidade de uso*, estando estes vícios regulados na seção subsequente, não autorizando a reparação nos termos do art. 12 que não pode prescindir do *dano* e do *nexo causal*" (grifamos) (ARRUDA ALVIM et al. *Código do Consumidor comentado*, *cit.*, p. 118).

[25] Súmula 595/STJ: "As instituições de ensino superior respondem objetivamente pelos danos suportados pelo aluno/consumidor pela realização de curso não reconhecido pelo Ministério da Educação, sobre o qual não lhe tenha sido dada prévia e adequada informação".

[26] "O que parece restar assente, do confronto das diversas linhas doutrinárias que enfrentam esta problemática, é que a responsabilização do fornecedor, em se tratando de relações de consumo, deverá dar-se, como regra, independentemente de valoração do comportamento do sujeito responsável, bastando, para tanto, que se contraponha a situação jurídica do causador do dano (*danneggiante*), com a específica condição dos bens e dos fatos relacionados ao consumidor lesado (*danneggiato*)" (GORASSINI, Attilio. *Contributo per un sistema della responsabilità del produtore*. Milano: Giuffrè, 1990, p. 220).

há dúvida de o vício do produto ou serviços gerar responsabilidade objetiva, visto que, até mesmo no regime do Código Civil, os vícios redibitórios não são tratados como casos de responsabilidade por culpa. Seria, então, um intolerável retrocesso submeter os vícios do produto e do serviço disciplinados pelo CDC à exigência de culpa do fornecedor, quando esse estatuto tutelar reconhecidamente adota o sistema da responsabilidade objetiva.[27]

Assim, numa visão universal do problema, "afirma-se que o sistema de responsabilidade adequado para a esfera das relações de consumo é o da *responsabilidade objetiva*", ainda que, em alguns casos, se apresente não absoluta, por admitir mitigações, através da admissão de causas eximentes da responsabilidade do fornecedor, como aquelas constantes do § 3º do art. 12 do CDC.[28]

Nessa linha, o Tribunal de Justiça de Minas Gerais condenou concessionária de serviço de abastecimento de água por desabastecimento da população da cidade:

- Cuidando-se de relação de consumo, objetiva é a responsabilidade civil da concessionária de serviços públicos, aplicando-se a regra do art. 14 da Lei nº 8.078/90.
- Verificada a prestação defeituosa de serviços, especialmente em virtude da ausência de manutenção, pela concessionária, de conjunto de reserva de moto-bomba para a captação de águas, o que interrompeu, por período considerável, o abastecimento da população do Município de Nanuque, faz jus o consumidor à reparação pelos danos morais suportados.[29]

Os casos excepcionais em que a responsabilidade do fornecedor se sujeita ao regime subjetivo da culpa acham-se expressamente ressalvados pelo CDC, como se passa com os médicos e os profissionais liberais em geral (CDC, art. 14, § 4º).

Entretanto, o fato de a responsabilidade do fornecedor ser, em qualquer das hipóteses, objetiva, não retira do consumidor o dever de comprovar o vício ou defeito (ou ao menos indícios de sua ocorrência para justificar a inversão), o nexo causal e o dano. Assim, "a prova do vício ou defeito do produto que se alega como causador do dano é do consumidor, que deverá conservar condições suficientes para apontar eventual indício de defeito antes de ingressar com a demanda, pois não pode prever ou contar com a inversão do ônus da prova".[30] Caberá, portanto, ao fornecedor, neste caso, comprovar que não havia vício ou defeito no produto ou serviço.

---

[27] CAVALIERI FILHO, Sérgio. *Programa de responsabilidade civil*. 2. ed. São Paulo: Malheiros, 1998, p. 380.
[28] ARRUDA ALVIM *et al. Código do Consumidor comentado, cit.*, p. 93-94. De acordo com o § 3º do art. 12 do CDC, "o fabricante, o construtor, o produtor ou importador só não será responsabilizado quando provar: I – que não colocou o produto no mercado; II – que, embora haja colocado o produto no mercado, o defeito inexiste; III – a culpa exclusiva do consumidor ou de terceiro".
[29] TJMG, 4ª Câmara Cível, Apelação Cível 1.0000.20.577726-1/001, Rel. Des. Ana Paula Caixeta, ac. 11.03.2021, *DJ* 12.03.2021.
[30] SANTOS, Fabíola Meira de Almeida; ANDRADE, Vitor Morais de. A carga da prova de vícios e defeitos nas relações de consumo. *Revista de Direito Privado*, n. 54, p. 248, abr.-jun./2013.

Nesse sentido, o entendimento do STJ ao analisar hipótese de acidente automobilístico, em que o *air bag* não foi acionado por defeito do produto:

2. A responsabilidade objetiva do fornecedor surge da violação de seu dever de não inserção de produto defeituoso no mercado de consumo, haja vista que, existindo alguma falha quanto à segurança ou à adequação do produto em relação aos fins a que se destina, haverá responsabilização pelos danos que o produto vier a causar.

3. Na hipótese, o Tribunal *a quo*, com relação ao ônus da prova, inferiu que caberia à autora provar que o defeito do produto existiu, isto é, que seria dever da consumidora demonstrar a falha no referido sistema de segurança.

4. Ocorre que diferentemente do comando condito no art. 6º, inciso VIII do CDC, que prevê a inversão do ônus da prova "a critério do juiz", quando for verossímil a alegação ou hipossuficiente a parte, o § 3º, do art. 12 do mesmo Código estabelece – de forma objetiva e independentemente da manifestação do magistrado – a distribuição da carga probatória em desfavor do fornecedor que "só não será responsabilizado se provar: I – que não colocou o produto no mercado; II – que, embora haja colocado o produto no mercado, o defeito inexiste; III – a culpa exclusiva do consumidor ou de terceiro". É a diferenciação já clássica na doutrina e na jurisprudência entre a inversão *ope judicis* (art. 6º, VIII, do CDC) e a inversão *ope legis* (arts. 12, § 3º, e art. 14, § 3º, do CDC). Precedentes.

5. No presente caso, o "veículo Fiat Tempra atingiu a parte frontal esquerda (frontal oblíqua), que se deslocou para trás (da esquerda para direita, para o banco do carona)", ficando muito avariado; ou seja, ao que parece, foram preenchidos os dois estágios do choque exigidos para a detecção do *air bag*, mas que, por um defeito no produto, não acionou o sistema, causando danos à consumidora. Em sendo assim, a conclusão evasiva do *expert* deve ser interpretada em favor do consumidor vulnerável e hipossuficiente.[31]

1.4. OS ELEMENTOS DA RESPONSABILIDADE CIVIL OBJETIVA, NO CASO DO FATO DO PRODUTO

O fato de a teoria da responsabilidade civil objetiva reconhecer a obrigação de indenizar independentemente da demonstração de culpa do causador do dano não torna essa responsabilidade atrelada apenas ao fato isolado de alguém ter sofrido um prejuízo por ocasião de um relacionamento com outra pessoa. Três elementos continuam essenciais para fazer atuar a responsabilidade objetiva:

a) a existência do *defeito* do produto ou serviço;

b) a ocorrência de uma lesão efetiva (dano ou prejuízo) suportada pela vítima (*eventus damni*), que pode afetá-la patrimonialmente ou moralmente; e

c) a relação de causalidade entre o defeito ou vício do produto e a lesão a indenizar.

Assim, nas relações de consumo, o dever de indenizar, diante dos "acidentes de consumo", ou seja, diante de defeito ou vício do produto ou serviço, para ser reconhecido

---

[31] STJ, 4ª T., REsp. 1.306.167/RS, Rel. Min. Luis Felipe Salomão, ac. 03.12.2013, *DJe* 05.03.2014.

depende: (i) de demonstração do dano *externo* ou dano *interno*, ou seja, do *vício* de qualidade ou quantidade que tornem o produto ou o serviço impróprios ou inadequados ao consumo, ou que lhes diminua o valor (CDC, arts. 18 e 20); (ii) e de demonstração do nexo de causa e efeito entre o ato do fornecedor e o dano ou prejuízo do consumidor, ou de terceiro que a ele seja equiparado pela lei.

O fornecedor, na hipótese, responde independentemente de culpa. "O defeito, portanto, se apresenta como pressuposto especial à responsabilidade civil do fornecedor pelo acidente de consumo. Todavia, basta ao consumidor demonstrar a relação de causa e efeito entre o produto e o dano, que induz à presunção de existência do defeito, cabendo ao fornecedor, na tentativa de se eximir de sua responsabilidade, comprovar, por prova cabal, a sua inexistência ou a configuração de outra excludente de responsabilidade".[32]

Inocorrendo a comprovação de qualquer destes elementos, "não há que se cogitar da responsabilidade civil do fornecedor".[33]

Quando se trata de dano externo (fato do produto ou do serviço), o primeiro responsável é aquele que a doutrina denomina *fornecedor real*, que vem a ser a pessoa (física ou jurídica) que *realiza* ou *cria* o produto acabado ou parte componente dele, inclusive o fornecedor da matéria-prima. O Código do Consumidor identifica esse fornecedor real como "O *fabricante*, o *produtor*, o *construtor* do produto" (art. 12), ou, ainda, como "o *fornecedor de serviços*" (art. 14).[34] Todavia, o fabricante de um só componente ou aquele que contribuiu tão somente com a matéria prima, apenas responderá pela indenização, se o dano tiver relação causal com defeito do componente ou da matéria prima. Não sendo esses participantes secundários enquadráveis na categoria de fabricante ou revendedor, não assumirão a responsabilidade objetiva e solidária própria dos agentes principais da criação e circulação do bem posto no mercado de consumo. Sua eventual responsabilidade indenizatória terá de ser analisada em função daquilo com que efetivamente contribuíram para a fabricação do produto defeituoso.

Uma vez que essa *criação* do produto ou essa *prestação* do serviço nem sempre é fruto da atividade de apenas um agente, a figura do *fornecedor real* pode englobar mais de uma pessoa, propiciando uma responsabilidade múltipla pela reparação do dano, correspondente ao "fato do produto e do serviço", a que aludem os arts. 12 e 14 do CDC.

Na verdade, o sistema do Código é o de envolver na responsabilidade objetiva e solidária pelo *fato do produto* apenas os participantes da *criação* do produto ou da *prestação* do serviço. No caso de produto estrangeiro, o importador é legalmente equiparado ao fabricante (CDC, arts. 12 e 14) (*fornecedor presumido*).[35] Os que atuam paralela ou acessoriamente no ciclo de distribuição dos produtos e serviços, não se

---

[32] STJ, 3ª T., REsp. 1.955.890/SP, Rel. Min. Nancy Andrighi, ac. 05.10.2021, *DJe* 08.10.2021.
[33] ARRUDA ALVIM *et al. Código do Consumidor comentado, cit.*, p. 100.
[34] Os fatos do produto, que geram a responsabilidade objetiva do fabricante prevista no art. 12 do CDC correspondem aos "danos causados aos consumidores por defeitos decorrentes de *projeto, fabricação, construção, montagem, fórmulas, manipulação, apresentação ou acondicionamento de seus produtos*, bem como por *informações insuficientes* ou inadequadas sobre sua utilização e riscos" (CDC, art. 12, *caput*).
[35] Ver item 1.1. *supra*.

incluem na responsabilidade pelo dano externo, dito *fato do produto e do serviço*. Nem mesmo o revendedor do produto que contenha defeito de fabricação ficará sujeito, em regra, à responsabilidade civil ampla pelos danos que essa falha acarrete à pessoa e ao patrimônio físico ou moral do consumidor, do utente, ou do terceiro. Pelo menos aparentemente é o que sugere o art. 13 do CDC, ao dispor que o comerciante que aliena o produto ao consumidor será igualmente responsável pelo *fato do produto* nas situações que enumera, ou seja, quando:

I – O fabricante, o construtor, o produtor ou o importador não puderem ser identificados;

II – O produto for fornecido sem identificação clara do seu fabricante, produtor, construtor ou importador; e

III – O vendedor não conservar adequadamente os produtos perecíveis.

Nas duas primeiras hipóteses tem-se uma *responsabilidade subsidiária*, cuja raiz está não na criação do produto, mas na circunstância de ter o comerciante colocado no mercado de consumo produto defeituoso sem condições de identificar aquele que seria o *responsável originário* (*i.e.*, o fabricante ou o importador). Na última hipótese, o revendedor se apresenta como o causador direto ou imediato do fato danoso, de modo a não deixar dúvidas em torno da sua responsabilidade pessoal pela reparação respectiva.

Nessa linha, reconhecendo que a responsabilidade do comerciante pelo fato do produto é subsidiária, o STJ entendeu que os efeitos da transação realizada por um réu não se estenderiam ao outro:

4. Entretanto, ao tratar da responsabilidade do comerciante pelo fato do produto, o Código Consumerista disciplinou de forma diversa, estabelecendo que ele somente será responsabilizado (i) quando o fabricante, o construtor, o produtor ou o importador não puderem ser identificados; (ii) quando o produto for fornecido sem identificação clara do seu fabricante, produtor, construtor ou importador; ou (iii) quando o comerciante não conservar adequadamente os produtos perecíveis (CDC, art. 13, incisos I a III). Assim, ao contrário dos demais fornecedores, a responsabilidade do comerciante pelo fato do produto é subsidiária.

5. Na hipótese, é possível concluir que a ré Sendas Distribuidora, na condição de comerciante, por ser a responsável pelo estabelecimento comercial em que a autora adquiriu o produto contaminado (Assaí Atacadista), não poderia, em tese, ser responsabilizada no caso, tendo em vista a inobservância das hipóteses previstas nos incisos I a III do art. 13 do CDC, considerando a identificação clara dos fabricantes do produto (Coca Cola Indústrias Ltda. e Leão Alimentos e Bebidas Ltda. – atual denominação Del Valle), além de ter sido constatado que não houve má conservação, visto que, segundo a perícia, o defeito ocorreu anteriormente à embalagem.

6. Logo, se a ré Sendas Distribuidora, ao invés de alegar sua ilegitimidade passiva ou, considerando a teoria da asserção, tentar defender a improcedência do pedido em relação a si, preferiu firmar um acordo com a parte autora, tal fato não tem o condão de caracterizar a solidariedade defendida pelas recorrentes, não podendo ser esten-

dido o efeito da transação, considerando a inaplicabilidade da regra do art. 844, § 3º, do Código Civil ao caso.[36]

Há, contudo, quem entenda que a *responsabilidade* do comerciante, nos termos do art. 13, do CDC, é *solidária*. Isto porque, o *caput* dispõe ser "o comerciante igualmente responsável", o que equivaleria a dizer existir a solidariedade.[37] Nesse sentido é a seguinte lição, que reputamos acatável:

> Considerando que o *caput* do art. 13 impõe a aplicação do art. 12 também para o comerciante, podemos concluir que, nestes casos, a sua *responsabilidade solidária* é a mesma do fabricante, oriunda de uma *imputação objetiva*, dependendo somente do defeito e do nexo causal entre defeito e dano.[38]

Analisando caso em que duas irmãs gêmeas passaram mal após consumirem produto alimentício adquirido de comerciante, com prazo de validade vencido, o STJ entendeu haver responsabilidade solidária do fabricante e do comerciante, não admitindo a alegação do fabricante de excludente de responsabilidade por culpa exclusiva de terceiro (comerciante):

> Direito do consumidor. Recurso especial. Ação de indenização por danos morais e materiais. Consumo de produto colocado em circulação quando seu prazo de validade já havia transcorrido. "Arrozina Tradicional" vencida que foi consumida por bebês que tinham apenas três meses de vida, causando-lhes gastroenterite aguda. Vício de segurança. Responsabilidade do fabricante. Possibilidade. Comerciante que não pode ser tido como terceiro estranho à relação de consumo. Não configuração de culpa exclusiva de terceiro.
> – Produto alimentício destinado especificamente para bebês exposto em gôndola de supermercado, com o prazo de validade vencido, que coloca em risco a saúde de bebês com apenas três meses de vida, causando-lhe gastroenterite aguda, enseja a responsabilização por fato do produto, ante a existência de vício de segurança previsto no art. 12 do CDC.
> – O comerciante e o fabricante estão inseridos no âmbito da cadeia de produção e distribuição, razão pela qual não podem ser tidos como terceiros estranhos à relação de consumo.
> – A eventual configuração da culpa do comerciante que coloca à venda produto com prazo de validade vencido não tem o condão de afastar o direito de o consumidor propor ação de reparação pelos danos resultantes da ingestão da mercadoria estragada em face do fabricante.[39]

---

[36] STJ, 3ª T., REsp. 1.968.143/RJ, Rel. Min. Marco Aurélio Bellizze, ac. 08.02.2022, *DJe* 17.02.2022.
[37] BESSA, Leonardo Roscoe. *Responsabilidade pelo fato do produto, cit.*, p. 152. No mesmo sentido: NUNES, Rizzatto. *Curso de direito do consumidor, cit.*, p. 275.
[38] MARQUES, Cláudia Lima; BENJAMIN, Antônio Herman V; MIRAGEM, Bruno. *Comentários ao código de defesa do consumidor, cit.*, p. 240.
[39] STJ, 3ª T., REsp. 980.860/SP, Rel. Min. Nancy Andrighi, ac. 23.04.2009, *DJe* 02.06.2009. No mesmo sentido: STJ, 3ª T., AgRg no AREsp. 265.586/SP, Rel. Min. Ricardo Villas Bôas Cueva, ac. 18.09.2014, *DJe* 25.09.2014.

Nesse caso, haverá responsabilidade solidária do fabricante e do comerciante, cabendo àquele que ressarciu o dano ao consumidor o direito de regresso contra "os demais responsáveis, segundo sua participação na causação do evento danoso" (CDC, art. 13, parágrafo único).

Com efeito, essa é a melhor orientação, na medida em que: i) facilita a defesa do consumidor, que não precisa comprovar de quem efetivamente é a culpa pelo dano (do fabricante ou do comerciante); e ii) afasta do âmbito da ação consumerista a disputa entre os possíveis responsáveis sobre o causador do dano, que ocorrerá em ação regressiva própria, ajuizada posteriormente.[40] Assim,

> [...] para que o consumidor inclua o comerciante no polo passivo da demanda indenizatória, basta haver indícios ou dúvidas relativos à má conservação de produto perecível. A discussão definitiva sobre o assunto, particularmente se houve conservação adequada ou não, ocorrerá apenas em eventual ação de regresso.[41]

Vale lembrar que o Código de Defesa do Consumidor veda a denunciação da lide na hipótese, justamente como forma de evitar atrasos na ação consumerista, em razão da inclusão de discussão estranha ao consumidor (CDC, art. 88). Vale ainda ter presente que, em caráter geral, o parágrafo único do art. 7º do mesmo Código dispõe ser a solidariedade o modelo da responsabilidade pela reparação do dano de consumo, sempre que este tiver mais de um autor.

De qualquer maneira, convém ter sempre em conta que não basta, "para a responsabilização do fornecedor [fabricante ou equiparado] pelo *fato do produto*, a mera comprovação de que a lesão resultou como consequência do uso ou consumo do produto. Faz-se necessário comprovar-se [sempre] que o dano foi ocasionado por *defeito do produto* e que tal defeito teve origem na fábrica ou no estabelecimento comercial onde foi adquirido o produto, configurando defeito de criação, produção ou informação",[42] ou de conservação.

Assim, demonstrada a relação de causa e efeito entre o produto e o dano, presumida estará a existência de defeito:

> O fornecedor responde, independentemente de culpa, pela reparação dos danos causados aos consumidores por defeitos do produto (art. 12 do CDC). O defeito, portanto, se apresenta como pressuposto especial à responsabilidade civil do fornecedor pelo acidente de consumo. Todavia, basta ao consumidor demonstrar a relação de causa e efeito entre o produto e o dano, que induz à presunção de existência do defeito, cabendo ao fornecedor, na tentativa de se

---

[40] "[...] a única solução plausível para uma efetiva proteção dos interesses dos consumidores é o reconhecimento, de um lado, da ocorrência de uma solidariedade passiva entre todos os responsáveis e, de outro lado, que o comerciante não é terceiro, embora possa ter sua responsabilidade afastada nas situações expressamente contempladas pelo art. 12 do CDC" (SANSEVERINO, Paulo de Tarso. *Responsabilidade civil no Código do Consumidor, cit.*, p. 307).
[41] BESSA, Leonardo Roscoe. *Responsabilidade pelo fato do produto, cit.*, p. 155.
[42] ARRUDA ALVIM *et al. Código do Consumidor comentado, cit.*, p. 120-121.

eximir de sua responsabilidade, comprovar, por prova cabal, a sua inexistência ou a configuração de outra excludente de responsabilidade consagrada no § 3º do art. 12 do CDC.[43]

Note-se, por fim, que não se pode ampliar analogicamente o alcance subjetivo do art. 12 do CDC porque, salvo a subsidiariedade prevista no art. 13, a enumeração legal dos que devem responder pela reparação dos danos causados aos consumidores "é taxativa, isto é, somente aquelas espécies de fornecedores que constam expressamente do mencionado dispositivo é que estão obrigadas a indenizar, independentemente da existência de culpa, os danos decorrentes do *fato do produto*".[44] Qualquer outro concorrente secundário, que não figure no rol do art. 13, responderá nos termos do Código Civil, ou seja, mediante comprovação de ato próprio na causação do dano bem como da culpa com que tenha agido, nas circunstâncias do caso concreto.

1.5. DEFEITOS DO PRODUTO OU SERVIÇO

I – O defeito do produto

O § 1º, do art. 12, do CDC, ao tratar da responsabilidade pelo fato do produto, assim dispõe sobre o produto defeituoso:

[...]
§ 1º O produto é defeituoso quando não oferece a segurança que dele legitimamente se espera, levando-se em consideração as circunstâncias relevantes, entre as quais:
I – sua apresentação;
II – o uso e os riscos que razoavelmente dele se esperam;
III – a época em que foi colocado em circulação.

O produto é, portanto, defeituoso quando não apresenta a segurança legitimamente esperada. Trata-se, com efeito, de um conceito jurídico indeterminado, razão pela qual o juiz deverá avaliar o caso concreto para caracterizar o produto como defeituoso ou não.

Paulo de Tarso Sanseverino, lembrando lição de Thierry Bourgoignie, esclarece que a segurança legitimamente esperada "refere-se ao grupo social (grande público), que é o destinatário do produto ou serviço, não sendo apenas a expectativa subjetiva da vítima do dano. Representa a expectativa objetiva do grupo de consumidores a quem se destina o produto ou o serviço".[45]

Com efeito, há produtos que, por sua natureza, apresentam uma *periculosidade inerente*, como a arma de fogo, uma faca, motosserra. Nesses casos, "eles não estão proibidos: apenas se intensifica o dever de informar de modo a prevenir acidentes e

---

[43] STJ, 3ª T., REsp. 1.955.890/SP, Rel. Min. Nancy Andrighi, ac. 05.10.2021, *DJe* 08.10.2021. Sobre as excludentes de responsabilidade (art. 12, § 3º), v. adiante o item 1.5, V.
[44] ARRUDA ALVIM *et al. Código do Consumidor comentado, cit.*, p. 99.
[45] SANSEVERINO, Paulo de Tarso. *Responsabilidade civil no Código do consumidor e a defesa do fornecedor, cit.*, p. 126.

danos ao consumidor".[46] Entretanto, existem produtos que, embora não sejam perigosos em sua essência, em razão de falhas no processo produtivo, tornam-se defeituosos, o que a doutrina denomina de *periculosidade adquirida*. Na lição de Antônio Herman V. Benjamin,

> Em matéria de proteção da saúde e segurança dos consumidores vige a noção geral da expectativa legítima. Isto é, a ideia de que os produtos e serviços colocados no mercado devem atender as expectativas de segurança que deles legitimamente se espera. As expectativas são legítimas quando, confrontados com o estágio técnico e as condições econômicas da época, mostram-se plausíveis, justificadas e reais. É basicamente o desvio deste parâmetro que transforma a periculosidade inerente de um produto ou serviço em periculosidade adquirida.[47]

Nesse sentido, o STJ já decidiu inexistir responsabilidade civil do fabricante de cigarros por doença causadas ao consumidor, em razão de ser um produto cuja periculosidade é inerente:

> Recurso especial. Responsabilidade civil e consumidor. Ação de reparação de danos morais e materiais. Tabagismo. Ex-fumante. Doença e uso de cigarro. Risco inerente ao produto. Precedentes. Improcedência do pedido. Recurso desprovido.
>
> 1. "O cigarro é um produto de periculosidade inerente e não um produto defeituoso, nos termos do que preceitua do Código de Defesa do Consumidor, pois o defeito a que alude o Diploma consubstancia-se em falha que se desvia da normalidade, capaz de gerar uma frustração no consumidor ao não experimentar a segurança que ordinariamente se espera do produto ou serviço" (REsp. 1.112.804/RS, 4ª T., Rel. Min. Luis Felipe Salomão, *DJe* 24.06.2010).[48]

Do mesmo modo, afastou a responsabilidade em caso de reação adversa ocorrida pela utilização de anti-inflamatório, por reconhecer ser produto cuja periculosidade lhe é inerente e que constou da bula do medicamento a advertência ao consumidor:

> 1. O Código de Defesa do Consumidor acolheu a teoria do risco do empreendimento (ou da atividade) segundo a qual o fornecedor responde objetivamente por todos os danos causados ao consumidor pelo produto ou serviço que se revele defeituoso (ou com a pecha de defeituoso, em que o fornecedor não se desonera do ônus de comprovar que seu produto não ostenta o defeito a ele imputado), na medida em que atividade econômica é desenvolvida, precipuamente, em seu benefício, devendo, pois, arcar com os riscos "de consumo" dela advindos. Há que se bem delimitar, contudo, o fundamento desta responsabilidade, que, é certo, não é integral, pois pressupõe requisitos próprios (especialmente, o defeito do produto como causador do dano experimentado pelo consumidor) e comporta excludentes. *O fornecedor, assim, não*

---

[46] BESSA, Leonardo Roscoe. *Responsabilidade pelo fato do produto*, cit., p. 144.
[47] BENJAMIN, Antônio Herman C.; MARQUES, Cláudia Lima; BESSA, Leonardo Roscoe. *Manual de direito do consumidor*. 5. ed. São Paulo: RT, 2013, p. 156.
[48] STJ, 4ª T., REsp. 803.783/RS, Rel. Min. Raul Araújo, ac. 16.04.2013, *DJe* 23.04.2013.

responde objetivamente pelo fato do produto simplesmente porque desenvolve uma atividade perigosa ou produz um bem de periculosidade inerente, mas sim, concretamente, caso venha a infringir o dever jurídico de segurança (adentrando no campo da ilicitude), o que se dá com a fabricação e a inserção no mercado de um produto defeituoso (de concepção técnica, de fabricação ou de informação), de modo a frustrar a legítima expectativa dos consumidores.

[...]

3. Restou incontroverso da prova haurida dos autos (seja a partir do laudo pericial que excluiu peremptoriamente o nexo causal entre o uso do medicamento e a morte do paciente, seja do depoimento médico transcrito que embasou o decreto condenatório) *que todo anti-inflamatório, como o é o medicamento Vioxx, possui, como reação adversa, a possibilidade de desenvolver doenças renais graves* (circunstância, no caso dos autos, devidamente informada na bula do medicamento, com advertência ao consumidor deste risco). 3.1 *Em se tratando de produto de periculosidade inerente, cujos riscos são normais à sua natureza (medicamento com contraindicações) e previsíveis (na medida em que o consumidor é deles expressamente advertido), eventual dano por ele causado ao consumidor não enseja a responsabilização do fornecedor, pois, de produto defeituoso, não se cuida.* 3.2 O descumprimento do dever de segurança, que se dá com a fabricação e inserção no mercado de produto defeituoso, a ser devidamente investigado, deve pautar-se na concepção coletiva da sociedade de consumo, e não na concepção individual do consumidor-vítima, especialmente no caso de vir este a apresentar uma condição especial (doença autoimune, desencadeadora da patologia desenvolvida pelo paciente, segundo prova técnica produzida e não infirmada pelo depoimento médico que embasou o decreto condenatório) (g.n.).[49]

Em outro caso de medicamento, entretanto, reconheceu a responsabilidade do laboratório porque houve falha no dever qualificado de informar:

5. *O risco inerente ao medicamento impõe ao fabricante um dever de informar qualificado (art. 9º do CDC), cuja violação está prevista no § 1º, II, do art. 12 do CDC como hipótese de defeito do produto, que enseja a responsabilidade objetiva do fornecedor pelo evento danoso dele decorrente.*

6. O ordenamento jurídico não exige que os medicamentos sejam fabricados com garantia de segurança absoluta, até porque se trata de uma atividade de risco permitido, mas exige que garantam a segurança legitimamente esperável, tolerando os riscos considerados normais e previsíveis em decorrência de sua natureza e fruição, *desde que o consumidor receba as informações necessárias e adequadas a seu respeito (art. 8º do CDC).*

7. O fato de o uso de um medicamento causar efeitos colaterais ou reações adversas, por si só, não configura defeito do produto se o usuário foi prévia e devidamente informado e advertido sobre tais riscos inerentes, de modo a poder decidir, de forma livre, refletida e consciente, sobre o tratamento que lhe é prescrito, além de ter a possibilidade de mitigar eventuais danos que venham a ocorrer em função dele.

---

[49] STJ, 3ª T., REsp. 1.599.405/SP, Rel. Min. Marco Aurélio Bellizze, ac. 04.04.2017, *DJe* 17.04.2017.

8. O risco do desenvolvimento, entendido como aquele que não podia ser conhecido ou evitado no momento em que o medicamento foi colocado em circulação, constitui defeito existente desde o momento da concepção do produto, embora não perceptível *a priori*, caracterizando, pois, hipótese de fortuito interno.

9. Embora a bula seja o mais importante documento sanitário de veiculação de informações técnico-científicas e orientadoras sobre um medicamento, *não pode o fabricante se aproveitar da tramitação administrativa do pedido de atualização junto a Anvisa para se eximir do dever de dar, prontamente, amplo conhecimento ao público – pacientes e profissionais da área de saúde –, por qualquer outro meio de comunicação, dos riscos inerentes ao uso do remédio que fez circular no mercado de consumo.*[50] (g.n.).

Entretanto, aquela Corte Superior não autorizou que a montadora de veículo se eximisse de sua responsabilidade em razão de defeito no *air bag*, considerado mecanismo de segurança de periculosidade inerente. Ou seja, o simples fato de existir periculosidade inerente não afasta a responsabilidade do fornecedor, se comprovado o defeito:

6. Considera-se o produto como defeituoso quando não fornece a segurança que o consumidor dele se espera, levando-se em consideração a época e o modo em que foi prestado, e no que mais importa para a espécie, os riscos inerentes a sua regular utilização.

7. O fato da utilização do *air bag*, como mecanismo de segurança de periculosidade inerente, não autoriza que as montadoras de veículos se eximam da responsabilidade em ressarcir danos fora da normalidade do "uso e os riscos que razoavelmente dele se esperam" (art. 12, §1º, II do CDC).[51]

Na oportunidade, a Relatora asseverou que

o fato da utilização do air bag como mecanismo de segurança de periculosidade inerente, não autoriza que as montadoras de veículos se eximam da responsabilidade em ressarcir danos fora da normalidade do "uso e os riscos que razoavelmente dele se esperam" (art. 12, § 1º, II do CDC). Pelos contornos fáticos delineados pelo acórdão recorrido, a contrapartida da utilização do *air bag* pelo recorrido ultrapassou a expectativa normal e legítima dos possíveis danos causados pelo funcionamento do referido mecanismo de segurança.

II – Tipos de defeitos do produto

A doutrina pátria distingue três modalidades de defeitos:

a) *o defeito de concepção ou criação*, que envolve os vícios de projeto, formulação e *design* do produto. Vale dizer, afeta as "características gerais do bem em consequência do erro havido no momento da elaboração ou idealização do projeto, de modo que o produto não terá a virtude de evitar os riscos à saúde e segurança do consumidor ou usuário";[52]

---

[50] STJ, 3ª T., REsp. 1.774.372/RS, Rel. Min. Nancy Andrighi, ac. 05.05.2020, *DJe* 18.05.2020.
[51] STJ, 3ª T., REsp. 1.656.614/SC, Rel. Min. Nancy Andrighi, ac. 23.05.2017, *DJe* 02.06.2017.
[52] BESSA, Leonardo Roscoe. *Idem*, p. 146.

b) *o defeito de produção ou fabricação*, que envolve os vícios de fabricação, construção, montagem, manipulação e acondicionamento do produto.[53] Decorrem, como se vê, de falhas no processo produtivo. Segundo James Marins, não contaminam todos os exemplares; são previsíveis, uma vez que é possível o cálculo estatístico de sua ocorrência; e são inevitáveis;[54] e,

c) *o defeito de informação ou comercialização*, decorrente da publicidade ou informação insuficiente ou inadequada. Caracteriza-se "pela falta ou insuficiência de instruções sobre a correta utilização do produto ou serviço, bem como sobre os riscos por ela ensejados".[55] Destarte, o dano ao consumidor pode ser provocado não pelo defeito do produto em si, mas pela má informação prestada sobre o produto. Nesse sentido, julgamento do STJ:

> Direito do consumidor. Recurso Especial, Fato do produto. Dermatite de contato. Mau uso do produto. Culpa exclusiva da vítima. Inocorrência. Alergia. Condição individual e específica de hipersensibilidade ao produto. Defeito intrínseco do produto. Inocorrência. Defeito de informação. Defeito extrínseco do produto. Falta de informação clara e suficiente. Violação do dever geral de segurança que legitimamente e razoavelmente se esperava do produto. Matéria probatória. Súmula 7/STJ. Súmula 283/STF. [...]
>
> 2. O uso do sabão em pó para limpeza do chão dos cômodos da casa, além da lavagem do vestuário, por si só, não representou conduta descuidada apta a colocar a consumidora em risco, uma vez que não se trata de uso negligente ou anormal do produto.
>
> 3. A informação é direito básico do consumidor (art. 6º, III, do CDC), tendo sua matriz no princípio da boa-fé objetiva, devendo, por isso, ser prestada de forma inequívoca, ostensiva e de fácil compreensão, principalmente no tocante às situações de perigo.
>
> 4. O consumidor pode vir a sofrer dano por defeito (não necessariamente do produto), mas da informação inadequada ou insuficiente que o acompanhe, seja por ter informações deficientes sobre a sua correta utilização, seja pela falta de advertência sobre os riscos por ele ensejados.
>
> 5. Na hipótese, como constatado pelo Juízo *a quo*, mera anotação pela recorrente, em letras minúsculas e discretas na embalagem do produto, fazendo constar que deve ser evitado "o contato prolongado com a pele" e que "depois de utilizar" o produto, o usuário deve lavar, e secar as mãos, não basta, como de fato no caso não bastou, para alertar de forma eficiente a autora, na condição de consumidora do produto, quanto aos riscos desse. Chegar à conclusão diversa quanto ao defeito do produto pela falta de informação suficiente e adequada demandaria o reexame do contexto fático-probatório dos autos, o que encontra óbice na Súmula 7 do STJ.[56]

---

[53] DENARI, Zelmo. *In:* GRINOVER, Ada Pellegrini et al. *Código brasileiro de defesa do consumidor, cit.*, v. I, p. 199.
[54] MARINS, James. *Responsabilidade da empresa pelo fato do produto:* os acidentes de consumo no Código de Proteção e Defesa do Consumidor. São Paulo: RT, 1993, p. 114.
[55] SANSEVERINO, Paulo de Tarso. *Responsabilidade civil no Código do consumidor, cit.*, p. 150.
[56] STJ, 4ª T., REsp. 1.358.615/SP, Rel. Min. Luis Felipe Salomão, ac. 02.05.2013, *DJe* 01.07.2013.

Cumpre ressaltar que o Código determina que se analise o defeito do produto levando-se em consideração a época em que foi colocado no mercado (inciso III, do § 1º, do art. 12). Segundo entendimento doutrinário, a legislação brasileira teria adotado o posicionamento da Diretiva nº 374/1985 da Comunidade Europeia, no sentido de afastar o defeito pelo *risco de desenvolvimento do produto*. Ou seja, os "riscos que correm os fornecedores por defeitos que somente se tornam conhecidos em decorrência dos avanços científicos posteriores à colocação do produto ou serviço no mercado de consumo".[57]

Destarte, o fornecedor se exime da responsabilidade se comprovar que à época em que colocou o seu produto no mercado, a comunidade científica desconhecia os riscos a ele inerente.[58]

Há, contudo, quem entenda que o risco de desenvolvimento equivale a defeito do produto e, portanto, os prejuízos suportados pelo consumidor devem ser indenizados. Sérgio Cavalieri Filho explica que "os riscos de desenvolvimento devem ser enquadrados como *fortuito interno* – risco integrante da atividade do fornecedor –, pelo que não exonerativo da sua responsabilidade".[59]

Bruno Miragem apresenta dois argumentos para a responsabilização do fornecedor pelo risco de desenvolvimento: (i) o rol de excludentes elencado nos arts. 12, § 3º, e 14, § 3º não inclui esse risco, o que significa dizer que não permite seja considerado, *praeter legem*, circunstância que afasta o dever de indenizar;[60] e, (ii) a necessidade de garantir a efetividade do direito do consumidor, na medida em que a responsabilidade objetiva do fornecedor, prevista no CDC, teve a finalidade de estender ao máximo a proteção da parte vulnerável da relação contra os riscos do mercado de consumo.[61]

III – Alguns julgados sobre defeito do produto

a) o TJSP determinou a indenização do consumidor por produto danificado por contato com água, porque suas especificações técnicas afirmavam ser ele à prova d'água:

Defeito apresentado em aparelho iPhone após contato superficial com água "doce". Recusa da fabricante no cumprimento do contrato de garantia. Alegação de mau uso do produto. Rejeição. Especificações técnicas divulgadas pela apelante que fazem o consumidor crer de forma indubitável que o produto é resistente à água quando submergido a dois metros de profundidade e até trinta minutos. Violação ao dever de

---

[57] DENARI, Zelmo. *In:* GRINOVER, Ada Pellegrin, et al. *Código brasileiro de defesa do consumidor*, cit., v. I, p. 202.
[58] DENARI, Zelmo. *In:* GRINOVER, Ada Pellegrini et al. *Op. cit., loc. cit.*
[59] CAVALIERI FILHO, Sérgio. *Programa de responsabilidade civil*. 6. ed. rev., aum. e atual. 2. tir. Malheiros: São Paulo, 2005, n. 133.8, p. 515.
[60] Para o autor, a expressão "a época em que foi colocado em circulação", constante do inciso III, do § 1º, do art. 12 "constitui critério de valoração para identificação do defeito", não podendo ser confundida "com hipótese de exclusão de responsabilidade" (MIRAGEM, Bruno. *Curso de direito do consumidor*. 8. ed. São Paulo: Thompson Reuters Brasil/Ed. RT, 2019, p. 737).
[61] *Idem*, p. 737-738.

informação. Dicção dos arts. 6º, VIII, 30 e 31, todos do CDC. Responsabilidade objetiva do fabricante e do fornecedor de serviços pelos danos causados ao consumidor, nos termos dos arts. 12 e 14 do CDC. Ausência de provas no sentido de que o aparelho celular foi exposto à situação de resistência à água superior àquela divulgada pela ré. Dever da fabricante de restituir o preço pago nos moldes fixados na sentença.[62]

b) Analisando ação redibitória, em que o carro apresentou defeito após a sua aquisição, o STJ determinou a devolução ao *status quo ante* com a restituição do veículo pelo comprador após ter recebido de volta a quantia paga pelo produto:

1. Controvérsia em torno da obrigatoriedade da devolução do veículo considerado inadequado ao uso após a restituição do preço pela fornecedora no cumprimento de sentença prolatada em ação redibitória.

2. Alegação da empresa recorrente de que: (a) a restituição do valor pago pela aquisição do bem móvel enseja a devolução do veículo tido por viciado pela consumidora, em razão da necessidade de retorno ao "status quo ante"; (b) a devolução do valor pago sem a restituição do bem enseja o enriquecimento ilícito do consumidor; (c) ocorrência de dissídio jurisprudencial.

3. O art. 18, § 1º, do Código de Defesa do Consumidor, confere ao consumidor, nas hipóteses de constatação de vício que torne o bem adquirido inadequado ao uso a que se destina, três alternativas, dentre as quais, a restituição imediata da quantia paga, monetariamente atualizada, sem prejuízo de eventuais perdas e danos.

4. Acolhida a pretensão redibitória, rescinde-se o contrato de compra e venda, retornando as partes à situação anterior à sua celebração ("status quo ante"), sendo uma das consequências automáticas da sentença a sua eficácia restitutória, com a restituição atualizada do preço pelo vendedor e devolução da coisa adquirida pelo comprador.

5. Concreção dos princípios da boa-fé objetiva (art. 422) e da vedação do enriquecimento sem causa positivados pelo Código Civil de 2002 (art. 884).

6. Dever de restituição do bem adquirido após o recebimento da restituição do valor pago.[63]

IV – Produto não defeituoso

É de se ressaltar que o § 2º não considera defeituoso o produto "pelo fato de outro de melhor qualidade ter sido colocado no mercado". Nesse caso, se o consumidor sofre um dano em razão de o produto adquirido não ter determinado equipamento de segurança, não pode responsabilizar o fabricante, uma vez que não há que se falar em defeito. Assim, "os avanços tecnológicos não possuem eficácia retroativa para atingir os produtos e serviços existentes, que já circulam no mercado de consumo".[64]

---

[62] TJSP, 25ª Câmara de Direito Privado, Apelação 1005237-85.2020.8.26.0005, Rel. Des. Carmen Lucia da Silva, ac. 11.06.2021, *DJ* 11.06.2021.
[63] STJ, 3ª T., REsp. 1.823.284/SP, Rel. Min. Paulo de Tarso Sanseverino, ac. 13.10.2020, *DJe* 15.10.2020.
[64] SANSEVERINO, Paulo de Tarso. *Responsabilidade civil no código do consumidor e a defesa do fornecedor, cit.*, p. 340.

V – Defeito do serviço

O art. 14 do CDC traz situações bem parecidas àquelas descritas no art. 12, para defeito do produto. Assim, é defeituoso o serviço que "não fornece a segurança que o consumidor dele pode esperar", levando-se em conta, o modo do fornecimento, o resultado e os riscos que razoavelmente dele se esperam e a época em que foi fornecido. Assim, tudo o que foi dito nos itens I a III *supra* pode ser utilizado aqui, em relação ao serviço defeituoso. Por outro lado, o serviço não será considerado defeituoso pela adoção de novas técnicas (§ 2º do art. 14 do CDC).

Importante destacar julgado do Tribunal de Justiça do Rio de Janeiro que reconheceu a falha na prestação do serviço por parte da concessionária de energia elétrica ao exigir do locador o pagamento de débito do antigo usuário, para fornecer o serviço de energia elétrica ao novo locatário e realizar a transferência de titularidade. Segundo o entendimento daquele tribunal, a obrigação tem natureza pessoal, razão pela qual somente poderia ser exigida do usuário.[65]

Da mesma forma, o STJ admitiu o defeito do serviço prestado por concessionária de abastecimento de água que demorou cinco dias para providenciar o reabastecimento:

> 6. *In casu*, a recorrente alega que o caso dos autos trata de vício do serviço, uma vez que apenas a prestação de água foi comprometida, sem que houvesse lesão à saúde do consumidor.
>
> 7. É de causar perplexidade a afirmação de que "apenas a prestação de água foi comprometida". O Tribunal de origem deixou muito claro que, "No caso dos autos, a DESO havia comunicado aos moradores de determinados bairros da capital, entre eles o do autor, sobre uma interrupção no fornecimento de água, no dia 08/10/2010, das 06:00 às 18:00 horas. Ocorre que a referida suspensão estendeu-se por cinco dias, abstendo-se a empresa de prestar qualquer assistência aos consumidores".
>
> 8. É inadmissível acatar a tese oferecida pela insurgente. A água é o ponto de partida, é a essência de toda vida, sendo, portanto, um direito humano básico, o qual deve receber especial atenção por parte daqueles que possuem o mister de fornecê-la à população.
>
> 9. As nuances fáticas delineadas no acórdão recorrido demonstram claramente o elevado potencial lesivo dos atos praticados pela concessionária recorrente, tendo em vista os cinco dias sem abastecimento de água na residência da parte recorrida, o que configura notória falha na prestação de serviço, ensejando, portanto, a aplicação da prescrição quinquenal do art. 27 do Código de Defesa do Consumidor (g.n.).[66]

Há, também, defeito do serviço – caracterizado como defeito de segurança – quando o comerciante negocia com terceiro estelionatário, uma vez que "cabe à empresa

---

[65] TJRJ, 8ª Câmara Cível, Ap. 0434870-42.2016.8.19.0001, Rel. Des. Cezar Augusto Rodrigues Costa, ac. 11.12.2018, *DORJ* 13.12.2018, p. 320.

[66] STJ, 2ªT., REsp. 1.629.505/SE, Rel. Min. Herman Benjamin, ac. 13.12.2016, *DJe* 19.12.2016. No mesmo sentido, em relação à demora no restabelecimento do fornecimento de energia elétrica: STJ, 2ªT., REsp. 1.831.314/RS, Rel. Min. Herman Benjamin, ac. 26.11.2019, *DJe* 19.12.2019.

verificar a idoneidade dos documentos apresentados, a fim de evitar dano a terceiro na entabulação de negócios financeiros".[67]

Por outro lado, em caso em que houve inegável erro sistêmico grosseiro no carregamento de preços do serviço, o STJ entendeu ser inviável a condenação da empresa, ressaltando que o CDC "não tem sua razão de ser na proteção ilimitada do consumidor – ainda que reconhecida sua vulnerabilidade –, mas na promoção da harmonia e equilíbrio das relações de consumo".[68]

O STJ também condenou empresa de transporte aéreo por defeito grave na prestação de serviço consistente na entrega de passageiro menor em cidade diferente da do destino previamente contratado:

2.1. Grave defeito na prestação de serviço de transporte aéreo com a entrega de passageiro menor (15 anos) não na cidade de destino previamente contratada (Cacoal/RO), mas em uma cidade desconhecida situada a 100 km do local de destino, onde seu pai estaria em horário por deveras avançado: 23:15h (Ji-Paraná/RO).[69]

Em situação em que houve tumulto em estádio de futebol em razão de artefato explosivo, aquela Corte Superior responsabilizou o time mandante pelos danos causados aos torcedores, porque "não se desincumbiu adequadamente do dever de minimizar os riscos da partida, deixando de fiscalizar o porte de artefatos explosivos nos arredores do estádio e de organizar a segurança de forma a evitar tumultos na saída da partida".[70]

VI – Excludentes de responsabilidade do fornecedor por defeito do produto ou do serviço ou do serviço

O CDC, no § 3º do art. 12, elenca três excludentes de responsabilidade do fornecedor: i) não ter colocado o produto no mercado; ii) embora tenha colocado no mercado, o defeito não existe; e, iii) a culpa pelo acidente tenha sido exclusiva do consumidor ou de terceiro.

---

[67] STJ, 4ª T., AgInt no AREsp. 807.429/RJ, Rel. Min. Raul Araújo, ac. 03.09.2019, *Dje* 19.09.2019.

[68] "Na espécie, os consumidores promoveram a reserva de bilhetes aéreos com destino internacional (Amsterdã), a preço muito aquém do praticado por outras empresas aéreas, não tendo sequer havido a emissão dos bilhetes eletrônicos (*e-tickets*) que pudessem, finalmente, formalizar a compra. Agrega-se a isto o fato de que os valores sequer foram debitados do cartão de crédito do primeiro recorrente e, em curto período de tempo, os consumidores receberam *e-mail* informando a não conclusão da operação. Diante da particularidade dos fatos, em que se constatou inegável erro sistêmico grosseiro no carregamento de preços, não há como se admitir que houve falha na prestação de serviços por parte das fornecedoras, sendo inviável a condenação das recorridas à obrigação de fazer pleiteada na inicial, relativa à emissão de passagens aéreas em nome dos recorrentes nos mesmos termos e valores previamente disponibilizados" (STJ, 3ª T., REsp. 1.794.991/SE, Rel. Min. Nancy Andrighi, ac. 05.05.2020, *DJe* 11.05.2020).

[69] STJ, 3ª T., Resp. 1.733.136/RO, Rel. Min. Paulo de Tarso Sanseverino, ac. 21.09.2021, *DJe* 24.09.2021.

[70] STJ, 3ª T., REsp. 1.773.885/SP, Rel. Min. Ricardo Villas Bôas Cueva, ac. 30.08.2022, *DJe* 05.09.2022.

Segundo o CDC, o fornecedor do serviço não será responsabilizado quando provar: i) que, tendo prestado o serviço, o defeito inexiste; e, ii) a culpa exclusiva do consumidor ou de terceiro (art. 14, § 3º).

Colocar o produto no mercado equivale a introduzi-lo no "ciclo produtivo-distributivo, de uma forma voluntária e consciente".[71] Ressalva Zelmo Denari que o fato de o produto ter sido colocado no mercado de forma gratuita, "a título de donativo para instituições filantrópicas ou com objetivos publicitários" não afasta a obrigação do fornecedor em indenizar o consumidor.[72]

Se a responsabilidade do fornecedor decorre do defeito do produto ou serviço, obviamente não haverá indenização na sua ausência. Nesse caso, haverá ruptura do nexo causal, requisito essencial para a responsabilização do fornecedor.

Por fim, a responsabilidade do fornecedor é afastada se o dano decorreu de culpa exclusiva do consumidor ou de terceiro.

A jurisprudência analisou várias vezes a responsabilidade do fornecedor de serviços em razão de prejuízos causados por assaltos e roubos ocorridos dentro do estabelecimento, afastando-a sempre que não houver culpa, restando configurado o fortuito externo. Por outro lado, constatada a negligência do fornecedor, a excludente não se aplica:

a) "2. Constatada a negligência do hotel na prestação do serviço, não deve ser aplicada a excludente de responsabilidade em caso de roubo (g.n.)".[73]

b) "1. Em se tratando de responsabilidade civil de empresa fornecedora de bens e serviços, de natureza diversa à das instituições financeiras ou outras atividades que demandam vigilância e segurança ostensivas reforçadas, não tem obrigação de indenizar as lesões material e extrapatrimonial, pelo roubo mediante uso de arma de fogo ocorrido no interior de seu estabelecimento comercial.

2. Em tais situações, a jurisprudência desta Casa entende que o evento é equiparado a fortuito externo, situando fora do risco da atividade mercantil (g.n.)".[74]

c) "II – Contudo, tratando-se de postos de combustíveis, a ocorrência de delito (roubo) a clientes de tal estabelecimento, não traduz, em regra, evento inserido no âmbito da prestação específica do comerciante, cuidando-se de caso fortuito externo, ensejando-se, por conseguinte, a exclusão de sua responsabilidade pelo lamentável incidente.

III – O dever de segurança, a que se refere o § 1º, do artigo 14, do CDC, diz respeito à qualidade do combustível, na segurança das instalações, bem como no correto abastecimento, atividades, portanto, próprias de um posto de combustíveis.

---

[71] DENARI, Zelmo. In: GRINOVER, Ada Pellegrini et al. Código brasileiro de defesa do consumidor cit., v. I, p. 203.
[72] Idem, p. 204.
[73] STJ, 3ª T., AgInt no REsp. 1.782.939/MG, Rel. Min. Ricardo Villas Bôas Cueva, ac. 26.08.2019, DJe 30.08.2019. No mesmo sentido: STJ, 4ª T., AgInt no REsp. 1.383.600/MG, Rel. Min. Marco Buzzi, ac. 20.04.2017, DJe 27.04.2017.
[74] STJ, 4ª T., AgInt no REsp. 1.801.784/SP, Rel. Min. Luis Felipe Salomão, ac. 20.08.2019, DJe 23.08.2019. No mesmo sentido: STJ, 3ª T., REsp. 1.232.795/SP, Rel. Min. Nancy Andrighi, ac. 02.04.2013, DJe 10.04.2013.

IV – A prevenção de delitos é, em última análise, da autoridade pública competente. É, pois, dever do Estado, a proteção da sociedade, nos termos do que preconiza o artigo 144, da Constituição da República (g.n.).[75]

O STJ, analisando caso em que o veículo do consumidor foi furtado, apesar de ter sido entregue ao manobrista, entendeu estar presente a excludente de culpa exclusiva de terceiro:

> 1. A ação de regresso movida por seguradora contra restaurante para se ressarcir dos valores pagos a segurado, que teve seu veículo furtado quando estava na guarda de manobrista vinculado ao restaurante (*valet*).
> 2. Legitimidade da seguradora prevista pelo artigo 349 do Código Civil/2002, conferindo-lhe ação de regresso em relação a todos os direitos de seu segurado.
> 3. Em se tratando de consumidor, há plena incidência do Código de Defesa do Consumidor, agindo a seguradora como consumidora por sub-rogação, exercendo direitos, privilégios e garantias do segurado/consumidor.
> 4. A responsabilidade civil pelo fato do serviço, embora exercida por uma seguradora, mantém-se objetiva, forte no art. 14 do CDC.
> 5. O fato de terceiro, como excludente da responsabilidade pelo fato do serviço (art. 14, § 3º, II, do CDC), deve surgir como causa exclusiva do evento danoso a ensejar o rompimento do nexo causal.
> 6. No serviço de manobrista de rua (*valet*), as hipóteses de roubo constituem, em princípio, fato exclusivo de terceiro, não havendo prova da concorrência do fornecedor, mediante defeito na prestação do serviço, para o evento danoso.
> 7. Reconhecimento pelo acórdão recorrido do rompimento do nexo causal pelo roubo praticado por terceiro, excluindo a responsabilidade civil do restaurante fornecedor do serviço do manobrista (art. 14, § 3º, II, do CDC).[76]

Diferente é a situação em que o roubo do veículo ocorreu no estacionamento do *shopping*. Nesse caso, não se pode pretender alegar culpa exclusiva de terceiro. Isto porque, ao oferecer o serviço de estacionamento aos consumidores a empresa o faz "em troca dos benefícios financeiros indiretos decorrentes desse acréscimo de conforto aos consumidores", razão pela qual "assume o dever implícito em qualquer relação contratual de lealdade, e segurança, como aplicação concreta do princípio da confiança". Destarte, o STJ entendeu pela responsabilidade do *shopping*:

> 3. É que, no caso em julgamento, o Tribunal *a quo* asseverou a completa falta de provas tendentes a demonstrar a permanência na cena do segurança do *shopping*; a inviabilidade de se levar em conta prova formada unilateralmente pela ré – que,

---

[75] STJ, 3ª T., Resp. 1.243.970/SE, Rel. Min. Massami Uyeda, ac. 24.04.2012, *DJe* 10.05.2012. No mesmo sentido: TJMG, 16ª Câmara Cível, Ap. 10231.14.034743-7/001, Rel. Des. Ramom Tácio, ac. 25.07.2018, *DJMG* 03.08.2018; STJ, 3ª T., REsp. 1.861.013/SP, Rel. Min. Ricardo Villas Bôas Cueva, ac. 03.08.2021, *DJe* 09.08.2021.
[76] STJ, 3ª T., REsp. 1.321.739/SP, Rel. Min. Paulo de Tarso Sanseverino, ac. 05.09.2013, *DJe* 10.09.2013.

somente após intimada, apresentou os vídeos do evento, os quais ainda foram inúteis em virtude de defeito; bem como enfatizou ser o local em que se encontra a cancela para saída do estacionamento uma área de alto risco de roubos e furtos, cuja segurança sempre se mostrou insuficiente.

4. Outrossim, o leitor ótico situado na saída do estacionamento encontra-se ainda dentro da área do *shopping center*, sendo certo que tais cancelas – com controles eletrônicos que comprovam a entrada do veículo, o seu tempo de permanência e o pagamento do preço – são ali instaladas no exclusivo interesse da administradora do estacionamento com o escopo precípuo de evitar o inadimplemento do usuário do serviço.

5. É relevante notar que esse controle eletrônico exige que o consumidor pare o carro, insira o tíquete no leitor ótico e aguarde a subida da cancela, para que, só então, saia efetivamente da área de proteção, o que, por óbvio, o torna mais vulnerável à atuação de criminosos, exatamente o que ocorreu no caso em julgamento.[77]

A mesma situação foi verificada pelo STJ em assalto ocorrido em *drive-thru* de estabelecimento comercial. Para a Corte Superior, "a rede de restaurantes, ao disponibilizar o serviço de *drive-thru* em troca de benefícios financeiros indiretos decorrentes desse acréscimo de conforto aos consumidores, assumiu o dever implícito de lealdade e segurança em qualquer relação contratual, como incidência concreta do princípio da confiança".[78]

No mesmo sentido, em sendo o roubo em estacionamento de instituição financeira:

Assalto de cliente no estacionamento da agência bancária. Sentença de procedência. Apelo. 1. Inaplicabilidade do CDC. Não acolhimento. Relação de consumo evidenciada. Inocorrência de falha na prestação do serviço. Afastamento. Instituição financeira que não se desincumbiu de provar que o evento ocorreu por culpa exclusiva do consumidor ou de terceiro. Dever de guarda e segurança. Indenização devida".[79]

O STJ analisou caso interessante de briga ocorrida em estádio de futebol, oportunidade em que entendeu ter havido falha na segurança do evento por parte do clube mandante do evento:

5. Em caso de falha de segurança nos estádios, *as entidades responsáveis pela organização da competição, bem como seus dirigentes responderão solidariamente, independentemente da existência de culpa, pelos prejuízos causados ao torcedor* (art. 19 do EDT). O art. 14 do EDT é enfático ao atribuir à entidade de prática desportiva detentora do mando de jogo e a seus dirigentes a responsabilidade pela segurança do torcedor em evento esportivo. Assim, para despontar a responsabilidade da agremiação, é suficiente a comprovação do dano, da falha de segurança e do nexo de causalidade.

---

[77] STJ, 4ª T., REsp. 1.269.691/PB, Rel. p/ ac. Min. Luis Felipe Salomão, ac. 21.11.2013, *DJe* 05.03.2014.
[78] STJ, 4ª T., Res. 1.450.434/SP, Rel. Min. Luis Felipe Salomão, ac. 18.09.2018, *DJe* 09.11.2018.
[79] TJPR, 9ª Câmara Cível, Apelação 0011152-31.2017.8.16.0001, Rel. Des. Arquelau Araujo Ribas, ac. 23.08.2020, *DJe* 31.08.2020.

6. Segundo dessume-se do conteúdo do EDT, o local do evento esportivo não se restringe ao estádio ou ginásio, mas abrange também o seu entorno. *Por essa razão, o clube mandante deve promover a segurança dos torcedores na chegada do evento, organizando a logística no entorno do estádio, de modo a proporcionar a entrada e a saída de torcedores com celeridade e segurança*[80] (g.n.).

Cumpre, aqui, ressaltar que, se a culpa for do comerciante, por não ser ele considerado terceiro na relação, não haverá que se falar em excludente de responsabilidade do fornecedor. Nesse caso, consoante já demonstrado no item 1.4 *supra*, o comerciante será solidariamente responsável com o fabricante.

Sobre o tema, alude Antônio Herman de Vasconcellos e Benjamin,

Em consequência, o réu (fabricante, produtor, construtor ou importador), em ação indenizatória por acidente de consumo, não pode furtar-se ao dever de indenizar, com fulcro no art. 12, § 3º, III, sob o argumento de que o dano foi causado por culpa exclusiva do comerciante, entendendo este como terceiro. O juiz, muito ao contrário, deve condená-lo a ressarcir o prejuízo, cabendo-lhe, posteriormente, se for o caso, propor ação de regresso contra o outro agente da relação de consumo, isto é, o comerciante.[81]

1.6. A RESPONSABILIDADE PELOS VÍCIOS DO PRODUTO

I – Vícios do produto ou serviço

Quando se fala, no campo da relação de consumo, em vícios do produto e do serviço, cogita-se de fenômeno equivalente ao dos vícios redibitórios do direito civil, ou seja, não se têm em mira os danos externos que o adquirente (consumidor) venha a sofrer em decorrência de defeito do objeto da aquisição. O que os arts. 18 e 20 do CDC focalizam são:

a) os prejuízos imediatos do consumidor a quem são fornecidos produtos ou serviços com *vícios de qualidade*, ou que "os tornem impróprios ou inadequados ao consumo a que se destinam ou lhes diminuam o valor" (CDC, arts. 18 e 20);

b) ou, ainda, no caso de "produtos de consumo duráveis ou não duráveis", ocorra prejuízo por disparidade entre o conteúdo e as indicações constantes do recipiente, da embalagem, rotulagem ou mensagem publicitária" (art. 18, *caput, in fine*);

c) ou, finalmente, no caso de serviços, quando se verifique prejuízo decorrente da "disparidade com as indicações constantes da oferta ou mensagem publicitária" (art. 20, *caput, in fine*).

---

[80] STJ, 3ª T., REsp. 1.924.527/PR, Rel. Min. Nancy Andrighi, ac. 15.06.2021, *Dje* 17.06.2021.

[81] BENJAMIN, Antônio Herman V. *In:* COELHO, Fábio Ulhoa *et al. Comentários ao código de proteção do consumidor* (coord. de Juarez de Oliveira). *Comentários ao código de proteção do consumidor.* São Paulo: Saraiva, 1991, p. 66. *Apud* DENARI, Zelmo. *In:* GRINOVER, Ada Pellegrini; BENJAMIN, Antônio Herman de Vasconcellos e; FINK, Daniel Roberto; FILOMENO, José Geraldo Brito; NERY JÚNIOR, Nelson; DENARI, Zelmo. *Código brasileiro de Defesa do Consumidor* – comentado pelos autores do Anteprojeto. 10. ed. Rio de Janeiro: Forense, 2011, v. 1, p. 205-206.

É de se ressaltar, que impróprio ao uso e consumo são: a) os produtos: cujos prazos de validade estejam vencidos; deteriorados, alterados, adulterados, avariados, falsificados, corrompidos, fraudados, nocivos à vida ou à saúde, perigosos ou, ainda, aqueles em desacordo com as normas regulamentares de fabricação, distribuição ou apresentação; ou os que, por qualquer motivo, se revelem inadequados ao fim a que se destinam (art. 18, § 6º); b) os serviços que se mostrem inadequados para os fins que razoavelmente deles se esperam, bem como aqueles que não atendam as normas regulamentares de prestabilidade (art. 19, § 2º).

Zelmo Denari adverte, outrossim, que "os fornecedores não estão proibidos de ofertar e colocar no mercado de consumo" produtos "levemente viciados, desde que forneçam informações corretas, claras e precisas sobre aludidos vícios".[82]

O STJ, analisando casos de vício do produto ou serviço, já assim decidiu:

a) sobre discrepâncias entre o volume informado e o realmente constante do produto:

1. No caso, o Procon estadual instaurou processo administrativo contra a recorrente pela prática da infração às relações de consumo conhecida como "maquiagem de produto" e "aumento disfarçado de preços", por alterar quantitativamente o conteúdo dos refrigerantes "Coca-Cola", "Fanta", "Sprite" e "Kuat" de 600 ml para 500 ml, sem informar clara e precisamente aos consumidores, porquanto a informação foi aposta na parte inferior do rótulo e em letras reduzidas. Na ação anulatória ajuizada pela recorrente, o Tribunal de origem, em apelação, confirmou a improcedência do pedido de afastamento da multa administrativa, atualizada para R$ 459.434,97, e majorou os honorários advocatícios para R$ 25.000,00.

2. Hipótese, no cível, de responsabilidade objetiva em que o fornecedor (*lato sensu*) responde solidariamente pelo vício de quantidade do produto.

3. O direito à informação, garantia fundamental da pessoa humana, expressa no art. 5º, inciso XIV, da Constituição Federal, é gênero do qual é espécie também previsto no Código de Defesa do Consumidor.

4. A Lei nº 8.078/1990 traz, entre os direitos do consumidor, a "informação adequada e clara sobre os diferentes produtos e serviços, com especificação correta de quantidade, características, composição, qualidade, tributos incidentes e preço, bem como sobre os riscos que apresentem" (art. 6º, inciso III).

5. Consoante o Código de Defesa do Consumidor, "a oferta e apresentação de produtos ou serviços devem assegurar informações corretas, claras, precisas, ostensivas e em língua portuguesa sobre suas características, qualidades, quantidade, composição, preço, garantia, prazos de validade e origem, entre outros dados, bem como sobre os riscos que apresentam à saúde e segurança dos consumidores" (art. 31) sendo vedada a publicidade enganosa, "inteira ou parcialmente falsa, ou, por qualquer outro modo, mesmo por omissão, capaz de induzir em erro o consumidor a respeito da natureza,

---

[82] DENARI, Zelmo. In: GRINOVER, Ada Pellegrini et al. *Código brasileiro de defesa do consumidor*, cit., p. 223.

características, qualidade, quantidade, propriedades, origem, preço e quaisquer outros dados sobre produtos e serviços" (art. 37).

6. O dever de informação positiva do fornecedor tem importância direta no surgimento e na manutenção da confiança por parte do consumidor. A informação deficiente frustra as legítimas expectativas do consumidor, maculando sua confiança.[83]

b) sobre vício relativo à disparidade do produto com as indicações da oferta:

Direito do consumidor. Recurso especial. Vício do produto. Automóveis seminovos. Publicidade que garantia a qualidade do produto. Responsabilidade objetiva. Uso da marca. Legítima expectativa do consumidor. Matéria fático-probatória. Súmula 7 do STJ.

1. O Código do Consumidor é norteado principalmente pelo reconhecimento da vulnerabilidade do consumidor e pela necessidade de que o Estado atue no mercado para minimizar essa hipossuficiência, garantindo, assim, a igualdade material entre as partes. Sendo assim, no tocante à oferta, estabelece serem direitos básicos do consumidor o de ter a informação adequada e clara sobre os diferentes produtos e serviços (CDC, art. 6º, III) e o de receber proteção contra a publicidade enganosa ou abusiva (CDC, art. 6º, IV).

2. É bem verdade que, paralelamente ao dever de informação, se tem a faculdade do fornecedor de anunciar seu produto ou serviço, sendo certo que, se o fizer, a publicidade deve refletir fielmente a realidade anunciada, em observância à principiologia do CDC. Realmente, o princípio da vinculação da oferta reflete a imposição da transparência e da boa-fé nos métodos comerciais, na publicidade e nos contratos, de forma que esta exsurge como princípio máximo orientador, nos termos do art. 30.

3. Na hipótese, inequívoco o caráter vinculativo da oferta, integrando o contrato, de modo que o fornecedor de produtos ou serviços se responsabiliza também pelas expectativas que a publicidade venha a despertar no consumidor, mormente quando veicula informação de produto ou serviço com a chancela de determinada marca, sendo a materialização do princípio da boa-fé objetiva, exigindo do anunciante os deveres anexos de lealdade, confiança, cooperação, proteção e informação, sob pena de responsabilidade.

4. A responsabilidade civil do fabricante decorre, no caso concreto, de pelo menos duas circunstâncias: a) da premissa fática incontornável adotada pelo acórdão de que os mencionados produtos ou serviços ofertados eram avalizados pela montadora através da mensagem publicitária veiculada; b) e também, de um modo geral, da percepção de benefícios econômicos com as práticas comerciais da concessionária, sobretudo ao permitir a utilização consentida de sua marca na oferta de veículos usados e revisados com a excelência da GM.[84]

O prejuízo do consumidor, portanto, situa-se no próprio *objeto* que lhe foi repassado pelo fornecedor; é *interno*, e, assim, a reparação devida não depende de um

---

[83] STJ, 2ª T., REsp. 1.364.915/MG, Rel. Min. Humberto Martins, ac. 14.05.2013, *DJe* 24.05.2013.
[84] STJ, 4ª T., REsp. 1.365.609/SP, Rel. Min. Luis Felipe Salomão, ac. 28.04.2015, *DJe* 25.05.2015.

dano pessoal ou material ou moral que o consumidor tenha sofrido. É o próprio objeto que não se presta ao uso a que se acha destinado, ou não corresponde ao preço que por ele se ajustou.

II – Sanções do fornecedor

Em todos os casos dos arts. 18 e 20 a sanção não precisa ser obrigatoriamente uma indenização de perdas e danos, já que, sendo o *vício* do produto, o fornecedor pode saná-lo em prazo não superior a trinta dias (art. 18, § 1º); e no caso de vício de serviço, ao consumidor cabe optar entre exigir (i) a reexecução dos serviços; (ii) a restituição do preço corrigido, sem prejuízo de eventuais perdas e danos; e (iii) o abatimento proporcional do preço (art. 20, I, II e III).

Sendo a hipótese de vício do produto não sanado em trinta dias, cabe ao consumidor exigir: (i) a substituição do produto por outro que esteja em perfeitas condições de uso; (ii) a restituição da quantia paga, devidamente corrigida, sem prejuízo de eventuais perdas e danos; ou, ainda; (iii) o abatimento proporcional do preço (art. 18, § 1º, I, II e III).

O caso continua sendo de responsabilidade civil independente de culpa, com previsão expressa no art. 18 de que, concorrendo vários fornecedores, serão todos eles solidários na reparação do *vício do produto*. No art. 20, não há igual previsão, quando regula a responsabilidade pelo *vício do serviço*; mas a solidariedade entre os corresponsáveis pelo ilícito delitual ou contratual é regra que consta do próprio Código Civil (art. 942, parágrafo único) e que o Código do Consumidor repete no art. 7º, parágrafo único, e no art. 25, § 2º. É certo, pois, que há solidariedade entre os corresponsáveis pela reparação do *vício* tanto do *produto* como do *serviço*.

III – Ignorância do fornecedor quanto aos vícios

Importante ressaltar, que "a ignorância do fornecedor sobre os vícios de qualidade por inadequação dos produtos e serviços não o exime de responsabilidade" (art. 23). Trata-se da responsabilidade objetiva derivada da teoria do risco, que não considera os aspectos subjetivos da conduta do fornecedor.[85]

1.7. A MULTIPLICIDADE DE RESPONSÁVEIS PELO ACIDENTE DE CONSUMO

A responsabilidade civil do fornecedor, nas relações de consumo, pode advir de fato do produto (CDC, art. 12), de vício do produto (art. 18) e também de propaganda enganosa e de práticas abusivas (arts. 37, 39 e 42).

No caso de *fato do produto*, a responsabilidade civil, na literalidade da lei, não envolve todos os figurantes na cadeia de fornecimento, mas apenas o *criador* do produto (o fabricante, o produtor e o construtor), e, em relação ao produto estrangeiro, o importador (art. 12). Os intervenientes posteriores na cadeia de promoção e distribuição não

---

[85] DENARI, Zelmo. *In:* GRINOVER, Ada Pellegrini *et al. Código brasileiro de defesa do consumidor, cit.*, p. 237.

respondem pelos danos configuradores do chamado *fato do produto*. A interpretação do dispositivo, no entanto, tem sido flexibilizada, no sentido de inserir, em alguns casos, o comerciante na responsabilidade objetiva e solidária pelo dano derivado de *fato do produto* (ver *retro* o item 1.4).

É possível, outrossim, que no processo de criação tenha se envolvido mais de um fabricante, produtor ou construtor. Se tal se der, ter-se-á, diante do *fato do produto*, uma *responsabilidade civil solidária* (CDC, arts. 7º, parágrafo único, e 25, § 2º). É preciso, repita-se, que todos os responsabilizados sejam criadores do produto, no todo ou em parte.[86]

Em relação aos *vícios do produto* a responsabilidade civil é, sem dúvida, de maior espectro subjetivo, pois abrange todos os *fornecedores* que tenham atuado na cadeia de produção e distribuição. Compreende, portanto, não só o fabricante, mas também e sempre os comerciantes que tenham promovido a colocação do produto no mercado de consumo (CDC, arts. 3º e 18).

Sendo muito complexa a cadeia econômica por que passa a distribuição de produtos oferecidos ao público consumidor, é preciso distinguir a natureza de cada uma das participações incidentais ou acidentais no longo processo desenvolvido entre a produção e a aquisição do bem pelo consumidor. Há intervenções que se encadeiam definitivamente, como a do fabricante e a do revendedor, e vão, necessariamente, afetar a relação final perante o consumidor. Entre esses figurantes essenciais da relação complexa de produção e consumo é evidente a corresponsabilidade solidária pelo ressarcimento do prejuízo decorrente dos *vícios do produto*. Todos eles são *definíveis* como *fornecedores* em relação ao consumidor final, para os efeitos do art. 12 do CDC.

Outros intervenientes, porém, atuam com frequência no processo de divulgação e distribuição dos produtos no mercado de consumo, sem que possam se qualificar, pessoalmente, como fornecedores do bem que afinal é adquirido pelo consumidor. Basta lembrar o papel importante desempenhado pelos transportadores, seguradores, financiadores e os publicitários, sem falar nos prepostos, mandatários e agentes comerciais. Cada um desses intervenientes desempenha um papel setorial e transitório, sem permanecer ligado, de forma definitiva, ao produto, às suas qualidades e ao seu destino final no mercado de consumo.

O STJ, por diversas vezes, decidiu a respeito da responsabilidade solidária de todos os envolvidos no dano provocado ao consumidor:

> a) A Cooperativa que mantém plano de assistência à saúde é parte legitimada passivamente para ação indenizatória movida por associada em face de erro médico originário de tratamento pós-cirúrgico realizado com médico cooperativado.[87]

---

[86] Segundo Zelmo Denari: "O § 1º [do art. 25, do CDC] reafirma a solidariedade passiva de todos aqueles que, de qualquer modo, concorreram para a causação do dano, ao mesmo tempo em que o § 2º acrescenta ao rol dos coobrigados solidários o fornecedor das peças ou dos componentes defeituosos que foram incorporados aos produtos ou serviços e que deram causa ao *eventus damni*". De tal sorte, "o consumidor poderá fazer valer seus direitos contra qualquer dos fornecedores do produto ou serviço, inclusive contra o incorporador da peça ou do componente defeituoso" (DENARI, Zelmo. *In:* GRINOVER, Ada Pellegrini *et al. Código brasileiro de defesa do consumidor*, cit., p. 239).

[87] STJ, 4ª T., REsp. 309.760/RJ, Rel. Min. Aldir Passarinho Júnior, ac. 06.11.2001, *DJe* 18.03.2002.

b) A operadora do plano responde perante o consumidor, solidariamente, pelos defeitos na prestação de serviços médicos e de diagnóstico, seja quando os fornece por meio de hospital próprio e médicos contratados ou por meio de médicos e hospitais credenciados (hipótese dos autos), nos termos dos arts. 2º, 3º, 14 e 34 do Código de Defesa do Consumidor.[88]

c) Tratando-se de ação em que se aponta a responsabilidade pela venda de produto com prazo de validade vencido e, ainda, com elemento estranho ao seu conteúdo, existe a cobertura do artigo 18 do Código de Defesa do Consumidor. Por outro lado, o art. 25, § 1º, do mesmo Código estabelece a responsabilidade solidária de todos os que contribuíram para a causação do dano. Não há espaço, portanto, para a alegada violação ao artigo 18 do Código de Defesa do Consumidor na decisão que afastou a ilegitimidade passiva da empresa ré.[89]

1.7.1. Contrato de transporte

I – Transporte em geral

Veja-se o caso do transporte. Trata-se de um concurso de terceiro indispensável na maioria das vezes para que o produto chegue às mãos do consumidor. No entanto, a obrigação do transportador inicia-se com o recebimento do objeto e termina, após o seu traslado incólume, com a entrega ou depósito no destino convencionado. Nesse momento cessa a responsabilidade do transportador (Código Civil, art. 750).[90] Não há como, pois, cogitar-se de uma responsabilidade futura e eventual, diante do consumidor final, por fato ou vício do produto transportado, se este chegou incólume ao destino.

O contrato de transporte envolve uma prestação de serviços, que, como tal, pode ser ajustado com um consumidor. Ter-se-á, então, uma relação de consumo, cujo objeto será o deslocamento dos bens do consumidor pelos meios adequados de que se vale o transportador. Nesse caso, sim, havendo vício do serviço, o transportador responderá civilmente nos termos do art. 20 do CDC. Nunca, porém, será solidário com a responsabilidade do fornecedor (fabricante, comerciante, importador etc.), perante o consumidor, por fato ou vício do produto, nos moldes dos arts. 12 e 14 do CDC.

II – Transporte aéreo

O STF já pacificou entendimento no sentido de que o CDC se aplica aos contratos de transporte: "Aplica-se o Código de Defesa do Consumidor nos casos de indenização por danos morais e materiais por má prestação de serviço em transporte aéreo".[91] No entanto, no caso de transporte aéreo internacional de passageiros, a posição da Suprema Corte é no sentido de que as Convenções de Varsóvia e de Montreal "têm prevalência em relação ao Código de Defesa do Consumidor", por

---

[88] STJ, 4ª T., AgRg no REsp. 1.442.794/DF, Rel. Min. Marco Buzzi, ac. 16.12.2014, *DJe* 19.12.2014.
[89] STJ, 3ª T., REsp. 414.986/SC, Rel. Min. Carlos Alberto Menezes Direito, ac. 29.11.2002, *DJe* 24.02.2003.
[90] NADER, Paulo. *Curso de direito civil*. 3. ed. Rio de Janeiro: Forense, 2008, v. 3, n. 153.4, p. 363; RIZZARDO, Arnaldo. *Contratos*. 2. ed. Rio de Janeiro: Forense, 2001, p. 621.
[91] STF, 2ª T., AgRg no RE 575.803/RJ, Rel. Min. Cezar Peluso, ac. 01.12.2009, *DJe* 18.12.2009.

força do art. 178 da CF. É que dito dispositivo constitucional prevê que "a lei disporá sobre a ordenação dos transporte aéreo, aquático e terrestre, devendo, quanto à ordenação do transporte internacional, observar os acordos firmados pela União, atendido o princípio da reciprocidade". Portanto, os conflitos que envolvem *extravios de bagagem* e *prazos prescricionais* ligados à relação de consumo em transporte aéreo internacional de passageiros devem ser resolvidos pelas regras estabelecidas nas Convenções Internacionais sobre a matéria, ratificadas pelo Brasil, e não pelo disposto no Código de Defesa do Consumidor.[92]

Quanto ao extravio de mercadoria importada, o STJ entendeu que a responsabilidade civil da companhia aérea é disciplinada pela Convenção de Montreal:

> 2. A controvérsia em exame, atinente à responsabilidade civil decorrente de extravio de mercadoria importada objeto de contrato de transporte celebrado entre a importadora e a companhia aérea, encontra-se disciplinada pela Convenção de Montreal, por força da regra de sobredireito inserta no artigo 178 da Constituição, que preconiza a prevalência dos acordos internacionais subscritos pelo Brasil sobre transporte internacional. Precedentes do STJ.[93]

Em outro julgado, aquela Corte Superior entendeu haver responsabilidade da empresa de transporte aéreo pelos danos provocados a terceiro, que estava em terra, considerando-o consumidor por equiparação em razão do fato do serviço:

> Demonstrada a existência de relação de consumo entre o transportador e aqueles que sofreram o resultado do evento danoso (consumidores por equiparação), configurado está o fato do serviço, pelo qual responde o fornecedor, à luz do art. 14 do CDC, incidindo, pois, na hipótese, o prazo prescricional quinquenal previsto no seu art. 27.[94]

O STJ também já sedimentou o entendimento a respeito da responsabilidade da empresa aérea em caso de cancelamento de voo, sem razões técnicas ou de segurança, *in verbis*:

> 1. A controvérsia diz respeito à pratica, no mercado de consumo, de cancelamento de voos por concessionária sem comprovação pela empresa de razões técnicas ou de segurança.
>
> 2. Nas ações coletivas ou individuais, a agência reguladora não integra o feito em litisconsórcio passivo quando se discute relação de consumo entre concessionária e consumidores, e não a regulamentação emanada do ente regulador.

---

[92] STF, Pleno, RE 636.331/RJ, Rel. Min. Gilmar Mendes, ac. 25.05.2017, *DJe* 13.11.2017; STF, Pleno; ARE 766.618/SP, Rel. Min. Luís Roberto Barroso, ac. 25.05.2017, *DJe* 13.11.2017. No mesmo sentido, não reconhecendo o direito à complementação reparatória acima dos valores previstos na Convenção de Montreal: STJ, 3ª T., REsp. 1.707.876/SP, Rel. Min. Ricardo Villas Bôas Cueva, ac. 05.12.2017, *DJe* 18.12.2017; STJ, 3ª T., REsp. 673.048/RS, Rel. Min. Marco Aurélio Bellizze, ac. 08.05.2018, *DJe* 18.05.2018.

[93] STJ, 2ª Seção, EREsp. 1.289.629/SP, Rel. Min. Luis Felipe Salomão, ac. 25.05.2022, *DJe* 20.06.2022.

[94] STJ, 3ª T., REsp. 1.202.013/SP, Rel. Min. Nancy Andrighi, ac. 18.06.2013, *DJe* 27.06.2013.

3. O transporte aéreo é serviço essencial e, como tal, pressupõe continuidade. Difícil imaginar, atualmente, serviço mais "essencial" do que o transporte aéreo, sobretudo em regiões remotas do Brasil.

4. Consoante o art. 22, *caput* e parágrafo único, do CDC, a prestação de serviços públicos, ainda que por pessoa jurídica de direito privado, envolve dever de fornecimento de serviços com adequação, eficiência, segurança e, se essenciais, continuidade, sob pena de ser o prestador compelido a bem cumpri-lo e a reparar os danos advindos do descumprimento total ou parcial.

5. A partir da interpretação do art. 39 do CDC, considera-se prática abusiva tanto o cancelamento de voos sem razões técnicas ou de segurança inequívocas como o descumprimento do dever de informar o consumidor, por escrito e justificadamente, quando tais cancelamentos vierem a ocorrer.

6. A malha aérea concedida pela ANAC é oferta que vincula a concessionária a prestar o serviço nos termos dos arts. 30 e 31 do CDC. Independentemente da maior ou menor demanda, a oferta obriga o fornecedor a cumprir o que ofereceu, a agir com transparência e a informar adequadamente o consumidor. Descumprida a oferta, a concessionária viola os direitos não apenas dos consumidores concretamente lesados, mas de toda a coletividade a quem se ofertou o serviço, dando ensejo à reparação de danos materiais e morais (inclusive, coletivos).

7. Compete ao Poder Judiciário fiscalizar e determinar o cumprimento do contrato de concessão celebrado entre poder concedente e concessionária, bem como dos contratos firmados entre concessionária e consumidores (individuais e plurais), aos quais é assegurada proteção contra a prática abusiva em caso de cancelamento ou interrupção dos voos. Recurso especial da GOL parcialmente conhecido e, nesta parte, improvido.[95]

Recentemente, foi editada a Lei n. 14.034, de 5 de agosto de 2020, dispondo sobre medidas emergenciais para a aviação civil brasileira em razão da pandemia da Covid-19 (sobre a matéria, v. adiante o item 3.5, III).

Em relação ao reembolso de passagens aéreas em razão do cancelamento de voo no período de 19 de março de 2020 a 31 de dezembro de 2021, a lei determinou, em seu art. 3º, que o transportador o faça no prazo de 12 meses, contado da data do voo cancelado, observadas a atualização monetária calculada com base no INPC e, quando cabível, a prestação de assistência material. O reembolso pode ser substituído pela concessão de crédito ao consumidor, de valor maior ou igual ao da passagem aérea, para ser utilizado em nome próprio ou de terceiro, para a aquisição de produtos ou serviços oferecidos pelo transportador, em até 18 meses contados de seu recebimento (§ 1º).

---

[95] STJ, 2ª T., REsp. 1.469.087/AC, Rel. Min. Humberto Martins, ac. 18.08.2013, *DJe* 17.11.2016. No mesmo sentido: "Cancelamento de voo decorrente de manutenção não programada da aeronave – Fato previsível e inerente à atividade empresarial desenvolvida pela ré – Responsabilidade civil de natureza objetiva – Chegada ao destino depois de mais de 12 horas do horário previsto – Falha na prestação do serviço – Danos morais *in re ipsa*" (TJSP, 18ª Câmara de Direito Privado, Apelação Cível 1028955-94.2017.8.26.0562, Rel. Des. Helio Faria, ac. 04.12.2018, *DJSP* 07.12.2018).

Havendo cancelamento do voo, sempre que possível deverá ser oferecida ao consumidor, como alternativa ao reembolso, a possibilidade de reacomodação em outro voo e a remarcação da passagem aérea, sem ônus (§ 2º). Caso o consumidor opte por desistir da viagem marcada para o período de 19 de março de 2020 a 31 de dezembro de 2021, poderá receber o reembolso, sujeitando-se às penalidades contratuais, ou crédito de valor correspondente ao da passagem, sem incidência de quaisquer penalidades contratuais (§ 3º).

O TJMG, analisando hipótese em que o voo internacional foi cancelado em virtude da pandemia, entendeu que o fato, "em tese, ensejaria condenação por danos morais, todavia, é necessário reconhecer a ocorrência de evento imprevisível consistente em fortuito externo, o qual afasta o dever de indenizar".[96]

Situação diversa é a de atraso no voo que, segundo o STJ, não enseja o dever de indenizar:

> 5. *Na específica hipótese de atraso de voo operado por companhia aérea, não se vislumbra que o dano moral possa ser presumido em decorrência da mera demora e eventual desconforto, aflição e transtornos suportados pelo passageiro*. Isso porque vários outros fatores devem ser considerados a fim de que se possa investigar acerca da real ocorrência do dano moral, exigindo-se, por conseguinte, a prova, por parte do passageiro, da lesão extrapatrimonial sofrida.
>
> 6. *Sem dúvida, as circunstâncias que envolvem o caso concreto servirão de baliza para a possível comprovação e a consequente constatação da ocorrência do dano moral*. A exemplo, pode-se citar particularidades a serem observadas: i) a averiguação acerca do tempo que se levou para a solução do problema, isto é, a real duração do atraso; ii) se a companhia aérea ofertou alternativas para melhor atender aos passageiros; iii) se foram prestadas a tempo e modo informações claras e precisas por parte da companhia aérea a fim de amenizar os desconfortos inerentes à ocasião; iv) se foi oferecido suporte material (alimentação, hospedagem etc.) quando o atraso for considerável; v) se o passageiro, devido ao atraso da aeronave, acabou por perder compromisso inadiável no destino, dentre outros (g.n.).[97]

Em relação à prática de *overbooking*, o Tribunal de Justiça de Santa Catarina condenou a empresa aérea a indenizar o passageiro por danos morais, em razão da "evidente aflição" e, portanto, do "abalo moral presumível".[98]

III – Transporte terrestre

Muito embora a responsabilidade civil da empresa de transporte seja objetiva, o STJ já decidiu que se o passageiro não reembarcar no ônibus, por culpa sua, não

---

[96] TJMG, 9ª Câmara Cível, Ap. 1.0000.21.189505-7/001, Rel. Des. Amorim Siqueira, ac. 15.12.2021, *DJ* 16.12.2021. No mesmo sentido: TJMG, 17ª Câmara Cível, Ap. 1.0000.21.208822-3/001, Rel. Des. Amauri Pinto Ferreira, ac. 10.11.2021, *DJ* 11.11.2021.
[97] STJ, 3ª T., REsp. 1.584.465/MG, Rel. Min. Nancy Andrighi, ac. 13.11.2018, *DJe* 21.11.2018.
[98] TJSC, 1ª Câmara Cível, Ac. 0000264-87.2011.8.24.0066, Rel. Des. Raulino Jacó Brüning, *DJSC* 06.09.2017, p. 100.

haverá que se falar em vício do serviço a justificar a responsabilização da empresa, aos seguintes argumentos:

a) A responsabilidade decorrente do contrato de transporte é objetiva, nos termos do art. 37, § 6º, da Constituição da República e dos arts. 14 e 22 do Código de Defesa do Consumidor, sendo atribuído ao transportador o dever reparatório quando demonstrado o nexo causal entre o defeito do serviço e o acidente de consumo, do qual somente é passível de isenção quando houver culpa exclusiva do consumidor ou uma das causas excludentes de responsabilidade genéricas (arts. 734 e 735 do Código Civil;

b) Deflui do contrato de transporte uma obrigação de resultado que incumbe ao transportador levar o transportado incólume ao seu destino (art. 730 do CC), sendo certo que a cláusula de incolumidade se refere à garantia de que a concessionária de transporte irá empreender todos os esforços possíveis no sentido de isentar o consumidor de perigo e de dano à sua integridade física, mantendo-o em segurança durante todo o trajeto, até a chegada ao destino final;

c) Ademais, ao lado do dever principal de transladar os passageiros e suas bagagens até o local de destino com cuidado, exatidão e presteza, há o transportador que observar os deveres secundários de cumprir o itinerário ajustado e o horário marcado, sob pena de responsabilização pelo atraso ou pela mudança de trajeto;

d) Assim, a mera partida do coletivo sem a presença do viajante não pode ser equiparada automaticamente à falha na prestação do serviço, decorrente da quebra da cláusula de incolumidade, devendo ser analisadas pelas instâncias ordinárias as circunstâncias fáticas que envolveram o evento, tais como, quanto tempo o coletivo permaneceu na parada; se ele partiu antes do tempo previsto ou não; qual o tempo de atraso do passageiro; e se houve por parte do motorista a chamada dos viajantes para reembarque de forma inequívoca;

e) O dever de o consumidor cooperar para a normal execução do contrato de transporte é essencial, impondo-se-lhe, entre outras responsabilidades, que também esteja atento às diretivas do motorista em relação ao tempo de parada para descanso, de modo a não prejudicar os demais passageiros (art. 738 do CC).[99]

Com relação a acidente com passageiro de ônibus, o Tribunal de Justiça de São Paulo concedeu indenização, em razão da responsabilidade objetiva da empresa, que não foi afastada por culpa de terceiros ou da própria vítima.[100]

Analisando situação em que, em razão de cancelamento de voo, a empresa aérea ofereceu transporte rodoviário aos passageiros, que foram roubados durante o percurso, o STJ concedeu a indenização, por circunstâncias especiais do caso concreto:

> 1.2. Nessa linha de entendimento, a jurisprudência do STJ reconhece que o roubo dentro de ônibus configura hipótese de fortuito externo, por se tratar de fato de terceiro inteiramente independente ao transporte em si, afastando-se, com isso, a responsabilidade da empresa transportadora por danos causados aos passageiros.

---

99 STJ, 4ª T., REsp. 1.354.369/RJ, Rel. Min. Luis Felipe Salomão, ac. 05.05.2015, *DJe* 25.05.2015.
100 TJSP, 15ª Câmara de Direito Privado, Ap. 1057558-19.2014.8.26.0002, Rel. Des. Mendes Pereira, ac. 13.11.2018, *DJSP* 07.12.2018.

1.3. Não obstante essa seja a regra, o caso em análise guarda peculiaridade que comporta solução diversa. Com efeito, a alteração substancial e unilateral do contrato firmado pela recorrente – de transporte aéreo para terrestre –, sem dúvida alguma, acabou criando uma situação favorável à ação de terceiros (roubo), pois o transporte rodoviário é sabidamente muito mais suscetível de ocorrer crimes dessa natureza, ao contrário do transporte aéreo. Dessa forma, *a conduta da transportadora concorreu para o evento danoso, pois ampliou significativamente o risco de ocorrência desse tipo de situação*, não podendo, agora, se valer da excludente do fortuito externo para se eximir da responsabilidade (g.n.).[101]

1.7.2. Contratos de intermediação

O produtor dos bens de consumo, nos tempos atuais, salvo o de pequenas dimensões econômicas, não consegue colocar no mercado sua produção sem contar com uma rede de distribuição, que pode se integrar de agentes de variada natureza, e que tanto podem atuar com independência como agir sob subordinação e controle.

Contratos como o de *mandato* e *preposição* não tornam o mandatário e o preposto corresponsáveis pelos contratos de consumo que praticarem por força e nos limites da outorga de poderes recebida do fornecedor, pois na preposição empresarial e no mandato em geral os atos e negócios jurídicos são praticados em nome e por conta do preponente ou do mandante. E, se assim é, "sempre que o mandatário estipular negócios expressamente em nome do mandante, será este o único responsável" (Código Civil, art. 663).

O preposto é um subordinado hierárquico do empresário, ao qual se liga por vínculo empregatício, regido pela legislação trabalhista. A prestação de serviços em tais condições regula-se por contrato excluído do regime editado pelo Código do Consumidor (art. 3º, § 2º). Ademais, pelo exercício normal da preposição, não assume o preposto obrigação própria. São os preponentes (empresários) os "responsáveis pelos atos de quaisquer prepostos, praticados nos seus estabelecimentos e relativos à atividade da empresa, ainda que não autorizados por escrito" (Código Civil, art. 1.178).

Só se há de pensar em responsabilidade pessoal do mandatário e do preposto, quando o ato do primeiro extravasar os limites da outorga (Código Civil, arts. 663, 665 e 892) e, quanto ao ato do preposto, quando for este praticado dolosamente para prejudicar terceiro (Código Civil, art. 1.177, parágrafo único). Aí sim se poderá admitir, excepcionalmente, corresponsabilidade do mandatário e do preposto por reparações devidas pelo fornecedor, diante de fato ou vício do produto.

1.8. CONTRATOS DE AGÊNCIA E DE CORRETAGEM

Os contratos de agência e de corretagem são dois instrumentos de intermediação de largo emprego na distribuição de produtos e serviços no mercado de consumo.

---

[101] STJ, 3ª T., REsp. 1.728.068/SP, Rel. Min. Marco Aurélio Bellizze, ac. 05.06.2018, *DJe* 08.06.2018.

"Pelo contrato de agência, uma pessoa assume, em caráter não eventual e sem vínculos de dependência, a obrigação de promover, à conta de outra, mediante retribuição, a realização de certos negócios, em zona determinada" (Código Civil, art. 710).

A tarefa do agente – destaca Paulo Nader – "não é praticar negócios jurídicos, salvo se lhe for conferido poder de representação, na forma do parágrafo único do art. 710".[102] Nesta hipótese, associar-se-ão as regras da agência e do mandato (Código Civil, art. 721).

A promoção de negócios de interesse do proponente não equivale à consumação de contratos pelo agente. O agente, sem mandato, apenas "convida, visita, promove", mas na conclusão do negócio "intervém o interessado" (ou seja, o proponente).[103]

O trabalho (o agente é um prestador autônomo de serviços) desempenhado em razão da agência consiste em "captar clientela", "intermediar os negócios", "encaminhar pedidos".[104]

Sua função é, de ordinário, menor que a do mandatário, já que não conclui contrato algum em nome do proponente, a quem apenas encaminha pedidos dos clientes. Aproxima-se, mais, da figura do corretor, que também é um intermediário promotor de negócios de terceiro. A diferença é que o corretor atua eventualmente, enquanto o agente mantém um vínculo duradouro ou permanente com o proponente. No mais, ambos praticam simplesmente atividade de promoção de negócios em cuja conclusão não interferem.

O agente é um prestador de serviços autônomo, porque não é um empregado do proponente. Não responde pelos contratos afinal firmados pelo empresário e seus clientes. Sua atividade se encerra no momento em que os pedidos captados são enviados ao proponente. É remunerado em proporção ao valor dos negócios agenciados, mas nem por isso assume qualquer responsabilidade pelo cumprimento ou descumprimento do contrato que é concluído diretamente entre o *cliente* e o *proponente*.

Em relação ao consumidor final não pode o agente ser considerado fornecedor já que não interfere nem na criação do produto nem no contrato de fornecimento dele ao consumidor. Sua participação é secundária, e não passa de uma prestação de serviços auxiliares como a dos prepostos e mandatários, que se exaurem antes que a negociação entre o fornecedor e o consumidor se dê.

Outro contrato que pode incidentalmente ocorrer no mercado de consumo é o de *corretagem*, por meio do qual "uma pessoa, não ligada a outra em virtude de mandato, de prestação de serviços ou por qualquer relação de dependência, obriga-se a obter para a segunda um ou mais negócios, conforme instruções recebidas" (Código Civil, art. 722).

O contrato agenciado pelo corretor não é por ele concluído. Por isso, não é ele um garante nem de que o contrato será ultimado nem de que será cumprido pelos

---

[102] NADER, Paulo. *Curso de direito civil, cit.*, v. 3, n. 141, p. 338.
[103] BARBERO, Domenico. *Sistema del diritto privato italiano*. 6. ed. Torino: UTET, 1962, v. 2, p. 465.
[104] NADER, Paulo. *Curso de direito civil, cit.*, v. 3, n. 141, p. 338.

contratantes. Sua obrigação é aproximar os interessados para que decidam realizar ou não o negócio visado. É natural, portanto, que "o corretor não é responsável pela execução do contrato realizado graças à sua mediação".[105]

O corretor, todavia, é um prestador de serviços, de serviços de intermediação, e, dentro do objeto específico da corretagem, assume a obrigação de "executar a mediação com a diligência e prudência que o negócio requer". Nesse encargo compreende-se a prestação de "todas as informações sobre o andamento do negócio" e "todos os esclarecimentos acerca da segurança ou risco do negócio, das alterações de valores e de outros fatores que possam influir nos resultados da incumbência" (Código Civil, art. 723, *caput* e parágrafo único).

O corretor, é bom de ver, não é um garante que tenha de responder pelas qualidades econômicas, funcionais e jurídicas do negócio intermediado. Mas aquilo que apura ou que sabe sobre condições de segurança e preço não pode ser sonegado a quem contratou seus serviços. Pela infração do contrato de mediação, o corretor sujeita-se a responder pelos prejuízos daí advindos.[106] Não, porém, pelos defeitos e vícios do produto, cuja existência lhe era desconhecida. Não é, pois, pelas imperfeições e falhas do produto que o corretor responde, mas pela falta de informação e esclarecimento, quando tinha condições de transmiti-los ao cliente.

A jurisprudência, enfim, é tranquila:

a) *Corretagem – Rescisão do contrato intermediado – Irresponsabilidade do corretor pelo inadimplemento.*

O corretor não é garante da avença que intermediou, nem responsável pela solvabilidade dos contratantes. Uma vez concluído o negócio, cessa a participação do corretor, pelo que dele não há de se exigir resultado útil de caráter definitivo. Pela eventual inexecução do contrato, deve responder a parte que lhe deu causa. Desprovimento do recurso.[107]

b) *Corretor de imóveis – Responsabilidade –* O intermediário de negócios não está obrigado a verificar a situação jurídica do bem.[108]

Sobre a responsabilidade do intermediário de negócios praticados via eletrônica (venda de produtos *on-line*), ver, adiante, o nº 3.4, do Capítulo 3, da Parte II deste livro.

---

[105] SOUZA, Valeria Bononi Gonçalves de et al. *Comentários ao Código Civil brasileiro*. Rio de Janeiro: Forense, 2004, v. 7, p. 18.
[106] "O corretor responde pelo prejuízo que causa à compradora por agir fraudulentamente na intermediação do negócio" (STJ, 4ª T., REsp. 170.516/PR, Rel. Min. Ruy Rosado de Aguiar, ac. 06.08.1998, *DJU* 21.09.1998, p. 208).
[107] TJRJ, 7ª Câm. Civ., Ap. 3.660/94, Rel. Des. Sérgio Cavalieri Filho, ac. 06.10.1994.
[108] STJ, 4ª T., AgRg no Ag 4.481/RJ, Rel. Min. Barros Monteiro, ac. 02.10.1990, *DJU* 29.10.1990, p. 12.148. "Corretagem. Não está o corretor obrigado a extrair certidões pessoais e reais antes do anúncio de venda do bem imóvel [...]. Inaplicabilidade à espécie do art. 723 do Código Civil, pelo qual se obriga o corretor a guardar comportamento diligente e fiel, que entretanto não abrange qualquer investigação sobre pessoas e bens" (TJRJ, 3ª Câm. Civ., Ap. Civ. 012948575.2005. 8.19.0001, Rel. Des. Eduardo Gusmão Alves de Brito Neto, ac. 29.09.2010).

1.9. O RECONHECIMENTO DO TEMPO DO CONSUMIDOR COMO UM BEM JURÍDICO A SER PROTEGIDO

Há muito o STJ, por sua 3ª Turma, reconheceu o tempo do consumidor como um bem jurídico a ser protegido, admitindo indenização por danos morais em razão da espera excessiva em filas bancárias: "a espera por atendimento em fila de banco quando excessiva ou associada a outros constrangimentos, e reconhecida faticamente como provocadora de sofrimento moral, enseja condenação por dano moral".[109] Entretanto, o entendimento não se mostra sedimentado, uma vez que a Quarta Turma daquela Corte superior entende não existir dano moral na espécie:

> 5. A espera em fila de banco, supermercado, farmácia, e em repartições públicas, dentre outros setores, em regra, é mero desconforto que não tem o condão de afetar direito da personalidade, isto é, interferir intensamente no equilíbrio psicológico do consumidor do serviço (saúde mental).[110]

O entendimento acerca da responsabilização do fornecedor foi se expandindo para outras áreas, de tal sorte que atualmente se reconhece a sua obrigação de atuar junto à assistência técnica para auxiliar o consumidor na solução de vícios existentes no bem adquirido, justamente em razão do enorme tempo que se perde nessas tratativas. Não seria justo impor mais esse desgaste ao consumidor:

> 5. À frustração do consumidor de adquirir o bem com vício, *não é razoável que se acresça o desgaste para tentar resolver o problema ao qual ele não deu causa, o que, por certo, pode ser evitado – ou, ao menos, atenuado – se o próprio comerciante participar ativamente do processo de reparo*, intermediando a relação entre consumidor e fabricante, inclusive porque, juntamente com este, tem o dever legal de garantir a adequação do produto oferecido ao consumo (g.n.).[111]

A tutela do tempo do consumidor, segundo Orlando Silva Neto, mostra-se relevante, na medida em que "o uso do tempo próprio conforme deseja a pessoa é direito que integra a esfera pessoal, e a restrição do uso do tempo conforme desejado acarreta presumível perda de bem-estar, felicidade e utilidade".[112] Basta lembrarmos que as

---

[109] STJ, 3ª T., REsp 1.218.497/MT, Rel. Min. Sidnei Beneti, ac. 11.09.2012, *DJe* 17.09.2012. No mesmo sentido: STJ, 3ª T., REsp. 1.662.808/MT, Rel. Min. Nancy Andrighi, ac. 02.05.2017, *DJe* 05.05.2017.
[110] STJ, 4ª T., REsp. 1.647.452/RO, Rel. Min. Luis Felipe Salomão, ac. 26.02.2019, *DJe* 28.03.2019.
[111] STJ, 3ª T., REsp 1.634.851/RJ, Rel. Min. Nancy Andrighi, ac. 12.09.2017, *DJe* 15.02.2018.
[112] SILVA NETO, Orlando Celso da. Responsabilidade civil pela perda do tempo útil: tempo é um ativo indenizável. Revista de Direito Civil Contemporâneo. v. 4, *apud*, MARQUES, Cláudia Lima; BERGSTEIN, Laís. A valorização e a tutela do tempo do consumidor: a nova posição do STJ sobre responsabilidade do comerciante por vícios. Revista dos Tribunais, v. 997, p. 219, nov./2018. Leonardo Tozarini Mello, lembrando Cláudia Lima Marques, salienta que "a noção de perda de tempo útil não guarda relação com a ideia de que o indivíduo, para fazer jus a reparação, deveria utilizar o tempo perdido em alguma atividade com utilidade reconhecida; isto absolutamente não influi" (MELLO, Leonardo Tozarini. A mecanização da vida humana, sociedade de consumo e indenização pela perda do tempo útil do consumidor. Revista dos Tribunais, v. 1040, p. 168, jun./2022).

agências reguladoras, como a ANATEL, editaram regras específicas estipulando tempo para atendimento ao cliente.

Por isso, não se pode negar que "o tempo é valor na sociedade atual e compõe o dano ressarcível nas relações de consumo".[113] Segundo Cláudia Lima Marques e Laís Bergstein, o dano provocado ao consumidor se refere ao seu afastamento de suas atividades de preferência para solucionar problemas de consumo. A tutela, destarte, deriva da mudança de paradigma que conferiu prioridade à pessoa em vez do patrimônio.[114]

Uma vez impossível restituir o tempo perdido pelo consumidor, a solução para o dano é a indenização, "a recuperação do tempo perdido por pecúnia".[115]

Por fim, cumpre destacar que o STJ reconheceu a existência de dano moral coletivo pela perda do tempo:

> 6 – A inadequada prestação de serviços bancários, caracterizada pela reiterada existência de caixas eletrônicos inoperantes, sobretudo por falta de numerário, e pelo consequente excesso de espera em filas por tempo superior ao estabelecido em legislação municipal, é apta a caracterizar danos morais coletivos.[116]

1.10. DIREITO EUROPEU

I – Responsabilidade por defeito do produto

A Comunidade Europeia tratou da responsabilidade decorrente dos produtos defeituosos por meio da Diretiva 374, de 1985, alterada pela Diretiva 34, de 1999.[117] As diretivas adotaram a responsabilidade não culposa do fornecedor independentemente de culpa, ou seja, *objetiva*, por entender ser esta "o único meio de resolver de modo adequado o problema, característico da nossa época de crescente tecnicidade, de uma justa atribuição dos riscos inerentes à produção técnica moderna".[118]

Previram, ainda, a responsabilidade solidária de todos os participantes no processo de produção, bem como o importador ou "qualquer pessoa que se apresente como produtor, mediante a aposição do seu nome, marca ou qualquer outro sinal distintivo, ou

---

[113] MARQUES, Cláudia Lima; BERGSTEIN, Laís. A valorização e a tutela do tempo do consumidor: a nova posição do STJ sobre responsabilidade do comerciante por vícios cit., p. 222.
[114] Op. cit., loc. cit.
[115] MELLO, Leonardo Tozarini. A mecanização da vida humana, cit., p. 168.
[116] STJ, 3ª T., REsp. 1.929.288/TO, Rel. Min. Nancy Andrighi, ac. 22.02.2022, DJe 24.02.2022.
[117] As diretivas são instrumentos utilizados pela União Europeia para harmonizar as legislações nacionais dos países membros. Elas estabelecem regras mínimas, cabendo "a cada país membro a elaboração de legislação própria para determinar o modo como estas regras serão aplicadas" (Disponível em: <http://eur-lex.europa.eu/legal-content/PT/TXT/?uri=URISERV:l14527>. Acesso em 27.12.2016).
[118] Considerandos da Diretiva 85/374/CEE, versão em português disponível em: <http://eur-lex.europa.eu/legal-content/PT/TXT/PDF/?uri=CELEX:31985L0374&qid=1482837564338&from=EN>. Acesso em 27.12.2016.

qualquer pessoa que forneça um produto cujo produtor não possa ser identificado".[119] Nesse sentido, os arts. 3º e 5º:

> Art. 3º: 1. O termo "produtor" designa o fabricante de um produto acabado, o produtor de uma matéria-prima ou o fabricante de uma parte componente, e qualquer pessoa que se apresente como produtor pela aposição sobre o produto do seu nome, marca ou qualquer outro sinal distintivo.
>
> 2. Sem prejuízo da responsabilidade do produtor, qualquer pessoa que importe um produto na Comunidade tendo em vista uma venda, locação, locação financeira ou qualquer outra forma de distribuição no âmbito da sua actividade comercial, será considerada como produtor do mesmo, na acepção da presente directiva, e responsável nos mesmos termos que o produtor.
>
> 3. Quando não puder ser identificado o produtor do produto, cada fornecedor será considerado como produtor, salvo se indicar ao lesado, num prazo razoável, a identidade do produtor ou daquele que lhe forneceu o produto. O mesmo se aplica no caso de um produto importado, se este produto não indicar o nome do importador referido no nº 2, mesmo se for indicado o nome do produtor.
>
> Art. 5º: Se, nos termos da presente directiva, várias pessoas forem responsáveis pelo mesmo dano, a sua responsabilidade é solidária, sem prejuízo das disposições de direito nacional relativas ao direito de recurso.

A despeito de a responsabilidade do produtor ser objetiva, "cabe ao lesado a prova do dano, do defeito e do nexo causal entre o defeito e o dano" (art. 4º). O prazo prescricional para alegar o defeito é de 3 anos, "a contar da data em que o lesado tomou ou deveria ter tomado conhecimento do dano, do defeito e da identidade do produtor" (art. 10º).

A orientação das diretivas quanto ao defeito do produto, tal como ocorre com o Código brasileiro, é a verificação da segurança que se pode legitimamente esperar, levando-se em conta: a) a sua apresentação; b) a utilização que se pode razoavelmente esperar; e, c) o momento de entrada em circulação. A legislação europeia não considera defeituoso o produto "pelo simples fato de ser posteriormente colocado em circulação um produto mais aperfeiçoado" (art. 6º).

Mas a responsabilidade do produtor pode ser afastada se comprovar que: a) não colocou o produto em circulação; b) o defeito não existe; c) o produto não foi fabricado para venda ou outra forma de distribuição com objetivo de lucro; d) o estado dos conhecimentos científicos e técnicos no momento da entrada em circulação do produto não lhe permitia detectar a existência do defeito (art. 7º). Entretanto, não se admite a inserção no contrato de cláusula de não indenizar ou limitativa de indenização (art. 12º).

Importante ressaltar, que a responsabilidade do produtor não é diminuída "quando o dano é causado conjuntamente por um defeito do produto e pela intervenção de um

---

[119] *Idem, ibidem.*

terceiro", mas pode ser "reduzida ou excluída, tendo em conta todas as circunstâncias, quando o dano for causado conjuntamente por um defeito do produto e por culpa do lesado ou de uma pessoa pela qual o lesado é responsável" (art. 8º, item 2).

Importante se faz ressaltar que a Diretiva concede aos Estados-membros autonomia quanto a alguns aspectos da legislação. Assim, admite que ampliem a conceituação de "produto" para designar, também, "as matérias-primas agrícolas e os produtos da caça" (art. 15º, 1, *a*). Além disso, permite que estabeleçam em sua legislação "que o produtor é responsável, mesmo se este provar que o estado dos conhecimentos científicos e técnicos no momento da colocação do produto em circulação não lhe permitia detectar a existência do defeito" (art. 15º, 1, *b*). Por fim, podem prever um limite não inferior a 70 milhões de ECUs para a responsabilização do produtor pelos danos resultantes da morte ou de lesões corporais causados por artigos idênticos que apresentem o mesmo defeito (art. 16º, 1).

II – Conformidade do produto com o contrato

A Diretiva 99/44/CE estabelece garantias relativas à venda de bens de consumo, especialmente em relação à não conformidade do produto com o contrato. Prevê, assim, o art. 2º, item 1, que "o vendedor tem o dever de entregar ao consumidor bens que sejam conformes com o contrato de compra e venda". O item, 2, de referido artigo, estabelece o que se entende por conformidade do produto com a oferta. E, o item 3, afasta a responsabilidade se "no momento em que for celebrado o contrato, o consumidor tiver conhecimento desta falta de conformidade ou não puder razoavelmente ignorá-la ou se esta decorrer dos materiais fornecidos pelo consumidor".

Havendo desconformidade do produto com o contrato, o vendedor é responsável, tendo o consumidor direito, em primeiro lugar, "a que a conformidade do bem seja reposta sem encargos, por meio de reparação ou de substituição" – que deverá ocorrer em prazo razoável e sem grave inconveniente para o lesado –, e, em segundo lugar, "a uma redução adequada do preço, ou à rescisão do contrato" (art. 3º, itens 2 e 3). A rescisão não é permitida se a desconformidade for insignificante.

O vendedor que arcar perante o consumidor com a desconformidade, tem direito de regresso contra o responsável (art. 4º).

A responsabilidade do vendedor perdura por, no mínimo, 2 anos a contar da entrega do bem (art. 5º, item 1), podendo ser prevista, nas legislações nacionais, a obrigatoriedade de o consumidor informar ao vendedor sobre a falta de conformidade do produto, no prazo de dois meses a contar da data em que ela for detectada (art. 5º, item 2).

1.11. CONCLUSÕES

Quando o Código de Defesa do Consumidor cuida de identificar as *atividades* desempenhadas pelos fornecedores no mercado de consumo, o faz mediante uso das expressões "produção, montagem, criação, construção, transformação, importação, exportação, distribuição ou comercialização de produtos ou prestação de serviços" (art. 3º).

Portanto, para se imputar responsabilidade civil por vício ou defeito do produto ou serviço colocado no mercado de consumo é preciso situar o responsável dentro da cadeia de produção e comercialização, identificando-o como agente de uma das atividades próprias daquele que a lei considera fornecedor do bem defeituoso.

As operações econômicas, profissionais e jurídicas que se desenvolvem na criação e circulação dos bens de consumo são múltiplas e complexas, mas nem todas qualificam seus agentes episódicos como fornecedores do produto ou serviço afinal adquirido pelo consumidor ou utente.

"A condição de fornecedor – esclarece José Geraldo Brito Filomeno – está intimamente ligada à atividade de cada um e desde que coloquem aqueles produtos e serviços efetivamente no mercado, nascendo daí, *ipso facto*, eventual responsabilidade por danos causados aos destinatários, ou seja, pelo *fato do produto*".[120]

Se, pois, o serviço prestado se deu em fase intermediária e não se incorporou, de forma perene e substancial, ao bem finalmente fornecido ao consumidor, a interveniência na cadeia produtiva do bem de consumo terá sido secundária, auxiliar e meramente acessória. Incapaz será de gerar a responsabilidade do interveniente eventual no dever de responder por vício ou defeito do produto ou serviço finalmente posto no mercado.

O bem se considera defeituoso, para as relações de consumo, quando a falha cometida pelos fornecedores se situa nas "principais fases de *produção, concepção* e *informação* acerca de produtos".[121]

Não concorrendo diretamente para a criação e comercialização do produto defeituoso, já que interferem em atividade secundária, auxiliar ou acessória, não respondem, em regra pelos defeitos ou vícios dos produtos ou serviços colocados no mercado, entre outros, o transportador, o mandatário, o preposto, o corretor, o agente comercial, o financiador, o agente e o veículo de publicidade etc. Na verdade, esses agentes auxiliares são autênticos "apêndices de seus clientes", isto é, dos reais fornecedores, cuja participação acessória se exaure tão logo cumprida a tarefa setorial que lhes é afeta.

---

[120] FILOMENO, José Geraldo Brito. *In*: GRINOVER, Ada Pellegrini *et al. Código Brasileiro de Defesa do Consumidor, cit.*, p. 40.

[121] Para Luiz Gastão Paes de Barros Leães, os defeitos podem ser da seguinte ordem: "a) vícios ocorridos na fase de fabricação afetando exemplares numa série de produtos [...]; b) vícios ocorridos na concepção técnica do produto, afetando toda uma série de produção [...]; c) vícios nas informações e instruções que acompanham o produto[...]" (LEÃES, Luiz Gastão Paes de Barros. *A responsabilidade do fabricante pelo fato do produto*. São Paulo: Resenha Tributária, 1984, p. 221; *apud* FILOMENO, Jose Geraldo Brito. *Op. cit.*, p. 41).

Capítulo II
RESPONSABILIDADE CIVIL NA PRESTAÇÃO DE SERVIÇOS MÉDICOS E HOSPITALARES

2.1. PRESTAÇÃO DE SERVIÇOS MÉDICOS E HOSPITALARES

I – Responsabilidade do médico

Muito se controverte, na jurisprudência, em torno da responsabilidade civil e apuração de culpa pelo fracasso na prestação de serviços por médicos e hospitais. O CDC dispõe que os médicos não respondem objetivamente pelo insucesso no tratamento de seus pacientes (art. 14, § 4º).[1]

Zelmo Denari explica "a diversidade de tratamento em razão da natureza *intuitu personae* dos serviços prestados por profissionais liberais", na medida em que são contratados com base na "confiança que inspiram aos respectivos clientes".[2]

Embora a responsabilidade seja subjetiva, a jurisprudência reconhece um dever de cooperação, por parte do médico, na comprovação da regularidade técnica dos serviços prestados, de modo a deixar demonstrada sua ausência de culpa.[3]

Essa obrigação decorre do princípio da boa-fé objetiva, que determina que o profissional tenha um dever amplo e genérico de cuidado com o paciente. Trata-se, segundo Bruno Miragem, "da imposição daquilo que em direito do consumidor convencionou-se denominar como um *dever de qualidade*". Esse dever, continua o autor, exige "a consideração do devedor em relação à totalidade dos interesses legítimos do

---

[1] Art. 14, § 4º: A responsabilidade pessoal dos profissionais liberais será apurada mediante a verificação de culpa.
[2] DENARI, Zelmo. *In:* GRINOVER, Ada Pellegrini *et al. Código brasileiro de defesa do consumidor, cit.*, p. 213.
[3] "Não viola regra sobre a prova o acórdão que, além de aceitar implicitamente o princípio da carga dinâmica da prova, examina o conjunto probatório e conclui pela comprovação da culpa dos réus" (STJ, 4ª T., REsp. 69.309/SC, Rel. Min. Ruy Rosado de Aguiar, ac. 18.06.1996, *DJU* 26.08.1996, p. 29.688). No mesmo sentido: TJRS, 1ª CC., Ap. 597083534, Rel. Des. Armínio José Abreu Lima da Rosa, j. 03.12.1997, *DJ* 03.12.1997. Disponível em: <www.tj.rs.gov.br>. Acesso em: 07.07.2007.

credor da prestação, pouco importando a existência de motivação ou não, assim como a culpa ou dolo do agente causador de um determinado dano".[4]

Em regra, a obrigação assumida pelo médico é *de meio*, devendo prestar o serviço de forma diligente, utilizando todos os meios ao seu dispor para alcançar o resultado pretendido pelo paciente. Entretanto, se este não é obtido, este fato, por si só, não justifica sua responsabilização, devendo o paciente demonstrar a culpa do profissional para fazer jus à indenização. A jurisprudência do STJ é cediça:

> a) 2. A obrigação do médico, em regra, é de meio, isto é, o profissional da saúde assume a obrigação de prestar os seus serviços atuando em conformidade com o estágio de desenvolvimento de sua ciência, com diligência, prudência e técnicas necessárias, utilizando os recursos de que dispõe – elementos que devem ser analisados, para aferição da culpa, à luz do momento da ação ou omissão tida por danosa, e não do presente –, de modo a proporcionar ao paciente todos os cuidados e aconselhamentos essenciais à obtenção do resultado almejado.
>
> 3. Portanto, como se trata de obrigação de meio, o resultado final insatisfatório alcançado não configura, por si só, o inadimplemento contratual, pois a finalidade do contrato é a atividade profissional médica, prestada com prudência, técnica e diligência necessárias, devendo, para que exsurja obrigação de indenizar, ser demonstrada a ocorrência de ato, comissivo ou omissivo, caracterizado por erro culpável do médico, assim como do nexo de causalidade entre o dano experimentado pelo paciente e o ato tido por causador do dano.[5]
>
> b) I – A relação entre médico e paciente é contratual e encerra, de modo geral (salvo cirurgias plásticas embelezadoras), obrigação de meio, sendo imprescindível para a responsabilização do referido profissional a demonstração de culpa e de nexo de causalidade entre a sua conduta e o dano causado, tratando-se de responsabilidade subjetiva.[6]

Havendo negligência do profissional, consubstanciada no preenchimento deficiente do prontuário, que não possibilitou determinar os motivos da escolha do procedimento médico adotado, a culpa, segundo julgado do TJSP, estará caracterizada:

> Suposta negligência da equipe médica, que não teria adotado todas as medidas conservadoras prévias, previstas na literatura médica e roboradas pelos protocolos

---

[4] MIRAGEM, Bruno. *Curso de direito do consumidor*. 8. ed., *cit.*, p. 751.
[5] STJ, 4ª T., REsp. 992.821/SC, Rel. Min. Luis Felipe Salomão, ac. 14.08.2012, *DJe* 27.08.2012. No mesmo sentido: "O dever de indenizar por responsabilidade civil médica resulta da demonstração de um dano causado por uma conduta ou omissão voluntária, negligente, imprudente ou imperita (CC, arts. 186 e 927, CDC art. 14, § 4º). A apresentação de quadro clínico consonante com o diagnóstico médico, bem como a prescrição medicamentosa adequada, esvazia a alegação de erro médico. O uso autônomo de medicamento (Dipirona), somado à hipersensibilidade do paciente por conta de infecções virais ou bacterianas, pode desencadear alergia. *Demonstrada por meio de exame pericial a atuação médica dentro dos limites da ciência médica, emerge a improcedência da pretensão indenizatória*. Recurso desprovido" (TJMG, 10ª Câmara Cível, Ap. 1.0702.08.422728-0/004, Rel. Des. Manoel dos Reis Morais, ac. 23.10.2018, *DJ* 31.10.2018).
[6] STJ, 3ª T., REsp. 1.104.665/RS, Rel. Min. Massami Uyeda, ac. 09.06.2009, *DJe* 04.08.2009.

do Município, do Ministério da Saúde e de associações científicas de classe, antes da opção pela histerectomia – Alegação de que todas as condutas às quais se procedeu foram sopesadas e as opções ditadas pelo quadro clínico no momento da ocorrência, privilegiando-se a preservação da vida da paciente – Prontuário deficientemente preenchido, de forma a não se poder aferir quais fatores foram determinantes para a tomada de decisão da equipe médica – Considerando que as medidas conservativas reclamadas pela apelante (tais como a ligadura de artérias) não foram levadas a cabo pelos profissionais, e diante da impossibilidade de se examinar quais os motivos pelos quais deixou-se de proceder aos tratamentos recomendados antes da adoção da solução final, ante a evidente insuficiência do prontuário médico, configurada está a negligência no atendimento, que respalda o dever de compensar os danos extrapatrimoniais.[7]

Assim como o médico, a técnica de enfermagem também responde subjetivamente por suas condutas, como a veiculação de fotos de cadáver em situação degradante.[8]

II – O consentimento informado

Como se viu, a responsabilidade civil do médico é subjetiva, subordinada, portanto, à comprovação de sua negligência, imperícia ou imprudência na prestação do serviço. Entretanto, a culpa do profissional pode resultar não de erro ocorrido na realização do mister, mas por não prestar informações adequadas a respeito do procedimento a ser adotado e de suas consequências. Esse dever de informação é denominado pela doutrina de *consentimento informado*.

O consentimento informado é "instrumento de um processo de comunicação recíproca entre médico e paciente, contendo informações sobre riscos e benefícios que médicos devem prover aos pacientes, para que estes possam decidir autonomamente se querem ou não se submeter a determinado tratamento".[9]

Essa obrigação de bem informar o paciente a respeito dos riscos do tratamento ou do procedimento a que irá se submeter decorre dos arts. 13 e 14, do Código Civil, que tratam do direito de disposição sobre o próprio corpo.

Não basta, entretanto, que o médico apresente um termo para que o paciente assine antes do procedimento. A informação a ser prestada pelo profissional "deve ser de tal ordem que realize a autonomia do paciente", configurando-se, em verdade, em um processo que "resulta da relação de confiança estabelecida entre o médico e o paciente".[10]

---

[7] TJSP, 12ª Câmara de Direito Público, Apelação Cível 1002782-78.2015.8.26.0020, Rel. Des. Souza Meirelles, ac. 25.09.2021, data de registro 25.09.2021.

[8] TJSP, 2ª Câmara de Direito Privado, Apelação 1000869-55.2015.8.26.0022, Rel. Des. Marcia Dalla Déa Barone, ac. 17.12.2018, data de registro 17.12.2018.

[9] GOLDIM JR. *Apud* BORGES, Gustavo; MOTTIN, Roberta Weirich. Responsabilidade civil por ausência de consentimento informado no atendimento médico: panorama jurisprudencial do STJ. *Revista de Direito Privado*, n. 64, p. 129, out.-dez./2015.

[10] BORGES, Gustavo; MOTTIN, Roberta Weirich. Responsabilidade civil por ausência de consentimento informado no atendimento médico: panorama jurisprudencial do STJ. *Revista de Direito Privado*, n. 64, p. 129 e 131, out.-dez./2015.

Com efeito, muitas vezes os termos médicos são de difícil compreensão por parte do leigo, sendo assim, "são importantes os devidos esclarecimentos sobre todos os procedimentos realizados, para que as partes tomem a melhor decisão".[11] A ausência dessas informações pode levar o paciente a erro e informações imparciais, incompletas, tentando minimizar a situação pode ensejar o dolo, anulando o negócio jurídico.[12] A jurisprudência do STJ já se firmou no sentido de responsabilizar o médico em razão da insuficiência do dever de informar:

a) Responsabilidade Civil. Médico. Consentimento informado.

A despreocupação do facultativo em obter do paciente seu consentimento informado pode significar – nos casos mais graves – negligência no exercício profissional. As exigências do princípio do consentimento informado devem ser atendidas com maior zelo na medida em que aumenta o risco, ou o dano.[13]

b) Responsabilidade Civil. Hospital. Santa Casa. Consentimento informado.

A Santa Casa, apesar de ser instituição sem fins lucrativos, responde solidariamente pelo erro do seu médico, que deixa de cumprir com a obrigação de obter consentimento informado a respeito de cirurgia de risco, da qual resultou a perda da visão da paciente.[14]

c) 3. O dever de informação é a obrigação que possui o médico de esclarecer o paciente sobre os riscos do tratamento, suas vantagens e desvantagens, as possíveis técnicas a serem empregadas, bem como a revelação quanto aos prognósticos e aos quadros clínico e cirúrgico, salvo quando tal informação possa afetá-lo psicologicamente, ocasião em que a comunicação será feita a seu representante legal. [...]

5. Haverá efetivo cumprimento do dever de informação quando os esclarecimentos se relacionarem especificamente ao caso do paciente, não se mostrando suficiente a informação genérica. Da mesma forma, para validar a informação prestada, não pode o consentimento do paciente ser genérico (*blanket consent*), necessitando ser claramente individualizado.

6. O dever de informar é dever de conduta decorrente da boa-fé objetiva e sua simples inobservância caracteriza inadimplemento contratual, fonte de responsabilidade civil *per se*. A indenização, nesses casos, é devida pela privação sofrida pelo paciente em sua autodeterminação, por lhe ter sido retirada a oportunidade de ponderar os

---

[11] PAVÃO, Juliana Carvalho; ESPOLADOR, Rita de Cássia Resquetti Tarifa. Termo de consentimento livre e esclarecido como mecanismo de afastamento do erro nos negócios biojurídicos. *Revista dos Tribunais*, v. 1001, São Paulo, p. 197, mar./2019. Para as autoras, o chamado negócio biojurídico funda-se no princípio bioético da autonomia do paciente, de tal sorte que "o profissional de saúde deve, sempre, respeitar a vontade do paciente, a qual se mantém, novamente, como um elemento central nesses negócios". O termo de consentimento livre e esclarecido, nessa esteira, é fundamental porque, para "manifestar sua vontade de forma consciente", o paciente "deve ter conhecimento de todo o procedimento" (*ob. cit., loc. cit.*).

[12] PAVÃO, Juliana Carvalho; ESPOLADOR, Rita de Cássia Resquetti Tarifa. Termo de consentimento livre e esclarecido, *cit.*, p. 199.

[13] STJ, 4ª T., REsp. 436.827/SP, Rel. Min. Ruy Rosado de Aguiar, ac. 01.10.2002, *DJU* 18.11.2001, p. 228.

[14] STJ, 4ª T., REsp. 467.878/RJ, Rel. Min. Ruy Rosado de Aguiar, ac. 05.12.2002, *DJU* 10.02.2003, p. 222.

riscos e vantagens de determinado tratamento, que, ao final, lhe causou danos, que poderiam não ter sido causados, caso não fosse realizado o procedimento, por opção do paciente. [...]

9. Inexistente legislação específica para regulamentar o dever de informação, é o Código de Defesa do Consumidor o diploma que desempenha essa função, tornando bastante rigorosos os deveres de informar com clareza, lealdade e exatidão (art. 6º, III, art. 8º, art. 9º).[15]

Importante ressaltar julgado do Tribunal de Justiça de Santa Catarina que, a despeito de reconhecer não ter havido culpa do profissional na realização de procedimento cirúrgico, deferiu indenização ao paciente, em razão da insuficiência das informações prestadas pelo médico a respeito das consequências da cirurgia:

Descontentamento com o resultado que decorreu, sobretudo, da ausência de informação prévia, por parte do cirurgião, acerca dos riscos, procedimentos e consequências da operação. Violação do dever de informação e da boa-fé objetiva (art. 6º, III, do CDC e art. 59 do Código de Ética Médica [art. 34 do atual Código de Ética Médica]). Quebra de confiança da relação contratual.[16]

No mesmo sentido, a orientação do Tribunal de Justiça de Minas Gerais:

- A obrigação de reparar por erro médico exige a comprovação de que o profissional tenha agido com imperícia, negligência ou imprudência, além da demonstração do nexo de causalidade entre a conduta médica e as consequências lesivas à saúde do paciente, sem o que não se pode atribuir-lhe responsabilidade civil.

- Antes da realização de procedimentos cirúrgicos, incumbe ao médico informar expressamente ao paciente, de forma clara e precisa, sobre os detalhes do procedimento, os riscos e implicações, obrigação inerente ao exercício da própria atividade, conforme previsto no Código de Ética Médica.

- O descumprimento deste dever de informação, se não constitui erro médico propriamente dito, se configura como falha de dever profissional e impõe a obrigação de indenização do paciente por danos extrapatrimoniais.

- Comprovada a falha no cumprimento do dever de informação pelo médico, deve ser reconhecida a responsabilidade solidária da operadora de plano de saúde, por imperativo da regra insculpida no art. 14, *caput* e § 4º do CDC na qualidade de fornecedora de serviços médicos, considerando que o profissional que realizou o procedimento cirúrgico é a ela credenciado.[17]

---

[15] STJ, 4ª T, REsp 1.540.580/DF, Rel. p/ Acórdão Min. Luis Felipe Salomão, ac. 02.08.2018, *DJe* 04.09.2018. No mesmo sentido: STJ, 3ª T., REsp. 1.848.862/RN, Rel. Min. Marco Aurélio Bellizze, ac. 05.04.2022, *DJe* 08.04.2022.
[16] TJSC, 4ª Câm. de Direito Civil, Ap. 2011.020032-9, Rel. Des. Jorge Luis Costa Beber, ac. 23.08.2012.
[17] TJMG, 18ª Câm. Cível, Ap. 1.0024.08.970397-9/001, Rel. Des. Vasconcelos Lins, ac. 30.11.2016, *DJe* 07.12.2016.

Cumpre, por fim, ressaltar, que o dever de prestar informações é específico do médico, não se podendo responsabilizar o hospital pela falha do profissional:

> Não observa boa lógica a responsabilização do hospital por ausência de informações adequadas ao paciente, quanto aos riscos da cirurgia, pois, normalmente, essas informações são prestadas pelo médico cirurgião, sem interferência do hospital. Não cabe ao hospital, normalmente, intrometer-se na relação de confiança existente entre médico e paciente.[18]

III – A perda de uma chance

A doutrina reconhece, atualmente, a possibilidade de a chance perdida em razão da realização do ato ilícito ser indenizada quando for séria e real. Segundo Fernando Noronha, "o dano da perda de chance, para ser reparável, ainda terá de ser certo, embora consistindo somente na possibilidade que havia, por ocasião da oportunidade que ficou perdida, de obter o benefício, ou de evitar o prejuízo". Mas ressalta, "mais ou menos incerto será apenas saber se essa oportunidade, se não tivesse sido perdida, traria o benefício esperado". Daí por que o valor da indenização dependerá do grau de probabilidade de que a vantagem seria alcançada ou de que o prejuízo seria evitado[19]. Correta é, também, a lição de Gustavo Tepedino, para quem "segundo a teoria da perda de uma chance, a chance cuja perda é passível de indenização é somente aquela qualificada como séria e real. Este requisito, alardeado e defendido por toda a doutrina, assim se delineia quando a oportunidade perdida é quantificável segundo bases probabilísticas adequadas. Em diversas oportunidades, nega a indenização quando faltam meios para se proceder a uma séria avaliação probabilística".[20]

A jurisprudência, por sua vez, exige a comprovação de que a perda da chance seja real e, não, meramente hipotética, para a aplicação da teoria[21], o que se coaduna com a *ratio* existente na verificação dos "danos emergentes" e dos "lucros cessantes".[22]

---

[18] STJ, 4ª T., REsp. 902.784/MG, Rel. Min. Raul Araújo, ac. 19.09.2016, DJe 11.10.2016.
[19] NORONHA, Fernando. *Direito das obrigações*. São Paulo: Saraiva, 2003, v. I, p. 666-667.
[20] TEPEDINO, Gustavo. *et al. Fundamentos do direito civil* – 4 Responsabilidade civil, cit., p. 128. O autor invoca, em amparo de sua posição, a autoridade de Savatier (*Traité de la responsabilitè civile em droit français*. 2. ed. Paris: LGDG, 1951, t. II, n. 459). Exemplifica a não configuração da perda de uma chance com os casos comuns na jurisprudência, de candidatos que perderam a chance de participar de concursos públicos concorridíssimos, justamente porque não tinham condição de demonstrar objetivamente a possibilidade de serem aprovados e, mais ainda, de serem classificados para a nomeação, razão, portanto, para que se lhes negue qualquer indenização (*Fundamentos*, cit., p. 128-129).
[21] "III. Com efeito, a jurisprudência desta Corte admite a responsabilidade civil e o consequente dever de reparação de possíveis prejuízos com fundamento na denominada teoria da perda de uma chance, 'desde que séria e real a possibilidade de êxito, o que afasta qualquer reparação no caso de uma simples esperança subjetiva ou mera expectativa aleatória'" (STJ, 3ª T., REsp 614.266/MG, Rel. Min. Ricardo Villas Bôas Cueva, DJe 02.08.2013). No mesmo sentido: STJ, 2ª T., REsp 1.354.100/TO, Rel. Min. Eliana Calmon, DJe 06.03.2014; STJ, 2ª T., REsp 1.308.719/MG, Rel. Min. Mauro Campbell Marques, DJe 01.07.2013.
[22] Nesse aspecto, há perfeita adesão da jurisprudência à orientação doutrinária: "não basta que a vítima tenha perdido a chance de ter alcançado um resultado útil. Esta chance precisa, de fato, ser séria

Em relação à responsabilidade civil do médico, o STJ entende que a chance em si perdida deve ser considerada um bem jurídico autônomo, passível de proteção:

2. Nas hipóteses em que se discute erro médico, a incerteza não está no dano experimentado, notadamente nas situações em que a vítima vem a óbito. A incerteza está na participação do médico nesse resultado, à medida que, em princípio, o dano é causado por força da doença, e não pela falha de tratamento.

3. Conquanto seja viva a controvérsia, sobretudo no direito francês, acerca da aplicabilidade da teoria da responsabilidade civil pela perda de uma chance nas situações de erro médico, é forçoso reconhecer sua aplicabilidade. Basta, nesse sentido, notar que a chance, em si, pode ser considerado um bem autônomo, cuja violação pode dar lugar à indenização de seu equivalente econômico, a exemplo do que se defende no direito americano. Prescinde-se, assim, da difícil sustentação da teoria da causalidade proporcional.

4. Admitida a indenização pela chance perdida, o valor do bem deve ser calculado em uma proporção sobre o prejuízo final experimentado pela vítima. A chance, contudo, jamais pode alcançar o valor do bem perdido. É necessária uma redução proporcional.[23]

Interessante julgado do Tribunal de Justiça de Santa Catarina[24] reconheceu a indenização por perda de uma chance em caso de culpa do laboratório que identificou o material retirado do corpo da paciente como tumor benigno com possibilidade de evolução para maligno quando, em realidade, tratava-se de tumor maligno com agressividade em grau máximo. Na oportunidade, entendeu presente o ato ilícito, "consubstanciado na utilização de técnica inadequada ou deficiente, resultando na apresentação de laudo histopatológico eivado de diagnóstico incorreto".

Em relação ao médico, entendeu haver sua participação para os eventos, uma vez que, embora o laudo patológico houvesse contradições em seus próprios termos, deixou de tomar as cautelas devidas, não investigando a fundo os sintomas e sua causa. Assim, haveria "culpa na modalidade negligência, justamente por não ter laborado com a diligência necessária, falhando em sua obrigação de aplicar a melhor técnica de investigação médica ao caso".

As condutas do médico e do laboratório, assim, resultaram em "diagnóstico equivocado, retardo na aplicação do tratamento adequado e eficaz para a enfermidade que sofria a paciente, e não encaminhamento a profissional da especialidade correta". Isso tudo provocou a "perda da chance de maior sobrevida e sofrimento causado pelas dores oriundas da moléstia não identificada e, portanto, não tratada de imediato". Concluiu, assim, não haver dúvida de que a conduta "ensejou a utilização de medicamentos ineficientes para o mal que sofria a demandante, retardando sua submissão aos tratamentos adequados e, com isso, reduzindo o tempo de sobrevida e suas chances de cura".

---

e real, no sentido de resultar de uma probabilidade *alta, significativa, relevante e estatisticamente indicada,* ao menos de modo presuntivo, não se confundindo com uma chance pequena, fluida, irrisória ou mesmo irreal" (TEPEDINO, Gustavo. *Fundamentos cit.,* p. 129).

23 REsp 1.254.141/PR, 3ª T., Rel. Min. Nancy Andrighi, j. 04.12.2012, DJe 20.02.2013.
24 TJSC, 6ª Câmara de Direito Civil, Apelação 0003327-84.2004.8.24.0125, Rel. Des. Marivone Koncikoski Abreu, ac. 07.08.2018.

Gustavo Tepedino, por outro lado, não admite a aplicação dessa teoria à responsabilidade do médico porque, "esta, sendo fundada na culpa, estará sempre subordinada ao nexo entre uma culpa do médico e o resultado danoso. Se houve falha do médico, portanto, terá de responder pela reparação integral do dano; se não houve culpa, não há como configurar a obrigação de indenizar.[25] A advertência é séria e chama a atenção para a necessidade de evitar a pura e simples importação de institutos jurídicos estrangeiros, sem a indispensável busca da adequação ao sistema normativo nacional.

IV – Responsabilidade do laboratório de análises clínicas

Enquanto a responsabilidade do médico é subjetiva, o laboratório de análises clínicas responde objetivamente pelos serviços prestados, nos termos do art. 14, *caput*, do CDC.[26]

Entretanto, sua obrigação é realizar o exame pedido pelo médico com diligência, não estando obrigado a informar os riscos de qualquer doença ao paciente ou determinar os exames complementares a qualquer diagnóstico, deveres estes que pertencem exclusivamente ao médico:

> Não compete à clínica de serviços diagnósticos informar os riscos de qualquer doença que pudesse eventualmente acometer o feto, mas apenas realizar o exame prescrito pelo médico, valendo-se da técnica adequada. Avaliar a necessidade de exames complementares cabe ao médico do paciente, detentor de todos os conhecimentos sobre o quadro clínico respectivo, e não à clínica de medicina diagnóstica.[27]

V – Responsabilidade do hospital

Quanto aos hospitais, a tendência jurisprudencial dominante é considerá-los objetivamente responsáveis.[28]

Em relação aos hospitais, algumas posições do STJ já se firmaram:

a) A responsabilidade é objetiva quando a causa do dano se refere a falha dos serviços próprios do hospital, isto é, "circunscreve-se apenas aos serviços única e exclusivamente relacionados com o estabelecimento empresarial propriamente dito, ou seja, aqueles que digam respeito à estadia do paciente (internação), instalações,

---

[25] TEPEDINO, Gustavo et al. *Fundamentos do direito civil* – 4 Reponsabilidade civil. Rio de Janeiro: Forense, 2020, p. 134-135.
[26] TJSC, 6ª Câmara de Direito Civil, Ap. 0003327-84.2004.8.24.0125, *cit.*
[27] STJ, 4ª T., REsp. 1.441.463/RJ, Rel. Min. Maria Isabel Gallotti, ac. 12.03.2019, DJe 15.03.2019.
[28] "*A relação entre hospital e paciente caracteriza-se como de consumo*, qualificando-se o hospital como autêntico prestador de serviços, nos termos dos arts. 2.º, 3.º, § 2.º, da Lei 8.078/1990, respondendo objetivamente pelos danos causados ao paciente ou a sua família" (TAMG, 2ª CC., Ap. 272.125-5, Rel. Juiz Batista Franco, ac. 23.03.99, *RT* 774/396). No mesmo sentido: TJSP, 6ª CC., Ap. 70.286-4/6, Rel. Des. Antonio Carlos Marcato, ac. 29.04.99, *RT* 771/213; 1º TACivSP, 11ª CC., Ap. 694.867-0, Rel. Juiz Antônio Marson, ac. 16.02.98, *RT* 755/271; TJ-RJ, 2ª CC., Ap. 11.323/98, Rel. Des. Sergio Cavalieri Filho, ac. 15.12.98, *RT* 768/353.

equipamentos, serviços auxiliares (enfermagem, exames, radiologia) etc., e não aos serviços técnico-profissionais dos médicos que ali atuam, permanecendo estes na relação subjetiva de preposição (culpa)".[29]

b) Sendo assim, "inviável o afastamento da responsabilidade do hospital e do instituto por infecção contraída por paciente com base na inexistência de culpa dos agentes médicos envolvidos", isso "porque os danos sofridos pela recorrente resultaram de infecção hospitalar, ou seja, do ambiente em que foram efetuados os procedimentos cirúrgicos, e não de atos dos médicos".[30]

c) "A responsabilidade dos hospitais, no que tange à atuação técnico-profissional dos médicos que neles atuam ou a eles sejam ligados por convênio, é subjetiva, ou seja, dependente da comprovação de culpa dos prepostos, presumindo-se a dos preponentes. Nesse sentido são as normas dos arts. 186 e 951 do Código Civil, bem como a Súmula 341-STF (É presumida a culpa do patrão ou comitente pelo ato culposo do empregado ou preposto)".[31]

d) Não há responsabilidade do hospital quando o dano se refere a falha técnica do cirurgião que não é vinculado ao seu quadro de prepostos e nenhuma ligação tem com defeito dos serviços próprios do estabelecimento hospitalar.[32] "Sobre responsabilidade civil de hospital, em casos como o presente, a Segunda Seção já se posicionou no sentido de que 'responsabilidade do hospital somente tem espaço quando o dano decorrer de falha de serviços cuja atribuição é afeta única e exclusivamente ao hospital. Nas hipóteses de dano decorrente de falha técnica restrita ao profissional médico, mormente quando este não tem nenhum vínculo com o hospital – seja de emprego ou de mera preposição –, não cabe atribuir ao nosocômio a obrigação de indenizar'". Assim, entendeu o STJ, na espécie, que "não se pode, como no caso, excluir a culpa do médico e responsabilizar objetivamente o hospital, pois a responsabilidade objetiva para o prestador do serviço, prevista no art. 14 do CDC, é limitada aos serviços relacionados ao estabelecimento empresarial, tais como, no caso de hospital, à internação, instalações, equipamentos e serviços auxiliares".[33]

e) deve haver nexo causal entre a falha na prestação do serviço e o dano: "na hipótese, o Tribunal de origem observou que a falha do nosocômio foi demonstrada pela

---

[29] STJ, 4ª T., REsp. 258.389/SP, Rel. Min. Fernando Gonçalves, ac. 16.06.2005, *DJU* 22.08.2005, p. 275. No mesmo sentido: "O hospital responde objetivamente pela infecção hospitalar, pois esta decorre do fato da internação e não da atividade em si" (STJ, 4ª T., REsp. 629.212/RJ, Rel. Min. Cesar Asfor Rocha, ac. 15.05.2007, *DJU* 17.09.2007, p. 285).

[30] STJ, 4ª T., REsp. 1.511.072/SP, Rel. Min. Marco Buzzi, ac. 05.05.2016, *DJe* 13.05.2016.

[31] STJ, REsp. 258.389/SP, cit.; STJ, 4ª T., REsp. 259.816/RJ, Rel. Min. Sálvio de Figueiredo, ac. 22.08.2000, *DJU* 27.11.2000, p. 221; STJ, 4ª T., AgRg no AREsp. 768.239/MT, Rel. Min. Raul Araújo, ac. 16.02.2016, *DJe* 24.02.2016. No mesmo sentido: STJ, 3ª T., REsp. 1.621.375/RS, Rel. Min. Nancy Andrighi, ac. 19.09.2017, *DJe* 26.09.2017.

[32] STJ, 3ª T., REsp. 908.359/SC, Rel. p/ acórdão Min. João Otávio de Noronha, ac. 27.08.2008, *DJe* 17.12.2008. No mesmo sentido: STJ, 4ª T., REsp. 1.019.404/RN, Rel. Min. João Otávio de Noronha, ac. 22.03.2011, *DJe* 01.04.2011; STJ, 3ª T., REsp. 1.769.520/SP, Rel. Min. Nancy Andrighi, ac. 21.05.2019, *DJe* 24.05.2019.

[33] STJ, 4ª T., AgRg no AREsp. 350.766/RS, Rel. Min. Raul Araújo, ac. 18.08.2016, *DJe* 02.09.2016.

prova produzida pela autora, bem como pelas conclusões do laudo pericial, ficando evidenciado que as lesões tiveram origem na falta de movimentação da autora em seu leito hospitalar, sendo certo que o hospital não adotou as medidas necessárias para evitar as escaras".[34]

Contrariando a expectativa de firmeza do posicionamento do STJ quanto à não responsabilidade do hospital por falha técnica de médico não integrante de sua equipe de prepostos, decidiu aquela Corte que: "A natureza da responsabilidade das instituições hospitalares por erros médicos deve ser examinada à luz da *natureza do vínculo existente* entre as referidas instituições e os profissionais a que se imputa o ato danoso." No entanto, "responde o hospital pelo ato *culposo* praticado por profissional de sua equipe médica, *mesmo* que *sem* vínculo empregatício com a instituição".[35]

Dos fundamentos do aresto deduz-se que o STJ deu, na verdade, novo sentido à noção de "equipe médica do hospital". Bastaria, na sua ótica, que o cirurgião tivesse sido indicado ao paciente pelo hospital para que fosse tratado como seu preposto, acarretando com isto a extensão da responsabilidade por erro médico à instituição hospitalar. Ou seja, esta nova figura de preposição dispensaria todo e qualquer vínculo de subordinação entre o hospital e o médico. *In verbis*:

> A alegada circunstância de os profissionais causadores do dano não terem vínculo de emprego com a instituição hospitalar não exime o hospital de responder pelo ato médico culposo, na medida em que os profissionais foram escolhidos pelo hospital para realizar o ato cirúrgico.[36]

---

[34] STJ, 4ª T., AgInt no AREsp 1.900.623/RJ, Rel. Min. Raul Araújo, ac. 15.03.2022, *DJe* 24.03.2022.
[35] STJ, 4ª T., REsp. 774.963/RJ, Rel. Min. Maria Isabel Gallotti, ac. 06.12.2012, *DJe* 07.03.2013.
[36] Contentou-se o acórdão com a circunstância de que "não houve contratação de médico de confiança da paciente, o qual tivesse se servido apenas das instalações e serviços do hospital, hipótese em que a instituição hospitalar responderia objetivamente apenas pelos serviços e instalações de sua responsabilidade" (STJ, REsp. 774.963/RJ, *cit.*). Em outro julgado, a 3ª Turma reafirmou que "os hospitais não respondem objetivamente pela prestação de serviços defeituosos realizados por profissionais que nele atuam sem vínculo de emprego ou subordinação". No entanto, decidiu que "há o dever de o hospital responder qualitativamente pelos profissionais que escolhe para atuar nas instalações por ele oferecidas". Contudo, a solidariedade entre médico e hospital "não transforma a obrigação de meio do médico, em obrigação de resultado, pois a responsabilidade do hospital somente se configura quando comprovada a culpa do médico, conforme a teoria de responsabilidade subjetiva dos profissionais liberais abrigada pelo Código de Defesa do Consumidor. Admite-se a denunciação da lide na hipótese de defeito na prestação de serviço" (STJ, 3ª T., REsp. 1.216.424/MT, Rel. Min. Nancy Andrighi, ac. 09.08.2011, *DJe* 19.08.2011). Em sentido diametralmente oposto, a mesma 3ª Turma logo depois decidiu, com fundamento no art. 88 do CDC, ser inadmissível a denunciação da lide, por parte do hospital, no caso de ação indenizatória por erro cometido pelo médico plantonista (STJ, 3ª T., REsp. 801.691/SP, Rel. Min. Ricardo Villas Bôas Cueva, ac. 06.12.2011, *DJe* 15.12.2011). Restou, porém, ressalvado que o resultado da ação entre o paciente e o hospital, fundada na responsabilidade objetiva, não prejudicará a eventual ação regressiva contra o médico, a qual terá como base a responsabilidade subjetiva (culpa) do profissional (REsp. 801.691/SP, *cit.*).

Convém registrar que a doutrina tem detectado a tendência, nos casos de culpa médica ocorrida dentro dos hospitais, de ampliar a figura da preposição, indo além do vínculo empregatício e da subordinação, levando em conta o risco da atividade hospitalar. Assim, o casuísmo pretoriano no campo do atendimento à saúde tem reconhecido responsabilidade do hospital "por erro de médico componente de seu corpo clínico, mesmo que sem vínculo laboral", recorrendo "à responsabilidade do comitente por ato do preposto". Amplia-se, outrossim, a ideia de preposição para abranger casos como o da terceirização de serviços (exames laboratoriais, ultrassonografia, raios X etc.) e daqueles em que, mesmo sem vínculo empregatício, o hospital escolhe o cirurgião ou o anestesista fora de sua equipe técnica, independentemente de participação do paciente.[37]

Ressalte-se, contudo, que segundo a jurisprudência dominante, mesmo quando se admite a responsabilidade do hospital por ato do médico, seu preposto, é preciso que este tenha cometido erro culposo. Não se indaga da culpa do hospital, mas o ato ilícito depende, na espécie, de conduta culposa do médico. Se não se praticou ato ilícito, por falta de culpa do médico, não há como atribuir responsabilidade ao hospital Sempre que a jurisprudência reconhece responsabilidade do hospital, em caso dessa natureza, o faz, em regra, a partir da constatação de ato culposo praticado pelo médico.

Interessante situação foi analisada pelo STJ em relação ao dever do hospital e a prestação de serviço por ele realizada. Um indivíduo internou o seu pai num hospital particular porque, ao se encaminhar ao local para fazer um procedimento de cateterismo, ele teve um enfarto. Chegando ao local, o filho assinou um termo de Ajuste Prévio e um contrato de prestação de serviços para que o pai fosse atendido. Após a internação, o filho não pagou pelo serviço prestado e requereu a anulação dos instrumentos por terem sido celebrados em estado de perigo. Assim, alegou que não devia nada ao hospital em relação aos custos da internação do pai. O STJ, reformando decisão do Tribunal de Justiça, entendeu que, não obstante o vício do consentimento na celebração dos contratos, o serviço foi efetivamente prestado, destarte, não ser possível exigir do nosocômio prestar serviços médicos emergenciais sem a necessária contraprestação:

> 2. Trata-se de uma relação contratual de direito privado, em que a parte ré invoca a inusitada tese de nada ter de pagar, embora seja incontroverso que tenha mesmo ocasionado custos ao hospital privado – que não atende pelo SUS. Com efeito, evidentemente, *não pode ser imposto pelo Estado – ainda que em sua função jurisdicional – que a sociedade empresária assuma as despesas decorrentes da prestação do serviço emergencial, cuja prestação, como expressamente reconhece a Corte local, nem mesmo poderia ser recusada pelo nosocômio – ensejando enriquecimento sem causa para o consumidor* (g.n.).[38]

---

[37] GODOY, Cláudio Luiz Bueno de. Terceirização nos serviços prestados na área de saúde. *In:* SILVA, Regina Beatriz Tavares da (coord.). *Responsabilidade civil da área de saúde.* São Paulo: Saraiva, 2007, p. 44-54; BRUNHARI, Andrea de Almeida; ZULIANI, Ênio Santarelli. O consumidor e seus direitos diante de erros médicos e falhas de serviços hospitalares. *Revista Síntese Direito Civil e Processual Civil,* v. 77, p. 95-117, mai-jun/2012.

[38] STJ, 4ª T., AgInt no REsp 1.278.178/MG, Rel. Min. Luis Felipe Salomão, ac. 18.05.2017, DJe 23.05.2017.

Em relação ao SUS, o STJ entende que "a responsabilidade dos hospitais privados conveniados por danos decorrentes dos serviços neles prestados é objetiva e independe da demonstração de culpa dos profissionais médicos envolvidos no atendimento".[39]

VI – Solidariedade entre médico e hospital

Comprovada a culpa do médico, para fins de responsabilizar o profissional e o hospital pelos danos causados à vítima, haverá solidariedade dos envolvidos:

a) 1. Nos termos do art. 14 do CDC, quando houver uma cadeia de fornecimento para a realização de determinado serviço, ainda que o dano decorra da atuação de um profissional liberal, verificada culpa deste, nasce a responsabilidade solidária daqueles que participam da cadeia de fornecimento do serviço, como é o caso dos autos. Precedentes.[40]

b) 1. Erro médico consistente em perfuração de intestino durante cirurgia de laparatomia realizada por médicos credenciados, com a utilização das instalações de hospital também credenciado à mesma administradora de plano de saúde.

2. Responsabilização solidária pelo acórdão recorrido dos réus (hospital e administradora de plano de saúde), com fundamento no princípio da solidariedade entre os fornecedores de uma mesma cadeia de fornecimento de produto ou serviço perante o consumidor, ressalvada a ação de regresso.

3. A circunstância de os médicos que realizaram a cirurgia não integrarem o corpo clínico do hospital terá relevância para eventual ação de regresso entre os fornecedores.[41]

c) 1. Os hospitais não respondem objetivamente pela prestação de serviços defeituosos realizados por profissionais que nele atuam sem vínculo de emprego ou subordinação. Precedentes.

2. Embora o art. 14, § 4º, do CDC afaste a responsabilidade objetiva dos médicos, não se exclui, uma vez comprovada a culpa desse profissional e configurada uma cadeia de fornecimento do serviço, a solidariedade do hospital imposta pelo *caput* do art. 14 do CDC.[42]

Para a hipótese de responder o hospital solidariamente pelo ato culposo do médico, já se decidiu ser possível a denunciação da lide quando a ação de reparação do dano for intentada apenas contra a instituição hospitalar,[43] sem embargo da vedação do art. 88 do CDC. Em tal situação, "aceita a denunciação da lide [promovida pelo hospital] e apresentada contestação quanto ao mérito da causa, o denunciado [médico] assume a condição de litisconsorte do réu, podendo, por conseguinte, ser condenado direta e solidariamente com aquele, na mesma sentença, ao pagamento da indenização".[44]

---

[39] STJ, 1ª T., AgInt no Resp 1.819.527/RS, Rel. Min. Regina Helena Costa, ac. 18.11.2019, *DJe* 20.11.2019.
[40] STJ, 4ª T., AgRg no AREsp. 209.711/MG, Rel. Min. Marco Buzzi, ac. 12.04.2016, *DJe* 22.04.2016.
[41] STJ, 3ª T., REsp. 1.359.156/SP, Rel. Min. Paulo de Tarso Sanseverino, ac. 05.03.2015, *DJe* 26.03.2015.
[42] STJ, 3ª T., REsp. 1.216.424/MT, Rel. Min. Nancy Andrighi, ac. 09.08.2011, *DJe* 19.08.2011.
[43] STJ, 3ª T., REsp. 1.216.424/MT, Rel. Min. Nancy Andrighi, ac. 09.08.2011, *DJe* 19.08.2011.
[44] STJ, 3ª T., REsp. 1.195.656/BA, Rel. Min. Massami Uyeda, ac. 16.08.2011, *DJe* 30.08.2011.

Falta, muitas vezes, razoabilidade no rigor com que uns e outros são tratados pela jurisprudência. Estudo minucioso da matéria foi realizado por Jurandir Sebastião, autor que tem se especializado no tratamento criterioso do tema. Seu último trabalho, que merece ser lido e ponderado, chega às seguintes conclusões:[45]

a) Os conflitos judiciais sobre *saúde*, por envolver *"direito de todos e obrigação do Estado"*, têm natureza própria e ultrapassam os limites das relações contratuais *privadas*, assim como os das relações individuais de *consumo*. Em relação a estas, porque nelas não se esgotam. Em relação àquelas, porque os interesses são supraconstitucionais e transnacionais.

b) Hospital *privado* não exerce função *delegada* do Estado. Mas, sim, função autônoma, amparada na Constituição Federal, não obstante exercer atividade *complementar* e vigiada (*dirigismo* Estatal). Por isso, não se pode impor ao hospital privado os ônus que cabem ao Estado.

c) Para os efeitos de indenização ao paciente, não há distinção entre hospital público e privado, geral ou especializado, gratuito ou pago, como, também, não há distinção entre médico particular ou médico funcionário público, em prestação de serviços gratuitos ou pagos. A responsabilidade e os deveres profissionais são idênticos para todos.

d) A responsabilidade civil, para os efeitos de reparação de dano à saúde em paciente internado, será atribuída ao médico, se este tiver agido com exclusividade e não for empregado, nem preposto do hospital. Em caso de relação de emprego ou de preposição, ocorrerá solidariedade do empregador ou comitente. A responsabilidade será exclusiva do hospital se este tiver causado o dano ao paciente sem concorrência de médico (autônomo ou vinculado).

e) A disposição *"independentemente da existência de culpa"*, grafada no *caput* dos artigos 12 e 14 do CDC, não se aplica aos conflitos sobre *saúde* envolvendo hospital, porque a atividade deste, em sua essência, é o *complemento* da necessária *terapia* médica. Assim, a relação *médico*/paciente é a *principal*, enquanto a relação *hospital*/paciente é acessória daquela. Como a relação *hospital*/paciente envolve um universo indeterminado de pessoas lidando com o doente, direta e indiretamente, contra esse universo corre a *presunção de culpa*.

f) A reparação dos danos decorrentes de prestação de serviços envolvendo *saúde* é feita mediante *apuração da culpa*, consoante art. 951 do CC/2002 e art. 14, § 4º, do CDC. Essas disposições legais (contrato de *meios*), relativamente à prova e ao convencimento do julgador, por força dos artigos 2º, 5º, 14, 27 e 57 da Resolução CFM nº 1.246/1988 (Código de Ética Médica), têm natureza de contrato de *empenho*, fato que obriga o médico a dar ao paciente, dentro dos limites do possível, o que a medicina tiver de mais acertado, avançado e atualizado. Por consequência, cabe ao profissional da área de *saúde* demonstrar em juízo como bem agiu e como bem cuidou do paciente.

g) Em sede processual sobre *saúde*, em razão da aplicação do princípio da *carga probatória dinâmica*, o médico carrega consigo o dever de provar o cumprimento do

---

[45] SEBASTIÃO, Jurandir. Responsabilidade civil médico/hospital e o ônus da prova. *Revista Jurídica UNIJUS*, v. 9, p. 47-48, nov./2006.

contrato de *empenho*, enquanto os hospitais têm o dever de provar *ausência de culpa*, por meio da comprovação do cumprimento das obrigações profiláticas preventivas e de assistência médica ao paciente internado.

h) Ao valorar o conjunto probatório para desate de conflito individual, o julgador há de ter por paradigma a prestação de serviços *advocatícios*, como idêntico contrato de *empenho*. Entretanto, enquanto o advogado atua mediante procedimento *escrito*, *protocolado* e, daí para frente, *público* – fato que torna fácil a prova, via Certidão, pelo cliente descontente ou pelo próprio advogado –, o médico, sujeito às urgências e emergências, assim como à singularidade de cada paciente, não dispõe de documentos, de protocolos, de registros públicos, nem de publicidade. Muito menos de *Certidão*. A demonstração de como agiu, em determinadas circunstâncias, limitar-se-á à narrativa de como atendeu e de como enfrentou a doença do paciente e sua coerência com os demais elementos de prova existentes – se houver. Nesses casos, eventual inexistência de *documentos* jamais poderá ser interpretada, isoladamente, como *ausência* de prova do cumprimento do contrato de *empenho*.

i) Sem olvidar a regra de que o ser humano não pode servir de cobaia sem o seu consentimento esclarecido (art. 15 do CC/2002), o *equilíbrio* e a *sensibilidade* no julgamento dos conflitos sobre *saúde*, mais que cumprimento ao *devido processo legal*, inserem-se no contexto social como *justa* forma de composição, porque não interessa à sociedade o encolhimento da classe médica, nem a diminuição ou desativação de hospitais.

Por fim, pode-se sintetizar o entendimento do STJ em relação à responsabilidade dos médicos e dos hospitais da seguinte forma:

1. No tocante à responsabilidade civil de entidades hospitalares e clínicas, esta Corte de Justiça firmou orientação de que: "(i) as obrigações assumidas diretamente pelo complexo hospitalar limitam-se ao fornecimento de recursos materiais e humanos auxiliares adequados à prestação dos serviços médicos e à supervisão do paciente, hipótese em que a responsabilidade objetiva da instituição (por ato próprio) exsurge somente em decorrência de defeito no serviço prestado (artigo 14, *caput*, do CDC); (ii) os atos técnicos praticados pelos médicos, sem vínculo de emprego ou subordinação com o hospital, são imputados ao profissional pessoalmente, eximindo-se a entidade hospitalar de qualquer responsabilidade (artigo 14, § 4º, do CDC); e (iii) quanto aos atos técnicos praticados de forma defeituosa pelos profissionais da saúde vinculados de alguma forma ao hospital, respondem solidariamente a instituição hospitalar e o profissional responsável, apurada a sua culpa profissional. Nesse caso, o hospital é responsabilizado indiretamente por ato de terceiro, cuja culpa deve ser comprovada pela vítima de modo a fazer emergir o dever de indenizar da instituição, de natureza absoluta (artigos 932 e 933 do Código Civil), sendo cabível ao juiz, demonstrada a hipossuficiência do paciente, determinar a inversão do ônus da prova (artigo 6º, inciso VIII, do CDC)" (REsp 1.145.728/MG, Rel. p/ acórdão Ministro Luis Felipe Salomão, Quarta Turma, julgado em 28.06.2011, DJe de 08.09.2011).[46]

---

[46] STJ, 4ª T., AgInt no AREsp 1.532.855/SP, Rel. Min. Raul Araújo, ac. 21.11.2019, DJe 19.12.2019.

2.2. A RESPONSABILIDADE SUBJETIVA DO MÉDICO E A INVERSÃO DO ÔNUS DA PROVA

O art. 14 do CDC regula a responsabilidade civil do médico sob a forma subjetiva, isto é, a subordina à conduta culposa do profissional. Caberia, por isso, ao prejudicado pelo erro médico o ônus de provar a ocorrência da falha técnica por este cometida (CPC, art. 373, I). No entanto, é notória a dificuldade que, na maioria dos casos, o paciente encontrará para se desincumbir de tal ônus. Recorre-se, então, à norma protetiva prevista no art. 6º, VIII, do CDC, para permitir o deslocamento do encargo de esclarecer o fato danoso para o médico, o qual, sem dúvida, detém melhores condições técnicas para demonstrar a inexistência de falha no seu comportamento profissional. Dessa maneira, "havendo verossimilhança da alegação e hipossuficiência [do ofendido], é cabível a inversão, passando a competir ao profissional a prova de que se valeu de todos os meios para alcançar o resultado mais favorável ao lesado".[47]

A jurisprudência entende que, mesmo sendo subjetiva a responsabilidade do médico, é cabível a inversão do ônus da prova prevista pelo art. 6º, VIII, do CDC.[48] A doutrina respalda esse posicionamento, assentando que, "se o dano é evidente e a experiência indica que a prestação de serviços não atendeu ao que razoavelmente se espera, é adequada a inversão do ônus da prova na fase intermediária do processo (art. 331, do CPC) [CPC, art. 357, III], com redistribuição da carga probatória e determinação para que o profissional demonstre fato extintivo do direito invocado, ou seja, *mostre que desempenhou com regularidade e cuidado o seu trabalho*".[49]

2.3. IMPORTÂNCIA DA PERÍCIA MÉDICA

Uma vez que a responsabilidade civil do médico é subjetiva, a solução da pretensão indenizatória do paciente lesionado por erro técnico haverá, via de regra, de se fundar em prova pericial (CPC, art. 464, § 1º, I). Já se decidiu, a propósito, que "nos termos do art. 400, II, do CPC [CPC/2015, art. 443, II], não é possível produzir prova exclusivamente testemunhal a respeito de fatos que só por documento ou por exame pericial podem ser provados. A existência de erro médico [por exemplo] cometido em cirurgia de hérnia inguinal em recém-nascido, por suas peculiaridades técnicas, é questão que só pode ser aferida mediante perícia".[50]

---

[47] BRUNHARI, Andrea de Almeida; ZULIANI, Ênio Santarelli. O consumidor e seus direitos diante de erros médicos e falhas de serviços hospitalares. *Revista Síntese Direito Civil e Processual Civil*, v. 77, p. 95-117, mai-jun/2012, p. 113.

[48] "A responsabilidade subjetiva do médico (CDC, art. 14, § 4º) não exclui possibilidade de inversão do ônus da prova, se presentes os requisitos do art. 6º, VIII, do CDC, devendo o profissional demonstrar ter agido com respeito às orientações técnicas aplicáveis. Precedentes deste Tribunal" (STJ, 4ª T., AgRg no Ag 969.015/SC, Rel. Min. Maria Isabel Gallotti, ac. 07.04.2011, *DJe* 28.04.2011. No mesmo sentido: STJ, 3ª T., REsp. 696.284/RJ, Rel. Min. Sidnei Beneti, ac. 03.12.2009, *DJe* 18.12.2009; STJ, 4ª T., AgRg no AREsp. 25.838/PR, Rel. Min. Luis Felipe Salomão, ac. 20.11.2012, *DJe* 26.11.2012). No mesmo sentido: STJ, 4ª T, REsp 1.540.580/DF, Rel. p/ Acórdão Min. Luis Felipe Salomão, ac. 02.08.2018, *DJe* 04.09.2018.

[49] BRUNHARI, Andrea de Almeida; ZULIANI, Ênio Santarelli. *Op. cit.* p. 114.

[50] STJ, 3ª T., REsp. 1.135.150/RS, Rel. Min. Nancy Andrighi, ac. 05.04.2011, *DJe* 26.04.2011.

Segundo orientação do STJ – sem embargo de ser livre o convencimento do julgador –, "na hipótese em que a ação proposta tem fundamento na existência de erro médico, uma vez que realizada perícia, deve o julgador indicar os motivos pelos quais resolve concluir pela obrigação de indenizar, tomando posição oposta às conclusões do perito".[51] É que, nos termos do art. 371 do CPC, a fundamentação do julgado não pode ignorar todo o conjunto probatório dos autos, limitando-se ao exame do relato testemunhal, quando consta do processo prova técnica de conclusões diversas daquelas adotadas pelo juiz.

No caso enfrentado por aquela Corte, reputou-se violado o art. 131 do CPC/1973 [CPC, art. 371] por ter sido o médico condenado sem qualquer análise da prova pericial, o que foi considerado suficiente para acarretar a nulidade do acórdão recorrido, porquanto não teria indicado integralmente "os motivos que lhe formaram o convencimento".

2.4. RESPONSABILIDADE DO CIRURGIÃO PLÁSTICO

Ao contrário do que se passa com o médico em geral – a que se atribui obrigação apenas de meio[52] –, a jurisprudência tende a afirmar que o cirurgião plástico assume obrigação de resultado:

> 3. Apesar de abalizada doutrina em sentido contrário, este Superior Tribunal de Justiça tem entendido que a situação é distinta, todavia, quando o médico se compromete com o paciente a alcançar um determinado resultado, o que ocorre no caso da cirurgia plástica meramente estética. Nesta hipótese, segundo o entendimento nesta Corte Superior, o que se tem é uma obrigação de resultados e não de meios.
>
> 4. No caso das obrigações de meio, à vítima incumbe, mais do que demonstrar o dano, provar que este decorreu de culpa por parte do médico. Já nas obrigações de resultado, como a que serviu de origem à controvérsia, basta que a vítima demonstre, como fez, o dano (que o médico não alcançou o resultado prometido e contratado) para que a culpa se presuma, havendo, destarte, a inversão do ônus da prova.
>
> 5. Não se priva, assim, o médico da possibilidade de demonstrar, pelos meios de prova admissíveis, que o evento danoso tenha decorrido, por exemplo, de motivo de força maior, caso fortuito ou mesmo de culpa exclusiva da "vítima" (paciente).[53]

Faz-se, contudo, uma distinção entre cirurgia estética e cirurgia corretiva. A primeira é que se deve considerar como obrigação de resultado, e não a segunda, pois esta é praticada sem o propósito de embelezamento do paciente. Tem como objetivo

---

[51] STJ, 2ª T., AgRg no AREsp. 14.705/RS, Rel. Min. Humberto Martins, ac. 13.09.2011, *DJe* 21.09.2011.
[52] Não há, em regra, responsabilidade pelo insucesso do tratamento, se o médico não incorreu em culpa. "A relação entre médico e paciente é contratual e encerra, de modo geral (salvo cirurgias plásticas embelezadoras), obrigação de meio, sendo imprescindível para a responsabilização do referido profissional a demonstração de culpa e de nexo de causalidade entre a sua conduta e o dano causado, tratando-se de responsabilidade subjetiva" (STJ, 3ª T., REsp. 1.104.665/RS, Rel. Min. Massami Uyeda, ac. 09.06.2009, *DJe* 04.08.2009).
[53] STJ, 4ª T., REsp 236.708/MG, Rel. Min. Carlos Fernando Mathias, ac. 10.02.2009, *DJe* 18.05.2009.

corrigir sinais, marcas ou sequelas de nascimento ou de desastre ou ainda de atos violentos. O regime jurídico dessa cirurgia reparadora não é diferente daquele que se observa nos demais serviços médicos (obrigação de meio).[54]

Vale destacar julgamento do STJ, em que é feita essa distinção entre a cirurgia meramente estética e a reparadora:

> 1. Pela valoração do contexto fático extraído do v. aresto recorrido, constata-se que na cirurgia plástica a que se submeteu a autora havia finalidade não apenas estética, mas também reparadora, de natureza terapêutica, sobressaindo, assim, a natureza mista da intervenção.
>
> 2. A relação entre médico e paciente é contratual e encerra, de modo geral, obrigação de meio, salvo em casos de cirurgias plásticas de natureza exclusivamente estética.
>
> 3. "Nas cirurgias de natureza mista – estética e reparadora –, a responsabilidade do médico não pode ser generalizada, devendo ser analisada de forma fracionada, sendo de resultado em relação à sua parcela estética e de meio em relação à sua parcela reparadora" (REsp 1.097.955/MG, Rel. Min. Nancy Andrighi, 3ª T., j. 27.09.2011, DJe 03.10.2011).[55]

Nas cirurgias de embelezamento, o entendimento jurisprudencial é o de que "os procedimentos cirúrgicos de fins meramente estéticos caracterizam verdadeira obrigação de resultado, pois neles o cirurgião assume verdadeiro compromisso pelo efeito embelezador prometido".[56] Isto, todavia, não implica transformar a responsabilidade derivada da cirurgia de fins estéticos em *responsabilidade objetiva*. "Nas obrigações de resultado, a responsabilidade do profissional da medicina permanece *subjetiva*. Cumpre ao médico, contudo, demonstrar que os eventos danosos decorreram de fatores externos e alheios à sua atuação durante a cirurgia".[57] A culpa, nesses casos, é presumida, invertendo-se o ônus da prova.[58]

Por outro lado, "apesar de não prevista expressamente no CDC, a eximente de caso fortuito possui força liberatória e exclui a responsabilidade do cirurgião plástico, pois rompe o nexo de causalidade entre o dano apontado pelo paciente e o serviço prestado pelo profissional".[59]

---

[54] STJ, 3ª T., REsp. 1.097.955/MG, Rel. Min. Nancy Andrighi, ac. 27.09.2011, DJe 03.10.2011.

[55] STJ, 4ª T., REsp. 819.008/PR, Rel. Min. Raul Araújo, ac. 04.10.2012, DJe 29.10.2012.

[56] STJ, 3ª T, REsp. 1.180.815/MG, Rel. Min. Nancy Andrighi, ac. 19.08.2010, DJe 26.08.2010. No mesmo sentido: STJ, 4ª T., AgRg nos EDcl no AREsp. 328.110/RS, Rel. Min. Luis Felipe Salomão, ac. 19.09.2013, DJe 25.09.2013.

[57] REsp. 1.180.815/MG, *cit.*

[58] "Em procedimento cirúrgico para fins estéticos, conquanto a obrigação seja de resultado, não se vislumbra responsabilidade objetiva pelo insucesso da cirurgia, mas mera presunção de culpa médica, o que importa a inversão do ônus da prova, cabendo ao profissional elidi-la de modo a exonerar-se da responsabilidade contratual pelos danos causados ao paciente, em razão do ato cirúrgico" (STJ, 4ª T., Resp. 985.888/SP, Rel. Min. Luis Felipe Salomão, ac. 16.02.2012, DJe 13.03.2012).

[59] REsp. 1.180.815/MG, *cit.*

2.5. RESPONSABILIDADE DO ANESTESISTA

Antiga jurisprudência atribuía ao chefe da equipe médica e ao hospital a responsabilidade pelos erros praticados pelo anestesista, ressaltando a subordinação existente entre este e os primeiros. *In verbis*:

a) Civil – Ação de Indenização – Erro médico – Responsabilidade solidária do cirurgião (*culpa in eligendo*) e do anestesista reconhecida pelo Acórdão recorrido – Matéria de prova – Súm. 7/STJ.

O médico-chefe é quem se presume responsável, em princípio, pelos danos ocorridos em cirurgia pois, no comando dos trabalhos, sob suas ordens é que executam-se os atos necessários ao bom desempenho da intervenção.[60]

b) Responsabilidade Civil – Erro médico [...]

Possível a responsabilização do hospital pelos danos causados. Preposição fundada não em relação de subordinação entre a instituição e o médico e o anestesista que realizaram a cirurgia, mas sim na direção econômica e organizacional do hospital sobre os profissionais que nele atuam. Conceito funcional de preposição.[61]

Essa tese prevaleceu durante muitos anos até que, instaurada divergência sobre a aplicação do art. 14 do CDC, em relação ao caso, a Segunda Seção do STJ pacificou a matéria em sentido diverso do tradicional, assentando que o médico cirurgião chefe da equipe deveria ser afastado da responsabilidade solidária e objetiva estabelecida pela lei consumerista, em relação aos danos causados ao paciente em decorrência de erro médico cometido exclusivamente pelo médico-anestesista. Os fundamentos do acórdão, que passaram a desempenhar papel decisivo na jurisprudência posterior foram os seguintes:

4. Na Medicina moderna a operação cirúrgica não pode ser compreendida apenas em seu aspecto unitário, pois frequentemente nela interferem múltiplas especialidades médicas. Nesse contexto, normalmente só caberá a responsabilização solidária e objetiva do cirurgião-chefe da equipe médica quando o causador do dano for profissional que atue sob predominante subordinação àquele.

5. No caso de médico anestesista, em razão de sua capacitação especializada e de suas funções específicas durante a cirurgia, age com acentuada autonomia, segundo técnicas médico-científicas que domina e suas convicções e decisões pessoais, assumindo, assim, responsabilidades próprias, segregadas, dentro da equipe médica. Destarte, se o dano ao paciente advém, comprovadamente, de ato praticado pelo anestesista, no exercício de seu mister, este responde individualmente pelo evento.[62]

---

[60] STJ, 3ª T., REsp. 53.104/RJ, Rel. Min. Waldemar Zveiter, ac. 04.03.1997, *DJU* 16.06.1997, p. 27.359.
[61] TJSP, Apelação 990.10.014137-6, Rel. Des. Francisco Loureiro, ac. 09.09.2010. *In:* BRUNHARI, Andrea de Almeida; ZULIANI, Ênio Santarelli. O consumidor e seus direitos diante de erros médicos e falhas de serviços hospitalares *cit.*, p. 97, nota 7.
[62] STJ, 2ª Seção, EREsp. 605.435/RJ, Rel. p/ac. Min. Raul Araújo, ac. 14.09.2011, *DJe* 28.11.2012. No mesmo sentido: "O médico cirurgião, ainda que se trate de chefe de equipe, não pode ser res-

A nova orientação pretoriana, que atualmente prevalece, encontrou amparo na corrente doutrinária que ressalta a noção de independência do anestesista, de que decorre a impossibilidade de conservar a responsabilidade do cirurgião-chefe pelos problemas verificados durante a intervenção cirúrgica imputáveis ao técnico encarregado da anestesia. O argumento básico encontra-se na *teoria da divisibilidade da prestação*, defendida por Jaime Santos Briz, segundo a qual "o anestesista funciona com autonomia e, pela sua especialidade, passa a ser o único responsável pelos danos de sua atividade".[63] Somente não prevalecerá esta tese quando, no caso concreto, o anestesista não se comportar de forma realmente autônoma, subordinando-se ao comando do cirurgião-chefe, e tornando impossível concretizar-se a divisão das prestações técnicas. Aí, sim, será o caso de submeter todos à responsabilidade solidária, principalmente porque se estabelecerá uma relação de preposição entre o chefe e os demais integrantes da equipe, inclusive o anestesista por ele escolhido, sem participação do paciente.[64]

---

ponsabilizado por erro médico cometido exclusivamente pelo médico anestesista" (STJ, 3ª T., REsp 1.790.014/SP, Rel. Min. Marco Aurélio Bellizze, ac. 11.05.2021, *DJe* 10.06.2021).

[63] SANTOS BRIZ, Jaime. *La responsabilidad civil*. 7. ed. Madrid: Editorial Montecorvo, 1993, v. II, p. 919. No mesmo sentido: BIDINE JUNIOR, Hamid Charaf. Responsabilidade civil em infecção hospitalar e na anestesiologia. *In*: SILVA, Regina Beatriz Tavares da (coord.). *Responsabilidade civil da área de saúde*. São Paulo: Saraiva, 2007, p. 125; BRUNHARI, Andrea de Almeida; ZULIANI, Ênio Santarelli. O consumidor e seus direitos diante de erros médicos e falhas de serviços hospitalares cit., p. 98.

[64] BRUNHARI, Andrea de Almeida; ZULIANI, Ênio Santarelli. O consumidor e seus direitos diante de erros médicos e falhas de serviços hospitalares. *Op. cit., loc. cit.*

Capítulo III
RESPONSABILIDADE CIVIL NO RELACIONAMENTO JURÍDICO ELETRÔNICO

3.1. PARTICULARIDADES DO RELACIONAMENTO JURÍDICO ELETRÔNICO

Atualmente, é comum a prática de comércio eletrônico, considerado como "toda e qualquer forma de transação comercial em que as partes interagem eletronicamente, em vez de estabelecer um contato físico direto e simultâneo", configurando, assim, "a celebração ou a conclusão de contratos por meio de ambientes ou instrumentos eletrônicos".[1]

O uso generalizado das vias eletrônicas para comunicação de vontade entre os participantes dos atos e negócios jurídicos não importa, por si só, alteração alguma na natureza e eficácia dos contratos concluídos por meio da Internet. O instrumento de intercâmbio de vontades é que se inovou, não a natureza e os efeitos dos negócios, que se conservam os mesmos tradicionalmente definidos e validados pelas leis civis. Assim, uma compra e venda não passa a ser outro contrato pelo fato de a pactuação ter sido ultimada por via eletrônica, nem a quitação da dívida muda de natureza, nas mesmas circunstâncias.

O que se nota, no direito comparado, é uma tendência a exigir maior cuidado por parte daqueles que usam a Internet para oferecer seus produtos, no que se refere à sua identificação, as suas qualidades e riscos, para a segurança dos consumidores e do mercado em geral, bem como o emprego de sistemas que diminuam o risco de invasões, mutações e desvios de dados gerados no intercâmbio eletrônico. Quando, pois, alguma medida de segurança obrigatória é negligenciada pelo responsável pelo instrumento eletrônico de contratação, isto, por si só, pode gerar responsabilidade civil, perante quem, afinal, suportou algum dano.

Mas, à parte do risco inerente ao próprio sistema eletrônico de comunicação, o contrato, qualquer que seja, continua gerando os mesmos direitos e obrigações que produz quando pactuado pelos instrumentos tradicionais do direito civil. O que se deve reconhecer é que a maleabilidade dos mecanismos da cibernética propicia um grande número de serviços e possibilidades negociais.

---

[1] KLEE, Antonia Espindola Longoni. *Comércio eletrônico*. São Paulo: RT, 2014, p. 71.

Daí por que essas variações funcionais haverão de ser levadas em conta para buscar a mais adequada configuração do ato ou negócio jurídico afinal consumado por meio da comunicação eletrônica de dados. No direito estrangeiro, já se encontram leis detalhadas para tipificar negócios jurídicos eletrônicos, com especificação de regras sobre a responsabilidade dos provedores pelos serviços prestados a usuários e terceiros.

No Brasil, enquanto não se editava lei especial para tratar dos negócios jurídicos por via eletrônica, o Decreto nº 7.962/2013 regulamentou o CDC para dispor sobre a contratação no comércio eletrônico. Posteriormente, em 23 de abril de 2014, foi promulgada a Lei nº 12.965, denominada de o Marco Civil da Internet, estabelecendo princípios, garantias, direitos e deveres para o uso da internet no Brasil.

Essas legislações, entretanto, não afastaram a incidência do CDC às relações consumeristas celebradas pela internet:

> A legislação já existente de proteção e defesa do consumidor, em especial, o Código de Defesa do Consumidor, é plenamente aplicável aos contratos eletrônicos, uma vez que a internet não é uma nova fonte de obrigações, mas um outro meio através do qual o consumidor pode se relacionar com seus fornecedores. A aprovação do Marco Civil da Internet é inteiramente complementar e convergente aos direitos já assegurados ao consumidor no CDC, sendo, porém, necessária a aprovação da PL 281/2012, de atualização do Código de Defesa do Consumidor, para que se possa assegurar um aprofundamento da proteção e da defesa do consumidor, bem como impedir o retrocesso de garantias já alcançadas no mundo virtual. A chave do sucesso é, de fato, a convergência da Lei n. 12.965/2014 e do CDC, em sua versão atualizada pelo PL 281/2012, no que tange ao direito básico e fundamental de informação do consumidor. As eventuais divergências entre o Marco Civil da Internet e o CDC, com relação ao importante tema da responsabilidade do provedor, podem ser apenas antinomias aparentes, e cabe aos juristas, usando o diálogo das fontes e a convergência de princípios, aqui enfatizados, encontrar soluções de sua aplicação conjunta, harmônica e de acordo com os valores de proteção dos consumidores e dos cidadãos, consubstanciados na Constituição da República.[2]

Por fim, importante destacar o Decreto n. 10.271, de 6 de março de 2020, que dispõe sobre a execução da Resolução GMC nº 37/19, de 15 de julho de 2019, do Grupo Mercado Comum,[3] a respeito da proteção dos consumidores nas operações de comércio eletrônico.

---

[2] MARQUES, Cláudia Lima; KLEE, Antônia Espínola. Os direitos do consumidor e a regulamentação do uso da internet no Brasil: convergência no direito às informações claras e completas nos contratos de prestação de serviços de internet. In: LEITE, George Salomão; LEMOS, Ronaldo (Coord.). *Marco civil da internet*. São Paulo: Atlas, 2014, p. 510.

[3] Grupo Mercado Comum (GMC) é o órgão decisório executivo do Mercosul, que tem como funções e atribuições: I – velar, nos limites de suas competências, pelo cumprimento do Tratado de Assunção, de seus Protocolos e dos Acordos firmados em seu âmbito; II – propor projetos de Decisão ao Conselho do Mercado Comum; III – tomar as medidas necessárias ao cumprimento das Decisões adotadas pelo Conselho do Mercado Comum; IV – fixar programas de trabalho que assegurem avanços para o estabelecimento do mercado comum; V – criar, modificar ou extinguir órgãos tais como subgru-

3.2. A LEGISLAÇÃO BRASILEIRA VIGENTE SOBRE O COMÉRCIO ELETRÔNICO

I – O Decreto nº 7.962/2013

O Decreto nº 7.962, de 15.03.2013, regulamentou o CDC para dispor sobre a contratação no comércio eletrônico. O decreto prevê que a contratação eletrônica deverá: i) conter informações claras a respeito do produto, do serviço e do fornecedor, para que ele seja facilmente identificado e encontrado, se necessário; ii) providenciar atendimento facilitado ao consumidor; e iii) respeitar o direito de arrependimento, previsto no art. 49 do CDC.

No comércio eletrônico, o direito de informação do consumidor não se restringe às características do produto ou serviço contratado. É essencial que sejam dadas informações precisas a respeito da identidade do fornecedor. Isto porque, as circunstâncias do negócio, que é realizado fora do estabelecimento comercial e, muitas vezes, sem contato direto com o fornecedor, coloca o consumidor numa condição específica de vulnerabilidade, representando "claro obstáculo de acesso ao fornecedor para exercício de qualquer pretensão, seja reclamação por vícios ou o exercício do direito de arrependimento".[4]

No tocante à oferta, o decreto exige maior rigor na sua apresentação ao público, requerendo a discriminação do preço e das despesas adicionais ou acessórias. Assim é que o art. 2º exige a "discriminação, no preço, de quaisquer despesas adicionais ou acessórias, tais como as de entrega ou seguros" (inciso IV), bem como as informações sobre "condições integrais da oferta, incluídas modalidades de pagamento, disponibilidade, forma e prazo da execução do serviço ou da entrega ou disponibilização do produto" (inciso V).

---

pos de trabalho e reuniões especializadas, para o cumprimento de seus objetivo; VI – manifestar-se sobre as propostas ou recomendações que lhe forem submetidas pelos demais órgãos do Mercosul no âmbito de suas competências; VII – negociar com a participação de representantes de todos os Estados Partes, por delegação expressa do Conselho do Mercado Comum e dentro dos limites estabelecidos em mandatos específicos concedidos para este fim, acordos em nome do Mercosul com terceiros países, grupos de países e organismos internacionais. O Grupo Mercado Comum, quando dispuser de mandato para tal fim, procederá à assinatura dos mencionados acordos. O Grupo Mercado Comum, quando autorizado pelo Conselho do Mercado Comum, poderá delegar os referidos poderes à Comissão de Comércio do Mercosul; VIII – aprovar o orçamento e a prestação de contas anual apresentada pela Secretaria Administrativa do Mercosul; IX – adotar resoluções em matéria financeira e orçamentária, com base nas orientações emanadas do Conselho do Mercado Comum; X – Submeter ao Conselho do Mercado Comum seu Regimento Interno; XI – organizar as reuniões do Conselho do Mercado Comum e preparar os relatórios e estudos que este lhe solicitar; XII – eleger o Diretor da Secretaria Administrativa do Mercosul; XIII – supervisionar as atividades da Secretaria Administrativa do Mercosul; XIV – homologar os Regimentos Internos da Comissão de Comércio e do Foro Consultivo Econômico-Social (art. 14 do Protocolo Adicional Ao Tratado De Assunção Sobre A Estrutura Institucional Do Mercosul – Protocolo De Ouro Preto).

4   MIRAGEM, Bruno. Aspectos característicos da disciplina do comércio eletrônico de consumo – Comentários ao Dec. 7.962, de 15.03.2013. *Revista de Direito do Consumidor*, n. 86, p. 293, mar.--abr./2013.

Em relação à contratação, tendo em vista a sua agilidade quando é feita pela Internet, o art. 4º do Decreto em questão determina ao fornecedor "apresentar sumário do contrato antes da contratação, com as informações necessárias ao pleno exercício do direito de escolha do consumidor, enfatizadas as cláusulas que limitem direitos" (inciso I).

Segundo Bruno Miragem, embora a norma fale em "apresentar sumário do contrato", o que poderia levar ao entendimento de que não seria necessário disponibilizar ao consumidor todas as suas condições, a "interpretação conforme a lei, é que o dever de oferecer o sumário do contrato não afasta o dever de acesso prévio a todo o contrato, de modo a converter-se em opção do consumidor acessar um ou o outro".[5] Celebrado o negócio, o fornecedor deverá "disponibilizar o contrato ao consumidor em meio que permita sua conservação e reprodução" (art. 4º, IV).

O Decreto exige, ainda, como forma de garantir o acesso facilitado ao consumidor, que o fornecedor: i) forneça ferramentas eficazes ao consumidor para identificação e correção imediata de erros ocorridos nas etapas anteriores à finalização da contratação; ii) confirme imediatamente o recebimento da aceitação da oferta; iii) mantenha serviço adequado e eficaz de atendimento em meio eletrônico, que possibilite ao consumidor a resolução de demandas referentes a informação, dúvida, reclamação, suspensão ou cancelamento do contrato; iv) confirme imediatamente o recebimento das demandas do consumidor, pelo mesmo meio empregado por ele; e v) utilize mecanismos de segurança eficazes para pagamento e para tratamento de dados do consumidor (art. 4º, II, III, V, VI e VII). O fornecedor terá o prazo de cinco dias para se manifestar sobre as demandas feitas pelo consumidor (art. 4º, parágrafo único).

Por fim, a norma regulou a oferta para compra coletiva, caracterizada por um "sistema em que fornecedores de produtos e serviços anunciam em um determinado site de Internet determinada oferta cuja contratação deve se dar exclusivamente por meio do provedor, comprometendo-se a assegurar uma vantagem substancial (normalmente desconto no preço), sob a condição de que determinado número de consumidores venham a celebrar o contrato".[6]

O Decreto prevê que, nessas situações, os sítios eletrônicos disponibilizem ao consumidor, além das informações exigidas para a comercialização eletrônica, as seguintes: i) quantidade mínima de consumidores para a efetivação do contrato; ii) prazo para utilização da oferta pelo consumidor; e, iii) identificação do fornecedor responsável pelo sítio eletrônico e do fornecedor do produto ou serviço ofertado (art. 3º).

II – O Marco Civil da Internet – Lei nº 12.965/2014
a) Princípios da lei:

Em 23 de abril de 2014 foi editada a Lei nº 12.965/2014, estabelecendo princípios, garantias, direitos e deveres para o uso da internet no Brasil e determinando as

---

[5] *Idem*, p. 296.
[6] MIRAGEM, Bruno. *Curso de direito do consumidor*. 4. ed. São Paulo: RT, 2013, p. 491.

diretrizes para atuação da União, dos Estados, do Distrito Federal e dos Municípios em relação à matéria (art. 1º, da Lei).[7]

O art. 2º da lei prevê como fundamento da disciplina do uso da internet "a livre iniciativa, a livre concorrência e a defesa do consumidor" (inciso V). O art. 3º estabelece os seguintes princípios para o uso da internet:

> I – garantia da liberdade de expressão, comunicação e manifestação de pensamento, nos termos da Constituição Federal;
>
> II – proteção da privacidade;
>
> III – proteção dos dados pessoais, na forma da lei;
>
> IV – preservação e garantia da neutralidade de rede;[8]
>
> V – preservação da estabilidade, segurança e funcionalidade da rede, por meio de medidas técnicas compatíveis com os padrões internacionais e pelo estímulo ao uso de boas práticas;
>
> VI – responsabilização dos agentes de acordo com suas atividades, nos termos da lei;
>
> VII – preservação da natureza participativa da rede;
>
> VIII – liberdade dos modelos de negócios promovidos na internet, desde que não conflitem com os demais princípios estabelecidos nesta Lei.
>
> Parágrafo único. Os princípios expressos nesta Lei não excluem outros previstos no ordenamento jurídico pátrio relacionados à matéria ou nos tratados internacionais em que a República Federativa do Brasil seja parte.

b) Direito ao sigilo da intimidade do usuário:

O art. 7º, XIII prevê, expressamente, a aplicação das normas de proteção e defesa do consumidor às relações de consumo realizadas na internet. De fato, a maior parte dos contratos eletrônicos é celebrada por consumidores.

A legislação preocupa-se com o sigilo da intimidade do consumidor, de suas comunicações e informações pessoais (arts. 7º, 10, 11 e 12).[9]

---

[7] Segundo Tarcisio Teixeira "suas regras e princípios têm implicação direta em tudo o que ocorre na internet em âmbito brasileiro, inclusive o *e-commerce*, enquanto operações envolvendo a produção e a circulação de bens e de serviços" (TEIXEIRA, Tarcisio. Responsabilidade civil no comércio eletrônico: a livre-iniciativa e a defesa do consumidor. *In:* DE LUCCA, Newton; SIMÃO FILHO, Adalberto; LIMA, Cíntia Rosa Pereira de (org.). *Direito e Internet III:* Marco civil da internet. São Paulo: Quartier Latin, 2015, t. II, p. 343).

[8] "A neutralidade de rede prevê que o tráfego de qualquer dado deve ser feito com a mesma qualidade e velocidade, sem discriminação, sejam dados, vídeos etc." (VERGUEIRO, Luiz Fabricio Thaumaturgo. Marco civil da internet e guerra cibernética: análise comparativa à luz do Manual de Talin sobre os princípios do direito internacional aplicáveis à guerra cibernética. *In:* DE LUCCA, Newton; SIMÃO FILHO, Adalberto; LIMA, Cíntia Rosa Pereira de (org.). *Direito e Internet III:* Marco civil da internet. São Paulo: Quartier Latin, 2015, t. II, p. 625).

[9] A preocupação com os dados pessoais dos cidadãos fez que fosse editada a Lei nº 13.709, de 14 de agosto de 2018, Lei Geral de Proteção de Dados Pessoais. A proteção de dados tem como um de seus fundamentos, "a livre-iniciativa, a livre concorrência e a defesa do consumidor" (art. 2º,

Para o Marco Civil da Internet existem dois tipos de provedores: *(i) de conexão*, que oferecem "a habilitação de um terminal para envio e recebimento de pacotes de dados pela internet, mediante a atribuição ou autenticação de um endereço IP" (art. 5º, V[10]); e, *(ii) de aplicação*, que fornecem "funcionalidades que podem ser acessadas por meio de um terminal conectado à *internet*" (art. 5º, VII). Essas funcionalidades podem ser as mais variadas: serviços de *e-mail*, rede social, hospedagem de dados, compartilhamento de vídeos etc.

A lei elenca duas categorias de dados que devem ser obrigatoriamente armazenados: os de conexão (art. 13[11]) e os registros de acesso à aplicação (art. 15[12]). A necessidade de guarda desses dados tem por função facilitar a identificação de usuários pela autoridade competente, para fim de responsabilizá-los por atos ilícitos e danosos (art. 3º, VI). Por outro lado, a legislação estabelece restrição ao acesso de referidos dados armazenados, como forma de garantir a privacidade e a proteção da vida privada dos usuários da internet. Nesse contexto, restringe-se a quantidade de informações que devem ser armazenadas pelas empresas, de modo que não há previsão legal atribuindo aos provedores de aplicações que oferecem serviços de *e-mail* a obrigação de armazenar as mensagens recebidas ou enviadas pelo usuário e que foram deletadas.[13]

O STJ, analisando situação em que a conta de *e-mail* de usuário foi hackeada, não responsabilizou a provedora por entender que, no caso concreto, não haveria nexo causal:

> 9. Na espécie, é incontroverso que o recorrente teve a sua conta de e-mail invadida por um hacker, o qual também acessou a sua carteira de bitcoins e transferiu criptomoedas para a conta de outro usuário. *Todavia, é descabida a atribuição de responsabilidade à recorrida por tais danos materiais, porquanto, ainda que a gerenciadora adote o sistema de dupla autenticação, qual seja, digitação da senha e envio, via e-mail, do link de acesso, a simples entrada neste é insuficiente para propiciar o ingresso na carteira e virtual e, consequentemente, a transação das cryptocoins.* Logo, a ausência de nexo causal entre o dano e a conduta da recorrida obsta a atribuição a esta da responsabilidade pelo prejuízo material experimentado pelo recorrente (REsp 1.885.201/SP citado) (g.n.).

Muito embora exista o direito de sigilo dos usuários, algumas informações devem ser guardadas pelo provedor e podem ser disponibilizadas quando requeridas por meio

---

[VI). Havendo violação do direito assegurado na lei no âmbito das relações de consumo, a responsabilidade será regulada pelo Código de Defesa do Consumidor (art. 45 da LGPD).

[10] Considera-se "endereço de protocolo de internet (endereço IP): o código atribuído a um terminal de uma rede para permitir sua identificação, definido segundo parâmetros internacionais" (art. 5º, III da Lei 12.965/2014).

[11] "Art. 13. Na provisão de conexão à internet, cabe ao administrador de sistema autônomo respectivo o dever de manter os registros de conexão, sob sigilo, em ambiente controlado e de segurança, pelo prazo de 1 (um) ano, nos termos do regulamento".

[12] "Art. 15. O provedor de aplicações de internet constituído na forma de pessoa jurídica e que exerça essa atividade de forma organizada, profissionalmente e com fins econômicos deverá manter os respectivos registros de acesso a aplicações de internet, sob sigilo, em ambiente controlado e de segurança, pelo prazo de 6 (seis) meses, nos termos do regulamento".

[13] STJ, 3ª T., REsp. 1.885.201/SP, Rel. Min. Nancy Andrighi, ac. 23.11.2021, *DJe* 25.11.2021.

de ordem judicial. Assim é que os provedores devem registrar o número do IP de seus usuários, suficiente para a sua identificação:

> 3. Ainda que não exija os dados pessoais dos seus usuários, o provedor de conteúdo, que registra o número de protocolo na internet (IP) dos computadores utilizados para o cadastramento de cada conta, *mantém um meio razoavelmente eficiente de rastreamento dos seus usuários, medida de segurança que corresponde à diligência média esperada dessa modalidade de provedor de serviço de internet*. Precedentes.
>
> 4. A jurisprudência deste Superior Tribunal de Justiça é consolidada no sentido de – *para adimplir sua obrigação de identificar usuários que eventualmente publiquem conteúdos considerados ofensivos por terceiros – é suficiente o fornecimento do número IP correspondente à publicação ofensiva indicada pela parte.*
>
> 5. O Marco Civil da Internet tem como um de seus fundamentos a defesa da privacidade e, assim, *as informações armazenadas a título de registro de acesso a aplicações devem estar restritas somente àquelas necessárias para o funcionamento da aplicação e para a identificação do usuário por meio do número IP*. (g.n.)[14]

Ainda em relação ao direito de sigilo, o STJ reconheceu a legalidade da identificação de usuários em determinada localização geográfica para o fim de instruir processo criminal, aos seguintes argumentos:

a) "o direito ao sigilo não possui, na compreensão da jurisprudência pátria, dimensão absoluta", de modo que é possível afastar sua proteção quando presentes circunstâncias que denotem a existência de interesse público relevante, invariavelmente por meio de decisão proferida por autoridade judicial competente, suficientemente fundamentada, especialmente para fins de investigação criminal ou de instrução processual criminal;

b) "a quebra de dados informáticos estáticos, relativos a arquivos digitais de registros de conexão ou acesso a aplicações de internet e eventuais dados pessoais a eles vinculados, é absolutamente distinta daquela que ocorre com as interceptações das comunicações, as quais dão acesso ao fluxo de comunicações de dados, isto é, ao conhecimento do conteúdo da comunicação travada com o seu destinatário";

c) os dispositivos que se referem às interceptações das comunicações "não se aplicam a procedimento que visa a obter dados pessoais estáticos armazenados em servidores e sistemas informatizados de um provedor de serviços de internet. A quebra do sigilo de dados, na hipótese, corresponde à obtenção de registros informáticos existentes ou dados já coletados";

d) quando a requisição é dirigida a um provedor de serviço de conexão ou aplicações de internet – cuja relação é prevista no Marco Civil da Internet –, não há exigência de que a ordem judicial especifique previamente as pessoas objeto da investigação ou que a prova da infração (ou da autoria) possa ser realizada por outros meios. "Assim, para que o magistrado possa requisitar dados pessoais armazenados por provedor de serviços de internet, mostra-se satisfatória a indicação dos seguintes elementos previstos

---

[14] STJ, 3ª T, REsp 1.829.821/SP, Rel. Min. Nancy Andrighi, ac. 25.08.2020, *DJe* 31.08.2020.

na lei: a) indícios da ocorrência do ilícito; b) justificativa da utilidade da requisição; e c) período ao qual se referem os registros";

e) a quebra de dados informáticos é adequada na medida em que serve como mais um instrumento que pode auxiliar na elucidação dos delitos e é proporcional em sentido estrito, porque a restrição a direitos fundamentais que dela redundam – tendo como finalidade a apuração de crimes dolosos contra a vida, de repercussão internacional – não enseja gravame às pessoas eventualmente afetadas, as quais não terão seu sigilo de dados registrais publicizados, os quais, se não constatada sua conexão com o fato investigado, serão descartados.[15]

Em relação ao dever de guarda e disponibilização dos registros de conexão e de acesso a aplicações de *internet*, vale trazer o seguinte acórdão do STJ, que distingue a obrigação do provedor de conexão e de aplicação, bem como demonstra hipótese em que o direito de privacidade do usuário não prevalece:

1. "Nos termos da Lei n. 12.965/2014 (art. 22), a parte interessada poderá pleitear ao juízo, com o propósito de formar conjunto probatório em processo judicial cível ou penal, em caráter incidental ou autônomo, que ordene ao responsável pela guarda o fornecimento de registros de conexão ou de registros de acesso a aplicações de internet [...]" (REsp n. 1859665/SC, de minha relatoria, Quarta Turma, julgado em 09.03.2021, *DJe* 20/04/2021).

2. Em relação ao dever jurídico em si de prestar informações sobre a identidade de usuário de serviço de internet, ofensor de direito alheio, o entendimento mais recente da Corte reconhece a obrigação do provedor de conexão/acesso à internet de, uma vez instado pelo Poder Judiciário, fornecer, com base no endereço de IP ("Internet Protocol"), os dados cadastrais de usuário autor de ato ilícito, sendo possível a imposição de multa no caso de descumprimento da ordem, "mesmo que seja para a apresentação de dados cadastrais" (REsp n. 1.785.092/SP, Rel. Ministra Nancy Andrighi, Terceira Turma, julgado em 07.5.2019, *DJe* 9.5.2019).

3. Tal conclusão encontra apoio no entendimento já consagrado nesta Corte Superior de que, enquanto aos provedores de aplicação é exigida a guarda dos dados de conexão (nestes incluído o respectivo IP), aos provedores de acesso ou de conexão cumprirá a guarda de dados pessoais dos usuários, sendo evidente, na evolução da jurisprudência da Corte, a tônica da efetiva identificação do usuário.

4. No caso em análise, ao contrário do que firmado pelas instâncias ordinárias, os pedidos autorais traduziram com rigor a finalidade do provimento judicial, não havendo falar-se, portanto, em inobservância aos limites objetivos da lide. Do mesmo modo, a obrigatoriedade de identificação dos usuários pelas empresas de conexão de internet, ainda que não tenham integrado a relação jurídico processual, decorre do próprio dever legal da guarda, nos termos dos arts. 10, § 1º, e 22 da Lei n. 12.956/2014, circunstância que não implica a condenação de terceiros, mas sim desdobramento do processo.

---

[15] STJ, 3ª Seção, RMS 61.302/RJ, Rel. Min. Rogerio Schietti Cruz, ac. 26.08.2020, *DJe* 04.09.2020.

5. Nesse contexto, havendo indícios de ilicitude e em se tratando de pedido específico voltado à obtenção dos dados cadastrais (como nome, endereço, RG e CPF) dos usuários cuja remoção já tenha sido determinada – a partir dos IPs já apresentados pelo provedor de aplicação –, a privacidade do usuário não prevalece. Conclui-se, assim, pela possibilidade de que os provedores de conexão/acesso forneçam os dados pleiteados, ainda que não tenham integrado a relação processual em que formulado o requerimento para a identificação do usuário.[16]

c) Comércio eletrônico:

No que se refere ao comércio eletrônico, a legislação prevê: i) a "aplicação das normas de proteção e defesa do consumidor nas relações de consumo realizadas na internet" (art. 7º, XIII); e, ii) a nulidade, de pleno direito, das cláusulas contratuais que violem o direito à privacidade e à liberdade de expressão nas comunicações; que impliquem ofensa à inviolabilidade e ao sigilo das comunicações privadas, pela internet; ou que, em contrato de adesão, não ofereçam como alternativa ao contratante a adoção do foro brasileiro para solução de controvérsias decorrentes de serviços prestados no Brasil (art. 8º).

d) Responsabilidade do provedor de aplicação por conteúdos ofensivos:

O art. 19 da lei positivou a chamada teoria do *notice and takedown*, segundo a qual o provedor somente se responsabiliza se, após ordem judicial específica, não tomar as providências necessárias para tornar indisponível o conteúdo ofensivo e ilegal publicado em seu site.

Para Carlos Affonso Pereira de Souza, referido dispositivo, ao indicar o seu intuito de assegurar a liberdade de expressão e impedir a censura, visa a garantir "que a liberdade de expressão não sofra restrições indevidas, sendo a mesma alçada à parâmetro de interpretação teleológica de todo o sistema de responsabilização" previsto na lei.[17]

A responsabilidade, pela lei, é subjetiva e deriva da falha em cumprir *ordem judicial* que determine que certo conteúdo divulgado é ilícito. Com efeito, ao prestigiar o Poder Judiciário como instância legítima para definir o que é conteúdo ilícito,[18] a nova legislação afastou-se do posicionamento do STJ, no sentido de que o provedor se responsabiliza solidariamente com o autor direto do dano, caso não retire o material do ar imediatamente após ser comunicado de que determinado texto ou imagem possui conteúdo ilícito.[19] De fato, "não é exigido ao provedor que proceda a controle prévio de

---

[16] STJ, 4ª T., REsp 1.914.596/RJ, Rel. Min. Luis Felipe Salomão, ac. 23.11.2021, *DJe* 08.02.2022.

[17] SOUZA, Carlos Affonso Pereira de. As cinco faces da proteção à liberdade de expressão no Marco Civil da Internet. *In:* DE LUCCA, Newton; SIMÃO FILHO, Adalberto; LIMA, Cíntia Rosa Pereira de (org.). *Direito e Internet III: Marco civil da internet.*. São Paulo: Quartier Latin, 2015, t. II, p. 398.

[18] SOUZA, Carlos Affonso Pereira de. As cinco faces da proteção à liberdade de expressão no Marco Civil da Internet *cit.*, p. 404.

[19] STJ, 3ª T., REsp. 1.193.764/SP, Rel. Min. Nancy Andrighi, ac. 14.12.2010, *DJe* 08.08.2011. No mesmo sentido: "Por outro lado, o provedor de conteúdo poderá ser responsabilizado caso se mantenha inerte após ter sido instado pelo usuário a retirar mensagens causadoras de ofensa aos direitos do

conteúdo disponibilizado por usuários, pelo que não se lhe aplica a responsabilidade objetiva prevista no art. 927, parágrafo único, do CC/2002".[20]

Nesse contexto, notificado pelo particular a respeito de conteúdo supostamente ofensivo – salvo se se referir à violação da intimidade decorrente da divulgação, sem autorização de seus participantes, de imagens, de vídeos ou de outros materiais contendo cenas de nudez ou atos sexuais de caráter privado (art. 21, *caput*) –, o provedor tem a faculdade de remover ou não a informação segundo os seus próprios parâmetros:

> Já que gozam de isenção de responsabilidade no *caput* do art. 19, com as referidas exceções, devem os provedores tomar o exercício da liberdade de expressão como vetor de suas atividades e apenas tomar medidas para filtrar, bloquear ou remover conteúdos quando, fora das hipóteses previstas em lei, razões muito evidentes assim determinem.[21]

A legislação brasileira, então, aproximou-se do direito argentino, que relegou ao Poder Judiciário a função de decidir sobre a ilicitude de conteúdo disponibilizado na internet, excepcionando a regra apenas ao tratamento dos direitos autorais (art. 19, § 2º) e aos materiais que possam ser enquadrados como "pornografia de vingança" (art. 21).

Antes mesmo do Decreto nº 7.692/2013 e da Lei nº 12.965/2014 (Marco Civil da Internet), a jurisprudência brasileira admitia a responsabilização das sociedades proprietárias de redes sociais e sites de relacionamento, especialmente em relação a danos causados por publicações de conteúdo falso ou ofensivo. Embora reconhecesse a dificuldade em se monitorar antecipadamente o conteúdo postado nas redes socais, a responsabilidade das empresas se justificava em razão da omissão da comunicação, ainda que de forma extrajudicial, a respeito da matéria lesiva, e por não adotar medidas necessárias à retirada do conteúdo do site.[22] Assim, haveria o dever dessas empresas em remover imediatamente os conteúdos ilícitos ou nocivos a outros usuários:

> 3. A fiscalização prévia, pelo provedor de conteúdo, do teor das informações postadas na web por cada usuário não é atividade intrínseca ao serviço prestado, de modo que não se pode reputar defeituoso, nos termos do art. 14 do CDC, o site que não examina e filtra os dados e imagens nele inseridos.
>
> 4. O dano moral decorrente de mensagens com conteúdo ofensivo inseridas no site pelo usuário não constitui risco inerente à atividade dos provedores de conteúdo, de modo que não se lhes aplica a responsabilidade objetiva prevista no art. 927, parágrafo único, do CC/02.

---

recorrente. Precedentes" (STJ, 4ª T., AgInt no AREsp 922.355/SP, Rel. Min. Raul Araújo, ac. 25.10.2021, DJe 25.11.2021).

[20] STJ, 4ª T., AgInt no REsp 1.803.362/SP, Rel. Min. Luis Felipe Salomão, ac. 06.08.2019, DJe de 13.08.2019.
[21] SOUZA, Carlos Affonso Pereira de. As cinco faces da proteção à liberdade de expressão no Marco Civil da Internet, cit., p. 404.
[22] TEPEDINO, Gustavo et. al. Fundamentos do direito civil – 4 Responsabilidade civil. Rio de Janeiro: Forense, 2020, p. 76-78.

5. Ao ser comunicado de que determinado texto ou imagem possui conteúdo ilícito, deve o provedor agir de forma enérgica, retirando o material do ar imediatamente, sob pena de responder solidariamente com o autor direto do dano, em virtude da omissão praticada.

6. Ao oferecer um serviço por meio do qual se possibilita que os usuários externem livremente sua opinião, deve o provedor de conteúdo ter o cuidado de propiciar meios para que se possa identificar cada um desses usuários, coibindo o anonimato e atribuindo a cada manifestação uma autoria certa e determinada. Sob a ótica da diligência média que se espera do provedor, deve este adotar as providências que, conforme as circunstâncias específicas de cada caso, estiverem ao seu alcance para a individualização dos usuários do site, sob pena de responsabilização subjetiva por culpa *in omittendo*.

7. A iniciativa do provedor de conteúdo de manter em site que hospeda rede social virtual um canal para denúncias é louvável e condiz com a postura esperada na prestação desse tipo de serviço – de manter meios que possibilitem a identificação de cada usuário (e de eventuais abusos por ele praticado) – mas a mera disponibilização da ferramenta não é suficiente. É crucial que haja a efetiva adoção de providências tendentes a apurar e resolver as reclamações formuladas, mantendo o denunciante informado das medidas tomadas, sob pena de se criar apenas uma falsa sensação de segurança e controle.[23]

Em síntese:

4. A jurisprudência do Superior Tribunal de Justiça define que (a) para fatos anteriores à publicação do Marco Civil da Internet, caso dos autos, basta a ciência inequívoca do conteúdo ofensivo pelo provedor, sem sua retirada em prazo razoável, para que este se torne responsável e, (b) após a entrada em vigor da Lei nº 12.965/2014, o termo inicial da responsabilidade solidária do provedor é o momento da notificação judicial que ordena a retirada do conteúdo da internet.[24]

Gustavo Tepedino, embora entenda louvável a disposição legal que positiva o entendimento já há muito adotado jurisprudencialmente, critica a necessidade de prévia ordem judicial, na medida em que vulnera ainda mais a vítima atingida pelo dano que será obrigada a se valer da justiça para obter a proteção aos seus direitos. Segundo o autor, "a velocidade sem precedentes com a qual as informações circulam na internet,

---

[23] STJ, 3ª T., REsp 1.308.830/RS, Rel. Min. Nancy Andrighi, ac. 08.05.2012, *DJe* 19.06.2012. No mesmo sentido, demonstrando que a responsabilidade do provedor de conteúdo é subjetiva – e não objetiva: "2. Conforme a jurisprudência deste Tribunal Superior, não incide aos provedores de conteúdo da internet a responsabilidade objetiva prevista no art. 927, parágrafo único, do CC/02, sendo descabida, ainda, a exigência de fiscalização prévia. 2.1. Aos provedores de conteúdo aplica-se a tese da responsabilidade subjetiva, segundo a qual o provedor torna-se responsável solidariamente com aquele que gerou o conteúdo ofensivo se, ao tomar conhecimento da lesão que determinada informação causa, não tomar as providências necessárias para removê-la. Precedentes" (STJ, 4ª T., AgInt no AREsp 685.720/SP, Rel. Min. Marco Buzzi, ac. 13.10.2020, *DJe* 16.10.2020).

[24] STJ, 3ª T., REsp 1.593.249/RJ, Rel. Min. Ricardo Villas Bôas Cueva, ac. 23.11.2021, *DJe* 09.12.2021.

aumentando exponencialmente a exposição da vítima e, consequentemente, o dano sofrido, parece não se coadunar com a morosa opção legislativa de condicionar o dever do provedor de acesso de retirar o conteúdo lesivo à sua notificação judicial".[25]

e) Responsabilidade do provedor de pesquisa:

Por fim, o STJ já decidiu não ser possível impor aos provedores de aplicações de pesquisa na internet o ônus de instalar filtros ou criar mecanismos para eliminar de seu sistema a exibição de resultados de *links* contendo o documento supostamente ofensivo:

> 3. O provedor de pesquisa é uma espécie do gênero provedor de conteúdo, pois não inclui, hospeda, organiza ou de qualquer outra forma gerencia as páginas virtuais indicadas nos resultados disponibilizados, se limitando a indicar links onde podem ser encontrados os termos ou expressões de busca fornecidos pelo próprio usuário. [...]
>
> 5. Os provedores de pesquisa realizam suas buscas dentro de um universo virtual, cujo acesso é público e irrestrito, ou seja, seu papel se restringe à identificação de páginas na web onde determinado dado ou informação, ainda que ilícito, estão sendo livremente veiculados. Dessa forma, ainda que seus mecanismos de busca facilitem o acesso e a consequente divulgação de páginas cujo conteúdo seja potencialmente ilegal, fato é que essas páginas são públicas e compõem a rede mundial de computadores e, por isso, aparecem no resultado dos sites de pesquisa.
>
> 6. Os provedores de pesquisa não podem ser obrigados a eliminar do seu sistema os resultados derivados da busca de determinado termo ou expressão, tampouco os resultados que apontem para uma foto ou texto específico, independentemente da indicação do URL da página onde este estiver inserido.
>
> 7. Não se pode, sob o pretexto de dificultar a propagação de conteúdo ilícito ou ofensivo na web, reprimir o direito da coletividade à informação. Sopesados os direitos envolvidos e o risco potencial de violação de cada um deles, o fiel da balança deve pender para a garantia da liberdade de informação assegurada pelo art. 220, § 1º, da CF/88, sobretudo considerando que a Internet representa, hoje, importante veículo de comunicação social de massa.
>
> 8. Preenchidos os requisitos indispensáveis à exclusão, da web, de uma determinada página virtual, sob a alegação de veicular conteúdo ilícito ou ofensivo – notadamente a identificação do URL dessa página – a vítima carecerá de interesse de agir contra o provedor de pesquisa, por absoluta falta de utilidade da jurisdição. Se a vítima identificou, via URL, o autor do ato ilícito, não tem motivo para demandar contra aquele que apenas facilita o acesso a esse ato que, até então, se encontra publicamente disponível na rede para divulgação.[26]

---

[25] TEPEDINO, Gustavo et. al. *Fundamentos do direito civil, cit.*, p. 79-80. No mesmo sentido, também criticando esse dispositivo legal, SCHREIBER, Anderson. A responsabilidade civil por dano derivado do conteúdo geral por terceiro. In: DE LUCCA, Newton; SIMÃO FILHO, Adalberto; LIMA, Cíntia Rosa Pereira de (org.). *Direito e Internet III:* Marco civil da internet – tomo II. São Paulo: Quartier Latin, 2015, v. 1, p. 277-304.

[26] STJ, 4ª T., REsp 1.316.921/RJ, Rel. Min. Nancy Andrighi, ac. 26.06.2012, *DJe* 29.06.2012. No mesmo sentido: STJ, 3ª T., Resp. 1.771.911/SP, Rel. Min. Nancy Andrighi, ac. 16.03.2021, *DJe* 26.04.2021.

O Ministro Ricardo Villas Bôas Cueva, no recurso especial 1.593.249/RJ (citado acima), ressaltou, quanto ao tema, ser um contrassenso "afirmar que aos provedores de aplicações de pesquisa não se pode impor o ônus de promover o controle prévio de seus resultados para fins de supressão de links relacionados com conteúdo manifestamente ilícito gerado por terceiros e impor a eles a obrigação de remover todos os links provenientes dos resultados de busca relacionados aos nomes das partes". Por isso, é importante "notar que há diferença ontológica entre desindexação de resultados de busca e remoção/exclusão de conteúdo específico constante de páginas precisamente indicadas pelos URLs". Assim, entendeu inviável determinar a exclusão de resultados de busca a partir da combinação de termos de pesquisa ou palavras-chaves – procedimento que é repudiado pela Corte – e que não se confunde com a remoção de conteúdo pela indicação específica de URLs[27].

3.3. NEGÓCIO FINAL E NEGÓCIO DE INTERMEDIAÇÃO POR MEIO ELETRÔNICO

O comércio eletrônico nada mais é do que uma modalidade de contratação a distância, de sorte que a ele se aplicam as regras que o CDC contém a respeito desse tipo de relação de consumo,[28] além das normas específicas trazidas pelo Decreto nº 7.962/2013.

Nesse universo negocial insere-se "qualquer forma de transação ou intercâmbio de informações comerciais baseadas na transmissão de dados sobre redes de comunicação. Assim, [o comércio eletrônico] abrange não só a compra e venda 'eletrônica', mas também o uso da rede para atividades anteriores e posteriores à venda, tais como a *publicidade, a assistência técnica, a busca de informações* etc." (grifamos).[29]

Pela Internet realizam-se contratos empresariais comuns e também contratos de consumo. Realizam-se negócios diretos entre consumidores e fornecedores de produtos e serviços, bem como negócios de publicidade e intermediação.

Quando o intercâmbio eletrônico se faz diretamente entre o fornecedor e o consumidor, o regime de obrigações e responsabilidades não oferece dificuldade alguma, pois em nada difere do que acontece no plano tradicional de contratação. O fabricante e o vendedor assumem a mesma responsabilidade objetiva pelos acidentes de consumo, pouco importando tenha sido o contrato ultimado pelas vias tradicionais ou por instrumento eletrônico (CDC, arts. 12 e 18).

Os agentes de intermediação, por seu lado, se não respondem como fornecedores quando atuam como auxiliares destes (leiloeiros, corretores, mandatários, prepostos, agentes financiadores, agentes comerciais, agentes publicitários etc.), também não responderão pelo inadimplemento do contrato final firmado diretamente pelo fornecedor, ou em seu nome concluído por alguém que o tenha representado juridicamente.

---

[27] STJ, 3ª T., REsp. 1.593.249/RJ, Rel. Min. Ricardo Villas Bôas Cueva, ac. 23.11.2021, *DJe* 09.12.2021.
[28] MARQUES, Claudia Lima. *Confiança no comércio eletrônico e a proteção do consumidor*. São Paulo: RT, 2004. p. 38.
[29] ROCHA, Roberto Silva. Natureza jurídica dos contratos celebrados com *sites* de intermediação no comércio eletrônico. *Revista de Direito do Consumidor*, São Paulo, v. 61, p. 237, jan.-mar./2007.

A situação não se altera quando a intermediação se dá por via eletrônica; principalmente em casos como o do Brasil em que a lei especial, apesar de particularizar algumas questões específicas do tratamento jurídico dos contratos eletrônicos, não os afasta do regime geral dos negócios comumente praticados no mercado.

Na Comunidade Europeia, a Diretiva 2000/1931, de 08.06.2000, procura distinguir, nas redes de comunicação, as situações em que o prestador de serviços de *intermediação* (dito provedor de conteúdo) possa ser ou não responsabilizado pelas informações transmitidas via Internet. A base da distinção é a neutralidade, ou não, do intermediador perante a informação transmitida: a) se o prestador se posta na origem da transmissão, isto é, se cria ou controla a informação, e seleciona o destinatário, torna-se responsável por seu conteúdo; b) se, porém, apenas oferece a informação criada por terceiro, sem qualquer interferência em seu conteúdo, não responde o provedor pela informação de terceiro (Diretiva 2000/1931, art. 12º).

Na primeira hipótese, tem-se uma verdadeira prestação de serviços, sob comando inequívoco do provedor, razão pela qual sua responsabilidade pelo destino e cumprimento do contrato final de consumo tem sido reconhecida.[30]

O certo é que "o gestor de um *marketplace* virtual não é parte nas relações entre comprador e vendedor, atuando como uma espécie de intermediário que disponibiliza a infraestrutura necessária àqueles negócios;[31] contudo, no que toca à sua prestação específica, no sentido de viabilizar a 'plataforma' digital, trata-se de um fornecedor, que poderá vir a responder por seus próprios atos".[32]

A eventual responsabilidade não é pelo vício ou defeito da coisa vendida, de forma objetiva e automática, como ocorre com o vendedor. Só ocorrerá por falha do leiloeiro cometida entre os deveres que lhe impõe a natureza dos serviços eletrônicos desempenhados.

Se, portanto, o agenciamento da aquisição eletrônica se deu por intermediação simples, sem interferência pessoal do provedor sobre o conteúdo do negócio, não se lhe pode atribuir responsabilidade por acidente de consumo, posterior a consumação da compra e venda entre o anunciante e o consumidor adquirente. Nesse sentido decidiu, corretamente, o Tribunal de Justiça de São Paulo, *in verbis*:

> *Danos morais – Responsabilidade civil – Prestação de serviços – Internet – Compra e venda mediada por empresa virtual.*

---

[30] Claudia Lima Marques considera sujeitos à responsabilidade definida no CDC os leilões praticados pela Internet, porque constituem "atividade comercial, dada a remuneração direta [...] ou indireta [...] do organizador" (*Confiança no comércio eletrônico e a proteção do consumidor. cit.*, p. 218). Não cremos, porém, que a comercialidade e a onerosidade tenham força para desnaturar, por si sós, a natureza do negócio de intermediação. A corretagem não deixa de ser corretagem, o mandato não deixa de ser mandato, a agência não deixa de ser agência, pela circunstância de o corretor, o mandatário e o agente (representante comercial) perceberem remuneração proporcional aos negócios intermediados.

[31] BRESSAN, Lucia. Le aste on line. In: *Commercio eletronico e tutela del consumatore* (a cura di G. Cassano). Milano, 2003, p. 221.

[32] MARTINS, Guilherme Magalhães. *Responsabilidade civil por acidente de consumo na internet*. São Paulo: RT, 2008, p. 77.

Não recebimento do produto anunciado por terceiro no sítio da requerida. Pagamento efetivado através de depósito em conta corrente de titularidade do vendedor. Empresa virtual que funciona como mero agente mediador. Espaço virtual para anúncio do produto e aproximação das partes. Cobrança de comissão do vendedor anunciante. Ocorrência. Contrato de adesão disponível em seu sítio, no qual há clausula expressa de não participação na transação entre vendedor e comprador, aceito pelo autor, que manteve contato telefônico com o vendedor e efetuou depósito em conta corrente conforme orientação daquele. *Responsabilidade da empresa ré que foi até o anúncio do produto e não alcança efeitos posteriores à transação*[33] (grifamos).

No mesmo sentido, julgado do Tribunal de Justiça do Rio Grande do Sul:

Caso dos autos em que o autor adquiriu motocicleta de vendedor residente na Roménia, divulgada na plataforma de anúncios da ré OLX, sem, no entanto, receber o bem. *Considerando que a demandada atua como mera aproximadora de vendedores e compradores, apenas publicizando em sua plataforma os anúncios de venda, não atuando diretamente como negociadora, inviável responsabilizá-la pelos danos sofridos pelo autor.* Assim, tendo em vista que comprovado que toda negociação fora realizada diretamente pelas partes por e-mail, sem qualquer ingerência da ré, impositivo o juízo de improcedência da demanda. Apelo do autor, que visava à majoração do *quantum* indenizatório arbitrado a título de dano moral, bem como a majoração dos honorários advocatícios fixados, que resta prejudicado[34] (grifamos).

Quando o provedor permite que o interessado em vender um produto utilize seu *site* para a competente divulgação, sem outra participação que não seja encaminhar o interessado na compra ao contato direto com o anunciante, na verdade o agenciamento pouco vai além da publicidade, já que a operação final de consumo será totalmente negociada e ultimada entre vendedor (fornecedor) e comprador (consumidor).

Em tais circunstâncias, o titular do estabelecimento virtual que proporcionou a publicidade do produto posto à venda pelo vendedor muito se assemelha à revista ou jornal que anunciam determinado produto, indicando o endereço real ou virtual do anunciante, para que o possível comprador possa efetuar a aquisição. Pelo inadimplemento da compra e venda e pelos defeitos ou vícios do produto, respondem os sujeitos desse contrato apenas. *In casu*, "O titular do estabelecimento virtual não responde pela veracidade e regularidade da publicidade de terceiros, porque, nesse caso, ele é apenas *veículo*" (grifamos).[35]

Quem não pode interferir nem na proposta (propaganda) nem na respectiva aceitação (pactuação da compra e venda) é claro que não há de ser responsabilizado

---

[33] TJSP, 36ª Câm. de Direito Privado, Ap. Civ. 918.326-0/0, ac. 04.05.2006, Rel. Des. Romeu Ricupero. *In*: MARTINS, Guilherme Magalhães. *Op. cit.* p. 78, nota 94.
[34] TJRS, 12ª Câmara Cível, Ap. 70078968591, Rel. Des. Pedro Luiz Pozza, ac. 30.01.2019, *DJe* 19.02.2019.
[35] COELHO, Fábio Ulhoa. *Curso de direito comercial*. 5. ed. São Paulo: Saraiva, 2005. v. 3, p. 45.

pelos eventos posteriores ao contrato, que apenas haverão de produzir efeitos na esfera dos contratantes.[36]

Entretanto, é necessário ressaltar que existem outras formas de participação do provedor nos negócios eletrônicos, em que sua atuação não se limita a intermediar o contrato, integrando verdadeiramente a relação contratual. Importante ressaltar lição de Têmis Limberger, que analisa as diversas formas de atuação do provedor na internet:

> Analisando as variadas formas de disponibilização de produtos na Internet, dentre os quais, os sites de leilão virtual, de compras coletivas etc., outras possibilidades são destacadas, como a loja virtual ser desenvolvida e mantida por um fornecedor, que possui o seu próprio provedor, sendo, portanto, o único responsável pelos danos que causar ao consumidor no comércio eletrônico. Em outra situação, o fornecedor desenvolve o software da loja virtual e todo o sistema de segurança e política de privacidade, mas terceiriza o serviço de hospedagem em um provedor. Por fim, o fornecedor pode, ainda, contratar com uma desenvolvedora de software especializada em comércio eletrônico, a qual desenvolve a loja virtual, oferece toda a infraestrutura e sistemas para a negociação eletrônica, podendo hospedar a loja virtual ou contratar esse serviço com um terceiro-provedor.[37]

Assim, é possível que o provedor, além de intermediar a compra e venda, forneça toda a estrutura virtual para que o negócio se realize. Nesses casos, segundo a jurisprudência do STJ, a operação ocorre inteiramente no site do provedor, razão pela qual "também passa a fazer parte da cadeia de fornecimento, nos termos do art. 7º, do CDC, junto com o vendedor do produto ou mercadoria".[38] Destarte, pode ser responsabilizado por eventuais prejuízos sofridos pelo consumidor.

Em caso de fraude eletrônica, provocada por estelionato perpetrado na internet, em que a adquirente nunca recebeu o bem negociado, o STJ entendeu que, embora o banco tenha emitido o boleto utilizado para pagamento, "não pode ser considerado um fornecedor da relação de consumo, pois não se verifica qualquer falha na prestação de seu serviço bancário".[39]

Situação diversa ocorre quando a empresa é a responsável pela plataforma intermediadora de pagamentos de compras realizadas pela internet. Nessas hipóteses, há responsabilidade pela não entrega do produto.[40]

---

[36] "Aliás, responsabilizar o provedor pela publicidade veiculada em *websites* acessados através de seus serviços é tão despropositado quanto pretender a responsabilidade da marcenaria que fabricou as gôndolas do supermercado pelo conteúdo dos anúncios nelas dependurados. Claro, quando o provedor promove seu próprio negócio na Internet, ele responde pela regularidade da informação transmitida, como qualquer outro anunciante, dentro ou fora da rede" (COELHO, Fábio Ulhoa. *Curso cit.*, v. 3, p. 46).

[37] LIMBERGER, Têmis. A vulnerabilidade do consumidor pela (des)informação e a responsabilidade civil dos provedores na Internet. *Revista de Direito do Consumidor*, n. 9, p. 261, jan.-mar./1994.

[38] Voto da Relatora Min. Nancy Andrighi, no REsp. 1.444.008/RS, 3ª T., ac. 25.10.2016, *DJe* 09.11.2016.

[39] STJ, 3ª T., REsp. 1.786.157/SP, Rel. Min. Nancy Andrighi, ac. 03.09.2019, *DJe* 05.09.2019.

[40] TJRS, 21ª Câmara Cível. Ap. 70079724944, Rel. Des. Marcelo Bandeira Pereira, *DJ* 18.12.2018.

3.4. RESPONSABILIDADE CIVIL DO INTERMEDIADOR ELETRÔNICO

I - O provedor de conteúdo agindo como mero intermediário na celebração do contrato

Não se pode atribuir a um provedor de conteúdo, em tais condições, senão a qualidade jurídica de simples intermediário, e, assim sendo, não lhe cabe responsabilidade alguma sobre as consequências do contrato afinal firmado entre o anunciante e o terceiro comprador do bem anunciado pelo *site* de intermediação pura.[41]

No Brasil não há lei especial para regular a responsabilidade civil dos serviços de intermediação e publicidade prestados por meio eletrônico de transmissão de dados. No direito comparado, onde se regulou especificamente a matéria, a orientação seguida foi no sentido de só se responsabilizar o provedor de intermediação quando ele próprio gere a mensagem ou quando exerça filtragem capaz de previamente controlar o respectivo conteúdo.[42]

Inexistindo lei especial, o regime da responsabilidade civil nas intermediações negociais há de seguir as regras comuns disciplinadoras das respectivas atividades, isto é, as regras próprias da corretagem, da agência, do mandato, da preposição, da publicidade etc. E nesse regime o que prevalece, salvo dolo ou falha no cumprimento de obrigações inerentes à própria intermediação, é a não responsabilidade do intermediário pelos efeitos danosos ocorridos após o aperfeiçoamento do contrato final entre comprador e vendedor, contrato esse sobre o qual não há interferência do mediador.

É que, sendo independentes os negócios de intermediação e de compra e venda, não se pode entrever relação de causalidade entre o descumprimento do último pelo vendedor e as obrigações assumidas pelo intermediador no primeiro. Mesmo que ambos sejam qualificados como contratos de consumo, há nítida separação de conteúdo entre eles, de sorte que um pode, perfeitamente, ser violado sem contaminar o outro. O certo é que o provedor de conteúdo, na prestação de serviços de comunicação eletrônica, cessa sua participação na cadeia contratual muito antes de o comprador aperfeiçoar o contrato final com o anunciante. Naquela altura, não há mais relação de consumo

---

[41] "Quando o provedor de conteúdo veicula quaisquer informações sujeitas a controle editorial anterior à divulgação, ainda que produzidas por terceiros, não poderá afastar sua responsabilidade pelos danos porventura causados por elas, pois incorporou livremente o conteúdo lesivo a seu *website*. Isso não ocorrerá, no entanto, se as informações fornecidas por terceiro são disponibilizadas de modo automático na Internet, sem a possibilidade de qualquer ingerência pelo provedor de conteúdo..." (LEONARDI, Marcel. Responsabilidade civil dos provedores de serviços de Internet, 2005, p. 181-182. Disponível em: <http://www.estig.ipbeja.pt/~ac direito/mlrcpsi.pdf>. Acesso em: 06.04.2011).

[42] Assim é, por exemplo, no direito norte-americano (Telecomunications Act, art. 230(c)(I) (Cf. REINALDO FILHO, Demócrito Ramos. *Responsabilidade por publicações na internet*. Rio de Janeiro: Forense, 2005. p. 103; SOBRINHO, Waldo Augusto R. Algunas de las nuevas responsabilidades legales derivadas dela Internet. *Revista do Direito do Consumidor*, São Paulo, n. 38, p. 12, abr.-jun./2001. Assim é, também, na Alemanha (Lei de Telesserviços – TDG, art. 5.; Cf. REINALDO FILHO. *Op. cit.* p. 103). Não é diferente na França (Cf. REINALDO FILHO. *Op. cit.* p. 190). Nem é diverso o que dispõe a Diretiva nº 2000/1931, para toda a Comunidade Europeia, em seu art. 12º.

com o terceiro que se interessou pelo produto anunciado e o adquiriu por negociação direta com o anunciante, sem qualquer interferência do provedor, e já ciente de que, pelas próprias condições do negócio de intermediação, não teria o mediador contraído responsabilidade alguma pelo negócio agenciado.

Não se realiza um leilão eletrônico, porque, para que tal se configurasse, seria necessário que a compra e venda fosse promovida e concluída pelo leiloeiro, por meio de um verdadeiro mandato conferido pelo vendedor. Isto, obviamente, não ocorre, quando o intermediador não conclui negócio algum em nome e por conta do anunciante vendedor. Mesmo, porém, que houvesse leilão no negócio intermediado, os vícios e defeitos da coisa não poderiam ser opostos ao leiloeiro, mas apenas ao vendedor, responsável pela sua tradição ao comprador.

A obrigação contraída pelo provedor é a de divulgar a proposta do alienante e de permitir, por meio da mera exibição dos dados de contatos de uma parte a outra, sua intercomunicação com os eventuais interessados na aquisição do bem anunciado. Daí por que a responsabilidade do provedor que não gera nem controla a notícia divulgada em seu *site* (por assumir obrigação de fazer bem específica) somente pode ocorrer por falha do serviço de veiculação de anúncios e/ou de exibição dos dados de contato necessários à intercomunicação entre anunciante e adquirente, nunca por vício ou inadimplemento do contrato final aperfeiçoado sem intervenção alguma de sua parte. Não sendo interveniente, representante ou mandatário do vendedor, não assume responsabilidade, obviamente, pelo contrato avençado apenas entre comprador e vendedor.

O provedor não formula proposta, nem intervém na criação e controle da proposta veiculada pelo anunciante. Não tem posse, guarda ou disponibilidade do produto posto à venda. Tampouco participa da negociação final da compra e venda, que se ultima por negociação direta entre vendedor e comprador. Nem mesmo a entrega do bem e o recebimento do preço se fazem com o concurso do provedor. Não há, portanto, como atribuir-lhe juridicamente a qualidade de vendedor do produto, não sendo em relação a este um fornecedor, para os efeitos da lei civil, tampouco da legislação consumerista.

Assim, o objeto do negócio eletrônico é, na espécie, pura e simplesmente, uma prestação de serviço de mídia eletrônica, prestação, portanto, de uma obrigação de fazer que se cumpre e exaure quando, ao interessado na compra divulgada na mensagem do anunciante, e também a este último, são apresentados os dados de contato da outra parte. Realiza-se, na realidade, uma simples cessão de espaço eletrônico (*site*), para que vendedores veiculem anúncios e possam, assim como os terceiros interessados, obter os dados de contato da outra parte, necessários para realizarem, diretamente entre si, o contrato que lhes convier.

Por essa prestação de serviços de divulgação e mera intermediação pode o provedor vir a ser responsabilizado civilmente, na eventualidade de falha do serviço a seu cargo. Nunca, porém, terá de responder pelo contrato de compra e venda, ultimado diretamente entre o anunciante e o comprador, sem participação do provedor a título algum.[43]

---

[43] Convém registrar que o STJ já decidiu, a respeito do sistema eletrônico de mediação de negócios, que, ocorrendo falha do serviço, configura-se a responsabilidade objetiva do prestador.

O STJ, analisando a questão sob a ótica da ausência de participação direta do provedor, já decidiu que, se ele apenas intermedeia a venda, não está obrigado a proceder à prévia fiscalização sobre a origem do produto anunciado, uma vez que não constitui atividade intrínseca ao serviço prestado.[44] Entretanto,

> Ao oferecer um serviço virtual por meio do qual se possibilita o anúncio para venda dos mais variados produtos, deve o intermediador ter o cuidado de propiciar meios para que se possa identificar cada um dos usuários, a fim de que eventuais ilícitos não caiam no anonimato. Sob a ótica da diligência média que se espera desse intermediador virtual, deve este adotar as providências que, conforme as circunstâncias específicas de cada caso, estiverem ao seu alcance para a individualização dos usuários do site, sob pena de responsabilização subjetiva por culpa *in omittendo*.[45]

Nesse mesmo sentido, o STJ afastou a responsabilidade de empresa que atuou como mero site de classificados, disponibilizando a busca de mercadorias e serviços na internet, sem qualquer intermediação nos acordos:

> 2. A relação da pessoa com o provedor de busca de mercadorias à venda na internet sujeita-se aos ditames do Código de Defesa do Consumidor, ainda que o serviço prestado seja gratuito, por se tratar de nítida relação de consumo, com lucro, direto ou indireto, do fornecedor.

O caso, entretanto, se referia ao uso do *site* para controle do pagamento, antes da remessa da mercadoria por parte do anunciante (MercadoPago). O comprador usou dito *site* para veicular informação falsa acerca do pagamento. Confiando no sistema, o vendedor remeteu a mercadoria que nunca veio a ser paga. Havia no site uma recomendação de segurança a ser observada no controle do pagamento, a qual não foi seguida pelo vendedor. Mesmo assim, o STJ entendeu que o prestador de serviços deveria responder objetivamente "pela falha de segurança do serviço de intermediação de negócios e pagamentos oferecido ao consumidor". É que a providência em questão, embora mencionada no *site*, não constou do contrato de adesão ajustado entre o agente intermediador e o vendedor. Assim, não seria suficiente para "eximir o prestador do serviço de intermediação da responsabilidade pela segurança do serviço por ele implementado, sob pena de transferência ilegal de um ônus próprio da atividade empresarial explorada." (STJ, 4ª T., REsp. 1.107.024/DF, Rel. Min. Maria Isabel Gallotti, ac. 01.12.2011, *DJe* 14.12.2011). O acórdão, porém, não proclamou a responsabilidade plena do intermediador eletrônico em todos os casos de inadimplemento do comprador, mesmo porque isto seria incompatível com a natureza do contrato de intermediação. O que o julgado levou em conta foi o fato de o procedimento de segurança – previsto para evitar fraudes na comunicação de pagamento –, não ter sido explicitado no contrato de prestação de serviço de intermediação (contrato de adesão). Assim, por falta de esclarecimento adequado, o vendedor de boa-fé confiou na mensagem fraudulenta oriunda do comprador. Portanto, se o contrato de prestação de serviço tivesse sido claro a respeito de como controlar a veracidade da mensagem de pagamento, não haveria como o usuário alegar falha de segurança do serviço de intermediação. A fraude só poderia ser debitada à negligência do próprio vendedor.

[44] STJ, 3ª T., AgRg no AREsp. 232.849/SP, Rel. Min. Ricardo Villas Bôas Cueva, ac. 23.09.2014, *DJe* 30.09.2014.
[45] STJ, 3ª T., REsp. 1.383.354/SP, Rel. Min. Nancy Andrighi, ac. 27.08.2013, *DJE* 26.09.2013.

3. Não obstante a evidente relação de consumo existente, a sociedade recorrida responsável pela plataforma de anúncios "OLX", no presente caso, atuou como mera página eletrônica de "classificados", não podendo, portanto, ser responsabilizada pelo descumprimento do contrato eletrônico firmado entre seus usuários ou por eventual fraude cometida, pois não realizou qualquer intermediação dos negócios jurídicos celebrados na respectiva plataforma, visto que as contratações de produtos ou serviços foram realizadas diretamente entre o fornecedor e o consumidor.[46]

Por outro lado, em se tratando de sociedade que comercializa ingressos no sistema *on line*, o STJ entende haver *responsabilidade solidária* pelo cancelamento do evento, porque a venda do ingresso integra o próprio negócio, razão pela qual a empresa participa da cadeia de fornecimento:

6. A venda de ingresso para um determinado espetáculo cultural é parte típica do negócio, risco da própria atividade empresarial que visa ao lucro e integrante do investimento do fornecedor, compondo, portanto, o custo básico embutido no preço. Com efeito, é impossível conceber a realização de espetáculo cultural, cujo propósito seja a obtenção de lucro por meio do acesso do público consumidor, sem que a venda do ingresso integre a própria escala produtiva e comercial do empreendimento.

7. A recorrente e as demais sociedades empresárias que atuaram na organização e na administração da festividade e da estrutura do local integram a mesma cadeia de fornecimento e, portanto, são solidariamente responsáveis pelos danos suportados pelos recorridos, em virtude da falha na prestação do serviço, ao não prestar informação adequada, prévia e eficaz acerca do cancelamento/adiamento do evento.[47]

II – Provedor de conteúdo que realiza buscas de produtos ou informações

O provedor de Internet pode agir, também, como agente de buscas ou pesquisas. Nesse caso, ele simplesmente apresenta ao consumidor o resultado da busca, de acordo com os argumentos de pesquisa fornecidos, não participando, de qualquer outra forma, da celebração do contrato ou da redação do conteúdo disponibilizado na Internet.

O simples provedor de pesquisa limita-se a auxiliar na venda de um produto quando, "após a busca, o consumidor é direcionado ao site ou recurso do vendedor do produto, interagindo somente com o sistema eletrônico fornecido por este, e não pelo prestador de busca de produtos".[48] Em situações tais, segundo lição de Rui Stocco, o provedor age "como mero fornecedor de meios físicos, que serve apenas de intermediário, repassando mensagens e imagens transmitidas por outras pessoas e, portanto, não as produziu nem sobre elas exerceu fiscalização ou juízo de valor, não pode ser responsabilizado por eventuais excessos e ofensas à moral, à intimidade e à honra de outros".[49]

---

[46] STJ, 3ª T., REsp. 1.836.349/SP, Rel. Min. Marco Aurélio Bellizze, ac. 21.06.2022, *DJe* 24.06.2022.
[47] STJ, 3ª T., REsp 1.985.198/MG, Rel. Min. Nancy Andrighi, ac. 05.04.2022, *DJe* 07.04.2022.
[48] Voto da Relatora Min. Nancy Andrighi, no REsp. 1.444.008/RS, cit.
[49] STOCCO, Rui. *Tratado de responsabilidade civil*. 6. ed. São Paulo: RT, 2004, p. 901.

Deste modo, se o provedor não participa da interação entre o vendedor e o consumidor, não pode ser responsabilizado por atos do fornecedor, segundo a orientação do STJ:

> Contudo, ao se abster de participar da interação que levará à formação do contrato eletrônico entre consumidor e o vendedor do produto propriamente dito, não há como lhe imputar responsabilidade por qualquer vício da mercadoria ou inadimplemento contratual.
>
> Diante de todo o exposto acima, conclui-se que o provedor do serviço de busca de produtos – que não realiza qualquer intermediação entre consumidor e vendedor – não pode ser responsabilizado pela existência de lojas virtuais que não cumprem os contratos eletrônicos ou que cometem fraudes contra os consumidores, da mesma forma que os buscadores de conteúdo na Internet não podem ser responsabilizados por todo e qualquer conteúdo ilegal disponível na rede.[50]

O mesmo ocorre quando o provedor apenas auxilia a busca de informações na internet pelo usuário. Nessas situações, segundo o STJ, os provedores: "(i) não respondem pelo conteúdo do resultado das buscas realizadas por seus usuários; (ii) não podem ser obrigados a exercer um controle prévio do conteúdo dos resultados das buscas feitas por cada usuário; e (iii) não podem ser obrigados a eliminar do seu sistema os resultados derivados da busca de determinado termo ou expressão (REsp 1.316.921/RJ, 3ª T., j. 26.06.2012, DJe 29.06.2012)".[51]

Em outro julgado, analisando situação em que havia discrepância entre o resultado de busca e a alteração do conteúdo danoso inserido no sítio eletrônico, o STJ entendeu que:

> a) os provedores de pesquisa fornecem ferramentas para localização, dentro do universo virtual, de acesso público e irrestrito, de conteúdos relacionados aos termos informados para pesquisa;
>
> b) não contém aptidão para causar dano moral a exibição dos resultados na forma de índice, em que se relacionam links para páginas em que há conteúdos relacionados aos termos de busca, independente do potencial danoso do conteúdo em si ou dos termos da busca inseridos pelos internautas;
>
> c) os provedores de pesquisa podem ser excepcionalmente obrigados a eliminar de seu banco de dados resultados incorretos ou inadequados, especialmente quando inexistente relação de pertinência entre o conteúdo do resultado e o critério pesquisado;
>
> d) a ausência de congruência entre o resultado atual e os termos pesquisados, ainda que decorrentes da posterior alteração do conteúdo original publicado pela página, configuram falha na prestação do serviço de busca, que deve ser corrigida nos termos do art. 20 do CDC, por frustrarem as legítimas expectativas dos consumidores.[52]

---

[50] Voto da Relatora Min. Nancy Andrighi, no REsp. 1.444.008/RS, cit.
[51] Idem.
[52] STJ, 3ª T., REsp. 1.582.981/RJ, Rel. Min. Marco Aurélio Bellizze, ac. 10.05.2016, DJe 19.05.2016.

3.5. DIREITO DE ARREPENDIMENTO

I – Conceituação e requisitos para o exercício do direito de arrependimento

O Código de Defesa do Consumidor, em seu art. 49, prevê que "o consumidor pode desistir do contrato, no prazo de 7 dias a contar de sua assinatura ou do ato de recebimento do produto ou serviço, sempre que a contratação de fornecimento de produtos e serviços ocorrer fora do estabelecimento comercial, especialmente por telefone ou a domicílio".

O direito de arrependimento, segundo o Código, pode ser exercido sem qualquer justificativa acerca do motivo pelo qual o consumidor desistiu da compra.[53] Trata-se de verdadeira denúncia vazia. A única exigência é que o contrato tenha sido concluído fora do estabelecimento comercial.

Alerta Nelson Nery Júnior que se a essência do negócio for sua realização fora do estabelecimento comercial, a norma não incide. É o caso da compra e venda de imóvel, que ocorre, em regra, no cartório de notas, na presença do oficial. Entende o autor que não se considera, na hipótese, o negócio celebrado fora do estabelecimento comercial. "O que importa é que as tratativas preliminares (sinal, compromisso de compra e venda etc.) tenham sido concluídas no estabelecimento comercial (nos escritórios da construtora, da imobiliária etc.)".[54]

O Código estabelece, ainda, no parágrafo único do art. 49, o direito de o consumidor, exercido o arrependimento, receber de volta os valores eventualmente pagos, a qualquer título, de imediato e monetariamente corrigido. Isso quer dizer que "havendo despesas com frete, postagem e outros encargos suportados pelo fornecedor para fazer chegar às mãos do consumidor o produto ou serviço contratado fora do estabelecimento comercial, seu ressarcimento fica por conta do *risco negocial* da empresa".[55]

O STJ, analisando a questão, já decidiu ser legal a multa imposta pelo Procon à empresa que repassa, ao cliente, os custos de despesas postais decorrentes do exercício do direito de arrependimento, aos seguintes argumentos:

a) O art. 49 do Código de Defesa do Consumidor dispõe que, quando o contrato de consumo for concluído fora do estabelecimento comercial, o consumidor tem o direito de desistir do negócio em 7 dias ("período de reflexão"), sem qualquer motivação. Trata-se do direito de arrependimento, que assegura o consumidor a realização de uma compra consciente, equilibrando as relações de consumo;

---

[53] "Quando o contrato de consumo for concluído fora do estabelecimento comercial, o consumidor tem o direito de desistir do negócio em 7 dias, sem nenhuma motivação, nos termos do art. 49 do CDC. Precedentes"(STJ, 3ª T., AgRg no AREsp. 533.990/MG, Rel. Min. Mouro Ribeiro, ac. 18.08.2015, DJe 27.08.2015).

[54] NERY JÚNIOR, Nelson. *In:* GRINOVER, Ada Pellegrini; BENJAMIN, Antônio Herman de Vasconcellos e; FINK, Daniel Roberto; FILOMENO, José Geraldo Brito; NERY JÚNIOR, Nelson; DENARI, Zelmo. *Código Brasileiro de Defesa do Consumidor* – comentado pelos autores do Anteprojeto. 10. ed. Rio de Janeiro: Forense, 2011, v. 1, p. 564.

[55] *Idem*, p. 565.

b) Exercido o direito de arrependimento, o parágrafo único do art. 49 do CDC especifica que o consumidor terá de volta, imediatamente e monetariamente atualizados, todos os valores eventualmente pagos, a qualquer título, durante o prazo de reflexão, entendendo-se incluídos nestes valores todas as despesas com o serviço postal para a devolução do produto, quantia esta que não pode ser repassada ao consumidor;

c) Eventuais prejuízos enfrentados pelo fornecedor neste tipo de contratação são inerentes à modalidade de venda agressiva fora do estabelecimento comercial (internet, telefone, domicílio). Aceitar o contrário é criar limitação ao direito de arrependimento legalmente não previsto, além de desestimular tal tipo de comércio tão comum nos dias atuais.[56]

II – O direito de arrependimento no comércio eletrônico

Com efeito, o comércio eletrônico é celebrado fora do estabelecimento comercial, uma vez que o consumidor adquire o produto ou serviço por meio virtual, sem estar presente, fisicamente, na loja. Muito embora o *caput* do art. 49, do CDC preveja o direito de arrependimento quando a compra se realizar "por telefone ou a domicílio", trata-se de rol meramente exemplificativo, abrangendo, obviamente, o negócio eletrônico.

A despeito da evidente aplicação desse dispositivo aos negócios virtuais, o art. 5º do Decreto nº 7.962/2013 prevê, expressamente, que "o fornecedor deve informar, de forma clara e ostensiva, os meios adequados e eficazes para o exercício do direito de arrependimento pelo consumidor". Seguindo a orientação do CDC, prevê, ainda, em seus parágrafos, a forma de se exercer referido direito:

§ 1º O consumidor poderá exercer seu direito de arrependimento pela mesma ferramenta utilizada para a contratação, sem prejuízo de outros meios disponibilizados.

§ 2º O exercício do direito de arrependimento implica a rescisão dos contratos acessórios, sem qualquer ônus para o consumidor.

§ 3º O exercício do direito de arrependimento será comunicado imediatamente pelo fornecedor à instituição financeira ou à administradora do cartão de crédito ou similar, para que:

I – a transação não seja lançada na fatura do consumidor;

II – seja efetivado o estorno do valor, caso o lançamento na fatura já tenha sido realizado.

§ 4º O fornecedor deve enviar ao consumidor confirmação imediata do recebimento da manifestação de arrependimento.

Como se vê, o decreto regulou os aspectos práticos do exercício do direito de arrependimento e individualizou deveres referentes a cada um dos participantes do contrato, inclusive das instituições financeiras que, muitas vezes, viabilizam o pagamento *on-line* pelo consumidor.[57]

---

[56] STJ, 2ª T., REsp. 1.340.604/RJ, Rel. Min. Mauro Campbell Marques, ac. 15.08.2013, *DJe* 22.08.2013.
[57] MIRAGEM, Bruno. Aspectos característicos da disciplina do comércio eletrônico de consumo *cit.*, p. 297.

Entretanto, há quem defenda que não se deve aplicar o direito de arrependimento a qualquer compra realizada por meio eletrônico. Para Fábio Ulhoa Coelho,

> não é apropriado estabelecer que qualquer ato de consumo praticado via Internet poderia ser desfeito pelo consumidor arrependido, no prazo de sete dias. Pense numa operação financeira qualquer, realizada por meio de Internet-banking, como uma aplicação em fundo, transferência de numerário ou contratação de empréstimo. Não é razoável supor que sete dias depois o consumidor pudesse unilateralmente desfazer a operação apenas porque se arrependeu do ato praticado.[58]

Contudo, o mesmo autor reconhece que apenas o contato físico do consumidor com o produto lhe transmite informações seguras, que a internet não é capaz de oferecer, "por mais que a foto do eletrodoméstico seja fiel e apresente detalhes; por mais que ela gire 360°, o contato físico com o produto de mostruário na loja permite ao consumidor ter uma ideia mais completa do que estará adquirindo". Assim, conclui que a aplicação do art. 49 do CDC ao comércio eletrônico ocorrerá sempre que o consumidor obtiver menos informações sobre o produto ou serviço a adquirir pela internet. Ou seja: "não há direito ao arrependimento se o consumidor puder ter, por meio da Internet, rigorosamente as mesmas informações sobre o produto ou serviço que teria se o ato de consumo fosse praticado no ambiente físico e não no virtual".[59]

III – O direito de arrependimento do consumidor durante a pandemia do coronavírus (Lei nº 14.010/2020)

A Lei nº 14.010/2020 dispõe sobre o Regime Jurídico Emergencial e Transitório das relações jurídicas de Direito Privado (RJET) no período da pandemia do coronavírus (Covid-19). Em seu art. 8º dispôs que "até 30 de outubro de 2020, fica suspensa a aplicação do art. 49 do Código de Defesa do Consumidor na hipótese de entrega domiciliar (*delivery*) de produtos perecíveis ou de consumo imediato e de medicamentos".

A intenção da lei, provavelmente, foi garantir maior segurança aos fornecedores, durante o período fixado – a partir do qual acreditava-se que os transtornos da pandemia teriam acabado –, proibindo que os consumidores exercessem o direito potestativo de rejeitar imotivadamente a compra na hipótese de entrega domiciliar de produtos perecíveis, de consumo imediato e de medicamentos.

3.6. BOAS PRÁTICAS NO ÂMBITO DAS RELAÇÕES ESTABELECIDAS EM MEIO DIGITAL

Vislumbra-se, cada vez mais, uma preocupação do fornecedor não apenas com a satisfação do consumidor, mas também, com a confiança[60] em seus produtos e servi-

---

[58] COELHO, Fábio Ulhoa. *Revista do Advogado:* 15 anos de vigência do Código de Defesa do Consumidor, ano 27, n.º 89, *apud* DE LUCCA, Newton. O direito de arrependimento no âmbito do comércio eletrônico. *Revista Luso-Brasileira do Direito do Consumo.* Curitiba: JM Livraria e Editora Ltda., v. 8, 2011, p. 27.
[59] LUCCA, Newton De. O direito de arrependimento no âmbito do comércio eletrônico *cit.*, p. 28.
[60] "Confiança é a expectativa que surge de um comportamento honesto, normal e cooperativo, a partir de normas estabelecidas pela comunidade na qual estão inseridos os indivíduos" (AMARAL,

ços. Essa confiança é protegida pelo Código de Defesa do Consumidor, cujo princípio norteador é *a proteção da confiança legítima do mais fraco*.[61]

Como se sabe, a confiança gera expectativas nos consumidores, que devem ser respeitadas e garantidas, como decorrência lógica e natural do princípio da boa-fé objetiva. Essa expectativa não se refere apenas à segurança e qualidade dos produtos e serviços, como também às soluções rápidas e eficazes dadas em relação a reclamações, dúvidas e insatisfações dos consumidores. As relações consumeristas travadas em meio eletrônico não fogem a essa regra.

Nessa esteira, as empresas estão buscando adotar práticas que fortaleçam a confiança de seus consumidores em seus produtos e nos sites, demonstrando a segurança das transações e a privacidade de seus dados. Veja-se, como exemplo, o Guia de Boas Práticas da Associação Brasileira de Anunciantes, com dez princípios básicos da publicidade responsável, tais como: (i) publicidade de fácil compreensão; (ii) identificação dos anúncios feitos em redes sociais, estabelecendo um comunicação clara, honesta e objetiva com os consumidores a respeito das leis; (iii) não realizar publicidade disfarçada; (iv) regulação da propaganda feita por influenciadores digitais etc.[62]

O fornecedor, ao colocar seus produtos e serviços no mercado, se obriga a agir de forma transparente e colaborar com o bom funcionamento das relações, mormente quando a cadeia é formada por vários integrantes, que vão desde os responsáveis pela matéria prima para criação e montagem do produto e serviço, até os que o entregam ao consumidor final.[63]

3.7. LEI GERAL DE PROTEÇÃO DE DADOS PESSOAIS (LGPD)

I – A Lei Geral de Proteção de Dados Pessoais

A Lei nº 13.709/2018, de 14 de agosto de 2018, denominada Lei Geral de Proteção de Dados Pessoais, dispõe sobre o tratamento de dados pessoais, inclusive nos meios digitais, por pessoa natural ou por pessoa jurídica de direito público ou privado, com o objetivo de proteger os direitos fundamentais de liberdade e de privacidade e o livre desenvolvimento da personalidade da pessoa natural.

Renata Campetti; GONÇALVES, Caroline Visentini Ferreira; KRETZMANN, Renata Pozzi. A proteção da confiança do consumidor por meio da adoção de boas práticas na era da transparência radical. *Revista Brasileira de Direito Comercial*, n.º 25, out.-nov./2018, p. 28).

[61] MARQUES, Cláudia Lima. *Contratos no Código de Defesa do Consumidor*: o novo regime das relações contratuais. 5 ed. São Paulo: RT, 2005, p. 1.145.

[62] Disponível em: <http://www.aba.com.br/wp-content/uploads/2017-12-13/5a3110a22300f.pdf>. Acesso em 17.03.2020.

[63] "Quem fornece deve conhecer as etapas da produção, seus parceiros, o processo produtivo e ter controle do caminho do bem até o consumidor, agindo, assim, de modo a não causar danos e respeitando todas as normas do sistema produtivo, atuando de forma ampla na prevenção e reparação de danos" (AMARAL, Renata Campetti; GONÇALVES, Caroline Visentini Ferreira; KRETZMANN, Renata Pozzi. A proteção da confiança do consumidor por meio da adoção de boas práticas na era da transparência radical *cit.*, p. 38).

Importante ressaltar que a proteção dos dados pessoais, inclusive nos meios digitais, é considerada direito fundamental, nos termos da Emenda Constitucional nº 115/2022.

A necessidade de se criar uma lei de proteção aos dados pessoais surgiu do enorme desenvolvimento das relações humanas eletrônicas, em que os usuários inserem toda a sorte de dados pessoais, que muitas vezes são tratados e repassados sem autorização ou até mesmo sem o conhecimento do titular. O art. 2º da Lei elenca como fundamentos da proteção de dados *(i)* o respeito à privacidade; *(ii)* a autodeterminação informativa; *(iii)* a liberdade de expressão, de informação, de comunicação e de opinião; *(iv)* a inviolabilidade da intimidade, da honra e da imagem; *(v)* o desenvolvimento econômico e tecnológico e a inovação; *(vi)* a livre-iniciativa, a livre concorrência e a defesa do consumidor; e *(vii)* os direitos humanos, o livre desenvolvimento da personalidade, a dignidade e o exercício da cidadania pelas pessoas naturais. Com efeito, a normatização veio em boa hora, seguindo a influência das legislações estrangeiras que já trataram do tema, especialmente da Comunidade Europeia constante da Diretiva 46/95/CE e do Regulamento 2016/679.

Para Bruno Miragem, a lei incrementa a tutela do consumidor, na medida em que o seu regime não exclui aquele definido pelo CDC, de modo que "os direitos dos titulares dos dados previstos nas respectivas normas devem ser cumulados e compatibilizados pelo intérprete".[64]

Importante verificar que a legislação conferiu maior proteção aos chamados dados sensíveis, vez que possuem uma maior ligação com os direitos fundamentais constitucionalmente protegidos. É possível que a "combinação de um simples dado pessoal com a caracterização de uma pessoa possa fazer com que outros a identifiquem e isso entrará na esfera de sua privacidade e intimidade". Daí o reconhecimento de que o objetivo da LGPD é proteger o tratamento desses dados, a fim de evitar o vazamento ilícito e o seu compartilhamento em evidente prejuízo dos titulares.[65]

II – Princípios e direitos subjetivos

Os princípios que informam a LGPD[66] são os seguintes:

a) *Boa-fé* (art. 6º, *caput*[67]): a tutela da confiança do consumidor é essencial, na medida em que a proteção de dados se justifica em razão da proteção à privacidade do titular. Assim, o consumidor deve confiar que aquele que tem acesso aos seus dados irá respeitar a vinculação à finalidade de utilização informada originalmente;

---

[64] MIRAGEM, Bruno. A Lei Geral de Proteção de Dados (Lei 13.709/2018) e o Direito do Consumidor. *Revista dos Tribunais*, v. 1.009, ano. 108, p. 179, nov./2019.

[65] FROZZA, Nicole Barzotto; TIECHER, Vitória. A normatividade dos dados sensíveis na LGPD e a conexão com o direito do consumidor. *Revista Síntese de direito civil e processual civil*. n. 128, p. 66, nov.-dez./2020.

[66] MIRAGEM, Bruno. A Lei Geral de Proteção de Dados (Lei 13.709/2018) e o Direito do Consumidor, *cit.*, p. 180-199.

[67] "Art. 6º As atividades de tratamento de dados pessoais deverão observar a boa-fé e os seguintes princípios".

b) *Finalidade*: o consumidor autoriza a utilização de seu dado para certa e determinada finalidade, "sem possibilidade de tratamento posterior de forma incompatível" com ela (art. 6º, I). A finalidade é, pois, requisito do consentimento. As finalidades do tratamento estão descritas nos arts. 7º[68] e 11[69] da lei;

c) *Adequação*: há de haver "compatibilidade do tratamento com as finalidades informadas ao titular, de acordo com o contexto do tratamento" (art. 6º, II);

d) *Necessidade*: o tratamento deve limitar-se ao "mínimo necessário para a realização de suas finalidades, com abrangência dos dados pertinentes, proporcionais e não excessivos em relação às finalidades do tratamento de dados" (art. 6º, III);

e) *Livre acesso*: a legislação garante aos titulares a "consulta facilitada e gratuita sobre a forma e a duração do tratamento, bem como sobre a integralidade de seus dados pessoais" (art. 6º, IV). Esse acesso deve ser disponibilizado de forma "clara, adequada e ostensiva", contendo, no mínimo, as informações descritas no art. 9º[70]. A violação a

---

[68] "Art. 7º O tratamento de dados pessoais somente poderá ser realizado nas seguintes hipóteses: I – mediante o fornecimento de consentimento pelo titular; II – para o cumprimento de obrigação legal ou regulatória pelo controlador; III – pela administração pública, para o tratamento e uso compartilhado de dados necessários à execução de políticas públicas previstas em leis e regulamentos ou respaldadas em contratos, convênios ou instrumentos congêneres, observadas as disposições do Capítulo IV desta Lei; IV – para a realização de estudos por órgão de pesquisa, garantida, sempre que possível, a anonimização dos dados pessoais; V – quando necessário para a execução de contrato ou de procedimentos preliminares relacionados a contrato do qual seja parte o titular, a pedido do titular dos dados; VI – para o exercício regular de direitos em processo judicial, administrativo ou arbitral, esse último nos termos da Lei nº 9.307, de 23 de setembro de 1996 (Lei de Arbitragem); VII – para a proteção da vida ou da incolumidade física do titular ou de terceiro; VIII – para a tutela da saúde, exclusivamente, em procedimento realizado por profissionais de saúde, serviços de saúde ou autoridade sanitária; (Redação dada pela Lei nº 13.853, de 2019); IX – quando necessário para atender aos interesses legítimos do controlador ou de terceiro, exceto no caso de prevalecerem direitos e liberdades fundamentais do titular que exijam a proteção dos dados pessoais; ou X – para a proteção do crédito, inclusive quanto ao disposto na legislação pertinente [...]".

[69] "Art. 11. O tratamento de dados pessoais sensíveis somente poderá ocorrer nas seguintes hipóteses: I – quando o titular ou seu responsável legal consentir, de forma específica e destacada, para finalidades específicas; II – sem fornecimento de consentimento do titular, nas hipóteses em que for indispensável para: a) cumprimento de obrigação legal ou regulatória pelo controlador; b) tratamento compartilhado de dados necessários à execução, pela administração pública, de políticas públicas previstas em leis ou regulamentos; c) realização de estudos por órgão de pesquisa, garantida, sempre que possível, a anonimização dos dados pessoais sensíveis; d) exercício regular de direitos, inclusive em contrato e em processo judicial, administrativo e arbitral, este último nos termos da Lei nº 9.307, de 23 de setembro de 1996 (Lei de Arbitragem); e) proteção da vida ou da incolumidade física do titular ou de terceiro; f) tutela da saúde, exclusivamente, em procedimento realizado por profissionais de saúde, serviços de saúde ou autoridade sanitária; ou (Redação dada pela Lei nº 13.853, de 2019); g) garantia da prevenção à fraude e à segurança do titular, nos processos de identificação e autenticação de cadastro em sistemas eletrônicos, resguardados os direitos mencionados no art. 9º desta Lei e exceto no caso de prevalecerem direitos e liberdades fundamentais do titular que exijam a proteção dos dados pessoais [...]".

[70] As informações previstas pelo art. 9º da Lei nº 13.709/2018 são: "I – finalidade específica do tratamento; II – forma e duração do tratamento, observados os segredos comercial e industrial;

esse direito, que pode ocorrer em havendo recusa à disponibilização ao acesso, bem como na imposição de obstáculos ao consumidor, exigindo que se "reporte a diferentes pessoas ou setores distintos para acesso a estas informações", é passível de sanção, pela LGPD, bem como pelo CDC;[71]

f) *Qualidade dos dados*: não basta que o titular tenha acesso aos seus dados, mas devem eles ser exatos, claros, relevantes e atualizados, de acordo com a necessidade e para o cumprimento da finalidade de seu tratamento (art. 6º, V). Qualquer alteração nos dados pelo titular deve ser atualizada pelo controlador. A esse princípio corresponde o direito do titular de corrigir os dados incompletos, inexatos ou desatualizados, bem como de anonimização, bloqueio e eliminação daqueles considerados desnecessários, excessivos ou tratados em desacordo com a lei (art. 18, III e IV). A anonimização "significa tornar anônimo, ou simplesmente, desidentificar, tornar impossível a associação direta ou indireta entre os dados objeto de tratamento e a pessoa do seu titular";[72]

g) *Transparência*: é essencial que o titular dos dados tenha "informações claras, precisas e facilmente acessíveis sobre a realização do tratamento e os respectivos agentes de tratamento, observados os segredos comercial e industrial" (art. 6º, VI). O controle e o consentimento garantidos ao titular somente podem ser realizados se as informações forem dadas de forma transparente;

h) *Segurança*: a lei assegura proteção aos dados pessoais de acesso não autorizados e de "situações acidentais ou ilícitas de destruição, perda, alteração, comunicação ou difusão" (art. 6º, VII). A violação a esse direito gera responsabilidade do fornecedor pelos danos causados. Essas situações configuram risco inerente à atividade de tratamento de dados, razão pela qual não afastam a responsabilidade dos controladores;

i) *Prevenção*: o controlador dos dados deve adotar "medidas para prevenir a ocorrência de danos em virtude do tratamento de dados pessoais" (art. 6º, VIII);

j) *Não discriminação*: é vedada a realização de tratamento para fins discriminatórios ilícitos ou abusivos (art. 6º, IX);

k) *Responsabilização e prestação de contas*: os agentes de tratamento de dados devem demonstrar a adoção de medidas eficazes e capazes de comprovar a observância e o cumprimento das normas de proteção (art. 6º, X). Qualquer inobservância gera o dever de reparar os danos causados ao titular dos dados.

Alguns princípios foram inspirados no regulamento europeu, tais como, o do livre acesso, da finalidade, transparência, responsabilização e prestação de contas.

O art. 18 da lei enumera os direitos subjetivos do titular dos dados, quais sejam: confirmação da existência de tratamento; acesso aos dados; correção de dados

---

III – identificação do controlador; IV – informações de contato do controlador; V – informações acerca do uso compartilhado de dados pelo controlador e a finalidade; VI – responsabilidades dos agentes que realizarão o tratamento; e VII – direitos do titular, com menção explícita aos direitos contidos no art. 18 desta Lei [...]".

[71] MIRAGEM, Bruno. A Lei Geral de Proteção de Dados (Lei 13.709/2018) e o Direito do Consumidor, cit., p. 190-191.
[72] *Idem*, p. 192.

incompletos, inexatos ou desatualizados; anonimização, bloqueio ou eliminação de dados desnecessários, excessivos ou tratados em desconformidade com a lei; portabilidade; eliminação de dados tratados com o consentimento do titular; informações sobre compartilhamento; revogação do consentimento.

III – Consentimento

A lei visa proteger e garantir a participação e o controle do titular sobre o tratamento de seus próprios dados. Por isso, o art. 7º, inciso I, estabelece como requisito o consentimento do titular. Consentimento, para a lei é a "manifestação livre, informada e inequívoca pela qual o titular concorda com o tratamento de seus dados pessoais para uma finalidade determinada" (art. 5º, XII).

O consentimento, destarte, deve ser precedido de esclarecimento "em linguagem clara, precisa, apropriada e suficiente" sobre a "pertinência, a finalidade, a adequação, o tempo da coleta, o armazenamento, o tratamento e a transmissão dos dados obtidos, no sentido de possibilitar a renúncia, a alteração, o uso, a cessão e a disponibilidade ou a recusa daquele que consente".[73] Trata-se da noção de consentimento informado, exigido nas relações entre paciente e médico, cliente e advogado etc. A aceitação do titular dos dados somente é legítima se obtida após conhecer e compreender o conteúdo das informações que lhe foram repassadas.[74] Não se admite o tratamento de dados cujo consentimento foi obtido mediante vício (art. 8º, § 3º).

Para a lei, o consentimento deve vir vinculado a uma finalidade específica (art. 8º, § 4º[75]), de tal modo que a aceitação dada para um determinado fim não pode ser estendida para situação diversa, ainda que semelhante. Para a lei "nada é presumível".[76] A alteração da finalidade, para ser legítima, deve ser precedida de informação ao titular, oportunidade em que o consentimento poderá ser revogado, caso não concorde com a mudança pretendida (art. 9º, § 2º).

O consentimento será considerado nulo caso "as informações fornecidas ao titular tenham conteúdo enganoso ou abusivo ou não tenham sido apresentadas previamente com transparência, de forma clara e inequívoca" (art. 9º, § 1º).

---

[73] SARLET, Gabrielle Bezerra Salles; CALDEIRA, Cristina. O consentimento informado e a proteção de dados pessoais de saúde na internet: uma análise das experiências legislativas de Portugal e do Brasil para a proteção integral da pessoa humana. *Civilistica.com*, p. 13, a.8, n. 1, 2019. Disponível em: https://civilistica.emnuvens.com.br/redc/article/view/411/345. Acesso em: 5 maio 2022.

[74] "Neste caso, só é reconhecido como eficaz o consentimento quando aquele que manifesta vontade teve as condições plenas de compreender o conteúdo da sua decisão e de que modo ela repercute em relação aos seus interesses pressupostos. Consentimento daquele que decide a partir de informações incorretas ou incompletas não é reconhecido como tal, de modo a tornar ilícita, no âmbito do tratamento dos dados pessoais, quaisquer operações que venham a se basear nele" (MIRAGEM, Bruno. A Lei Geral de Proteção de Dados, *cit.*, p. 204-205).

[75] "Art. 8º [...] § 4º O consentimento deverá referir-se a finalidades determinadas, e as autorizações genéricas para o tratamento de dados pessoais serão nulas".

[76] FROZZA, Nicole Barzotto; TIECHER, Vitória. A normatividade dos dados sensíveis na LGPD e a conexão com o direito do consumidor, *cit.*, p. 64.

IV – Responsabilidade civil

Em relação à responsabilidade civil, a doutrina critica a nova lei, por não explicitar qual foi a espécie de responsabilidade adotada, se subjetiva ou objetiva.[77] Como a legislação é recente,[78] não se sabe qual espécie prevalecerá, embora existam fundamentos subsistentes nas duas direções.[79] Entretanto, os argumentos da responsabilidade subjetiva parecem refletir melhor a orientação legislativa. De fato, "especialistas defendem a inviabilidade do regime objetivo da responsabilidade civil, tendo em vista que acarretaria um impasse ligado à coleta e ao tratamento de dados e aumentaria o número de demandas ressarcitórias, o que porventura poderia servir como impedimento ao desenvolvimento de tecnologias".[80]

É possível a inversão do ônus da prova a favor do titular dos dados, nos moldes do CDC, quando a seu favor for verossímil a alegação, houver hipossuficiência para fins de produção de prova ou quando a produção de prova resultar-lhe excessivamente onerosa (art. 42, § 2º).

3.8. DIREITO EUROPEU

Na Comunidade Europeia, a Diretiva 2000/1931, de 08.06.2000, estabeleceu regras relativas a "certos aspectos legais dos serviços da sociedade de informação, em especial do comércio electrónico, no mercado interno".[81] A Diretiva teve como finalidade "assegurar um elevado nível de integração da legislação comunitária, a fim de estabelecer um real espaço sem fronteiras internas para os serviços da sociedade da informação".[82]

A legislação comunitária, assim como a brasileira, prevê uma série de informações básicas essenciais que devem ser prestadas pelo fornecedor ao consumidor, tais como o nome do prestador, o endereço geográfico em que ele se encontra, o endereço eletrônico, para facilitar a comunicação rápida e imediata, preços, despesas fiscais e de entrega, entre outras (art. 5º da Diretiva).

---

[77] TEPEDINO, Gustavo; et al. *Fundamentos do direito civil 4* – Responsabilidade civil, cit., p. 247.
[78] Após várias discussões a respeito de sua vigência, a lei entrou em vigor no dia 18 de setembro de 2020.
[79] TEPEDINO, Gustavo et al. *Fundamentos do direito civil 4* – Responsabilidade civil, cit., p. 248-256; MORAES, Maria Celina Bodin de; QUEIROZ, João Quinelato de. Autodeterminação informativa e responsabilização protativa: novos instrumentos de tutela da pessoa humana na LGPD, *Cadernos Adenauer*, n. 3 – Proteção de dados pessoais: privacidade *versus* avanço tecnológico. Rio de Janeiro: Fundação Konrad Adenauer, out./2010, p. 129.
[80] FROZZA, Nicole Barzotto; TIECHER, Vitória. A normatividade dos dados sensíveis na LGPD e a Conexão com o direito do consumidor. *Revista Síntese de Direito Civil e Processual Civil*, n. 128, p. 61, nov.-dez./2020.
[81] Diretiva 2000/31/CEE, versão em português. Disponível em: <http://eur-lex.europa.eu/legal--content/PT/TXT/PDF/?uri=CELEX:32000L0031&rid=1>. Acesso em: 03.01.2017.
[82] Considerandos da Diretiva 2000/31/CEE, versão em português. Disponível em: <http://eur-lex.europa.eu/legal-content/PT/TXT/PDF/?uri=CELEX:32000L0031&rid=1>. Acesso em: 03.01.2017.

No tocante aos contratos eletrônicos, a Diretiva determina que, antes de ser dada a ordem de encomenda do produto ou serviço pelo consumidor, o prestador do serviço informe, no mínimo, o seguinte:

a) As diferentes etapas técnicas da celebração do contrato;

b) Se o contrato celebrado será ou não arquivado pelo prestador do serviço e se será acessível;

c) Os meios técnicos que permitem identificar e corrigir erros de introdução anteriores à ordem de encomenda;

d) As línguas em que o contrato pode ser celebrado (art. 10º, n. 1).

O fornecedor deve informar, ainda, os códigos de conduta de que é subscritor e onde eles podem ser consultados, os termos contratuais e as condições gerais, de uma forma que permita ao consumidor armazená-los e reproduzi-los (art. 10º, n. 2 e 3).

A norma estabelece, em seu art. 12º, que não haverá responsabilidade do prestador do serviço, quando apenas oferece a informação criada por terceiro, sem qualquer interferência em seu conteúdo, não responde o provedor pela informação de terceiro:

1. No caso de prestações de um serviço da sociedade da informação que consista na transmissão, através de uma rede de comunicações, de informações prestadas pelo destinatário do serviço ou em facultar o acesso a uma rede de comunicações, os Estados-Membros velarão por que a responsabilidade do prestador não possa ser invocada no que respeita às informações transmitidas, desde que o prestador:

a) Não esteja na origem da transmissão;

b) Não seleccione o destinatário da transmissão;

c) Não seleccione nem modifique as informações que são objecto da transmissão.

A Diretiva prevê, ainda, não haver a obrigação de o provedor vigiar as informações que transmitir ou armazenar, nem que procure fatos ou circunstâncias que indiquem ilicitudes por parte do fornecedor (art. 15º).

Capítulo IV
DANO MORAL

4.1. DANO MORAL NAS RELAÇÕES DE CONSUMO

I - Introdução
Dentre as tutelas asseguradas pelo Código de Defesa do Consumidor figura a efetiva reparação de danos patrimoniais e morais decorrentes de disfunção das relações entre fornecedor e consumidor (art. 6º, VI).

É comum afirmar-se que o dano moral não se prova, porque a dor que o caracteriza passa-se no subjetivismo do ofendido. Assim, para sua configuração, bastaria comprovar a ocorrência capaz de ofender os sentimentos comuns das pessoas. Mas não é bem assim. O dano moral reparável ocorre quando se ofendem direitos da personalidade, como o nome, a dignidade, a privacidade, a intimidade e as relações de afetividade inerentes ao convívio humano. Dessa maneira, para ter-se como verificada essa espécie de lesão não se reclama a prova da dor, mas não se dispensa a concreta demonstração de que, efetivamente, se violou alguns dos direitos subjetivos referidos.

Em matéria de produtos e serviços envolvidos nas relações de consumo, a falta de cumprimento das obrigações a cargo do fornecedor, ou os defeitos da prestação realizada, podem acarretar, para o consumidor, prejuízos tanto na esfera patrimonial como moral. Isto, contudo, não equivale a presumir que os danos materiais sempre se façam acompanhar dos morais. Pode, muito bem, acontecer que o inadimplemento se passe na esfera econômica sem refletir, significativamente, no domínio da personalidade. Para eclodir a lesão moral é preciso que, além do prejuízo econômico, o inadimplemento contratual tenha se expandido, comprovadamente, até causar, também danos aos direitos da personalidade.

Nesse sentido, já se decidiu que "mero descumprimento contratual não dá ensejo à reparação de dano moral, salvo quando se demonstrar, de forma inequívoca, que o atraso no pagamento da cobertura causou abalo psicológico considerável no segurado".[1]

---

[1] TJ-RGS, 3º Grupo de Câm., Emb. Inf. 70004091278, Rel. Des. Marco Aurélio dos Santos Caminha, ac. 06.09.2002, *RJTJRGS*, n. 224, p. 145.

O defeito do veículo, por exemplo, não pode gerar reparação de dano moral em favor do comprador, pelo simples fato de o fabricante convocá-lo para a reparação devida (*recall*). O STJ, sobre o tema, decidiu que "não convence a defesa de que o *recall* teria o condão de causar dano moral à compradora de veículo, pois essa prática é, sim, favorável ao consumidor, não podendo ser aceita como instrumento de oportunismo a alimentar infundados pleitos indenizatórios".[2]

Também no atraso da entrega da casa construída pelo vendedor, "descabe indenização por danos morais, visto que a alegada frustração causada aos compradores, que adquiram os sobrados para neles habitar, decorrentes de incômodos causados para torná-los habitáveis, não se constitui em motivo para obter aquela indenização".[3]

Aliás, reconhece-se em regra que "na caracterização do dano moral se exige a excepcionalidade, uma intensidade de sofrimento que não seja aquela própria dos aborrecimentos corriqueiros de uma vida normal".[4]

Assim, não é o vício do produto ou serviço que produz, de imediato, o dever de indenizar para o fornecedor, na esfera extrapatrimonial. Essa responsabilidade por danos morais ocorrerá eventualmente, "desde que presentes os elementos caracterizadores do constrangimento à esfera moral do consumidor".[5]

Da mesma forma, "o débito levado a efeito em conta corrente, sem autorização do respectivo titular, para o pagamento de conta de luz, não induz, por si só, o reconhecimento de dano moral, a despeito do aborrecimento que isso possa ter provocado; o dano moral apenas se caracterizaria se o lançamento do débito tivesse consequências externas, *v.g.*, devolução de cheques por falta de provisão de fundos ou inscrição do nome do correntista em cadastro de proteção ao crédito".[6] Aí, sim, o bom nome do consumidor teria sofrido objetiva restrição no meio social, justificando a indenização por dano moral.

II – O caráter punitivo do dano moral

O *caráter punitivo* da reparação do dano moral no âmbito das relações de consumo é defendido, doutrinariamente, como *prevenção* contra as grandes corporações que dominam a prestação dos serviços essenciais no mundo capitalista atual. As multas apenas simbólicas não intimidam os grandes fornecedores. É preciso introduzir no Brasil, a exemplo do que ocorre no primeiro mundo, a "indenização punitiva", para defender a

---

[2] STJ, 4ª T., AgRg no Ag 675.453/PR, Rel. Min. Aldir Passarinho Júnior, ac. 14.02.2006, *DJU* 13.03.2006, p. 327.
[3] TJPR, 7ª CC, AC 164.438-0, Rel. Des. Accácio Cambi, ac. 30.11.2004, *RDCPC*, 34, p. 85, mar.-abr. 2005.
[4] TRF, 4ª Reg., Ap. 2000.70.00.031492-6/PR, Rel. Des. Edgard Lippmann Júnior, ac. 01.12.2004, *DJ-2*, 245, de 22.12.2004, p. 173. Na verdade, o dano moral não pode ser banalizado, "o que se dá quando confundido com mero percalço, dissabor ou contratempo a que estão sujeitas as pessoas em sua vida comum" (STJ, 4ª T., REsp. 283.860/SP, Rel. Min. Aldir Passarinho Júnior, ac. 12.11.2002, *DJU* 16.12.2002, p. 340).
[5] STJ, 3ª T., REsp. 324.629/MG, Rel. Min. Nancy Andrighi, ac. 10.12.2002, *DJU* 28.04.2003, p. 198, *RSTJ* 186/313.
[6] STJ, 3ª T., REsp. 409.917/MG, Rel. Min. Ari Pargendler, ac. 30.04.2002, *DJU* 19.08.2002, p. 162, *RSTJ* 163/316.

sociedade consumerista da desídia notada na prestação dos serviços monopolizados e daqueles prestados por megacorporações.

Critica-se a aplicação insipiente e ineficaz no direito brasileiro da "teoria do desestímulo", que, tal como procedem os tribunais, "apresenta uma abordagem punitiva e pedagógica de baixíssima repercussão".[7]

Certo é que as indenizações punitivas exercem importante papel no mundo atual, mas se fundam no interesse público, quando posto em risco por infrações reveladoras de ato malicioso praticado com *dolo* ou *grave negligência* do agente, a ponto de provocar "extrema reprovação social". Não é qualquer ato ilícito de escassa ou nenhuma repercussão social que justificaria indenizações gigantescas, a título de imposição de *pena* e de medida capaz de induzir o transgressor a "não reiterar comportamentos antissociais e ultrajantes análogos".[8]

O perigo reside na imposição banalizada da indenização punitiva, sem autorização da lei e, portanto, sem parâmetro legal algum. Desatendida a proporção entre a gravidade da infração civil e a capacidade econômica do infrator, por exemplo, a desmesurada punição, a título de proteger a sociedade, transformar-se-ia em medida ruinosa para o pequeno e médio fornecedor. Se as incorporações suportam as sanções elevadas, sem se arruinarem, os empresários comuns não têm, em regra, como sofrê-las sem a perspectiva do abalo do equilíbrio econômico de seu negócio.[9]

Daí por que nos países que aplicam o sistema das indenizações punitivas vigoram regras legais que especificam quando essas sanções se aplicam e como devem ser elas dimensionadas, nos casos concretos. Advogar, entre nós, que a jurisprudência, por autoridade própria e sem qualquer apoio em lei, crie a indenização-pena, dando-lhe a dimensão que bem convier ao julgador, representa ignorar que, no Brasil, existe uma Constituição que inclui entre os direitos e garantias fundamentais a declaração de que *não há pena sem prévia cominação legal* (CF, art. 5º, XXXIX).

Não é somente porque o consumidor se acha sob proteção especial nas relações com os fornecedores (CF, art. 5º, XXXII) que estes hão de ficar expostos a *penas graves* não autorizadas, nem, muito menos, dimensionadas em lei.

O esforço justo para que as indenizações punitivas sejam adotadas no Brasil, em nome da prevenção contra os prejuízos graves suportados pelos consumidores, no quadro atual de nosso ordenamento jurídico, há de voltar para o plano legislativo e não para o judiciário. Em suma, mesmo que admissível a indenização por danos transindividuais,

---

[7] BORREGO, Christiane. As relações de consumo e a teoria do valor do desestímulo em face da globalização dos negócios jurídicos. *Revista Síntese: Direito Civil e Processual Civil*, n. 104, nov-dez/2016, p. 15.

[8] ROSENVALD, Nelson. *As funções da responsabilidade civil:* a reparação e a pena civil. São Paulo: Atlas, 2013. Apud BORREGO, Christiane. *Op. cit.*, p. 14.

[9] É sempre bom ter em mente que "a interpretação de qualquer lei ordinária protetora dos consumidores não deve significar desestímulo à produção de bens e serviços, tampouco contrariar os demais aspectos do direito privado que se destinem a propiciar as condições para o exercício da atividade econômica em um sistema de feitio neoliberal" (BORREGO, Christiane. *Op. cit.*, p. 10; BRESSER-Pereira, Luiz Carlos. *Direito e desenvolvimento econômico*. Acesso em: 3.8.2015).

ainda não é concebível a punição do ofensor a partir das atuais disposições do Código Civil. Para que a pena civil seja definitivamente recepcionada pelo direito brasileiro, faz-se necessária sua previsão legal.[10]

III – Dano existencial

É certo que o inadimplemento de obrigações, em regra, não gera dano moral indenizável, uma vez que provoca *meros aborrecimentos e dissabores*, normais no cotidiano dos indivíduos, sem maiores repercussões na esfera privada e psicológica do consumidor.[11]

Entretanto, casos há em que a conduta desidiosa do fornecedor provoca injusta perda de tempo do consumidor, para solucionar problema de vício do produto ou serviço. É o que ocorre, por exemplo, quando o consumidor é obrigado a ficar horas no telefone, repetidas vezes, até que o problema seja solucionado; ou quando se desloca para a loja inúmeras vezes na tentativa de ver o produto consertado ou trocado. O fornecedor, desta forma, desvia o consumidor de suas atividades para "resolver um problema criado" exclusivamente por aquele.[12] Essa circunstância, por si só, configura *dano indenizável* no campo do dano moral, na medida em que ofende a dignidade da pessoa humana e outros princípios modernos da teoria contratual, tais como a boa-fé objetiva e a função social:

> Então, a perda injusta e intolerável do tempo útil do consumidor provocada por desídia, despreparo, desatenção ou má-fé (abuso de direito) do fornecedor de produtos ou serviços deve ser entendida como dano temporal (modalidade de *dano moral*) e a conduta que o provoca classificada como ato ilícito.
>
> Cumpre reiterar que o ato ilícito deve ser colmatado pela usurpação do tempo livre, enquanto violação a direito da personalidade, pelo afastamento do dever de segurança que deve permear as relações de consumo, pela inobservância da boa-fé objetiva e seus deveres anexos, pelo abuso da função social do contrato (seja na fase pré-contratual, contratual ou pós-contratual) e, em último grau, pelo desrespeito ao princípio da dignidade da pessoa humana.[13]

É de se convir que o tempo configura bem jurídico valioso, reconhecido e protegido pelo ordenamento jurídico, razão pela qual, "a conduta que irrazoavelmente o viole produzirá uma nova espécie de dano existencial, qual seja, dano temporal", justificando a indenização. Esse tempo perdido, destarte, quando viole um "padrão

---

[10] VIDAL, Luisa Ferreira; MILAGRES, Marcelo de Oliveira. Função punitiva da responsabilidade civil pelo direito brasileiro. *Revista de Direito Privado*, v. 60, p. 170, São Paulo, out-dez/2014.
[11] "4. A jurisprudência do Superior Tribunal de Justiça é firme no sentido de estabelecer que aborrecimentos comuns do dia a dia, meros dissabores normais e próprios do convívio social, não são suficientes para originar danos morais indenizáveis" (STJ, 3ª T., AgInt no AREsp. 863.644/RS, Rel. Min. Ricardo Villas Bôas Cueva, ac. 17.11.2016, DJe 25.11.2016).
[12] GASPAR, Alan Monteiro. Responsabilidade civil pela perda indevida do tempo útil do consumidor. *Revista Síntese*: direito civil e processual civil, n. 104, nov.-dez./2016, p. 60.
[13] *Idem*, p. 62.

de razoabilidade suficientemente assentado na sociedade", não pode ser enquadrado na noção de *mero aborrecimento ou dissabor*.[14]

Mas, os gastos inevitáveis de tempo – tais como o enfrentamento de filas de bancos, a espera em consultórios médicos e outros –, não devem ser considerados *dano temporal*. Embora indesejável, esse tempo desperdiçado faz parte de nosso cotidiano, não sendo hábil a justificar uma indenização.[15]

Sobre o tempo de espera em filas de bancos, veja-se o seguinte julgado do STJ:

3. Com efeito, *não é adequado ao sentido técnico-jurídico de dano a sua associação a qualquer prejuízo economicamente incalculável, como caráter de mera punição, ou com o fito de imposição de melhoria de qualidade do serviço oferecido pelo suposto ofensor, visto que o art. 944 do CC proclama que a indenização mede-se pela extensão do dano efetivamente verificado.*

4. O art. 12 do CC estabelece que se pode reclamar perdas e danos por ameaça ou lesão a direito da personalidade, sem prejuízo de outras sanções previstas em lei. Dessarte, o direito à reparação de dano moral exsurge de condutas que ofendam direitos da personalidade, bens tutelados que não têm, per se, conteúdo patrimonial, mas extrema relevância conferida pelo ordenamento jurídico.

5. *A espera em fila de banco, supermercado, farmácia, e em repartições públicas, dentre outros setores, em regra, é mero desconforto que não tem o condão de afetar direito da personalidade, isto é, interferir intensamente no equilíbrio psicológico do consumidor do serviço (saúde mental).*

6. O art. 4º, II, do CDC estabelece que a Política Nacional das Relações de Consumo implica ação governamental para proteção ao consumidor, sendo que, presumivelmente, as normas municipais que estabelecem tempo máximo de espera em fila têm efeito de coerção, prevendo a respectiva sanção (multa), que caberá ser aplicada pelo órgão de proteção ao consumidor competente, à luz de critérios do regime jurídico de Direito Administrativo (g.n.).[16]

IV – Alguns julgados sobre o tema

A jurisprudência pátria não discute a ocorrência de dano moral nas relações de consumo, mormente quando a conduta do fornecedor é hábil a afetar os direitos da personalidade do consumidor, parte reconhecidamente mais fraca. São emblemáticos os seguintes posicionamentos pretorianos sobre o tema:

a) Transporte aéreo

1. Atraso e cancelamento de voo:

Em situações de atraso ou cancelamento de voo, o STJ entende que a simples demora, por si só, não causa dano moral, devendo o juiz analisar o caso concreto, para verificar se estão presentes elementos outros que justifiquem a indenização:

---

[14] *Idem, ibidem.*
[15] *Idem*, p. 61.
[16] STJ, 4ª T., REsp 1.647.452/RO, Rel. Min. Luis Felipe Salomão, ac. 26.02.2019, *DJe* 28.03.2019.

4. Na específica hipótese de atraso ou cancelamento de voo operado por companhia aérea, não se vislumbra que o dano moral possa ser presumido em decorrência da mera demora e eventual desconforto, aflição e transtornos suportados pelo passageiro. Isso porque vários outros fatores devem ser considerados a fim de que se possa investigar acerca da real ocorrência do dano moral, exigindo-se, por conseguinte, a prova, por parte do passageiro, da lesão extrapatrimonial sofrida.

5. Sem dúvida, as circunstâncias que envolvem o caso concreto servirão de baliza para a possível comprovação e a consequente constatação da ocorrência do dano moral. A exemplo, pode-se citar particularidades a serem observadas: i) a averiguação acerca do tempo que se levou para a solução do problema, isto é, a real duração do atraso; ii) se a companhia aérea ofertou alternativas para melhor atender aos passageiros; iii) se foram prestadas a tempo e modo informações claras e precisas por parte da companhia aérea a fim de amenizar os desconfortos inerentes à ocasião; iv) se foi oferecido suporte material (alimentação, hospedagem etc.) quando o atraso for considerável; v) se o passageiro, devido ao atraso da aeronave, acabou por perder compromisso inadiável no destino, dentre outros.[17]

Por outro lado, o STJ já reconheceu a falha no serviço em razão de atraso superior a quatro horas, independentemente de sua causa originária, hábil a configurar dano moral ao passageiro. Nesses casos, é obrigação da empresa prestar informações claras acerca do prosseguimento da viagem, bem como arcar com custos de alimentação e hospedagem:

1. A postergação da viagem superior a quatro horas constitui falha no serviço de transporte aéreo contratado e gera o direito à devida assistência material e informacional ao consumidor lesado, independentemente da causa originária do atraso.

2. O dano moral decorrente de atraso de voo prescinde de prova e a responsabilidade de seu causador opera-se *in re ipsa* em virtude do desconforto, da aflição e dos transtornos suportados pelo passageiro.[18]

Numa situação em que o atraso no voo submeteu menor desacompanhado a aguardar por nove horas em cidade desconhecida, finalizando a viagem em uma van para levá-lo para a cidade de destino, o STJ entendeu tratar-se de mais do que mero aborrecimento, condenando a empresa aérea a pagar indenização:

2.4. Não se tem dúvidas que o direito brasileiro experimentou um período de banalização da reparação dos danos morais, reconhecendo-se o direito a toda sorte de situações, muitas delas em que efetivamente não se estava a lidar com violações a interesses ligados à esfera da dignidade humana e/ou dos direitos de personalidade.

2.5. Não se pode descurar, no entanto, que, presentes os elementos a evidenciar mais do que mero aborrecimento em ficar em um hotel, alimentado, no aguardo de um

---

[17] STJ, 3ª T., REsp 1.796.716/MG, Rel. Min. Nancy Andrighi, ac. 27.08.2019, *DJe* 29.08.2019.
[18] STJ, 3ª T., EDcl. no REsp. 1.280.372/SP, Rel. Min. Ricardo Villas Bôas Cueva, ac. 19.03.2015, *DJe* 31.03.2015.

voo, mas a angústia de um menor e dos seus pais a espera de um voo por mais de nove horas, e a sua submissão a se deslocar para cidade a 100km da cidade de destino para buscar o seu filho, é devida a indenização pelos danos morais e materiais.[19]

O TJPR também concedeu indenização à passageira que, em razão do atraso por aproximadamente 31 horas, passou a ceia de natal dentro da aeronave. Segundo o acórdão, o grande período de espera causou abalo que foge à normalidade, rompendo o equilíbrio psicológico do indivíduo.[20]

2. Extravio de bagagem

Quando há extravio de bagagem em viagem internacional, o STF decidiu que a indenização por danos materiais limita-se ao valor estabelecido nas Convenções de Varsóvia e Montreal, que têm prevalência sobre o CDC:

Recurso extraordinário com repercussão geral. [...] É aplicável o limite indenizatório estabelecido na Convenção de Varsóvia e demais acordos internacionais subscritos pelo Brasil, em relação às condenações por dano material decorrente de extravio de bagagem, em voos internacionais. 5. Repercussão geral. Tema 210. Fixação da tese: "Nos termos do art. 178 da Constituição da República, as normas e os tratados internacionais limitadores da responsabilidade das transportadoras aéreas de passageiros, especialmente as Convenções de Varsóvia e Montreal, têm prevalência em relação ao Código de Defesa do Consumidor".[21]

No mesmo sentido, o entendimento do STJ:

A orientação jurisprudencial do Supremo Tribunal Federal, no RE 636.331/RJ, DJe 25/05/2017, ao apreciar o Tema 210 da Repercussão Geral, firmou-se no sentido de que as normas e os tratados internacionais devem ser aplicados às questões envolvendo transporte internacional, seja este de pessoas, bagagens ou cargas, especialmente as Convenções de Varsóvia e Montreal (AgInt no AREsp n. 1.175.484/SP, Relator Ministro Marco Aurélio Bellizze, Terceira Turma, julgado em 17/4/2018, DJe 20/4/2018).[22]

Entretanto, quando o pedido de indenização se refere ao dano moral, aplica-se o CDC, segundo a jurisprudência do STJ:

2. O STF, no julgamento do RE nº 636.331/RJ, com repercussão geral reconhecida, fixou a seguinte tese jurídica: [...]
3. Referido entendimento tem aplicação apenas aos pedidos de reparação por danos materiais.

---

19 STJ, 3ª T., REsp 1.733.136/RO, Rel. Min. Paulo de Tarso Sanseverino, ac. 21.09.2021, DJe 24.09.2021.
20 TJPR, 9ª Câmara Cível, Ap. 0001145-36.2016.8.16.0123, Rel. Des. Luis Sérgio Swiech, ac. 13.09.2019.
21 STF, Tribunal Pleno, RE 636.331/RJ, Rel. Min. Gilmar Mendes, ac. 25.05.2017, DJe 13.11.2017.
22 STJ, 4ª T., AgInt no AgRg no AREsp 369.464/SP, Rel. Min. Antonio Carlos Ferreira, ac. 29.06.2020, DJe 01.07.2020.

4. As indenizações por danos morais decorrentes de extravio de bagagem e de atraso de voo não estão submetidas à tarifação prevista na Convenção de Montreal, devendo-se observar, nesses casos, a efetiva reparação do consumidor preceituada pelo CDC.[23]

3. Prescrição

Aquela Corte superior já decidiu, também, incidir, na espécie, o prazo prescricional de cinco anos, previsto no art. 27 do CDC:

> 1. O Código Brasileiro de Aeronáutica não se limita a regulamentar apenas o transporte aéreo regular de passageiros, realizado por quem detém a respectiva concessão, mas todo serviço de exploração de aeronave, operado por pessoa física ou jurídica, proprietária ou não, com ou sem fins lucrativos, de forma que seu art. 317, II, não foi revogado e será plenamente aplicado, desde que a relação jurídica não esteja regida pelo CDC, cuja força normativa é extraída diretamente da CF (5º, XXXII).
> 2. Demonstrada a existência de relação de consumo entre o transportador e aqueles que sofreram o resultado do evento danoso (consumidores por equiparação), configurado está o fato do serviço, pelo qual responde o fornecedor, à luz do art. 14 do CDC, incidindo, pois, na hipótese, o prazo prescricional quinquenal previsto no seu art. 27.[24]

4. Tratamento vexatório dispensado ao consumidor

O Tribunal de Justiça do Rio Grande do Sul condenou empresa de transporte municipal a indenizar passageiro cadeirante, por tratamento vexatório dispensado ao consumidor:

> 3. Dano moral: desbordam da esfera do mero dissabor e do simples inadimplemento contratual as circunstâncias de submissão de pessoa cadeirante a espera de 3h (três horas) com vistas ao seu embarque em veículo coletivo adaptado, e, nesse interregno, a sua sujeição a tratamento vexatório, a constrangimento público, com a ocorrência de chacotas, piadas de mau gosto e até mesmo violação a sua integridade física, com empurrões e sacudidas na sua cabeça, por prepostos da concessionária ré. *Quantum* indenizatório majorado para R$ 20.000,00 (vinte mil reais), com acréscimo de juros de mora, de 1% ao mês, desde a citação, porque se trata de hipótese de responsabilidade civil contratual, e correção monetária, pelo IGP-M, desde esta sessão de julgamento, conforme a Súmula n.º 362/STJ. Preliminar de nulidade da sentença rejeitada. Apelo do autor provido. Apelo do Município de Rio Grande parcialmente provido. Apelo da Viação Noivas do Mar Ltda. Desprovido.[25]

---

[23] STJ, 3ª T., REsp 1.842.066/RS, Rel. Min. Moura Ribeiro, ac. 09.06.2020, *DJe* 15.06.2020.
[24] STJ, 3ª T., REsp. 1.202.013/SP, Rel. Min. Nancy Andrighi, ac. 18.06.2013, *DJe* 27.06.2013.
[25] TJRS, 12ª Câm. Cível, Ap. Civ. 70065328304, Rel. Des. Umberto Guaspari Sudbrack, ac. 27.08.2015, *DJ* 01.09.2015.

5. Acesso à aeronave por cadeirante

O STJ condenou a companhia aérea por não promover condições dignas de acessibilidade de pessoa cadeirante ao interior da aeronave:

> 3.1. A Resolução n. 9/2007 da Agência Nacional de Aviação Civil, cuja vigência perdurou de 14/6/2007 até 12/1/2014, atribuiu às empresas aéreas a obrigação de assegurar os meios para o acesso desembaraçado da pessoa com deficiência no interior da aeronave, aplicando-se, portanto, aos fatos versados na demanda.
> 4. Nos termos do art. 14, caput, da Lei n. 8.078/90, o fornecedor de serviços responde, objetivamente, pela reparação dos danos causados ao consumidor, em razão da incontroversa má-prestação do serviço por ela fornecido, o que ocorreu na hipótese.[26]

b) Transporte terrestre coletivo

1. Responsabilidade por morte de pedestre

A jurisprudência já reconheceu a responsabilidade da concessionária de serviço rodoviário pela morte de pedestre, considerada consumidora por equiparação, em razão da má sinalização da rodovia. Na espécie, a concessionária foi condenada a pagar pensão mensal à genitora da vítima, bem como indenização pela dor causada pela perda da filha de tenra idade:

> [...] 2. As concessionárias de serviços rodoviários, nas suas relações com o usuário, subordinam-se aos preceitos do Código de Defesa do Consumidor e respondem objetivamente pelos defeitos na prestação do serviço. Precedentes.
> 3. No caso, a autora é consumidora por equiparação em relação ao defeito na prestação do serviço, nos termos do art. 17 do Código consumerista. Isso porque prevê o dispositivo que "equiparam-se aos consumidores todas as vítimas do evento", ou seja, estende o conceito de consumidor àqueles que, mesmo não tendo sido consumidores diretos, acabam por sofrer as consequências do acidente de consumo, sendo também chamados de *bystanders*.
> [...]
> 8. O direito de segurança do usuário está inserido no serviço público concedido, havendo presunção de que a concessionária assumiu todas as atividades e responsabilidades inerentes ao seu mister.
> 9. Atento às peculiaridades do caso, em que a sentença reconheceu a responsabilidade da concessionária, bem como ao fato de se tratar de vítima de tenra idade, circunstância que exaspera sobremaneira o sofrimento da mãe, além da sólida capacidade financeira da empresa ré e consentâneo ao escopo pedagógico que deve nortear a condenação, considero razoável para a compensação do sofrimento experimentado pela genitora o valor da indenização de R$ 90.000,00 (noventa mil reais). Com relação aos danos materiais, a pensão mensal devida deve ser estimada em 2/3 do salário mínimo dos 14 aos 25 anos de idade da vítima e, após, reduzida para 1/3, até a data em que a falecida completaria 65 anos.[27]

---

[26] STJ, 4ª T., REsp. 1.611.915/RS, Rel. Min. Marco Buzzi, ac. 06.12.2018, *DJe* 04.02.2019.
[27] STJ, 4ª T., REsp. 1.268.743/RJ, Rel. Min. Luis Felipe Salomão, ac. 04.02.2014, *DJe* 07.04.2014.

2. Ato libidinoso praticado contra passageira

A Quarta Turma do STJ, por maioria, afastou a responsabilidade da concessionária por ato praticado por passageiro, por configurar fato exclusivo de terceiro e estranho ao contrato de transporte:

> 1. Nos termos da jurisprudência desta Corte Superior, não há responsabilidade da empresa de transporte coletivo em caso de ilícito alheio e estranho à atividade de transporte, pois o evento é considerado caso fortuito ou força maior, excluindo-se, portanto, a responsabilidade da empresa transportadora. Precedentes do STJ.
> 2. Não pode haver diferenciação quanto ao tratamento da questão apenas à luz da natureza dos delitos.
> 3. Na hipótese, sequer é possível imputar à transportadora eventual negligência pois, como restou consignado pela instância ordinária, o autor do ilícito foi identificado e detido pela equipe de segurança da concessionária de transporte coletivo, tendo sido, inclusive, conduzido à Delegacia de Polícia, estando apto, portanto, a responder pelos seus atos penal e civilmente.[28]

Entretanto, a Terceira Turma entendeu que "o assédio sexual ou ato libidinoso praticado por um passageiro contra outro dentro de vagão de composição férrea constitui fortuito interno passível de indenização".[29]

c) Vício do produto

1. O TJSP já deferiu indenização por dano moral experimentado por consumidora que adquiriu máquina de lavar roupa defeituosa. No caso concreto, a consumidora comprou o produto por orientação médica, uma vez que não podia realizar esforços físicos. Entretanto, a máquina estava defeituosa, tendo o fornecedor demorado a corrigir o defeito, o que justificou a condenação em dano moral:

> Ação de indenização por danos morais – Vício do produto – Máquina de lavar – Aquisição em decorrência de a consumidora ser portadora de 04 (quatro) hérnias discais extrusas e, por orientação médica, foi privada de realizar esforços físicos – Inúmeras tentativas de resolução do problema que restaram infrutíferas – Tentativa de resolução por intermédio do processo administrativo junto ao Procon, onde avençou-se acordo que não foi cumprido pelo fornecedor – Nítida ocorrência do *venire contra factum proprium* – Fixação de cláusula penal – Dano material que não se confunde com o dano moral – Tempo demasiado sem o uso do referido produto – Desídia e falta de respeito para com o consumidor – Tempo perdido do consumidor para tentativa de solução do infortúnio, que acarreta dano indenizável- Inteligência da tese do Desvio Produtivo do Consumidor – Danos morais configurados afronta à dignidade da pessoa humana – Caso dos autos que não se confunde com um "mero aborrecimento" do cotidiano.[30]

---

[28] STJ, 4ª T., REsp 1.748.295/SP, Rel. p/ acórdão Min. Marco Buzzi, ac. 13.12.2018, *DJe* 13.02.2019.
[29] STJ, 3ª T., AgInt no REsp, 1.843.874/DP, Rel. Min. Moura Ribeiro, ac. 23.03.2020, *DJe* 25.03.2020.
[30] TJSP, 5ª Câm. de Direito Privado, Ap. 0007852-15.2010.8.26.0038, Rel. Des. Fábio Podestá, ac. 13.11.2013, *Revista de Direito do Consumidor*, n. 93, p. 399, mai.-jun./2014.

Analisando ação de indenização em razão de defeito do produto, o STJ decidiu que o puro defeito não é motivo para indenização automática por danos morais:

- Dano moral: agressão ou atentado aos direitos de personalidade. Necessidade de reavaliação da sensibilidade ético-social comum na configuração do dano moral. Inadimplemento contratual ou vício do produto não causa, por si, danos morais.
- Na hipótese dos autos, não restou configurado o dano moral ocasionado pela necessidade de reparos à solda da coluna de automóvel. Além disso, verificou-se que usuário de automóvel adquirido por pessoa jurídica não possui legitimidade ativa para a propositura de ação.[31]

d) Propaganda enganosa

O Tribunal paulista também condenou empresa por dano moral provocado em razão de propaganda enganosa, que ludibriou o consumidor por ausência de informação clara e adequada:

Sky – Oferta publicitária de canais abertos – Indisponibilidade de canal ofertado – Publicidade enganosa – Fornecedor que veicula propaganda com promessa de quarenta e três canais, vinte e nove abertos, inclusive constando o logotipo referente ao sinal reclamado – Responsabilidade pela veracidade da informação nos termos do art. 38 do CDC – Ausente informação adequada e clara acerca da indisponibilidade em certas localidades, sem qualquer destaque para a restrição ao cabo da propaganda, de difícil visibilidade e compreensão – Violação da cláusula geral de boa-fé – É enganosa a informação parcial ou totalmente falsa, inclusive por omissão – Obrigação de devolução de valores pagos – Dano moral caracterizado pela privação do bem-estar, caracterizado o ludíbrio em relação aos consumidores, os quais tiveram restrição ao direito de entretenimento, informação e lazer, sem solução para a questão – Indenização arbitrada com moderação com finalidade de reparação e desestímulo – Recurso não provido.[32]

e) Contratos bancários

1. Desvio de dinheiro de correntista

O Superior Tribunal de Justiça, analisando situação em que gerente de banco desviou dinheiro de correntista, condenou a instituição financeira a pagar dano moral suportado pelo consumidor:

1. Controvérsia acerca da responsabilidade civil de uma instituição financeira pelos desvios de valores perpetrados por gerente em prejuízo de cliente.

2. Limitação da controvérsia à alegação de ofensa ao disposto nos arts. 932, inciso III, e 933 do Código Civil, por serem as únicas questões federais devolvidas ao conhecimento desta Corte Superior.

---

[31] STJ, 3ª T., REsp. 1.634.824/SE, Rel. Min. Nancy Andrighi, ac. 06.12.2016, *DJe* 15.12.2016.
[32] TJSP, 35ª Câm. de Direito Privado, Ap. 0005743-61.2012.8.26.0360, Rel. Des. José Malerbi, ac. 26.05.2014, *Revista de Direito do Consumidor*, n. 95, p. 429, set.-out./2014.

3. Responsabilidade da empregadora pelos desvios praticados pelo gerente na conta corrente do cliente, *ex vi* do art. 932, inciso III, do Código Civil.

4. Condenação à obrigação de restituir os valores desviados e à obrigação de indenizar os danos morais experimentados pelo cliente. Precedentes.

5. Descaracterização da mora do cliente, pois esta decorreu dos desvios praticados pelo gerente.

Em seu voto, o Relator entendeu estar caracterizada a relação de consumo, "pois o desvio de valores ocorreu no curso de um contrato de conta corrente celebrado entre um consumidor pessoa física e uma instituição financeira fornecedora de serviços bancários". Entendeu, também, que "o desvio de valores praticado pelo gerente é ato gravíssimo, pois não apenas pode configurar, em tese, crime contra o patrimônio, como também estabelece a quebra da relação de confiança do cliente com a instituição financeira". O dano moral caracterizou-se pelo fato de a conta corrente ter ficado negativa em virtude dos desvios, culminando "com a inscrição do nome do recorrente em órgãos de restrição de crédito".[33]

2. Inscrição indevida em cadastro de inadimplentes

Em situação em que houve a inscrição indevida do correntista em cadastro de inadimplentes, em razão de documentos furtados por terceiro, o STJ reconhece a responsabilidade da instituição financeira:

1. A fraude cometida por terceiro não elide a responsabilidade do comerciante que negocia com terceiro estelionatário, uma vez que cabe à empresa verificar a idoneidade dos documentos apresentados, a fim de evitar dano a terceiro na realização de seus negócios.[34]

Nesse sentido é a Súmula 479 do STJ: "as instituições financeiras respondem objetivamente pelos danos gerados por fortuito interno relativo a fraudes e delitos praticados por terceiros no âmbito de operações bancárias". Entretanto, se o pagamento não é feito no vencimento pelo devedor, em razão de atraso na entrega do boleto, o TRF da 3ª Região entendeu inexistir responsabilidade da instituição financeira, pois cabe ao devedor a obrigação de procurá-la para obter a guia em tempo:

8. Em relação ao dano moral, as circunstâncias narradas nos autos, denotam que a parte autora não sofreu aflição e intranquilidade em face da inscrição do seu nome no SERASA, tendo em vista que, conforme documentos juntados aos autos e ao contrário do alegado pela autora, *houve o pagamento da parcela com atraso e sem a inclusão dos encargos legais*.

9. Conforme bem analisado na r. sentença recorrida: "Com efeito, a implicada prestação nº 06 tinha vencimento em 29/08/2015, no valor de R$ 96,22, sendo que o pagamento somente foi realizado em 08/09/2015, sem nenhum acréscimo, fls. 16.

---

[33] Trechos do voto do Relator no REsp. 1.569.767/RS *cit.*
[34] STJ, 4ª T., AgInt no REsp 1.670.784/MG, Rel. Min. Raul Araújo, ac. 19.02.2019, *DJe* 01.03.2019.

Nesse passo, inoponível atraso na entrega do boleto, vez que a autora, quando contratou o financiamento, ciente ficou do seu dever de pagar e sobre a data dos vencimentos, assim, se não recebeu a ficha de pagamento até datas próximas do vencimento, deve se dirigir à CEF ou ao local de direito para obter a guia e efetuar o adimplemento."

10. Ademais, vale ressaltar que, pese embora o nome da autora tenha sido inscrito no SERASA, há informação de que houve exclusão 13 (treze) dias após a inscrição.[35]

f) Empresa importadora e fornecedora de produtos

Em caso de empresas importadora e fornecedora de prótese mamária, a responsabilidade objetiva de ambas foi reconhecida pelo TJDF diante dos danos morais e materiais acarretados por rompimento do silicone, em face da configuração de relação de consumo e da incidência da responsabilidade civil objetiva, que independe da existência de culpa. Impuseram-se juros moratórios relativos à indenização pelos danos morais contados a partir da citação, por se entender que o caso seria de responsabilidade contratual.[36]

g) Alimento adquirido com corpo estranho

A jurisprudência do STJ entende configurado o dano moral quando o alimento adquirido contém corpo estranho em seu conteúdo, ainda que não haja ingestão pelo consumidor, "dada a ofensa ao direito fundamental à alimentação adequada, corolário do princípio da dignidade da pessoa humana":[37]

> 3. *A aquisição de produto de gênero alimentício contendo em seu interior corpo estranho, expondo o consumidor à risco concreto de lesão à sua saúde e segurança, ainda que não ocorra a ingestão de seu conteúdo, dá direito à compensação por dano moral*, dada a ofensa ao direito fundamental à alimentação adequada, corolário do princípio da dignidade da pessoa humana.
>
> 4. Hipótese em que se caracteriza defeito do produto (art. 12, CDC), o qual expõe o consumidor à risco concreto de dano à sua saúde e segurança, em clara infringência ao dever legal dirigido ao fornecedor, previsto no art. 8º do CDC.
>
> 5. Na hipótese dos autos, *o simples "levar à boca" do corpo estranho possui as mesmas consequências negativas à saúde e à integridade física do consumidor que sua ingestão propriamente dita* (g.n.).[38]

---

[35] TRF 3ª R, 1ª T., Ap. 0002873-98.2016.4.03.6108, Rel. Des. Federal Valdeci dos Santos, ac. 08.06.2020, *DJ* 15.09.2020.

[36] TJDFT, 5ª Turma Cível, Ap. 201001107785 APC, Rel. Des. Silva Lemos, *DJ* 14.012.2016, *Revista Bonnijuris*, ano XXIX, n. 640, p. 63, Curitiba, março 2017.

[37] STJ, 3ª T., REsp. 1.828.026/SP, Rel. Min. Nancy Andrighi, ac. 10.09.2019, *DJe* 12.09.20019. No mesmo sentido: STJ, 3ª T., REsp. 1.818.900/SP, Rel. Min. Nancy Andrighi, ac. 04.08.2020, *DJe* 07.08.2020.

[38] STJ, 3ª T., REsp 1.644.405/RS, Rel. Min. Nancy Andrighi, ac. 09.11.2017, *DJe* 17.11.2017. No mesmo sentido: STJ, 3ª T., AgInt no REsp. 1.797.604/SE, Rel. Min. Paulo de Tarso Sanseverino, ac. 10.06.2019, *DJe* 14.06.2019; STJ, 4ª T., AgInt no REsp. 1.879.416/SC, Rel. Min. Luis Felipe Salomão, ac 21.09.2021, *DJe* 27.09.2021.

Segundo aquela Corte Superior, o produto que contém corpo estranho mostra-se defeituoso, "haja vista a incrementada – e desarrazoada – insegurança alimentar causada ao consumidor":

> 6. Ao fornecedor incumbe uma *gestão adequada dos riscos inerentes a cada etapa do processo de produção, transformação e comercialização dos produtos alimentícios. Esses riscos, próprios da atividade econômica desenvolvida, não podem ser transferidos ao consumidor, notadamente nas hipóteses em que há violação dos deveres de cuidado, prevenção e redução de danos.*
>
> 7. *A presença de corpo estranho em alimento industrializado excede aos riscos razoavelmente esperados pelo consumidor em relação a esse tipo de produto*, sobretudo levando-se em consideração que o Estado, no exercício do poder de polícia e da atividade regulatória, já valora limites máximos tolerados nos alimentos para contaminantes, resíduos tóxicos outros elementos que envolvam risco à saúde. [...]
>
> 9. Em tal hipótese, o dano extrapatrimonial exsurge em razão da exposição do consumidor a risco concreto de lesão à sua saúde e à sua incolumidade física e psíquica, em violação do seu direito fundamental à alimentação adequada.
>
> 10. *É irrelevante, para fins de caracterização do dano moral, a efetiva ingestão do corpo estranho pelo consumidor, haja vista que, invariavelmente, estará presente a potencialidade lesiva decorrente da aquisição do produto contaminado* (g.n.).[39]

h) Risco inerente ao produto ou medicamento

Quando o produto comercializado possui uma periculosidade inerente, tal como o cigarro, o STJ não concede indenização ao consumidor tão somente por apresentar doença que pode estar associada à utilização do produto, por entender inexistir defeito, na espécie:

> 1. *O cigarro é um produto de periculosidade inerente e não um produto defeituoso*, nos termos do que preceitua o Código de Defesa do Consumidor, pois o defeito a que alude o diploma consubstancia-se em falha que se desvia da normalidade, capaz de gerar uma frustração no consumidor ao não experimentar a segurança que ordinariamente se espera do produto ou serviço.
>
> 2. "As estatísticas – muito embora de reconhecida robustez – não podem dar lastro à responsabilidade civil em casos concretos de mortes associadas ao tabagismo, sem que se investigue, episodicamente, o preenchimento dos requisitos legais" (REsp 1113804/RS, Rel. Ministro Luis Felipe Salomão, Quarta Turma, julgado em 27.04.2010, *DJe* 24.06.2010).
>
> 3. Seguindo essa linha de raciocínio, ambas as Turmas de Direito Privado desta Corte também preconizam a ausência de responsabilidade civil das empresas fabricantes de cigarro por haver o consumidor apresentado quadro de tromboangeíte obliterante, inclusive diante da divergência na literatura médica acerca de eventual relação indissociável entre tal enfermidade e o tabagismo (g.n.).[40]

---

[39] STJ, 2ª Seção, REsp 1.899.304/SP, Rel. Min. Nancy Andrighi, ac. 25.08.2021, *DJe* 04.10.2021.
[40] STJ, 4ª T., AgInt no REsp 1.652.429/DF, Rel. Min. Luis Felipe Salomão, ac. 22.06.2020, *DJe* 30.06.2020.

i) Interrupção de serviço de energia

O TJRJ condenou empresa de fornecimento de energia elétrica ao pagamento de indenização por dano moral ao consumidor pela interrupção do serviço por mais de cinco dias, por se tratar de serviço essencial. Na hipótese, não é necessária a comprovação do dano, que ocorre *in re ipsa*, derivando do próprio fato ofensivo:

> 2. Não há nenhuma dúvida de que os serviços de utilidade pública devem ser prestados de maneira adequada, eficiente, segura e, em se tratando de serviço essencial, de modo contínuo. Tais atributos, com efeito, não constituem um plus, mas, sim, verdadeiros deveres do prestador, com os quais não pode transigir o aplicador do Código de Proteção e Defesa do Consumidor.
>
> 3. Restou incontroverso nos autos a interrupção de energia elétrica à unidade consumidora da Autora, sem causa legítima, por cinco dias.
>
> 4. Ademais disso, o período de cinco dias se mostra excessivo para que a Ré providenciasse o devido reparo, sobretudo por se tratar de serviço essencial cuja legislação específica, Resolução ANS nº 414/2010 (art. 176, I), admite o prazo máximo de 24 horas. [...].
>
> 7. Caracterizada a indevida interrupção de serviço público essencial, a comprovação do dano é desnecessária, pois, ocorre *in re ipsa*, ou seja, deriva do próprio fato ofensivo, de tal modo que provada a ofensa, demonstrado está o dano moral. Nesse sentido, o verbete sumular nº 192 desta e. Corte.[41]

j) Roubo em estacionamento de estabelecimento comercial

O STJ, conferindo interpretação extensiva à sua Súmula 130,[42] entende que estabelecimentos comerciais que oferecem estacionamento, ainda que gratuito, respondem por assaltos praticados contra os clientes, pois, apesar de não se tratar de serviço inerente à natureza do negócio, "gera legítima expectativa de segurança ao cliente em troca dos benefícios financeiros indiretos decorrentes desse acréscimo de conforto aos consumidores". Entretanto, quando o estacionamento representar mera comodidade, "sendo área aberta, gratuita e de livre acesso por todos, o estabelecimento comercial não pode ser responsabilizado por roubo à mão armada, fato de terceiro que exclui a responsabilidade, por se tratar de fortuito externo".[43]

k) Erro de diagnóstico de laboratório

Caso interessante foi julgado pelo STJ quanto à configuração de dano moral à genitora do investigante em razão de falso resultado negativo em exame de DNA, realizado para fins de averiguação de paternidade. Na oportunidade, a Corte Superior

---

[41] TJRJ, 25ª Câmara Cível, Ap. 0001229-88.2016.8.19.0079, Rel. Des. Werson Franco Pereira Rêgo, ac. 14.01.2019, *DJe* 16.01.2019.
[42] Súmula 130: "A empresa responde, perante o cliente, pela reparação de dano ou furto de veículo ocorridos em seu estacionamento".
[43] STJ, 2ª Seção, EREsp. 1.431.606/SP, Rel. Min. Maria Isabel Gallotti, ac. 27.03.2019, *DJe* 02.05.2019.

entendeu que o erro de diagnóstico representa falha na prestação de serviço capaz de gerar dano moral, pois agrediu a honra e a reputação da mãe:

> 5. Em se tratando da realização de exames médicos laboratoriais, tem-se por legítima a expectativa do consumidor quanto à exatidão das conclusões lançadas nos laudos respectivos, de modo que eventual erro de diagnóstico de patologia ou equívoco no atestado de determinada condição biológica implica defeito na prestação do serviço, a atrair a responsabilidade objetiva do laboratório.
>
> 6. Compreende-se o dano moral como lesão a atributos valorativos da pessoa, enquanto ente ético e social que participa da vida em sociedade, estabelecendo relações intersubjetivas em uma ou mais comunidades ou, em outras palavras, são atentados à parte afetiva e social da personalidade.
>
> 7. Ante a "sacralização" do exame de DNA – corriqueiramente considerado pelo senso comum como prova absoluta da (in)existência de vínculo biológico – a indicação de paternidade que, em exame genético, se mostra inexistente sujeita a mãe a um estado de angústia e sofrimento íntimo, pois lança dúvidas quanto ao seu julgamento sobre a realidade dos fatos. O fato que tinha como certo é contrastado com a verdade científica, resultando em um momento de incompreensão e aflição.
>
> 8. Ademais, o antagonismo entre a nomeação feita e a exclusão da paternidade, atestada pelo exame, rebaixa a validade da palavra da mãe, inclusive perante o próprio filho, a depender de seu desenvolvimento psicossocial.
>
> 9. O simples fato do resultado negativo do exame de DNA agride, ainda, de maneira grave, a honra e reputação da mãe, ante os padrões culturais que, embora estereotipados, predominam socialmente. Basta a ideia de que a mulher tenha tido envolvimento sexual com mais de um homem, ou de que não saiba quem é o pai do seu filho, para que seja questionada sua honestidade e moralidade.[44]

l) Atos hostis presididos por preconceito racial

O TJSP condenou um supermercado por atos hostis praticados contra cliente em razão de sua cor:

> A autora é uma mulher da raça negra, sendo certo que a suspeita sobre a falsidade das cédulas dadas em pagamento não foi gerada por nenhum elemento objetivamente idôneo capaz de justificá-la, mas tão somente pela cor da mão que as exibiu. Identifica-se na espécie um claro exemplo de manifestação de preconceito racial, sendo certo que as atitudes hostis praticadas contra a autora foram presididas pelo pensamento discriminatório e excludente, pelo qual se impôs à negritude da mulher uma condição de subalternidade social e econômica, a tornar inaceitável pudesse ela ter consigo cédulas de cem reais para pagar as compras feitas.[45]

---

[44] STJ, 3ª T., REsp 1.700.827/PR, Rel. Min. Nancy Andrighi, ac. 05.11.2019, *DJe* 08.11.2019.
[45] TJSP, 30ª Câmara de Direito Privado, Apelação 1001168-84.2018.8.26.0100, Rel. Des. Andrade Neto, ac. 22.10.2021, *DJ* 22.10.2021.

4.2. DANO MORAL COLETIVO

O art. 6º do CDC é claro ao proclamar que, entre os direitos básicos do consumidor figura "a efetiva prevenção e reparação de danos *patrimoniais* e *morais, individuais, coletivos* e *difusos*" (inciso VI). Ainda no mesmo rol de direitos básicos se assegura "o acesso aos órgãos judiciários e administrativos, com vistas à prevenção ou reparação de danos *patrimoniais* e *morais, individuais, coletivos* ou *difusos*" (inciso VII).

Os danos cuja reparação a legislação consumerista garante, induvidosamente podem ser *materiais* ou *morais, individuais* ou *coletivos*. Daí a possibilidade, reconhecida pelo art. 81 do CDC, de que a defesa dos interesses e direitos dos consumidores e das vítimas seja exercida em juízo tanto *individualmente* como a *título coletivo*. A *ação civil coletiva* pode ser manejada em defesa de direitos difusos ou coletivos, nos moldes da Lei da Ação Civil Pública (CDC, art. 90), e pode, também, defender direitos individuais homogêneos de consumidores, segundo as regras dos arts. 91 a 100 do CDC.

Em casos de dano moral coletivo, o dano não se restringe à "alteração de um estado anímico" caracterizador de dor psíquica, que é inerente às pessoas físicas, mas reflete, também, "o dever de reparar quaisquer danos extrapatrimoniais (ou, não patrimoniais) de natureza coletiva, com o fim de corresponder 'ao anseio justo, legítimo e necessário apresentado pela sociedade de nossos dias'".[46]

Segundo Carlos Alberto Bittar, "dano moral coletivo é a injusta lesão da esfera moral de uma dada comunidade, ou seja, é a violação antijurídica de um determinado círculo de valores". Assim, dano moral coletivo ocorre quando "o patrimônio valorativo de uma certa comunidade (maior ou menor), idealmente considerado, foi agredido de maneira absolutamente injustificável do ponto de vista jurídico: quer isso dizer, em última instância, que se feriu a própria cultura, em seu aspecto imaterial".[47]

Firme, por sua vez, é a jurisprudência do STJ que tem como inegável a "possibilidade de condenação por *dano moral* coletivo", mormente quando se trata de pretensão veiculada por *ação civil pública*.[48]

Entretanto, para aquela Corte Superior, o dano moral coletivo somente ocorre quando a conduta é de tal forma grave que ultrapassa a esfera do indivíduo, atingindo valores sociais:

> 8. O dano moral coletivo, compreendido como o resultado de uma lesão à esfera extrapatrimonial de determinada comunidade, se dá quando *a conduta agride, de modo totalmente injusto e intolerável, o ordenamento jurídico e os valores éticos fundamentais da sociedade em si considerada, a provocar repulsa e indignação na consciência coletiva*

---

[46] MELLO, Fernando de Paula Batista. O dano não patrimonial transindividual. *Revista de Direito do Consumidor*, n. 96, 2014, p. 60, nov-dez/2014.

[47] BITTAR, Carlos Alberto. Do dano moral coletivo no atual contexto jurídico brasileiro. *Revista de Direito do Consumidor*, n. 12, out-dez/1994, p. 50.

[48] STJ, 4ª T., REsp. 1.101.949/DF, Rel. Min. Marco Buzzi, ac. 10.05.2016, *DJe* 30.05.2016; *RJTJRS*, 301/157. Precedentes: STJ, 2ª T., EDcl. no AgRg no REsp. 1.526.946/RN, Rel. Min. Humberto Martins, ac. 05.11.2015, *DJe* 13.11.2015; STJ, 3ª T., REsp. 1.291.213/SC, Rel. Min. Sidnei Beneti, ac. 30.08.2012, *DJe* 25.09.2012; STJ, 3ª T., REsp. 1.221.756/RJ, Rel. Min. Massami Uyeda, ac. 02.02.2012, *DJe* 10.02.2012.

(arts. 1º da Lei nº 7.347/1985, 6º, VI, do CDC e 944 do CC, bem como Enunciado nº 456 da V Jornada de Direito Civil).

9. Não basta a mera infringência à lei ou ao contrato para a caracterização do dano moral coletivo. *É essencial que o ato antijurídico praticado atinja alto grau de reprovabilidade e transborde os lindes do individualismo, afetando, por sua gravidade e repercussão, o círculo primordial de valores sociais.* Com efeito, para não haver o seu desvirtuamento, a banalização deve ser evitada.[49]

Nessa esteira, em situação em que a mantenedora de cadastro de passagem[50] não comunicou aos consumidores a sua inclusão, descaracterizou o dano moral coletivo porque, "ainda que tenha representado ofensa ao comando legal do § 2º do art. 43 do CDC, passou ao largo de produzir sofrimentos, intranquilidade social ou alterações relevantes na ordem extrapatrimonial coletiva".[51]

Exemplo marcante de *dano moral coletivo* foi dado pelo STJ no caso de propaganda enganosa ou abusiva, amplamente divulgada por meio da televisão, atingindo um número infindável de pessoas, não ligadas entre si por relação jurídica comum, "mas, ao contrário, por circunstâncias de fato", ou seja, pelo fato de serem usuários ou potenciais usuários do mesmo produto. O interesse ofendido, na espécie, foi reconhecido como de natureza *difusa*, tendo o Tribunal se valido da lição de Kazuo Watanabe, para quem é exemplo de *ofensa a direito difuso* "a publicidade enganosa ou abusiva, veiculada por meio da imprensa falada, escrita ou televisionada, a afetar uma multidão incalculável de pessoas, sem que entre elas exista uma relação-base".[52]

A propósito de propaganda relacionada com venda de unidades habitacionais, também o caráter de dano coletivo tem sido reconhecido pelo STJ, como, *v. g.*, no seguinte acórdão:

> No caso dos autos, discute-se a existência de publicidade enganosa e a abusividade de cláusulas de contrato padrão de promessa de compra e venda firmado com consumidores adquirentes de unidades de conjunto habitacional. Transparece, nesses termos, a existência de direitos difusos, coletivos e individuais homogêneos com forte apelo social a conferir legitimidade ao Ministério Público para a propositura da ação civil pública.[53]

---

[49] STJ, 3ª T, REsp. 1.726.270/BA, Rel. p/ acórdão Min. Ricardo Villas Bôas Cueva, ac. 27.11.2018, *Dje* 07.02.2019.

[50] "Cadastro de passagem ou cadastro de consultas anteriores é um banco de dados de consumo no qual os comerciantes registram consultas feitas a respeito do histórico de crédito de consumidores que com eles tenham realizado tratativas ou solicitado informações gerais sobre condições de financiamento ou crediário". Para o STJ, referido cadastro não é ilícito, pois "é banco de dados de natureza neutra", subordinando-se às exigências do art. 43, do CDC (REsp. 1.726.270/BA, *cit*.).

[51] STJ, REsp. 1.726.270/BA, *cit*.

[52] WATANABE, Kazuo. *In:* GRINOVER, Ada Pellegrini; WATANABE, Kazuo; NERY JÚNIOR, Nelson. *Código brasileiro de defesa do consumidor comentado pelos autores do Anteprojeto.* 10. ed. Rio de Janeiro: Forense, 2011, v. II, p. 72.

[53] STJ, 4ª T., AgRg no REsp. 1.038.389/MS, Rel. Min. Antonio Carlos Ferreira, ac. 25.11.2014, *DJe* 02.12.2014. No mesmo sentido: STJ, 2ª T., AgRg no AgRg no REsp. 229.226/RS, Rel. Min. Castro Meira,

Outro caso de *dano coletivo* enfrentado pelo STJ referiu-se à "exposição e venda de produtos impróprios ao consumo", cujo julgamento concluiu ter o Ministério Público legitimidade processual para a propositura da ação civil pública, já que objetivaria, na espécie, "a defesa de direitos individuais homogêneos e direitos difusos indisponíveis do consumidor", mormente porque "evidenciada a relevância social na sua proteção".[54]

Aquela Corte Superior também reconheceu a existência de dano moral coletivo em razão da conduta de supermercado que sobreponha etiquetas com alteração da data de validade do produto:

2. Ação civil pública ajuizada pelo Ministério Público em face de sociedade empresária que atua na rede de supermercados, em razão da venda de produtos alimentícios com prazo de validade expirado, deteriorados e com sobreposição de etiquetas a enganar a data de perecimento, na qual requer o pagamento de compensação por danos morais coletivos.

[...]

8. *Os danos morais coletivos configuram-se na própria prática ilícita, dispensam a prova de efetivo dano ou sofrimento da sociedade e se baseiam na responsabilidade de natureza objetiva,* a qual dispensa a comprovação de culpa ou de dolo do agente lesivo, o que é justificado pelo fenômeno da socialização e coletivização dos direitos, típicos das lides de massa.

9. *O consumidor que se dirige ao supermercado tem a justa e natural expectativa de encontrar à disposição produtos alimentícios livres de vícios de qualidade que coloquem sua saúde em risco. Presume-se socialmente que o produto é considerado próprio ao consumo,* levando em consideração a qualidade biológica, sanitária, nutricional e tecnológica dos alimentos expostos à venda.

10. Na hipótese, as condutas ilícitas da recorrente, efetivadas em não apenas uma loja específica, mas como aparente política de venda comum em sua rede de supermercados, são indiscutivelmente causadoras de danos morais coletivos.

11. A publicidade comercial da recorrente inseria informações enganosas do preço dos produtos e anunciava mercadorias que sequer existiam nas suas prateleiras para venda, tudo para atrair o maior número de consumidores, que eram ludibriados pelas condições supostamente favoráveis do fornecedor.

12. *Está evidenciada a total quebra de confiança na relação com o consumidor, porque a sobreposição de etiquetas, para falsamente postergar data de vencimento de produtos, e a exposição a venda de alimentos sabidamente deteriorados constituem grave e odiosa ofensa à garantia da segurança alimentar de todos que confiaram na qualidade da comida que compraram.*

---

ac. 04.03.2004, *DJU* 07.06.2004, p. 178; STJ, 1ª T., REsp. 183.569/AL, Rel. Min. Luiz Fux, ac. 24.06.2003, *DJU* 22.09.2003; STJ, 4ª T., REsp. 404.239/PR, Rel. Min. Ruy Rosado de Aguiar, ac. 26.11.2002, *DJU* 19.12.2002, p. 367; STJ, Corte Especial, EREsp. 141.491/SC, Rel. Min. Waldemar Zveiter, ac. 17.11.1999, *DJU* 01.08.2000, p. 182; STJ, 4ª T., REsp. 1.033.274/MS, Rel. Min. Luis Felipe Salomão, ac. 06.08.2013, *DJe* 27.09.2013.

[54] STJ, 4ª T., AgRg no AREsp. 681.111/MS, Rel. Min. Maria Isabel Gallotti, ac. 06.08.2015, *DJe* 13.08.2015.

13. Reconhecida a máxima gravidade da conduta ilícita praticada, mantém-se o valor arbitrado pelas instâncias ordinárias de R$ 1.000.000,00 (um milhão de reais) a título de danos morais coletivos" (g.n.).[55]

Entretanto, aquela Corte ressalva, para efeitos penais, ser "insuficiente concluir pela impropriedade para o consumo exclusivamente em virtude da ausência de informações obrigatórias na rotulagem do produto e/ou em decorrência do prazo de sua validade estar vencido".[56]

Em outro julgado, relativo a cartões *inserts* ou *onserts* colocados no interior de embalagens de cigarro para que os consumidores escondessem a advertência existente sobre os malefícios do produto, o STJ não reconheceu a existência de dano moral coletivo. Para os Ministros julgadores, não havia conduta da fabricante que estimulasse o consumo do produto:

1.1. Os cartões *inserts* ou *onserts* não caracterizam publicidade, uma vez que se encontram no interior das embalagens de cigarro, ou seja, não têm o condão de transmitir nenhum elemento de persuasão ao consumidor, por impossibilidade física do objeto.

2. A mensagem contida nos cartões *inserts* ou *onserts* não proporcionam nenhum incentivo ao fumo, mas apenas informam o novo *layout* das embalagens, circunstância não violadora das restrições a propaganda de cigarros ou assemelhados, o que afasta o dano moral coletivo.

3. Exceto nos casos expressamente declinados na legislação, somente aquele que causa o dano é responsabilizado pela sua reparação (art. 927 do CC/02).

3.1. O suposto dano moral coletivo está alicerçado na possibilidade do consumidor utilizar os *inserts* ou *onserts* para obstruir a advertência sobre os malefícios do cigarro. Assim, a responsabilidade civil estaria sendo imputada a alguém que não praticou o ato, além do dano ser presumido, uma vez que não se tem notícia que algum consumidor os teria utilizado para encobrir as advertências.

3.2. O fumante que se utiliza dos cartões *inserts* ou *onserts* quer tampar a visão do aviso dos malefícios que ele sabe que o cigarro causa à saúde.[57]

4.3. CADASTRO DE PROTEÇÃO AO CRÉDITO

I – Introdução

Constantes são as demandas por dano moral em decorrência de inserção do nome de consumidor inadimplente em cadastro de proteção ao crédito. De fato, esse tipo de registro repercute sobre o nome do devedor no mercado, dificultando-lhe o acesso às operações de crédito.

Por outro lado, a concessão de crédito baseia-se na confiança que o fornecedor possa depositar no consumidor. Sem uma fonte de informação segura sobre a conduta

---

[55] STJ, 3ª T., REsp 1.799.346/SP, Rel. Min. Nancy Andrighi, ac. 03.12.2019, *DJe* 13.12.2019.
[56] STJ, 5ª T., HC 412.180/SC, Rel. Min. Riberto Dantas, ac. 12.12.2017, *DJe* 19.12.2017.
[57] STJ, 3ª T., REsp 1.703.077/SP, Rel. p/ acórdão Min. Moura Ribeiro, ac. 11.12.2018, *DJe* 15.02.2019.

do interessado, sobre sua situação financeira e sobre sua pontualidade no cumprimento das obrigações, o fornecedor não terá condições de avaliar o risco da operação cujo preço terá de contar com a confiança que mereça o consumidor.

Daí a essencialidade do cadastro de inadimplente no importante segmento da economia voltado para o mercado de crédito. Segundo Antônio Herman Vasconcellos e Benjamin, esses cadastros são importantes porque

> [...] a um só tempo, superam o anonimato do consumidor (o fornecedor não o conhece, mas alguém está a par de sua vida e história), auxiliam na concessão do crédito (por receber informações confiáveis de terceiros, o fornecedor, mesmo sem conhecer o consumidor, oferece-lhe o crédito), e, por derradeiro, permitem que os negócios de consumo sejam feitos sem delongas (se o crédito é rápido, o consumidor pode aproveitar essa economia de tempo para adquirir outros produtos ou serviços de fornecedores diversos".[58]

O STJ reconhece a importância dos cadastros de proteção ao crédito, mas ressalta a necessidade de os dados serem claros e corretos, sob pena de responsabilizar solidariamente a entidade mantenedora e a empresa que requerer a inclusão indevida:

> 3. *A essência – e, por conseguinte, a função social dos bancos de dados – é reduzir a assimetria de informação entre o credor/vendedor, garantindo informações aptas a facilitarem a avaliação do risco dos potenciais clientes, permitindo aos credores e comerciantes estabelecer preços, taxas de juros e condições de pagamento justas e diferenciadas para bons e maus pagadores.*
>
> 4. Em vista da tensão com os direitos da personalidade e da dignidade da pessoa humana, o CDC, disciplinando a matéria, atribuiu caráter público às entidades arquivistas, para instituir um amplo, rigoroso e público controle de suas operações, no interesse da comunidade.
>
> 5. *O princípio da finalidade atua de forma preventiva, impedindo que os dados – na maioria das vezes negativos e obtidos sem o consentimento dos consumidores – sejam desvirtuados pelos usuários do sistema, para garantir o débito, punir o devedor faltoso ou coagir ao pagamento.*
>
> 6. *Os dados cadastrados de consumidores devem ser objetivos, claros e verdadeiros*, haja vista que informações desatualizadas ou imprecisas dificultam a efetiva proteção ao crédito e prejudicam a atividade econômica do consumidor e também do fornecedor.
>
> 7. As entidades mantenedoras de cadastros de crédito devem responder solidariamente com a fonte e o consulente pela inexatidão das informações constantes em seus arquivos e pelos danos que podem causar danos *(sic)* aos consumidores (art. 16 da Lei 12.414/2011) (g.n.).[59]

---

[58] BENJAMIN, Antônio Herman Vasconcellos e. *In:* GRINOVER, Ada Pellegrini *et al. Código Brasileiro de Defesa do Consumidor* – comentado pelos autores do Anteprojeto. 10. ed. Rio de Janeiro: Forense, 2011, v. 1, p. 424.

[59] STJ, 3ª T., REsp 1.630.889/DF, Rel. Min. Nancy Andrighi, ac. 11.09.2018, *DJe* 21.09.2018.

II - Abusos na inclusão e manutenção dos dados

Mas é forçoso reconhecer que abusos podem ser praticados nos assentos realizados nesse tipo de cadastro, que acabam por expor o consumidor a constrangimentos desnecessários, configuradores, portanto, de danos morais indenizáveis, nos termos do art. 6º, incisos VI e VII, do CDC. Os casos mais frequentes são: lançamento de inadimplemento inexistente; de obrigação sob discussão em juízo; e falta de prévia notificação ao consumidor de que seu nome será objeto de inserção no cadastro do serviço de proteção ao crédito. O Tribunal de Justiça de São Paulo, por exemplo, condenou empresa pela inscrição indevida de cliente em rol de inadimplentes por débito de origem desconhecida.[60]

É evidente o aborrecimento que sofre aquele cujo nome figura em cadastro restritivo do acesso ao crédito, bem como a potencialidade de tal assento de causar dano ao nome do devedor no seu relacionamento econômico-financeiro. Nesse contexto, a jurisprudência do STJ é pacífica no sentido de que "inscrições indevidas são causa de dano moral *in re ipsa*, salvo algumas exceções bem delimitadas, como a existência de prévia anotação de débito nos serviços de proteção de crédito".[61]

Mas nem todo dano configura ato ilícito capaz de justificar a responsabilidade civil do respectivo causador. Quem exerce regularmente um direito legítimo não pratica ilícito algum, de sorte que não pode ser submetido ao dever de indenizar, ainda que tenha acarretado algum dano material ou moral a alguém (Código Civil, art. 188, I).

Como já assentou o STJ, os registros em bancos de dados sobre as operações a crédito prestam-se a dar publicidade, perante os agentes do mercado, à mora, a qual se configura no momento em que a obrigação é inadimplida (Cód. Civil, art. 397). Contribuem para a segurança do tráfego mercantil e, consequentemente, para o desenvolvimento econômico do país, bem como para o equilíbrio nas relações entre consumidores e fornecedores – princípio em que se apoia o Código de Defesa do Consumidor, como se vê em seu art. 4º, inciso III.

O lançamento da inadimplência em tais bancos de dados não pode ser havido como ilícito indenizável. Essa medida de proteção ao crédito encontra expressa autorização no art. 43 do CDC, de modo a corresponder a exercício regular de um direito reconhecido, incapaz, por isso mesmo, de configurar ilícito civil, conforme se depreende do Código Civil, arts. 186 c/c 927 e 188, inciso I.[62]

Em outro aresto, o STJ já havia proclamado que o Código de Defesa do Consumidor veio amparar o hipossuficiente, em defesa dos seus direitos, não servindo, contudo, de escudo para a perpetuação de dívidas.[63]

---

[60] TJSP, 12ª Câmara Cível, Ap. 1007364-32.2016.8.26.0006, Rel. Des. Cristina Medina Magione, ac. 18.01.2018, *DJe* 18.01.2018.
[61] STJ, 3ª T., REsp. 1.562.194/RS, Rel. Min. Nancy Andrighi, ac. 06.08.2019, *DJe* 12.08.2019.
[62] STJ, 4ª T., REsp. 555.158/RS, Rel. Min. Aldir Passarinho Júnior, ac. 18.11.2004, *DJU* 14.03.2005, p. 345.
[63] STJ, 2ª Seção, REsp. 527.618/RS, Rel. Min. César Asfor Rocha, ac. 22.10.2003, *DJU* 24.11.2003, p. 214, *RSTJ* 180/334.

III – Ação revisional e os cadastros

Quanto ao fato de o inadimplente recorrer à Justiça para discutir ou rever sua obrigação, o STJ entende que isto não pode por si só representar um impedimento a que o credor faça constar o não pagamento no cadastro de proteção ao crédito, porque semelhante providência corresponde a "direito do credor, assegurado pelo art. 43 e seguintes do Código de Defesa do Consumidor". Pondera o mesmo aresto que se admite, na jurisprudência do STJ, a possibilidade de o devedor, no curso de ação revisional, onde se discute a validade das cláusulas ou condições contratuais, requerer, por meio de tutela provisória de urgência, antecipada ou cautelar, a suspensão ou cancelamento da inscrição no cadastro de inadimplentes. "Todavia, se na ação revisional nada é postulado antecipadamente como medida protetiva, a inscrição promovida pelo credor, porque impaga a dívida e prevista em lei, não se reveste de ilicitude a gerar indenização por danos materiais e/ou morais em favor dos devedores."[64]

Para a jurisprudência do STJ, como se vê, "o mero ajuizamento de ação revisional de contrato pelo devedor não o torna automaticamente imune à inscrição de seu nome em cadastros negativos de crédito". Para que isto ocorra, cabe-lhe, em primeiro lugar, "postular expressamente, ao juízo, tutela antecipada ou medida liminar cautelar".[65]

Tampouco é suficiente requerer a tutela provisória para automaticamente vetar-se ou cancelar-se o registro cadastral. Para que a pretensão impeditiva seja acolhida, o STJ exige o cumprimento dos seguintes pressupostos:

a) que haja ação proposta pelo devedor contestando a existência integral ou parcial do débito;

b) que haja efetiva demonstração de que a contestação da cobrança indevida se funda na aparência do bom direito e em jurisprudência consolidada do Supremo Tribunal Federal ou do Superior Tribunal de Justiça;

c) que, sendo a contestação apenas de parte do débito, deposite valor referente à parte tida por incontroversa ou preste caução idônea, ao prudente arbítrio do magistrado.[66]

IV – Dever de comunicação ao devedor antes da inscrição

Outra questão que suscitou polêmica na jurisprudência foi a referente à falta de comunicação ao devedor antes da inscrição no cadastro de inadimplência, medida

---

[64] STJ, 4ª T., REsp. 357.034/GO, Rel. Min. Aldir Passarinho Júnior, ac. 07.11.2002, *DJU* 10.02.2003, p. 215.
[65] STJ, REsp. 555.158/RS e 357.034/GO, *cits.*
[66] STJ, REsp. 527.618/RS, *cit.* Em vários acórdãos, o STJ tem reafirmado que o CDC, sem embargo de amparar os hipossuficientes, não deve servir de escudo para perpetuar devedores, "razão pela qual, nas causas judiciais pendentes de decisão definitiva quanto à revisão contratual de cláusulas abusivas, descabe a antecipação de tutela ou medida cautelar para sustar a inscrição do nome de devedor no Serasa, a menos que seja depositado valor referente ao débito"(STJ, 4ª T., REsp. 863.746/RS, Rel. Min. Jorge Scartezzini, ac. 12.09.2006, *DJU* 09.10.2006, p. 311; STJ, 4ª T., REsp. 610.063/PE, Rel. Min. Fernando Gonçalves, ac. 11.05.2004, *DJU* 31.05.2004, p. 324). No mesmo sentido: STJ, 4ª T., AgRg-Ag 1.047.425/RS, Rel. Min. João Otávio de Noronha, ac. 19.05.2009, *Revista Magister de Direito Empresarial*, n. 27, p. 101, jun./jul. 2009.

reclamada pelo art. 43, § 3º, do CDC. A determinação para o aviso ao consumidor acerca da negativação se justifica para:

a) respeitar direito constitucional da garantia da dignidade e imagem do consumidor;

b) dar prazo para que o consumidor tome medidas (extrajudiciais ou judiciais) para se opor à negativação quando ilegal; ou

c) ter chance de pagamento da dívida, impedindo a negativação (ou mesmo negociar a dívida).[67]

Em princípio, a irregularidade pode gerar dano moral indenizável, se, *v.g.*, o devedor demonstra ter argumento para justificar o não pagamento, ou mesmo por não lhe ter sido propiciado oportunidade de emendar a mora antes do registro cadastral.[68]

Quando, porém, o dado registrado é verídico e o devedor não tem justificativa relevante a opor-lhe, não cabe o pleito de indenização por dano moral, conforme tem reiteradamente decidido o STJ.[69] O entendimento prevalece, principalmente, quando o assento, feito sem prévia comunicação ao devedor, refere-se a informação oriunda de fonte pública, como as relativas às ações judiciais, informadas pelos Cartórios de Distribuição de Feitos.[70]

Com efeito, nos termos do § 4º, do art. 43, do CDC, "os bancos de dados e cadastros relativos a consumidores, os serviços de proteção ao crédito e congêneres são considerados entidades de caráter público". Destarte, "toda e qualquer ação desses serviços está sujeita às limitações impostas às entidades públicas, sujeitando-as, inclusive, ao *habeas data*".[71] Em face, pois, do caráter público desses cadastros, os fornecedores

---

[67] NUNES, Rizzatto. *Curso de direito do consumidor*, cit., p. 551.

[68] STJ, 4ª T., REsp. 565.924/RS, Rel. Min. Jorge Scartezzini, ac. 21.10.2004, *DJU* 17.12.2004, p. 561; STJ, 3ª T., REsp. 442.051/RS, Rel. Min. Nancy Andrighi, ac. 07.11.2002, *DJU* 17.02.2003, p. 274.

[69] "A falta de prévia comunicação acerca da inserção da recorrente no cadastro mantido pela Serasa não lhe acarretou efetivo dano moral, porquanto anotado dado verídico, qual seja, a existência de execução fiscal em desfavor da recorrente, perfazendo-se irrelevantes a declaração de inexistência da dívida e a extinção da ação após o cadastramento e o ajuizamento da ação de indenização, pelo que descabido cogitar-se de retificação da informação ainda que comunicada a negativação" (STJ, 4ª T., REsp. 720.493/SP, Rel. Min. Jorge Scartezzini, ac. 16.06.2005, *DJU* 01.07.2005, p. 558). No mesmo sentido: STJ, 4ª T., REsp. 229.278/PR, Rel. Min. Aldir Passarinho Junior, ac. 03.08.2000, *DJU* 07.10.2002, p. 260; STJ, 4ª T., REsp. 688.456/RJ, Rel. Min. Aldir Passarinho Junior, ac. 07.12.2004, *DJU* 21.03.2005, p. 403.

[70] STJ, 4ª T., REsp. 965.207/RS, Rel. Min. Aldir Passarinho Júnior, ac. 21.08.2007, *DJU* 08.10.2007, p. 316; STJ, 3ª T., REsp. 471.091/RJ, Rel. Min. Nancy Andrighi, ac. 22.05.2003, *DJU* 23.06.2003, p. 360; STJ, 4ª T., REsp. 442.483/RS, Rel. Min. Barros Monteiro, ac. 05.09.2002, *DJU* 12.05.2003, p. 306; *RSTJ* 179/382; STJ, 4ª T., REsp. 773.225/RJ, Rel. Min. Jorge Scartezzini, ac. 16.02.2006, *DJU* 20.03.2006, p. 300.

[71] NUNES, Rizzatto. *Curso de direito do consumidor*, cit., p. 561. Ressalta Antônio Herman de Vasconcellos e Benjamin que "[...] a qualificação de caráter público, portanto, longe de criar benefícios ou privilégios para tais organismos, estabelece, em verdade, claros ônus complementares, em acréscimo àqueles já instituídos para o regular funcionamento da atividade empresarial comum. Antes, pois, de adicionar novos atributos e prerrogativas a esses agentes econômicos, o CDC

têm acesso ao banco de dados e obtêm informações a respeito dos consumidores. Daí porque, adverte Rizzatto Nunes, "impõe maior cautela na anotação do nome de quem quer que seja, por expressa determinação de origem constitucional cuja normatividade garante a dignidade da pessoa humana (art. 1º, III), bem como a inviolabilidade da vida privada, da honra e da imagem das pessoas (art. 5º, X)".[72]

Observe-se, por fim, que a obrigação legal de prévia notificação ao devedor incumbe ao órgão gestor do cadastro de proteção ao crédito, e não ao credor que comunica a inadimplência. Assim, a eventual infração ao art. 43, § 2º, do CDC deve justificar a ação indenizatória contra o gestor do cadastro, como se acha assentado na jurisprudência do STJ.[73]

Por outro lado, trata-se de comunicação informal, pelo que não se pode exigir que seja efetuada mediante registro postal com aviso de recebimento. Basta a comprovação de sua postagem para o endereço informado pelo devedor ao credor.[74]

É certo que é do credor a obrigação de fornecer ao mantenedor do cadastro o endereço atual do devedor, sendo, portanto, aquele o responsável por qualquer equívoco. Entretanto, tendo o devedor informado diretamente ao mantenedor seu novo endereço, é deste a responsabilidade pelos danos causados ao consumidor pelo não recebimento da notificação:

> 1 – Demanda indenizatória movida por consumidor que teve seu nome incluído no SPC sem prévia notificação, tendo sido a comunicação enviada para endereço incorreto.
>
> 2 – Dever legal do arquivista de notificar o consumidor antes de inclusão em cadastro no endereço informado pelo credor (REsp 1.083.291/RS, afetado ao rito dos recursos repetitivos).
>
> 3 – Mantenedor de cadastro que não está obrigado, em regra, a investigar a veracidade das informações prestadas pelo credor.
>
> 4 – Inaplicabilidade do precedente ao caso, em face de prévia comunicação enviada pelo consumidor ao órgão mantenedor do cadastro para que futuras notificações fossem remetidas a endereço por ele indicado ante a existência de fraudes praticadas com seu nome.
>
> 5 – Liame causal entre os danos sofridos pelo consumidor e o defeito do serviço prestado pelo mantenedor do cadastro.
>
> 6 – Indenização arbitrada com razoabilidade. Precedentes.[75]

---

teve em mente instituir um amplo, rigoroso e público controle de suas operações, no interesse da comunidade" (BENJAMIN, Antônio Herman de Vasconcellos e. *In:* GRINOVER, Ada Pellegrini *et al*. *Código Brasileiro de Defesa do Consumidor* – comentado pelos autores do Anteprojeto. 10. ed. Rio de Janeiro: Forense, 2011, v. 1, p. 433).

[72] NUNES, Rizzatto. *Curso de direito do consumidor, cit.*, p. 551.
[73] "A jurisprudência remansosa das Turmas componentes da 2ª Seção deste Superior Tribunal afirma que a comunicação da inscrição do devedor em cadastro de inadimplentes é obrigação exclusiva da entidade responsável pela manutenção do cadastro e sua falta poderá acarretar danos morais" (STJ, 4ª T., REsp. 901.204/RS, Rel. Min. Aldir Passarinho Júnior, ac. 24.04.2007, *DJU* 28.05.2007, p. 367).
[74] STJ, AI 798.565/RJ, Rel. Min. Hélio Quaglia, decisão monocrática de 13.02.2007, *DJU* 14.03.2007.
[75] STJ, 3ª T., REsp. 1.620.394/SP, Rel. Min. Paulo de Tarso Sanseverino, ac. 15.12.2016, *DJe* 06.02.2017.

V – Banco do Brasil e Banco Central

Em relação ao Banco do Brasil, quando atua na qualidade de gestor do Cadastro de Emitentes de Cheques se Fundos, o STJ, em 16 de maio de 2016, editou a Súmula 572, no sentido de que "o Banco do Brasil, na condição de gestor do Cadastro de Emitentes de Cheques sem Fundos (CCF), não tem a responsabilidade de notificar previamente o devedor acerca da sua inscrição no aludido cadastro, tampouco legitimidade passiva para as ações de reparação de danos fundadas na ausência de prévia comunicação".

Quanto à função fiscalizadora do Banco Central, recentemente o STJ assentou que "não é de sua atribuição a fiscalização das atividades do Serasa, entidade que não se qualifica como instituição financeira". E, julgando ação ajuizada contra a Serasa e o Bacen, entendeu não ser possível a cumulação de ações, porque "a competência para o julgamento do pedido de condenação da Serasa ao pagamento de danos materiais e morais decorrentes de inscrição indevida de dados de supostos inadimplentes não é a mesma para o julgamento de pedido de condenação do Banco Central para que cumpra suas funções institucionais".[76]

VI – Dano moral

Afinal, no julgamento do REsp. nº 1.148.179/MG, a jurisprudência consolidada do STJ em torno da inscrição de consumidor em cadastro de proteção ao crédito foi assim sintetizada:[77]

a) O Ministério Público tem legitimidade para promover Ação Civil Pública relacionada com os interesses individuais homogêneos em jogo nas inscrições de consumidores nos cadastros de inadimplência.

b) Sendo verdadeiros e objetivos, os dados públicos, decorrentes de processos judiciais relativos a débitos dos consumidores, não podem ser omitidos dos cadastros mantidos pelos órgãos de proteção ao crédito, porquanto essa supressão equivaleria à eliminação da notícia da distribuição dos referidos processos, no distribuidor forense, algo que não pode ser admitido, sob pena de se afastar a própria verdade e objetividade dos bancos de dados.

c) A simples discussão judicial da dívida não é suficiente para obstaculizar ou remover a negativação do devedor nos bancos de dados [...].[78]

d) [...] em se tratando de inscrição decorrente de dados públicos, como os de cartórios de protesto de títulos ou de distribuição de processos judiciais, sequer exige-se a prévia comunicação do consumidor, sendo que a ausência desta não enseja dano moral.[79]

---

[76] STJ, 4ª T., REsp. 1.178.768/SP, Rel. Min. Maria Isabel Gallotti, ac. 01.12.2016, *DJe* 07.12.2016.
[77] STJ, 3ª T., REsp. 1.148.179/MG, Rel. Min. Nancy Andrighi, ac. 26.02.2013, *DJe* 05.03.2013.
[78] Há requisitos enumerados pelo STJ para serem observados na abertura e manutenção de registro relativo a débito sob discussão judicial, já apontados (STJ, 2ª Seção, REsp. 527.618/RS, Rel. Min. César Asfor Rocha, ac. 22.10.2003, *DJU* 24.11.2003, p. 214, *RSTJ* 180/334).
[79] STJ, 2ª Seção, Rcl 6.173/SP, Rel. Min. Raul Araújo, ac. 29.02.2012, *DJe* 15.3.2012; STJ, 3ª T., AgRg nos EDcl no REsp. 1.204.418/RS, Rel. Min. Nancy Andrighi, ac. 20.03.2012, *DJe* 28.03.2012; STJ, 4ª T., EDcl no REsp. 1.080.009/DF, Rel. Min. Luis Felipe Salomão, ac. 21.10.2010, *DJe* 03.11.2010; STJ, 3ª T., AgRg no REsp. 1.199.459/SP, Rel. Min. Sidnei Beneti, ac. 14.09.2010, *DJe* 28.09.2010; STJ, 4ª T.,

Assim como mostra-se ilegal negativar indevidamente o nome do consumidor adimplente, o Código não autoriza a cobrança por meios constrangedores, que o exponham ao ridículo ou que o coloquem em situação vexatória (CDC, art. 42). O art. 42-A, por sua vez, determina que "em todos os documentos de cobrança de débitos apresentados ao consumidor, deverão constar o nome, o endereço e o número de inscrição no Cadastro de Pessoa Físicas – CPF ou no Cadastro Nacional de Pessoa Jurídica – CNPJ do fornecedor do produto ou serviço correspondente".

Impende, ainda, ressaltar entendimento expresso pelo STJ, por meio de sua Súmula 385, no sentido de que "da anotação irregular em cadastro de proteção ao crédito, não cabe indenização por dano moral, quando preexistente legítima inscrição, ressalvado o direito ao cancelamento". Como fundamento para a referida Súmula o STJ entende que "quem já é registrado como mau pagador não pode se sentir moralmente ofendido por mais uma inscrição do nome como inadimplente em cadastros de proteção ao crédito".[80]

Entretanto, em decisão publicada em fevereiro de 2020, o STJ flexibilizou a aplicação da referida Súmula 385 nas hipóteses em que exista nos autos elementos aptos a demonstrar a verossimilhança das alegações do consumidor quanto à irregularidade das anotações preexistentes:

> 3. Consoante a jurisprudência consolidada do Superior Tribunal de Justiça, não cabe indenização por dano moral por inscrição irregular em órgãos de proteção ao crédito quando preexistem anotações legítimas, nos termos da Súmula 385/STJ, aplicável também às instituições credoras.
>
> 4. *Até o reconhecimento judicial definitivo acerca da inexigibilidade do débito, deve ser presumida como legítima a anotação realizada pelo credor junto aos cadastros restritivos*, e essa presunção, via de regra, não é ilidida pela simples juntada de extratos comprovando o ajuizamento de ações com a finalidade de contestar as demais anotações.
>
> 5. *Admite-se a flexibilização da orientação contida na súmula 385/STJ para reconhecer o dano moral decorrente da inscrição indevida do nome do consumidor em cadastro restritivo, ainda que não tenha havido o trânsito em julgado das outras demandas em que se apontava a irregularidade das anotações preexistentes, desde que haja nos autos elementos aptos a demonstrar a verossimilhança das alegações* (g.n.).[81]

Para conhecer as inscrições feitas em seu nome no cadastro restritivo, o consumidor tem direito inconteste de conhecer seu exato conteúdo, a fim de reclamar correção de dados inverídicos e reclamar cancelamento ou retificação, bem como, se for o caso, demandar indenização por danos morais e materiais. Para tornar efetiva essa garantia, o § 6º do art. 43 do CDC, acrescido pela Lei nº 13.146/2015, dispõe que "todas as informações de que trata o *caput* deste artigo devem ser disponibilizadas em formatos acessíveis, inclusive para a pessoa com deficiência, mediante solicitação do consumidor".

AgRg no Ag 1.036.057/SP, Rel. Min. Aldir Passarinho Junior, ac. 03.03.2009, *DJe* 23.03.2009; STJ, 4ª T., AgRg no REsp. 1.382.131/SP, Rel. Min. Raul Araújo, ac. 19.08.2014, *DJe* 16.09.2014.

[80] STJ, 2ª Seção, REsp. 1.002.985/RS, Rel. Min. Ari Pargendler, ac. 14.05.2008, *DJe* 27.08.2008.

[81] STJ, 3ª T., REsp 1.704.002/SP, Rel. Min. Nancy Andrighi, ac. 11.02.2020, *DJe* 13.02.2020.

Por fim, o STJ entendeu existir dano moral decorrente da disponibilização e comercialização de dados pessoais do consumidor em banco de dados mantido pela empresa:

4. A hipótese dos autos é distinta daquela tratada no julgamento do REsp 1.419.697/RS (julgado em 12/11/2014, pela sistemática dos recursos repetitivos, *DJe* de 17/11/2014), em que a Segunda Seção decidiu que, no sistema *credit scoring*, não se pode exigir o prévio e expresso consentimento do consumidor avaliado, pois não constitui um cadastro ou banco de dados, mas um modelo estatístico.

5. A gestão do banco de dados impõe a estrita observância das exigências contidas nas respectivas normas de regência – CDC e Lei 12.414/2011 – dentre as quais se destaca o dever de informação, que tem como uma de suas vertentes o dever de comunicar por escrito ao consumidor a abertura de cadastro, ficha, registro e dados pessoais e de consumo, quando não solicitada por ele.

6. *O consumidor tem o direito de tomar conhecimento de que informações a seu respeito estão sendo arquivadas/comercializadas por terceiro, sem a sua autorização, porque desse direito decorrem outros dois que lhe são assegurados pelo ordenamento jurídico: o direito de acesso aos dados armazenados e o direito à retificação das informações incorretas.*

7. A inobservância dos deveres associados ao tratamento (que inclui a coleta, o armazenamento e a transferência a terceiros) dos dados do consumidor – dentre os quais se inclui o dever de informar – faz nascer para este a pretensão de indenização pelos danos causados e a de fazer cessar, imediatamente, a ofensa aos direitos da personalidade.

8. Em se tratando de compartilhamento das informações do consumidor pelos bancos de dados, prática essa autorizada pela Lei 12.414/2011 em seus arts. 4º, III, e 9º, deve ser observado o disposto no art. 5º, V, da Lei 12.414/2011, o qual prevê o direito do cadastrado ser informado previamente sobre a identidade do gestor e sobre o armazenamento e o objetivo do tratamento dos dados pessoais.

9. O fato, por si só, de se tratarem de dados usualmente fornecidos pelos próprios consumidores quando da realização de qualquer compra no comércio, não afasta a responsabilidade do gestor do banco de dados, na medida em que, quando o consumidor o faz não está, implícita e automaticamente, autorizando o comerciante a divulgá-los no mercado; está apenas cumprindo as condições necessárias à concretização do respectivo negócio jurídico entabulado apenas entre as duas partes, confiando ao fornecedor a proteção de suas informações pessoais.

10. Do mesmo modo, o fato de alguém publicar em rede social uma informação de caráter pessoal não implica o consentimento, aos usuários que acessam o conteúdo, de utilização de seus dados para qualquer outra finalidade, ainda mais com fins lucrativos.[82]

---

[82] STJ, 3ª T., REsp 1.758.799/MG, Rel. Min. Nancy Andrighi, ac. 12.11.2019, *DJe* 19.11.2019.

4.3.1. Prazo de permanência do registro no cadastro

De acordo com o § 1º do art. 43 do CDC, os arquivos de consumo não podem conter "informações negativas referentes a período superior a cinco anos". A par disso, o § 5º do mesmo artigo prevê que, "consumada a prescrição relativa à cobrança de débitos do consumidor, não serão fornecidas, pelos respectivos Sistemas de Proteção ao Crédito, quaisquer informações que possam impedir ou dificultar novo acesso ao crédito junto aos fornecedores".

A conclusão a que se chega, diante do sistema de banco de dados de controle da impontualidade dos consumidores, é que "nenhum dado negativo" será mantido em arquivos da espécie por prazo "superior a cinco anos (art. 43, § 1º, do CDC)". E esse prazo será reduzido sempre que o débito inadimplido registrado no banco de dados negativos incorrer em prescrição antes dos aludidos cinco anos (CDC, art. 43, § 5º).[83]

Duas observações devem ser feitas sobre o prazo de permanência do registro restritivo no banco de dados negativos:

a) o prazo de cinco anos há de ser contado a partir do vencimento da dívida, pois é a partir daí que nasce o inadimplemento;[84-85]

b) o prazo de prescrição só interfere na extinção do registro negativo, quando for menos de cinco anos, que, em qualquer caso, será o máximo de persistência do referido registro.[86]

---

[83] Da conjugação entre os preceitos dos §§ 1º e 5º do art. 43 do CDC "conclui-se que, enquanto for possível ao credor utilizar-se das vias judiciais para obter a satisfação do crédito, respeitado o prazo máximo de cinco anos, é admissível a permanência ou a inscrição da informação nos cadastros de consumidores" (STJ, 3ª T., REsp. 533.853/RS, Rel. Min. Castro Filho, ac. 20.10.2005, *DJU* 14.11.2005, p. 308).

[84] MIRAGEM, Bruno. Prazo de inscrição em bancos de dados restritivos de crédito. *Revista de Direito do Consumidor*, v. 84, p. 341, out-dez/2012.

[85] Nesse sentido, também, a jurisprudência do STJ: "1. Pacificidade do entendimento, no âmbito deste Superior Tribunal de Justiça, de que podem permanecer por até 5 (cinco) anos em cadastros restritivos informações relativas a créditos cujos meios judiciais de cobrança ainda não tenham prescrito. 2. Controvérsia que remanesce quanto ao termo inicial desse prazo de permanência: a) a partir da data da inscrição ou b) do dia subsequente ao vencimento da obrigação, quando torna-se possível a efetivação do apontamento, respeitada, em ambas as hipóteses, a prescrição. 3. Interpretação literal, lógica, sistemática e teleológica do enunciado normativo do § 1º, do art. 43, do CDC, conduzindo à conclusão de que o termo *a quo* do quinquênio deve tomar por base a data do fato gerador da informação depreciadora. 4. Vencida e não paga a obrigação, inicia-se, no dia seguinte, a contagem do prazo, independentemente da efetivação da inscrição pelo credor. Doutrina acerca do tema. 5. Caso concreto em que o apontamento fora providenciado pelo credor após o decurso de mais de dez anos do vencimento da dívida, em que pese não prescrita a pretensão de cobrança, ensejando o reconhecimento, inclusive, de danos morais sofridos pelo consumidor" (STJ, 3ª T., REsp. 1.316.117/SC, Rel. Min. Paulo de Tarso Sanseverino, ac. 26.04.2015, *DJe* 19.08.2016). No mesmo sentido: STJ, 3ª T., REsp. 1.630.889/DF, Rel. Min. Nancy Andrighi, ac. 11.09.2018, *DJe* 21.09.2018.

[86] MIRAGEM, Bruno. *Op. cit.* p. 341-342. A jurisprudência do STJ, por sua vez, já assentou que o prazo de permanência do registro diz respeito à prescrição da ação, e não ao de execução. Portanto,

O quinquênio previsto pelo CDC estabelece, portanto, "a vida útil máxima e genérica de qualquer informação incluída em banco de dados". Trata-se, destarte, do "lapso que o Código considera razoável para que uma conduta irregular do consumidor seja esquecida pelo mercado".[87]

Segundo o entendimento do STJ, "é legítima a imposição de obrigação de não fazer, consistente em não incluir em sua base de dados informações coletadas dos cartórios de protestos, sem a informação do prazo de vencimento da dívida, para controle de ambos os limites temporais estabelecidos no art. 43 da Lei n.º 8.078/90".[88]

4.3.2. Cancelamento do registro negativo

Cabe ao credor, que faz uso do cadastro de proteção ao crédito, mantê-lo atualizado, de modo que, uma vez quitado o débito, deve providenciar o cancelamento do registro de inadimplemento.

Assim, "quitada a dívida pelo devedor, a exclusão do seu nome deverá ser requerida pelo credor no prazo de cinco dias, contados da data em que houver o pagamento efetivo, sendo certo que as quitações realizadas mediante cheque, boleto bancário, transferência interbancária ou outro meio sujeito a confirmação, dependerão do efetivo ingresso do numerário na esfera de disponibilidade do credor".[89]

O STJ, em julgamento de recurso especial repetitivo, consignou que

> [...] diante das regras previstas no Código de Defesa do Consumidor, mesmo havendo regular inscrição do nome do devedor em cadastro de órgão de proteção ao crédito, após o integral pagamento da dívida, incumbe ao credor requerer a exclusão do registro desabonador, no prazo de 5 (cinco) dias úteis, a contar do primeiro dia útil subsequente à completa disponibilização do numerário necessário à quitação do débito vencido.[90]

Ressalta a jurisprudência do STJ que "a inércia do credor em promover a atualização dos dados cadastrais, apontando o pagamento, e, consequentemente, o cancelamento

---

se prescrita a ação executiva, mas persistir a ação ordinária de cobrança, não estará impedida a manutenção do registro negativo, enquanto não se perfazer o prazo máximo de cinco anos do art. 43, § 1º, do CDC (STJ, 4ª T., REsp. 648.528/RS, Rel. Min. Jorge Scartezzini, ac. 16.09.2004, DJU 06.12.2004, p. 335; STJ, 4ª T., REsp. 676.678/RS, Rel. Min. Jorge Scartezzini, ac. 18.11.2004, DJU 06.12.2004, p. 338).

[87] BENJAMIN, Antônio Herman de Vasconcellos e. In: GRINOVER, Ada Pellegrini et al. Código Brasileiro de Defesa do Consumidor – comentado pelos autores do Anteprojeto. 10. ed. Rio de Janeiro: Forense, 2011, v. 1, p. 464.
[88] STJ, 3ª T., REsp 1.630.889/DF, cit.
[89] STJ, 3ª T., REsp. 1.149.998/RS, Rel. Min. Nancy Andrighi, ac. 07.08.2012, DJe 15.08.2012. Consta do acórdão que "Nada impede que as partes, atentas às peculiaridades de cada caso, estipulem prazo diverso do ora estabelecido, desde que não se configure uma prorrogação abusiva desse termo pelo fornecedor em detrimento do consumidor, sobretudo em se tratando de contratos de adesão".
[90] STJ, 2ª Seção, REsp. 1.424.792/BA, Rel. Min. Luis Felipe Salomão, ac. 10.09.2014, DJe 24.09.2014.

do registro indevido, gera o dever de indenizar, independentemente da prova do abalo sofrido pelo autor, sob forma de dano presumido".[91]

4.3.3. Cadastro positivo dos tomadores de crédito

O sistema de proteção ao crédito tradicionalmente adotado no mercado brasileiro compreende bancos de dados negativos, nos quais se registram apenas os inadimplementos praticados pelos consumidores (Serasa, SPC, Cadin etc.). A partir do volume observado na inadimplência mede-se o risco corrido pelos fornecedores de crédito, com reflexo imediato sobre as taxas remuneratórias praticadas no comércio bancário e nas operações de vendas a prazo. Assim, sem uma seleção entre bons e maus pagadores, já que o cadastro só registra o inadimplemento, a elevação do preço do crédito afeta indiscriminadamente todos aqueles que se valem das operações da espécie. Numa política de possível redução dessas taxas generalizadas, imaginou-se um meio de tratar diferentemente aqueles que oferecem menor risco no mercado creditício, proporcionando-lhes preços que levem em conta sua comprovada pontualidade e segurança no relacionamento comercial.

Dentro desta perspectiva surgiu a Lei nº 12.414, de 9 de junho de 2011, que disciplina a formação e consulta a bancos de dados com informações de adimplemento de pessoas naturais ou jurídicas, para formação de histórico de crédito. Nesse novo tipo de cadastro não se lançarão apenas dados restritivos (inadimplementos), mas toda a vida do cadastrado no que diz respeito às operações de crédito, de modo que os fornecedores possam ter acesso a um verdadeiro "histórico de crédito" da pessoa com quem pretendam contratar. Nos termos da lei, o cadastro compreenderá o "conjunto de dados relativos à pessoa natural ou jurídica armazenados com a finalidade de subsidiar a concessão de crédito, a realização de venda a prazo ou de outras transações comerciais e empresariais que impliquem risco financeiro" (art. 2º, I) e terá como gestor uma pessoa jurídica que atenda aos requisitos mínimos de funcionamento previstos na Lei e em regulamentação complementar, responsável pela administração de banco de dados, bem como pela coleta, armazenamento, pela análise e pelo acesso de terceiro aos dados armazenados (art. 2º, II).O Decreto nº 9.936/2019, que regulamenta a Lei nº 12.414, de 09.06.2011, prevê que o conjunto de dados financeiros e de pagamento, a serem lançados no Cadastro Positivo, para formação do histórico de crédito do cadastrado, será composto por (art. 4º):

I – data de concessão do crédito ou da assunção da obrigação de pagamento;

II – valor do crédito concedido ou da obrigação de pagamento assumida;

III – valores devidos das prestações ou das obrigações, com indicação das datas de vencimento e de pagamento; e

IV – valores pagos, integral ou parcialmente, das prestações ou obrigações, com indicação das datas de pagamento.

---

[91] STJ, REsp. 1.149.998/RS, *cit.*

O cadastro positivo, na observação de Silvânio Covas, corresponde a "uma metodologia moderna de avaliar com precisão o risco de crédito, ponderando as informações negativas com informações positivas, valorizando os pagamentos honrados e não somente as eventuais dívidas não pagas. Analisa todo o histórico de endividamento do cidadão e a forma como ele paga suas dívidas contraídas com os bancos, com as empresas do comércio e com as de serviços (luz, água, telefone, gás)".[92] É, em síntese, uma fonte de dados que se presta a reconhecer, no mercado, o "bom pagador". Se antes o fornecedor só tinha meios de identificar os maus pagadores, agora poderá contar com possibilidade de reconhecer, positivamente, quais são aqueles que cumprem com pontualidade as obrigações assumidas.[93]

Conforme ressalta Antônio Herman de Vasconcellos e Benjamin a respeito desse cadastro positivo do consumidor, "embora, à primeira vista, possa representar mais uma prática abusiva em detrimento do consumidor, no que tange à proteção de sua intimidade", em realidade tem por fundamento "facilitar a vida do consumidor ao constatar que ele é bom pagador e por certo honrará outros compromissos".[94]

O cadastramento conterá os dados da pessoa a respeito da qual se formará o "histórico de crédito" (art. 2º, III), compreendendo o "conjunto de dados financeiros e de pagamentos, relativos às operações de crédito e obrigações de pagamento adimplidas ou em andamento" do cadastrado (art. 2º, VII). O importante é que figurarão não apenas os inadimplementos, mas todas as obrigações contraídas a prazo, com a especificação do modo com que os pagamentos ocorreram, permitindo assim ao prestador de crédito avaliar a pontualidade com que opera o cadastrado. Na formação do banco de dados serão armazenadas "informações objetivas, claras, verdadeiras e de fácil compreensão, que sejam necessárias para avaliar a situação econômica do cadastrado" (art. 3º, § 1º). As informações não devem envolver juízo de valor, limitando-se ao registro meramente descritivo dos fatos (art. 3º, § 2º, I). Não se admitem informações que excedam necessariamente à análise do risco de crédito ao consumidor, e tampouco as pertinentes "à origem social e étnica, à saúde, à informação genética, à orientação sexual e às convicções políticas, religiosas e filosóficas" (art. 3º, § 3º, II).

A abertura do cadastro individual não depende mais de prévia autorização da pessoa potencialmente cadastrável, em razão da alteração procedida pela Lei Complementar 166/2019 (art. 4º, *caput*).

---

[92] COVAS, Silvânio. Senado Federal aprova a Lei do Cadastro Positivo, In: *Tribuna de Direito*, 213/13. Apud MORATO, Antônio Carlos. O cadastro positivo de consumidores e seu impacto nas relações de consumo. *Revista de Direito Bancário e do Mercado de Capitais*, v. 53, p. 13-14, jul.-set./2011.

[93] MIRAGEM, Bruno. Comentários ao Dec. 7.829/2012. *Revista de Direito do Consumidor*, v. 84, p. 326, out.-dez./2012. Observa o autor que a Lei nº 12.414/2011 e o Dec. nº 7.829/2012, que a regulamentou, preocuparam-se não só com a criação de um banco de dados que pudesse retratar "o histórico de crédito do cadastrado", mas que também explicitasse "os direitos do titular das informações arquivadas de modo a assegurar-lhe, especialmente, o acesso e a correção dos dados arquivados" (p. 328-329).

[94] BENJAMIN, Antônio Herman de Vasconcellos e. *In*: GRINOVER, Ada Pellegrini *et al. Código Brasileiro de Defesa do Consumidor* – comentado pelos autores do Anteprojeto. 10. ed. Rio de Janeiro: Forense, 2011, v. 1, p. 425.

O cadastro poderá ser cancelado a pedido do interessado, a quem se garante o direito de acesso gratuito a todas as informações sobre ele existentes no banco de dados (art. 5º, I e II), bem como de impugnar equívocos nas anotações lançadas no banco de dados, obtendo cancelamento ou correção no prazo de até sete dias (art. 5º, III a VI), e de ter os seus dados pessoais utilizados somente de acordo com a finalidade para a qual eles foram coletados (art. 5º, VII), qual seja, "análise de risco de crédito", e subsidiar a "concessão ou extensão de crédito e realização de venda a prazo ou outras transações comerciais e empresariais que impliquem risco financeiro ao consulente" (art. 7º).

Ainda, nos elementos e critérios considerados para composição da nota ou pontuação de crédito de pessoa cadastrada em banco de dados, não podem ser utilizadas informações (i) que não estiverem vinculadas à análise de risco de crédito e aquelas relacionadas à origem social e étnica, à saúde, à informação genética, ao sexo e às convicções políticas, religiosas e filosóficas; (ii) de pessoas que não tenham com o cadastrado relação de parentesco de primeiro grau ou de dependência econômica; e, (iii) relacionadas ao exercício regular de direito pelo cadastrado (art. 7º-A).

A respeito das informações sobre operações bancárias há normas especiais traçadas pela Lei nº 12.414/2011, constantes do art. 12 e seus parágrafos, prevendo-se a possibilidade de o Conselho Monetário Nacional adotar medidas e normas complementares. Caberá ao Poder Executivo regulamentar a lei, em especial quanto ao uso, guarda, escopo e compartilhamento das informações recebidas pelos bancos de dados (art. 13).

As informações sobre adimplemento não poderão constar do banco de dados por período superior a quinze anos (art. 14) e serão de acesso limitado a consulentes que com o cadastrado mantiverem ou pretenderem manter relação comercial ou creditícia (art. 15). Prevê a Lei nº 12.414/2011 a responsabilidade civil objetiva e solidária do banco de dados, da fonte e do consulente pelos danos materiais e morais que causarem ao cadastrado (art. 16). Sendo este um consumidor, além das sanções instituídas pela Lei nº 12.414 (art. 17), incidirão, também, as previstas no Código de Proteção e Defesa do Consumidor.

O Decreto nº 9.936/2019, que regulamentou a Lei nº 12.414/2011, estabeleceu os seguintes deveres para o gestor do banco de dados (art. 10):

I – indicar, em cada resposta a consulta, a data da última atualização das informações enviadas ao banco de dados;

II – adotar as cautelas necessárias à preservação do sigilo das informações que lhe forem enviadas e divulgá-las apenas para as finalidades previstas na Lei nº 12.414, de 2011;

III – manter sistemas de guarda e acesso com requisitos de segurança que protejam as informações de acesso por terceiros não autorizados e de uso em desacordo com as finalidades previstas na Lei nº 12.414, de 2011;

IV – dotar os sistemas de guarda e acesso das informações de características de rastreabilidade passíveis de serem auditadas;

V – disponibilizar, em seus sítios eletrônicos, para consulta do cadastrado, com acesso formalizado, de maneira segura e gratuita:

a) as informações sobre o cadastrado constantes do banco de dados no momento da solicitação;

b) a indicação das fontes que encaminharam informações sobre o cadastrado, com endereço e telefone para contato;

c) a indicação dos gestores dos bancos de dados com os quais as informações sobre o cadastrado tenham sido compartilhadas; e

d) a indicação clara dos consulentes que tiveram acesso ao histórico de crédito e à nota de crédito do cadastrado nos seis meses anteriores à data da solicitação;

VI – informar claramente os direitos do cadastrado definidos em lei e em normas infralegais pertinentes à sua relação com as fontes e os gestores de bancos de dados, inclusive em seu sítio eletrônico;

VII – disponibilizar, em seu sítio eletrônico, a relação de órgãos governamentais aos quais o cadastrado poderá recorrer em caso de violação de dados; e

VIII – manter por, no mínimo, quinze anos os dados sobre as autorizações concedidas, os pedidos de cancelamento e a reabertura de cadastro, exclusão, revogação e correção de anotação.

Previu, ainda, o regulamento da Lei nº 12.414 que "o envio das informações pelas fontes aos gestores de bancos de dados será realizado por mecanismos que preservem a integridade e o sigilo dos dados enviados" (Dec. nº 9.936/2019, art. 16). Restou ressalvado, ainda, que "não poderá ser registrada pelo gestor do banco de dados como informação negativa a ausência de comunicação pela fonte sobre a situação de adimplência do cadastrado" (Dec. nº 9.936/2019, art. 20). Por fim, impende destacar acórdão do STJ, proferido em julgamento de recurso especial repetitivo, que reconheceu a licitude do sistema denominado *credit scoring*, de avaliação do risco de concessão do crédito:

I – Teses:

1) O sistema *credit scoring* é um método desenvolvido para avaliação do risco de concessão de crédito, a partir de modelos estatísticos, considerando diversas variáveis, com atribuição de uma pontuação ao consumidor avaliado (nota do risco de crédito).

2) Essa prática comercial é lícita, estando autorizada pelo art. 5º, IV, e pelo art. 7º, I, da Lei nº 12.414/2011 (Lei do cadastro positivo).

3) Na avaliação do risco de crédito, devem ser respeitados os limites estabelecidos pelo sistema de proteção do consumidor no sentido da tutela da privacidade e da máxima transparência nas relações negociais, conforme previsão do CDC e da Lei nº 12.414/2011.

4) Apesar de desnecessário o consentimento do consumidor consultado, devem ser a ele fornecidos esclarecimentos, caso solicitados, acerca das fontes dos dados considerados (histórico de crédito), bem como as informações pessoais valoradas.

5) O desrespeito aos limites legais na utilização do sistema *credit scoring*, configurando abuso no exercício desse direito (art. 187 do CC), pode ensejar a responsabilidade objetiva e solidária do fornecedor do serviço, do responsável pelo banco de dados, da fonte e do consulente (art. 16 da Lei nº 12.414/2011) pela ocorrência de danos morais

nas hipóteses de utilização de informações excessivas ou sensíveis (art. 3º, § 3º, I e II, da Lei nº 12.414/2011), bem como nos casos de comprovada recusa indevida de crédito pelo uso de dados incorretos ou desatualizados.[95]

4.4. DIREITO EUROPEU

Com relação à proteção das pessoas singulares no que diz respeito ao tratamento de seus dados pessoais e à livre circulação destes, a Comunidade Europeia regulou a questão por meio da Diretiva 46, de 1995. O art. 2º traz as definições de dados pessoais, tratamento de dados pessoais, responsável pelo tratamento, destinatário, consentimento da pessoa etc. O âmbito de aplicação da diretiva são os dados pessoais automatizados ou não, não se aplicando: i) "ao tratamento de dados pessoais efectuado no exercício de atividades não sujeitas à aplicação do direito comunitário"; ii) "ao tratamento de dados que tenha como objecto a segurança pública, a defesa, a segurança do Estado" e atividades do Estado no domínio do direito penal; e iii) "ao tratamento efectuado por uma pessoa singular no exercício de actividades exclusivamente pessoais ou domésticas" (art. 3º). A Diretiva deixou para cada Estado-membro a especificação das condições em que é lícito o tratamento de dados pessoais (art. 5º).

Os arts. 6º e 7º trazem os princípios aplicáveis à qualidade dos dados e à legitimidade do tratamento de dados, cabendo destacar: i) o tratamento leal e lícito dos dados; ii) a utilização de acordo com sua finalidade e, posteriormente, para fins históricos, estatísticos ou científicos; iii) a exatidão dos dados, podendo o consumidor tomar as medidas necessárias para assegurar a retificação ou o cancelamento daqueles que se mostram inexatos ou incompletos; iv) a limitação temporal de sua utilização; v) o consentimento inequívoco do consumidor para a utilização de seus dados; vi) a necessidade do tratamento dos dados para a proteção de interesses vitais do consumidor etc.

Proíbe, ainda, a legislação europeia o tratamento de dados pessoais que revelem "a origem racial ou étnica, as opiniões políticas, as convicções religiosas ou filosóficas, a filiação sindical, bem como o tratamento de dados relativos à saúde e à vida sexual", excetuados os casos expressos nos itens 2 e 3 do art. 8º da Diretiva.

Assim como ocorre no direito brasileiro, a pessoa que tiver seus dados registrados deverá ser informada a respeito: i) da identidade do responsável pelo tratamento e, eventualmente, do seu representante; ii) das finalidades do tratamento a que os dados se destinam; iii) os destinatários ou categorias de destinatários dos dados; iv) o caráter obrigatório ou facultativo da resposta, bem como as consequências se não responder; v) a existência do direito de acesso aos dados que lhe digam respeito e do direito de os retificar (arts. 10º e 11º). Aquele que tiver dados registrados tem direito a acessá-los livremente e sem restrições, bem como a retificá-los ou cancelá-los, quando estiverem incompletos ou inexatos (art. 12º).

A diretiva regula, ainda, a forma de transferência de dados pessoais do consumidor para outros países, de forma a que seja assegurado um nível de proteção adequado às

---

[95] STJ, 2ª Seção, REsp. 1.419.697/RS, Rel. Min. Paulo de Tarso Sanseverino, ac. 12.11.2014, *DJe* 17.11.2014.

informações (arts. 25º e 26º). Prevê, também, que cada Estado-membro estabeleça uma ou mais autoridades públicas que serão responsáveis pela fiscalização do tratamento de dados pessoais (art. 28º).

O art. 29º determina que seja criado um Grupo de proteção das pessoas no que diz respeito ao tratamento de dados, cujo caráter é consultivo e independente (item 1). Esse grupo será composto por um representante da autoridade de controle designada por cada Estado-membro, por um representante da autoridade criada para as instituições e organismos comunitários, designados pela instituição ou autoridade que representa (item 2) e tem por atribuições (art. 30º, item I):

> a) Analisar quaisquer questões relativas à aplicação das disposições nacionais tomadas nos termos da presente directiva, com vista a contribuir para a sua aplicação uniforme;
>
> b) Dar parecer à Comissão sobre o nível de protecção na Comunidade e nos países terceiros;
>
> c) Aconselhar a Comissão sobre quaisquer projectos de alteração da presente directiva ou sobre quaisquer projectos de medidas adicionais ou específicas a tomar para proteger os direitos e liberdades das pessoas singulares no que diz respeito ao tratamento de dados pessoais, bem como sobre quaisquer outros projectos de medidas comunitárias com incidência sobre esses direitos e liberdades;
>
> d) Dar parecer sobre os códigos de conduta elaborados a nível comunitário.

4.5. CONTROLE DE SAÍDA DE MERCADORIAS DO ESTABELECIMENTO COMERCIAL

Nos grandes estabelecimentos comerciais, onde a frequência de público é muito numerosa, é comum a adoção de controle, pessoal ou eletrônico, da saída de mercadorias. Trata-se de expediente corriqueiro para evitar desvios e furtos, que, sem dúvida, são facilitados pelas características do estabelecimento.

O STJ tem se ocupado do tema e ressaltado que tais medidas, quando praticadas sem excessos, não representam *praxe abusiva*. Eis o fundamento da jurisprudência:

> 1. O reconhecimento da vulnerabilidade do consumidor nas relações de consumo deve sempre almejar o desejável equilíbrio da relação estabelecida entre o consumidor e o fornecedor. A proteção da boa-fé nas relações de consumo não equivale a favorecer indiscriminadamente o consumidor, em detrimento de direitos igualmente outorgados ao fornecedor.
>
> 2. A prática da conferência indistinta de mercadorias pelos estabelecimentos comerciais, após a consumação da venda, é em princípio lícito e tem como base o exercício do direito de vigilância e proteção ao patrimônio, razão pela qual não constitui, por si só, prática abusiva. Se a revista dos bens adquiridos é realizada em observância aos limites da urbanidade e civilidade, constitui mero desconforto, a que atualmente a grande maioria dos consumidores se submete, em nome da segurança.[96]

---

[96] STJ, 3ª T., REsp. 1.120.113/SP, Rel. Min. Nancy Andrighi, ac. 15.02.2011, *DJe* 10.10.2011.

Particularmente sobre o sistema de alarme, usado para controlar saída de mercadoria não paga, a jurisprudência daquela Corte se acha consolidada no sentido de que nem sempre o alarme falso será suficiente para impor ressarcimento de dano moral em favor do consumidor: "Dano moral. Alarme falso. Ausência de tratamento abusivo pelo segurança da loja como destacado no acórdão. 1. Se soa o alarme e não há indicação de que houve tratamento abusivo de nenhum empregado da loja, no caso, o segurança, sequer objeto da queixa da autora, não se pode identificar a existência de constrangimento suficiente para deferir o dano moral. Para que a indenização por dano moral seja procedente é necessário que haja alguma atitude que exponha o consumidor a uma situação de humilhação, de constrangimento".[97]

---

[97] STJ, 3ª T., REsp. 658.975/RS, Rel. Min. Carlos Alberto Menezes Direito, ac. 29.11.2006, *DJU* 26.02.2007, p. 583. No mesmo sentido: STJ, 4ª T., AgRg no Ag 1.099.283/PB, Rel. Min. Aldir Passarinho Junior, ac. 05.05.2009, *DJe* 01.06.2009.

Capítulo V
PRESCRIÇÃO E DECADÊNCIA

5.1. CONCEITO DE PRESCRIÇÃO E DECADÊNCIA NO DIREITO CIVIL BRASILEIRO

I – Prescrição

Para o atual Código Civil brasileiro, art. 189, "violado o direito, nasce para o titular a pretensão, a qual se extingue, pela prescrição, nos prazos a que aludem os arts. 205 e 206". Não é diretamente a extinção do direito subjetivo do credor que a prescrição provoca, ao fim do prazo legal, quando este decorre sem que o titular tenha exercido a reação adequada contra a violação ocorrida.

A pretensão é justamente o direito do credor de agir, em juízo, para exigir a prestação descumprida pelo devedor. Consiste, pois, a prescrição, na "perda ou extinção da pretensão (poder de reagir contra a violação do direito) e não na extinção do próprio direito subjetivo"[1]. A doutrina clássica, acerca de nosso direito, sempre foi, predominantemente, no sentido, de ser a prescrição "a perda da ação atribuída a um direito, e de toda a sua capacidade defensiva, em consequência do não uso delas, durante um determinado espaço de tempo"[2], na lição de Clóvis sempre acatada.

Tanto não se extingue o direito subjetivo do credor que, mesmo após consumada a prescrição, ao devedor é possível pagar sua dívida, sem que isso represente pagamento indevido e sem que possa pretender repetição do dispendido, na solução da obrigação prescrita (Código Civil, art. 882). Ademais, é faculdade do devedor renunciar aos efeitos da prescrição, depois de consumada, de forma expressa ou tácita (Código Civil, art. 191).

---

[1] THEODORO JÚNIOR, Humberto. *Comentários ao novo Código Civil.* 4. ed. Rio de Janeiro: Forense, 2008, v. III, t. II, n. 304, p. 167.
[2] BEVILÁQUA, Clóvis. *Teoria geral do direito.* ed. atualizada por Caio Mário da Silva Pereira. Rio de Janeiro: Ed. Rio Livraria Francisco Alves, 1975, § 77, 286. Nessa mesma linha: "A prescrição é um instituto jurídico que se relaciona tão somente com as *ações,* e que é peculiar a estas. Fora do campo das *ações* é impossível falar em prescrição. Em direito não há outra vida que se extinga pela prescrição, se não a vida da ação" (CARPENTER, Luiz F. *Da Prescrição.* 3. ed. Rio de Janeiro: Ed. Nacional de Direito, 1958, v. 1, n. 59, p. 250).

Como já expusemos em sede de doutrina,[3] muitos são os argumentos que a doutrina usa para justificar o instituto da prescrição. Acima de tudo, no entanto, há unanimidade quanto à inconveniência social que representa a litigiosidade perpétua em torno das relações jurídicas. Há, sem dúvida, um anseio geral de segurança no tráfico jurídico, que não seria alcançada se, por mais remota que fosse a causa de uma obrigação, pudesse sempre questionar-se sua existência, sua solução ou seu inadimplemento.

Pondo fim à controvérsia sobre uma situação jurídica antiga e já consolidada pelo tempo, é opinião tranquila que a prescrição atende à satisfação de superior e geral interesse à certeza e à segurança no meio social e, assim, se coloca entre os institutos de ordem pública. Essa circunstância é confirmada pelas disposições legais que consideram inderrogáveis os prazos prescricionais por acordo entre as partes (Código Civil, art. 192) e proíbem a renúncia aos efeitos da prescrição enquanto não consumada (Código Civil, art. 191).

Continua sempre atual o ensinamento de Savigny no sentido de que o fundamento principal da prescrição é a necessidade de serem fixadas as relações incertas, suscetíveis de dúvidas e controvérsias, encerrando-se, após determinado lapso de tempo, a incerteza acaso suscitável sobre a qual não se provocara até então o acertamento judicial.[4]

Washington de Barros Monteiro, firme em Cunha Gonçalves, destaca que "a prescrição é indispensável à estabilidade e à consolidação de todos os direitos", de modo que não há como não reconhecer sua indiscutível utilidade, "que se acha em consonância com a equidade e com a moral, sendo sua existência absolutamente indispensável em qualquer sociedade bem organizada".[5]

II – Decadência

O Código Civil velho tratava com deficiência os prazos extintivos, já que eram todos eles englobados sob o *nomen iuris* de prescrição e, por isso, literalmente se regiam pelos mesmos princípios e regras.

Coube à doutrina a função de distinguir e conceituar os dois institutos. A corrente predominante pode ser explicada pelos ensinamentos de Agnelo Amorim Filho que, para distinguir prescrição de decadência, utilizou-se da classificação de Chiovenda em torno dos direitos exercitáveis em juízo, os quais podem ser agrupados em direitos a uma *prestação* e direitos *potestativos*.

---

[3] THEODORO JÚNIOR, Humberto. *Comentários ao novo Código Civil, cit.*, v. III, t. II, n. 305, p. 171-175.
[4] SAVIGNY. *Sistema del diritto romano atuale*. Trad. Vittorio Scialoja. Torino: UTET, 1889, v. IV, p. 372; GOMES, Orlando. *Introdução ao direito civil*. 18. ed. Rio de Janeiro: Forense, 2002, n. 294, p. 497. Para Barbero, o fundamento da prescrição é a inércia do credor, mas sua "finalidade é a *certeza das relações jurídicas*, que ficaria comprometida por um longo largo estado de inatividade" (BARBERO, Domenico. *Sistema del derecho privado*. Trad. de Sentis Melendo. Buenos Aires: EJEA, 1967, v. I, p. 352-353).
[5] BARROS MONTEIRO, Washington de. *Curso de direito civil* – parte geral. 39. ed. São Paulo: Saraiva, 2003, p. 331 e 333.

Ensina o mestre que os direitos a uma *prestação* do devedor, quando deduzidos em processo, geram ação condenatória, e se sujeitam a prazos prescricionais. Já os *potestativos* provocam ações constitutivas e se subordinam a prazos decadenciais.[6]

Essa tese se explica pela conceituação dos direitos potestativos. Dentre estes compreendem-se aqueles que facultam à parte criar, modificar ou extinguir uma relação jurídica. Surgem, portanto, faculdades, a cujo exercício se marca de antemão um termo, de sorte que ditas faculdades não mais se poderão fazer valer quando, por qualquer motivo, já tenha decorrido o prazo previsto.

O atual Código Civil acatou expressamente essa tese e construiu a teoria da prescrição a partir da ideia da pretensão, como se viu acima. A rigor, a lei faz uma simplificação do fenômeno, pois que nem mesmo a pretensão se extingue pela prescrição. O que ela faz é nascer para o devedor uma exceção (ou defesa) que se for utilizada, inibirá a pretensão do credor de exigir a prestação devida.

Essa concepção facilita, e muito, a separação das ações que se submetem ao regime da prescrição daquelas que se sujeitam à decadência. Sempre que a parte não tiver pretensão a exercer contra o demandado (porque este não tem obrigação de realizar qualquer prestação em favor do autor), o caso não será de prescrição, mas de decadência. É o que se passa com as ações constitutivas e declaratórias, porque nas primeiras se exerce um direito potestativo, e nas últimas, apenas se busca a certeza acerca da existência ou inexistência de uma relação jurídica. Vale dizer: em nenhuma delas o autor reclama prestação (ação ou omissão) do réu, não havendo pretensão para justificar a prescrição.

Se a prescrição é a perda da pretensão (força de reagir contra a violação do direito subjetivo), não se pode, realmente, cogitar de prescrição dos direitos potestativos. Estes nada mais são do que poderes ou faculdades do sujeito de direito de provocar a alteração de alguma situação jurídica. Neles não se verifica a contraposição de uma obrigação do sujeito passivo a realizar certa prestação em favor do titular do direito. A contraparte simplesmente está sujeita a sofrer as consequências da inovação jurídica. Por isso, não cabe aplicar aos direitos potestativos a prescrição: não há pretensão a ser extinta, separadamente do direito subjetivo; é o próprio direito potestativo que desaparece, por completo, ao término do prazo marcado para seu exercício.

As ações, portanto, que cuidam de declarar a nulidade ou de anular o negócio jurídico, bem como a de reconhecimento de sua ineficácia relativa, são submetidas a prazos decadenciais e não prescricionais. Essa distinção é importante, porque os prazos de prescrição podem ser interrompidos e suspensos, enquanto os decadenciais apresentam-se, quando estatuídos pela lei, como fatais (isto é, são imunes à suspensão e interrupção).

---

[6] AMORIM Filho, Agnelo. Critério Científico para distinguir a prescrição da decadência e para identificar ações imprescritíveis. *Revista de Direito Processual Civil*, São Paulo, Saraiva, v. 3, p. 95-132, jan./1962.

5.2. PRESCRIÇÃO E DECADÊNCIA NO CDC

O Código de Defesa do Consumidor trata da prescrição e da decadência nos arts. 26 e 27. O artigo 26 diz *caducar* o direito do consumidor reclamar pelos vícios aparentes ou de fácil constatação. E, no § 2º, traz as hipóteses em que a decadência é obstada:

> Art. 26. O direito de reclamar pelos vícios aparentes ou de fácil constatação caduca em:
>
> I – trinta dias, tratando-se de fornecimento de serviço e de produtos não duráveis;
>
> II – noventa dias, tratando-se de fornecimento de serviço e de produtos duráveis.
>
> § 1º Inicia-se a contagem do prazo decadencial a partir da entrega efetiva do produto ou do término da execução dos serviços.
>
> § 2º Obstam a decadência:
>
> I – a reclamação comprovadamente formulada pelo consumidor perante o fornecedor de produtos e serviços até a resposta negativa correspondente, que deve ser transmitida de forma inequívoca;
>
> II – (Vetado).
>
> III – a instauração de inquérito civil, até seu encerramento.
>
> § 3º Tratando-se de vício oculto, o prazo decadencial inicia-se no momento em que ficar evidenciado o defeito.

Já o art. 27 determina que a prescrição da pretensão de reparação de danos prescreve em cinco anos:

> Art. 27. Prescreve em cinco anos a pretensão à reparação pelos danos causados por fato do produto ou do serviço prevista na Seção II deste Capítulo, iniciando-se a contagem do prazo a partir do conhecimento do dano e de sua autoria.

5.3. INDENIZAÇÃO POR FATO DO PRODUTO. PRESCRIÇÃO

O Código Civil de 2002, seguindo o rumo do direito comparado, adotou a política da redução geral dos prazos da prescrição. O Código do Consumidor, elaborado numa época em que a prescrição ordinária da lei civil se dava no dilatado prazo de vinte anos, estipulou para as ações de reparação por danos por fato do produto ou serviço, o prazo prescricional de cinco anos (art. 27). Instalou-se, sem dúvida, um descompasso entre a lei geral e a lei consumerista, porque para o novo Código Civil a prescrição das ações de reparação de dano, não importa qual o montante e qual a repercussão social, é de apenas três anos (art. 206, § 3º, V).

Como as leis gerais não revogam as especiais (Lei de Introdução, art. 2º, § 2º), a prescrição prevista no CDC continuará vigendo, até que, *de lege ferenda*, se adapte a lei especial à política prescricional em boa hora adotada pelo Código Civil de 2002.

Uma coisa, porém, deve ser observada: a prescrição quinquenária do CDC só subsiste para as ações de responsabilidade civil oriundas de danos causados por fato do produto ou do serviço (CDC, art. 27). Se se trata de exigir cumprimento de prestação contratual, para a qual o Código Civil tenha estabelecido prazo específico, a prescrição será a nele prevista, e não a do Código do Consumidor. É o caso, por exemplo, do contrato de seguro, cujo lapso prescricional, tanto para a pretensão do segurado como do segurador, é de um ano (art. 206, § 1º, II). Dessa maneira, "o prazo quinquenal, assinalado no art. 27 do Código de Defesa do Consumidor, só se aplicará quando o segurado pretender indenização de danos causados por fato do serviço, e não o simples adimplemento do contrato".[7] É o que se passa, *v.g.*, quando a seguradora se obriga a transportar o veículo sinistrado para receber os reparos ou quando se dispõe ela mesma a providenciar o conserto, e, ao executar esses serviços, provoca dano ou destruição do bem sob seus cuidados. Para a reparação desse prejuízo acarretado pelo defeito do serviço, é que se haverá de recorrer ao prazo prescricional do art. 27 do CDC.

Outro dado relevante refere-se à contagem do prazo na técnica do CDC. Enquanto a prescrição no Código Civil flui automaticamente do ato danoso (critério objetivo), na legislação de consumo só se inicia sua contagem a partir de quando o ofendido toma conhecimento do fato e de sua autoria (CDC, art. 27). O critério, nessa última hipótese, é, portanto, subjetivo, e não objetivo.[8]

Importante, por fim, ressaltar, que existindo lei especial que institui prazo diferente de prescrição daquele previsto no CDC, haverá de prevalecer a norma específica e não a geral estatuída pela legislação consumerista. O Código do Consumidor, na espécie, incidirá apenas supletivamente, sem revogar, entretanto, o que é objeto específico da regulamentação especial.

Esse é o entendimento do STJ, consoante se depreende do julgamento do recurso especial em que se discutia a obrigatoriedade ou não de os rótulos de vinhos conterem informações a respeito da quantidade de sódio ou de calorias presentes no produto. Muito embora a hipótese não trate especificamente de prescrição, o entendimento pode ser perfeitamente utilizado. Naquele julgamento a Corte Superior entendeu não se aplicar o CDC, em face do princípio da especialidade, uma vez que "inexiste a obrigação legal de se inserir nos rótulos dos vinhos informações acerca da quantidade de sódio ou de calorias (valor energético) presente no produto".[9]

Em seu voto, o relator bem explicou a questão:

> Primeiramente, saliente-se que ao Estado incumbe o dever de fiscalizar a comercialização ou a publicidade de bebidas alcoólicas. Indubitavelmente o governo deve agir de modo a proteger a saúde dos consumidores e a promover a venda de produtos de qualidade no mercado. Todavia, a regulação encontra limites na livre concorrência e nos possíveis impactos que novas exigências refletem tanto nas empresas como na livre economia de mercado.
>
> No caso concreto, a informação clara e leal extrai-se do comando legal, não havendo falar em descumprimento da legislação pátria pela vinícola ora recorrente, que cumpriu com os requisitos exigidos pelo ordenamento jurídico.

---

[7] SOUZA, Sylvio Capanema de. A prescrição no contrato de seguro e o novo Código Civil. *Revista da EMERJ*. Rio de Janeiro, v. 6, n. 21, p. 25, 2003.

[8] "Não só do conhecimento do fato, mas também de sua autoria, é a condição prevista no art. 27, do Código de Defesa do Consumidor" (TJSP, 7ª Câm. Dir. Privado, AI 334.040-4/8-00, Rel. Des. Oswaldo Breviglieri, ac. 24.03.2004, *JTJ* 281/309).

[9] STJ, 3ª T., REsp. 1.605.489/SP, 3ª T., Rel. Min. Ricardo Villas Bôas Cueva, ac. 04.10.2016, *DJe* 18.10.2016.

Não se nega a importância de se conhecer os ingredientes nutricionais dos produtos alimentícios. Todavia, no caso do vinho, a legislação retira tal obrigatoriedade, como se afere da legislação específica, que afasta a aplicação do Código de Defesa do Consumidor, haja vista o princípio da especialidade (*lex specialis derrogat lex generalis*).

Incide ao caso o artigo 2º da Lei nº 8.918/1994, que prevê o registro necessário para comercialização de bebidas, bem como seu decreto regulamentador (Decreto nº 6.871/2009), que não se aplica às bebidas alcoólicas derivadas da uva: [...]

A legislação aplicável à espécie, portanto, não obriga a recorrente a inserir nos rótulos das bebidas que comercializa – no caso, vinhos – informações acerca da quantidade de sódio ou de calorias (valor energético) contida no produto, como bem acentuado pela sentença de improcedência da ação civil pública proferida pelo Juízo da 14ª Vara Cível da Comarca da Capital, que merece ser restabelecida:

> [...] A autorização dada pela legislação para a propositura de ações por associações, de qualquer natureza, não importa em atribuição de prerrogativa de imposição de normas e regras próprias, segundo os seus interesses, àqueles que atuam no ramo industrial.
>
> Isso importaria em verdadeira subversão da ordem social, a permitir que as regras particulares fossem impostas coativamente, com violação às prerrogativas do Estado, em especial do Poder Legislativo.
>
> A ré se submete a regras de caráter geral, que se aplicam a todos aqueles que exploram seu ramo de atividade.
>
> A importância e necessidade de informações exigidas pela autora somente pode ser aferida pelo Estado, no exercício regular do Poder de Polícia Sanitária e se a autora entende que não estão sendo exigidas informações pertinentes deve voltar-se contra a União.

No mesmo sentido, entendendo que a lei especial prevalece sobre as regras gerais previstas no CDC, outro julgado do STJ:

> 2. A Lei 8.918/94 dispõe "sobre a padronização, a classificação, o registro, a inspeção, a produção e a fiscalização de bebidas, autoriza a criação da Comissão Intersetorial de Bebidas e dá outras providências". Foi regulamentada pelo Decreto 2.314/97, que, em seus arts. 10 e 66, III, dispunha quanto à classificação das cervejas, "estabelecida, em todo o território nacional", em caráter de "obrigatoriedade", de acordo com a referida Lei. Atualmente vige o Decreto 6.871/2009, que, em seus arts. 12 e 38, este com praticamente a mesma redação daquele mencionado art. 66, estabelece a classificação das cervejas prevendo, no que respeita ao teor alcoólico, que a cerveja sem álcool é aquela em que o conteúdo de álcool for menor que 0,5% (meio por cento) em volume, sem obrigatoriedade de declaração no rótulo do conteúdo alcoólico.
>
> 3. Na hipótese, a recorrente segue a normatização editada para regular sua atividade empresarial, elaborada por órgão governamental especializado, tendo obtido a aprovação do rótulo de seu produto pelo Ministério da Agricultura. Nesse contexto, não pode ser condenada a deixar de comercializar a cerveja de classificação "sem álcool" que fabrica, com base apenas em impressões subjetivas da associação promovente, a

pretexto de que estaria a violar normas gerais do CDC ao fazer constar no rótulo da bebida a classificação oficial determinada em lei especial e no decreto regulamentar.

4. Não se mostra adequado intervir no mercado pontualmente, substituindo-se a lei especial e suas normas técnicas regulamentadoras por decisão judicial leiga e subjetiva, de modo a obstar a venda de produto por sociedade empresária fabricante, que segue corretamente a legislação existente acerca da fabricação e comercialização da bebida.[10]

5.4. PARTICULARIDADES DA PRESCRIÇÃO E DA DECADÊNCIA, EM MATÉRIA DE RESPONSABILIDADE CIVIL, NO REGIME DO CÓDIGO DE DEFESA DO CONSUMIDOR

O CDC prevê a responsabilidade civil do fornecedor em duas situações diferentes: a) por fato danoso acarretado pelo produto ou serviço (arts. 12 a 17); e b) por vício do produto ou serviço (arts. 18 a 25). Um defeito do automóvel, por exemplo, pode acarretar um capotamento, com danos graves para a pessoa do consumidor ou de terceiros. As consequências do *fato* provocado pelo produto defeituoso ultrapassam o seu valor econômico, e atingem, exteriormente, o patrimônio do consumidor e de outras pessoas envolvidas no acidente. Fala-se, então em *acidente de consumo*,[11] ao qual se aplica a disciplina dos arts. 12 a 17 do CDC. Em outros casos, o defeito do produto se resume a sua própria estrutura, comprometendo sua utilização normal. Não se registram, entretanto, danos externos para consumidor ou terceiros. É na qualidade ou na quantidade apenas que o consumidor se sente frustrado nas suas expectativas. É aí que, então, se pode cogitar de *vício do produto ou serviço* (art. 18, *caput*, do CDC).[12]

A responsabilidade civil de que trata o CDC sujeita-se a prazos, ora de decadência, ora de prescrição. Ao cuidar da ação contra os vícios redibitórios (art. 26), são traçados prazos dentro dos quais se assegura ao consumidor o direito potestativo de reclamar dos defeitos aparentes ou ocultos: a) *trinta dias*, quando se tratar de fornecimento de serviço ou produtos não duráveis (inc. I); b) *noventa dias*, tratando-se de serviços ou produtos duráveis (inc. II).[13] Ditos prazos são textualmente definidos pelo art. 26 do CDC como de *decadência*, por representarem causas de extinção dos direitos a que se referem.

---

[10] STJ, 4ª T., REsp. 1.185.323/RS, Rel. Min. Luis Felipe Salomão, ac. 07.04.2015, *DJe* 03.08.2015.

[11] MARÇAL, Sérgio Pinheiro. Código de defesa do consumidor: definições, princípios e o tratamento da responsabilidade civil. *Revista de Direito do Consumidor*, n. 6, p. 105, abr.-jun./1993; CARVALHO, José Carlos Maldonado de. Decadência e prescrição no CDC: vício e fato do produto e do serviço. *Revista da EMERJ* – Escola da Magistratura do Rio de Janeiro, v. 10, n. 140, p. 119, 2007.

[12] "Uma vez caracterizado o dano por *fato do produto ou serviço*, são responsáveis, nos termos do art. 12, *caput*, do CDC, o fabricante, o produtor, o construtor, nacional ou estrangeiro, e o importador independentemente de culpa. Já, ao revés, em se tratando de dano decorrente de *vício do produto ou do serviço*, a responsabilidade é de todos os que participaram da cadeia – de produção – circulação (art. 3º, *caput*, CDC), solidariamente (arts. 18 e 20, CDC)" (CARVALHO, José Carlos Maldonado de. *Decadência e prescrição*, cit. p. 121).

[13] Se o defeito for aparente, o prazo decadencial do direito de reclamar conta-se da entrega do produto ou da conclusão do serviço (CDC, art. 26, § 1º). No caso de vício oculto, conta-se o prazo da data em que o defeito se tornar conhecido (art. 26, § 3º).

O § 2º do referido artigo prevê, ainda, situações em que a decadência é obstada: a) quando o consumidor, comprovadamente, envia reclamação ao fornecedor, até que lhe seja enviada reposta negativa, de forma inequívoca; b) quando ocorre a instauração de inquérito civil, estando obstada a decadência até o seu encerramento.

Para a pretensão de ressarcimento do dano derivado de *fato do produto ou do serviço*, ou seja, para as hipóteses dos arts. 12 a 17, o CDC estipula o prazo de cinco anos, a ser contado do "conhecimento do dano e de sua autoria" (art. 27). Para essa situação o Código define o prazo extintivo como de *prescrição*; e o faz corretamente, pois não se trata de extinguir direito, mas apenas de pôr fim à *pretensão*, tal como se prevê no art. 189 do Código Civil, ao conceituar-se a prescrição.

O STJ, ao tratar da prescrição no CDC, distingue a responsabilidade por danos causados por fato do produto ou do serviço – a qual se refere o art. 27, estipulando o prazo prescricional de 5 anos[14] –, e a decorrente de inadimplemento contratual. Para esta última, "à falta de prazo específico no CDC que regule a indenização por inadimplemento contratual, deve incidir o prazo geral decenal previsto no art. 205 do CC/02".[15]

Nos casos de empreitada de edifícios ou outras construções consideráveis, há uma regra especial sobre defeitos da obra. Prevê o art. 618 do Código Civil que o construtor (empreiteiro de materiais e execução) responde, pelo prazo de cinco anos, pela solidez e segurança da edificação. O parágrafo único do mencionado artigo, por sua vez, estipula um prazo decadencial de cento e oitenta dias para a propositura da ação para reclamar contra os defeitos da construção, prazo esse que se conta a partir do aparecimento do vício. A norma do Código Civil somente tem aplicação nos defeitos graves de construção, quais sejam, os que afetam a solidez e segurança do edifício. Os vícios menores da obra continuam submetidos ao prazo decadencial de reclamação previsto na legislação consumerista (CDC, art. 26, II).

Ressalte-se, outrossim, que o prazo decadencial do parágrafo único do art. 618 do CC/2002 não se aplica às ações indenizatórias, uma vez que a jurisprudência consolidada do STJ é no sentido de que estas, para os fins da Súmula 194/STJ, sujeitam-se à prescrição e não à decadência.[16] Eis, em suma, o entendimento daquela Alta Corte:

> 4. O evento danoso, para caracterizar a responsabilidade da construtora, deve apresentar-se dentro dos 5 (cinco) anos previstos no art. 618 do Código Civil de 2002 (art. 1.245, CC/16). Uma vez caracterizada tal hipótese, o construtor poderá ser acionado no prazo prescricional de vinte (20) anos na vigência do CC/16, e 10 (anos) na vigência do CC/02. Precedentes.[17]

---

[14] STJ, 4ª T., AgRg no AREsp 521.484/SP, Rel. Min. Marco Buzzi, ac. 11.11.2014, DJe 17.11.2014.
[15] STJ, 3ª T., REsp. 1.534.831/DF, Rel. p/ acórdão Min. Nancy Andrighi, ac. 20.02.2018, DJe 02.03.2018.
[16] STJ, 3ª T., AgInt no AREsp 1.897.767/CE, Rel. Min. Marco Aurélio Bellizze, ac. 21.03.2022, DJe 24.03.2022.
[17] STJ, 4ª T., EDcl no REsp 1.814.884/SP, Rel. Min. Marco Buzzi, ac. 23.03.2020, DJe 25.03.2020. No mesmo sentido: STJ, 4ª T., AgInt no AREsp 438.665/RS, Rel. Min. Luís Felipe Salomão, ac. 19.09.2019, DJe 24.09.2019; STJ, 4ª T., AgInt no AREsp 1.711.018/PR, Rel. Min. Raúl Araújo, ac, 12.04.2021, DJe 12.05.2021; STJ, 3ª T., AgInt no AREsp 1.897.767/CE, Rel. Min. Marco Aurélio Bellizze, ac. 21.03.2022, DJe 24.03.2022.

Uma questão que tem sido discutida na jurisprudência diz respeito à prescrição da ação de responsabilidade civil por erro médico. A posição firme do STJ é no sentido de que se deve aplicar, *in casu*, o prazo prescricional quinquenal previsto no art. 27 do CDC.[18] Segundo aquela Corte, "o fato de se exigir comprovação da culpa para poder responsabilizar o profissional liberal pelos serviços prestados de forma inadequada, não é motivo suficiente para afastar a regra de prescrição estabelecida no art. 27 da legislação consumerista, que é especial em relação às normas contidas no Código Civil".[19]

Sobre o tema, ver, ainda, nosso *Comentários ao Novo Código Civil*.[20]

5.5. AS AÇÕES DE RESPONSABILIDADE CIVIL. OS PRAZOS LEGAIS E OS PRAZOS DE GARANTIA

Como tem decidido o STJ, o sistema de responsabilidade pela qualidade dos produtos previsto pelo CDC se divide em dois segmentos, tendo em vista, de um lado, a exigência de *adequação*, e, de outro, a de *segurança*. Nesse contexto, prevê a "responsabilidade pelo *fato do produto ou do serviço*, que compreende os *defeitos de segurança*". Prevê, separadamente, outrossim, a responsabilidade por *vício do produto ou do serviço*, que "abrange os *vícios por inadequação*".[21]

Esta distinção legal conduz ao estabelecimento de prazos diferentes, ora de decadência, ora de prescrição, conforme se apontou no item anterior, à luz dos arts. 26 e 27 do CDC.[22]

O prazo legal de garantia, dentro do qual é lícito reclamar contra os defeitos, é de observância obrigatória, dela não podendo se esquivar o fornecedor. "Paralelamente a ela, porém, pode o fornecedor oferecer uma *garantia contratual*, alargando o prazo ou o alcance da garantia legal." Enquanto o CDC estipula no art. 26 um prazo para a reclamação pertinente à garantia legal, não há na lei prazo algum para a reclamação relativa à garantia contratual. A solução preconizada pela jurisprudência se funda numa interpretação teleológica e sistemática do CDC, que permite "integrar analogicamente a

---

[18] STJ, 3ª T., AgRg no Ag 1.229.919/PR, Rel. Min. Sidnei Beneti, ac. 15.04.2010, *DJe* 07.05.2010.
[19] STJ, 3ª T., REsp. 731.078/SP, Rel. Min. Castro Filho, ac. 13.12.2005, *DJU* 13.02.2006, p. 799. No mesmo sentido: STJ, 4ª T., AgRg no Ag 1.213.352/SP, Rel. Min. Aldir Passarinho Júnior, ac. 23.11.2010, *DJe* 3.12.2010.
[20] THEODORO JR., Humberto. *Comentários ao Novo Código Civil*. 4. ed. Rio de Janeiro: Forense, 2008. v. III, t. II, n. 407-a.
[21] "Observada a classificação utilizada pelo CDC, um produto ou serviço apresentará vício de *adequação* sempre que não corresponder à *legítima expectativa do consumidor* quanto à sua utilização ou usufruição, ou seja, quando a desconformidade do produto ou do serviço comprometer a sua *prestabilidade*. Outrossim, um produto ou serviço apresentará defeito de *segurança* quando, além de não corresponder à *expectativa do consumidor*, sua utilização ou fruição for capaz de adicionar *riscos à sua incolumidade ou de terceiros*" (STJ, 3ª T., REsp. 967.623/RJ, Rel. Min. Nancy Andrighi, ac. 16.04.2009, *DJe* 29.06.2009).
[22] No caso de *vício de adequação*, o art. 26 do CDC estipula um prazo *decadencial* para que o interessado formule sua reclamação contra o "defeito", que varia entre 30 e 90 dias. No art. 27, está previsto o prazo *prescricional* de cinco anos para o exercício da pretensão de ser indenizado pelos danos derivados do *defeito de segurança* (REsp. 967.623/RJ, *cit.*).

regra relativa à garantia contratual estendendo-lhe os prazos de reclamação atinentes à garantia legal, ou seja, a partir do término da garantia contratual, o consumidor terá 30 (bens *não duráveis*) ou 90 (bens *duráveis*) dias para reclamar por vícios de adequação surgidos no decorrer do período desta garantia".[23]

Mas, mesmo depois de escoado o prazo contratual de garantia, o consumidor de bens duráveis ainda se conserva sob proteção da legislação consumerista durante a legítima expectativa de vida útil do produto. De maneira que, surgindo vícios que reduzam a vida útil e que permaneceram ocultos durante o prazo de garantia, abre-se o prazo de reclamação de que trata o art. 26, § 3º, do CDC. Para tanto, todavia, é preciso que se conjuguem os dois requisitos: (i) justa previsão de vida útil maior do que a realmente verificada; e (ii) vício oculto só revelado após a extinção da garantia contratual. Tudo isto, porém, há de se dar "sem abandonar o critério da vida útil do bem durável, a fim de que o fornecedor não fique responsável por solucionar o vício eternamente".[24]

É claro, portanto, que o fornecedor não responderá pelo perecimento do produto ao final de sua prevista (razoavelmente) "vida útil", nem pelo desgaste e deficiência próprios do uso do bem durável. São os defeitos ocultos e não naturais na espécie do produto que podem acarretar a responsabilidade do fornecedor, depois de exaurida a garantia contratual, a título de dever acessório ou complementar decorrente do princípio da boa-fé objetiva (CDC, art. 4º, III; Código Civil, art. 422).

---

[23] STJ, 3ª T., REsp. 967.623/RJ, *cit.*
[24] STJ, 2ª T., REsp. 1.123.004/DF, Rel. Min. Mauro Campbell Marques, ac. 1º.12.2011, *DJe* 09.12.2011; STJ, 3ª T., AgRg no REsp. 1.171.635/MT, Rel. Min. Vasco Della Giustina, ac. 23.11.2010, *DJe* 03.12.2010.

Capítulo VI
PUBLICIDADE ENGANOSA E PRAXES ABUSIVAS

6.1. A PUBLICIDADE E OS SERVIÇOS INTERMEDIÁRIOS DE INFORMAÇÃO

I – Introdução

Entre os "direitos básicos do consumidor", o CDC, no art. 6º, inclui (i) "a informação adequada e clara sobre os diferentes produtos e serviços, com especificação correta de quantidade, característica, composição, qualidade, tributos incidentes e preço, bem como sobre os riscos que apresentem" (inciso III); e (ii) "a proteção contra a publicidade enganosa e abusiva" (inciso IV).

Segundo dispõe o art. 30 do CDC, "toda informação ou publicidade, suficientemente precisa, veiculada por qualquer forma ou meio de comunicação com relação a produtos e serviços oferecidos ou apresentados, obriga o fornecedor que a fizer veicular ou dela se utilizar e integra o contrato que vier a ser celebrado".

Explica Fábio Konder Comparato que "a preocupação de defesa do consumidor conduziu, igualmente, a um alargamento da noção de compra e venda privada, no quadro mais realista de uma economia de empresa. Passou-se, assim, a entender que os processos de publicidade comercial, pela sua importância decisiva no escoamento da produção por um consumo em massa, integram o próprio mecanismo do contrato e devem, por conseguinte, merecer uma disciplina de ordem pública análoga à das estipulações contratuais".[1]

Nessa perspectiva, o CDC não só prevê a força obrigatória da publicidade feita pelo fornecedor (art. 30), como exige veicular informações corretas, claras, precisas e ostensivas, tanto a respeito das características, qualidade e preços como sobre os riscos que apresentem à saúde e segurança dos consumidores (art. 31). E, finalmente, proíbe "toda publicidade enganosa ou abusiva" (art. 37).

O que quer o CDC é impedir que o consumidor seja levado a adquirir produtos e serviços fundado em erro gerado por propaganda falsa ou enganosa. Esse vício da

---

[1] COMPARATO, Fabio Konder. A proteção do consumidor: Importante capítulo do Direito Econômico. *Revista de Direito Mercantil, Industrial, Econômico, Financeiro*, São Paulo, 15/16, nova série, 1974.

propaganda redunda em sanções administrativas (contrapropaganda) (CDC, art. 60 e seu parágrafo), e, na medida em que tenha gerado prejuízo ao consumidor, pode conduzir à rescisão contratual com perdas e danos, segundo a regra geral dos vícios de consentimento, ou segundo a regra geral do descumprimento do contrato, já que a falta das qualidades constantes da publicidade representa uma violação do próprio contrato de consumo.

Há, porém, em regra dois sujeitos envolvidos na publicidade: o fornecedor e o órgão divulgador da propaganda.

A responsabilidade civil derivada da propaganda enganosa ou abusiva abrange imediatamente o fornecedor, já que é este que define o conteúdo da mensagem e extrai dela a vantagem indevida, que lesa, ou pode lesar, o consumidor.

Assim, acusando-se a propaganda de falsa ou enganosa, o ônus de comprovar a correção e veracidade é do patrocinador, que, em regra, será o fornecedor (CDC, art. 38), e não do divulgador, que presta serviço de intermediação apenas, no que diz respeito à publicação da mensagem.

A responsabilidade civil do fornecedor, *in casu*, independe de culpa e não se elide mediante arguição e prova de boa-fé.[2]

Em suma: quem responde, em regra, pelos desvios (falsidade, enganosidade) da publicidade é o anunciante, ou aquele a quem o anúncio aproveita. A agência e o veículo de publicidade só responderão excepcionalmente quando tiverem atuado com dolo ou culpa, segundo os padrões do direito civil. Não se lhe aplica a responsabilidade objetiva da legislação de consumo, porquanto a propaganda, na verdade, não é ato do publicitário, mas do anunciante, vale dizer, do fornecedor. Uma agência de publicidade – explica Plínio Cabral – "é um apêndice do cliente. Ela, agência, não trabalha só, isolada. Ela trabalha *junto* ao cliente, *junto* ao anunciante".[3] Só veicula a campanha preparada ou aprovada pelo cliente. É por isso que pelos desvios da publicidade quem responde, como regra, é "o anunciante, ou a quem o anúncio aproveita", segundo a lição de Antônio Herman de Vasconcellos e Benjamim.[4]

II – Princípio da identificação da publicidade

Antes de proibir a publicidade enganosa ou abusiva (CDC, art. 37), o Código de Defesa do Consumidor exige que o fornecedor respeite o princípio da *identificação da publicidade*. Nesse sentido, o art. 36, *caput*, do referido Código, dispõe que "publicidade deve ser veiculada de tal forma que o consumidor, fácil e imediatamente, a identifique

---

[2] "Ora, é sabido que uma das mais importantes modificações trazidas pelo Direito do Consumidor foi exatamente o afastamento da responsabilidade civil subjetiva. Assim em matéria de acidente de consumo; assim também em tema de publicidade" (BENJAMIM, Herman de Vasconcellos e. Das práticas comerciais. *In:* GRINOVER, Ada Pellegrini *et al. Código Brasileiro de Defesa do Consumidor, cit.*, v. I, p. 310).

[3] CABRAL, Plínio. *Propaganda, técnica da comunicação industrial e comercial.* São Paulo: Atlas, 1986, p. 39.

[4] BENJAMIN, Antônio Herman de Vasconcellos e. *In:* GRINOVER, Ada Pellegrini *et al. Código Brasileiro de Defesa do Consumidor, cit.*, v. I, p. 370.

como tal". Com isso, veda-se, por exemplo, que o fabricante use artigo de notícia pretensamente científico ou jornalístico para, na realidade, divulgar seu produto, expressa ou implicitamente.

É sempre imprescindível que o consumidor possa ler a mensagem publicitária, sabendo que se trata de uma propaganda promovida pelo produtor ou revendedor do bem divulgado. A lição de Antônio Herman de Vasconcellos e Benjamin, a propósito, é bastante esclarecedora:

> A publicidade só é lícita quando o consumidor puder identificá-la. Mas tal não basta: a identificação há que ser imediata (no momento da exposição) e fácil (sem esforço ou capacitação técnica).
>
> Publicidade que não quer assumir a sua qualidade é atividade que, de uma forma ou de outra, tenta enganar o consumidor. E o engano, mesmo inocente, é repudiado pelo Código de Defesa do Consumidor. "A mensagem publicitária deve surgir aos olhos do público identificada como tal, colocando assim os seus destinatários de sobreaviso acerca das intenções comerciais e dos textos ou imagens".
>
> O dispositivo [art. 36 do CDC] visa a impedir que a publicidade, embora atingindo o consumidor, não seja por ele percebida como tal. Basta que se mencionem as reportagens, os relatos "científicos", os informes "econômicos", verdadeiras comunicações publicitárias transvestidas de informação editorial, objetiva e desinteressada. Veda-se, portanto, a chamada *publicidade clandestina*, especialmente em sua forma redacional, bem como a subliminar.[5]

Enfim, a posição adotada pelo STJ é no sentido de que, à luz do art. 36 do CDC,

> [...] assegura-se ao consumidor o direito de saber que aqueles dados e informações transmitidos não o são gratuitamente e, sim, têm uma finalidade específica, qual seja, a de promover a venda de um produto ou a utilização de um serviço. Dessa forma, o princípio da identificação obrigatória recebe especial relevo e, segundo Cláudia Lima Marques, sua exigência é comum no direito comparado e tem como fim tornar consciente o consumidor – comprador ou usuário potencial – de uma mensagem publicitária, patrocinada por um fornecedor com o intuito de promover a compra de seu produto ou o fornecimento de determinado serviço (ut. MARQUES, Cláudia Lima. *Contratos no Código de Defesa do Consumidor: o novo regime das relações contratuais*, São Paulo: Revista dos Tribunais, 2003, p. 786).[6]

6.2. PUBLICIDADE ENGANOSA

I – Conceituação

Uma das formas de práticas abusivas que podem ocorrer com frequência e que são repelidas pelo Código de Defesa do Consumidor é a publicidade enganosa ou abusiva (CDC, art. 37, *caput*).

---

[5] *Idem*, p. 337.
[6] Voto do Rel. Min. Marco Buzzi no REsp. 1.101.949/DF, 4ª T., ac. 10.05.2016, *DJe* 30.05.2016. *Revista de Jurisprudência do TJRGS*, v. 301, p. 169.

Ao vedar toda propaganda *enganosa* ou *abusiva*, o próprio dispositivo legal, em seus parágrafos, cuida de conceituar estas duas figuras promocionais ilícitas:

a) "É *enganosa* qualquer modalidade de informação ou comunicação de caráter publicitário, inteira ou parcialmente *falsa*, ou, por qualquer outro modo, mesmo por omissão, capaz de induzir em erro o consumidor a respeito da *natureza, características, qualidade, quantidade, propriedades, origem, preço* e quaisquer outros dados sobre produtos e serviços" (§ 1º) (*g.n.*). Esclarece a lei que, para os efeitos do CDC, "a publicidade é *enganosa por omissão* quando deixar de informar sobre dado essencial do produto ou serviço" (§ 3º).

b) "É *abusiva*, dentre outras a publicidade *discriminatória* de qualquer natureza, a que incite à *violência*, explore o *medo* ou a *superstição*, se aproveite da *deficiência* de julgamento e experiência da *criança*, desrespeita valores *ambientais*, ou que seja capaz de induzir o consumidor a se comportar de forma *prejudicial ou perigosa* à sua saúde ou segurança" (§ 2º) (*g.n.*).

O importante é, para a Lei, não apenas a inverdade ou fantasia contida na publicidade, mas o intuito malicioso de induzir o consumidor a adquirir o produto, em erro sobre suas qualidades essenciais e sobre a decisão que leva à efetiva aquisição.[7]

Reconhecem-se dois tipos de publicidade enganosa: (i) *por comissão*, quando o fornecedor afirma algo que possa induzir o consumidor em erro (a afirmação não corresponde à realidade); e (ii) *por omissão*, quando omite informação importante a respeito da natureza, características, qualidade ou outros dados sobre o bem que, caso fosse conhecida pelo consumidor, não o levaria a adquiri-lo.[8]

À luz das restrições da lei consumerista expostas, constata-se que o direito de informação adequada, assegurado ao consumidor encontra fundamento em dois outros direitos básicos, quais sejam: (i) o que, na ordem constitucional, protege sempre a *dignidade da pessoa humana*; e (ii) aquele, de natureza consumerista, que vem a ser o *direito à escolha consciente*.

É nesse sentido, que os arts. 9º e 31 do CDC determinam, por exemplo, que "todo consumidor deve ser informado de forma ostensiva e adequadamente a respeito da nocividade ou periculosidade do produto".[9]

A garantia de uma informação publicitária legítima é violada, gerando danos materiais e morais indenizáveis por meio de ações individuais ou coletivas, nos seguintes casos:

a) quando é falsa, no ocultar o próprio caráter publicitário da mensagem (ofensa a art. 36 do CDC);

---

[7] ALMEIDA, Aliete Marisa S. D. N. A publicidade enganosa e o controle estabelecido pelo Código de Defesa do Consumidor. *Revista de Direito do Consumidor*, São Paulo: RT, ano 14, n. 53, p. 33, jan.-mar./2005.
[8] ALMEIDA, Aliete Marisa S. D. N. *Op. cit.*, p. 30.
[9] REsp. 1.101.949/DF, *cit.*, p. 167. A Portaria 618, de 1º de julho de 2019, do Ministério da Justiça e Segurança Pública disciplinou o procedimento de comunicação da nocividade ou periculosidade de produção e serviços após a sua colocação no mercado de consumo.

b) quando é *falsa, incompleta* ou *imprecisa* acerca das características do produto e omissa acerca dos riscos que apresenta para a saúde e segurança dos consumidores (ofensa aos arts. 9º e 31, do CDC);

c) quando é *enganosa* ou *abusiva* (ofensa ao art. 37 do CDC).

De forma pedagógica, a jurisprudência do STJ tem contribuído significativamente para a boa interpretação do regime legal da informação publicitária, no mercado de consumo:

a) em primeiro lugar, afasta a exigência do elemento subjetivo (intenção de lesar por parte do fornecedor, na configuração da propaganda enganosa ou abusiva);[10]

b) do teor do art. 31 do CDC, devem ser extraídas as seguintes conclusões: a informação deve ser *correta* (= verdadeira), *clara* (= de fácil entendimento), *precisa* (= não prolixa ou escassa), *ostensiva* (= de fácil constatação ou percepção) e, por óbvio, em *língua portuguesa*;[11]

c) "A obrigação de informação é desdobrada pelo art. 31 do CDC, em quatro categorias principais, imbricadas entre si: a) *informação-conteúdo* (= características intrínsecas do produto e serviço), b) *informação-utilização* (= como se usa o produto ou serviço), c) *informação-preço* (= custo, formas e condições de pagamento), e d) *informação-advertência* (= riscos do produto ou serviço);"[12]

d) "A obrigação de informação exige comportamento *positivo*, pois o CDC rejeita tanto a regra do *caveat emptor* como a subinformação, o que transmuda o *silêncio* total ou parcial do fornecedor em patologia repreensível, relevante apenas em desfavor do profissional, inclusive como oferta e publicidade enganosa por omissão";[13]

e) "O CDC estatui uma obrigação geral de informação (= comum, ordinária ou primária), enquanto outras leis, específicas para certos setores (como a Lei 10.674/03),[14] dispõem sobre obrigação especial de informação (= secundária,

---

[10] "5. A publicidade enganosa, a luz do Código de Defesa do Consumidor (art. 37, CDC), não exige, para sua configuração, a prova da vontade de enganar o consumidor, tampouco tal nefanda prática também colha que deva estar evidenciada de plano sua ilegalidade, ou seja, a publicidade pode ter aparência de absoluta legalidade na sua vinculação, mas, por omitir dado essencial para formação do juízo de opção do consumidor, finda por induzi-lo a erro ou tão somente coloca dúvidas acerca do produto ou serviço oferecido, contaminando sua decisão. 6. Em razão do princípio da veracidade da publicidade, fica evidenciado que a publicidade veiculada pela recorrida é capaz de induzir o consumidor a erro quanto ao preço do serviço, podendo ser considerada enganosa" (STJ, 2ª T., REsp.1.317.338/MG, Rel. Min. Mauro Campbell Marques, ac. 19.03.2013, *DJe* 01.04.2013).

[11] STJ, 2ª T., REsp. 586.316/MG, Rel. Min. Herman Benjamin, ac. 17.04.2007, *DJe* 19.03.2009.

[12] REsp. 586.316/MG, *cit.*

[13] REsp. 586.316/MG, *cit.*

[14] A Lei nº 10.674/2003 refere-se à advertência a ser feita em relação a produtos nocivos à saúde dos portadores de doença celíaca.

derivada ou tópica). Esta, por ter um caráter mínimo, não isenta os profissionais de cumprirem aquela [...] No campo da *saúde* e da *segurança* do consumidor (e com maior razão quanto a alimentos e medicamentos), em que as normas de proteção devem ser interpretadas com maior rigor, por conta dos bens jurídicos em questão, seria um despropósito falar em dever de informar baseado no *homo medius* ou na generalidade dos consumidores, o que levaria a informação a não atingir quem mais dela precisa, pois os que padecem de enfermidades ou de necessidades especiais são frequentemente a minoria no amplo universo dos consumidores".[15]

II – Alguns julgados sobre o tema

A jurisprudência pátria já analisou diversas vezes o tema da publicidade abusiva, cabendo destacar alguns julgados:

a) O STJ já decidiu ser enganosa por omissão a propaganda que coloca no rodapé ou na lateral da página informações relevantes do produto ou serviço com letras pequenas, difíceis de serem compreendidas pelo consumidor:

> 6. Exigidas literalmente pelo art. 31 do CDC, informações sobre preço, condições de pagamento e crédito são das mais relevantes e decisivas na opção de compra do consumidor e, por óbvio, afetam diretamente a integridade e a retidão da relação jurídica de consumo. Logo, em tese, o tipo de fonte e localização de restrições, condicionantes e exceções a esses dados devem observar o mesmo tamanho e padrão de letra, inserção espacial e destaque, sob pena de violação do dever de ostensividade.
>
> 7. Rodapé ou lateral de página não são locais adequados para alertar o consumidor, e, tais quais letras diminutas, são incompatíveis com os princípios da transparência e da boa-fé objetiva, tanto mais se a advertência disser respeito à informação central na peça publicitária e a que se deu realce no corpo principal do anúncio, expediente astucioso que caracterizará publicidade enganosa por omissão, nos termos do art. 37, §§ 1º e 3º, do CDC, por subtração sagaz, mas nem por isso menos danosa e condenável, de dado essencial do produto ou serviço.
>
> 8. Pretender que o consumidor se transforme em leitor malabarista (apto a ler, como se fosse natural e usual, a margem ou borda vertical de página) e ouvinte ou telespectador superdotado (capaz de apreender e entender, nas transmissões de rádio ou televisão, em fração de segundos, advertências ininteligíveis e em passo desembestado, ou, ainda, amontoado de letrinhas ao pé de página de publicação ou quadro televisivo) afronta não só o texto inequívoco e o espírito do CDC, como agride o próprio senso comum, sem falar que converte o dever de informar em dever de informar-se, ressuscitando, ilegitimamente e *contra legem*, a arcaica e renegada máxima do *caveat emptor* (= o consumidor que se cuide).[16]

---

[15] REsp. 586.316/MG, *cit.*
[16] STJ, 2ª T., AgRg no AgRg no REsp. 1.261.824/SP, Rel. Min. Herman Benjamin, ac. 14.02.2012, *DJe* 09.05.2013.

b) Entretanto, a Corte Superior entendeu não ser abusiva a propaganda que, apesar de informar no rodapé do anúncio que o valor do frete não está incluso no preço, não contém informação a respeito do preço deste serviço:

1. A Segunda Turma, em recente julgado, analisou o mérito dos autos – verificação se o anúncio de vendas de automóveis, em que consta a não inclusão do frete no rodapé, sem indicação de valor, é capaz de induzir a erro o consumidor, ensejando violação do art. 37, § 1º, do Código de Defesa do Consumidor – afastando a incidência da Súmula 7/STJ.

2. Nesta oportunidade, este Superior Tribunal de Justiça esclareceu que, nos termos do art. 31 do Código de Defesa do Consumidor, a oferta e apresentação de produtos ou serviços devem assegurar, entre outros dados, informações corretas, claras, precisas, ostensivas e em língua portuguesa sobre suas características, qualidades, garantia, composição, preço, garantia, prazos de validade e origem.

3. Sendo assim, se o anúncio publicitário consignar que o valor do frete não está incluído no preço ofertado, dentro de um juízo de razoabilidade, não haverá, em princípio, publicidade enganosa ou abusiva, mesmo que essa informação conste no rodapé do anúncio veiculado em jornal ou outro meio de comunicação impresso.

4. No caso, depreende-se dos autos que o anúncio não é absolutamente omisso quanto à parcela do preço do produto (frete).

5. Não fosse apenas isso, entender pela necessidade de fazer constar o valor do frete do produto em todos os anúncios, inviabilizaria as campanhas publicitárias de âmbito nacional, especialmente em nosso país de proporções continentais, em que essa parcela necessariamente sofreria grandes variações.[17]

Em outro julgado, o STJ cassou decisão do TJ/MA que entendeu enganosa a publicidade "em razão da omissão do 'preço' no encarte publicitário, sem verificar os pressupostos objetivos e subjetivos da substancialidade do dado omitido", ressaltando que "para a caracterização da ilegalidade omissiva, a ocultação deve ser de qualidade essencial do produto, do serviço ou de suas reais condições de contratação, considerando, na análise do caso concreto, o público alvo do anúncio publicitário".[18] Por isso, determinou o retorno dos autos ao Tribunal de origem, a fim de que em novo julgamento, fosse analisada "a essencialidade do dado omitido 'preço' no encarte publicitário", a ponto de realmente torná-lo abusivo.

c) Com relação à comercialização de veículos, o STJ entendeu ser abusiva a prática comercial e enganosa a propaganda quando a empresa lança e comercializa o veículo no ano, como se fosse um modelo do ano seguinte, mas, em seguida, paralisa a fabricação do modelo e lança outro, no mesmo ano, com novos detalhes, como modelo do ano seguinte:

3. Embora lícito ao fabricante de veículos antecipar o lançamento de um modelo meses antes da virada do ano, prática usual no país, constitui prática comercial

---

[17] STJ, 2ª T., EDcl. no REsp. 1.159.799/SP, Rel. Min. Mauro Campbell Marques, ac. 11.10.2011, *DJe* 18.10.2011.
[18] STJ, 4ª T., REsp. 1.705.278/MA, Rel. Min. Antônio Carlos Ferreira, ac. 19.11.2019, *DJe* 02.12.2019.

abusiva e propaganda enganosa e não de "reestilização" lícita, lançar e comercializar veículo no ano como sendo modelo do ano seguinte e, depois, adquiridos esses modelos pelos consumidores, paralisar a fabricação desse modelo e lançar outro, com novos detalhes, no mesmo ano, como modelo do ano seguinte, nem mesmo comercializando mais o anterior em aludido ano seguinte. Caso em que o fabricante, após divulgar e passar a comercializar o automóvel "Pálio Fire Ano 2006 Modelo 2007", vendido apenas em 2006, simplesmente lançou outro automóvel "Pálio Fire Modelo 2007", com alteração de vários itens, o que leva a concluir haver ela oferecido em 2006 um modelo 2007 que não viria a ser produzido em 2007, ferindo a fundada expectativa de consumo de seus adquirentes em terem, no ano de 2007, um veículo do ano.

4. Ao adquirir um automóvel, o consumidor, em regra, opta pela compra do modelo do ano, isto é, aquele cujo modelo deverá permanecer por mais tempo no mercado, circunstância que minimiza o efeito da desvalorização decorrente da depreciação natural.

5. Daí a necessidade de que as informações sobre o produto sejam prestadas ao consumidor, antes e durante a contratação, de forma clara, ostensiva, precisa e correta, visando a sanar quaisquer dúvidas e assegurar o equilíbrio da relação entre os contratantes, sendo de se salientar que um dos principais aspectos da boa-fé objetiva é seu efeito vinculante em relação à oferta e à publicidade que se veicula, de modo a proteger a legítima expectativa criada pela informação, quanto ao fornecimento de produtos ou serviços.[19]

d) Por outro lado, ainda em relação à comercialização de veículos, entendeu aquela Corte Superior não haver ilicitude se o fabricante faz a reestilização apenas no ano seguinte:

1. Lícito ao fabricante de veículos antecipar o lançamento de um modelo meses antes da virada do ano, prática usual no mercado de veículos.

2. Não há falar em prática comercial abusiva ou propaganda enganosa quando o consumidor, no ano de 2007, adquire veículo modelo 2008 e a reestilização do produto atinge apenas os de modelo 2009, ou seja, não realizada no mesmo ano. Situação diversa da ocorrida no julgamento do REsp 1.342.899 – RS (Rel. Ministro Sidnei Beneti, Terceira Turma, julgado em 20/08/2013, DJe 09/09/2013).[20]

e) Da mesma forma, o STJ entendeu não haver propaganda enganosa se "o lançamento, no começo de um ano, de veículo de modelo já referente ao ano seguinte, desde que o modelo referente ao ano corrente, lançado ainda no ano anterior, continue ofertado pelo fabricante durante o ano em exercício, coexistindo ambos os modelos".[21]

---

[19] STJ, 3ª T., REsp. 1.342.899/RS, Rel. Min. Sidnei Beneti, ac. 20.08.2013, DJe 09.09.2013.
[20] STJ, 3ª T., REsp. 1.330.174/MG, Rel. Min. Sidnei Beneti, ac. 22.10.2013, DJe 04.11.2013.
[21] STJ, 4ª T., REsp. 1.536.026/RS, Rel. Min. Raul Araújo, ac. 27.10.2015, DJe 30.11.2015.

f) Em relação à propaganda comparativa, o STJ entende ser ela lícita, a menos que induza o consumidor em erro, causando confusão sobre as marcas divulgadas ou denegrindo a imagem da concorrente:

1. A propaganda comparativa é forma de publicidade que identifica explícita ou implicitamente concorrente de produtos ou serviços afins, consagrando-se, em verdade, como um instrumento de decisão do público consumidor.

2. Embora não haja lei vedando ou autorizando expressamente a publicidade comparativa, o tema sofre influência das legislações consumerista e de propriedade industrial, tanto no âmbito marcário quanto concorrencial.

3. A publicidade comparativa não é vedada pelo Código de Defesa do Consumidor, desde que obedeça ao princípio da veracidade das informações, seja objetiva e não abusiva.

4. Para que viole o direito marcário do concorrente, as marcas devem ser passíveis de confusão ou a referência da marca deve estar cumulada com ato depreciativo da imagem de seu produto/serviço, acarretando a degenerescência e o consequente desvio de clientela.

5. Conforme ressaltado em outros julgados desta Corte, a finalidade da proteção ao uso das marcas – garantida pelo disposto no art. 5º, XXIX, da Constituição da República e regulamentada pelo art. 129 da LPI – é dupla: por um lado, protegê-las contra usurpação, proveito econômico parasitário e o desvio desleal de clientela alheia e, por outro, evitar que o consumidor seja confundido quanto à procedência do produto (art. 4º, VI, do CDC) (REsp 1.105.422/MG, Rel. Ministra Nancy Andrighi, Terceira Turma, DJe 18/05/2011 e REsp 1320842/PR, Rel. Ministro Luis Felipe Salomão, Quarta Turma, DJe 01/07/2013).

6. Propaganda comparativa ilegal é aquela que induz em erro o consumidor, causando confusão entre as marcas, ocorrendo de maneira a depreciar a marca do concorrente, com o consequente desvio de sua clientela, prestando informações falsas e não objetivas.

7. Na espécie, consoante realçado pelo acórdão recorrido, as marcas comparadas não guardam nenhuma semelhança, não sendo passíveis de confusão entre os consumidores. Ademais, foram prestados esclarecimentos objetivos sem denegrir a marca da concorrente, pelo que não se verifica infração ao registro marcário ou concorrência desleal.[22]

g) Analisando prática comercial de empresa de refrigerantes que fez campanha com tampinhas premiáveis, o STJ entendeu ser enganosa por omissão a propaganda que não informa ao consumidor a existência de tampas com defeito de impressão, que inviabilizariam o prêmio:

Processual Civil. Civil. Recurso Especial. Prequestionamento. Publicidade enganosa por omissão. Aquisição de refrigerantes com tampinhas premiáveis. Defeitos de impressão. Informação não divulgada. Aplicação do Código de Defesa do Consumidor.

---

[22] STJ, 4ª T., REsp. 1.377.911/SP, Rel. Min. Luis Felipe Salomão, ac. 02.10.2014, DJe 19.12.2014.

Dissídio jurisprudencial. Comprovação. Omissão. Inexistência. Embargos de declaração. Responsabilidade solidária por publicidade enganosa. Reexame fático-probatório.
[...]
– Há relação de consumo entre o adquirente de refrigerante cujas tampinhas contém impressões gráficas que dão direito a concorrer a prêmios e o fornecedor do produto. A ausência de informação sobre a existência de tampinhas com defeito na impressão, capaz de retirar o direito ao prêmio, configura-se como publicidade enganosa por omissão, regida pelo Código de Defesa do Consumidor.
[...]
– É solidária a responsabilidade entre aqueles que veiculam publicidade enganosa e os que dela se aproveitam, na comercialização de seu produto.[23]

h) Analisando caso de venda de produto que afirmava curar doença grave, o STJ entendeu ser a publicidade enganosa, por induzir em erro o consumidor já fragilizado por sua doença. No caso em análise, foi demonstrado nas instâncias ordinárias que o produto era inadequado à finalidade divulgada:

1. Cuida-se de ação por danos morais proposta por consumidor ludibriado por propaganda enganosa, em ofensa a direito subjetivo do consumidor de obter informações claras e precisas acerca de produto medicinal vendido pela recorrida e destinado à cura de doenças malignas, dentre outras funções.

2. O Código de Defesa do Consumidor assegura que a oferta e apresentação de produtos ou serviços propiciem informações corretas, claras, precisas e ostensivas a respeito de características, qualidades, garantia, composição, preço, garantia, prazos de validade e origem, além de vedar a publicidade enganosa e abusiva, que dispensa a demonstração do elemento subjetivo (dolo ou culpa) para sua configuração.

3. A propaganda enganosa, como atestado pelas instâncias ordinárias, tinha aptidão a induzir em erro o consumidor fragilizado, cuja conduta subsume-se à hipótese de estado de perigo (art. 156 do Código Civil).

4. A vulnerabilidade informacional agravada ou potencializada, denominada hipervulnerabilidade do consumidor, prevista no art. 39, IV, do CDC, deriva do manifesto desequilíbrio entre as partes.[24]

i) Analisando campanha publicitária de alimentos direcionada a crianças, o STJ entendeu ser abusiva a propaganda:

a) 2. A hipótese dos autos caracteriza publicidade duplamente abusiva. Primeiro, por se tratar de anúncio ou promoção de venda de alimentos direcionada, direta ou indiretamente, às crianças. Segundo, pela evidente "venda casada", ilícita em negócio jurídico entre adultos e, com maior razão, em contexto de *marketing* que utiliza ou manipula o universo lúdico infantil (art. 39, I, do CDC).[25]

---

[23] STJ, 3ª T., REsp. 327.257/SP, Rel. Min. Nancy Andrighi, ac. 22.06.2004, *DJU* 16.11.2004, p. 272.
[24] STJ, 3ª T., REsp. 1.329.556/SP, Rel. Min. Ricardo Villas Bôas Cueva, ac. 25.11.2014, *DJe* 09.12.2014.
[25] STJ, 2ª T., REsp. 1.558.086/SP, Rel. Min. Humberto Martins, ac. 10.03.2016, *DJe* 15.04.2016.

No caso em análise, o Relator em seu voto advertiu ser:

[...] abusivo o *marketing* (publicidade ou promoção de venda) de alimentos dirigido, direta ou indiretamente, às crianças. A decisão de compra e consumo de gêneros alimentícios, sobretudo em época de crise de obesidade, deve residir com os pais. Daí a ilegalidade, por abusivas, de campanhas publicitárias de fundo comercial que utilizem ou manipulem o universo lúdico infantil (art. 37, § 2º, do Código de Defesa do Consumidor).

b) 2. O Superior Tribunal de Justiça possui jurisprudência reconhecendo a abusividade de publicidade de alimentos direcionada, de forma explícita ou implícita, a crianças. Isso porque a decisão de comprar gêneros alimentícios cabe aos pais, especialmente em época de altos e preocupantes índices de obesidade infantil, um grave problema nacional de saúde pública. Diante disso, consoante o art. 37, § 2º, do Código de Defesa do Consumidor, estão vedadas campanhas publicitárias que utilizem ou manipulem o universo lúdico infantil. Na ótica do Direito do Consumidor, publicidade é oferta e, como tal, ato precursor da celebração de contrato de consumo, negócio jurídico cuja validade depende da existência de sujeito capaz (art. 104, I, do Código Civil). Em outras palavras, se criança, no mercado de consumo, não exerce atos jurídicos em seu nome e por vontade própria, por lhe faltar poder de consentimento, tampouco deve ser destinatária de publicidade que, fazendo tábula rasa da realidade notória, a incita a agir como se plenamente capaz fosse. Precedente do STJ.[26]

Em relação às crianças, importante ressaltar que atualmente a censura se endereça à propaganda que é direcionada diretamente a elas que, obviamente, não têm discernimento suficiente para decidir e são facilmente sugestionáveis, razão pela qual a análise a respeito da abusividade deve ser feita cuidadosamente pelo julgador. Com efeito, as propagandas dirigidas ao público infantil não são, só por isso, abusivas ou proibidas. É necessário que haja a exploração à deficiência de julgamento e experiência da criança para que a abusividade esteja presente.[27]

j) O STJ também entendeu ser abusiva propaganda que suprimiu informações a respeito do preço e da forma de pagamento, que somente poderiam ser obtidas por meio de ligação, com ônus, por parte do consumidor, mesmo se não adquirir o produto:

1. Na origem, a Comissão de Defesa do Consumidor da Assembleia Legislativa do Estado do Rio de Janeiro propôs ação coletiva contra Polimport Comércio e Exportação Ltda. (Polishop), sob a alegação de que a ré expõe e comercializa seus produtos em um canal da TV fechada, valendo-se de publicidade enganosa por omitir o preço e a forma de pagamento, os quais somente podem ser obtidos mediante ligação

---

[26] STJ, 2ª T., REsp. 1.613.561/SP, Rel. Min. Herman Benjamin, ac. 25.04.2017, *DJe* 01.09.2020.
[27] "Propaganda abusiva. Publicidade direcionada ao público infantil que induz as crianças a comportamentos inadequados para a sua idade" (TJSP, 5ª Câmara de Direito Público, Ap. 0014636-55.2013.8.26.0053, Rel. Des. Laura Tavares, ac. 17.12.2018, *DJe* 19.12.2018).

telefônica tarifada e onerosa ao consumidor, independentemente de este adquirir ou não o produto.

2. O Juízo de primeiro grau julgou procedente o pedido para condenar a ré à obrigação de informar elementos básicos para que o consumidor, antes de fazer o contato telefônico, pudesse avaliar a possível compra do produto, com destaque para as características, a qualidade, a quantidade, as propriedades, a origem, o preço e as formas de pagamento, sob pena de multa diária por descumprimento. O Tribunal de origem, em sede de agravo interno, manteve a sentença.

3. O direito à informação, garantia fundamental da pessoa humana expressa no art. 5º, inciso XIV, da Constituição Federal, é gênero que tem como espécie o direito à informação previsto no Código de Defesa do Consumidor.

4. O Código de Defesa do Consumidor traz, entre os direitos básicos do consumidor, a "informação adequada e clara sobre os diferentes produtos e serviços, com especificação correta de quantidade, características, composição, qualidade e preço, bem como sobre os riscos que apresentam" (art. 6º, inciso III).

5. O Código de Defesa do Consumidor atenta-se para a publicidade, importante técnica pré-contratual de persuasão ao consumo, trazendo, como um dos direitos básicos do consumidor, a "proteção contra a publicidade enganosa e abusiva" (art. 6º, IV).

6. A publicidade é enganosa por comissão quando o fornecedor faz uma afirmação, parcial ou total, não verdadeira sobre o produto ou serviço, capaz de induzir o consumidor em erro (art. 37, § 1º). É enganosa por omissão a publicidade que deixa de informar dado essencial sobre o produto ou o serviço, também induzindo o consumidor em erro exatamente por não esclarecer elementos fundamentais (art. 37, § 3º).

7. O caso concreto é exemplo de publicidade enganosa por omissão, pois suprime algumas informações essenciais sobre o produto (preço e forma de pagamento), as quais somente serão conhecidas pelo consumidor mediante o ônus de uma ligação tarifada, mesmo que a compra não venha a ser concretizada.[28]

k) Não é abusivo, entretanto, o anúncio publicitário que utilize fonte de tamanho inferior a 12, uma vez que a norma do art. 54, § 3º, do CDC é aplicável aos contratos, não podendo ser utilizada por analogia à publicidade:

1. Controvérsia acerca da possibilidade de se determinar a empresas de telefonia a não empregarem em seus anúncios na imprensa fonte de tamanho menor do que 12 pontos.

2. "Os contratos de adesão escritos serão redigidos em termos claros e com caracteres ostensivos e legíveis, cujo tamanho da fonte não será inferior ao corpo doze, de modo a facilitar sua compreensão pelo consumidor" (art. 54, § 3º, do CDC).

3. *Existência de elementos de distinção entre o instrumento escrito dos contratos de adesão e o contexto dos anúncios publicitários, que impedem a aplicação da analogia.* Doutrina sobre o tema.

---

[28] STJ, 2ª T., REsp. 1.428.801/RJ, Rel. Min. Humberto Martins, ac. 27.10.2015, *DJe* 13.11.2015.

4. *Inaplicabilidade da norma do art. 54, § 3º, do CDC ao contexto dos anúncios, sem prejuízo do controle da prática enganosa com base em outro fundamento* (g.n.).[29]

l) É possível o redirecionamento da condenação de veicular contrapropaganda imposto a posto de gasolina matriz à sua filial, por ter comercializado marca de combustível diversa da sua bandeira:

> 2. Ainda que possuam CNPJ diversos e autonomia administrativa e operacional, as filiais são um desdobramento da matriz por integrar a pessoa jurídica como um todo.
> 3. Eventual decisão contrária à matriz por atos prejudiciais a consumidores é extensível às filiais.
> 4. A contrapropaganda visa evitar a nocividade da prática comercial de propaganda enganosa ou abusiva.[30]

m) Analisando recurso especial em que houve o cancelamento de reserva de bilhete aéreo dois dias após a reserva de passagens para a Europa a preços baixíssimos por alegado erro no sistema, o STJ entendeu que por ser grosseiro o erro, a companhia não estava obrigada a emitir as passagens nos termos previamente disponibilizados. No acórdão a Relatora explicitou que o real escopo da legislação consumerista é promover a harmonia e equilíbrio nas relações de consumo:

> 6. Na espécie, os consumidores promoveram a reserva de bilhetes aéreos com destino internacional (Amsterdã), a preço muito aquém do praticado por outras empresas aéreas, não tendo sequer havido a emissão dos bilhetes eletrônicos (*e-tickets*) que pudessem, finalmente, formalizar a compra. Agrega-se a isto o fato de que os valores sequer foram debitados do cartão de crédito do primeiro recorrente e, em curto período de tempo, os consumidores receberam *e-mail* informando a não conclusão da operação.
> 7. Diante da particularidade dos fatos, em que se constatou inegável erro sistêmico grosseiro no carregamento de preços, não há como se admitir que houve falha na prestação de serviços por parte das fornecedoras, sendo inviável a condenação das recorridas à obrigação de fazer pleiteada na inicial, relativa à emissão de passagens aéreas em nome dos recorrentes nos mesmos termos e valores previamente disponibilizados.
> 8. Com efeito, *deve-se enfatizar o real escopo da legislação consumerista que, reitera-se, não tem sua razão de ser na proteção ilimitada do consumidor – ainda que reconheça a sua vulnerabilidade –, mas sim na promoção da harmonia e equilíbrio das relações de consumo* (g.n.).[31]

n) O STJ manteve a multa imposta pelo Procon SP contra empresa que anunciou seu produto em sítio eletrônico, sem informar devidamente as unidades de sua rede

---

[29] STJ, 3ª T., REsp 1.602.678/RJ, Rel. Min. Paulo de Tarso Sanseverino, ac. 23.05.2017, *DJe* 31.05.2017. No mesmo sentido: STJ, 4ª T., AgInt no AREsp. 1.074.382/RJ, Rel. p/ acórdão Maria Isabel Gallotti, ac. 18.09.2018, *DJe* 24.10.2018.
[30] STJ, 3ª T., REsp 1.655.796/MT, Rel. Min. Ricardo Villas Bôas Cueva, ac. 11.02.2020, *DJe* 20.02.2020.
[31] STJ, 3ª T., REsp 1.794.991/SE, Rel. Min. Nancy Andrighi, ac. 05.05.2020, *DJe* 11.05.2020.

participantes da campanha, o que induziu o consumidor em flagrante equívoco. Para a Corte, a obrigação de informar o público de baixa renda exige do fornecedor um "comportamento eficaz, pró-ativo e leal". O acórdão trouxe explicação interessante no sentido de que, no exame da enganosidade de oferta,

> o que vale – inclusive para fins de exercício do poder de polícia de consumo – é *a capacidade de indução do consumidor em erro* acerca de quaisquer "dados sobre produtos e serviços", dados esses que, na hipótese de omissão (mas não na de oferta enganosa comissiva) reclamam a qualidade da essencialidade (CDC, art. 37, §§ 1º e 3º). Trata-se, portanto, de juízo de valor que *leva em conta o risco ou potencialidade de dano, não o dano em si*, este considerado apenas como agravante da conduta ilícita. Donde irrelevante quer o número ou mesmo a existência de reclamantes, quer eventual desistência do consumidor em realizar o negócio de consumo, já que dos órgãos de implementação – administrativos e judiciais – se espera atitude preventiva e não unicamente reativa. Sem falar que fornecedores apostam precisamente na inação dos consumidores, fenômeno resultante de timidez invencível ou de conhecidas dificuldades de protesto e exercício de direitos. Assim, a lesão na oferta enganosa ou abusiva traz, juridicamente falando, conotação abstrata, em regra de caráter coletivo e apenas circunstancialmente também com repercussões individuais (g.n.).[32]

Assim, concluiu que:

> Esclarecimentos posteriores ou complementares desconectados do conteúdo principal da oferta (= informação disjuntiva, material ou temporalmente) *não servem para exonerar ou mitigar a enganosidade ou abusividade. Viola os princípios da vulnerabilidade, da boa-fé objetiva, da transparência e da confiança prestar informação por etapas e, assim, compelir o consumidor à tarefa impossível de juntar pedaços informativos esparramados em mídias, documentos e momentos diferentes.* Em rigor, cada ato de informação é analisado e julgado em relação a si mesmo, pois absurdo esperar que, para cada produto ou serviço oferecido, o consumidor se comporte como Sherlock Holmes improvisado e despreparado à busca daquilo que, por dever *ope legis* inafastável, incumbe somente ao fornecedor. Seria transformar o destinatário-protegido, à sua revelia, em protagonista do discurso mercadológico do fornecedor, atribuindo e transferindo ao consumidor missão inexequível de vasculhar o universo inescrutável dos meios de comunicação, invertendo tanto o ônus do dever legal como a *ratio* e o âmago do próprio microssistema consumerista.

6.3. PUBLICIDADE ENGANOSA E CONTRATO DE INCORPORAÇÃO

No caso das incorporações não é fácil, em regra, configurar a propaganda enganosa acerca das qualidades essenciais do imóvel e das condições de aquisição de suas unidades. Tais dados constam obrigatoriamente do registro da incorporação aberto no Registro Imobiliário, antes que o condomínio seja lançado no mercado. Diante disso, o toque de fantasia ou imaginação utilizado na propaganda quase nunca

---

[32] STJ, 2ª T., REsp. 1.802.787/SP, Rel. Min. Herman Benjamin, ac. 0810.2019, *DJe* 11.09.2019.

representará, para quem se disponha a negociar com o incorporador, uma afronta a seus direitos de consumidor.[33]

Por exemplo, representações hipotéticas que antecipem uma possível visão de empreendimentos imobiliários após a edificação não podem ser consideradas como publicidade enganosa. Especialmente quando se trata de incorporações, como as de condomínio fechado, nas quais são os adquirentes de unidades autônomas que se encarregam de idealizar e realizar as construções a serem introduzidas nas respectivas áreas de usufruição exclusiva. Em semelhante conjuntura, existem apenas perspectivas da construção, a qual, naturalmente, fica condicionada ao desejo arquitetônico de cada comprador.

Pela própria natureza do contrato em apreço, portanto, as futuras obras não poderiam ser prefixadas, com exatidão, uma vez que condicionadas diretamente à autonomia dos adquirentes das unidades territoriais individuais.

Para se aquilatar a existência, ou não, de abusividade em relação a uma certa propaganda, é indispensável a análise de todo o contexto que a cerca, incluindo: (i) o tipo de relação jurídica a que se refere (no caso, uma incorporação); (ii) o público-alvo ao qual se destina (condições intelectuais e financeiras das partes); (iii) o tipo de atividade econômica envolvida (relação complexa); e, é claro, (iv) o conteúdo da mensagem propriamente dito, senão vejamos:

a) No que tange ao tipo de *relação jurídica*, é relevante argumentar que, tratando-se de incorporação, conforme já exposto, o consumidor se acha legalmente protegido por medidas registrárias de ordem pública que reduzem muito a possibilidade de ser induzido a erro por meio de simples propaganda. Com efeito, a proteção especial dessa modalidade contratual impõe que antes da implementação de qualquer incorporação se dê o indispensável depósito de um dossiê contendo toda a documentação acerca do empreendimento. Ou seja, por expressa disposição legal, um completo memorial descritivo tem de ser disponibilizado em momento anterior ao da publicidade. Com isso, o comprador tem segura informação a seu alcance de tudo o que seja essencial à implantação do condomínio, do qual se candidata a participar.

b) Quanto ao *público destinatário da propaganda*, é indispensável avaliá-lo em função do conjunto de consumidores-alvo do produto fornecido e seu nível de percepção do que lhe foi ofertado.[34] No caso de um investimento que envolva um elevado aporte financeiro, não há como considerar alvo pessoas totalmente desprovidas de conhecimento médio para a realização do negócio.[35] Ora, aquele que se propõe a investir uma

---

[33] ALMEIDA, Aliete Marisa S. D. N. *Op. cit.*, p. 33.
[34] Fábio Ulhoa Coelho aponta a necessidade de definição do universo de consumidores que compõem o padrão para se mensurar o potencial enganoso da propaganda (COELHO, Fábio Ulhoa. A publicidade enganosa no Código de Defesa do Consumidor. *Revista de Direito do Consumidor*, São Paulo: RT, p. 71, out.-dez./1993).
[35] "Para parte da doutrina o critério do consumidor médio é impróprio. Segundo Adalberto Pasqualotto, a realidade mostra que um alto nível de informação do consumidor corresponde a um baixo índice de influência na publicidade. Essa influência cresce na medida em que diminui a sagacidade do consumidor, justamente a faixa em que há maior necessidade de proteção legal. Segundo ele, o critério do consumidor típico parece ser o mais adequado, pois, além de compatível

elevada quantia em empreendimento sofisticado de tal monta só pode ser pessoa de nível socioeconômico e cultural elevado, de modo que, ao se dispor a dele participar, o faz com ciência de que deve se resguardar, verificando todos os riscos que envolvem o negócio. Tal fato inclui, é claro, a verificação do memorial descritivo registrado em cartório. Por meio dele se faz a publicidade irrestrita sobre todos os dados essenciais que envolvem o produto fornecido, dentre os quais figuram, com destaque, os termos do *próprio contrato* a ser pactuado e da *convenção do condomínio* em formação, já que, por força das Leis n. 4.591/1964 e n. 6.766/1979, encontram-se entre o rol de documentos indispensáveis ao registro da incorporação.

A este respeito muito bem pondera Fábio Ulhoa Coelho:

> Na análise de eventual ilicitude na publicidade, deve-se tomar por referência, inicialmente, o universo de consumidores do fornecimento em questão. Produtos e serviços mais caros são normalmente consumidos por pessoas de maior poder aquisitivo, cujo *background*, em geral, permite mais apurada percepção da realidade dos fatos e menor suscetibilidade à crédula aceitação passiva do que a publicidade veicula. Na promoção de imóveis de alto luxo, a ponderação do potencial de enganosidade das informações transmitidas pode ser, relativamente, menos rigorosa do que no exame de publicidade de imóveis de padrão médio ou popular.[36]

Diante disso, não há como exigir do incorporador o dever de se preocupar com a capacidade de discernimento de pessoas que não compõem o perfil dos consumidores almejados, como também não há porque tais adquirentes, num momento posterior, tentarem se "encaixar" no grupo de consumidores que eventualmente poderiam ser ludibriados em virtude da propaganda veiculada.

c) Há de se considerar ainda o tipo de *atividade econômica envolvida* (relação complexa). Numa incorporação de um grande e longo empreendimento que, por sua natureza, não se consuma em um só e breve ato, pois se submete a dilatado prazo de planejamento e execução, resta claro que quaisquer anúncios publicitários são meras prospecções de obra futura. É que sua feição final poderá ser concretizada e alterada de acordo com a vontade dos múltiplos adquirentes das diversas unidades, os quais serão, na realidade, os únicos responsáveis pelas construções a implementar em suas unidades autônomas.

d) Por fim, cogitando o *conteúdo da mensagem veiculada* de uma visão hipotética de um futuro povoamento do condomínio recém-lançado, a mera inserção de projeções do empreendimento imobiliário, ainda que não completamente verídicas, jamais seria ilegal. Isto porque não teriam o condão de iludir o adquirente da unidade que já se encontrava ciente do tipo de contrato ao qual estava vinculada, assim como das

---

com a proteção aos mais fracos, permite levar em consideração a elevação do padrão cultural e a 'domesticação' das técnicas publicitárias, quando, à custa de repetição, se tornam conhecidas, diminuindo sua nocividade" (ALMEIDA, Aliete Marisa S. D. N. A publicidade enganosa e o controle estabelecido pelo Código de Defesa do Consumidor. *Revista de Direito do Consumidor*, São Paulo: RT, ano 14, n. 53, p. 34, jan.-mar./2005).

[36] COELHO, Fábio Ulhoa. *Op. cit.*, p. 71-72.

inevitáveis possibilidades de que a ocupação dos terrenos condominiais se desse de modo não exatamente igual ao imaginado pelo panfleto publicitário.

Ora, a tentativa de mobilizar a fantasia do espectador para a promoção do empreendimento não pode ser considerada enganosa, pois em momento algum seria capaz de iludir as pessoas expostas à publicidade.[37] Não há dúvida de que, se a partir da mensagem, e da natureza do bem anunciado, se verificar que não há como tomar por verdadeira, ou não, a informação veiculada, a publicidade será lícita. Não é a verdadeira imagem do loteamento incorporado que se divulga, mas apenas uma imagem suposta ou hipotética do futuro. E, diante de uma realidade ainda inexistente, e apenas idealizada, não há lugar para o falso e o verdadeiro.

Só quando, dentro das possibilidades futuras, se colocar uma imagem totalmente falsificada, e que de maneira alguma seria passível de se configurar quando, afinal, consumado e aperfeiçoado o empreendimento, é que, aí sim, se poderia pensar em propaganda falsa e enganosa. Não quando, no jogo da imaginação publicitária, se realiza uma figuração relativamente capaz de concretizar-se, ainda que não exatamente igual à pensada pelo autor da publicidade.

No tocante à conceituação de "enganosidade" da publicidade, é preciso levar em conta que a norma legal não adota uma orientação demasiadamente genérica, pois, para merecer a censura do CDC, a propaganda, que se pode qualificar como "enganosa", é aquela feita por meio de uma versão "suficientemente precisa", que incida sobre as qualidades essenciais do produto anunciado, além de se mostrar apta para vincular a quem faz parte do público-alvo. Em outras palavras, a proposta deve ser séria e suficientemente delimitada para vincular as pessoas às quais é direcionada.[38] A este respeito Fábio Ulhoa Coelho ressalta:

> Imagine-se a oferta ou publicidade de uma incorporação imobiliária. As chamadas do tipo "venha morar como um rei" ou "o lugar mais aprazível do mundo", não podem por sua generalidade, obrigar o empreendedor. Já especificações como "azulejo até o teto", "sala com tábuas largas" e outras, inegavelmente, representam verdadeiras cláusulas contratuais. Pelas informações **suficientemente precisas** responde o fornecedor, cabendo, inclusive, a execução específica.[39]

Nesse diapasão, não se pode admitir que um *folder* de um loteamento sugerindo, por exemplo, a indicação de um possível ou provável hotel, por meio de projeções de telhados (construção essa que nem sequer estaria incluída contratualmente nas obrigações a serem cumpridas pelo incorporador), sem qualquer demonstração de escala ou nível de qualidade, possa obrigar o incorporador de forma suficientemente precisa. É tão vaga e tão hipotética tal imagem que jamais poderá, por si só, assumir, contra a natureza da incorporação, a força de uma obrigação contratual suficiente para imputar ao mero incorporador o pesadíssimo encargo de construir um grande Hotel Resort,

---

[37] Nesse sentido: COELHO, Fábio Ulhoa. *Op. cit.*, p. 70.
[38] VENOSA, Sílvio de Salvo. A força vinculante da oferta no Código civil e no Código de Defesa do Consumidor. *Revista de Direito do Consumidor*, São Paulo: RT, p. 87, out-dez/1993.
[39] COELHO, Fábio Ulhoa. *Comentários ao Código do Consumidor*. São Paulo: Saraiva, 1991, p. 150.

sem qualquer amparo, quer no contrato efetivamente firmado, quer na convenção de condomínio, quer nos demais documentos do registro da incorporação.

Entender de forma diversa seria contrariar princípios inerentes à interpretação contratual, especialmente no que tange à vinculação ocasionada pela oferta do produto, como é o caso da boa-fé. Tal princípio deve sempre ter guarida, ainda que se trate de uma relação de consumo. Não há dúvidas de que propagandas que ressaltem as qualidades do produto ou que sejam meras prospecções de um empreendimento futuro, apesar de, em tese, poderem figurar no rol dos documentos vinculantes, devem ser vistas de forma não isolada, mas, conjuntamente, com todos os outros meios disponibilizados para delimitar a oferta.

Em suma, para aquele que adquire uma unidade imobiliária de um incorporador, a oferta vinculante nunca pode ser composta apenas pelo *folder* que veicula uma propaganda do empreendimento, deve estar em concordância com o projeto, com o memorial de incorporação registrado, com a convenção de condomínio que integram o negócio.[40]

Ademais, para se reconhecer a ocorrência de propaganda enganosa, e se obter indenização, é preciso, em regra, que o consumidor tenha de fato se influenciado, na aquisição, pelos dados inverídicos divulgados pelo fornecedor. Se, por exemplo, a propaganda se deu antes que o edifício fosse construído, e o consumidor só veio a interessar pela compra do apartamento quando já fazia bastante tempo, a obra se achava pronta e acabada, não seria o caso de se reclamar de modificações do projeto supervenientes à publicidade veiculada ao tempo do lançamento da incorporação. Tendo o comprador negociado o imóvel já edificado, o fez em função de suas características finais e nunca das informações contidas num *folder* divulgado anos atrás. Nenhum consumidor sério negocia um apartamento pronto sem avaliar suas reais qualidades, de maneira que sua decisão de adquiri-lo sempre terá se fundado justamente nestas, e não em remotas e irrelevantes notas anteriores à respectiva edificação. Daí ser injurídica, *in casu*, a pretensão indenizatória fundada em pretensa propaganda enganosa.

6.4. RESPONSABILIDADE DO ANUNCIANTE, DA AGÊNCIA E DO VEÍCULO DE INFORMAÇÃO

Questão relevante, que merece análise, diz respeito à responsabilidade dos participantes da publicidade enganosa ou abusiva. O fornecedor anunciante, obviamente, responde pelos prejuízos que o anúncio vier a causar. A agência responsável pela criação da propaganda "responde solidariamente com o anunciante, independentemente do tipo de contrato que com ele tenha estabelecido".[41] A solidariedade decorre do próprio CDC que, no parágrafo único do art. 7º dispõe que "tendo mais de um autor a ofensa, todos responderão solidariamente pela reparação dos danos previstos nas normas de consumo". Destarte, o prejudicado, na hipótese, poderá ajuizar ação de indenização contra a agência ou o fornecedor.

---

[40] THEODORO JUNIOR, Humberto. *O contrato imobiliário e a legislação tutelar do consumo*. Rio de Janeiro: Forense, 2002, p. 275.
[41] NUNES, Rizzatto. *Curso de direito do consumidor, cit.*, p. 479.

Entretanto, ressalva Rizzatto Nunes, não haver responsabilidade da agência quando a enganosidade: (i) não estiver objetivamente colocada no anúncio; ou, (ii) depender de uma ação real e posterior do anunciante, tendo a agência participado como mera produtora de uma informação encomendada.[42]

Segundo Rizzatto Nunes, o veículo de informação, em regra, também será responsável solidário pela publicidade enganosa, uma vez que, sem ele "não haveria anúncio: ele é o instrumento de contato com o público".[43] O autor ressalva, entretanto, as seguintes exceções: (i) quando o anúncio não é ilegal objetivamente e dele não se extrai a enganosidade; e, (ii) quando não for possível ao veículo, por falta de condições reais, saber que a propaganda é enganosa.[44]

O STJ, entretanto, analisando casos de publicidade enganosa e abusiva, afastou a responsabilidade da empresa de comunicação, *in verbis*:

a) "III – As empresas de comunicação não respondem por publicidade de propostas abusivas ou enganosas. Tal responsabilidade toca aos fornecedores-anunciantes, que a patrocinaram (CDC, arts. 3º e 38).

IV – O CDC, quando trata de publicidade, impõe deveres ao anunciante – não às empresas de comunicação (art. 3º, CDC)".[45]

b) "II. A responsabilidade pelo dano decorrente de fraude não pode ser imputada ao veículo de comunicação, visto que esse não participou da elaboração do anúncio, tampouco do contrato de compra e venda do veículo".[46]

Importante ressaltar, outrossim, o entendimento da Corte Superior de ser a empresa de comunicação responsável quando a enganosidade resultar de sua conduta:

2. Os veículos de comunicação não podem se descuidar de seu compromisso ético com a veracidade dos fatos, tampouco manipular dados oficiais na tentativa de assumir posição privilegiada na preferência dos telespectadores, desprestigiando o conceito de que goza a empresa concorrente no mercado. Precedentes.

3. As instâncias ordinárias reconheceram que a recorrente extrapolou a liberdade de expressão, na medida em que dados verdadeiros foram utilizados em anúncio publicitário de modo a alterar a verdade que eles refletiam, permitindo a visão estrábica do público sobre eles, em evidente violação da honra e a imagem da empresa ofendida. A análise da alegação recursal demanda o reexame do conjunto fático-probatório, incidindo o óbice da Súmula nº 7 do STJ.

4. O direito consumerista pode ser utilizado como norma principiológica mesmo que inexista relação de consumo entre as partes litigantes porque as disposições do CDC veiculam cláusulas criadas para proteger o consumidor de

---

[42] *Idem, ibidem.*
[43] *Idem,* p. 480.
[44] *Idem, ibidem.*
[45] STJ, 3ª T., REsp. 604.172/SP, Rel. Min. Humberto Gomes de Barros, ac. 27.03.2007, *DJU* 21.05.2007, p. 568.
[46] STJ, 3ª T., AgRg nos EDcl no Ag. 1.360.058/RS, Rel. Min. Sidnei Beneti, ac. 12.04.2011, *DJe* 27.04.2011.

práticas abusivas e desleais do fornecedor de serviços, inclusive as que proíbem a propaganda enganosa.[47]

Em suma: (i) o fornecedor é sempre responsável pelos danos acarretados ou acarretáveis ao consumidor em razão de propaganda enganosa; (ii) a empresa de comunicação, em princípio, não responde pela falsidade inserida na publicidade por obra do fornecedor anunciante. Responderá, todavia, quando houver participado conscientemente da fraude engendrada pelo anunciante.

6.4.1. Responsabilidade do influenciador digital por propaganda abusiva ou por falta de informação

Questão recente, que vem sendo analisada pela doutrina, diz respeito à responsabilidade do influenciador digital pela propaganda realizada nas redes sociais.

O influenciador digital, como se viu,[48] é pessoa que utiliza sua influência nas redes sociais para induzir o seguidor a adquirir determinado produto ou serviço. Representa, portanto, um eficiente instrumento de *marketing* publicitário para as empresas.

Ao contrário da publicidade ostensiva feita pelos fornecedores, que se utilizam frequentemente de celebridades, o influenciador digital muitas vezes apresenta o produto ou serviço sem informar, claramente, tratar-se de uma propaganda. Como bem esclarece a doutrina,

> um diferencial dos influenciadores digitais é justamente que ao fazerem uma publicidade de produtos, de marcas ou de serviço, passam a imagem de "pessoas comuns", abordando o assunto de forma simplificada e espontânea. Ocorre que o conteúdo do "post", por vezes, está eivado de caráter publicitário, o que não é sinalizado ao público, fazendo crer se tratar de meras sugestões do dia a dia do influenciador.[49]

Nessa perspectiva, mostra-se possível a responsabilização do influenciador por realizar propaganda camuflada, provocando danos ao consumidor:

> De fato, há as informações prestadas espontaneamente pelos influenciadores, mas há "falsas dicas", que, em verdade, são anúncios publicitários disfarçados de dicas, sendo que, muitas vezes, os produtos e serviços divulgados não serão adequados à realidade e às necessidades de alguns consumidores, mas que na maioria dos casos são adquiridos pela influência dos criadores de conteúdo nas escolhas dos seus seguidores, fazendo com que o consumidor não tenha a consciência necessária no ato da compra.[50]

---

[47] STJ, 3ª T., REsp. 1.552.550/SP, Rel. Min. Moura Ribeiro, ac. 01.03.2016, *DJe* 22.04.2016.
[48] Ver fornecedor equiparado no item 1.6 do Capítulo I da Parte I do livro.
[49] SQUEFF, Tatiana Cardoso; BURILLE, Cíntia. Desafios à tutela do consumidor: a responsabilidade objetiva e solidária dos influenciadores digitais diante da inobservância do dever jurídico de informação. *Revista de Direito do Consumidor*, n. 140, p. 321, mar.-abr./2022.
[50] SAMPAIO, Marília de Ávila e Silva; MIRANDA, Thainá Bezerra. A responsabilidade civil dos influenciadores digitais diante do Código de Defesa do Consumidor. *Revista de Direito do Consumidor*, São Paulo, v. 133, jan.-fev./2021. p. 7.

Assim, o influenciador digital deve ter cuidado com as publicidades implícitas que realiza, razão pela qual "é sua obrigação que a publicação seja identificada como o que ela, ao fim e ao cabo, é: um trabalho". De sorte que "a indicação de que "foi auferida qualquer benesse com aquela publicação, vídeo, 'story', comentário/opinião faz-se necessária, sob pena de responsabilização civil do influenciador".[51]

A responsabilidade do influenciador digital decorre, ainda, do dever de informação e transparência, consagrado pelo art. 6º, III, do CDC, ao conferir ao consumidor o direito à "informação adequada e clara sobre os diferentes produtos e serviços, com especificação correta de quantidade, características, composição, qualidade, tributos incidentes e preço, bem como sobre os riscos que apresentem". Assim, o influenciador deve responder pelos danos provocados ao consumidor pela indicação do produto ou serviço, em face da sua influência e confiança pela persuasão.[52]

6.5. DIREITO EUROPEU

A Comunidade Europeia regula a publicidade enganosa e comparativa pela Diretiva nº 2006/114, de 12 de dezembro de 2006, com o objetivo de "proteger os negociantes contra a publicidade enganosa e as suas consequências desleais e estabelecer as normas permissivas da publicidade comparativa" (art. 1º).

O art. 2º da Diretiva conceitua a publicidade enganosa e a comparativa, nos seguintes termos:

> b) Publicidade enganosa: a publicidade que, por qualquer forma, incluindo a sua apresentação, induz em erro ou é susceptível de induzir em erro as pessoas a quem se dirige ou que atinge e cujo comportamento económico pode afectar, em virtude do seu carácter enganador, ou que, por estas razões, prejudica ou pode prejudicar um concorrente;
>
> c) Publicidade comparativa: a publicidade que identifica, explícita ou implicitamente, um concorrente ou os bens ou serviços oferecidos por um concorrente.

A enganosidade da propaganda é analisada levando-se em conta os seus elementos e as indicações que digam respeito: (i) às características dos bens e serviços, tais como sua utilização, quantidade, especificações, origem geográfica; (ii) ao preço e às condições de fornecimento; (iii) à natureza, às qualidades e aos direitos do anunciador, tais como suas qualificações, seu patrimônio, direito de propriedade industrial, intelectual ou comercial (art. 3º).

Em relação à publicidade comparativa, o art. 4º permite a sua elaboração, desde que preenchidas algumas condições, tais como: (i) não ser enganosa; (ii) compare bens e serviços que respondem às mesmas necessidades; (iii) compare objetivamente

---

[51] SQUEFF, Tatiana Cardoso; BURILLE, Cíntia. Desafios à tutela do consumidor: a responsabilidade objetiva e solidária dos influenciadores digitais, *cit.*, p. 323.

[52] MALHEIRO, Emerson Penha; PIMENTA, Enki Della Santa. A responsabilidade civil do *digital influencer* nas relações de consumo na sociedade da informação. *Revista de Direito do Consumidor*. vol. 137, p. 74, set.-out./2021.

características essenciais e comprováveis dos bens; (iv) não desacredite ou deprecie marca e outros sinais distintivos; (v) refira-se, em caso de produtos com denominação de origem, a produtos com a mesma denominação; (vi) não tire partido indevido do nome de uma marca ou outro sinal distintivo de um concorrente; (vii) não gere confusão de mercado entre negociantes, entre o anunciante e um concorrente ou entre as marcas do anunciante e do concorrente.

A Diretiva estabelece que os Estados-Membros assegurem às pessoas ou organizações que tenham interesse legítimo em combater a publicidade enganosa possam intentar ação judicial contra ela ou submetê-la à autoridade administrativa competente (art. 5º, 1). Entretanto, caberá a cada Estado-Membro decidir se a ação judicial poderá ser ajuizada individual ou coletivamente, bem como se poderá ser instaurada contra o titular de um código de conduta ou o controlador do cumprimento de código de conduta (art. 5º, 2).

A Diretiva prevê como sanção à publicidade enganosa e comparativa ilícita: (i) a sua cessação, quando já veiculada, e ainda que não haja prova de perda ou prejuízo real ou de intenção ou negligência da parte do anunciante; (ii) ou a sua proibição, quando esta ainda não tenha sido levada ao conhecimento do público, mas cuja difusão seja iminente (art. 5º, 3).

Os Estados-Membros podem conferir aos tribunais ou autoridades administrativas poder para: (i) exigir a publicação de sua decisão, no todo ou em parte, e da forma que considerarem adequada; (ii) exigir a publicação de um comunicado retificador (art. 5º, 4).

PARTE III

Capítulo I
O CÓDIGO CIVIL E O CÓDIGO DE DEFESA DO CONSUMIDOR

1.1. A TEORIA DO CONTRATO NO CÓDIGO CIVIL

O Código Civil de 2002 se anunciou como arauto de novos rumos para o direito privado, assinalados pela *eticidade, socialidade* e *economicidade*.

Essas características se fazem notar com maior realce no campo do contrato, onde o Código destaca normas explícitas para consagrar a *boa-fé objetiva*, a *função social do contrato* e a submissão aos efeitos da revisão contratual para *reequilíbrio de sua equação econômica*.

Para concretizar os desígnios programáticos, o legislador de 2002 reviu as figuras tradicionais dos vícios do consentimento (erro, dolo e coação), valorizando a teoria da confiança, o que se apresenta como uma forma de prestigiar a boa-fé objetiva no tráfego jurídico. Figuras novas foram criadas para combater o abuso de direito e a usura real, como o estado de perigo e a lesão, cuja função é invalidar (e às vezes reequilibrar) o contrato comutativo pactuado em termos inequitativos. A revisão ou rescisão do negócio afetado por desequilíbrio superveniente foram autorizadas nos termos recomendados pela teoria da imprevisão.

A simulação, passando do campo das anulabilidades para o das nulidades, representou um reforço do prestígio da função social, por tornar mais enérgica a repulsa aos contratos lesivos a legítimos interesses de terceiros. A fraude contra credores, com pequenas inovações, também continua valorizada como importante instrumento de vigilância em torno da função social do contrato.

Regras desconhecidas do Código anterior foram expressamente instituídas no terreno da interpretação e execução do contrato, que sempre haverá de levar em conta a boa-fé objetiva, ou seja, o padrão ético do comportamento das pessoas de bem na condução dos negócios (art. 422).

Mas a boa-fé, em que se apoia a eticidade invocada pelo Código Civil de 2002, não se restringe a simples regra de interpretação. Compete-lhe, também, uma relevante função integrativa, por meio da qual se faz inserir entre os deveres e obrigações contratuais, as chamadas *cláusulas acessórias*, que impõem aos contratantes o comportamento pautado na lealdade e correção.[1] Esses deveres e seus consectários práticos impõem-se às partes independentemente de convenção ou previsão no contrato. Representam, portanto, obrigações legais, e não convencionais.

Além de figuras bem delineadas para dar realidade aos princípios da *boa-fé objetiva*, da *função social* e do *equilíbrio econômico*, o intuito de se preocupar com a eticidade, a socialidade e a economicidade acha-se difuso em todo o direito das obrigações, inclusive na disciplina dos diversos contratos típicos.

A teoria geral do contrato, portanto, enriquece-se com três novos princípios, que não podem, todavia, ser encarados, doravante, como os únicos a dominar e explicar os fundamentos da figura jurídica da mais importante categoria dos negócios jurídicos. Na verdade, os três novos princípios – boa-fé objetiva, equilíbrio econômico e função social – não eliminaram aqueles em que a ideologia liberalista havia se fixado (liberdade de contratar, força obrigatória do contrato e eficácia relativa da convenção). O que se deu foi o acréscimo aos clássicos de outros princípios forjados sob o impacto das atuais ideias de socialidade e solidarismo que a ordem constitucional valorizou.

Mesmo vestido com as modernas indumentárias principiológicas, o contrato não pode deixar de ser o fruto da força criativa e livre da vontade, nem tampouco pode ser privado de sua natural e necessária força obrigatória entre os contratantes, e muito menos pode transformar-se em fonte de obrigações para quem da convenção não participou.

É claro que a área dos preceitos e princípios de ordem pública muito se alargou e que os princípios clássicos do contrato tiveram suas dimensões reduzidas. Não foram, porém, anulados.

Assim é que, não obstante ter de submeter-se aos imperativos da boa-fé, da função social e do equilíbrio econômico, o contrato continua a existir "para vincular as pessoas" e para "fundamentalmente ser cumprido".[2] E a vontade que sempre terá de prevalecer, dentro da licitude dos contornos da nova principiologia do contrato, haverá de ser a declarada pelos contratantes, e não a do juiz ou de qualquer outra autoridade que se credencie a fiscalizar a vida negocial.

Na interpretação, pois, do contrato, continua prevalecendo a força da intenção do declarante, de sorte que, ao analisá-la e fixá-la, o mundo do intérprete haverá de submeter-se à *declaração*. Não poderá "transcender a declaração para buscar outra vontade que não tenha sido objeto da declaração", como preconiza o art. 112 do Código.[3]

---

[1] "A boa-fé objetiva funciona, então, como um modelo, um *standar*, que não depende de forma alguma da verificação da má-fé subjetiva dos contratantes" (NUNES, Rizzatto. A boa-fé objetiva como paradigma da conduta na sociedade capitalista contemporânea. *Revista dos Tribunais*, n. 1000, fev./2009, p. 331).

[2] ARRUDA ALVIM. A função social dos contratos no Novo Código Civil. *In*: PASINI, Nelson; LAMERA, Antonio Valdir Úbeda; TALAVERA, Glauber Moreno (coord.). *Simpósio sobre o novo Código Civil brasileiro*. São Paulo: Método, 2003, p. 77. No dizer do autor, o princípio de que "os contratos têm que ser cumpridos" (*pacta sunt servanda*) "é a alma e a vida dos contratos, ou, se se quiser, é a sua *ratio essendi*" (Op. cit. p. 89).

[3] ARRUDA ALVIM. *A função social, cit.*, p. 85.

A autonomia privada é o espaço dentro do qual as pessoas exercem, na vida econômica, a liberdade que a Constituição declara e assegura como garantia fundamental. É claro que exigências do solidarismo e da socialidade, também preconizadas pela sistemática constitucional, diminuem o espaço de atuação da liberdade, se comparada com a dos tempos do liberalismo exacerbado.

Contudo, a autonomia privada continua, sem dúvida, a desempenhar, no Estado Democrático de Direito, o papel de "motor da economia", como observa, com pertinência, Arruda Alvim.

Incumbe à doutrina delinear o que realmente constitui o conteúdo de cada um dos três novos princípios da teoria dos contratos, evitando, por exemplo, a promiscuidade com que têm sido abordados nos estudos incipientes que parecem conduzir toda a principiologia contratual para uma visão confusa e imprecisa da *função social do contrato*.

Em trabalho recentemente editado,[4] advertimos para a conveniência de evitar que essa função seja enfocada como uma panaceia, sem objeto determinado e sem configuração que lhe dê identidade capaz de distingui-la da função **ética** (boa-fé) e *econômica* (equilíbrio da equação contratual).

Para que isto se dê, imaginamos que a aplicação da boa-fé objetiva encontra terreno propício na relação interna travada entre os sujeitos do contrato; a do equilíbrio econômico atua no equacionamento entre as partes contrapostas, em busca de assegurar a comutatividade entre elas; e a função social atuaria no palco dos reflexos dos efeitos do contrato no meio social (ou seja, em face de *terceiros*, além dos contratantes).

De qualquer maneira, dois limites devem ser respeitados na aplicação prática dos novos princípios da teoria do contrato:

a) Não podem eles servir de ensejo a uma desmesurada intervenção judicial na autonomia contratual, de sorte a permitir que o juiz anule a vontade formadora da convenção, substituindo-a pela própria. Deveres acessórios poderão ser acrescentados ao contrato e lacunas ou imprecisões das cláusulas negociais poderão ser supridas por técnicas de hermenêutica que levem em conta os princípios da boa-fé, do equilíbrio econômico e da função social do contrato. Com isso, exerce-se uma função interpretativa e até mesmo integrativa, sem, contudo, anular ou desprezar a vontade lícita e eficazmente declarada pelos contratantes.

b) Como campo de aplicação dos novos princípios contratuais, o juiz deve, basicamente, atuar segundo as figuras traçadas pelo próprio Código para franquear a invalidação dos negócios viciados ou proceder à revisão dos contratos desequilibrados. Os parâmetros dessa intervenção, portanto, são, em regra, os definidos pelo Código, dentro dos quais o juiz encontrará boa margem de flexibilidade para adequação ao caso concreto, visto que em sua configuração o legislador lançou mão, com frequência, de "cláusulas gerais" ou de conceitos abertos e genéricos.

c) Merece ser lembrada, a propósito, a excepcionalidade com que a lei admite a revisão judicial dos contratos empresariais ou paritários (art. 421-A, III, do CC, acrescido pela Lei nº 13.874/2019).

---

[4] THEODORO JÚNIOR, Humberto. *O contrato e sua função social*. Rio de Janeiro: Forense, 2014.

1.2. CONCURSO DAS REGRAS DO CÓDIGO DE DEFESA DO CONSUMIDOR E DO CÓDIGO CIVIL

O Código Civil e o Código de Defesa do Consumidor atuam sobre universos distintos. O primeiro é uma *lei geral* e o segundo uma *lei especial*. Aquele, portanto, aspira a regular toda a convivência jurídica de ordem privada, e este toma a seu cargo a disciplina de um microssistema, onde, dentro das relações privadas, se registra um desnível mais acentuado de poder econômico e social, a comprometer a livre-contratação e a justificar a interferência estatal no domínio do contrato.

Como lei especial, o Código de Defesa do Consumidor não sofreu revogação nem derrogação com o simples advento da lei geral constante do Código Civil de 2002, pois "a lei nova, que estabeleça disposições gerais ou especiais a par das já existentes, não revoga nem modifica a lei anterior" (Lei de Introdução às normas do Direito Brasileiro, art. 2º, § 2º).

Mas um outro problema deve ser enfrentado pela construção exegética do novo sistema geral de direito privado. Trata-se do risco de ser a lei geral submetida a uma leitura segundo a ótica do direito especial, o que inverteria a lógica do ordenamento e faria predominar a exceção sobre a regra, anulando-a.

De maneira alguma a circunstância de figuras fundamentais do Direito do Consumidor terem sido transplantadas para o direito civil deve ser vista como fator de generalização de princípios que foram concedidos e adotados em razão de pressupostos típicos ou exclusivos do microssistema em que se travam as relações de consumo.

O regime geral do Código Civil não pode ser absorvido pela ideologia do Código de Defesa do Consumidor, porque nas relações privadas de que se ocupa aquele é inadmissível aceitarem-se as premissas que justificaram as normas excepcionais do último. Com efeito, o CDC, ao contrário do Código Civil, vem impregnado do caráter de ordem pública, porque se destina a *tutelar* um segmento da ordem econômica qualificado pela hipossuficiência. Já o Código Civil, como fundamento, adota, no campo econômico, a autonomia e igualdade dos agentes, que somente devem ser questionadas quando concretamente afetadas. Enquanto o estatuto consumerista parte da regra de que o consumidor não dispõe de condições para negociar equilibradamente com o fornecedor, a lei civil somente admite a ocorrência do desequilíbrio nos contratos quando efetivamente se configure uma das situações anômalas nela delineadas.

Daí por que não se pode aplicar as regras do Código Civil relacionadas aos novos princípios contratuais com a mesma intensidade com que operam nas relações geridas pelo Código de Defesa do Consumidor.

Uma vez mais, é de se acatar a lição sempre prestante de Arruda Alvim:

a) "A proteção que é deferida ao consumidor é necessariamente maior do que aquela que possa ter sido reconhecida àquele que seja havido como contratante fraco, dentro do sistema do Código Civil".[5]

---

[5] ARRUDA ALVIM. *A função social*, cit., p. 76, nota 1.

b) O Código Civil não pode conviver com um sistema de nulidade tão extenso como o do Código do Consumidor, "porque isso traria uma desestabilização do negócio jurídico e dos contratos".[6]

É, aliás, o que prevalece no direito francês, segundo sua doutrina, onde se proclama que o desequilíbrio justificador da proteção especial instituída pela legislação consumerista decorre da circunstância de a relação de consumo ser travada entre um profissional (o fornecedor) e um não profissional (o consumidor). Assim, "a competência do profissional, as informações de que dispõe e, habitualmente, sua dimensão financeira permitem-lhe impor *sua lei* ao consumidor".[7] Sendo naturalmente desiguais as forças dos contratantes, "*le droit de la consommation* (simplesmente) *cherche à équilibrer les relations entre professionnels et consommateurs*".[8]

Sendo, porém, muito diverso o campo de incidência do Código Civil, o direito do consumo, tal como o entende a doutrina francesa, "não é de aplicar-se em princípio nas relações entre não profissionais: não há, aí, o risco geral de desequilíbrio".[9]

1.3. BOA-FÉ E FUNÇÃO SOCIAL NO CAMPO DAS RELAÇÕES CONTRATUAIS DE CONSUMO

No Estado Social de Direito, a proteção ao consumidor não é dado isolado que se justifique apenas pela necessidade de se tutelar o contratante débil. Insere-se, outrossim, na preocupação institucional de ordenar um sistema econômico e social e de vinculá-lo ao processo de desenvolvimento econômico da sociedade.

A Constituição brasileira de 1988, nessa ordem de ideias, traça o projeto da ordem econômica a ser implantado num Estado que se proclama social e de direito, como fundado na livre-concorrência e na defesa dos direitos do consumidor, entre outros princípios (art. 170). A livre-iniciativa e o *desenvolvimento econômico* são, outrossim, abraçados como princípios fundamentais da república brasileira (arts. 1º, IV, e 3º, II).

Fiel a esse programa, o Código de Defesa do Consumidor sintetiza os fundamentos de sua política tutelar nos itens do art. 4º, dentre os quais se destaca o de nº III, *in verbis*:

III – harmonização dos interesses dos participantes das relações de consumo e compatibilização da proteção do consumidor com a necessidade de desenvolvimento econômico e tecnológico, de modo a viabilizar os princípios nos quais se funda a ordem econômica (art. 170 da Constituição Federal), sempre com base na boa-fé e equilíbrio nas relações entre consumidores e fornecedores.

---

[6] ARRUDA ALVIM. *A função social, cit.*, p. 92.
[7] CALAIS-AULOY, Jean; STEINMETZ, Frank. *Droit de la consommation*. 6. ed. Paris: Dalloz, 2003, n. 1, p. 1.
[8] CALAIS-AULOY, Jean; STEINMETZ, Frank. *Droit de la consommation, cit*, n. 2, p. 3.
[9] CALAIS-AULOY, Jean; STEINMETZ, Frank. *Droit de la consummation, cit.*, n. 15, p. 14.

Vê-se, portanto, que não é uma tutela absoluta e incondicional a que o CDC põe à disposição dos consumidores, mas aquela que contorna sua vulnerabilidade,[10] sem comprometer o desenvolvimento econômico da nação, indispensável ao bemestar e ao progresso social de toda a comunidade.

Não se pode ver a lei protetiva dos direitos do consumidor, portanto, fora do contexto criado pela Constituição para assegurar a livre-iniciativa, a propriedade privada e a livre-concorrência. O contrato de consumo, destarte, não se afastou das linhas clássicas que delineiam sua função social de proporcionar, com segurança, a circulação das riquezas, atendendo harmonicamente aos interesses tanto dos produtores como dos consumidores.[11]

Não é na tutela do consumidor que se exaure a política do CDC, mas é, sobretudo, na sua inserção nos contratos do mercado de consumo de maneira a evitar abusos contra sua fragilidade reconhecida, sem prejuízo algum, porém, para o programa de desenvolvimento econômico traçado constitucionalmente.

A função social continua sendo desempenhada pelo contrato de consumo nos reflexos que produz no meio social, ou seja, naquilo que ultrapassa o relativismo do relacionamento entre credor e devedor e se projeta no âmbito de toda a comunidade. A lei de consumo protege, é verdade, o lado ético das relações entre fornecedor e consumidor. Mas não é propriamente nesse terreno que a verdadeira função social se desenvolve, mas no expurgo do mercado de praxes inconvenientes que podem inviabilizar o desenvolvimento econômico harmonioso e profícuo, tornando-o instrumento de dominação e prepotência.

Protege-se, enfim, o consumidor para que a economia de mercado seja a mais sadia e a mais desenvolvimentista, dentro do ideal econômico da livre-concorrência, e do ideal social do desenvolvimento global da comunidade.

De outro ângulo, a imposição de que eticamente os contratos de consumo guardem respeito ao princípio da boa-fé objetiva, embora se invoque com maior frequência para tutelar a parte vulnerável da relação negocial, não deve ser vista como preceito formulado apenas para regular a conduta do fornecedor. A eticidade tem de ser ampla e irrestrita, gerando deveres e obrigações para ambas as partes.

---

[10] "E, quando se trata de relação jurídica de consumo, esses parâmetros de lealdade e honestidade visam também ao estabelecimento do equilíbrio entre as partes, *mas não o econômico*, como pretendem alguns, *e sim o equilíbrio das posições contratuais*, uma vez que, dentro do complexo de direitos e deveres das partes, em matéria de consumo, como regra, há um desequilíbrio de forças" (NUNES, Rizzatto. *A boa-fé objetiva como paradigma da conduta na sociedade capitalista contemporânea cit.*, p. 331-332).

[11] Quando se condenam as *cláusulas abusivas* (que contrariam a *boa-fé*), "inverte-se, nesta perspectiva (a do equilíbrio geral do sistema de trocas), o ponto de focagem. Não é do lado do sujeito protegido que se encontra a chave de compreensão unitária do conjunto das medidas fragmentárias de compensação. É, antes, no outro lado da relação que se situa o factor agregador, pois todas essas medidas regulam práticas comerciais, têm por objecto condutas pelas quais agentes profissionais publicitam, organizam e conformam as suas contratações. Em complementação do direito da concorrência, elas integram o que muitos já chamam de *direito do mercado*" (RIBEIRO, Joaquim de Souza. Direitos dos Contratos e Regulação do Mercado. *Revista Brasileira de Direito Comparado*. Rio de Janeiro: Instituto de Direito Comparado LusoBrasileiro, n. 22, p. 221, 1º semestre, 2002).

"Nas relações de consumo" – consoante a melhor doutrina – "o princípio da boa-fé objetiva atua como estrada de duas mãos no vínculo que une fornecedor e consumidor, evitando que a proteção concedida pelo microssistema do CDC sirva de escudo para consumidores que, agindo contrariamente ao princípio da boa-fé objetiva, busquem a reparação de prejuízos para cuja produção tiveram decisiva participação".[12] Com efeito, a boa-fé objetiva é uma regra de conduta a ser observada "pelas partes envolvidas numa relação jurídica",[13] razão pela qual o consumidor também está a ela submetida.

É inconcebível, no plano ético, que uma tutela legal criada para evitar a inferioridade de uma das partes em face da outra se transforme em indenidade do contratante tutelado aos compromissos de ordem moral. O que é imoral para o fornecedor não pode deixar de ser imoral também para o consumidor, de sorte que ambos têm, na esfera contratual, o mesmo compromisso com a boa-fé. Se isto vale para o contrato de consumo, com maior razão haverá de ser observado nos contratos comuns, sujeitos ao regime do Código Civil.[14]

1.4. CLÁUSULAS ABUSIVAS NO CÓDIGO DO CONSUMIDOR E NO CÓDIGO CIVIL

Uma vez que o princípio ético do Código do Consumidor foi esposado também pelo regime comum do Código Civil, indaga-se: a invalidação de cláusulas abusivas nos contratos civis teria passado a ocorrer automaticamente como se dá nos contratos de consumo?

De fato, a boa-fé objetiva que exige a correção de conduta dos contratantes é a mesma tanto no microssistema das relações de consumo como no macrossistema

---

[12] SANSEVERINO, Paulo de Tarso Vieira. *Responsabilidade civil no Código de Defesa do Consumidor e a Defesa do Fornecedor*. São Paulo: Saraiva, 2002, p. 277. A proteção legal aos consumidores "não significa (há necessidade de dizer?) que os profissionais são pessoas hipoteticamente desonestas, procurando abusar da situação". O que há é simplesmente um desequilíbrio entre as partes do contrato de consumo (CALAIS-AULOY, Jean. STEINMETZ, Frank. *Droit de la consommation*, cit. n. 1, p. 1). No entanto, "pode haver situações especiais em que o equilíbrio de poder é revertido: os pequenos artesãos, por exemplo, podem se encontrar diante de clientes exigentes" (*idem*, n. 1, p. 2). Em verdade, "o direito do consumidor busca equilibrar as relações entre profissionais e consumidores" (*idem*, n. 2, p. 3).

[13] NUNES, Rizzatto. *A boa-fé objetiva como paradigma da conduta na sociedade capitalista contemporânea* cit., p. 331.

[14] O direito contratual moderno, na proteção do contratante débil por meio da adoção do princípio ético da boa-fé objetiva, não mais se restringe aos direitos dos consumidores. Está assente que "o abuso do poder de barganha também prejudica quando é exercido nas relações entre empreendedores, porque penaliza as categorias de produtores e comerciantes sujeitos a esse poder, alterando o jogo de livre comércio e investimento" Embora as normas explícitas de repressão ao abuso contratual tenham sido editadas para proteção do consumidor, o fundamento que as sustenta reside no princípio da boa-fé, "o que reclama a sua observação a quem exerceu o domínio contratual (...). No entanto, a tendência é de 'justiça de mercado' na qual o abuso de posições de domínio contratual é proibido, mesmo nas relações entre empresários" (MASSIMO BIANCA, C. *Diritto civile*. 2. ed. Ristampa. Milano: Giuffrè, 2000, v. III, n. 196, p. 396-397).

regulado genericamente pelo Código Civil. Uma coisa, porém, é muito diferente. O Código do Consumidor parte do pressuposto de que o consumidor é sempre a parte fraca e vulnerável do contrato, de sorte que basta ser desvantajoso para ele para que o ajuste se considere abusivo e conduza à invalidade da avença (CDC, art. 6º, V). A situação dos contratos civis não se apresenta com nenhum vestígio apriorístico de desequilíbrio implícito entre os contratantes. Pode ocorrer tal desequilíbrio e pode ser que a parte mais forte tenha se prevalecido da debilidade da outra para lhe impor condições usurárias ou imorais. Mas como não incide presunção alguma em tal sentido, a invalidação do negócio não ocorrerá simplesmente em face da desproporção entre as prestações contrapostas. Ter-se-á sempre de apurar, *in concreto*, um abuso cometido na pactuação e, assim, haverá de ser em função do prejuízo antiético imposto por um contratante ao outro que se configurará a ilicitude do negócio.

A tendência do direito contratual moderno é no sentido de banir do mercado como um todo (e não apenas no mercado de consumo) o "abuso de posições de domínio contratual", de forma que mesmo *entre empresários* as infrações aos princípios éticos (boa-fé objetiva, desequilíbrio econômico, lesão etc.) devem comprometer a validade de contratos ou cláusulas.[15]

A invalidade, contudo, não decorrerá simplesmente da objetividade das prestações desproporcionais. Ter-se-á de apurar se tal descompasso foi, ou não, provocado por uma situação injusta em que um contratante mais forte a impôs ao outro, aproveitando-se de sua inexperiência ou *necessidade*. Pode ser que o preço anormal ou as condições não usuais tenham sido livremente estipuladas, levando em conta interesses particulares do contratante, sem que estivesse premido por verdadeiro estado de necessidade, nem sob impacto de inexperiência.

O direito civil admite como legítimo o *animus donandi* e reconhece como jurídica a *autonomia de vontade*. Destarte, se, sem vício de consentimento, uma parte se dispõe a contrair, conscientemente, uma obrigação gratuita ou desequilibrada, não caberá apontar ao respectivo contrato civil defeito algum.

Em suma: é possível atacar o contrato civil por transgressão aos princípios da boa-fé objetiva e do equilíbrio econômico; mas não da forma direta e automática prevista no Código do Consumidor. O contratante prejudicado terá então de provar o vício do negócio, como a quebra, *in concreto*, da ética negocial praticada por uma parte contra a outra. Não há, portanto, presunção de abuso no campo genérico das relações presididas pelo Código Civil.

1.5. FUNÇÃO ECONÔMICA E FUNÇÃO SOCIAL DO CONTRATO

O contrato é antes de tudo um fenômeno econômico. Não é uma criação do direito.[16] Este, apenas conhecendo o fato inevitável na vida em sociedade, procura, ora mais, ora menos, impor certos condicionamentos e limites à atividade negocial. Seria

---

[15] MASSIMO BIANCA. *Diritto civile.* cit., v. III, n. 196, p. 396-397.
[16] "O contrato é um instrumento da vida econômica que surge da realidade econômica. Os esquemas de acordos e de relações contratuais são inventados pela realidade, não pelo legislador" (IUDICA, Giovani. ZATTI, Paolo. *Linguaggio e regole del diritto privato.* 3. ed. Padova: CEDAM, 2002, p. 276-277).

contra a natureza qualquer norma que impedisse o contrato e que o afastasse do campo das operações de mercado, onde a iniciativa pessoal e a liberdade individual são, acima de tudo, a razão de ser do fenômeno denominado contrato.[17]

Dependendo o homem da cooperação recíproca de seus semelhantes para sobreviver, e sendo tal cooperação instrumentalizada basicamente pelo contrato, fácil é concluir sobre o significado e a imprescindibilidade desse instituto econômico para a organização da sociedade, no que diz respeito ao acesso aos bens da vida.[18]

As primeiras manifestações da ordem jurídica moderna, em torno do contrato, foram apenas de consagrar a liberdade negocial. Dentro dos limites da ordem pública, a autonomia da vontade reinaria absoluta. Depois vieram os anseios sociais e éticos, a exigir dos contratantes um comportamento que levasse em conta não apenas a liberdade negocial, mas que se sujeitasse também a valores outros como os preconizados pelo princípio da boa-fé e lealdade. E, por último, atribuiu-se ao contrato a submissão a uma função social. Tudo isto se fez com o propósito de introduzir na teoria e disciplina do contrato dados que não seriam localizados no psiquismo dos contratantes, mas que seriam extraídos *objetivamente* dos padrões médios de comportamento social exigidos para o normal desempenho da atividade econômica. Com isto, dados como "confiança e credibilidade" assumiram importante papel na "delimitação ao exercício de posições jurídicas" no tráfico do mercado.[19]

As cláusulas ajustadas em determinado contrato correspondem, ou não, ao modo de se comportar das pessoas de bem, segundo o juízo crítico da sociedade? Eis a indagação que se passou a permitir fosse feita pelo jurista diante do caso concreto de qualquer contrato.

Nessa nova contextualização, todavia, não se pode olvidar a imperiosidade de se examinar o direito contratual à vista dos dados econômicos, já que o contrato nada mais é do que o instrumento de jurisdicização dos comportamentos e das relações humanas no campo das atividades econômicas, isto é, das atividades de circulação de riqueza.

A função social que se atribui ao contrato não pode ignorar sua função primária e natural, que é a econômica. Não pode esta ser anulada, a pretexto de cumprirse, por exemplo, uma atividade assistencial ou caritativa. Ao contrato cabe uma função social, mas não uma função de "assistência social". Um contrato oneroso e comutativo não

---

[17] "Frase dita e repetida indica que 'o contrato é a veste jurídica das operações econômicas', de modo que constitui sua função primordial instrumentalizar a circulação da riqueza, a transferência da riqueza, atual ou potencial, de um patrimônio para outro" (MARTINS-COSTA, Judith; BRANCO, Gerson Luiz Carlos. *Diretrizes teóricas do novo Código Civil brasileiro*. São Paulo: Saraiva, 2002, p. 158; cf., no mesmo sentido, ROPPO, Enzo. *O contrato*. Trad. Portuguesa. Coimbra: Ed. Almedina, 1988, p. 10 e ss.).

[18] "O contrato, veste jurídica das operações de circulação de riquezas, tem, inegavelmente, função social, assim como a disciplina das obrigações, pois não devemos esquecer, no exame das projeções da diretriz da socialidade, a estrutura sistemática do Código" (MARTINS-COSTA, Judith; BRANCO, Gerson Luiz Carlos. *Diretrizes teóricas*, cit., p. 158).

[19] OLIVEIRA, Ubirajara Mach de. Princípios Informadores do Sistema de Direito Privado: Autonomia da Vontade e Boa-fé Objetiva. *Revista de Direito do Consumidor*. São Paulo, v. 23-24, p. 60 e ss., jul.--dez./1997.

pode, por exemplo, ser transformado por revisão judicial em negócio gratuito e benéfico. Por mais que o indivíduo mereça *assistência social*, não será no contrato que se encontrará remédio para tal carência. O instituto é econômico e tem fins econômicos a realizar, que não podem ser ignorados pela lei e muito menos pelo aplicador da lei.

Reconhece-se, modernamente – repita-se –, que a liberdade de contratar deve-se comportar dentro da função social do contrato. Mas que função social maior pode ter o contrato senão aquela que justifica sua existência: servir à circulação de riquezas, proporcionando segurança ao tráfego do mercado?

Primeiro, portanto, tem de reconhecer-se a função natural e específica do instituto jurídico dentro da vida social; depois é que se pode pensar em limites dessa natural e necessária função. O contrato, então, existe para propiciar circulação da propriedade e emanações desta, em clima de segurança jurídica. Assegurada esta função socioeconômica, pode-se cogitar de sua disciplina e limitação. Não se pode, contudo, a pretexto de regular a função natural, impedi-la. A função social é um *plus* que se acrescenta à função econômica. Não poderá jamais ocupar o lugar da função econômica no domínio do contrato. Contrato sem função econômica simplesmente não é contrato. O contrato pode ser invalidado por ofensa aos limites da função social. Não pode, entretanto, ser transformado pela sentença, contra os termos da avença e ao arrepio da vontade negocial, em instrumento de assistência social. Impossível é determinar que se preste gratuitamente o que se ajustou oneroso. Nem tampouco se admite exigir, pelo mesmo preço, prestação maior ou diversa da que se contratou. Isto equivaleria a um confisco dos valores econômicos a que o contratante tem direito, segundo a ordem econômica tutelada pelo sistema constitucional vigente.

Nessa perspectiva, pode-se afirmar que a *função social* não se apresenta como meta do contrato, mas como limite da liberdade do contratante de promover a circulação dos bens patrimoniais (Código Civil, art. 421). Mas como um limite que interfere profundamente no conteúdo do negócio, pelo papel importante que o contrato tem de desempenhar na sociedade.[20]

Em suma: função social e função econômica do contrato são coisas distintas. Uma não substitui nem anula a outra. Devem coexistir harmonicamente.[21]

Por outro lado, a economia do contrato não é dado que interessa apenas ao plano dos seus efeitos perante terceiros. No relacionamento mesmo entre as partes contratantes, o esquema econômico típico do negócio há de ser apreciado para aferir-se sua normalidade e sua compatibilidade com os princípios éticos a que a ordem econômica se amolda.[22]

---

[20] "A exemplo de outras cláusulas gerais, (a função social) atende sempre às exigências *ético-sociais*, incorporando valores, princípios e regras de conduta abonadas objetivamente (uniformemente) pela sociedade" (SANTOS, Eduardo Sens dos. A função social do contrato – Elementos para uma Conceituação. *Revista de Direito Privado*, São Paulo: RT, v. 13, p. 110, jan-mar/2003).

[21] Para Cesar Luiz Pasold, "à *função social* compete servir como grande estímulo ao *progresso material*, mas sobretudo à valorização crescente do ser humano, num quadro em que o Homem exercita a sua criatividade para crescer *como indivíduo e com a sociedade*" (PASOLD, Cesar Luiz. *Função social do estado contemporâneo*. Florianópolis, 1984. p. 58, *apud* SANTOS, Eduardo Sens dos. *Op. cit.*, p. 10).

[22] "Não podem, portanto, ficar alheias ao conceito de função social do contrato as questões que guardem relação com a dignidade do ser humano, com o progresso da sociedade e com a garantia de direitos fundamentais" (SANTOS, Eduardo Sens dos. *Op. cit.*, p. 110).

Dessa maneira, a indagação sobre o aspecto econômico do contrato pode conduzir à constatação tanto de impactos com o aspecto ético como com o aspecto social do negócio jurídico.

Quando o contrato se revela desequilibrado, em face do equacionamento que seria normal em avenças da espécie, a infração se registra no plano da boa-fé objetiva, pelo que se poderá submetê-lo à revisão ou rescisão, nos moldes da figura da lesão.[23] Já quando a convenção se prestou a camuflar ofensa a preceitos legais de ordem pública, a patologia vai além dos interesses individuais dos contratantes. Os interesses em jogo são sociais e dizem respeito a toda comunidade. A sanção que se aplica, então, é a nulidade do contrato ou da cláusula ilícita.[24]

1.6. NECESSIDADE DE HARMONIZAR A FUNÇÃO SOCIAL COM A FUNÇÃO NATURAL DO CONTRATO

O contrato tem uma função social que – como observa Arruda Alvim – vem a ser "um valor justificativo da existência do contrato, tal como a sociedade enxerga no contrato um instituto bom para a sociedade; mas é preciso atentar e não vislumbrar nessa *função social*, lendo-a de tal forma a que viesse a destruir a própria razão de ser do contrato, em si mesma".

Quer isto dizer – ainda na visão de Arruda Alvim – que "um contrato, no fundo, apesar dessas exceções que foram apostas ao princípio do *pacta sunt servanda*, é uma manifestação de vontade que deve levar a determinados resultados práticos, resultados práticos esses que são representativos da vontade de ambos os contratantes, tais como declaradas e que se conjugam e se expressam na parte dispositiva do contrato. Nunca se poderia interpretar o valor da função social como valor destrutivo do instituto do contrato".[25]

Não é, pois, na liberdade do juiz de imaginar soluções extravagantes e incompatíveis com a destinação natural do contrato, transformando-o em instrumento de "assistência social" ou de caridade à custa do patrimônio alheio, que se poderá pensar na função social que a legislação civil atribuiu ao contrato.[26]

---

[23] Na Corte de Cassação italiana, a aplicação da boa-fé objetiva tem-se dado justamente pelo direcionamento à "conexão conceitual entre esta e a economia do contrato". Quando, pois, se fala em boa-fé objetiva, tem-se em mira o aspecto negativo, qual seja, o de reprimir "o emprego de uma conduta não coerente com o escopo do contrato" (GIOVANNI, Maria Uda. Integracione del contrato, solidarietà sociale e correspettività delle prestazionni. *Rivista di diritto commerciale*, n. 5-6, 1990, p. 365 e ss. *Apud* MARTINS-COSTA, Judith. *A boa-fé no direito privado*. São Paulo: RT, 1999, p. 415-416).

[24] Código Civil: "Art. 166. É nulo o negócio jurídico quando: [...] II – for ilícito o seu objetivo; III – o motivo determinante, comum a ambas as partes, for ilícito; VI – tiver por objetivo fraudar lei imperativa".

[25] ARRUDA ALVIM. A Função Social dos Contratos no Novo Código Civil. *In:* PASINI, Nelson; LAMERA, Antonio Valder Úbeda; TALAVERA; Glauber Moreno (coord.). *Simpósio sobre o novo Código Civil Brasileiro*. São Paulo: Método, 2003, p. 100.

[26] Seria cumprir a função social do contrato, a liberação *pietatis causa*, pelo juiz, do devedor das obrigações licitamente convencionadas? Poderia a sentença romper o contrato, por hipótese, por considerar o devedor digno de pena? Na verdade, isso "é agir contra a função social do contrato, ou uma das facetas da função social do contrato. O contrato é feito para ser cumprido, em suma; e, o contrato, ademais disso, vive e deve realizar a sua função no âmbito em que está basicamente

Na verdade, os caminhos que se abrem para a intervenção judicial no domínio do contrato não devem ser outros senão aqueles remédios tipificados na lei, como, *v.g.*, a repressão à fraude contra credores, à simulação, à usura, aos negócios atentatórios dos preceitos de ordem pública.[27]

O grande espaço da função social, de certa maneira, deve ser encontrado no próprio bojo do Código Civil, ou seja, por meio dos institutos legalmente institucionalizados para permitir a invalidação ou a revisão do contrato e assim amenizar a sua dureza oriunda dos moldes plasmados pelo liberalismo. "Parece, portanto, que a função social vem fundamentalmente consagrada na lei, nesses preceitos e em outros, mas não é, nem pode ser entendida como destrutiva da figura do contrato, dado que, então, aquilo que seria um valor, um objetivo de grande significação (função social), destruiria o próprio instituto do contrato."[28]

O campo propício ao desempenho da função social, assim como à realização da equidade contratual, é o da aplicação prática das cláusulas gerais com que o legislador definiu os vícios do negócio jurídico, os casos de nulidade ou de revisão. Seria pela prudente submissão do caso concreto às noções legais com que o Código tipificou as hipóteses de intervenção judicial no contrato que se daria a sua grande adequação às exigências sociais acobertadas pela lei civil.

Enfim, somente "diante das exceções consagradas pela lei é que se deverão alterar ou desfazer o contrato, da mesma forma que o direito de propriedade existe também para o dono, do qual não pode, *sic et simpliciter*, vir a ser privado".[29]

Fiel ao entendimento de que a intervenção judicial não pode impor alteração substancial ao objeto do vínculo contratual, a não ser nos moldes expressamente previstos em lei, o Código do Consumo da França (art. 132-1, al. 7) e uma Diretiva da CEE, de 1993, estatuem que os desequilíbrios a serem banidos do contrato não têm o condão de permitir aos tribunais a imposição de equivalência entre prestações do fornecedor e preço suportado pelo consumidor. Se as cláusulas são redigidas de maneira clara e compreensível, não há abuso relativo à estipulação do preço e à definição do objeto do contrato. É, nas relações de consumo, ao mercado que incumbe influir sobre os preços. Salvo casos especiais de tarifação ou de regulação legal de composição de preços, não há lugar para intervenção judicial tendente a fixá-los ou revê-los.[30]

---

presente o princípio de dar a cada um o que é seu, do que o contrato é também um instrumento destinado à implementação desse princípio" (ARRUDA ALVIM. *A função social, cit.,* p. 101).

[27] Há terrenos em que a lei diminui a autonomia privada, condicionando a contratação a condições vedadas ou impostas por normas cogentes e, em certos casos, até a submetendo a controle e aprovação da Administração Pública, como ocorre com o CADE. O dirigismo contratual é modalidade de realização da função social do contrato.

[28] ARRUDA ALVIM. *A função social, cit.,* p. 101.

[29] ARRUDA ALVIM. *A função social, cit.,* p. 77.

[30] "Esta é a razão pela qual o artigo 132-1 (parágrafo 7) do Código do Consumidor, transpondo uma disposição da diretiva (de 1993), afirma que 'a avaliação da injustiça das cláusulas ... não se refere à definição do objeto principal do contrato, nem à adequação do preço ou da remuneração pelo bem vendido ou pelo serviço oferecido, desde que as cláusulas sejam escritas de forma clara e compreensível'" (CALAIS-AULOY, Jean; STEINMETZ, Frank. *Droit de la consommation, cit.,* n. 182, p. 203).

Equivale a concluir: ainda que o contrato seja lesivo e usurário, o caso não é de reestruturação de seu objeto ou de seu preço, o que ordinariamente poderá acontecer será a invalidação do contrato, nunca sua autoritária modificação à revelia do consenso das partes, se nenhum dispositivo expresso de lei franquear ao juiz a revisão dos termos do ajuste.[31]

1.7. UMA DERRADEIRA PONDERAÇÃO SOBRE DEFESA DO CONSUMIDOR, FORÇA DO CONTRATO E ESTADO DE DIREITO DEMOCRÁTICO

Por mais que o atual Estado de Direito Democrático sofra influências éticas e sociais em seus ordenamentos positivos, não se pode ignorar a evolução histórico-cultural que valorizou a lei e reduziu o autoritarismo das autoridades encarregadas de fazer justiça. "O direito moderno – adverte Eros Roberto Grau – resulta de transformações que se seguem às revoluções industrial e francesa. O *subjetivismo* das decisões tomadas pelo soberano havia de ser substituído pela *objetividade* da lei. A racionalidade da lei substitui a vontade do rei. O resultado final dessa substituição é o moderno Estado de direito, produto da luta da burguesia contra o poder absoluto do monarca, isto é, da luta pelo Estado juridicamente controlado, limitado. A ele incumbe a tutela das instituições básicas do que Von Ihering chama de comércio jurídico, especialmente o contrato e a propriedade."[32]

Não se pode abolir discricionariamente a propriedade privada, nem suprimir autoritariamente a força vinculante do contrato (*pacta sunt servanda*), porque sem elas simplesmente se aboliria o Estado Democrático de Direito configurado em nossa Constituição. O estabelecimento de uma função social e a sujeição aos princípios éticos da boa-fé não podem ser vistos como autorização em branco para que o juiz ignore a natureza e a transcendência da propriedade e do contrato dentro da ordem jurídica compatível com o Estado Democrático de Direito. Esses novos princípios são acréscimos que enriquecem o sistema jurídico atual, mas que não revogam aqueles outros princípios clássicos, afinados com as garantias fundamentais proclamadas como essência do moderno Estado de Direito.

---

[31] Diante da onerosidade excessiva provocada pela *lesão enorme*, entende Álvaro Villaça Azevedo – em lição que se pode aplicar também à *lesão-vício* do art. 157 do Código Civil – que "deve a parte prejudicada requerer judicialmente a revisão do contrato, podendo a outra parte opor-se a esse pedido, pleiteando a resolução contratual [...]. Desse modo entendo, porque ninguém pode sofrer intervenção revisional em seu contrato, contra sua vontade. Isso implicaria alteração nas cláusulas contratuais, por obra do Poder Judiciário (terceiro), não contratante, que estaria, assim, a criar obrigações não pactuadas. Não sendo possível a revisão proposta, entendo que o contrato resolve-se. Desse modo, caso as partes contratantes ou uma delas não concorde com o resultado da revisão judicial proposta e malograda, deverá o juiz declarar resolvido o contrato (AZEVEDO, Álvaro Villaça. O novo Código Civil Brasileiro: Tramitação; Função Social do Contrato; Boa-fé Objetiva; Teoria da Imprevisão; e, em Especial, Onerosidade Excessiva – *Laesio Enormis*. *Revista Jurídica*. Porto Alegre, v. 308, p. 23, jun/2003).

[32] GRAU, Eros Roberto. Déspota de si mesmo. *Decisão*, Belo Horizonte: Amagis, p. 18, set/2007.

Tampouco se há de afirmar que o contrato em sua função econômica pura não seja compatível com as preocupações éticas do direito atual. Muito ao contrário, a força obrigatória das convenções privadas nasceu justamente da consciência ética de que o homem de bem tem de honrar a palavra empenhada. O direito positivo, portanto, nada mais fez do que consagrar em lei aquilo que os costumes e a cultura chancelavam de ético e necessário.

O juiz, portanto, pode rever e rescindir o contrato que se mostre viciado quanto à liberdade negocial e quanto aos desvios da ordem jurídica e dos bons costumes, mas apenas nos limites em que a lei preveja e autorize semelhante intervenção no domínio da livre-iniciativa; nunca para, à luz da ideologia pessoal e segundo puras aferições de ordem moral, desprezar as garantias de liberdade e segurança próprias da convivência civilizada programada constitucionalmente para o Estado Democrático de Direito.

De direito é o Estado em que somente a lei obriga e no qual tanto as pessoas como o governante a ela se submetem, com a certeza e confiança de que agindo de acordo com ela podem gerir suas vidas e negócios de maneira livre e segura. Não é de direito o Estado que confere aos seus agentes o poder subjetivo e autoritário de concretizar a solução dos conflitos segundo critérios discricionários capazes de submeter as partes a regras e resultados que não poderiam conhecer e avaliar ao tempo dos negócios concluídos e dos atos praticados.

Permitir que juízes e tribunais criem o direito à margem da lei existente e das garantias constitucionais tutelares dos interesses negociados nos contratos equivale a recriar o velho absolutismo do superado estado monárquico. Pouco importa que o autoritarismo da justiça *post factum*, e, por isso, imprevisível, seja praticado pelo rei ou pelo juiz. O que não pode ser havido como Estado moderno de direito é o que permite a qualquer detentor de poder colocar-se acima do princípio constitucional da legalidade e da segurança.

O recurso à função social e à boa-fé deve ser empregado não para afastar a supremacia da lei, mas apenas para bem e fielmente compreendê-la e para harmonizá-la com a equidade, de maneira a que sua aplicação se dê segundo hermenêutica que ressalte sua melhor e mais justa inteligência; nunca para transformar o juiz num moderno déspota, liberado, em suas funções de aplicador da Constituição e da lei, dos próprios mandamentos que estas traçaram para permitir a convivência social pacífica e a realização segura dos atos negociais próprios do tráfego jurídico.

É nesse sentido que se deve compreender o impacto do direito do consumidor sobre as regras e princípios clássicos do direito civil traçados para os negócios jurídicos em geral e, especialmente, para o contrato. Não se protege o consumidor, nem qualquer outro contratante hipossuficiente ou vulnerável, anulando todo o direito regulador das obrigações e dos contratos. Este direito não pode ser abalado em seus alicerces irresponsavelmente. Pode ser arejado e enriquecido com a inserção de normas éticas e invocadas por lei e com regras, também legais, de repressão ao abuso da parte que detém mais força na negociação. Jamais, entretanto, haverá de ser admitido que, para desempenhar uma política de tutela à parte fraca, possa ser eliminada, no julgamento judicial, a própria base cultural e política do Estado de Direito.

Capítulo II
CONTRATOS NO CÓDIGO CIVIL E NO CÓDIGO DO CONSUMIDOR

2.1. INTROITO

Depois da perplexidade dos primeiros tempos de vigência do Código de Defesa do Consumidor (Lei nº 8.078, de 11.09.1990), em que se notava uma acentuada timidez dos órgãos judiciais para aplicar os novos princípios tutelares da parte vulnerável das relações de consumo, passou-se, nos últimos anos, a uma certa euforia na concessão de favores indiscriminados aos consumidores nas ações de revisão e rescisão contratual.

Nessa linha, vários julgados têm, *v.g.*, reconhecido a promissários compradores inadimplentes o direito de impor a restituição ao promitente vendedor do imóvel negociado, para forçar a recuperação das prestações pagas, ao simples pretexto de dificuldades pessoais do adquirente para cumprir as obrigações avençadas, como desemprego, doença, congelamento ou redução de salário, desvalorização do imóvel etc.

A indagação que se faz é se a tutela prevista no CDC seria tão ampla a ponto de anular as garantias tradicionais do contrato, despindo-o, por completo, de seu principal atributo, que é a força obrigatória, para relegar sua sorte, quase que exclusivamente, à vontade unilateral do consumidor. Qual seria, enfim, a dimensão do verdadeiro impacto da legislação protetiva do consumidor sobre o regime jurídico do contrato?

Como harmonizar, outrossim, o sistema especial das normas do direito de consumo não só com o regime contratual instituído pelo direito privado, mas também com o sistema econômico-social idealizado pela Constituição?

É o que tentaremos enfrentar no presente capítulo.

2.2. O DIREITO E AS RELAÇÕES ECONÔMICAS

Os fenômenos de intercâmbio de bens e de convivência entre os homens são derivados de sua própria natureza gregária. São, por isso mesmo, anteriores à sua regulamentação jurídica e, ao longo da evolução das sociedades organizadas politicamente, continuam a inovar e surpreender os legisladores. Dessa maneira, não é o direito que cria a realidade da circulação de riquezas. Ele apenas constata essa realidade e procura outorgar à sociedade instrumentos que orientem as pessoas a se garantirem contra práticas abusivas e a contarem com o apoio da autoridade estatal para atingir os resultados econômicos legítimos, dentro de um ambiente de equilíbrio e segurança.[1]

As relações econômicas nascidas da necessidade de convivência social vão progressivamente sendo submetidas ao comando da ordem jurídica, onde preceitos cogentes se impõem à observância dos agentes da circulação de riquezas, dentro de um sistema de autoridade, em que os órgãos da sociedade politicamente organizada se valem até mesmo da força para manter seu projeto de disciplina das relações socioeconômicas entre seus membros.

O contrato, tal como o conceitua o direito contemporâneo, nem sempre existiu, mas a circulação de bens econômicos sempre esteve presente na convivência humana. Primeiro surgiu, diante dessa realidade, a ideia de que seria possível e conveniente sujeitar as relações da espécie às normas do direito positivo; depois se conceberam meios e instrumentos para implantar semelhante projeto.

Foi dentro desse universo complexo e inevitável do relacionamento econômico que o instituto jurídico do *contrato* se forjou como "o conceito que vem resumir esta realidade complexa, não linear, de progressiva *captura* das operações econômicas por parte do direito", submetendo-as "ao seu império".[2]

Naturalmente, o conceito de contrato como instrumento de jurisdicionalização dos comportamentos e das relações humanas no campo das atividades econômicas não se implantou *ex abrupto*. Historicamente, houve uma longa evolução que conjugou o plano econômico com o desenvolvimento global da civilização, até que o controle da circulação das riquezas se inserisse totalmente no domínio do direito.

O contrato assumiu, nesse estágio evoluído da civilização, um relevante *status*, forçando sua conceituação como um "instituto próprio" dentre as instituições modernas do Estado de Direito. Alcançou, então, a posição de "categoria *autônoma* do pensamento jurídico".[3]

Costuma-se falar, hoje em dia, em "crise do contrato", como de resto se cogita de crise de quase todos os institutos clássicos do direito, e até mesmo há quem afirme uma crise ampla do direito como um todo. Como o direito não pode ser visto como um sistema completo, perfeito e acabado, e, ao contrário, nutre-se de problemas infindáveis e se propõe a sempre buscar soluções dialéticas para tais problemas, suas crises, longe de desacreditá-lo, servem de estímulo à sua permanente evolução e aperfeiçoamento.

Dentro dessa perspectiva, é forçoso reconhecer que não se divisa horizonte diverso para o relacionamento econômico que o dominado pelo contrato. É de fácil verificação "que o processo da sempre crescente *contratualização* das operações econômicas parece corresponder a uma linha historicamente irreversível".[4]

---

[1] "*El contrato como institución jurídica es la consecuencia de un sistema económico*" (WEINGARTEN, Celia. La Equidad como Principio de Seguridad Económica para los Contratantes. *Revista de Direito do Consumidor*, São Paulo, v. 39, p. 33, jul-set/2001).
[2] ROPPO, Enzo. *O Contrato*. Trad. Portuguesa. Coimbra: Almedina, 1988, p. 15-16.
[3] ROPPO. *Op. cit.*, p. 16.
[4] ROPPO. *Op. cit.*, p. 21.

2.3. O CONTRATO E AS OPERAÇÕES ECONÔMICAS

Nenhuma figura jurídica pode ser vista como entidade desvinculada da realidade social e econômica. A dimensão jurídica não é isolável da complexidade do comportamento humano em sociedade, envolvido que se acha dito comportamento por um emaranhado de forças e condicionantes, dentro do qual não se mostra viável, nem racional, isolar-se o fenômeno jurídico como se se tratasse de uma realidade completamente autônoma, capaz de resumir-se às regras da lei e sua exegese pelos técnicos do direito.

O *contrato*, nesse prisma, é um conceito jurídico, uma construção da ciência jurídica, que propiciou ao jurista uma série de princípios e regras de direito para sistematizar um fenômeno social dentro de uma disciplina normativa altamente complexa. Obviamente, não será possível analisar esse instituto, nem mesmo por parte dos juristas, sem remontar à realidade complexa para cuja serventia se empenhou a ordem jurídica em estruturar o *remedium iuris*. Pretender semelhante abstração da realidade contextual seria o mesmo que, *mutatis mutandis*, admitir que o farmacologista pudesse limitar-se à pesquisa da força aniquiladora de um elemento químico diante de uma bactéria nociva ao homem, deixando de fora as preocupações relativas aos reflexos da droga também sobre o organismo do paciente.

Muito longe da autonomia contextual, e bem ao contrário dela, "os conceitos jurídicos – e entre estes, em primeiro lugar, o de contrato – refletem sempre a si próprios, uma realidade de interesses, de relações, de situações econômico-sociais, relativamente aos quais cumprem, de diversas maneiras, uma função instrumental".[5]

Só se torna viável, de tal sorte, conhecer a verdadeira ideia de contrato se se tomar em consideração a *realidade econômico-social* que se lhe mostra subjacente e da qual ele representa não mais do que uma tradução científico-jurídica, indissociável, porém, de todas aquelas situações, aquelas relações, aqueles interesses reais que estão em jogo, onde quer que se fale de *contrato*. Daí ser impossível identificá-lo com um conceito pura e exclusivamente jurídico.[6]

Como não há contrato senão para viabilizar juridicamente uma *operação econômica* (circulação de riqueza), por mais que o jurista busque situar fora do plano socioeconômico o seu labor científico de análise de uma figura contratual, não lograra grande sucesso, pelo menos para o mundo prático de aplicação de sua ciência para a vida. Ainda que se possa pensar, em determinado estágio da pesquisa científica sobre o contrato, na distinção entre o *conceito jurídico* e o *conceito econômico*, sempre será forçoso reconhecer como verdade irrecusável que a formalização jurídica do instituto em cogitação "nunca é construída (com seus caracteres específicos e peculiares) como fim em si mesma, mas sim com vista e em função da *operação econômica*".[7] No final, os dois conceitos terão de ser aproximados e conectados para que a obra do jurista seja completa e útil.

---

[5] ROPPO. *Op. cit.*, p. 7.
[6] ROPPO. *Op. cit.*, p. 8.
[7] ROPPO. *Op. cit.*, p. 9.

É inevitável, e de forma alguma exagerada, a conclusão de que:

Al hecho económico-negocial el Derecho le brinda cobertura jurídica por medio de la figura del contrato. Es sabido que el contrato es instrumento al servicio de la economía, instrumento del comercio, palanca suprema de la vida social y jurídica.[8]

Dessa maneira, em face da relação econômica, a formalização jurídica da ideia de contrato "representa, por assim dizer, o invólucro ou a veste exterior, sem a qual resultaria vazia, abstrata, e, consequentemente, incompreensível".[9]

2.4. CONTRATO E IDEOLOGIA DA ORGANIZAÇÃO ECONÔMICA

Uma vez que as operações econômicas utilizam fundamentalmente o contrato como instrumento de implementação, nele há de refletir o modelo de organização econômica prevalecente em cada momento histórico.[10]

Com efeito, sua disciplina jurídica tem, necessariamente, de corresponder a um sistema adequado de realização dos objetivos e interesses valorados dentro do projeto político de organização social programado pelo Estado. "Daí resulta que o próprio modo de ser e de se conformar do contrato como instituto jurídico não pode deixar de sofrer a influência decisiva do tipo de organização político-social a cada momento afirmada".[11]

O contrato, portanto, é instituto jurídico que se amolda sempre à ideologia dominante no Estado a cuja organização econômica instrumentaliza. E, por isso mesmo, muda sua disciplina, suas funções e sua própria estrutura segundo as variações e os rumos implantados no contexto socioeconômico em que atua.

Nessa ordem de ideias, o conceito de contrato que emergiu e se desenvolveu a partir da Revolução Francesa retrata com fidelidade o liberalismo econômico gerado pela Revolução Industrial e pela queda do regime aristocrático até então dominante. A base da estruturação socioeconômica deslocou-se do *status* pessoal fundado na situação de família (aristocracia) para o dinamismo do *status* granjeado pelas realizações individuais (aspirações da burguesia). A liberdade passou a ser a ideia-chave na ideologia dominante no século XIX, de sorte que a pessoa, independentemente de suas origens, poderia moldar sua vida e seus negócios a partir de livre escolha e de sua ampla liberdade de iniciativa. Essa autonomia individual encontrou precisamente no contrato "o seu símbolo e o seu instrumento de atuação".[12]

---

[8] ITURRASPE, Jorge Mosset. *Contratos conexos*. Buenos Aires: Rubinzal-Culzoni Editores, 1999, p. 14.
[9] ROPPO. *Op. cit.*, p. 9. Num sistema de economia capitalista o contrato *"constituye un instrumento destinado a obtener la tasa de beneficio de las unidades productivas para que el sistema como tal realice su lógica y continúe evolucionando"* (WEINGARTEN, Celia. La Equidad como Principio de Seguridad Económica para los Contratantes. *Revista de Direito do Consumidor*. São Paulo, v. 39, p. 33, jul.-set./2001).
[10] ROPPO. *Op. cit.*, p. 24.
[11] ROPPO. *Op. cit.*, p. 24.
[12] ROPPO. *Op. cit.*, p. 26.

Assumindo, em lugar da propriedade imobiliária (característica do *status* feudal), a posição de núcleo da atividade econômica, o contrato nas vestes liberais do século XIX tornou-se a manifestação máxima da ideologia dominante, ou seja, do rumo organizacional da sociedade delineado com o propósito de melhor tutelar ou perseguir determinados interesses, ainda que alterando ou distorcendo a realidade.

A *liberdade* que se pretendia *plena* para justificar a ideologia contratual do novo regime socioeconômico correspondia a um corolário inevitável: a *responsabilidade* também *plena* dos contratantes pelos compromissos assumidos contratualmente. As pessoas eram livres para contratar ou não. Mas, uma vez firmado o contrato, este se transformava em *lei* para quem o celebrara. *Pacta sunt servanda*. Eis aí "um princípio que, além da indiscutível substância ética, apresentava também um relevante significado econômico: o respeito rigoroso pelos compromissos assumidos é, de fato, condição para que as trocas e as outras operações de circulação da riqueza se desenvolvam de modo correto e eficiente segundo a lógica que lhes é própria, para que se não frustrem as previsões e os cálculos dos operadores".[13]

2.5. A IDEOLOGIA DO CONTRATO NO REGIME CAPITALISTA PURO

No sistema capitalista, Max Weber ressalta no contrato, como uma de suas fundamentais funções, a de tornar "previsíveis" e "calculáveis" as operações econômicas, o que se revela condição necessária tanto para realizar o proveito individual de cada operador como também para o funcionamento do sistema em seu conjunto.[14]

Não se concebe, portanto, que o negócio livremente ajustado pela vontade autônoma e soberana de ambos os contratantes seja revogado ou modificado por deliberação de apenas um deles, nem tampouco se admite que o judiciário proceda a revisões e alterações do contrato.

Partindo da igualdade e liberdade dos contratantes, não se cogita de injustiça nas cláusulas avençadas. Apenas a ordem pública e os bons costumes representam limites à autonomia da vontade, pois, na ótica do liberalismo, "não é função do Estado intervir no contrato". Dita intervenção comprometeria o equilíbrio e implicaria uma injustiça. O ordenamento jurídico, em princípio, exerceria, em relação ao contrato, função meramente supletória, de sorte que suas regras apenas incidiriam para preencher lacunas ou definir efeitos naturais da convenção. Não substituiriam, mas apenas completariam a vontade declarada. Quanto ao juiz, sua intervenção somente se justificaria para "fazer cumprir o contrato por quem se recusa a executar seu compromisso",[15] ou para negar-lhe efeitos quando pactuado com infringência de preceito de ordem pública.

Carbonier descreve a concepção liberal do contrato, ressaltando que, para essa ideologia, a vontade humana "é lei de si mesma" e dá vida a sua própria obrigação. Se o homem se torna obrigado em virtude de um contrato, "é porque assim o quis,

---

[13] ROPPO. *Op. cit.*, p. 24-35.
[14] *Apud* ROPPO. *Op. cit.*, p. 35.
[15] STIGLITZ, Rubén S. *Contratos – Teoría general*. Buenos Aires: Depalma, 1993, v. II, p. 268.

pois assim como o contrato marca o começo da vida jurídica, a vontade individual é o princípio do contrato".[16]

Para o Estado liberal, o problema da justiça comutativa das obrigações contratuais diz respeito às partes e não à ordem jurídica. Consagra-se, assim, a preeminência do valor *segurança* sobre o da *justiça contratual*,[17] fazendo-se absorver a questão da equidade do contrato pela proclamação da ampla liberdade dos contratantes, que seriam os únicos avaliadores da conveniência e justiça dos termos do ajuste.

2.6. VISÃO ATUAL DA AUTONOMIA DE VONTADE NO PLANO DO CONTRATO

O Estado liberal do século XIX foi substituído pelo Estado Social do século XX, que não mais se ocupa apenas da organização política da sociedade e de meras declarações de direitos fundamentais do homem, como a igualdade e a liberdade, pois, também, se encarrega de garantir direitos sociais e econômicos.

Nessa nova ordem jurídica, a intervenção do Estado no domínio do contrato deixou de ser apenas supletória para ser limitadora da vontade individual e disciplinadora de certos objetivos que transcendem à vontade dos contratantes.

O ponto de partida do novo posicionamento do Estado Social de Direito se localizou no momento em que se verificou a falsidade dos postulados liberais da liberdade e da igualdade dos contratantes.

Se o homem vive em sociedade, tem de conviver em meio a relações sociais que não podem deixar de exercer influência sobre o comportamento individual. Não há, então, como divisar uma liberdade absoluta dentro de um quadro de recíproca e constante "interdependência".[18]

De outro lado, falso também é o princípio da *igualdade* de todos na prática dos contratos. Os contratantes, em grande número de vezes, e até na maioria das vezes, encontram-se em posições de notório desequilíbrio, seja moral, seja econômico, seja técnico, seja mesmo de compreensão e discernimento. Soa fictícia, portanto, a afirmação de que é sempre justo o contrato porque fruto da vontade livre das partes iguais juridicamente.

Não há, realmente, como ignorar os desníveis, não raro abissais, entre patrões e empregados, locadores e inquilinos, estipulantes e aderentes, profissionais e leigos, aproveitadores e necessitados, fornecedores e consumidores. Não há como recusar, no plano jurídico e econômico, a existência do forte e do débil.

A intervenção da nova ordem jurídica no domínio do contrato não visa abolir o princípio substancial da igualdade entre os contratantes; ao contrário, ao tutelar a parte débil e vetar ou alterar as cláusulas que lhe são perniciosas, o que realmente promove é o equilíbrio e, consequentemente, a igualdade efetiva dos contratantes.

---

[16] CARBONIER. *Derecho civil*. Barcelona: Bosch, 1971. v. II, § 91, t. II, p. 126. *Apud* STIGLITZ. *Op. cit.*, v. II, p. 268, nota 22.
[17] CARBONIER. *Op. cit.*, v. II, § 119, t. II, p. 288.
[18] STIGLITZ. *Op. cit.*, p. 273.

Da indiferença do Estado liberal passou-se à intervenção protetiva do atual Estado Social. E a moderna política legislativa de tutela do contratante frágil atinge o contrato sempre que pactuado em situação de desequilíbrio evidenciado pela debilidade de uma das partes frente à outra em amplo sentido econômico-jurídico; mas essa tutela só vai até o ponto em que restabelece a *plena igualdade contratual*. Desse modo, uma vez reequilibradas as partes, cessa a intervenção estatal no âmbito das relações contratuais.[19]

Mostra-se a plena autonomia de vontade, na moderna ideologia do Estado Social de Direito, inaceitável justamente porque conduz a atitude ou concepção antissocial. Equivaleria a colocar a vontade individual acima da própria ordem jurídica e dos princípios que a fundamentam.

Não se pode, porém, pretender a desestruturação e a morte do instituto do contrato. Os direitos subjetivos que dele derivam continuam a merecer todo prestígio da ordem jurídica positiva, pois, sem dúvida, hão de ser concebidos e protegidos como "instrumentos úteis a serviço do desenvolvimento social, mas num plano de efetiva convivência, e sob o pálio da justiça contratual, valorizando acima de todo princípio dogmático a relação de equivalência".[20]

Além da preocupação com a *segurança*, a teoria contratual absorveu o compromisso com o *justo*. Segurança e justiça passaram a ser os dois valores a serem perseguidos em plano de harmonização efetiva.

Essa nova postura do direito em face do contrato, evidentemente não implica negar sua relevância como instrumento jurídico indispensável para coadjuvar nas etapas econômicas de circulação das riquezas, e que, assim, sua justificação e seu objetivo incluam, necessariamente, a busca do lucro no tráfego jurídico-mercantil. Negar isto seria o mesmo que ignorar a estrutura econômica da sociedade contemporânea, a que presta serviço o instituto do contrato. Mas o que a atual roupagem do contrato apresenta de inovação é o compromisso de conciliar "utilidade com justiça, lucro com equidade, por meio de uma contratação equilibrada, onde os valores em intercâmbio, de bens ou serviços, guardem relação razoável".[21]

A *justiça contratual* deixou de ser problema apenas da esfera dos próprios contratantes para tornar-se preocupação efetiva também do direito positivo.

2.7. AS TRANSFORMAÇÕES DO CONTRATO NA SOCIEDADE CONTEMPORÂNEA

A liberdade de contratar, baseada na soberania da vontade individual dos contratantes, que formava o fundamento do instituto jurídico do contrato concebido sob o domínio das ideias individualistas e liberais dos séculos XVIII e XIX, naturalmente não vigora mais em nossos dias, tantas são as interferências nesse domínio efetuadas pelo legislador e pela jurisprudência.

Duas posições doutrinárias se conflitam na análise do novo panorama, ambas equivocadas e ideologicamente divorciadas da realidade jurídico-econômica atual: a

---

[19] STIGLITZ. *Op. cit.*, p. 274, nota 33.
[20] *Idem. Op. cit.*, p. 275.
[21] ITURRASPE. *Op. cit.*, p. 135.

primeira fecha os olhos às modificações que de fato ocorreram ou as não considera profundas e, assim, continua a tratar o instituto do contrato pela ótica tradicional, como se ainda hoje se mantivesse substancialmente idêntico ao que era no século anterior. A segunda corrente, em atitude igualmente radical e divorciada da realidade contemporânea, propaga a "morte" do contrato, porque já não mais se levaria em conta a vontade dos contratantes no tratamento jurídico do negócio contratual, dando-se como extintas a liberdade de contratar e a autonomia privada.[22]

O que, todavia, não se quer ver é, em ambos os pontos de vista, a verdadeira evolução do direito em torno da figura do contrato, que naturalmente passou por profundas alterações no século XX, principalmente com sua sujeição aos princípios éticos da boa-fé e da lealdade.

Isto, porém, não se deu com o fito de enfraquecer a força do vínculo contratual nem de eliminar a presença da vontade individual na sua formação. Apenas se agregou ao princípio da autonomia da vontade a responsabilidade social traduzida no princípio da *boa-fé objetiva*.

Para a visão liberal emergida do Iluminismo toda segurança do contrato residia na prevalência irrestrita da vontade manifestada pelas partes, que só permitiria o desfazimento do ajuste nos casos de comprovado divórcio entre a declaração e a verdadeira intenção do declarante, nos estritos casos de erro, dolo ou coação. Ao dar agora mais valor ao exterior da *declaração*, evitando concentrar-se na pura indagação da *vontade*, e ao ensejar enfoque dos elementos éticos do negócio, o novo instituto do contrato não está, de forma alguma, negando sua função de fonte de direitos e obrigações com "força de lei" na esfera privada dos contratantes. As várias regras inovadoras, nesse terreno inseridas, se inspiram numa *razão unificante*, que "é a exigência de *tutelar a confiança* (e enquanto isso, como sabemos, *garantir a estabilidade, a ligeireza, o dinamismo das relações contratuais* e, portanto, das transferências de riqueza)"[23] – o que, portanto, não corresponde ao desígnio muito diferente daquele que, em última análise, se procurava atingir na concepção antiga do instituto. O que é novo é a forma de tutelar a confiança, "dando proeminência – na definição do tratamento jurídico das relações – aos elementos exteriores, ao significado objetivo e típico dos comportamentos, à sua cognoscibilidade social", alterando o tradicional relevo dado às atitudes psíquicas singulares, concretas e individuais dos contratantes, do seu foro íntimo, à sua "vontade", em síntese.[24]

Quando hoje se subordina a interpretação e execução do contrato ao princípio da boa-fé e da lealdade, esses predicamentos não são pesquisados necessariamente no psiquismo dos contratantes, mas como dados objetivos, ou seja, "confiança e credibilidade" como "delimitação ao exercício de posições jurídicas" e "bitola geral de comportamento" no tráfego jurídico.[25] As cláusulas ajustadas correspondem, ou não, ao modo de se comportar das pessoas de bem, segundo o juízo crítico da sociedade?

---

[22] ROPPO. *Op. cit.*, p. 296.
[23] ROPPO. *Op. cit.*, p. 301.
[24] Idem. *Op. cit.*, p. 301.
[25] OLIVEIRA, Ubirajara Mach de. Princípios informadores do sistema de direito privado: autonomia da vontade e a boa-fé objetiva. *Revista de Direito do Consumidor*, v. 23-24, p. 60 e ss., jul.-dez./1997; CORDEIRO, Menezes. *Da boa-fé no direito civil*. Coimbra: Almedina, 1984, v. I, p. 321 e ss.

Eis a indagação que se passou a permitir fosse feita pelo jurista diante do caso concreto de qualquer contrato.[26]

2.8. A REVISÃO CONTRATUAL E A SEGURANÇA JURÍDICA

Anuncia o preâmbulo de nossa Constituição que a República Federativa do Brasil se acha instituída como Estado Democrático, destinado a assegurar o exercício dos direitos sociais e individuais, assentados, entre outros valores supremos, na *segurança* e na *justiça*.

É natural que o Estado Social do Direito se preocupe tanto com a tutela da justiça como da segurança, porque a justiça não passa de simples quimera se a sociedade não tiver uma forte e concreta garantia de segurança no inter-relacionamento social. Adverte um grande constitucionalista contemporâneo:

> Entre as principais necessidades e aspirações das sociedades humanas encontra-se a segurança jurídica. Não há pessoa, grupo social, entidade pública ou privada, que não tenha necessidade de segurança jurídica, para atingir seus objetivos e até mesmo para sobreviver.[27]

O contrato, em princípio, liga-se ao direito de propriedade e atua como instrumento de exercício desse direito no campo vastíssimo da circulação da riqueza. Está na sua essência, no Estado de Direito, a função de outorgar segurança a essa circulação. Por isso o contrato gera ato jurídico perfeito e direito adquirido na sistemática constitucional pátria.

Amesquinhar o contrato, deixando sua força na dependência da arbitrária vontade de um só dos contratantes ou do autoritarismo discricionário do juiz, corresponderia a subtrair esse importantíssimo instrumento socioeconômico da garantia institucional de segurança jurídica. Equivale a deixar os agentes econômicos à deriva da garantia fundamental de segurança, relegando-os ao arbítrio e à violência, deixando-os, enfim, e quase sempre, "à mercê de autoridades mal preparadas, desprovidas de espírito público, incapazes de compreender seu papel de órgão social, ou, o que não é raro, empolgadas com a possibilidade de exibirem alguma superioridade".[28]

Sem o cuidado com a segurança jurídica, o próprio princípio da legalidade, tão caro ao moderno Estado de Direito, mostra-se inadequado para, isoladamente, sustentá-lo. No enfoque do interesse público, "a segurança jurídica é geralmente caracterizada como uma das vigas mestras do Estado de Direito. É ela, ao lado da legalidade, um dos subprincípios integradores do próprio conceito de Estado de Direito".[29]

---

[26] Afinado com essas novas tendências do direito contratual, o Código Civil de 2002 adota expressamente os princípios da boa-fé (art. 422), da função social do contrato (art. 421) e do equilíbrio econômico (arts. 157 e 478).

[27] DALLARI, Dalmo de Abreu. Segurança e Direito. In: *Renascer do direito*. 2. ed. São Paulo: Saraiva, 1980, p. 26.

[28] DALLARI. *Op. cit.* p. 29.

[29] COUTO E SILVA, Almiro do. Prescrição Quinquenária da Pretensão Anulatória da Administração Pública com Relação a seus Atos Administrativos. *Revista de Direito Administrativo*, v. 204, p. 24, abr.-jun./1996.

Partindo da ideia de que o homem necessita de *segurança* "para conduzir, planificar e conformar autônoma e responsavelmente a sua vida, desde cedo se considerou como elementos constitutivos do Estado de Direito os dois princípios seguintes: o *Princípio da segurança jurídica*, e o *Princípio da confiança do cidadão*".[30] Em termos de legislação, o Estado de Direito se sujeita à implantação de "leis claras e densas" e "leis tendencialmente estáveis ou, pelo menos, não lesivos da *previsibilidade* e *executabilidade* dos cidadãos relativamente aos seus efeitos jurídicos".[31]

Tão grande é o anseio pela segurança jurídica que até mesmo o excesso de ênfase ao princípio da legalidade pode desfigurar o Estado de Direito, retirando-lhe um dos seus mais fortes pilares de sustentação, "que é o *princípio da segurança jurídica*", sem o qual "acaba-se por negar *justiça*".[32]

Exatamente por causa do ideal de segurança jurídica impõe-se adotar uma visão completa da organização e dos desígnios fundamentais do Estado Social de Direito. "Todas as garantias constitucionais, todos os instrumentos delas materializadores e assecuratórios estão irremediavelmente comprometidos com os fundamentos e objetivos do Estado Democrático de Direito, para cuja perseguição encontram sua própria razão de ser".[33]

No plano econômico, é impensável a circulação de riquezas, dentro do Estado de Direito, se o contrato não puder proporcionar segurança e estabilidade aos respectivos contratantes. É que o patrimônio e os projetos individuais não podem ficar aos azares da incerteza e fragilidade de um contrato desprovido de sua básica função, qual seja, a de outorgar segurança jurídica às partes interessadas.[34]

Os valores constitucionais esvanecem-se todos se não forem protegidos pela indeclinável couraça da segurança jurídica, que nada mais vem a ser do que "o conjunto de condições que tornam possível às pessoas o conhecimento antecipado e reflexivo das consequências de seus atos e de seus fatos à luz da liberdade reconhecida".[35]

Sem o respaldo da segurança jurídica na contratação dos negócios jurídicos, anula-se o próprio princípio da legalidade, criando-se verdadeiras armadilhas na

---

[30] CANOTILHO, J. J. Gomes. *Direito Constitucional*. 4. ed. 2. reimp. Coimbra: Almedina, 1989, p. 309.
[31] Idem. Ibidem.
[32] COUTO E SILVA, Almiro do. Princípios da Legalidade da Administração Pública e da Segurança Jurídica no Estado de Direito Contemporâneo. *Revista de Direito Administrativo*, v. 84, p. 62, out--dez/1987.
[33] FANTONI JÚNIOR, Neyton. Segurança Jurídica e Interpretação Constitucional. *Revista Jurídica*, v. 238, p. 14, ago./1997.
[34] "O vínculo contratual (vínculo jurídico) instala uma situação de certeza e segurança jurídicas para as partes. Vale dizer: cada parte tem a aparente certeza e a segurança que desse vínculo deflui, de que, na hipótese de descumprimento do contrato, poderá recorrer a meios jurídicos adequados à obtenção de reparação por esse descumprimento, ou mesmo a execução coativa da avença" (GRAU, Eros Roberto. Um novo Paradigma dos Contratos? *Revista Trimestral de Direito Civil*, v. 5, p. 73, jan-mar/2001).
[35] SILVA, José Afonso da. *Curso de direito constitucional positivo*. 10. ed. São Paulo: Malheiros, 1995, p. 412.

vida contratual. Isto porque, admitida a instabilidade do vínculo produzido pelo contrato, não teria o contratante conhecimento prévio e reflexivo das consequências de seu negócio, daí surgindo um clima de incerteza e intranquilidade, correspondente a um quadro de profundo antagonismo com a dinâmica constitucional. "E com o comprometimento da tranquilidade espiritual, vivencia-se a eliminação da garantia de planejamento à luz de razoável conjuntura de previsibilidade, ensejando crescente desconfiança, desencadeadora de estado permanente de desânimo e decepção, sobrevindo, então, o descaso quanto ao esclarecimento dos direitos e obrigações e quanto à demonstração concreta de seu respeito e do engajamento para a sua efetiva realização".[36]

A vida econômica e social não pode desenvolver-se à base do improviso e ao sabor das circunstâncias. Eliminada a segurança no domínio do contrato, as garantias de tutela do ato jurídico perfeito e ao direito adquirido tornam-se meramente retóricas, já que se despem de sua finalidade estabilizadora e construtiva no relacionamento jurídico. A consequência imediata é, para todos, a descrença no programa constitucional estatuído no plano socioeconômico; e, para os juristas, a sensação de frustração por não conseguirem traçar limites de atuação do poder nem eliminar ou neutralizar o desempenho dos oportunistas.

A função social do contrato, estabelecida a partir dos postulados da boa-fé objetiva e da lealdade entre os contratantes não pode ser entendida, obviamente, como algo incompatível com a segurança jurídica. Sem esta segurança é claro que não se viabiliza a realização concreta dos fundamentos e objetivos permanentes do Estado Democrático de Direito, no qual a preservação do ato jurídico perfeito e do direito adquirido se apresenta como condição *sine qua non* da estabilidade das relações sociais, "mediante projeção prática do conhecimento antecipado e reflexivo dos atos, fatos e consequências por eles desencadeadas, à luz do critério da previsibilidade".[37]

É evidente que dentro da proteção constitucional dedicada aos consumidores há de figurar, obrigatoriamente, o poder de revisão judicial dos contratos perniciosos à parte frágil da relação de consumo. Isto, porém, sem aquinhoar o consumidor com o poder unilateral de desvencilhar-se, por razões pessoais, do vínculo contratual. O respeito ao contrato isento de vícios originários e não contaminado pela superveniência de desequilíbrio insuportável entre as prestações bilaterais é imperativo que decorre do sistema constitucional brasileiro, inspirado que se acha, no plano econômico, pelo critério da previsibilidade e pelos princípios de valorização do trabalho, da livre-iniciativa e da função social da propriedade, assim como na intangibilidade do ato jurídico perfeito e do direito adquirido.

A segurança jurídica é, pois, para o ordenamento constitucional, um alicerce sobre o qual se assentam todos os demais princípios fundamentais. Apresenta-se como o "fruto final do Estado de Direito", já que é dela que surge o clima geral que permite o desenvolvimento e a civilização; e, por isso mesmo, as pessoas razoavelmente cultas

---

[36] FANTONI JÚNIOR, Neyton. *Op. cit.* p. 15.
[37] FANTONI JÚNIOR, Neyton. *Op. cit.*, p. 17.

têm sempre a convicção de que "nenhum valor isolado, por mais valioso que ele seja, vale o sacrifício da segurança jurídica".[38]

Por isso mesmo, o Código de Defesa do Consumidor não despreza o princípio da segurança jurídica em matéria de contrato. Pelo contrário, valoriza-o, pois, mesmo quando comina a pena de nulidade absoluta para as cláusulas abusivas, o faz sob a inspiração da ideia de "manutenção do vínculo" (art. 51, § 2º). Ou seja, não havendo onerosidade excessiva para nenhuma das partes, após a extirpação da cláusula nula e a integração do ajuste nas regras do direito positivo, o Código do Consumidor determina "a manutenção das relações no tempo, apesar da nulidade de cláusulas e eventuais quebras da base do negócio".[39] "A tendência de continuidade do vínculo no tempo é uma das características do CDC, de forma a realizar não só as expectativas legítimas do consumidor quanto ao ideal de equilíbrio (justiça) contratual".[40]

2.9. A SUJEIÇÃO DO CONTRATO DE CONSUMO AOS PRINCÍPIOS GERAIS DO DIREITO CONTRATUAL

A sociedade industrial, depois dos excessos do liberalismo econômico do século XIX, entra no século XXI como uma sociedade que escolheu, institucionalmente, uma concepção das relações econômicas que ultrapassa o princípio da igualdade formal outrora consagrada apenas por solenes declarações de direitos para assumir a postura de lutar concretamente contra as desigualdades existentes entre os seus participantes. O Estado Democrático atual assume o compromisso de defesa efetiva do economicamente mais fraco, donde a proteção especial que se assume em favor do consumidor, porque a realidade é que sem essa tutela específica as normas jurídicas comuns não seriam suficientes para impedir muitas injustiças.[41]

Nessa nova postura, todavia, o legislador está longe de ter criado um "direito alternativo", rompido com o sistema tradicional do direito dos contratos. A elaboração do *direito do consumidor* foi apenas "uma especialização útil e necessária, que mantém os princípios e normas do direito privado e os desenvolve com maior densidade em relação a atividades e situações específicas".[42] A prevalência da vontade real sobre a declarada, por exemplo, já era consagrada pelo art. 85 do Código Civil de 1916 (art. 112 do CC/2002); os princípios da boa-fé, dos usos e costumes e da exegese favorável ao devedor já eram previstos pelo Código Comercial (art. 131), e o tratamento especial para os contratos de adesão já se fazia habitualmente pela jurisprudência, o mesmo se registrando em relação à teoria da imprevisão.

---

[38] ATALIBA, Geraldo. Limites à Revisão Constitucional de 1993. *Revista Trimestral de Direito Público*, v. 3, p. 58, out./1993.
[39] MARQUES, Cláudia Lima. Notas sobre o Sistema de Proibição de Cláusulas Abusivas no Código Brasileiro de Defesa do Consumidor. *Revista Jurídica*, v. 268, p. 50, fev/2000; CDC, art. 4º, III, e art. 51, § 2º.
[40] MARQUES, Cláudia Lima. *Op. cit.*, p. 64.
[41] Cf. WALD, Arnoldo. *Obrigações e contratos*. 10. ed. São Paulo: RT, 1992, p. 521.
[42] *Idem. Op. cit.*, p. 529.

Por essa razão, anota José Augusto Delgado: "o legislador estatui, no corpo do Código de Proteção ao Consumidor (art. 4º), uma Política Nacional a ser aplicada às relações de consumo, adotando princípios específicos a serem seguidos e que convivem, de modo harmônico, com os demais princípios gerais e específicos reguladores dos contratos firmados em tal espécie de negócio jurídico".[43] Assim:

> O contrato de relação de consumo, como já afirmado, não se desvincula dos valores jurídicos adotados pelo direito privado para os contratos em geral. Apenas adota-os de modo mais flexível e com a produção de efeitos que visem a evitar abusos provocados por estamentos econômicos e mais fortes que se posicionam sempre como fornecedor do bem ou executor do serviço consumido.[44]

Isto quer dizer que a *obrigatoriedade* dos pactos, a *autonomia da vontade* dos contratantes e a *relatividade* dos contratos, definidos pela teoria clássica do direito contratual, subsistem em relação aos contratos de consumo, apenas flexibilizadas e melhor adaptadas pela valorização dos aspectos éticos da boa-fé objetiva e da tutela especial à parte vulnerável das negociações de massa.[45]

O reconhecimento da menor força negocial por parte do consumidor exige, sem dúvida, intervenção do legislador para tutelá-lo nos contratos de massa, impedindo que o fornecedor poderoso se prevaleça de sua fragilidade para obter vantagens excessivas e impor onerosidades exorbitantes. Isso, contudo, não representa nenhuma mudança qualitativa na essência da teoria geral do contrato. Apenas se combatem praxes ou comportamentos desleais e desonestos. Por isso, correta é a observação de Eros Roberto Grau de que "não existe e não deve ser perseguido um 'novo paradigma de contrato'. O contrato segue e sempre seguirá viabilizando a fluência das relações de mercado e somente enquanto atender a essa função (e apenas nessa justa medida) a proteção do consumidor (ou do hipossuficiente) encontrará abrigo no sistema jurídico. Os limites são claros e inegáveis, embora devamos lastimá-los".[46]

Com efeito, houve redução do espaço antes reservado à autonomia da vontade, uma vez que o CDC, por exemplo, proíbe que se pactuem algumas cláusulas consideradas abusivas, de modo a proteger o consumidor e reequilibrar o contrato. E, uma vez celebrado o ajuste pelas partes, prevalecendo o desequilíbrio entre os contratantes, poderá haver a interferência judicial, por meio da declaração de nulidade das cláusulas abusivas. Mas, essa circunstância não afasta os princípios contratuais clássicos, mas,

---

[43] DELGADO, José Augusto. Interpretação dos Contratos Regulados pelo Código de Proteção ao Consumidor. *Revista Jurídica*, v. 263, p. 57, set/1999.
[44] DELGADO, José Augusto. *Op. cit.*, p. 56.
[45] "O fato de o Código de Defesa do Consumidor proteger a parte frágil da relação contratual não significa que todos os contratos assinados por consumidor com instituição financeira ou outra qualquer de maior porte seja nulo de pleno direito. É preciso que se demonstrem as nulidades e as práticas abusivas cometidas, mormente no caso de alienação fiduciária quando as determinações estão contidas em comando *legal* que não foi revogado" (STJ, 3ª T., REsp. 239.504/SP, Rel. Min. Waldemar Zveiter, ac. 03.10.2000, *RSTJ* 137/357).
[46] GRAU, Eros Roberto. Um Novo Paradigma dos Contratos? *Revista Trimestral de Direito Civil*, v. 5, p. 82, jan-mar/2001.

restabelece "a força da 'vontade', das expectativas legítimas, do consumidor, compensando, assim, sua vulnerabilidade fática".[47] Assim,

> Se no direito tradicional, representado pelo Código Civil de 1916 e pelo Código Comercial de 1850, já conhecíamos normas de proteção da vontade, considerada a fonte criadora e, principalmente limitadora da força vinculativa dos contratos, passamos a aceitar no Brasil, com o advento do Código de Defesa do Consumidor, a existência de valores jurídicos superiores ao dogma da vontade, tais como a equidade contratual e a boa-fé objetiva, os quais permitem ao Poder Judiciário um novo e efetivo controle do conteúdo dos contratos de consumo. Este mesmo espírito de controle do conteúdo do contrato encontra-se no CC/2002 (veja arts. 421 a 424).[48]

Cumpre destacar a lição de Nelson Nery Júnior, que bem analisou a questão:

> O contrato não morreu nem tende a desaparecer. A sociedade é que mudou, tanto do ponto de vista social como do econômico e, consequentemente, do jurídico. É preciso que o Direito não fique alheio a essa mudança, aguardando estático que a realidade social e econômica de hoje se adapte aos vetustos institutos com o perfil que herdamos dos romanos, atualizado na fase das codificações do século XIX. [...]
>
> Atento a essa nova realidade, o Código de Defesa do Consumidor tem o propósito de instituir uma mudança de mentalidade no que respeita às relações de consumo, que tem de ser implementada por todos aqueles que se encontram envolvidos nessas relações, notadamente o fornecedor e o consumidor. O novo regime contratual das relações de consumo tem visível compromisso com a modernidade, de modo a fazer com que as constatações e previsões pessimistas sobre a 'morte do contrato' não se concretizem.[49]

Consciente dessa realidade, o moderníssimo Projeto Europeu dos Contratos, em debate na Comunidade Econômica da Europa, que foi elaborado sob os auspícios da Accademia dei Giusprivatisti Europei (sob patrocínio do governo italiano e coordenação do Prof. Giuseppe Gandolfi), continua a proclamar, com ênfase, o princípio inafastável da obrigatoriedade do contrato: "*Le contrat a force de loi entre les parties*" (art. 42).[50]

Comentando esse importante Projeto, aduz Antunes Varela, a propósito da consagração da força vinculativa do contrato, que:

> Em tempos de socialização acentuada do direito, como aqueles que a Europa viveu, principalmente desde o fim da Segunda Guerra, até a queda do muro de Berlim, *a ideia que importa destacar*, numa primeira codificação do direito europeu dos contratos, *é a da força soberana do contrato*. Quer isto dizer que as partes continuam a ter

---

47   MARQUES, Cláudia Lima; BENJAMIN, Antônio Herman V.; MIRAGEM, Bruno. *Comentários ao Código de Defesa do Consumidor*. São Paulo: RT, 2003, p. 623.
48   *Idem, ibidem*.
49   NERY JÚNIOR, Nelson. *In:* GRINOVER, Ada Pellegrini *et al. Código Brasileiro de Defesa do Consumidor* – comentado pelos autores do Anteprojeto. 10. ed. Rio de Janeiro: Forense, 2011, v. 1, p. 520-521.
50   GANDOLFI, Giuseppe (Coord.). *Code européen des contracts*. Milano: Giuffrè, 1999.

nas suas mãos, mas neste caso só mediante acordo e ao qual ambos queiram atribuir força criadora do direito, a possibilidade de instituir normas jurídicas. Elas gozam *hoc sensu*, de autonomia negocial, ou seja, do poder miraculoso de converter o seu acordo subjetivo numa (regra) jurídica, com a força coercitiva própria do Direito objetivo. E para exprimir essa ideia não encontrou o legislador melhor forma de a traduzir na lei do que o regresso à versão duplamente centenária do art. 1.134 do Código Francês (mais tarde praticamente reproduzida no art. 1.372 do Código Italiano), segundo a qual, "as convenções legalmente formadas fazem as vezes da lei – 'o contrato tem a força de lei' – na versão do Código Italiano – para aqueles que as celebraram".[51]

2.10. A FUNÇÃO DOS TRIBUNAIS

Desde que a ordem jurídica passou a admitir como necessária a intervenção estatal no contrato para reequilibrar os interesses nele contrapostos, cumpre delimitá-la, para que o instituto jurídico fundamental ao Estado de Direito não se anule.

Em primeiro lugar, há de ser delineada a ideologia econômica consagrada na Carta Magna do país, já que nenhuma regra da ordem jurídica pode atritar com aquela norma fundamental. Em seguida, tem-se de proceder à exegese das leis e dos princípios formadores do ordenamento infraconstitucional segundo a técnica da denominada "interpretação constitucional", ou "interpretação segundo a Constituição". De acordo com essa técnica, todas as dúvidas ou incertezas quanto ao sentido de uma lei ordinária terão de ser resolvidas pela opção, pelo sentido que se harmonize com a Constituição, e nunca por aquele que se mostre incoerente ou hostil às garantias fundamentais da Lei Maior.[52]

Dentro desse prisma, é forçoso reconhecer que nosso Estado se acha estruturado, constitucionalmente, à base de compromissos notórios com a *autonomia da vontade* (art. 5º, *caput* e inciso II); com a garantia da *propriedade privada* (arts. 5º, inciso XXII, e 170, inciso II); com a *livre-iniciativa* (arts. 1º, inciso IV, e 170, *caput*); com o respeito ao *ato jurídico perfeito* e ao *direito adquirido* (art. 5º, inciso XXXVI); e com a *justiça e a segurança* das relações jurídicas (valores "supremos" conforme o Preâmbulo da Carta Magna).[53]

O contrato liga-se imediatamente ao exercício do direito de propriedade, e sem ele não se cumpre o desiderato da livre-iniciativa no domínio econômico. Não pode, portanto, deixar de ser a fonte de direitos subjetivos e de obrigações que sempre foi. Só com a *força de lei* entre os contratantes terá ele condições de instrumentalizar a circulação econômica no Estado de Direito de feitio capitalista como o nosso.

---

[51] VARELA, Antunes. Dos Efeitos e da Execução do Contrato no Anteprojeto do Código Europeu dos Contratos. *Revista Brasileira de Direito Comparado*. Rio de Janeiro: Instituto de Direito Comparado Luso-Brasileiro, v. 18, p. 85-86, jan.-jun./2000.

[52] CANOTILHO. *Op. cit*. p. 840.

[53] "Por outro lado, não pode esquecer-se que a livre concorrência, corolário do princípio da liberdade contratual, é a regra de ouro do perfeito funcionamento do mercado e que a livre concorrência só lucra com a subordinação de todos os contratantes a um direito comum, que os coloque a todos eles, no caso de competição no mercado, em pé de plena igualdade" (VARELA, Antunes. *Op. cit*., p. 81).

Ainda que se tenha de reconhecer que o Estado contemporâneo não é mais dominado pela ideologia do liberalismo absoluto, porque a preocupação com o social integra também sua macroinstitucionalização, o certo é que a tutela dos aspectos éticos do contrato tem de ser feita de modo a não anular a sua força obrigatória. Sem ela não se sustenta a propriedade e se inviabilizam a circulação da riqueza e a livre-iniciativa, não se respeitam o ato jurídico perfeito e o direito adquirido, ruindo toda a promessa de segurança jurídica.

Justamente em virtude da segurança jurídica é que a nova função social do contrato tem sido institucionalizada em caráter objetivo, e não subjetivo. Nesse sentido, preconiza-se hoje, para a análise do lado ético do negócio jurídico, o respeito à *boa-fé objetiva*, e não apenas o respeito ao querer íntimo de cada contratante. Nesse domínio, sempre prevaleceu a teoria dos vícios de consentimento, regida por princípios específicos e submetidos a antigo regime legal. A teoria moderna do equilíbrio contratual, se se preocupa com a situação concreta das partes dentro de determinado contrato, o faz, porém, à luz de critérios objetivos, que, a um só tempo, cuidam de preservar a força do vínculo obrigacional e de limitá-la aos parâmetros do equilíbrio adequado entre prestações e contraprestações.

A revisão do contrato, pelos tribunais, em nome dos princípios ético-sociais, não pode ser discricionária nem tampouco paternalista. Em seu nome não pode o juiz transformar a parte frágil em superpoderosa, transmudando-a em ditadora do destino da convenção. Isto não promoveria um reequilíbrio, mas, sim, um desequilíbrio em sentido contrário ao inicial. Se se pudesse cumular a parte débil com uma desproporcionada proteção judicial, quem se inferiorizaria, afinal, seria o contratante de início forte. Solucionar-se-ia um mal com outro mal, uma injustiça com outra injustiça. Evidentemente, não se concebe que em nome da *justiça contratual* se realize tamanha impropriedade. Daí por que a intervenção judicial na revisão do contrato tem de ser limitada, respeitando-se, com prudente moderação, as exigências da boa-fé objetiva e do justo equilíbrio entre as prestações e contraprestações.[54]

2.11. A BOA-FÉ COMO REGRA DE CONDUTA E BASE DA REVISÃO CONTRATUAL

A invocação da boa-fé, em matéria de revisão contratual, sempre se fez, na tradição do direito das obrigações, como fundamento para desconstituição ou anulação do negócio jurídico por vício de consentimento (erro, dolo, coação, fraude).[55]

---

[54] MUÑOZ, Miguel Ruiz. *La nulidad parcial del contrato y la defensa de los consumidores*. Valladolid: Editorial Lex Nova, 1993, p. 28-29.

[55] Quando se fala em boa-fé objetiva, "não se trata, como é óbvio, da velha boa-fé subjetiva, entendida como um estado psíquico de conhecimento ou desconhecimento, de intenção ou falta de intenção, que serve para aquisição de direitos, como em matéria de frutos e benfeitorias (arts. 510 e 516 do CC), de usucapião (art. 500 do CC), ou de aquisição *a non domino* (art. 622 do CC)" (AZEVEDO, Antonio Junqueira de. Responsabilidade Pré-Contratual no Código de Defesa do Consumidor: Estudo Comparativo com a Responsabilidade Pré-Contratual no Direito Comum. *Revista de Direito do Consumidor*, v. 18, p. 25, abr-jun/1996. Os artigos citados referem-se ao Código Civil de 1916).

Na moderna concepção da função social do contrato, agasalhada pelo CDC, a boa-fé assume feição diferente da tradicional. Em vez de se localizar no plano subjetivo da formação do consentimento, ela se desloca para o plano objetivo do equilíbrio entre prestações e contraprestações. Não desapareceu a boa-fé subjetiva, que continua sustentando a teoria dos vícios de consentimento. O que houve foi a abertura para o reexame objetivo da base econômico-jurídica do contrato, a ser feito, em nome da equidade, a partir de análise das cláusulas negociais avençadas.

O CDC optou, de forma explícita, pelo respeito à boa-fé objetiva quando, no art. 4º, III, a erigiu a princípio básico das relações de consumo. Essa concepção objetiva da boa-fé se prende ao regime atual da sociedade de consumo e das contratações de massa, em que as condições contratuais são pela própria conjuntura fruto de regras unilaterais impostas pelo contratante que detém o controle do negócio. Predominam as chamadas "condições gerais", e os contratos são, via de regra, "de adesão", sem possibilidade da normal e prévia discussão de condições entre as partes.

As praxes e concepções criadas ou concebidas na época do individualismo tornaram-se inconciliáveis com as exigências da *moderna economia de massa*, "caracterizada pelo extraordinário incremento do volume das trocas (sobretudo entre as empresas e os consumidores dos seus produtos e os utentes dos seus serviços) e pela sua crescente *standartização e impessoalidade*. Num sistema caracterizado pela produção, distribuição e consumo de massa, o primeiro imperativo é, de fato, o de *garantir a celeridade das contratações, a segurança e a estabilidade das relações*".[56]

É natural que num clima econômico como esse não caiba uma preocupação normativa centrada na vontade individual, como outrora acontecia. Tudo tem de ser prático, objetivo. O subjetivismo da formação da vontade, a análise da intenção pessoal e outros dados desse jaez caem para um plano inferior. A teoria da vontade se substitui pela teoria da declaração.[57]

A disciplina legal do contrato tem como característica a preocupação com o relacionamento entre os *elementos objetivos, exteriores e socialmente reconhecidos*, e os atos pelos quais os negócios se consumam, muito mais do que com os elementos psicológicos pessoais. A segurança das relações jurídicas de massa busca apoio na prevalência da vontade declarada e na relevância do objetivo social maior do que os interesses individuais.

A intervenção da ordem jurídica nesse tipo de contrato não se dá para sanar vontade defeituosamente formulada, mas para restaurar o equilíbrio econômico que não se estabeleceu pela fraqueza de uma das partes na discussão de formação do negócio jurídico. Daí falar-se na boa-fé objetiva como causa justificadora de reequacionamento da fórmula contratual.

Nesse terreno, "como concretização da boa-fé, coloca-se a bitola de um certo equilíbrio material entre as vantagens auferidas, graças ao contrato, pelas partes: não se admitem prejuízos desproporcionados".[58]

---

[56] ROPPO. *Op. cit.*, p. 298.
[57] ROPPO. *Op. cit., loc. cit.*
[58] MENEZES CORDEIRO, António Manuel da Rocha e. *Da boa-fé no direito civil.* Coimbra: Almedina, 1997, v. I, p. 658.

A apreciação desse equilíbrio interno do contrato de adesão normalmente é feita a partir do confronto dos termos ajustados com as regras supletivas do ordenamento jurídico para o tipo de contrato em questão, e que eventualmente tenham sido afastadas pelo acordo concreto de vontades, regras essas que servem de parâmetro para aferir o modelo de equilíbrio desejado. Outro critério de aferição do equilíbrio contratual se apoia no cotejo do tipo de contrato corrente com a teleologia do negócio praticado.[59]

A boa-fé objetiva não é outra coisa senão o velho princípio da lealdade contratual com nova roupagem. Assim, pode-se dizer que a boa-fé como princípio de comportamento contratual objetivo "não admite condutas que contrariem o mandamento de agir com lealdade e correção, pois assim se estará a atingir a função social que lhe é cometida".[60] Nesse sentido, aponta-se para a boa-fé objetiva a função de atuar como "limite ao exercício de direitos subjetivos".[61]

Essa boa-fé objetiva, equivalente à conduta leal dos contratantes, corresponde ao modelo de conduta social, arquétipo ou *standard* jurídico, segundo o qual "cada pessoa deve ajustar a própria conduta a esse arquétipo, obrando como obraria um homem reto: com honestidade, lealdade, probidade".[62]

As partes do contrato, mais do que dois indivíduos isolados, são vistas como membros do conjunto social *que é juridicamente tutelado*. Diversamente do que se passa com a boa-fé subjetiva (ligada exclusivamente a interesses individuais), o moderno tratamento da boa-fé objetiva faz com que a invocação da retidão, lealdade e, principalmente, dos interesses gerais se dê tomando como base "as expectativas legitimamente geradas, pela própria conduta, nos demais membros da comunidade, especialmente no outro polo da relação obrigacional".[63]

O juiz, como é natural, tem mais flexibilidade para aplicar o princípio da boa-fé objetiva, procurando tornar mais justo e equitativo o contrato, levando em conta os elementos particulares e circunstanciais em que o negócio se realizou. Não se trata, todavia, de uma *panaceia* de cunho moral a ser indiscriminadamente aplicada. Mesmo em se tratando de um sistema jurídico flexível, aberto, a função social do contrato há de respeitar a sua natureza de *um modelo jurídico*, no dizer de Miguel Reale.[64]

Não se pode pensar na boa-fé objetiva como uma abertura para que o juiz interfira, indiscriminadamente, na relação obrigacional privada. Segundo o direito

---

[59] Idem. Op. cit., loc. cit.
[60] MARTINS-COSTA, Judith. *A boa-fé no direito privado*. São Paulo: RT, 1999, p. 457.
[61] Idem. Op. cit., p. 455.
[62] Idem. Op. cit., p. 411. "É importante notar que essas fórmulas funcionam em sua capacidade de persuasão e convencimento, porque, de algum modo, elas, muitas vezes, apontam para verdades objetivas, traduzidas aqui como fatos verificáveis. O destinatário do discurso racional preenchido com essas fórmulas o acata como verdadeiro, porque sabe, intuitivamente, que eles, em algum momento, corresponderam à realidade. Ou, em outras palavras, aceita o argumento estandardizado, porque reconhece nele, de forma inconsciente – intuitiva –, um foro de legitimidade, eis que produzidos na realidade como um fato inexorável" (NUNES, Rizzatto. A boa-fé objetiva como paradigma da conduta na sociedade capitalista contemporânea *cit.*, p. 330).
[63] Idem. Op. cit., p. 412.
[64] REALE, Miguel. *O direito como experiência*. Apud MARTINS-COSTA. Op. cit., p. 412, nota 75.

comparado atual, preenche ela no campo do contrato um papel importante, que é o de "norma ordinatória da atenção ao fim econômico-social do negócio, matéria na qual se visualiza a concepção da relação obrigacional como um processo polarizado por sua finalidade".[65] Afere-se o comportamento contratual a partir da boa-fé e da diligência requeridas pela natureza da atividade exercitada, de tal sorte que as prestações da parte devem corresponder a "uma atividade quantitativamente e qualitativamente normal".[66]

Na Corte de Cassação italiana, a aplicação da boa-fé objetiva tem-se dado justamente pelo direcionamento à "conexão conceitual entre esta e a economia do contrato".[67] Quando, pois, se fala em boa-fé objetiva, tem-se em mira o aspecto negativo, qual seja, o de reprimir "o emprego de uma conduta não coerente com o escopo do contrato".[68]

É importante avaliar-se a proporção monetária entre as prestações em si mesmas consideradas, mas urge, também, atentar-se para as obrigações fundamentais de cada parte dentro do relacionamento contratual. Tem-se de ser fiel ao escopo do contrato, de tal maneira que se esse escopo, a finalidade contratual, ou, em outras palavras, a economia do contrato sofre lesão, pode-se assegurar que violados foram os deveres de diligência e boa-fé, caracterizando-se o inadimplemento contratual, como decidiu a Corte de Cassação italiana.

A boa-fé faz-se presente dentro da estrutura obrigacional, ocupando posto de dever contratual e, assim, oferece condições de contribuir para a determinação do conteúdo do contrato e de seu funcionamento.[69] Essa perspectiva torna tangível e evidente a superação da ideia de boa-fé em sentido puramente ético e propicia a recondução do tema ao âmbito próprio do contrato, qual seja, o de um fenômeno especificamente social e jurídico.[70]

O princípio já incide inicialmente na oferta, orientada pelo *princípio da vinculação* (art. 30[71]). O caráter vinculativo da oferta obriga o fornecedor não apenas a contratar, mas a fazê-lo "nos termos da informação ou publicidade veiculada". Há, portanto, dois deveres adstritos a esse princípio: o *dever de contratar* e o *dever de contratar nos termos da oferta*. A norma do art. 30 do CDC evita, pois, a dissociação entre o prometido e o efetivamente contratado. "A oferta de consumo e o contrato se identificam pela simples razão de que a primeira constitui-se, por força da lei, em parte integrante do segundo".[72]

Nesse sentido, o STJ reconhece que, pelos termos do referido dispositivo do Código consumerista, "a informação contida na própria oferta é essencial à validade

---

[65] MARTINS-COSTA. *Op. cit.*, p. 415.
[66] GIOVANNI, Maria Uda. Integrazione del Contrato, Solidarietà Sociale e Correspettività delle Prestazioni. *Rivista di Diritto Commerciale*, n. 5-6, p. 365 e ss., 1990, apud MARTINS-COSTA, Judith. *A boa-fé no direito privado*. São Paulo: RT, 1999, p. 415.
[67] *Idem. Ibidem*. p. 416.
[68] *Idem. Ibidem*. p. 416.
[69] GIOVANNI, Maria Uda. *Op. cit.*, p. 368.
[70] *Idem. Ibidem*.
[71] "Art. 30. Toda informação ou publicidade, suficientemente precisa, veiculada por qualquer forma ou meio de comunicação com relação a produtos e serviços oferecidos ou apresentados, obriga o fornecedor que a fizer veicular ou dela se utilizar e integra o contrato que vier a ser celebrado."
[72] MIRAGEM, Bruno. *Curso de direito do consumidor*. 8. ed. São Paulo: Ed. RT, 2019, p. 336.

do conteúdo da formação da manifestação de vontade do consumidor e configura proposta, integrando efetiva e atualmente o contrato posteriormente celebrado com o fornecedor". De sorte que o consumidor pode, nos termos da oferta, escolher, alternativamente, exigir o cumprimento forçado da obrigação, aceitar outro produto ou prestação de serviço equivalente, ou rescindir o contrato (art. 35). Assim, a liberação do fornecedor em razão de impossibilidade do cumprimento da obrigação "deve ser restringida exclusivamente à inexistência absoluta do produto, na hipótese em que não há estoque e não haverá mais, pois aquela espécie, marca e modelo não é mais fabricada".[73]

Em outra oportunidade, analisando controvérsia surgida em contrato de plano de previdência complementar, em que a companhia prometeu, reiterada e periodicamente, determinado valor da prestação previdenciária, o STJ entendeu que referida promessa deveria ser honrada perante o consumidor, uma vez que o alegado erro de cálculo não foi comprovado, nem avisado oportunamente ao consumidor:

> 3. Tratando-se de sociedade anônima que oferece planos de previdência privada em regime de mercado, impõe-se a observância estrita do dever de informar adequadamente o consumidor, desde a fase pré-contratual até o encerramento da relação jurídica, no caso, o efetivo pagamento do pecúlio contratualmente previsto.
>
> 4. No caso concreto, a entidade de previdência privada informava periodicamente ao consumidor o valor estimado da indenização do pecúlio contratado, o qual acompanhava os aumentos periódicos da prestação mensal. Entretanto, após aproximadamente 20 anos de contribuição, com a efetiva ocorrência do risco contratado – falecimento do contratante –, a entidade pagou à beneficiária indenização em valor substancialmente inferior ao prometido, a pretexto de adequá-lo aos cálculos atuariais.
>
> 5. As entidades de previdência privada devem observar o equilíbrio atuarial ao estabelecer os planos de previdência oferecidos no mercado, equilibrando, de um lado, as contribuições mensais dos aderentes, de outro, os benefícios a serem pagos. Entretanto, a existência de erro de cálculo atuarial insere-se no risco do negócio e não pode servir de escudo para subtrair da entidade de previdência o dever de pagar ao beneficiário a indenização informada na contratação.
>
> 6. A informação equivocada prestada de forma reiterada ao consumidor vincula o prestador de serviço, uma vez que a opção do consumidor de se manter vinculado ao contrato é também periodicamente reiterada a partir dessas informações.[74]

Além disso, "o comportamento das partes de acordo com a boa-fé tem como consequência a possibilidade de revisão do contrato celebrado entre elas, pela incidência da cláusula *rebus sic stantibus*, a possibilidade de arguir-se a *exceptio doli*, a proteção contra as cláusulas abusivas enunciadas no art. 51 do CDC, entre outras aplicações da cláusula geral".[75]

Dentro dessa ótica, o CDC permite a revisão do contrato, não por ter o consumidor incorrido em vício de consentimento (erro, dolo, coação etc.), mas por conter o

---

[73] STJ, 3ª T., REsp. 1.872.048/RS, Rel. Min. Nancy Andrighi, ac. 23.02.2021, *DJe* 01.03.2021.
[74] STJ, 4ª T., REsp. 1.966.034/MG, Rel. p/ acórdão Min. Raul Araújo, ac. 24.0.2022, *DJe* 01.08.2022.
[75] NERY JÚNIOR, Nelson. *In:* GRINOVER, Ada Pellegrini et al. *Código brasileiro de defesa do consumidor*, cit., p. 521.

negócio, objetivamente, estipulação contrária ao que, normalmente, se convencionaria num ajuste equitativo e equilibrado, segundo a concepção mediana do ambiente social em que o pacto se firmou.

A revisão, dessa maneira, haverá de dar-se não pelo simples objetivo de alterar o contrato, nem tampouco de melhorar as condições contratuais em benefício do consumidor. O juiz somente procederá à revisão do contrato se houver, realmente, necessidade de restabelecer aquilo "que é o padrão moderno da autonomia da vontade, ou seja, o restabelecimento da justiça e da utilidade do pacto, através da recomposição da economia contratual, buscando manter o chamado sinalagma funcional do contrato (ou seja, o equilíbrio que deve ser mantido no curso da execução) que, por vezes, se afasta do sinalagma genético do mesmo".[76]

É, então, com base no exame objetivo da *lesão genética* ou da constatação, também objetiva, da quebra superveniente da *base do negócio*, que o Código de Defesa do Consumidor autoriza a revisão judicial dos contratos avençados entre fornecedores e consumidores, e não pelo simples fato de ser o contrato firmado por uma parte, em tese, vulnerável. Haverá de ter ocorrido, *in concreto*, a vulneração dos interesses da parte débil, para que a revisão judicial se dê.

Sem esse pressuposto, a revisão apresentar-se-á como arbitrária e ofensiva ao princípio fundamental da segurança jurídica.[77]

Nada obstante, consigna Eros Roberto Grau que "infelizmente nossa jurisprudência às vezes se esmera em fazer ruir esse pressuposto de certeza e segurança, intervindo em contratos privados celebrados entre agentes econômicos que nada têm de hipossuficientes. A autonomia da vontade, que deveria ser a regra, é indevidamente substituída pelo entendimento que o julgador tem do negócio. Passa o Judiciário, então, a ignorar o pressuposto básico da racionalidade dos agentes econômicos, arvorando-se a condição de protetor daqueles que tinham plenas condições de contratar e se obrigar em igualdade de condições".[78]

2.12. O ENTRELAÇAMENTO ENTRE O EQUILÍBRIO CONTRATUAL E A BOA-FÉ OBJETIVA

A imposição do princípio do equilíbrio contratual e do princípio da boa-fé, no sistema do Código de Defesa do Consumidor, não se refere a duas realidades distintas e distantes uma da outra.

---

[76] SILVA, Luis Renato Ferreira da. Causas de Revisão Judicial dos Contratos Bancários. *Revista de Direito do Consumidor*, v. 26, p. 135, abr.-jun./1998.

[77] "*El contrato debe resguardar la adecuada finalidad que debe perseguir. Debe haber un intercambio justo, razonable, las prestaciones intercambiadas deben seguir manteniendo una razonable ecuación de valores, para alcanzar lo que Mosset Iturraspe denomina justicia contractual. Su función económica solo queda preservada si procura utilidades para ambas partes y no que beneficie a una en desmedro de la otra*" (WEINGARTEN, Celia. La Equidad como Principio de Seguridad Económica, cit. *Revista de Direito do Consumidor*. São Paulo, v. 35-36, p. 33, jul.-set./2001).

[78] GRAU, Eros Roberto. Um novo paradigma dos contratos? *Revista Trimestral de Direito Civil*, v. 5, nota 2, p. 73-74, jan.-mar./2001.

Uma e outra são aspectos de uma só preocupação: a de fazer imperar nas relações de consumo um *contrato justo*. Em primeiro lugar, considera-se sujeito à revisão judicial o contrato desequilibrado internamente, e, em seguida, sujeita a formação, interpretação e execução do contrato ao princípio da boa-fé objetiva.[79]

O Código de Defesa do Consumidor valoriza o sinalagma contratual, isto é, o equilíbrio entre prestações e contraprestações. Não lhe basta a presença da bilateralidade. Em seu sistema, sinalagma retoma o sentido original das fontes gregas, confundindo-se com a própria noção de contrato, em sua bilateralidade essencial: o contrato se torna *modelo de organização das relações privadas*, porque sua nova estrutura implica reconhecimento do papel preponderante da lei sobre a vontade das partes. E dessa orientação protetiva surge a exigência da presença de maior boa-fé nas relações de mercado, razão pela qual o sinalagma se submete a um controle mais efetivo por parte do ordenamento jurídico, preocupado mais diretamente com o "equilíbrio contratual".[80]

Não se consegue, outrossim, fixar a noção de procura do equilíbrio e da equidade no âmbito do contrato sem passar necessariamente pelo princípio da boa-fé, ou, "no princípio formulado máximo, o da confiança".[81]

Na correta observação do Min. Ruy Rosado de Aguiar, o conceito moderno das relações de consumo faz com que os princípios fundamentais que regem os contratos desloquem seu eixo do dogma da autonomia da vontade e do seu corolário da obrigatoriedade das cláusulas, "para considerar que a eficácia dos contratos decorre da lei, a qual sanciona *porque são úteis*, com a condição de serem *justos*... O primado não é da vontade, é da justiça, mesmo porque o poder da vontade de uns é maior que o de outros".[82]

A boa-fé objetiva valoriza os interesses legítimos que levam *cada uma das partes a contratar*, e assim o direito passa a valorizar, igualmente e de forma renovada, o nexo entre as prestações, sua interdependência, isto é, o sinalagma contratual (*nexum*).[83]

Pode-se visualizar hoje, "em virtude do princípio criador, limitador e hermenêutico da boa-fé (objetiva) as obrigações como processos de cooperação no tempo, como feixes de deveres de conduta e de prestação direcionados a um só bom fim, o *cumprimento do contrato*".[84] Como observa Antonio Junqueira de Azevedo, "a boa-fé objetiva é, do ponto de vista do ordenamento, o que os franceses denominam *notion-quadre*, isto é,

---

[79] Sobre a boa-fé objetiva e o reequilíbrio contratual, v. arts. 422 e 478 do Código Civil.
[80] MARQUES, Cláudia Lima. Notas sobre o Sistema de Proibição de Cláusulas Abusivas no Código Brasileiro de Defesa do Consumidor. *Revista Jurídica*, v. 268, p. 51, fev/2000. O sentido da boa-fé objetiva nos contratos de consumo vem sendo "mais e mais associado não à qualificação do consumidor como um *status*, um privilégio, uma espécie de salvo-conduto para melhor exercer suas atividades econômicas, mas à preocupação constitucional com a *redução das desigualdades* e com o efetivo exercício da cidadania" (TEPEDINO, Gustavo. *Temas de direito civil*. Rio de Janeiro: Renovar, 1999, p. 213).
[81] MARQUES, Cláudia Lima. *Op. cit.* p. 51.
[82] Voto do Min. Ruy Rosado de Aguiar, no REsp. 45.666-5/SP, ac. 17.05.1994. *Revista Direito do Consumidor*, v. 17, p. 179-180, jan.-mar./1996.
[83] MARQUES, Cláudia Lima. *Op. cit.*, p. 52.
[84] *Idem. Op. cit.*, p. 50.

uma cláusula geral que permite ao julgador a realização do justo concreto, sem deixar de aplicar a lei".[85]

Exemplar é a lição de Cláudia Lima Marques quando observa que o princípio da boa-fé objetiva, coligado com o do equilíbrio contratual, provoca novo posicionamento de interpretação para detectar sua função-guia no sistema do CDC. Essa postura renovada do intérprete do contrato tem de ver nas relações contratuais um "compromisso expresso ou implícito de *fidelidade* e *cooperação*"; tem de adotar "uma visão mais ampla, menos textual do vínculo", de modo a alcançar "a concepção leal do vínculo" e "das expectativas que desperta (confiança)". Para a autora, "efetivamente, no CDC, o princípio da Boa-Fé Objetiva na formação e na execução das obrigações possui uma dupla função: 1) como fonte de novos deveres especiais de conduta durante o vínculo contratual, os chamados deveres anexos; e 2) como causa limitadora do exercício, antes lícito, hoje abusivo, dos direitos subjetivos".[86]

Múltiplos são, no CDC, os deveres anexos previstos como derivados da boa-fé objetiva, tais como:

a) *dever de informar*, sobre o produto ou serviço, que está presente nos arts. 30 e 32 do CDC;

b) *princípio da transparência* (art. 4º, *caput*), que completa o dever de informação, impregnando o texto contratual da maior clareza possível;

c) *dever de colaborar* durante a execução do contrato, evitando as práticas comerciais abusivas (arts. 39, 40, 51, 52, 53 e 54). Não se deve "inviabilizar ou dificultar a atuação do outro contratante quando este tenta cumprir com suas obrigações contratuais". Nos contratos de adesão, que não são ilícitos, o fornecedor deve redigir seus textos "de forma clara e precisa, destacando as cláusulas que *limitem* ou *excluam* direitos do consumidor".[87]

d) *responsabilidade do fornecedor* pelos danos extrapatrimoniais, danos à sua integridade pessoal (moral ou física), além da integridade de seu patrimônio (arts. 43 e 44, e 6º, VI).

2.12.1. A configuração da relação de consumo como pressuposto do tratamento diferenciado do contrato previsto no CDC

Diante da diversidade existente entre o regime obrigacional regulado pela legislação civil comum e o traçado pelas leis consumeristas, deve-se atentar para a circunstância de

---

[85] AZEVEDO, Antonio Junqueira de. Responsabilidade Pré-Contratual no Código de Defesa do Consumidor: Estudo Comparativo com a Responsabilidade Pré-Contratual no Direito Comum. *Revista de Direito do Consumidor*, v. 18, p. 27, abr-jun/1996.

[86] MARQUES, Cláudia Lima. *Op. cit.*, p. 48. Antonio Junqueira de Azevedo lembra que a boa-fé objetiva tem de ser observada nas fases pré-contratual, contratual e pós-contratual e adverte que as partes devem agir "com lealdade recíproca, dando as informações necessárias, evitando criar expectativas que sabem destinadas ao fracasso, impedindo a revelação de dados obtidos em confiança, não realizando rupturas abruptas e inesperadas das conversações etc." (*Op. cit.*, p. 25-26).

[87] MARQUES, Cláudia Lima. *Op. cit.*, p. 50.

que a revisão do contrato sob a disciplina especial do Código de Defesa do Consumidor depende, necessariamente, de a convenção ter sido ajustada, entre fornecedor e consumidor, numa relação econômica típica de consumo. Para esse fim, a lei, antes de tudo, define o que se deve considerar como consumidor e como fornecedor. Por *consumidor* o Código entende "toda pessoa física ou jurídica que adquire ou utiliza produto ou serviço como destinatário final" (art. 2º); e *fornecedor*, para a lei consumerista, "é toda pessoa física ou jurídica, pública ou privada, nacional ou estrangeira, bem como os entes despersonalizados, que desenvolvem atividades de produção, montagem, criação, construção, transformação, importação, exportação, distribuição ou comercialização de produtos ou prestação de serviços" (art. 3º).[88]

No direito europeu, prevalece, em princípio, um dado importante na configuração dos sujeitos da relação de consumo: o *profissionalismo*. O *fornecedor* é sempre um *profissional* que explora habitualmente atividade econômica, na produção e circulação de bens e serviços. Já o *consumidor* é a pessoa física não profissional que adquire os bens e serviços postos no mercado.

No CDC brasileiro, a definição de fornecedor é feita objetivamente, de maneira a precisar que o importante é que a entidade, qualquer que seja sua natureza jurídica, desempenhe sua atividade "no mercado de consumo mediante remuneração".[89]

A mesma precisão objetiva, entretanto, não foi observada pelo CDC na conceituação do *consumidor*, visto que feita de maneira muito aberta ou muito vaga. Por isso, duas correntes interpretativas se esboçaram na jurisprudência: uma *finalista* (minimalista) e outra *objetiva* (maximalista). Para a primeira, só é consumidor aquele que, como destinatário final, adquire bem ou serviço para atender necessidade própria e não com "o escopo de implementar ou incrementar a sua atividade negocial" [profissional ou produtiva].[90] É que esse destino intermediário do objeto

---

[88] Sobre o tema, ver o Capítulo I da Parte I desta obra.
[89] STJ, 3ª T., REsp. 519.310/SP, Rel. Min. Nancy Andrighi, ac. 20.04.2004, *DJU* 24.05.2004, p. 262. Até mesmo as sociedades civis, sem fins lucrativos, de caráter beneficente e filantrópico, podem se qualificar como *fornecedor* para submissão à disciplina do CDC, "bastando que desempenhem determinada atividade no mercado de consumo mediante remuneração", como se esclareceu no acórdão *supra*. Todavia, alguns prestadores de serviços remunerados, submetidos a regime jurídico específico, têm sido excluídos do alcance do CDC, tais como os *advogados* (STJ, 4ª T., *RT* 820/228; STJ, 3ª T., REsp. 757.867, Rel. Min. Humberto Gomes de Barros, ac. 09.10.2006, *DJU* 21.09.2006, p. 291; STJ, 4ª T., REsp. 914.105/GO, Rel. Min. Fernando Gonçalves, ac. 09.09.2008, *DJe* 22.09.2008), os *notários* (STJ, 3ª T., REsp. 625.144, Rel. Min. Nancy Andrighi, *RF* 387/275), os *franqueadores* (STJ, 3ª T., REsp. 687.322, Rel. Min. Carlos Alberto Menezes Direito, *RJ* 349/139; STJ, 3ª T., REsp.1.087.471/MT, Rel. Min. Sidnei Beneti, ac. 14.06.2011, *DJe* 17.06.2001), *os representantes comerciais* (STJ, 3ª T., REsp. 761.557/RS, Rel. Min. Sidnei Beneti, ac. 24.11.2009, *DJe* 03.12.2009), os *condomínios* (STJ, 4ª T., REsp. 655.267, Rel. Min. Jorge Scartezzini, ac. 17.02.2005, *DJU* 21.03.2005, p. 402; STJ, 3ª T., REsp. 441.873/DF, Rel. Min. Castro Filho, ac. 19.09.2006, *DJU* 23.10.2006, p. 295), os *locadores de imóvel* (STJ, 5ª T., REsp. 303.072, Rel. Min. José Arnaldo da Fonseca, ac. 03.12.2002, *DJU* 19.12.2002, p. 390; STJ, 6ª T., REsp. 175.053, Rel. Min. Vicente Leal, ac. 24.04.2001, *DJU* 20.08.2001, p. 543).
[90] STJ, 2ª Seção, REsp. 541.867, Rel. Min. Barros Monteiro, ac. 10.11.2004, *DJU* 16.05.2005, p. 227; STJ, 4ª T., REsp. 264.126, Rel. Min. Barros Monteiro, ac. 08.05.2001, *DJU* 27.08.2001, p. 344; STJ, 6ª T., REsp. 475.220, Rel. Min. Paulo Medina, ac. 24.06.2003, *DJU* 15.09.2003, p. 414.

negociado não permite sua qualificação como destinatário final sem a qual não há como configurar a relação de consumo.[91]

A corrente maximalista – para a qual é indiferente ser o destinatário final um empresário ou um não profissional – chegou a ser, de certa forma, prestigiada por alguns acórdãos do STJ, ao admitir que se poderia também considerar relação de consumo aquela em que o estabelecimento empresarial adquire bem ou serviço que "não integre diretamente por meio de transformação, montagem, beneficiamento ou revenda – o produto ou serviço que venha a ser ofertado a terceiros".[92]

A tendência mais recente do STJ, porém, tem se afastado da teoria maximalista, para perfilhar a tese minimalista, fazendo-o, entretanto, com algum temperamento.[93] Dessa maneira, pode-se conceituar o empresário como consumidor, mas apenas quando *in concreto* restar demonstrada sua *vulnerabilidade técnica, jurídica* ou *econômica*, como se passa, ou se pode passar, com alguns consumidores profissionais, a exemplo de "pequenas empresas e profissionais liberais",[94] e, ainda com os taxistas[95] e os pequenos produtores rurais.[96]

A posição atual do STJ está bem caracterizada no seguinte aresto:

Direito Processual Civil – Competência – Indenização pretendida de transportadora por avaria de gerador diesel a ser utilizado pela autora – Inexistência de hipossufi-

---

[91] "A relação de consumo existe apenas no caso em que uma das partes pode ser considerada destinatária final do produto ou serviço" (STJ, 3ª T., REsp. 836.823/PR, Rel. Min. Sidnei Beneti, ac. 12.08.2010, *DJe* 23.08.2010, *RSDCPC*, v. 67, p. 151, set.-out. 2010).

[92] STJ, 2ª Seção, CC 41.056, Rel. p/ac. Min. Nancy Andrighi, ac. 23.06.2004, *DJU* 20.09.2004, p. 181.

[93] NEGRÃO, Theotônio; GOUVÊA, José Roberto F. *Código Civil e legislação civil em vigor.* 27. ed. São Paulo: Saraiva, 2008, p. 704.

[94] "Quer dizer, não se deixa de perquirir acerca do uso, profissional ou não, do bem ou serviço; apenas, como exceção, e à vista da hipossuficiência concreta de determinado adquirente ou utente, não obstante seja um profissional, passa-se a considerá-lo *consumidor*" (STJ, 4ª T., REsp. 661.145, Rel. Min. Jorge Scartezzini, ac. 22.02.2005, *DJU* 28.03.2005, p. 286. No mesmo sentido: STJ, 3ª T., REsp. 476.428, Rel. Min. Nancy Andrighi, ac. 19.04.2005, *DJU* 09.05.2005, p. 390; STJ, 3ª T., REsp. 733.560, Rel. Min. Nancy Andrighi, *DJU* 02.05.2006, p. 315).

[95] STJ, 4ª T., REsp. 575.469/RJ, Rel. Min. Jorge Scartezzini, ac. 18.11.2004, *DJU* 06.12.2004, *RT* 835/189.

[96] Os produtores rurais exploram atividade econômica, em regra, como fornecedores e não como consumidores finais. Os insumos e serviços que adquirem se incorporam ao produto que irão colocar no mercado. Assim, na relação com os fornecedores de tais bens intermediários, não podem os agricultores se enquadrar na qualidade jurídica de *consumidor*, para os efeitos do regime tutelar do CDC. Mas, há que se distinguir entre os pequenos e grandes produtores rurais. Já decidiu o STJ ser possível tratar o agricultor como consumidor, quando adquire "bem móvel com a finalidade de utilizá-lo em sua atividade produtiva" (STJ, 3ª T., REsp. 445.854, Rel. Min. Castro Filho, ac. 02.12.2003, *DJU* 19.12.2003, p. 453). Mas, para tanto é preciso que seja um *pequeno produtor* e não um grande empresário rural. Assim, a aplicação do CDC deve ser afastada quando a relação jurídica em discussão diga respeito à "aquisição de insumos agrícolas por produtores rurais de grande porte para o implemento de sua atividade produtiva". Segundo o aresto, "o empresário rural que assim atua não o faz como destinatário final do produto (tal como ocorre nas hipóteses de agricultura de subsistência), o que descaracteriza a existência de uma relação consumerista" (STJ, 3ª T., REsp. 914.384/MT, Rel. Min. Massami Uyeda, ac. 02.09.2010, *DJe* 01.10.2010).

ciência – Não caracterização de relação de consumo – Prevalecimento do foro da sede de pessoa jurídica demandada.

I – A relação de consumo existe apenas no caso em que uma das partes pode ser considerada destinatária final do produto ou serviço. Na hipótese em que produto ou serviço são utilizados na cadeia produtiva, e não há considerável desproporção entre o porte econômico das partes contratantes, o adquirente não pode ser considerado consumidor e não se aplica o CDC, devendo eventuais conflitos serem resolvidos com outras regras do Direito das Obrigações. Precedentes.

II – Não configurada a relação de consumo, não se pode invalidar a cláusula de eleição de foro com base no CDC.

III – Recurso especial improvido.[97]

Sobre a posição atual do STJ acerca da teoria subjetiva, ou minimalista, de conceituação do consumidor, para efeito de aplicação do CDC, ver, o item 1.8.1, do Capítulo I, da Parte I.

O ponto de partida, portanto, para se pretender a revisão, invalidação ou execução de um contrato dentro das regras e princípios do Código do Consumidor, é a identificação, no seu conteúdo, de uma verdadeira *relação de consumo*, operação que fica sempre dependente da presença de partes enquadráveis no conceito de *fornecedor* e *consumidor*, o primeiro como um profissional do mercado, e o segundo como um destinatário final vulnerável, seja ou não um profissional. Para o consumidor não profissional, a vulnerabilidade decorre de presunção legal (CDC, art. 4º, I), e para o consumidor empresarial, dependerá de apuração *in concreto*.

A intervenção judicial nos contratos de consumo autoriza a revisão de cláusulas abusivas ou a decretação de sua anulação. A jurisprudência do STJ, firmada em sede de recurso especial repetitivo, admite uma atividade integrativa do Judiciário sempre que, nos termos do contrato, for necessário restabelecer o sinalagma negocial, como nas hipóteses de existir no ajuste apenas previsão de cláusula penal em favor do fornecedor:

> 1. A tese a ser firmada, para efeito do art. 1.036 do CPC/2015, é a seguinte: No contrato de adesão firmado entre o comprador e a construtora/incorporadora, havendo previsão de cláusula penal apenas para o inadimplemento do adquirente, deverá ela ser considerada para a fixação da indenização pelo inadimplemento do vendedor.[98]

---

[97] STJ, 3ª T., REsp. 836.823/PR, Rel. Min. Sidney Beneti, ac. 12.08.2010, *DJe* 23.08.2010, *Revista Síntese de Direito Civil e Processual Civil – RSDCPC*, v. 67, p. 151, set.-out./2010. No mesmo sentido decidiu-se que "a aquisição de bens para incrementar a atividade comercial não se caracteriza como relação de consumo, e sim como atividade de consumo intermediária", motivo pelo qual "as disposições do CDC não podem ser aplicadas para solucionar eventual conflito surgido entre vendedor e comprador" (STJ, 4ª T., REsp. 1.014.960, Rel. Min. Aldir Passarinho Junior, ac. 02.09.2008, *DJe* 29.09.2008).

[98] STJ, 2ª Seção, REsp 1.614.721/DF, Rel. Min. Luis Felipe Salomão, ac. 22.05.2019, *DJe* de 25.06.2019.

Do mesmo modo, não se admitiu a inclusão de multa quando esta não era prevista para o caso de mora do consumidor:

2. Dado que ao Poder Judiciário não é atribuída a tarefa de substituir o legislador, a "inversão" da cláusula penal deve partir do *atendimento a dois pressupostos lógicos: a) que a cláusula penal tenha sido, efetivamente, celebrada no pacto; b) haja quebra do equilíbrio contratual, em afronta ao princípio consagrado no art. 4º, III, do CDC*.

3. No caso dos autos, *a empresa fornecedora de bens móveis não cobra, no contrato de compra e venda, multa moratória, motivo por que o princípio do equilíbrio contratual não pode ser invocado para impor a multa*.

4. No pacto de compra e venda, a empresa fornecedora envia a mercadoria após a confirmação de pagamento pela operadora de cartão de crédito, inexistindo risco de mora, daí a desnecessidade de previsão de cláusula penal, não havendo multa contratual a ser contra ela "invertida".[99]

Em suma, "enquanto não houver abusos, fornecedores e consumidores dispõem de liberdade para a celebração do negócio jurídico", sendo indevida qualquer intervenção judicial. Por isso, o STJ entendeu indevida a imposição de cláusula moratória nos contratos de adesão de compra de bens duráveis, por não existir reciprocidade negocial. No caso em análise, não se verificou qualquer abuso, porquanto "a prática imputada à recorrente dificilmente poderia ser subsumida a alguns dos incisos do art. 51 do CDC, tampouco de outros dispositivos da legislação em vigor. De igual modo, não resta demonstrado, em nenhum momento, qual a abusividade da cláusula penal a exigir a sua inclusão obrigatória também para os atos da recorrente". Explica o relator, em seu voto, que

O vendedor do produto está obrigado a prestar seu serviço no tempo, lugar e forma contratados, e acaso incorra em mora deverá responder pelos respectivos prejuízos, mais juros, atualização monetária e honorários de advogado (arts. 394, 395, do CC). É importante frisar que a imposição de multa moratória para a hipótese de atraso no pagamento da compra é revertida, sobretudo, em favor da instituição financeira que dá suporte à compra dos produtos adquiridos a prazo pelo consumidor, quando da cobrança da respectiva fatura. Sob este ângulo, *sequer há reciprocidade negocial a justificar a intervenção judicial de maneira genérica nos contratos padronizados da recorrente*.[100]

Daí por que ser indevida "a intervenção estatal para fazer constar cláusula penal genérica contra o fornecedor de produto em contrato padrão de consumo, pois além de violar os princípios da livre iniciativa e da autonomia da vontade, a própria legislação já prevê mecanismos de punição daquele que incorre em mora".

---

[99] STJ, 4ª T., REsp 1.412.993/SP, Rel. p/ acórdão Min. Maria Isabel Gallotti, ac. 08.05.2018, *DJe* 07.06.2018.
[100] STJ, 2ª Seção, REsp. 1.656.182/SP, Rel. Min. Nancy Andrighi, ac. 11.09.2019, *DJe* 14.10.2019.

2.12.2. Associação civil. Inexistência de relação de consumo entre associado e clube social

Não se pode entrever relação de consumo entre o sócio e a associação civil recreativa. A responsabilidade civil em torno de dano moral configurado diante de conduta ilegítima da entidade associativa rege-se pelo direito civil e não pela legislação consumerista.

A conduta abusiva, na espécie, causadora de constrangimento sério justifica a condenação do clube recreativo a reparar o dano moral imposto ao associado. Mas "a relação entre a associação e seu associado é estatutária, e não de consumo, não incidindo as regras do código consumerista", o que, entretanto, não obsta a condenação do réu, tendo em vista o dever de indenizar que se apoia no art. 927, do atual Código Civil.[101]

2.13. A REVISÃO DOS CONTRATOS NO REGIME DO CÓDIGO DE DEFESA DO CONSUMIDOR

A ordem constitucional reconhece o consumidor como parte naturalmente frágil nas relações de massa com os fornecedores e, por isso, preconiza como necessária a instituição de legislação especial de natureza tutelar (CF, arts. 5º, inciso XXXII, e 170, inciso V; e art. 48 do ADCT).

Dentro dessa preocupação protetiva, o Código de Defesa do Consumidor valoriza o aspecto ético das relações negociais de massa, reconhecendo ao consumidor, dentre os seus "direitos básicos" (arts. 6º e 7º), o de *revisão do contrato*, sempre que:

a) houver a adoção de práticas e *cláusulas abusivas* pelo fornecedor (art. 6º, inciso IV);

b) se der a estipulação de prestações desproporcionais na formação do contrato, acarretando *lesão* ao consumidor (art. 6º, inciso V);

c) ocorrer a superveniência ao contrato de fatos que tornem as prestações *excessivamente onerosas* para o consumidor (art. 6º, inciso V, *in fine*).

Em todas essas hipóteses, o objetivo do legislador não foi o de fragilizar ou inutilizar o instituto do contrato, tornando-o simplesmente *rompível* unilateralmente pelo consumidor. Em nome do princípio da boa-fé, o que se visou foi, antes de tudo, aperfeiçoar o negócio jurídico, revendo suas bases para torná-lo equitativo, seja por reequacionamento das prestações, seja por eliminação das cláusulas abusivas. Somente em último caso, quando a eliminação da cláusula abusiva conduzir a uma total frustração da finalidade contratual, é que a intervenção judicial resultará, excepcionalmente, na ruptura ou desconstituição de todo o contrato (CDC, art. 51, § 2º).

Nesse sentido, o inciso V do art. 6º assegura ao consumidor não a rescisão do contrato, mas a "modificação das cláusulas que estabeleçam prestações desproporcionais" (*lesão*) ou "sua revisão em razão de fatos supervenientes que as tornem excessivamente onerosas" (*teoria da imprevisão*). Da mesma forma, o § 2º do art. 51 dispõe textualmente

---

[101] TJRJ, Recurso 0004699-55.2002.8.19.0003 (2005.001.18098), Rel. Des. Elisabete Filizzola, *DJ* 05.04.2006.

que "a nulidade de uma cláusula contratual abusiva não invalida o contrato, exceto quando de sua ausência, apesar dos esforços de integração, decorrer *ônus excessivo a qualquer das partes*".

Na verdade, a lei protetiva do consumidor não lhe outorgou, nem mesmo diante das cláusulas abusivas e do desequilíbrio das prestações, o poder de *denunciar o contrato*, por meio de simples exercício de *direito potestativo* (resilição unilateral). Uma faculdade como essa importaria eliminação completa da força obrigatória do contrato, o que, evidentemente, não se mostra compatível com as necessidades de segurança do comércio jurídico e com os próprios e claros propósitos do Código de Defesa do Consumidor. Seu desiderato verdadeiro é bem outro, consoante se vê do inciso III do art. 4º, onde, ao cuidar da "Política Nacional de Relações de Consumo", se inseriu como *princípio básico* a "harmonização dos interesses dos participantes das relações de consumo e compatibilização da proteção do consumidor com a necessidade de desenvolvimento econômico e tecnológico, de modo a viabilizar os princípios nos quais se funda a ordem econômica (art. 170 da Constituição Federal), sempre com base na boa-fé e equilíbrio nas relações entre consumidores e fornecedores".

Na verdade, o CDC nem mesmo teve o propósito de disciplinar todo o relacionamento jurídico travado entre fornecedores e consumidores. Cuidou tão somente de proteger a parte considerada vulnerável em tais relações e, por isso, limitou-se a instituir regras protetivas a serem aplicadas nas hipóteses em que se detectar a presença da inferioridade negocial do consumidor. Como adverte Carlos Eduardo Manfredini Hapner, o CDC não criou "todo um sistema jurídico obrigacional e contratual próprio". Apenas ditou "*exceções* ao direito privado codificado, refletidas em regras de proteção contratual ao consumidor e que determinam, *nos exatos limites da exceção legal*, a prevalência da regra especial sobre a regra geral. Ou seja, naquilo em que expressamente não tenha havido especialização, mesmo em matéria de proteção ao consumidor, aplicam-se as normas gerais do direito privado".[102]

Prevalecendo, portanto, o princípio básico da teoria contratual de que o vínculo derivado do contrato tem força de lei entre as partes, perdura a impotência da vontade de um só dos contratantes para desvincular-se das obrigações criadas pelo acordo bilateral de vontades, se não configurada uma das situações excepcionais previstas em lei para justificar a rejeição ou resolução do negócio jurídico.

Muito embora tenha o consumidor direito à revisão das cláusulas contratuais consideradas abusivas, a medida deve ser requerida em processo próprio, adequado e específico para tal fim. Nesse sentido já decidiu o STJ, ao julgar, em recurso repetitivo, ação de prestação de contas ajuizada por correntista de banco que, em seu bojo, requereu, também, a revisão dos encargos cobrados pela instituição. Na oportunidade, aquela Corte Superior ressaltou a incompatibilidade de rito entre a prestação de contas e a revisão contratual:

1. Tese para os efeitos do art. 543-C do Código de Processo Civil de 1973: – Impossibilidade de revisão de cláusulas contratuais em ação de prestação de contas.

---

[102] CRETELLA JR., José; DOTTI, René Ariel (coord.) *et al. Comentários ao Código do Consumidor*. Rio de Janeiro: Forense, 1992, p. 151.

2. O titular da conta-corrente bancária tem interesse processual para propor ação de prestação de contas, a fim de exigir do banco que esclareça qual o destino do dinheiro que depositou, a natureza e o valor dos créditos e débitos efetivamente ocorridos em sua conta, apurando-se, ao final, o saldo credor ou devedor. Exegese da Súmula 259.

3. O rito especial da ação de prestação de contas não comporta a pretensão de alterar ou revisar cláusula contratual, em razão das limitações ao contraditório e à ampla defesa.

4. Essa impossibilidade de se proceder à revisão de cláusulas contratuais diz respeito a todo o procedimento da prestação de contas, ou seja, não pode o autor da ação deduzir pretensões revisionais na petição inicial (primeira fase), conforme a reiterada jurisprudência do STJ, tampouco é admissível tal formulação em impugnação às contas prestadas pelo réu (segunda fase).

[...]

7. Não se sendo a ação de prestação de contas instrumento processual adequado à revisão de contrato de mútuo (REsp. 1.293.558/PR, julgado sob o rito do art. 543-C do CPC/1973, relator Ministro Luís Felipe Salomão), da mesma forma não se presta esse rito especial para a revisão de taxas de juros e demais encargos de empréstimos obtidos por meio de abertura de limite de crédito em conta-corrente.

8. O contrato bancário que deve nortear a prestação de contas e o respectivo julgamento – sem que caiba a sua revisão no rito especial – não é o simples formulário assinado no início do relacionamento, mas todo o conjunto de documentos e práticas que alicerçaram a relação das partes ao longo dos anos. Esse feixe de obrigações e direitos não cabe alterar no exame da ação de prestação de contas.[103]

2.14. PRETENSA SUPERIORIDADE CONSTITUCIONAL DO CÓDIGO DE DEFESA DO CONSUMIDOR DENTRO DO ORDENAMENTO JURÍDICO NACIONAL

A Constituição, por certo, determina seja dispensada, em lei, tutela adequada aos consumidores, e o faz tanto no elenco dos direitos fundamentais (art. 5º, XXXII)[104] como na disciplina da ordem econômica (art. 170, V).[105]

Isto, porém, não corresponde a atribuir ao Código de Defesa do Consumidor o caráter de norma constitucional ou de norma superior ao direito comum. O direito de propriedade, o direito de herança e o direito de associação, por exemplo, também figuram entre os direitos fundamentais do art. 5º da Constituição (incisos XXII, XXX e XVII). Nem por isso se pode concluir que as leis que disciplinam esses direitos no plano infraconstitucional configurem um superdireito em relação às regras do direito

---

[103] STJ, 2ª Seção, REsp. 1.497.831/PR, Rel. Min. Maria Isabel Gallotti, ac. 14.09.2016, *DJe* 07.11.2016.
[104] Constituição Federal, art. 5º: "Todos são iguais perante a lei, sem distinção de qualquer natureza, garantindo-se aos brasileiros e aos estrangeiros residentes no País a inviolabilidade do direito à vida, à liberdade, à igualdade, à segurança e à propriedade, nos termos seguintes: [...]; XXXII – o Estado promoverá, na forma da lei, a defesa do consumidor."
[105] Constituição Federal, art. 170: "A ordem econômica, fundada na valorização do trabalho humano e na livre-iniciativa, tem por fim assegurar a todos existência digna, conforme os ditames da justiça social, observados os seguintes princípios: [...] V – defesa do consumidor."

ordinário. A conclusão correta a extrair desse quadro constitucional é a de que "a defesa dos consumidores [no Brasil, tal como, *v.g.*, na Espanha] tem o caráter de princípio geral informador do ordenamento jurídico", o que "significa essencialmente que o princípio da tutela dos consumidores há de ser tido em conta pelas autoridades administrativas e pelos juízes, na hora de aplicar a lei", como adverte Fernando Noronha.[106]

Impõe-se, pois, evitar a exegese abusiva que às vezes prevalece na aplicação de simples princípios do Código de Defesa do Consumidor para afastar dispositivos expressos do direito civil e de outras leis próprias do direito privado, mormente quando se trate de disciplina ordinária regulamentadora, também, de outros princípios resguardados pela Constituição.[107]

Para a adequada aplicação do princípio da tutela do consumidor urge – como bem adverte Fernando Noronha – ter presente que o princípio constitucional da defesa do consumidor não é o único que é necessário ter em conta, e que, além disso, a tutela consumerista acarreta custos que acabam repercutindo-se sobre os próprios consumidores, podendo ainda perder em eficácia, se for demasiado constringente.[108]

Não se pode, por exemplo, empregar a tutela do consumidor para anular o princípio da livre-iniciativa, que igualmente é de ordem pública e que, por isso, não deve ser esquecido quando se trata de interferência do Poder Público na ordem econômica, terreno onde se desenvolve a atividade de proteção dos consumidores. Na verdade, a Constituição, ao regular a ordem econômica no art. 170, nela inserindo, entre outros, tanto o princípio da propriedade privada e da livre-concorrência como o da defesa do consumidor (incisos II, IV e V), ressalta, no *caput* do dispositivo, que a ordem econômica por ela programada funda-se "na valorização do trabalho humano e na livre-iniciativa". É, pois, a partir desses dois "valores sociais", o do trabalho e o da livre-iniciativa, os mesmos que figuram nos "fundamentos da República" (art. 1º, IV), que se coordenam os diversos princípios da ordem econômica preconizada pelo art. 170. Revelado, assim, o sistema político-econômico capitalista como o básico da organização constitucional do Brasil, é com ele e com seus valores fundamentais lembrados no citado dispositivo da Constituição que haverá de harmonizar-se a aplicação do Código de Defesa do Consumidor.

É precisamente por isso que o art. 4º, III, do CDC, proclama a necessidade de compatibilizar a "proteção do consumidor com a necessidade de desenvolvimento econômico e tecnológico". Dentro das perspectivas da ordem econômica constitucional,

---

[106] "O Código de Defesa do Consumidor é evidentemente uma lei ordinária. E mesmo que fosse equiparável a uma lei complementar (o que, aliás, seria um sem-sentido jurídico), nunca seria possível extrair daí a conclusão de que teria valor superior ao das leis ordinárias comuns. Somente as normas constitucionais prevalecem sobre quaisquer leis, complementares ou ordinárias [...] não existe hierarquia entre as espécies normativas elencadas no art. 59 da CF. Com exceção das emendas [à Constituição], todas as demais espécies se situam no mesmo plano [...] as leis complementares [segundo JOSÉ AFONSO DA SILVA] só se diferenciam das leis ordinárias no tocante ao *quorum* para sua aprovação no congresso" (NORONHA, Fernando. Significado da tutela do consumidor e suas limitações. In: *Informativo INCIJUR*, n. 61, p. 3, ago./2004).
[107] Sobre o caráter principiológico do CDC, ver o item 2.4 do capítulo II da Parte I desta obra.
[108] NORONHA, Fernando. *Op. cit., loc. cit.*

"defender os consumidores não pode significar tomar partido sistematicamente por eles, como se o direito se preocupasse unicamente com eles, ou pior ainda, como se fossem estes que estivessem sempre certos". "Protegê-los" – prossegue Fernando Noronha – "significa essencialmente ser necessário impedir que sejam vítimas de *abusos* nas relações com os fornecedores. É preciso não cair no exagero de imaginar que a proteção significa que os interesses dos consumidores sejam sistematicamente sobrepostos aos dos fornecedores: *o que se procura é somente alcançar razoável equilíbrio entre uns e outros*".[109] Conclui o jurista, com irrecusável acerto:

> É para esse desiderato que os consumidores são objeto de tutela, que tem como razão de ser a especial situação de vulnerabilidade que os caracteriza, como "partes fracas", perante os fornecedores, que são "partes fortes" [1.4.1]. No Código este objetivo está claro em especial no art. 4.º, III, ao explicitar, entre os princípios a serem atendidos pela Política Nacional das Relações de Consumo, a "*harmonização dos interesses* dos participantes das relações de consumo e a da proteção do consumidor com *a necessidade de desenvolvimento econômico e tecnológico*, de modo a *viabilizar os princípios nos quais se funda a ordem econômica (art. 170, da Constituição Federal)*, sempre com base na boa-fé e equilíbrio nas relações entre fornecedores e consumidores".[110]

Nunca, portanto, passou pela intenção do CDC assumir o papel de defensor exaustivo de todos os interesses dos consumidores sem que se lhes pudesse contrapor interesses igualmente relevantes dos fornecedores, nem muito menos que outras normas de direito privado, como as dos direitos das obrigações e dos contratos, deixassem de ser obrigatórias para ambas as partes da relação de consumo.

Todo o ordenamento jurídico – e não apenas a legislação consumerista – continua aplicável aos contratos ajustados entre fornecedores e consumidores. A tutela particular dispensada aos consumidores, por determinação constitucional, objetiva tão somente alcançar "um razoável equilíbrio" em suas relações com os fornecedores, na medida em que isto seja viável sem prejudicar o desenvolvimento da ordem econômica programada pela Constituição. "*Em princípio, não se procura senão sancionar os abusos:* declara-se a nulidade das cláusulas abusivas, proíbem-se práticas abusivas na publicidade e nos contratos e sancionam-se abusividades similares."[111]

Vale a pena lembrar a ponderada advertência de Eros Roberto Grau, segundo a qual:

> *Ambientalistas* e *consumeristas,* no entusiasmo às vezes ingênuo que os nutre, de um lado ignoram que tanto o Direito *do Consumidor* quanto o Direito *Ambiental* visam a preservar o próprio sistema jurídico vigente, não havendo, na realidade, qualquer ponto de ruptura da *teoria clássica do contrato.* Não estamos diante de uma alavanca de transformação do mundo, como querem alguns.[112]

---

[109] NORONHA, Fernando. *Op. cit.*, p. 4.
[110] *Idem. Ibidem.*
[111] *Idem. Ibidem.*
[112] GRAU, Eros Roberto. Um novo paradigma dos contratos? *Revista da Faculdade de Direito da Universidade de São Paulo*, n. 96, p. 431, 2001.

É sempre bom lembrar que a exacerbação de tutela dos consumidores, além de contrariar o princípio constitucional da livre-iniciativa, acaba por majorar custos da produção e escassez de certos produtos e serviços, o que, afinal, vem prejudicar os próprios destinatários das normas protetivas.[113]

Por outro lado, quando se vai além das necessidades de harmonização entre interesses de consumidores e fornecedores, quando se utiliza a lei consumerista para fins que ultrapassam a repressão dos *abusos* praticados nas relações de consumo, comete-se um desvio, muitas vezes prejudicial aos próprios objetivos políticos da legislação tutelar, como advertem Jean Calais-Auloy e Frank Steinmetz:

> A acumulação de um número excessivo de normas faria correr o risco de elas não serem aplicadas, ou, caso o fossem, poderiam paralisar a atividade econômica; por outro, seria perigoso dar aos consumidores a impressão de que a lei os protegeria em qualquer circunstância, porque se incorreria no risco de criar neles uma mentalidade de assistidos, ou mesmo de incapazes. Tudo é, como conclui CALAIS-AULOY, uma questão de medida: "as regras protetoras devem ser eficazes, mas não devem ser demasiado numerosas, nem demasiado constringentes".[114]

Enfim: o Código de Defesa do Consumidor não veio para dar supremacia absoluta à tutela prevista na Constituição para a parte vulnerável na relação de consumo, como se se pudesse afastar, ou relegar a plano inferior, tudo o mais que integra a ordem econômica planejada pela organização constitucional do mercado; e muito menos teve o propósito de revogar o direito clássico das obrigações e dos contratos. Apenas a repressão de abusos da parte mais forte, nesse domínio, constituiu sua meta fundamental.

2.15. REVISÃO DO CONTRATO DESEQUILIBRADO (LESÃO)

Está expressamente autorizada a revisão judicial do contrato em que as prestações de parte a parte não se mostrem equilibradas, segundo os próprios termos da convenção ajustada entre fornecedor e consumidor (art. 6º, V).

Mas a revisão não se estabelece por qualquer divergência entre prestações ou vantagens recíprocas, mesmo porque na atividade comercial, onde se realizam os negócios de consumo, a busca do lucro é natural, o que impõe sempre uma razoável diferença entre o que uma parte presta e a outra contrapresta.

Para invalidar ou reformar uma cláusula contratual, "o Código de Defesa do Consumidor Brasileiro trabalha com a noção de '*desvantagem exagerada*' (art. 51, IV e § 1º, do CDC), isto é, não basta o exagero nos direitos assegurados ao fornecedor por contrato, não basta a vantagem deste fornecedor, *o importante é o prejuízo, a desvantagem irrazoável (Unzumutbarkeit)* para o consumidor, esse, sim, sujeito

---

[113] COELHO, Fábio Ulhoa. *Os empresários e o direito do consumidor*. São Paulo: Saraiva, 1994, p. 27; NORONHA, Fernando. *Op. cit.*, p. 4.
[114] NORONHA, Fernando. *Op. cit.*, p. 4-5; CALAIS-AULOY, Jean; STEINMETZ, Frank. *Droit de la consummation*. 4. ed. Paris: Dalloz, 1996, p. 17.

tutelado na nova noção de equilíbrio das relações contratuais. Protegem-se no Código o objetivo e o equilíbrio contratual, assim como sanciona-se a onerosidade excessiva (art. 52, § 1º, do CDC), revitalizando a importância da comutatividade das prestações, reprimindo excessos do individualismo e procurando a *justa proporcionalidade* de direitos e deveres, de conduta e de prestação, nos contratos sinalagmáticos". Nessa ótica jurídica, constitui *abuso* a "unilateralidade excessiva ou o desequilíbrio irrazoável da engenharia contratual", devendo-se valorizar "o equilíbrio intrínseco da relação em sua totalidade".[115]

O juiz só interferirá na economia do contrato se detectar o *desequilíbrio significativo*, de direitos e deveres, em detrimento do consumidor, na relação contratual vista como um todo, o qual passa a ser indício de abuso, "a chamar a ação reequilibradora do novo direito contratual em sua visão social".[116]

Para que seja procedente a ação revisional, impõe-se, destarte, "uma análise funcional e contextual da cláusula, de seus fins e efeitos desequilibradores da engenharia contratual básica".[117]

Para rever a cláusula abusiva e superar o desequilíbrio da relação contratual, cabe à Justiça pesquisar e fazer atuar a boa-fé objetiva, por meio da observância dos deveres anexos de lealdade, confiança e cooperação. Identificada a vulneração do princípio da boa-fé, configurada restará a conduta contratual abusiva da parte forte contra a parte fraca (vulnerável) – e o abuso de direito é ato ilícito (CC, art. 187) –, que irá justificar a eliminação da cláusula desequilibradora, ou sua modificação para adequá-la aos ditames da boa-fé objetiva, dentro dos limites permitidos e desejados pela lei.[118]

O Tribunal de Justiça do Rio Grande do Sul entende que a revisão contratual pelo consumidor é admitida em duas situações: "por abuso contemporâneo à contratação ou por onerosidade excessiva, derivada de fato superveniente (Teoria da Imprevisão)". Admitiu, então, devida a revisão em hipótese na qual "o desequilíbrio contratual já existia à época da contratação, uma vez que o fornecedor inseriu unilateralmente nas cláusulas gerais do contrato de adesão obrigações claramente excessivas, a serem suportadas exclusivamente pelo consumidor".[119]

---

[115] MARQUES, Cláudia Lima. *Op. cit.*, p. 52.
[116] *Idem. Ibidem.*
[117] *Idem. Op. cit.*, p. 52.
[118] "Isso não significa que não será respeitada a força obrigatória do contrato, e sim que esta será relativizada, em favor da busca pela justiça substancial da relação contratual [...]. Além disso, a alteração de uma cláusula, ou até mesmo a declaração de sua nulidade, só é possível se for considerada para tanto a totalidade do contrato, contrabalanceando o equilíbrio do seu conteúdo com a consistência contextual das cláusulas" (CORDEIRO, Carlos José; GOMES, Josiane Araújo. Revisão judicial dos contratos como instrumento de equilíbrio econômico contratual. *Revista Síntese* – Direito Civil e Processual Civil, v. 73, p. 137, set.-out./2011).
[119] TJRS, 13ª Câmara Cível, Ap. 70011636230, Rel. Min. Angela Terezinha de Oliveira Brito, ac. 22.09.2005, DJ 29.12.2005.

2.16. CLÁUSULAS ABUSIVAS

I – Introdução

De início, deve-se alertar que não se pode cogitar de abusividade de cláusula alguma quando o seu conteúdo decorra de autorização legal, regularmente exercitada pelo fornecedor dentro dos limites fixados pela lei. Só se há de pensar em cláusula abusiva, portanto, quando a parte forte da convenção impõe condição contrária à disposição de lei ou representativa do *abuso* de faculdade legal, pelo seu exercício além dos limites apontados pelo art. 187 do Código Civil, quais sejam, aqueles "impostos pelo seu fim econômico ou social, pela boa-fé ou pelos bons costumes".[120]

O CDC não apresenta uma conceituação de cláusula abusiva, limitando-se a apresentar um rol *exemplificativo*[121] de cláusulas que considera nulas de pleno direito (art. 51). Cláudia Lima Marques, citando lição de Helène Brick, explica:

> [...] todas as cláusulas abusivas apresentam como características ou pontos em comum justamente o seu fim, que seria melhorar a situação contratual daquele que redige o contrato ou detém posição preponderante, o fornecedor, transferindo riscos ao consumidor, e o seu *efeito*, que é o desequilíbrio do contrato em razão da falta de reciprocidade e unilateralidade dos direitos assegurados ao fornecedor.[122]

As cláusulas abusivas, que o art. 51 do CDC considera como *nulas de pleno direito*, constam de rol organizado pela lei apenas de forma exemplificativa, pois, em caráter geral, presumem-se abusivas todas as cláusulas que, "se aceitas, poderiam colocar o consumidor num plano de inferioridade na relação contratual, prejudicando ou inviabilizando o exercício pleno de seus direitos".[123] Isto se dá, em regra, segundo a lei, quando a *vantagem* contratual conferida ao fornecedor: "I – ofende os princípios

---

[120] Por exemplo: o STJ não considera passível de revisão judicial a "taxa de administração" cobrada pelas "administradoras de consórcio" em percentual superior a 10%, porque possuem tais instituições "total liberdade" para fixá-la, "nos termos do art. 33 da Lei n. 8.177/1991 e da Circular n. 2.766/1997 do BACEN" (STJ, 4ª T., AgRg no REsp. 1.092.876/RS, Rel. Min. Fernando Gonçalves, ac. 03.03.2009, *DJe* 16.03.2009). Ou seja: "As administradoras de consórcio podem estabelecer o valor da taxa de administração de consórcios, segundo critérios de livre concorrência de mercado (art. 33 da Lei 8.177/1991 e Circular 2.766/1997). Precedentes da 2ª Seção" (STJ, 4ª T., AgRg nos EDcl no REsp. 1.100.270/RS, Rel. Min. Maria Isabel Gallotti, ac. 04.10.2011, *DJe* 13.10.2011).

[121] "A expressão 'entre outras' do *caput* do art. 51 evidencia o critério da lei de mencionar em *numerus apertus* os casos de cláusulas abusivas nos contratos de consumo". Daí porque, na lição de Nelson Nery Júnior, "sempre que verificar a existência de desequilíbrio na posição das partes no contrato de consumo, o juiz poderá reconhecer e declarar abusiva determinada cláusula, atendidos os princípios da boa-fé e da compatibilidade com o sistema de proteção ao consumidor" (NERY JÚNIOR, Nelson. *In:* GRINOVER, Ada Pellegrini, *et al. Código Brasileiro de Defesa do Consumidor* – comentado pelos autores do Anteprojeto. 10. ed. Rio de Janeiro: Forense, 2011, v. 1, p. 573).

[122] BRICKS, Helène, *apud* MARQUES, Cláudia Lima. *Contratos no Código de Defesa do Consumidor*. 5. ed. São Paulo: RT, 2005, p. 905.

[123] MORAES, Voltaire de Lima. Dos Direitos Básicos do Consumidor. *In:* CRETELLA JR., José; DOTTI, René Ariel (coord.). *Comentários ao Código do Consumidor*, n. 55, p. 44.

fundamentais do sistema jurídico a que pertence; II – restringe direitos ou obrigações fundamentais inerentes à natureza do contrato, de tal modo a ameaçar seu objeto ou o equilíbrio contratual; III – se mostra excessivamente onerosa para o consumidor, considerando-se a natureza e conteúdo do contrato, o interesse das partes e outras circunstâncias peculiares ao caso" (art. 51, § 1º).

A aferição da cláusula abusiva não se faz a partir do ânimo ou subjetivismo das contratantes. "A tendência hoje no direito comparado e na exegese do CDC é conectar a abusividade das cláusulas a um *paradigma objetivo*, em especial ao princípio da *boa-fé objetiva*; observar mais seu efeito, seu resultado e não tanto repreender uma atuação maliciosa ou não subjetiva. [...] A atuação subjetiva deve ser desconsiderada e dar lugar a um exame do contexto do contrato, de seu equilíbrio, da conduta conforme a boa-fé que dele objetivamente emana".[124]

II – Preservação do contrato

Por outro lado, procurando preservar o contrato e delimitar a interferência no domínio das relações negociais privadas, o CDC ressalta:

A nulidade de uma cláusula contratual abusiva não invalida o contrato, exceto quando de sua ausência, apesar dos esforços de integração, decorrer ônus excessivo a qualquer das partes (art. 51, § 2º).

Desse enunciado extraem-se duas conclusões:

a) Se é possível isolar a cláusula abusiva do contexto contratual, sua nulidade fica restrita a seu próprio conteúdo. Segue-se o princípio clássico do *utile per inutile non vitiatur*.

b) Ao eliminar a cláusula abusiva, cabe ao juiz proceder a uma revisão do contrato para preservá-lo, sempre que possível (princípio da *conservação* ou *manutenção* do contrato). Somente quando, pela eliminação da parcela abusiva, se tornar desequilibrada de forma irremediável a relação contratual é que se terá de optar pela completa resolução do negócio.[125]

No direito comparado, observa-se igual orientação. No direito espanhol, por exemplo, tem-se como certo que o direito do consumidor, que hoje se manifesta como exigência do Estado Social, no terreno da coibição das cláusulas abusivas corresponde ao controle do conteúdo dos contratos para implantação do *princípio de justiça*; mas apenas até onde for necessário para realizá-lo. Não é o contrato que se contamina de nulidade, mas tão somente a cláusula abusiva. "*Esto significa que, en principio, el resto*

---

[124] MARQUES, Cláudia Lima. *Contratos no Código de Defesa do Consumidor*, cit., p. 905.
[125] "A tendência de continuidade do vínculo no tempo é uma das características legítimas do consumidor quanto ao ideal de equilíbrio (justiça) contratual. Note-se que, pelo art. 51, § 2º, a nulidade de uma cláusula não invalida o contrato, exceto 'quando de sua ausência, apesar dos esforços de integração, decorrer ônus excessivo a *qualquer das partes*'" (MARQUES, Cláudia Lima. Notas sobre o Sistema de Proibição de Cláusulas Abusivas no Código Brasileiro de Defesa do Consumidor, cit., p. 64).

del contrato permanece en vigor, se conserva a pesar de la reducción de su contenido y de alguno de sus efectos".[126] Somente quando se tornar inalcançável o fim perseguido pelo negócio jurídico, segundo o propósito das partes no estabelecimento do acordo de vontades, é que se terá de aceitar sua nulidade total por impossibilidade do objeto do contrato.[127] Para a lei de defesa dos consumidores, deve-se impedir, na medida possível, a *nulidade do contrato*.[128] Só se chega à nulidade total quando apareça pela eliminação apenas da cláusula abusiva, "uma situação não equitativa", que não se consiga contornar pela operação de "integração do contrato amputado".[129]

Aliás, a regra do § 2º do art. 51 do CDC brasileiro não é norma de proteção apenas ao consumidor, mas visa, principalmente, a tutelar a situação do fornecedor. Tanto assim que teve o cuidado de esclarecer, textualmente, que o excesso de onerosidade capaz de justificar, *in casu*, a invalidação de todo o contrato, pode referir-se a "qualquer das partes". Com a cominação de nulidade parcial, no limite da cláusula abusiva, a lei evidentemente procura impedir o desequilíbrio contratual contra a parte vulnerável (o consumidor) e a favor da parte forte (a que impõe as condições do contrato: o fornecedor). Já a regra excepcional de extensão da nulidade a todo o contrato não se destina, em princípio, a tutelar interesse do consumidor, já que, eliminada a convenção abusiva, estaria ele suficientemente protegido. Assim, no comum das vezes, a preocupação da norma legal, *in casu*, se volta para o fornecedor, que poderia restar prejudicado por relação desequilibrada após a eliminação da cláusula viciada, em razão da impossibilidade de integração do negócio em bases equitativas.[130]

Considera-se *integração* a operação pela qual se substitui a cláusula abusiva pelas regras comuns e dispositivas do direito contratual, a fim de conservar-se o vínculo negocial eficaz entre as partes.

A integração aqui é a dos efeitos do negócio, agora não mais previstos expressamente em virtude da invalidade da cláusula, recorrendo o juiz a normas supletivas ou dispositivas do ordenamento jurídico brasileiro. As nulidades absolutas, como as do art. 51 do CDC, caracterizam-se por não serem sanáveis pelo juiz, passando a relação contratual, naquele aspecto, a ser regida pela lei.[131]

III – Declaração de ofício

Uma vez que o CDC comina de nulidade "de pleno direito" a cláusula abusiva, a orientação do STJ era no sentido de que o juiz poderia declará-la de ofício:

A nulidade da cláusula que coloque o consumidor em desvantagem exagerada há de ser reconhecida, não só no plano do direito material, mas também no processual. Ineficaz será a proteção deferida, com o reconhecimento de seus direitos, se a defesa em juízo pode ser sensivelmente prejudicada.

---

[126] MUÑOZ, Miguel Ruiz. *Op. cit.*, p. 29-30.
[127] *Idem*. p. 30.
[128] *Idem*. p. 258.
[129] *Idem*. p. 275.
[130] *Idem. Op. cit.*, p. 278.
[131] MARQUES, Cláudia Lima. *Op. cit.* p. 64.

Hipótese em que o ajuizamento do processo no foro de eleição praticamente inviabiliza a defesa. Possibilidade de declaração, de ofício, da nulidade da cláusula em que se preestabeleceu o foro, bem como de que se decline da competência, ainda sem prévia provocação.[132]

Entretanto, o entendimento foi alterado por aquela Corte Superior, que, atualmente, entende não ser possível a declaração de nulidade de ofício pelo juiz, caso não haja pedido expresso da parte nesse sentido:

a) IV. Em homenagem ao método dispositivo (CPC, art. 2º), é defeso ao juiz rever de ofício o contrato para, com base no art. 51, IV, do CDC anular cláusulas que considere abusivas (Eresp 702.524/RS).[133]

b) É vedado aos juízes de primeiro e segundo graus de jurisdição julgar, com fundamento no art. 51 do CDC, sem pedido expresso, a abusividade de cláusulas nos contratos bancários. Vencidos quanto a esta matéria a Min. Relatora e o Min. Luis Felipe Salomão.[134]

c) 2. Resta firmada no STJ a vedação a declaração, de ofício, de nulidade de cláusulas abusivas pelo Tribunal de origem, implicando julgamento além do que foi pedido. Impossibilidade, tratando-se de questões exclusivamente patrimoniais. Ressalva quanto ao meu entendimento pessoal.[135]

A alteração de entendimento foi sedimentada por meio dos Embargos de Divergência em Recurso Especial nº 702.524/RS, julgados pela 2ª Seção. Na oportunidade, a eminente Relatora, Min. Nancy Andrighi, que foi vencida no julgamento, defendeu que se é possível ao juiz, de ofício, em contratos de consumo, declarar a abusividade da cláusula de eleição de foro,[136] essa prerrogativa deveria ser adotada para qualquer outra cláusula considerada abusiva. Segundo a relatora vencida,

> O entendimento que deve prevalecer é o de que não há limite para o reconhecimento, pelo juiz ou pelo Tribunal, de uma nulidade absoluta. O micro-sistema introduzido pelo Código de Defesa do Consumidor não pode ser desvinculado dos demais princípios e normas que orientam o direito pátrio, notadamente o Código Civil. Ao contrário, o que deve haver é a integração entre esses sistemas. Conforme bem

---

[132] STJ, 2ª Seção, CC 20.969/MG, Rel. Min. Eduardo Ribeiro, ac. 11.11.1998, *DJU* 22.03.1999, p. 41. No mesmo sentido: "a ausência de justa causa para expedição de mandado de reintegração de posse é a abusividade da cláusula – e que pode ser objeto de controle judicial *ex officio*" (STJ, 3ª T., AgRg no Ag. 350.812/RS, Rel. Min. Nancy Andrighi, ac. 19.03.2001, *DJU* 28.05.2001, p. 201).
[133] STJ, 3ª T, REsp. 767.052/RS, Rel. Min. Humberto Gomes de Barros, ac. 14.06.2007, *DJU* 01.08.2007, p. 459.
[134] STJ, 2ª Seção, REsp. 1.061.530/RS, Rel. Min. Nancy Andrighi, ac. 22.10.2008, *DJe* 10.03.2009.
[135] STJ, 4ª T., AgRg no Ag 967.408/DF, Rel. Min. Luis Felipe Salomão, ac. 19.11.2009, *DJe* 30.11.2009.
[136] A Relatora cita vários precedentes, entre eles: 2ª Seção, CC 21.540/MS, Rel. Min. Ruy Rosado de Aguiar, ac. 27.05.1998, *DJU* 24.08.1998, p. 6; 2ª Seção, CC 19.301/MG, Rel. Min. Ruy Rosado de Aguiar, ac. 11.11.1998, *DJU* 17.02.1999, p. 108; 2ª Seção, CC 22.252/MG, Rel. Min. Barros Monteiro, ac. 12.08.1998, *DJU* 05.10.1998, p. 10; 2ª Seção, CC 48.097/RJ, Rel. Min. Fernando Gonçalves, ac. 13.04.2005, *DJU* 04.05.2005, p. 153.

observado por Cláudia Lima Marques, *"o CDC é lei especial das relações de consumo, mas não é exaustiva ou com pretensão de completude, como demonstra claramente o art. 7º"*, de forma que o Código Civil de 2002 *"servirá de base conceitual nova para o micro-sistema específico do CDC, naquilo que couber."* Essa base conceitual representada pelo Código Civil deve ser integrada com o CDC de forma que complete os conceitos postos de maneira aberta nesse diploma legal. Assim, conforme sustenta, ainda, Cláudia Lima Marques, *"o que é abuso de direito, o que é nulidade, o que é pessoa jurídica, o que é prova, decadência, prescrição e assim por diante, se conceitos não definidos no micro-sistema terão sua definição atualizada pelo NCC/2002"*.

Com base nesses argumentos, a eminente Relatora propôs "a imediata revisão do entendimento acerca da possibilidade de o Tribunal dispor, de ofício, acerca de cláusulas reputadas *nulas de pleno direito* pelo Código de Defesa do Consumidor".

O entendimento prevalecente, entretanto, foi o esposado pelo Ministro Humberto Gomes de Barros, designado relator para o acórdão, no sentido de que, se não houver pedido expresso da parte acerca da declaração de nulidade da cláusula abusiva, o juiz não poderá examinar a questão de ofício:

O banco embargante demonstrou a divergência de tal entendimento com precedentes da 3ª Turma (Resp 537.699, Resp 248.789 e Resp 258.426, todos relatados pelo eminente Ministro Carlos Alberto Menezes Direito), nos quais se proclamou que "a extensão do princípio devolutivo se mede através da impugnação feita pela parte nas razões do recurso, consoante enuncia o brocardo latino *tantum devolutum quantum apellatum*".

No julgamento do Resp 541.153/ASFOR, ocorrido em 08.06.2005, a 2ª Seção decidiu que "não se tratando de questões relacionadas às condições da ação, as matérias que não foram objeto da apelação não podem ser examinadas pelo Tribunal".

Evidentemente, o acórdão embargado contraria o entendimento consagrado na 2ª Seção, ao qual me incorporo.

Pedindo vênia à Ministra Nancy Andrighi, Relatora, conheço dos embargos de divergência e lhes dou provimento, para afastar as disposições de ofício existentes no acórdão da apelação.

Importante, por fim, ressaltar, que em relação aos contratos bancários, foi editada a Súmula 381, do STJ, no sentido de que: "nos contratos bancários, é vedado ao julgador conhecer, de ofício, da abusividade das cláusulas".

A nosso ver, a posição final adotada pela 2ª Seção do STJ melhor se ajusta à orientação do CPC/2015, no tocante ao contraditório dinâmico e efetivo (art. 7º), em que este não se limita ao debate entre as partes, mas sujeita também o juiz a dele participar, num sistema democrático de cooperação de todos os sujeitos do processo na construção do provimento judicial (art. 6º). Por conseguinte, nenhuma decisão que possa prejudicar uma das partes será proferida sem que esta seja previamente ouvida (art. 9º); e mais, não se permite, em grau algum de jurisdição, decisão baseada em fundamento não debatido nos autos, ainda que se trate de matéria sobre a qual deva o juiz apreciar de ofício (art. 10).

As nulidades das cláusulas abusivas não são algo que se possa singelamente avaliar apenas pela interpretação da literalidade da norma legal. Envolve sempre o contexto fático e sistemático do negócio jurídico, tema que se não aconselha resolver isoladamente pelo juiz. Esclarecimentos de ambos os litigantes são preciosos e interesses até mesmo do consumidor podem, eventualmente, justificar a cláusula que, à primeira vista, o juiz teve como abusiva. Essa característica especial da nulidade dentro da relação consumerista, portanto, justifica o tratamento cauteloso com que o STJ vem se orientando quanto à matéria, ao estabelecer que a iniciativa da decretação da nulidade das cláusulas abusivas, embora relacionada como matéria de ordem pública, não deva ser deliberada sem prévia manifestação da parte interessada.

IV – Alguns julgados sobre cláusulas abusivas
Cumpre destacar algumas decisões a respeito de cláusulas abusivas.

a) O STJ já decidiu que deve haver reciprocidade em caso de cláusula estabelecendo penalidade para o descumprimento do contrato. Ou seja: se é prevista uma penalidade para o consumidor, é essencial que a mesma pena esteja estabelecida também em face do fornecedor inadimplente:

1. Os honorários contratuais decorrentes de contratação de serviços advocatícios extrajudiciais são passíveis de ressarcimento, nos termos do art. 395 do CC/02.

2. Em contratos de consumo, além da existência de cláusula expressa para a responsabilização do consumidor, deve haver reciprocidade, garantindo-se igual direito ao consumidor na hipótese de inadimplemento do fornecedor.

3. A liberdade contratual integrada pela boa-fé objetiva acrescenta ao contrato deveres anexos, entre os quais, o ônus do credor de minorar seu prejuízo buscando soluções amigáveis antes da contratação de serviço especializado.

4. O exercício regular do direito de ressarcimento aos honorários advocatícios, portanto, depende da demonstração de sua imprescindibilidade para solução extrajudicial de impasse entre as partes contratantes ou para adoção de medidas preparatórias ao processo judicial, bem como da prestação efetiva de serviços privativos de advogado e da razoabilidade do valor dos honorários convencionados.[137]

5. A jurisprudência desta eg. Corte firmou-se no sentido de autorizar, em favor do consumidor, a inversão da cláusula penal, na hipótese de mora ou inadimplemento do promitente-vendedor.[138]

b) No tocante ao contrato de penhor, o entendimento do STJ é no sentido de ser abusiva a cláusula que limita o valor da indenização em face de extravio de bens penhorados:

1. No contrato de penhor é notória a hipossuficiência do consumidor, pois este, necessitando de empréstimo, apenas adere a um contrato cujas cláusulas são inego-

---

[137] STJ, 3ª T., REsp. 1.274.629/AP, Rel. Min. Nancy Andrighi, ac. 16.05.2013, *DJe* 20.06.2013. No mesmo sentido: STJ, 4ª T., REsp. 1.002.445/DF, Rel. p/ acórdão Min. Raul Araújo, ac. 25.08.2015, *DJe* 14.12.20015.
[138] STJ, 4ª T., AgInt no REsp 1.661.504/SP, Rel. Min. Raul Araújo, ac. 09.10.2018, *DJe* 15.10.2018.

ciáveis, submetendo-se à avaliação unilateral realizada pela instituição financeira. Nesse contexto, deve-se reconhecer a violação ao art. 51, I, do CDC, pois mostra-se abusiva a cláusula contratual que limita, em uma vez e meia o valor da avaliação, a indenização devida no caso de extravio, furto ou roubo das joias que deveriam estar sob a segura guarda da recorrida.

2. O consumidor que opta pelo penhor assim o faz pretendendo receber o bem de volta, e, para tanto, confia que o mutuante o guardará pelo prazo ajustado. Se a joia empenhada fosse para o proprietário um bem qualquer, sem valor sentimental, provavelmente o consumidor optaria pela venda da joia, pois, certamente, obteria um valor maior.

3. Anulada a cláusula que limita o valor da indenização, o *quantum* a título de danos materiais e morais deve ser estabelecido conforme as peculiaridades do caso, sempre com observância dos princípios da razoabilidade e da proporcionalidade.[139]

c) A Corte Superior entende, ainda, que se o consumidor exercer o seu direito de arrependimento, consagrado no art. 49, do CDC, terá direito a receber de volta todos os valores pagos, incluídas as despesas postais:

2. O art. 49 do Código de Defesa do Consumidor dispõe que, quando o contrato de consumo for concluído fora do estabelecimento comercial, o consumidor tem o direito de desistir do negócio em 7 dias ("período de reflexão"), sem qualquer motivação. Trata-se do direito de arrependimento, que assegura o consumidor a realização de uma compra consciente, equilibrando as relações de consumo.

3. Exercido o direito de arrependimento, o parágrafo único do art. 49 do CDC especifica que o consumidor terá de volta, imediatamente e monetariamente atualizados, todos os valores eventualmente pagos, a qualquer título, durante o prazo de reflexão, entendendo-se incluídos nestes valores todas as despesas com o serviço postal para a devolução do produto, quantia esta que não pode ser repassada ao consumidor.

4. Eventuais prejuízos enfrentados pelo fornecedor neste tipo de contratação são inerentes à modalidade de venda agressiva fora do estabelecimento comercial (internet, telefone, domicílio). Aceitar o contrário é criar limitação ao direito de arrependimento legalmente não previsto, além de desestimular tal tipo de comércio tão comum nos dias atuais.[140]

d) É entendimento sedimentado do STJ a nulidade de cláusula que prevê a venda casada de produtos ou serviços. Ou seja, não é permitido ao fornecedor condicionar o fornecimento de produtos ou serviços à aquisição de outro produto ou serviço:

3. A denominada "venda casada", sob esse enfoque, tem como *ratio essendi* da vedação a proibição imposta ao fornecedor de, utilizando de sua superioridade econômica ou técnica, opor-se à liberdade de escolha do consumidor entre os produtos e serviços de qualidade satisfatório e preços competitivos.

---

[139] STJ, 4ª T., REsp. 1.155.395/PR, Rel. Min. Raul Araújo, ac. 01.10.2013, *DJe* 29.10.2013.
[140] STJ, 2ª T., REsp. 1.340.604/RJ, Rel. Min. Mauro Campbell Marques, ac. 15.08.2013, *DJe* 22.08.2013.

4. Ao fornecedor de produtos ou serviços, consectariamente, não é lícito, dentre outras práticas abusivas, condicionar o fornecimento de produto ou de serviço ao fornecimento de outro produto ou serviço (art. 39, I do CDC).

5. A prática abusiva revela-se patente se a empresa cinematográfica permite a entrada de produtos adquiridos nas suas dependências e interdita o adquirido alhures, engendrando por via oblíqua a cognominada "venda casada", interdição inextensível ao estabelecimento cuja venda de produtos alimentícios constituiu a essência da sua atividade comercial como, *verbi gratia*, os bares e restaurantes.[141]

O STJ já entendeu ser venda casada a cobrança de taxa de conveniência dos consumidores que adquirem ingressos para espetáculos culturais pela internet:

12. A venda do ingresso para um determinado espetáculo cultural é parte típica e essencial do negócio, risco da própria atividade empresarial que visa o lucro e integrante do investimento do fornecedor, compondo, portanto, o custo básico embutido no preço.

13. Na intermediação por meio da corretagem, como não há relação contratual direta entre o corretor e o terceiro (consumidor), quem deve arcar, em regra, com a remuneração do corretor é a pessoa com quem ele se vinculou, ou seja, o incumbente. Precedente. [...]

16. A venda pela internet, que alcança interessados em número infinitamente superior do que a venda por meio presencial, privilegia os interesses dos produtores e promotores do espetáculo cultural de terem, no menor prazo possível, vendidos os espaços destinados ao público e realizado o retorno dos investimentos até então empregados e transfere aos consumidores parcela considerável do risco do empreendimento, pois os serviços a ela relacionados, remunerados pela "taxa de conveniência", deixam de ser arcados pelos próprios fornecedores.

17. Se os incumbentes optam por submeter os ingressos à venda terceirizada em meio virtual (da internet), devem oferecer ao consumidor diversas opções de compra em diversos sítios eletrônicos, caso contrário, a liberdade dos consumidores de escolha da intermediadora da compra é cerceada, limitada unicamente aos serviços oferecidos pela recorrida, de modo a ficar configurada a venda casada, nos termos do art. 39, I e IX, do CDC.

18. A potencial vantagem do consumidor em adquirir ingressos sem se deslocar de sua residência fica totalmente aplacada pelo fato de ser obrigado a se submeter, sem liberdade, às condições impostas pela recorrida e pelos incumbentes no momento da contratação, o que evidencia que a principal vantagem desse modelo de negócio – disponibilização de ingressos na internet – foi instituída em seu favor dos incumbentes e da recorrida.

19. *In casu*, não há declaração clara e destacada de que o consumidor está assumindo um débito que é de responsabilidade do incumbente – produtor ou promotor do espetáculo cultural – não se podendo, nesses termos, reconhecer a validade da transferência do encargo (assunção de dívida pelo consumidor).[142]

---

[141] STJ, 1ª T., REsp. 744.602/RJ, Rel. Min. Luiz Fux, ac. 01.03.2007, *DJe* 15.03.2007.
[142] STJ, 3ª T., REsp. 1.737.428/RS, Rel. Min. Nancy Andrighi, ac. 12.03.2019, *DJe* 15.03.2019. A íntegra da ementa está no final do capítulo, no item 2.25.14.

Referida decisão foi posteriormente aclarada, em sede de embargos de declaração, oportunidade em que a Corte Superior esclareceu ser válida a cobrança de taxa de conveniência "desde que o consumidor seja previamente informado do preço total da aquisição do ingresso, com o destaque do valor" da referida taxa.[143]

e) Não é, entretanto, abusiva a cláusula que obriga o arrendatário a contratar seguro em nome do arrendante:

1. Não se pode interpretar o Código de Defesa do Consumidor de modo a tornar qualquer encargo contratual atribuído ao consumidor como abusivo, sem observar que as relações contratuais se estabelecem, igualmente, através de regras de direito civil.

2. O CDC não exclui a principiologia dos contratos de direito civil. Entre as normas consumeristas e as regras gerais dos contratos, insertas no Código Civil e legislação extravagante, deve haver complementação e não exclusão. É o que a doutrina chama de Diálogo das Fontes.

3. Ante a natureza do contrato de arrendamento mercantil ou leasing, em que pese a empresa arrendante figurar como proprietária do bem, o arrendatário possui o dever de conservar o bem arrendado, para que ao final da avença, exercendo o seu direito, prorrogue o contrato, compre ou devolva o bem.

4. A cláusula que obriga o arrendatário a contratar seguro em nome da arrendante não é abusiva, pois aquele possui dever de conservação do bem, usufruindo da coisa como se dono fosse, suportando, em razão disso, riscos e encargos inerentes a sua obrigação. O seguro, nessas circunstâncias, é garantia para o cumprimento da avença, protegendo o patrimônio do arrendante, bem como o indivíduo de infortúnios.

5. Rejeita-se, contudo, a venda casada, podendo o seguro ser realizado em qualquer seguradora de livre escolha do interessado.[144]

f) Da mesma forma, o STJ entende ser lícita a cláusula que, inserida em contrato educacional, prevê um desconto pelo pagamento da mensalidade pontualmente. Segundo a Corte Superior, trata-se de cláusula que incentiva o pagamento pontual pelo aluno, trazendo vantagens ao consumidor e ao fornecedor, não se equiparando à multa pelo inadimplemento:

1. A par das medidas diretas que atuam imediatamente no comportamento do indivíduo (proibindo este, materialmente, de violar a norma ou compelindo-o a agir segundo a norma), ganha relevância as medidas indiretas que influenciam psicologicamente o indivíduo a atuar segundo a norma. Assim, o sistema jurídico promocional, para o propósito de impedir um comportamento social indesejado, não se limita a tornar essa conduta mais difícil ou desvantajosa, impondo obstáculos e punições para o descumprimento da norma (técnica do desencorajamento, por meio de sanções negativas). O ordenamento jurídico promocional vai além, vai ao encontro do com-

---

[143] STJ, 3ª T., EDcl no REsp 1.737.428/RS, Rel. p/ acórdão Min. Paulo de Tarso Sanseverino, ac. 06.10.2020, DJe 19.11.2020.
[144] STJ, 4ª T., REsp. 1.060.515/DF, Rel. Min. Honildo Amaral de Mello Castro, ac. 04.05.2010, DJe 24.05.2010.

portamento social desejado, estimulando a observância da norma, seja por meio da facilitação de seu cumprimento, seja por meio da concessão de benefícios, vantagens e prêmios decorrentes da efetivação da conduta socialmente adequada prevista na norma (técnica do encorajamento, por meio de sanções positivas).

1.1. As normas que disciplinam o contrato (seja o Código Civil, seja o Código de Defesa do Consumidor) comportam, além das sanções legais decorrentes do descumprimento das obrigações ajustadas contratualmente (de caráter coercitivo e punitivo), as denominadas sanções positivas, que, ao contrário, tem por propósito definir consequências vantajosas em decorrência do correto cumprimento das obrigações contratuais.

2. Os serviços educacionais são contratados mediante o pagamento de um preço de anualidade certo, definido e aceito pelas partes (diluído nos valores nominais constantes das mensalidades e matrícula). Inexiste, no bojo da presente ação civil pública, qualquer discussão quanto à existência de defeito de informação ou de vício de consentimento, especificamente em relação ao preço estipulado da anuidade escolar à época da celebração dos contratos de prestação de serviços educacionais. Em momento algum se cogita que o aluno/consumidor teria sido levado, erroneamente, a supor que o preço de sua mensalidade seria aquele já deduzido do valor do desconto. Aliás, insinuações nesse sentido cederiam à realidade dos termos contratados, em especial, repisa-se, no tocante ao preço da anuidade efetivamente ajustado.

2.2. Se o somatório dos valores nominais constantes das mensalidades (incluídas, aí, os valores de matrícula) equivale ao preço da anuidade contratada, ressai inquestionável que a concessão do denominado "desconto por pontualidade" consubstancia idônea medida de estímulo à consecução do cumprimento do contrato, a premiar, legitimamente, o consumidor que efetuar o pagamento de sua mensalidade na data avençada.

2.3. A disposição contratual sob comento estimula o cumprimento da obrigação avençada, o que converge com os interesses de ambas as partes contratantes. De um lado, representa uma vantagem econômica ao consumidor que efetiva o pagamento tempestivamente (colocando-o em situação de destaque em relação ao consumidor que, ao contrário, procede ao pagamento com atraso, promovendo, entre eles, isonomia material, e não apenas formal), e, em relação à instituição de ensino, não raras vezes, propicia até um adiantamento do valor a ser pago.

2.4. A proibição da estipulação de sanções premiais, como a tratada nos presentes autos, faria com que o redimensionamento dos custos do serviço pelo fornecedor (a quem cabe, exclusivamente, definir o valor de seus serviços) fossem repassados ao consumidor, indistintamente, tenha ele o mérito de ser adimplente ou não. Além de o desconto de pontualidade significar indiscutível benefício ao consumidor adimplente, que pagará por um valor efetivamente menor do preço da anuidade ajustado, conferindo-lhe isonomia material, tal estipulação corrobora com a transparência sobre a que título os valores contratados são pagos, indiscutivelmente.

3. O desconto de pontualidade é caracterizado justamente pela cobrança de um valor inferior ao efetivamente contratado (que é o preço da anuidade diluído nos valores das mensalidades e matrícula). Não se pode confundir o preço efetivamente ajustado pelas partes com aquele a que se chega pelo abatimento proporcionado pelo desconto. O consumidor que não efetiva a sua obrigação, no caso, até a data do vencimento, não faz jus ao desconto. Não há qualquer incidência de dupla penalização ao consu-

midor no fato de a multa moratória incidir sobre o valor efetivamente contratado. Entendimento contrário, sim, ensejaria duplo benefício ao consumidor, que, além de obter o desconto para efetivar a sua obrigação nos exatos termos contratados, em caso de descumprimento, teria, ainda a seu favor, a incidência da multa moratória sobre valor inferior ao que efetivamente contratou. Sob esse prisma, o desconto não pode servir para punir aquele que o concede.

3.1. São distintas as hipóteses de incidência da multa, que tem por propósito punir o inadimplemento, e a do desconto de pontualidade, que, ao contrário, tem por finalidade premiar o adimplemento, o que, por si só, afasta qualquer possibilidade de *bis in idem*, seja em relação à vantagem, seja em relação à punição daí advinda.

3.2. Entendimento que se aplica ainda que o desconto seja dado até a data do vencimento. Primeiro, não se pode olvidar que a estipulação contratual que concede o desconto por pontualidade até a data de vencimento é indiscutivelmente mais favorável ao consumidor do que aquela que estipula a concessão do desconto até a data imediatamente anterior ao vencimento. No tocante à materialização do preço ajustado, tem-se inexistir qualquer óbice ao seu reconhecimento, pois o pagamento efetuado até a data do vencimento toma por base justamente o valor contratado, sobre o qual incidirá o desconto; já o pagamento feito após o vencimento, de igual modo, toma também por base o valor contratado, sobre o qual incidirá a multa contratual. Tem-se, nesse contexto, não ser possível maior materialização do preço ajustado do que se dá em tal hipótese.[145]

g) Em relação aos contratos de compra e venda de imóvel na planta, o STJ entende que a venda será sempre por medida, não podendo ser considerada meramente enunciativa a referência à área alienada:

A referência à área do imóvel nos contratos de compra e venda de imóvel adquiridos na planta regidos pelo CDC não pode ser considerada simplesmente enunciativa, ainda que a diferença encontrada entre a área mencionada no contrato e a área real não exceda um vigésimo (5%) da extensão total anunciada, devendo a venda, nessa hipótese, ser caracterizada sempre como por medida, de modo a possibilitar ao consumidor o complemento da área, o abatimento proporcional do preço ou a rescisão do contrato.

– A disparidade entre a descrição do imóvel objeto de contrato de compra e venda e o que fisicamente existe sob titularidade do vendedor provoca instabilidade na relação contratual.

– O Estado deve, na coordenação da ordem econômica, exercer a repressão do abuso do poder econômico, com o objetivo de compatibilizar os objetivos das empresas com a necessidade coletiva.

– Basta, assim, a ameaça do desequilíbrio para ensejar a correção das cláusulas do contrato, devendo sempre vigorar a interpretação mais favorável ao consumidor, que não participou da elaboração do contrato, consideradas a imperatividade e a indisponibilidade das normas do CDC.

---

[145] STJ, 3ª T., REsp. 1.424.814/SP, Rel. Min. Marco Aurélio Bellizze, ac. 04.10.2016, *DJe* 10.10.2016.

– O juiz da equidade deve buscar a Justiça comutativa, analisando a qualidade do consentimento.

– Quando evidenciada a desvantagem do consumidor, ocasionada pelo desequilíbrio contratual gerado pelo abuso do poder econômico, restando, assim, ferido o princípio da equidade contratual, deve ele receber uma proteção compensatória.

– Uma disposição legal não pode ser utilizada para eximir de responsabilidade o contratante que age com notória má-fé em detrimento da coletividade, pois a ninguém é permitido valer-se da lei ou de exceção prevista em lei para obtenção de benefício próprio quando este vier em prejuízo de outrem.

– Somente a preponderância da boa-fé objetiva é capaz de materializar o equilíbrio ou justiça contratual.[146]

h) Ainda em relação aos contratos de compra e venda de imóveis, o STJ entende ser abusiva a cláusula que estabelece que a restituição dos valores pagos ao consumidor deverá ser feita por meio de carta de crédito para aquisição de outro imóvel da mesma construtora:

1. A análise da abusividade da cláusula de decaimento "é feita tanto frente ao direito tradicional e suas noções de abuso de direito e enriquecimento ilícito, quanto frente ao direito atual, posterior à entrada em vigor do CDC, tendo em vista a natureza especial dos contratos perante os consumidores e a imposição de um novo paradigma de boa-fé objetiva, equidade contratual e proibição da vantagem excessiva nos contratos de consumo (art. 51, IV) e a expressa proibição de tal tipo de cláusula no art. 53 do CDC".

2. Ao dispor o contrato que a devolução dos referidos valores ao adquirente se daria por meio de duas cartas de crédito, vinculadas à aquisição de um outro imóvel da mesma construtora, isso significa, efetivamente, que não haverá devolução alguma, permanecendo o consumidor-adquirente submetido à construtora, visto que, o único caminho para não perder as prestações já pagas, será o de adquirir uma outra unidade imobiliária da recorrente.[147]

i) Ainda em relação às promessas de compra e venda de imóveis em construção, a jurisprudência do STJ já decidiu não ser abusiva a cláusula de tolerância, desde que respeitado o prazo máximo de 180 dias:[148]

a) 3. É firme a jurisprudência do STJ no sentido de que, apesar de não considerar abusiva a cláusula de tolerância, deve-se respeitar o prazo máximo de

---

[146] STJ, 3ª T., REsp. 436.853/DF, Rel. Min. Nancy Andrighi, ac. 04.05.2006, *DJU* 27.11.2006, p. 273.
[147] STJ, 4ª T., REsp. 437.607/PR, Rel. Min. Hélio Quaglia Barbosa, ac. 15.05.2007, *DJU* 04.06.2007, p. 355.
[148] Ressalte-se que a Lei nº 13.786, de 27 de dezembro de 2018 (Lei do Distrato), alterou a Lei nº 4.591/64, para admitir o atraso na entrega do imóvel por até 180 dias: "Art. 43-A. A entrega do imóvel em até 180 (cento e oitenta) dias corridos da data estipulada contratualmente como data prevista para conclusão do empreendimento, desde que expressamente pactuado, de forma clara e destacada, não dará causa à resolução do contrato por parte do adquirente nem ensejará o pagamento de qualquer penalidade pelo incorporador".

180 dias para fins de atraso da entrega da unidade habitacional, sob pena de responsabilização.[149]

b) 3. No contrato de promessa de compra e venda de imóvel em construção, além do período previsto para o término do empreendimento, há, comumente, cláusula de prorrogação excepcional do prazo de entrega da unidade ou de conclusão da obra, que varia entre 90 (noventa) e 180 (cento e oitenta) dias: a cláusula de tolerância.

[...]

5. Não pode ser reputada abusiva a cláusula de tolerância no compromisso de compra e venda de imóvel em construção desde que contratada com prazo determinado e razoável, já que possui amparo não só nos usos e costumes do setor, mas também em lei especial (art. 48, § 2º, da Lei nº 4.591/1964), constituindo previsão que atenua os fatores de imprevisibilidade que afetam negativamente a construção civil, a onerar excessivamente seus atores, tais como intempéries, chuvas, escassez de insumos, greves, falta de mão de obra, crise no setor, entre outros contratempos.

6. A cláusula de tolerância, para fins de mora contratual, não constitui desvantagem exagerada em desfavor do consumidor, o que comprometeria o princípio da equivalência das prestações estabelecidas. Tal disposição contratual concorre para a diminuição do preço final da unidade habitacional a ser suportada pelo adquirente, pois ameniza o risco da atividade advindo da dificuldade de se fixar data certa para o término de obra de grande magnitude sujeita a diversos obstáculos e situações imprevisíveis.

7. Deve ser reputada razoável a cláusula que prevê no máximo o lapso de 180 (cento e oitenta) dias de prorrogação, visto que, por analogia, é o prazo de validade do registro da incorporação e da carência para desistir do empreendimento (arts. 33 e 34, § 2º, da Lei nº 4.591/1964 e 12 da Lei nº 4.864/1965) e é o prazo máximo para que o fornecedor sane vício do produto (art. 18, § 2º, do CDC).

8. Mesmo sendo válida a cláusula de tolerância para o atraso na entrega da unidade habitacional em construção com prazo determinado de até 180 (cento e oitenta) dias, o incorporador deve observar o dever de informar e os demais princípios da legislação consumerista, cientificando claramente o adquirente, inclusive em ofertas, informes e peças publicitárias, do prazo de prorrogação, cujo descumprimento implicará responsabilidade civil. Igualmente, durante a execução do contrato, deverá notificar o consumidor acerca do uso de tal cláusula juntamente com a sua justificação, primando pelo direito à informação.[150]

j) Em relação à taxa de juros remuneratórios praticada por instituições financeiras, o STJ entende que a sua abusividade deve ser analisada caso a caso, não sendo suficiente que o percentual fixado seja superior à taxa do mercado:

1. "É admitida a revisão das taxas de juros remuneratórios em situações excepcionais, desde que caracterizada a relação de consumo e que a abusividade (capaz de colocar o consumidor em desvantagem exagerada – art. 51, § 1º, do CDC) fique cabalmente

---

[149] STJ, 4ª T., AgInt no REsp 1.737.415/SP, Rel. Min. Luis Felipe Salomão, ac. 24.09.2019, *DJe* 30.09.2019.
[150] STJ, 3ª T., REsp 1.582.318/RJ, Rel. Min. Ricardo Villas Bôas Cueva, ac. 12.09.2017, *DJe* 21.09.2017.

demonstrada, ante às peculiaridades do julgamento em concreto" (Resp n. 1.061.530/RS, submetido ao rito do art. 543-C do CPC, Relatora Ministra Nancy Andrighi, Segunda Seção, julgado em 22/10/2008, *Dje* 10/03/2009).

2. A taxa média de mercado apurada pelo Banco Central para operações similares na mesma época do empréstimo pode ser utilizada como referência no exame da abusividade dos juros remuneratórios, mas não constitui valor absoluto a ser adotado em todos os casos. Precedentes.[151]

k) O STJ já entendeu não ser abusiva a cláusula de fidelidade em contratos de telefonia, porque existe uma contrapartida em favor do consumidor:

2. A cláusula de fidelização, em contrato de telefonia, é legítima, na medida em que o assinante, em contrapartida, recebe benefícios, bem como em face da necessidade de garantir um retorno mínimo em relação aos gastos realizados.[152]

Entretanto, o TJMG declarou abusiva "a cobrança de multa por rescisão antecipada de contrato quando renovação da cláusula de fidelização se deu de forma automática e sem trazer benefícios ao consumidor".[153]

l) Analisando cláusula inserida em pacote turístico que previa a perda total do valor antecipadamente pago pelo consumidor, em razão da desistência da viagem, o STJ a declarou abusiva, por força do art. 51, II e IV do CDC, bem como do art. 413, do Código Civil:

2. Demanda movida por consumidor postulando a restituição de parte do valor pago antecipadamente por pacote turístico internacional, em face da sua desistência decorrente do cancelamento de seu casamento vinte dias antes da viagem.

3. Previsão contratual de perda total do valor antecipadamente pago na hipótese de desistência em período inferior a vinte e um dias da data do início da viagem.

4. Reconhecimento da abusividade da cláusula penal seja com fundamento no art. 413 do Código Civil de 2002, seja com fundamento no art. 51, II e IV, do CDC.

5. Doutrina e jurisprudência acerca do tema.[154]

---

[151] STJ, 4ª T., AgRg no REsp. 1.385.348/SC, Rel. Min. Antônio Carlos Ferreira, ac. 04.08.2015, *DJe* 13.08.2015. "A onerosidade excessiva do percentual dos juros remuneratórios somente pode ser demonstrada mediante perícia que propicie a comparação com as taxas praticadas por outras instituições financeiras, desde que coincidentes o produto, a praça e a época da firmatura do pacto. Afastada a ocorrência de contradição" (STJ, 4ª T., AgRg no Resp. 935.231/RJ, Rel. Min. Aldir Passarinho Júnior, ac. 21.08.2007, *DJU* 29.10.2007, p. 271).

[152] STJ, 3ª T., AgRg no REsp. 1.204.952/DF, Rel. Min. Paulo de Tarso Sanseverino, ac. 14.08.2012, *DJe* 20.8.2012.

[153] TJMG, 17ª Câmara Cível, Ao. 1.0000.21.106618-8/001, Rel. Des. Aparecida Grossi, ac. 17.11.2021, *DJ* 19.11.2021.

[154] STJ, 3ª T., REsp. 1.321.655/MG, Rel. Min. Paulo de Tarso Sanseverino, ac. 22.10.2013, *DJe* 28.10.2013. No mesmo sentido: STJ, 3ª T., AgInt. no AREsp. 896.022/SE, Rel. Min. Paulo de Tarso Sanseverino, ac. 25.10.2016, *DJe* 17.11.2016.

m) O STJ já assentou entendimento no sentido de não ser abusiva a cláusula que, em contratos do Sistema Financeiro de Habitação celebrados junto à Caixa Econômica Federal, transfere ao adquirente a responsabilidade pela desocupação do imóvel que esteja na posse de terceiros:

1. Cinge-se a controvérsia a saber se a cláusula contratual que impõe ao comprador a responsabilidade pela desocupação do imóvel que lhe é alienado pela CEF é abusiva ou não.

2. A cláusula que transfere ao adquirente a responsabilidade pela desocupação de imóvel que esteja na posse de terceiros é comum em contrato de compra de bens de propriedade da Caixa Econômica Federal havidos por adjudicação, arrematação ou dação em pagamento. A oferta e a relação dos imóveis são divulgadas em editais de concorrência pública em que, mesmo diante dos riscos decorrentes da ocupação prévia por um terceiro não proprietário, os interessados optam pela compra desses bens, vendidos por valores reduzidos pela CEF.

3. A oferta dos imóveis se dá por preço consideravelmente inferior ao valor real do bem, justamente pela situação peculiar que possa se encontrar, tanto no que se refere à preservação quanto à eventual ocupação por terceiros.

4. Não havendo omissão sobre o fato de o bem estar ocupado por terceiro, não se afigura iníqua ou abusiva, não acarreta exagerada desvantagem para o adquirente nem cria situação de incompatibilidade com os postulados da boa-fé e da equidade a cláusula contratual que impõe ao adquirente o ônus pela desocupação do imóvel.

5. A aquisição de imóvel pelo Sistema Financeiro da Habitação – SFH não afasta a liberdade de contratação e a força vinculante do contrato. O SFH tem regime jurídico próprio, de modo que há diversos mecanismos a fim de atender as suas peculiaridades. Assim, a estabilidade nas relações entre mutuários e agentes financeiros e o prestígio à segurança jurídica quanto às obrigações pactuadas são caminhos para manter a higidez do sistema e viabilizar que um maior número de pessoas possa adquirir um imóvel.

6. A opção da CEF em levar o bem à hasta pública nas condições de ocupação e conservação em que se encontra está inserida e é compatível com as diretrizes do SFH e com a lógica do sistema financeiro, tendo em vista que além de impedir a permanência de imóveis em estoque, circunstância extremamente danosa ao SFH, pois bloqueia um valor expressivo de capital, cujo retorno deveria reverter para a carteira de crédito imobiliário, propiciando novas operações de crédito para famílias sem casa própria e gerar elevados custos de manutenção, também visa evitar a sua sujeição às severas restrições contidas na Circular do Banco Central nº 909, de 11/1/1985.[155]

n) Em relação aos serviços de Tv por assinatura, é lícita a conduta da prestadora de serviço que, antes da Resolução 528, de 2009, da ANATEL, cobrava pelo aluguel de equipamento adicional e ponto extra:

3. É lícita a conduta da prestadora de serviço que em período anterior à Resolução nº 528, de 17 de abril de 2009, da agência reguladora ANATEL, efetua cobranças

---

[155] STJ, 3ª T., REsp. 1.509.933/SP, Rel. Min. Ricardo Villas Bôas Cueva, ac. 04.10.2016, DJe 18.10.2016.

por ponto extra de TV por assinatura, face a ausência de disposição regulamentar à época vedando o recolhimento a esse título.

4. Não se afigura abusiva a percepção por aluguel de equipamentos adicionais de transmissão ou reprodução do sinal de TV, pois, por serem opcionais, permitem cobrança mensal em número correspondente ao de sua disponibilização, visto acarretarem custos para o fornecedor e vantagens para o consumidor.

4.1. Caso o consumidor não pretenda pagar o aluguel pelos aparelhos disponibilizados pela própria fornecedora do serviço de TV por assinatura em razão direta dos pontos adicionais requeridos, pode optar por comprar ou alugar ou obter em comodato de terceiros os equipamentos necessários para a decodificação do sinal nos exatos termos da faculdade conferida pela normatização regente. Contudo, optando/preferindo o cliente adquirir o pacote de serviços da própria fornecedora do sinal da TV por assinatura contratada, ou seja, com a inclusão do conversor/decodificador, plenamente justificável a cobrança de valor adicional na mensalidade, não havendo falar em abuso.[156]

o) No que se refere aos contratos de hospedagem, não é abusiva a cobrança de uma diária completa de 24 horas em hotéis que adotam a prática de *check-in* e *check-out* em horários diferentes:

5. Natural a previsão pelo estabelecimento hoteleiro, para permitir a organização de sua atividade e prestação de serviços com a qualidade esperada pelo mercado consumidor, de um período entre o *check-out* do anterior ocupante da unidade habitacional e o *check-in* do próximo hóspede, inexistindo ilegalidade ou abusividade a ser objeto de controle pelo Poder Judiciário.

6. A prática comercial do horário de *check-in* não constitui propriamente um termo inicial do contrato de hospedagem, mas uma prévia advertência de que o quarto poderá não estar disponível ao hóspede antes de determinado horário.

7. A fixação de horários diversos de *check-in* (15:00hs) e *check-out* (12:00hs) atende a interesses legítimos do consumidor e do prestador dos serviços de hospedagem, espelhando antiga prática amplamente aceita dentro e fora do Brasil.[157]

p) Em relação aos contratos de compra e venda a prazo realizados por empresa do comércio varejista, o STJ entende que a taxa de juros admissível é aquela estabelecida pelo Código Civil, uma vez que não se pode equiparar os varejistas a instituição financeira:

4. A cobrança de juros remuneratórios superiores aos limites estabelecidos pelo Código Civil de 2002 é excepcional e deve ser interpretada restritivamente.

---

[156] STJ, 4ª T., REsp 1449289/RS, Rel. p/ Acórdão Min. Marco Buzzi, ac. 14.11.2017, *DJe* 13.12.2017.
[157] STJ, 3ª T., REsp 1.717.111/SP, Rel. Min. Paulo de Tarso Sanseverino, ac. 12.03.2019, *DJe* 15.03.2019. No mesmo sentido: STJ, 3ª T., REsp 1.734.750/SP, Rel. Min. Nancy Andrighi, ac. 09.04.2019, *DJe* 12.04.2019.

5. Apenas às instituições financeiras, submetidas à regulação, controle e fiscalização do Conselho Monetário Nacional, é permitido cobrar juros acima do teto legal. Súmula 596/STF e precedente da 2ª Seção.

6. A previsão do art. 2º da Lei 6.463/77 faz referência a um sistema obsoleto, em que a aquisição de mercadorias a prestação dependia da atuação do varejista como instituição financeira e no qual o controle dos juros estava sujeito ao escrutínio dos próprios consumidores e à regulação e fiscalização do Ministério da Fazenda.

8. Após a Lei 4.595/64, o art. 2º da Lei 6.463/77 passou a não mais encontrar suporte fático apto a sua incidência, sendo, pois, ineficaz, não podendo ser interpretado extensivamente para permitir a equiparação dos varejistas a instituições financeiras e não autorizando a cobrança de encargos cuja exigibilidade a elas é restrita.

9. Na hipótese concreta, o contrato é regido pelas disposições do Código Civil e não pelos regulamentos do CMN e do BACEN, haja vista a ora recorrente não ser uma instituição financeira. Assim, os juros remuneratórios devem observar os limites do art. 406 c/c art. 591 do CC/02.[158]

q) Sobre os programas de fidelidade para aquisição de passagens aéreas por meio de resgate de pontos, o STJ entendeu ser abusiva a conduta da empresa aérea que não disponibiliza a opção de cancelamento de passagem por meio da plataforma digital, quando é oportunizada ao consumidor a compra por esse meio:

1. Os programas de fidelidade, embora não sejam ofertados de maneira onerosa, proporcionam grande lucratividade às empresas aéreas, tendo em vista a adesão de um grande número de pessoas, as quais são atraídas pela diversidade dos benefícios que lhes são oferecidos. Relação de consumo configurada, portanto, nos termos dos arts. 2º e 3º do CDC.

2. O fato de a empresa aérea não disponibilizar a opção de cancelamento de passagem por meio da plataforma digital da empresa (internet) configura prática abusiva, na forma do art. 39, inciso V, do CDC, especialmente quando a ferramenta é disponibilizada ao consumidor no caso de aquisição/resgate de passagens.

3. A conduta, além de ser desprovida de fundamento técnico ou econômico, evidencia a imposição de ônus excessivo ao consumidor, considerando a necessidade de seu deslocamento às lojas físicas da empresa (apenas aquelas localizadas nos aeroportos) ou a utilização do *call center*, medidas indiscutivelmente menos efetivas quando comparadas ao meio eletrônico.[159]

2.16.1. A abusividade da imposição do juízo arbitral

O art. 51, inciso VII, do CDC considera abusiva a cláusula que, no contrato de consumo, determine a utilização compulsória de arbitragem. Mas a Lei nº 9.307/1996, posteriormente editada, autorizou genericamente, e sob certas condições, a cláusula de

---

[158] STJ, 3ª T., REsp 1.720.656/MG, Rel. Min. Nancy Andrighi, ac. 28.04.2020, *DJe* 07.05.2020.
[159] STJ, 4ª T., REsp. 1.966.032/DF, Rel. Min. Luis Felipe Salomão, ac. 16.08.2022, DJe 09.09.2022.

arbitragem nos contratos de adesão em geral. Com isso, surgiu uma séria controvérsia sobre a subsistência, ou não, da regra contida no art. 51, VII, do CDC.[160]

A harmonização entre tais preceitos legais foi feita pelo STJ, e se acha bem exposta no acórdão da 3ª T. pronunciado no Resp. 1.169.841/RJ,[161] *in verbis*:

> Direito Processual Civil e Consumidor. Contrato de adesão. Convenção de arbitragem. Limites e exceções. Arbitragem em contratos de financiamento imobiliário. Cabimento. Limites.
>
> 1. Com a promulgação da Lei de Arbitragem, passaram a conviver, em harmonia, três regramentos de diferentes graus de especificidade: (i) a regra geral, que obriga a observância da arbitragem quando pactuada pelas partes, com derrogação da jurisdição estatal; (ii) a regra específica, contida no art. 4º, § 2º, da Lei n. 9.307/1996 e aplicável a contratos de adesão genéricos, que restringe a eficácia da cláusula compromissória; e (iii) a regra ainda mais específica, contida no art. 51, VII, do CDC, incidente sobre contratos derivados de relação de consumo, sejam eles de adesão ou não, impondo a nulidade de cláusula que determine a utilização compulsória da arbitragem, ainda que satisfeitos os requisitos do art. 4º, § 2º, da Lei n. 9.307/1996.
>
> 2. O art. 51, VII, do CDC se limita a vedar a adoção prévia e compulsória da arbitragem, no momento da celebração do contrato, mas não impede que, posteriormente, diante de eventual litígio, havendo consenso entre as partes (em especial a aquiescência do consumidor), seja instaurado o procedimento arbitral.
>
> 3. As regras dos arts. 51, VIII, do CDC e 34 da Lei n. 9.514/1997 não são incompatíveis. Primeiro porque o art. 34 não se refere exclusivamente a financiamentos imobiliários sujeitos ao CDC e segundo porque, havendo relação de consumo, o dispositivo legal não fixa o momento em que deverá ser definida a efetiva utilização da arbitragem.

Se é certo que não é legalmente proibida a utilização da arbitragem para resolver conflitos originários de relação de consumo, igualmente certo é que não se pode estipular previamente a obrigação de que futuras divergências em torno de relação da espécie sejam de solução exclusiva e necessária por meio de juízo arbitral. Na hipótese, portanto, de o consumidor preferir promover ajuizamento de ação judicial, não se pode entrever uma violação ao contrato, uma vez que como lhe faculta a legislação, apenas "evidencia a sua discordância em submeter-se ao procedimento arbitral, não podendo, pois, nos termos do art. 51, VII, do CDC, prevalecer a cláusula que impõe a sua utilização, visto ter-se dado de forma compulsória".[162] Em outros termos, o consumidor pode aceitar litigar perante o juízo arbitral, não podendo, todavia, ser submetido a esse tipo de procedimento de maneira compulsória.

Importante ressaltar, por oportuno, o entendimento do STJ no sentido de que a cláusula de arbitragem inserida em qualquer contrato de adesão, ainda que não regulado

---

[160] Sobre o tema, ver o item 2.3 do Capítulo 2, da Parte I desta obra.
[161] STJ, 3ª T., REsp. 1.169.841/RJ, Rel. Min. Nancy Andrighi, ac. 06.11.2012, *DJe* 14.11.2012.
[162] STJ, 3ª T., REsp. 1.785.783/GO, Rel. Min. Nancy Andrighi, ac. 05.11.2019, *DJe* 07.11.2019. No mesmo sentido: STJ, 4a T., AgInt no REsp. 1.949.396/MT, Rel. Min. Antonio Carlos Ferreira, ac. 11.04.2022, *DJe* 19.04.2022.

pelo CDC, deve observar os preceitos da Lei de Arbitragem, cuja eficácia depende de o aderente tomar a iniciativa de instituir ou concordar expressamente com a instituição da arbitragem (art. 4º, § 2º, da Lei nº 9.307/1996). Na hipótese, a Corte Superior analisou contrato de franquia, declarando a nulidade da cláusula de arbitragem, por se tratar de contrato de adesão:

> 2. O contrato de franquia, por sua natureza, não está sujeito às regras protetivas previstas no CDC, pois não há relação de consumo, mas de fomento econômico.
>
> 3. Todos os contratos de adesão, mesmo aqueles que não consubstanciam relações de consumo, como os contratos de franquia, devem observar o disposto no art. 4º, § 2º, da Lei 9.307/96.
>
> 4. O Poder Judiciário pode, nos casos em que *prima facie* é identificado um compromisso arbitral "patológico", *i.e.*, claramente ilegal, declarar a nulidade dessa cláusula, independentemente do estado em que se encontre o procedimento arbitral.
>
> 5. Recurso especial conhecido e provido.[163]

Registre-se que a nova Lei reguladora dos contratos de franquia (Lei n. 13.966/2019, em seu art. 1º, consagra o entendimento do STJ no sentido de que os contratos de franquia empresarial não caracterizaram relação de consumo ou vínculo empregatício em relação ao franqueado ou a seus empregados, ainda que durante o período de treinamento.[164]

2.17. LIMITES DA INDAGAÇÃO DE ABUSIVIDADE DO CONTRATO

Reprimem-se no art. 51 do CDC as *cláusulas abusivas* nos contratos de consumo, dentre elas as que coloquem o consumidor em desvantagem exagerada ou que sejam incompatíveis com a boa-fé ou a equidade (inciso IV). Trata-se de regra que, sem invalidar o contrato, permite a revisão integrativa em juízo, por meio de ação revisional. Com certa frequência, a norma é utilizada para rever preços e alterar o alcance das prestações ajustadas negocialmente pelos contratantes. Não é esse, porém, o escopo da regra legal.

O contrato continua sendo fruto do consenso e da liberdade negocial, de maneira que às partes, e não ao juiz, cabe definir o *objeto* e o *preço*, no âmbito do negócio jurídico bilateral.

O desequilíbrio que torna abusivo o contrato de consumo passa-se no campo dos direitos e das obrigações derivados do contrato, e não no campo econômico puro e simples. É o equilíbrio normativo do contrato que se pretende defender, ou seja,

---

[163] STJ, 3ª T., REsp. 1.602.076/SP, Rel. Min. Nancy Andrighi, ac. 15.09.2016, *DJe* 30.09.2016.

[164] "Art. 1º Esta Lei disciplina o sistema de franquia empresarial, pelo qual um franqueador autoriza por meio de contrato um franqueado a usar marcas e outros objetos de propriedade intelectual, sempre associados ao direito de produção ou distribuição exclusiva ou não exclusiva de produtos ou serviços e também ao direito de uso de métodos e sistemas de implantação e administração de negócio ou sistema operacional desenvolvido ou detido pelo franqueador, mediante remuneração direta ou indireta, sem caracterizar relação de consumo ou vínculo empregatício em relação ao franqueado ou a seus empregados, ainda que durante o período de treinamento".

aquele ocorrente entre as respectivas posições jurídicas dos contratantes. Não se pode, *v.g.*, atribuir aos fornecedores poderes de denúncia que não caibam simetricamente ao consumidor; nem se pode instituir multa contratual apenas para as infrações do consumidor, deixando sem sanção iguais inadimplementos do fornecedor; não se toleram imposições unilaterais ao consumidor, no modo de se conduzir no cumprimento de suas obrigações e no exercício de seus direitos que não figurem nas situações padronizadas pelo direito contratual comum, ou que não sejam aprovadas pelos usos e costumes do tráfego negocial; e tantas outras sujeições de semelhante feição, que atritem com os padrões éticos de conduta no mercado.

No direito europeu, comunitário e nacional, é comum a distinção entre o equilíbrio econômico e o equilíbrio jurídico do contrato. Sendo natural o objetivo de lucro no comércio, não se pode exigir igualdade precisa entre prestações do consumidor e do fornecedor; e sendo o regime de liberdade negocial comandado pela livre-iniciativa, não cabe senão às partes determinar o *objeto* a ser prestado pelo fornecedor, em razão do contrato, e o *preço* a ser pago pelo consumidor.

Por conseguinte, não caberá indagar em juízo, a pretexto de abusividade do contrato, a respeito do *objeto* do negócio e do *valor econômico* da correspectiva prestação a ser paga por ele. Isto diria respeito à equação econômica do contrato, e não ao seu equilíbrio jurídico. Portanto, somente pelas vias dos vícios de consentimento seria possível, eventualmente, invalidar ou rever o contrato desequilibrado, em situações como a de erro, dolo, coação e lesão, nunca pelo simples e objetivo desequilíbrio econômico. Todos os elementos dos defeitos de consentimento, legalmente explicitados, teriam de ser invocados e comprovados em ação anulatória.

Com efeito, vigora, em princípio, a plena disponibilidade das partes na determinação do objeto e na individuação das prestações que cada uma delas assume. Apenas, portanto, se admite configuração de abusividade na convenção do objeto e no preço quando esta não tenha sido formulada de modo claro e compreensível, permitindo, assim, interpretações duvidosas sempre em benefício do fornecedor e em detrimento do consumidor.[165]

A revisão judicial do preço exorbitante imposto pelo fornecedor só se torna possível quando configuradas a usura real e a lesão, casos em que a abusividade ocorre não só pelo desequilíbrio econômico do contrato, mas pelo aproveitamento injusto das frágeis condições psicológicas em que se encontrava o consumidor ao pactuar o negócio jurídico (Código Civil, art. 157; Medida Provisória nº 2.172-32/2001, art. 1º, II).

---

[165] GRAZIUSO, Emilio. Comentário ao art. 33 do Codice del Consumo. *In*: ITALIA, Vittorio (coord.). *Codice del Consumo*. Milano: Giuffrè, 2006, p. 361; BARENGHI, A. *La nuova disciplina delle clausole vessatorie nel codice civile*. Napoli: Jovene, 1996, p. 41. Também a Comunidade Econômica Europeia preconiza a configuração da cláusula abusiva na relação de consumo como aquela que determina "em detrimento do consumidor, um desequilíbrio significativo dos direitos e obrigações das partes decorrentes do contrato" (Direttiva nº 93/13/CEE) (*apud* ITALIA, Vittorio. *Op. cit.*, p. 360, nota n. 3). Igual orientação prevalece perante o Código de Consumo da França, de modo que "a jurisprudência finalmente lembra regularmente que o juiz não pode, em nenhum caso e por qualquer motivo, modificar o preço de venda fixado pelas partes" (TAORMINA, Gilles. *Théorie et pratique du droit de la consommation*. Aix-en-Provence: Librairie de l'Université d'Aix-en-Provence, 2004, p. 625).

2.17.1. A revisão contratual e a repressão à usura

A busca do reequilíbrio da equação contratual não permite, em princípio, alterar o objeto e o preço livremente estabelecido pelo acordo de vontades, dentro de um contrato válido.

No entanto, há um limite que a Convenção não está autorizada a ultrapassar eficazmente, nem mesmo pelo mútuo consenso. Se o contrato, por sua finalidade, não se apoia na comutatividade, mas em outras razões e finalidades que independem do equilíbrio entre prestações e contraprestações, não há razão para uma revisão judicial em busca de uma equação que não foi visada pelas partes na ocasião da consumação do negócio bilateral. Mas, se o contrato, dentro de sua estrutura normal, foi ajustado para cumprir sua natural comutatividade, impõe-se resguardá-lo dos males intoleráveis da usura.

Em matéria de juros, há, por exemplo, limites que, uma vez violados, acarretam a invalidade da convenção, e permitem a redução ao teto legal, mesmo que a taxa onzenária tenha sido fruto de consenso livre entre as partes. Aquele que concordou, de início, com a remuneração usurária terá o direito de exigir a sua redução ao limite legal. A cláusula usurária é nula, mas não em toda a extensão do ajuste, pois essa nulidade permite ao devedor recuperar o que tiver ilegalmente pago, mas apenas em relação ao que houver pago a mais (Dec. nº 22.626/1933, art. 11). A Convenção será, portanto, revista para que o contrato subsista dentro do limite que não chegue à configuração da usura.

Por outro lado, a Medida Provisória nº 2.172-32, de 23.08.2001, que também cuida da repressão da usura, não se limita a atacar a usura *financeira*, relativa aos juros exorbitantes, mas reprime também a usura *real*. Ou seja, a nulidade das estipulações usurárias deve alcançar, além dos juros ilegais, os negócios jurídicos propiciadores de "lucros ou vantagens patrimoniais excessivos, estipulados em situação de vulnerabilidade da parte" (art. 1º, II).

É claro que se a legislação comercial aplicável ao negócio ampara o lucro por ele propiciado, não se pode divisar usura alguma em sua prática, qualquer que seja o volume de rendimento alcançado. Se, entretanto, o lucro obtido não é previsto no regime jurídico próprio do contrato, e não é condizente com as praxes mercadológicas, e somente se explica pela hipossuficiência do contratante lesado, caberá ao juiz acolher o pleito de revisão contratual, para "restabelecer o equilíbrio da relação contratual", ajustando as vantagens patrimoniais excessivas aos valores correntes; e se o preço usurário já tiver sido pago, ordenará a restituição, em dobro, da quantia recebida em excesso, com juros legais a contar da data do pagamento indevido" (Medida Provisória nº 2.172-32/2001, art. 1º, II, *in fine*).

Segundo o diploma legal em análise, a configuração do lucro ou vantagem excessivos (usura real) será feita levando em conta "a vontade das partes, as circunstâncias da celebração do contrato, o seu conteúdo e natureza, a origem das correspondentes obrigações, as práticas de mercado e as taxas de juros legalmente permitidas" (Medida Provisória nº 2.172-32/2001, art. 1º, parágrafo único). Vale dizer: a usura real não decorre apenas do maior ou menor lucro proporcionado pelo contrato; pressupõe que, nas circunstâncias do negócio, nada havia de particular para justificar o estabelecimento de uma relação econômica inexplicável pela dinâmica natural do ajuste.

O objeto e o preço do contrato, como regra geral, sujeitam-se à liberdade negocial e não devem ser alterados por intervenção judicial, ainda que propiciem lucros avantajados para uma das partes e sacrifícios consideráveis para a outra. As circunstâncias negociais podem, perfeitamente, explicar esse desequilíbrio livremente estabelecido na convenção. A usura real com a consequente invalidação do ajuste ocorrerá quando nada nas circunstâncias do negócio explicar a quebra da comutatividade comum e necessária no contrato pactuado, a não ser a fragilidade de uma das partes diante da outra.

Uma advertência, porém, há de ser feita: sendo o contrato fruto natural do livre acordo de vontades, ainda que um dos contratantes tenha sofrido prejuízo pela esperteza usurária do outro, a revisão judicial somente terá cabimento quando requerida pelo prejudicado (Medida Provisória nº 2.172-32/2001, art. 1º, II).

Nesse sentido, tem decidido reiteradamente o Superior Tribunal de Justiça que, conforme jurisprudência já assentada, "não é possível a revisão, de ofício, de cláusulas contratuais consideradas abusivas (Súmula n. 381 do STJ)".[166]

A nulidade, portanto, que o Código do Consumidor imputa aos contratos abusivos, embora seja de ordem pública, acarreta consequências práticas sobre o contrato que somente ao próprio contratante cabe avaliar. Vale dizer: para ser revisto o preço qualificado de abusivo é indispensável que tenha sido imposto pelo fornecedor, aproveitando-se das condições psicológicas da vulnerabilidade e necessidade do consumidor, ao tempo da contratação.

2.18. TEORIA DA IMPREVISÃO

I – Alegação pelo consumidor

A proteção legal dispensada ao consumidor não se dá apenas no momento da pactuação (invalidade das cláusulas abusivas e não equitativas). Mesmo quando o contrato tenha sido corretamente equacionado na origem, pode acontecer mudança nas circunstâncias ulteriores que tornem sua execução excessivamente onerosa para uma das partes e injustamente vantajosa para a outra. Daí a autorização do CDC para que o consumidor prejudicado promova em juízo, se necessário, a *revisão do contrato* (art. 6º, V).

Esposa, dessa maneira, a lei protetiva dos consumidores a "teoria da imprevisão", roupagem atual da antiga cláusula *rebus sic stantibus* do direito medieval, segundo a qual "subsistem as avenças contratuais desde que se mantenham estáveis as condições gerais econômicas em cujo ambiente foram geradas".[167] O CDC, na sua linha de preocupação com a ordem pública e o interesse social (art. 1º), não pode transigir com o desequilíbrio contratual, nocivo à parte vulnerável nas relações de consumo. Assim, em seu sistema tutelar, "eventos supervenientes à avença contratual que tenham o

---

[166] STJ, 3ª T., AgRg no REsp. 750.290/RS, Rel. Min. Paulo de Tarso Sanseverino, ac. 19.08.2010, DJe 03.11.2010.

[167] ARRUDA ALVIM, José Manoel *et al. Código do Consumidor comentado.* 2. ed. São Paulo: RT, 1995, p. 65.

condão de desequilibrar o que inicialmente havia sido aceitavelmente ajustado, trazendo *excessiva onerosidade* ao consumidor, autorizam a revisão do primitivo contrato a fim de se restabelecer a almejada igualdade na contratação (art. 6º, II e V, segunda ou última frase)".[168]

Anteriormente ao CDC, a legislação civil brasileira não regulamentava o problema da imprevisão, o que não evitou, porém, a formação de amplas correntes doutrinárias e jurisprudenciais em prol da vigência, entre nós, da velha cláusula *rebus sic stantibus*, lastreadas nos princípios gerais da boa-fé e da repulsa ao enriquecimento sem causa.

Dessa maneira, o Anteprojeto de Código de Obrigações, de responsabilidade de Orosimbo Nonato e Hahnemann Guimarães, incluía o poder de o juiz modificar a forma de cumprir o contrato, quando em razão de acontecimentos excepcionais e imprevistos o seu exato cumprimento representasse "prejuízo exorbitante para uma das partes" (art. 322). A imprevisão se referia às obrigações de dar em prestações periódicas e não autorizava a "rescisão do contrato", mas apenas "sua revisão pelo juiz".[169]

Serpa Lopes, muito antes do CDC, já se valia da Lei de Introdução às normas do Direito Brasileiro para defender o cabimento da teoria da imprevisão no direito privado brasileiro em nome da regra de hermenêutica que ordena ao juiz observar os fins sociais e as exigências do bem comum na aplicação da lei. Cabe-lhe, destarte, diante de "acontecimentos anormais supervenientes", sem se desviar da vontade dos contratantes, adequar o contrato "à nova realidade superveniente", interpretando-o "em conformidade com a nova situação social", para que não fique "em desacordo com as suas finalidades econômicas".[170]

Segundo tese apresentada por Luis Renato Ferreira da Silva no IV Congresso Brasileiro de Direito do Consumidor, realizado em Gramado, em 1988, o CDC se identifica, em matéria de superveniência de circunstâncias adversas, com a *teoria da quebra da base do negócio jurídico*, ou seja, a teoria que autoriza a revisão do contrato pelo "desaparecimento do fim essencial do contrato" ou pela "destruição da relação de equivalência". Entre a teoria da base subjetiva e a da base objetiva do contrato, nosso direito se afeiçoa à última. Em resumo, a adoção dessa teoria pelo art. 6º, inciso V, do CDC enseja:

a) uma visão que desconsidere subjetivismo nos fatos ensejadores da revisão;

b) uma abrangência para situações onde houve a onerosidade excessiva ou, ainda que não onerosa, a perda da utilidade do pactuado; e

c) permite que se faça um balanço casuístico, mas dentro de regras fixas (escapando-se de qualquer arbítrio judicial que extrapole a discricionariedade inerente ao tema), dos riscos normais de cada contrato e de cada situação concreta. Ademais,

---

[168] *Idem*. p. 66.
[169] LINS, Jair. Observações ao Anteprojeto de Código das Obrigações. *Revista do Instituto da Ordem dos Advogados de Minas Gerais*, 1942, p. 114, apud KLANG, Márcio. *A teoria da imprevisão e a revisão dos contratos*. São Paulo: RT, 1983, p. 42-43.
[170] SERPA LOPES, Miguel Maria de. *Curso de direito civil*. 4. ed. Rio de Janeiro: Freitas Bastos, 1964, v. III, p. 114; KLANG, Márcio. *Op. cit.*, p. 44.

d) não se exige um fato de caráter genérico, senão que se debruça sobre fatos pertinentes a um ou alguns contratos.[171]

Para que a revisão se torne cabível, segundo aludida lição, haverão de concorrer os seguintes pressupostos:

a) "há de tratar-se de um contrato de execução continuada ou diferida"; e de
b) "colocar-se o dano fora da álea normal do contrato"; e
c) ocorrer "a inexistência de culpa ou mora do que alega a quebra da base".[172]

Não se trata de um meio de rescindir contrato. A revisão autorizada pelo CDC se dará, "buscando o julgador o restabelecimento daquilo que é o padrão moderno da autonomia da vontade, ou seja, o restabelecimento da justiça e da utilidade do pacto, através da recomposição da economia contratual, buscando manter o chamado sinalagma funcional do contrato (ou seja, o equilíbrio que deve ser mantido no curso da execução) que, por vezes, se afasta do sinalagma genético do mesmo".[173]

No jogo dos fenômenos econômicos, há sempre um certo risco de não se alcançar exatamente o lucro ou o resultado projetado pelo contratante. Há modificações, por assim dizer, normais e previsíveis nas circunstâncias que envolvem a pactuação do contrato e que, quase sempre, não serão as mesmas da época de seu cumprimento. Muitas vezes, aliás, é para se garantir contra tais mutações que a parte é levada a contratar. Somente quando as variações são muito profundas, ao ponto de acarretar uma onerosidade muito maior do que aquela que se poderia razoavelmente prever, é que a parte cuja responsabilidade negocial foi negativamente atingida teria condições de pretender a revisão do contrato ainda por cumprir. Não se trata, segundo Orlando Gomes, de resolver o contrato, mas de introduzir-lhe alterações no conteúdo. Isto, porém, somente será viável quando o acontecimento inovador das condições econômicas for extraordinário.[174] Da mesma forma, Serpa Lopes condiciona a revisão do contrato, nos moldes da teoria da imprevisão, à ocorrência de algum acontecimento extraordinário, anormal e que não fosse naturalmente previsível pelo contratante.[175]

Não são diversas as lições de Caio Mário da Silva Pereira,[176] Washington de Barros Monteiro,[177] Maria Helena Diniz[178] e Silvio Rodrigues.[179]

---

[171] SILVA, Luis Renato Ferreira da. Causas de Revisão Judicial dos Contratos Bancários. *Revista de Direito do Consumidor*, v. 26, p. 134-135, abr.-jun./1998.
[172] Idem. p. 135.
[173] Idem. Ibidem.
[174] GOMES, Orlando. *Contratos*. 19. ed. Rio de Janeiro: Forense, 1999, n. 20, p. 39.
[175] SERPA LOPES, Miguel Maria de. *Curso de direito civil*, cit., n. 70, p. 111.
[176] PEREIRA, Caio Mário da Silva. *Instituições de direito civil*. 10. ed. Rio de Janeiro: Forense, 1997, v. III, n. 216, p. 98-102.
[177] BARROS MONTEIRO, Washington de. *Curso de direito civil*. 28. ed. São Paulo: Saraiva, 1995, v. V, p. 11, nota 19.
[178] DINIZ, Maria Helena. *Curso de direito civil brasileiro*. São Paulo: Saraiva, 1988, v. III, p. 127-128.
[179] RODRIGUES, Silvio. *Direito civil*. 24. ed. São Paulo: Saraiva, 1997, v. III, n. 8, p. 22.

Daí o posicionamento jurisprudencial de que a teoria da imprevisão, mesmo após sua consagração pelo Código de Defesa do Consumidor (art. 6º), continua condicionada aos seguintes "requisitos indispensáveis", a que se reporta a *communis opinio doctorum*:

a) vigência de um contrato de execução diferida ou sucessiva; b) alteração radical das condições econômicas objetivas no momento da execução, em confronto com o ambiente objetivo no da celebração; c) onerosidade excessiva para um dos contratantes e benefício exagerado para o outro; d) imprevisibilidade daquela modificação.[180]

De igual teor foi o posicionamento adotado pelo TJ-SP (14ª Câm. Cível), para o qual a revisão do contrato a que alude o CDC somente pode ser "consequente de um *evento extraordinário e imprevisível* ensejador da onerosidade excessiva para um dos contratantes e benefício exagerado para o outro; tudo a afetar assim a economia contratual, desequilibrando as prestações recíprocas".[181] Se a tese é aceitável nas relações obrigacionais paritárias, dificilmente se amolda aos negócios não paritários, como os regulados pelo CDC.

É de se destacar, por isso, o entendimento do STJ no sentido de que a teoria da onerosidade excessiva adotada pelo CDC leva em conta uma base objetiva, vale dizer, não se exige a imprevisibilidade do evento para sua aplicação:

3. A intervenção do Poder Judiciário nos contratos, à luz da teoria da imprevisão ou da teoria da onerosidade excessiva, exige a demonstração de mudanças supervenientes das circunstâncias iniciais vigentes à época da realização do negócio, oriundas de evento imprevisível (teoria da imprevisão) e de evento imprevisível e extraordinário (teoria da onerosidade excessiva), que comprometa o valor da prestação, demandando tutela jurisdicional específica.

4. O histórico inflacionário e as sucessivas modificações no padrão monetário experimentados pelo país desde longa data até julho de 1994, quando sobreveio o Plano Real, seguido de período de relativa estabilidade até a maxidesvalorização do real em face do dólar americano, ocorrida a partir de janeiro de 1999, não autorizam concluir pela imprevisibilidade desse fato nos contratos firmados com base na cotação da moeda norte-americana, em se tratando de relação contratual paritária.

5. A teoria da base objetiva, que teria sido introduzida em nosso ordenamento pelo art. 6º, inciso V, do Código de Defesa do Consumidor – CDC, difere da teoria da imprevisão por prescindir da previsibilidade de fato que determine oneração excessiva de um dos contratantes. Tem por pressuposto a premissa de que a celebração de um contrato ocorre mediante consideração de determinadas circunstâncias, as quais, se modificadas no curso da relação contratual, determinam, por sua vez, consequências diversas daquelas inicialmente estabelecidas, com repercussão direta no equilíbrio das obrigações pactuadas. Nesse contexto, a intervenção judicial se daria nos casos

---

[180] 2º TACiv.-SP, AI 400.286-00/2, ac. 03.05.1994, *RT* 707/102.
[181] Emb. Inf. nº 250.449-2, Rel. Des. Franklin Neiva, ac. 05.09.1995, *JTJSP* 176/217; no mesmo sentido: 1º TACiv.-SP, Ap. 734.963-1, ac. 12.02.1998. *Revista de Dir. Banc. e do Merc. de Cap.*, v. 5, p. 222.

em que o contrato fosse atingido por fatos que comprometessem as circunstâncias intrínsecas à formulação do vínculo contratual, ou seja, sua base objetiva.

6. Em que pese sua relevante inovação, tal teoria, ao dispensar, em especial, o requisito de imprevisibilidade, foi acolhida em nosso ordenamento *apenas para as relações de consumo*, que demandam especial proteção. Não se admite a aplicação da teoria do diálogo das fontes para estender a todo direito das obrigações regra incidente apenas no microssistema do direito do consumidor, mormente com a finalidade de conferir amparo à revisão de contrato livremente pactuado com observância da cotação de moeda estrangeira (g.n.).[182]

Se é certo que, segundo a teoria da base objetiva, não é necessária a imprevisibilidade do evento, deve ele ser extraordinário. É verdade que não precisa haver um evento catastrófico, uma hecatombe, para que se invoque a teoria da onerosidade excessiva nos moldes do CDC. Mas, também, é óbvio que não se há de permitir a revisão do contrato por qualquer inovação nos dados econômicos que o envolvem, se a inovação for daqueles que fazem parte da álea natural dos negócios patrimoniais. Pensar de modo contrário e aceitar que qualquer alteração da conjuntura negocial possa autorizar a revisão do contrato equivaleria a destituí-lo de sua força e de suas funções naturais no mundo jurídico.

A função da teoria da imprevisão, na espécie, é a de restabelecer o equilíbrio contratual, de sorte que não haverá lugar para a revisão das bases do negócio se o ônus de que se queixa o consumidor não corresponder a um injustificável acréscimo de vantagens para o fornecedor. É inaceitável pretender-se melhorar a situação do consumidor à custa de prejuízo a ser transferido para o fornecedor. "Preocupar-se com apenas uma das partes, ignorando por completo os efeitos que a decisão judicial poderá ter em relação à *ex adversa*, por certo não coaduna com a noção de jurisdição responsável e com o sagrado princípio da igualdade de tratamento".[183]

Inviável, portanto, a invocação da teoria da imprevisão pelo consumidor que se baseia apenas em dificuldades pessoais para cumprir o contrato bilateral já inteiramente adimplido na parte relativa ao fornecedor. Sem fato extraordinário a prejudicar o devedor, e sem locupletamento por parte do credor, não se há de cogitar de revisão contratual por onerosidade excessiva, e muito menos em resolução do contrato.

Nesse sentido, o entendimento do Relator Ministro Marco Buzzi, no Agravo Interno no Recurso Especial nº 1.514.093/CE:

> Assim, a decisão recorrida encontra-se em sintonia com a jurisprudência desta Casa, porquanto, diversamente da teoria da imprevisão, na qual o fato superveniente deve ser extraordinário e imprevisível para as partes, para a teoria da base objetiva basta que o fato novo superveniente seja extraordinário e afete diretamente a base objetiva

---

[182] STJ, 3ª T., REsp. 1.321.614/SP, Rel. p/acórdão Min. Ricardo Villas Bôas Cueva, ac. 16.12.2014, *DJe* 03.03.2015. No mesmo sentido: STJ, 4ª T., AgInt no REsp. 1.514.093/CE, Rel. Min. Marco Buzzi, ac. 25.10.2016, *DJe* 07.11.2016.

[183] TJ-DF, Cons. da Mag., Ag. 1999.00.2.000303-7, Rel. Des. Nancy Andrighi, ac. 26.02.1999. *Revista de Dir. Banc. e do Merc. de Cap.*, v. 5, p. 181.

do contrato. Dessa forma, o caso concreto não enseja a aplicação da teoria da imprevisão ou da teoria da quebra da base do negócio, pois a perda do emprego é evento previsível e não enseja a quebra da base objetiva do contrato.[184]

II – Alegação pelo fornecedor

A legislação consumerista, como se viu, prevê a revisão do contrato por onerosidade excessiva apenas em função do desequilíbrio em detrimento do consumidor (art. 6º, V). Não se atentou, contudo, para a possibilidade de eventos excepcionais, imprevisíveis e independentes da vontade do fornecedor desequilibrarem o contrato, de tal forma a tornar a sua execução impossível ou extremamente onerosa pela parte considerada mais forte da relação negocial. Nessas situações, seria possível o fornecedor utilizar a teoria da imprevisão para requerer a revisão ou a resolução do contrato em seu favor? Ou a legislação protetiva o impediria de se libertar do vínculo, obrigando-o a cumprir o contrato ainda que isso signifique sua ruína?

Por mais que o ordenamento proteja o consumidor, parte indiscutivelmente mais vulnerável dessas relações contratuais, não pode jamais dar a essa proteção um caráter absoluto, de modo a submeter o fornecedor a situações que lhe sejam extremamente prejudiciais, como se não tivesse direitos próprios a serem protegidos e resguardados.

Exemplo de uma situação que pode ser extremamente prejudicial ao fornecedor está ocorrendo com o aparecimento do novo coronavírus (ou Covid-19) – vírus altamente contagioso –, que obrigou diversos países a tomarem medidas drásticas para preservar a saúde de seus cidadãos e evitar o colapso de seus sistemas de saúde. Com efeito, a economia mundial entrou em crise, abalando as bolsas de valores, os preços das *commodities* e do petróleo etc.

As medidas variam de intensidade, mas, em geral, representam a restrição de trânsito de pessoas e a proibição de funcionamento de estabelecimentos como bares, restaurantes e o comércio em geral. Essas determinações, embora necessárias sanitariamente, têm o potencial de impactar a execução de diversos contratos, nacionais e internacionais, seja pelo desabastecimento de insumos, pelo aumento dos preços de mercadorias e bens, dificuldades financeiras do devedor etc. Essas situações podem levar à inviabilidade total ou parcial de cumprimento do contrato pelos contratantes.

Com efeito, essas medidas já afetaram, de imediato, os contratos de transporte aéreo internacional, uma vez que vários países fecharam suas fronteiras. Nesse cenário, as empresas aéreas encontram-se impedidas de cumprir os contratos de transporte celebrados com diversos consumidores, por fato totalmente incontornável e alheio às suas vontades. Nessas circunstâncias, o inadimplemento por parte das companhias aéreas não pode ensejar a obrigação de indenizar os consumidores por eventuais prejuízos sofridos, como perda de valores gastos com hospedagem, muito embora tenham elas o dever de devolver os valores das passagens ou viabilizar a alteração de datas sem cobrança de taxas.

Parece certo que a grave crise que assola o país – e o mundo – em razão da Covid-19 pode ser qualificada como *acontecimento imprevisível, extraordinário e*

---

[184] AgInt no REsp. 1.514.093/CE, *cit.*

anormal, a justificar a revisão dos contratos que forem negativamente impactados pela pandemia, aplicando-se a teoria da imprevisão, sejam as relações de consumo ou não. Sendo o contrato de execução continuada ou diferida e comprovando o contratante que a inexecução do contrato – ou a dificuldade em seu cumprimento – decorre direta e objetivamente da crise, presentes estarão os requisitos legais.

Pense-se, também, nas instituições de ensino presencial – faculdades e escolas – cujo serviço ficou impossibilitado de ser prestado nos moldes em que contratado, seja em razão de decretos municipais e estaduais determinando a suspensão das aulas, seja em razão de liminares obtidas por sindicatos de professores impedindo o deslocamento dos profissionais. É razoável admitir-se a revisão dos contratos, para que as aulas sejam ministradas virtualmente, por exemplo, ou fornecendo as aulas presenciais em período posterior, com a modificação do calendário de aulas e de férias, sem que isso implique descumprimento do contrato por parte das instituições, nem obrigação de indenizar.

Atento a essas circunstâncias, a Secretaria Nacional do Consumidor emitiu a nota técnica nº 14/2020/CGEMM/DPDC/SENACON/MJ, recomendando a cooperação entre os contratantes. Assim, sugeriu que os consumidores evitem o pedido de desconto de mensalidades, a fim de não causar desarranjo nas escolas que já fizeram sua programação anual, o que poderia até impactar o pagamento de salário de professores, aluguel, entre outros. Além disso, recomendou que as entidades de defesa do consumidor tentem conciliar fornecedores e consumidores, para que ambos cheguem a um entendimento acerca dessas questões, sem que haja judicialização. De toda forma, as instituições de ensino não ficam desobrigadas de prestar o serviço, ainda que em forma diversa daquela contratada.

O desequilíbrio contratual, em tempos de Covid-19, como já se viu, pode ser provocado pelas diversas restrições que estão sendo impostas pelo Poder Público nacional e estrangeiro na tentativa de diminuir a velocidade da contaminação. Essas medidas, consideradas *fato do príncipe*, contra as quais nenhum contratante pode resistir, autorizam a revisão contratual ou a sua resolução, afastando, em qualquer caso, a responsabilidade do fornecedor. Isto porque, "o devedor não responde pelos prejuízos resultantes de caso fortuito ou força maior", conforme dispõe o art. 393 do Código Civil.

Muito embora não exista previsão similar no Código de Defesa do Consumidor,[185] o caso fortuito e a força maior são utilizados, pela doutrina e jurisprudência, para afastar a responsabilidade civil do fornecedor em caso de acidente de consumo ou defeito do

---

[185] Durante a pandemia do coronavírus foi editada a Medida Provisória nº 948/2020, convertida na Lei 14.046/2020, que dispõe sobre medidas emergenciais para atenuar os efeitos da crise decorrente da pandemia da Covid-19 nos setores de turismo e de cultura. O art. 5º da referida lei prevê que "eventuais cancelamentos ou adiamentos dos contratos de natureza consumerista regidos por esta Lei caracterizam hipóteses de caso fortuito ou força maior, e não são cabíveis reparação por danos morais, aplicação de multas ou imposição das penalidades previstas no art. 56 da Lei nº 8.078, de 11 de setembro de 1990, ressalvadas as situações previstas no § 7º do art. 2º e no § 1º do art. 4º desta Lei, desde que caracterizada má-fé do prestador de serviço ou da sociedade empresária". O art. 2º prevê que sendo adiados ou cancelados serviços, de reservas e de eventos, incluídos shows e espetáculos, em razão da pandemia, o prestador de serviços ou a sociedade empresária não serão obrigados a reembolsar os valores pagos pelo consumidor se assegurarem

produto ou serviço.[186] E não poderia mesmo ser diferente, na medida em que o Código Civil é legislação aplicável a todo o direito privado, ainda que subsidiariamente.

Destarte, parece-nos correta a conclusão de que, em situações excepcionais e extraordinárias, sem a concorrência da vontade do fornecedor, pode ele utilizar-se da teoria da imprevisão para resolver ou revisar o contrato, a fim de _eequilibra-lo, sem que lhe seja imposta a obrigação de indenizar o consumidor.

Nesse sentido, também, a orientação de Marcus Vinícius Fernandes Andrade da Silva:[187]

> Apesar de a previsão como direito básico prever onerosidade excessiva apenas em prol do consumidor, defende-se que a disposição deve ser interpretada sistematicamente com o princípio do art. 4º, III, do CDC, somado à regra do art. 478 do Código Civil; em síntese, onerosidade para ambas as partes. [...]
>
> Não obstante o covid-19 já ter atingido até as exigências da teoria da imprevisão, nas relações de consumo a mera superveniência do fato já seria, por si só, suficiente para propor uma revisão contratual, e o Estado-juiz, além das mencionadas previsões, fazer uso da qualificação de "norma de ordem pública" (art. 1º do CDC), criar a melhor solução para partes, agindo até sem provocação qualquer das partes (*ex officio*).

Tratando-se, pois, de evento fortuito ou de força maior, podendo configurar inclusive fato do príncipe, a extinção ou revisão do contrato não provocará qualquer dever de indenizar pelos contratantes (CC, art. 393).

III – Alguns julgados sobre a aplicação da teoria da imprevisão em razão da pandemia do coronavírus

A jurisprudência pátria teve a oportunidade de analisar várias situações de desequilíbrio contratual em razão da crise econômica desencadeada pela pandemia do coronavírus.

A Quarta Turma do STJ, julgando pedido de redução de mensalidade escolar, em razão de supressão de disciplinas e veiculação das aulas pelo modo virtual, entendeu que "a revisão dos contratos em razão da pandemia não constitui decorrência

---

a remarcação dos serviços, das reservas e dos eventos adiados; ou disponibilizarem crédito para uso ou abatimento na compra de outros serviços, reservas e eventos disponíveis.

[186] "1. A empresa prestadora de serviço é responsável pelos danos causados ao usuário em decorrência do serviço ou de sua falta. 2. Foge do nexo de causalidade os eventos ocorridos em decorrência de caso fortuito ou força maior" (STJ, 2ª T., REsp 402.708/SP, Rel. Min. Eliana Calmon, ac. 24.08.2004, *DJU* 28.02.2005, p. 267). No mesmo sentido: "5. No caso, a prática do crime de roubo, com emprego inclusive de arma de fogo, de cliente de lanchonete *fast-food*, ocorrido no estacionamento externo e gratuito por ela oferecido, constitui verdadeira hipótese de caso fortuito (ou motivo de força maior) que afasta do estabelecimento comercial proprietário da mencionada área o dever de indenizar (art. 393 do Código Civil)" (STJ, 3ª T., REsp 1431606/SP, Rel. p/ Acórdão Min. Ricardo Villas Bôas Cueva, ac. 15.08.2017, *DJe* 13.10.2017).

[187] SILVA, Marcus Vinícius Fernandes Andrade da. As relações contratuais de consumo e o fato superveniente do covid-19. *Revista Síntese – Direito civil e processual civil*, v. 125, maio-jun./2020, p. 10.

lógica ou automática, devendo ser analisadas a natureza do contrato e a conduta das partes – tanto no âmbito material como na esfera processual –, especialmente quando o evento superveniente e imprevisível não se encontra no domínio da atividade econômica do fornecedor".

Para o relator, Ministro Luis Felipe Salomão, existem duas situações distintas: aquela em que "a onerosidade sobressai como fator estrutural do negócio" e, portanto, merece ser reequilibrada pelo Poder Judiciário, e aquela que evidencia "ônus moderado ou mesmo situação de oportunismo para uma das partes". Na situação analisada, entendeu o relator não existir:

> comprovação do incremento dos gastos pelo consumidor, invocando-se ainda como ponto central à revisão do contrato, por outro lado, o enriquecimento sem causa do fornecedor – situação que não traduz a tônica da revisão com fundamento na quebra da base objetiva dos contratos. A redução do número de aulas, por sua vez, decorreu de atos das autoridades públicas como medida sanitária. Ademais, somente foram inviabilizadas as aulas de caráter extracurricular (aulas de cozinha experimental, educação física, robótica, laboratório de ciências e arte/música). Nesse contexto, não se evidencia base legal para se admitir a revisão do contrato na hipótese.[188]

Eis outros acórdãos sobre o tema:

a) Financiamento de veículo:

O impacto da COVID-19 sobre a realidade social gera consequências nas relações negociais, tratando-se de fato que autoriza a aplicação da Teoria da Imprevisão, a fim de restabelecer a harmonia econômica e financeira contratual, ocasionada por este evento estranho e que independe da vontade das partes. Diante das irrefutáveis e imprevisíveis consequências da pandemia do COVID-19, os prejuízos sofridos pela grande maioria dos prestadores de serviço autônomos são impactantes, autorizando a alteração do modo de execução da prestação contratual. Deve ser deferida a suspensão temporária da exigibilidade das parcelas do contrato de financiamento de veículo, quando presumível a redução dos ganhos do consumidor, em razão da profissão por ele exercida.[189]

b) Contratos de renegociação de dívidas celebrado por agência de viagens:

O impacto do COVID-19 sobre a realidade social gera consequências nas relações negociais, tratando-se de fato que autoriza a aplicação da Teoria da Imprevisão, a fim de restabelecer a harmonia econômica e financeira contratual, ocasionada por este evento estranho e que independe da vontade das partes. Diante das irrefutáveis e imprevisíveis consequências da pandemia do COVID-19, os prejuízos sofridos pelos prestadores de serviço do ramo de atuação do autor são impactantes, autorizando a alteração do modo de execução da prestação contratual discutida nestes autos. Deve

---

[188] STJ, 4ª T., REsp 1.998.206/DF, Rel. Min. Luis Felipe Salomão, ac. 14.06.2022, DJe 04.08.2022.
[189] TJMG, 12ª Câmara Cível, Apelação Cível 1.0000.20.051388-5/003, Rel. Des. José Augusto Lourenço dos Santos, ac. 16.12.2021, *DJ* 13.01.2022.

ser deferida a suspensão temporária da exigibilidade das parcelas do contrato de renegociação de dívidas contraído por agência de viagens, cuja atividade resta prejudicada em razão da pandemia do COVID-19, gerando perda da renda destinada ao custeio da obrigação assumida.[190]

c) Motoristas de vans escolares:
– A suspensão das aulas presenciais em decorrência do COVID-19 impossibilita que o motorista de transporte escolar cumpra o contrato de financiamento de veículo nos moldes inicialmente estabelecidos.
– A exigibilidade das parcelas do contrato de financiamento, assim como a inclusão do nome do consumidor em cadastros de inadimplentes deverão ser suspensas, em face da pandemia causada pelo COVID-19.[191]

d) Entretanto, em contrato de mútuo garantido por alienação fiduciária, o TJMG entendeu que a pandemia, por si só, não é fato suficiente a gerar a aplicação da teoria:
A pandemia do COVID-19, por si só, não é fato superveniente capaz de justificar o inadimplemento contratual e a interferência do Poder Judiciário na relação contratual, cabendo ao consumidor comprovar a impossibilidade de cumprimento da obrigação assumida, o que não ocorreu nos autos. Recurso desprovido.[192]

e) Cancelamento de voo:
O cancelamento de voos internacionais em plena pandemia da COVID-19 é fato que, em tese, ensejaria condenação por danos morais, todavia, é necessário reconhecer a ocorrência de evento imprevisível consistente em fortuito externo, o qual afasta o dever de indenizar.[193]

f) Cancelamento de contrato de turismo:
– Em se tratando de cancelamento de contrato de turismo em decorrência da pandemia causada pelo Coronavírus, tem-se por imprescindível a adoção de medidas concernentes a alcançar o equilíbrio contratual, de forma a preservar os interesses dos consumidores contratantes, sem, contudo, tornar inviável a continuidade do exercício da atividade da empresa contratada.
– Ante a necessidade de preservação do equilíbrio contratual em situação reconhecidamente excepcional, e em razão do estado de calamidade pública reconhecido pelo Decreto Legislativo nº 6, de 20 de março de 2020, devem ser aplicadas, em caso de

---

[190] TJMG, 16ª Câmara Cível, Apelação Cível 1.0000.20.476629-9/003, Rel. Des. Marcos Henrique Caldeira Brant, ac. 25.08.2021, DJ 26.08.2021.
[191] TJMG, 18ª Câmara Cível, Apelação Cível 1.0000.20.528407-8/002, Rel. Des. José Eustáquio Lucas Pereira, ac. 17.08.2021, *Dj* 17.08.2021.
[192] TJMG, 20ª Câmara Cível, Apelação Cível 1.0000.21.211792-3/001, Rel. Des. Manoel dos Reis Morais, ac. 24.11.2021, DJ 25.11.2021.
[193] TJMG, 9ª Câmara Cível, Ap. 1.0000.21.189505-7/001, Rel. Des. Amorim Siqueira, ac. 15.12.2021, *DJ* 16.12.2021.

rescisão de contrato de turismo, as disposições da Medida Provisória nº 948/2020, convertida na Lei nº 14.046/2020 e alterada pela Lei nº 14.186/2021, que "dispõe sobre medidas emergenciais para atenuar os efeitos da crise decorrente da pandemia da covid-19 nos setores de turismo e de cultura".[194]

g) Contrato de energia elétrica pelo sistema take or pay:

– No sistema de demanda contratada (*take or pay*) o consumidor se obriga a pagar pela energia colocada à sua disposição, independentemente de consumi-la no todo ou em parte.

– A cláusula 28 do contrato enuncia que, caso alguma das partes não possa cumprir qualquer de suas obrigações, no todo ou em parte, em decorrência de caso fortuito ou força maior, o contrato permanecerá em vigor, mas a obrigação afetada assim como a correspondente contraprestação ficarão suspensas por tempo igual ao de duração do evento e proporcionalmente aos seus efeitos. Entretanto, a pandemia da Covid-19, afeta ambas as partes contratantes, mesmo que em escalas diferentes.

– A ANEEL já se posicionou pela impossibilidade de flexibilização contratual, apontando um risco sistêmico para o setor elétrico, com efeitos nocivos ao equilíbrio econômico-financeiro das concessionárias e graves consequências para a continuidade da prestação dos serviços de fornecimento de energia elétrica em todo o país.[195]

2.19. A TEORIA DA IMPREVISÃO NO CÓDIGO CIVIL

Ao contrário do Código de 1916, o Código Civil brasileiro de 2002 dispõe de maneira expressa acerca da "resolução por onerosidade excessiva", como forma de aplicar a teoria da imprevisão (arts. 478 a 480).

Pela sistemática adotada (art. 478), o contrato poderá ser resolvido por iniciativa do devedor, desde que concorram os seguintes pressupostos:

a) o contrato deve ser de execução continuada ou diferida e, naturalmente, não pode ter sido já totalmente cumprido;

b) a prestação prevista deve ter-se tornado excessivamente onerosa para uma das partes e extremamente vantajosa para outra; e

c) a quebra da comutatividade entre as prestações há de ter sido fruto de acontecimentos extraordinários e imprevisíveis.

Prevê o Código Civil, por outro lado, que a regra não deve ser sempre a resolução do contrato atingido pela superveniência de onerosidade excessiva, pois essa medida extrema poderá ser evitada desde que o réu se disponha a modificar equitativamente as condições do negócio (art. 479). Preocupa-se, dessa forma, com a conservação do

---

[194] TJMG, 16ª Câmara Cível, Ap. 1.0000.20.053939-3/002, Rel. Des. José Marcos Vieira, ac. 24.11.2021, *DJ* 25.11.2021.
[195] TJMG, 4ª Câmara Cível, Ag. 1.0000.20.467403-0/001, Rel. Des. Dárcio Lopardi Mendes, ac. 29.10.2020, *DJ* 29.10.2020.

vínculo negocial, ao mesmo tempo em que se procura adaptá-lo, por meio de revisão, a condições compatíveis com a boa-fé objetiva e a função social que se reconhece ao contrato (arts. 421 e 422).

Mesmo quando se trate de contrato unilateral, ou seja, contrato em que caiba a apenas uma das partes realizar a prestação ou prestações pendentes, ainda será possível recorrer-se à teoria da imprevisão. Isto, obviamente, pressuporá que o contrato não se exauriu pela realização de todas as obrigações do devedor, já que só se pode pensar em resolução ou revisão por onerosidade excessiva em face de prestações ainda não adimplidas.

Para esse tipo de contrato, em que não há mais prestação a ser cumprida pela parte contrária, a onerosidade excessiva somente é vista pelo novo Código Civil como causa de revisão contratual tendente a proporcionar ao devedor uma redução de sua prestação, ou alguma alteração no modo de executá-la, a fim de restabelecer a comutatividade (art. 480).

Esse conjunto de regras com que o Código procura incorporar a teoria da imprevisão em caráter permanente e sistemático ao direito positivo brasileiro demonstra a fidelidade à tradição doutrinária e jurisprudencial que sempre prevaleceu entre nós, quanto aos elementos indispensáveis à excepcional resolução ou revisão em casos de superveniência de onerosidade excessiva. Não se pensa no Código atual em fragilizar o contrato, permitindo sua ruptura apenas em função de problemas pessoais ou conveniências individuais do devedor. O que pode permitir a quebra da força de lei do negócio contratual são apenas situações graves e excepcionais, só invocáveis quando geradas por eventos que ultrapassem, de forma profunda, o risco natural de insucesso das convenções, e que por isso não tenham sido previstos pelos contratantes e que tenham ocasionado ao mesmo tempo um prejuízo excessivo para uma das partes e uma vantagem injustificável para a outra.

Como se verá no tópico seguinte, o posicionamento do novo Código Civil brasileiro se acha afinado com as tendências gerais do direito comparado.

2.20. A TEORIA DA IMPREVISÃO NO DIREITO COMPARADO

Não é diversa a orientação prevalecente no direito comparado. A revisão do contrato no direito argentino, *v.g.*, é admitida a partir da ideia de que, ao ajustarem um contrato comutativo, as partes, obviamente, visaram a um nexo de interdependência entre os sacrifícios que cada uma delas haveria de suportar na etapa de cumprimento das obrigações recíprocas. Esse equilíbrio, no entanto, pode desaparecer, sem culpa dos contratantes, pela superveniência de situação conjuntural extraordinária "que provoque evidentemente a ruptura do sinalagma ínsito em todo acordo de vontades".[196]

Não se equipara a teoria da imprevisão ao caso fortuito ou de força maior, porque não se refere a uma impossibilidade total para o contratante de cumprir sua prestação, mas leva em conta a quebra da bilateralidade provocada por "uma excessiva dificuldade

---

[196] LARROZA, Ricardo Osvaldo. Imprevisión Contractual. *In:* STIGLITZ, Rubén S. (coord.). *Contratos – Teoría general.* Buenos Aires: Depalma, 1993, v. II, p. 343.

ou onerosidade para o cumprimento das prestações estipuladas"; e, por força do princípio da boa-fé, impõe-se "recompor a bilateralidade do contrato cuja ruptura foi provocada por *acontecimento extraordinário* que excedera qualquer previsão do devedor".[197]

As cláusulas *pacta sunt servanda* e *rebus sic stantibus*, segundo a jurisprudência dos tribunais argentinos, não se contrapõem, nem entram em contradição entre si, "*ya que tales principios, lejos de ser contradictorios, se presuponen y resultan complementarios*".[198] Na realidade, nenhuma delas pode existir sem a outra.

De ahí que podamos afirmar que en la medida en que el contrato busque adecuarse a las nuevas circunstancias, no hace más que consolidar la voluntad primitiva de las partes que en definitiva persiguió el cumplimiento de las prestaciones en una relación de equilibrio que por causas ajenas a ellos resultó alterada.[199]

Assim como a força maior impede a exigibilidade do cumprimento do contrato (inadimplemento *material*), a alteração superveniente da *base do negócio comutativo* também cria uma impossibilidade (não *material*, mas *convencional*) à execução do contrato, a não ser mediante "excessivo esforço ou maior onerosidade", no dizer de Larenz. A onerosidade excessiva, de tal sorte, apresentar-se-ia como uma especial modalidade de "impossibilidade da prestação", cuja correção, todavia, não se faz, via de regra, pela extinção de contrato, mas pela alteração das prestações de início avençadas.

No direito argentino, em suma, a aplicação da teoria da imprevisão, que hoje se acha inserida textualmente no Código Civil, exige a concorrência dos seguintes pressupostos:

a) "um *acontecimento extraordinário que torne a obrigação excessivamente onerosa*: referimo-nos concretamente a um *fato não comum* ou ordinário da vida, devendo deixar-se de lado os que têm repercussão *pessoal* ou *individual* e que somente afetam a uma ou outra pessoa, considerando-se unicamente os que prejudicam *toda uma categoria de devedores*";[200]

b) "*que o acontecimento tenha sido, por sua vez, totalmente imprevisível*", ou, segundo Ripert, deve-se levar em conta que "contratar é prever", donde se impõe descartar como pressuposto da teoria da imprevisão "o simples risco normal, inerente à vida de todo contrato e que pode alterar – com frequência – a primitiva equivalência que existiu no ponto de partida. Se não fosse assim – afirma o autor – isto é, se as coisas não pudessem variar, não valeria a pena ajustar um só contrato de duração";[201]

c) "que os fatos causadores da desproporção das prestações *não tenham ocorrido por culpa do devedor* prejudicado nem quando estivesse constituído em *mora*".[202]

---

[197] LARROZA. *Op. cit.*, p. 345.
[198] LARROZA. *Op. cit.*, p. 349, nota 12.
[199] LARROZA. *Op. cit.*, p. 349.
[200] LARROZA. *Op. cit.*, p. 365; ITURRASPE, Jorge Mosset. *Justicia contractual*. Buenos Aires: Ediar, 1977, p. 223 e s.
[201] LARROZA. *Op. cit.*, p. 367.
[202] *Idem*. p. 368.

Em Portugal, também, a teoria da imprevisão vem consagrada textualmente nos arts. 437º e 252º-2 do atual Código Civil, à luz das características da *teoria da base do negócio jurídico*; ou seja, cabe a revisão do contrato:

a) "se as circunstâncias em que as partes fundamentaram a decisão de contratar tiverem sofrido uma *alteração anormal*" (art. 437). "Quer isto dizer que a mudança deverá, necessariamente, estar postada para além das fronteiras da normalidade, traduzindo portanto uma transformação totalmente imprevisível, isto é, aquela impossível de ser prevista, porque não constante do quadro de acontecimentos do cotidiano".[203]

b) "Em decorrência da '*alteração anormal*' há de existir uma '*parte em vias de ser lesada*', isto é, deverá restar configurado virtualmente um prejuízo para uma das partes".[204]

c) A modificação do contrato será feita "segundo juízos de equidade, desde que a exigência das obrigações por ela assumidas afete gravemente os princípios da boa-fé e não esteja coberta pelos riscos próprios do contrato" (art. 437). O direito português, como se vê, exige "coordenadas de natureza temporal, disciplinando a invocação do princípio da alteração anormal das circunstâncias". Deve-se relembrar "a existência em todos os pactos de uma álea normal, isto é, uma área de riscos onde as mutações *previsíveis* se manifestam e se desenvolvem".[205]

Na Itália, da mesma forma, a revisão dos contratos com base na teoria da imprevisão encontra amparo em dispositivos textuais do vigente Código Civil (arts. 1.467 e 1.468), e seus pressupostos legais são:

a) *que o contrato seja de execução continuada ou periódica, ou de execução diferida* (art. 1.467);

b) que o contrato seja *comutativo* e não *aleatório* (art. 1.469);

c) que tenham ocorrido *acontecimentos extraordinários e imprevisíveis* antes do cumprimento do contrato (art. 1.467);

d) que, em razão desses acontecimentos anormais, a prestação de uma das partes se tenha tornado *excessivamente onerosa* (art. 1.467);

e) a parte prejudicada pode requerer a resolução do contrato, mas a outra parte pode evitá-la oferecendo *modificações equitativas* para as condições contratuais (art. 1.468).

Na Espanha, a revisão contratual, segundo a teoria da imprevisão, é obra de vasta construção pretoriana, e predominam as seguintes exigências para sua adoção:

a) estando o ordenamento jurídico assentado sobre as bases da liberdade contratual e do respeito às obrigações livremente contraídas, a *possibilidade de modificar os contratos* e reduzir-lhes a força deve ser admitida excepcionalmente, apenas em

---

[203] BORGES, Nelson. A Teoria da Imprevisão do Direito Português. *Gênesis* – Revista de Direito Processual Civil, v. 13, p. 571.
[204] *Idem. Ibidem.*
[205] BORGES, Nelson. *Op. cit.*, p. 572.

casos realmente *graves*, de mudanças de circunstâncias que tenham transformado "as previsões iniciais dos contratantes e a base mesma do negócio";[206]

b) o contrato deve ser *bilateral, oneroso e comutativo*;

c) que ocorra uma alteração na base econômica do contrato ou uma impossibilidade de alcançar o fim contratual;

d) que a alteração ou impossibilidade de alcançar o fim contratual não tenha sido provocada por causas imputáveis aos contratantes;

e) que o contrato seja de *trato sucessivo* e não tenha ainda sido integralmente cumprido;

f) que não haja outro meio de restabelecer o equilíbrio contratual.[207]

Segundo a jurisprudência do Tribunal Supremo da Espanha, a desproporção entre as prestações para justificar a incidência da teoria da imprevisão "deve ser exorbitante", quebrando, assim, "o equilíbrio das prestações", tornando o contrato "muito mais gravoso" e ultrapassando "todo cálculo entre as pretensões das partes contratantes". "Não basta uma alteração econômica ordinária, mas exige-se uma alteração *importante* e *exorbitante*, uma alteração fora do comum."[208]

Em resumo e em conclusão uma mudança de circunstâncias pequenas não bastará para configurar uma alteração grave no equilíbrio das prestações para provocar a frustração do contrato, terá de ser uma mudança grave que as torne totalmente desproporcionadas.[209]

Outro requisito que tanto a doutrina como a jurisprudência exigem, no direito espanhol, para apreciação da teoria da imprevisão "é que a mudança de circunstâncias *não seja previsível* pelos contratantes no momento de constituir a relação contratual".[210]

Num resumo das posições adotadas pelos diversos ordenamentos jurídicos da Europa, o moderníssimo Projeto de Código Europeu dos Contratos, em discussão na Comunidade Econômica Europeia, enfrenta o problema da onerosidade excessiva dispondo que não se deverá considerar inexecução a falta de pagamento total ou parcial, uma vez que seja motivada por eventos *extraordinários e imprevisíveis*. Diante da constatação de que a mudança de condições de cumprimento da avença a tornaram *excessivamente onerosa*, reconhece-se ao devedor o direito de obter uma nova negociação do contrato. Para tanto, incumbir-lhe-á comunicar ao credor sua intenção de exercer esse direito antes de esgotado o termo previsto para a execução ou antes de ter sido constituído em mora pelo credor. Frustrada a tentativa de revisão contratual por

---

[206] HIERRO, J. Manuel Fernández. *La modificación del contrato*. Pamplona: Aranzadi Editorial, 1992, p. 57.
[207] HIERRO, J. Manuel Fernández. *Op. cit.*, p. 57.
[208] GONZÁLEZ, María Paz Sánchez. *Alteraciones económicas y obligaciones contractuales*: la cláusula *Rebus Sic Stantibus*. Madrid: Editorial Tecnos, 1990, p. 12-15; HIERRO, J. Manuel Fernández. *Op. cit.*, p. 65-66.
[209] HIERRO, J. Manuel Fernández. *Op. cit.*, p. 67.
[210] HIERRO, J. Manuel Fernández. *Op. cit.*, p. 72.

via negocial, caberá ao devedor propor a competente ação em trinta dias, sob pena de decadência de seu direito (art. 97, 1).[211]

Ao juiz, o Projeto Europeu dos Contratos confere o poder de, conforme as condições apuradas e os pedidos formulados, modificar ou resilir o contrato, no todo ou em parte (art. 157, 5).[212]

Dessa forma, o direito comunitário conserva as linhas mestras da teoria da imprevisão, consagrada pelos direitos positivos atuais dos países-membros.

Em síntese, os exemplos do direito comparado retratam um posicionamento geral em face da teoria da imprevisão que não anula a força obrigatória dos contratos como regra geral. Permitem a revisão do negócio apenas como exceção e no pressuposto de alterações profundas nas condições objetivas em que as prestações devem ser cumpridas. Não são razões subjetivas e pessoais do devedor que lhe franqueiam o exercício da faculdade de postular a revisão do contrato. São apenas as graves alterações conjunturais de ordem econômica e social que podem influir na incidência da teoria em questão. E tudo se faz limitadamente, dentro do estritamente necessário ao restabelecimento do indispensável e justo equilíbrio entre prestações e contraprestações.

2.21. O CONTRATO DE ADESÃO E SEU CONTROLE EM JUÍZO

As sociedades modernas evoluíram para um tipo de comportamento econômico que exigiu dos Estados uma política de maior intervenção no plano do contrato, principalmente em defesa dos consumidores. Surgiu um autêntico *direito do consumo*, com reflexos notórios sobre a teoria clássica dos princípios contratuais.

Esses novos rumos do direito não podem evitar a constatação de que os tempos atuais são comandados pelo *consumo de massas*, cujas exigências de organização empresarial não podem prescindir de padrões uniformizados de negociação e contratação. E nesses novos hábitos negociais os contratos de massa em regra são fruto de estipulações unilaterais dos fornecedores que, pela própria conjuntura, não ensejam aos consumidores uma discussão individual das cláusulas e condições de cada operação, como deveria ocorrer segundo os padrões clássicos do princípio da autonomia plena de vontades.

---

[211] "Art. 97, 1. Mesmo que o devedor esteja atrasado na execução do serviço devido ou que tenha sido prestado apenas parcialmente, não se pode considerar que houve descumprimento, desde que seja decorrente de eventos extraordinários anteriormente produzidos e imprevisíveis, que tornaram a execução excessivamente onerosa, e, por conseguinte, como previsto no art. 157, concedem ao devedor o direito de obter uma nova negociação do contrato. O devedor deve, no entanto, ter comunicado ao credor sua intenção de exercer esse direito antes do término do prazo previsto para a execução ou antes de o credor ter lhe enviado a convocação prevista no art. 96 letra a) acima. O devedor é privado de seus direitos se, na ausência de um acordo com o credor, se abster de recorrer ao juiz dentro de trinta dias após a comunicação mencionada acima".

[212] "Art. 157, 5. O juiz, depois de avaliar as circunstâncias e levar em conta todos os interesses e solicitações das partes, poderá, utilizando-se de uma opinião de especialista, modificar ou rescindir o contrato como um todo ou em sua parte não executada e, se necessário, determinar a restituição e indenização dos danos."

O problema não permite um enfoque apenas jurídico, visto que suas raízes penetram no domínio econômico e dele não se podem apartar. Como anota Miguel Ruiz Muñoz, "*no se trata simplemente de cuestiones jurídicas, sino que la problemática es mucho más profunda al plantearse cuestiones estructurales del mercado*".[213]

Assim, nas sociedades atuais, dominadas pelo regime das operações de massa, a adoção pelos fornecedores de contratos uniformes ou submetidos a condições gerais unilateralmente estipuladas é um imperativo da ordem econômica vigente. Nenhuma lei proíbe semelhante prática negocial. O que as leis de proteção ao consumidor fazem é apenas impedir que o contrato de adesão sirva para a imposição de cláusulas abusivas e iníquas. É contra elas, e não contra o contrato de adesão em si, que se voltam as leis protetivas da parte vulnerável dos negócios padronizados.

Embora seja irrecusável que os contratos de adesão desempenham uma função econômico-jurídica importante no mercado de consumo, e por isso não podem ser evitados em nossos tempos, por corresponderem a um "instrumento vital para a planificação econômica das empresas" e, portanto, a "um meio dinamizador do consumo" e, especificamente, "dos consumos de massa", é também inegável que os benefícios econômicos do sistema não impedem abusos, porquanto "suas perversidades são muitas e notórias".[214-215]

Não obstante e sem embargo de servirem, eventualmente, para oprimir o contratante débil, o certo é que "os contratos *standard* funcionam como factores de racionalização da gestão empresarial num sentido ainda mais relevante, que concerne à exigência de prever e calcular antecipadamente (com a maior aproximação) – todos os elementos susceptíveis de figurar – quantificados – como activo ou passivo no balanço da empresa".[216] O *custo* do negócio empresarial depende da uniformidade com que o fornecedor coloca no mercado consumidor sua produção.

É pela uniformidade e rigidez das cláusulas do contrato de adesão que o empresário conhece, antecipada e pontualmente, os custos e os resultados de seu negócio e, assim, consegue "assentar em bases mais corretas o seu cálculo econômico", tornando

---

[213] MUÑOZ, Miguel Ruiz. *La nulidad parcial del contrato y la defensa de los consumidores*. Valladolid: Editorial Lex Nova, 1993, p. 26.

[214] MUÑOZ, Ruiz. *Op. cit.*, p. 27. "*En síntesis, pueden identificarse cuatro grupos de efectos racionalizadores: las condiciones generales provocan una reducción de los costes de celebración y regulación de los contratos; favorecen la división de tareas entre los miembros de la organización empresarial; facilitan la coordinación entre éstos y hacen posible el cálculo anticipado del coste de producción de los bienes y servicios que ofrece la empresa*" (AGUILA-REAL, Jesus Alfaro. *Las condiciones generales de la contratación*. Madrid: Editorial Civitas, 1991, p. 28).

[215] "A contratação é mais é mais rápida e facilitada, não se faz uma diferenciação entre os consumidores de uma ou de outra classe social, o método racionaliza a transferência de bens de consumo na sociedade, possibilitando também a previsão dos riscos por parte dos fornecedores. Entre as vantagens que apresenta está a rapidez de sua adaptação às novas situações, bastando elaborar um novo contrato-modelo e imprimi-lo em um novo formulário. De outro lado, a sua elaboração prévia e unilateral como que facilita a inclusão de cláusulas abusivas, cláusulas que asseguram vantagens unilaterais e excessivas para o fornecedor que as elabora" (MARQUES, Cláudia Lima. *Contratos no Código de Defesa do Consumidor*. 5. ed. São Paulo: RT, 2005, p. 77).

[216] ROPPO. *Op. cit.*, p. 316.

mensuráveis os riscos de gastos dentro de cada categoria de negócios praticados pela empresa.[217]

Por todas estas razões, não há dúvida de que o emprego difundido de contratos *standard* constitui produto inelimável da moderna organização da produção e dos mercados, na exacta medida em que funciona como decisivo *factor de racionalização e de economicidade da actuação empresarial*.[218]

São as condições econômicas que exigem a uniformidade das cláusulas e impedem a natural discussão dos termos negociais. "O contrato de adesão apresenta-se, assim, como imperativo de determinadas condições econômicas e sociais".[219]

Uma vez, porém, que a parte aderente fica privada de discutir os termos do contrato *standard*, a lei interfere nessa prática de negócio definido unilateralmente para verificar se o estipulante se prevalece e abusa de sua posição de predomínio econômico-social.

As cláusulas abusivas que cumprem eliminar dos contratos de adesão referem-se, *v.g.*, a problemas como os de "imposição de ônus excessivos; falta de informações sobre o negócio, ou sobre os bens; redação equívoca de cláusulas; fixação de sancionamentos indevidos, ou desproporcionais, como a perda de numerário, ou de direito, ou de bem; previsão de exoneração de responsabilidade do disponente; transferência de responsabilidade do disponente para outrem, e outras tantas situações desfavoráveis". No aspecto formal, os desconfortos para os consumidores geralmente se prendem a cláusulas de "leitura impossível", a formulários "lacônicos e, muitas vezes, ininteligíveis, obscuros e de termos dúbios".[220]

A abusividade da cláusula, segundo Cláudia Lima Marques, é

[...] o desequilíbrio ou descompasso de direitos e obrigações entre as partes, desequilíbrio de direitos e obrigações típicos àquele contrato específico; é a unilateralidade excessiva, é a previsão que impede a realização total do objetivo contratual, que frustra os interesses básicos das partes presentes naquele tipo de relação, é, igualmente, a autorização de atuação futura contrária à boa-fé, arbitrária ou lesionária aos interesses do outro contratante, é a autorização de abuso no exercício da posição contratual preponderante.[221]

Os contratos de adesão (ou contratos ajustados a partir de "condições gerais" impostas pelos fornecedores de bens e serviços) são o palco mais propício à estipulação das *condições abusivas* de que cogita o CDC brasileiro. Como já se expôs, embora essas condições ilícitas sejam *nulas de pleno direito*, não acarretam, necessariamente, a nulidade de todo o contrato, de modo que, extirpando-se a cláusula abusiva e procedendo-se,

---

[217] ROPPO. *Op. cit.*, p. 316.
[218] Idem. Ibidem.
[219] GOMES, Orlando. *Transformações gerais do direito das obrigações*. São Paulo: RT, 1967, n. 82, p. 110.
[220] BITTAR, Carlos Alberto. Os contratos de adesão e o sancionamento de cláusulas abusivas. *Revista dos Tribunais*, v. 648, p. 18, out./1989.
[221] MARQUES, Cláudia Lima. *Contratos no Código cit.*, p. 161.

se necessário, à "integração do negócio", por meio de revisão das principais prestações previstas, poderá, perfeitamente, ser mantido eficaz (CDC, art. 51, § 2º).

Tal como se dá no direito brasileiro, também no direito espanhol a eventual nulidade de condições gerais pode resolver-se de três maneiras distintas, ou seja, pela:

a) Nulidad de las cláusulas *que no superen el control de la inclusión o del contenido y, consecuentemente, validez del resto del contrato*;

b) Integración del contrato *recurriendo a las normas generales*;

c) Nulidad total del contrato *en los casos excepcionales en los que el control provoque un desequilibrio notable en la economía del contrato*.[222]

E de quais critérios se valerá o juiz para reconhecer a *nulidade* ou *invalidade* da condição abusiva inserida no contrato de adesão? Segundo os ditames da boa-fé objetiva, utilizar-se-á dos usos e costumes, da economia do contrato, dos parâmetros observados pela lei para regulamentação ordinária do tipo de contrato de que se cuida, enfim, daquilo que modernamente se exige para que o contrato de massa seja equilibrado e, por conseguinte, "justo".[223]

A intervenção se dá, aqui e alhures, para eliminar as "injustiças" do contrato de adesão, e não, necessariamente, para invalidá-lo por completo, mesmo depois do advento do Código de Defesa do Consumidor. A jurisprudência, nesse sentido, procura "evitar a exploração de uma parte contra outra", utilizando, principalmente, regras de hermenêutica contratual.[224]

À luz do princípio da boa-fé e sob cominações adequadas a cada situação (como a decretação de ineficácia de cláusula; a profligação de excessos, ou de garantias indevidas, a reparação de danos, a integração do contrato[225] e outros sancionamentos), os tribunais realizam o necessário "amparo ao economicamente mais fraco", utilizando, principalmente, a "teoria do abuso de direito e do dano injusto".[226]

2.22. ALGUNS EQUÍVOCOS DA JURISPRUDÊNCIA EM MATÉRIA DE REVISÃO DE CONTRATOS DE CONSUMO

Na Apelação Cível nº 238.020-2, o TJ-SP, pela 13ª Câm. Cível, decidiu ser nula a cláusula resolutória inserida em contrato de promessa de compra e venda de imóvel, por entendê-la unilateral em favor do vendedor, não contemplando "alternativa em

---

[222] AGUILA-REAL, Alfaro. *Op. cit.*, § 18, p. 335.
[223] AGUILA-REAL, Alfaro. *Op. cit.*, p. 467.
[224] TJ-SP, ac. 16.06.1994. In: JÚNIOR, Darcy Arruda Miranda. *Código do Consumidor na jurisprudência*. São Paulo: Jurídica Brasileira, 1999, p. 374-375.
[225] A integração do contrato é uma operação por meio da qual o juiz substitui a cláusula abusiva por outra extraída da regulamentação legal dispositiva de que se afastou intencionalmente o estipulante, mas de maneira inválida. Na falta de norma geral específica (lacuna da lei), a integração se valerá dos usos e costumes e dos ditames da boa-fé e da lealdade contratual (AGUILA-REAL, Alfaro. *Op. cit.*, § 25, p. 442).
[226] TJ-SP, ac. 16.06.1994, *cit.*

benefício do compromissário" (CDC, art. 54, § 2º).[227] E disso se chegou à estranha conclusão de que o contrato não obrigava o consumidor, pouco importando tivesse ele deixado de pagar todas as prestações a seu cargo.

De fato, referido dispositivo legal exige que nos contratos de adesão a cláusula resolutória expressa seja "alternativa, cabendo a escolha ao consumidor". No entanto, essa *alternatividade* não equivale a uma autorização a que o consumidor inadimplente promova a rescisão do contrato, contra a vontade do promitente vendedor.

Se o contrato foi violado, pelo consumidor, o promitente vendedor tem dois caminhos a seguir: executar o preço (mantendo o contrato) ou rescindir o contrato por inadimplemento. Somente na segunda hipótese estará valendo-se da cláusula resolutória. E em tal hipótese é que caberá ao consumidor a opção entre resolver ou não o contrato. Se preferir não romper o contrato, optará pela purga da mora e, assim, impedirá a resolução negocial.

Se, porém, não estiver em jogo a cláusula resolutória, mas apenas a execução do preço em mora, não incide opção alguma em favor do inadimplente. É que, se pretendesse, por iniciativa própria, romper o contrato que ele mesmo descumpriu, estaria invocando como causa de resolução sua própria conduta violadora do contrato. Ora, o direito de romper o contrato somente pode caber à parte inocente, ou seja, aquela que suportar as consequências do inadimplemento do outro contratante, dentro da sistemática dos arts. 476 e 477 do Código Civil, que, de maneira alguma, foi revogado pelo CDC.

Se se entender, como decidiu o r. aresto, que sempre caberia ao consumidor, mesmo inadimplente, optar pela resolução contratual, chegar-se-á ao absurdo de deixar nas mãos do devedor o destino do contrato. A ele e mais ninguém caberia ditar a sorte e a força do contrato. A qualquer tempo, bastaria suspender o pagamento das prestações, para requerer, em seguida, o desfazimento da avença. A força do contrato seria nenhuma, uma vez que o consumidor teria, na verdade, o direito de arrepender-se, a qualquer tempo, ao singelo pretexto de optar entre manter ou resolver o contrato por ele mesmo descumprido. A norma do art. 54, § 2º, do CDC, não pode conduzir a tão grande aberração.

Uma opção como esta, à evidência, não condiz com o princípio da boa-fé, nem é compatível com a segurança jurídica que deve estar presente no mundo econômico a que serve o instituto do contrato.

Em nome da preservação da segurança jurídica, no domínio econômico, "é óbvio" – como decidiu o mesmo TJ-SP em outro aresto, com apoio em Caio Mário, – "que somente o contratante prejudicado pode invocá-la (*i.e.*, invocar a cláusula resolutória); o inadimplente não pode, pois não se compadece com os princípios jurídicos que o faltoso vá beneficiar-se da própria infidelidade"; ou, ainda segundo Orlando Gomes, também invocado pelo mesmo acórdão, "nesse caso a faculdade de resolução cabe apenas ao contratante prejudicado com o inadimplemento, jamais ao que deixou de cumprir as obrigações".[228]

---

[227] TJ-SP, Ap. Cív. 238.020-2, *JTJSP* 166/34.
[228] TJ-SP, EI 250.449-2/SP, 14ª Câm. Cível, ac. 12.09.1995, *JTJSP* 176/217.

A invocação do CDC, que em seu art. 53 prevê a restituição ao consumidor das prestações pagas, não o autoriza a formular pedido rescisório. É que o previsto no aludido dispositivo legal pressupõe pedido de resolução do contrato e retomada do bem alienado, "por iniciativa do credor, ante o inadimplemento do devedor".[229] Aí, sim, rompido o contrato por ato do credor prejudicado, surgirá o direito para o inadimplente de recuperar as prestações pagas, depois de deduzidas as reparações a que fizer jus a parte inocente.

Já na Ap. Cível 256.637-2/SP, a 12ª Câm. Cível do TJ-SP, que, igualmente, versou sobre compromisso de compra e venda de imóvel, decidiu que o promissário comprador pode propor ação de rescisão contratual, para obter a restituição das prestações pagas, ainda que tenha deixado de cumprir o contrato. Isto porque os arts. 51, II, e 53 do CDC vedam a perda das prestações pagas, e o art. 54 exige a alternatividade da cláusula resolutória, "cabendo a escolha ao consumidor".

Haveria, assim, expressa previsão no CDC do direito do consumidor de "desistir do contrato", o que evidenciaria "a possibilidade jurídica de os promitentes compradores, por motivo justificado, pleitearem a rescisão do contrato, sem a perda das importâncias pagas".[230]

Como motivo justificador da *desistência* do contrato, o acórdão admitiu a alegação de desemprego por parte do promissário comprador. E, para justificar a sujeição do promitente vendedor aos efeitos da pretensão do desistente, o decisório reconheceu que, tendo sido notificado o alienante "para rescindir o contrato e devolver os valores recebidos", excluída restou a inadimplência do adquirente "e, pois, descaracterizada a arguição da exceção de contrato não cumprido".

Data maxima venia, a teoria da imprevisão agasalhada pelo art. 6º, inciso V, do CDC não se compadece com dificuldades pessoais de um contratante (impossibilidade *relativa*), mas refere-se a alterações conjunturais que criem obstáculos gerais ao cumprimento de certo tipo de contrato. Funda-se o permissivo de revisão contratual na teoria da *base do contrato*, que, sabidamente, não leva em conta problemas individuais de um dos contratantes. A ideia de ser cabível a revisão do contrato por quebra da "base de valoração do contrato" opõe-se à ideia de "segurança do tráfego", que exige a estabilidade formal dos vínculos. Só se pode, portanto, invocar a alteração da base do negócio "quando a segurança do tráfego não se oponha a tal". E isto só acontecerá quando a alteração da circunstância atingir não um dos contratantes isoladamente, mas afetar a base de valoração "comum a ambas as partes".[231]

Para falar-se em "*onerosidade excessiva superveniente*", deve-se observar um *critério objetivo*, e não *pessoal* ou *subjetivo*, de modo que se possa afirmar que "a prestação é excessivamente onerosa *por si mesma* e não em relação a determinado devedor".[232]

---

[229] TJ-SP, ac. *cit.*
[230] TJ-SP, ac. 30.05.1995, *JTJSP* 178/47.
[231] SCHMIDT-RIMPLER. Zum Problem der Geschäftsgrundlage, FS Nipperdey, 1955, p. 9-13. Apud MENEZES CORDEIRO, António Manuel da Rocha e. *Da boa-fé no direito civil*. Coimbra: Almedina, 1997, n. 99, p. 1.065.
[232] MESSINEO, Francesco. *Doctrina general del contrato*. Buenos Aires: EJEA, 1986, t. II, p. 375.

Tal como o Código Civil italiano, o CDC brasileiro não fala em revisão do contrato em razão de fatos supervenientes que tornem "as *prestações excessivamente onerosas para uma das partes*", mas, sim, e apenas, que "as tornem *excessivamente onerosas*".[233]

Quanto à notificação do promitente vendedor para rescindir o contrato, do qual teria desistido o promissário comprador, dado a que o acórdão atribui grande efeito para justificar a resolução intentada pelo inadimplente (*JTJ* 178/48), trata-se de providência juridicamente inócua. Não se pode "criar" um inadimplemento para o outro contratante fundado apenas na vontade unilateral do devedor. Para que o credor (alienante) fosse constituído em mora, era preciso que preexistisse a sua obrigação de dissolver o contrato. Se tal dever jurídico não estava previsto nem na lei nem no contrato, impossível será criá-lo por meio de unilateral comunicação de vontade de uma das partes contra a outra. Aqui o que o decisório cometeu foi uma ofensa até mesmo ao princípio da legalidade (CF, art. 5º, II).

Incensurável, nesse sentido, é o acórdão da 11ª Câm. Cível do TJ-SP, segundo o qual:

[...] nosso ordenamento jurídico, nem mesmo após o advento da Lei n. 8.078/1990 (Código de Defesa do Consumidor), alberga pedido de rescisão contratual baseado no próprio inadimplemento.[234]

Não é possível, segundo o acórdão, acolher-se em juízo "pedido de rescisão contratual baseado no próprio inadimplemento de compromisso de compra e venda de imóvel, como se fosse um investimento financeiro do qual se desiste a qualquer momento e por qualquer motivo, sem ônus. Nessa linha de raciocínio" – conclui o acórdão, acertadamente, – "o autor é carecedor da ação, por lhe faltar o interesse processual".

O certo é que, reconhecendo o promissário comprador não ter cumprido prestações a seu cargo, "daí não pode tirar proveitos não amparados pela ordem legal instituída e repudiados por toda a teoria contratual".[235]

O que o CDC prevê é simplesmente o direito do promissário comprador de reaver as prestações pagas, desde que o promitente vendedor rompa o contrato e recupere o imóvel em poder do adquirente faltoso.

É ao credor, e nunca ao devedor moroso, que cabe a iniciativa de resolver o contrato violado. Não é porque o credor tenha tal direito que também se tenha simetricamente de reconhecê-lo ao devedor inadimplente. Jamais se poderá extrair tal consequência do simples preceito do art. 53 do CDC.

Ora, ninguém que se acusa inadimplente, como se dá na espécie, pode valer-se dessa situação para dela tirar proveito em detrimento da parte contratante contrária [...] Não existem moras simultâneas do credor e do devedor. A autora, como promitente compradora do imóvel, diz-se em mora e daí não pode tirar proveitos não amparados pela ordem legal instituída e repudiados por toda a teoria contratual.[236]

---

[233] Art. 6º, V, do CDC; art. 1.467 do CC it.; MESSINEO. *Op. cit., loc. cit.*
[234] Ap. Cív. 229.513-2/9, Rel. Des. Laerte Nordi, ac. 10.08.1995, *RT* 723/309.
[235] TJ-SP, 14ª Câm. Cív., ac. 21.06.1994, na Ap. Cív. 236.120-2/1, *RT* 710/76 e *JTJSP* 162/26.
[236] Ap. 236.120-2/1, *cit.*

O mesmo aresto repeliu a pretensão do devedor de se valer da teoria da imprevisão, a pretexto de aumento excessivo do valor das prestações, motivado pela inflação, assim como da defasagem entre os salários do promissário comprador e o valor corrigido das prestações contratuais. A inflação não serviu para justificar a ruptura do contrato porque não era fenômeno imprevisível. Ao contrário, foi prevista expressamente no contrato, tanto que as partes inseriram no negócio "a cláusula de readaptação do valor da moeda corroído pelos nefastos efeitos da inflação".

Quanto "às assertivas sobre a defasagem entre o valor da prestação e a renda da autora, conquanto possam sensibilizar, sob o aspecto social, também se ressentem de fomento jurídico, uma vez que no contrato não houve eleição da equivalência salarial como fator de atualização do preço".

Por outro lado, é injurídica a pretensão de forçar o promitente vendedor a restituir os pagamentos efetuados pelo promissário comprador, apenas porque este esteja em dificuldade de cumprir suas obrigações negociais. Não se pode resolver os problemas do comprador gerando outros problemas para o vendedor, principalmente quando este não seja uma empresa financeira de capitalização de recursos de seus clientes.

Em negócio entre construtor e adquirente de imóveis, – como corretamente decidiu o TJ-SP no referido acórdão – "não está obrigado o promitente vendedor a manter disponibilidade em dinheiro para devolvê-lo ao promitente comprador, ao talante deste. Se for empresa do ramo, é natural que destine as importâncias recebidas ao giro normal de seus negócios, com os custos empresariais e financeiros daí decorrentes; se for particular, igualmente não lhe toca o dever de guardar as prestações recebidas para eventual devolução a qualquer momento, assim que o promitente comprador o desejar".

O desemprego, como risco pessoal e previsível de todo e qualquer trabalhador, não pode servir de pretexto para o promissário comprador desvencilhar-se do contrato de promessa de compra e venda de imóvel. Inaplicável a esse tipo de risco a teoria da imprevisão prevista no art. 6º, inciso V, do CDC.

A propósito, assentou a 12ª Câm. Cível do TJ-SP que:

> Aceitar-se a perda do emprego numa economia instável e doentia como a nossa, como fato ensejador da teoria da imprevisão, será fazer esboroar-se a construção dessa teoria.[237]

Mesmo porque, repita-se, "somente circunstâncias extraordinárias é que entram no conceito de onerosidade excessiva, dele não fazendo parte os acontecimentos decorrentes da álea normal do contrato". Álea normal é "o risco previsto, que o contratante deve suportar, ou, se não previsto explicitamente no contrato, de ocorrência presumida em face da peculiaridade da prestação ou do contrato".[238]

Lê-se no referido acórdão que o art. 53 do CDC, ao prever a restituição das prestações pagas pelo promissário comprador, "não permite que o devedor inadimplente peça

---

[237] Ap. Cív. 225.001-2, ac. 31.05.1994, *JTJSP* 161/171.
[238] NERY JÚNIOR, Nelson. *In:* GRINOVER, Ada Pellegrini *et al. Código Brasileiro de Defesa do Consumidor* – comentado pelos autores do Anteprojeto. 10. ed. Rio de Janeiro: Forense, 2011, v. 1, p. 600.

a rescisão de seu contrato. Apenas estipula ser nula a cláusula que estabeleça a perda total das prestações pagas em benefício do credor que, em razão do inadimplemento, pleitear a rescisão do contrato e a retomada do produto alienado. Portanto, pressupõe o artigo a inadimplência e a rescisão do contrato, com a consequente retomada do imóvel para sua aplicabilidade".

A tese de que o próprio inadimplente pode reclamar a devolução das prestações pagas, contra a vontade da parte inocente, subverte os princípios do direito contratual e gera completa insegurança no mundo dos negócios. Contraria a função econômica do contrato e atenta contra a ideologia dominante na ordem econômica tutelada pela Constituição.

Na perspectiva do acórdão do TJ-SP (Ap. Cív. 225.001-2, cit.), "o objetivo da lei (isto é, do CDC) não é estimular inadimplência e facilitar a rescisão dos contratos, mas apenas salvaguardar os interesses dos compradores inadimplentes".

O direito de o consumidor arrepender-se do contrato pactuado, o Código de Defesa do Consumidor só o prevê na hipótese especialíssima do seu art. 49 e "se esgota decorridos sete dias da celebração do negócio, ainda que a entrega do bem dependa da conclusão do prédio".[239]

Esse prazo de reflexão previsto no art. 49 do CDC é excepcional e "tem sua razão de ser na prática comercial exercida fora do estabelecimento comercial, quando a iniciativa do negócio é comumente do vendedor, posto o comprador em condições desfavoráveis para refletir sobre as propostas que lhe são apresentadas, sofrendo a insistência da oferta".[240]

Ainda que se admita que o promissário comprador tivesse sido procurado pelos corretores para a celebração do contrato fora do estabelecimento da empresa vendedora, o direito de arrependimento só persistiria durante os sete dias subsequentes à assinatura do contrato. "Pretender que tal período somente começaria a fluir depois da conclusão da obra e entrega do bem é dar ao dispositivo legal invocado extensão e propósito que lhe são estranhos".[241]

Os motivos que permitem o desfazimento judicial do contrato por provocação do comprador são o arrependimento, nos termos do art. 49 do CDC, e a superveniência de onerosidade excessiva insuscetível de ser corrigida pela revisão do negócio jurídico. Fora daí, a extinção do contrato por iniciativa do adquirente "dependeria de

---

[239] STJ, REsp. 57.789-6/SP, 4ª T., Rel. Min. Ruy Rosado de Aguiar, ac. 25.04.1995, *RSTJ* 82/240.

[240] STJ, ac. *cit.*, p. 243. Tal como o CDC brasileiro, o moderno Projeto de Código Europeu dos Contratos só admite o arrependimento unilateral do consumidor quando o comerciante propõe a conclusão do negócio fora de seu estabelecimento comercial, caso em que é obrigado a estipular um prazo para a eventual manifestação de vontade liberatória do adquirente (art. 9, 1: O comerciante que oferece a celebração de um contrato a um consumidor fora de estabelecimentos comerciais é obrigado a informar, por escrito, este último, de seu direito de rescindir o contrato da maneira e dentro dos prazos definidos no art. 159 " e art. 159, 1: "No caso previsto no art. 9, o consumidor que está insatisfeito ou se arrependeu tem o direito de resilir o contrato ou sua oferta contratual, enviando à contraparte ou ao sujeito que conduziu a negociação, uma declaração escrita na qual o consumidor pode limitar-se a expressar sua intenção de se retirar do contrato ou de sua oferta").

[241] STJ, ac. *cit.*, p. 243.

manifestação da outra parte"; se esta, porém, afirma, ao contrário, sua disposição de "manter o negócio e cumpri-lo integralmente", o contrato persiste, "e não cabe deferir o pedido formulado pelo autor, para devolução das quantias já pagas".[242]

O art. 53 do CDC não veio inovar em matéria de legitimidade de parte para provocar a dissolução do contrato bilateral. As regras básicas, para tanto, continuam sendo as do Código Civil. O dispositivo em questão "nada mais fez do que sintetizar, em matéria de resolução contratual por inadimplemento do consumidor na aquisição de bens imóveis e móveis por alienação fiduciária, os princípios da ética, da boa-fé, da equidade e do equilíbrio que presidem as relações obrigacionais, de molde a garantir-se a compensação ao fornecedor que àquela não deu causa, como também impedir-se seu enriquecimento ilícito, caso se permitisse a perda total das prestações pagas".[243]

O Tribunal de Alçada de Minas Gerais, todavia, por sua 2ª Câm. Cível, decidiu, por maioria, que "o comprador tem o direito de pedir a devolução das prestações pagas para a construtora, pelo fato do inadimplemento (do próprio adquirente), uma vez que o art. 53 da Lei nº 8.078/1990 criou o fundamento legal apto a autorizar o pedido de restituição das prestações nos contratos de compra e venda de imóvel".[244]

Repita-se: o art. 53, no entanto, não tem a dimensão que lhe deu o voto da maioria. A tese que se harmoniza com a teoria do contrato, no Estado Democrático de Direito, como já se demonstrou, é a que foi defendida pelo voto vencido (Juiz Caetano Levi Lopes) – a pretensão de recuperar prestações pagas pelo inadimplente depende de o vendedor promover a rescisão do contrato. Aí, sim, caberia aplicar o art. 53 do CDC. A regra fundamental, *in casu*, é que "somente a parte lesada pode optar entre a execução ou a rescisão do contrato, devendo o contratante inadimplente tão somente sujeitar-se às consequências de seu procedimento contrário ao pacto" (v. vencido).

Aliás, o julgamento não unânime da Ap. 252.602-1 acabou não prevalecendo, porque, em grau de embargos infringentes, o decisório veio a ser reformado, mediante adoção da tese esposada no primitivo voto minoritário do Juiz Caetano Levi Lopes, *in verbis*:

> Apelação. Rescisão de compra e venda. Parcelas pagas. Devolução. Aplicação dos arts. 53, *caput*, e 6.º, inciso v, da Lei n. 8.078/1990.
>
> 1 – [...]
>
> 2 – O *caput* do art. 53 da Lei n. 8.078/1990 – Código de Defesa do Consumidor – não confere direito ao comprador inadimplente à rescisão do contrato com a devolução do que pagou.
>
> 3 – O referido art. 53 contempla apenas a hipótese de nulidade das cláusulas inseridas em contrato de compra e venda que estabeleçam a perda total das prestações pelo

---

[242] STJ, REsp. 57.789-6/SP, *cit.*, p. 244.
[243] FILOMENO, José Geraldo Brito. Resolução Contratual e o Art. 53 do Código do Consumidor. In: *Uma vida dedicada ao direito, estudos em homenagem a Carlos Henrique de Carvalho*. São Paulo: RT, 1995, p. 394.
[244] Ap. Cív. 252.602-1, 2ª Câm. Cív., Rel. Juiz Almeida Melo, ac. 07.04.1998. No mesmo sentido decidiu, também, a 3ª Câm. Cív. do TA-MG, na Ap. 282.090-0, Rel. Juiz Kildare Carvalho, ac. 06.10.1999.

comprador inadimplente, no caso da resolução do contrato, e retomada do produto alienado pelo alienante.

4 – Em se tratando de relação de consumo, o adquirente do bem poderá, com base no inciso V do art. 6.º da Lei n. 8.078/1990, pleitear a revisão do valor das prestações. Embargos acolhidos.[245]

A boa-fé, valorizada pelo CDC, obviamente não pode servir de pretexto para anular a força do contrato, indispensável à ideologia do regime econômico adotado constitucionalmente.

Admitir, por outro lado, que o infrator do contrato, ou seja, a parte inadimplente, venha a usar sua própria infração como justificativa para pleitear a rescisão do contrato, importa simplesmente anular a maior conquista da teoria do direito contratual, que é a da boa-fé, tão ressaltada, entre nós, pelo próprio Código de Defesa do Consumidor.

Segundo princípio fundamental dos contratos bilaterais, aquele que não cumpre a prestação a seu cargo não pode exigir o cumprimento da prestação do outro contratante; e aquele que, tendo cumprido a prestação que lhe competia, se vê prejudicado pelo inadimplemento tem a opção entre executar a prestação da parte faltosa e romper o contrato com perdas e danos. Jamais se poderá, em respeito ao princípio da boa-fé, aceitar que o responsável pela violação do contrato se torne titular do direito potestativo de impor sua vontade à parte inocente, forçando-a à rescisão do negócio jurídico.

O efeito primordial da boa-fé, em semelhante conjuntura, é, justamente, "impedir que a parte que tenha violado deveres contratuais exija o cumprimento pela outra parte, *ou valha-se do seu próprio incumprimento para beneficiar-se de disposição contratual ou legal*".[246]

Um dos grandes efeitos da teoria da boa-fé, no campo dos contratos, traduz-se na vedação de que a parte venha a observar conduta incoerente com seus próprios atos anteriores: "a ninguém é lícito fazer valer um direito em contradição com a sua anterior conduta interpretada objetivamente segundo a lei, segundo os bons costumes e a boa-fé, ou quando o exercício posterior se choque com a lei, os bons costumes e a boa-fé".[247]

É em nome da boa-fé mesma que se impõe a vedação do *venire contra factum proprium*, em matéria de violação do contrato, pois "fere as sensibilidades primárias, ética e jurídica, que uma pessoa possa desrespeitar um comando e, depois, vir a exigir a outrem o seu acatamento".[248] Decorre diretamente, destarte, do princípio da boa-fé objetiva a conclusão de que:

> Quem viole o contrato e ponha em perigo o escopo contratual não pode derivar de violações contratuais posteriores e de pôr em perigo o escopo do contrato, causados

---

[245] TA-MG, 2ª Câm. Cível, EI na Ap. 252.602-1/01, Rel. Juiz Manuel Saramago, ac. 16.03.1999.
[246] MARTINS-COSTA. *Op. cit.*, p. 461.
[247] MARTINS-COSTA. *Op. cit.*, p. 460; BORDA, Alejandro. *La teoría de los actos propios*. 2. ed. Buenos Aires: Abeledo-Perrot, 1993, p. 51.
[248] MENEZES CORDEIRO, António Manuel da Rocha e. *Da boa-fé no direito civil*. Coimbra: Almedina, 1997, v. I, t. I, p. 837, *apud* MARTINS-COSTA. *Op. cit.*, p. 461.

pelo parceiro contratual, o direito à indenização por não cumprimento ou *à rescisão do contrato*, como se não tivesse, ele próprio, cometido violações e como se, perante a outra parte, sempre se tivesse portado *leal ao contrato*.[249]

Sem dúvida, a utilidade do contrato, para a ordem jurídica, reside especificamente na sua força obrigatória. O direito moderno, é verdade, em nome da boa-fé objetiva, contempla o juiz com poderes de revisão e dissolução do contrato, quando se torne veículo de abuso de direito ou se verifique a inexequibilidade de seu escopo.

Para essa intervenção, o juiz moderno dispõe dos instrumentos necessários para fazer prevalecer o justo, o equitativo e o razoável. E isso é muito bom para o progresso do direito rumo à função social do contrato. Ele não poderá, entretanto, perder de vista a força de lei que tem de gozar, naturalmente, o contrato, assim como "as necessidades da segurança jurídica",[250] ficando sempre atento à advertência, de grande atualidade: "o melhor geralmente se torna o pior, se não consumido com moderação".[251]

Em qualquer terreno, e principalmente no dos contratos, pela sua enorme repercussão em toda a estrutura e dinâmica do relacionamento econômico desenvolvida no âmbito do Estado de Direito contemporâneo, não pode a lei ser interpretada como simples abertura de oportunidade a que o juiz encontre a solução que, caso a caso, considere a mais justa e conveniente, segundo seu próprio sentimento. O juiz pode e deve agir com espírito evolutivo e preocupado com a exegese equitativa fundada nos anseios do bem comum e nos fins sociais da lei. Mas a sociedade tem direito a um elevado grau de certeza e segurança em seus negócios jurídicos, que somente será alcançável quando se puder, ao firmar um contrato, ter condições de estimar e prever qual será a força que a jurisdição lhe reconhecerá, quando descumprido por um dos contratantes.

O legislador pode, segundo a evolução da ideologia do Estado e da ordem econômico-social, alterar os princípios que regem o contrato. O que não pode é instalar a jurisprudência um sistema lotérico de solucionar os litígios, dando, caso a caso, uma solução surpresa, imprevisível pelos contratantes, quando da pactuação de seu negócio, porque este método de intervenção para delinear a solução *ex post* é, paragonando Giuseppe Tarzia, sem dúvida, "um método, que traga certeza, que é talvez o conteúdo mínimo e indispensável do mesmo conceito de proteção dos direitos".[252]

A jurisprudência do STJ tem sido benevolente ao comprador de imóvel residencial em prestações, permitindo-lhe denunciar o contrato quando por fatos supervenientes se torne impossível o cumprimento das obrigações ajustadas. Não se trata, porém, de um puro arrependimento, como melhor será analisado no item seguinte.

---

[249] MENEZES CORDEIRO. *Op. cit.*, p. 839-840, *apud* MARTINS-COSTA. *Op. cit.*, p. 462.
[250] FORIERS, Paul Alain. *La caducité des obligations contractuelles par disparition d'un élément essentiel à leur formation*. Bruxelles: Bruylant, 1998, n. 180, p. 200-201.
[251] "Le meilleur devient souvent le pire, s'il n'est pas consommé avec modération" (FORIERS. *Op. cit.*, p. 201).
[252] "Un metodo, che informa alla base quella certezza, che é forse il contenuto minimo, irrinunciabile, dello stesso concetto di tutela dei diritti" (TARZIA, Giuseppe. *Problemi del processo civile di cognizione*. Padova: CEDAM, 1989, p. 39).

2.22.1. A ruptura unilateral do compromisso de compra e venda na jurisprudência do STJ

Embora reconhecendo que, em princípio, ao compromissário comprador inadimplente "não é dado o direito de pedir a resolução do contrato", tem prevalecido no Superior Tribunal de Justiça a ressalva de que, ainda quando em falta com o avençado o devedor e desistente do negócio, ser-lhe-á permitido resilir o contrato de compra e venda, postulando a devolução das parcelas que quitou, se as prestações sucessivas pactuadas, se lhe tenham tornado excessivamente onerosas" (voto da Min. Nancy Andrighi no EREsp. 59.870/SP, *RSTJ* 171/223).

Por sua vez, o voto do Min. Ruy Rosado de Aguiar no REsp. 132.903/SP esposa o mesmo entendimento, qual seja o de que, se o promissário comprador tem o direito à restituição das prestações pagas, o fato de o art. 53, última parte, do CDC, referir-se ao direito do credor de pleitear a resolução do contrato e a retomada do bem, "não exclui a possibilidade de o próprio devedor promover ação de resolução do contrato, pois o sistema admite a extinção ou modificação do contrato por onerosidade excessiva, ou por outro nome que se lhe queira dar (imprevisão, alteração da base do negócio etc.), cuja consequência será a restituição das partes à situação anterior".[253]

O fundamento defendido pela Min. Nancy Andrighi, que afinal foi acolhido pela Segunda Seção do STJ, por maioria, foi o da presença em nosso ordenamento jurídico do princípio geral de direito privado conhecido como *favor debitoris* (favorecimento ao devedor), princípio que teria sido herdado do direito romano, segundo a lição de Moreira Alves. Por esse antigo princípio, o devedor merece apoio e proteção, capaz de libertá-lo do débito, "através de técnica interpretativa, ou integrativa de direito, a qual visa abrandar o rigor de premissas racionais que informam os princípios básicos reguladores do direito de crédito".

A liberação do vínculo obrigacional, por meio do princípio do *favor debitoris*, não se explica pelas regras que tutelam a preservação do equilíbrio econômico entre prestação e contraprestação, mas simplesmente pela necessidade de favorecer o devedor, em determinadas circunstâncias. Corresponde o *favor debitoris* – na lição da Min. Andrighi – "à manifestação do *favor libertatis* em sentido amplo, sendo o corolário, no direito das obrigações, dos princípios jurídicos ínsitos nas expressões *in dubio pro libertatis* e *in dubio pro reo*".[254]

A conclusão a que chegou o Acórdão da 2ª Seção do STJ foi, em síntese, a de que "o compromissário comprador que deixa de cumprir o contrato em face da insuportabilidade da obrigação assumida tem o direito de promover ação a fim de receber a restituição das importâncias pagas".[255]

---

[253] *RSTJ* 171/223.
[254] *RSTJ*, 171/224.
[255] STJ, 2ª Seção, EREsp. 59.870/SP, Rel. Min. Barros Monteiro, ac. 10.04.2002, *RSTJ* 171/207. Em outros arestos o mesmo entendimento, por votação unânime foi esposado pela 3ª Turma do STJ, como, v.g., no REsp. 345.725/SP, Rel. Min. Nancy Andrighi, ac. 13.05.2003, *RSTJ* 181/262; e no REsp. 293.214/SP, Rel. Min. Nancy Andrighi, ac. 17.05.2001, *RSTJ* 149/321-322; STJ, 4ª T., AgRg no Ag 580.988/RS, Rel. Min. Massami Uyeda, ac. 15.03.2007, *DJU* 02.04.2007, p. 275.

Releva notar que o STJ não reconheceu o puro e simples direito de arrependimento por parte do promissário comprador. Se tal tivesse sido o sentido da jurisprudência, fatalmente estaria arruinado o instituto do contrato, que não pode sobreviver sem o atributo de sua força obrigatória entre as partes. O que se reconheceu *pietatis causa*, em nome do princípio do *favor debitoris*, foi o seu direito de libertar-se do vínculo obrigacional quando situação superveniente gerar a "insuportabilidade da obrigação assumida". Somente em tal conjuntura excepcional, e diante da sua adequada demonstração, é que o STJ aceitou liberar o devedor inadimplente, possibilitando recuperar as prestações já pagas.

Por outro lado, a restituição das prestações pagas não pode ser integral, uma vez que foi o próprio devedor que deu causa à ruptura do contrato, afinal consumada sem culpa alguma do credor. Daí ter o aresto da 2ª Seção do STJ determinado que, para evitar injustiça à parte inocente:

a) da importância a ser restituída, fosse deduzido o percentual de 30% para cobrir as despesas feitas pelo vendedor com o contrato rompido;

b) ficasse, ainda, o devedor responsável pela indenização devida pela rescisão contratual a quem deu causa, circunstância que isentaria, a nosso ver, o credor de sujeitar-se a honorários advocatícios e custas de sucumbência. Se é o devedor que tem que responder pelas indenizações derivadas da rescisão a que deu causa, não há lugar para imposição de verbas de sucumbência ao credor.[256] Ademais, quem deu causa ao processo foi o devedor e não o credor, de modo que se deve observar o princípio da causalidade, para isentar o credor dos honorários, a exemplo do que se passa com as ações divisórias, renovatórias de locação e revisionais de aluguel, causas em que as custas são rateadas, sem se cogitar de honorários sucumbenciais.

No REsp. 1.067.141/SP, a 3ª Turma do STJ voltou a decidir que o promitente vendedor pode reter a multa contratual e, além disso, um valor que corresponda à fruição do imóvel durante o tempo em que permaneceu sob a posse do promissário comprador, verba que varia muito em função de cada caso. Assentouse, porém, que não poderá acarretar a perda total do valor pago pelo consumidor, já que isto violaria o art. 53 do CDC. No caso, o acórdão considerou correta a retenção de 20% a título de despesas administrativas, que seriam somados a outros 30% referentes à indenização da fruição, de modo que a retenção total não ultrapassasse 50% do valor pago.[257]

A jurisprudência do STJ, tanto da 3ª como da 4ª Turmas, está consolidada no sentido de reconhecer ao promissário comprador o direito à rescisão do compromisso de compra e venda e à restituição das prestações pagas.[258]

---

[256] REsp. 345.725/SP cit., *RSTJ* 181/267. No REsp. 293.214/SP, no entanto, ao credor foram imputadas as custas e honorários de advogado de 10% sobre as parcelas a restituir (*RSTJ* 149/331).

[257] STJ, 3ª T., REsp. 1.067.141/SP, Rel. Min. Nancy Andrighi, ac. 16.04.2009. *DJe* 07.05.2009. Precedente: 1.030.565/RS. No REsp. 1.056.704/MA, a decisão não incluiu a verba de ocupação, porquanto o imóvel não chegara a ser entregue ao promissário-comprador (STJ, 3ª T., Rel. Min. Massami Uyeda, ac. 28.04.2009, *DJe* 04.08.2009).

[258] STJ, 3ª T., REsp. 1.224.921/PR, Rel. Min. Nancy Andrighi, ac. 26.04.2011, *DJe* 11.05.2011; STJ, 4ª T., AgRg no Ag 998.428/SP, Rel. Min. Aldir Passarinho Junior, ac. 03.02.2011, *DJe* 14.02.2011; STJ, 2ª Seção, EREsp. 59.870/SP, Rel. Min. Barros Monteiro, ac. 10.04.2002, *DJU* 09.12.2002, p. 281.

Consolidou-se, porém, de igual forma a jurisprudência da mesma Corte "no sentido de admitir a retenção, pelo vendedor, de parte das prestações pagas, como forma de indenizá-lo pelos prejuízos suportados, notadamente as despesas administrativas havidas com a divulgação, comercialização e corretagem, o pagamento de tributos e taxas incidentes sobre o imóvel e a eventual utilização do bem pelo comprador".[259]

A propósito do *percentual de retenção*, o STJ o tem fixado entre 10% e 25%, devendo, todavia, "ser arbitrado conforme as circunstâncias de cada caso".[260] Ressalva-se – é bom advertir – que no referido percentual "não se incluem as arras, pagas por ocasião do fechamento do negócio e que, nos termos do art. 418 do CC/2002 (art. 1.097 do CC/1916), são integralmente perdidas por aquele que der causa à rescisão". Daí a fundamentação da tese sufragada pelo STJ:

> As arras possuem natureza indenizatória, servindo para compensar em parte os prejuízos suportados, de modo que também devem ser levadas em consideração ao se fixar o percentual de retenção sobre os valores pagos pelo comprador.[261]

Por último, merece registro a decisão unânime da 4ª Turma do STJ que restringiu a possibilidade da resilição unilateral do compromisso, pelo comprador inadimplente, às hipóteses em que a unidade condominial ainda não lhe foi entregue, quando então não se lhe poderá recusar a restituição das parcelas pagas. Configura caso excepcional, entretanto, o da desistência manifestada "já após a entrega do imóvel". Essa circunstância, ressalvada pela 4ª Turma, "torna inviável o exercício do direito de restituição do bem e devolução de valores". Isto porque, na dicção do acórdão, "definitivamente constituído o negócio, impossibilitado [se mostra] o seu desfazimento unilateral, em razão da norma do art. 1.092 do Código Civil anterior"[262] (correspondente ao art. 475 do Código atual: "A parte lesada pelo inadimplemento pode pedir a resolução do contrato, se não preferir exigir-lhe o cumprimento, cabendo, em qualquer dos casos, indenização por perdas e danos").

2.23. CONCLUSÕES

O Código de Defesa do Consumidor, ao tutelar a parte mais fraca do contrato, concedeu-lhe a faculdade de rever o contrato em juízo para eliminar a lesão congênita estabelecida entre prestações não equitativas; conferiu-lhe, também, o direito de obter, por sentença judicial, a anulação de cláusulas abusivas; e ainda a contemplou com os favores da teoria da imprevisão, a fim de rever e adaptar o contrato ao princípio da boa-fé objetiva, quando alterações imprevistas venham, no curso da execução, torná-lo excessivamente oneroso para o consumidor e injustificadamente benéfico para o fornecedor.

---

[259] STJ, 3ª T., REsp. 1.224.921/PR, *cit.*
[260] STJ, 3ª T., REsp. 1.224.921/PR, *cit.*
[261] STJ, 3ª T., REsp. 1.224.921/PR, *cit.*
[262] STJ, 4ª T., AgRg no Ag 998.428/SP, Rel. Min. Aldir Passarinho Junior, ac. 03.02.2011, *DJe* 14.02.2011. Precedente uniformizador: STJ, 2ª Seção, REsp. 476.780/MG, Rel. Min. Aldir Passarinho Junior, ac. 11.06.2008, *DJe* 12.08.2008.

Esses favores legais não foram nem mesmo criados pelo CDC, visto que a doutrina e a jurisprudência já os reconheciam presentes, de forma implícita ou explícita, no próprio regime do Código Civil de 1916[263] (o atual Código os adota em dispositivos expressos, arts. 157, 187, 421, 422 e 478).

O que se fez foi apenas ressaltá-los nas relações de consumo, em que o desnível econômico é muito maior, e a prática dos contratos de adesão deixa o consumidor em situação de maior vulnerabilidade do que nos contratos livremente negociados sob a égide das leis civis comuns.

De maneira alguma teve o CDC propósito de subverter a teoria do contrato, e muito menos de eliminar sua força obrigatória, para deixar o consumidor dotado do superpoder de unilateralmente romper o vínculo obrigacional, segundo suas próprias conveniências.

Semelhante postura entraria em atrito com a ideologia do regime constitucional vigente, cuja base, na ordem econômica, assenta-se na defesa da propriedade privada, da livre-iniciativa, do ato jurídico perfeito e do direito adquirido, e, em todos os níveis, proclama a segurança jurídica como uma das grandes metas do Estado Democrático de Direito.

Essa estrutura fundamental, a toda evidência, não pode conviver com a liberdade do consumidor de não cumprir os contratos legitimamente constituídos, a simples pretexto de arrependimento ou de dificuldades pessoais para dar execução às obrigações contraídas.

O devedor inadimplente, salvo os casos específicos de ruptura do contrato ou de sua revisão judicial, expressa e minuciosamente enumerados pelo CDC, não se pode furtar à força obrigatória do negócio contratual, porque essa atitude unilateral debilitaria o principal remédio jurídico de promoção da circulação de riquezas na sociedade capitalista.

Embora submissa ao princípio da boa-fé objetiva, a moderna concepção do contrato não pode divorciar-se da estrutura socioeconômica que se conferiu, constitucionalmente, ao Estado moderno nas democracias sociais.

Todas as modificações introduzidas na atual visão institucional do contrato não tiveram o propósito de aniquilá-lo, mas apenas o de lhe incutir preocupações éticas, que o positivismo insistia em negar-lhe. Todas as transformações que a teoria recente do contrato acolheu, longe de enfraquecê-lo, "são funcionalizadas à exigência de garantir ao máximo a *estabilidade* e a *continuidade* das relações *contratuais, e portanto, das relações econômicas*, e, por esta via, de assegurar-lhes aquele dinamismo que é postulado pelos modos de funcionamento das modernas *economias de massa*".[264]

---

[263] O Código Civil de 2002 acolhe expressamente a tese da repressão ao abuso de direito (art. 187), impõe a observância da boa-fé na contratação e na execução do contrato (art. 422), bem como na interpretação de suas cláusulas (art. 113). Permite, outrossim, a revisão contratual ou a invalidação do contrato no caso de lesão (art. 157) ou de alteração objetiva das condições de cumprimento das obrigações, criando onerosidade excessiva (art. 478).

[264] ROPPO. *Op. cit.*, p. 309.

Cada vez mais o contrato se torna autônomo em face da esfera psicológica e subjetiva das partes, para assumir uma sensibilidade maior ao ambiente social, nas condições objetivas de mercado. Transformar-se "em instrumento *objetivo e impessoal*, para adequar-se à objetividade e impessoalidade do moderno sistema de relações econômicas".[265]

Numa estrutura socioeconômica como esta, é impensável interpretar o CDC como fator de instabilidade das relações contratuais de massa.

Se ao consumidor é dado evitar que o fornecedor se assenhore de todas as prestações pagas, quando da rescisão do contrato (art. 53 do CDC), de maneira alguma se pode conceber que, diante do próprio inadimplemento, possa o devedor provocar a resolução do negócio jurídico para forçar o outro contratante, que cumpriu fielmente suas obrigações negociais, a devolver-lhe aquilo que legitimamente foi pago por força intrínseca do contrato.

Diante do inadimplemento, a faculdade de resolução continua pertencendo apenas ao contratante prejudicado pelo descumprimento da avença, e "jamais ao que deixou de cumprir as obrigações".[266] Como adverte o Ministro Menezes Direito, não se mostra razoável "admitir-se a incidência indiscriminada de cláusula de decaimento em pedidos ajuizados pela inadimplência do comprador do bem imóvel. Na nossa compreensão, não se pode transformar o contrato de compra e venda em um contrato de poupança. E a tanto equivale um contrato que autorizasse o comprador de um imóvel, financiado por cerca de 10 anos, a pedir a devolução do que pagou, porque no quinto ano não tinha condições de honrar as obrigações que assumiu. Não haveria mais segurança jurídica em contrato de compra e venda de imóveis, gerando graves consequências no sistema econômico".[267]

Com efeito, a sujeição do devedor ao cumprimento voluntário ou forçado do contrato nunca desapareceu, nem desaparecerá, enquanto o Estado Democrático de Direito estiver assentado na propriedade privada e na livre-iniciativa. "Os contratos, em geral", – na advertência do Tribunal de Justiça do Rio Grande do Sul – "devem ser respeitados, pois se presume que neles constem as manifestações da vontade livre e consciente das partes. Por isso no caso concreto, embora caracterizada a relação de consumo e sendo cabível a incidência do Código de Defesa do Consumidor, sua aplicação não fulmina todos os termos da contratualidade. *O inadimplemento voluntário* – grifamos – *não gera direito a indenização moral ou material*" (para o próprio inadimplente, como é óbvio).[268]

Sem dúvida, é legítima a intervenção estatal na atividade econômica, para fazer prevalecer os princípios norteadores da ordem econômica consagrados pela Constituição. "Operando-se tal atividade através dos contratos, expressão máxima da autonomia da vontade, legítimo é estabelecer limites à sua concretização, os quais, por força do

---

[265] ROPPO. *Op. cit., loc. cit.*
[266] TJ-SP, 14ª Câm. Cív., Rel. Des. Franklin Neiva, ac. 05.09.1995, *RTJSP* 176/217.
[267] STJ, REsp. 59.870/SP, 3ª T., Rel. Min. Ari Pargendler, ac. 16.11.1999, *DJU* 07.02.2000, p. 149.
[268] TJ-RGS, 8ª Câm. Cív., Ap. Civ. 598.807.035-7, Rel. Des. Alzir Felippe Schmitz, ac. 15.06.2000, *Inf. Jur. INUJUR*, dez. 2000, p. 11.

princípio da legalidade, *devem ter sede na lei*, a qual *não pode desconsiderar a livre-iniciativa* (que não pode ser inviabilizada pela *irracionalidade do controle)*".[269]

Faça-se, pois, respeitar o princípio da boa-fé objetiva, defendendo o consumidor de todas estipulações abusivas e de todas as obrigações impostas de maneira ofensiva ao necessário e razoável equilíbrio equitativo entre prestações e contraprestações; mas não se transforme a intervenção judicial em mera e simplória negativa do princípio da obrigatoriedade do contrato, pois, da desvalorização desse instrumento fundamental à economia assentada na livre-iniciativa, decorre fatalmente a ruína do sistema programado pela ideologia econômica de nossa Constituição.

Como já se observou no item anterior, o Superior Tribunal de Justiça, às vezes, permite ao promissário comprador de imóvel residencial a denúncia do contrato e a recuperação das prestações já pagas. Não o faz, porém, para assegurar ao consumidor um direito de arrependimento não previsto em lei. A posição pretoriana parte de um princípio antigo que assegura ao devedor o direito de se libertar da obrigação, quando reconhecidamente lhe seja impossível cumpri-la, por motivo que não decorra de culpa sua (ver *retro* item 2.22.1).

2.24. DIREITO EUROPEU

A Diretiva 93/13 da Comunidade Europeia dispõe sobre as "cláusulas abusivas nos contratos celebrados com os consumidores".[270] O art. 3º da Diretiva prevê como cláusula abusiva aquela "que não tenha sido objeto de negociação individual" e, "a despeito da exigência de boa-fé, der origem a um desequilíbrio significativo em detrimento do consumidor, entre os direitos obrigações das partes decorrentes do contrato" (art. 3º, 1). Segundo a legislação, "o facto de alguns elementos de uma cláusula ou uma cláusula isolada terem sido objecto de negociação individual não exclui a aplicação do presente artigo ao resto de um contrato se a apreciação global revelar que, apesar disso, se trata de um contrato de adesão" (art. 3º, 2).

A Diretiva apresenta, em anexo, um rol exemplificativo de cláusulas consideradas abusivas, tais como aquela que:

> 1. Excluir ou limitar a responsabilidade legal do profissional em caso de morte de um consumidor ou danos corporais que tenha sofrido em resultado de um acto ou de uma omissão desse profissional;
>
> 2. Excluir ou limitar de forma inadequada os direitos legais do consumidor em relação ao profissional ou a uma outra parte em caso de não execução total ou parcial ou de execução defeituosa pelo profissional de qualquer das obrigações contratuais, incluindo a possibilidade de compensar uma dívida para com o profissional através de qualquer caução existente;

---

[269] SOUTO, Marcos Juruena Villela. O Controle dos Contratos e o Código de Defesa do Consumidor. *Revista Forense*, 325/62, jan.-mar./1994.

[270] Disponível em: <http://eur-lex.europa.eu/legal-content/PT/TXT/PDF/?uri=CELEX:31993L0013&qid=1487004313947&from=PT>. Acesso em: 13.02.2017.

3. Impor ao consumidor que não cumpra as suas obrigações uma indemnização de montante desproporcionalmente elevado;

4. Autorizar o profissional a rescindir o contrato de forma discricionária sem reconhecer essa faculdade ao consumidor, bem como permitir ao profissional reter os montantes pagos a título de prestações por ele ainda não realizadas quando é o próprio profissional que rescinde o contrato;

5. Autorizar o profissional a pôr termo a um contrato de duração indeterminada sem um pré-aviso razoável, excepto por motivo grave.

A Diretiva prevê, ainda, que a abusividade da cláusula poderá ser avaliada em razão da natureza dos bens ou serviços objeto do contrato, bem como levando em consideração as circunstâncias da celebração do contrato (art. 4º, 1). Ademais, se as cláusulas forem redigidas de maneira clara e compreensível, a avaliação do seu caráter abusivo não incidirá "sobre a definição do objecto principal do contrato nem sobre a adequação entre o preço e a remuneração, por um lado, e os bens ou serviços a fornecer em contrapartida" (art. 4º, 2).

Assim como previsto na legislação brasileira, estabelece a Diretiva que "em caso de dúvida sobre o significado de uma cláusula, prevalecerá a interpretação mais favorável ao consumidor" (art. 5º). Caso seja possível a permanência do contrato, retirada a cláusula abusiva, deverá ele subsistir nos mesmos termos (art. 6º, 1).

A Diretiva determina que os Estados-membros providenciem para que existam meios adequados e eficazes para fazer cessar a utilização de cláusulas abusivas nos contratos consumeristas, tais como a habilitação de pessoas ou organizações que tenham interesse legítimo na defesa do consumidor a recorrer aos tribunais ou órgãos administrativos competentes, para decidir se determinadas cláusulas contratuais têm ou não caráter abusivo (art. 7º, 1 e 2). Esses recursos, podem ser interpostos individualmente ou em conjunto, contra vários profissionais do mesmo setor econômico ou respectivas associações, que utilizem ou recomendem a utilização de cláusulas gerais ou semelhantes (art. 7º, 3).

A Diretriz não impede que os Estados-membros adotem ou mantenham, em sua legislação, disposições mais rigorosas, para garantir maior proteção ao consumidor (art. 8º).

Capítulo III
CONTRATOS BANCÁRIOS

3.1. INTRODUÇÃO

O contrato bancário é definido, segundo Ruy Rosado de Aguiar Júnior, por um *elemento subjetivo* – um dos contratantes deve ser uma instituição financeira – e um *objetivo* – seu objeto deve estar vinculado à atividade econômica dos bancos, qual seja, a intermediação do crédito indireto.[1]

Os contratos bancários são, em regra, de adesão, não havendo mais divergência doutrinária ou jurisprudencial a respeito da aplicação do Código de Defesa do Consumidor a eles (Súmula 297/STJ).

3.2. A POSIÇÃO DO STJ ACERCA DE INADIMPLEMENTO DO BANCO NA RESTITUIÇÃO DE APLICAÇÃO FINANCEIRA (CDB)

A instabilidade do mercado, ora sujeito às grandes oscilações decorrentes do processo inflacionário, ora impactado por grandes variações nas cotações da moeda, assim gerando enorme incerteza no que diz respeito a riscos financeiros, tem conduzido a grandes desequilíbrios nos contratos bancários, tornando, muitas vezes, exageradamente onerosas as taxas remuneratórias pactuadas nas operações financeiras. Frequentes são, por isso, as ações de revisão judicial dos contratos da espécie e, diante do evidente desequilíbrio na base do negócio, a Justiça interfere na economia do contrato, impedindo a manutenção, a longo prazo, das taxas convencionadas, para torná-las equitativas e compatíveis com a remuneração permitida pela lei ou pelos usos e costumes observados no mercado.

O STJ, examinando o caso de inadimplemento parcial do devedor (banco), quando do resgate de depósitos remunerados (CDBs), entendeu que a taxa convencionada para valer até a data do resgate não prevaleceria para o tempo posterior a ele, quando então o credor somente poderia exigir os juros moratórios à taxa legal, visto que não se teria estipulado, no negócio jurídico celebrado com a instituição financeira emissora,

---

[1] AGUIAR JÚNIOR, Ruy Rosado de. *Os contratos bancários e a jurisprudência do Superior Tribunal de Justiça*. Série de Pesquisas do CEJ, Brasília: Conselho da Justiça Federal, 2003, v. 11, p. 8-9.

remuneração diversa para a hipótese de atraso no resgate dos títulos (em face de os contratos respectivos haverem sido celebrados por via eletrônica).

A indagação que se faz é se o correto não seria modular a remuneração convencional, se fosse considerada excessiva sua manutenção, em lugar de simplesmente eliminá-la da operação financeira (como ocorreu em alguns julgados), cujo objetivo evidente era a busca do rendimento estipulado, nos termos iniciais do ajuste. Uma vez que juros moratórios e juros compensatórios são figuras distintas e inconfundíveis em suas funções econômicas e jurídicas, a aplicação apenas dos primeiros implicaria privar o mútuo feneratício de seu rendimento a partir da mora do banco devedor. A violação do contrato, de tal sorte, teria o condão, na ótica dos referidos julgados, de mudar a natureza da aplicação financeira, tornando-a gratuita ou não remunerada, em decorrência justamente do inadimplemento por parte de quem se obrigou a remunerar o capital mutuado.

O enfrentamento do tema reclama prévia fixação dos modernos princípios do direito contratual e da permissão, deles derivada, da intervenção judicial nos negócios jurídicos privados para realizar a denominada *revisão judicial do contrato*.

3.3. PRINCÍPIOS DO DIREITO DOS CONTRATOS

Os clássicos princípios norteadores do direito dos contratos, estabelecidos sob inspiração do Estado liberal – liberdade de contratar (autonomia da vontade), força obrigatória das convenções (*pacta sunt servanda*) e relatividade de seus efeitos (o contrato só obriga e beneficia os próprios contratantes) –, não são mais, no atual Estado Democrático de Direito, os únicos a serem observados no tratamento das obrigações e dos direitos emergentes do negócio jurídico contratual. A estes vieram somar-se outros três, como registra Antônio Junqueira de Azevedo: a) o da *boa-fé objetiva*; b) o do *equilíbrio econômico*; e c) o da *função social* do contrato. A propósito do tema, já observamos, em sede de doutrina, o seguinte:

> É bom registrar, como faz o eminente Professor da USP, que a complexidade da nova visão estatal da ordem econômica introduz dados novos na teoria dos contratos, dados que, entretanto, se acrescentam sem eliminarem os antigos princípios já consagrados e que gravitam em volta da autonomia da vontade.[2] A experiência histórica demonstra, aliás, que as grandes conquistas da humanidade, em geral, quase nunca acontecem para destruir o acervo cultural sedimentado no passado, mas para enriquecê-lo, por meio de um somatório.
>
> De fato, busca-se nas novas concepções do contrato a introdução no sistema de melhores instrumentos para realizar a justiça comutativa, como o que se faz por meio dos princípios do equilíbrio, da proporcionalidade e da repulsa ao abuso. Mas o acordo de vontade continua sendo "o elemento subjetivo essencial do contrato, sem o qual ele

---

[2] "Os princípios não devem ser considerados abolidos pelos novos tempos, mas, certamente, deve-se dizer que viram seu número aumentado pelos três novos princípios" (AZEVEDO, Antonio Junqueira de. Princípios do novo direito contratual e desregulamentação do mercado (parecer). *Revista dos Tribunais*, v. 750, p. 116, abr./1998).

não poderia sequer existir, e que lhe dá sua função primordial nas relações sociais".[3] Se a justiça da convenção entra na perspectiva da teoria contratual moderna, não o faz para assumir todo o seu objetivo. Deve conciliar-se com seu fim natural que se passa no âmbito da circulação das riquezas, com segurança jurídica.[4] O contrato deve ser justo, mas sem se afastar de sua utilidade específica.[5]

Deve-se ter em conta que, no enfoque das modernas concepções do contrato, "a novidade, sempre relativa, seria apenas uma qualidade acessória. Haveria, por um lado, instrumentos complementares, que visam diretamente restaurar uma certa justiça comutativa – prejuízo, ausência de causa, equilíbrio e proporcionalidade – e, por outro lado, aqueles que tendem a controlar a retidão efetiva do procedimento contratual – defeitos de consentimento, obrigação de informar, boa-fé e abuso de direitos, incluindo a eliminação de cláusulas abusivas".[6-7]

3.4. A REVISÃO DO CONTRATO NA VISÃO DO DIREITO POSITIVO

Antes do Código de Defesa do Consumidor, a possibilidade de revisão judicial do contrato não era prevista expressamente no Código Civil de 1916 e constava apenas de leis especiais como a dos contratos locatícios (Lei nº 8.245/1991) e a dos contratos administrativos (CF, art. 37, XXI; Lei nº 8.666/1993).

O Código do Consumidor veio a permiti-la, com amplitude, para eliminar cláusulas abusivas (art. 51, § 4º) e para reequilibrar genericamente as bases do negócio afetado por lesividade tanto originária como superveniente (art. 6º, V).

O mesmo ocorreu, no âmbito dos contratos em geral do direito privado, no regime implantado pelo Código Civil de 2002, ao esposar expressamente a figura da lesão (art. 157), a teoria da imprevisão (arts. 479 e 317) e o princípio da boa-fé objetiva (art. 422).

---

[3] GHESTIN, Jacques Avant. In: JAMIN, Christophe; MAZEAUD, Denis. La nouvelle crise du contrat. Paris: Dalloz, 2003, p. 2.

[4] "Trata-se de passar do absoluto ao relativo, respeitando os princípios éticos e sem perder um mínimo de segurança, que é indispensável ao desenvolvimento da sociedade" (WALD, Arnoldo. A evolução do contrato no terceiro milênio e o novo Código Civil. In: Arruda Alvim et al. Aspectos controvertidos do novo Código Civil. São Paulo: RT, 2003, p. 72).

[5] "Na realidade, é necessário sintetizar a concepção estritamente legal que torna o acordo de vontades o elemento subjetivo essencial do contrato, e a concepção, ética e econômica, deduzida de nossa tradição grega-latina e judeucristã, o que torna os objetivos úteis e justos do contrato" (GHESTIN, Jacques. Op. cit., p. 2).

[6] "la nouveauté, toujours relative, ne serait plus qu'une qualité accessoire. Il y aurait, d'une part, les instruments complémentaires, qui visent directement à rétablir une certaine justice commutative – lésion, absence de cause, équilibre et proportionalité – et d'autre part, ceux qui tendent à contrôler la rectitude effective de la procédure contractuelle – vices du consentement, obligation d'information, bonne foi et abus de droit, y compris l'élimination des clauses abusives" (GHESTIN, Jacques. Op. cit., p. 3).

[7] THEODORO JÚNIOR, Humberto. O contrato e sua função social. 3. ed. Rio de Janeiro: Forense, 2008, p. 4-6.

Explica Cláudia Lima Marques:

> O direito deve ser um instrumento para uma organização social *justa* e *equilibrada* [...] O direito pode ser, portanto, um instrumento de justiça, de equilíbrio contratual e de vinculação social na sociedade atual, instrumento de proteção de determinados grupos na sociedade, de combate ao abuso do poder econômico e combate a toda a atuação que seja contrária à boa-fé no tráfico social e no mercado.[8]

Diferentemente do que prevalecia na noção clássica das relações obrigacionais, hoje o que se divisa é uma multiplicidade de deveres e obrigações recíprocos inseridos no vínculo criado pelo negócio jurídico, que "tem seu ponto central na ideia da *finalidade* a que se destina a relação, qual seja, a de ser adimplida, sendo princípio prevalente a *manutenção do contrato gerador*, e, nesta busca, a revisão judicial é seu instrumento mais forte e útil".[9]

Observa Luís Renato Ferreira da Silva, com pertinência, que a mitigação do voluntarismo (autonomia da vontade), permite modernamente "uma flexibilidade nos vínculos contratuais, admitindo-se um rol maior de causas permissivas da sua revisão", a ser obtida por via judicial. "Esta atitude modificadora do pacto prefere à sua simples dissolução por força de um incremento da regra da conservação dos contratos".[10]

3.5. EQUILÍBRIO ECONÔMICO E BOA-FÉ

Equilíbrio financeiro e boa-fé são dois princípios que, no campo dos contratos, se interpenetram e se completam mutuamente.

Na legislação consumerista, o equilíbrio das prestações vem ao lado da boa-fé objetiva, no inciso III do art. 4º do CDC, quando são enumerados os princípios informativos da política nacional de relações de consumo.

> E essa colocação não foi casual, pois, para que haja equilíbrio numa relação obrigacional que se protrai pelo tempo, deve haver boa-fé objetiva por parte dos contratantes. Ademais, a preservação do equilíbrio contratual contribui para a manutenção do contrato, ainda que modificado, afastando, consequentemente, sua resolução por inadimplemento.[11]

No direito comparado, historicamente se deve notar que a reintrodução da revisão contratual sob invocação da cláusula *rebus sic stantibus*, ao tempo da 1ª Guerra Mundial, aconteceu na Alemanha sem depender de regulamentação prevista em lei específica, justamente porque a regra da boa-fé objetiva, já presente no Código Civil, era suficiente para justificá-la.

---

[8] MARQUES, Cláudia Lima. *In*: SILVA, Luís Renato Ferreira da. *Revisão dos contratos*. Rio de Janeiro: Forense, 1999, p. XVII.
[9] MARQUES, Cláudia Lima. *Op. cit.*, p. XVII-XVIII.
[10] SILVA, Luís Renato Ferreira da. *Revisão dos contratos*. Rio de Janeiro: Forense, 1999, n. 123, p. 150.
[11] BARLETTA, Fabiana Rodrigues. *A revisão contratual no Código Civil e no Código de Defesa do Consumidor*. São Paulo: Saraiva, 2002, p. 206.

É evidente que se as partes devem cumprir o contrato segundo a boa-fé (CC, art. 422), não há como uma parte se recusar a rever, com a outra, cláusula que, supervenientemente, se tornou por demais onerosa, desequilibrando, de maneira intolerável, as prestações de início ajustadas. Cumpri-las, portanto, no rigor literal da convenção, conduziria ao enriquecimento injusto de uma parte à custa da ruína financeira da outra. Um regime legal assentado sobre o princípio da boa-fé tem de, necessariamente, aceitar a revisão do ajuste, para que o equilíbrio do contrato se restabeleça equitativamente (CC, arts. 478 a 480).

3.6. CONTRATOS DE INTERMEDIAÇÃO FINANCEIRA

Uma operação jurídica bastante usual na aquisição de bens duráveis e serviços é o financiamento bancário. Sem dúvida, o fornecimento de crédito ao consumidor é negócio que se acha amparado pelas regras tutelares do Código do Consumidor. O objeto do negócio entre o cliente e o banco não é a compra e venda do bem visado pelo consumidor; é apenas o mútuo do *quantum* que o cliente irá empregar na aquisição, bem esse que geralmente será dado por ele em garantia do financiamento.

Por não ser a instituição financeira alienante, nem garante do alienante, os vícios ou defeitos acaso encontrados no bem adquirido de outrem pelo mutuário não geram ação redibitória contra a mutuante.

Nessa ordem de ideias, o Superior Tribunal de Justiça tem decidido reiteradamente inexistir responsabilidade solidária do agente financeiro por defeitos de construção da obra financiada, como se vê dos seguintes arestos:

a) "A Caixa Econômica Federal não é parte legítima para figurar no polo passivo da demanda redibitória, não respondendo por vícios na construção de imóvel financiado com recursos do Sistema Financeiro de Habitação".[12]

b) "1 – A responsabilidade advém de uma obrigação preexistente, sendo aquela um dever jurídico sucessivo desta, que, por sua vez, é dever jurídico originário.

2 – A solidariedade decorre de lei ou contrato, não se presume (art. 265, CC/2002).

3 – Se não há lei, nem expressa disposição contratual atribuindo à Caixa Econômica Federal o dever jurídico de responder pela segurança e solidez da construção financiada, não há como presumir uma solidariedade.

4 – A fiscalização exercida pelo agente financeiro se restringe à verificação do andamento da obra para fins de liberação de parcela do crédito financiado à construtora, conforme evolução das etapas de cumprimento da construção. Os aspectos estruturais da edificação são de responsabilidade de quem os executa, no caso, a construtora. O agente financeiro não possui ingerência na escolha de materiais ou avaliação do terreno no qual se pretende erguer a edificação.

5 – A Caixa Econômica Federal é parte ilegítima para figurar no polo passivo de ação indenizatória que visa o ressarcimento por vícios na construção de imóvel financiado

---

[12] STJ, 4ª T., REsp. 950.522/PR, Rel. Min. Luiz Felipe Salomão, ac. 18.08.2009, *DJe* 08.02.2010.

com recursos do SFH, porque nesse sistema não há obrigação específica do agente financeiro em fiscalizar, tecnicamente, a solidez da obra".[13]

c) "*Mútuo para aquisição de imóvel pronto – Responsabilidade do agente financeiro.*

1 – Tratando-se da aquisição de imóvel pronto, como destacado no Acórdão recorrido, não há falar em responsabilidade da instituição financeira que, pura e simplesmente, contratou o mútuo.

2 – Recurso especial não conhecido".[14]

d) "1. A questão da legitimidade passiva da CEF, na condição de agente financeiro, em ação de indenização por vício de construção, merece distinção, a depender do tipo de financiamento e das obrigações a seu cargo, podendo ser distinguidos, a grosso modo, dois gêneros de atuação no âmbito do Sistema Financeiro da Habitação, isso a par de sua ação como agente financeiro em mútuos concedidos fora do SFH (1) meramente como agente financeiro em sentido estrito, assim como as demais instituições financeiras públicas e privadas (2) ou como agente executor de políticas federais para a promoção de moradia para pessoas de baixa ou baixíssima renda.

2. Nas hipóteses em que atua na condição de agente financeiro em sentido estrito, não ostenta a CEF legitimidade para responder por pedido decorrente de vícios de construção na obra financiada. Sua responsabilidade contratual diz respeito apenas ao cumprimento do contrato de financiamento, ou seja, à liberação do empréstimo, nas épocas acordadas, e à cobrança dos encargos estipulados no contrato. A previsão contratual e regulamentar da fiscalização da obra pelo agente financeiro justifica-se em função de seu interesse em que o empréstimo seja utilizado para os fins descritos no contrato de mútuo, sendo de se ressaltar que o imóvel lhe é dado em garantia hipotecária. Precedente da 4ª Turma no REsp. 1.102.539/PE".[15]

Há, porém, aquelas hipóteses em que o financiamento concedido pela CEF se refere a unidades integrantes de um projeto habitacional programado e executado sob direção da própria instituição. Da responsabilidade técnica, *in casu*, decorre também a responsabilidade civil do agente financeiro pelos defeitos dos imóveis financiados.[16]

A propósito das moradias construídas de acordo com o programa Minha Casa Minha Vida, decidiu o STJ que a participação da CEF tendo ocorrido "exclusivamente na qualidade de agente operador do financiamento para fim de aquisição de unidade habitacional, a instituição financeira não detém legitimidade para responder pelo descumprimento contratual relativo ao atraso na entrega do imóvel".[17] No acórdão, aquela

---

[13] STJ, 4ª T., REsp. 1.043.052/MG, Rel. Min. Honildo Amaral de Mello Castro, ac. 08.06.2010, *DJe* 09.09.2010. No mesmo sentido: STJ, 2ª Seção, REsp. 1.091.363/SC, Rel. Min. Carlos Fernando Mathias, ac. 11.03.2009, *DJe* 25.05.2009.
[14] STJ, 3ª T., REsp. 310.336/DF, Rel. Min. Carlos Alberto Menezes Direito, ac. 04.12.2001, *DJU* 18.03.2002, p. 246.
[15] STJ, 4ª T., REsp. 897.045/RS, Rel. Min. Maria Isabel Gallotti, ac. 09.10.2012, *DJe* 15.04.2013.
[16] Ver item nº 3.12, subitem *p*, em que a jurisprudência sobre a matéria é abordada.
[17] STJ, 3ª T., REsp. 1.534.952/SC, Rel. Min. Ricardo Villas Bôas Cueva, ac. 14.02.2017, *DJe* 14.02.2017.

Corte esclareceu que "para o fim de verificar o tipo de atuação da CEF e concluir pela sua legitimidade para responder por danos relativos à aquisição do imóvel", devem ser analisados "os seguintes critérios: i) a legislação disciplinadora do programa de política habitacional; ii) o tipo de atividade por ela desenvolvida; iii) o contrato celebrado entre as partes e iv) a causa de pedir".

Convém sempre lembrar a advertência da Ministra Maria Isabel Gallotti, no voto de relatora, de que "o relevante para a definição para legitimidade passiva da instituição financeira não é propriamente ser o empreendimento de alta ou baixa renda e nem a existência, pura e simples, de cláusula, no contrato, de exoneração de responsabilidade. O que importa é a circunstância de a CEF exercer papel meramente de instituição financeira, ou, ao contrário, haver assumido outras responsabilidades concernentes à concepção do projeto, escolha do terreno, da construtora, aparência perante o público alvo de coautoria do empreendimento, o que deve ser apreciado consoante as circunstâncias legais e de fato do caso concreto".[18]

3.7. O FIM DO CONTRATO E A CONSERVAÇÃO DO NEGÓCIO

Uma regra básica há de ser observada na revisão contratual: trata-se do princípio da conservação do contrato, que se aplica para, sempre que possível, evitar o desfazimento ou a ruína total do negócio, de maneira que, contornado o problema de restauração do equilíbrio negocial, o contrato seja conservado para propiciar a consecução de seu fim econômico natural.[19]

Há em toda obrigação *um fim* "para o qual voltam seus esforços as partes nela envolvidos". Ambas as partes envolvem-se numa bilateralidade de obrigações e acham-se vinculadas à imposição de colaborarem para que a obrigação seja devidamente cumprida. "Dentro desse novo enfoque, pode-se afirmar que a manutenção do contrato gerador de uma relação de cunho obrigacional é princípio prevalente".[20]

Na prática revisional, exerce papel relevante o princípio da boa-fé objetiva, que o Código Civil manda seja observado na formação, interpretação e execução do contrato (arts. 113 e 422).

A *boa-fé objetiva*, que se tem de observar na pactuação e no cumprimento do contrato (Código Civil, art. 422), apresenta-se não como um posicionamento subjetivo do juiz diante do caso concreto, mas deve ser buscada "como um *standard* jurídico apreensível no contexto em que a conduta examinada se dá".[21]

---

[18] STJ, 4ª T., REsp. 1.163.228/AM, Rel. Min. Maria Isabel Gallotti, ac. 09.10.2012, *DJe* 31.10.2012.

[19] A mesma orientação é seguida no direito italiano: No caso do contrato válido, mas inconveniente, "há uma tendência de preservar a operação econômica e a validade do contrato e reequilibra-lo por meio de uma compensação que pode ser considerada de precisão cirúrgica" (VETTORI, Giuseppe. Il diritto dei contratti fra Costituzione, Códice Civile e Codici di settore. *Revista Jurídica Empresarial*, Ed. Nota Dez, n. 1, p. 247, mar-abr/2008).

[20] SILVA, Luís Renato Ferreira da. *Op. cit.*, p. 2. Invalidada a *cláusula abusiva* (contrária à boa-fé), o contrato subsiste na parte não contaminada. Daí a *lacuna* negocial que pode ser objeto de *revisão do contrato* (SILVA, Luís Renato Ferreira da. *Op. cit.*, p. 63).

[21] SILVA, Luís Renato Ferreira da. *Op. cit.*, p. 54.

Ao recorrer à repressão das cláusulas abusivas e daquelas que, de qualquer forma, redundem no desequilíbrio contratual, o juiz tem de agir consciente de que o contrato deve subsistir, na parte não contaminada, e que a lacuna provocada pela eliminação da cláusula ilegítima terá de ser preenchida por meio da operação de *revisão do contrato*.[22] O esforço judicial será "para a manutenção do pacto, regendo-se pelo *princípio da conservação* do contrato".[23]

Mas é importante ressaltar que o juiz, na revisão, não cria negócio substancialmente novo ou diverso do primitivo:

> O juiz amoldará o negócio ao suporte fático primitivo e não passará para outro que exija menos elementos, coincidentes com os que sobraram no outro, retirada a parte nula.[24]

É o que se apresenta claro no CDC, quando "fala em esforços de integração" para salvar o contrato, e resolução do contrato somente quando a eliminação de cláusula abusiva e nula colocar uma das partes em situação *excessivamente onerosa* (CDC, art. 51, § 2º).

Observa Fabiana Rodrigues Barletta, a propósito da revisão autorizada pelo CDC (que não é substancialmente diferente daquela feita sob regência do Código Civil), que o art. 6º do CDC trata de dois institutos distintos:

> A lesão e a excessiva onerosidade posterior à contratação. Ambos têm, de acordo com o disposto no art. 6º, V, do CDC, o condão de *modificar o conteúdo disposto no contrato*. Também têm em comum o mesmo fundamento axiológico: o intuito de preservação do contrato [...].[25]

3.8. RESULTADO DA REVISÃO JUDICIAL DO CONTRATO

"A revisão será feita de modo que o contrato seja implementado (via interpretação integradora), permitindo-se um *reequilíbrio* que conduza ao fim que ambos os contratantes se dispuseram a alcançar quando firmaram o contrato".[26]

Entre as modificações possíveis para se chegar ao reequilíbrio negocial, "a tendência nos ordenamentos modernos é a de outorgar-se ao lesado, em juízo, a possibilidade de ver emendado o contrato pela complementação do *justo preço*" (CDC, art. 6º, V),[27] eliminando-se, dessa forma, a *lesão* originária. O mesmo se dá na *revisão judicial* por onerosidade superveniente.[28]

---

[22] SILVA, Luís Renato Ferreira da. *Op. cit.*, p. 63.
[23] SILVA, Luís Renato Ferreira da. *Op. cit.*, p. 64.
[24] SILVA, Luís Renato Ferreira da. *Op. cit.*, p. 64.
[25] BARLETTA, Fabiana Rodrigues. *Op. cit.*, n. 4.3.1, p. 130.
[26] SILVA, Luís Renato Ferreira da. *Op. cit.*, n. 124, p. 150.
[27] SILVA, Luís Renato Ferreira da. *Op. cit.*, n. 125, p. 150.
[28] SILVA, Luís Renato Ferreira da. *Op. cit.*, n. 126 e 127, p. 151.

Escrevendo sobre o CDC, mas adotando tese que se aplica igualmente ao Código Civil, Rogério Ferraz Donnini observa, a respeito da revisão judicial do contrato, por desequilíbrio econômico, na convenção ou em razão de alteração superveniente na situação do mercado, o seguinte:

> Na primeira hipótese, o juiz pode *alterar* uma ou mais cláusulas que estabeleçam uma prestação desproporcional, vale dizer, aquela que provoca um desequilíbrio contratual, seja no *preço* ou *qualquer outra obrigação* desproporcional. Na segunda, há a possibilidade de revisão judicial da cláusula de *preço*, que era equitativa na época da celebração do contrato e se tornou excessivamente onerosa para o consumidor. A *mens legis* nesse dispositivo foi a de conservar o contrato, evitando, dessa forma, a sua *resolução*.[29]

Em outras palavras, o juiz tem de pesquisar "a *finalidade* que polariza o vínculo e autoriza o desenvolvimento de processos interpretativos que busquem alcançar esta finalidade". É pelo caminho da interpretação que se alcançará a finalidade do contrato. Uma vez detectada essa finalidade, é por ela que se orientará o juiz na *revisão do contrato:*

> O juiz deverá integrá-lo, suprindo a lacuna existente e, caso seja mister, impondo deveres e condutas às partes, minorando obrigações ou majorando-as, tudo para permitir a consecução do fim contratual.[30]

Enfim, o juiz pode redefinir cláusulas, reduzir ou majorar taxas e índices, prazos e outros dados circunstanciais. *Não pode mudar, entretanto, nem a natureza nem o objeto do contrato: se o contrato é oneroso, não pode tornar-se gratuito.* Se era relativo a uma locação, não pode transformar-se em venda ou permuta. Se era sobre determinado imóvel, não pode ser deslocado para outro imóvel.

Logo, se a remuneração ou a multa foram consideradas excessivas, o caso não é de exclusão do preço (isto tornaria *gratuito* um contrato cuja *finalidade* era *onerosa*); e não se há de excluir a multa se a cláusula penal em si é legítima e a ilicitude acha-se apenas no seu *quantum*. Em ambos os casos, a atividade integrativa da revisão judicial, para respeitar a vontade negocial quanto à finalidade da avença, consistirá em arbitrar a remuneração e a multa em limites que as tornem lícitas, compatibilizando-as com a lei ou com os usos e costumes.[31]

---

[29] DONNINI, Rogério Ferraz. *A revisão dos contratos no Código Civil e no Código de Defesa do Consumidor*. São Paulo: Saraiva, 1999, p. 206.
[30] SILVA, Luís Renato Ferreira da. *Op. cit.,* p. 64.
[31] "O papel revisor do juiz, no caso das cláusulas abusivas, deve valorizar a manutenção do contrato com base no critério objetivo da finalidade do pacto" (SILVA, Luís Renato Ferreira da. *Op. cit.,* p. 67). No caso de lesão, por exemplo, a nulidade da exigência usurária é adotada como causa de redução em juízo do "valor devido ao montante da indenização não usurária" (TARGS, Ap. Cív. 192168581, ac. 15.10.1992, *Julgados do TARS* 85/272; SILVA, Luís Renato Ferreira da. *Op. cit.,* p. 93).

3.9. REVISÃO JUDICIAL DE CONTRATOS FINANCEIROS

I – Introdução

As operações fundamentais do mercado financeiro consistem em empréstimos e financiamentos, que representam variações em torno do contrato de mútuo feneratício.

No direito civil, o mútuo é contrato naturalmente gratuito, mas quando feneratício, isto é, sujeito a juros, passa a ser oneroso.[32] Por isso, à falta de pagamento dos juros periódicos convencionados, torna-se possível a *resolução* (sem embargo de sua natureza de contrato unilateral); e, no caso de as taxas remuneratórias assumirem, de forma superveniente, dimensões de excessiva onerosidade, o contrato bancário sujeitar-se-á à *revisão contratual* em juízo.[33]

Um caso emblemático de revisão de contrato financeiro, de grande repercussão no país, ocorreu quando o STJ enfrentou a onerosidade excessiva ocorrida no curso dos contratos de *leasing* vinculados à variação cambial. A solução encontrada foi a de modular a correção a cargo dos devedores, de modo a repartir o peso da onerosidade superveniente entre os devedores e os credores.[34]

Outros casos de modulação da remuneração financeira têm ocorrido em torno de taxas que, se mantidas, elevariam os débitos a valores estratosféricos, tornando impagável o saldo devedor após algum tempo de duração do vínculo obrigacional, hipóteses em que o STJ tem decidido que "os negócios bancários estão sujeitos ao Código de Defesa do Consumidor, inclusive quanto aos juros remuneratórios; a abusividade destes, todavia, só pode ser declarada, caso a caso, à vista de taxa que comprovadamente discrepe, de modo substancial, da média do mercado na praça do empréstimo, salvo se justificada pelo risco da operação".[35]

Na mesma disposição de se preservar o valor inicial da prestação devida, na hipótese de juros e correção monetária nos Títulos da Dívida Agrária – TDAs, o STJ afirmou que "o resgate somente ocorre quando o título é pago, em seu valor corrigido, com o acréscimo dos juros compensatórios e moratórios".[36] E "para assegurar ao expropriado

---

[32] GOMES, Orlando. *Contratos*. 25. ed. Rio de Janeiro: Forense, 2002, n. 53, p. 74.
[33] BARLETTA, Fabiana Rodrigues. *Op. cit.* n. 4.3.4, p. 143. Frequentes têm sido as intervenções judiciais para rever e reduzir cláusulas remuneratórias de financiamentos e empréstimos bancários qualificados de excessivamente onerosos.
[34] "Arrendamento mercantil. Código de Defesa do Consumidor. Incidência. Variação cambial. Dólar norte-americano. Onerosidade excessiva. [...] I – Aplica-se o Código de Defesa do Consumidor às relações jurídicas originadas dos pactos firmados entre consumidores e os agentes econômicos, as instituições financeiras e os usuários de seus produtos e serviços. II – Este Superior Tribunal, em julgado da Segunda Seção, firmou entendimento no sentido de dividir, por metade, as diferenças resultantes da maxidesvalorização do real, ocorrida em janeiro de 1999" (STJ, 3ª T., Ag no REsp. 536.844/RS, Rel. Min. Castro Filho, ac. 14.06.2007, *DJU* 29.06.2007, p. 577).
[35] STJ, 2ª Seção, REsp. 407.097/RS, Rel. p/ acórdão Min. Ari Pargendler, ac. 12.03.2003, *DJU* 29.09.2003, p. 142. No mesmo sentido: STJ, 4ª T., AgRg no REsp. 1.403.056/RS, Rel. Min. Maria Isabel Gallotti, ac. 01.03.2016, *DJe* 07.03.2016.
[36] MS 5.772/DF, acórdão unânime da 1ª Seção, em 10.03.1999, Rel. Min. Humberto Gomes de Barros, *DJU* 10.05.1999, p. 97.

um preço sempre real de seu TDA e garantir-lhe um valor aquisitivo estável, devem ser aplicados os índices de correção monetária real, integral, e não os expurgados [...] Os juros moratórios e compensatórios são devidos ao percentual de 6% ao ano".[37]

II – Ação de revisão do contrato

a) A ação de revisão do contrato bancário, muitas vezes, é ajuizada cumulada com o pedido de acertamento econômico do contrato. Essa circunstância implica a realização de perícia ainda na fase de conhecimento, antes mesmo que a questão relativa à validade das cláusulas e dos índices utilizados fosse decidida pelo Poder Judiciário, prolongando, inutilmente, o andamento da demanda. Além disso, a prova técnica, não raro, é realizada novamente na execução, em razão da alteração das condições contratuais pelo juiz.[38]

Por isso, segundo Demócrito Reinaldo Filho, seria impossível a cumulação:

> Se o juiz determina a realização de uma perícia e confirma na sentença o valor nela encontrado, ele não terá qualquer valia se os parâmetros para realização do cálculo não forem confirmados no tribunal. Havendo qualquer reforma da decisão, acerca das cláusulas e condições que determinaram o cálculo, ainda que em parte não substancial, perde-se o trabalho contábil realizado, sendo necessária nova perícia quando os autos retornarem para a execução. Além disso, a prática demonstrou que, em muitos casos, nem sequer é necessária a realização de perícia prévia, pois, após definidos os parâmetros do cálculo em decisão final (no processo de conhecimento), o credor, por ocasião da apresentação do cálculo aritmético que elabora junto com a inicial de sua execução, em forma de planilha contendo memória discriminada e atualizada, observa e toma por base os parâmetros já então definidos na sentença do processo de conhecimento.[39]

b) Ao ajuizar ação para discutir cláusulas de contratos bancários, referentes a empréstimo, financiamento ou alienação de bens, o consumidor deve "discriminar na petição inicial, dentre as obrigações contratuais, aquelas que pretende controverter, além de quantificar o valor incontroverso do débito" (CPC, art. 330, § 2º). Nesse caso, o valor incontroverso deve continuar a ser pago durante a demanda, "no tempo e modo contratados" (§ 3º).

Claro que, se a discussão não tiver repercussão econômica, ou seja, se a cláusula supostamente abusiva não contiver conteúdo financeiro, não haverá necessidade de discriminar na inicial os valores incontroversos.[40]

---

[37] STJ, MS 7.003/DF, Rel. Min. Garcia Vieira, ac. un. da 1ª Seção, em 24.08.2000, *DJU* 30.10.2000, p. 119. No mesmo sentido: MS 5.474/DF, 1ª Seção, Rel. Min. Garcia Vieira, ac. 11.03.1998, *DJU* 06.04.1998, p. 5.
[38] REINALDO FILHO, Demócrito. Da ação de revisão de contrato bancário – algumas questões processuais. *Revista Forense*, v. 417, jan.-jun./2013, p. 5.
[39] *Idem, ibidem*.
[40] MORAES, Voltaire de Lima. Reflexões sobre o art. 285-B do Código de Processo Civil. *Revista de Direito do Consumidor*, n. 88, p. 306, jul.-ago./2013.

Omitindo-se o autor de cumprir a exigência legal, o magistrado não deverá indeferir a inicial de imediato. Ao contrário, intimará o autor para, no prazo de quinze dias, emende ou complete a inicial, "indicando com precisão o que deve ser corrigido ou completado" (CPC, art. 321).

c) Outro ponto relevante merece destaque. A jurisprudência do STJ já se sedimentou no sentido de que o ajuizamento de ação revisional não é, por si só, suficiente para impedir que o devedor tenha seu nome inserido nos cadastros negativos de crédito:

> O mero ajuizamento de ação revisional de contrato não torna o devedor automaticamente imune à inscrição em cadastros negativos de crédito, cabendo-lhe, em primeiro lugar, postular, expressamente, ao juízo, tutela antecipada ou medida liminar cautelar, para o que deverá, ainda, atender a determinados pressupostos para o deferimento da pretensão, a saber: "a) que haja ação proposta pelo devedor contestando a existência integral ou parcial do débito; b) que haja efetiva demonstração de que a contestação da cobrança indevida se funda na aparência do bom direito e em jurisprudência consolidada do Supremo Tribunal Federal ou do Superior Tribunal de Justiça; c) que, sendo a contestação apenas de parte do débito, deposite o valor referente à parte tida por incontroversa, ou preste caução idônea, ao prudente arbítrio do magistrado. O Código de Defesa do Consumidor veio amparar o hipossuficiente, em defesa dos seus direitos, não servindo, contudo, de escudo para a perpetuação de dívidas (REsp 527.618/RS, 2ª Seção, unânime, Rel. Min. Cesar Asfor Rocha, *DJ* 24.11.2003).[41]

Em recurso especial repetitivo, o STJ elencou os fundamentos para que o pedido liminar de abstenção de inscrição do devedor em cadastro de inadimplentes seja deferido:

> A abstenção da inscrição/manutenção em cadastro de inadimplentes, requerida em antecipação de tutela e/ou medida cautelar, somente será deferida se, cumulativamente: i) a ação for fundada em questionamento integral ou parcial do débito; ii) houver demonstração de que a cobrança indevida se funda na aparência do bom direito e em jurisprudência consolidada do STF ou STJ; iii) houver depósito da parcela incontroversa ou for prestada a caução fixada conforme o prudente arbítrio do juiz.[42]

Da mesma forma, a ação revisional não impede que seja deferida liminar de busca e apreensão do bem objeto do contrato de financiamento ou alienação fiduciária: "comprovada a mora do devedor fiduciante, mediante a notificação deste, e independentemente da tramitação da ação revisional, a liminar de busca e apreensão há de ser concedida".[43]

Nesse sentido, ainda, o entendimento do STJ de que "a descaracterização da mora que inviabiliza a ação de busca e apreensão é decorrente da manutenção do decreto

---

[41] STJ, 4ª T., AgRg no Ag 1.012.324/SP, Rel. Min. Aldir Passarinho Júnior, ac. 04.11.2008, *DJe* 04.11.2008.
[42] STJ, 2ª Seção, REsp. 1.061.530/RS, Rel. Min. Nancy Andrighi, ac. 22.10.2008, *DJe* 10.03.2009.
[43] STJ, 4ª T., RCDESP no REsp. 1.124.776/TO, Rel. Min. Maria Isabel Gallotti, ac. 07.04.2015, *DJe* 16.04.2015.

de abusividade de qualquer encargo contratual cobrado independentemente da inadimplência".[44] Vale dizer, somente a certeza da abusividade da cláusula questionada é capaz de afastar a mora do devedor, impedindo a busca e apreensão.

É de se frisar que no bojo da ação de busca e apreensão é dado ao devedor "pagar a integralidade da dívida pendente, segundo os valores apresentados pelo credor fiduciário na inicial, hipótese na qual o bem lhe será restituído livre do ônus". Poderá, ainda, apresentar resposta discutindo eventuais valores pagos a mais, requerendo a sua repetição (art. 3º, §§ 2º e 4º, do Decreto-Lei nº 911/1969).

d) O ajuizamento de ação revisional não suspende a execução, nos termos do art. 784, § 1º, do CPC. Nesse caso, segundo entendimento do STJ, ocorrerá apenas a "adequação da execução ao montante apurado na ação revisional".[45] Ocorrerá, entretanto, conexão entre a revisional e a execução, se houver embargos do devedor, "quando ficar evidenciada a possibilidade de sentenças conflitantes".[46]

e) Por fim, em caso de condenação de litisconsortes passivos em ação de revisão de contrato de mútuo, não há que se falar em solidariedade legal. Isso porque, segundo o entendimento do STJ:

> 1. Havendo condenação de mais de um réu, e sendo omissa a sentença em relação à parcela de responsabilidade de cada demandado, a solução para essa omissão, na execução, deve partir da premissa de que "a solidariedade não se presume; resulta da lei ou da vontade das partes" (art. 265 do CC). [...]
>
> 3. A norma do art. 25, § 1º, do CDC rege a responsabilidade solidária daqueles que provocam dano ao consumidor por vício do produto ou do serviço, não sendo esta a relação jurídica estabelecida entre o agravante e os agravados, decorrente de revisão de contrato de mútuo, de modo que, por se tratar de exceção à regra geral do art. 265 do CC, a previsão de solidariedade contida no supracitado dispositivo deve ser interpretada restritivamente.[47]

3.10. A JURISPRUDÊNCIA PACIFICADA DO STJ SOBRE REVISÃO DA CLÁUSULA DE JUROS NOS CONTRATOS BANCÁRIOS

São numerosas e frequentes as demandas revisionais em torno da remuneração das operações bancárias. A maioria relaciona-se com as taxas cobradas pelo agente financeiro, seja de juros compensatórios, seja de juros moratórios. Pelo princípio da boa-fé objetiva e da igualdade substancial que a legislação consumerista assegura ao consumidor dos serviços bancários, nada justifica que o tratamento da remuneração,

---

[44] STJ, 4ª T., EDcl. no REsp. 1.257.079/RS, Rel. Min. Maria Isabel Gallotti, ac. 11.04.2013, *DJe* 23.04.2013.
[45] STJ, 3ª T., AgRg nos EDcl no REsp. 1.210.535/RS, Rel. Min. Ricardo Villas Bôas Cueva, ac. 04.09.2014, *DJe* 11.09.2014.
[46] REINALDO FILHO, Demócrito. Da ação de revisão de contrato bancário, *cit.*, p. 32.
[47] STJ, 1ª T., REsp 1.647.238/RJ, Rel. Min. Gurgel de Faria, ac. 17.05.2022, *DJe* 09.06.2022.

in casu, seja diverso na hipótese de o credor ser o cliente do banco, isto é, o aplicador de recursos em operação de investimento financeiro.

A jurisprudência remansosa do STJ acha-se historiada e sintetizada, com riqueza de precedentes, em acórdão recente da 4.ª Turma pronunciado em Agravo Regimental no REsp. nº 777.496/RS, datado de 20.09.2007,[48] donde se extraem os seguintes enunciados:

a) os juros remuneratórios, em operações bancárias, não são limitados a 12% ao ano, "devendo prevalecer a taxa efetivamente pactuada pelas partes", uma vez que, na espécie, "não incide a Lei de Usura";[49]

b) caracterizada a *mora solvendi,* além dos juros remuneratórios pactuados, "cabe a cobrança dos juros moratórios", cujo limite de 12% ao ano deve ser respeitado;[50]

c) as operações bancárias estão alcançadas pela tutela do CDC, mas o fato de as taxas remuneratórias excederem o limite de 12% ao ano, "por si só, não implica abusividade";[51]

d) é permitida a redução dos juros remuneratórios, "quando comprovado que discrepantes os juros pactuados em relação à taxa de mercado, enquanto em mora o devedor";[52]

e) em matéria de regime jurídico aplicável à taxa de juros observável nos contratos bancários, "preponderam [sobre o CDC] a Lei n. 4.595/1964 e a Súmula n. 596/STF".[53]

Importante ressaltar, também, o Recurso Especial Repetitivo nº 1.061.530/RS, que assim resumiu a questão:

Orientação 1 – Juros Remuneratórios

a) As instituições financeiras não se sujeitam à limitação dos juros remuneratórios estipulada na Lei de Usura (Decreto nº 22.626/33), Súmula nº 596/STF;

b) A estipulação de juros remuneratórios superiores a 12% ao ano, por si só, não indica abusividade;

c) São inaplicáveis aos juros remuneratórios dos contratos de mútuo bancário as disposições do art. 591 c/c o art. 406 do CC/02;

---

[48] STJ, 4ª T., REsp. 777.496/RS, Rel. Min. Hélio Quaglia Barbosa, *DJU* 08.10.2007; *Revista de Direito Bancário e Mercado de Capitais*, n. 40, p. 225-228, abr.-jun./2008.

[49] STJ, REsp. 777.496, *cit., Revista, cit.*, p. 227. Precedentes: STJ, 2ª Seção, REsp. 407.097/RS, Rel. p/ acórdão Min. Ari Pargendler, ac. 12.03.2003, *DJU* 29.09.2003, p. 142; STJ, 4ª T., AgRg no REsp. 682.638/MG, Rel. Min. Jorge Scartezzini, ac. 29.11.2005, *DJU* 19.12.2005, p. 429; STJ, 4ª T., AgRg no REsp. 681.508/RS, Rel. Min. Barros Monteiro, ac. 03.11.2005, *DJU* 19.12.2005, p. 429.

[50] Precedentes: STJ, 2ª Seção, REsp. 402.483/RS, Rel. Min. Castro Filho, 26.03.2003, *DJU* 05.05.2003, p. 215; STJ, 3ª T., REsp. 582.738/RS, decisão monocrática do Min. Castro Filho, *DJU* 17.08.2007; STJ, 3ª T., REsp. 928.753/RS, decisão monocrática do Min. Humberto Gomes de Barros, *DJU* 20.04.2007.

[51] Precedentes: STJ, 2ª Seção, REsp. 407.097, *cit.*; STJ, AgRg no REsp. 682.638/MG, *cit.*; REsp. 402.483/RS, *cit.*

[52] Precedentes: STJ, 2ª Seção, REsp. 407.097/RS, *cit.*; STJ, AgRg no REsp. 682.638/MG, *cit.*

[53] Precedentes: STJ, AgRg no REsp. 682.638/MG, *cit.*; STJ, 2ª Seção, REsp. 407.097/RS, *cit.*

d) É admitida a revisão das taxas de juros remuneratórios em situações excepcionais, desde que caracterizada a relação de consumo e que a abusividade (capaz de colocar o consumidor em desvantagem exagerada, art. 51, § 1º, do CDC) fique cabalmente demonstrada, ante às peculiaridades do julgamento em concreto.[54]

Se estas regras são reconhecidamente as observáveis nos empréstimos dos bancos a seus clientes, terão elas, por razões óbvias, que prevalecer nos mútuos em que os bancos se apresentam como devedores em relação aos clientes que lhe proporcionam recursos por meio de aplicações financeiras. É importante ressaltar que a qualidade de consumidor, para efeito de se beneficiar da proteção das leis consumeristas, aplica-se indistintamente a todo cliente do sistema bancário, seja ele tomador de empréstimo, correntista ou aplicador de capital, conforme restou assentado pelo Supremo Tribunal Federal:

1 – As instituições financeiras estão todas elas alcançadas pela incidência das normas veiculadas pelo Código de Defesa do Consumidor.

2 – "Consumidor", para os efeitos do Código de Defesa do Consumidor, é toda pessoa física ou jurídica que utiliza, como destinatário final, atividade *bancária, financeira* e *de crédito* (grifamos).[55]

Restou claro, portanto, para o STF que "os clientes bancários [todos], ou melhor, *financeiros* (grifamos) são 'consumidores' e, por conseguinte, estão protegidos pelas normas do CDC, não há mais dúvida".[56] E se assim é, não se pode tolerar que o cliente, no tocante ao sistema de remuneração de suas aplicações financeiras, seja tratado de maneira menos vantajosa do que a disposta em favor do banco, quando este é o credor.

3.11. INCIDÊNCIA DO PRINCÍPIO DO EQUILÍBRIO ECONÔMICO E DA BOA-FÉ EM CONTRATO DE APLICAÇÃO FINANCEIRA

O depósito bancário é um contrato que se rege pelas normas do mútuo, em face da regra constante do art. 645 do Código Civil. No caso de depósito a prazo certo, como nos CDBs, a remuneração é avençada no ato de constituição do mútuo e, como se trata de contrato de adesão, as taxas são uniformemente estabelecidas pelo banco, para cada modalidade de aplicação financeira.

Isto faz com que, incorrendo o banco em mora, total ou parcial, na restituição do capital aplicado, tenha de sujeitar-se às consequências legais do retardamento, que, em síntese, correspondem aos prejuízos que a mora acarreta ao aplicador (CC, art. 956). Se, pois, a aplicação financeira era um mútuo feneratício, ou seja, "mútuo com fins econômicos", clara é a responsabilidade pelos juros remuneratórios (CC, art. 591), mesmo depois de vencido o prazo convencional, mormente quando a própria devedora

---

[54] STJ, 2ª Seção, REsp. 1.061.530/RS, *cit.*
[55] STF, Pleno, EDcl na ADin 2.591/DF, Rel. p/ ac. Min. Eros Grau, ac. 14.12.2006, *DJU* 13.04.2007, p. 83.
[56] PRATES, Marcelo Madureira. Código de Defesa do Consumidor e Consumidores Bancários: ainda as repercussões da ADin n. 2.591/DF. A perspectiva publicística. *Revista de Direito Bancário e do Mercado de Capitais*, n. 40, p. 31, abr-jun/2008.

contraiu o mútuo prevendo a responsabilidade por uma remuneração, que ela mesma estipulou no ato da aplicação.

O STJ, que vinha corretamente decidindo que, na espécie, o prejuízo a ser reparado consistia na manutenção, durante a mora, das taxas ajustadas para o prazo normal de duração do contrato de depósito (CDB),[57] alterou, posteriormente, seu entendimento, para afirmar que após o vencimento, à falta de ajuste específico entre as partes, a remuneração da aplicação financeira ficaria restrita aos juros moratórios legais (Código Civil, arts. 406 e 407).[58] Os juros contratuais só incidiriam até o vencimento da obrigação. Depois disso, só se poderiam exigir juros moratórios "não cumulados, portanto, com os remuneratórios" (voto do Min. Pádua Ribeiro no REsp. n° 247.353/MG).

A tese é de que, não havendo, no caso de CDBs, pacto entre as partes acerca da mora, após o vencimento "cobram-se juros moratórios não cumulados, portanto, com os remuneratórios" (REsp. n° 153.479/MG, ac. de 12.12.2000). Enfim, "não havendo, no caso, previsão contratual para a cobrança de juros remuneratórios, após o vencimento da obrigação, é vedada a sua cobrança. Merecem, portanto, excluídos os juros remuneratórios" (REsp. n° 151.257/MG, DJU 02.08.1999). Os juros contratuais só incidiriam até o vencimento da obrigação. Depois disso só se poderiam exigir juros moratórios "não cumulados, portanto, com os remuneratórios" (voto do Min. Pádua Ribeiro, no REsp. n° 247.353/MG).

Data venia, o entendimento é equivocado. Os juros de mora aplicam-se, com exclusividade, apenas quando, durante o prazo normal do contrato, não havia previsão de juros remuneratórios.[59] Se já estava o mutuário sujeito a uma taxa remuneratória, seria um prêmio para o devedor moroso sujeitá-lo apenas aos juros legais da mora, depois de descumprida a obrigação. Ao invés da sujeição do moroso a responder pelo prejuízo acarretado pelo retardamento, quem suportaria o prejuízo seria o credor insatisfeito, já que desde o vencimento somente poderia reclamar os juros legais, sabidamente muito inferiores aos ajustados para as aplicações financeiras.[60]

---

[57] STJ, 4ª T., REsp. 28.907/RS, Rel. Min. Sálvio de Figueiredo, ac. 14.12.1992, DJU 08.03.1993, p. 3.124; STJ, 4ª T., REsp. 46.040/RS, Rel. Min. Sálvio de Figueiredo, ac. 26.04.1994, DJU 23.05.1994, p. 12.618; STJ, 4ª T., REsp. 94.131/RS, Rel. Min. Sálvio de Figueiredo, ac. 20.08.1996, DJU 16.09.1996, p. 33.748.

[58] STJ, 3ª T., REsp. 247.353/MG, Rel. Min. Antonio de Pádua Ribeiro, ac. 19.10.2004, RSTJ 189/286; STJ, 4ª T., REsp. 245.007/MG, Rel. Min. Fernando Gonçalves, ac. 19.10.2004, DJU 20.06.2005, p. 288; STJ, 4ª T., AgRg no REsp. 1.428.479/SP, Rel. Min. Maria Izabel Gallotti, ac. 08.05.2014, DJe 21.05.2014.

[59] "Os juros compensatórios, esses, são juros que independem da mora e correm antes dela, ou depois dela sem que a mora os altere. Mesmo a propósito da mora em prestá-los fluem juros moratórios" (PONTES DE MIRANDA, Francisco Cavalcanti. *Tratado de direito privado*. 2. ed. Rio de Janeiro: Borsói, 1962, t. XXXIX, § 4.333, p. 347). "Não pode o devedor pagar apenas os juros legais da mora, depois do vencimento, quando há juros estipulados na convenção. Já fizemos sentir que a obrigação de pagamento dos juros só cessa com a extinção da obrigação principal. De forma que, vencida a dívida, embora não exigida, continua o devedor obrigado a pagar os *juros convencionados*. Essa sua obrigação não se extingue com o vencimento da obrigação" (SANTOS, J. M. Carvalho. *Código civil brasileiro interpretado*. 6. ed. Rio de Janeiro: Freitas Bastos, 1958, v. XIV, p. 282-283).

[60] "Se os juros correntes não devem ser pagos, o devedor ficaria depois de vencida a dívida em melhor posição do que estava antes do vencimento, o que não é compreensível. Desde que há estipulação dos juros, os juros estipulados correm até o efetivo reembolso" (MENDONÇA, J. X.

A interpretação do contrato e das regras legais a ele aplicáveis tem de ser feita segundo os ditames da razoabilidade e da boa-fé objetiva, critérios que, à evidência, não coadunam com o prejuízo injusto e o enriquecimento ilícito.

Tem-se de partir do princípio de que não se trata de uma dívida oriunda de uma simples obrigação solvável mediante dinheiro. A hipótese é de aplicação financeira, em que o banco recebeu do cliente uma soma para proporcionar-lhe uma renda predeterminada. O descumprimento da obrigação em seu termo, portanto, priva o credor do capital e do rendimento ao qual a operação bancária o vinculara.

É importante ressaltar que a circunstância de ser a aplicação financeira (CDB) realizada por meio eletrônico, sem o suporte prévio em documentação escrita firmada pelo banco e pelo cliente, é despida de relevância, pois o que configura juridicamente o contrato não é a sua retratação em papel, mas o *consenso* das partes em torno do respectivo objeto e das condições a que esse se sujeita.

Por demais sabida é a distinção entre juros *compensatórios* (ou *convencionais*) e juros *moratórios* (ou *legais*). Enquanto os primeiros remuneram o uso do capital enquanto em poder do mutuário, os últimos indenizam os prejuízos (perdas e danos) decorrentes do retardamento na restituição devida ao mutuante. Daí por que um não substitui o outro, e cada um cumpre destinação e função próprias, devendo incidir cumulativamente a partir da *mora solvendi*.

O contrato, na definição de Caio Mário da Silva Pereira, é o "acordo de vontades com a finalidade de produzir efeitos jurídicos".[61] Rege-se pelo princípio do *consensualismo*, de sorte que, a não ser muito excepcionalmente, a lei não exige para sua configuração formas especiais ou solenidades materiais. Na sistemática do direito civil contemporâneo, "o contrato nasce do consenso puro dos interessados, uma vez que é a vontade a entidade geradora".[62]

Se o banco aceitou determinada quantia entregue pelo cliente para aplicá-la em CDBs sujeitos a certa remuneração, claro é que o contrato, pelo consenso, se aperfeiçoou em torno tanto do destino do depósito como da renda que este haveria de proporcionar. Em se tratando de negócio não solene, pouco importa que esse consenso (não negado pelas partes, em momento algum) não tenha sido reproduzido em documento escrito.

Poder-se-á argumentar que em muitos casos a conjuntura econômica do país passou por intempéries e abalos capazes de desestabilizar a *base do negócio*, tornando a remuneração inicial absurda se mantida nos patamares originais do contrato.

Se é isto o que, em concreto, ocorreu, a solução a ser dada ao conflito em juízo não consiste em desconhecer a taxa remuneratória avençada, mas de revê-la à luz dos critérios éticos consagrados pelo Código Civil. Critérios esses que foram acrescidos

---

Carvalho de. *Tratado de direito comercial*. 5. ed. Rio de Janeiro: Freitas Bastos, 1955, v. VI, parte 1, p. 287).

[61] PEREIRA, Caio Mário da Silva. *Instituições de direito civil*. 11. ed. Rio de Janeiro: Forense, 2003, v. III, n. 184, p. 7.

[62] PEREIRA, Caio Mário da Silva. *Op. cit.*, v. III, n. 185, p. 19. Destaca o mestre: "somente por exceção conservou algumas hipóteses de contratos reais e formais, para cuja celebração exigiu a *traditio* da coisa e a observância de formalidades" (*loc. cit.*).

ao princípio clássico do contrato – *pacta sunt servanda* – não para invalidá-lo, mas para flexibilizá-lo, sob influência de padrões éticos extraídos dos bons costumes e das praxes econômicas do próprio mercado.

Desfeita a base econômica do contrato, em proporções intoleráveis e, por isso, incompatíveis com a sua função social e com as exigências da boa-fé objetiva, o que se pode fazer, em sentença, é rever a remuneração originária do mútuo. Nunca sua total exclusão se apresentará como o remédio justo e adequado ao restabelecimento do equilíbrio econômico do contrato preconizado pela moderna sistemática obrigacional de nosso direito privado.

3.12. APLICAÇÃO DO CDC AOS BANCOS. JURISPRUDÊNCIA DO STJ FIXADA NA FORMA DE RECURSO REPETITIVO

Logo nos primeiros tempos de vigência do CDC, a jurisprudência do STF se posicionou no sentido de que a atividade bancária estaria sob o alcance do controle instituído pela legislação consumerista, desde que o cliente, no caso concreto, se enquadrasse no conceito legal do consumidor. Ou seja, seguindo o disposto em seu artigo 2º, o CDC há de se aplicar "somente a 'pessoa física ou jurídica que adquire ou utiliza produto ou serviço como *destinatário final*'".[63]

Mais recentemente, a ação de inconstitucionalidade movida contra a disposição do CDC que previa a inclusão dos estabelecimentos bancários no seu âmbito de incidência foi improvida pelo STF. Assentou-se, porém, e em caráter definitivo, que "'consumidor', para os efeitos do Código de Defesa do Consumidor, é toda pessoa física ou jurídica que utiliza, como *destinatário final*, atividade *bancária*, financeira e de crédito".[64] Dessa forma, restaram fora do regime especial do CDC as operações bancárias praticadas "na exploração da intermediação de dinheiro na economia", vale dizer: aquelas em que as importâncias mutuadas pelo banco sejam destinadas a empresas que o utilizarão como insumo na cadeia de produção e comercialização de bens ou serviços a serem colocados no mercado.

Por sua vez, a 2ª Seção do STJ, em apreciação de recursos paradigmas, sob regime de recursos repetitivos (CPC, art. 1.036),[65] assentou posicionamento definitivo sobre várias questões polêmicas em torno da aplicação do CDC aos contratos bancários, que podem ser assim resumidas:

a) Juros remuneratórios

Não se aplica o limite do Dec. nº 22.626/1993 (Lei de Usura) às instituições financeiras, mantendo-se a Súmula nº 283, do STJ. Assim, os bancos podem cobrar juros remuneratórios acima de 12% ao ano. Mas, o juiz pode, em cada caso concreto, examinar a abusividade dos juros praticados.[66]

---

[63] STF, Pleno, SEC 5.847, Rel. Min. Maurício Corrêa, ac. 01.12.1999, *DJU* 17.12.1999, p. 04.
[64] STF, Pleno, ADI 2.591, Rel. p/ ac. Min. Eros Roberto Grau, ac. 07.06.2006, *DJU* 29.09.2006, *RTJ* 199/481.
[65] STJ, 2ª Seção, REsp. 1.061.530, Rel. Min. Nancy Andrighi, ac. 22.10.2008, *DJe* 10.03.2009.
[66] "Esta garantia já tinha sido alcançada no julgamento da ADIn. n. 2.591-DF (ADIn. dos Bancos), na qual se consolidou não apenas a plena aplicabilidade do Código de Defesa do Consumidor aos

b) Mora diante de contrato abusivo

Decidiu o STJ que se o consumidor passou por uma situação de abusividade no contrato, que justamente o impediu de pagar, "não pode o banco lhe cobrar os juros por atraso (juros moratórios), multas contratuais, comissão de permanência etc. Mas, é importante salientar que não basta simplesmente discutir o contrato na justiça para afastar a mora. No processo judicial, a parte deve demonstrar claramente que, por exemplo, se for o caso real, deixou de receber uma via do contrato mesmo tendo assinado, ou mesmo se o banco está cobrando juros acima do que foi convencionado. Se, todavia, não houve pagamento no dia do vencimento, por culpa do consumidor e sem abusividade praticada pelo banco, é lícito que o credor bancário cobre juros moratórios de até 1% ao mês".[67]

c) Comissão de permanência

Não houve decisão nova no recurso repetitivo, mantendo-se os enunciados das Súmulas n. 294 e 296 do STJ:

Súmula nº 294: "Não é potestativa a cláusula contratual que prevê a comissão de permanência, calculada pela taxa média de mercado apurada pelo Banco Central do Brasil, limitada à taxa do contrato".

Súmula nº 296: "Os juros remuneratórios, não cumuláveis com a comissão de permanência, são devidos no período de inadimplência, à taxa média de mercado estipulada pelo Banco Central do Brasil, limitada ao percentual contratado".

d) Inscrição do nome do consumidor em serviço de proteção ao crédito

Restou confirmado o entendimento anterior do STJ de que cumpre ao juiz examinar, no caso concreto, se o devedor, que quer impedir a inscrição no cadastro de inadimplentes, contesta a dívida, no todo ou em parte, "(i) fundando sua pretensão em bom direito, apoiado em jurisprudência (ii) e, ainda, que seja oferecido depósito ou consignação do valor questionado em juízo como garantia (iii) para, só daí, deferir liminarmente a retirada do nome do consumidor".[68]

---

contratos bancários, mas a possibilidade do juiz examinar a situação concreta sofrida pelo consumidor para anular cláusulas abusivas, inclusive se versarem sobre juros. Assim, a jurisprudência do STJ consolidou que: 'é admitida a revisão das taxas de juros remuneratórios', se diante de um consumidor haja abusividade 'capaz de colocar o consumidor em desvantagem exagerada – art. 51, § 1º, CDC', que deverá ficar comprovada no caso concreto" (BESSA, Leonardo Roscoe; MOURA, Walter. Nota de esclarecimento – REsp. 1.061.530. Revista de Direito do Consumidor, n. 69, p. 190, jan.-mar./2009). "A estipulação de juros remuneratórios superiores a 12% ao ano, por si só, não indica abusividade" (Súmula nº 382/STJ).

[67] BESSA; MOURA. Op. cit., p. 191.
[68] BESSA; MOURA. Op. cit., loc. cit. A vedação ao conhecimento de ofício, nos contratos bancários, da abusividade de cláusula, tornou-se pacífica na jurisprudência da 3ª e 4ª Turmas do STJ (AgRg no EDcl no REsp. 1.100.270/RS, Rel. Min. Maria Isabel Galloti, ac. 04.10.2011, 4ª T., DJe 13.10.2011; AgRg no EDcl no REsp. 905.529/RS, Rel. Min. Paulo de Tarso Sanseverino, ac. 04.11.2010, 3ª T.). Finalmente, tal entendimento veio a ser sumulado pela 2ª Seção, in verbis: "Nos contratos bancários, é vedado ao julgador conhecer, de ofício, da abusividade das cláusulas" (Súmula n. 381/STJ).

e) Revisão de cláusulas abusivas em grau de recurso, *ex officio*

Entendeu o STJ ser vedado ao Juiz (em primeiro grau) e Desembargador (no Tribunal) reverem, de ofício, questões contratuais não discutidas na ação de origem, ou mesmo na sentença. Apesar do respeitável entendimento de alguns especialistas, no sentido da possibilidade do exame de ofício da nulidade das cláusulas abusivas, prevaleceu no STJ a tese de que o julgamento somente pode versar sobre o que foi objeto de discussão no recurso de apelação, sendo certo ainda que na decisão do tribunal serão objeto de apreciação e julgamento "todas as questões *suscitadas* e *discutidas no processo*, ainda que a sentença não as tenha julgado por inteiro" (art. 515, § 3º, do CPC). Logo, "neste ponto o STJ não evoluiu na defesa do consumidor".[69]

f) Cooperativas agrícolas

1. Consoante entendimento do Superior Tribunal de Justiça, na hipótese em que a atividade da cooperativa se equipara àquelas típicas das instituições financeiras, são aplicáveis as regras do Código de Defesa do Consumidor. Súmula n. 83/STJ.[70]

g) Contratos administrativos

4. Inaplicabilidade do Código de Defesa do Consumidor aos contratos administrativos, tendo em vista as prerrogativas já asseguradas pela lei à Administração Pública. Julgado específico desta Corte Superior.

5. Inaplicabilidade também, por extensão, ao contrato de fiança bancária acessório ao contrato administrativo.[71]

h) Encerramento unilateral de conta bancária

1. Segundo a jurisprudência desta Corte, a regra do art. 39, IX, do CDC não se aplica às instituições financeiras, afastando-se a obrigatoriedade de manutenção do contrato de conta-corrente.[72]

Em novembro de 2021 a matéria foi afetada para julgamento em recurso repetitivo no ProAfR no REsp. 1.941.347/SP.

3.13. OUTRAS QUESTÕES RELACIONADAS COM OS CONTRATOS BANCÁRIOS ENFRENTADAS EM DECISÕES DO STJ

Teses assentadas:

a) Financiamentos agrícolas

Aplica-se o CDC aos contratos firmados entre instituição financeira e o agricultor, pessoa física, ainda que para viabilizar seu trabalho como produtor rural.[73]

---

[69] BESSA; MOURA. *Op. cit.*, p. 192.
[70] STJ, 3ª T., AgInt no AREsp 1.775.164/MS, Rel. Min. Marco Aurélio Bellizze, ac. 13.012.2021, *DJe* 15.12.2021. No mesmo sentido: STJ, 4ª T., AgInt no AREsp. 1.361.406/PR, Rel. Min. Raul Araújo, ac. 26.03.2019, *DJe* 11.04.2019.
[71] STJ, 3ª T., REsp 1.745.415/SP, Rel. Min. Paulo de Tarso Sanseverino, ac. 14.05.2019, *DJe* 21.05.2019.
[72] STJ, 4ª T., AgInt no REsp 1.733.345/MS, Rel. Min. Antonio Carlos Ferreira, ac. 30.03.2020, *DJe* 01.04.2020.
[73] STJ, 2ª T., REsp. 1.127.805/PR, Rel. Min. Eliana Calmon, ac. 06.10.2009, *DJe* 19.10.2009.

b) Comissão de permanência

É impossível, nos contratos bancários, a cobrança cumulada da comissão de permanência com os juros remuneratórios, correção monetária e/ou juros moratórios.[74]

c) Multa contratual

A multa moratória, no entendimento do STJ, só se aplica no valor de 10% aos contratos firmados anteriormente à Lei nº 9.298/1996.[75] Após essa Lei, a multa máxima, nos contratos de consumo, foi fixada em 2% do valor da prestação em atraso (CDC, art. 52, § 1º).

d) Financiamento garantido por alienação fiduciária

i) O CDC é aplicável às instituições financeiras (Súmula nº 297), "mas apenas em relação aos serviços atinentes à atividade bancária. Por certo que o banco não está obrigado a responder por defeito de produto que não forneceu, tão somente porque o consumidor adquiriu-o com valores obtidos por meio de financiamento bancário. Se o banco fornece dinheiro, o consumidor é livre para escolher o produto que lhe aprouver. No caso de o bem apresentar defeito, o comprador ainda continua devedor da instituição financeira. Não há relação de acessoriedade entre o contrato de compra e venda de bem de consumo e o de financiamento que propicia numerário ao consumidor para aquisição de bem que, pelo registro do contrato de alienação fiduciária, tem sua propriedade transferida para o credor".[76]

ii) Mas o banco responde objetivamente pelos prejuízos do cliente "causados por fraudes ou delitos praticados por terceiros, visto que tal responsabilidade decorre do risco do empreendimento", desde que caracterizando o "fortuito interno"[77] (danos consumados dentro do estabelecimento bancário, em detrimento do cliente).

iii) Existência de jurisprudência pacífica nesta Corte Superior no sentido de que os agentes financeiros ("bancos de varejo") que financiam a compra e venda de automóvel não respondem pelos vícios do produto, subsistindo o contrato de financiamento mesmo após a resolução do contrato de compra e venda, exceto no caso dos bancos integrantes do grupo econômico da montadora ("bancos da montadora").[78]

iv) Possibilidade de conversão da busca e apreensão de bem não localizado em ação de execução do contrato de financiamento.

---

[74] STJ, 2ª T., REsp. 1.127.805/PR, cit.; STJ, 3ª T., AgRg no REsp. 951.876/RS, Rel. Min. Nancy Andrighi, ac. 14.04.2011, DJe 12.05.2011; STJ, 3ª T., AgRg no EDcl no REsp. 905.529/RS, Rel. Min. Paulo de Tarso Sanseverino, ac. 04.11.2010, DJe 22.11.2010; Súmula n. 296/STJ.
[75] STJ, 2ª T., REsp. 1.127.805/PR, cit.
[76] STJ, 4ª T., REsp. 1.014.547/DF, Rel. Min. João Otávio de Noronha, ac. 25.08.2009, DJe 07.12.2009.
[77] STJ, 3ª T., AgRg nos EDcl no AREsp. 238.203/MG, Rel. Min. Ricardo Villas Bôas Cueva, ac. 07.03.2013, DJe 13.03.2013; STJ, 2ª Seção, REsp. 1.199.782/PR, Rel. Min. Luis Felipe Salomão, ac. 24.08.2011, DJe 12.09.2011.
[78] STJ, 3ª T., REsp 1.946.388/SP, Rel. Min. Paulo de Tarso Sanseverino, ac. 07.12.2021, DJe 17.12.2021.

5. Anteriormente à promulgação da Lei 13.043/2014, que alterou a redação do art. 4º do DL 911/69, isto é, quando se admitia apenas a conversão da ação de busca e apreensão em ação de depósito, esta Corte Superior entendia que o prosseguimento com a cobrança da dívida dava-se com relação ao menor valor entre o valor de mercado do bem oferecido em garantia e o valor do débito apurado. Precedentes. Contudo, após a alteração legislativa, tem-se que a manutenção deste entendimento não parece se amoldar ao real escopo da legislação que rege a matéria atinente à alienação fiduciária.

6. Isso porque, não realizada a busca e apreensão e a consequente venda extrajudicial do bem, remanesce a existência de título executivo hábil a dar ensejo à busca pela satisfação integral do crédito.

7. O próprio art. 5º do DL 911/69 dispõe que, se o credor preferir recorrer à ação executiva, direta ou a convertida na forma do art. 4º, serão penhorados, a critério do autor da ação, bens do devedor quantos bastem para assegurar a execução, o que denota a intenção de conferir proteção ao valor estampado no próprio título executivo.

8. Ademais, a corroborar com tal raciocínio, registra-se que o próprio art. 3º do DL 911/69, prevê que, após cumprida a liminar de busca e apreensão, o bem só poderá ser restituído livre de ônus ao devedor fiduciante, na hipótese de este pagar a integralidade da dívida pendente.

9. Sob esse aspecto, inviável admitir que a conversão da ação de busca e apreensão em ação de execução represente apenas a busca pelo valor do "equivalente em dinheiro" do bem – o que, no caso, representaria o valor do veículo na Tabela FIPE –, impondo ao credor que ajuíze outra ação para o recebimento de saldo remanescente.

10. Ao revés, deve-se reconhecer que o valor executado refere-se, de fato, às parcelas vencidas e vincendas do contrato de financiamento, representado pela cédula de crédito bancário.[79]

e) Alienação fiduciária. Purga da mora

Sob a nova sistemática da Lei nº 10.931/2004, que alterou o Decreto-lei nº 911/1969, não mais subsiste a purgação da mora; assim, a propriedade do bem fica consolidada com o credor fiduciário, tendo o devedor que efetuar o pagamento integral da dívida, se pretender "obter a restituição do bem livre de ônus".[80]

f) Empréstimo consignado em folha de pagamento

i) "Cláusula contratual que permite o desconto na conta-corrente do autor de parcelas de empréstimos, indiscriminadamente, até culminar com a retenção integral do salá-

---

[79] STJ, 3ª T., REsp 1.814.200/DF, Rel. Min. Nancy Andrighi, ac. 18.02.2020, DJe 20.02.2020. No mesmo sentido: STJ, 4ª T., AgInt no REsp 1.860.342/PR, Rel. Min. Luis Felipe Salomão, ac. 14.06.2021, DJe 21.06.2021.

[80] STJ, 3ª T., AgRg no REsp. 1.151.061/MS, Rel. Min. Ricardo Villas Bôas Cueva, ac. 09.04.2013, DJe 12.04.2013; STJ, 3ª T., AgRg no REsp. 1.183.477/DF, Rel. Min. Vasco Della Giustina, ac. 03.05.2011, DJe 10.05.2011; STJ, 4ª T., EDcl no AgRg no Ag 772.797/DF, Rel. Min. Hélio Quaglia Barbosa, ac. 25.09.2007, DJU 15.10.2007.

rio, viola prontamente os arts. 1.º, inc. III, e 7.º, inc. X, da Constituição Federal; o art. 51, inc. IV, do CDC; e o art. 649, inc. IV, do CPC, pelo que não pode ser admitida... Recurso conhecido e parcialmente provido somente para determinar seja observado na cláusula do contrato de mútuo bancário e limite de 30% (trinta por cento) da renda mensal bruta do apelante".[81]

ii) O STJ distingue o empréstimo para desconto em folha do mútuo firmado com a instituição financeira administradora da conta-corrente, de modo a afastar a limitação:

"1. Segundo já consignado na decisão agravada, a jurisprudência deste Tribunal Superior firmou-se no sentido de que a modalidade de empréstimo com pagamento em débito na conta-corrente mantida pela instituição financeira é distinta do empréstimo mediante consignação em folha de pagamento, não se sujeitando, assim, ao limite de 30% (trinta por cento) previsto no art. 1º, § 1º, da Lei nº 10.820/03. Referido entendimento foi inclusive pacificado pela Segunda Seção desta Corte Superior no AgInt no REsp nº 1.500.846/DF, julgado em 12/12/18" (g.n.).[82]

iii) Validade do empréstimo firmado com analfabeto, havendo assinatura a rogo, na presença de duas testemunhas, ou por procurador público:

2. Os analfabetos podem contratar, porquanto plenamente capazes para exercer os atos da vida civil, mas expressam sua vontade de forma distinta.

3. A validade do contrato firmado por pessoa que não saiba ler ou escrever não depende de instrumento público, salvo previsão legal nesse sentido.

4. O contrato escrito firmado pela pessoa analfabeta observa a formalidade prevista no art. 595 do CC/02, que prevê a assinatura do instrumento contratual a rogo por terceiro, com a firma de duas testemunhas.[83]

iv) Empréstimo consignado. Limite de desconto de 30% da remuneração, após as deduções obrigatórias, a fim de preservar o mínimo existencial:

"1. Validade da cláusula autorizadora de desconto em conta-corrente para pagamento das prestações do contrato de empréstimo, ainda que se trate de conta utilizada para recebimento de salário.

2. Os descontos, todavia, não podem ultrapassar 30% (trinta por cento) da remuneração líquida percebida pelo devedor, após deduzidos os descontos obrigatórios (Previdência e Imposto de Renda).

3. Preservação do mínimo existencial, em consonância com o princípio da dignidade humana. Doutrina sobre o tema.

4. Precedentes específicos da Terceira e da Quarta Turma do STJ".[84]

v) Responsabilidade solidária das instituições envolvidas em operação de portabilidade:

---

[81] TJDF, Proc. 20040110745775-(441525), Rel. Des. Waldir Leôncio C. Lopes Júnior, DJe 31.08.2010.
[82] STJ, 2ª T., AgInt no AREsp 1.427.803/SP, Rel. Min. Mauro Campbell Marques, ac. 23.04.2019, DJe 26.04.2019. No mesmo sentido: STJ, 4ª T., REsp. 1.586.910/SP, Rel. Min. Luis Felipe Salomão, ac. 29.08.2017, DJe 03.10.2017.
[83] STJ, 3ª T., REsp 1.954.424/PE, Rel. Min. Ricardo Villas Bôas Cueva, ac. 07.12.2021, DJe 14.12.2021.
[84] STJ, 3ª T., REsp. 1.584.501/SP, Rel. Min. Paulo de Tarso Sanseverino, ac. 06.10.2016, DJe 13.10.2016.

5. As instituições financeiras envolvidas na operação de portabilidade, ainda que concorrentes, passam a integrar uma mesma cadeia de fornecimento, impondo-se a ambas o dever de apurar a regularidade do consentimento e da transferência da operação, recaindo sobre elas a responsabilidade solidária em relação aos danos decorrentes de falha na prestação do serviço.

6. "As instituições financeiras respondem objetivamente pelos danos gerados por fortuito interno relativo a fraudes e delitos praticados por terceiros no âmbito de operações bancárias" (Súmula n. 479/STJ).

7. Reconhecida a fraude na assinatura do contrato que deu ensejo à operação de portabilidade, impõe-se a restituição do consumidor ao *status quo ante*, sem, contudo, se olvidar dos fatos ocorridos ao longo da tramitação processual.[85]

g) Revisão de contrato de mútuo bancário

"Verificando-se que o Tribunal de origem determinou, *ex officio,* a limitação dos juros de mora e a compensação e repetição do indébito, resta modificado o acórdão recorrido no particular, porquanto conforme jurisprudência assente desta Corte, não é possível revisão, de ofício, de cláusulas contratuais consideradas abusivas (Súmula n. 381 do STJ)".[86]

h) Repetição de valores cobrados indevidamente. Prescrição

Não se aplica a prescrição de cinco anos, do art. 27 do CDC, à pretensão de repetição em dobro de valores indevidamente cobrados por fornecedor de serviços. Não se tratando, no caso, de reparação de danos causados por fato do produto ou do serviço, requisito essencial para incidir a regra de prescrição prevista no mencionado dispositivo do CDC, aplicável à prática comercial indevida será a prescrição ordinária do Código Civil.[87]

i) Indenização por furto de joias penhoradas. Prescrição.

"3. No contrato de penhor, está embutido o de depósito do bem e, por conseguinte, o dever do credor pignoratício de devolver esse bem após o pagamento do mútuo. No entanto, a guarda do bem penhorado não se configura como prestação contratual *stricto sensu*. A contraprestação devida nos contratos de mútuo garantido por penhor é o pagamento do valor acordado para o empréstimo.

4. O furto das joias, objeto do penhor, constitui falha do serviço prestado pela instituição financeira e não inadimplemento contratual, devendo incidir o prazo prescricional de 5 (cinco) anos para as ações de indenização, previsto no art. 27 do Código de Defesa do Consumidor".[88]

---

[85] STJ, 3ª T., REsp 1.771.984/RJ, Rel. Min. Marco Aurélio Bellizze, ac. 20.10.2020, *DJe* 29.10.2020.
[86] STJ, 3ª T., AgRg no REsp. 750.290/RS, Rel. Min. Paulo de Tarso Sanseverino, ac. 19.08.2010, *DJe* 03.11.2010.
[87] STJ, 3ª T., REsp. 1.032.952/SP, Rel. Nancy Andrighi, ac. 17.03.2009, *DJe* 26.03.2009.
[88] STJ, 4ª T., REsp 1.369.579/PR, Rel. Min. Luis Felipe Salomão, ac. 24.10.2017, *DJe* 23.11.2017.

j) Repetição de parcelas cobradas por serviço não prestado por instituição financeira. Decadência não ocorrida

A pretensão de restituição de parcelas cobradas pelo banco por serviços não prestados ao correntista não se enquadra nas figuras de reexecução, redibição ou abatimento de preço, por não se tratar de má-prestação do serviço, mas sim, de enriquecimento sem causa (cobrou por serviço jamais prestado). Os precedentes do STJ, aplicáveis ao caso permitem a repetição de indébito em repulsa à cobrança pelos bancos de valores indevidos, "mesmo que não reclamados nos prazos decadenciais do art. 26 do CDC".[89]

k) Arrendamento mercantil. Reintegração de posse

A jurisprudência do STJ "firmou-se no sentido de que, nos contratos de arrendamento mercantil, para que ocorra a reintegração da posse do bem imóvel, é necessária a prévia notificação do devedor arrendatário para constituí-lo em mora".[90]

l) *Factoring*. Responsabilidade do cedente

Na linha dos últimos precedentes do STJ, "o faturizado não pode ser demandado regressivamente pelo pagamento da dívida".[91]

Nos contratos de *factoring*, entende o STJ que "a taxa de juros remuneratórios está limitada em 12% ao ano, nos termos da Lei de Usura. Precedentes".[92] Isto porque "as empresas de *factoring* não integram o Sistema Financeiro Nacional, de tal modo que a taxa de juros remuneratórios está limitada em 12% ao ano.[93]

m) Cédula de Produto Rural (CPR)

Consoante jurisprudência consolidada na 3ª Turma do STJ, "A Lei 8.929/1994 não impõe, como requisito essencial para a emissão de uma Cédula de Produto Rural o prévio pagamento pela aquisição dos produtos agrícolas nela representados. A emissão desse título pode se dar para financiamento da safra, com o pagamento antecipado do preço, mas também pode ocorrer numa operação de *hedge*, na qual o agricultor, independentemente do recebimento antecipado do pagamento, pretende apenas se proteger contra os riscos de flutuação de preços no mercado futuro".[94]

---

[89] STJ, 3ª T., REsp. 1.094.270/PR, Rel. Min. Nancy Andrighi, ac. 02.12.2008, *DJe* 19.12.2008.
[90] STJ, 4ª T., AgRg no AREsp. 232.329/PR, Rel. Min. Antonio Carlos Ferreira, ac. 11.04.2013, *DJe* 18.04.2013.
[91] STJ, 3ª T., AgRg no REsp. 1.305.454/SP, Rel. Min. Sidnei Beneti, ac. 14.08.2012, *DJe* 04.09.2012.
[92] STJ, 3ª T., AgRg no AREsp. 127.209/SP, Rel. Min. Sidnei Beneti, ac. 27.03.2012, *DJe* 19.04.2012.
[93] STJ, 4ª T., AgRg nos EDcl no Ag 887.676/SP, Rel. Min. João Otávio de Noronha, ac. 18.05.2010, *DJe* 27.05.2010.
[94] STJ, 3ª T., AgRg no AREsp. 61.706/SP, Rel. Min. Ricardo Villas Bôas Cueva, ac. 20.11.2012, *DJe* 12.03.2013; STJ, 3ª T., REsp. 1.023.083/GO, Rel. Min. Nancy Andrighi, ac. 15.04.2010, *DJe* 1º.07.2010.

n) Cédula de crédito rural, comercial e industrial

"Consoante entendimento cristalizado na Súmula 93/STJ, admite-se a pactuação de capitalização de juros nas cédulas de crédito rural, comercial e industrial [...]. Conquanto na regência da Lei n. 4.595/1964 não estejam os juros bancários limitados a 12% ao ano, as notas de crédito rural, comercial e industrial acham-se submetidas a regramento próprio (Lei n. 6.840/1980 e Decreto-lei n. 413/1969), que conferem ao Conselho Monetário Nacional o dever de fixar os juros a serem praticados. Tendo em vista a omissão desse órgão governamental, incide a limitação de 12% ao ano, prevista no Decreto n. 22.626/1933 (Lei da Usura). Precedentes [...]. Nos casos de cédula de crédito rural, comercial e industrial, esta Corte não admite a cobrança de comissão de permanência em caso de inadimplência. Precedentes".[95]

o) Títulos de capitalização. Prazo de carência para devolução ajustado em 12 meses

Há norma legal permitindo, em relação aos títulos de capitalização, a celebração de cláusula de carência de até 24 meses para restituição dos valores aplicados (Decreto-lei nº 261/1967). Portanto, "não pode o juiz, com base no CDC, determinar a anulação de cláusula contratual expressamente admitida pelo ordenamento jurídico pátrio, se não houver evidência de que o consumidor tenha sido levado a erro quanto ao seu conteúdo". Ou seja: "não pode ser considerada abusiva cláusula contratual que apenas repercute norma legal em vigor, sem fugir aos parâmetros estabelecidos para sua incidência".[96]

p) Operações bancárias sujeitas ao CDC

A propósito da Súmula n. 297 do STJ, o entendimento da jurisprudência daquela Corte é no sentido de ser irrelevante, para ocorrer a incidência do CDC, a modalidade da operação bancária, assim como a destinação da quantia mutuada. O certo é que "o Código de Defesa do Consumidor é aplicável às instituições financeiras" (Súmula nº 297/STJ). Tratando-se, portanto, de "operação bancária feita a cliente na qualidade de destinatário final, incide, no caso, o teor da Súmula 297 desta Corte" (STJ, 4ª T., AgRg no REsp. 631.555/RS, Rel. Min. Maria Isabel Gallotti, ac. de 16.11.2010, *DJe* 06.12.2010). Em caso de financiamento para aquisição de ações, reconheceu-se a incidência do CDC, diante da consideração de ser irrelevante a espécie contratual operada pelo banco (STJ, 4ª T., REsp. 1.194.627/RS, Rel. Min. Marco Buzzi, ac. 01.12.2011, *DJe* 19.12.2011).

q) O banco responde pela operação bancária apenas

(i) "1. O Código de Defesa do Consumidor é aplicável às instituições financeiras (Súmula 297), mas apenas em relação aos serviços atinentes à atividade bancária.

---

[95] STJ, 4ª T., AgRg nos EDcl no REsp 1.010.332/PR, Rel. Min. Luís Felipe Salomão, ac. 25.09.2012, *DJe* 1º.10.2012.
[96] STJ, 4ª T., REsp. 1.216.673/SP, Rel. Min. João Otávio de Noronha, ac. 02.06.2011, *DJe* 09.06.2011.

Por certo que o banco não está obrigado a responder por defeito de produto que não forneceu, tão somente porque o consumidor adquiriu-o com valores obtidos por meio de financiamento bancário. Se o banco fornece dinheiro, o consumidor é livre para escolher o produto que lhe aprouver. No caso de o bem apresentar defeito, o comprador ainda continua devedor da instituição financeira. 2. Não há relação de acessoriedade entre o contrato de compra e venda de bem de consumo e o de financiamento que propicia numerário ao consumidor para a aquisição de bem que, pelo registro, do contrato de alienação fiduciária, tem sua propriedade transferida para o credor".[97]

(ii) Entretanto, se o banco for da montadora, para fins de financiamento dos veículos adquiridos pelos consumidores, haverá solidariedade entre a instituição e a montadora:

1 – Demanda movida por consumidor postulando a rescisão de contrato de compra e venda de um automóvel (Golf) em razão de vício de qualidade, bem como de arrendamento mercantil firmado com o "banco da montadora" para financiamento do veículo.

2 – Responsabilidade solidária da instituição financeira vinculada à concessionária do veículo ("banco da montadora"), pois parte integrante da cadeia de consumo.

3 – Distinção em relação às instituições financeiras que atuam como "banco de varejo", apenas concedendo financiamento ao consumidor para aquisição de um veículo novo ou usado sem vinculação direta com o fabricante.

4 – Aplicação do art. 18 do CDC.[98]

(iii) O tratamento jurisprudencial, porém, tem sido diferente quando se trata de financiamento para aquisição de imóvel, regido pelo SFH. Pelo só fato de a Caixa Econômica financiar a operação imobiliária, não a torna, em regra, obrigada a responder pela segurança e solidez da construção. Não há como presumir, *in casu*, uma solidariedade entre o agente financeiro e o construtor do imóvel financiado.[99]

(iv) O mesmo não ocorre quando os imóveis são construídos dentro de um plano idealizado, dirigido e controlado pelo próprio Agente Financeiro. A propósito, o STJ distingue duas modalidades de atuação no âmbito do Sistema Financeiro de Habitação: (i) o agente pode atuar como simples *agente financeiro*, como se passa com as instituições bancárias comuns; ou (ii) pode operar como "agente executor de políticas federais para a promoção de moradia para pessoas de baixa ou baixíssima renda".[100]

(v) Segundo o STJ, "nas hipóteses em que atua na condição de agente financeiro em sentido estrito, não ostenta a CEF legitimidade para responder por pedido decorrente de vícios de construção na obra financiada. Sua responsabilidade contratual diz respeito apenas ao cumprimento do contrato de financiamento, ou seja, à liberação do empréstimo, nas épocas acordadas, e à cobrança dos encargos estipulados no contrato".

---

[97] STJ, 4ª T., REsp. 1.014.547/DF, Rel. Min. João Otávio de Noronha, ac. 25.08.2009. No mesmo sentido: STJ, 3ª T., AgInt no REsp 1.597.668/SP, Rel Min. João Otávio de Noronha, ac. 18.08.2016, *DJe* 28.06.2016.
[98] STJ, 3ª T., REsp. 1.379.839/SP, Rel. Min. Nancy Andrighi, ac. 11.11.2014, *DJe* 15.12.2014.
[99] STJ, 4ª T., REsp. 1.043.052/MG, Rel. Min. Honildo Amaral de Mello Castro, ac. 08.06.2010, *DJe* 09.09.2010.
[100] STJ, 4ª T., REsp. 1.163.228/AM, Rel. Min. Maria Isabel Gallotti, ac. 09.10.2012, *DJe* 31.10.2012.

Nem mesmo a previsão contratual e regulamentar da fiscalização da obra pelo agente financeiro muda o seu papel típico de instituição bancária comum. "Justifica-se em função de seu interesse em que o empréstimo seja utilizado para os fins descritos no contrato de mútuo, sendo de se ressaltar que o imóvel lhe é dado em garantia hipotecária". É, aliás, o que ocorre em todas as modalidades de financiamentos, mesmo fora do âmbito da legislação consumerista, como os relativos às atividades empresariais, administrativas, agrícolas, comerciais, industriais etc.

Outra é a situação quando "o projeto de engenharia foi concebido e aprovado pelo setor competente da CEF", caso em que a empresa pública se torna parte passiva legítima da ação de perdas e danos pelos defeitos estruturais da obra. Sua responsabilidade e a dos demais réus será afinal aferida, "quando do exame do mérito da causa".[101]

r) Capitalização de juros

(i) "No que respeita à capitalização mensal de juros, ela é legal em contratos bancários celebrados posteriormente à edição da Med. Prov. n. 1.963-17/2000, de 31.03.2000, desde que expressamente pactuada. No tocante aos contratos anteriores, a jurisprudência desta Corte a admite em periodicidade não inferior à anual, nos termos do Dec. n. 22.626/1933, art. 4.º".[102]

(ii) 5. A simples estipulação de juros remuneratórios superiores a 12% (doze por cento) ao ano, por si só, não indica abusividade, nos termos da Súmula nº 382/STJ.

6. Nos contratos firmados após 31/3/2000, data da publicação da Medida Provisória nº 1.963-17, admite-se a capitalização dos juros em periodicidade inferior a 1 (um) ano, desde que pactuada de forma clara e expressa, assim considerada quando prevista a taxa de juros anual em percentual pelo menos 12 (doze) vezes maior do que a mensal. Precedentes.[103]

(iii) 2. Necessidade de fornecimento, pela instituição financeira, de informações claras ao consumidor acerca da periodicidade da capitalização dos juros adotada no contrato, e das respectivas taxas.

3. Insuficiência da informação acerca das taxas efetivas mensal e anual, na hipótese em que pactuada capitalização diária, sendo imprescindível, também, informação acerca da taxa diária de juros, a fim de se garantir ao consumidor a possibilidade de controle "a priori" do alcance dos encargos do contrato. Julgado específico da Terceira Turma.[104]

s) Risco da atividade bancária

Os consumidores dos serviços bancários correm risco de danos *internos* e *externos*, em relação aos fatos ligados ao seu relacionamento com a instituição financeira. A

---

[101] STJ, 4ª T., REsp. 1.163.228/AM, cit. No mesmo sentido: STJ, 4ª T., AgRg no REsp. 890.703/AM, Rel. Min. Isabel Gallotti, ac. 21.06.2012, DJe 29.06.2012.
[102] STJ, 4ª T. AgRg no REsp 631.555/RS.
[103] STJ, 3ª T., AgInt no AREsp 1.623.350/SC, Rel. Min. Ricardo Villas Bôas Cueva, ac. 14.09.2020, DJe 28.09.2020.
[104] STJ, 2ª Seção, REsp 1.826.463/SC, Rel. Min. Paulo de Tarso Sanseverino, ac. 14.10.2020, DJe 29.10.2020.

responsabilização do banco pelo prejuízo do cliente varia, conforme se trate de evento interno ou externo.

(i) Na jurisprudência do STJ (para os efeitos do CPC/1973, art. 543-C; NCPC, art. 1.036), "as instituições bancárias respondem objetivamente pelos danos causados por fraudes ou delitos praticados por terceiros – como, por exemplo, abertura de conta-corrente ou recebimento de empréstimos mediante fraude ou utilização de documentos falsos –, porquanto tal responsabilidade decorre do risco do empreendimento, caracterizando-se como fortuito interno".[105]

(ii) Assim, a falha na segurança interna da agência bancária, que propicie a atuação de criminosos contra cliente, nas suas dependências, torna o banco responsável por vício na prestação de serviço. Mas tal não se dá se o ilícito ocorreu na via pública, "sendo o Estado, e não da instituição financeira, o dever de garantir a segurança dos cidadãos e de evitar a atuação dos criminosos". Por isso, "o risco inerente à atividade exercida pela instituição financeira não a torna responsável pelo assalto sofrido pela autora, fora das suas dependências".[106]

(iii) "1. Controvérsia acerca da responsabilidade civil de uma instituição financeira pelos desvios de valores perpetrados por gerente em prejuízo de cliente. [...]

3. Responsabilidade da empregadora pelos desvios praticados pelo gerente na conta corrente do cliente, *ex vi* do art. 932, inciso III, do Código Civil.

4. Condenação à obrigação de restituir os valores desviados e à obrigação de indenizar os danos morais experimentados pelo cliente. Precedentes.

5. Descaracterização da mora do cliente, pois esta decorreu dos desvios praticados pelo gerente".[107]

t) Protesto de títulos. Dano moral

(i) A jurisprudência do STJ "pacificou-se no sentido de que deverá a instituição financeira responder juntamente com o endossante, por eventuais danos que tenha causado ao sacado, em virtude do protesto indevido, pois, ao encaminhar a protesto título endossado, assume o risco sobre eventuais danos que possam ser causados ao sacado".[108]

(ii) O Tribunal de Justiça de Minas Gerais decidiu que "a instituição financeira que recebe o título através de endosso translativo se torna titular de direitos e obrigações, assumindo o riso pelo protesto indevido e pela existência do negócio subjacente. Desfeito o negócio original, é irregular o protesto realizado. Sendo irregular o protesto realizado, não há necessidade de se comprovar o dano moral, haja vista que causa prejuízos ao bom conceito da pessoa em suas relações comerciais, além do que, tem o condão de macular a sua imagem com a pecha de inadimplente".[109]

---

[105] STJ, 2ª Seção, REsp. 1.197.929/PR, Rel. Min. Luis Felipe Salomão, ac. 24.08.2011, *DJe* 12.09.2011.
[106] STJ, 3ª T., REsp. 1.284.962/MG, Rel. Min. Nancy Andrighi, ac. 11.12.2012, *DJe* 04.02.2013.
[107] STJ, 3ª T., REsp. 1.569.767/RS, Rel. Min. Paulo de Tarso Sanseverino, ac. 01.03.2016, *DJe* 09.03.2016.
[108] STJ, 3ª T., AgRg no Ag em REsp. 125.455/SP, Rel. Min. Sidnei Beneti, ac. 19.04.2012, *DJe* 07.05.2012.
[109] TJMG, 14ª Câmara Cível, Ap. 1.0701.15.018082-9/001, Rel. Des. Estevão Lucchesi, ac. 17.08.2017, *DJEMG* 25.08.2017.

u) Alienação fiduciária. Taxas bancárias

(i) "As normas regulamentares editadas pela autoridade monetária facultam às instituições financeiras, mediante cláusula contratual expressa, a cobrança administrativa de taxas e tarifas para a prestação de serviços bancários não isentos.

(ii) As tarifas de abertura de crédito (TAC) e emissão de carnê (TEC), por não estarem encartadas nas vedações previstas na legislação regente (Res. n. 2.303/1996 e n. 3.518/2007 do CMN), e ostentarem natureza de remuneração pelo serviço prestado pela instituição financeira ao consumidor, quando efetivamente contratadas, consubstanciam cobranças legítimas, sendo certo que somente com a demonstração cabal de vantagem exagerada por parte do agente financeiro é que podem ser consideradas ilegais e abusivas".[110]

v) Cartões de crédito.

(i) Bloqueio indevido. Responsabilidade por dano moral

"A responsabilidade das instituições financeiras é objetiva, encontrando fundamento na Teoria do Risco do Empreendimento, motivo pelo qual somente não serão responsabilizadas por fato do serviço quando houver prova da inexistência do defeito ou da culpa exclusiva do consumidor ou de terceiro (art. 14, § 3.º, da Lei n. 8.078/1990 – CDC). Por isso, devem responder por eventuais danos causados ao cliente em decorrência de bloqueio indevido do cartão de crédito durante viagem ao exterior".[111]

(ii) Cartões de crédito. Envio sem requerimento do cliente

ii.a) "O envio do cartão de crédito, ainda que bloqueado, sem pedido pretérito e expresso do consumidor, caracteriza prática comercial abusiva, violando frontalmente o disposto no art. 39, III, do Código de Defesa do Consumidor".[112]

ii.b) "I – O envio de cartão de crédito não solicitado, conduta considerada pelo Código de Defesa do Consumidor como prática abusiva (art. 39, III), adicionado aos incômodos decorrentes das providências notoriamente dificultosas para o cancelamento do cartão causam dano moral ao consumidor, mormente em se tratando de pessoa de idade avançada, próxima dos cem anos de idade à época dos fatos, circunstância que agrava o sofrimento moral".[113]

---

[110] STJ, 2ª Seção, REsp. 1.270.174/RS, Rel. Min. Maria Isabel Gallotti, ac. 10.10.2012, DJe 05.11.2012; STJ, 4ª T., REsp. 1.246.622/RS, Rel. Min. Luis Felipe Salomão, ac. 11.10.2011, DJe 16.11.2011. As Resoluções 2.303/1996 e 518/2007 foram revogadas pelas Resoluções 3.518/2007 e 3.919/2010, respectivamente.

[111] TJRGS, 2ª C. Esp. C., Ap. Civ. 70036913531, Rel. Des. Marco Antônio Angelo, ac. 14.12.2011. Rev. Jurisp. do TJRGS, n. 284, p. 208. Fundamentou-se o aresto em precedente do STJ, fixado em incidente de processo repetitivo pela 2ª Seção (REsp. 1.199.782/PR, Rel. Min. Luís Felipe Salomão, ac. 24.08.2011, DJe 12.09.2011).

[112] STJ, 3ª T., REsp. 1.199.177/SP, Rel. Min. Paulo de Tarso Sanseverino, ac. 18.12.2012. DJe 04.03.2013.

[113] STJ, 3ª T., REsp. 1.061.500/RS, Rel. Min. Sidnei Beneti, ac. 04.11.2008, DJe 20.11.2008. A matéria já se acha inserida na jurisprudência sumulada do STJ: "Constitui prática comercial abusiva o envio

(iii) Cartão de crédito. Compartilhamento de dados pessoais. Abusividade

É abusiva e ilegal cláusula prevista em contrato de prestação de serviços de cartão de crédito, que autoriza o banco contratante a compartilhar dados dos consumidores com outras entidades financeiras, assim como com entidades mantenedoras de cadastros positivos e negativos de consumidores, sem que seja dada opção de discordar daquele compartilhamento. A cláusula posta em contrato de serviço de cartão de crédito que impõe a anuência com o compartilhamento de dados pessoais do consumidor é abusiva por deixar de atender a dois princípios importantes da relação de consumo: transparência e confiança. A impossibilidade de contratação do serviço de cartão de crédito, sem a opção de negar o compartilhamento dos dados do consumidor, revela exposição que o torna indiscutivelmente vulnerável, de maneira impossível de ser mensurada e projetada. De fato, a partir da exposição de seus dados financeiros abre-se possibilidade para intromissões diversas na vida do consumidor. Conhecem-se seus hábitos, monitoram-se a maneira de viver e a forma de efetuar despesas. Por isso, a imprescindibilidade da autorização real e espontânea quanto à exposição. Considera-se abusiva a cláusula em destaque também porque a obrigação que ela anuncia se mostra prescindível à execução do serviço contratado, qual seja obtenção de crédito por meio de cartão.[114]

(iv) Cartão de crédito usado por terceiros. A fraude caracteriza fortuito interno, responsabilizando a instituição

1. Ainda que o consumidor tenha sido induzido de forma fraudulenta a entregar o seu cartão a terceiros, as movimentações questionadas foram realizadas em altos valores, e a instituição bancária, ao verificar a movimentação financeira atípica, deveria ter tomado medidas de segurança, como o bloqueio temporário do cartão de crédito. Não o fazendo, agiu de forma negligente, pois possui tecnologia apta à prevenção desse tipo de fraude. [...]

3. No caso de fraude de terceiros, a jurisprudência se firmou no sentido de que se trata de fortuito interno. E, de acordo com o Enunciado nº 479, da Súmula do STJ, "as instituições financeiras respondem objetivamente pelos danos gerados por fortuito interno relativo a fraudes e delitos praticados por terceiros no âmbito de operações bancárias".[115]

(v) Nulidade de cláusula que impõe ao portador do cartão a responsabilidade por despesas realizadas antes da comunicação do roubo

2. É nula a cláusula que impõe ao portador do cartão, com exclusividade, a responsabilidade pelas despesas realizadas anteriormente à comunicação de sua perda, extravio, furto ou roubo, ou ainda quando houver suspeita da sua utilização por terceiros.[116]

---

de cartão de crédito sem prévia e expressa solicitação do consumidor, configurando-se ato ilícito indenizável e sujeito à aplicação de multa administrativa" (Súmula 532/STJ).

[114] STJ, 4ª T., REsp 1.348.532/SP, Rel. Min. Luis Felipe Salomão, ac. 10.10.2017, *DJe* 30.11.2017.
[115] TJDFT, 4ª Turma, Ap. 0708362-77.2020.8.07.0001, Rel. Des. Arnoldo Camanho, ac. 24.06.2021, *Dj* 05.07.2021.
[116] STJ, 3ª T., REsp. 1.737.411/SP, Rel. p/ acórdão Min. Ricardo Villas Bôas Cueva, ac. 26.03.2019, *DJe* 12.04.2019.

(vi) Validade de cláusula que prevê débito em conta corrente do valor mínimo da fatura, em caso de inadimplemento

3. Não é abusiva a cláusula inserta em contrato de cartão de crédito que autoriza a operadora/financeira a debitar na conta corrente do respectivo titular o pagamento do valor mínimo da fatura em caso de inadimplemento, ainda que contestadas as despesas lançadas.[117]

w) Cartão de débito

(i) Recusa em recebê-lo

Em caso julgado pelo STJ, em grau de recurso especial, foi decidido que "o Tribunal de origem concluiu pela inexistência de dano moral decorrente da impossibilidade de utilização do cartão de débito em um dia de compras, sob o fundamento de que 'erros de leitura magnética do cartão e falhas momentâneas no sistema são comuns e compreensíveis' (e- STJ fl. 277). Nesse contexto, concluir em sentido diverso implicaria reexame do conteúdo fático dos autos, vedado em recurso especial. Ademais, a jurisprudência desta Corte é firme no sentido de que o mero aborrecimento advindo da recusa do cartão de crédito em estabelecimento credenciado não configura dano moral. Agravo regimental desprovido".[118]

(ii) Fraude bancária. Utilização por terceiros, mediante senha. Culpa exclusiva da vítima

1. "Conforme precedentes desta Corte, em relação ao uso do serviço de conta-corrente fornecido pelas instituições bancárias, cabe ao correntista cuidar pessoalmente da guarda de seu cartão magnético e sigilo de sua senha pessoal no momento em que deles faz uso. Não pode ceder o cartão a quem quer que seja, muito menos fornecer sua senha a terceiros. Ao agir dessa forma, passa a assumir os riscos de sua conduta, que contribui, à toda evidência, para que seja vítima de fraudadores e estelionatários" (RESP 602.680/BA, Rel. Min. Fernando Gonçalves, *DJU* de 16.11.2004; RESP 417.835/AL, Rel. Min. Aldir Passarinho Júnior, DJU de 19.8.2002).[119]

(iii) Responsabilidade do estabelecimento comercial que aceita pagamento com cartão mediante senha, sem exigir a apresentação do documento de identidade

5. Não comete ato ilícito o estabelecimento comercial que deixa de exigir documento de identidade no momento do pagamento mediante cartão com uso de senha, porquanto inexiste lei federal que estabeleça obrigação nesse sentido.[120]

x) Cobrança indevida com base em contrato bancário

"Admite-se a repetição e/ou a compensação dos valores pagos a maior nos contratos celebrados com instituições financeiras, independentemente da prova de que o devedor

---

[117] STJ, 4ª T., REsp 1.626.997/RJ, Rel. Min Marco Buzzi, Quarta Turma, ac. 01.06.2021, *DJe* 04.06.2021.
[118] STJ, 4ª T., AgRg nos EDcl no Ag em REsp. 43.739/SP, Rel. Min. Antônio Carlos Ferreira, ac. 27.11.2012, *DJe* 04.02.2013.
[119] STJ, 4ª T, AgInt no AREsp 1.295.277/PR, rel. Min. Maria Isabel Gallotti, ac. 23.10.2018, *DJe* 30.10.2018.
[120] STJ, 3ª T., REsp 1.676.090/RS, Rel. Min. Ricardo Villas Bôas Cueva, ac. 27.08.2019, *DJe* 03.09.2019.

tenha realizado o pagamento por erro, porquanto há de se vedar o enriquecimento ilícito do banco em detrimento do consumidor".[121]

y) Alienação fiduciária de bem imóvel. Inaplicabilidade do art. 53 do CDC

"A rescisão do mútuo com alienação fiduciária em garantia, por inadimplemento do devedor, autoriza o credor a proceder à venda extrajudicial do bem móvel para o ressarcimento de seu crédito, impondo-lhe, contudo, que entregue àquele o saldo apurado que exceda o limite do débito. Daí não se poder falar na subsunção da hipótese à norma do artigo 53 do Código de Defesa do Consumidor, o qual considera nulas, tão somente, as cláusulas que estabeleçam a perda total das prestações pagas, no caso de retomada do bem ou resolução do contrato pelo credor, em caso de inadimplemento do devedor, tampouco no direito deste de reaver a totalidade das prestações pagas. Nas ações de rescisão contratual de mútuo com a alienação fiduciária em garantia, não tem o credor direito a retenção de qualquer valor, a título de custas de despesas".[122]

Em maio de 2021, o STJ afetou o tema alusivo à prevalência ou não do Código de Defesa do Consumidor na hipótese de resolução do contrato de compra e venda de bem imóvel, com cláusula de alienação fiduciária em garantia, para julgamento em recurso especial repetitivo.[123]

z) Alienação fiduciária de veículo. Em sede de recurso especial repetitivo o STJ entendeu que o atraso da instituição em dar baixa de gravame não enseja dano moral *in re ipsa*:

Para os fins do art. 1.036 do CPC/2015, a tese firmada é a seguinte: "O atraso, por parte de instituição financeira, na baixa de gravame de alienação fiduciária no registro de veículo não caracteriza, por si só, dano moral *in re ipsa*".[124]

aa) Incorporação imobiliária. Alienação fiduciária em garantia. Unidade habitacional já quitada. Ineficácia da garantia perante o adquirente.

"1. Controvérsia acerca da eficácia de uma alienação fiduciária em garantia instituída pela construtora após o pagamento integral pelo adquirente da unidade habitacional.

2. Existência de afetação ao rito dos recursos especiais repetitivos da controvérsia acerca do "alcance da hipoteca constituída pela construtora em benefício do agente financeiro, como garantia do financiamento do empreendimento, precisamente se

---

[121] STJ, 3ª T., AgRg no REsp. 951.876/RS, Rel. Min. Nancy Andrighi, ac. 14.04.2011, *DJe* 12.05.2011.
[122] TJMG, 15ª CC, Apelação Cível 1.0702.07.367735-4/001, Rel. Des. José Affonso da Costa Côrtes, ac. 17.06.2010, *DJ* 09.07.2010. No mesmo sentido: "Agravo Regimental em Agravo de Instrumento. Alienação fiduciária de bem imóvel. Alegada violação do art. 53, do CDC. Restituição dos valores pagos. Prevalência das regras contidas no art. 27, §§ 4º, 5º e 6º, da Lei n. 9.514/1997. Decisão reconsiderada. Agravo de Instrumento improvido" (STJ, AgRg no Ag 932.750/SP, Decisão Monocrática do Rel. Min. Hélio Quaglia Barbosa, 10.12.2007, *DJe* 08.02.2008).
[123] STJ, 2ª Seção, ProAfR no REsp. 1.891.498/SP, Rel. Min. Marco Buzzi, ac. 18.05.2021, *DJe* 08.06.2021.
[124] STJ, 2ª Seção, REsp. 1.881.453/RS, Rel. Min. Marco Aurélio Bellizze, ac. 30.11.2021, *DJe* 07.12.2021.

o gravame prevalece em relação aos adquirentes das unidades habitacionais" (Tema 573, DJe 04/09/2012).

3. Inviabilidade de se analisar a aplicação da Súmula 308/STJ aos casos de alienação fiduciária, enquanto pendente de julgamento o recurso especial repetitivo.

4. Particularidade do caso concreto, em que o gravame foi instituído após a quitação do imóvel e sem a ciência do adquirente.

5. Violação ao princípio da função social do contrato, aplicando-se a eficácia transubjetiva desse princípio. Doutrina sobre o tema.

6. Contrariedade ao princípio da boa-fé objetiva, especificamente quanto aos deveres de lealdade e cooperação, tendo em vista a recusa do banco em substituir a garantia, após tomar ciência de que a unidade habitacional se encontrava quitada.

7. Ineficácia do gravame em relação ao adquirente, autor da demanda".

bb) **Fundo de investimento. Perda do valor aplicado. Descumprimento da instituição financeira**

"1. Por estar caracterizada relação de consumo, incidem as regras do CDC aos contratos relativos a aplicações em fundos de investimento celebrados entre instituições financeiras e seus clientes. Enunciado n. 297 da Súmula do STJ.

2. O risco faz parte do contrato de aplicação em fundos de investimento, podendo a instituição financeira, entretanto, criar mecanismos ou oferecer garantias próprias para reduzir ou afastar a possibilidade de prejuízos decorrentes das variações observadas no mercado financeiro.

3. Embora nem a sentença nem o acórdão esmiúcem, em seus respectivos textos, os contratos de investimento celebrados, ficou suficientemente claro ter sido pactuado o mecanismo *stop loss*, o qual, conforme o próprio nome indica, fixa o ponto de encerramento de uma operação com o propósito de "parar" ou até de evitar determinada "perda". Do não acionamento do referido mecanismo pela instituição financeira na forma contratada, segundo as instâncias ordinárias, é que teria havido o prejuízo. Alterar tal conclusão é inviável em recurso especial, ante as vedações contidas nos enunciados n. 5 e 7 da Súmula do STJ.

4. Mesmo que o pacto do *stop loss* refira-se, segundo o recorrente, tão somente a um regime de metas estabelecido no contrato quanto ao limite de perdas, a motivação fático-probatória adotada nas instâncias ordinárias demonstra ter havido, no mínimo, grave defeito na publicidade e nas informações relacionadas aos riscos dos investimentos, induzindo os investidores a erro, o que impõe a responsabilidade civil da instituição financeira. Precedentes.

5. O simples descumprimento contratual, por si, não é capaz de gerar danos morais, sendo necessária a existência de um plus, uma consequência fática capaz, essa sim, de acarretar dor e sofrimento indenizável pela sua gravidade".[125]

cc) **Investimento de risco realizado sem a autorização expressa do correntista:**

---

[125] STJ, 4ª T., REsp. 656.932/SP, Rel. Min. Antonio Carlos Ferreira, ac. 24.04.2014, DJe 02.06.2014.

(i) 2. A decisão agravada está apoiada na jurisprudência consolidada no Superior Tribunal de Justiça, no sentido de que a aparente resignação do correntista com o investimento financeiro realizado à sua revelia não pode ser interpretada como ciência em relação aos riscos da operação.

3. A orientação jurisprudencial sedimentada no âmbito desta Corte Superior é a de que, não tendo havido autorização expressa do correntista para a transferência e aplicação de valores em investimento de risco, é evidente a ilicitude da conduta da instituição financeira, que deve, por isso, ser responsabilizada pelos prejuízos causados aos consumidores. Precedentes.[126]

(ii) 8. Na espécie, conforme consta da moldura fática, se o correntista tem hábito de autorizar investimentos sem nenhum risco de perda (como é o caso do CDB – título de renda fixa com baixo grau de risco) e o banco, por iniciativa própria e sem respaldo em autorização expressa do consumidor, realiza aplicação em fundo de risco incompatível com o perfil conservador de seu cliente, a ocorrência de eventuais prejuízos deve, sim, ser suportada, exclusivamente, pela instituição financeira, que, notadamente, não se desincumbiu do seu dever de esclarecer de forma adequada e clara sobre os riscos da operação. [...]

11. Consequentemente, sobressai a ilicitude da conduta da casa bancária, que, aproveitando-se de sua posição fática privilegiada, transferiu, sem autorização expressa, recursos do correntista para modalidade de investimento incompatível com o perfil do investidor, motivo pelo qual deve ser condenada a indenizar os danos materiais e morais porventura causados com a operação.[127]

dd) Ação de prestação de contas. Débito em conta corrente. Interesse de agir do correntista

"1. O titular de conta-corrente tem interesse processual para exigir contas do banco (Súmula 259). Isso porque a abertura de conta-corrente tem por pressuposto a entrega de recursos do correntista ao banco (depósito inicial e eventual abertura de limite de crédito), seguindo-se relação duradoura de sucessivos créditos e débitos. Por meio da prestação de contas, o banco deverá demonstrar os créditos (depósitos em favor do correntista) e os débitos efetivados em sua conta-corrente (cheques pagos, débitos de contas, tarifas e encargos, saques etc.) ao longo da relação contratual, para que, ao final, se apure se o saldo da conta corrente é positivo ou negativo, vale dizer, se o correntista tem crédito ou, ao contrário, se está em débito.

2. A entrega de extratos periódicos aos correntistas não implica, por si só, falta de interesse de agir para o ajuizamento de prestação de contas, uma vez que podem não ser suficientes para o esclarecimento de todos os lançamentos efetuados na conta-corrente.

3. Hipótese em que a padronizada inicial, a qual poderia servir para qualquer contrato de conta-corrente, bastando a mudança do nome das partes e do nú-

---

[126] STJ, 3ª T., AgInt no REsp 1.799.636/SC, Rel. Min. Ricardo Villas Bôas Cueva, ac. 30.08.2021, *DJe* 03.09.2021.
[127] STJ, 4ª T., REsp 1.326.592/GO, Rel. Min. Luis Felipe Salomão, ac. 07.05.2019, *DJe* 06.08.2019.

mero da conta, não indica exemplos concretos de lançamentos não autorizados ou de origem desconhecida e sequer delimita o período em relação ao qual há necessidade de prestação de contas, postulando sejam prestadas contas, em formato mercantil, no prazo legal de cinco dias, de todos os lançamentos desde a abertura da conta-corrente, vinte anos antes do ajuizamento da ação. Tal pedido, conforme voto do Ministro Aldir Passarinho Junior, acompanhado pela unanimidade da 4ª Turma no REsp. 98.626-SC, 'soa absurdo, posto que não é crível que desde o início, em tudo, tenha havido erro ou suspeita de equívoco dos extratos já apresentados'.

4. A pretensão deduzida na inicial, voltada, na realidade, a aferir a legalidade dos encargos cobrados (juros remuneratórios, capitalização dos juros e comissão de permanência), deveria ter sido veiculada por meio de ação ordinária revisional, cumulada com repetição de eventual indébito, no curso da qual pode ser requerida a exibição de documentos, caso esta não tenha sido postulada em medida cautelar preparatória.

5. Embora cabível a ação de prestação de contas pelo titular da conta-corrente, independentemente do fornecimento extrajudicial de extratos detalhados, tal instrumento processual não se destina à revisão de cláusulas contratuais e não prescinde da indicação, na inicial, ao menos de período determinado em relação ao qual busca esclarecimentos o correntista, com a exposição de motivos consistentes, ocorrências duvidosas em sua conta-corrente, que justificam a provocação do Poder Judiciário mediante ação de prestação de contas".[128]

ee) Cheques. Devolução sem provisão de fundos. Ausência de defeito na prestação do serviço

"1. Ao receber um cheque para saque, é dever do banco conferir se está presente algum dos motivos para devolução do cheque, conforme previsto no artigo 6º da Resolução do BACEN 1.682/90. Caso o valor do título seja superior ao saldo ou ao eventual limite de crédito rotativo, deve o banco devolver o cheque por falta de fundos (motivo 11 ou 12). Não havendo mácula nessa conferência, não há defeito na prestação do serviço e, portanto, não cabe, com base no Código de Defesa do Consumidor, imputar ao banco conduta ilícita ou risco social inerente à atividade econômica que implique responsabilização por fato do serviço.

2. Na forma do disposto no art. 4º da Lei 7.387/85 'a existência de fundos disponíveis é verificada no momento da apresentação do cheque para pagamento'.

3. A responsabilidade por verificar a capacidade de pagamento é de quem contrata. Ademais, o credor pode se negar a receber cheques, caso não queira correr o risco da devolução por falta de fundos.

4. Recurso especial provido".[129]

---

[128] STJ, 4ª T., AgRg no AREsp. 423.647/PR, Rel. Min. Maria Isabel Gallotti, ac. 24.06.2014, *DJe* 01.08.2014.
[129] STJ, 4ª T., REsp. 1.538.064/SC, Rel. Min. Maria Isabel Gallotti, ac. 18.02.2016, *DJe* 02.03.2016.

ff) Cheque. Pagamento apesar de constar assinatura de apenas um diretor. Responsabilidade do banco

"1. Há responsabilidade objetiva do banco, que paga cheques assinados apenas por gerente, quando exigível dupla assinatura, também assinatura de um Diretor. Aplicação do art. 24 do CDC.
2. A Responsabilidade concorrente é admissível, ainda que no caso de responsabilidade objetiva do fornecedor ou prestador, quando há responsabilidade subjetiva patente e irrecusável também do consumidor, não se exigindo, no caso, a exclusividade da culpa.
3. Correção monetária do valor de cada cheque a partir da data de seu pagamento, visto que outra data, decorrente de tratamento em bloco do valor, 'comeria' período de correção de valor dele componente.
4. Contam-se os juros de mora a partir da citação, no caso de descumprimento contratual na liberação de cheques com defeito de assinatura, não se cogitando de obrigação originada de ato ilícito propriamente dita, mas, sim, de ilícito contratual, constituído pelo inadimplemento.
5. Lucros cessantes são devidos ao correntista que teve dinheiro retirado de sua conta mediante o pagamento de cheques emitidos defectivamente, com uma assinatura apenas, quando os atos constitutivos da empresa exigiam duas.
6. O arbitramento é a forma de liquidação dos lucros cessantes, relativos a aplicações financeiras frustradas pelo pagamento indevido de cheques, quando tais dados não venham no processo.
7. Impossível a aplicação do Direito à espécie, no julgamento desta Corte, se não há no processo dados seguros e se tal pleito vem apenas em memorial, impossibilitando estabelecimento de contraditório constitucional necessário com a parte contrária".[130]

gg) Tarifa de renovação de cadastro. Legalidade da cobrança

"5. O Ministério Público tem legitimidade para propor ação civil pública com o intuito de discutir a cobrança de tarifas/taxas supostamente abusivas estipuladas em contratos bancários, por se tratar de tutela de interesses individuais homogêneos dos consumidores/usuários do serviço bancário (art. 81, III, da Lei nº 8.078/90) (AgRg no AREsp n. 78.949/SP). [...]
7. É válida a cláusula contratual que prevê a cobrança da tarifa de renovação de cadastro (TRC) nos contratos bancários celebrados no período de vigência da Circular n. 3.371/2007 do Banco Central do Brasil".[131]

hh) Tarifa de emissão de boleto bancário. Ilegalidade do repasse ao consumidor

"2. Ação de obrigação de não fazer objetivando a abstenção, por parte da fornecedora/atacadista, da cobrança ou do repasse ao varejista/comprador de despesa referente à taxa de emissão de boletos bancários ou similares.

---
[130] STJ, 3ª T., REsp. 1.349.894/SP, Rel. Min. Sidnei Beneti, ac. 04.04.2013, DJe 11.04.2013.
[131] STJ, 3ª T., REsp. 1.303.646/RJ, Rel. Min. João Otávio de Noronha, ac. 10.05.2016, DJe 23.05.2016.

3. O fato jurídico que enseja a cobrança de tarifa pela emissão de boleto bancário desencadeia uma série de relações jurídicas correlacionadas – entre o varejista/comprador e o fornecedor/distribuidor, quando da contratação de dado produto, e entre o fornecedor/distribuidor e o banco para fins de cobrança do valor pactuado na relação anterior – das quais são partícipes o comprador, o fornecedor e a instituição financeira.

4. Em regra, o meio de pagamento utilizado pelo comprador, ao adquirir junto ao fornecedor mercadorias do ramo farmacêutico, é o boleto bancário. Consequentemente, o fornecedor, que passa à condição de cedente do título, e a instituição financeira negociam o valor da tarifa pelo serviço de emissão do boleto, documento em que o comprador/varejista figura como sacado.

5. O art. 1º, § 2º, II, da Resolução nº 3.919/2010 do Conselho Monetário Nacional veda expressamente o repasse ao sacado do ônus pelo pagamento da despesa referente à tarifa de emissão de boleto bancário.

6. Tratando-se de matéria afeta ao sistema financeiro nacional, especialmente no que tange à atividade de intermediação financeira, a liberdade de contratar encontra limites que se operam em prol da higidez e da estabilidade de todo o sistema".[132]

ii) Dano moral por inscrição indevida em órgão de proteção ao crédito. Prescrição. Aplicação do art. 27 do CDC

"1. Demanda indenizatória movida por correntista contra instituição financeira em face da entrega talonário de cheques a terceiro, com a emissão de várias cártulas devolvidas, gerando a sua inscrição indevida em órgãos de proteção ao crédito.

2. Caracterização do fato do serviço, disciplinado no art. 14 do CDC, em face da defeituosa prestação de serviço pela instituição bancária, não atendendo à segurança legitimamente esperada pelo consumidor.

3. Aplicação do prazo prescricional previsto no art. 27 do CDC".[133]

jj) Cobrança de tarifa relativa a saques quando estes excederem uma quantidade previamente determinada. Quando os saques ultrapassam determinado quantitativo, deixam de se caracterizar como serviço essencial, razão pela qual podem ser remunerados por meio de tarifa previamente estipulada no contrato:

"1. A Lei n. 4.595/1964, recepcionada pela Constituição Federal de 1988 com *status* de lei complementar e regente do Sistema Financeiro Nacional, atribui ao Conselho Monetário Nacional competência exclusiva para disciplinar as operações creditícias em todas as suas formas, bem como limitar, sempre que necessário, as taxas de juros, descontos, comissões e qualquer outra forma de remuneração de operações e serviços bancários ou financeiros, inclusive, os prestados pelo Banco Central da República do Brasil.

---

[132] STJ, 3ª T., REsp. 1.568.940/RJ, Rel. Min. Ricardo Villas Bôas Cueva, ac. 01.03.2016, DJe 07.03.2016.
[133] STJ, 3ª T., REsp. 1.254.883/PR, Rel. Min. Paulo de Tarso Sanseverino, ac. 03.04.2014, DJe 10.04.2014.

1.1. O Conselho Monetário Nacional, no estrito exercício de sua competência de regulamentar a remuneração dos serviços bancários, atribuída pela Lei n. 4.595/1964, regente do Sistema Financeiro Nacional, permitiu a cobrança de tarifas sobre o excesso de saques efetuados no mês pelo correntista, do que ressai sua licitude.

1.2. Sob a vigência da Resolução n. 2.303/1996 do Banco Central do Brasil, permitia-se às instituições financeiras a cobrança pela prestação de quaisquer tipos de serviços, com exceção daqueles que a norma qualificava como básicos, em cujo rol taxativo não constava o serviço de saque sob comento, exigindo-se, para tanto, a prévia e efetiva contratação e prestação do serviço bancário. Sem descurar da essencialidade do serviço de saque em relação ao contrato de conta-corrente, a partir da entrada em vigor da Resolução n. 3.518/2007 do Banco Central do Brasil, o Conselho Monetário Nacional passou a, expressamente, definir os serviços bancários que poderiam ser objeto de remuneração, no que se inseriu o de saques excedentes em terminal eletrônico, assim considerados pela norma como aqueles superiores a quatro no mesmo mês. Esta normatização, é certo, restou reproduzida pela Resolução n. 3.919 de 2010, atualmente em vigor.

2. Não se trata de simplesmente conferir prevalência a uma resolução do Banco Central, em detrimento da lei infraconstitucional (no caso, o Código de Defesa do Consumidor), mas, sim, de bem observar o exato campo de atuação dos atos normativos (em sentido amplo) sob comento, havendo, entre eles, no específico caso dos autos, coexistência harmônica.

2.1. É, pois, indiscutível a aplicação da lei consumerista às relações jurídicas estabelecidas entre instituições financeiras e seus clientes. É inquestionável, de igual modo, a especialidade da Lei n. 4.595/1964 (com *status* de lei complementar), reguladora do Sistema Financeiro Nacional, que, como visto, atribuiu ao Conselho Monetário Nacional a competência para regular a remuneração dos serviços bancários.

2.2. Não se exclui do crivo do Poder Judiciário a análise, casuística, de eventual onerosidade excessiva ou de outros desvirtuamentos na formação do ajuste acerca da remuneração dos serviços bancários, como inadimplemento dos deveres de informação e de transparência, do que não se cuida na hipótese ora vertente. Todavia, o propósito de obter, no bojo de ação civil pública, o reconhecimento judicial da ilicitude, em tese, da cobrança de tarifa pelo serviço de saque excedente, devidamente autorizada pelo órgão competente para tanto evidencia, em si, a improcedência da pretensão posta.

3. Por meio do contrato de conta-corrente de depósito à vista, a instituição financeira contratada mantém e conserva o dinheiro do correntista contratante, disponibilizando-o para transações diárias, por meio de serviços bancários como o são os saques, os débitos, os pagamentos agendados, os depósitos, a emissão de talonários de cheques etc.

3.1. O saque que pressupõe a implementação e a manutenção de uma ampla rede de terminais de autoatendimento, com emprego de tecnologia, de estrutura física e de contínuo desenvolvimento de mecanismos de segurança consubstancia, sim, serviço bancário posto à disposição do correntista, conforme, aliás, expressa disposição da Resolução expedida pelo Banco Central do Brasil, por deliberação do CMN, passível de cobrança de tarifa a partir da realização do quinto saque mensal, momento em que, por presunção legal, perde o viés de essencialidade ao contrato de depósito. 3.2. A cobrança da tarifa sobre saques excedentes não está destinada a remunerar o depositário pelo depósito em si, mas sim a retribuir o depositário pela efetiva prestação de um específico serviço bancário não essencial. 3.3 Por conseguinte, a tese de desequilíbrio contratual revela-se de toda insubsistente, seja porque a cobrança da tarifa corresponde à remuneração de um serviço bancário efetivamente prestado pela instituição financeira, seja porque a suposta utilização, pelo banco, dos recursos depositados em conta-corrente, se existente, decorre da própria fungibilidade do objeto do depósito (pecúnia), não havendo prejuízo ao correntista que, a qualquer tempo, pode reaver integralmente a sua quantia depositada".[134]

kk) Sigilo bancário. O Poder Judiciário não pode tornar públicos os dados cadastrais dos poupadores que tiveram decisão favorável aos seus interesses. A publicação tem que ser feita sem menção a dados específicos, bastando a intimação genérica de todos os poupadores do Estado:

> O contrato bancário está fundado numa operação de confiança entre banco e cliente, com a garantia do sigilo prevista no art. 1º da Lei Complementar nº 105/2001: as instituições financeiras conservarão sigilo em suas operações ativas e passivas e serviços prestados, estando inseridos nessa proteção os dados cadastrais dos usuários de serviços bancários.
>
> A existência de decisão favorável aos interesses dos poupadores de determinada instituição financeira não autoriza o Poder Judiciário tornar públicos os dados cadastrais deles, especialmente em ação civil pública ajuizada por instituição de defesa do consumidor, cuja propositura pode ocorrer sem a anuência da parte favorecida.
>
> A satisfação do crédito bancário, de cunho patrimonial, não pode se sobrepor ao sigilo bancário, instituto que visa proteger o direito à intimidade das pessoas, que é direito intangível da personalidade. A planilha com os dados cadastrais dos poupadores deverá permanecer em segredo de justiça, com acesso restrito ao Poder Judiciário.
>
> A divulgação do resultado do *decisum* deverá ser feita sem a menção dos dados específicos de cada poupador, bastando a intimação genérica de "todos os poupadores do Estado de Mato Grosso do Sul que mantinham cadernetas de poupança na instituição financeira requerida", no período fixado na sentença genérica.[135]

ll) Não é abusiva a cláusula contratual que estabeleça o repasse dos custos administrativos para cobrança do consumidor inadimplente:

> À luz do princípio *restitutio in integrum*, consagrado no art. 395 do Código Civil/2002, imputa-se ao devedor a responsabilidade por todas as despesas a que ele der causa em razão da sua mora ou inadimplemento, estando o consumidor, por conseguinte, obrigado a ressarcir os custos decorrentes da cobrança de obrigação inadimplida.

---

[134] STJ, 3ª T., REsp. 1.348.154/DF, Rel. Min. Marco Aurélio Bellizze, ac. 13.12.2016, *DJe* 19.12.2016.
[135] STJ, 3ª T., REsp 1.285.437/MS, Rel. Min. Moura Ribeiro, ac. 23.05.2017, *DJe* 02.06.2017.

Havendo expressa previsão contratual, não se pode afirmar que a exigibilidade das despesas de cobrança em caso de mora ou inadimplemento, ainda que em contrato de adesão, seja indevida, cabendo à instituição financeira apurar e comprovar os danos e os respectivos valores despendidos de forma absolutamente necessária e razoável, para efeito de ressarcimento.[136]

mm) Dano moral. Tempo de espera em fila de banco:

(i) Se a espera é normal, não há dano moral:

Nos termos dos precedentes do STJ, a espera por atendimento em fila de banco somente é capaz de ensejar reparação por dano moral quando for excessiva ou associada a outros constrangimentos, caso contrário configura mero dissabor. No caso dos autos, não ficou comprovada nenhuma intercorrência que pudesse abalar a honra da autora ou causar-lhe situação de dor, sofrimento ou humilhação.[137]

(ii) Entretanto, o STJ concedeu dano moral coletivo pelo fato de instituição financeira não ter adequado seu serviço aos padrões de qualidade previstos em lei, o que impôs à sociedade o desperdício de tempo útil:

No dano moral coletivo, a função punitiva – sancionamento exemplar ao ofensor – é, aliada ao caráter preventivo – de inibição da reiteração da prática ilícita – e ao princípio da vedação do enriquecimento ilícito do agente, a fim de que o eventual proveito patrimonial obtido com a prática do ato irregular seja revertido em favor da sociedade.

O dever de qualidade, segurança, durabilidade e desempenho que é atribuído aos fornecedores de produtos e serviços pelo art. 4º, II, *d*, do CDC, tem um conteúdo coletivo implícito, uma função social, relacionada à otimização e ao máximo aproveitamento dos recursos produtivos disponíveis na sociedade, entre eles, o tempo.

O desrespeito voluntário das garantias legais, com o nítido intuito de otimizar o lucro em prejuízo da qualidade do serviço, revela ofensa aos deveres anexos ao princípio boa-fé objetiva e configura lesão injusta e intolerável à função social da atividade produtiva e à proteção do tempo útil do consumidor.

Na hipótese concreta, a instituição financeira recorrida optou por não adequar seu serviço aos padrões de qualidade previstos em lei municipal e federal, impondo à sociedade o desperdício de tempo útil e acarretando violação injusta e intolerável ao interesse social de máximo aproveitamento dos recursos produtivos, o que é suficiente para a configuração do dano moral coletivo.[138]

(iii) Caixas eletrônicos inoperantes, provocando filas por tempo superior ao estabelecido em legislação municipal, gera dano moral:

---

[136] STJ, 3ª T., REsp 1.361.699/MG, Rel. Min. Ricardo Villas Bôas Cueva, ac. 12.09.2017, *DJe* 21.09.2017.
[137] STJ, 4ª T., AgInt no AREsp 1.515.718/MT, Rel. Min. Raul Araújo, ac. 29.10.2019, *DJe* 21.11.2019. No mesmo sentido: STJ, 4ª T., AgRg no AREsp 357.188/MG, Rel. Min. Marco Buzzi, ac. 03.05.2018, *DJe* 09.05.2017; STJ, 3ª T., REsp 1.662.808/MT, Rel. Min. Nancy Andrighi, ac. 02.05.2017, *DJe* 05.05.2017.
[138] STJ, 3ª T., REsp 1.737.412/SE, Rel. Min. Nancy Andrighi, ac. 05.02.2019, *DJe* 08.02.2019.

6 – A inadequada prestação de serviços bancários, caracterizada pela reiterada existência de caixas eletrônicos inoperantes, sobretudo por falta de numerário, e pelo consequente excesso de espera em filas por tempo superior ao estabelecido em legislação municipal, é apta a caracterizar danos morais coletivos.[139]

nn) Tarifas bancárias:

A legalidade da cobrança de tarifas bancárias deve ser examinada à luz da Lei nº 4.595/1964, que regula o sistema financeiro nacional e determina que compete ao Conselho Monetário Nacional limitar, sempre que necessário, as taxas de juros, descontos, comissões e qualquer outra forma de remuneração de operações e serviços bancários ou financeiros e ao Banco Central do Brasil cumprir e fazer cumprir as disposições que lhe são atribuídas pela legislação em vigor e as normas expedidas pelo Conselho Monetário Nacional (arts. 4º, IX, e 9º).

Atualmente, a cobrança de tarifas bancárias é disciplinada pela Resolução CMN nº 3.919/2010, que manteve a mesma essência do regramento anterior (Resolução CMN nº 3.518/2007), na parte que impedia a cobrança de tarifas pela prestação de serviços bancários essenciais a pessoas naturais e limitava a exigibilidade de outras tarifas decorrentes da prestação de serviços prioritários, especiais e diferenciados às hipóteses taxativamente previstas em norma padronizadora.

A limitação prevista tanto na Resolução CMN nº 3.518/2007 quanto na Resolução CMN nº 3.919/2010 somente se aplica às pessoas naturais. As tarifas relativas a serviços prestados a pessoas jurídicas não foram padronizadas, podendo ser livremente cobradas pelas instituições financeiras, desde que contratualmente previstas ou previamente autorizado ou solicitado o respectivo serviço pelo cliente ou usuário.[140]

oo) A abusividade de cobrança de serviços prestados por terceiros foi analisada em sede de recurso repetitivo, tendo sido fixadas as seguintes teses:

2.1. Abusividade da cláusula que prevê a cobrança de ressarcimento de serviços prestados por terceiros, sem a especificação do serviço a ser efetivamente prestado;

2.2. Abusividade da cláusula que prevê o ressarcimento pelo consumidor da comissão do correspondente bancário, em contratos celebrados a partir de 25/02/2011, data de entrada em vigor da Res. CMN 3.954/2011, sendo válida a cláusula no período anterior a essa resolução, ressalvado o controle da onerosidade excessiva;

2.3. Validade da tarifa de avaliação do bem dado em garantia, bem como da cláusula que prevê o ressarcimento de despesa com o registro do contrato, ressalvadas a: 2.3.1. abusividade da cobrança por serviço não efetivamente prestado; e a 2.3.2. possibilidade de controle da onerosidade excessiva, em cada caso concreto.[141]

---

[139] STJ, 3ª T., REsp 1.929.288/TO, Rel. Min. Nancy Andrighi, ac. 22.02.2022, *DJe* 24.02.2022.
[140] STJ, 3ª T., REsp 1.626.275/RJ, Rel. Min. Ricardo Villas Bôas Cueva, ac. 04.12.2018, *DJe* 07.12.2018.
[141] STJ, 2ª Seção, REsp 1.578.553/SP, Rel. Min. Paulo de Tarso Sanseverino, ac. 28.11.2018, *DJe* 06.12.2018.

pp) O saque indevido em numerário de conta corrente, devolvido pela instituição, não configura, por si só, dano moral *in re ipsa*:

(i) A responsabilidade objetiva da instituição financeira em decorrência de falha na prestação do serviço não afasta o dever de comprovação do nexo causal entre o dano sofrido e o serviço tido como falho.

2. O saque indevido em conta-corrente não configura, por si só, dano moral, podendo, contudo, observadas as particularidades do caso, ficar caracterizado o respectivo dano se demonstrada a ocorrência de violação significativa a algum direito da personalidade do correntista.[142]

(ii) Transferência bancária feita por link falso, criado por estelionatário:

2. Constatando-se que as transferências bancárias foram realizadas, via internet, por estelionatários, os quais se utilizaram de link falso para capturar informações pessoais da autora, é possível a responsabilização da Instituição Financeira, pelos danos morais e materiais causados ao consumidor, por se tratar de risco inerente à atividade comercial. Precedentes.[143]

qq) Possibilidade de estipulação dos encargos financeiros de contrato de abertura de crédito em percentual sobre a taxa média aplicável aos Certificados de Depósitos Interbancários (CDIs):

De acordo com as normas aplicáveis às operações ativas e passivas de que trata a Resolução nº 1.143/1986, do Conselho Monetário Nacional, não há óbice em se adotar as taxas de juros praticadas nas operações de depósitos interfinanceiros como base para o reajuste periódico das taxas flutuantes, desde que calculadas com regularidade e amplamente divulgadas ao público.

O depósito interfinanceiro (DI) é o instrumento por meio do qual ocorre a troca de recursos exclusivamente entre instituições financeiras, de forma a conferir maior liquidez ao mercado bancário e permitir que as instituições que têm recursos sobrando possam emprestar àquelas que estão em posição deficitária.

Nos depósitos interbancários, como em qualquer outro tipo de empréstimo, a instituição tomadora paga juros à instituição emitente. A denominada Taxa CDI, ou simplesmente DI, é calculada com base nas taxas aplicadas em tais operações, refletindo, portanto, o custo de captação de moeda suportado pelos bancos.

A jurisprudência do Superior Tribunal de Justiça é firme no sentido de que é potestativa a cláusula que deixa ao arbítrio das instituições financeiras, ou associação de classe que as representa, o cálculo dos encargos cobrados nos contratos bancários.

---

[142] STJ, 3ª T., AgInt no AREsp 1.407.637/RS, Rel. Min. Marco Aurélio Bellizze, ac. 17.06.2019, *DJe* 25.06.2019. No mesmo sentido: STJ, 3ª T., REsp 1.573.859/SP, Rel. Min. Marco Aurélio Bellizze, ac. 07.11.2017, *DJe* 13.11.2017.

[143] TJMG, 11ª Câmara Cível, Apelação Cível 1.0000.19.035905-9/001, Rel. Des. Marcos Lincoln, ac. 22.05.2019, *DJ* 22.05.2019.

Não é potestativa a cláusula que estipula os encargos financeiros de contrato de abertura de crédito em percentual sobre a taxa média aplicável aos Certificados de Depósitos Interbancários (CDIs), visto que tal indexador é definido pelo mercado, a partir das oscilações econômico-financeiras, não se sujeitando a manipulações que possam atender aos interesses das instituições financeiras.

Eventual abusividade deve ser verificada no julgamento do caso concreto em função do percentual fixado pela instituição financeira, comparado às taxas médias de mercado regularmente divulgadas pelo Banco Central do Brasil para as operações de mesma espécie, conforme decidido em precedentes desta Corte julgados sob o rito dos recursos repetitivos, o que não se verifica na espécie.[144]

rr) É lícito o desconto em conta corrente de valores relativos a empréstimo bancário, se houver aprovação do correntista. O STJ cancelou a sua Súmula 603[145]:

(i) Na análise da licitude do desconto em conta-corrente de débitos advindos do mútuo feneratício, devem ser consideradas duas situações distintas: a primeira, objeto da Súmula, cuida de coibir ato ilícito, no qual a instituição financeira apropria-se, indevidamente, de quantias em conta-corrente para satisfazer crédito cujo montante fora por ela estabelecido unilateralmente e que, eventualmente, inclui tarifas bancárias, multas e outros encargos moratórios, não previstos no contrato; a segunda hipótese, vedada pela Súmula 603/STJ, trata de descontos realizados com a finalidade de amortização de dívida de mútuo, comum, constituída bilateralmente, como expressão da livre manifestação da vontade das partes.

É lícito o desconto em conta-corrente bancária comum, ainda que usada para recebimento de salário, das prestações de contrato de empréstimo bancário livremente pactuado, sem que o correntista, posteriormente, tenha revogado a ordem. Precedentes.[146]

(ii) Em sede de recurso especial repetitivo, o STJ decidiu que

Tese Repetitiva: São lícitos os descontos de parcelas de empréstimos bancários comuns em conta-corrente, ainda que utilizada para recebimento de salários, desde que previamente autorizados pelo mutuário e enquanto esta autorização perdurar, não sendo aplicável, por analogia, a limitação prevista no § 1º do art. 1º da Lei n. 10.820/2003, que disciplina os empréstimos consignados em folha de pagamento.[147]

---

[144] STJ, REsp 1.781.959/SC, 3ª T., Rel. Min. Ricardo Villas Bôas Cueva, ac. 11.02.2020, *DJe* 20.02.2020.

[145] Dispõe a Súmula 603/STJ que "é vedado ao banco mutuante reter, em qualquer extensão, os salários, vencimentos e/ou proventos de correntista para adimplir o mútuo (comum) contraído, ainda que haja cláusula contratual autorizativa, excluído o empréstimo garantido por margem salarial consignável, com desconto em folha de pagamento, que possui regramento legal específico e admite a retenção de percentual".

[146] STJ, 2ª Seção, REsp 1.555.722/SP, Rel. Min. Lázaro Guimarães, ac. 22.08.2018, *DJe* 25.09.2018. No mesmo sentido: STJ, 4ª T., AgInt no AREsp. 1.522.621/DF, Rel. Min. Antonio Carlos Ferreira, ac. 29.10.2019, *DJe* 05.11.2019.

[147] STJ, 2ª Seção, REsp 1.863.973/SP, Rel. Min. Marco Aurélio Bellizze, ac. 09.03.2022, *DJe* 15.03.2022.

(iii) Prevendo que o percentual máximo é de 30% de retenção: Contratos bancários. Empréstimo pessoal. Autor servidor público aposentado. Regularidade da cobrança. Comprometimento, contudo, de seus provimentos. Limitação dos descontos a 30% dos vencimentos. Possibilidade. Resguardo de parte do vencimento para garantir condições de subsistência do devedor e de sua família, bem como quitação das obrigações assumidas por meio menos oneroso.[148]

ss) O STJ já decidiu que o cliente não sofre dano moral pela suspensão parcial do atendimento da agência que foi atingida por explosivos:

> 7. Na hipótese em exame, o pleito compensatório do recorrente está justificado na frustração da expectativa de ser atendido com a integralidade dos serviços no espaço físico da agência bancária por prazo superior a 200 (duzentos) dias, apesar de os serviços que envolvessem fluxo de numerário em espécie terem sido prestados em correspondentes bancários.
>
> 8. Não tendo sido traçada qualquer nota adicional que pudesse, para além da permanência da prestação parcial de serviços, ensejar a violação de direito da personalidade a ponto de causar grave sofrimento ou angústia no consumidor recorrente, não há dano moral a ser indenizado.[149]

tt) A Súmula do STJ 602, determina a aplicação do CDC aos empreendimentos imobiliários promovidos por sociedades cooperativas, e, a Súmula 638, trata da responsabilidade da instituição por furtos de bens entregues em garantia:

> Súmula 602: O Código de Defesa do Consumidor é aplicável aos empreendimentos habitacionais promovidos pelas sociedades empresárias.
>
> Súmula 638: É abusiva a cláusula contratual que restringe a responsabilidade de instituição financeira pelos danos decorrentes de roubo, furto ou extravio de bem entregue em garantia no âmbito do contrato de penhor civil.

uu) Outras Súmulas sobre tarifas cobradas pelas instituições financeiras:

> 1. "Súmula 565: A pactuação das tarifas de abertura de crédito (TAC) e de emissão de carnê (TEC), ou outra denominação para o mesmo fato gerador, é válida apenas nos contratos bancários anteriores ao início de vigência da Resolução CMN n. 3518/2007, em 30/4/2008".
>
> 2. "Súmula 566: Nos contratos bancários posteriores ao início da vigência da Resolução-CMN n. 3.518/2007, em 30/4/2008, pode ser cobrada a tarifa de cadastro no início do relacionamento entre o consumidor e a instituição financeira".

vv) Comprovante de operações bancárias em papel de baixa durabilidade

> 3. A instituição financeira, ao emitir comprovantes de suas operações por meio de papel termossensível, acabou atraindo para si a responsabilidade pelo vício de

---

[148] TJSP, 21ª Câmara de Direito Privado, Ap. 1002231-90.2017.8.26.0097, Rel. Des. Décio Rodrigues, ac. 04.06.2019, *DJ* 04.06.2019.
[149] STJ, 3ª T., REsp 1.717.177/SE, Rel. Min. Nancy Andrighi, ac. 13.03.2018, *DJe* 20.03.2018.

qualidade do produto. Isso porque, por sua própria escolha, em troca do aumento dos lucros – já que a impressão no papel térmico é mais rápida e bem mais em conta –, passou a ofertar o serviço de forma inadequada, emitindo comprovantes cuja durabilidade não atendem as exigências e as necessidades do consumidor, vulnerando o princípio da confiança.

4. É da natureza específica do tipo de serviço prestado emitir documentos de longa vida útil, a permitir que os consumidores possam, quando lhes for exigido, comprovar as operações realizadas. Em verdade, a "fragilidade" dos documentos emitidos em papel termossensível acaba por ampliar o desequilíbrio na relação de consumo, em vista da dificuldade que o consumidor terá em comprovar o seu direito pelo desbotamento das informações no comprovante.

5. Condicionar a durabilidade de um comprovante às suas condições de armazenamento, além de incompatível com a segurança e a qualidade que se exigem da prestação de serviços, torna a relação excessivamente onerosa para o consumidor, que, além dos custos de emitir um novo recibo em outra forma de impressão (fotocópia), teria o ônus de arcar, em caso de perda, com uma nova tarifa pela emissão da 2ª via do recibo, o que se mostra abusivo e desproporcional.

6. O reconhecimento da falha do serviço não pode importar, por outro lado, em repasse pelo aumento de tarifa ao consumidor nem em prejuízos ao meio ambiente.

7. Na hipótese, o serviço disponibilizado foi inadequado e ineficiente, porquanto incidente na frustração da legítima expectativa de qualidade e funcionalidade do consumidor-médio em relação ao esmaecimento prematuro das impressões em papel térmico, concretizando-se o nexo de imputação na frustração da confiança a que fora induzido o cliente.[150]

ww) Impugnação de autenticidade de assinatura de contrato de empréstimo:

Para os fins do art. 1.036 do CPC/2015, a tese firmada é a seguinte: "Na hipótese em que o consumidor/autor impugnar a autenticidade da assinatura constante em contrato bancário juntado ao processo pela instituição financeira, caberá a esta o ônus de provar a sua autenticidade (CPC, arts. 6º, 368 e 429, II)".[151]

xx) Limitação de descontos efetuados pela instituição financeira em conta na qual é depositado Benefício de Prestação Continuada de Assistência Social ao Idoso:

4. Hipótese dos autos que, todavia, não trata do recebimento de verbas salariais, mas do Benefício de Prestação Continuada de Assistência Social ao Idoso, que tem por objetivo suprir as necessidades básicas de sobrevivência do beneficiário, dando-lhe condições de enfrentamento à miséria, mediante a concessão de renda mensal equivalente a 1 (um) salário mínimo.

---

[150] STJ, 4ª T., REsp 1.414.774/RJ, Rel. Min. Luis Felipe Salomão, ac. 16.05.2019, *DJe* 05.06.2019.
[151] STJ, 2ª Seção, REsp. 1.846.649/MA, Rel. Min. Marco Aurélio Bellizze, ac. 24.11.2021, *DJe* 09.12.2021. A ementa foi alterada, por vício material, em sede de EDcl no REsp. para constar o art. 369, ao invés do 368.

5. Necessário *distinguishing* do caso concreto para acolher o pedido de limitação dos descontos na conta bancária onde recebido o BPC, de modo a não privar o idoso de grande parcela do benefício que, já de início, era integralmente destinado à satisfação do mínimo existencial. Ponderação entre o princípio da autonomia da vontade privada e o princípio da dignidade da pessoa humana.

6. Consoante o disposto no art. 3º da Resolução BACEN nº 3.695, de 26/03/2009 (atual art. 6º da Resolução BACEN nº 4.771, de 23/12/2019), a autorização de desconto de prestações em conta corrente é revogável. Assim, não há razoabilidade em se negar o pedido do correntista para a limitação dos descontos ao percentual de 30% do valor recebido a título de BPC; afinal, o que é válido para o mais, deve necessariamente sê-lo para o menos (*a maiori, ad minus*).[152]

---

[152] STJ, 3ª T., REsp. 1.834.231/MG, Rel. Min. Nancy Andrighi, ac. 15.12.2020, *DJe* 18.12.2020.

Capítulo IV
O SEGURO E O CÓDIGO DE DEFESA DO CONSUMIDOR

4.1. INTRODUÇÃO

Em julgamento recente, uma seguradora foi condenada a indenizar danos materiais e morais aos segurados por não ter renovado seguro de vida em grupo. Constatada a inviabilidade técnica de manter-se o seguro coletivo tal como ajustado, a seguradora teria recomendado a migração para outros planos compatíveis com o equilíbrio econômico e atuarial indispensável ao regime securitário. Como os segurados se recusaram a contratar nos moldes propostos, a seguradora encerrou o seguro em grupo a seu termo, negando a renovação pura e simples do contrato.

Como o seguro vigorava havia muitos anos, e os segurados já se encontravam em idade avançada, a sentença considerou abusiva a não renovação e acolheu o pedido de indenização, tanto por dano material como moral.

Esse evento despertou nossa atenção para as dimensões que, realmente, pode assumir a tutela dos consumidores, no cotejo da legislação especial com os regramentos comuns dos contratos.

Daí as notas que se seguem.

4.2. NOÇÃO DE ABUSIVIDADE NO CONTRATO DE CONSUMO

Não há dúvida de que a relação entre segurador e segurado, mormente quando este é uma pessoa física, configura negócio jurídico alcançado pela tutela assegurada pelo Código de Defesa do Consumidor. Di-lo, expressamente, o art. 3º, § 2º, do CDC.[1]

---

[1] CDC, "Art. 3º Fornecedor é toda pessoa física ou jurídica, pública ou privada, nacional ou estrangeira, bem como os entes despersonalizados, que desenvolvem atividades de produção, montagem, criação, construção, transformação, importação, exportação, distribuição ou comercialização de produtos ou prestação de serviços. § 1º Produto é qualquer bem, móvel ou imóvel, material ou imaterial. § 2º Serviço é qualquer atividade fornecida no mercado de consumo, mediante remuneração, inclusive as de natureza bancária, financeira, de crédito e securitária, salvo os decorrentes das relações de caráter trabalhista."

Mas a proteção que emana da legislação consumerista não é absoluta ou ilimitada, de modo que não se pode imaginar que tudo o que não seja vantajoso para o consumidor incorra em abusividade e nulidade.

De par com as regras tutelares do CDC existe todo um ordenamento a disciplinar os contratos, sejam eles públicos ou privados. Esse complexo normativo tem força reguladora da atividade negocial, cuja eficácia independe de análise crítica dos consumeristas.

O abuso que leva à prevalência das regras de invalidade do CDC pressupõe conduta do fornecedor que faz inserir no contrato, a pretexto da liberdade negocial, cláusula desconforme com os objetivos e o espírito tutelar das regras e princípios adotados no Código de Defesa do Consumidor. Para que esse abuso ocorra, o primeiro requisito é que a convenção tenha sido realmente fruto da autonomia da vontade; e, em seguida, é necessário que o pactuado, por imposição da parte mais forte, seja algo que destoe do regime normal do direito obrigacional traçado pelas normas dispositivas do direito privado.

Não se pode imaginar como abusiva a convenção que se limita a inserir no esquema contratual aquilo que é objeto de regra traçada pelo próprio direito civil. É emblemático, nessa matéria, o art. 34, *comma* 3, do Codice del Consumo Italiano, *in verbis*:

As cláusulas que reproduzem disposições legais não são abusivas.[2]

Abuso ocorre justamente quando o fornecedor se aproveita de brechas ou faculdades encontradas no direito privado para criar regime contratual diverso do legislado. É nessa criação oriunda da autonomia da vontade que a cláusula pode, *in concreto*, criar uma obrigação nova cuja essência seja incompatível com o espírito do CDC e até mesmo com os princípios e fundamentos do direito civil.

O abuso do direito, aliás, não é apanágio apenas do direito do consumidor. O Código Civil também dele se ocupa no art. 187, para defini-lo em função do exercício anormal dos poderes que seriam legítimos quando utilizados dentro dos parâmetros e objetivos visados pela disciplina ordinária da liberdade negocial.

Não há, sem o traço da anormalidade, lugar para cogitar-se do abuso de direito, ainda que se recorra ao pretexto de estar tutelando o consumidor. Nem o fornecedor comete abuso, nem o consumidor sofre lesão ilícita quando o negócio apenas não foi tão interessante como esperava a parte vulnerável da contratação, se tudo se passou segundo regras claras e precisas do direito das obrigações civis.

A tutela ao consumidor funda-se, basicamente, sobre o binômio *boa-fé* e *equilíbrio econômico* nos contratos ajustados entre ele, parte débil, e o fornecedor, parte reconhecidamente forte nas relações de consumo. Valores éticos são realçados nessa política tutelar, de modo a humanizar o relacionamento jurídico e torná-lo mais justo e equitativo. Mas de forma alguma se pretende desnaturar o que é econômico e jurídico em essência, para criar em seu lugar um regime de caridade e assistência moral ou social.

---

[2] "Non sono vessatorie le clausole chi siano riproduttive di disposizioni di legge".

Muito lúcida, a propósito, é a lição de Ruy Rosado de Aguiar Júnior:

> A aproximação dos termos ordem econômica – boa-fé serve para realçar que esta não é apenas um conceito ético, mas também econômico, ligado à funcionalidade econômica do contrato e a serviço da finalidade econômico-social que o contrato persegue.[3]

É o que, também, destaca, em outros termos, mas com a mesma coerência, Carlos Fernando Carvalho Motta Filho:

> O legislador não pretendeu atribuir ao contrato a função altruística, como já antes salientado. O Código não pretende transformar o contrato em ato jurídico de caridade. Longe disto, o legislador pretendeu que o contrato, cada vez, se amolde às práticas consideradas pela sociedade como idôneas. Caso contrário, se tiraria a função primeira do contrato, que é, em si, a circulação de riquezas.[4]

O CDC, enfim, não revogou a legislação civil, nem mesmo redefiniu os contratos típicos preexistentes, nem vetou que leis posteriores se encarregassem de novas disciplinas para sistematizar o direito privado obrigacional.

A lei consumerista protege, de fato, o segurado em suas relações com o segurador. Não define, porém, o que é contrato de seguro, nem quais são os direitos e as obrigações das partes vinculadas àquele contrato. É o direito civil que tem a função de definir o contrato de seguro, como o faz em relação a todos os contratos típicos. É ele, e não o CDC, que estatui o que pode e o que não pode ser estipulado nas convenções entre segurador e segurado.

Aquilo que a lei civil, enfim, define como elemento ou requisito do contrato típico de seguro jamais poderá ser recusado, como abusivo, simplesmente porque a opção pela cláusula não terá sido ato do contratante, mas fruto de regramento instituído pelo próprio legislador.

4.3. O CONTRATO DE SEGURO E OS DIREITOS DO CONSUMIDOR

O contrato de seguro, sem dúvida, representa negócio jurídico alcançado pela tutela do Código de Defesa do Consumidor, como prescreve seu art. 3º, § 2º.

Entretanto, como já ressaltado, a sujeição de um contrato ao regime da legislação consumerista não representa o seu afastamento completo do sistema das obrigações e dos contratos moldado pelo Código Civil. O CDC apenas cuida de suprir certas fraquezas ou debilidades que, facilmente, se constatam na situação do consumidor, frente aos fornecedores, numa sociedade de massa, em que estes últimos dominam, em larga escala, o estabelecimento das condições de acesso aos bens do mercado.

Numa sociedade organizada constitucionalmente nos moldes do Estado Democrático de Direito, segundo os princípios fundamentais da livre-iniciativa, da propriedade

---

[3] AGUIAR JÚNIOR, Ruy Rosado de. A boa-fé na relação de consumo. *Revista de Direito do Consumidor*, n. 14, p. 22, abr-jun/1995.
[4] MOTTA FILHO, Carlos Fernando Carvalho. Ensaio sobre a lesão contratual nas relações de consumo, segundo a nova ordem civil. *Revista Forense*, v. 371, p. 87, jan.-fev./2004.

e da prevalência do ato jurídico perfeito e do direito adquirido, a tutela dispensada ao consumidor jamais poderá ser vista como o abandono das estruturas clássicas do direito dos contratos consolidados pelo direito privado tradicional.

O próprio CDC, ao traçar os princípios que o informam, esclarece, com ênfase, que sua meta deve ser alcançada por meio da "harmonização dos interesses dos participantes das relações de consumo e da proteção do consumidor com a necessidade de desenvolvimento econômico e tecnológico, de modo a viabilizar os princípios nos quais se funda a ordem econômica (art. 170 da Constituição Federal), sempre com base na boa-fé e equilíbrio nas relações entre fornecedores e consumidores" (CDC, art. 4º, III).

Não se cuidou, portanto, na implantação da legislação consumerista, de se afastar dos princípios clássicos do direito contratual e, muito menos, de bani-los do âmbito das relações de consumo. Na verdade, se tivesse sido tal o propósito do CDC, teria incorrido em inegável ofensa ao próprio regime econômico da Constituição, por ela traçado em termos claros em seu art. 170.

O certo é que a inteligência dos objetivos do CDC somente pode ser atingida quando se evidencia que visa "a preservar o próprio sistema jurídico vigente, não havendo, na realidade, qualquer ponto de ruptura da *teoria clássica do contrato*".[5] De modo algum a implantação da tutela do consumidor, ao respeitar o mandamento da harmonização das relações consumeristas dentro dos parâmetros do necessário desenvolvimento econômico e tecnológico do país, poderá acontecer com o "sacrifício do princípio político-econômico da livre-iniciativa, que é cardeal em sistema capitalista".[6] Em princípio, adverte a boa doutrina, "não se procura senão sancionar os *abusos*: declara-se a nulidade das cláusulas abusivas, proíbem-se práticas abusivas na publicidade e nos contratos sancionam-se abusividades similares".[7]

Não se deu a revogação da teoria geral dos contratos, nem se abandonaram seus princípios fundamentais. O que se deu foi a inserção na principiologia contratual de valores sociais outrora não cogitados pela economia liberal clássica. A atual Constituição, ao invés de proclamar a prevalência apenas da livre-iniciativa, colocou entre os fundamentos do Estado Democrático de Direito "os valores sociais da livre-iniciativa".[8]

Fábio Konder Comparato, em sua sempre acatada exegese do sistema consumerista dentro do panorama constitucional, faz a seguinte advertência acerca da introdução dos valores sociais no tratamento da livre-iniciativa e dos interesses dos consumidores:

> Quer isto dizer que o legislador, por exemplo, não poderá sacrificar o interesse do consumidor em defesa do meio ambiente, da propriedade privada, ou da busca do pleno emprego; nem, inversamente, preterir estes últimos valores ou interesses em

---

[5] GRAU, Eros Roberto. Um novo paradigma dos contratos? *Revista da Faculdade de Direito da Universidade de São Paulo*, v. 96, p. 431, 2001.
[6] NORONHA, Fernando. Significado da tutela do consumidor e suas limitações. *Informativo Incijur*, n. 61, p. 4, ago/2004.
[7] NORONHA, Fernando. *Op. cit., loc. cit.*
[8] MOREIRA ALVES, em voto proferido na ADIn. nº 319/DF, no qual aduz ser a Constituição atual mais enfática do que a anterior "quanto à funcionalização do princípio da livre-iniciativa à justiça social" (STF, ac. 03.03.93, *RTJ* 149/662-692).

prol da defesa do consumidor. O mesmo se diga do Judiciário, na solução de litígios interindividuais, à luz do sistema constitucional.[9]

Em suma: a proteção ao consumidor volta-se contra os abusos eventuais da parte mais forte na relação de consumo – o fornecedor – sem, entretanto, invalidar o regime tradicional dos princípios básicos do direito contratual.

Disso decorre que a análise de qualquer problema eclodido no relacionamento contratual entre fornecedor e consumidor não pode ser solucionado, mesmo dentro da aplicação das leis consumeristas, a não ser levando em conta a natureza do contrato, os seus elementos necessários e acidentais, bem como os interesses a que o tipo contratual serve, tudo a partir do direito privado, onde esses dados são tratados e disciplinados para todos os efeitos obrigacionais.

O direito consumerista é um *plus* que se agrega ao sistema do direito contratual, e não um *minus* que o possa desnaturar ou inutilizar. Esse clássico regime dos contratos enriquece-se com os valores sociais, sem perder os princípios inerentes a sua natureza econômica e jurídica.

Daí a necessidade de enfocar sempre a natureza e a disciplina do contrato, segundo as regras normais do direito das obrigações privadas, antes de aplicar-lhe as regras especiais e tutelares das leis do consumo.

É o que se fará, a seguir, com relação a alguns tipos de seguro que têm sido objeto de complexos debates jurisprudenciais.

4.4. O CONTRATO DE SEGURO NO CÓDIGO CIVIL

O Código Civil de 1916 definia o seguro como o contrato "pelo qual uma das partes se obriga para com a outra, mediante a paga de um prêmio, a indenizá-la do prejuízo resultante de riscos futuros, previstos no contrato" (art. 1.432). O atual Código Civil brasileiro, atento à evolução econômica e social por que passou o seguro nos últimos anos no Estado Democrático de Direito, deu nova conceituação a essa importante figura negocial. Em seu art. 757, com maior precisão de linguagem, restou estabelecido que a obrigação que assume o segurador não é a de indenizar os prejuízos do segurado, mas a de "garantir interesse legítimo do segurado, relativo a pessoa ou a coisa, contra riscos predeterminados".

É claro que a vida do homem em sociedade o submete, em seu aspecto pessoal e patrimonial, a inevitáveis riscos de prejuízos em decorrência de fatos que escapam, amiúde, de seu controle e prevenção.

Lembra Pedro Alvim que "a eventualidade de fatos danosos aos interesses do homem sempre existiu. O risco é inerente à luta de integração dos seres vivos ao meio ambiente. A expectativa de sua ocorrência acabou gerando a atitude permanente de vigilância que constitui um dos privilégios do espírito humano".[10] Buscando alter-

---

[9] COMPARATO, Fábio Konder. A proteção do consumidor na Constituição brasileira, *Revista de Direito Mercantil*, v. 80, p. 70-71, out.-dez./1990.
[10] ALVIM, Pedro. *O contrato de seguro*. 3. ed. Rio de Janeiro: Forense, 1999, n. 1, p. 1.

nativas para suavizar os efeitos nefastos do risco, o homem construiu a atividade do seguro moderno, baseada na mutualidade, solidariedade e repartição social dos prejuízos individuais.

Apesar de, na origem, o seguro equiparar-se a verdadeira aposta, fala-se, agora, em

[...] responsabilidade coletiva, consequência de uma sociedade que incorporou o risco ao seu quotidiano como preço a pagar pelo que se fez prioritário – o progresso tecnológico e a reprodução ampliada. Os danos que decorrem de atividades cuja licitude foi admitida em proveito (teoricamente) de todos, consequentemente em benefício da convivência social, em que pese seu componente de risco, devem ser por essa mesma sociedade suportados.[11]

As normas vigentes em razão da intervenção do Estado fazem com que o sistema de seguro vigorante no Brasil e no mundo baseie-se na "divisão entre muitos segurados, dos danos que deveriam ser suportados por um deles",[12] por meio da formação de um fundo financeiro administrado pelo segurador. O fundo e o valor das contribuições são estabelecidos por cálculos matemáticos fundados em estudos de frequência de sinistros, probabilidade e estatística.

Ao examinar o conceito econômico do seguro, Alonso Soto[13] elencou quatro elementos fundamentais: a) a existência de um risco; b) a transferência desse risco de um sujeito a outro, que é geralmente um empresário especializado; c) a subsequente distribuição do risco entre uma coletividade de pessoas, segundo bases e critérios técnicos; e d) a autonomia da operação de seguro que jamais pode ser um efeito secundário de outro tipo de negócio.

Do ponto de vista econômico, o caráter mais relevante do contrato de seguro é a *mutualidade*, por meio da qual o risco individual se dissolve solidariamente entre todos os participantes do grupo de pessoas que resolvem participar da cobertura proporcionada pelo segurador, o qual se vale dos próprios recursos arrecadados entre os segurados para formar um *fundo* comum. É esse fundo comum que fornecerá os meios para indenizar o prejuízo individual do segurado que vier a sofrer a consumação do risco temido e acobertado pelo contrato. Cumpre, assim, o seguro um importante papel na economia e no desenvolvimento socioeconômico, já que enseja a formação de um "patrimônio coletivo", embora não público e não estatal. Cria-se um "fundo privado", com notável significação na vida econômica desenvolvida pela livre-iniciativa.

Sob a ótica do direito, o seguro é apenas um *contrato*, ou seja, um vínculo jurídico resultante do livre-acordo de vontades individuais, que cria, bilateralmente, deveres a uma parte correlatos a direitos da outra. Apresenta-se, pois, o seguro como um conjunto de obrigações nascido de um acordo de vontades de partes que livremente se vincularam a normas individuais impondo-lhes deveres de condutas, exigíveis

---

[11] CALMON DE PASSOS, J. J. O risco na sociedade moderna e seus reflexos na teoria da responsabilidade civil e na natureza jurídica do contrato de seguro. I *Fórum de Direito do Seguro José Sollero Filho*: anais. São Paulo: Max Limonad, 2001, p. 13.
[12] ALVIM, Pedro. *O contrato de seguro*. 3. ed. Rio de Janeiro: Forense, 1999, n. 47, p. 59.
[13] SOTO, Alonso. Verbete "Seguro". *Enciclopédia jurídica básica*. Madri: Civitas, 1995, v. IV, p. 6.137.

judicialmente, e cujo descumprimento importa sanções comuns ao fenômeno do inadimplemento de qualquer contrato.

Tratando-se de *contrato típico*, sua identificação reclama o concurso dos seguintes elementos:

a) *Subjetivos*: as partes seguradora e segurada, sendo capazes nos termos da lei, constituirão o vínculo obrigacional.

b) *Causal*: a existência de um risco preexistente,[14] que se traduz na possibilidade de ocorrência de um fato futuro e incerto que "produza uma necessidade patrimonial",[15] ou afete um interesse legítimo do segurado, e que não dependa da exclusiva vontade dos contratantes.

c) *Reais*: são os interesses de cada uma das partes que serão satisfeitos pela prestação contratual. Para a seguradora, o interesse situa-se no *prêmio*, que constitui o objeto da prestação devida pelo segurado; e, para o segurado, é a garantia do interesse (necessidade juridicamente tutelada) que tem sobre determinados bens ou pessoas. A seguradora assume obrigação de entregar o valor patrimonial capaz de recompor ou devolver o segurado ao *status quo ante*, nos limites e condições fixados contratualmente. Não se asseguram coisas ou pessoas, mas o interesse patrimonial que o segurado tem em relação a elas.

d) *Formais*: o consenso é suficiente para a formação da relação contratual. A apólice ou outro documento escrito é exigido apenas como prova da existência do negócio.[16]

e) *Temporais*: o contrato de seguro é legalmente pactuado para vigorar dentro de um prazo determinado (Código Civil, art. 760). Para o direito positivo, portanto, "a limitação temporal restringe o direito das partes ao período de vigência da apólice".[17]

4.5. O CONTRATO DE SEGURO NÃO É ALEATÓRIO, COMO OUTRORA SE PENSAVA

I – Introdução

Sem maiores considerações, chega-se, às vezes, em nome da tutela consumerista, a proclamar que o seguro de vida em grupo, mesmo afetado por evidente desequilíbrio em suas bases atuariais, não poderia ser encerrado ou reequacionado pela seguradora, porque isto corresponderia a transferir um risco do fornecedor para os consumidores.

Ora, se se atentar para a natureza do contrato de seguro, dentro da sistemática que lhe dedica o ordenamento legal, jamais se chegará a uma conclusão como esta. O seguro é profundamente assentado sobre a mutualidade, ou seja, pela distribuição dos riscos individuais entre todos os participantes do plano de cobertura. Nenhum

---

[14] A inexistência prévia do risco torna nulo o contrato ou, se superveniente, causa a sua resolução.
[15] SOTO, Alonso. *Enciclopédia jurídica básica*, cit, p. 6.138.
[16] ALVIM, Pedro. *O contrato de seguro*, cit. n. 112, p. 144.
[17] TJ-SP, Ap. c/ rev. 1.129.599-00/0, Seção de Direito Privado, 26ª Câm., ac. 26.11.2007, Rel. designado Norival Oliva.

seguro moderno pode ser contratado apenas em função isolada de um segurado e uma seguradora. Haverá sempre um plano somente exequível (e, por isso, aprovado pelo Poder Público) quando contar com a participação de um grupo numeroso de segurados, entre os quais se formará o *fundo comum* indispensável à cobertura dos riscos contratados.

O risco, portanto, não é arbitrariamente assumido pela seguradora, mas é compartilhado por todos os segurados. O negócio não é *aleatório* como outrora se pensava; é *comutativo* e plenamente garantido pelo plano adrede traçado para conferir-lhe matemática estabilidade, dentro da técnica atuarial, como ensina o Des. Sergio Cavalieri Filho.[18]

Se fatores imprevisíveis sobrevêm e afetam a liquidez do plano de seguro de vida em grupo, a solução jurídica não é impor, a ferro e fogo, que a seguradora o mantenha até se arruinar completamente pela fatal insolvência do fundo comum e da própria empresa. O que a regulamentação da SUSEP prevê é medida completamente outra para o impasse em questão. É, na falta de acordo para reequilibrar a apólice, ou na impossibilidade de medidas eficientes para tal fim, simplesmente o cancelamento unilateral da apólice.

II – Seguro de vida em grupo

Segundo o art. 801 do CC, "o seguro de pessoas pode ser estipulado por pessoa natural, ou jurídica em proveito de grupo que a ela, de qualquer modo, se vincule".

Há, nessa modalidade contratual, três partes:

i) o estipulante: "pessoa natural ou jurídica que contrata apólice coletiva de seguros, ficando investido dos poderes de representação dos segurados perante as sociedades seguradoras" (Resolução nº 434/2021 do Conselho Nacional de Seguros Privados). Entretanto, ele "não representa o segurador perante o grupo segurado" e é "o único responsável, para com o segurador, pelo cumprimento de todas as obrigações contratuais" (art. 801, § 1º, do CC);

ii) os segurados: pessoas físicas que, de qualquer modo, se vinculem ao estipulante. Normalmente, uma empresa celebra o contrato com a seguradora em benefício de seus funcionários que, voluntariamente, optarem por aderir ao seguro; e,

---

[18] "O segundo elemento essencial do seguro, conforme já destacado, é a mutualidade, que é também a sua base econômica. Embora figurem no contrato de seguro apenas dois contraentes – segurador e segurado –, o seguro, na realidade, é uma operação coletiva de poupança: de um lado estão inúmeras pessoas, reunidas por um processo de mutualismo, todas poupando pequenas quantias; do outro lado está o segurador, administrando essa poupança, por sua conta e risco, e destinando-a, quando preciso, àqueles que dela necessitam em razão de prejuízos. Esta é uma ideia fundamental que não pode ser desprezada: o seguro não é uma operação isolada, mas de massa, de escala ou de mercado [...]. Quando se fala em mutualismo, está-se falando de uma comunidade submetida aos mesmos riscos, de um agrupamento de pessoas expostas aos mesmos perigos, às mesmas probabilidades de dano, razão pela qual decidem contribuir para a formação de um fundo capaz de fazer frente aos prejuízos sofridos pelo grupo. O segurador funciona apenas como gerente do negócio: recebe o prêmio de todos e paga as indenizações, cobrando um percentual pela administração" (CAVALIERI FILHO, Sergio. *Programa de responsabilidade civil*. 7. ed. São Paulo: Atlas, 2007, p. 413).

iii) a seguradora.

Essa modalidade de seguro, muitas vezes, é firmada previamente pelo estipulante com a seguradora, antes mesmo de o segurado integrar a empresa ou o grupo. Em razão disso – e de sua qualidade de procurador dos segurados – a jurisprudência confere ao estipulante a obrigação de informação, tão essencial nas relações de seguro:

> 7. Somente em momento posterior à efetiva contratação do seguro de vida em grupo, caberá ao trabalhador ou ao associado avaliar a conveniência e as vantagens de aderir aos termos da apólice de seguro de vida em grupo já contratada. A esse propósito, afigura-se indiscutível a obrigatoriedade legal de bem instruir e informar o pretenso segurado sobre todas as informações necessárias à tomada de sua decisão de aderir à apólice de seguro de vida contratada. Essa obrigação legal de informar o pretenso segurado previamente à sua adesão, contudo, deve ser atribuída exclusivamente ao estipulante, justamente em razão da posição jurídica de representante dos segurados, responsável que é pelo cumprimento de todas as obrigações contratuais assumidas perante o segurador. Para o adequado tratamento da questão posta, mostra-se relevante o fato de que não há, também nessa fase contratual, em que o segurado adere à apólice de seguro de vida em grupo, nenhuma interlocução da seguradora com este, ficando a formalização da adesão à apólice coletiva restrita ao estipulante e ao proponente.
>
> Em conclusão, no contrato de seguro coletivo em grupo cabe exclusivamente ao estipulante, e não à seguradora, o dever de fornecer ao segurado (seu representado) ampla e prévia informação a respeito dos contornos contratuais, no que se inserem, em especial, as cláusulas restritivas.[19]

Ainda em relação a esse seguro, importante ressaltar que as "Normas para o Seguro de Vida em Grupo" aprovadas pela SUSEP, na forma do disposto no art. 36, alínea "c", do Decreto-lei nº 73, de 21.11.1966, constantes da Circular/SUSEP nº 17, de 17.07.1992, estatuem que é direito da seguradora, em tais circunstâncias, *cancelar a apólice*, sempre que "a natureza dos riscos venha a sofrer alterações que a tornem incompatível com as condições mínimas de manutenção" (Normas cit., art. 53).[20]

Se os antigos segurados, que poderiam evitar a perda de cobertura migrando para outros planos, insistem em não fazê-lo, o prejuízo é deles, porque o segurador não tem o dever de manter um seguro vencido ou de manter um plano de cobertura que já não mais lhe convém.

Deriva da característica da mutualidade a imposição da manutenção do equilíbrio econômico entre o risco coberto e o prêmio, uma vez que, nos contratos de seguro de

---

[19] STJ, 3ª T., REsp 1.825.716/SC, Rel. Min. Marco Aurélio Bellizze, ac. 27.10.2020, DJe 12.11.2020. No mesmo sentido: STJ, 3ª T., AgInt no AREsp 1.782.351/SC, Rel. Min. Marco Aurélio Bellizze, ac. 01.06.2021, DJe 07.06.2021.

[20] A Circular SUSEP nº 17/1992 foi revogada pela Circular SUSEP nº 302/2005, também revogada pela Circular nº 667/2022, que passou a regular as coberturas oferecidas em plano de seguro de pessoas, prevendo, em caso de agravação do risco, a possibilidade de a seguradora optar pelo cancelamento do seguro (art. 59, §§ 1º e 2º). A SUSEP, outrossim, divulgou nota de esclarecimento sobre a nova regulamentação dos seguros de pessoas, advertindo que "a não renovação de uma apólice na data de seu vencimento, nos termos do que dispõe o Código Civil, não caracteriza o cancelamento unilateral de um contrato durante sua vigência".

longa duração pode ocorrer um agravamento dos riscos cobertos, aumentando, em consequência, a probabilidade de sua ocorrência, implicando, ainda, o rompimento do equilíbrio financeiro do contrato. Por isso, mais do que faculdade, é dever do segurador alterar as bases da cobertura ou não renová-la, caso não seja possível obter a garantia do equilíbrio econômico exigido pela mutualidade.[21]

O STJ, ao analisar a questão, reconheceu a mutualidade do contrato de seguro de vida em grupo e a necessidade de que seja ele continuamente revisado, em face da temporariedade do contrato. Assim, a seguradora deve analisar se as condições anteriormente pactuadas podem subsistir, de modo a assegurar os interesses do grupo. Caso haja necessidade de alteração dos termos e não havendo concordância dos segurados, deve o seguro ser extinto:

> II – [...] Sobressai, assim, do contrato em tela, dois aspectos relevantes, quais sejam, o do mutualismo das obrigações (diluição do risco individual no risco coletivo) e o da temporariedade contratual;
>
> III – A temporariedade dos contratos de seguro de vida decorre justamente da necessidade de, periodicamente, aferir-se, por meio dos correlatos cálculos atuariais, a higidez e a idoneidade do fundo a ser formado pelas arrecadações dos segurados, nas bases contratadas, para o efeito de resguardar, no período subsequente, os interesses da coletividade segurada. Tal regramento provém, assim, da constatação de que esta espécie contratual, de cunho coletivo, para atingir sua finalidade, deve ser continuamente revisada (adequação atuarial), porquanto os riscos predeterminados a que os interesses segurados estão submetidos são, por natureza, dinâmicos.
>
> IV – Efetivamente, a partir de tal aferição, será possível à Seguradora sopesar se a contratação do seguro de vida deverá seguir nas mesmas bases pactuadas, se deverá ser reajustada, ou mesmo se, pela absoluta inviabilidade de se resguardar os interesses da coletividade, não deverá ser renovada. Tal proceder, em si, não encerra qualquer abusividade ou indevida potestatividade por parte da Seguradora;
>
> V – Não se descura, por óbvio, da possibilidade de, eventualmente, o contrato de seguro de vida ser vitalício, entretanto, se assim vier a dispor as partes contratantes, é certo que as bases contratuais e especialmente, os cálculos atuariais deverão observar regime financeiro próprio. Ademais, o seguro de vida vitalício, ainda que expressa e excepcionalmente possa ser assim contratado, somente comporta a forma individual, nunca a modalidade em grupo. Na verdade, justamente sob o enfoque do regime financeiro que os seguros de vida deverão observar é que reside a necessidade de se conferir tratamento distinto para o seguro de vida em grupo daquele dispensado aos seguros individuais que podem, eventualmente, ser vitalício;
>
> VI – Não se concebe que o exercício, por qualquer dos contratantes, de um direito (consistente na não renovação do contrato), inerente à própria natureza do contrato de seguro de vida, e, principalmente, previsto na lei civil, possa, ao mesmo tempo, encerrar abusividade sob a égide do Código de Defesa do Consumidor, ou, ainda, inobservância da boa-fé objetiva, fundada, tão somente, no fato de o contrato entabulado entre as partes ter tido vigência pelo período de dez anos. Não se pode simplesmente, com

---

[21] TJ-RJ, 2ª CC., Ap. 2008.001.03427, ac. 27.02.2008, Rel. Des. Elizabete Filizzola.

esteio na Lei consumerista, reputar abusivo todo e qualquer comportamento contratual que supostamente seja contrário ao interesse do consumidor, notadamente se o proceder encontra respaldo na lei de regência. Diz-se, supostamente, porque, em se tratando de um contrato de viés coletivo, ao se conferir uma interpretação que torne viável a consecução do seguro pela Seguradora, beneficia-se, ao final, não apenas o segurado, mas a coletividade de segurados;

VII – No contrato entabulado entre as partes, encontra-se inserta a cláusula contratual que expressamente viabiliza, por ambas as partes, a possibilidade de não renovar a apólice de seguro contratada. Tal faculdade, repisa-se, decorre da própria lei de regência. Desta feita, levando-se em conta tais circunstâncias de caráter eminentemente objetivo, tem-se que a duração do contrato, seja ela qual for, não tem o condão de criar legítima expectativa aos segurados quanto à pretendida renovação. Ainda que assim não fosse, no caso dos autos, a relação contratual perdurou por apenas dez anos, tempo que se revela demasiadamente exíguo para vincular a Seguradora eternamente a prestar cobertura aos riscos contratados. Aliás, a consequência inexorável da determinação de obrigar a Seguradora a manter-se vinculada eternamente a alguns segurados é tornar sua prestação, mais cedo ou mais tarde, inexequível, em detrimento da coletividade de segurados.[22]

O STJ, por outro lado, tem reconhecido que, após vários anos de sucessivas renovações do contrato, também não age de má-fé o segurado que, na última renovação do seguro em grupo, antes do óbito, majora o valor da abertura, se o faz de maneira razoável e não abusiva, mesmo que a doença de que padecia não tivesse sido acusada originariamente.[23]

III – Seguro de vida individual

Em se tratando de seguro de vida individual, o STJ já decidiu ser abusiva a cláusula que permite a não renovação do ajuste, em razão da distinção existente entre o seguro individual e o em grupo. Sérgio Rangel Guimarães bem elucida essa distinção, conforme ressaltado pelo Ministro Massami Uyeda no REsp. 880.605, já citado:

Nesse ínterim, revela-se oportuno e necessário mencionar o escólio de Sergio Rangel Guimarães, que, tendo em conta a distinta concepção dos seguros de vida individual e em grupo, bem como seus respectivos regimes financeiros, destaca, de forma técnica,

---

[22] STJ, 2ª Seção, REsp. 880.605/RN, Rel. p/acórdão Min. Massami Uyeda, ac. 13.06.2012, *DJe* 17.09.2012. No mesmo sentido: STJ, 3ª T., AgRg no AREsp. 289.732/SP, Rel. Min. Sidnei Beneti, ac. 11.04.2013, *DJe* 29.04.2013. Entendendo ser válida a cláusula que prevê a possibilidade de não renovação do seguro de vida em grupo, desde que haja prévia notificação em prazo razoável: STJ, 3ª T., AgInt no REsp. 1.474.845/RS, Rel. Min, Moura Ribeiro, ac. 25.10.2016, *DJe* 14.11.2016.

[23] "Verificado nos autos que o valor do seguro era irrisório, igualmente não pode ser afastada a boa-fé se o segurado, por ocasião da última renovação, o elevou a patamar absolutamente razoável, para que o mesmo tivesse a significação própria dessa espécie de proteção econômica contratual" (STJ, 4ª T., REsp. 300.215/MG, Rel. Min. Aldir Passarinho Júnior, ac. 29.05.2001, *DJU* 24.09.2001, p. 312. No mesmo sentido: STJ, 4ª T., REsp. 116.024/SC, Rel. Min. Aldir Passarinho Júnior, ac. 25.08.2003, p. 309).

que: "Os contratos de seguro de vida em grupo são estabelecidos de forma anual, renováveis. Este ramo de seguro é fundamentado no regime financeiro de repartição simples, em que, atuarialmente, com base em tábuas de mortalidade, é estimado o valor provável de sinistros. Adiciona-se a esta estimativa os custos administrativos da seguradora, bem como o lucro da operação, os custos de colocação e os impostos. Por fim, o montante final é, de forma antecipada aos eventos, rateado entre os segurados. O preço final, que é conhecido pelo termo 'prêmio comercial de seguro', representa o valor que o segurado deverá pagar para ter direito à cobertura contratada.

Os seguros individuais, na sua acepção clássica, não são muito difundidos no Brasil. O ramo vida individual (VI) é fundamentado no regime financeiro de capitalização, em que o prêmio comercial de seguro é calculado de forma nivelada. Ou seja, nesta modalidade de seguro, em que os prazos contratuais são plurianuais ou vitalícios, o prêmio é fixo, não se alterando em relação ao capital segurado quando o segurado for atingindo as idades subsequentes. Para que seja preservado o equilíbrio técnico da operação, a parte do prêmio que nos primeiros anos contratuais é superior ao risco efetivo deve ser guardada, constituindo-se uma provisão matemática correspondente (um passivo para seguradora). É utilizada a técnica atuarial, sustentada em tábuas de mortalidade e taxas de juros, para se estabelecer as tarifas e as provisões matemáticas deste tipo de seguro". (GUIMARÃES, Sergio Rangel, *Fundamentação atuarial dos seguros de vida*: um estudo comparativo entre os seguros de vida individual e em grupo. Rio de Janeiro: Fundação Escola Nacional de Seguros – Funenseg, 2004. v. 9. 148 p.).

Assim, o entendimento sedimentado do STJ:

2. Consoante a jurisprudência da Segunda Seção, em contratos de seguro de vida, cujo vínculo vem se renovando ao longo de anos, não pode a seguradora modificar subitamente as condições da avença nem deixar de renová-la em razão do fator de idade, sem ofender os princípios da boa fé objetiva, da cooperação, da confiança e da lealdade que devem orientar a interpretação dos contratos que regulam as relações de consumo.

3. Admitem-se aumentos suaves e graduais necessários para reequilíbrio da carteira, mediante um cronograma extenso, do qual o segurado tem de ser cientificado previamente. (REsp 1.073.595/MG, Rel. Min. Nancy Andrighi, *DJe* 29.4.11).[24]

No mesmo sentido:

2. Se o consumidor contratou, ainda jovem, o seguro de vida oferecido pela recorrida e se esse vínculo vem se renovando desde então, ano a ano, por mais de trinta anos, a pretensão da seguradora de modificar abruptamente as condições do seguro, não renovando o ajuste anterior, ofende os princípios da boa fé objetiva, da cooperação, da confiança e da lealdade que deve orientar a interpretação dos contratos que regulam relações de consumo.

---

[24] STJ, 3ª T., AgRg no AREsp. 227.241/RS, Rel. Min. Sidnei Beneti, ac. 16.10.2012, *DJe* 06.11.2012. No mesmo sentido: STJ, 3ª T, AgRg no AREsp. 125.753/SP, Rel. Min. João Otávio de Noronha, ac. 06.08.2013, *DJe* 22.08.2013.

3. Constatado prejuízos pela seguradora e identificada a necessidade de modificação da carteira de seguros em decorrência de novo cálculo atuarial, compete a ela ver o consumidor como um colaborador, um parceiro que a tem acompanhado ao longo dos anos. Assim, os aumentos necessários para o reequilíbrio da carteira têm de ser estabelecidos de maneira suave e gradual, mediante um cronograma extenso, do qual o segurado tem de ser cientificado previamente. Com isso, a seguradora colabora com o particular, dando-lhe a oportunidade de se preparar para os novos custos que onerarão, ao longo do tempo, o seu seguro de vida, e o particular também colabora com a seguradora, aumentando sua participação e mitigando os prejuízos constatados.

4. A intenção de modificar abruptamente a relação jurídica continuada, com simples notificação entregue com alguns meses de antecedência, ofende o sistema de proteção ao consumidor e não pode prevalecer.[25]

Em seu voto, a Ministra Relatora esclareceu que o contrato de seguro de vida individual, celebrado por um longo período de tempo, "integra o rol de contratos que a doutrina mais autorizada convencionou chamar de *contratos relacionados*". Nesses contratos,

[...] para além das cláusulas e disposições expressamente convencionadas pelas partes e introduzidas no instrumento contratual, também é fundamental reconhecer a existência de deveres anexos, que não se encontram expressamente previstos mas que igualmente vinculam as partes e devem ser observados. Trata-se da necessidade de observância dos postulados da *cooperação, solidariedade, boa-fé objetiva e proteção da confiança*, que deve estar presente, não apenas durante período de desenvolvimento da relação contratual, mas também na fase pré-contratual e após a rescisão da avença. [...]

Não é difícil enxergar que um contrato de seguro de vida que vem sendo renovado por trinta anos, inicialmente na modalidade individual, e depois como seguro em grupo, não pode ser interpretado como se meramente derivasse de contratos isolados, todos com duração de um ano. Os diversos contratos renovados não são estanques, não estão compartimentalizados. Trata-se, na verdade, de uma única relação jurídica, desenvolvida mediante a celebração de diversos contratos, cada um deles como a extensão do outro. Essa constatação prejudica de maneira incontornável o raciocínio desenvolvido pelo Tribunal *a quo*, de que a mera notificação com trinta dias de antecedência para o termo do contrato anual é suficiente para justificar sua não renovação. Se analisarmos todos os contratos conjuntamente, notaremos que a notificação referida, na verdade, não transmite a intenção de não renovação de um vínculo anual, mas sim a intenção de rescindir o vínculo continuado, que ininterruptamente vinha se mantendo até então. Essa mudança de enfoque do problema é fundamental porque onde se via, antes, uma mera negativa de renovação, enxerga-se, agora, uma efetiva rescisão.

Essa rescisão da avença deve observar, como dito, os princípios da colaboração, da boa-fé e da confiança. Um jovem que vem contratando ininterruptamente o seguro

---

[25] STJ, 2ª Seção, REsp. 1.073.595/MG, Rel. Min. Nancy Andrighi, ac. 23.03.2011, *DJe* 29.04.2011.

de vida oferecido pela recorrida não pode ser simplesmente abandonado quando se torna um idoso. O cidadão que depositou sua confiança na companhia seguradora por anos, ininterruptamente, deve ter essa confiança protegida. O abandono do consumidor, nessa situação, não pode ser tomado como medida de boa-fé.

Há, naturalmente, a contrapartida. Não se pode exigir, indistintamente, que a seguradora permaneça amargando prejuízos para a manutenção do vínculo contratual. A colaboração que deve orientar a relação entre o consumidor e a seguradora deve produzir seus efeitos para ambos, de modo que o consumidor também deve colaborar com a seguradora.

Porém, é fundamental que se note que não é razoável imaginar que, de um ano para o outro, a seguradora teve uma "súbita" constatação de que amargava prejuízos em sua carteira de seguros de vida, justificando a completa modificação do sistema anterior de forma abrupta. Há responsabilidade da seguradora por não ter notado o desequilíbrio de sua carteira em tempo hábil, comunicando prontamente o consumidor e planejando, de forma escalonada, a correção das distorções.

IV – Prescrição

A ação para questionar em juízo a abusividade da negativa de renovação do seguro, segundo o STJ, prescreve em três anos, uma vez não se aplicar à hipótese o art. 206, § 1º, II do Código Civil, mas, sim, a norma do art. 206, § 3º, V:

> 1. Ação anulatória e de obrigação de fazer, ajuizada em 06.06.2007. Recurso especial concluso ao Gabinete em 26.10.2011.
>
> 2. Discussão relativa ao prazo prescricional aplicável à pretensão relativa à nulidade de cláusula contratual que permite a não renovação de seguro de vida coletivo e restituição dos prêmios pagos.
>
> 3. Inviável o reconhecimento de violação ao art. 535 do CPC quando não verificada no acórdão recorrido omissão, contradição ou obscuridade apontadas pela recorrente.
>
> 4. Quando a lei (art. 206, § 1º, II, do CC/02) fixa os termos iniciais dos prazos de prescrição, deixa evidenciado que a pretensão do segurado – ou do segurador – deve estar relacionada ao próprio objeto do contrato de seguro.
>
> 5. A causa de pedir da indenização, na hipótese, é a responsabilidade extracontratual da seguradora, decorrente da alegada abusividade e ilicitude da sua conduta de não renovar o contrato sem justificativa plausível.
>
> 6. Tendo em vista a interpretação de caráter restritivo que deve ser feita acerca das normas que tratam de prescrição, dentre as quais está a do art. 206, § 1º, II, do Código Civil, não é possível ampliar sua abrangência, de modo a abarcar outras pretensões, ainda que relacionadas, indiretamente, ao contrato de seguro. Aplicação, na hipótese, do art. 206, § 3º, V, do CC/02.
>
> 7. Na hipótese, mesmo que afastada a aplicação do art. 206, § 1º, II, do Código Civil, fica reconhecida a prescrição trienal.[26]

---

[26] STJ, 3ª T., REsp. 1.290.116/SC, Rel. Min. Nancy Andrighi, ac. 22.05.2014, *DJe* 13.06.2014.

4.5.1. Responsabilidade da seguradora

No contrato de seguro de responsabilidade civil ou de danos materiais de veículos, a seguradora se obriga a custear os gastos de reparo do bem sinistrado, nos limites da apólice. É frequente a convenção que, em tais coberturas, sujeita o segurado a reparar o veículo em oficinas credenciadas pela seguradora.

Diante de contratos desse teor, a seguradora – no entendimento do STJ – responderá solidariamente, como fornecedora, pelos danos materiais suportados pelo segurado, em razão de defeitos na prestação dos serviços por parte da oficina que credenciou ou indicou. É que, "ao fazer tal indicação ao segurado, estende sua responsabilidade também aos consertos realizados pela credenciada, nos termos dos arts. 7º, parágrafo único, 25, § 1º, e 34 do Código de Defesa do Consumidor".[27]

Mas, em regra, não se pode ir além da reparação dos danos materiais, na espécie. Isto porque, segundo jurisprudência consolidada do STJ, "o simples inadimplemento contratual não gera, em regra, danos morais, por caracterizar mero aborrecimento, dissabor, envolvendo controvérsia possível de surgir em qualquer relação negocial, sendo fato comum e previsível na vida social, embora não desejável. No caso em exame, não se vislumbra nenhuma excepcionalidade apta a tornar justificável essa reparação".[28]

Ainda em relação ao seguro de responsabilidade civil, o STJ já decidiu ser abusiva a cláusula que impõe o cálculo da indenização com base no valor médio de mercado vigente na data da liquidação do sinistro:

> 1. Cinge-se a controvérsia a saber se a indenização securitária decorrente de contrato de seguro de automóvel deve corresponder, no caso de perda total, ao valor médio de mercado do bem (tabela FIPE) apurado na data do sinistro ou na data do efetivo pagamento (liquidação do sinistro).
>
> 2. O Código Civil de 2002 adotou, para os seguros de dano, o princípio indenitário, de modo que a indenização securitária deve corresponder ao valor real dos bens perdidos, destruídos ou danificados que o segurado possuía logo antes da ocorrência do sinistro. Isso porque o seguro não é um contrato lucrativo, mas de indenização,

---

[27] STJ, 4ª T., REsp. 827.833/MG, Rel. Min. Raul Araújo, ac. 24.04.2012, DJe 16.05.2012: "2. São plenamente aplicáveis as normas de proteção e defesa do consumidor, na medida em que se trata de relação de consumo, em decorrência tanto de disposição legal (CDC, art. 3º, § 2º) como da natureza da relação estabelecida, de nítida assimetria contratual, entre o segurado, na condição de destinatário final do serviço securitário, e a seguradora, na qualidade de fornecedora desse serviço. 3. O ato de credenciamento ou de indicação de oficinas como aptas a proporcionar ao segurado um serviço adequado no conserto do objeto segurado sinistrado não é uma simples gentileza ou comodidade proporcionada pela seguradora ao segurado. Esse credenciamento ou indicação se faz após um prévio acerto entre a seguradora e a oficina, em que certamente ajustam essas sociedades empresárias vantagens recíprocas, tais como captação de mais clientela pela oficina e concessão por esta de descontos nos preços dos serviços de reparos cobrados das seguradoras. Passa, então, a existir entre a seguradora e a oficina credenciada ou indicada uma relação institucional, de trato duradouro, baseada em ajuste vantajoso para ambas".

[28] STJ, REsp. 827.333/MG, cit.

devendo ser afastado, por um lado, o enriquecimento injusto do segurado e, por outro, o estado de prejuízo.

3. Nos termos do art. 781 do CC, a indenização no contrato de seguro possui alguns parâmetros e limites, não podendo ultrapassar o valor do bem (ou interesse segurado) no momento do sinistro nem podendo exceder o limite máximo da garantia fixado na apólice, salvo mora do segurador. Precedentes.

4. É abusiva a cláusula contratual do seguro de automóvel que impõe o cálculo da indenização securitária com base no valor médio de mercado do bem vigente na data de liquidação do sinistro, pois onera desproporcionalmente o segurado, colocando-o em situação de desvantagem exagerada, indo de encontro ao princípio indenitário. Como cediço, os veículos automotores sofrem, com o passar do tempo, depreciação econômica, e quanto maior o lapso entre o sinistro e o dia do efetivo pagamento, menor será a recomposição do patrimônio garantido.

5. A cláusula do contrato de seguro de automóvel a qual adota, na ocorrência de perda total, o valor médio de mercado do veículo como parâmetro para a apuração da indenização securitária deve observar a tabela vigente na data do sinistro e não a data do efetivo pagamento (liquidação do sinistro).[29]

4.5.2. Interpretação de contrato de seguro e responsabilidade da seguradora

I – Introdução

O contrato de seguro é, antes de tudo, um *contrato de adesão*, e, além disso, se acha inserido na esfera tutelada pelo Código de Defesa do Consumidor. Isto faz com que, na cobertura ajustada, tem a seguradora, em função da boa-fé, o dever de ser clara e precisa, mormente nas cláusulas que limitam ou excluem o seguro:

2. Nos contratos de adesão, as cláusulas que implicarem limitação de direito do consumidor deverão ser redigidas com destaque para permitir sua imediata e fácil compreensão, garantindo-lhe, ademais, uma informação adequada e clara sobre os diferentes produtos e serviços, com especificação correta de quantidade, características, composição, qualidade, tributos incidentes e preço, bem como sobre os riscos que apresentem.

3. Como o segurado é a parte mais fraca, hipossuficiente e vulnerável, inclusive no sentido informacional da relação de consumo, e o segurador detém todas as informações essenciais acerca do conteúdo do contrato, abusivas serão as cláusulas dúbias, obscuras e redigidas com termos técnicos, de difícil entendimento.

4. O consumidor tem direito a informação plena do objeto do contrato, e não só uma clareza física das cláusulas limitativas, pelo simples destaque destas, mas, essencialmente, clareza semântica, com um significado homogêneo dessas cláusulas, as quais deverão estar ábdito a ambiguidade.[30]

---

[29] STJ, 3ª T., REsp. 1.546.163/GO, Rel. Min. Ricardo Villas Bôas Cueva, ac. 05.05.2016, *DJe* 16.05.2016.
[30] STJ, 3ª T., REsp 1.837.434/SP, Rel. Min. Nancy Andrighi, ac. 03.12.2019, *DJe* 05.12.2019.

É importante lembrar que o consumidor segurado é um leigo, que, normalmente, não tem acesso à linguagem técnica dominada pelos profissionais do mercado securitário. A falta de detalhamento e especificação adequados à linguagem comum não pode, por isso, prejudicar o segurado, já que configurará infração do *dever de informar* imposto ao fornecedor (CDC, art. 6º, III). Cláusulas, portanto, de sentido dúbio ou de alcance restritivo não perceptível pelo segurado tornam-se "cláusulas abusivas" e, por conseguinte, não eficazes.[31]

II – Interpretação mais favorável ao consumidor

Não importa se regulado pelo Código do Consumidor ou pelo Código Civil, o contrato de adesão será interpretado e compreendido com fidelidade aos princípios da boa-fé e da probidade, respeitando sempre, porém, as declarações das partes, desde que enunciadas com a necessária clareza, simplicidade e precisão. Caso contrário, sendo elas obscuras, complexas e imprecisas, "a interpretação se fará em benefício do aderente".[32]

Trata-se de critério hermenêutico contemplado pelo Código Civil de 2002. Estatui o art. 423 do Codex que "quando houver no contrato de adesão cláusulas ambíguas ou contraditórias, dever-se-á adotar a interpretação mais favorável ao aderente". Registra Cristiano Chaves de Farias e Nelson Rosenvald que a norma aceita o desiquilíbrio prévio das partes, mas, como forma de reequilibrá-las, determina que a interpretação do negócio jurídico deve se fazer em favor de quem somente pode aderir: "Busca-se o reequilíbrio, a equitatividade, pois, no âmbito contratual, deve existir paridade de sacrifícios, nunca a submissão de uma parte à outra, para que seja viável o cumprimento da prestação e ocorra a liberação de quem deve preservá-la".[33]

Se é isso o que se prevê para todo e qualquer contrato de adesão no campo cível, e tendo o seguro esta categoria jurídica, a consequência é que, no campo hermenêutico, a dúvida estabelecida em torno de cláusulas ambíguas ou contraditórias do contrato será resolvida "contra o segurador".[34] Com efeito, a regra de interpretação *contra proferentem* "importa a aplicação do princípio da boa-fé que leva a punir quem infringiu o dever de se manifestar de forma compreensível".[35]

---

[31] É entendimento doutrinário largamente definido que, na interpretação das normas do CDC, "as cláusulas restritivas no contrato de seguro devem ser informadas adequadamente ao consumidor". Incidem em prol desse dever não só a regra do art. 6º, III, do CDC, como também a do art. 46 ("tudo o que não for informado ao consumidor não lhe é exigível") e a do art. 30 do mesmo Código (obrigatoriedade da informação, sem a explicitação da respectiva restrição) (MIRAGEM, Bruno. Resenha. *Revista de Direito do Consumidor*, v. 83, p. 379, jul.-set. 2012).

[32] PEREIRA, Caio Mário da Silva. *Instituições de direito civil*. 11. ed. 3. tir. Rio de Janeiro: Forense, 2004, v. III, p. 76.

[33] FARIAS, Cristiano Chaves de; ROSENVALD, Nelson. *Curso de direito civil: contratos*. 8 ed. rev. e atual. Salvador: JusPodivm, 2018, p. 331.

[34] ALVIM, Pedro. *O contrato de seguro*. 3. ed. Rio de Janeiro: Forense, 1999, n. 138, p. 174.

[35] Tradução livre do trecho: "importa una aplicación del principio de buena fe que conduce a sancionar a quien ha infringido el deber de expresar su declaración comprensiblemente" (STIGLITZ, Rubén S. *Derecho de seguros*. 3. ed. Buenos Aires: Abeledo-Perrot, 2001, n. 543, p. 614).

Como o segurado não é um profissional, nem um técnico na matéria de seguro, suas expectativas, diante do contrato que a seguradora unilateralmente redige, são amplamente influenciadas pela visão que a comunidade tem dessa modalidade negocial. Mais do que o sentido técnico da linguagem utilizada pelo segurador, são os costumes e usos que conduzem o contratante a firmar o contrato de seguro.

Nesse sentido, manifestam-se os Ministros do STJ. É o que se extrai do voto do Ministro Marco Aurélio Bellizze proferido em lide envolvendo interpretação de cláusulas de seguro:

> Com base nessa linha intelectiva, Flávio Tartuce aponta esse viés interpretativo como regra, não se podendo esquecer de outros "que devem guiar o contrato de seguro, como a interpretação mais favorável ao consumidor (art. 47 do CDC), a interpretação mais favorável ao aderente (art. 423 do CC) e aquela guiada pela boa-fé das partes, em todas as fases do contrato (arts. 765 do CC) [...]" (Código Civil Comentado – doutrina e jurisprudência. Rio de Janeiro: Forense, 2019, p. 469).
>
> [...] O Código Civil, a seu turno, adota explicitamente como pressuposto a existência de cláusula ambígua ou contraditória, nos termos do que dispõe o seu art. 423 (sem grifo no original): quando houver no contrato de adesão cláusulas ambíguas ou contraditórias, dever-se-á adotar a interpretação mais favorável ao aderente.[36]

Essa interpretação mais favorável ao consumidor torna-se ainda mais necessária nas cláusulas restritivas do seguro redigidas de forma ambígua ou de tal forma genérica que excluem a indenização.

Para que uma cláusula de exoneração, total ou parcial, da obrigação contraída em contrato bilateral, como é o caso do seguro, prevaleça, deve expressar claramente o propósito liberatório da seguradora, bem como encontrar fundamento na função econômica do negócio jurídico. No entanto – ressalta Danz –, se o fizesse de maneira expressa e clara, ninguém se interessaria em contratar com ele, preferindo outra seguradora que não impusesse a indesejável condição liberatória ou redutora do seguro. Daí que a imprecisão ou falta de clareza da condição exoneratória deve ser interpretada pelo juiz como comportamento malicioso da seguradora, a ser reprimido em juízo, a título de conduta desleal e contrária à boa-fé.[37]

Segundo Rubén Stiglitz, "as exclusões formais de cobertura devem ser individualizadas no texto das apólices, das quais a garantia da seguradora só pode ser restringida por cláusulas expressas, não sendo viável a interpretação analógica ou extensiva".[38]

---

[36] STJ, 3ª T., REsp 1.876.762/MS, Rel. p/ acórdão Ministro Marco Aurélio Bellizze, ac. 01.06.2021, *DJe* 30.06.2021.

[37] DANZ, E. *La interpretación de los negocios jurídicos*. Trad. de Francisco Bonet Ramon. Madrid: Editorial Revista de Derecho Privado, 1955, p. 202-203.

[38] Tradução livre do trecho: "las exclusiones formales de cobertura deben individualizarse en el texto de las pólizas, de donde la garantía del asegurador sólo puede restringirse por cláusulas expresas, no siendo factible la interpretación analógica ni extensiva de las mismas" (STIGLITZ, Rubén S. *Derecho de seguros cit.*, n.º 552, p. 621-622).

Nesse sentido, o entendimento do STJ, para quem, "nos contratos de seguro, o dever de boa-fé e transparência torna insuficiente a inserção de uma cláusula geral de exclusão de cobertura; deve-se dar ao contratante ciência discriminada dos eventos efetivamente não abrangidos por aquele contrato". Assim, não se deve aplicar a cláusula de exclusão de cobertura, se a doença que permitia tal exclusão não havia sido diagnosticada ao tempo da contratação, mesmo sendo mal preexistente. "Em tais hipóteses, ausente a má-fé do mutuário-segurado, a indenização securitária deve ser paga".[39]

No mesmo sentido, outros julgados:

(i) 5. Hipótese em que, diante da ausência de clareza da cláusula contratual que exclui a cobertura securitária no caso de furto simples, bem como a precariedade da informação oferecida à recorrente, associado ao fato de que as cláusulas pré-estabelecidas em contratos de adesão devem ser interpretadas de forma mais favorável ao consumidor, a referida exclusão se mostra abusiva e, em razão disso, devida a indenização securitária.[40]

(ii) 9. Inserir cláusula de exclusão de risco em contrato padrão, cuja abstração e generalidade abarquem até mesmo as situações de legítimo interesse do segurado quando da contratação da proposta, representa imposição de desvantagem exagerada ao consumidor, por confiscar-lhe justamente o conteúdo para o qual se dispôs ao pagamento do prêmio.

10. É abusiva a exclusão do seguro de acidentes pessoais em contrato de adesão para as hipóteses de: i) gravidez, parto ou aborto e suas consequências; ii) perturbações e intoxicações alimentares de qualquer espécie; e iii) todas as intercorrências ou complicações consequentes da realização de exames, tratamentos clínicos ou cirúrgicos.[41]

Da mesma forma, o TJMG, ao julgar ação envolvendo contrato de seguro, decidiu que "devem ser interpretadas restritivamente as cláusulas limitativas de direito, tais como as que excluem cobertura nos contratos de seguros, que devem ser interpretadas favoravelmente ao segurado".[42] Isto porque, os princípios da boa-fé objetiva, da cooperação, da confiança e da lealdade devem orientar a interpretação dos contratos de seguro.[43]

Entretanto, estando devidamente redigidas, de forma a informar prévia e validamente o segurado, essas cláusulas são legítimas:

4. É da própria natureza do contrato de seguro a prévia delimitação dos riscos cobertos a fim de que exista o equilíbrio atuarial entre o valor a ser pago pelo consumidor e a indenização securitária de responsabilidade da seguradora, na eventual ocorrência do sinistro.

5. A restrição da cobertura do seguro às situações específicas de invalidez por acidente decorrente de "qualquer tipo de hérnia e suas consequências", "parto ou aborto e suas

---

[39] STJ, 3ª T., REsp 1.074.546/RJ, Rel. Min. Massami Uyeda, ac. 22.09.2009, DJe 04.12.2009.
[40] STJ, 3ª T., REsp 1.837.434/SP, cit.
[41] STJ, 3ª T., REsp 1.635.238/SP, Rel. Min. Nancy Andrighi, ac. 11.12.2018, DJe 13.12.2018.
[42] TJMG, Ap. Cív. 1.013.03.076461-4/001, Rel. Des. Hilda Teixeira da Costa, ac. 16.02.2006, DJ 29.04.2006.
[43] STJ, 3ª T., AgRg no REsp 1.136.893/SP, Rel. Min. Sidnei Beneti, ac. 26.06.2012, DJe 29.06.2012.

consequências", "perturbações e intoxicações alimentares de qualquer espécie, bem como as intoxicações decorrentes da ação de produtos químicos, drogas ou medicamentos, salvo quando prescritos por médico devidamente habilitado, em decorrência de acidente coberto" e "choque anafilático e suas consequências" não contraria a natureza do contrato de seguro nem esvazia seu objeto, apenas delimita as hipóteses de não pagamento do prêmio. [...]

7. Dessa forma, a cláusula contratual que circunscreve e particulariza a cobertura securitária não encerra, por si, abusividade nem indevida condição potestativa por parte da seguradora, ainda que analisada – de forma puramente abstrata – pela ótica do Código de Defesa do Consumidor.[44]

III – Seguro de dano

Aplicando esses princípios hermenêuticos, o STJ considerou abusiva a cláusula de contrato de seguro que limitava a cobertura aos casos de "furto qualificado", sem maiores explicitações, visto que ao segurado falecia conhecimento técnico para perceber as "diferenças entre uma e outra espécie de furto". Da vulnerabilidade do consumidor, o aresto, qualificou de presumível a ausência do referido conhecimento, "ensejando-se, por isso, o reconhecimento da falha no dever geral de informação, o qual constitui, é certo, direito básico do consumidor, nos termos do art. 6º, III, do CDC".[45] Em face disso, considerou-se acobertado o risco de furto em sentido amplo.

IV – Seguro de pessoas

O STJ entende ser abusiva a cláusula que excluir da responsabilidade da seguradora o pagamento da indenização de seguro de vida caso a morte decorra de suicídio, após a carência de dois anos de vigência do contrato, embriaguez ao volante, utilização de substâncias tóxicas etc.:

> Já em consonância com o novel Código Civil, a jurisprudência do Superior Tribunal de Justiça consolidou seu entendimento para preconizar que "o legislador estabeleceu critério objetivo para regular a matéria, tornando irrelevante a discussão a respeito da premeditação da morte" e que, assim, a seguradora não está obrigada a indenizar apenas o suicídio ocorrido dentro dos dois primeiros anos do contrato (AgRg nos EDcl nos EREsp 1.076.942/PR, Rel. p/ acórdão Ministro JOÃO OTÁVIO DE NORONHA).
>
> *Com mais razão, a cobertura do contrato de seguro de vida deve abranger os casos de sinistros ou acidentes decorrentes de atos praticados pelo segurado em estado de insanidade mental, de alcoolismo ou sob efeito de substâncias tóxicas, ressalvado o suicídio ocorrido dentro dos dois primeiros anos do contrato.*

---

[44] STJ, 4ª T., REsp 1.358.159/SP, Rel. Min. Antonio Carlos Ferreira, ac. 08.06.2021, *DJe* 16.06.2021.
[45] STJ, 3ª T., REsp. 1.293.996/SP, Rel. Min. Massami Uyeda, ac. 21.06.2012, *DJe* 29.06.2012. Consta do acórdão: "A condição exigida para cobertura do sinistro – ocorrência de furto qualificado – por si só, apresenta conceituação específica da legislação penal, cujo próprio meio técnico-jurídico possui dificuldade para conceituá-lo, o que denota sua abusividade".

Orientação da Superintendência de Seguros Privados na Carta Circular SUSEP/DETEC/GAB nº 08/2007: "1) Nos Seguros de Pessoas e Seguro de Danos, é VEDADA A EXCLUSÃO DE COBERTURA na hipótese de 'sinistros ou acidentes decorrentes de atos praticados pelo segurado em estado de insanidade mental, de alcoolismo ou sob efeito de substâncias tóxicas'; 2) Excepcionalmente, nos Seguros de Danos cujo bem segurado seja um VEÍCULO, é ADMITIDA A EXCLUSÃO DE COBERTURA para 'danos ocorridos quando verificado que o VEÍCULO SEGURADO foi conduzido por pessoa embriagada ou drogada, desde que a seguradora comprove que o sinistro ocorreu devido ao estado de embriaguez do condutor". Precedentes: REsp 1.665.701/RS, Rel. Ministro RICARDO VILLAS BÔAS CUEVA, TERCEIRA TURMA; e AgInt no AREsp 1.081.746/SC, Rel. Ministro RAUL ARAÚJO, QUARTA TURMA.[46]

Com efeito, o entendimento encontra-se sumulado pela Corte Superior:

1. Súmula 620/STJ: "A embriaguez do segurado não exime a seguradora do pagamento da indenização em contrato de seguro de vida".

2. Súmula 610/STJ: "O suicídio não é coberto nos dois anos de vigência do contrato de seguro de vida, ressalvado o direito do beneficiário à devolução do montante da reserva técnica formada".

4.6. A JURISPRUDÊNCIA SOBRE A NÃO RENOVAÇÃO DO SEGURO DE VIDA EM GRUPO

A rigor, não haveria ato ilícito capaz de justificar a condenação da seguradora a reparar perdas e danos em prol dos segurados, pelo só fato de não ter sido renovado ou mantido o contrato de seguro de vida em grupo.

Como o art. 760 do Código Civil atual (na esteira do que já previa o art. 1.448 do Código de 1916) detalha os elementos essenciais do contrato de seguro, neles incluindo a previsão obrigatória do *início* e do *fim de sua validade*, a conclusão a que chegou o Tribunal de Justiça de São Paulo foi de que:

> O contrato de seguro não é perpétuo. Tem prazo de vigência delimitado, renovável periodicamente, *se assim o quiserem as partes contratantes* (grifamos).[47]

O mesmo aresto, analisando hipótese de recusa pela seguradora de manter o seguro vencido, nas bases primitivas, explica a legitimidade da atitude, nos seguintes termos:

> Trata-se de caso de aplicação de princípio básico do direito privado, concretizado na manifestação de vontade da seguradora de não mais prosseguir na avença. Sem lei que assegure a continuidade pretendida, não há como manter-se a relação jurídica contratual entre as partes.

---

[46] STJ, 2ª Seção, EREsp 973.725/SP, Rel. Min. Lázaro Guimarães ac. 25.04.2018, *DJe* 02.05.2018.
[47] TJSP, Ap. 1.129.599-00/0, *cit.*

Não poderia o juiz, apoiando-se na tutela do consumidor, impor à seguradora a submissão a um novo contrato que esta não quer pactuar, nem está, pelo direito civil, obrigada a fazê-lo. Pelo contrário, o que a lei de regência do contrato típico prevê é a sua temporariedade e, consequentemente, a liberação de ambas as partes ao fim do prazo de duração do seguro estatuído na respectiva apólice.[48]

Igual observação é feita em doutrina:

> O contrato de seguro de vida em grupo é sempre contratado por prazo certo, permitida uma única recondução [automática] (art. 774) se o segurador ou estipulante não se manifestarem em sentido contrário. O prazo global é, no mais das vezes, de um ano [...]. O contrato global de vida em grupo, sendo por tempo determinado e de execução continuada, extingue-se pelo advento do termo final. É a forma normal de extinção dos contratos, que se opera também no contrato de seguro de vida em grupo [...]. As relações individuais estão intimamente ligadas ao contrato-mestre, compondo esse conjunto o contrato global. Assim, a extinção do contrato-mestre significa, pura e simplesmente, a extinção de todo o contrato, afetando as relações individuais. Da mesma forma, a extinção das relações individuais, até um certo e determinado número [comprometendo o equilíbrio do seguro], acarreta, como vimos no número anterior, a extinção do contrato global. Esta é uma das evidências de que estamos diante de um só contrato, abrangendo o contrato-mestre e as relações individuais.[49]

A jurisprudência que, às vezes, condena a seguradora a manter a cobertura do seguro de vida, mesmo depois de vencido o prazo estipulado na apólice, prende-se ao

---

[48] No mesmo sentido, Ap. Cív. 2008.001.03427, são vários precedentes do TJRJ: 15ª Câm. Cív., Ap. Civ. 2007.001.61305, Rel. Des. Celso Ferreira Filho, ac. 11.12.2007; 17ª Câm. Cív., Ap. Civ. 2007.001.47765, Rel. Des. Maria Inês Gaspar, ac. 03.10.2007; 1ª Câm. Cív., Ap. 2007.001.01043, Rel. Des. Maldonado de Carvalho, ac. 06.03.2007; 2ª Câm. Cív., Ap. Civ. 2005.001.35852, Rel. Des. Conceição Monsnier. Precedentes invocados: Aps. Civs. 2003.001.02640, 2001.001.00966, 2003.001.06092, 2003.001.07323, 2003.001.01672, 2003.001.09277 e 2003.00130945; 18ª Câm. Cív., Ap. Civ. 2007.001.22577, Rel. Des. Cássia Medeiros, ac. 24.07.2007; 18ª Câm. Cív., Ap. Civ. 2007.00133226, Rel. Des. Célia Meliga Pessoa, ac. 10.07.2007. Segue idêntico entendimento o TJPR, 9ª Câm. Cív., AI 0397150-6, Rel. Des. Sérgio Luiz Patitucci, ac. 12.04.2007; 5ª Câm. Cív., AI 0380596-1, Des. Rosene Arão de Cristo Pereira, ac. 21.08.2007; 9ª Câm. Cív., Ap. Civ. 0413950-8, Rel. Des. José Augusto Gomes Aniceto, ac. 20.09.2007. Afinal, não é diferente o posicionamento do Superior Tribunal de Justiça, diante da não renovação do contrato de seguro de vida em grupo: "A cláusula contratual que prevê o cancelamento do contrato por ambos os contratantes não encontra vedação no Diploma Consumerista, sendo válida a *não renovação* da avença com fundamento na disposição contratual, mormente em razão de comunicação prévia" (STJ, REsp. 863.082/RN, decisão do Rel. Min. Humberto Gomes de Barros, ac. 31.08.2006, *DJU* 12.02.2006). A razão de ser do posicionamento do STJ decorre do reconhecimento da evidência de que "não existe contrato perpétuo", motivo pelo qual não é ofendido o CDC quando o "direito de denúncia unilateral" é concedido a "ambas as partes" (STJ, 4ª T., REsp. 889.406/RJ, Rel. Min. Massami Uyeda, ac. 20.11.2007, *DJU* 17.03.2008, p. 1).

[49] TZIRULNIK, Ernesto; QUEIROZ B., Flávio de; CAVALCANTI, Ayrton Pimentel. *O contrato de seguro, de acordo com o novo Código Civil Brasileiro*. 2. ed. São Paulo: RT, 2003, §§ 45.10, 45.12 e 45.13, p. 207-209.

princípio da boa-fé objetiva, que sujeita o contratante a responder pelas justas expectativas criadas para a contraparte. Se, durante longos anos, o seguro foi sistematicamente renovado, legítima se revela a confiança formada na consciência do segurado de que tais renovações continuariam a acontecer durante toda sua vida, mormente depois que já envelheceu e não teria condições econômicas para contratar novo seguro em bases similares às daquele que vinha custeando por tanto tempo.[50] Reconhece-se, na conjuntura do caso concreto, uma atitude injustificável e, por isso, abusiva, diante da vulnerabilidade do segurado.[51] Mas para que essa abusividade seja de fato acatada é necessário que não haja motivo sério a justificar a recusa de renovação do contrato por parte da seguradora.

Quando razões de ordem técnica conspirarem para inviabilizar a continuidade do seguro em grupo, não há abusividade no encerramento do plano. A solução preconizada pelos próprios órgãos encarregados de velar pela higidez do sistema nacional de seguros é o cancelamento da apólice, sempre que "a natureza dos riscos venha a sofrer alterações que a tornem incompatível com as condições mínimas de manutenção", conforme já se demonstrou.

É óbvio que não se entrevê abusividade numa deliberação que, em nome do aspecto social do seguro, é tomada por imposição normativa, e não por capricho da seguradora.

O negócio jurídico do seguro nunca se limita e exaure dentro da relação jurídica contratual singular travada entre o segurado e a seguradora. Há sempre um complexo feixe de interesses que se espraia no meio social e, particularmente, na numerosa coletividade dos segurados acobertados pela seguradora. Talvez não haja outro contrato

---

[50] "O STJ negou, por exemplo, a ruptura do seguro de vida simplesmente porque, depois de mais de quinze anos de vigência do contrato, o segurado, na última renovação anual, omitira a informação de doença recentemente descoberta. Concluiu o Tribunal que 'o seguro de vida nada proveria, se os beneficiários ficassem sem a cobertura do sinistro depois de relação contratual tão duradoura' (STJ, 3ª T., REsp. 254.548/SP, Rel. Min. Ari Pargendler, ac. 09.10.2007, DJU 05.03.2008, p. 1)."Na hipótese em que o contrato de seguro de vida é renovado ano a ano, por longo período, não pode a seguradora modificar subitamente as condições da avença nem deixar de renová-la em razão de fator de idade, sem que ofenda os princípios da boa-fé objetiva, da cooperação, da confiança e da lealdade" (STJ, 4ª T., EDcl no REsp. 1.159.632/RJ, Rel. Min. João Otávio de Noronha, ac. 09.08.2011, DJe 19.08.2011).

[51] "O STJ, por exemplo, considerou abusiva a recusa da seguradora de cumprir o seguro de vida em grupo porque o segurado, ao aderir, não noticiara doença preexistente (tenossinovite). No acórdão ficou ressalvada a boa-fé do segurado e esclarecido que 'a seguradora que aceita o contrato e recebe durante anos as contribuições da beneficiária do seguro em grupo não pode recusar o pagamento da indenização, quando comprovada a invalidez, sob a alegação de que a tenossinovite já se manifestara anteriormente' (STJ, 4ª T., REsp. 258.805/MG, Rel. Min. Ruy Rosado de Aguiar, ac. 21.09.2000, DJU 13.08.2001, p. 163). Em outro caso o mesmo princípio prevaleceu, nos seguintes termos: "Inobstante a omissão do segurado sobre padecer de cardiopatia quando da contratação [do seguro de vida em grupo], não se configura má-fé se o mesmo sobrevive por manter vida regular por vários anos, demonstrando que possuía, ainda, razoável estado de saúde quando da avença original, renovada sucessivas vezes" (STJ, 4ª T., REsp. 116.024/SC, Rel. Min. Aldir Passarinho Júnior, ac. 20.05.2003, DJU 25.08.2003, p. 309).

em que se revele mais nítida e relevante a moderna *função social do contrato*, prevista no atual Código Civil brasileiro, em seu art. 421.[52]

O contrato, no Estado Democrático de Direito, insere-se no terreno tutelado constitucionalmente do *valor social da livre-iniciativa* (art. 1º, IV, da CF/1988), razão pela qual Antônio Junqueira de Azevedo adverte que sua importância manifesta-se para toda a sociedade, não se restringindo aos interesses das partes.[53]

É o que igualmente ensina Teresa Negreiros:

> O contrato não deve ser concebido como uma relação jurídica que só interessa às partes contratantes, impermeável às condicionantes sociais que o cercam e que são por ele próprio afetadas.[54]

O princípio da função social em tema de contrato é o mesmo que anteriormente vinha sendo aplicado à propriedade, ou seja, o contrato, tal qual a propriedade, também sofre o impacto dos interesses da sociedade.[55]

Se, portanto, o cancelamento ou a não renovação da apólice de seguro em grupo se dá, nos termos do permissivo legal, tendo em vista interesses da coletividade, não há como impedir semelhante deliberação da seguradora, focalizando apenas e exclusivamente o interesse individual do segurado. Nesse sentido, o entendimento do STJ:

> 1. Os contratos de seguros e planos de saúde são pactos cativos por força de lei, por isso renovados automaticamente (art. 13, *caput*, da Lei n. 9.656/1998), não cabendo, assim, a analogia para a análise da validade das cláusulas dos seguros de vida em grupo. [...]
>
> 4. É legal a cláusula de não renovação dos seguros de vida em grupo, contratos não vitalícios por natureza, uma vez que a cobertura do sinistro se dá em contraprestação ao pagamento do prêmio pelo segurado, no período determinado de vigência da apólice, não ocorrente, na espécie, a constituição de poupança ou plano de previdência privada.
>
> 5. A permissão para não renovação dos seguros de vida em grupo ou a renovação condicionada a reajuste que considere a faixa etária do segurado, quando evidenciado o aumento do risco do sinistro, é compatível com o regime de repartição simples, ao qual aqueles pactos são submetidos e contribui para a viabilidade de sua existência, prevenindo, a médio e longo prazos, indesejável onerosidade ao conjunto de segurados.
>
> 6. A cláusula de não renovação do seguro de vida, quando constituiu faculdade conferida a ambas as partes do contrato, assim como a de reajuste do prêmio com base na faixa etária do segurado, mediante prévia notificação, não configuram abusividade e não exigem comprovação do desequilíbrio atuarial-financeiro. Precedentes.[56]

---

[52] "A liberdade de contratual será exercida em razão e nos limites da função social do contrato" (Código Civil, art. 421).
[53] AZEVEDO, Antonio Junqueira de. *Estudos e pareceres de direito privado*. São Paulo: Saraiva, 2004, p. 137-147.
[54] NEGREIROS, Teresa. *Teoria do contrato: novos paradigmas*. 2. ed. Rio de Janeiro: Renovar, 2006, p. 208.
[55] NEGREIROS, Teresa. *Op. cit., loc. cit.*
[56] STJ, 4ª T., REsp 1.769.111/RS, Rel. Min. Luis Felipe Salomão, ac. 10.12.2019, *DJe* 20.02.2020.

Nem mesmo a tutela do CDC socorreria a pretensão do segurado de continuar acobertado na forma da apólice extinta, visto que a atitude da seguradora não poderia, de maneira alguma, ser qualificada como abusiva.

4.7. PREVIDÊNCIA PRIVADA

A previdência privada é um regime de caráter complementar, autônomo em relação ao regime geral de previdência, facultativo e baseado na constituição de reservas que garantam o benefício contratado (Constituição Federal, art. 202, *caput*). O beneficiário, destarte, contrata um plano com a entidade de previdência privada, mediante o qual, faz aportes mensais que lhe assegurarão, no futuro, um capital para a sua aposentadoria.

O STJ já sedimentou o seu entendimento no sentido de que "o Código de Defesa do Consumidor é aplicável às entidades abertas de previdência complementar, não incidindo nos contratos previdenciários celebrados com entidades fechadas" (Súmula nº 563)[57]. É certo que, por não comercializarem seus benefícios ao público em geral, nem distribuírem no mercado de consumo, as entidades fechadas de previdência privada não podem ser qualificadas como fornecedoras para o fim de atrair a aplicação do CDC:

> Ao contrário do que consta nos mencionados precedentes, as entidades fechadas de previdência privada não comercializam os seus benefícios ao público em geral ou os distribuem no mercado de consumo, não podendo, por isso mesmo, ser enquadradas no conceito legal de fornecedor.
>
> Além disso, não há remuneração pela contraprestação dos serviços prestados e, consequentemente, a finalidade é não lucrativa (arts. 4º da Lei nº 6.435/1977 e 4º, II, e § 1º, da Lei Complementar nº 109/2001), já que o patrimônio da entidade e respectivos rendimentos, auferidos pela capitalização de investimentos, revertem-se integralmente na concessão e manutenção do pagamento de benefícios aos seus participantes e assistidos.
>
> Assim, o que predomina nas relações entre a EFPC e seus participantes é o associativismo ou o mutualismo com fins previdenciários, ou seja, uma gestão participativa com objetivos sociais comuns de um grupo específico, que se traduzem na rentabilidade dos recursos vertidos pelos patrocinadores (empregadores) e participantes (empregados) ao fundo, visando à garantia do pagamento futuro de benefício de prestação programada e continuada.
>
> Logo, a relação jurídica existente entre os fundos de pensão e seus participantes é de caráter estatutário, sendo regida por leis específicas (Leis Complementares nºs 108 e 109/2001) bem como pelos planos de custeio e de benefícios, de modo que, apenas em caráter subsidiário, aplicam-se a legislação previdenciária e a civil, não podendo incidir normas peculiares de outros microssistemas legais, tais como o CDC e a CLT.[58]

---

[57] A antiga Súmula nº 321/STJ, que admitia, genericamente, a aplicação do CDC à relação jurídica entre entidade de previdência privada e seus participantes, foi cancelada. Agora, o CDC aplica-se, tão somente, às entidades abertas (Súmula nº 563/STJ).

[58] Voto do Relator no REsp. 1.421.951/SE, 3ª T., Rel. Min. Ricardo Villas Bôas Cueva, ac. 24.11.2014, *DJe* 19.12.2014.

Analisando caso em que se discutia a aplicação retroativa de regulamento que alterava as condições de concessão do benefício de forma mais favorável ao beneficiário, o STJ decidiu quanto à aplicação do princípio do *tempus regit actum,* mormente se a aplicação retroativa prejudicar o equilíbrio econômico atuarial do fundo:

> 1. Cinge-se a controvérsia a saber se norma de regulamento de plano de previdência privada a qual estendeu o prazo de pagamento da suplementação de pensão por morte para dependente que ostentar não mais 21 (vinte e um), mas 24 (vinte e quatro) anos de idade, pode ser aplicada a benefício já concedido, por ser mais favorável.
>
> 2. Apesar de a concessão de benefícios oferecidos pelas entidades abertas ou fechadas de previdência complementar não depender da concessão de benefício oriundo da Previdência Social, haja vista as especificidades de cada regime e a autonomia existente entre eles, o mesmo raciocínio quanto à norma incidente para regular a pensão por morte deve ser aplicado, a harmonizar os sistemas.
>
> 3. Não só os benefícios da previdência pública mas também os da previdência privada devem regular-se pela lei ou pelo estatuto vigentes ao tempo em que foram implementados os requisitos necessários à consecução do direito. Desse modo, ante a incidência do princípio do *tempus regit actum,* normas editadas após a concessão do benefício previdenciário (oficial ou complementar) não podem retroagir, ainda que mais favoráveis ao beneficiário. Logo, o novo regulamento somente pode ser aplicado para regular os benefícios a serem adquiridos durante a sua vigência e não de modo a ferir o ato jurídico perfeito.
>
> 4. A exegese de impedir a aplicação retroativa de norma de regulamento que amplie a manutenção de benefícios previdenciários é a que melhor se coaduna com o regime financeiro de capitalização, que rege a Previdência Complementar, sobretudo se não há norma autorizativa para tanto e inexistir a necessária fonte de custeio, visto que o aumento inesperado de despesas poderá comprometer o equilíbrio econômico-atuarial do fundo mútuo, prejudicando os demais participantes, que terão que cobrir os prejuízos daí advindos.
>
> 5. A norma do regulamento de ente de previdência privada aplicável à concessão de complementação de pensão por morte é aquela vigente na data do óbito do participante. Entendimento da Súmula nº 340/STJ.[59]

O Tribunal de Justiça de Minas Gerais, analisando contrato de financiamento imobiliário em que o mutuante era entidade fechada de previdência privada, afastou a aplicação do CDC à hipótese:

> – As entidades fechadas de previdência privada não operam em regime de mercado e não se destinam à persecução de finalidade lucrativa, razão pela qual discrepam do conceito de fornecedor traçado pelo artigo 3º, § 2º do Código de Defesa do Consumidor, escapando, portanto, da incidência desse diploma, não somente no âmbito específico dos contratos previdenciários,

---

[59] STJ, 3ª T., REsp. 1.404.908/MG, Rel. Min. Ricardo Villas Bôas Cueva, ac. 02.08.2016, *DJe* 22.09.2016.

mas também, em regra, no tocante a negócios diversos, como o contrato de financiamento imobiliário.

– Não se aplica ao contrato de financiamento imobiliário as regras do sistema financeiro de habitação, se o mutuante é entidade fechada de previdência privada, como tal alheia ao referido sistema, e concede o crédito com recursos próprios.[60]

Em relação ao termo inicial do prazo prescricional para o exercício da pretensão de cobrança de complementação de aposentadoria privada, o STJ entende que "quando a pretensão diz respeito ao próprio direito material à complementação de aposentadoria e não apenas aos seus efeitos pecuniários, a prescrição atinge o fundo de direito, e, por isso, a contagem do prazo se inicia a partir da sua efetiva violação".[61]

4.8. CONCLUSÕES

Os contratos de consumo devem ser interpretados e executados de maneira a superar a reconhecida vulnerabilidade do consumidor em face do fornecedor.

Desequilíbrios na comutatividade contratual, originários ou supervenientes, devem ser judicialmente superados, e cláusulas abusivas devem ser anuladas, segundo a sistemática da legislação consumerista.

A intervenção judicial no contrato não é, entretanto, nem paternalista, nem autoritária ou discricionária. Limita-se a reprimir e superar as condutas ou disposições *abusivas* em detrimento de interesses legítimos do consumidor.

A cessação ou reformulação do seguro de vida em grupo, intentadas pela seguradora, não representa *abusividade*, se fundada em exigências de ordem técnica traçadas de acordo com a regulamentação oficial do setor.

Abuso ocorrerá, para justificar a tutela prevista no CDC, quando a cessação ou reformulação se der fora das exigências técnicas e de forma a quebrar as justas expectativas dos segurados formadas à luz dos princípios da boa-fé e da confiança.

4.9. ALGUNS JULGADOS SOBRE SEGURO

a) Ação direta ajuizada pelo terceiro prejudicado contra a seguradora:

2. Cinge-se a controvérsia a saber se a vítima de acidente de trânsito (terceiro prejudicado) pode ajuizar demanda direta e exclusivamente contra a seguradora do causador do dano quando reconhecida, na esfera administrativa, a responsabilidade dele pela ocorrência do sinistro e paga, a princípio, parte da indenização securitária.

3. A Segunda Seção do Superior Tribunal de Justiça consagrou o entendimento de que, no seguro de responsabilidade civil facultativo, descabe ação do terceiro preju-

---

[60] TJMG, 18ª Câmara Cível, Ap. 1.0024.11.208341-5/001, Rel. Des. Fernando Lins, ac. 12.12.2017, *DJEMG* 18.12.2017.
[61] STJ, 3ª T., REsp 1.668.676/DF, Rel. p/ acórdão Min. Nancy Andrighi, ac. 08.02.2022, *DJe* 18.03.2022.

dicado ajuizada direta e exclusivamente contra a seguradora do apontado causador do dano (Súmula nº 529/STJ). Isso porque a obrigação da seguradora de ressarcir danos sofridos por terceiros pressupõe a responsabilidade civil do segurado, a qual, de regra, não poderá ser reconhecida em demanda em que não interveio, sob pena de vulneração do devido processo legal e da ampla defesa.

4. Há hipóteses em que a obrigação civil de indenizar do segurado se revela incontroversa, como quando reconhece a culpa pelo acidente de trânsito ao acionar o seguro de automóvel contratado, ou quando firma acordo extrajudicial com a vítima obtendo a anuência da seguradora, ou, ainda, quando esta celebra acordo diretamente com a vítima. Nesses casos, mesmo não havendo liame contratual entre a seguradora e o terceiro prejudicado, forma-se, pelos fatos sucedidos, uma relação jurídica de direito material envolvendo ambos, sobretudo se paga a indenização securitária, cujo valor é o objeto contestado.

5. Na pretensão de complementação de indenização securitária decorrente de seguro de responsabilidade civil facultativo, a seguradora pode ser demandada direta e exclusivamente pelo terceiro prejudicado no sinistro, pois, com o pagamento tido como parcial na esfera administrativa, originou-se uma nova relação jurídica substancial entre as partes. Inexistência de restrição ao direito de defesa da seguradora ao não ser incluído em conjunto o segurado no polo passivo da lide.[62]

b) Cabimento da ação de indenização contra a seguradora, desde que em litisconsórcio com o segurado:

1. Em ação de reparação de danos, a seguradora possui legitimidade para figurar no polo passivo da demanda em litisconsórcio com o segurado, apontado causador do dano.[63]

Súmula 529/STJ: No seguro de responsabilidade civil facultativo, não cabe o ajuizamento de ação pelo terceiro prejudicado direta e exclusivamente em face da seguradora do apontado causador do dano.

c) Denunciação à lide à seguradora:

Em ação de reparação de danos movida em face do segurado, a seguradora denunciada pode ser condenada direta e solidariamente junto com este a pagar a indenização devida à vítima, nos limites contratados na apólice.[64]

d) Inaplicabilidade do CDC ao seguro obrigatório DPVAT:

1. Diversamente do que se dá no âmbito da contratação de seguro facultativo, as normas protetivas do Código de Defesa do Consumidor não se aplicam ao seguro obrigatório (DPVAT).

---

[62] STJ, 3ª T., REsp 1.584.970/MT, Rel. Min. Ricardo Villas Bôas Cueva, ac. 24.10.2017, DJe 30.10.2017.
[63] STJ, 4ª T., REsp 1.076.138/RJ, Rel. Min. Luis Felipe Salomão, ac. 22.05.2012, DJe 05.06.2012.
[64] STJ, 2ª Seção, REsp 925.130/SP, Rel. Min. Luis Felipe Salomão, ac. 08.02.2012, DJe 20.04.2012.

1.1. Com efeito, em se tratando de obrigação imposta por lei, na qual não há acordo de vontade entre as partes, tampouco qualquer ingerência das seguradoras componentes do consórcio do seguro DPVAT nas regras atinentes à indenização securitária (extensão do seguro; hipóteses de cobertura; valores correspondentes; dentre outras), além de inexistir sequer a opção de contratação ou escolha do produto ou fornecedor pelo segurado, revela-se ausente relação consumerista na espécie, ainda que se valha das figuras equiparadas de consumidor dispostas na Lei n. 8.078/90.[65]

e) Seguro habitacional obrigatório. Responsabilidade da seguradora por vícios de construção:

(i) 5. O seguro habitacional tem conformação diferenciada, uma vez que integra a política nacional de habitação, destinada a facilitar a aquisição da casa própria, especialmente pelas classes de menor renda da população. Trata-se, pois, de contrato obrigatório que visa à proteção da família, em caso de morte ou invalidez do segurado, e à salvaguarda do imóvel que garante o respectivo financiamento, resguardando, assim, os recursos públicos direcionados à manutenção do sistema.

6. À luz dos parâmetros da boa-fé objetiva e da proteção contratual do consumidor, conclui-se que os vícios estruturais de construção estão acobertados pelo seguro habitacional, cujos efeitos devem se prolongar no tempo, mesmo após a extinção do contrato, para acobertar o sinistro concomitante à vigência deste, ainda que só se revele depois de sua conclusão (vício oculto).[66]

(ii) 2. À luz dos princípios da boa-fé objetiva e da proteção contratual do consumidor, consideram-se cobertos pelo seguro habitacional os vícios estruturais de construção – que provocam, por si mesmos, a atuação de forças anormais sobre a edificação –, sendo cabível a exclusão da responsabilidade da seguradora apenas em relação aos riscos que resultem de atos praticados pelo próprio segurado ou do uso e desgaste natural e esperado do bem. Precedente da 2ª Seção do STJ.[67]

(iii) 2. No caso, tendo em vista que o contrato exclui expressamente os vícios construtivos e o laudo pericial concluiu que os defeitos no imóvel decorrem da aplicação de materiais de baixa qualidade quando da construção – vícios intrínsecos, portanto, à construção vinculada ao SFH –, é incabível a exclusão da cobertura pelo seguro obrigatório.[68]

---

[65] STJ, 3ª T., REsp 1.635.398/PR, Rel. Min. Marco Aurélio Bellizze, ac. 17.10.2017, *DJe* 23.10.2017.
[66] STJ, 3ª T., REsp 1.622.608/RS, Rel. Min. Nancy Andrighi, ac. 11.12.2018, *DJe* 19.12.2018. No mesmo sentido: STJ, 3ª T., AgInt no REsp 1.829.727/PR, Rel. Min. Ricardo Villas Bôas Cueva, ac. 16.12.2019, *DJe* 19.12.2019.
[67] STJ, 3ª T., AgInt no REsp 1.963.300/SP, Rel. Min. Nancy Andrighi, ac. 30.05.2022, *DJe* 01.06.2022. No mesmo sentido: STJ, 4ª T., AgInt no AgInt no AREsp. 1.750.302/PR, Rel. Min. Antonio Carlos Ferreira, ac. 16.08.2021, *DJe* 19.08.2021.
[68] STJ, 4ª T., EDcl no AgInt no REsp 1.833.290/SP, Rel. Min. Raul Araújo, ac. 13.12.2021, *DJe* 01.02.2022.

f) Em seguro de vida em favor de instituição financeira, a indenização deve ser suficiente para quitar todas as parcelas do financiamento:

Apelação cível – Seguro – "ação declaratória de quitação de saldo devedor de contrato de alienação fiduciária" – Legitimidade passiva da instituição financeira – Contratação de seguro inserida no mesmo instrumento de contrato de financiamento – Venda casada – Aplicação da teoria da aparência – Responsabilidade solidária – Morte do segurado – Cédula de crédito bancária que possuía, na parte atinente ao seguro, cobertura para quitação/amortização de saldo devedor em caso de morte – Cláusulas ambíguas – Interpretação mais favorável ao consumidor – Abusividade das cláusulas contratuais que limitam o valor do capital segurado – Desrespeito as disposições do Código de Defesa do Consumidor – Indenização securitária que deve ser suficiente para a quitação das parcelas do financiamento.[69]

g) Recusa de cobertura securitária sob alegação de doença preexistente:

Súmula 609 do STJ: A recusa de cobertura securitária, sob a alegação de doença preexistente, é ilícita se não houve a exigência de exames médicos prévios à contratação ou a demonstração de má-fé do segurado.

h) Comunicação prévia do segurado quanto à sua mora:

Súmula 616 do STJ: A indenização securitária é devida quando ausente a comunicação prévia do segurado acerca do atraso no pagamento do prêmio, por constituir requisito essencial para a suspensão ou resolução do contrato de seguro.

i) Cláusula de cobertura adicional de invalidez funcional permanente total por doença em contrato de seguro de vida em grupo:

8. Tese para os fins do art. 1.040 do CPC/2015: Não é ilegal ou abusiva a cláusula que prevê a cobertura adicional de invalidez funcional permanente total por doença (IFPD) em contrato de seguro de vida em grupo, condicionando o pagamento da indenização securitária à perda da existência independente do segurado, comprovada por declaração médica.[70]

j) Valor da indenização em caso de perda total de imóvel: a indenização, segundo a jurisprudência do STJ, "deve corresponder ao valor do efetivo prejuízo experimentado no momento do sinistro, observado, contudo, o valor máximo previsto na apólice".[71]

---

[69] TJPR, 10ª Câmara Cível, Ap. 0021889-35.2013.8.16.0001, Rel. Des. Luiz Lopes, ac. 12.07.2018, *DJe* 13.07.2018.
[70] STJ, 2ª Seção, REsp 1.867.199/SP, Rel. Min. Ricardo Villas Bôas Cueva, ac. 13.10.2021, *DJe* 18.10.2021.
[71] STJ, 4ª T., REsp. 1.955.422/PR, Rel. Min. Antonio Carlos Ferreira, ac. 14.06.2022, *DJe* 01.08.2022.

k) Ação regressiva da seguradora, contra o autor do dano, para ressarcimento do valor pago ao segurado.

Para o STJ, a sub-rogação transfere apenas o direito material, razão pela qual qualquer convenção feita entre o autor do dano e o segurado não lhe é oponível:

> 3. De acordo com o art. 786 do CC, depois de realizada a cobertura do sinistro, a seguradora sub-roga-se nos direitos e ações que competirem ao segurado contra o autor do dano, nos limites do valor pago.
>
> 4. O instituto da sub-rogação transmite apenas a titularidade do direito material, isto é, a qualidade de credor da dívida, de modo que a cláusula de eleição de foro firmada apenas pela autora do dano e o segurado (credor originário) não é oponível à seguradora sub-rogada.[72]

---

[72] STJ, 3ª T., REsp 1.962.113/RJ, Rel. Min. Nancy Andrighi, ac. 22.03.2022, 25.03.2022.

Capítulo V
PLANOS DE SAÚDE

5.1. APLICABILIDADE DO CÓDIGO DE DEFESA DO CONSUMIDOR

O Superior Tribunal de Justiça tem se posicionado, diante de condutas dos fornecedores de planos e seguros de saúde contrárias aos princípios da legislação consumerista, aplicando o Código de Defesa do Consumidor para fazer valer os direitos dos segurados ou para manter o equilíbrio dessa relação.

Ainda que se aplique a legislação consumerista, não se pode perder de vista que os contratos de saúde suplementar são um dos mais regulados em todo o país, sofrendo forte controle por parte da Agência Nacional de Saúde Suplementar. Por isso, "em termos de liberdade de iniciativa esta é, seguramente, uma das menos livres em que pese o fato de que isso se justifica, como já afirmado aqui, pela peculiaridade do objeto do contrato que é o acesso a meios de prevenção e manutenção da saúde".[1]

Segundo Angélica Carlini, embora sejam contratos de adesão, suas cláusulas "não são livremente adotadas pelo operador econômico, mas em grande parte ditadas pelo Estado e acompanhadas sistematicamente pela agência reguladora que tem mecanismos de aferição constante do impacto dessas cláusulas contratuais para os consumidores".[2] Em face, pois, da relevância pública da operação de plano de saúde, há de haver preocupação do operador do direito – tal qual ocorre com a legislação pertinente – no equilíbrio econômico-financeiro atuarial dos planos.[3] Não se pode esquecer que os planos de saúde regem-se, em princípio, pelas normas típicas do seguro, e não por aquelas próprias da assistência social. Quer isso dizer que não é exigível do plano de saúde cobertura que ultrapasse a previsão contratual e que

---

[1] CARLINI, Angélica. *Judicialização da saúde pública e privada*. Porto Alegre: Livraria do Advogado, 2014, p. 128.
[2] CARLINI, Angélica. *Judicialização da saúde, cit.*, p. 129.
[3] "A forte intervenção estatal na relação contratual e a expressa disposição do art. 197 da CF deixam límpido que a operação de plano ou seguro de saúde é serviço de relevância pública, extraindo-se da leitura do art. 22, § 1º, da Lei n. 9.656/1998 a inequívoca preocupação do legislador com o equilíbrio financeiro-atuarial dos planos e seguros de saúde, que devem estar assentados em planos de custeio elaborados por profissionais, segundo diretrizes definidas pelo Consu" (STJ, 4ª T., REsp. 1.915.528/SP, Rel. Min. Luis Felipe Salomão, ac. 28.09.2021, *DJe* 17.11.2021).

comprometa o equilíbrio econômico estabelecido como requisito de subsistência do próprio plano.

A Súmula nº 469 do STJ consolidava o entendimento, há tempos pacificado no Tribunal, de que "a operadora de serviços de assistência à saúde que presta serviços remunerados à população tem sua atividade regida pelo CDC, pouco importando o nome ou a natureza jurídica que adota".[4] Referida Súmula, contudo, foi cancelada pelo STJ e substituída pela Súmula 608, que dispõe ser aplicável aos planos de saúde o CDC "salvo os administrados por entidades de autogestão".

O CDC tem sido aplicado aos planos de saúde mesmo em relação aos contratos firmados anteriormente à vigência daquele Código, mas que tenham sido renovados na sua vigência. De acordo com o voto da Ministra Nancy Andrighi, no REsp 267.530, não se trata de retroatividade da lei: "Dada a natureza de trato sucessivo do contrato de seguro-saúde, o CDC rege as renovações que se deram sob sua vigência, não havendo que se falar aí em retroação da lei nova."

Entretanto, antes mesmo da edição da Súmula 608, o STJ não admitia a aplicação do CDC aos planos de saúde de autogestão, por entender inexistir, no caso, relação de consumo:

1. A operadora de planos privados de assistência à saúde, na modalidade de autogestão, é pessoa jurídica de direito privado sem finalidades lucrativas que, vinculada ou não à entidade pública ou privada, opera plano de assistência à saúde com exclusividade para um público determinado de beneficiários.

2. A constituição dos planos sob a modalidade de autogestão diferencia, sensivelmente, essas pessoas jurídicas quanto à administração, forma de associação, obtenção e repartição de receitas, diverso dos contratos firmados com empresas que exploram essa atividade no mercado e visam ao lucro.

3. Não se aplica o Código de Defesa do Consumidor ao contrato de plano de saúde administrado por entidade de autogestão, por inexistência de relação de consumo.[5]

Na oportunidade, o Min. Relator ponderou haver diferenças substanciais entre uma operadora de plano de saúde que oferece seu produto ao mercado em geral e aquela que atua em forma de autogestão. Assim, adotou entendimento semelhante àquele envolvendo entidades de previdência privada fechadas, para o fim afastar a aplicação do CDC à espécie. Em face dessas circunstâncias, o relator sugeriu novo exame sobre a questão:

A inegável diferença estrutural existente entre os planos de saúde oferecidos pelas entidades constituídas sob aquele modelo, de acesso restrito a um grupo determinado, daqueles comercializados por operadoras que oferecem seus produtos ao mercado geral e objetivam o lucro, ensejam a retomada do tema e encorajam submeter a questão ao criterioso exame desta Seção.

---

[4] STJ, 4ª T., REsp. 267.530/SP, Rel. Min. Ruy Rosado de Aguiar, ac. 14.12.2000, *DJU* 12.03.2001, p. 147.
[5] STJ, 2ª Seção, REsp. 1.285.483/PB, Rel. Min. Luis Felipe Salomão, ac. 22.06.2016, *DJe* 16.08.2016.

Colacionando lição do Ministro Massami Uyeda, apontou as distinções entre as modalidades de operadora de planos de saúde:

> Dentre os planos de saúde, existe uma categoria a qual pode ser chamada de planos de autogestão ou planos fechados, nos quais não há a presença da comercialização de produtos e a instituição não visa lucros. São planos criados por instituições diversas, governos municipais ou estaduais e empresas, sendo que algumas caixas de assistência existem há décadas e, portanto, anteriores à Lei 9.656/98.
>
> Os planos de autogestão, em geral, são administrados paritariamente e, no seu conselho deliberativo ou de administração, há representantes do órgão ou empresa instituidora e dos associados ou usuários. O objetivo desses planos fechados é baratear o custo, tendo em vista que não visam o lucro e evitam o custo da intermediação.
>
> [...]
>
> A relação jurídica desses planos tem peculiaridades, seja na sua constituição, administração, obtenção de receitas e forma de associar-se, completamente diferentes dos contratos firmados com empresas que exploram essa atividade no mercado e visam o lucro. O tratamento legal a ser dado na relação jurídica entre os associados os planos de saúde de autogestão, os chamados planos fechados, não pode ser o mesmo dos planos comuns, sob pena de se criar prejuízos e desequilíbrios que, se não inviabilizarem a instituição, acabarão elevando o ônus dos demais associados, desrespeitando normas e regulamentos que eles próprios criaram para que o plano se viabilize. Aqueles que seguem e respeitam as normas do plano arcarão com o prejuízo, pois a fonte de receita é a contribuição dos associados acrescida da patronal ou da instituidora. (REsp 1121067/PR, Rel. Ministro Massami Uyeda, Terceira Turma, julgado em 21/06/2011, DJe 03/02/2012) (grifou-se).

Explica, ainda, o eminente Relator que "os planos de autogestão são assim denominados, dada a opção feita pela empresa empregadora em assumir a responsabilidade pela gestão e pelo fornecimento de serviços de assistência médico hospitalar, seja por meio de rede própria, seja por meio de convênios ou quaisquer tipos de associações com as empresas que fornecerão, de fato, o serviço". Ressaltou, ainda, a inexistência de fim lucrativo dessa forma de operar os planos de saúde, razão pela qual "o mecanismo de regulação implementado com maior frequência nas autogestões é a coparticipação para o pequeno risco e a autorização administrativa, tanto para procedimentos de alto custo, como para internações eletivas".

Por fim, esclareceu que as operadoras de plano de saúde que atuam na modalidade de autogestão não são obrigadas, pela Lei nº 9.656/1998 a oferecerem um plano-referência, ou seja, "um plano básico, produto sem cuja oferta à contratação nenhuma operadora ou administradora poderá, sequer, obter o registro para funcionar". Esta circunstância, segundo o Relator, é "razão bastante para que o diploma consumerista não seja aplicado às relações constituídas com as operadoras de autogestão".

Destarte, concluiu o eminente Relator:

> [...] após extensa caracterização das entidades de autogestão, a meu juízo, há diferenças sensíveis e marcantes entre as diversas modalidades. Embora ambas celebrem

contratos, cujo objeto é a assistência privada à saúde, apenas as comerciais operam em regime de mercado, podem auferir lucro das contribuições vertidas pelos participantes (proveito econômico), não havendo também nenhuma imposição legal de participação de participantes e assistidos na gestão dos planos de benefícios ou da própria entidade.

Anote-se, ademais, que, assim como ocorre nos casos de entidades de previdência privada fechada, os valores alocados ao fundo comum, obtido nas entidades de autogestão, pertencem aos participantes e beneficiários do plano, existindo explícito mecanismo de solidariedade, de modo que todo excedente do fundo de pensão é aproveitado em favor de seus próprios integrantes.

[...]

Penso, portanto, diante de tudo que foi assinalado, que as regras do Código Consumerista, mesmo em situações que não sejam regulamentadas pela legislação especial, não se aplicam às relações envolvendo entidades de planos de saúde constituídas sob a modalidade de autogestão.

Utilizando-me das palavras do eminente Ministro Massami Uyeda, retiradas do precedente citado alhures, o "tratamento legal a ser dado na relação jurídica entre os associados os planos de saúde de autogestão, os chamados planos fechados, não pode ser o mesmo dos planos comuns, sob pena de se criar prejuízos e desequilíbrios que, se não inviabilizarem a instituição, acabarão elevando o ônus dos demais associados, desrespeitando normas e regulamentos que eles próprios criaram para que o plano se viabilize. Aqueles que seguem e respeitam as normas do plano arcarão com o prejuízo, pois a fonte de receita é a contribuição dos associados acrescida da patronal ou da instituidora". (REsp 1121067/PR, Rel. Ministro Massami Uyeda, Terceira Turma, julgado em 21/06/2011, *DJe* 03/02/2012).

Da mesma forma, o STJ entende que o CDC não se aplica quando os serviços são prestados diretamente pelo Estado, por meio do SUS, razão pela qual o prazo prescricional para cobrança de indenização será de cinco anos:

8. Quando prestado diretamente pelo Estado, no âmbito de seus hospitais ou postos de saúde, ou quando delegado à iniciativa privada, por convênio ou contrato com a administração pública, para prestá-lo às expensas do SUS, o serviço de saúde constitui serviço público social.

9. A participação complementar da iniciativa privada – seja das pessoas jurídicas, seja dos respectivos profissionais – na execução de atividades de saúde caracteriza-se como serviço público indivisível e universal (*uti universi*), o que afasta, por conseguinte, a incidência das regras do CDC.

10. Hipótese em que tem aplicação o art. 1º-C da Lei 9.494/97, segundo o qual prescreverá em cinco anos o direito de obter indenização dos danos causados por agentes de pessoas jurídicas de direito privado prestadoras de serviços públicos.[6]

---

[6] STJ, 3ª T., REsp 1.771.169/SC, Rel. Min. Nancy Andrighi, ac. 26.05.2020, *DJe* 29.05.2020.

5.2. LIMITAÇÕES NOS PLANOS

A propósito de limitação de tempo de internação, a Quarta Turma do STJ, no julgamento do REsp. 361.415, declarou nula cláusula contratual dos planos de saúde que limita o tempo de internação em UTI.[7]

Na decisão do REsp. 326.147, a mesma Quarta Turma assentou que os planos de saúde não podem limitar o valor do tratamento e de internações de seus associados. Concluiu o acórdão que a limitação de valor é mais lesiva que a restrição do tempo de internação vetada pela Súmula nº 302 do Tribunal.

Para o Ministro Aldir Passarinho, relator, a exemplo da limitação do tempo de internação, quando se restringe o valor do custeio, independentemente do estado de saúde do paciente segurado, esvazia-se o propósito do contrato, que é o de assegurar os meios para a sua cura. Para ele, está claro que limitar o valor do tratamento é lesivo ao segurado, pois reduz a eficácia do tratamento.[8]

A Corte Superior também considera abusiva a limitação do número de sessões de terapias ocupacionais para paciente com transtorno de espectro autista:

> 3. A jurisprudência desta Corte entende abusiva a cláusula contratual ou o ato da operadora de plano de saúde que importe em interrupção de terapia por esgotamento do número de sessões anuais asseguradas no Rol de Procedimentos e Eventos em Saúde da ANS.[9]

O STJ já entendeu abusiva, também, a cláusula que limita o número de consultas durante o tratamento psicoterápico, uma vez que cabe ao médico, e não ao plano de saúde, determinar o tempo do atendimento. Ultrapassando o limite mínimo previsto obrigatório, é possível que se use o regime de coparticipação:

> 6. A jurisprudência deste Tribunal Superior é firme no sentido de que é o médico ou o profissional habilitado – e não o plano de saúde – quem estabelece, na busca da cura, a orientação terapêutica a ser dada ao usuário acometido de doença coberta.
>
> 7. Na psicoterapia, é de rigor que o profissional tenha autonomia para aferir o período de atendimento adequado segundo as necessidades de cada paciente, de forma que a operadora não pode limitar o número de sessões recomendadas para o tratamento integral de determinado transtorno mental, sob pena de esvaziar e prejudicar sua eficácia.
>
> 8. Há abusividade na cláusula contratual ou em ato da operadora de plano de saúde que importe em interrupção de tratamento psicoterápico por esgotamento do número de sessões anuais asseguradas no Rol de Procedimentos e Eventos em Saúde da ANS,

---

[7] STJ, 4ª T., REsp. 361.415/RS, Rel. Min. Luis Felipe Salomão, ac. 02.06.2009, *DJe* 15.06.2009. No mesmo sentido: STJ, 3ª T., AgRg no AREsp. 734.431/DF, Rel. Min. João Otávio de Noronha, ac. 03.12.2015, *DJe* 14.12.2015.

[8] STJ, 4ª T., REsp. 326.147/SP, Rel. Min. Aldir Passarinho Junior, ac. 21.05.2009, *DJe* 08.06.2009.

[9] STJ, 3ª T., AgInt no REsp. 1.930.050/DF, Rel. Min. Moura Ribeiro, ac. 16.08.2021, *DJe* 18.08.2021.

visto que se revela incompatível com a equidade e a boa-fé, colocando o usuário (consumidor) em situação de desvantagem exagerada (art. 51, IV, da Lei nº 8.078/1990).

9. O número de consultas/sessões anuais de psicoterapia fixado pela ANS no Rol de Procedimentos e Eventos em Saúde deve ser considerado apenas como cobertura obrigatória mínima a ser custeada plenamente pela operadora de plano de saúde.

10. A quantidade de consultas psicoterápicas que ultrapassar as balizas de custeio mínimo obrigatório deverá ser suportada tanto pela operadora quanto pelo usuário, em regime de coparticipação, aplicando-se, por analogia, com adaptações, o que ocorre nas hipóteses de internação em clínica psiquiátrica, especialmente o percentual de contribuição do beneficiário (arts. 16, VIII, da Lei nº 9.656/1998; 2º, VII e VIII, e 4º, VII, da Resolução CONSU nº 8/1998 e 22, II, da RN ANS nº 387/2015).

11. A estipulação de coparticipação se revela necessária, porquanto, por um lado, impede a concessão de consultas indiscriminadas ou o prolongamento em demasia de tratamentos e, por outro, restabelece o equilíbrio contratual (art. 51, § 2º, do CDC), já que as sessões de psicoterapia acima do limite mínimo estipulado pela ANS não foram consideradas no cálculo atuarial do fundo mútuo do plano, o que evita a onerosidade excessiva para ambas as partes.[10]

Já se entendeu, outrossim, não ser abusiva a cláusula de coparticipação, devidamente informada ao consumidor quando da contratação, para o caso de internação superior a 30 dias para tratamento de transtorno psiquiátrico, uma vez que a estipulação é destinada "à manutenção do equilíbrio entre as prestações e contraprestações que envolvem a gestão dos custos dos contratos de planos de saúde".[11]

Admite-se, também que o plano de saúde coletivo cobre participação do usuário para materiais como próteses e órteses, necessários para determinados procedimentos cirúrgicos. O limite da coparticipação, entretanto, deve estar previsto de forma clara no contrato:

> 5. A declaração de abusividade/validade da cláusula contratual de coparticipação *dependerá da análise das circunstâncias concretas da avença, a depender da expressa e clara previsão no contrato, se o financiamento do procedimento por parte do usuário é parcial ou integral, se seu pagamento implica severa restrição ao acesso aos serviços.*
>
> 6. A operadora está obrigada ao fornecimento de próteses, órteses e seus acessórios ligados ao ato cirúrgico (art. 10, VII, da Lei 9.656/98). *Todavia, esta obrigação de fornecimento não implica dizer que o respectivo pagamento seja suportado exclusivamente pela operadora,* pois é da própria essência da coparticipação servir como fator moderador na utilização dos serviços de assistência médica e hospitalar.
>
> 7. A conduta da operadora, na hipótese dos autos, de cobrar 20% dos materiais cirúrgicos tem respaldo no art. 16, VII, da LPS e não implica restrição exagerada ao consumidor (g.n.).[12]

---

[10] STJ, 3ª T., REsp 1.679.190/SP, Rel. Min. Ricardo Villas Bôas Cueva, ac. 26.09.2017, DJe 02.10.2017.
[11] STJ, 2ª Seção, EAREsp 793.323/RJ, Rel. Min. Nancy Andrighi, ac. 10.10.2018, DJe 15.10.2018.
[12] STJ, 3ª T., REsp 1.671.827/RS, Rel. Min. Nancy Andrighi, ac. 13.03.2018, DJe 20.03.2018.

5.3. REAJUSTES

A pretensão de reajustar preço dos planos e seguros de saúde, principalmente por mudança de faixa etária tem sido objeto de reiteradas decisões do STJ. Por considerá-los abusivos, a Terceira Turma, no REsp. 989.380, vedou os reajustes nas mensalidades dos planos de saúde da Unimed Natal a partir de janeiro de 2004, em razão da mudança de faixa etária daqueles que completassem 60 anos ou mais, independentemente da época em que foi celebrado o contrato, permanecendo os consumidores idosos submetidos aos demais reajustes definidos em lei e no contrato.

Para a relatora do caso, Ministra Nancy Andrighi, o consumidor que atingiu a idade de 60 anos, quer seja antes da vigência do Estatuto do Idoso, quer seja a partir de sua vigência, está sempre amparado contra a abusividade de reajustes das mensalidades dos planos de saúde com base exclusivamente na mudança de faixa etária, por força da proteção oferecida pela lei, agora confirmada pelo Estatuto.

O mesmo entendimento prevaleceu no julgamento do REsp. 1.106.557, que envolvia um grupo de associados da Associação Paulista de Medicina (APM) e da SulAmérica Seguro Saúde S/A.[13]

Entretanto, recentemente, a Segunda Seção firmou, em sede de recurso repetitivo, o entendimento em sentido contrário aos julgamentos mais antigos, para reconhecer a legalidade da cláusula de reajuste de mensalidade por mudança de faixa etária. Isto porque, a alteração de valores tem relação com os riscos, na medida em que os gastos de tratamento de pessoa idosa são, em geral, mais altos do que os dos jovens. Sempre que a diferença de mensalidade se embasar nesta circunstância, será válida. O que não se admite é a majoração demasiada, sem qualquer pertinência com o incremento do risco assistencial acobertado pelo contrato:

> 1. A variação das contraprestações pecuniárias dos planos privados de assistência à saúde em razão da idade do usuário deverá estar prevista no contrato, de forma clara, bem como todos os grupos etários e os percentuais de reajuste correspondentes, sob pena de não ser aplicada (arts. 15, *caput*, e 16, IV, da Lei nº 9.656/1998).
>
> 2. A cláusula de aumento de mensalidade de plano de saúde conforme a mudança de faixa etária do beneficiário encontra fundamento no mutualismo (regime de repartição simples) e na solidariedade intergeracional, além de ser regra atuarial e asseguradora de riscos.
>
> 3. Os gastos de tratamento médico-hospitalar de pessoas idosas são geralmente mais altos do que os de pessoas mais jovens, isto é, o risco assistencial varia consideravelmente em função da idade. Com vistas a obter maior equilíbrio financeiro ao plano de saúde, foram estabelecidos preços fracionados em grupos etários a fim de que tanto os jovens quanto os de idade mais avançada paguem um valor compatível com os seus perfis de utilização dos serviços de atenção à saúde.
>
> 4. Para que as contraprestações financeiras dos idosos não ficassem extremamente dispendiosas, o ordenamento jurídico pátrio acolheu o princípio da solidariedade

---

[13] STJ, 3ª T., REsp. 1.106.557/SP, Rel. Min. Nancy Andrighi, ac. 16.09.2010, *DJe* 21.10.2010.

intergeracional, a forçar que os de mais tenra idade suportassem parte dos custos gerados pelos mais velhos, originando, assim, subsídios cruzados (mecanismo do *community rating* modificado).

5. As mensalidades dos mais jovens, apesar de proporcionalmente mais caras, não podem ser majoradas demasiadamente, sob pena de o negócio perder a atratividade para eles, o que colocaria em colapso todo o sistema de saúde suplementar em virtude do fenômeno da seleção adversa (ou antisseleção).

6. A norma do art. 15, § 3º, da Lei nº 10.741/2003, que veda "a discriminação do idoso nos planos de saúde pela cobrança de valores diferenciados em razão da idade", apenas inibe o reajuste que consubstanciar discriminação desproporcional ao idoso, ou seja, aquele sem pertinência alguma com o incremento do risco assistência acobertado pelo contrato.

7. Para evitar abusividades (Súmula nº 469/STJ) nos reajustes das contraprestações pecuniárias dos planos de saúde, alguns parâmetros devem ser observados, tais como (i) a expressa previsão contratual; (ii) não serem aplicados índices de reajuste desarrazoados ou aleatórios, que onerem em demasia o consumidor, em manifesto confronto com a equidade e as cláusulas gerais da boa-fé objetiva e da especial proteção ao idoso, dado que aumentos excessivamente elevados, sobretudo para esta última categoria, poderão, de forma discriminatória, impossibilitar a sua permanência no plano; e (iii) respeito às normas expedidas pelos órgãos governamentais: a) No tocante aos contratos antigos e não adaptados, isto é, aos seguros e planos de saúde firmados antes da entrada em vigor da Lei nº 9.656/1998, deve-se seguir o que consta no contrato, respeitadas, quanto à abusividade dos percentuais de aumento, as normas da legislação consumerista e, quanto à validade formal da cláusula, as diretrizes da Súmula Normativa nº 3/2001 da ANS. b) Em se tratando de contrato (novo) firmado ou adaptado entre 2/1/1999 e 31/12/2003, deverão ser cumpridas as regras constantes na Resolução CONSU nº 6/1998, a qual determina a observância de 7 (sete) faixas etárias e do limite de variação entre a primeira e a última (o reajuste dos maiores de 70 anos não poderá ser superior a 6 (seis) vezes o previsto para os usuários entre 0 e 17 anos), não podendo também a variação de valor na contraprestação atingir o usuário idoso vinculado ao plano ou seguro saúde há mais de 10 (dez) anos. c) Para os contratos (novos) firmados a partir de 1º/1/2004, incidem as regras da RN nº 63/2003 da ANS, que prescreve a observância (i) de 0 (dez) faixas etárias, a última aos 59 anos; (ii) do valor fixado para a última faixa etária não poder ser superior a 6 (seis) vezes o previsto para a primeira; e (iii) da variação acumulada entre a sétima e décima faixas não poder ser superior à variação cumulada entre a primeira e sétima faixas.

8. A abusividade dos aumentos das mensalidades de plano de saúde por inserção do usuário em nova faixa de risco, sobretudo de participantes idosos, deverá ser aferida em cada caso concreto. Tal reajuste será adequado e razoável sempre que o percentual de majoração for justificado atuarialmente, a permitir a continuidade contratual tanto de jovens quanto de idosos, bem como a sobrevivência do próprio fundo mútuo e da operadora, que visa comumente ao lucro, o qual não pode ser predatório, haja vista a natureza da atividade econômica explorada: serviço público impróprio ou atividade privada regulamentada, complementar, no caso, ao Serviço Único de Saúde (SUS), de responsabilidade do Estado.

9. Se for reconhecida a abusividade do aumento praticado pela operadora de plano de saúde em virtude da alteração de faixa etária do usuário, para não haver desequilíbrio contratual, faz-se necessária, nos termos do art. 51, § 2º, do CDC, a apuração de percentual adequado e razoável de majoração da mensalidade em virtude da inserção do consumidor na nova faixa de risco, o que deverá ser feito por meio de cálculos atuariais na fase de cumprimento de sentença.

10. *TESE para os fins do art. 1.040 do CPC/2015: O reajuste de mensalidade de plano de saúde individual ou familiar fundado na mudança de faixa etária do beneficiário é válido desde que (i) haja previsão contratual, (ii) sejam observadas as normas expedidas pelos órgãos governamentais reguladores e (iii) não sejam aplicados percentuais desarrazoados ou aleatórios que, concretamente e sem base atuarial idônea, onerem excessivamente o consumidor ou discriminem o idoso* (grifamos).[14]

Recentemente, também em sede de recurso repetitivo, o STJ entendeu aplicável a tese acima aos planos coletivos, ressalvada a inaplicabilidade do CDC às entidades de autogestão. Afirmou, ainda, que

A melhor interpretação do enunciado normativo do art. 3º, II, da Resolução n. 63/2003, da ANS, é aquela que observa o sentido matemático da expressão variação acumulada, referente ao aumento real de preço verificado em cada intervalo, devendo-se aplicar, para sua apuração, a respectiva fórmula matemática, estando incorreta a simples soma aritmética de percentuais de reajuste ou o cálculo de média dos percentuais aplicados em todas as faixas etárias.[15]

5.4. COBERTURA

I – Extensão da cobertura, para abranger procedimentos interligados ao tratamento

A cobertura assistencial é definida no ato de contratar um plano de saúde. No entanto, a extensão da cobertura é determinada pela legislação de saúde suplementar e tem que estar expressa no contrato firmado com a operadora. Isto não tem evitado muitos litígios em torno do que deve ser coberto ou não pelos planos de saúde. Por exemplo, a Terceira Turma do STJ, entende que a cirurgia plástica para a retirada do excesso de pele (tecido epitelial) decorrente de cirurgia bariátrica (redução do estômago) faz parte do tratamento de obesidade mórbida e deve ser integralmente coberto pelo plano de saúde.[16] Ainda sobre cirurgia bariátrica, a mesma Terceira Turma determinou que um plano de saúde arcasse com as despesas da operação em uma paciente que mantinha contrato de seguro anterior ao surgimento dessa técnica de tratamento. A relatora do recurso, Ministra Nancy Andrighi, destacou que deve ser proporcionado ao consumidor o tratamento mais moderno e adequado, em substituição ao procedimento obsoleto

---

[14] STJ, 2ª Seção, REsp. 1.568.244/RJ, Rel. Min. Ricardo Villas Bôas Cueva, ac. 14.12.2016, *DJe* 19.12.2016.
[15] STJ, 2ª Seção, REsp. 1.716.113/DF, Recurso Repetitivo, Rel. Min. Paulo de Tarso Sanseverino, ac. 23.03.2022, *DJe* 08.04.2022.
[16] STJ, 3ª T., REsp. 1.136.475/RS, Rel. Min. Massami Uyeda, ac. 04.03.2010, *DJe* 16.03.2010.

previsto especificamente no contrato. Ela observou que havia uma cláusula contratual genérica que previa a cobertura de cirurgias "gastroenterológicas".[17]

A Quarta Turma do STJ, por sua vez, na esteira do entendimento da Terceira Turma, determinou que o plano de saúde custeasse operação para colocação de prótese de silicone em paciente após a realização da cirurgia bariátrica. Segundo o entendimento daquela Turma,

> 1.1. A existência de cobertura contratual para a doença apresentada pelo usuário conduz, necessariamente, ao custeio do tratamento proposto pelos médicos especialistas, revelando-se abusiva qualquer cláusula limitativa do meio adequado ao restabelecimento da saúde e do bem-estar do consumidor. Precedentes.
>
> 1.2. Havendo expressa indicação médica, alusiva à necessidade da cirurgia reparadora, decorrente do quadro de obesidade mórbida da consumidora, não pode prevalecer a negativa de custeio da intervenção cirúrgica indicada – mamoplastia, inclusive com a colocação de próteses de silicone –, sob a alegação de estar abarcada por previsão contratual excludente ("de cobertura de tratamentos clínicos ou cirúrgicos, e próteses, meramente para fins estéticos"); pois, na hipótese, o referido procedimento deixa de ser meramente estético para constituir-se como terapêutico e indispensável.[18]

Da mesma forma, condenou o plano de saúde a indenizar o segurado por danos morais sofridos em razão da recusa em arcar com cirurgia plástica pós-bariátrica:

> 5. Há situações em que a cirurgia plástica não se limita a rejuvenescer ou a aperfeiçoar a beleza corporal, mas se destina primordialmente a reparar ou a reconstruir parte do organismo humano ou, ainda, prevenir males de saúde.
>
> 6. Não basta a operadora do plano de assistência médica se limitar ao custeio da cirurgia bariátrica para suplantar a obesidade mórbida, mas as resultantes dobras de pele ocasionadas pelo rápido emagrecimento também devem receber atenção terapêutica, já que podem provocar diversas complicações de saúde, a exemplo da candidíase de repetição, infecções bacterianas devido às escoriações pelo atrito, odores e hérnias, não qualificando, na hipótese, a retirada do excesso de tecido epitelial procedimento unicamente estético, ressaindo sobremaneira o seu caráter funcional e reparador. Precedentes.
>
> 7. Apesar de a ANS ter apenas incluído a dermolipectomia no Rol de Procedimentos e Eventos em Saúde para o tratamento dos males pós-cirurgia bariátrica, devem ser custeados todos os procedimentos cirúrgicos de natureza reparadora, para assim

---

[17] STJ, 3ª T., REsp. 1.106.789/RJ, Rel. Min. Nancy Andrighi, ac. 15.10.2009, DJe 18.11.2009. Também a 4ª Turma do STJ considerou que "a gastroplastia, indicada como tratamento para a obesidade mórbida, longe de ser um procedimento estético ou mero tratamento emagrecedor, revela-se como cirurgia essencial à sobrevida do segurado, vocacionada, ademais, ao tratamento das outras tantas comorbidades que acompanham a obesidade em grau severo. Nesta hipótese, mostra-se ilegítima a negativa do plano de saúde em cobrir as despesas da intervenção cirúrgica" (STJ, 4ª T., REsp. 1.175.616/MT, Rel. Min. Luís Felipe Salomão, ac. 1º.03.2011, DJe 04.03.2011).

[18] STJ, 4ª T., REsp. 1.442.236/RJ, Rel. Min. Marco Buzzi, ac. 17.11.2016, DJe 28.11.2016.

ocorrer a integralidade de ações na recuperação do paciente, em obediência ao art. 35-F da Lei nº 9.656/1998.

8. Havendo indicação médica para cirurgia plástica de caráter reparador ou funcional em paciente pós-cirurgia bariátrica, não cabe à operadora negar a cobertura sob o argumento de que o tratamento não seria adequado, ou que não teria previsão contratual, visto que tal terapêutica é fundamental à recuperação integral da saúde do usuário outrora acometido de obesidade mórbida, inclusive com a diminuição de outras complicações e comorbidades, não se configurando simples procedimento estético ou rejuvenescedor.

9. Em regra, a recusa indevida pela operadora de plano de saúde de cobertura médico-assistencial gera dano moral, porquanto agrava o sofrimento psíquico do usuário, já combalido pelas condições precárias de saúde, não constituindo, portanto, mero dissabor, ínsito às situações correntes de inadimplemento contratual.[19]

No julgamento do REsp. 1.092.127, da Terceira Turma, a Amil Assistência Médica Internacional Ltda. foi condenada ao pagamento integral de todos os gastos havidos até janeiro de 2002, relativamente aos transplantes autólogos (quimioterapia com resgate de células-tronco) realizados por um beneficiário. Observe-se que a ação fora ajuizada após uma internação e um procedimento de coleta de células-tronco, em março de 2000, e o Plano se recusava a cobrir a continuidade do tratamento, sob a alegação de que o resgate de células-tronco seria procedimento equiparado a transplante e, nessa qualidade, não estaria coberto pela apólice.[20]

II – Cobertura para incluir tratamento clínico experimental ou medicamento não registrado na ANVISA

É comum que os planos de saúde excluam da cobertura tratamento clínico ou cirúrgico experimental, bem como o fornecimento de medicamentos importados ou não aprovados pela ANVISA.

Em relação aos tratamentos experimentais e a utilização do medicamento em desconformidade com as orientações da bula *(off label)* o Conselho Federal de Medicina autoriza esta prática em situações específicas e pontuais, desde que o médico, ao indicá-los, possua evidências científicas que lhe dê respaldo. Nessas situações, a recusa da operadora do plano de saúde em arcar com o tratamento ou o medicamento mostra-se abusiva. Nesse sentido, a orientação do STJ:

a) 2. É abusiva a recusa da operadora do plano de saúde de arcar com a cobertura do medicamento prescrito pelo médico para o tratamento do beneficiário, sendo ele *off label*, de uso domiciliar, ou ainda, não previsto em rol da ANS, e, portanto, experimental, mesmo se tratando de instituições sem fins lucrativos e que operam por autogestão.[21]

---

[19] STJ, 3ª T., REsp 1757.938/DF, Rel. Min. Ricardo Villas Bôas Cueva, ac. 05.02.2019, *DJe* 12.02.2019.
[20] STJ, 3ª T., REsp. 1.092.127/SP, Rel. Min. Nancy Andrighi, ac. 15.12.2009, *DJe* 02.02.2010.
[21] STJ, 4ª T., AgInt no REsp 1.712.056/SP, Rel. Min. Luis Felipe Salomão, ac. 13.12.2018, *DJe* 18.12.2018.

b) 1. Por um lado, o art. 10, incisos I, V e IX, da Lei n. 9.656/1998, testilhando com a fundamentação da decisão recorrida, expressamente exclui da relação contratual a cobertura de tratamento clínico ou cirúrgico experimental, fornecimento de medicamentos importados não nacionalizados e tratamentos não reconhecidos pelas autoridades competentes. Por outro lado, no tratamento experimental, o intuito da pesquisa clínica não é propriamente tratar, mas alcançar resultado eficaz e apto ao avanço das técnicas terapêuticas atualmente empregadas, ocorrendo em benefício do pesquisador e do patrocinador da pesquisa.

2. O art. 10, I, da Lei n. 9.656/1998, por tratar de questão atinente ao exercício profissional da medicina, deve ser interpretado em harmonia com o art. 7º, *caput*, da Lei n. 12.842/2013, que estabelece que se compreende entre as competências da autarquia Conselho Federal de Medicina – CFM editar normas "para definir o caráter experimental de procedimentos em Medicina", autorizando ou vedando sua prática pelos médicos.

3. Nessa linha, consoante deliberação do CFM, o uso *off label* justifica-se em situações específicas e casuísticas e ocorre por indicação médica pontual, sob o risco do profissional que indicou. É considerado como hipótese em que "o medicamento/material médico é usado em não conformidade com as orientações da bula, incluindo a administração de formulações extemporâneas ou de doses elaboradas a partir de especialidades farmacêuticas registradas; indicações e posologias não usuais; administração do medicamento por via diferente da preconizada; administração em faixas etárias para as quais o medicamento não foi testado; e indicação terapêutica diferente da aprovada para o medicamento/material".

4. Havendo evidências científicas que respaldem a prescrição, é universalmente admitido e corriqueiro o uso *off label* de medicamento, por ser fármaco devidamente registrado na Anvisa, aprovado em ensaios clínicos, submetido ao Sistema Nacional de Farmacovigilância e produzido sob controle estatal, apenas não aprovado para determinada terapêutica.

[...]

7. A prescrição de medicamento para uso *off label* não encontra vedação legal, e nem mesmo a recorrente afirma que a utilização do fármaco traz algum risco de dano à saúde da autora ou que seja ineficaz para o tratamento da enfermidade que a acomete. Portanto, e pela ausência de pedido de cassação da sentença para solicitação de nota técnica ao Núcleo de Apoio Técnico do Tribunal de origem e/ou produção de prova pericial para demonstração da inexistência de evidência científica (clínica) a respaldar a prescrição do medicamento, é de rigor a confirmação da decisão recorrida, ainda que por fundamento diverso.[22]

Por outro lado, o STJ em recurso especial repetitivo entendeu legítima a recusa da operadora do plano de saúde em custear medicamento não registrado pela ANVISA:

1. Para efeitos do art. 1.040 do NCPC: 1.1. As operadoras de plano de saúde não estão obrigadas a fornecer medicamento não registrado pela ANVISA.

---

[22] STJ, 4ª T., Resp. 1.729.566/SP, Rel. Min. Luis Felipe Salomão, ac. 04.10.2018, DJe 30.10.2018. No mesmo sentido: STJ, 3ª T., REsp 1.721.705/SP, Rel. Min. Nancy Andrighi, ac. 28.08.2018, *DJe* 06.09.2018.

2. Aplicação ao caso concreto: 2.1. Não há ofensa ao art. 535 do CPC/73 quando o Tribunal de origem enfrenta todas as questões postas, não havendo no acórdão recorrido omissão, contradição ou obscuridade. 2.2. É legítima a recusa da operadora de plano de saúde em custear medicamento importado, não nacionalizado, sem o devido registro pela ANVISA, em atenção ao disposto no art. 10, V, da Lei nº 9.656/98, sob pena de afronta aos arts. 66 da Lei nº 6.360/76 e 10, V, da Lei nº 6.437/76. Incidência da Recomendação nº 31/2010 do CNJ e dos Enunciados nº 6 e 26, ambos da I Jornada de Direito da Saúde, respectivamente, A determinação judicial de fornecimento de fármacos deve evitar os medicamentos ainda não registrados na Anvisa, ou em fase experimental, ressalvadas as exceções expressamente previstas em lei; e, É lícita a exclusão de cobertura de produto, tecnologia e medicamento importado não nacionalizado, bem como tratamento clínico ou cirúrgico experimental. 2.3. Porém, após o registro pela ANVISA, a operadora de plano de saúde não pode recusar o custeio do tratamento com o fármaco indicado pelo médico responsável pelo beneficiário.[23]

Entretanto, se, embora não registrado pela ANVISA, o medicamento teve a sua importação excepcionalmente autorizada pela referida agência, a obrigação da operadora do plano de saúde de entrega do medicamento se impõe:

4. A autorização da ANVISA para a importação excepcional do medicamento para uso próprio sob prescrição médica, é medida que, embora não substitua o devido registro, evidencia a segurança sanitária do fármaco, porquanto pressupõe a análise da Agência Reguladora quanto à sua segurança e eficácia, além de excluir a tipicidade das condutas previstas no art. 10, IV, da Lei 6.437/77, bem como nos arts. 12 c/c 66 da Lei 6.360/76.

5. Necessária a realização da distinção (*distinguishing*) entre o entendimento firmado no precedente vinculante e a hipótese concreta dos autos, na qual o medicamento (PURODIOL 200 MG CBD) prescrito ao beneficiário do plano de saúde, embora se trate de fármaco importado ainda não registrado pela ANVISA, teve a sua importação excepcionalmente autorizada pela referida Agência Nacional, sendo, pois, de cobertura obrigatória pela operadora de plano de saúde.[24]

Em relação a medicamento utilizado em tratamento domiciliar, o STJ entende ser lícita a exclusão:

1. "É lícita a exclusão, na Saúde Suplementar, do fornecimento de medicamentos para tratamento domiciliar, isto é, aqueles prescritos pelo médico assistente para administração em ambiente externo ao de unidade de saúde, salvo os antineoplásicos orais (e correlacionados), a medicação assistida (*home care*) e os incluídos no rol da ANS para esse fim. Interpretação dos arts. 10, VI, da Lei nº 9.656/1998 e 19, § 1º, VI, da RN nº 338/2013 da ANS (atual art. 17, parágrafo único, VI, da RN nº 465/2021)"

---

[23] STJ, 2ª Seção, REsp 1.712.163/SP, Recurso Repetitivo, Rel. Min. Moura Ribeiro, ac. 08.11.2018, *DJe* 26.11.2018.
[24] STJ, 3ª T., REsp 1.943.628/DF, Rel. Min. Nancy Andrighi, ac. 26.10.2021, *DJe* 03.11.2021.

(REsp n. 1.692.938/SP, Rel. Ministro RICARDO VILLAS BÔAS CUEVA, TERCEIRA TURMA, julgado em 27/4/2021, DJe 4/5/2021).

2. Domiciliar, de acordo com a lei, refere-se a ambiente que, necessariamente, contrapõe-se a ambulatorial e a hospitalar, com o que se exclui da cobertura legal o fornecimento de medicamentos que, mesmo prescritos pelos profissionais da saúde e ministrados sob sua recomendação e responsabilidade, devam ser utilizados fora de ambulatório ou hospital.[25]

III – Cobertura mínima

Importante, também, ressaltar que a Lei nº 9.656/1998 determina coberturas mínimas que devem ser disponibilizadas pelo plano de saúde, sob pena de não obter o registro para funcionar. Assim, o plano que oferece atendimento obstétrico é obrigado a conferir assistência médica ao recém-nascido nos primeiros trinta dias após o parto:

1. O modelo de assistência à saúde adotado no Brasil é o de prestação compartilhada entre o Poder Público e instituições privadas. Essa a opção feita pela Constituição de 1988, que, em seu art. 197, classificou as ações e serviços de saúde como de relevância pública, cuja execução pode se dar diretamente pelo Poder Público ou, sob sua fiscalização e controle, pela iniciativa privada.

2. A Lei n. 9.656/1998 regulamenta as atividades de financiamento privado da saúde e define em seu art. 1º que Plano Privado de Assistência à Saúde é a prestação continuada de serviços ou cobertura de custos assistenciais a preço estabelecido, com a finalidade de garantir, sem limite financeiro, a assistência à saúde, visando à assistência médica, hospitalar e odontológica.

3. O plano-referência previsto no art. 10 daquela lei é o produto sem cuja oferta à contratação nenhuma operadora ou administradora poderá, sequer, obter o registro para funcionar, com previsão mínima de cobertura assistencial médico-ambulatorial e hospitalar, compreendendo partos e tratamentos, realizados exclusivamente no Brasil, com padrão de enfermaria, centro de terapia intensiva, ou similar.

4. Nos termos do art. 12 da Lei de Planos e Seguros de Saúde, é facultada a oferta e contratação do plano-referência, com a inclusão de atendimento obstétrico (inciso III), quando, então, deverá ser garantida cobertura assistencial ao recém-nascido, filho natural ou adotivo do consumidor, ou de seu dependente, durante os primeiros trinta dias após o parto; independentemente de estar inscrito no plano, inexistindo quaisquer outras condições para que sejam prestados aqueles serviços, além da qualidade de filiado de um dos seus genitores.[26]

IV – Cobertura de procedimentos mais modernos

O STJ entende que ao médico cabe a escolha do melhor procedimento para o tratamento do paciente. Sendo assim, é abusiva a recusa do plano de saúde em cobrir

---

[25] STJ, 4ª T., REsp. 1.883.654/SP, Rel. Min. Luis Felipe Salomão, ac. 08.06.2021, DJe 02.08.2021.
[26] STJ, 4ª T., REsp. 1.269.757/MG, Rel. Min. Luis Felipe Salomão, ac. 03.05.2016, DJe 31.05.2016.

os gastos com a utilização de técnica mais moderna prescrita pelo médico, mormente quando o plano cobria a doença:

2. Tratamento experimental é aquele em que não há comprovação médica-científica de sua eficácia, e não o procedimento que, a despeito de efetivado com a utilização equipamentos modernos, é reconhecido pela ciência e escolhido pelo médico como o método mais adequado à preservação da integridade física e ao completo restabelecimento do paciente.

3. Delineado pelas instâncias de origem que o contrato celebrado entre as partes previa a cobertura para a doença que acometia o autor, é abusiva a negativa da operadora do plano de saúde de utilização da técnica mais moderna disponível no hospital credenciado pelo convênio e indicada pelo médico que assiste o paciente. Precedentes.[27]

V – Cobertura dos materiais e meios necessários ao melhor desempenho do tratamento

O STJ considerou abusiva, também, cláusula que não cobre os meios materiais necessários ao melhor desempenho do tratamento clínico prescrito ao paciente:

1. Recusa indevida, pela operadora de plano de saúde, da cobertura financeira do procedimento cirúrgico da beneficiária (gastroplastia). Ainda que admitida a possibilidade de previsão de cláusulas limitativas dos direitos do consumidor (desde que escritas com destaque, permitindo imediata e fácil compreensão), revela-se abusivo o preceito do contrato de plano de saúde excludente do custeio dos meios e materiais necessários ao melhor desempenho do tratamento clínico ou do procedimento cirúrgico coberto ou de internação hospitalar. Precedentes. Incidência da Súmula 83/STJ.[28]

VI – Cobertura de procedimentos solicitados por médicos não conveniados

Importante, ainda, ressaltar o entendimento do STJ no sentido de ser abusiva cláusula que afasta a cobertura de procedimentos solicitados por médicos não conveniados:

2. A realização de exames, internações e demais procedimentos hospitalares não pode ser obstada aos usuários cooperados, exclusivamente pelo fato de terem sido solicitados por médico diverso daqueles que compõem o quadro da operadora, pois isso configura não apenas discriminação do galeno, mas também tolhe tanto o direito de usufruir do plano contratado como a liberdade de escolha do profissional que lhe aprouver.

3. Assim, a cláusula contratual que prevê o indeferimento de quaisquer procedimentos médico-hospitalares, se estes forem solicitados por médicos não cooperados, deve ser reconhecida como cláusula abusiva, nos termos do art. 51, IV, do CDC.[29]

---

[27] STJ, 4ª T., REsp. 1.320.805/SP, Rel. Min. Maria Isabel Gallotti, ac. 05.12.2013, *DJe* 17.12.2013. No mesmo sentido: STJ, 4ª T., AgRg no AREsp. 679.124/MG, Rel. Min. Antônio Carlos Ferreira, ac. 01.03.2016, *DJe* 07.03.2016.

[28] STJ, 4ª T., AgRg no AREsp. 427.088/DF, Rel. Min. Marco Buzzi, ac. 03.04.2014, *DJe* 14.04.2014.

[29] STJ, 4ª T., REsp. 1.330.919/MT, Rel. Min. Luis Felipe Salomão, ac. 02.08.2016, *DJe* 18.08.2016.

VII – Reembolso de despesas com tratamento realizado em clínica não credenciada

Se o beneficiário opta por receber o atendimento em clínica fora da rede credenciada, ainda que em caso não urgente, deve ser ressarcido pela operadora do plano de saúde. Entretanto, o valor deve ser limitado àquele previsto na tabela do plano:

> 3. O comando do art. 12, VI, da Lei 9.656/98 dispõe, como regra, que o reembolso de despesas médicas em estabelecimentos não contratados, credenciados ou referenciados pelas operadoras está limitado às hipóteses de urgência ou emergência.
>
> 4. Todavia, a exegese desse dispositivo que mais se coaduna com os princípios da boa-fé e da proteção da confiança nas relações privadas – sobretudo considerando a decisão do STF, em repercussão geral (Tema 345), acerca do ressarcimento devido ao SUS pelos planos de saúde – é aquela que permite que o beneficiário seja reembolsado quando, mesmo não se tratando de caso de urgência ou emergência, optar pelo atendimento em estabelecimento não contratado, credenciado ou referenciado pela operadora, respeitados os limites estabelecidos contratualmente.
>
> 5. Esse entendimento respeita, a um só tempo, o equilíbrio atuarial das operadoras de plano de saúde e o interesse do beneficiário, que escolhe hospital não integrante da rede credenciada de seu plano de saúde e, por conta disso, terá de arcar com o excedente da tabela de reembolso prevista no contrato.
>
> 6. Tal solução reveste-se de razoabilidade, não impondo desvantagem exagerada à recorrente, pois a suposta exorbitância de valores despendidos pelos recorridos na utilização dos serviços prestados por médico de referência em seu segmento profissional será suportada por eles, dado que o reembolso está limitado ao valor da tabela do plano de saúde contratado.[30]

Em sentido contrário, entretanto, prevaleceu o reconhecimento do direito ao reembolso na aludida hipótese apenas em casos excepcionais, conforme julgado da 4ª Turma do STJ, posteriormente referendado pela Segunda Seção daquela Corte:

> 3. Consoante entendimento sedimentado no STJ, o reembolso das despesas médico-hospitalares efetuadas pelo beneficiário fora da rede credenciada somente pode ser admitido em hipóteses excepcionais, que compreendam a inexistência ou insuficiência de serviço credenciado no local – por falta de oferta ou em razão de recusa indevida de cobertura do tratamento –, bem como urgência ou emergência do procedimento, observadas as obrigações contratuais e excluídos os valores que excederem a tabela de preços praticados no respectivo produto.
> 3.1 No caso concreto, além de se presumir que a enfermidade estava coberta pelo plano de saúde, pois a matéria sequer fora debatida na origem, o procedimento cirúrgico em questão se revestia de urgência/emergência, tendo a operadora negado o tratamento da enfermidade (recusa indevida), razão pela qual é cabível o reembolso pleiteado, no limite da tabela de preços do plano, excluídas as

---

[30] STJ, 3ª T., REsp 1.760.955/SP, Rel. p/ acórdão Min. Nancy Andrighi, ac. 11.06.2019, *DJe* 30.08.2019.

despesas que refogem à cobertura contratual, tais como referentes a hospedagem, transporte e alimentação.[31]

VIII – Rol de procedimentos mínimos a serem cobertos elaborado pela ANS

A Quarta Turma do STJ entende que o rol de procedimentos mínimos que devem estar incluídos nos planos de saúde, elaborado pela ANS, não pode ser entendido como meramente exemplificativo, sob pena de determinar uma padronização nos planos de saúde, em ofensa à livre concorrência:

1. A Lei n. 9.961/2000 criou a Agência Nacional de Saúde Suplementar – ANS, que tem por finalidade institucional promover a defesa do interesse público na assistência suplementar à saúde. O art. 4º, III e XXXVII, *atribui competência à Agência para elaborar o rol de procedimentos e eventos em saúde que constituirão referência básica para os fins do disposto na Lei n. 9.656/1998, além de suas excepcionalidades, zelando pela qualidade dos serviços prestados no âmbito da saúde suplementar.*

2. Com efeito, por clara opção do legislador, é que se extrai do art. 10, § 4º, da Lei n. 9.656/1998 c/c o art. 4º, III, da Lei n. 9.961/2000, a atribuição dessa Autarquia de elaborar a lista de procedimentos e eventos em saúde que constituirão referência básica para os fins do disposto na Lei dos Planos e Seguros de Saúde. Em vista dessa incumbência legal, o art. 2º da Resolução Normativa n. 439/2018 da ANS, que atualmente regulamenta o processo de elaboração do rol, em harmonia com o determinado pelo *caput* do art. 10 da Lei n. 9.656/1998, esclarece que *o rol garante a prevenção, o diagnóstico, o tratamento, a recuperação e a reabilitação de todas as enfermidades que compõem a Classificação Estatística Internacional de Doenças e Problemas Relacionados com a Saúde – CID da Organização Mundial da Saúde.*

3. A elaboração do rol, em linha com o que se deduz do Direito Comparado, apresenta diretrizes técnicas relevantes, de inegável e peculiar complexidade, como: utilização dos princípios da Avaliação de Tecnologias em Saúde – ATS; observância aos preceitos da Saúde Baseada em Evidências – SBE; e resguardo da manutenção do equilíbrio econômico-financeiro do setor.

4. *O rol mínimo e obrigatório de procedimentos e eventos em saúde constitui relevante garantia do consumidor para propiciar direito à saúde, com preços acessíveis, contemplando a camada mais ampla e vulnerável da população. Por conseguinte, em revisitação ao exame detido e aprofundado do tema, conclui-se que é inviável o entendimento de que o rol é meramente exemplificativo e de que a cobertura mínima, paradoxalmente, não tem limitações definidas. Esse raciocínio tem o condão de encarecer e efetivamente padronizar os planos de saúde, obrigando-lhes, tacitamente, a fornecer qualquer tratamento prescrito, restringindo a livre concorrência e negando vigência aos dispositivos legais que estabelecem o plano-referência de assistência à saúde (plano básico) e a possibilidade de definição contratual de outras coberturas.*

---

[31] STJ, 4ª T., AgInt no REsp 1.933.552/ES, Rel. p/ acórdão Min. Marco Buzzi, ac. 15.03.2022, *DJe* 25.05.2022. No mesmo sentido: STJ, 2ª Seção, EAREsp 1.459.849/ES, Rel. Min. Marco Aurélio Bellizze, ac. 14.10.2020, *DJe* 17.12.2020.

5. Quanto à invocação do diploma consumerista pela autora desde a exordial, é de se observar que as técnicas de interpretação do Código de Defesa do Consumidor devem reverência ao princípio da especialidade e ao disposto no art. 4º daquele diploma, que orienta, por imposição do próprio Código, que todas as suas disposições estejam voltadas teleologicamente e finalisticamente para a consecução da harmonia e do equilíbrio nas relações entre consumidores e fornecedores.

6. *O rol da ANS é solução concebida pelo legislador para harmonização da relação contratual, elaborado de acordo com aferição de segurança, efetividade e impacto econômico. A uníssona doutrina especializada alerta para a necessidade de não se inviabilizar a saúde suplementar.* A disciplina contratual exige uma adequada divisão de ônus e benefícios dos sujeitos como parte de uma mesma comunidade de interesses, objetivos e padrões. Isso tem de ser observado tanto em relação à transferência e distribuição adequada dos riscos quanto à identificação de deveres específicos do fornecedor para assegurar a sustentabilidade, gerindo custos de forma racional e prudente (g.n.).[32]

A Terceira Turma, no entanto, posicionou-se de modo contrário, ao decidir que dito rol deveria sim ser considerado exemplificativo, de forma que "não é razoável impor ao consumidor que, no ato da contratação, avalie os quase 3.000 procedimentos elencados".[33] Nesse sentido:

3. Segundo a jurisprudência desta Corte, o plano de saúde deve custear o tratamento de doença coberta pelo contrato, porquanto as operadoras não podem limitar a terapêutica a ser prescrita, por profissional habilitado, ao beneficiário para garantir sua saúde ou sua vida, esclarecendo, ainda, que tal não é obstado pela ausência de previsão no rol de procedimentos da ANS.

4. Em que pese a existência de precedente da eg. Quarta Turma entendendo ser legítima a recusa de cobertura com base no rol de procedimentos mínimos da ANS, esta eg. Terceira Turma, no julgamento do REsp nº 1.846.108/SP, Rel. Ministra Nancy Andrighi, julgado aos 2/2/2021, reafirmou sua jurisprudência no sentido do caráter exemplificativo do referido rol de procedimentos.[34]

---

[32] STJ, 4ª T., REsp 1.733.013/PR, Rel. Min. Luis Felipe Salomão, ac. 10.12.2019, *DJe* 20.02.2020. No mesmo sentido: STJ, 4ª T., AgInt no AREsp 1.953.896/RJ, Rel. Min. Luis Felipe Salomão, ac. 08.02.2022, *DJe* 17.02.2022; STJ, 4ª T., AgInt no REsp 1.941.283/SP, Rel. Min. Antonio Carlos Ferreira, ac. 20.09.2021, *DJe* 23.09.2021.

[33] STJ, 3ª T., REsp 1.846.108/SP, Rel. Min. Nancy Andrighi, ac. 02.02.2021, *DJe* 05.02.2021. Na oportunidade, a Min. Relatora afirmou que "Sob o prisma do CDC, não há como exigir do consumidor, no momento em que decide aderir ao plano de saúde, o conhecimento acerca de todos os procedimentos que estão – e dos que não estão – incluídos no contrato firmado com a operadora do plano de saúde, inclusive porque o rol elaborado pela ANS apresenta linguagem técnico-científica, absolutamente ininteligível para o leigo. Igualmente, não se pode admitir que mero regulamento estipule, em desfavor do consumidor, a renúncia antecipada do seu direito a eventual tratamento prescrito para doença listada na CID, por se tratar de direito que resulta da natureza do contrato de assistência à saúde".

[34] STJ, 3ª T., AgInt no REsp 1.959.291/SP, Rel. Min. Moura Ribeiro, ac. 29.11.2021, *DJe* 01.12.2021. No mesmo sentido: STJ, 3ª T., AgInt no REsp 1.958.572/SP, Rel. Ministro Moura Ribeiro, ac. 13.12.2021, *DJe* 15.12.2021; STJ, 3ª T., AgInt no REsp 1.951.056/SP, Rel. Min. Nancy Andrighi, ac. 13.12.2021,

Recentemente, todavia, a 2ª Seção do STJ superou a divergência, e decidiu ser o rol taxativo, definindo, a propósito, as seguintes teses:

a) o rol de procedimentos e eventos em saúde suplementar é, em regra, taxativo;

b) a operadora de plano ou seguro de saúde não é obrigada a arcar com tratamento não constante do rol da ANS se existe, para a cura do paciente, outro procedimento eficaz, efetivo e seguro já incorporado ao rol;

c) é possível a contratação de cobertura ampliada ou a negociação de aditivo contratual para a cobertura de procedimento extra rol;

d) não havendo substituto terapêutico ou esgotados os procedimentos do rol da ANS, pode haver, a título excepcional, a cobertura do tratamento indicado pelo médico ou odontólogo assistente, desde que (i) não tenha sido indeferido expressamente, pela ANS, a incorporação do procedimento ao rol da saúde suplementar; (ii) haja comprovação da eficácia do tratamento à luz da medicina baseada em evidências; (iii) haja recomendações de órgãos técnicos de renome nacionais (como Conitec e Natjus) e estrangeiros; e (iv) seja realizado, quando possível, o diálogo interinstitucional do magistrado com entes ou pessoas com *expertise* técnica na área da saúde, incluída a Comissão de Atualização do Rol de Procedimentos e Eventos em Saúde Suplementar, sem deslocamento da competência do julgamento do feito para a Justiça Federal, ante a ilegitimidade passiva *ad causam* da ANS.[35]

A decisão nos parece acertada. Com efeito, os contratos de saúde suplementar, embora rigorosamente regulados pelo Estado, não são instrumento de políticas públicas, razão pela qual não devem ser utilizados "como forma de suprir a ineficiência estatal" e, principalmente, não podem ser tratados juridicamente como se fossem desprovidos de viés econômico.[36]

De fato, sua natureza é de contrato de seguro, de direito privado, portanto. É, pois, negócio jurídico econômico. Destarte, a lei – e o Judiciário – não pode impor às empresas seguradoras encargos genéricos, sob pena de sobrecarregá-las excessivamente, o que acaba redundando em aumento dos gastos do consumidor e não contribui para o aprimoramento do setor.[37] A segurança jurídica e a previsibilidade das obrigações são elementos essenciais em qualquer contrato, mormente nos da espécie, em razão da relevância do seu objeto.

DJe 15.12.2021; STJ, 3ª T., AgInt no REsp 1.956.845/SP, Rel. Min. Nancy Andrighi, ac. 13.12.2021, *DJe* 15.12.2021.

[35] STJ, 2ª Seção, EREsp 1.886.929/SP, Rel. Min. Luis Felipe Salomão, ac. 08.06.2022, *DJe* 03.08.2022. STJ, 2ª Seção, EREsp 1.889.704/SP, Rel. Min. Luis Felipe Salomão, ac. 08.06.2022, *DJe* 03.08.2022.

[36] CARLINI, Angélica. *Judicialização da saúde pública e privada cit.*, p. 131.

[37] "A regulação estatal e as decisões judiciais que não levam em conta as características técnicas peculiares dos fundos mutuais como são as operações na área de saúde privada, são externalidades que tendem a diminuir a oferta no setor, forçam a concentração, diminuem significativamente as possibilidades de concorrência e não contribuem para o aprimoramento do setor. (..) Quando a proteção do usuário coloca em desequilíbrio o mercado é preciso retomar as reflexões e mesmo em u tema sensível como a saúde privada, resgatar o pressuposto fundamental de que contratos são formalizados como instrumento de previsibilidade das operações que eles representam" (CARLINI, Angélica. *Ob. cit., loc. cit.*).

No entanto, em 21 de setembro de 2022 foi editada a Lei n.º 14.454 que dispôs ser o rol de procedimentos e eventos em saúde suplementar, atualizado pela ANS a cada nova incorporação, meramente exemplificativo, obrigando os planos de saúde, cumpridas certas condições, a arcarem com procedimentos não incluídos naquele rol, *in verbis:*

> § 12. O rol de procedimentos e eventos em saúde suplementar, atualizado pela ANS a cada nova incorporação, constitui a referência básica para os planos privados de assistência à saúde contratados a partir de 1º de janeiro de 1999 e para os contratos adaptados a esta Lei e fixa as diretrizes de atenção à saúde.
>
> § 13. Em caso de tratamento ou procedimento prescrito por médico ou odontólogo assistente que não estejam previstos no rol referido no § 12 deste artigo, a cobertura deverá ser autorizada pela operadora de planos de assistência à saúde, desde que: I – exista comprovação da eficácia, à luz das ciências da saúde, baseada em evidências científicas e plano terapêutico; ou II – existam recomendações pela Comissão Nacional de Incorporação de Tecnologias no Sistema Único de Saúde (Conitec), ou exista recomendação de, no mínimo, 1 (um) órgão de avaliação de tecnologias em saúde que tenha renome internacional, desde que sejam aprovadas também para seus nacionais.

5.5. INDENIZAÇÃO

Diante da recusa de uma operadora de plano de saúde de cobrir uma cirurgia de enxerto ósseo, o STJ garantiu indenização por danos materiais e morais. A Terceira Turma ponderou, no julgamento, que, se uma conduta é ilícita para fins de reparação por dano material, será ilícita também para a avaliação do dano moral. "O que pode acontecer é que, apesar de ilícita, o mero descumprimento de uma cláusula contratual não gere, para a parte, qualquer dano moral – indenização", ressaltou a Ministra Nancy Andrighi em seu voto, acompanhando o relator, Ministro Sidnei Beneti. A Unimed foi condenada ao pagamento de reparação por danos morais no valor de R$ 3 mil.[38]

A mesma Turma, no REsp. 1.072.308, condenou um plano de saúde a pagar indenização de R$ 10 mil por danos morais a uma segurada que se submeteu a cirurgia de urgência para retirada de vesícula biliar. Aconteceu que, três dias após a operação, o plano de saúde negou-se a cobrir as despesas.[39] Constou do aresto: "A jurisprudência deste Tribunal vem reconhecendo que a recusa indevida à cobertura médica é causa de danos morais, pois agrava o contexto de aflição psicológica e de angústia sofrido pelo segurado". Pesou, ainda, contra a seguradora, a circunstância de que a negativa de cobertura, além de ilegal, aconteceu após a realização da cirurgia, quando a paciente estava em recuperação e, de repente, se viu envolvida pelas preocupações com a conta do hospital.

A mesma Turma reconheceu, em outra oportunidade, a responsabilidade do hospital e do plano de saúde pela negativa de atendimento médico de urgência. No caso em exame, embora a beneficiária possuísse plano de saúde sem obstetrícia, o

---

[38] STJ, 3ª T., REsp. 1.096.560/SC, Rel. Min. Sidnei Beneti, ac. 11.02.2009, *DJe* 10.03.2009.
[39] STJ, 3ª T., REsp. 1.072.308/RS, Rel. Min. Nancy Andrighi, ac. 25.05.2010, *DJe* 10.06.2010.

atendimento de urgência decorreu de complicações no processo gestacional, razão pela qual não poderia ter sido negado.[40]

A propósito da responsabilidade civil do plano de saúde pela má prestação do serviço médico ou hospitalar, a jurisprudência consolidada do STJ foi bem exposta no julgamento do REsp. 866.371/RS, no qual se distinguiram as diferentes situações (i) da prestação fundada em livre escolha do segurado, e (ii) da prestação por médicos e hospitais próprios ou credenciados pela operadora do plano:[41]

> a) Se o contrato for fundado na livre escolha pelo beneficiário/segurado de médicos e hospitais com reembolso das despesas no limite da apólice, conforme ocorre, em regra, nos chamados seguros-saúde, não se poderá falar em responsabilidade da seguradora pela má prestação do serviço, na medida em que a eleição dos médicos ou hospitais aqui é feita pelo próprio paciente ou por pessoa de sua confiança, sem indicação de profissionais credenciados ou diretamente vinculados à referida seguradora. A responsabilidade será direta do médico e/ou hospital, se for o caso.
>
> b) Se o contrato é fundado na prestação de serviços médicos e hospitalares próprios e/ou credenciados, no qual a operadora de plano de saúde mantém hospitais e emprega médicos ou indica um rol de conveniados, não há como afastar sua responsabilidade solidária pela má prestação do serviço.

Em suma: a jurisprudência do STJ é no sentido de que "A operadora do plano de saúde, na condição de fornecedora de serviço, responde perante o consumidor pelos defeitos em sua prestação, seja quando os fornece por meio de hospital próprio e médicos contratados ou por meio de médicos e hospitais credenciados, nos termos dos arts. 2º, 3º, 14 e 34 do Código de Defesa do Consumidor e art. 932, III, do Código Civil de 2002. Essa responsabilidade é objetiva e solidária em relação ao consumidor, mas, na relação interna, respondem o hospital, o médico e a operadora do plano de saúde nos limites da sua culpa".[42] Não há, entretanto, litisconsórcio passivo necessário.[43]

A despeito da responsabilidade objetiva do hospital, é necessária a comprovação do nexo causal entre o dano suportado pelo paciente e a conduta dos médicos ou do próprio hospital. Assim, o STJ rejeitou pedido de indenização em caso de contaminação por hepatite C em uma transfusão de sangue, em razão da não comprovação da relação de causa e efeito entre o dano e a conduta do hospital:

> 2. Adotadas as cautelas possíveis pelo hospital e não tendo sido identificada a hepatite C no sangue doado, não é razoável afirmar que o só fato da existência do fenômeno "janela imunológica" seria passível de tornar o serviço defeituoso. No limite, a tese

---

[40] STJ, 3ª T., REsp. 1.947.757/RJ, Rel. Min. Nancy Andrighi, ac. 08.03.2022, DJe 11.03.2022.
[41] STJ, 4ª T., REsp. 866.371/RS, Rel. Min. Raul Araújo, ac. 27.03.2012, DJe 20.08.2012.
[42] Precedentes: STJ, 4ª T., AgRg no REsp. 1.029.043/SP, Rel. Min. Luís Felipe Salomão, ac. 12.05.2009, DJe 08.06.2009; STJ, 4ª T., REsp. 328.309/RJ, Rel. Min. Aldir Passarinho Junior, ac. 08.10.2002, DJU 17.03.2003, p. 234; STJ, 3ª T., REsp. 138.059/MG, Rel. Min. Ari Pargendler, ac. 13.03.2001, DJU 11.06.2001, p. 197.
[43] STJ, 4ª T., REsp. 328.309/RJ, cit.

subverte todos os fundamentos essenciais da responsabilidade civil, ensejando condenações por presunções.

3. Não se pode eliminar, aqui, o risco de transfundir sangue contaminado a um paciente mesmo com a adoção das medidas adequadas à análise do sangue. Para minimizar essa possibilidade, adotam-se medidas de triagem do doador, que não são todas infalíveis, eis que dependentes da veracidade e precisão das informações por este prestadas. Trata-se, como se vê, de um risco reduzido, porém não eliminável. Parece correto sustentar, assim, que aquilo que o consumidor pode legitimamente esperar não é, infelizmente, que sangue contaminado jamais seja utilizado em transfusões sanguíneas, mas sim que todas as medidas necessárias à redução desse risco ao menor patamar possível sejam tomadas pelas pessoas ou entidades responsáveis pelo processamento do sangue. (FERRAZ, Octávio Luiz Motta Ferraz. *Responsabilidade civil da atividade médica no código de defesa do consumidor*. Rio de Janeiro: Elsevier, 2009. p. 156-159)

4. Reconhecendo-se a possibilidade de vários fatores contribuírem para o resultado, elege-se apenas aquele que se filia ao dano mediante uma relação de necessariedade, vale dizer, dentre os vários antecedentes causais, apenas aquele elevado à categoria de causa necessária do dano dará ensejo ao dever de indenizar.

5. Mesmo sem negar vigência aos princípios da verossimilhança das alegações e a hipossuficiência da vítima quanto à inversão do ônus da prova, não há como deferir qualquer pretensão indenizatória sem a comprovação, ao curso da instrução, do nexo de causalidade entre o contágio da doença e a cirurgia realizada sete anos antes do diagnóstico.

6. Não ficou comprovada nos autos a exclusão da possibilidade de quaisquer outras formas de contágio no decorrer dos quase sete anos entre a cirurgia pela qual passou o autor (ora recorrido) e o aparecimento dos sintomas da hepatite C.

7. É evidente que não se exclui a possibilidade de ser reconhecida a responsabilidade objetiva do hospital em episódios semelhantes, porém o cabimento de indenização deve ser analisado casuisticamente e reconhecido, desde que estabelecido nexo causal baseado em relação de necessariedade entre a causa e o infortúnio.[44]

Em situações em que a operadora do plano de saúde demora para autorizar cirurgia de urgência, resultando no óbito da paciente, o STJ reconheceu a responsabilidade solidária do hospital e do plano, pertencentes à mesma rede:

1. Se o contrato é fundado na prestação de serviços médicos e hospitalares próprios e/ou credenciados, no qual a operadora de plano de saúde mantém hospitais e emprega médicos ou indica um rol de conveniados, não há como afastar sua responsabilidade solidária pela má prestação do serviço. [...]

4. A demora para a autorização da cirurgia indicada como urgente pela equipe médica do hospital, sem justificativa plausível, caracteriza defeito na prestação do serviço da operadora do plano de saúde, resultando na sua responsabilização.[45]

---

[44] STJ, 4ª T., REsp. 1.322.387/RS, Rel. Min. Luis Felipe Salomão, ac. 20.08.2013, *DJe* 26.09.2013.
[45] STJ, 4ª T., AgInt no AREsp 1.414.776/SP, Rel. Min. Raul Araújo, ac. 11.02.2020, *DJe* 04.03.2020.

O plano de saúde pode descredenciar clínicas, entidades hospitalares, laboratórios, médicos e demais serviços conveniados, desde que comunique previamente o beneficiário, em razão do dever de informação, cooperação e lealdade (arts. 6º, III, e 46 do CDC):

> 6. [...] O usuário de plano de saúde tem o direito de ser informado acerca da modificação da rede conveniada (rol de credenciados), pois somente com a transparência poderá buscar o atendimento e o tratamento que melhor lhe satisfaz, segundo as possibilidades oferecidas. Precedente.
>
> 7. É facultada à operadora de plano de saúde substituir qualquer entidade hospitalar cujos serviços e produtos foram contratados, referenciados ou credenciados desde que o faça por outro equivalente e comunique, com 30 (trinta) dias de antecedência, aos consumidores e à Agência Nacional de Saúde Suplementar (ANS), ainda que o descredenciamento tenha partido da clínica médica (art. 17, § 1º, da Lei nº 9.656/1998).[46]

Se, contudo, o plano de saúde descredencia entidade hospitalar sem comunicação prévia ao beneficiário, é cabível indenização por dano moral:

> (i) 4. A substituição de entidade hospitalar da rede credenciada de plano de saúde deve observar: i) a notificação dos consumidores com antecedência mínima de trinta dias; ii) a contratação de novo prestador de serviço de saúde equivalente ao descredenciado; e, iii) a comunicação à Agência Nacional de Saúde (art. 17, § 1º, da Lei 9.656/98).
>
> 5. O descumprimento contratual em regra não produz dano moral compensável. Entretanto, mais do que o tratamento de uma doença passível de ser realizado em qualquer clínica ou hospital estruturado, é natural que o paciente, com acompanhamento médico-hospitalar e de hemodiálise frequente, construa relações de afeto e sensibilidade em relação aos profissionais que lhe prestam, direta ou indiretamente, serviços de atenção à saúde.
>
> 6. Na hipótese, a atitude da UNIMED em se furtar aos seus compromissos contratuais produziu no recorrente a desestrutura emocional e humana, pois tocou em ponto essencial ao restabelecimento de sua saúde, em prejuízo de uma transição saudável para outro hospital equivalente.[47]

Ao analisar situação em que a operadora do plano de saúde impôs à dependente a obrigação de assumir eventual dívida do falecido titular, sob pena de ser excluída do plano, o STJ entendeu configurar exercício abusivo do direito de exigir o respectivo pagamento, "na medida em que, valendo-se de situação de fragilidade da beneficiária e sob a ameaça de causar-lhe um prejuízo, constrange quem não tem o dever de pagar a fazê-lo, evitando, com isso, todos os trâmites de uma futura cobrança dirigida ao legítimo responsável (espólio)".[48]

---

[46] STJ, 3ª T., REsp. 1.561.445/SP, Rel. Min. Ricardo Villas Bôas Cueva, ac. 13.08.2019, *DJe* 16.08.2019.
[47] STJ, 3ª T., REsp. 1.662.344/SP, Rel. Min. Nancy Andrighi, ac. 20.03.2018, *DJe* 23.03.2018.
[48] STJ, 3ª T., REsp. 1.899.674/SP, Rel. Min. Nancy Andrighi, ac. 16.03.2021, *DJe* 22.03.2021.

5.6. PERMANÊNCIA NO PLANO

A jurisprudência do STJ a respeito de funcionário que se desliga da empresa voluntariamente é no sentido de que não lhe assiste o direito de permanecer vinculado, com seus dependentes, ao respectivo plano coletivo de assistência à saúde.[49] De acordo com o voto do Relator Ministro Massami Uyeda, o direito de manter a condição de beneficiário nas mesmas condições de que gozava quando era funcionário ativo da empresa, somente está previsto para os casos em que o empregado se aposenta ou é demitido ou exonerado sem justa causa.

No REsp. 820.379/RS igual entendimento foi adotado pela Terceira Turma para determinar à Cassi a reinclusão de ex-funcionário da instituição no plano de saúde. Para o acórdão, o artigo 30 da Lei nº 9.656/1998 não depende de outra norma para ser aplicado. A permanência de ex-funcionário, dispensado sem justa causa, em plano de saúde privado, é assegurada por aquele dispositivo legal, desde que assuma, o segurado, o pagamento da parcela patronal.

> 1. É garantido ao trabalhador demitido sem justa causa ou ao aposentado que contribuiu para o plano de saúde em decorrência do vínculo empregatício o direito de manutenção como beneficiário nas mesmas condições de cobertura assistencial de que gozava quando da vigência do contrato de trabalho, desde que assuma o seu pagamento integral (arts. 30 e 31 da Lei nº 9.656/1998). Os valores de contribuição, todavia, poderão variar conforme as alterações promovidas no plano paradigma, sempre em paridade com os que a ex-empregadora tiver que custear.[50]

Se, contudo, o plano de saúde era custeado integralmente pelo empregador, não existe direito de permanência do ex-empregado após o seu desligamento da empresa, salvo cláusula expressa prevista no contrato:

> Nos planos de saúde coletivos custeados exclusivamente pelo empregador não há direito de permanência do ex-empregado aposentado ou demitido sem justa causa como beneficiário, salvo disposição contrária expressa, prevista em contrato ou em convenção coletiva de trabalho, sendo irrelevante a tão só existência de coparticipação, pois esta não se confunde com contribuição.[51]

---

[49] STJ, 3ª T., REsp. 1.078.991/DF, Rel. Min. Massami Uyeda, ac. 02.06.2009, *DJe* 16.06.2009. No mesmo sentido: STJ, 4ª T., AgInt no AgInt no Resp. 1537386/SP, Rel. Min. Luis Felipe Salomão, ac. 29.08.2017, *DJe* 04.09.2017.

[50] STJ, 4ª T., AgInt no REsp 1.740.481/SP, Rel. Min. Luis Felipe Salomão, ac. 16.10.2018, DJe 23.10.2018. No mesmo sentido: STJ, 3ª T., REsp. 820.379/DF, Rel. Min. Nancy Andrighi, ac. 28.06.2007, *DJU* 06.08.2007, p. 486.

[51] STJ, 3ª T., REsp. 1.594.346/SP, Rel. Min. Ricardo Villas Bôas Cueva, ac. 09.08.2016, *DJe* 16.08.2016. No mesmo sentido: STJ, 3ª T., AgInte no REsp. 1.595.438/SP, Rel. Min. Ricardo Villas Bôas Cueva, ac. 13.12.2016, *DJe* 02.02.2017; STJ, 4ª T., REsp. 1.608.346/SP, Rel. Min. Luis Felipe Salomão, ac. 18.10.2016, *DJe* 30.11.2016.

Na oportunidade, o Relator explicou que a coparticipação do empregado em procedimentos não é considerada contribuição para os fins de afastar o custeio exclusivo do empregador:

> Nos termos dos arts. 30, § 6º, e 31, § 2º, da Lei nº 9.656/1998, não é considerada contribuição a coparticipação do consumidor, única e exclusivamente, em procedimentos, como fator de moderação, na utilização dos serviços de assistência médica ou hospitalar.
>
> 4. Contribuir para o plano de saúde significa, nos termos da lei, pagar uma mensalidade, independentemente de se estar usufruindo dos serviços de assistência médica. A coparticipação, por sua vez, é um fator de moderação, previsto em alguns contratos, que consiste no valor cobrado do consumidor apenas quando utilizar o plano de saúde, possuindo, por isso mesmo, valor variável, a depender do evento sucedido. Sua função, portanto, é a de desestimular o uso desenfreado dos serviços da saúde suplementar.
>
> 5. O plano de assistência médica, hospitalar e odontológica concedido pelo empregador não pode ser enquadrado como salário indireto, sejam os serviços prestados diretamente pela empresa ou por determinada operadora (art. 458, § 2º, IV, da CLT). Com efeito, o plano de saúde fornecido pela empresa empregadora, mesmo a título gratuito, não possui natureza retributiva, não constituindo salário-utilidade (salário *in natura*), sobretudo por não ser contraprestação ao trabalho. Ao contrário, referida vantagem apenas possui natureza preventiva e assistencial, sendo uma alternativa às graves deficiências do Sistema Único de Saúde (SUS), obrigação do Estado.

Entretanto, caso a permanência do ex-empregado, na espécie, tenha decorrido de acordo firmado com o antigo empregador – e não em razão de texto de lei –, mostra-se abusiva a exclusão unilateral feita pelo empregador:

> 6. Distinção entre o direito de manutenção derivado da Lei 9.656/1998, que independe da vontade da operadora, e o direito de manutenção derivado de fonte contratual.
>
> 7. Superveniência da exclusão unilateral do usuário, após dois anos de vigência do direito de manutenção, sob argumento de ilegalidade da manutenção do usuário.
>
> 8. Existência de ressalva na Lei 9.656/1998 quanto à validade de vantagens contratuais concedidas aos usuários mediante "negociações coletivas de trabalho".
>
> 9. Previsão na Resolução CONSU 20/1998 (vigente à época) da possibilidade de o usuário demitido permanecer no plano de saúde por prazo indeterminado, se tal hipótese estiver prevista no contrato ou no regulamento do plano de saúde.
>
> 10. Abusividade da exclusão unilateral do usuário, pois o direito de manutenção do usuário tinha amparo contratual, no referido 'Termo de Opção', e, ademais, o rompimento unilateral do vínculo somente seria admitido nas hipóteses previstas na RN ANS 195/2008, hipóteses não verificadas no caso dos autos, valendo destacar que a boa-fé do usuário é incontesta, não se cogitando de fraude na concessão do direito de manutenção.[52]

---

[52] STJ, 3ª T., REsp 1.940.391/MG, Rel. Min. Paulo de Tarso Sanseverino, ac. 21.06.2022, *DJe* 23.06.2022.

Situação diversa é aquela em que é a pessoa jurídica estipulante que rescinde o contrato com a operadora, afetando não apenas um beneficiário, mas toda a população do plano de saúde coletivo. Nesse caso, "inviável a manutenção do ex-empregado, considerando o cancelamento do plano de saúde coletivo pelo empregador que concedia este benefício a seus empregados ativos e ex-empregados".[53]

Em março de 2020, a Segunda Seção do STJ afetou recurso especial repetitivo para definir a "(im)possibilidade de prorrogação do prazo de cobertura previsto no § 1º do art. 30 da Lei nº 9.656/98 na hipótese de o beneficiário continuar precisando de constante tratamento médico para a moléstia que o acomete".[54] A propósito da matéria, vem prevalecendo o entendimento dominante daquela Corte no sentido de que, embora a resilição unilateral do contrato pela operadora, após o prazo de 24 meses definido pela lei, seja válida, mostra-se abusiva quando realizada durante o tratamento médico que possibilite a sobrevivência ou a manutenção da incolumidade física do beneficiário.[55] Em casos recentes restou reafirmado, por exemplo, que:

2. A resilição unilateral do plano de saúde, mediante prévia notificação, não obstante seja, em regra, válida, revela-se abusiva quando realizada durante o tratamento médico que possibilite a sobrevivência ou a manutenção da incolumidade física do beneficiário ou dependente.
3. Referida conclusão se impõe mesmo quando esgotado o prazo a que se refere o art. 30, § 1º, da Lei nº 9.656/98.[56]

Recentemente, o entendimento foi sedimentado em sede de recurso repetitivo:

1. Tese jurídica firmada para fins do artigo 1.036 do CPC: "A operadora, mesmo após o exercício regular do direito à rescisão unilateral de plano coletivo, deverá assegurar a continuidade dos cuidados assistenciais prescritos a usuário internado ou em pleno tratamento médico garantidor de sua sobrevivência ou de sua incolumidade física, até a efetiva alta, desde que o titular arque integralmente com a contraprestação (mensalidade) devida".[57]

Em outra oportunidade, o STJ entendeu ser obrigação do ex-empregador manter, com base na proteção da confiança (*supressio*), o plano de saúde oferecido ao ex-empregado, após mais de dez anos do rompimento do vínculo.[58] Por fim, importante ressaltar ser da Justiça Comum a competência para julgar ação ajuizada por ex-trabalhador

---

[53] STJ, 3ª T., REsp. 1.736.898/RS, Rel. Min. Nancy Andrighi, ac. 17.09.2019, Dje 20.09.2019.
[54] STJ, 2ª Seção, ProAfR no REsp 1.836.823/SP, Rel. Min. Moura Ribeiro, ac. 18.02.2020, DJe 21.02.2020.
[55] STJ, 4ª T., AgInt no REsp 1.603.764/SP, Rel. Min. Luis Felipe Salomão, ac. 29.10.2019, DJe 6.11.2019.
[56] STJ, 3ª T., AgInt no REsp 1.836.823/SP, Rel. Min. Moura Ribeiro, ac. 21.02.2022, DJe 23.02.2022; STJ, 3ª T., AgInt no REsp 1.874.637/SP, Rel. Min. Moura Ribeiro, ac. 14.03.2022, DJe 18.03.2022.
[57] STJ, 2ª Seção, REsp. 1.846.123/SP, Rel. Min. Luis Felipe Salomão, ac. 22.06.2022, DJe 01.08.2022.
[58] "Hipótese excepcional em que, por liberalidade do ex-empregador, o ex-empregado e sua esposa, assumindo o custeio integral, permaneceram vinculados ao contrato de plano de saúde por prazo que supera – e muito – o previsto no art. 30, § 1º, da Lei 9.656/1998, despertando nestes a confiança de que não perderiam o benefício, de tal modo que sua exclusão agora, quando já passados 10

que "discute a conduta da ex-empresa empregadora, na qualidade de operadora de plano de saúde (modalidade autogestão), como a negativa de mantê-lo no plano coletivo original", em razão da "autonomia da Saúde Suplementar, da não integração da referida utilidade no contrato de trabalho, do término da relação de emprego e do caráter cível do tema".[59]

5.7. OUTRAS QUESTÕES RELACIONADAS COM OS PLANOS DE SAÚDE ENFRENTADAS EM DECISÕES RECENTES DO STJ E DE OUTROS TRIBUNAIS

a) Direito à portabilidade de carência:

O STJ já decidiu que, havendo migração de plano coletivo para individual, em razão da extinção do contrato de trabalho, a operadora do plano de saúde deve admitir a portabilidade das carências pelo ex-empregado e seus dependentes:

3. A carência é o período ininterrupto, contado a partir da data de início da vigência do contrato do plano privado de assistência à saúde, durante o qual o contratante paga as mensalidades, mas ainda não tem acesso a determinadas coberturas previstas no contrato (art. 2º, III, da RN nº 186/2009 da ANS). A finalidade é assegurar a fidelização do usuário e o equilíbrio financeiro da negociação, permitindo a manutenção do saldo positivo do fundo comum para o custeio dos serviços médico-hospitalares, ou seja, visa a conservação do próprio plano de saúde.

4. Não há nenhuma ilegalidade ou abusividade na fixação de prazo de carência no contrato de plano de saúde, contanto que sejam observados os limites e as restrições legais (arts. 12, V, 13, I, e 16, III, da Lei nº 9.656/1998 e 6º e 11 da RN nº 195/2009 da ANS).

5. Há hipóteses em que o prazo de carência já cumprido em um dado contrato pode ser aproveitado em outro, como geralmente ocorre na migração e na portabilidade de plano de saúde, para a mesma ou para outra operadora. Tais institutos possibilitam a mobilidade do consumidor, sendo essenciais para a estimulação da livre concorrência no mercado de saúde suplementar.

6. Quanto ao ex-empregado demitido e seus dependentes, para não ficarem totalmente desprotegidos, e atendendo à função social do contrato de plano de saúde (art. 421 do Código Civil), foi assegurada, pela Agência Nacional de Saúde Suplementar (ANS), a portabilidade especial de carências.

7. Nos termos do art. 7º-C da RN nº 186/2009 da ANS, o ex-empregado demitido ou exonerado sem justa causa ou aposentado ou seus dependentes vinculados ao plano ficam dispensados do cumprimento de novos períodos de carência na contratação de novo plano individual ou familiar ou coletivo por adesão, seja na mesma operadora seja em outra, desde que peçam a transferência durante o período de manutenção

---

anos, e quando já contam com idade avançada, torna-se inviável, segundo o princípio da boa-fé objetiva" (STJ, 3ª T., REsp. 1.879.503/RJ, Rel. Min. Nancy Andrighi, ac. 15.09.2020, *DJe* 18.09.2020).

[59] STJ, 3ª T., Resp 1.695.986/SP, Rel. Min. Ricardo Villas Bôas Cueva, ac. 27.02.2018, *DJe* 06.03.2018.

da condição de beneficiário garantida pelos arts. 30 e 31 da Lei nº 9.656/1998. Aplicação, no caso dos autos, a permitir a cobertura imediata dos serviços de assistência pré-natal e obstétrica.[60]

Da mesma forma, se houver resilição unilateral do contrato pela operadora, o STJ entende que "há de se reconhecer o direito à portabilidade de carências, permitindo, assim, que os beneficiários possam contratar um novo plano de saúde, observado o prazo de permanência no anterior, sem o cumprimento de novos períodos de carência ou de cobertura parcial temporária e sem custo adicional pelo exercício do direito".[61]

b) Sendo o empregado desligado da empresa, a seguradora deve ofertar a migração de plano, sem qualquer carência, sob pena de ser considerado abusivo o cancelamento unilateral do plano:

2. O acórdão decidiu de acordo com a jurisprudência desta Corte, no sentido de que não existe dissolução de continuidade do contrato de plano de saúde em face de desligamento do empregado ou rescisão do contrato entre empregador e a seguradora. Interpretação do art. 30 da Lei 9.656/98. Precedentes.

3. O Tribunal de origem entendeu que houve comportamento abusivo da seguradora diante das peculiaridades do caso. Concluiu que a seguradora deveria ter oferecido opção de mudança do plano coletivo para um plano individual-familiar com a portabilidade de carências, mediante o pagamento de nova mensalidade, mormente em face da gravidade da doença do autor, da idade avançada e da ausência de notícia de inadimplemento.[62]

Caso não haja disponibilização de plano individual, o STJ entende ser assegurado ao empregado continuar no plano coletivo, nas mesmas condições, desde que arque com o pagamento integral das mensalidades:

1. A empresa prestadora do plano de assistência à saúde é parte legitimada passivamente para a ação indenizatória movida por filiado em face da rescisão unilateral do contrato.

2. O art. 30 da Lei n.º 9.656/98 confere ao consumidor o direito de contribuir para plano ou seguro privado coletivo de assistência à saúde, decorrente de vínculo empregatício, no caso de rescisão ou exoneração do contrato de trabalho sem justa causa, assegurando-lhe o direito de manter sua condição de beneficiário, nas mesmas condições de que gozava quando da vigência do contrato de trabalho, desde que assuma também o pagamento da parcela anteriormente de responsabilidade patronal. Precedentes. Incidência da Súmula STJ/83.[63]

---

[60] STJ, 3ª T., REsp. 1.525.109/SP, Rel. Min. Ricardo Villas Bôas Cueva, ac. 04.10.2016, *DJe* 18.10.2016.
[61] STJ, 3ª T., REsp. 1.732.511/SP, Rel. Min. Nancy Andrighi, ac. 04.08.2020, *DJe* 20.08.2020. No mesmo sentido: STJ, 3ª, REsp. 1.895.321/MG, Rel. Min. Nancy Andrighi, ac. 06.04.2021, *DJe* 15.04.2021.
[62] STJ, 4ª T., AgRg no Ag em REsp. 478.831/SP, Rel. Min. Luis Felipe Salomão, ac. 13.05.2014, *DJe* 21.05.2014. No mesmo sentido: TJDF, 6ª T, AGI 2016.00.2.005062-6, Rel. Des. Ana Maria Duarte Amarante, *DJFTE* 06.07.2016.
[63] STJ, 3ª T., AgRg no AREsp. 239.437/RJ, Rel. Min. Sidnei Beneti, ac. 11.12.2012, *DJe* 04.02.2013.

Entretanto, o STJ entende que a seguradora não é obrigada a oferecer a migração para plano individual caso não possua esse plano para comercialização:

2. Quando há a demissão imotivada do trabalhador, a operadora de plano de saúde deve lhe facultar a prorrogação temporária do plano coletivo empresarial ao qual havia aderido, contanto que arque integralmente com os custos das mensalidades, não podendo superar o prazo estabelecido em lei: período mínimo de 6 (seis) meses e máximo de 24 (vinte e quatro) meses. Incidência do art. 30, *caput* e § 1º, da Lei nº 9.656/1998. Precedentes.

3. A operadora de plano de saúde pode encerrar o contrato de assistência à saúde do trabalhador demitido sem justa causa após o exaurimento do prazo legal de permanência temporária no plano coletivo, não havendo nenhuma abusividade em tal ato ou ataque aos direitos do consumidor, sobretudo em razão da extinção do próprio direito assegurado pelo art. 30 da Lei nº 9.656/1998. Aplicação do art. 26, I, da RN nº 279/2011 da ANS.

4. A operadora de plano de saúde não pode ser obrigada a oferecer plano individual a ex-empregado demitido ou exonerado sem justa causa após o direito de permanência temporária no plano coletivo esgotar-se (art. 30 da Lei nº 9.656/1998), sobretudo se ela não disponibilizar no mercado esse tipo de plano. Além disso, tal hipótese não pode ser equiparada ao cancelamento do plano privado de assistência à saúde feito pelo próprio empregador, ocasião em que pode incidir os institutos da migração ou da portabilidade de carências.

5. Não é ilegal a recusa de operadoras de planos de saúde de comercializarem planos individuais por atuarem apenas no segmento de planos coletivos. Não há norma legal alguma obrigando-as a atuar em determinado ramo de plano de saúde. O que é vedada é a discriminação de consumidores em relação a produtos e serviços que já são oferecidos no mercado de consumo por determinado fornecedor, como costuma ocorrer em recusas arbitrárias na contratação de planos individuais quando tal tipo estiver previsto na carteira da empresa.[64]

c) É assegurado à operadora o direito de resilir unilateral e imotivadamente o plano de saúde coletivo, se houver cláusula contratual nesse sentido:

Entretanto, deverá cumprir "o prazo de 12 (doze) meses de vigência da avença e feita a notificação prévia do contratante com antecedência mínima de 60 (sessenta) dias, bem como respeitada a continuidade do vínculo contratual para os beneficiários que

---

[64] STJ, 3ª T., Resp. 1.592.278/DF, Rel. Min. Ricardo Villas Bôas Cueva, ac. 07.06.2016, *DJe* 20.06.2016. No mesmo sentido, mesmo em se tratando de beneficiário idoso: "a operadora não pode ser obrigada a oferecer plano individual a usuário idoso de plano coletivo extinto se ela não disponibiliza no mercado tal modalidade contratual (arts. 1º e 3º da Res.-CONSU nº 19/1999). Inaplicabilidade, por analogia, da regra do art. 31 da Lei nº 9.656/1998. 6. Na hipótese, o ato da operadora de resilir o contrato coletivo não foi discriminatório, ou seja, não foi pelo fato de a autora ser idosa ou em virtude de suas características pessoais. Ao contrário, o plano foi extinto para todos os beneficiários, de todas as idades, não havendo falar em arbitrariedade, abusividade ou má-fé" (STJ, 3ª T., REsp. 1.924.526/PE, Rel. Min. Nancy Andrighi, ac. 22.06.2021, *DJe* 03.08.2021).

estiverem internados ou em tratamento médico, até a respectiva alta, salvo a ocorrência de portabilidade de carências ou se contratado novo plano coletivo pelo empregador, situações que afastarão o desamparo desses usuários".[65]

Em situação envolvendo a resilição unilateral de plano de saúde coletivo empresarial por entidade da administração pública estipulante, o STJ decidiu não haver necessidade de a operadora manter a vigência e a eficácia do plano de saúde coletivo anterior, ao seguinte argumento:

> 3. A par de ser possível a resilição contratual, conforme apurado pelas instâncias ordinárias, a Unimed Porto Alegre "nada mais fez do que dar consequência ao ato (de extinção do contrato anterior) praticado pela estipulante" (UFRGS), tendo sido promovida também a "notificação premonitória em prazo convencionado, inexistindo possibilidade de se cogitar de abusividade".
>
> 4. Não procede, portanto, a tese recursal de que a recorrida deveria ter mantido a vigência e a eficácia do plano de saúde coletivo primevo, visto que houve a resilição contratual promovida pela estipulante e a operadora do plano de saúde sagrou-se vencedora do novo certame licitatório, por isso a relação contratual submete-se às regras do edital, tendo base comutativa específica.[66]

d) Em sede de Incidente de Assunção de Competência, o STJ decidiu ser competência da Justiça Comum julgar demanda relativa a contrato de plano de saúde de autogestão, exceto quando o benefício for instituído em contrato de trabalho, acordo ou convenção coletiva:

> (i) 3. A jurisprudência da Segunda Seção reconhece a autonomia da saúde suplementar em relação ao Direito do Trabalho, tendo em vista que o plano de saúde coletivo disponibilizado pelo empregador ao empregado não é considerado salário, a operadora de plano de saúde de autogestão, vinculada à instituição empregadora, é disciplinada no âmbito do sistema de saúde suplementar, e o fundamento jurídico para avaliar a procedência ou improcedência do pedido está estritamente vinculado à interpretação da Lei dos Planos de Saúde, o que evidencia a natureza eminentemente civil da demanda.
>
> 4. Tese firmada para efeito do art. 947 do CPC/15: Compete à Justiça comum julgar as demandas relativas a plano de saúde de autogestão empresarial, exceto quando o benefício for instituído em contrato de trabalho, convenção ou acordo coletivo, hipótese em que a competência será da Justiça do Trabalho, ainda que figure como parte trabalhador aposentado ou dependente do trabalhador.
>
> 5. Hipótese que trata de contrato de plano de saúde na modalidade autogestão instituída, pois operado por uma fundação instituída pelo empregador, o que impõe seja declarada a competência da Justiça comum Estadual.[67]

---

[65] STJ, 3ª T., REsp. 1.846.502/DF, Rel. Min. Ricardo Villas Bôas Cueva, ac. 20.04.2021, DJe 26.04.2021.
[66] STJ, 4ª T., REsp 1.346.495/RS, Rel. Min. Luis Felipe Salomão, ac. 11.06.2019, DJe 02.08.2019.
[67] STJ, 2ª Seção, REsp 1.799.343/SP, Rel. Acórdão Min. Nancy Andrighi, ac. 11.03.2020, DJe 18.03.2020.

(ii) Teses para os efeitos do art. 947, § 3º, do CPC/2015: 2.1. Compete à Justiça comum o julgamento das demandas entre usuário e operadora plano de saúde, exceto quando o plano é organizado na modalidade autogestão empresarial, sendo operado pela própria empresa contratante do trabalhador, hipótese em que competência é da Justiça do Trabalho.

2.2. Irrelevância, para os fins da tese 2.1, da existência de norma acerca da assistência à saúde em contrato de trabalho, acordo ou convenção coletiva.

2.3. Aplicabilidade da tese 2.1 também para as demandas em que figure como parte trabalhador aposentado ou dependente do trabalhador".[68]

e) No caso de extinção do plano coletivo empresarial, com a migração do consumidor a plano individual, a jurisprudência do STJ é no sentido de não ser assegurado ao consumidor a manutenção do valor da mensalidade anterior:

1. Cinge-se a controvérsia a saber se a migração do beneficiário do plano coletivo empresarial extinto para o plano individual ou familiar enseja não somente a portabilidade de carências e a compatibilidade de cobertura assistencial, mas também a preservação dos valores das mensalidades então praticados.

2. Os planos de saúde variam segundo o regime e o tipo de contratação: (i) individual ou familiar, (ii) coletivo empresarial e (iii) coletivo por adesão (arts. 16, VII, da Lei nº 9.656/1998 e 3º, 5º e 9º da RN nº 195/2009 da ANS), havendo diferenças, entre eles, na atuária e na formação de preços dos serviços da saúde suplementar.

3. No plano coletivo empresarial, a empresa ou o órgão público tem condições de apurar, na fase pré-contratual, qual é a massa de usuários que será coberta, pois dispõe de dados dos empregados ou servidores, como a idade e a condição médica do grupo. Diante disso, considerando-se a atuária mais precisa, pode ser oferecida uma mensalidade inferior àquela praticada aos planos individuais.

4. Os contratos de planos privados de assistência à saúde coletivos podem ser rescindidos imotivadamente após a vigência do período de 12 (doze) meses e mediante prévia notificação da outra parte com antecedência mínima de 60 (sessenta) dias (art. 17, parágrafo único, da RN nº 195/2009 da ANS). A vedação de suspensão e de rescisão unilateral prevista no art. 13, parágrafo único, II, da Lei nº 9.656/1998 aplica-se somente aos contratos individuais ou familiares.

5. A migração ou a portabilidade de carências na hipótese de rescisão de contrato de plano de saúde coletivo empresarial foi regulamentada pela Resolução CONSU nº 19/1999, que dispôs sobre a absorção do universo de consumidores pelas operadoras de planos ou seguros de assistência à saúde que operam ou administram planos coletivos que vierem a ser liquidados ou encerrados. A RN nº 186/2009 e a RN nº 254/2011 da ANS incidem apenas nos planos coletivos por adesão ou nos individuais.

6. Não há falar em manutenção do mesmo valor das mensalidades aos beneficiários que migram do plano coletivo empresarial para o plano individual, haja vista as peculiaridades de cada regime e tipo contratual (atuária e massa de beneficiários),

---

[68] STJ, 2ª Seção, CC 165.863/SP, Rel. Min. Paulo de Tarso Sanseverino, ac. 11.03.2020, *DJe* 17.03.2020.

que geram preços diferenciados. O que deve ser evitado é a abusividade, tomando-se como referência o valor de mercado da modalidade contratual.

7. Nos casos de denúncia unilateral do contrato de plano de saúde coletivo empresarial, é recomendável ao empregador promover a pactuação de nova avença com outra operadora, evitando, assim, prejuízos aos seus empregados, pois não precisarão se socorrer da migração a planos individuais, de custos mais elevados.[69]

f) Em caso de aposentadoria, é assegurado ao trabalhador, que contribuiu pelo prazo mínimo de 10 anos, a manutenção como beneficiário nas mesmas condições de cobertura que gozava quando da vigência do contrato de trabalho, se assumir o pagamento integral da mensalidade. Se a contribuição houver ocorrido por período inferior, a manutenção do contrato se dará na proporção de um ano para cada ano de contribuição:

2. Cinge-se a controvérsia em determinar se a agravante deve ser mantida em plano de saúde contratado por seu falecido esposo e, na hipótese de se decidir pela sua manutenção, definir se esta tem direito à manutenção por tempo indefinido ou por tempo determinado, de acordo com a Lei 9.656/98.

3. É assegurado ao trabalhador aposentado que contribuiu para o plano de saúde em decorrência do vínculo empregatício o direito de manutenção como beneficiário nas mesmas condições de cobertura assistencial que gozava quando da vigência do contrato de trabalho, desde que assuma o seu pagamento integral.

4. O art. 31 da Lei 9.656/98 não evidencia, de forma explícita, que a aposentadoria deve dar-se posteriormente à vigência do contrato de trabalho, limitando-se a indicar a figura do aposentado – sem fazer quaisquer ressalvas – que tenha contribuído para o plano de saúde, em decorrência do vínculo empregatício.

5. O tempo total de contribuição ao plano foi de 9 (nove) anos e 8 (oito) meses, mostrando-se, impossível, portanto, a aplicação do art. 31, *caput*, da Lei, que exige tempo de contribuição mínimo de 10 (dez) anos.

6. A manutenção do contrato de seguro saúde deve dar-se nos moldes do que dispõe o art. 31, § 1º, da Lei, que prevê que ao aposentado que contribuiu para planos coletivos de assistência à saúde por período inferior a 10 (dez) anos é assegurado o direito de manutenção como beneficiário à razão de um ano para cada ano de contribuição, desde que assumido o pagamento integral do mesmo.[70]

g) O credenciamento, sem restrições, de um hospital pela operadora de plano de saúde abrange todas as especialidades médicas ofertadas:

1. Cinge-se a controvérsia a saber se determinada especialidade médica, no caso, a de oncologia, disponibilizada em hospital credenciado por plano de saúde, mas

---

[69] STJ, 3ª T., REsp. 1.471.569/RJ, Rel. Min. Ricardo Villas Bôas Cueva, ac. 01.03.2016, *DJe* 07.03.2016. No mesmo sentido: STJ, 3ª T., EDcl no AgInt no REsp 1.781.438/RJ, Rel. Min. Luis Felipe Salomão, ac. 06.10.2020, DJe 16.10.2020.

[70] STJ, 3ª T., REsp. 1.371.271/RJ, Rel. Min. Nancy Andrighi, ac. 02.02.2017, *DJe* 10.02.2017.

cujo serviço é prestado por instituição parceira não credenciada, está abrangida pela cobertura contratual de assistência à saúde.

2. Por determinação legal, as operadoras de planos de saúde devem ajustar com as entidades conveniadas, contratadas, referenciadas ou credenciadas, mediante instrumentos formais, as condições de prestação de serviços de assistência à saúde. Assim, conforme o art. 17-A da Lei nº 9.656/1998, devem ser estabelecidos com clareza, em tais contratos, os direitos, as obrigações e as responsabilidades das partes, bem como todas as condições para a sua execução, incluídos o objeto, a natureza do ajuste, o regime de atendimento e a descrição dos serviços contratados.

3. A operadora, ao divulgar e disponibilizar ao usuário a lista de prestadores conveniados, deve também providenciar a descrição dos serviços que cada um está apto a executar – pessoalmente ou por meio de terceiros –, segundo o contrato de credenciamento formalizado.

4. Se a prestação do serviço (hospitalar, ambulatorial, médico-hospitalar, obstétrico e de urgência 24h) não for integral, deve ser indicada a restrição e quais especialidades oferecidas pela entidade não estão cobertas, sob pena de se considerar todas incluídas no credenciamento, principalmente em se tratando de hospitais, já que são estabelecimentos de saúde vocacionados a prestar assistência sanitária em regime de internação e de não internação, nas mais diversas especialidades médicas.

5. O credenciamento, sem restrições, de hospital por operadora abrange, para fins de cobertura de plano de assistência à saúde, todas as especialidades médicas oferecidas pela instituição, ainda que prestadas sob o sistema de parceria com instituição não credenciada.

6. Eventual divergência de índole administrativa entre operadora e prestador quanto aos serviços de atenção à saúde efetivamente cobertos no instrumento jurídico de credenciamento não pode servir de subterfúgio para prejudicar o consumidor de boa-fé, que confiou na rede conveniada e nas informações divulgadas pelo plano de saúde. As partes, nas relações contratuais, devem manter posturas de cooperação, transparência e lealdade recíprocas, de modo a respeitar as legítimas expectativas geradas no outro, sobretudo em contratos de longa duração, em que a confiança é elemento essencial e fonte de responsabilização civil.[71]

h) Inadmissibilidade de o hospital cobrar do consumidor honorários médicos adicionais, quando o plano cobre o tratamento:

2. Independentemente do exame da razoabilidade/possibilidade de cobrança de honorários médicos majorados para prestação de serviços fora do horário comercial – desnecessário para a solução da demanda e sequer discutida pelas instâncias ordinárias –, salta aos olhos que se trata de custos que incumbem ao hospital. Estes, por conseguinte, deveriam cobrar por seus serviços diretamente as operadoras de plano de saúde, e não dos particulares/consumidores.

---

[71] STJ, 3ª T., REsp. 1.613.644/SP, Rel. Min. Ricardo Villas Bôas Cueva, ac. 20.09.2016, *DJe* 30.09.2016.

3. Com efeito, cuida-se de iníqua cobrança, em prevalecimento sobre a fragilidade do consumidor, de custo que está ou deveria estar coberto pelo preço cobrado da operadora de saúde – negócio jurídico mercantil do qual não faz parte o consumidor usuário do plano de saúde –, caracterizando-se como conduta manifestamente abusiva, em violação à boa-fé objetiva e ao dever de probidade do fornecedor, vedada pelos arts. 39, IV, X e 51, III, IV, X, XIII, XV, do CDC e 422 do CC/2002.

4. Na relação mercantil existente entre o hospital e as operadoras de planos saúde, os contratantes são empresários – que exercem atividade econômica profissionalmente –, não cabendo ao consumidor arcar com os ônus/consequências de eventual equívoco quanto à gestão empresarial.

5. Antes mesmo da vigência da Lei n. 12.653/2012 – que trouxe ao ordenamento jurídico norma vedando expressamente a exigência de caução e de prévio preenchimento de formulário administrativo para a prestação de atendimento médico-hospitalar premente –, este Colegiado, por ocasião do julgamento do REsp 1.256.703/SP, havia manifestado que, em se tratando de atendimento médico emergencial, é dever do estabelecimento hospitalar, sob pena de responsabilização cível e criminal, da sociedade empresária e prepostos, prestar o pronto atendimento médico-hospitalar.[72]

Entretanto, a cobrança é devida se o próprio consumidor optou por uma acomodação inferior, mas, na hora da prestação do serviço opta pelo quarto individual:

2. O consumidor, ao contratar um plano de saúde hospitalar, pode optar por cobertura em acomodação coletiva (enfermaria ou quarto com dois ou mais leitos) ou em acomodação individual (quarto privativo ou apartamento).

3. Caso o usuário opte, no ato da internação, por uma acomodação superior à oferecida pelo seu plano, deverá pagar diretamente ao hospital as diferenças de estada.

4. Apesar de a cobertura de despesas referentes a honorários médicos estar incluída no plano de saúde hospitalar, os custos decorrentes da escolha por uma acomodação superior à contratada não se restringem aos de hospedagem, pois é permitido também aos médicos cobrarem honorários complementares.

[...]

7. Não há ilegalidade ou abusividade na cláusula contratual de plano de saúde que prevê o pagamento pelo usuário da complementação de honorários médicos caso solicite o internamento em acomodação de padrão superior àquela prevista no contrato. Ao contrário, essa cláusula apenas informa ao consumidor as despesas que deverá arcar caso proceda, segundo os princípios da autonomia da vontade e da liberdade de contratar, à escolha de hospedagem não coberta pelo plano de saúde.

8. O pagamento dos honorários médicos complementares é feito diretamente ao profissional da saúde, não havendo duplicidade de pagamento, limitação de direito do consumidor ou a sua colocação em situação de desvantagem exagerada.[73]

---

[72] STJ, 4ª T., REsp. 1.324.712/MG, Rel. Min. Luis Felipe Salomão, ac. 24.09.2013, *DJe* 13.11.2013.
[73] STJ, 3ª T., Resp. 1.178.555/PR, Rel. Min. Ricardo Villas Bôas Cueva, 09.12.2014, *DJe* 15.12.2014.

i) É abusiva a cláusula inserida em plano de saúde prevendo a renúncia, por parte do segurado, à entrevista qualificada orientada por um médico:

3. Todo prestador de serviços tem o dever de oferecer informações de forma clara e objetiva, de modo que o consumidor possa manifestar sua vontade livremente.

4. A inserção de cláusula de renúncia em declaração de saúde é abusiva por induzir o segurado a abrir mão do direito ao exercício livre da opção de ser orientado por um médico por ocasião do preenchimento daquela declaração, notadamente porque se trata de documento que tem o condão de viabilizar futura negativa de cobertura de procedimento ou tratamento.[74]

j) É de 10 anos o prazo prescricional para o ajuizamento de ação de ressarcimento de despesas que foram realizadas pelo consumidor em razão do descumprimento do contrato por parte da operadora:

1. Segundo a orientação jurisprudencial desta Corte Superior, "[...] a ação de ressarcimento por despesas que só foram realizadas em razão de suposto descumprimento de contrato de prestação de serviços de saúde, hipótese sem previsão legal específica, atrai a incidência do prazo de prescrição geral de 10 (dez) anos, previsto no art. 205 do Código Civil [...]" (AgRg no AREsp 300337/ES, 3ª T., Rel. Min. Sidnei Beneti, *DJe* 20.06.2013).[75]

k) No caso de falecimento do titular do plano de saúde, a cláusula de cobertura de remissão pactuada ao cônjuge deve abranger o companheiro:

2. A cláusula de remissão, pactuada em alguns planos de saúde, consiste em uma garantia de continuidade da prestação dos serviços de saúde suplementar aos dependentes inscritos após a morte do titular, por lapso que varia de 1 (um) a 5 (cinco) anos, sem a cobrança de mensalidades. Objetiva, portanto, a proteção do núcleo familiar do titular falecido, que dele dependia economicamente, ao ser assegurada, por certo período, a assistência médica e hospitalar, a evitar o desamparo abrupto.

3. Embora a cláusula de remissão do plano de saúde se refira ao cônjuge como dependente, sendo omissa quanto à figura do companheiro, não deve haver distinção sobre esse direito, diante da semelhança de papéis e do reconhecimento da união estável como entidade familiar, promovido pela própria Constituição Federal (art. 226, § 3º, da CF). Comprovação da autora, na hipótese dos autos, da condição de companheira.[76]

Da mesma forma, para o STJ, "dependentes" devem ser entendidos como grupo familiar do titular falecido:

4. Apesar de o § 3º do art. 30, que trata da hipótese de permanência em caso de morte do beneficiário titular, fazer uso da expressão "dependentes", o § 2º assegura

---

[74] STJ, 3ª T., REsp. 1.554.448/PE, Rel. Min. João Otávio de Noronha, ac. 18.02.2016, *DJe* 26.02.2016.
[75] STJ, 3ª T., AgRg no REsp. 1.416.118/MG, Rel. Min. Paulo de Tarso Sanseverino, ac. 23.06.2015, *DJe* 26.06.2015.
[76] STJ, 3ª T., REsp. 1.457254/SP, Rel. Min. Ricardo Villas Bôas Cueva, ac. 12.04.2016, *DJe* 18.04.2016.

a proteção conferida pelo referido art. 30, de manutenção do plano de saúde nas hipóteses de rompimento do contrato de trabalho do titular, obrigatoriamente, a todo o grupo familiar, sem fazer nenhuma distinção quanto aos agregados.

5. De acordo com o art. 2º, I, "b" da Resolução ANS 295/2012, beneficiário dependente é o beneficiário de plano privado de assistência à saúde cujo vínculo contratual com a operadora depende da existência de relação de dependência ou de agregado a um beneficiário titular.

6. No caso de morte do titular, os membros do grupo familiar - dependentes e agregados – podem permanecer como beneficiários no plano de saúde, desde que assumam o pagamento integral, na forma da lei.[77]

l) Notificação de falecimento do beneficiário do plano de saúde:

Falecido o beneficiário do plano de saúde, a comunicação do óbito pode ser feita nos autos do processo em que se discute o próprio contrato, sendo indevida qualquer cobrança realizada após essa data:

3. A morte é fato jurídico superveniente que implica o rompimento do vínculo entre a beneficiária e a operadora do plano de saúde, mas esse efeito só se produzirá para a operadora depois de tomar conhecimento de sua ocorrência; ou seja, a eficácia do contrato se protrai no tempo até que a operadora seja comunicada do falecimento da beneficiária.

4. A Resolução ANS 412/2016, que versa sobre a solicitação de cancelamento do contrato do plano de saúde individual ou familiar pelo beneficiário titular, estabelece o efeito imediato do requerimento, a partir da ciência da operadora ou administradora de benefícios, e dispõe, por conseguinte, que só serão devidas, a partir de então, as contraprestações pecuniárias vencidas e/ou eventuais coparticipações devidas, nos planos em pré-pagamento ou em pós-pagamento, pela utilização de serviços realizados antes da solicitação (art. 15, II e III).

5. Embora o ato normativo indique as formas apropriadas ao pedido de cancelamento presencial, por telefone ou pela internet (art. 4º) para os fins a que se destina, certo é que a notificação nos autos do processo cujo objeto é o próprio contrato de plano de saúde atinge a mesma finalidade, de tal modo que, constatada a ciência inequívoca da operadora sobre o falecimento da beneficiária, cessa, imediatamente, a obrigação assumida pelas partes.

6. Hipótese em que se reputam indevidas todas as cobranças efetuadas em relação ao período posterior à notificação da operadora da morte da beneficiária, sendo forçoso concluir pela ocorrência do dano moral, em virtude da negativação do nome do recorrente, quando já cancelado o contrato de plano de saúde da esposa falecida.[78]

---

[77] STJ, 3ª T., Resp. 1.841.285/DF, Rel. Min. Nancy Andrighi, ac. 23.03.2021, *DJe* 30.03.2021.
[78] STJ, 3ª T., REsp. 1.879.005/MG, Rel. Min. Nancy Andrighi, ac. 18.08.2020, *DJe* 26.08.2020.

m) Cancelamento do seguro por atraso no pagamento da prestação mensal:

O simples atraso no pagamento da prestação mensal não pode ser motivo para o cancelamento automático do seguro:

1. É entendimento pacificado pela jurisprudência da Segunda Seção que o simples atraso da prestação mensal ou o seu não pagamento, sem a prévia notificação do segurado, não enseja suspensão ou cancelamento automático do contrato de seguro.[79]

Quanto à cobrança de mensalidade do plano de saúde, em caso de inadimplemento, o STJ entendeu que a operadora deverá notificar o segurado para regularizar o débito e informar os meios hábeis para a realização do pagamento:

3. A notificação, além de apontar o inadimplemento, deverá informar os meios hábeis para a realização do pagamento, tal como o envio do boleto ou a inserção da mensalidade em atraso na próxima cobrança.

4. Vencida a notificação e o encaminhamento adequado de forma a possibilitar a emenda da mora, só então poderá ser considerado rompido o contrato.

5. É exigir demais do consumidor que acesse o sítio eletrônico da empresa e, dentre os vários *links*, faça o *login*, que possivelmente necessita de cadastro prévio, encontre o ícone referente a pagamento ou emissão de segunda via do boleto, selecione a competência desejada, imprima e realize o pagamento, entre outros tantos obstáculos. O procedimento é desnecessário e cria dificuldade abusiva para o consumidor.

6. O recebimento das mensalidades posteriores ao inadimplemento, inclusive a do mês subsequente ao cancelamento unilateral do plano de saúde, implica violação ao princípio da boa-fé objetiva e ao instituto da *surrectio*.[80]

Reconheceu, outrossim, o STJ conduta contraditória da operadora na rescisão unilateral por falta de pagamento capaz de invalidar a ruptura do contrato, no seguinte caso:

3. A Lei 9.656/1998 exige, para a rescisão unilateral do contrato de plano de saúde individual/familiar por não pagamento da mensalidade, que o consumidor seja comprovadamente notificado até o quinquagésimo dia de inadimplência (art. 13, parágrafo único, II).

[...]

5. A despeito de o titular do plano de saúde ter sido devida e previamente notificado da rescisão do contrato, a conduta de renegociar a dívida e, após a notificação, receber o pagamento da mensalidade seguinte, constitui comportamento contraditório da operadora – ofensivo, portanto, à boa-fé objetiva – por ser incompatível com a vontade de extinguir o vínculo contratual, criando, no beneficiário, a legítima expectativa de sua manutenção.[81]

---

[79] STJ, 3ª T., AgRg no AgRg no Ag 1.125.074/SP, Rel. Min. Paulo de Tarso Sanseverino, ac. 28.09.2010, *DJe* 06.10.2010.
[80] STJ, 3ª T., REsp. 1.887.705/SP, Rel. Min. Moura Ribeiro, ac. 14.09.2021, *DJe* 30.11.2021.
[81] STJ, 3ª T., REsp. 1.995.100/GO, Rel. Min. Nancy Andrighi, ac. 17.05.2022, *DJe* 19.05.2022.

n) Nulidade da cláusula que impõe nova carência ao consumidor em razão de sua inadimplência:

2. A suspensão do atendimento do plano de saúde em razão do simples atraso da prestação mensal, ainda que restabelecido o pagamento, com os respectivos acréscimos, configura-se, por si só, ato abusivo. Precedentes do STJ.

3. Indevida a cláusula contratual que impõe o cumprimento de novo prazo de carência, equivalente ao período em que o consumidor restou inadimplente, para o restabelecimento do atendimento.[82]

o) Caso de inexigibilidade de carência:

O STJ reconhece a possibilidade de não se exigir a carência do consumidor, em casos emergenciais e graves, sob pena de se frustrar a razão do seguro:

1. Esta Corte Superior firmou o entendimento de que o período de carência contratualmente estipulado pelos planos de saúde não prevalece diante de situações emergenciais graves nas quais a recusa de cobertura possa frustrar o próprio sentido e a razão de ser do negócio jurídico firmado. Incidência da Súmula nº 568/STJ.[83]

p) Recusa de cobertura de cirurgia em razão de doença preexistente:

Para O STJ é inadmissível a recusa de cobertura de cirurgia em razão de doença preexistente, quando a seguradora não exigiu os exames necessários ao tempo da admissão do segurado:

2. É inviável a rescisão unilateral do contrato de plano de saúde ou a recusa à cobertura de tratamento quando a seguradora não se precaveu mediante a realização de exames para admissão do segurado no plano, nem se desincumbiu de comprovar a má-fé por parte do adquirente da cobertura. Caso em que, de acordo com as premissas estabelecidas pelo acórdão recorrido, nenhuma dessas hipóteses ficou demonstrada nos autos.[84]

O entendimento foi sumulado no enunciado n. 609, *in verbis*: "a recusa de cobertura securitária, sob a alegação de doença preexistente, é ilícita se não houve a exigência de exames prévios à contratação ou a demonstração de má-fé do segurado".

q) Responsabilidade do paciente atendido pelo hospital em suposta situação de estado de necessidade:

Analisando recurso especial em que se discutia se era ou não devido o pagamento, por parte do paciente, dos valores relativos ao tratamento a ele dispensado no hospital, em razão de suposto vício de estado de necessidade, o STJ entendeu que

---

[82] STJ, 4ª T., REsp. 285.618/SP, Rel. Min. Luis Felipe Salomão, ac. 18.12.2008, DJe 26.02.2009.
[83] STJ, 3ª T., AgInt no AREsp. 858.013/DF, Rel. Min. Ricardo Villas Bôas Cueva, ac. 09.08.2016, DJe 16.08.2016.
[84] STJ, 3ªT., AgRg no AREsp. 694.631/RJ, Rel. Min. Marco Aurélio Bellizze, ac. 16.02.2016, DJe 26.02.2016.

haveria enriquecimento ilícito se o prestador não fosse remunerado por seus serviços. Segundo o eminente Relator Luis Felipe Salomão, em decisão monocrática, a defesa do consumidor deve ser harmonizada com a "necessidade de desenvolvimento econômico, viabilizando os princípios nos quais segunda a ordem econômica, e resguardando o equilíbrio e a boa-fé".[85] Assim, citando lição de Helio Zaghetto Gama:

> *Nas contraposições de interesses, surgem relações jurídicas onde os instrumentos legais de proteção devem ser adotados, com as preocupações de não inviabilizarem os negócios, pois isso inviabilizaria o próprio mercado.* Daí as adoções, nas economias livres, dos mecanismos de proteção da concorrência, no objetivo de preservar as liberdades dos mercados e o respeito que deve existir entre os próprios fornecedores, para impedir o abuso do poder econômico de um contra os interesses dos demais. (GAMA, Helio Zaghetto. *Curso de Direito do Consumidor*. 3. ed. Rio de Janeiro: Forense, 2006, ps. 123-125) (grifos no original).

Concluindo o seu entendimento, assim dispôs o ilustre Relator:

> 5. Cabe ressaltar que trata-se de uma relação jurídica contratual de direito privado, em que a parte ré invoca a inusitada tese de nada ter de pagar, embora seja incontroverso que tenha mesmo ocasionado custos ao hospital privado, que não atende pelo SUS. Evidentemente, não pode ser imposto, pelo Estado – ainda que sem sua função jurisdicional – que a sociedade empresária assuma as despesas decorrentes da prestação do serviço, cuja prestação, como expressamente reconhece a Corte local, nem mesmo poderia ser recusada pelo nosocômio. Com efeito, *procede a tese do recorrente de que as decisões prolatadas pelas instâncias ordinárias, ainda que afirmando/apurando dolo de aproveitamento (o que não pode ser revisto em recurso especial, em vista do óbice da Súmula 7/STJ), ensejam enriquecimento sem causa.*
>
> Os princípios da função social do contrato, boa-fé objetiva, equivalência material e moderação impõem, por um lado, seja reconhecido o direito à retribuição pecuniária pelos serviços prestados e, por outro lado, constituem instrumentário que proporcionará ao julgador o adequado arbitramento do valor a que faz jus o recorrente.
>
> [...]
>
> 6. Diante do exposto, dou provimento ao recurso especial para anular o acórdão recorrido e a sentença, determinando o retorno dos autos à primeira instância para análise dos pleitos formulados na inicial, avaliando a necessidade de produção probatória, dando, todavia, por superado o entendimento de que não cabe retribuição pecuniária pelos serviços prestados (grifamos).

r) Validade e eficácia da cláusula de coparticipação do contratante em despesas específicas:

Reconhece o STJ ser válida e eficaz a cláusula de coparticipação do contratante em despesas específicas, desde que o contrato preveja de forma clara e expressa a obrigação do segurado:

---

[85] STJ, 4ª T., REsp. 1.278.178/MG, Rel. Min. Luis Felipe Salomão, ac. 13.02.2017, *DJe* 08.03.2017.

2. Cinge-se a controvérsia a definir a legalidade de cláusula, em contrato de assistência médica, que impõe coparticipação do contratante à razão de 50% (cinquenta por cento) do valor das despesas, após o período de 30 (trinta) dias de internação para tratamento psiquiátrico.
[...]
4. A lei especial que regulamenta a prestação dos serviços de saúde autoriza, expressamente, a possibilidade de coparticipação do contratante em despesas médicas específicas, desde que figure de forma clara e expressa a obrigação para o consumidor no contrato.

5. O acórdão recorrido diverge do entendimento deste órgão julgador, no sentido de que 'não é abusiva a cláusula de coparticipação expressamente contratada e informada ao consumidor, para a hipótese de internação superior a 30 (trinta) dias decorrentes de transtornos psiquiátricos, pois destinada à manutenção do equilíbrio entre as prestações e contraprestações que envolvem a gestão dos custos dos contratos de planos de saúde'. Precedentes.

6. Afasta-se a condenação de compensação por danos morais quando não caracterizada qualquer infração contratual, como na hipótese.[86]

Todavia, "é vedada a cobrança de coparticipação apenas em forma de percentual nos casos de internação, com exceção dos eventos relacionados à saúde mental, hipótese em que os valores devem ser prefixados e não podem sofrer indexação por procedimentos e/ou patologias (arts. 2º, VIII, e 4º, VII da Resolução CONSU n.º 8/98).[87]

Em sede de recurso especial repetitivo sobre o tema, o STJ definiu a seguinte tese: "nos contratos de plano de saúde não é abusiva a cláusula de coparticipação expressamente ajustada e informada ao consumidor, à razão máxima de 50% (cinquenta por cento) do valor das despesas, nos casos de internação superior a 30 (trinta) dias por ano, decorrente de transtornos psiquiátricos, preservada a manutenção do equilíbrio".[88]

s) Cobertura obrigatória dos procedimentos de urgência e de emergência:

A cobertura é, segundo jurisprudência do STJ, obrigatória para todos os procedimentos de urgência e de emergência, em todos os planos de assistência à saúde com observância obrigatória da abrangência da segmentação efetivamente contratada.[89]

A operadora do plano de saúde é obrigada a cobrir as situações de emergência e de urgência que, no segmento de atendimento ambulatorial, é limitada a 12 horas. Passado esse prazo, cessa a responsabilidade da operadora que, entretanto, deve zelar para que o paciente seja conduzido para unidade hospitalar para obter o tratamento adequado:

3. Em regulamentação específica do art. 35-C da Lei n. 9.656/1998 e, em consonância com a Resolução CONSU n. 13, que disciplinou a cobertura do atendimento

---

[86] STJ, 3ª T., REsp. 1.635.626/RJ, Rel. Min. Nancy Andrighi, ac. 02.02.2017, *DJe* 16.02.2017.
[87] STJ, 3ª T., REsp. 1.947.036/DF, Rel. Min. Nancy Andrighi, ac. 22.02.2022, *DJe* 24.02.2022.
[88] STJ, 2ª Seção, REsp. 1.809.486/SP, Rel. Min. Marco Buzzi, ac. 09.12.2020, *DJe* 16.12.2020.
[89] STJ, 3ª T, AgInt no Resp. 1.760.667/DF, Rel. Min. Marco Aurélio Bellizze, ac. 18.03.2019, *DJe* 22.03.2019.

(obrigatório) nos casos de urgência e de emergência, sobreveio a Resolução n. 387, posteriormente revogada pela Resolução n. 428, da Agência Nacional de Saúde. Essas resoluções, é certo, ratificaram, *in totum*, a obrigação de cobertura das operadoras de plano de saúde às situações de emergência e de urgência, que, no segmento de atendimento ambulatorial, é limitada a 12 (doze) horas. *Caso ultrapassado esse espaço de tempo e haja a necessidade de internação hospitalar (atendimento não coberto pelo plano ambulatorial), cessa a responsabilidade da operadora, porém ela deverá zelar para que o paciente seja conduzido para unidade hospitalar (da rede pública ou privada, indicada pelo paciente ou familiar) no qual seja possível o prosseguimento do atendimento hospitalar, se, no local, não houver condições para tanto* (g.n.).[90]

t) *Despesas com fertilização in vitro:*

O Tribunal de Justiça de São Paulo condenou operadora de plano de saúde a cobrir despesas com fertilização *in vitro*, tratamento indicado pela médica especialista para tratar a doença da paciente. No entendimento daquele tribunal, não cabe ao plano de saúde questionar o procedimento médico indicado ao segurado, ainda mais quando o tratamento está coberto pelo contrato:

PLANO DE SAÚDE – Obrigação de fazer – Autora que pretende o custeio do tratamento de reprodução assistida (fertilização *in vitro*) diante do quadro de endometriose – Improcedência do pedido – Inconformismo – Acolhimento parcial –- Autora que foi diagnosticada como portadora de endometriose profunda (grau III) – Abusividade da negativa de cobertura – Lei nº 9.656/98 que estabelece expressamente a obrigatoriedade de atendimento nos casos de planejamento familiar – Observância do art. 35-C, inc. III, do referido diploma legal – Fertilização *in vitro* que compõe o tratamento expressamente indicado por médica especialista – Doença, ademais, não excluída da cobertura contratual – Precedentes desta Colenda Câmara – Recente julgado do Colendo Superior Tribunal de Justiça acolhendo a tese da inexistência de cobertura que não vincula as instâncias inferiores – Inteligência do art. 927 do Código de Processo Civil – Dano moral não configurado – Sentença parcialmente reformada para declarar a abusividade da cláusula contratual discutida e condenar a ré a custear o tratamento – Recurso provido em parte.[91]

O STJ, entretanto, por maioria, entendeu que, no caso de cláusula excludente, a inseminação artificial compreende a fertilização *in vitro* e todas as técnicas de reprodução assistida:

2. O propósito recursal consiste em dizer da interpretação do art. 10, III, da Lei 9.656/98, pontualmente se ao excluir a inseminação artificial do plano-referência também deve ser compreendida, ou não, a exclusão da técnica de fertilização *in vitro*.

---

[90] STJ, 3ª T., REsp 1.764.859/RS, Rel. Min. Marco Aurélio Bellizze, ac. 06.11.2018, *DJe* 08.11.2018.
[91] TJSP, 5ª Câmara de Direito Privado, Apelação Cível 1102622-78.2016.8.26.0100, Rel. Des. J.L. Mônaco da Silva, ac. 24.01.2018, *DJe* 06.02.2018.

3. Apesar de conhecida a distinção conceitual de diversos métodos de reprodução assistida, referida diversificação de técnicas não importa redução do núcleo interpretativo do disposto no art. 10, III, da Lei dos Planos de Saúde, ao autorizar a exclusão do plano-referência da inseminação artificial.

4. Ao exercer o poder regulamentar acerca das exclusões do plano-referência (Resolução Normativa 387/2015), a ANS atuou nos exatos termos do disposto no art. 10, § 1º, da Lei 9.656/98, não havendo, portanto, inovação da ordem jurídica nem ampliação do rol taxativo, mas a sua materialização na linha do disposto e autorizado expressamente pela lei de regência.

5. A inseminação artificial compreende a fertilização *in vitro*, bem como todas as técnicas médico-científicas de reprodução assistida, sejam elas realizadas dentro ou fora do corpo feminino.[92]

Esse entendimento foi reforçado em sede de recurso especial repetitivo, onde se firmou a seguinte tese: "salvo disposição contratual expressa, os planos de saúde não são obrigados a custear o tratamento médico de fertilização *in vitro*".[93]

Caso interessante foi analisado por aquela Corte Especial, relativo à obrigação de a operadora do plano de saúde custear o procedimento de fertilização *in vitro* associado ao tratamento de endometriose profunda. Na oportunidade, entendeu que, sendo a infertilidade coexistente com a endometriose e não consequência direta do tratamento desta, e não sendo a fertilização *in vitro* o único tratamento terapêutico para a patologia, mas uma alternativa à cirurgia que resolve o problema da infertilidade a ela associada, a operadora não estaria obrigada a custear o procedimento.[94]

u) Exigência da indicação da CID:

Não é abusiva a exigência de indicação da CID (Classificação Internacional de doenças), como condição de deferimento, nas requisições de exames e serviços oferecidos pelas prestadoras de plano de saúde:

6. A Lei 9.656/98 estreita sobremaneira a relação entre a prestação dos serviços de saúde pelas operadoras às doenças classificadas no CID, devendo aqueles preverem procedimentos, observadas as normas legais e contratuais limitativas, de acordo com a segmentação do plano celebrado, que se voltem ao tratamento das doenças catalogadas pela OMS.

7. O condicionamento da indicação da CID nas requisições de exames e serviços de saúde ao deferimento da cobertura destes decorre, razoavelmente, do fato de as operadoras de planos de saúde estarem obrigadas a prestar os serviços relacionados no plano-referência celebrado com o respectivo usuário.

---

[92] STJ, 3ª T., REsp 1.794.629/SP, Rel. p/ Acórdão Min. Nancy Andrighi, ac. 18.02.2020, *DJe* 10.03.2020. No mesmo sentido: STJ, 4ª T., REsp. 1.823.077/SP, Rel. Min. Marco Buzzi, ac. 20.02.2020, DJe 03.03.2020.
[93] STJ, 2ª Seção, REsp. 1.851.062/SP, Rel. Min. Marco Buzzi, ac. 13.10.2021, *DJe* 27.10.2021. No mesmo sentido, também em sede de recurso repetitivo, STJ, 2ª Seção, REsp. 1.822.420/SP, Rel. Min. Marco Buzzim ac. 13.10.2021, *DJe* 27.10.2021.
[94] STJ, 3ª T., REsp. 1.859.606/SP, Rel. Min. Nancy Andrighi, ac. 06.10.2020, *DJe* 15.10.2020.

8. Inocorrência de abusividade no procedimento, não se tonalizando como iníqua e nem colocando o consumidor em desvantagem exagerada, ou incompatível com a boa-fé ou a equidade, a exigência de indicação da CID pelo profissional que requisita a realização de exames médicos.[95]

v) Abusividade da cláusula de carência em relação a situações de emergência e urgência:

É abusiva cláusula contratual que prevê carência para situações de emergência e urgência depois de ultrapassado o prazo máximo de 24 horas da data da contratação:

Súmula 597: "A cláusula contratual de plano de saúde que prevê carência para utilização dos serviços de assistência médica nas situações de emergência ou de urgência é considerada abusiva se ultrapassado o prazo máximo de 24 horas contato da data da contratação".

w) Assistência ao recém-nascido em caso de internação:

O STJ decidiu que a operadora do plano de saúde deve dar assistência ao recém-nascido submetido à internação que ultrapassou o 30º dia do seu nascimento, podendo, na hipótese, cobrar o ressarcimento de despesas assumidas após o 30º dia do nascimento, segundo a tabela prevista no contrato, por ele não ter sido inscrito como beneficiário do plano:

3. A conjugação do disposto nas alíneas "a" e "b" do inciso III do art. 12 da Lei 9.656/1998 permite inferir que, até o 30º dia após o parto, a cobertura assistencial do recém-nascido decorre do vínculo contratual havido entre a operadora e a parturiente, beneficiária de plano de saúde que inclui atendimento de obstetrícia; a partir do 31º dia, a cobertura assistencial do recém-nascido pressupõe a sua inscrição como beneficiário no plano de saúde, momento em que se forma o vínculo contratual entre este e a operadora e se torna exigível o pagamento da contribuição correspondente.

4. Fundada na dignidade da pessoa humana e em homenagem aos princípios da boa-fé objetiva, da função social do contrato e da segurança jurídica, a jurisprudência do STJ firmou a orientação de que, não obstante seja possível a resilição unilateral e imotivada do contrato de plano de saúde coletivo, deve ser resguardado o direito daqueles beneficiários que estejam internados ou em pleno tratamento médico.

5. Hipótese em que, logo após o parto, o neonato foi submetido à cirurgia cardíaca e necessitou de internação hospitalar por período superior a 30 dias, de modo que se impõe à operadora a obrigação de manter o tratamento médico até a alta hospitalar, garantindo-lhe, todavia, o direito de ressarcimento das despesas assumidas após o 30º dia do nascimento do recorrido, segundo a tabela prevista no contrato, por não ter sido este inscrito como beneficiário do plano de saúde coletivo.[96]

---

[95] STJ, 3ª T., REsp 1.509.055/RJ, Rel. Min. Paulo de Tarso Sanseverino, ac. 22.08.2017, *DJe* 25.08.2017.
[96] STJ, 3ª T., REsp 1.953.191/SP, Rel. Min. Nancy Andrighi, ac. 15.02.2022, *DJe* 24.03.2022.

x) Seguro de saúde internacional:

Em relação ao contrato de seguro de saúde internacional, a jurisprudência do STJ é no sentido de que o negócio não deve observar as normas pátrias alusivas aos reajustes de mensalidades de planos de saúde individuais fixados anualmente pela ANS:

> 7. Para os seguros em geral, a contratação no exterior deve observar a Lei Complementar nº 126/2007 (arts. 19 e 20), a Resolução CNSP nº 197/2008 e a Circular SUSEP nº 392/2009.
>
> 8. Na hipótese, a recorrida é empresa estrangeira, constituída sob as leis inglesas, isto é, não é operadora de plano de saúde, conforme definição da legislação brasileira, nem possui produto registrado na ANS, sendo o contrato firmado de cunho internacional, regido por grandezas globais.
>
> 9. Os índices anuais de reajuste para os planos individuais ou familiares divulgados pela ANS não são aptos a mensurar o mercado internacional de seguros saúde, não sendo apropriada a sua imposição em contratos regidos por bases atuariais e mutuais diversas e mais amplas, de nível global.
>
> 10. A apólice internacional, que contém rede assistencial abrangente no exterior, não limitada ao rol da ANS de procedimentos e eventos em saúde, deve possuir fórmula de reajuste compatível com a manutenção do equilíbrio econômico-financeiro do contrato de âmbito mundial, sendo incompatíveis os índices de reajuste nacionais, definidos com base no processo inflacionário local e nos produtos de abrangência interna.[97]

y) Custeio dos materiais e instrumentos necessários ao tratamento:

Para o STJ, "é legítima a expectativa do consumidor de que, uma vez prevista no contrato a cobertura para determinada patologia, nela esteja incluído o custeio dos materiais e instrumentos necessários à efetiva realização do tratamento". Assim, a obrigação de fornecer nova prótese para o restabelecimento da amputação sofrida pelo beneficiário, porque a primeira não era mais adequada, está inserida, por decorrência natural, no ato cirúrgico da amputação. Por esse motivo, a Corte Superior entendeu abusiva a negativa da operadora em substituir a prótese.[98]

Em outro julgado, no qual a necessidade de utilização de aparelho auditivo não decorria de realização de procedimento cirúrgico, aquela Corte desobrigou o plano a disponibilizá-lo ao beneficiário, aos seguintes argumentos:

> 2. O art. 10, VII, da Lei n. 9.656/1998 estabelece que as operadoras de planos de saúde e as seguradoras não têm a obrigação de arcar com próteses e órteses e seus acessórios não ligados a ato cirúrgico. Portanto, o que define a cobertura legal mínima obrigatória é colocação extremamente sutil: o fornecimento do dispositivo é vinculado (entenda-se necessário) para que o ato cirúrgico atinja sua finalidade, o que não ocorre na situação contrária quando, sendo desnecessário ato cirúrgico – caso do vindicado aparelho auditivo de amplificação sonora individual –, precisa-se de órtese ou de prótese.

---

[97] STJ, 3ª T., REsp. 1.850.781/SP, Rel. Min. Ricardo Villas Bôas Cueva, ac. 28.09.2021, *DJe* 01.10.2021.
[98] STJ, 3ª T., REsp. 1.850.800/SP, Rel. Min. Nancy Andrighi, ac. 04.02.2020, *DJe* 07.02.2020.

3. Por um lado, a segurança das relações jurídicas depende da lealdade, da equivalência das prestações e contraprestações, da confiança recíproca, da efetividade dos negócios jurídicos, da coerência e clarividência dos direitos e obrigações. Por outro lado, se ocorrem motivos que justifiquem a intervenção judicial em lei permitida, há de realizar-se para a decretação da nulidade ou da resolução do contrato, nunca para a modificação do seu conteúdo – o que se justifica, ademais, como decorrência do próprio princípio da autonomia da vontade, uma vez que a possibilidade de intervenção do juiz na economia do contrato atingiria o poder de obrigar-se, ferindo a liberdade de contratar.

4. Como cediço e realçado em precedente do STF, na esfera de repercussão geral (RE n. 948.634/RS), não se pode ignorar que a contraprestação paga pelo usuário do plano de saúde é atrelada aos riscos assumidos pela operadora, calculada de maneira a permitir que, em uma complexa equação atuarial, seja suficiente para custear as coberturas contratuais e cobrir os custos de administração, além de, naturalmente, gerar os justos lucros. Nesse contexto, eventual modificação, *a posteriori*, das obrigações contratuais, a par de ocasionar insegurança jurídica, implica inegável desequilíbrio contratual e enriquecimento sem causa para os usuários dos planos de saúde.[99]

z) Planos coletivos empresariais com menos de trinta usuários:

A Lei n.º 9.656/98 distingue os planos coletivos empresariais que contam com menos de trinta usuários, pois se assemelham aos planos individuais e familiares. Destarte, devem ser "agrupados com a finalidade de diluição do risco de operação e apuração do cálculo do percentual de reajuste a ser aplicado em cada um deles". Assim, "em vista da vulnerabilidade da empresa estipulante, dotada de escasso poder de barganha, não se admite a simples rescisão unilateral pela operadora de plano de saúde, havendo necessidade de motivação idônea".[100]

aa) Clínica de fisioterapia não conveniada:

Analisando pedido de clínica de fisioterapia não conveniada ao SUS para cobrar da seguradora o pagamento de valores relativos ao reembolso a título de despesas médico-hospitalares a que teriam direito as vítimas de acidente automobilístico, o STJ entendeu descabido o pleito. Segundo o entendimento esposado pela Terceira Turma, a improcedência do pedido não decorre da ausência de vinculação da clínica fisioterápica ao SUS, mas ao fato de que "a indenização securitária é para reembolso de despesas efetuadas pela vítima, e não para cobertura imediata de custos e lucros operacionais da entidade hospitalar".[101]

---

[99] STJ, 4ª T., REsp. 1.915.528/SP, Rel. Min. Luis Felipe Salomão, ac. 28.09.2021, *DJe* 17.11.2021. No mesmo sentido: STJ, 3ª T., REsp. 1.673.822/RJ, Rel. p/ acórdão Min. Ricardo Villas Bôas Cueva, ac. 15.03.2018, *DJe* 11.05.2018.
[100] STJ, 4ª T., REsp. 1.776.047/SP, Rel. Min. Maria Isabel Gallotti, ac. 23.04.2019, *DJe* 25.04.2019.
[101] STJ, 3ª T., REsp. 1.911.618/SP, Rel. Min. Nancy Andrighi, ac. 01.06.2021, *DJe* 10.06.2021.

bb) Despesas de acompanhante de paciente idoso:

Para o STJ, "o Estatuto do Idoso é norma de ordem pública e de aplicação imediata, devendo incidir inclusive sobre contratos firmados antes de sua vigência". Destarte, diante da previsão daquele estatuto de que "ao idoso internado ou em observação é assegurado o direito a acompanhante, devendo o órgão de saúde proporcionar as condições adequadas para a sua permanência em tempo integral, segundo o critério médico" (art. 16 da Lei 10.741/2003), e ante a ausência de regra específica acerca do tema, a ANS "definiu, por meio de resoluções normativas, que cabe aos planos de saúde o custeio das despesas referentes ao acompanhante do paciente idoso".[102]

cc) Pandemia da COVID-19:

Em relação aos litígios surgidos em razão da pandemia da COVID-19, cumpre destacar o seguinte julgado do TJMG:

> 2 – Nos termos do art. 35-C, da Lei 9.656/98, os planos de saúde são obrigados a fornecer cobertura de atendimento nos casos de emergência e urgência.
>
> 3 – É abusiva a negativa de atendimento adequado ao paciente diagnosticado com COVID-19, mormente diante da urgência do tratamento médico.
>
> 4 – Consoante precedentes do STJ, a recusa indevida/injustificada, pela operadora de plano de saúde, em autorizar a cobertura financeira de tratamento médico, a que esteja legal ou contratualmente obrigada, enseja reparação a título de dano moral, por agravar a situação de aflição psicológica e de angústia no espírito do beneficiário.[103]

O STJ também entendeu abusiva a conduta da operadora em rescindir o contrato de plano de saúde por não pagamento durante a pandemia, quando aceitava o atraso do consumidor desde 2005:

> 4. A boa-fé objetiva impõe à operadora o dever de agir visando à preservação do vínculo contratual, dada a natureza dos contratos de plano de saúde e a posição de dependência dos beneficiários, especialmente dos idosos.
>
> 5. A situação de pandemia não constitui, por si só, justificativa para o não pagamento, mas é circunstância que, por seu grave impacto na situação socioeconômica mundial, não pode ser desprezada pelos contratantes, tampouco pelo Poder Judiciário.
>
> 6. Hipótese em que se revela contraditório o comportamento da operadora de rescindir o contrato de plano de saúde em 2020, em meio à crise sanitária provocada pela pandemia do Covid-19, depois de receber pagamentos com atraso desde ao menos 2005 e de todas as mensalidades vencidas terem sido pagas com correção monetária e juros de mora.[104]

---

[102] STJ, 3ª T., REsp. 1.793.840/RJ, Rel. Min. Ricardo Villas Bôas Cueva, ac. 05.11.2019, *DJe* 08.11.2019.

[103] TJMG, 11ª Câmara Cível, Ap. 1.0000.21.119274-5/002, Rel. Des. Marcos Lincoln, ac. 24.11.2021, *DJ* 24.11.2021.

[104] STJ, 3ª T., REsp. 2.001.686/MS, Rel. Min. Nancy Andrighi, ac. 16.08.2022, *DJe* 18.08.2022.

Capítulo VI
A INCORPORAÇÃO IMOBILIÁRIA E O CÓDIGO DE DEFESA DO CONSUMIDOR

6.1. O CÓDIGO DE DEFESA DO CONSUMIDOR E A REGULAMENTAÇÃO DOS CONTRATOS PELO DIREITO PRIVADO TRADICIONAL

A vigente ordem constitucional reconhece o consumidor como parte naturalmente frágil nas relações de massa com os fornecedores de bem e serviços e, por isso, preconiza como necessária a instituição de legislação especial de natureza tutelar (CF, arts. 5º, XXXII, e 170, V; e art. 48 do ADCT).

Foi assim que se editou o Código de Defesa do Consumidor (Lei nº 8.078, de 11.09.1990), que, sabidamente, se preocupou com o aspecto ético nas relações negociais de massa, onde a parte prejudicada é, quase sempre, a mais fraca e vulnerável, qual seja, o consumidor. Daí apresentar-se aludido Código como um instrumento definidor e garantidor dos "direitos básicos" dos consumidores em seu relacionamento jurídico com os fornecedores.

Nesse disciplinamento tutelar, merecem destaque as regras destinadas a interferir no domínio do contrato, para reprimir cláusulas e práticas abusivas, por parte dos fornecedores (CDC, art. 6º, IV); coibir a lesão nos pactos que estabelecem prestações desproporcionais entre os contratantes (art. 6º, V); e proporcionar ao consumidor a revisão do contato nos moldes da teoria da imprevisão, quando em sua vigência ocorrerem fatos capazes de afetar a comutatividade das prestações, tornando-as excessivamente onerosas para o consumidor (art. 6º, V, *in fine*).

Em todas essas hipóteses, e em outras como a de estabelecimento de normas definidoras de responsabilidade civil do fornecedor por defeitos dos produtos e serviços (arts. 12 a 14) e pela propaganda enganosa (arts. 36 a 38), o objetivo do legislador não foi o de fragilizar ou inutilizar o instituto do contrato, fazendo-o rompível ou alterável unilateralmente pelo consumidor, a seu arbítrio e conveniência. Nem tampouco se conferiu ao juiz um superpoder de atuar acima da vontade negocial dos contratantes e sem respeitar as normas traçadas tradicionalmente pelo direito positivo para disciplinar os negócios privados e, especialmente, o instituto do contrato.

Em nome do princípio da boa-fé, o que o legislador tutelar visou foi, antes de tudo, aperfeiçoar o negócio jurídico, revendo suas bases para torná-lo equitativo. E, para tanto, autorizou, em determinadas circunstâncias, o reequacionamento das prestações e a eliminação de cláusulas consideradas abusivas.

Na verdade, o Código do Consumidor não veio para regular todo o conteúdo dos contratos travados nas operações de massa entre fornecedores e consumidores. Cuidou tão somente de proteger a parte considerada vulnerável em tais relações e, por isso, limitou-se a instituir regras protetivas a serem aplicadas nas hipóteses em que se atestar a presença da inferioridade negocial do consumidor e se detectar sua sujeição a um efetivo prejuízo.

Como adverte Carlos Eduardo Manfredini Hapner, o CDC não criou "todo um sistema jurídico obrigacional e contratual próprio". Apenas ditou "exceções ao direito privado codificado, refletidas em regras de proteção contratual ao consumidor e que determinam, *nos exatos limites da exceção legal*, a prevalência da regra especial sobre a regra geral. Ou seja, naquilo em que expressamente não tenha havido especialização, mesmo em matéria de proteção ao consumidor, aplicam-se as normas gerais do direito privado".[1]

Certo que, na sociedade de consumo atual, o jurista não pode teimar em tratar o contrato com a ótica liberal do século XIX, onde o fetiche da autonomia da vontade era o peso máximo da teoria dominante acerca do negócio jurídico e na proteção dela se encerrava toda a missão do direito privado, em face dos contratantes.

A sociedade industrial, depois dos excessos do liberalismo econômico do século XIX e das grandes lutas sociais do século XX, entra no século XXI como uma sociedade que escolheu institucionalmente uma concepção das relações econômicas que ultrapassa o princípio da igualdade formal outrora consagrada apenas por solenes declarações de direitos para assumir a postura de lutar concretamente contra as desigualdades existentes entre os seus participantes. O Estado Democrático atual assume o compromisso de defesa efetiva do economicamente mais fraco, donde a proteção especial que defere ao consumidor, porque a realidade é que, sem essa tutela específica, as normas jurídicas comuns não seriam suficientes para impedir muitas injustiças.[2]

Nessa nova postura, todavia, o legislador está longe de ter criado um "direito alternativo", ou de ter rompido com o sistema tradicional do direito dos contratos. A elaboração do *direito do consumidor* foi apenas "uma especialização útil e necessária, que mantém os princípios e normas do direito privado e os desenvolve com maior densidade em relação a atividades e situações específicas".[3]

Nem mesmo pode-se pretender que o CDC tenha criado, em nosso ordenamento jurídico, figuras novas a aplicar nos limites da teoria contratual, a propósito da boa-fé e lealdade entre os contratantes. Assim é que, por exemplo, a prevalência da vontade real

---

[1] CRETELLA JR., José; DOTTI, René Ariel *et al. Comentários ao Código do Consumidor*. Rio de Janeiro: Forense, 1992, p. 151.
[2] Cf. WALD, Arnoldo. *Obrigações e contratos*. 10. ed. São Paulo: RT, 1992, p. 521.
[3] WALD, Arnoldo. *Op. cit.*, p. 529.

sobre a declarada já era consagrada pelo art. 85 do Código Civil de 1916 (CC/2002, art. 112); os princípios da boa-fé, dos usos e costumes e da exegese favorável ao devedor já eram previstos pelo antigo Código Comercial (art. 131), e o tratamento especial para os contratos de adesão já se fazia habitualmente pela jurisprudência, o mesmo se registrando em relação à teoria da imprevisão.

Por essa razão – anota José Augusto Delgado – "o legislador estatui, no corpo do Código de Proteção ao Consumidor (art. 4º), uma Política Nacional a ser aplicada às relações de consumo, adotando princípios específicos a serem seguidos e que convivem, de modo harmônico, com os demais princípios gerais e específicos reguladores dos contratos firmados em tal espécie de negócio jurídico".[4] Assim:

> O contrato de relação de consumo, como já afirmado, não se desvincula dos valores jurídicos adotados pelo direito privado para os contratos em geral. Apenas adota-os de modo mais flexível e com a produção de efeitos que visem a evitar abusos provocados por estamentos econômicos mais fortes que se posicionam sempre como fornecedor do bem ou executor do serviço consumido.[5]

As normas codificadas ou não que, *v.g.*, cuidam da doação, da permuta, da locação, da fiança, do arrendamento mercantil, da franquia, da representação comercial, do mandato, da empreitada etc. continuam normalmente em vigor e só terão sido revogadas em algum ou outro dispositivo, quando a lei de proteção ao consumidor houver, de maneira expressa, instituído regra especial incompatível com a preexistente no direito privado positivo. Não ocorrendo tal revogação, o aplicador do CDC terá que integrá-lo no sistema geral em vigor e não poderá, sem observar preceito novo da legislação de consumo, recusar incidência de norma da legislação comum, ao mero pretexto de ser nociva ao interesse do consumidor.

Repita-se: o Código de Defesa do Consumidor não é a única lei a ser aplicada aos contratos de consumo. Todo o direito privado, pertinente aos contratos, continua incidindo sobre os negócios pactuados entre fornecedores e consumidores. Só regra nova e capaz de revogar outra norma anterior do direito privado, segundo os princípios do direito intertemporal, faz com que a solução do litígio se dê à base exclusiva da lei de proteção do consumidor.

6.2. OS CONTRATOS IMOBILIÁRIOS E O CÓDIGO DE DEFESA DO CONSUMIDOR

I – Introdução

De fato, não há razão séria para não incluir as operações de aquisição de bens imóveis no âmbito tutelar da legislação de consumo. Demonstra Sergio Cavalieri Filho uma série de razões, de inteira procedência, para ter-se a negociação, na espécie,

---

[4] DELGADO, José Augusto. Interpretação dos Contratos Reguladores pelo Código de Proteção ao Consumidor. *Revista Jurídica*, v. 263, p. 57, set/1999.
[5] DELGADO, José Augusto. *Op. cit.*, p. 56.

como uma relação relativa a "circulação de produtos e serviços entre fornecedor e consumidor", nos exatos moldes daquela que o Código do Consumidor regula (art. 30). Com efeito, quando o construtor edifica e vende a unidade, assume obrigação de dar coisa certa, o que configura o *produto*, de que cogita o CDC. E quando o ajuste é relativo à construção, retrata empreitada ou administração, o que corresponde a obrigação de fazer, ou seja, prestação de *serviço*, tal como se prevê no CDC. Por outro lado, quem negocia o imóvel para nele estabelecer a moradia própria e da família apresenta-se como destinatário final, ou seja, como *consumidor*. Além de tudo isto, o art. 12 do CDC, ao cuidar da reparação dos danos causados aos consumidores por defeitos decorrentes de projeto, fabricação, construção, montagem etc., refere-se expressamente ao *construtor*; e o art. 53, ao vedar a cláusula de decaimento – perda total das prestações pagas em caso de rescisão – menciona os *contratos de compra e venda de imóveis*.[6]

O verdadeiro problema, todavia, não está propriamente na aplicação do CDC ao contrato de incorporação e construção de imóvel em regime de condomínio horizontal, mas, sim, nos limites em que tal aplicação haverá de ser efetuada.

Se existe uma lei especial que institui mecanismos próprios para regular os efeitos do inadimplemento do promissário comprador e se o CDC não cuidou de estatuir, para o caso, disciplina diferente, o que merece prevalecer, sem dúvida, é a Lei Específica das Incorporações (Lei nº 4.591/1964).

II – Contrato de administração

Os contratos imobiliários podem englobar uma série de negócios jurídicos, tais como a incorporação, a administração e a locação de imóveis.

O STJ já decidiu ser aplicável aos contratos de administração imobiliária o Código de Defesa do Consumidor. Segundo aquela Corte, trata-se de contrato complexo, "em que convivem características de diversas modalidades contratuais típicas – corretagem, agenciamento, administração, mandato –, não se confundindo com um contrato de locação".[7]

Nesse contrato encontram-se presentes duas relações jurídica distintas: "a de prestação de serviços, estabelecida entre o proprietário de um ou mais imóveis e essa administradora, e a de locação propriamente dita, em que a imobiliária atua como intermediária de um contrato de locação". Assim, ao se analisar a prestação de serviços, "o dono do imóvel ocupa a posição de destinatário final econômico daquela serventia, vale dizer, aquele que contrata os serviços de uma administradora de imóvel remunera a expertise da contratada, o *know-how* oferecido em benefício próprio, não se tratando propriamente de atividade que agrega valor econômico ao bem".[8]

Cláudia Lima Marques entende que o proprietário do imóvel, nessa relação contratual, encontra-se em evidente vulnerabilidade, na medida em que os instrumentos

---

[6] CAVALIERI FILHO, Sergio. A Responsabilidade do Incorporador/Construtor no Código do Consumidor. *Revista de Direito do Consumidor*, v. 26, p. 231, abr.-jun./1998.
[7] STJ, 3ª T., REsp. 509.304/PR, Rel. Min. Ricardo Villas Bôas Cueva, ac. 16.05.2013, *DJe* 23.05.2013.
[8] REsp. 509.304, *cit*.

são, em geral, de adesão e com cláusulas unilaterais previstas pela imobiliária. Assim, conclui a autora:

[...] a jurisprudência destes 15 anos de CDC ensinou-me, porém, que esta situação de vulnerabilidade não é exceção, mas sim bastante comum e que a relação entre o consumidor-pessoa física e leigo e a administradora de imóveis deve ser, sim, considerada uma relação de consumo, diretamente ou ao menos por equiparação, pois aqui a destinação final do bem imóvel é suplantada pela fática, técnica, informacional e jurídica vulnerabilidade do proprietário.[9]

III – Contrato de locação

Em relação ao contrato de locação residencial, Cláudia Lima Marques advoga serem aplicáveis as normas protetivas do CDC, ao lado dos dispositivos da Lei de Locações (n° 8.245/1991). O importante, segundo a autora, é vislumbrar a presença de um consumidor e de um fornecedor nessa relação. Segundo o seu entendimento, o contrato de locação é "elaborado pela imobiliária tendo em vista a sua obrigação perante a pessoa que deixou o imóvel sob sua administração".[10] O locatário, nas locações residenciais, seria destinatário final, o que o qualificaria como *consumidor*.

O proprietário, por sua vez, cede, temporariamente, o uso e gozo do imóvel, de forma remunerada e contínua. Se a locação é feita por intermédio da imobiliária, é ela fornecedora em relação ao consumidor, e o contrato de locação e o contrato elaborado pela administradora está sob o regime de equidade e boa-fé do CDC. Mas, mesmo quando a locação é feita sem a participação da imobiliária, o proprietário é fornecedor e "as regras do CDC visam apenas o reequilíbrio do contrato, a equidade, a justiça contratual, a qual não será, sem última análise, prejudicial à fornecedora".[11]

Esse não é, contudo, o entendimento do STJ, que afasta a aplicação do CDC ao contrato em análise:

a) "Locação. Despesas de Condomínio. Multa. Código de Defesa do Consumidor. Inaplicabilidade.

I – As relações locatícias possuem lei própria que as regule. Ademais, falta-lhes as características delineadoras da relação de consumo apontadas nos arts. 2° e 3° da Lei n° 8.078/90".[12]

b) "Direito Empresarial. Agravo Regimental no Agravo em Recurso Especial. Contrato de locação firmado por sociedades empresárias. Inaplicabilidade do CDC.

1. A jurisprudência do STJ é firme ao negar a aplicação das normas do CDC aos contratos de locação, uma vez que estes são regulados por lei própria, a Lei n. 8.245/1991".[13]

---

9 MARQUES, Cláudia Lima. *Contratos no Código de Defesa do Consumidor*, cit., p. 430.
10 Idem, p. 433.
11 Idem, p. 433 e 434.
12 STJ, 5ª T., REsp. 239.578/SP, Rel. Min. Felix Fischer, ac. 08.02.2000, *DJU* 28.02.2000, p. 122.
13 STJ, 4ª T., AgRg no AREsp. 41.062/GO, Rel. Min. Antonio Carlos Ferreira, ac. 07.05.2013, *DJe* 13.05.2013.

IV – Contrato de incorporação

O contrato de incorporação imobiliária, segundo orientação doutrinária e jurisprudencial, submete-se ao CDC. Importante destacar que o STJ reconheceu a qualidade de consumidor ao condomínio de adquirentes de edifício em construção:

1. Polêmica em torno da possibilidade de inversão do ônus da prova para se atribuir a incorporadora demandada a demonstração da destinação integral do produto de financiamento garantido pela alienação fiduciária de unidades imobiliárias na incorporação em questão (patrimônio de afetação).

2. Aplicabilidade do Código de Defesa do Consumidor ao condomínio de adquirentes de edifício em construção, nas hipóteses em que atua na defesa dos interesses dos seus condôminos frente a construtora/incorporadora.

3. O condomínio equipara-se ao consumidor, enquanto coletividade que haja intervindo na relação de consumo. Aplicação do disposto no parágrafo único do art. 2º do CDC.

4. Imposição de ônus probatório excessivamente complexo para o condomínio demandante, tendo a empresa demandada pleno acesso às provas necessárias à demonstração do fato controvertido.

5. Possibilidade de inversão do ônus probatório, nos termos do art. 6º, VIII, do CDC.

6. Aplicação da teoria da distribuição dinâmica do ônus da prova (art. 373, § 1º, do novo CPC).

7. Precedentes do STJ.[14]

Segundo o eminente Relator,

[...] o enunciado normativo do parágrafo único do art. 2º do CDC amplia substancialmente o conceito básico de consumidor previsto no *caput* para abranger a coletividade de consumidores, ainda que indetermináveis, que haja intervindo nas relações de consumo, para efeito de incidência do microssistema de proteção do consumidor [...]

A valer a *ratio decidendi* do acórdão recorrido, ao condomínio, que represente o interesse coletivo dos seus condôminos, não se aplicaria o microssistema normativo do CDC, embora os condôminos, individualmente, possam pleitear a sua incidência.

Com isso, cada um dos integrantes do condomínio seria forçado a ingressar em juízo isoladamente para obter a tutela do CDC no lugar da tutela conjunta dos direitos individuais homogêneos dos condôminos.

Ora, se o condomínio detém legitimidade para defender os interesses comuns dos seus condôminos, justamente por ser constituído da comunhão dos seus interesses (artigo 12, inciso IX, do CPC/73; atual artigo 75, inciso XI, do NCPC), não se pode restringir a tutela legal colocada à sua disposição pelo ordenamento jurídico.

---

[14] STJ, 3ª T., REsp. 1.560.728/MG, Rel. Min. Paulo de Tarso Sanseverino, ac. 18.10.2016, *DJe* 28.10.2016.

Conforme afirmado no acórdão recorrido, o microssistema do CDC somente tutelaria os condôminos individualmente, não os tutelando em conjunto (condomínio = comunhão de interesses).

Tenho que tal interpretação vai de encontro a toda a principiologia do Código de Defesa do Consumidor seja no plano material (conceito amplo de consumidor), seja no plano processual (estímulo à tutela coletiva).

V – As relações entre o adquirente e o serviço notarial

Importante se faz analisar a relação existente entre o serviço notarial e o adquirente de imóvel, quando da elaboração da escritura pública de compra e venda. Segundo a melhor doutrina, o cartório de notas presta ao usuário o serviço de análise e lavratura da escritura pública,[15] que deve ser prestado com segurança, eficiência e transparência, respeitando as regras do CDC.[16]

O Tribunal de Justiça do Rio Janeiro reconheceu a aplicação do CDC à relação entre o usuário (adquirente de imóvel) e o Tabelião, condenando-o ao pagamento dos danos patrimoniais sofridos pela perda do imóvel adquirido, em razão da constatação de fraude à execução. Na hipótese, muito embora fizesse constar na escritura de compra e venda a existência de ação judicial ajuizada contra os vendedores, o notário não informou ao consumidor os reais riscos quanto à possibilidade de anulação do negócio que, posteriormente, veio a ser desconstituído por sentença. Segundo o entendimento esposado em seu voto, o eminente relator, Des. Marco Aurélio Bezerra de Melo, o tabelião deveria ter prestado "as informações pertinentes e as consequências do apontamento, garantindo a segurança almejada pelas partes que buscam o serviço e nele confiam, não podendo ele se limitar apenas à verificação da regularização formal do ato". Uma vez que é obrigatória a interveniência do delegatário nas relações negociais imobiliárias, o notário "deve ter um comportamento ativo, a fim de evitar lesões aos consumidores que procuram os seus serviços". Por fim, asseverou que o tabelião "possui o dever de atender com eficiência as partes, sendo os serviços notariais e de registro destinados a garantir, além da publicidade e autenticidade dos atos jurídicos, a sua segurança e eficácia".[17]

Analisando o citado acórdão, Walter Moura conclui que "para reequilíbrio da hipossuficiência do consumidor, é necessário que informações constantes de declarações, termos e escrituras cartorárias sejam repassadas com transparência e com seu conteúdo técnico 'traduzido' ao senso comum, para que ele possa realmente exercer o seu poder de escolha livremente".[18]

---

[15] MOURA, Walter. Aplicação do Código de Defesa do Consumidor. Comentários ao acórdão que julgou o ApCiv 0198704-73.2008.8.19.0001, proferido pelo TJRJ. *Revista de Direito do Consumidor*, v. 88, p. 325, jul.-ago./2013.

[16] *Idem, ibidem*; MORAES, Paulo Valério Dal Pai. Os tabeliães, os oficiais e os registradores e o CDC. *Revista de Direito do Consumidor*, v. 61, p. 187, jan.-mar./2007.

[17] TJRJ, 16ª Câmara Cível, ApCiv.0198704-73.2008.8.19.0001, Rel. Des. Marco Aurélio Bezerra de Melo, ac. 16.04.2013, *DJe* 10.05.2013.

[18] MOURA, Walter. *Op. cit.*, p. 327.

6.3. O NEGÓCIO JURÍDICO DA INCORPORAÇÃO

A incorporação, tal como a conceitua o direito positivo (Lei nº 4.591/1964), consiste num negócio jurídico complexo, subordinado a um regime especial, que o legislador concebeu justamente para defesa dos interesses dos adquirentes de unidades autônomas de edifícios, ainda em fase de construção. Às vezes, para simplificar o fato jurídico complexo, fala-se em contrato de incorporação. O que há, porém, é uma situação jurídica, que pode engendrar vários negócios ou contratos entre o construtor, o adquirente e outras pessoas que eventualmente tenham de intervir, como o proprietário do terreno, a empresa de projeto, a administradora das vendas etc.

Nesse sentido, é correta a definição da Lei nº 4.591/1964 quando conceitua a incorporação como uma "atividade". Eis o que dispõe o art. 28, parágrafo único, da referida lei:

> Considera-se incorporação imobiliária a atividade exercida com o intuito de promover e realizar a construção, para alienação total ou parcial, de edificações, ou conjunto de edificações compostas de unidades autônomas.

Como ensina Orlando Gomes, a sistemática da incorporação instituída pela Lei nº 4.591/1964 implica uma *atividade complexa* que, necessariamente, abrange os seguintes ajustes:

a) de *alienação*, ainda que potencial, da fração ideal do terreno;

b) de *construção* do edifício;

c) do *condomínio* a ser constituído.[19]

Em outros termos, observa J. Nascimento Franco que, "simultaneamente com o contrato de construção, celebram-se o de incorporação e o de compra e venda ou promessa de compra e venda das frações ideais do terreno".[20]

Estes múltiplos negócios que a incorporação engloba ou enseja podem resumir-se ao adquirente da unidade e à construtora, quando é esta a proprietária do terreno e a encarregada de construir o edifício. Mas pode também envolver outros contratantes em fases específicas do empreendimento. Pode, por exemplo, o dono do terreno não se confundir com o incorporador. Pode o incorporador não ser o construtor. Pode a venda ser delegada a um administrador. Nem por isso, todavia, o negócio sobre a alienação de unidades imobiliárias em edifício em construção deixará de configurar uma legítima incorporação e de se submeter ao regime especial da Lei nº 4.591/1964.

O que se apresenta como uma sumária e inadmissível simplificação do problema jurídico das responsabilidades geradas pela incorporação é pretender reduzi-la a um simples contrato de compra e venda, em que o incorporador fosse o *vendedor* e o pretendente à propriedade da futura unidade autônoma, o *comprador*. Estabelecido o regime jurídico especial da aquisição e construção sob o mecanismo de incorporação, o

---

[19] GOMES, Orlando. *Contratos*. 23. ed. Rio de Janeiro: Forense, 2001, n. 380, p. 446.
[20] FRANCO, J. Nascimento. *Incorporações imobiliárias*. 2. ed. São Paulo: RT, 1984, p. 112.

que passa a existir é algo que ultrapassa, e muito, as dimensões de uma simples compra e venda de bens futuros.

Veja-se como, de início, Caio Mário da Silva Pereira, em relação às unidades de edifícios em construção, delimita o campo da compra e venda e o da incorporação:

> Um exemplo esclarece a diferença. Se um indivíduo é proprietário de um terreno e nele constrói, a suas expensas, um edifício, ainda que dividido em unidades autônomas e, depois de concluído, vende as unidades, *celebra contrato de compra e venda*. Nem ele é incorporador, nem o ato negocial é incorporação. Mas, se promove e realiza a construção para alienação total ou parcial de unidades autônomas no curso da obra, *celebra contrato de incorporação*.[21]

Disso decorre que do construtor, por exemplo, em regime de empreitada ou de construção por administração, não se pode reclamar prestação ou obrigação que a lei atribui ao vendedor, nem se pode reclamar do incorporador o cumprimento de obrigação que a lei especial atribui ao próprio condomínio. Estabelecido o regime especial e complexo da construção do edifício sob incorporação, é preciso determinar, em suas diversas fases de desenvolvimento, qual o negócio parcial em que o fato gerador da pretensão ocorreu. Conforme seja ele, a responsabilidade será de diferentes sujeitos, e a pretensão se submeterá a regime jurídico distinto.

Se, *v.g.*, a pretensão se refere ao pagamento do preço e à entrega final da unidade ao adquirente, sem dúvida as obrigações discutidas se solucionarão pelas regras de compra e venda. Se a pretensão disser respeito ao modo com que o construtor se desempenhou na execução do projeto, incidirão as regras da empreitada. Se, por fim, o problema surge entre o condômino e a comissão de representantes, porque aquele não recolhe suas cotas na forma e tempo adequados, o dissídio não poderá ser enfocado como inerente à compra e venda. Seu campo de envolvimento ficará localizado no sistema jurídico da comunhão dos deveres e direitos recíprocos dos comunheiros. A regência jurídica não será nem pelas regras da compra e venda, nem da empreitada. Será aquela derivada da sistemática especial da Lei nº 4.591/1964 para a disciplina da comunhão formada entre os coadquirentes das unidades do edifício em construção.[22]

É tão diferente o regime dessa comunhão em face da compra de unidades que a lei especial autoriza o condomínio, em certos casos, a romper o contrato com o construtor e com incorporador, assumindo a construção e contratando, se for o caso, o prosseguimento da obra com outro ou outros empreendedores (Lei nº 4.591/1964, arts. 43, VI, e 57).

---

[21] PEREIRA, Caio Mário da Silva. Código de Defesa do Consumidor e as Incorporações Imobiliárias. *Revista dos Tribunais*, v. 712, p. 111, fev./1995.

[22] "A construção do imóvel sob o regime de administração (preço de custo), na forma do art. 58 da Lei n. 4.591/1964, é negócio coletivo, administrado pelos próprios condôminos, adquirentes de frações ideais do empreendimento, que, por meio de uma comissão de representantes, recebe, administra e investe os valores vertidos por todos, motivo pelo qual os riscos do empreendimento são de responsabilidade dos próprios adquirentes, sendo incabível, em regra, que a incorporadora figure no polo passivo da ação de devolução das parcelas pagas e administradas pelo condomínio" (STJ, 4ª T., REsp. 426.934/SP, Rel. Min. Luís Felipe Salomão, ac. 16.03.2010, *DJe* 12.04.2010).

Por isso é simplória e inconveniente a tentativa de reduzir singelamente o regime da incorporação ao da compra e venda. "Só por uma deformação conceitual" – adverte Caio Mário – "se pode tipificar o contrato de incorporação como compra e venda pura",[23] para o fim de submeter o incorporador às obrigações que o Código de Defesa do Consumidor estatui para vigorar entre vendedor e comprador típicos.

Não se trata, obviamente, de subtrair a incorporação, por inteiro, da tutela da legislação de consumo. O que não se pode tolerar é que, a pretexto de proteger o consumidor, se ignore a natureza jurídica do negócio, a pertinência subjetiva da obrigação e a lei especial que a disciplina.

Respeitada, portanto, a estrutura legal específica de direitos e obrigações estabelecida pela Lei nº 4.591/1964, as regras tutelares do CDC, se pertinentes ao vínculo estabelecido entre o fornecedor (promitente vendedor) e o consumidor (promissário comprador) – obrigação de dar coisa certa –, ou entre o construtor (empreiteiro) e os condôminos (dono da obra) – obrigação de fazer –, incidirão normalmente, porque se estará, à evidência, diante de relações de consumo. O problema, no entanto, não exigirá que se afaste o regime especial da Lei nº 4.591/1964, naquilo que ela dispõe de maneira expressa e direta. Apenas recorrer-se-á ao CDC para coibir abusos praticados pelos fornecedores, seja no estabelecimento de cláusulas abusivas, seja por defeito do produto ou serviço. Será, portanto, fora do âmbito fixado pelas regras da Lei de Incorporação que operarão as do Código de Defesa do Consumidor, sem pretender revogá-las, mas apenas completá-las ou integrá-las.

Muito significativa, nessa ordem de ideias, a posição exegética adotada pelo Superior Tribunal de Justiça nos seguintes arestos:

a) "Incorporação imobiliária. Contrato. Cláusula abusiva.

O contrato de incorporação, no que tem de específico, *é regido pela lei que lhe é própria* (Lei nº 4.591/1964), mas sobre ele também incide o Código de Defesa do Consumidor, que introduziu no sistema civil princípios gerais que realçam a justiça contratual, a equivalência das prestações e o princípio da boa-fé objetiva".[24]

b) "2. Em que pese o contrato de incorporação ser regido pela Lei nº 4.591/1964, admite-se a incidência do Código de Defesa do Consumidor, devendo ser observados os princípios gerais do direito que buscam a justiça contratual, a equivalência das prestações e a boa-fé objetiva, vedando-se o locupletamento ilícito.

3. O incorporador, como impulsionador do empreendimento imobiliário em condomínio, atrai para si a responsabilidade pelos danos que possam resultar da inexecução ou da má execução do contrato de incorporação, incluindo-se aí os danos advindos de construção defeituosa".[25]

---

[23] Op. cit. e loc. cit.
[24] STJ, 4ª T., REsp. 80.036, Rel. Min. Ruy Rosado de Aguiar, ac. 12.02.1996, *DJU* 25.03.1996, p. 8.586, apud CAVALIERI FILHO, Sérgio. Op. cit., p. 231.
[25] STJ, 3ª T., AGRg no REsp. 1.006765/ES, Rel. Min. Ricardo Villas Bôas Cueva, ac. 18.03.2014, *DJe* 12.05.2014. No mesmo sentido: STJ, 4ª T., REsp. 747.768/PR, Rel. Min. João Otávio de Noronha, ac. 06.10.2009, *DJe* 19.10.2009.

Nesse sentido, também, a lição de Melhim Chalub, para quem "naquilo que têm de específico, esses contratos se sujeitam às normas especiais que os tipificam, aplicando-se normas do CDC quando necessário o preenchimento de lacunas da legislação especial".[26] Assim, a prevalência das normas da Lei nº 4.591/1964 "naquilo que têm de específico, encontra fundamento não só no critério da especialidade, mas, também, no sistema de proteção instituído pela Lei das Incorporações especificamente para os adquirentes de imóveis em construção".

Não são, portanto, as regras da Lei nº 4.591/1964 que podem incorrer na censura do CDC, mas as cláusulas que o incorporador cria e impõe de forma abusiva e contrária à boa-fé objetiva, ofendendo, de maneira evidente, os padrões éticos que devem prevalecer nos contratos bilaterais e onerosos, para mantê-los como equitativos.

6.4. A SOLUÇÃO PARA O INADIMPLEMENTO DO ADQUIRENTE DA UNIDADE AUTÔNOMA

I – Realização do leilão, previsto no art. 63 da Lei nº 4.591/1964

A Lei nº 4.591/1964, prevendo a hipótese de o adquirente da unidade autônoma, durante o curso da obra, deixar de pagar as prestações necessárias para o custeio da construção, instituiu uma forma de excluir o inadimplente sem prejudicar, mais profundamente, a execução do projeto condominial. O procedimento legal em questão consiste na autorização dada à Comissão de Representantes para que promova o leilão público da unidade cujo titular incorreu em falta de pagamento (art. 63). Do produto apurado extraem-se as verbas para cobrir o encargo da inadimplência, e o saldo eventual é entregue ao condômino excluído.[27]

Prevê, destarte, a Lei nº 4.591/1964 um mecanismo de substituição do condômino faltoso e, sem prejuízo para a comunhão como um todo, a obra pode ter prosseguimento sem solução de continuidade.

Essa medida legal mostra-se salutar, se se atentar para as características da incorporação. Com efeito, o contrato de promessa de compra e venda de um imóvel em incorporação não se limita a operar a transmissão da propriedade do futuro bem, "mas é também instrumento de captação de recursos para formação do capital da incorporação (arts. 28 e ss. da Lei nº 4.591/1964), cujo lastro é o próprio ativo do empreendimento".[28] As diversas promessas celebradas ligam-se por um nexo funcional, uma vez que "o êxito do empreendimento depende da captação de recursos mediante exploração do

---

[26] CHALHUB, Melhim. A promessa de compra e venda no contexto da incorporação imobiliária e os efeitos do desfazimento do contrato. *Revista de Direito Civil Contemporâneo*, v. 7, abr.-jun./2016, p. 147 a 183, Item 4.

[27] Do produto do leilão serão deduzidas "as quantias em débito, todas as despesas ocorridas, inclusive honorários de advogado e anúncios, e mais 5% a título de comissão e 10% de multa" (Lei nº 4.591/1964, art. 63, § 4º).

[28] CHALHUB, Melhim. A promessa de compra e venda no contexto da incorporação, *cit.*, Introdução.

seu próprio ativo e do seu direcionamento ao cumprimento do seu objeto – execução da obra, liquidação do passivo e retorno do investimento".[29]

Como bem explica Igor Muniz, a incorporação

[...] consiste na captação de recursos financeiros por meio de complexa estrutura contratual para viabilizar um projeto sem comprometimento, ou com comprometimento limitado, do patrimônio do empreendedor; na perspectiva jurídica, constitui-se numa rede de contratos coligados que, buscando uma adequada alocação de riscos, viabilize o desenvolvimento de um empreendimento com base nos recursos por este gerados e nas garantias dele exclusivamente derivadas.[30]

É de se ressaltar o interesse coletivo que une os adquirentes das unidades autônomas, consubstanciado na finalização do empreendimento, de forma que "a execução do programa de cada contrato de alienação depende da atuação coordenada dos adquirentes e do incorporador e, de outra parte, as questões de natureza individual são condicionadas pelo interesse comum da coletividade dos adquirentes, dada a função de aporte de capital exercida pela promessa".[31] Por essa razão, Melhim Chalub afirma que os interesses individuais devem ser sopesados em face do interesse comum, principalmente no momento do desfazimento da promessa de compra e venda, "de modo a evitar a frustração do interesse comum a ela subjacente".[32]

Justamente porque a incorporação depende desse fluxo financeiro, a Lei nº 4.591/1964 prevê mecanismos de proteção dos adquirentes e do próprio empreendimento, tais como o leilão tratado pelo art. 63.

Porque o inadimplente nem sempre conseguirá recuperar a integralidade das prestações pagas, às vezes se encontram arestos considerando nula, por infração do art. 53 do CDC, a cláusula do contrato de incorporação que preveja o leilão e a absorção parcial do produto na cobertura dos encargos por que responde o inadimplente.

É de se ressaltar que o art. 53 do CDC não revogou o art. 63 da Lei de Incorporações, pela simples circunstância de que cada um desses dispositivos cuida de negócio jurídico completamente diverso. Enquanto o primeiro trata da compra e venda de imóveis, enfocando o relacionamento entre vendedor e comprador, o segundo cogita da incorporação, disciplinando o mecanismo do próprio condomínio, no que diz respeito às relações internas entre os comunheiros.

Um negócio jurídico tem como objetivo a obrigação de transferir o domínio de uma coisa mediante pagamento do preço em dinheiro – contrato de compra e venda (CC, art. 481) –, e o outro tem em mira "promover e realizar a *construção*, para alienação,

---

[29] Idem, ibidem.
[30] MUNIZ, Igor; CANTIDIANO, Luiz Leonardo (orgs). *Temas de direito bancário e do mercado de capitais*. Rio de Janeiro: Renovar, 2014, apud CHALHUB Melhim. A promessa de compra e venda no contexto da incorporação imobiliária e os efeitos do desfazimento do contrato. *Revista de Direito Civil Contemporâneo*, v. 7, abr-jun/2016, item 1.1.
[31] CHALHUB, Melhim. *Op. cit.*, item 2.
[32] Idem. Ibidem.

total ou parcial, de edificações ou conjunto de edificações compostas de unidades autônomas" – contrato de incorporação (Lei nº 4.591/1964, art. 28, parágrafo único).

Não é preciso maior esforço de inteligência para compreender a evidente impossibilidade jurídica de equiparar, simploriamente, a incorporação ao contrato de compra e venda tutelado pelo Código do Consumidor, na disposição contida em seu art. 53. Para o douto Caio Mário, cuja palavra é sempre acatada na matéria, "basta o confronto destes dois conceitos para se ver logo a diferença e afirmar que o contrato de incorporação imobiliária não se classifica como de compra e venda pura".[33]

Trata-se, com efeito, de contratos com conteúdo próprio e tipificados em estatutos normativos diversos que não podem ser submetidos a regime jurídico estranho. Aplicar um diploma legal, em vez de outro, seria o mesmo que desprezar as peculiaridades de cada espécie contratual e, sobretudo, olvidar a especificidade que se imprimiu ao contrato de incorporação imobiliária por força da sua regulamentação pela Lei nº 4.591/1964.

É que a disciplina do contrato de incorporação, como não poderia deixar de ser, reflete a problemática enfrentada pela construção imobiliária no País, cuja economia sofreu, por anos a fio, os efeitos nefastos da inflação e que, mais recentemente, se submete à instabilidade decorrente dos investimentos estrangeiros. Mesmo antes do advento da Lei nº 8.078/1990, o legislador já se mostrava sensível à realidade imanente à aludida atividade, suprindo a carência de dispositivos específicos sobre o tema por uma legislação completa e exaustiva.

Foi dentro desse contexto socioeconômico que se promulgou a Lei nº 4.591/1964, que busca atender aos interesses dos condôminos, atribuindo-lhes garantias e mecanismos de fiscalização e controle, de sorte a viabilizar a construção e estimular o desenvolvimento desse gênero de atividade responsável pelo progresso das cidades.[34]

Não foi por outra razão que, legalmente, se previu a constituição, durante a fase de edificação, de uma comissão de representantes formada pelos condôminos adquirentes que "terá poderes para, em nome de todos os contratantes e na forma prevista no contrato", fiscalizar as obras e praticar todos os atos necessários ao funcionamento regular do condomínio, *ex vi* do art. 61 da Lei nº 4.591/1964. Daí se inferir que a desigualdade outrora existente entre adquirentes e incorporador foi devidamente equacionada e dissipada pelo legislador, que resguardou de forma incensurável a comunhão de interesses dos condôminos representada pela Comissão de Representantes.

Nem tampouco se argumente que a solução propugnada pela Lei nº 4.591/1964 para as hipóteses de reiterada inadimplência dos condôminos em relação ao pagamento de suas prestações não atende aos anseios de justiça e de equidade O procedimento esposado pelo art. 63 da Lei nº 4.591/1964, que culmina no leilão extrajudicial da unidade habitacional inadimplida, foi uma das medidas adotadas pelo legislador para resguardar, a um só tempo, o direito do condômino inadimplente de reaver as prestações pagas e o direito dos demais condôminos e do incorporador de ver concluída a construção sem maiores gastos e contratempos.

---

[33] *Op. cit.*, p. 111.
[34] PEREIRA, Caio Mário da Silva. *Condomínio e incorporações*. 10. ed. Rio de Janeiro: Forense, 1999, p. 306.

Donde se concluir que "o leilão oferece, portanto, *o mais equânime dos critérios*: presteza na solução, reversão ao condomínio do preço apurado com as deduções previstas; entrega do saldo ao adquirente faltoso. Ninguém se apropria do remanescente ou de qualquer diferença na apuração de haveres".[35]

Por isso Caio Mário da Silva Pereira, ao esclarecer como se dá o procedimento para a venda da fração ideal após o inadimplemento, salientou que os direitos do condômino inadimplente foram devidamente assegurados mediante o reembolso dos valores apurados com o leilão, após a dedução das despesas suportadas pelo condomínio para a sua realização:

> A Lei n. 4.591/1964 estabeleceu um procedimento de venda que se realiza sem delongas, *e com todas as garantias para o adquirente*. Requer a constituição em mora, com prazo de dez dias para a respectiva purgação. A venda se efetua em leilão público. Se o lance não cobrir o débito será realizada nova praça. [...] Deduzidos do preço obtido o débito e mais todas as despesas, inclusive honorários de advogado, anúncios, comissão e multa de 10%, *o saldo remanescente será entregue ao devedor inadimplente*.[36]

Atentos ao escopo perseguido pelo legislador ao disciplinar em lei especial o contrato de incorporação imobiliária, os Tribunais pátrios, em diversas oportunidades, têm reconhecido a legalidade do leilão extrajudicial, previsto no art. 63 da Lei nº 4.591/1964, como se vê dos seguintes arestos:

a) "Incorporação imobiliária. Acórdão que considerou *legítima* cláusula contratual em que os condôminos outorgaram ao incorporador ou ao construtor *autorização para efetuar o leilão previsto no art. 63, parágrafo 1.º, da Lei n. 4.591, de 16.12.64*".[37]

b) "Incorporação Imobiliária – Contrato Rescindido – Inadimplemento do Comprador – Ação julgada procedente para determinar a devolução de todas as parcelas pagas – Inadmissibilidade – Hipótese não estipulada no contrato que previu, para o caso de inadimplemento do comprador, a *realização de leilão extrajudicial*, nos termos do art. 63, § 4.º, da Lei n. 4.591/1964, que determina a devolução do saldo remanescente do preço obtido no leilão, após deduzidas as despesas suportadas pelo condomínio – *Inexistência de abusividade e/ou enriquecimento sem causa*."[38]

---

[35] PEREIRA, Caio Mário da Silva. *Op. cit.*, p. 107. No mesmo sentido, Melhim Chalhub: "De fato, considerando a conformação da incorporação imobiliária como unidade econômica autônoma, cuja fonte de alimentação financeira limita-se às receitas provenientes das vendas, a solução capaz de atender aos interesses das partes, em prazo compatível com as necessidades da incorporação, é a substituição do inadimplente por outro adquirente dotado de capacidade financeira para participar do negócio, seja mediante venda diretamente pelo adquirente inadimplente ou mediante transação entre este e o incorporador, para distrato da promessa, ou, ainda, por meio de venda em leilão" (*Op cit.*, item 5.1).

[36] PEREIRA, Caio Mário da Silva. *Op. cit., loc. cit.*

[37] STF, RE 79.431, Rel. Min. Rodrigues Alckmin, ac. 18.11.1975, *JUIS – Jurisprudência Informatizada Saraiva*, n. 20.

[38] TJ-SP, Ap. 27.428-4, Rel. Des. Debatin Cardoso, ac. 18.03.1998, *JUIS – Jurisprudência Informatizada Saraiva*, n. 20.

c) "Condomínio – Construção por Administração (preço de custo) – Inadimplemento do adquirente do contrato de mais de três prestações – Notificação pela Comissão de Representantes – Mora não purgada – Leilão Extrajudicial – Previsão estabelecida no art. 63 e §§ da Lei n. 4.591/1964 – Recurso Desprovido – O pagamento integral da obra na sua construção por administração ou a preço de custo, é de responsabilidade dos adquirentes na incorporação, sob a forma de rateio de gastos mensais feitos pelo construtor – *Em caso de inadimplemento de três prestações do preço da construção, há de se adotar o procedimento previsto no art. 63 da Lei n. 4.591/1964 com as alterações contratuais eventualmente estipuladas*, cabendo, nesta hipótese à comissão de representantes notificar o devedor faltoso, com o prazo de 10 dias, para a purgação da mora que, não atendida, implica na rescisão do contrato, com remessa a leilão público dos seus pretensos direitos, para liquidação do débito. Esse leilão é extrajudicial, embora possa a parte interessada, se quiser, contestar em juízo o débito reclamado e, até mesmo, quando for o caso, ajuizar ação anulatória de arrematação."[39]

Outro não era o posicionamento do antigo Eg. Tribunal de Alçada de Minas Gerais acerca da matéria:

Compra e Venda. Bem Imóvel. Inadimplemento. Leilão. Incorporadora. Omissão. Devolução das parcelas. Multa contratual. Código de Defesa do Consumidor. Inaplicabilidade. Ocorrido o inadimplemento por três meses por parte do comprador, cabe à vendedora tomar as providências estabelecidas no art. 63 da Lei n. 4.591/1964 referido no contrato, para proceder ao leilão ali previsto, procedendo de boa-fé, não podendo se omitir quanto a tais providências.[40]

Pode-se concluir que a jurisprudência, salvo um ou outro aresto discrepante, está majoritariamente fixada no sentido de que "confessada a inadimplência e o recebimento da notificação prévia a que se refere o art. 63 da Lei nº 4.591/1964, não há falar em irregularidade"[41] na promoção do leilão público expressamente autorizado pela Lei.

É importante ressaltar, mais uma vez, que a inadimplência do apelado atinge, em última análise, os demais condôminos que, por serem os donos da obra e responsáveis pelo seu custo integral, terão que arcar com o reembolso das prestações pagas. E, o que é pior, deverão paralisar as obras por força da ausência de recursos, obstando a entrega das unidades autônomas a cada um.

É cediço concluir, pois, que, em face da complexidade inerente ao contrato de incorporação imobiliária agasalhada com fidelidade pela Lei nº 4.591/1964, sustentar a aplicação exclusiva do Código de Defesa do Consumidor ao argumento de que os adquirentes faltosos seriam partes vulneráveis em relação à construtora afigura-se solução bastante simplista e nada condizente com os fins sociais afeitos à atividade

---

[39] TJ-PR, Ap. 13.559, Rel. Des. Airvaldo Stela Alves, ac. 10.08.1998, *JUIS – Jurisprudência Informatizada Saraiva*, n. 20.

[40] TAMG, Ap. 269.703-4, Juíza Vanessa Verdolim Andrade, ac. 02.02.1999, *JUIS – Jurisprudência Informatizada Saraiva*, n. 20.

[41] STJ, 3ª T., REsp. 59.260/SP, Rel. Min. Carlos Alberto Menezes Direito, ac. 28.04.1997, *DJU* 30.06.1997, p. 31.021.

imobiliária tutelados exaustivamente pelo legislador. Importaria fechar os olhos aos outros consumidores que foram atingidos pela conduta irregular do inadimplente, e que formam a comunhão dos coadquirentes.

II – A resolução do contrato por inadimplemento do adquirente, em face da Lei n. 13.786/2018

Cumpre, por fim, ressaltar, o entendimento que já havia sido sedimentado pelo STJ no sentido de que, havendo resolução do contrato de promessa de compra e venda de imóvel, a restituição das parcelas pagas pelo comprador, ainda que abatidas das despesas realizadas com divulgação e comercialização, deve ser imediata, por meio da Súmula 543:

> Na hipótese de resolução de contrato de promessa de compra e venda de imóvel submetido ao Código de Defesa do Consumidor, deve ocorrer a imediata restituição das parcelas pagas pelo promitente comprador – integralmente, em caso de culpa exclusiva do promitente vendedor/construtor, ou parcialmente, caso tenha sido o comprador quem deu causa ao desfazimento.[42]

Entretanto, em 27 de dezembro de 2018 foi editada a Lei n. 13.786, que disciplina a resolução do contrato por inadimplemento do adquirente de unidade imobiliária em incorporação imobiliária e em parcelamento de solo urbano. Referida lei abrange as hipóteses de aquisição de imóveis na planta, em regime de incorporação ou em loteamento.

A lei efetuou alterações na Lei n. 4.591/94, determinando, por exemplo, a obrigação de os contratos se iniciarem com um quadro-resumo, com uma síntese dos dados principais do instrumento (art. 35-A). O inciso VI do dispositivo em questão prevê, expressamente, que o contrato deve conter "as consequências do desfazimento do contrato, seja por meio de distrato, seja por meio de resolução contratual motivada por inadimplemento de obrigação do adquirente ou do incorporador, *com destaque negritado para as penalidades aplicáveis e para os prazos para devolução de valores ao adquirente*" (g.n.) As cláusulas relativas às consequências do desfazimento do contrato dependerão de anuência prévia e específica do adquirente, mediante assinatura junto às cláusulas, que deverão ser redigidas com destaque, permitindo sua imediata e fácil compreensão (art. 35-A, § 2º).

---

[42] Nesse sentido, ainda: "Para efeitos do art. 543-C, do CPC: em contratos submetidos ao Código de Defesa do Consumidor, é abusiva a cláusula que determina a restituição dos valores devidos somente ao término da obra ou de forma parcelada, na hipótese de resolução de contrato de promessa de compra e venda de imóvel, por culpa de quaisquer contratantes. Em tais avenças, deve ocorrer a imediata restituição das parcelas pagas pelo promitente comprador – integralmente, em caso de culpa exclusiva do promitente vendedor/construtor, ou parcialmente, caso tenha sido o comprador quem deu causa ao desfazimento" (STJ, 2ª Seção, REsp. 1.300.418/SC, Rel. Min. Luis Felipe Salomão, ac. 13.11.2013, DJe 10.12.2013); TJSP, Câmara Especial de Presidentes, Agravo interno Cível 4001930-68.2013.8.26.0506/50000, Rel. Des. Campos Mello, ac. 19.12.2019, DJ 19.12.2019.

Em caso de desfazimento do contrato mediante distrato ou resolução por inadimplemento absoluto de obrigação do adquirente, este fará jus à restituição dos valores pagos ao incorporador, atualizados com base no índice de correção fixado no contrato, deduzidas, cumulativamente: *(i)* a integralidade da comissão de corretagem; e, *(ii)* pena convencional, que não poderá exceder a 25% (vinte e cinco por cento) da quantia paga (art. 67-A, *caput*).[43]

Quanto à dedução da comissão de corretagem, o STJ decidiu que, nos contratos firmados na vigência da lei em questão, é indevida a intervenção judicial para vedar o abatimento das despesas de corretagem:

2. Como o legitimado extraordinário vindica ao Judiciário disciplinar também contratos futuros, na vigência da Lei n. 13.786/2018, o art. 67-A, I e II, da Lei de Incorporação Imobiliária (Lei n. 4.591/1964), também incluído pela *novel* Lei n. 13.786/2018, dispõe que, em caso de desfazimento do contrato celebrado exclusivamente com o incorporador, a pena convencional não poderá exceder a 25% da quantia paga e que pode ser deduzida também a integralidade da comissão de corretagem. [...]

3. Por um lado, conforme entendimento sufragado pela Segunda Seção em recurso repetitivo, REsp n. 1.599.511/SP, relator Ministro Paulo de Tarso Sanseverino, há "validade da cláusula contratual que transfere ao promitente-comprador a obrigação de pagar a comissão de corretagem nos contratos de promessa de compra e venda de unidade autônoma em regime de incorporação imobiliária, desde que previamente informado o preço total da aquisição da unidade autônoma, com o destaque do valor da comissão de corretagem". Por outro lado, com o advento da Lei n. 13.786/2018, foi incluído o art. 67-A na Lei n. 4.591/1964, cujo inciso I dispõe expressamente que, em caso de desfazimento do contrato celebrado exclusivamente com o incorporador, será possível a dedução da integralidade da comissão de corretagem.[44]

Caso o adquirente tenha sido imitido na posse do imóvel, responderá, ainda, *(i)* pelos impostos reais incidentes sobre o imóvel; *(ii)* pelas cotas de condomínio e contribuições devidas a associações de moradores; *(iii)* pelo valor correspondente à fruição do imóvel, equivalente à 0,5% (cinco décimos por cento) sobre o valor atualizado do contrato, *pro rata die*; e, *(iv)* pelos demais encargos incidentes sobre o imóvel e despesas previstas no contrato (art. 67-A, § 2º).

Em relação à devolução das quantias pagas pelo adquirente, a lei prevê duas situações distintas: *(i)* se a incorporação for submetida a regime do patrimônio de afetação: a devolução deve ocorrer no prazo de 30 dias após o habite-se ou documento equivalente expedido pelo órgão público municipal competente (art. 67-A, § 5º); *(ii)* Nas outras

---

[43] Analisando a natureza de referida cláusula penal, Cláudia Mara de Almeida Rabelo Viegas e Rodolfo Pamplona Filho concluem ser melhor qualificá-la como uma *cláusula penal especial*, uma vez que não se enquadra perfeitamente na conceituação de arras penitenciais – pois limitada a um percentual de retenção, não se referindo a todo o valor quitado –, nem de *astreintes* – que objetivam constranger o devedor a cumprir uma obrigação de fazer ou não fazer (VIEGAS, Cláudia Mara de Almeida Rabelo; PAMPLONA FILHO, Rodolfo. Distrato imobiliário: natureza jurídica da multa prevista na Lei 13.786/2018. *Revista dos Tribunais*, v. 1008, p. 207-210, out./2019).

[44] STJ, 4ª T., REsp. 1.947.698/MS, Rel. Min. Luis Felipe Salomão, ac. 08.03.2022, *DJe* 07.04.2022.

hipóteses: a devolução deve ser feita no prazo de 180 dias da extinção do contrato, em uma única parcela (art. 67-A, § 6º). Os débitos relativos às despesas descritas no § 2º do art. 67-A poderão ser pagos mediante compensação com os valores a que faz jus em razão da restituição (art. 67-A, § 3º).

Caso a incorporadora revenda o imóvel antes dos prazos legais fixados para a devolução, o valor remanescente, após deduzidas as verbas a que a incorporadora faz jus, deve ser restituído em até 30 dias da revenda (art. 67-A, § 7º). Os valores devem ser atualizados, segundo o índice do contrato. Por fim, se o adquirente encontrar substituto que o sub-rogue, não terá que pagar a cláusula penal (art. 67-A, § 9º).[45]

Consoante se vê, o entendimento sumulado do STJ deverá ser reavaliado a partir da edição da Lei n. 13.786/2018, segundo as características próprias e específicas da incorporação, *data maxima venia*, uma vez que, a pretexto de proteger um consumidor, acaba prejudicando a coletividade de adquirentes do empreendimento. Ora, consoante já ressaltado anteriormente, o sucesso do empreendimento depende do fluxo financeiro gerado pelo adimplemento de todas as promessas de compra e venda celebradas. Assim, a resolução de um contrato, antes mesmo de finalizado o empreendimento, provoca um déficit financeiro, na medida em que os valores relativos àquela unidade não serão mais revertidos à obra. Além disso, a determinação de devolução imediata dos valores pagos pelo comprador inadimplente pode agravar esse déficit, porque descapitaliza o empreendimento.

Como bem observa Werson Rego, desembargador do TJRJ, o juiz deve levar a sistemática própria da incorporação em consideração no momento de julgar os casos que lhe são submetidos para apreciação:

> Estimular o julgador a entender que a decisão dele tem repercussão nas atividades econômicas e levando-o à reflexão sobre a importância dos julgamentos levarem segurança jurídica, estabilidade e paz aos mercados. As decisões têm que buscar, tanto quanto possível o melhor resultado coletivo e não apenas o interesse isolado de um demandante específico. O julgador tem que saber como o mercado interpreta uma decisão judicial. Se julgarmos contra a regra, aumentamos os riscos nos mercados, que vão se proteger. E como? Embutindo o risco nos preços dos serviços e produtos. No final, quem pagará a fatura é o consumidor. Quando se pensa estar protegendo um consumidor ao dar a ele uma proteção jurídica sem um efetivo direito, esta conta será dividida com todos os consumidores daquele mercado. Então, surge a pergunta: será que os outros consumidores, sabendo disso, vão querer pagar esta conta ou vão preferir que o juiz seja rigoroso na análise de quem tem ou não razão?[46]

---

[45] Cláudia Mara de Almeida Rabelo Viegas e Rodolfo Pamplona Filho questionam essa disposição, por entenderem haver contradição com os §§ 5º e 6º do mesmo artigo, que continuam a exigir a multa do adquirente, muito embora haja revenda da unidade antes de transcorridos os prazos de restituição de 30 e 180 dias. "Destarte, ora o legislador se ocupa da aferição do prejuízo, isentando o comprador da multa, ora impõe uma multa pré-tarifada em situações semelhantes, diferenciada [sic] apenas pela revenda realizada pela incorporadora" (VIEGAS, Cláudia Mara de Almeida Rabelo; PAMPLONA FILHO, Rodolfo. Distrato imobiliário: natureza jurídica da multa prevista na Lei 13.786/2018, cit. p. 203).

[46] REGO, Werson. Breves apontamentos acerca dos fatos e das questões jurídicas abordadas no Acórdão do Recurso Especial n. 1.300.418-SC (2012/0000392-9). *Revista do Superior Tribunal de*

O referido desembargador, analisando ainda as incorporações, conclui:

Quando o mercado está se valorizando mais do que os índices de reajustes legais, este adquirente coloca sua unidade à venda, repassando o valor a outro cliente e saindo do negócio com o seu lucro. Por outro lado, quando o mercado está em crise, com valores que não acompanham, esse investidor prefere sair do negócio, realizando parte de suas perdas.

Entretanto, ao se deferir a recuperação do capital investido, em parcela única e imediatamente, pode-se até dizer que se protegeu o adquirente na forma da legislação consumerista. Em verdade, porém se protegeu um investidor/especulador, mas foram "desprotegidos" todo os demais verdadeiros consumidores, destinatários finais das unidades em incorporação, que, diante da descapitalização da incorporadora, correm o risco de ver a obra atrasar. E, se um número expressivo de investidores desistir do negócio, corre-se o grave risco de a incorporação ficar sem recursos para ser concluída.[47]

Por fim, outro ponto merece destaque em relação à lei, embora não se refira especificamente ao distrato ou resolução do contrato. O legislador conferiu ao adquirente o direito de arrependimento da celebração do contrato, quando firmado em "estandes de vendas e fora da sede do incorporador", semelhante àquele previsto no art. 49, do CDC. Referida desistência deverá ser realizada no prazo improrrogável de 7 (sete) dias, com a "devolução de todos os valores eventualmente antecipados, inclusive a comissão de corretagem" (art. 67-A, § 10). A comprovação do exercício tempestivo do direito é ônus imputado ao adquirente, que o fará por meio de carta registrada, com aviso de recebimento, "considerada a data da postagem como data inicial da contagem do prazo" (art. 67-A, § 11). Findo o prazo legal, caso não tenha sido exercido o arrependimento, o contrato se tornará irretratável (art. 67-A, § 12).

6.5. IMPOSSIBILIDADE DA RESTITUIÇÃO PELA CONSTRUTORA/INCORPORADORA DA INTEGRALIDADE DAS PRESTAÇÕES PAGAS PELO INADIMPLENTE

Há quem entenda que o direito do inadimplente de recuperar as prestações pagas, em sua integralidade, é uma garantia explícita do CDC (art. 53), pelo que, mesmo dentro do sistema contratual da incorporação, continuaria o construtor/incorporador obrigado a tal providência, ficando assim alterado o mecanismo da Lei nº 4.591/1964, a respeito do leilão e do destino da verba apurada.[48]

Ora, tal revogação jamais ocorreu, pois, de acordo com o § 2º do art. 2º da Lei de Introdução às normas do Direito Brasileiro, "a lei nova, que estabeleça disposições gerais a par das já existentes, não revoga nem modifica a lei anterior".

Justiça – Edição comemorativa dos 25 anos do Código de Defesa do Consumidor – 2015, *apud* CHALHUB, Melhim. *Op. cit.*, item 5.2.
[47] *Idem*, item 5.3.
[48] TAMG, Ap. 313.436-1, 3ª CC., Rel. Juiz Wander Marotta, ac. 23.09.2000; Ap. 315.2496, Rel. Juiz Ferreira Esteves, 4ª CC.

Vale dizer, a promulgação do Código de Defesa do Consumidor, lei geral aplicável às relações de consumo, não revogou nem tampouco alterou as disposições da Lei nº 4.591/1964, que, por sua vez, disciplina especificamente o regime jurídico dos condomínios em edificações e das incorporações imobiliárias.

Aos contratos, portanto, que versem sobre direitos imobiliários relativos à comunhão estabelecida entre os coadquirentes de prédio em construção, aplicam-se, primeiro, os dispositivos específicos da Lei nº 4.591/1964, e não o que o Código de Defesa do Consumidor traçou genericamente para os contratos de compra e venda pura, especialmente em seu art. 53.

O contrato de incorporação imobiliária, como bem observou o referido acórdão do TAMG, "envolve diversos aspectos". Por essa razão, ele não pode ser equiparado ao contrato de compra e venda disciplinado no Código de Defesa do Consumidor. Essa equiparação, além de ilegítima e ilegal, representa frontal ofensa ao sistema de direito intertemporal agasalhado pelo § 2º do art. 2º da Lei de Introdução às normas do Direito Brasileiro.

A aplicação preferencial dos arts. 51, II e IV, e 53 do Código de Defesa do Consumidor, lei que contém "disposições gerais ou especiais a par das já existentes", aos contratos regidos pela Lei nº 4.591/1964 consiste numa verdadeira subversão dos princípios basilares de modificação e revogação das normas jurídicas, desde que, versando as duas leis sobre situações distintas, a revogação somente poderia decorrer de previsão expressa da lei nova.

Enquanto não houver a revogação do art. 63 da Lei nº 4.591/1964 por um diploma legal que discipline a mesma espécie de relação jurídica, isto é, que verse sobre as incorporações imobiliárias, não se pode deixar de aplicá-lo ao argumento de que, supostamente, seria abusivo. Na sistemática do direito brasileiro, uma lei jamais será revogada por ser injusta ou por conter normas desfavoráveis a uma determinada categoria de indivíduos. A revogação só ocorre nos estritos moldes do art. 2º da Lei de Introdução às normas do Direito Brasileiro.[49]

Considerar, como fez o Tribunal de Alçada de Minas Gerais, nula a cláusula inserida em contrato de incorporação que reproduz a mecânica do leilão autorizado pelo art. 63 da Lei nº 4.591/1964, por tê-la como abusiva, equivale a aplicar a mesma pecha de invalidade à regra legal do referido estatuto normativo. Corresponde, simplesmente, a negar aplicabilidade a um dispositivo de lei que, de fato, e de direito, nunca foi objeto de revogação e que, portanto, continua plenamente em vigor.

Além do mais, quem assume, durante a construção, a qualidade de dono da obra, para os fins de empreitada, é o condomínio, por meio da Comissão de Representantes, e nunca a construtora, mormente se age como empreiteira por preço certo ou por administração a preço de custo.

---

[49] Merece registrar que a Lei nº 4.591/1964 (Incorporação) foi extensamente revista e alterada pela MP 2.221, de 04.09.2001, em plena vigência e que nada afetou quanto à sistemática do art. 63. Ao contrário, o novo art. 30-C, § 9º, continua a adotar o leilão público, nos moldes do art. 63, para a venda das frações ideais e acessões quando, decretada a falência, não tiverem sido objeto de alienação pelos incorporadores, o que revela a plena vigência do questionado dispositivo legal.

Se o produto do leilão é apurado pelo condomínio, se a venda é promovida pelo condomínio e se é ele quem o administra em proveito próprio (*i.e.* da comunhão de adquirentes), ressoa absurda a pretensão de condenar a construtora a restituir prestações pagas pelo ex-condômino afastado do negócio da incorporação. Se a construtora (que se tornou simples empreiteira) não pode receber de volta a unidade do inadimplente, como poderá justificar-se a imposição de ter ela de restituir o preço daquele bem?

A ilegitimidade passiva da construtora parece evidente em ação que se lhe impute semelhante dever, pois o pagamento a ser repetido não foi revertido em seu favor, e sim da comunhão de condôminos, e tampouco a unidade do inadimplente retornou à disponibilidade da empreiteira.

Em direito processual, a condição de legitimidade se apura sempre a partir da relação jurídica material litigiosa, sobre o qual haverão de incidir os efeitos do provimento jurisdicional pleiteado.

Vale dizer, para que se ajuíze uma ação judicial contra parte legítima, é mister perquirir os efeitos que se operarão com a sua procedência, visto que o réu é sempre "a pessoa indicada, em sendo procedente a ação, *a suportar os efeitos oriundos da sentença*".[50] O vínculo existente entre a legitimação passiva e os efeitos decorrentes da prestação judicial também pode ser extraído das lições de Liebman:

> A legitimação passiva pertence ao titular do interesse oposto, isto é, *àquele sobre o qual o provimento pedido deverá produzir os seus efeitos,* ou sobre quem deverá operar a tutela jurisdicional invocada pelo autor.[51]

Ora, sendo parte legítima, passivamente, apenas aquele cuja esfera jurídica sofrerá os efeitos que advirão do provimento jurisdicional, impossível se afigura a inserção do construtor no polo passivo da demanda relativa à reposição das parcelas recolhidas pelo inadimplente no curso da incorporação. Em face do pedido de restituição das parcelas pagas deduzido pelo apelado, não se pode acionar senão aquele que responderá pelo pagamento do valor reclamado. E, *in casu,* tal responsabilidade recai, única e exclusivamente, sobre a pessoa dos demais condôminos.

Como nas incorporações em regime de construção por administração, "todo o custo da obra será de responsabilidade dos proprietários ou adquirentes" (Lei nº 4.591/1964, art. 58), somente a eles cumpre a obrigação de devolver o valor correspondente às prestações pagas por condôminos remissos. Assim sendo, apenas os demais condôminos, representados pela Comissão de Representantes, terão de arcar com o desfalque a ser promovido para a restituição das prestações anteriormente saldadas pelo apelado.

Nesse mesmo sentido, Caio Mário da Silva Pereira afirma: "Se um dos contratantes ou proprietários faltar com a sua contribuição, a caixa condominial estará desfalcada do respectivo montante. E, como os pagamentos têm de ser efetuados, *os demais adquirentes terão de suprir o* déficit *de caixa com seus próprios recursos.* Caso não o façam,

---

50 ARRUDA ALVIM. *Código de Processo Civil comentado.* São Paulo: RT, 1975, v. I, p. 319.
51 LIEBMAN, Enrico Tulio. *Manual de direito processual civil.* Rio de Janeiro: Forense, 1984, v. I, p. 159.

a consequência será a redução do ritmo dos trabalhos, com prejuízo da obra, que não se concluirá no tempo previsto".[52]

Desse modo, caso seja reconhecida a procedência da pretensão deduzida pelo condômino retirante, somente os condôminos remanescentes suportarão os seus efeitos, seja por meio da retirada do montante necessário para a restituição das parcelas pagas, seja por meio da suspensão das obras por ausência de recursos suficientes para o seu prosseguimento.

A construtora, por atuar na qualidade de incorporadora, nenhum efeito suportará. Seu vínculo com os condôminos, após a constituição da Comissão de Representantes, se restringe à prestação de serviços consubstanciada na administração e execução da obra. Enquanto executora e administradora da edificação, a construtora faz jus ao recebimento de valores, correspondentes aos serviços realizados, que lhe são devidos a título de remuneração. Não há de se cogitar, pois, de devolução desses valores que foram recebidos como remuneração pelos serviços prestados.

Segundo essa ordem de ideias, a jurisprudência pátria vem sistematicamente declarando a ilegitimidade da incorporadora nas ações de rescisão das avenças ajustadas e atribuindo ao condomínio a legitimação exclusiva para figurar no polo passivo das referidas demandas:

> Incorporação Imobiliária. Construção sob o regime de administração (preço de custo). Ação de rescisão de contratos, inclusive de financiamento, promovida por adquirentes contra a construtora. Inadmissibilidade. Falta de legítimo interesse dos autores e de *legitimação passiva* ad causam, *esta exclusiva do condomínio, representado pela comissão de representantes*.[53]

Ainda, o Tribunal de Justiça de São Paulo voltou a decidir que "tratando-se de incorporação imobiliária sob o regime de administração ou 'a preço de custo', a incorporadora é parte ilegítima para figurar no polo passivo de ação de rescisão contratual, uma vez que a responsabilidade pelo andamento, recebimento das prestações e administração da construção é dos adquirentes, condôminos, por intermédio da comissão de representantes, conforme disposto nos arts. 58 e 60 da Lei n° 4.591/1964".[54]

Também o STJ endossa essa tese, aplicando à incorporação a Lei n° 4.591/1964, de preferência ao CDC: "No regime de construção por administração, a responsabilidade pelo andamento, recebimento das prestações e administração da obra é dos adquirentes, condôminos, por intermédio da comissão de representantes, e não da incorporadora, *parte ilegítima para figurar* no polo passivo de ação que visa à devolução de valores pagos por adquirente inadimplente".[55]

---

[52] PEREIRA, Caio Mário da Silva. Código de Defesa do Consumidor e as Incorporações Imobiliárias. *Revista dos Tribunais*. v. 712, p. 109, fev./1995.
[53] TJ-SP, Ap. 33.798-4, Rel. Des. J. Roberto Bedran, ac. 26.05.1998, *LEX-JTJSP* 217/36.
[54] TJ-SP, Ap. 95.547-4/0, 2ª C., Rel. Des. Linneu Carvalho, ac. 09.05.2000, *RT* 781/215.
[55] STJ, 3ª T., REsp. 679.627/ES, Rel. Min. Nancy Andrighi, ac. 26.10.2006, *DJU* 20.11.2006, p. 301. "Tratando-se de contrato em que as partes ajustaram a construção conjunta de um edifício de apartamentos, a cada qual destinadas respectivas unidades autônomas, não se caracteriza, na

6.6. A CORREÇÃO DO CRITÉRIO ELEITO PELO ART. 63 DA LEI DE INCORPORAÇÃO

Em uma incorporação, não se pode considerar abusiva, como às vezes se afirma, a simples não previsão da restituição das parcelas e a inclusão da cláusula de perda da mesma, no todo ou em parte, provocada, indiretamente, pelo leilão público nela prevista.

A jurisprudência majoritária já se filiou à tese de que, uma vez comprovados a inadimplência e o recebimento da notificação prévia a que se refere o art. 63 da Lei nº 4.591/1964, não há falar em irregularidade no uso do leilão legalmente autorizado para recompor a dinâmica do processo de construção regulado pela Lei de Incorporações.[56]

Soa falso, de outro lado, afirmar que a não restituição das prestações já pagas acarretaria o enriquecimento injusto do construtor. Ora, se a unidade leiloada não volta para o empreiteiro e se o produto do leilão é arrecadado pelo condomínio, é completamente desarrazoado pretender que a construtora se beneficiaria de tal procedimento.

Da mesma forma, não se pode acusar a comunhão de se locupletar com as retenções das prestações em questão. O que o condomínio deduz do preço apurado na hasta pública corresponde apenas aos encargos e prejuízos provocados pelo inadimplemento, dentro dos padrões que a Lei nº 4.591/1964 estipula e delimita. Trata-se, portanto, de um mecanismo aberto, claro e democrático, e muito adequado para apurar os haveres do condômino remisso e para manter a continuidade e o equilíbrio do projeto de construção em condomínio.

Não procede, também, a acusação de ofensa ao devido processo legal, por autorizar a Lei nº 4.591/1964 a alienação forçada sem prévia decisão judicial. De fato, o leilão autorizado pela Lei de Incorporações é extrajudicial e será realizado por leiloeiro oficial. Não depende, pois, de qualquer procedimento em juízo, o que, todavia, não impede o condômino inadimplente de recorrer ao Judiciário se se considerar prejudicado ou se tiver motivo para discutir o débito, sobrestar o leilão ou formular qualquer pretensão prejudicial à hasta pública ou aos seus resultados.[57] "Autorizando o procedimento sumário e extrajudicial do leilão, a lei objetivou apressar o reequilíbrio econômico do empreendimento, sem, contudo, trancar ao condômino que não se julgue em mora as vias judiciais para a defesa de seus direitos".[58]

Dentro de tal enfoque, para o Tribunal de Justiça de São Paulo, é inadmissível pretender o comprador inadimplente "a devolução de todas as parcelas pagas", afastando-se

---

espécie, relação de consumo, regendo-se os direitos e obrigações pela Lei n. 4.591/1964, inclusive a multa moratória na forma prevista no art. 12, § 2º, do referenciado diploma legal" (STJ, 4ª T., REsp. 407.310/MG, Rel. Min. Aldir Passarinho Junior, ac. 15.06.2004, DJU 30.08.2004, p. 292). No mesmo sentido: STJ, 4ª T., REsp. 860.064/PR, Rel. Min. Raul Araújo, ac. 27.03.2012, DJe 02.08.2012.

[56] STJ, REsp. 59.260/SP, 3ª T., Rel. Min. Carlos Alberto Menezes Direito, ac. 28.04.1997, DJU 30.06.1997, p. 31.021; STF, RE 79.431, Rel. Min. Rodrigues Alckmin, ac. 18.11.1975, JUIS – Saraiva, n. 20; TAMG, Ap. 269.703-4, Rel. Juíza Vanessa Verdolim Andrade, ac. 02.02.1999, JUIS – Saraiva, n. 20.

[57] "Esse leilão é extrajudicial, embora possa a parte interessada, se quiser, contestar em juízo o débito reclamado e, até mesmo, quando for o caso, ajuizar ação anulatória de arrematação" (TJ-PR, Ap. 13.559, Rel. Des. Airvaldo Stela Alves, ac. 10.08.1998, JUIS – Saraiva, n. 20).

[58] FRANCO, J. Nascimento. Incorporações imobiliárias. 2. ed. São Paulo: RT, 1984, n. 168, p. 164.

o leilão extrajudicial e impedindo a devolução apenas do saldo remanescente do preço apurado no praceamento, "após deduzidas as despesas suportadas pelo condomínio", tal como previsto no art. 63, § 4º, da Lei nº 4.591/1964. Isto porque, em semelhante procedimento, inexiste "abusividade e/ou enriquecimento sem causa".[59]

O tema foi, enfim, muito bem e precisamente tratado pelo STJ, no seguinte aresto:

> Recurso Especial. Civil. Incorporação imobiliária. Construção a preço de custo. Condôminos inadimplentes. Leilão das frações ideais. Restituição dos valores pagos. Recurso parcialmente provido.
>
> 1. Tratando-se de construção sob o regime de administração ou preço de custo, o construtor não pode ser considerado parte legítima para figurar no polo passivo de ação cujo escopo seja a restituição de parcelas pagas diretamente ao condomínio e por ele administradas para investimento na construção.
>
> 2. No caso em exame, os proprietários do terreno e os adquirentes das frações ideais formaram condomínio, ajustando a construção de edifício, sob o regime de preço de custo. Destarte, a relação jurídica estabeleceu-se entre os condôminos e o condomínio. Os primeiros ficavam responsáveis pelos custos da obra e o segundo por sua administração, fiscalização e pelos investimentos dos valores percebidos no empreendimento imobiliário.
>
> 3. Não há relação de consumo a ser tutelada pelo Código de Defesa do Consumidor. Na realidade, a relação jurídica, na espécie, é regida pela Lei de Condomínio e Incorporações Imobiliárias (Lei n. 4.591/1964).
>
> 4. O art. 63 dessa lei prevê a possibilidade de o condomínio alienar em leilão a unidade do adquirente em atraso, visando à recomposição de seu caixa e permitindo que a obra não sofra solução de continuidade. Todavia, a autorização de alienação do imóvel não pode ensejar o enriquecimento sem causa do condomínio, de maneira que o § 4.º estabelece que do valor arrematado deverão ser deduzidos: (I) o valor do débito; (II) as eventuais despesas; (III) 5% a título de comissão; e (IV) 10% de multa compensatória. E, havendo quantia remanescente, deverá ser devolvida ao condômino inadimplente.
>
> 5. Recurso especial parcialmente provido.[60]

Com efeito, a jurisprudência do STJ e dos tribunais admite que a restituição ao comprador inadimplente não seja integral, descontando-se o sinal eventualmente dado e outras despesas da incorporação, inclusive aluguel, se houve efetiva utilização do imóvel:

> a) "6. O comprador que dá causa à rescisão do contrato perde o valor do sinal em prol do vendedor. Esse entendimento, todavia, pode ser flexibilizado se ficar evidenciado que a diferença entre o valor inicial pago e o preço final do negócio é elevado, hipótese em que deve ser autorizada a redução do valor a ser retido pelo vendedor e determinada a devolução do restante para evitar o enriquecimento sem causa. Aplicação do Enunciado n. 165 das Jornadas de Direito Civil do CJF".[61]

---

[59] TJ-SP, Ap. 27.428-4, Rel. Des. Debatin Cardoso, ac. 18.03.1998, *JUIS – Saraiva*, n. 20.
[60] STJ, 4ª T., REsp. 860.064/PR, Rel. Min. Raul Araújo, ac. 27.03.2012, *DJe* 02.08.2012.
[61] STJ, 3ª T., REsp. 1.513.259/MS, Rel. Min. João Otávio de Noronha, ac. 16.02.2016, *DJe* 22.02.2016.

b) "2. A lei consumerista coíbe a cláusula de decaimento que determine a retenção do valor integral ou substancial das prestações pagas por consubstanciar vantagem exagerada do incorporador.

3. Não obstante, é justo e razoável admitir-se a retenção, pelo vendedor, de parte das prestações pagas como forma de indenizá-lo pelos prejuízos suportados, notadamente as despesas administrativas realizadas com a divulgação, comercialização e corretagem, além do pagamento de tributos e taxas incidentes sobre o imóvel, e a eventual utilização do bem pelo comprador".[62]

c) "2. As Turmas que compõem a Segunda Seção desta Corte já assentaram que, na hipótese de compra e venda a prazo ou de promessa de compra e venda de imóvel, é devida a restituição de parte dos valores pago quando verificada a extinção antecipada do contrato (rescisão)".[63]

d) "1. Não há se falar em *bis in idem* na condenação ao pagamento dos aluguéis cumulada com cláusula penal. O pagamento de aluguéis é devido não porque se enquadram estes na categoria de perdas e danos decorrentes do ilícito, mas por imperativo legal segundo o qual a ninguém é dado enriquecer-se sem causa à custa de outrem".[64]

6.7. O QUE, NA INCORPORAÇÃO, SE SUBMETE AO CDC

Ao assentar-se que a sistemática especial da Lei nº 4.591/1964 prevalece, nas incorporações, mesmo depois do advento da legislação tutelar do consumidor, não se postula, obviamente, deixar as contratações da espécie totalmente fora do alcance das regras e princípios disciplinadores das relações de consumo.

Como se passa em qualquer contrato entre fornecedor e consumidor, a incidência da proteção conferida pelo Código do Consumidor na incorporação imobiliária se manifesta contra as práticas abusivas desde a fase pré-contratual, prossegue no estágio contratual e se estende pelo período pós-contratual. Ou seja: o incorporador ou seu promotor de vendas responde pelos abusos cometidos por meio de publicidade enganosa ou abusiva (CDC, art. 37) e pelos danos materiais e morais que acarretem ao consumidor na fase pré-contratual.[65]

Na feitura do contrato de incorporação, não se tolerarão cláusulas abusivas, segundo os critérios dos arts. 39, V, X, XI, XII, 51 e 53 do CDC, pois as convenções da espécie são contaminadas de nulidade de pleno direito. São propícias a essa abusividade as cláusulas de reajuste de preço unilaterais, aleatórios, ou segundo índices de livre escolha do fornecedor; as que indeterminam o prazo de entrega da obra ou permitem sua prorrogação por razões inaceitáveis.[66]

Uma vez concluída e entregue a obra, o construtor continuará mantendo uma importante responsabilidade: a de segurança e qualidade da obra (CC, art. 618), que

---

[62] STJ, 4ª T., REsp. 1.132.943/PE, Rel. Min. Luis Felipe Salomão, ac. 27.08.2013, *DJe* 27.09.2013.
[63] STJ, 3ª T., AgRg no AgRg no AREsp. 9178/SP, Rel. Min. Sidnei Beneti, ac. 06.08.2013, *DJe* 30.08.2013.
[64] STJ, 4ª T., AgRg no AREsp. 394.466/PR, Rel. Min. Luis Felipe Salomão, ac. 03.12.2013, *DJe* 10.12.2013.
[65] CAVALIERI FILHO, Sérgio. *Op. cit.*, p. 231.
[66] CAVALIERI FILHO, Sérgio. *Op. cit.*, p. 232.

o CDC denomina responsabilidade pelo *defeito do produto ou serviço* (art. 12).[67] No caso da incorporação, a Lei nº 4.591/1964 cuida, expressamente, da matéria, prevendo a responsabilidade solidária dos incorporadores pela execução do empreendimento.[68]

Mas não é só o *defeito estrutural* ou de *segurança* que gera a responsabilidade do construtor. Também os vícios de *qualidade*, menos graves que os de segurança, mas que frustram o consumidor nas suas justas expectativas, podem ensejar a responsabilidade do construtor, como se passa nos casos de emprego de materiais de qualidade inferior, de falta de conformidade entre o prometido e o produto entregue, de quebra da equivalência entre a prestação e a contraprestação, de menor durabilidade da obra do que a razoavelmente prevista (CDC, arts. 24 e 50).[69]

O construtor/incorporador responde, também, pelo atraso na entrega do imóvel, podendo ser condenado, inclusive, ao pagamento de um aluguel ao adquirente prejudicado pelo período em que a obra atrasou:

a) "III. Período de atraso na entrega: Imputável ao caso dos autos, a título de atraso na obra, o período de setembro/2008 a outubro/2009, considerando ser válida a cláusula de tolerância e considerando o cômputo do período que os autores tiveram que fazer obras para adequar o imóvel ao memorial descritivo.

---

[67] "O incorporador, como impulsionador do empreendimento imobiliário em condomínio, atrai para si a responsabilidade pelos danos que possam resultar da inexecução ou da má execução do contrato de incorporação, incluindo-se aí os danos advindos de construção defeituosa" (STJ, 4ª T., REsp. 884.367/DF, Rel. Min. Raul Araújo, ac. 06.03.2012, DJe 15.03.2012). No mesmo sentido: "II. Vícios e defeitos construtivos e indenização pelos reparos efetuados: 'Vício' é falha construtiva que acarreta prejuízos financeiros ou desvalorização de forma imediata e sem consequências futuras maiores, ao passo que 'defeito' é uma falha que, pela natureza, pode redundar em deterioração acelerada do imóvel ou risco para seus ocupantes. No caso, todos os problemas construtivos existentes no imóvel objeto da demanda (10 defeitos e 9 vícios) precisavam ser consertados antes de qualquer pessoa residir no imóvel, pois envolviam remoção de piso, remoção total da escada, quebra de paredes, pinturas em todos os cômodos etc. Nada do que foi feito pela parte autora decorreu de embelezamento, melhoria do imóvel ou alteração de projeto. Não tendo as demandadas, a teor do ônus que lhes incumbia (art. 333, II, CPC/73, correspondente ao art. 373, II, do NCPC), comprovado que as obras realizadas não eram necessárias para adequar o imóvel às condições descritas no contrato e memorial descritivo, e tendo os demandantes, de outro lado, comprovado a efetiva necessidade, devem ser ressarcidos pelos reparos efetuados, conforme recibos e planilha apresentados" (TJRGS, 17ª Câmara Cível, Ap. 70070271341, Rel. Des. Liége Puricelli Pires, ac. 29.09.2016, *Revista de Jurisprudência TJRGS*, n. 302, p. 401).

[68] "3. Portanto, é o incorporador o principal garantidor do empreendimento no seu todo, solidariamente responsável com outros envolvidos nas diversas etapas da incorporação. Essa solidariedade decorre tanto da natureza da relação jurídica estabelecida entre o incorporador e o adquirente de unidades autônomas quanto de previsão legal, já que a solidariedade não pode ser presumida (CC/2002, *caput* do art. 942; CDC, art. 25, § 1º; Lei n. 4.591/1964, arts. 31 e 43). 4. Mesmo quando o incorporador não é o executor direto da construção do empreendimento imobiliário, mas contrata construtor, fica, juntamente com este, responsável pela solidez e segurança da edificação (CC/2002, art. 618). Trata-se de obrigação de garantia assumida solidariamente com o construtor" (STJ, 4ª T., REsp. 884.367/DF, Rel. Min. Raul Araújo, ac. 06.03.2012, DJe 15.03.2012).

[69] CAVALIERI FILHO, Sérgio. *Op. cit.*, p. 234-235.

IV. Indenização pelos alugueis: A condenação a título de aluguel se justifica porque extrapolado o prazo de entrega do imóvel adquirido pela parte demandante, estando a despesa devidamente comprovada.

V. Indenização pelas despesas condominiais: A responsabilidade pelo pagamento das cotas condominiais do imóvel negociado na planta é da construtora até a data da imissão de posse por parte do comprador, porque se exige tenha este tido relação jurídica direta com o imóvel, ou seja, exercido direitos de condômino. Entendimento consolidado no âmbito do E. STJ, conforme REsp 1297239/RJ. Acolhimento do pedido de ressarcimento pelo valor das cotas que tiveram os autores que arcar antes que o imóvel estivesse de acordo com o memorial descritivo".[70]

b) "3. O promitente comprador, em caso de atraso na entrega do imóvel adquirido pode pleitear, por isso, além da multa moratória expressamente estabelecida no contrato, também o cumprimento, mesmo que tardio da obrigação e ainda a indenização correspondente aos lucros cessantes pela não fruição do imóvel durante o período da mora da promitente vendedora".[71]

Essa questão foi expressamente tratada na Lei nº 13.786/2018, ao incluir o art. 43-A à Lei nº 4.591/1964. O legislador fixou um prazo de tolerância para o incorporador, que pode atrasar a entrega do imóvel em até 180 dias corridos da data estipulada contratualmente para a conclusão da obra, sem que o atraso enseje a resolução do contrato ou o pagamento de qualquer penalidade. Entretanto, esse prazo deve constar expressamente do negócio, de forma clara e destacada (art. 43-A, *caput*).[72]

Caso o atraso ultrapasse esse período de 180 dias, não havendo culpa do adquirente, poderá este promover a resolução do contrato, "sem prejuízo da devolução da integralidade de todos os valores pagos e da multa estabelecida, em até 60 (sessenta) dias corridos contados da resolução, corrigidos nos termos do § 8º do art. 67-A desta Lei" (art. 43-A, §1º).

O adquirente pode, no entanto, optar pela manutenção do ajuste, oportunidade em que terá direito à indenização de 1% (um por cento) do valor efetivamente pago ao incorporador, para cada mês de atraso, *pro rata die*, corrigido pelo índice estipulado (art. 43-A, § 2º). As multas previstas não podem, de forma alguma, ser cumuladas, por tratarem de situações distintas (§ 3º).

Havendo atraso na entrega do imóvel, o STJ entende presumido o prejuízo do adquirente, razão pela qual não há necessidade de sua comprovação para o pagamento da indenização por lucros cessantes durante o período de mora.[73]

---

[70] TJRGS, 17ª Câmara Cível, Ap. 70070271341, *cit*.
[71] STJ, 3ª T., REsp. 1.355.554/RJ, Rel. Min. Sidnei Beneti, ac. 06.12.2012, *DJe* 04.02.2013. No mesmo sentido: STJ, 3ªT., AgInt no AREsp. 925.424/SP, Rel. Min. Marco Aurélio Bellizze, ac. 10.11.2016, *DJe* 24.11.2016.
[72] Oportuno destacar a Súmula nº 164 do TJSP, sobre o tema: "é válido o prazo de tolerância não superior a cento e oitenta dias, para entrega de imóvel em construção, estabelecido no compromisso de venda e compra, desde que previsto em cláusula contratual expressa, clara e inteligível".
[73] STJ, 4ª T., Agnt no AREsp. 1.513.189/RJ, Rel. Min. Raul Araújo, ac. 10.03.2020, *DJe* 01.04.2020.

Para a Corte Superior, o termo inicial dos lucros cessantes, na hipótese, é a data do trânsito em julgado da sentença, na medida em que é a partir daí que se considera dissolvido o vínculo contratual. Isso porque,

> 2. A sentença que declara resolvido o contrato, ou que declare abusiva alguma cláusula contratual, retroage seus efeitos até a data da citação, ou à data anterior, como é a regra no âmbito das obrigações contratuais, tendo em vista a natureza declaratória dessa sentença, sem embargo do direito à reparação dos prejuízos decorrentes da mora na obrigação de restituir. Razões de decidir do Tema 685/STJ.
>
> 3. Especificamente para a hipótese de resolução de contrato de promessa de compra e venda de imóvel sob regime de incorporação imobiliária (não regidos pela Lei nº 13.786/2018), esta Corte Superior trilhou entendimento diverso, no julgamento do Tema 1002/STJ, no sentido de que a dissolução do vínculo contratual se daria na data do trânsito em julgado na hipótese de culpa do adquirente, em demanda cumulada com pretensão de revisão da cláusula de retenção de parcelas pagas.
>
> 4. Necessidade de aplicação desse mesmo entendimento ao caso dos autos, para manter coerência com as razões de decidir do Tema 1002/STJ, pois não há fundamento jurídico que possa justificar a produção de efeitos a partir do trânsito em julgado, no caso de culpa/iniciativa do adquirente, e a partir da citação, no caso de culpa da incorporadora. [...]
>
> 6. Ressalva quanto à possibilidade, em tese, de se estender a obrigação de indenizar até a data da efetiva restituição dos valores pagos, tendo em vista a já mencionada mora da incorporadora na obrigação de restituir (cf. item 2 da ementa), questão que deixou de ser enfrentada no caso concreto em virtude da limitação do pedido à data do trânsito em julgado.[74]

Cumpre, ainda, ressaltar o entendimento do STJ no sentido de que a multa pelo inadimplemento da construtora em caso de atraso na entrega do imóvel é devida, ainda quando não prevista expressamente no contrato porque

> "no contrato de adesão firmado entre o comprador e a construtora/incorporadora, havendo previsão de cláusula penal apenas para o inadimplemento do adquirente, deverá ela ser considerada para a fixação da indenização pelo inadimplemento do vendedor" (REsp 1.614.721/DF, Relator o Ministro Luis Felipe Salomão, *DJe* de 25/6/2019).[75]

Por fim, em sede de recurso especial repetitivo, o STJ firmou a seguinte tese: "a cláusula penal moratória tem a finalidade de indenizar pelo adimplemento tardio da obrigação e, em regra, estabelecida em valor equivalente ao locativo, afasta-se a cumulação com lucros cessantes".[76]

---

[74] STJ, 3ª T., REsp. 1.807.483/DF, Rel. Min. Paulo de Tarso Sanseverino, ac. 08.10.2019, *DJe* 21.11.2019.
[75] STJ, 4ª T., AgInt nos Edcl no REsp. 1.868.243/RJ, Rel. Min. Raul Araújo, ac. 14.09.2020, *DJe* 01.10.2020.
[76] STJ, 2ª Seção, REsp. 1.498.484/DF, Rel. Min. Luis Felipe Salomão, ac. 22.05.2019, *DJe* 25.06.2019. No mesmo sentido: STJ, 4ª T., AgInt nos Edcl no REsp. 1.868.243/RJ, Rel. Min. Raul Araújo, ac. 14.09.2020, *DJe* 01.10.2020.

6.8. CONDUTAS CONSIDERADAS ABUSIVAS PELA JURISPRUDÊNCIA

I – Cobrança de taxa de corretagem e taxa SATI

a) Taxa SATI

A jurisprudência do STJ tem considerado abusiva a cláusula de cobrança da taxa SATI (Serviço de Assessoria Técnica Imobiliária) pela incorporadora no ato da assinatura do contrato de promessa de compra e venda de imóvel na planta. Isto porque não se trata de serviço autônomo, como o da corretagem, cuja cobrança é admitida pelo STJ. Em sede de recurso especial repetitivo, assim decidiu a Corte Superior:

> 1. Tese para os fins do art. 1.040 do CPC/2015: 1.1. Legitimidade passiva *ad causam* da incorporadora, na condição de promitente-vendedora, para responder pela restituição ao consumidor dos valores pagos a título de comissão de corretagem e de taxa de assessoria técnico-imobiliária, nas demandas em que se alega prática abusiva na transferência desses encargos ao consumidor.
>
> 2. Caso concreto: 2.1. Aplicação da tese ao caso concreto, rejeitando-se a preliminar de ilegitimidade.
>
> 2.3. "Abusividade da cobrança pelo promitente-vendedor do serviço de assessoria técnico-imobiliária (SATI), ou atividade congênere, vinculado à celebração de promessa de compra e venda de imóvel" (tese firmada no julgamento do REsp 1.599.511/SP).
>
> 2.4. Improcedência do pedido de restituição da comissão de corretagem e procedência do pedido de restituição da SATI.[77]

Ao julgar o Recurso Especial nº 1.599.511/SP,[78] o Relator Ministro Paulo de Tarso Sanseverino, esclareceu a respeito da taxa SATI:

> [...] essa atividade de assessoria prestada ao consumidor por técnicos vinculados à incorporadora constitui mera prestação de um serviço inerente à celebração do próprio contrato, inclusive no que tange ao dever de informação, não constituindo um serviço autônomo oferecido ao adquirente, como ocorre com a corretagem.
>
> Verifica-se, neste caso, uma flagrante violação aos deveres de correção, lealdade e transparência, impostos pela boa-fé objetiva, tendo em vista a cobrança, a título de serviço de assessoria técnico-imobiliária (SATI), pelo cumprimento de deveres inerentes ao próprio contrato celebrado.
>
> [...]
>
> Assim, se o consumidor necessitar de alguma assessoria técnica ou jurídica para orientá-lo acerca do contrato ou de outros detalhes relativos à aquisição do imóvel, pode contratar diretamente um profissional ou advogado da sua confiança, e não alguém vinculado à incorporadora.

---

[77] STJ, 2ª Seção, REsp. 1.551.951/SP, Rel. Min. Paulo de Tarso Sanseverino, ac. 24.08.2016, *DJe* 06.09.2016. No mesmo sentido: STJ, 2ª Seção, REsp. 1.601.149/RS, Rel. para acórdão Min. Ricardo Villas Bôas Cueva, ac. 13.06.2018, *DJe* 15.08.2018.

[78] STJ, 2ª Seção, REsp. 1.599.511/SP, Rel. Min. Paulo de Tarso Sanseverino, ac. 24.08.2016, *DJe* 06.09.2016.

[...]

Manifesta, portanto, a abusividade de qualquer cláusula que estabeleça a cobrança desse serviço de assessoria técnico-imobiliária (SATI) ou atividade congênere.

b) Comissão de corretagem

Sobre a taxa de corretagem, o STJ entendeu, também em sede de recurso especial repetitivo, ser possível transferir o pagamento ao consumidor, desde que seja ele previamente comunicado:

> I – TESE PARA OS FINS DO ART. 1.040 DO CPC/2015: 1.1. Validade da cláusula contratual que transfere ao promitente-comprador a obrigação de pagar a comissão de corretagem nos contratos de promessa de compra e venda de unidade autônoma em regime de incorporação imobiliária, desde que previamente informado o preço total da aquisição da unidade autônoma, com o destaque do valor da comissão de corretagem.[79]

Em seu voto, o Ministro Relator esclareceu que:

> na intermediação de unidades autônomas em estande de vendas, há prestação de serviço de corretagem para a venda de imóveis, sendo a contratação feita pelas incorporadoras.
>
> O principal ponto controvertido, que é o cerne do presente recurso especial, é a verificação da possibilidade de transferência pelo vendedor (incorporadora) ao comprador (consumidor), mediante cláusula contratual, da obrigação de pagar a comissão de corretagem?
>
> [...]
>
> A prática comercial tem evidenciado que as incorporadoras têm efetivamente transferido, expressa ou implicitamente, esse custo para o consumidor.
>
> A principal vantagem para as incorporadoras é a terceirização desse serviço a profissionais da área de corretagem. [...]
>
> Afasta-se, com isso, desde logo, a alegação de venda casada, pois ocorre apenas a terceirização dessa atividade de comercialização de unidades imobiliárias para profissionais do setor, concentrando-se a incorporadora na sua atividade de construção de imóveis.
>
> Essas vantagens obtidas pelas incorporadoras, independentemente da verificação da sua licitude do ponto de vista fiscal, não causam prejuízo econômico para os consumidores, pois o custo da corretagem, mesmo nos contratos entre particulares, é normalmente suportado pelo comprador, seja embutido no preço, seja destacado deste. [...]
>
> Portanto, há o reconhecimento da necessidade de clareza e transparência na previsão contratual acerca da transferência para o comprador ou promitente-comprador (consumidor) do dever de pagar a comissão de corretagem.

---

[79] STJ, 2ª Seção, REsp. 1.599.511/SP, *cit.*

Para cumprir essa obrigação, deve a incorporadora informar ao consumidor, até o momento celebração do contrato de promessa de compra e venda, o preço total de aquisição da unidade imobiliária, especificando o valor da comissão de corretagem, ainda que esta venha a ser paga destacadamente.

Conclui-se este tópico, portanto, no sentido de que o dever de informação é cumprido quando o consumidor é informado até o momento da celebração do contrato acerca do preço total da unidade imobiliária, incluído nesse montante o valor da comissão de corretagem.[80]

II – Alienação fiduciária em garantia instituída pela construtora após a quitação da unidade habitacional

O problema da hipoteca do prédio em construção gerou muita apreensão e insegurança aos promissários compradores das unidades habitacionais, nos casos de inadimplemento do contrato de financiamento bancário da construção, pactuado pelo construtor. É que, não obstante ter pago regularmente todas as prestações do compromisso de compra e venda, os adquirentes, com frequência, se viam sujeitos a perder sua unidade por execução do empréstimo contraído pelo construtor, com garantia de hipoteca constituída sobre o terreno e a edificação.

Diante da necessidade de defender os direitos do consumidor (promissário comprador), o STJ consolidou na Súmula nº 308 sua jurisprudência sobre a matéria, fixando a tese de que a hipoteca firmada entre o construtor e o agente financeiro, anterior ou posterior à celebração da promessa de compra e venda, não tem eficácia perante os adquirentes das unidades do edifício.

Resolvido o problema da hipoteca, outro similar adveio: os financiamentos passaram a ser feitos não mais sob garantia hipotecária, mas de alienação fiduciária do imóvel em construção. A solução encontrada pela jurisprudência não foi diferente daquela elaborada para a hipoteca, e que foi assim fundamentada pelo STJ:

[...] 4. De acordo com a Súmula 308/STJ, a hipoteca firmada entre a construtora e o agente financeiro, anterior ou posterior à celebração da promessa de compra e venda, não tem eficácia perante os adquirentes do imóvel.

5. A Súmula 308/STJ, apesar de aludir, em termos gerais, à ineficácia da hipoteca perante o promitente comprador, o que se verifica, por meio da análise contextualizada do enunciado, é que ele traduz hipótese de aplicação circunstanciada da boa-fé objetiva ao direito real de hipoteca.

6. Dessume-se, destarte, que a intenção da Súmula 308/STJ é de proteger, propriamente, o adquirente de boa-fé que cumpriu o contrato de compra e venda do imóvel e quitou o preço ajustado, até mesmo porque este possui legítima expectativa de que a construtora cumprirá com as suas obrigações perante o financiador, quitando as parcelas do financiamento e, desse modo, tornando livre de ônus o bem negociado.

---

[80] No mesmo sentido: STJ, 2ª Seção, REsp. 1.551.951/SP citado; STJ, 2ª Seção, AgInt na Rcl 38.391/SP, Rel. Min. Luis Felipe Salomão, ac. 25.09.2019. *DJe* 27.09.2019; STJ, 3ª T., AgInt no REsp 1.765.363/SP, Rel. Min. Nancy Andrighi, ac. 13.05.2019, *DJe* 15.05.2019.

7. Para tanto, partindo-se da conclusão acerca do real propósito da orientação firmada por esta Corte – e que deu origem ao enunciado sumular em questão –, tem-se que as diferenças estabelecidas entre a figura da hipoteca e a da alienação fiduciária não são suficientes a afastar a sua aplicação nessa última hipótese, admitindo-se, via de consequência, a sua aplicação por analogia.[81]

Em suma: o promissário comprador que cumpriu todas as obrigações contratuais e já pagou o preço da unidade adquirida durante a obra não pode ser prejudicado pelo ato do construtor que acaso não adimpliu o financiamento contratado para custear a construção, mesmo que o empréstimo tenha sido ajustado sob garantia de hipoteca ou de alienação fiduciária do imóvel em que se realizou a edificação.

No mesmo sentido, cumpre destacar o seguinte julgado:

1. Controvérsia acerca da eficácia de uma alienação fiduciária em garantia instituída pela construtora após o pagamento integral pelo adquirente da unidade habitacional.

2. Existência de afetação ao rito dos recursos especiais repetitivos da controvérsia acerca do "alcance da hipoteca constituída pela construtora em benefício do agente financeiro, como garantia do financiamento do empreendimento, precisamente se o gravame prevalece em relação aos adquirentes das unidades habitacionais" (Tema 573, DJe 04.09.2012).

3. Inviabilidade de se analisar a aplicação da Súmula 308/STJ aos casos de alienação fiduciária, enquanto pendente de julgamento o recurso especial repetitivo.

4. Particularidade do caso concreto, em que o gravame foi instituído após a quitação do imóvel e sem a ciência do adquirente.

5. Violação ao princípio da função social do contrato, aplicando-se a eficácia transubjetiva desse princípio. Doutrina sobre o tema.

6. Contrariedade ao princípio da boa-fé objetiva, especificamente quanto aos deveres de lealdade e cooperação, tendo em vista a recusa do banco em substituir a garantia, após tomar ciência de que a unidade habitacional se encontrava quitada.

7. Ineficácia do gravame em relação ao adquirente, autor da demanda.

8. Recurso Especial desprovido.[82]

III – Redução de taxa condominial em favor da construtora

O STJ declarou nula a cláusula de convenção estabelecida pela própria construtora, prevendo a redução da taxa condominial das suas unidades imobiliárias enquanto não comercializadas. A construtora aproveitou-se da situação de ser detentora de dois terços das frações ideais para votar ao tempo da aprovação da convenção no sentido de estabelecer um benefício injustificável em seu favor. Com efeito, teria sido quebrada a regra da proporcionalidade do rateio dos encargos condominiais entre os proprietários das unidades imobiliárias, expressamente prevista no art. 1.334, I, do Cód. Civil. A consequência da cláusula abusiva, para o acórdão, teria sido o

---

[81] STJ, 3ª T., REsp 1.576.164/DF, Rel. Min. Nancy Andrighi, ac. 14.05.2019, *DJe* 23.05.2019.
[82] STJ, 3ª T., REsp. 1.478.814/DF, Rel. Min. Paulo de Tarso Sanseverino, ac. 06.12.2016, *DJe* 15.12.2016.

enriquecimento sem causa da parte que se beneficiou com o pagamento a menor, em detrimento de toda a coletividade condominial.[83]

6.9. PRESCRIÇÃO

A jurisprudência do STJ aplica os seguintes prazos prescricionais em relação às incorporações:

a) Em sede de recurso especial repetitivo, pacificou o entendimento de que prescreve em três anos a pretensão para a restituição de valores pagos indevidamente pelo consumidor adquirente:

1. Tese para os fins do art. 1.040 do CPC/2015: 1.1. Incidência da prescrição trienal sobre a pretensão de restituição dos valores pagos a título de comissão de corretagem ou de serviço de assistência técnico-imobiliária (SATI), ou atividade congênere (art. 206, § 3º, IV, CC).

1.2. Aplicação do precedente da Segunda Seção no julgamento do Recurso Especial n. 1.360.969/RS, concluído na sessão de 10/08/2016, versando acerca de situação análoga.

2. Caso concreto: 2.1. Reconhecimento do implemento da prescrição trienal, tendo sido a demanda proposta mais de três anos depois da celebração do contrato.

2.2. Prejudicadas as demais alegações constantes do Recurso Especial.[84]

b) A ação de indenização por danos materiais decorrentes do vício de qualidade e de quantidade do imóvel prescreve no prazo decenal, previsto no art. 205, do CC:

6. Quando, porém, a pretensão do consumidor é de natureza indenizatória (isto é, de ser ressarcido pelo prejuízo decorrente dos vícios do imóvel) não há incidência de prazo decadencial. A ação, tipicamente condenatória, sujeita-se a prazo de prescrição.

7. À falta de prazo específico no CDC que regule a pretensão de indenização por inadimplemento contratual, deve incidir o prazo geral decenal previsto no art. 205 do CC/02, o qual corresponde ao prazo vintenário de que trata a Súmula 194/STJ, aprovada ainda na vigência do Código Civil de 1916 ("Prescreve em vinte anos a ação para obter, do construtor, indenização por defeitos na obra").[85]

c) É, também, de dez anos o prazo prescricional para demandar indenização em razão de descumprimento do contrato:

3. A jurisprudência desta Corte se firmou no sentido de que o prazo prescricional quinquenal do art. 27 do Código de Defesa do Consumidor não se aplica a qualquer

---

[83] "5. A redução ou isenção da cota condominial a favor de um ou vários condôminos implica oneração dos demais, com evidente violação da regra da proporcionalidade prevista no inciso I do art. 1.334 do CC/2002" (STJ, 3ª T., REsp 1.816.039/MG, Rel. Min. Ricardo Villas Bôas Cueva, ac. 04.02.2020, DJe 06.02.2020).

[84] STJ, 2ª Seção, REsp. 1.551.956/SP, Rel. Min. Paulo de Tarso Sanseverino, ac. 24.08.2016, DJe 06.09.2016.

[85] STJ, 3ª T., REsp 1.534.831/DF, Rel. p/ Acórdão Min. Nancy Andrighi, ac. 20.02.2018, DJe 02.03.2018.

hipótese de inadimplemento contratual em relações de consumo, restringindo-se às ações que buscam a reparação de danos causados por fato do produto ou do serviço, o que não é o caso. Precedentes.

4. Diante da falta de previsão legal específica na Lei de Incorporações Imobiliárias e no Código de Defesa do Consumidor, a ação do adquirente contra a incorporadora que visa a cobrança da multa prevista no art. 35, § 5º, da Lei nº 4.591/1964 se submete ao prazo prescricional geral do art. 205 do Código Civil, ou seja, 10 (dez) anos.[86]

6.10. ALGUNS JULGADOS SOBRE O TEMA

a) O corretor que realizou a negociação não tem responsabilidade por eventuais defeitos no imóvel alienado:

Nesse sentido, a jurisprudência do Tribunal de Justiça de Santa Catarina:

Processual civil e civil – Compra e venda de imóvel – Abatimento de preço – Corretor de imóveis – Ilegitimidade passiva – Área comum – Defeitos – Comprovação inexistente – Ausência de desvalorização – Apartamento – Vícios construtivos – Abatimento – Garagem – Cobertura – Previsão contratual e no memorial descritivo – Inexistência – Dano moral – Inocorrência.

Inexistente má prestação do serviço de intermediação, não há falar em responsabilidade do corretor de imóveis que não se comprometeu pessoalmente com a qualidade do bem negociado.[87]

No mesmo sentido, a jurisprudência do STJ:

2. A relação jurídica estabelecida no contrato de corretagem é diversa daquela firmada entre o promitente comprador e o promitente vendedor do imóvel, de modo que a responsabilidade da corretora está limitada a eventual falha na prestação do serviço de corretagem.

3. Não se verificando qualquer falha na prestação do serviço de corretagem nem se constatando o envolvimento da corretora no empreendimento imobiliário, não se mostra viável o reconhecimento da sua responsabilidade solidária em razão da sua inclusão na cadeia de fornecimento.[88]

b) Atraso na entrega da unidade imobiliária e dano moral:

O STJ já decidiu que o atraso na entrega da unidade imobiliária não causa, só por si, dano moral, salvo a ocorrência de situações especiais que justifiquem o abalo psicológico:

(i) 3. É devida indenização por danos morais na hipótese de atraso na entrega de obra *quando isso implicar ofensa a direitos de personalidade*. No caso, o casamento

---

[86] STJ, 3ª T., REsp. 1.497.254/ES, Rel. Min. Ricardo Villas Bôas Cueva, ac. 18.09.2018, DJe 24.09.2018.
[87] TJSC, 5ª Câmara de Direito Civil, Apelação Cível n. 0002540-75.2011.8.24.0039, Rel. Des. Luiz Cézar Medeiros, ac. 28.03.2017, DJe 30.03.2017.
[88] STJ, 3ª T, REsp. 1.811.153/SP, Rel. Min. Marco Aurélio Bellizze, ac. 15.02.2022, DJe 21.02.2022.

do adquirente estava marcado para data próxima àquela prevista para a entrega do imóvel, tendo sido frustrada sua expectativa de habitar o novo lar após a realização do matrimônio.[89]

(ii) 3. Danos morais: ofensa à personalidade. Precedentes. Necessidade de reavaliação da sensibilidade ético-social comum na configuração do dano moral. Inadimplemento contratual não causa, por si, danos morais. Precedentes.

4. O atraso na entrega de unidade imobiliária na data estipulada não causa, por si só, danos morais ao promitente-comprador.[90]

c) Finalidade da cláusula penal moratória:

Em sede de recurso especial repetitivo, o STJ estabeleceu a seguinte tese: "A cláusula penal moratória tem a finalidade de indenizar pelo adimplemento tardio da obrigação, e, em regra, estabelecida em valor equivalente ao locativo, afasta-se sua cumulação com lucros cessantes".[91]

d) Juros de mora na resolução de compromisso de compra e venda anterior à Lei nº 13.786:

Também em recurso especial repetitivo, firmou o STJ a tese segundo a qual "nos compromissos de compra e venda de unidades imobiliárias anteriores à Lei n. 13.786/2018, em que é pleiteada a resolução do contrato por iniciativa do promitente comprador de forma diversa da cláusula penal convencionada, os juros de mora incidem a partir do trânsito em julgado da decisão".[92]

e) Correção monetária em rescisão de compromisso e venda:

No tocante à correção monetária, é entendimento do STJ de que em caso de rescisão de contrato de compra e venda de imóvel, "incide a partir de cada desembolso".[93]

f) Inocorrência de responsabilidade civil do agente financiador:

Na jurisprudência do TRF-2R a Caixa Econômica Federal, tendo atuado apenas como credora fiduciária – e não agente executora de políticas habitacionais – não responde por eventuais vícios de construção:

5. Com efeito, na hipótese vertente, a CEF participou apenas como credora fiduciária, conforme prevê a cláusula segunda do instrumento antes mencionado, na qual verifica-se que a fim de financiar a integralização do preço do imóvel, os autores recorreram à empresa pública para obter empréstimo.

---

[89] STJ, 3ª T., AgInt no Resp. 1.844.647/RJ, Rel. Min. Moura Ribeiro, ac. 17.02.2020, *DJe* 19.02.2020.
[90] STJ, 3ª T., Resp. 1.642.314/SE, Rel. Min. Nancy Andrighi, ac. 16.03.2017, *DJe* 22.03.2017.
[91] STJ, 2ª Seção, REsp 1.635.428/SC, Rel. Min. Luis Felipe Salomão, ac. 22.05.2019, *DJe* 25.06.2019.
[92] STJ, 2ª Seção, REsp 1.740.911/DF, Rel. p/ acórdão Min. Maria Isabel Gallotti, ac. 14.08.2019, *DJe* 22.08.2019.
[93] STJ, 4ª T., AgInt no AREsp 208.706/RJ, Rel. Min. Raul Araújo, ac. 22.08.2017, *DJe* 13.09.2017.

6. Assim, não há que se falar, na hipótese, que a CEF atuou como agente executora de políticas habitacionais, mas sim como mero agente financeiro, em sentido estrito, sem assumir qualquer etapa da construção. O fato de o imóvel ter sido adquirido pelo Programa Minha Casa Minha Vida, per si, não possui o condão de tornar a CEF responsável solidária pelo vício na construção d o imóvel.

7. As hipóteses de responsabilização da CEF, no âmbito do "Minha Casa, Minha Vida", são limitadas à participação da escolha da construtora, o que, atualmente, ocorre de duas formas: (i) a CEF habilita uma Entidade Organizadora para que construa as unidades habitacionais; ou (ii) atua na condição de representante do Fundo de Arrendamento Residencial – FAR, a quem pertencem os imóveis inicialmente construídos para finalidade de arrendamento, com opção de compra.

8. Correta a sentença quando fundamenta que não há nexo de causalidade necessário à configuração da responsabilidade da CEF quanto às condições do imóvel, pois a empresa pública figurou no presente contrato somente como financiadora do crédito necessário à aquisição do bem, não podendo, por conseguinte, suportar a rescisão unilateral do contrato celebrado.[94]

g) *Ocorrência de responsabilidade civil do agente financiador:*

Por outro lado, se tiver escolhido a construtora ou tiver qualquer responsabilidade relativa ao projeto, a CEF é parte legítima para integrar o polo passivo da ação de indenização:

2. Consoante o entendimento desta Corte, a eventual legitimidade passiva da CEF está relacionada à natureza da sua atuação no contrato firmado: é responsável se atuar como agente executor de políticas federais para a promoção de moradia para pessoas de baixa renda, quando tiver escolhido a construtora ou tiver qualquer responsabilidade relativa ao projeto; não o é se atuar meramente como agente financeiro. Precedentes.[95]

h) *Programa Minha Casa Minha Vida:*

Em sede de recurso especial repetitivo, o STJ firmou as seguintes teses em relação ao Programa Minha Casa Minha Vida:

1.1 Na aquisição de unidades autônomas em construção, o contrato deverá estabelecer, de forma clara, expressa e inteligível, o prazo certo para a entrega do imóvel, o qual não poderá estar vinculado à concessão do financiamento, ou a nenhum outro negócio jurídico, exceto o acréscimo do prazo de tolerância.

1.2 No caso de descumprimento do prazo para a entrega do imóvel, incluído o período de tolerância, o prejuízo do comprador é presumido, consistente na injusta privação do uso do bem, a ensejar o pagamento de indenização, na forma de aluguel mensal,

---

[94] TRF2R, 5ª Turma Especializada, Ap. 0500131-65.2018.4.02.5117, Rel. Des. Alcides Martins, ac. 16.07.2020, *DJe* 21.07.2020.
[95] STJ, 3ª T., AgInt no AREsp 1.895.353/SE, Rel. Min. Moura Ribeiro, ac. 09.05.2022, *DJe* 11.05.2022. No mesmo sentido: STJ, 3ª T., AgInt nos EDcl no Resp. 1.869.466/SE, Rel. Min. Moura Ribeiro, ac. 02.02.2021, *DJe* 08.02.2021.

com base no valor locatício de imóvel assemelhado, com termo final na data da disponibilização da posse direta ao adquirente da unidade autônoma.

1.3 É ilícito cobrar do adquirente juros de obra ou outro encargo equivalente, após o prazo ajustado no contrato para a entrega das chaves da unidade autônoma, incluído o período de tolerância.

1.4 O descumprimento do prazo de entrega do imóvel, computado o período de tolerância, faz cessar a incidência de correção monetária sobre o saldo devedor com base em indexador setorial, que reflete o custo da construção civil, o qual deverá ser substituído pelo IPCA, salvo quando este último for mais gravoso ao consumidor.[96]

i) Inexistência de vaga de garagem prevista em compromisso de compra e venda:

Interessante situação foi analisada pelo STJ, relativamente a um compromisso de compra e venda de imóvel na planta, em que o bem foi entregue sem a vaga de garagem prevista no contrato. A construtora alegou caso fortuito para se eximir da responsabilidade pelo fato de o imóvel ter sido tombado parcialmente. Entretanto, aquela Corte reconheceu a obrigação da construtora, nos seguintes termos:

1. "O fortuito interno, entendido como o fato imprevisível e inevitável ocorrido no momento da realização do serviço ou da fabricação do produto, como é o caso de problemas na instalação das fundações do edifício, não exclui a responsabilidade do fornecedor, porque relaciona-se com a atividade e os riscos do empreendimento" (AgInt no AREsp 942.798/RJ, Rel. Ministro Raul Araújo, Quarta Turma, julgado em 02/04/2019, *DJe* de 24/04/2019).

2. A circunstância de que a alteração do projeto original do imóvel teria decorrido do tombamento de parte da área do empreendimento não pode ser invocada para eximir a responsabilidade da vendedora perante o comprador, pois constitui fortuito interno, inserindo-se nos riscos inerentes à atividade empresarial de construção civil.

3. A entrega de produto diferente do contrato, no caso, de imóvel sem a respectiva vaga de garagem prevista no contrato, enseja reparação proporcional ou o desfazimento do negócio.[97]

j) Metragem do imóvel menor do que a contratada:

Imóvel entregue com metragem menor do que a contratada. Trata-se na definição do STJ, de vício aparente, que deve ser verificado tão logo haja o recebimento da unidade. Prazo decadencial:

5. A entrega de bem imóvel em metragem diversa da contratada não pode ser considerada vício oculto, mas sim aparente, dada a possibilidade de ser verificada com a mera medição das dimensões do imóvel – o que, por precaução, o adquirente, inclusive, deve providenciar tão logo receba a unidade imobiliária.

---

[96] STJ, 2ª Seção, REsp. 1.729.593/SP, Rel. Min. Marco Aurélio Bellizze, ac. 25.09.2019, *DJe* 27.09.2019.
[97] STJ, 4ª T., AgInt no AREsp 1.519.775/SP, Rek. Min. Raul Araújo, ac. 22.06.2020, *DJe* 01.07.2020.

6. É de 90 (noventa) dias o prazo para o consumidor reclamar por vícios aparentes ou de fácil constatação no imóvel por si adquirido, contado a partir da efetiva entrega do bem (art. 26, II e § 1º, do CDC).

7. O prazo decadencial previsto no art. 26 do CDC relaciona-se ao período de que dispõe o consumidor para exigir em juízo alguma das alternativas que lhe são conferidas pelos arts. 18, § 1º, e 20, *caput*, do mesmo diploma legal (a saber, a substituição do produto, a restituição da quantia paga, o abatimento proporcional do preço e a reexecução do serviço), não se confundindo com o prazo prescricional a que se sujeita o consumidor para pleitear indenização decorrente da má-execução do contrato.

8. Para as situações em que as dimensões do imóvel adquirido não correspondem às noticiadas pelo vendedor, cujo preço da venda foi estipulado por medida de extensão ou com determinação da respectiva área (venda *ad mensuram*), aplica-se o disposto no art. 501 do CC/02, que prevê o prazo decadencial de 1 (um) anos para a propositura das ações previstas no antecedente artigo (exigir o complemento da área, reclamar a resolução do contrato ou o abatimento proporcional do preço).

9. Na espécie, o TJ/SP deixou expressamente consignada a natureza da ação ajuizada pelo recorrido, isto é, de abatimento proporcional do preço, afastando-se, por não se tratar de pretensão indenizatória, o prazo prescricional geral de 10 (dez) anos previsto no art. 205 do CC/02.

10. Ao mesmo tempo em que reconhecida, pela instância de origem, que a venda do imóvel deu-se na modalidade *ad mensuram*, não se descura que a relação havida entre as partes é, inegavelmente, de consumo, o que torna prudente a aplicação da teoria do diálogo das fontes para que se possa definir a legislação aplicável, com vistas a aplicar o prazo mais favorável ao consumidor.

11. De qualquer forma, ainda que se adote o prazo decadencial de 1 (um) ano previsto no CC/02, contado da data de registro do título – por ser ele maior que o de 90 (noventa) dias previsto no CDC – impossível afastar o reconhecimento da implementação da decadência na espécie, vez que o registro do título deu-se em 04/01/2013 e a ação somente foi ajuizada em 28/03/2019.[98]

k) Valorização do imóvel em caso de resolução do contrato:

Na resolução judicial do contrato de compra por culpa da incorporadora, eventual valorização do imóvel não é levada em consideração no momento de se apurar as perdas e danos devidas ao adquirente:

3. De acordo com o artigo 43, inciso II, da Lei nº 4.591/1964, o incorporador deve responder civilmente pela execução da incorporação, devendo indenizar os adquirentes dos prejuízos que a estes advierem do fato de não se concluir a edificação ou de se retardar injustificadamente a conclusão das obras.

4. Eventual valorização do imóvel não se enquadra no conceito de perdas e danos. Não representa uma diminuição do patrimônio do adquirente, nem significa a perda de um ganho que se devesse legitimamente esperar.

---

[98] STJ, 3ª T., REsp. 1.898.171/SP, Rel. Min. Nancy Andrighi, ac. 20.04.2021, *DJe* 26.04.2021. No mesmo sentido: STJ, 3ª T., REsp. 1.890.327/SP, Rel. Min. Nancy Andrighi, ac. 20.04.2021, *DJe* 26.04.2021.

5. O suposto incremento do valor venal do imóvel não decorre, de forma direta e imediata, da inexecução do contrato, mas de fatores extrínsecos, de ordem eminentemente econômica.

6. A frustração da expectativa de lucro ventilada na hipótese não decorre de ato compulsório imposto pelo vendedor, mas da opção pela resolução antecipada do contrato livremente exercida pelo adquirente.[99]

l) Responsabilidade solidária da incorporadora e da construtora:

Há responsabilidade solidária entre a incorporadora e a construtora quanto ao atraso na entrega do imóvel:

2. A jurisprudência do Superior Tribunal de Justiça entende que, em se tratando de uma relação de consumo, são responsáveis solidariamente perante o consumidor, em caso de defeito ou vício, todos aqueles que tenham integrado a cadeia de prestação de serviço. Precedentes.

3. Ausente circunstância excludente da responsabilidade, o atraso na entrega do imóvel objeto do contrato de incorporação enseja o dever de indenizar, solidariamente, tanto da incorporadora quanto da construtora. Precedentes.[100]

m) Perdas e danos no caso de destituição da incorporadora:

Havendo destituição da incorporadora pelos adquirentes, a data do afastamento é, segundo o STJ, o marco final das obrigações existentes entre as partes e, portanto, da indenização devida pela empresa:

4. A Lei nº 4.591/1964 confere aos adquirentes o poder de destituição do incorporador. A destituição, além de significar uma penalidade ao incorporador, que paralisa as obras, ou lhes retarda excessivamente o andamento, é também uma causa extintiva do contrato de incorporação. Doutrina.

5. O dia da destituição da incorporadora, com a consequente assunção da obra pelos adquirentes, é o marco final das obrigações constituídas entre as partes.

6. Os riscos do empreendimento estão limitados às cláusulas e à extensão do contrato. Assume o incorporador os riscos contratados e apenas enquanto durar o ajuste.

7. Eventuais aportes financeiros adicionais assumidos pelos adquirentes a partir da destituição não podem ser cobrados do incorporador destituído, sob pena de agravar-se, de forma unilateral, o risco de um negócio originário.

8. Destituído o incorporador, são cabíveis lucros cessantes durante o período compreendido entre a data prometida para a entrega da obra, ou após o esgotamento do prazo de tolerância, quando houver, até a data efetiva da destituição do incorporador, marco da extinção (anômala) da incorporação.[101]

---

[99] STJ, 3ª T., REsp. 1.750.585/RJ, Rel. Min. Ricardo Villas Bôas Cueva, ac. 01.06.2021, *DJe* 08.06.2021.
[100] STJ, 3ª T., REsp. 1.881.806/SP, Rel. Min. Ricardo Villas Bôas Cueva, ac. 04.05.2021, *DJe* 07.05.2021.
[101] STJ, 3ª T., REsp. 1.881.806/SP, *cit.*

n) *Responsabilidades da construtora em caso de atraso na entrega do apartamento:*

O TJMG, analisando ação de indenização pelo atraso na entrega do apartamento, reconheceu a responsabilidade da construtora:

> Havendo comprovação de que o imóvel foi entregue após a data fixada em deliberação condominial e não tendo a construtora se desincumbido de afastar eventual responsabilidade pelo atraso, impõe-se a ela o dever de indenizar pelos danos decorrentes deste atraso. [...] As despesas de condomínio devem ser suportadas pela construtora durante o período de atraso na entrega da obra.[102]

o) *Percentual de retenção na resolução do contrato:*

O STJ, analisando cláusula que estabelece a retenção de valores do montante pago pelo adquirente no caso de extinção do contrato, reconhece admissível o percentual de 25% (vinte e cinco por cento):

> 4. Segundo a orientação mais atual da Segunda Seção, nos contratos firmados antes da Lei 13.786/2018, o percentual de retenção pela extinção do vínculo contratual de compra e venda de imóveis por culpa do consumidor é de 25% (vinte e cinco por cento) das parcelas pagas, adequado e suficiente para indenizar o construtor pelas despesas gerais e pelo rompimento unilateral ou pelo inadimplemento do consumidor, independentemente das circunstâncias de cada hipótese concreta. Precedente.
>
> 5. Referido percentual possui natureza indenizatória e cominatória, de forma que abrange, portanto, de uma só vez, todos os valores que devem ser ressarcidos ao vendedor pela extinção do contrato por culpa do consumidor e, ainda, um reforço da garantia de que o pacto deve ser cumprido em sua integralidade.
>
> 6. Ainda que, conforme tese repetitiva (Tema 938/STJ, REsp 1.599.511/SP) seja válida a cláusula contratual que transfere ao comprador a obrigação de pagar a comissão de corretagem, referido pagamento é despesa administrativa da vendedora, que deve ser devolvido integralmente na hipótese de desfazimento do contrato por culpa da vendedora (precedentes) e considerado abrangido pelo percentual de 25% de retenção na culpa do comprador.[103]

6.11. DIREITO EUROPEU

Na Comunidade Europeia foi editada a Diretiva 17, de 2014, relativa aos "contratos de crédito aos consumidores para imóveis de habitação".[104] Alguns pontos da legislação merecem ser destacados.

---

[102] TJMG, 11ª Câmara Cível, Ap. 1.0000.21.071002-6/001, Rel. Des. Mônica Libânio, ac. 06.01.2022, *DJ* 10.01.2022.

[103] STJ, 3ª T., REsp 1.820.330/SP, Rel. Min. Nancy Andrighi, ac. 24.11.2020, *DJe* 01.12.2020. No mesmo sentido: STJ, 3ª T., AgInt nos EDcl no AREsp. 203.8527/RJ, Rel. Min. Moura Ribeiro, ac. 06.06.2022, *DJe* 08.06.2022; STJ, 2ª Seção, REsp. 1.723.519/SP, Rel. Min. Maria Isabel Gallotti, ac. 28.08.2019, *DJe* 02.10.2019.

[104] Diretiva 2014/17/EU. Disponível em: <http://eur-lex.europa.eu/legal-content/PT/TXT/PDF/?uri=CELEX:32014L0017&qid=1489411053883&from=PT>. Acesso em: 13.03.2017.

A Diretiva embasou-se, segundo o item 3 dos Considerandos, no fato de ter havido uma desconfiança dos consumidores, especialmente nos casos de crédito para a aquisição de imóveis de habitação, em razão de deficiências desse mercado e a regulação existente:

> A crise financeira mostrou que o comportamento irresponsável de alguns participantes no mercado pode minar os alicerces do sistema financeiro, provocando desconfiança entre todas as partes, em especial nos consumidores, com consequências sociais e económicas potencialmente graves. Muitos consumidores perderam a confiança no setor financeiro e os mutuários têm cada vez mais dificuldade em reembolsar os seus empréstimos, daí resultando um aumento das situações de incumprimento e de venda coerciva do imóvel. Nesta conformidade, o G20 solicitou a colaboração do Conselho de Estabilidade Financeira para estabelecer princípios sobre normas idóneas em matéria de concessão de crédito para imóveis de habitação. Ainda que alguns dos maiores problemas associados à crise financeira tenham ocorrido no exterior da União, os níveis de dívida dos consumidores na União são significativos e concentram-se em grande parte em créditos para imóveis de habitação.

Assim, a Diretiva teve por finalidade "facilitar a criação de um mercado interno que funcione corretamente, com um nível elevado de proteção dos consumidores na área dos contratos de crédito para imóveis, e de assegurar que os consumidores que procuram esse tipo de contratos possam fazê-lo com a certeza de que as instituições que irão contactar agem de forma profissional e responsável" (Considerando nº 5, da Diretiva). A intenção foi, portanto, criar "um mercado interno mais transparente, eficiente, e competitivo, por meio de contratos de crédito para bens imóveis que sejam coerentes, flexíveis e equitativos, promovendo simultaneamente a concessão e contratação de forma sustentável e a inclusão financeira, e proporcionando assim um nível elevado de proteção aos consumidores" (Considerando nº 6).

Estabeleceu, destarte, uma obrigação rigorosa dos mutuantes e dos intermediários de crédito em informar de forma clara, precisa, honesta e personalizada ao consumidor sobre os produtos de crédito disponíveis no mercado e suas implicações para que ele possa tomar uma decisão esclarecida e informada quando da celebração do contrato (art. 14º, 1).

Segundo Clarissa Costa de Lima, trata-se do "dever de conselho", que consiste em "dar uma opinião ou parecer a alguém para orientar sua ação". Destarte, a informação deve ser adaptada às necessidades do destinatário. Assim, "aquele que tem o dever de aconselhar deve se inteirar da situação de seu parceiro e analisar suas necessidades para emitir uma opinião sobre a maneira mais adequada de satisfazê-las".[105]

A preocupação marcante da Diretiva é evitar o superendividamento do consumidor nesses contratos de crédito, tendo em vista o valor normalmente alto da negociação e de sua longa duração. Assim, a legislação obriga os mutuantes e intermediários de crédito

---

[105] LIMA, Clarissa Costa de. Diretiva 2014/17/EU do Parlamento Europeu e do Conselho relativa aos contratos de crédito aos consumidores para imóveis de habitação. *Revista de Direito do Consumidor*, n. 93, p. 312, maio-jun./2014.

a prestarem informações adequadas aos consumidores, englobando, especialmente: (i) "as caraterísticas essenciais dos produtos propostos"; e (ii) "os efeitos específicos que os produtos propostos poderão ter para o consumidor, incluindo as consequências da falta de pagamento pelo consumidor" (art. 16º, 1).

A Diretiva determina, ainda, que os Estados-Membros assegurem que, "antes da celebração do contrato de crédito, o mutuante proceda a uma rigorosa avaliação da solvabilidade do consumidor. A avaliação deve ter devidamente em conta os fatores relevantes para verificar a probabilidade de o consumidor cumprir as obrigações decorrentes do contrato de crédito" (art. 18º, 1). A preocupação com a solvabilidade do consumidor é de tamanha importância, que o item 5, a do art. 18 estabelece que o "mutuante só disponibilize o crédito ao consumidor se o resultado da avaliação da solvabilidade indicar que é provável que as obrigações decorrentes do contrato de crédito sejam cumpridas tal como exigido nesse contrato". Em outras palavras, se houver probabilidade de descumprimento do contrato pelo consumidor, em razão de sua situação financeira, o crédito não pode ser concedido.

É importante ressaltar que a Diretiva determina que a avaliação da solvabilidade leve em conta a situação real, no momento da contratação, não se baseando "no valor do imóvel de habitação que excede o montante do crédito ou no pressuposto de que o imóvel de habitação irá valorizar" (art. 18º, 3). Além disso, deve basear-se em "informação necessária, suficiente e proporcionada sobre os rendimentos e as despesas do consumidor e outras circunstâncias financeiras e económicas que lhe digam respeito", não se limitando àquelas prestadas pelo consumidor, mas, também, "obtida pelo mutuante junto de fontes internas ou externas relevantes" (art. 20º, 1). É obrigação do mutante, ainda, verificar as informações prestadas pelo consumidor e aquelas obtidas por outras vias. Deverá, também, advertir o consumidor que se as informações não forem prestadas ou não puderem ser avaliadas, o crédito não poderá ser concedido (art. 20º, 4).

Segundo a legislação comunitária, a solvabilidade do consumidor deve ser reavaliada antes que seja concedido qualquer aumento do valor do crédito, a menos que esse fator tenha sido considerado inicialmente na avaliação da solvabilidade realizada no momento da celebração do contrato (art. 18º, 6).

6.12. CONCLUSÕES

Inegavelmente, a Lei nº 4.591/1964 é uma lei especial que não foi revogada ou modificada pelo CDC. Continua vigendo, portanto, o mecanismo da venda forçada da unidade do condômino inadimplente, pela Comissão de Representantes dos comunheiros, nos moldes do art. 63 da Lei de Incorporações, mesmo porque se trata de um instrumento de defesa da comunhão, indispensável à realização do projeto econômico relativo à edificação sob a modalidade de incorporação.

A invocação do art. 53 do CDC, para afastar o regime especial da Lei nº 4.591/1964 e impor na resolução do ajuste por causa do inadimplemento do promissário comprador de unidade em construção, é impertinente porque veicula regra legal não aplicável à espécie e que, mesmo se pertinente, não teria o sentido de obrigar sempre o promitente vendedor a restituir a integralidade das prestações pagas.

É a lei, e não o contrato, que disciplina a forma de eliminar o condômino inadimplente, *in casu* (Lei nº 4.591/1964). Não se pode, então, cogitar de cláusula abusiva quando o contrato de incorporação se limita a reproduzir o mecanismo autorizado pelo art. 63 da Lei de Incorporações.

Por outro lado, o art. 53 do CDC, ao vedar a chamada cláusula de decaimento, proíbe apenas que, a título de cláusula penal, o promitente vendedor exija do promissário comprador inadimplente a perda total das prestações pagas. Não veda a convenção de multa compensatória pela violação do contrato em moldes outros que não os da equivalência à integralidade das prestações já cumpridas.

Seria até uma imoralidade e uma injustiça se se visse forçada a parte inocente (o alienante) a ter de suportar os prejuízos da ruptura contratual e a restituir, sem redução alguma, as parcelas pagas pelo violador do negócio jurídico. Quem viola a obrigação pratica ato ilícito e, como tal, desde os primórdios da civilização, sempre foi obrigado a reparar os prejuízos causados à vítima do inadimplemento.

Por isso, como já assentou o STJ, "a regra contida no art. 53 do CDC impede a aplicação de cláusula contida em contrato de promessa de compra e venda de imóvel que prevê a perda total das prestações já pagas, mas não desautoriza a retenção de um certo percentual que, pelas peculiaridades da espécie, fica estipulado em 10%".[106]

Não é demais observar – como adverte Sergio Cavalieri Filho – que a restituição das somas pagas pelo promissário inadimplente "exigirá sempre uma boa dose de bom senso do julgador. Se é verdade que o incorporador deve devolver as parcelas já pagas pelo consumidor inadimplente para que não se configure o enriquecimento sem causa do primeiro, é também verdade que a compra e venda de imóveis acarreta inevitáveis despesas para o vendedor, que devem ser compensadas no caso de rescisão do contrato, aí incluídos os gastos de corretagem, publicidade, a justa remuneração pelo tempo que o comprador ocupou o imóvel e a quantia necessária para a sua eventual reforma".[107]

A estipulação de multa contratual sempre foi expediente legítimo e adequado à determinação do valor estimativo dos prejuízos do contratante lesado pelo inadimplemento. O CDC não proíbe cláusula penal, mas apenas coíbe excessos. A Lei nº 4.591/1964, por seu turno, estipula quais são os prejuízos que o condômino causador de violação do compromisso de compra e venda tem de suportar e fixa o percentual que a multa deve respeitar. Não há, destarte, incompatibilidade alguma entre os dois sistemas legais, ou seja, a tutela do consumidor da Lei nº 8.078/1990, art. 53, e a tutela da comunhão dentro do regime especial da Lei nº 4.591/1964, art. 63 e seus parágrafos.

Ilegalidade há, sim, nas decisões que recusam aplicar a Lei nº 4.591/1964, sem que se tenha verificado sua revogação pelas vias regulares previstas em nosso sistema de direito intertemporal.

---

[106] STJ, REsp. 85.182, Rel. Min. César Asfor Rocha, ac. 14.04.1997, *RSTJ* 99/273.
[107] *Op. cit.*, p. 233.

PARTE IV

Capítulo I
QUESTÕES PROCESSUAIS NAS AÇÕES DO CONSUMIDOR

1.1. COMPETÊNCIA

A competência para as ações de consumo, segundo o CDC se orienta "segundo o interesse público e na esteira do que determinam os princípios constitucionais do acesso à justiça, do contraditório, ampla defesa e igualdade das partes".[1] Destarte, a competência, que é absoluta, é fixada no domicílio do consumidor:[2]

Nesse sentido, sendo claro que a demanda trata de relação de consumo, para o STJ, a competência é, sem dúvida, absoluta e deve ser fixada no domicílio do consumidor.[3]

Seguindo essa orientação, o Tribunal de Justiça de Santa Catarina não admitiu o deslocamento da competência do domicílio do consumidor para o do prestador de serviço, embora aquele não tivesse sido localizado em seu endereço:

> Conflito de Competência. Divergência entre o Juízo da Comarca de Orleans e o Juízo da Comarca de Camboriú. Aplicação do Código Consumerista. Competência firmada pelo domicílio do consumidor. Réu não localizado. Citação editalícia. Fato que não é apto a deslocar a competência para a comarca do prestador de serviço. Proteção ao hipossuficiente. Suscitação não acolhida.
>
> O paradeiro desconhecido do consumidor, enquanto réu, não autoriza o deslocamento da competência para o juízo sede da prestadora de serviço, uma vez que o Código de Defesa do Consumidor orienta a fixação da competência segundo o interesse público e na esteira do que determinam os princípios constitucionais do acesso à justiça, do contraditório, ampla defesa e igualdade das partes.
>
> Declinado no contrato de arrendamento mercantil domicílio no qual não mais reside a ré, mas de quem não se sabe ao certo a atual residência, deve aquele prevalecer

---

[1] STJ, 2ª Seção, CC 30.712/SP, Rel. Min. Nancy Andrighi, ac. 26.06.2002, *DJU* 30.09.2002, p. 152.
[2] "Em se tratando de relação de consumo, a competência é absoluta, razão pela qual pode ser conhecida até mesmo de ofício e deve ser fixada no domicílio do consumidor". (STJ, 2ª Seção, AgRg no CC 127.626/DF, Rel. Min. Nancy Andrighi, ac. 12.06.2013, *DJe* 17.06.2013).
[3] STJ, 4ª T., AgRg no AREsp. 687.562/DF, Rel. Min. Maria Isabel Gallotti, ac. 19.05.2015, *DJe* 01.06.2015.

em benefício do consumidor, por força da determinação cogente do CDC. (STJ, Min. Nancy Andrighi).[4]

Entretanto, é de se destacar que o Código consumerista não se aplica aos contratos administrativos, razão pela qual o foro competente, nesses casos, será o comum, isto é, o do domicílio do réu:

> 3. Nos termos do art. 101, inciso I, do CDC, a ação de responsabilidade do fornecedor "pode ser proposta no domicílio do autor".
>
> 4. Inaplicabilidade do Código de Defesa do Consumidor aos contratos administrativos, tendo em vista as prerrogativas já asseguradas pela lei à Administração Pública. Julgado específico desta Corte Superior.
>
> 5. Inaplicabilidade também, por extensão, ao contrato de fiança bancária acessório ao contrato administrativo.
>
> 6. Impossibilidade de aplicação da Súmula 297/STJ a contrato bancário que não se origina de uma relação de consumo.
>
> 7. Competência do foro do domicílio do réu para o julgamento da demanda, tendo em vista a inaplicabilidade do Código de Defesa do Consumidor à espécie.[5]

1.1.1. Foro de eleição em contrato de consumo

Tratando-se de relação de consumo, assentou-se a jurisprudência do STJ no sentido de que, "tendo em vista o princípio da facilitação de defesa do consumidor [CDC, art. 6º, VIII], não prevalece o foro contratual de eleição, por ser considerada cláusula abusiva a que o estipula, devendo a ação ser proposta no domicílio do réu"[6] [se este for o consumidor; se for autor, também será competente o foro do consumidor].

Prevalece, em matéria de competência para as ações de consumo, o sistema do CDC sobre o do CPC. Nesse sentido, entende-se, por exemplo, diante de uma relação de consumo, a competência do local de cumprimento da obrigação (CPC/2015, art. 53, III, *d*) cede lugar à competência estatuída para o foro do domicílio do consumidor (CDC, art. 101, I), "haja vista o princípio da facilitação de sua defesa em juízo".[7]

Tem-se decidido que, sendo de ordem pública a regra de competência fixada pelo CDC para o juízo do domicílio do consumidor (art. 101, I), pode o juiz declinar de ofício para aquele foro, quando a demanda não for ajuizada perante ele. Tem-se, pois, tratado como absoluta tal competência.[8]

---

[4] TJSC, Órgão Especial, CC 0145748-98.20158.24.0000, Rel. Des. Pedro Manoel Abreu, ac. 20.07.2016.
[5] STJ, 3ª T., REsp 1.745.415/SP, Rel. Min. Paulo de Tarso Sanseverino, ac. 14.05.2019, *DJe* 21.05.2019.
[6] STJ, 2ª Seção, CC 48.097/RJ, Rel. Min. Fernando Gonçalves, ac. 13.04.2005, *DJU* 04.05.2005, p. 153.
[7] STJ, 3ª T., AgRg no AREsp. 271.968/SP, Rel. Min. Sidnei Beneti, ac. 12.03.2013, *DJe* 26.03.2013.
[8] STJ, 2ª Seção, CC 48.097/RJ, cit.; STJ, 4ª T., REsp. 1.049.639/MG, Rel. Min. João Otávio de Noronha, ac. 16.12.2008, *DJe* 02.02.2009; STJ, 3ª T., REsp. 1.084.036/MG, Rel. Min. Nancy Andrighi, ac. 03.03.2009, *DJe* 17.03.2009.

Entendemos, porém, que ordem pública é a garantia de facilitação da defesa do consumidor, não necessariamente a coincidência do foro com o seu domicílio. Pode muito bem haver interesse do próprio consumidor em que a demanda corra por outro foro, como o do fornecedor ou o previsto na cláusula de eleição. Por isto, embora a regra seja a invalidade da eleição contratual de foro, não deve o juiz declinar de sua competência, sem antes ouvir o consumidor, mormente nos casos em que a escolha do foro da causa tenha partido do próprio consumidor. Haverá, sempre, possibilidade de o consumidor ter interesse em demandar ou ser demandado em foro não coincidente com o seu domicílio.

Talvez tenha sido por isso que o art. 101, I, do CDC não ordenou que a ação de responsabilidade civil do fornecedor *deve* ser proposta no domicílio do consumidor, mas apenas assinalou que *pode* ser ali aforada. O benefício legal, assim, configuraria mais uma *faculdade* que uma *imposição*. Ninguém, portanto, melhor do que o consumidor para avaliar a conveniência, ou não, de se valer da regra tutelar.

Nesse sentido, também, a orientação de Kazuo Watanabe: "cuida-se, porém, de opção dada ao consumidor, que dela poderá abrir mão para, em benefício do réu, eleger a regra geral, que é a do domicílio do demandado (art. 94, CPC) [CPC/2015, art. 46]".[9]

É nessa ordem de ideias que se reconhece como prudente a cautela consistente em o juiz ouvir a parte antes de deliberar sobre a declinação de competência, nos casos de ação ajuizada fora do domicílio do consumidor.[10]

Registre-se que a jurisprudência do STJ estende a repressão às cláusulas abusivas além da defesa do consumidor, aplicando as regras do CDC, a ela pertinentes, em todos os casos "em que se faça necessária a proteção da parte hipossuficiente, afastando, inclusive, a cláusula de eleição de foro estipulada em contrato a fim de que se observe o *princípio do equilíbrio contratual*".[11]

Deve-se destacar, outrossim, que a abusividade da cláusula de eleição de foro somente pode ser reconhecida se for constatada a hipossuficiência do consumidor. Caso contrário, ela será válida e eficaz:

a) "1. O afastamento da cláusula de eleição de foro constante de contrato de prestação de serviços pressupõe seja reconhecida a hipossuficiência do consumidor.

---

[9] WATANABE, Kazuo. *In*: GRINOVER, Ada Pellegrini *et al. Código Brasileiro de Defesa do Consumidor – comentado pelos autores do Anteprojeto*. 10. ed. Rio de Janeiro: Forense, 2011, v. II, p. 169.

[10] "Mesmo nas hipóteses de aplicação imediata do CDC, a jurisprudência do STJ entende que deve prevalecer o foro de eleição quando verificado o expressivo porte financeiro ou econômico da pessoa tida por consumidora ou do contrato celebrado entre as partes. É lícita a cláusula de eleição de foro, seja pela ausência de vulnerabilidade, seja porque o contrato cumpre sua função social e não ofende à boa-fé objetiva das partes, nem tampouco dele resulte inviabilidade ou especial dificuldade de acesso à Justiça" (STJ, 3ª T., REsp. 684.613/SP, Rel. Min. Nancy Andrighi, ac. 21.06.2005, *DJU* 01.07.2005, p. 530. No mesmo sentido: STJ, 4ª T., AgRg no REsp. 1.070.247/CE, Rel. Min. Luís Felipe Salomão, ac. 19.03.2009, *DJe* 30.03.2009; STJ, 3ª T., AgRg nos EDcl no REsp. 470.622/SC, Rel. Min. Vasco Della Giustina, ac. 19.08.2010, *DJe* 27.02.2010; STJ, 3ª T., REsp. 1.073.962/PR, Rel. Min. Nancy Andrighi, ac. 20.03.2012, *DJe* 13.06.2012).

[11] STJ, 4ª T., AgRg no AREsp. 191.221/RS, Rel. Min. Luís Felipe Salomão, ac. 18.12.2012, *DJe* 04.02.2013.

2. No caso concreto, assentado pela Corte local que o recorrente não se revela hipossuficiente, a modificação dessa premissa exigiria o reexame de elementos de fato e de provas dos autos, procedimento vedado na instância especial, a teor do que orienta a nota n. 7 da Súmula do STJ".[12]

b) "1. É relação de consumo a estabelecida entre o caminhoneiro que reclama de defeito de fabricação do caminhão adquirido e a empresa vendedora do veículo, quando reconhecida a vulnerabilidade do autor perante a ré. Precedentes.

2. Reconhecida a vulnerabilidade do consumidor e a dificuldade de acesso à Justiça, é nula a cláusula de eleição de foro".[13]

1.2. INVERSÃO DO ÔNUS DA PROVA

Permite o art. 6º, inciso VIII, do Código de Defesa do Consumidor, que a defesa dos direitos do consumidor em juízo seja facilitada pelo mecanismo da inversão do ônus da prova, quebrando, com isso, a tradicional regra do art. 373, *caput*, do Código de Processo Civil de 2015,[14] onde se acha estabelecido o princípio de caber ao autor a prova do fato constitutivo do seu direito, e ao réu, a do fato impeditivo ou extintivo do direito do autor.

A norma geral do processo, que o CDC permite excepcionalmente ser afastada, é de intuitiva compreensão. Se cabe ao autor direito de impor ao juiz a abertura do processo e de sujeitar o réu a seus efeitos, sem que se dê a este a liberdade de não se vincular à relação processual, é forçoso que ao autor caiba a responsabilidade maior pelo sucesso da demanda. E, por isso, é ele, e não o réu, quem tem de proporcionar ao juiz o conhecimento dos fatos necessários à definição e atuação do direito de que se afirma titular. Do réu, que não provocou o processo, obviamente, não se pode exigir que prove os fatos de onde nasceu o direito do adversário. Apenas quando outros fatos diversos forem invocados na resposta à demanda, para extinguir ou anular os efeitos do direito do autor, é que o demandado terá de assumir o encargo de sua comprovação. É que, em tal quadro, quem alega fato extintivo ou impeditivo necessariamente reconhece a anterior existência do direito do autor, porquanto só se extingue ou se impede o que existe ou já existiu.

Como, então, interpretar a regra especial do Código de Defesa do Consumidor autorizadora da inversão do ônus da prova, permitindo sua transferência para o fornecedor, mesmo quando este seja réu? Primeiramente, entendendo-a extraordinária e não como norma geral automaticamente observável em todo e qualquer processo

---

[12] STJ, 4ª T., AgInt. no REsp. 1.462.418/GO, Rel. Min. Antonio Carlos Ferreira, ac. 01.12.2016, *DJe* 13.12.2016.

[13] STJ, 4ª T., AgRg no AREsp 426.563/PR, Rel. Min. Luis Felipe Salomão, ac. 03.06.2014, *DJe* 12.06.2014.

[14] Impende destacar que o CPC/2015 admite, também, a distribuição dinâmica da prova, no § 1º, do art. 373: "Nos casos previstos em lei ou diante de peculiaridades da causa relacionadas à impossibilidade ou à excessiva dificuldade de cumprir o encargo nos termos do *caput* ou à maior facilidade de obtenção da prova do fato contrário, poderá o juiz atribuir o ônus da prova de modo diverso, desde que o faça por decisão fundamentada, caso em que deverá dar à parte a oportunidade de se desincumbir do ônus que lhe foi atribuído".

pertinente a relação de consumo. Depois, compatibilizando-a com os princípios informativos do próprio Código de Defesa do Consumidor. E, finalmente, submetendo-a aos princípios maiores do devido processo legal e ampla defesa, consagrados por garantia constitucional em favor de todos os que agem em juízo.

1.2.1. O caráter excepcional da inversão do ônus da prova

Por admitir que, em geral, o consumidor é a parte fraca no mercado de consumo, a lei inclui entre as medidas protetivas que lhe são proporcionadas a da possibilidade de inversão do ônus da prova. Mas o inciso VIII do art. 6º do CDC autoriza essa providência apenas quando o juiz venha a constatar a *verossimilhança* da alegação do consumidor, ou sua *hipossuficiência*, "segundo as regras ordinárias de experiência".

Vê-se, logo, "que não se trata de inversão compulsória, sendo, ao contrário, simples faculdade judicial que pode, ou não, ser concedida" (Deputado Joaci Goes, Relator do Projeto do CDC). É ao juiz, portanto, que toca "verificar se estão presentes os pressupostos que o autorizam a assim proceder".[15]

Sem basear-se na verossimilhança das alegações do consumidor ou na sua hipossuficiência, a faculdade judicial não pode ser manejada em favor do consumidor, sob pena de configurar-se ato abusivo, com quebra do devido processo legal.

Se se trata de medida de exceção, subordinada a pressupostos expressamente elencados na lei, sua adoção *in concreto* somente pode ocorrer mediante decisão interlocutória em que o magistrado assente sua deliberação. Como toda decisão judicial tem de ser fundamentada, por exigência constitucional (CF, art. 93, IX), há o juiz, ao deliberar pela inversão do ônus da prova, de demonstrar a presença, no caso *sub examine*, de alegações verossímeis ou de hipossuficiência do consumidor.[16]

Obviamente, "não se deve imaginar que o juiz poderá cingir-se a repetir, ritualisticamente, as palavras da lei, para justificar o ato da inversão. De nada valerá a garantia constitucional e legal (CF, art. 93, IX, e CPC, art. 165, 2ª parte [CPC/2015, art. 11]) se se reputar válida decisão em que o julgador se limite a dizer, por exemplo, que "é verossímil a alegação do consumidor", ou que "é o consumidor hipossuficiente": ao contrário, deverá ele, de forma obrigatória, aludir aos elementos de convicção que o levaram a enxergar verossimilhança na versão apresentada pelo consumidor, ou dos quais extraiu a sua hipossuficiência".[17]

A *verossimilhança* é juízo de probabilidade extraída de material probatório de feitio indiciário, do qual se consegue formar a opinião de ser *provavelmente verdadeira* a versão do consumidor. Diz o CDC que esse juízo de verossimilhança haverá de ser feito "segundo as regras ordinárias da experiência" (art. 6º, VIII). Deve o raciocínio,

---

[15] MORAES, Voltaire de Lima. Dos Direitos Básicos do Consumidor. *In:* CRETELLA JR., José; DOTTI, René Ariel (coord.) *et al. Comentários ao Código do Consumidor.* Rio de Janeiro: Forense, 1992, p. 49-50.
[16] MOREIRA, Carlos Roberto Barbosa. Notas sobre a Inversão do Ônus da Prova em Benefício do Consumidor. *In:* MOREIRA, José Carlos Barbosa (coord.). *Estudos de direito processual em memória de Luiz Machado Guimarães.* Rio de Janeiro: Forense, 1997, p. 127.
[17] MOREIRA, Carlos Roberto Barbosa. *Op. cit.,* p. 130.

portanto, partir de dados concretos que, como indícios, autorizem ser muito provável a veracidade da versão do consumidor.

Segundo a lição de Kazuo Watanabe, a verossimilhança da alegação do consumidor não se configuraria em autêntica hipótese de inversão do ônus da prova, uma vez que o juiz simplesmente considera produzida a prova, com base nas máximas de experiência e nas regras de vida: "examinando as condições de fato com base em máximas de experiência, o magistrado parte do curso normal dos acontecimentos, e, porque o fato é ordinariamente a consequência ou o pressuposto de um outro fato, em caso de existência deste, admite também aquele como existente, a menos que a outra parte demonstre o contrário".[18]

Quanto à *hipossuficiência*, trata-se de impotência do consumidor, seja de origem econômica, seja de outra natureza, para apurar e demonstrar a causa do dano cuja responsabilidade é imputada ao fornecedor. Pressupõe uma situação em que concretamente se estabeleça uma dificuldade muito grande para o consumidor de desincumbir-se de seu natural *onus probandi*, estando o fornecedor em melhores condições para dilucidar o evento danoso.[19]

Kazuo Watanabe, entretanto, alerta que se o consumidor não puder se embasar na verossimilhança de suas alegações para a inversão, mas sendo "economicamente hipossuficiente, será ele dispensado dos gastos com as provas. O mais que o magistrado poderá fazer, tal seja o custo da prova a ser colhida, por exemplo, uma perícia especializada e sua impossibilidade de realização gratuita, é determinar que o fornecedor suporte as despesas com a prova. O texto legal em análise permite semelhante interpretação, que conduziria a uma solução menos rigorosa que a de inversão do ônus da prova".[20]

O STJ entende que não haverá, efetivamente, a inversão do custeio da prova, "significa tão somente que já descabe à autora a produção dessa prova. Optando a ré por não antecipar os honorários periciais, presumir-se-ão verdadeiras as alegações da autora".[21]

Naturalmente, quando o consumidor seja pessoa esclarecida e bem informada, quando tenha ciência do defeito do produto ou da causa do prejuízo, tenha acesso aos meios de prova necessários à demonstração do fato que alega, não haverá razão para desobrigá-lo do ônus da prova do fato constitutivo de seu direito. A inversão não terá cabimento, a não ser que, diante dos indícios já deduzidos em juízo, se torne verossímil sua versão. Já, então, não será a hipossuficiência que justificará a medida, mas a verossimilhança. Esta, porém, é importante destacar, não nasce simplesmente da palavra do consumidor, pois depende dos *indícios* que sejam trazidos ao processo. Sobre estes é que o juiz, segundo as *regras da experiência*, poderá chegar ao juízo de probabilidade.

Indícios são fatos certos que permitem, por raciocínio lógico, a extração de juízos sobre fatos incertos. Dos indícios extraem-se presunções. Presunção, todavia, não se confunde com suposição. Enquanto esta se forma na simples especulação

---

[18] WATANABE, Kazuo. *Código brasileiro de defesa do consumidor*, cit., v. II, p. 9.
[19] Idem, p. 10.
[20] Idem, ibidem.
[21] STJ, 2ª T., AgRg no REsp. 1.098.876/SP, Rel. Min. Herman Benjamin, ac. 08.09.2009, *DJe* 26.04.2011.

imaginativa, aquela parte de fatos conhecidos para chegar a conclusões lógicas acerca de fatos não conhecidos.

Sem fato provado, portanto, não é admissível pensar em indício e presunção e, consequentemente, em verossimilhança da alegação.

Cumpre destacar, por oportuno, o entendimento do STJ no sentido de que o Ministério Público faz jus à inversão do ônus da prova, nas ações por ele ajuizadas para proteção do consumidor:

> VII. De acordo com a jurisprudência consagrada nesta Corte, no que se refere à alegada ofensa ao art. 6º, VIII, do CDC, "o Ministério Público, no âmbito de ação consumerista, faz jus à inversão do ônus da prova, a considerar que o mecanismo previsto no art. 6º, inc. VIII, do CDC busca concretizar a melhor tutela processual possível dos direitos difusos, coletivos ou individuais homogêneos e de seus titulares – na espécie, os consumidores –, independentemente daqueles que figurem como autores ou réus na ação" (STJ, REsp, 1.253.672/RS, Rel. Min. Mauro Campbell Marques, Segunda Turma, DJe de 09.08.2011). Precedentes do STJ.[22]

1.2.2. O reequilíbrio entre consumidores e fornecedores

A legislação protetiva do consumidor parte da constatação genérica de sua vulnerabilidade no mercado de consumo. Sua *ratio essendi* é, portanto, a busca do *reequilíbrio* da relação de consumo, "seja reforçando, quando possível, a posição do consumidor, seja proibindo ou limitando certas práticas de mercado".[23]

Ao traçar os princípios norteadores da "Política Nacional das Relações de Consumo", o CDC não só proclama o "reconhecimento da vulnerabilidade do consumidor no mercado de consumo" (art. 4º, I), como destaca o objetivo de lograr a "harmonização dos interesses dos participantes das relações de consumo e compatibilização da proteção do consumidor como a necessidade de desenvolvimento econômico e tecnológico, de modo a viabilizar os princípios nos quais se funda a ordem econômica (art. 170 da Constituição Federal), sempre com base na boa-fé e equilíbrio nas relações entre consumidores e fornecedores" (art. 4º, III).

O mecanismo da inversão do ônus da prova se insere nessa política tutelar do consumidor e deve ser aplicado até quando seja necessário para superar a vulnerabilidade do consumidor e estabelecer seu equilíbrio processual em face do fornecedor. Não pode, evidentemente, ser um meio de impor um novo desequilíbrio na relação entre as partes, a tal ponto de atribuir ao fornecedor um encargo absurdo e insuscetível de desempenho.

---

[22] STJ, 2ª T., AgInt no AREsp 1.017.611/AM, Rel. Min. Assusete Magalhães, ac. 18.02.2020, *DJe* 02.03.2020. No mesmo sentido: STJ, 2ª T., REsp. 1.253.672/RS, Rel. Min. Mauro Campbell Marques, ac. 02.09.2011, *DJe* 09.08.2011; STJ, 2ª T., AgRg no REsp 1.300.588/RJ, Rel. Min. Cesar Asfor Rocha, ac. 03.05.2012, *DJe* 18.05.2012.

[23] GRINOVER, Ada Pellegrini; VASCONCELOS E BENJAMIN, Antônio Herman de. Introdução. WATANABE, Kazuo. *In*: GRINOVER, Ada Pellegrini *et al. Código Brasileiro de Defesa do Consumidor* – comentado pelos autores do Anteprojeto. 10. ed. Rio de Janeiro: Forense, 2011, v. I, p. 5.

Dentro do espírito de harmonização de interesses revelado pelo inciso III do art. 4º do CDC, a proteção ao consumidor não pode transformar-se numa "cruzada antiempresa" e tem de ser vista, isto sim, como "uma forma de aperfeiçoamento do sistema empresarial, inclusive com a finalidade de dotá-lo de maior competitividade e eficiência".[24]

Arruinar a empresa por meio de demandas absurdas, cuja solução se dê à luz da inversão do ônus da prova empregada de maneira a inviabilizar a defesa do fornecedor, é medida que, à evidência, agride o princípio fundamental de harmonização das relações entre as partes do mercado de consumo. Sem empresas fortes não há incremento do próprio consumo. E do aniquilamento das fontes de produção desaparece até mesmo a figura do consumidor, ou anulam-se suas potencialidades de usufruir os bens e as riquezas que sem o mercado não se logra obter.

Para bem aplicar a regra tutelar da inversão do ônus da prova, como de resto todo o sistema protetivo do CDC, "cabe ter presente, ademais, constituírem as normas de proteção ao consumidor um direito de caráter especial que, evidentemente, revoga normas de caráter geral, ou, em certos casos, as detalha e especifica, o que, por si só, deve conduzir a uma interpretação mais restritiva de seus dispositivos".[25] Enfim, a aplicação de todos os mecanismos protetivos do CDC é de ser feita, sempre, "com vistas a assegurar uma justa e adequada proteção ao consumidor, sem, no entanto, implicar ameaça desabusada à empresa, cuja presença e desenvolvimento representam a garantia de uma sã economia e condição para que nela se estabeleça um razoável grau de concorrência, que, por sua vez, redundará em proteção automática do próprio consumidor".[26]

1.2.3. As provas diabólicas ou impossíveis no sistema geral do processo

Pela prova, procura-se durante o processo averiguar-se a verdade dos fatos alegados pelos litigantes, porque a decisão do juiz haverá de assentar-se nos fatos provados, e não apenas nas alegações das partes. Daí que o *objeto* da prova são os *fatos* sobre os quais se controvertem os sujeitos processuais, e não o direito ou as simples teses.

Costuma-se, desde a antiguidade, afirmar-se a inexigibilidade da prova puramente negativa – *negativa non sunt probanda* – por versar não sobre *fato*, mas sobre *não fato*. A máxima, porém, não é verdadeira em toda extensão, porque sempre que for possível transformar a proposição negativa em uma afirmativa contrária ter-se-á superado a dificuldade da prova negativa. Demonstra-se, então, o fato positivo do qual se extrai a verdade do fato negativo.

No entanto, para que se admita esse tipo de prova negativa é indispensável que o fato a ser negado seja especificado convenientemente, pois se vier a ser enunciado em termos genéricos, a exigência de sua comprovação de veracidade tornar-se-á quase sempre tarefa inexequível ou impossível.

---

[24] NUSDEO, Fábio. Da Política Nacional de Relações de Consumo. *In*: CRETELLA JR., José; DOTTI, René Ariel (coord.) *et al. Comentários ao Código do Consumidor*. Rio de Janeiro: Forense, 1992, p. 28.
[25] NUSDEO, Fábio. *Op. cit., loc. cit.*
[26] *Idem. Ibidem.*

Assim, se se afirma que alguém age de má-fé, sem especificar um fato concreto em que a conduta maliciosa se deu, impossível será exigir-se desse agente que prove sua boa-fé. Tudo ficará no campo do gênero, e o gênero, por sua indefinição, não se presta à especulação probatória.

O clássico processualista João Mendes Júnior já ensinava que só podia cogitar de prova da negativa quando esta fosse *relativa*, isto é, fosse daquelas que se podem converter em *afirmativas;* "não, assim, a negativa absoluta e indefinida".[27]

Realmente, observa Amaral Santos, "há negativas de tal forma indefinidas ou absolutas, que a sua prova seria mesmo impossível, quiçá apenas dificílima". Quando isto ocorre, a impossibilidade decorre mais da indefinição do fato do que propriamente do seu caráter negativo. O certo, porém, é que as negativas indefinidas não são suscetíveis de prova.[28]

Aliás, se o objeto da prova são os fatos, há o autor da demanda de invocar fatos certos para sustentar sua pretensão, pois somente estes são suscetíveis de comprovação em juízo. Os fatos indefinidos se passam mais no plano das suposições do que da realidade. Daí a conclusão de que: "Da regra pela qual não constituem objeto de prova os fatos cuja prova é impossível, se deduz, sem dificuldade, o seguinte corolário: – *o que é indeterminado, ou indefinido, não é suscetível de prova*".[29]

Nem se trata de novidade, já que assim sempre se entendeu no direito processual. "Já as Ordenações, liv. 3º, tít. 53, *in princ*., prescreviam, como primeira condição, para os fatos serem demonstrados, que fossem *certos*: 'que sejam feitos sobre cousa certa, porque se forem fundados sobre cousa incerta, não será a outra parte obrigada a depor a eles'." Analisando a regra probatória, ensinava Lobão: "Nas ações reais devem pedir-se cousas certas, e estas demonstradas como certas confrontações, ou sinais. Nas ações pessoais deve declarar-se a qualidade, a quantidade, o número, e semelhantes circunstâncias."[30]

Logo, se o autor invoca como causa de pedir fatos indefinidos, que, obviamente, não tem como provar, não se pode valer de mecanismo processual de inversão do ônus da prova para transferir ao réu o encargo de fazê-lo.

Ao autor cabe, em princípio, fundamentar sua demanda. Se o fato invocado por ele é indefinido e não passível de prova, a consequência inevitável será a improcedência do pleito. Não há argumento algum que possa justificar a procedência da demanda sem a prova de sua base fática apenas porque se refere a evento de prova impossível. Se a prova daquilo que afirma o autor é impossível, deve ele sucumbir, pois, ao contrário, "seria muito fácil ganhar a causa alegando fatos que não podem ser provados, além do que as pretensões mais insustentáveis seriam as mais seguras de se obter".[31]

---

[27] MENDES JÚNIOR, João, *apud* AMARAL SANTOS, Moacyr. *Prova judiciária no cível e no comercial*. 4. ed. São Paulo: Max Limonad, 1970, v. I, n. 108, p. 175.
[28] MENDES JÚNIOR, João. *Op. cit., loc. cit.*
[29] GUSMÃO, Aureliano. *Processo civil e comercial*. 2. ed. São Paulo: Saraiva, 1935, v. 2, p. 66. *Apud* AMARAL SANTOS, Moacyr. *Prova judiciária no cível e no comercial*. 4. ed. São Paulo: Max Limonad, 1970, v. I, n. 150, p. 233.
[30] LOBÃO, *apud* AMARAL SANTOS, Moacyr. *Op. cit.*, n. 150, p. 233.
[31] GARSONNET, *apud* AMARAL SANTOS, Moacyr. *Op. cit.*, n. 109, p. 176.

Inconcebível, por isso mesmo, que a inversão do ônus da prova, quando autorizada por lei, seja utilizada como instrumento de transferência para o réu do encargo da prova de fato arguido pelo autor que se revela, intrinsecamente, insuscetível de prova.

Segundo a lição, antiga e sempre atual, de Aubry *et* Rau, "a impossibilidade, mesmo absoluta, que tiver o autor de justificar os fatos negativos que servem de fundamento da ação, não pode ser motivo de isentá-lo do ônus da prova para impô-lo ao réu".[32] Desse modo:

> A regra *actoris est probare* permanece em sua inteireza, de nada valendo ao autor arguir impossibilidade, mesmo absoluta, de provar as negativas em que se calca a ação, visto que, a não ser assim, poderiam ser pleiteados em juízo os maiores absurdos independentemente de qualquer prova dos fatos arguidos como fundamento do direito pretendido.[33]

A inversão do ônus da prova prevista no CDC pressupõe dificuldade ou impossibilidade da prova apenas da parte do consumidor, não a impossibilidade absoluta da prova em si. A prova para ser transferida de uma parte para a outra tem de ser, objetivamente, possível. O que justifica a transferência do encargo respectivo é apenas a insuficiência pessoal do consumidor de promovê-la. Se este, portanto, aciona o fornecedor, arguindo fatos absolutamente impossíveis de prova, não ocorrerá a inversão do *onus probandi*, mas a sucumbência inevitável da pretensão deduzida em juízo.

Se, por exemplo, o defeito atribuído ao produto, somente poderia ser constatado mediante perícia, e a prova técnica se tornou impossível por ato do próprio consumidor, não pode este transferir o ônus da prova, para que o fornecedor demonstrasse a ausência de defeito numa coisa a que não terá acesso. A inversão do ônus da prova, sendo esta impossível, não pode se transformar num instrumento puro e simples de obtenção de *confissão ficta*, ou *presumida*. Não há, de forma alguma, "similitude entre inversão de ônus da prova com confissão ficta de matéria fática", e cabe ao juiz atentar "para que não seja imputado ao réu o ônus de uma prova que foi inviabilizada pelo próprio autor".[34]

É claro que, existindo vestígios do fato do produto, que autorizem o juízo de verossimilhança sobre o defeito de fabricação, mesmo sem o bem a ser periciado diretamente, pode-se recorrer a uma perícia indireta. Assim, não poderá o fornecedor se prevalecer da ausência do bem para deixar de produzir a comprovação da circunstância eximente de sua responsabilidade (*i.e.*, a ausência do defeito que teria causado o dano comprovado do consumidor). A inversão inadmissível é, nessa ordem de ideias, aquela que, sem qualquer indício capaz de atribuir verossimilhança à versão do consumidor, atribui encargo probatório impossível ao fornecedor (prova técnica não suscetível de realização direta nem indireta).

É preciso reafirmar que a inversão do ônus da prova se torna admissível quando, diante do quadro fático indiciário, o réu tem melhores condições de provar sua defesa do que o autor de comprovar, por completo, o fundamento de sua pretensão. Para

---

[32] AUBRY ET RAU, *apud* AMARAL SANTOS, Moacyr. *Op. cit.*, n. 109, p. 176.
[33] AUBRY ET RAU, *apud* AMARAL SANTOS, Moacyr. *Op. cit.*, *loc. cit.*
[34] STJ, 3ª T., REsp. 1.325.487/MT, Rel. Min. Sidnei Beneti, ac. 28.08.2012, *DJe* 14.09.2012.

tanto, é indispensável a presença de elementos indiciários autorizadores de um juízo de verossimilhança, segundo a experiência. Se nada de concreto o consumidor traz ao processo para sustentar a ocorrência de defeito no produto e de nexo causal entre ele e o dano sofrido, descabe inverter o encargo da prova para o fornecedor. A situação se apresenta tão imprecisa e indefinida que, contra ela, não teria o réu o que provar. O debate giraria em torno de *suposições*, e não de *presunções*; e não é para enfrentar meras suposições que o CDC concebeu o mecanismo processual da inversão do ônus da prova.[35]

1.2.4. O momento processual da inversão do ônus da prova

No art. 6º, VIII, do CDC, não se instituiu uma inversão legal do referido ônus, mas, sim, uma inversão judicial, que caberá ao juiz efetuar quando considerar configurado o quadro previsto na regra da lei. Em outras hipóteses, o CDC realmente inverteu *ipso iure* o ônus da prova: em relação, *v.g.*, aos *defeitos* de produtos (art. 12, § 3º, II) e de *serviços* (art. 14, § 3º, I), a lei protetiva do consumidor simplesmente estabeleceu *a presunção do vício*. Aí, sim, pode-se falar em *inversão legal* do ônus da prova. O mesmo, porém, não se passa com a situação disciplinada genericamente pelo art. 6º, VIII, onde a previsão da lei é de um poder confiado ao juiz para promover a inversão, se julgada cabível.[36]

Quando, porém, a regra geral é uma e, a seu respeito, pode sobrevir inovação dependente de ato do juiz, torna-se evidente que tal regra inovadora somente poderá ser estabelecida em tempo útil à defesa do litigante destinatário do novo encargo de prova.[37]

Há quem admita que possa o juiz decretar a inversão do ônus da prova já no despacho da petição inicial, outros que a consideram realizável no momento de proferir a sentença. Kazuo Watanabe, por exemplo, sustenta que o juiz deve inverter o ônus da prova no julgamento da causa, uma vez que "as regras de distribuição do ônus da prova são regras de *juízo*, e orientam o juiz, quando há um *non liquet* em matéria de fato, a respeito da solução a ser dada à causa".[38] Além disso, uma vez que se trata de regra explicitada em dispositivo legal (art. 6º, VIII, do CDC), "não pode ser motivo de alegação de surpresa ou de pretensão à reabertura da fase instrutória". Destarte, conclui o autor:

> Efetivamente, somente após a instrução do feito, no momento da valoração das provas, estará o juiz habilitado a afirmar se existe ou não situação de *non liquet*, sendo caso ou não, consequentemente, de inversão do ônus da prova. Dizê-lo em momento anterior será o mesmo que proceder ao prejulgamento da causa, o que é de todo inadmissível.[39]

---

[35] STJ, 4ª T., REsp. 720.930/RS, Rel. Min. Luís Felipe Salomão, ac. 20.10.2009, *DJe* 09.11.2009.

[36] "Isso quer dizer que não é automática a inversão do ônus da prova. Ela depende de circunstâncias concretas que serão apuradas pelo juiz no contexto da facilitação da defesa dos direitos do consumidor" (STJ, REsp. 171.988/RS, 3ª T., Rel. Min. Waldemar Zveiter, ac. 24.05.1999, *DJU* 28.06.1999, p. 104).

[37] "Se o ônus da prova é uma regra do juízo, já não se pode dizer o mesmo da norma que prevê a sua inversão, que é eminentemente uma regra de atividade" (GIDI, Antônio. Aspectos da inversão do ônus da prova no Código do Consumidor. *Gênesis* 3/587).

[38] WATANABE, Kazuo. *Código brasileiro de defesa do consumidor*, cit., p. 10.

[39] *Idem*, p. 11.

As duas posições nos parecem extremadas e injustificáveis, *data venia*. Antes da contestação, nem mesmo se sabe quais fatos serão controvertidos e terão, por isso, de se submeter à prova. Torna-se, então, prematuro o expediente do art. 6º, VIII, do CDC. No momento da sentença, a inversão seria medida tardia, porque já encerrada a atividade instrutória.

É certo que a boa doutrina entende que as regras sobre ônus da prova se impõem para solucionar questões examináveis no momento de sentenciar. Mas, pela garantia do contraditório e ampla defesa, as partes, desde o início da fase instrutória, têm de conhecer quais são as regras que irão prevalecer na apuração da verdade real sobre a qual se assentará, no fim do processo, a solução da lide. Assim, o art. 373, *caput*, do CPC/2015 em nada interfere sobre a iniciativa de uma ou de outra parte, e do próprio juiz, enquanto se pleiteiam e se produzem os elementos de convicção. Todos os sujeitos do processo, no entanto, sabem, com segurança, qual será a consequência, no julgamento, da falta ou imperfeição da prova acerca dos diversos fatos invocados por uma e outra parte. O sistema é claro e fixo no próprio texto da lei que rege o procedimento.

Esse também é o entendimento de Rizzatto Nunes, para que, "o momento processual mais adequado para a decisão sobre a inversão do ônus da prova é o situado entre o pedido inicial e o saneador". Isto porque, "como a lei não estipula *a priori* quem está obrigado a se desonerar e a fixação do ônus depende da constatação da verossimilhança ou da hipossuficiência, o magistrado está obrigado a se manifestar antes da verificação da desincumbência, porquanto é ele que dirá se é ou não caso de inversão".[40]

A não ser assim, ter-se-ia uma surpresa intolerável e irremediável, em franca oposição aos princípios de segurança e lealdade imprescindíveis à cooperação de todos os sujeitos do processo na busca e construção da justa solução do litígio. Somente assegurando a cada litigante o conhecimento prévio de qual será o objeto da prova e a quem incumbirá o ônus de produzi-la é que se preservará "a garantia constitucional da ampla defesa".[41]

Nesse sentido, o § 1º, do art. 373 do CPC/2015 ao dispor que a inversão do ônus da prova poderá ocorrer desde que o juiz o faça em decisão fundamentada, "caso em que deverá dar à parte a oportunidade de se desincumbir do ônus que lhe foi atribuído". Segundo o CPC/2015, o juiz irá redistribuir o ônus da prova no saneamento do processo (art. 357, III). E, para se cumprir o contraditório, ouvirá a parte contrária, antes de decidir (art. 9º). Essa sistemática justifica-se justamente para não haver surpresas ao final da ação, com a sentença.

---

[40] NUNES, Rizzatto. Luiz Antônio. *Curso de direito do consumidor:* com exercícios. São Paulo: Saraiva, 2004, p. 734.

[41] BARBOSA MOREIRA, Carlos Roberto. Notas sobre a Inversão do Ônus da Prova em Benefício do Consumidor. In: BARBOSA MOREIRA, José Carlos (coord.). *Estudos de direito processual em memória de Luiz Machado Guimarães*. Rio de Janeiro: Forense, 1997, p. 136. No mesmo sentido: NASCIMENTO, Tupinambá Miguel Castro do. *Comentários ao Código do Consumidor*. 3. ed. Rio de Janeiro: Aide, 1991, p. 91.

É importante ressaltar, que apesar de entender que a inversão do ônus da prova é regra de julgamento, Kazuo Watanabe esclarece ser medida de boa política jurídica "que, no despacho saneador ou em outro momento que preceda a fase instrutória da causa, o magistrado deixe advertido às partes que a regra de inversão do ônus da prova poderá, eventualmente, ser aplicada no momento do julgado final da ação".[42]

Na jurisprudência, o tema já foi enfrentado pelo TA-RS, com o seguinte acórdão: "Quando, a critério do juiz, configura-se a hipótese de inversão do ônus da prova, nos termos do art. 6º, VIII, do CDC, sob pena de nulidade, é mister a prévia determinação à parte, em desfavor de quem se inverte o ônus, para que prove o fato controvertido. A inversão sem esta cautela, implicará surpresa e cerceamento de defesa."[43]

Na mesma esteira, entende Teresa Arruda Alvim que, se o juiz convencer-se da necessidade de inverter o ônus da prova depois de já encerrada a instrução da causa, terá de reabrir a fase probatória, a fim de que o fornecedor tenha oportunidade de produzir a prova que julgar conveniente para liberar-se do novo *onus probandi*.[44]

A jurisprudência do STJ também determina que a inversão se dê durante o saneamento ou, ao menos, antes da sentença:

(i) 1. A jurisprudência desta Corte é no sentido de que a inversão do ônus da prova prevista no art. 6º, VIII, do CDC, é regra de instrução e não regra de julgamento, sendo que a decisão que a determinar deve – preferencialmente – ocorrer durante o *saneamento do processo* ou – quando proferida em momento posterior – garantir a parte a quem incumbia esse ônus a oportunidade de apresentar suas provas. Precedentes: REsp 1395254/SC, Rel. Ministra Nancy Andrighi, Terceira Turma, julgado em 15/10/2013, DJe 29/11/2013; EREsp 422.778/SP, Rel. Ministro João Otávio de Noronha, Rel. p/ Acórdão Ministra Maria Isabel Gallotti, Segunda Seção, julgado em 29/02/2012, DJe 21/06/2012.[45]

(ii) 2.1 A jurisprudência desta Corte é no sentido de que a inversão do ônus da prova prevista no art. 6º, VIII, do CDC, é regra de instrução e não regra de julgamento, motivo pelo qual a decisão judicial que a determina deve ocorrer antes da etapa instrutória, ou quando proferida em momento posterior, garantir a parte a quem foi imposto o ônus a oportunidade de apresentar suas provas. Precedentes.

2.2 Inviabilidade da inversão do ônus probatório em sede de apelação, notadamente quando fundado em premissa equivocada atinente a suposta hipossuficiência da parte autora, visto que o órgão do Ministério Público não é de ser considerado opositor enfraquecido ou impossibilitado de promover, ainda que minimamente, o ônus de comprovar os fatos constitutivos de seu direito.[46]

---

[42] Idem, p. 12.
[43] Ap. 194.110.664, Revista de Direito do Consumidor. v. 14, p. 114 e ss., abr.-jun./1995.
[44] WAMBIER, Teresa Arruda Alvim. Noções Gerais sobre o Processo no Código do Consumidor. *Revista de Direito do Consumidor*, 10/256, abr.-jun./1994.
[45] STJ, 2ª T., AgRg no REsp. 1.450.473/SC, Rel. Min. Mauro Campbell Marques, ac. 23.09.2014, DJe 30.09.2014. No mesmo sentido: STJ, 3ª T., AgRg no REsp. 1.520.987/GO, Rel. Min. João Otávio de Noronha, ac. 03.12.2015, DJe 14.12.2015.
[46] STJ, 4ª T., REsp. 1.286.273/SP, Rel. Min. Marco Buzzi, ac. 08.06.2021, DJe 22.06.2021.

Enfim, os efeitos da inversão do ônus da prova podem liberar o consumidor da prova pertinente ao nexo causal (no caso de responsabilidade *objetiva*) e da culpa (na hipótese de responsabilidade *subjetiva*). Em caso algum, porém, aliviará o consumidor do dever de provar o *dano* ou *prejuízo* a cuja reparação se endereça a demanda.[47]

1.2.5. Inversão por ato do juiz e inversão *ex lege*

Há inversão do ônus da prova imposta pela própria lei (CDC, arts. 12, § 3º, III, e 14, § 3º, I), e há também aquela que decorre de permissão legal, mas cuja aplicação depende de ato do juiz (CDC, art. 6º, VIII). Caso típico de inversão *ope legis* é a que ocorre na reparação do dano oriundo de *fato do produto*, cuja disciplina traçada pelo CDC no art. 12, § 3º, II, prevê que o fabricante "só não será responsabilizado quando *provar que*, embora haja colocado o produto no mercado, o defeito inexiste".[48]

Para a jurisprudência do STJ, "a peculiaridade da responsabilidade pelo fato do produto (art. 12), assim como ocorre na responsabilidade pelo fato do serviço (art. 14), é a previsão, no microssistema do CDC, de regra específica acerca da distribuição do ônus da prova da inexistência de defeito. A previsão legal é sutil, mas de extrema importância na prática processual. O fornecedor, no caso o fabricante, na precisa dicção legal, 'só não será responsabilizado quando provar que, embora haja colocado o produto no mercado, o defeito inexiste'. Ou seja, o ônus da prova da inexistência de defeito do produto ou do serviço é do fornecedor, no caso, do fabricante demandado".[49]

Explica o acórdão, no voto do Relator, que a inversão do ônus da prova, na hipótese de produto defeituoso, não decorre de um ato do juiz, nos termos do art. 6º, VIII, do CDC, mas derivou de decisão política do próprio legislador, ao estatuir a regra aludida. É, pois, perfeitamente nítida a distinção entre "a inversão do ônus da prova *ope legis* (ato do legislador) e a inversão *ope judicis* (ato do juiz)". Em síntese, "são duas modalidades distintas de inversão do ônus da prova previstas pelo CDC".

Na primeira hipótese, a própria lei – atenta às peculiaridades de determinada relação jurídica – excepciona a regra geral de distribuição do ônus da prova", como fez em relação ao fato do produto ou do serviço, diante do dano oriundo de "produto defeituoso" ou de "serviço defeituoso".

Nesse contexto, não importa a maior ou menor dificuldade de provar a *inexistência do defeito*. O ônus de demonstrá-la é do fornecedor, de modo que a eventual falta de prova não poderá redundar em prejuízo para o autor, mas para o réu. A norma aplicável não será a geral do art. 373, I, do CPC/2015, e sim a especial do CDC, art. 12, § 3º, II.[50]

---

[47] BARBOSA MOREIRA, Carlos Roberto. *Op. cit.*, p. 139-140.
[48] O mesmo se passa com o *fato do serviço*, já que o art. 14, § 3º, I, do CDC contém regra igual, ou seja, "o fornecedor de serviços só não será responsabilizado *quando provar* que, tendo prestado o serviço, *o defeito inexiste*".
[49] STJ, 3ª T., REsp. 1.168.775/RS, Rel. Min. Paulo de Tarso Sanseverino, ac. de 10.04.2012, *DJe* 16.04.2012 (voto do Relator).
[50] "O ônus da prova da inexistência de defeito na prestação dos serviços médicos é da clínica recorrida por imposição legal (inversão 'ope legis'). Inteligência do art. 14, § 3º, I, do CDC" (STJ, 3ª T., REsp. 986.648/PR, Rel. Min. Paulo de Tarso Sanseverino, ac. 10.05.2011, *DJe* 02.03.2012).

A segunda hipótese de inversão do ônus da prova, a que se denomina inversão *ope judicis*, resulta da avaliação casuística do magistrado, que poderá determiná-la uma vez verificados os requisitos apontados pelo art. 6º, VIII, do CDC, ou seja, a "verossimilhança" e a "hipossuficiência" do fornecedor. Essa inversão só acontecerá por decisão do juiz proferida "preferencialmente no despacho saneador" mediante fundamentação adequada "de molde a assegurar plenamente o contraditório e a ampla defesa".[51]

Já a inversão *ope legis*, de que cogitam os arts. 12 e 14 do CDC, independe de qualquer deliberação judicial, por não se achar sob o regime do art. 6º, VIII, do mesmo Código. Basta que se demonstre o nexo causal entre o dano e o produto ou o serviço, para que o fabricante ou o prestador de serviços tenham de demonstrar a *inexistência do defeito*, sob pena de serem responsabilizados pela reparação respectiva.[52]

1.2.6. Conclusões

Em princípio, não se pode aceitar a sumária inversão do ônus da prova decidida laconicamente no despacho da petição inicial, por várias razões, dentre as quais se destacam as seguintes:

a) No despacho da inicial, é inconcebível o juízo de verossimilhança, acerca dos fatos apenas afirmados pelo autor, sem que antes se conheçam as contra-alegações do réu, e sem que a hipossuficiência do demandante tenha sido adequadamente demonstrada por ele, e convenientemente analisada pelo juiz; a regra do CDC deve ser entendida à luz do sistema do CPC/2015, onde a definição dos fatos controvertidos e da necessidade de prova deve ser feita pelo juiz no saneador (art. 357, III, do CPC/2015).

b) O ato autoritário que decreta a inversão sem aduzir motivo algum que *in concreto* a sustente é ato nulo, por violação tanto de regra processual ordinária (CPC/2015, art. 11) como de preceito constitucional (CF, art. 93, IX). É abundante a jurisprudência de que "é nula a decisão interlocutória sem nenhuma fundamentação", como a que ora se examina (*RJTJESP*, 128/295, 130/340; *RTJ* 79/340, 84/547; *RSTJ* 13/306; *RT* 620/144).

c) Juridicamente, consideram-se impossíveis as provas que, além de negativas, se referem a arguições genéricas, como, por exemplo, no caso em que o autor afirma o caráter enganoso da propaganda dos produtos vendidos pela ré, sem, no entanto, especificar e identificar onde e como se teria feito a promoção abusiva. Ficando tudo no plano das afirmações genéricas, não há como possa o fornecedor provar que não promoveu propaganda enganosa. Fatos indefinidos não se provam.

---

[51] STJ, 2ª Seção, REsp. 802.832/MG, Rel. Min. Paulo de Tarso Sanseverino, ac. 13.04.2011, *DJe* 21.09.2011.

[52] STJ, 3ª T., REsp. 1.168.775/RS, *cit.*: "1. A ação de indenização proposta com base em defeito na fabricação do veículo, objeto de posterior *recall*, envolvido em grave acidente de trânsito. 2. Comprovação pelo consumidor lesado do defeito do produto (quebra do banco do motorista com o veículo em movimento na estrada) e da relação de causalidade com o acidente de trânsito (perda do controle do automóvel em estrada e colisão com uma árvore), que lhe causou graves lesões e a perda total do veículo. 3. A dificuldade probatória ensejada pela impossibilidade de perícia direta no veículo sinistrado, no curso da instrução do processo, não caracteriza cerceamento de defesa em relação ao fabricante. 4. Inocorrência de violação às regras dos incisos II e III do § 3º do art. 12 do CDC".

Cabe bem, aqui, a advertência da boa doutrina de que "a finalidade da norma que prevê a inversão é a de *facilitar* a defesa dos direitos do consumidor, e não a de assegurar-lhe a vitória, ao preço elevado do sacrifício do direito de defesa, que ao fornecedor se deve proporcionar".[53] Como só se pode impor ao réu uma inversão que seja útil a seu direito de defesa, claro é que dele em hipótese alguma se poderá exigir prova impossível, nem, igualmente, caberá à Justiça decidir em favor do autor baseado apenas na frustração da prova contrária imposta ao demandado. E muito menos é de tolerar-se que semelhante exigência se dê, sem motivação alguma, em lacônico despacho da petição inicial.

1.3. A DESCONSIDERAÇÃO DA PERSONALIDADE JURÍDICA NAS AÇÕES DE RESPONSABILIDADE CIVIL

I – Introdução

No programa de aprimoramento da defesa proporcionada ao consumidor o CDC inclui e amplia a denominada "desconsideração da personalidade jurídica", nos casos de responsabilidade por fato do produto fornecido por pessoa jurídica. Nesse sentido, o art. 28 do CDC admite a extensão da responsabilidade aos sócios e diretores nos casos tradicionais de prejuízo para o consumidor derivados de "abuso de direito, excesso de poder, infração da lei, fato ou ato ilícito ou violação dos estatutos ou contrato social".

Prevê, ainda, a desconsideração "quando houver falência, estado de insolvência, encerramento ou inatividade da pessoa jurídica provocados por má administração". Segundo Zelmo Denari, trata-se de um pressuposto inédito, uma vez que "é a primeira vez que o Direito legislado acolhe a teoria da desconsideração sem levar em conta a configuração da fraude ou do abuso de direito".[54] Trata-se, com efeito, da adoção da teoria menor da desconsideração da personalidade jurídica, que incide com a simples prova da insolvência da pessoa jurídica. Nesse sentido, o entendimento do STJ:

– A teoria menor da desconsideração, acolhida em nosso ordenamento jurídico excepcionalmente no Direito do Consumidor e no Direito Ambiental, incide com a mera prova de insolvência da pessoa jurídica para o pagamento de suas obrigações, independentemente da existência de desvio de finalidade ou de confusão patrimonial.

– Para a teoria menor, o risco empresarial normal às atividades econômicas não pode ser suportado pelo terceiro que contratou com a pessoa jurídica, mas pelos sócios e/ou administradores desta, ainda que estes demonstrem conduta administrativa proba, isto é, mesmo que não exista qualquer prova capaz de identificar conduta culposa ou dolosa por parte dos sócios e/ou administradores da pessoa jurídica.

– A aplicação da teoria menor da desconsideração às relações de consumo está calcada na exegese autônoma do § 5º do art. 28, do CDC, porquanto a incidência desse

---

[53] Cf. BARBOSA MOREIRA, Carlos Roberto. *Op. cit.*, p. 136.
[54] DENARI, Zelmo. *In:* GRINOVER, Ada Pellegrini *et al*. *Código brasileiro de Defesa do Consumidor – comentado pelos autores do Anteprojeto*. 10. ed. Rio de Janeiro: Forense, 2011, v. 1, p. 254.

dispositivo não se subordina à demonstração dos requisitos previstos no *caput* do artigo indicado, mas apenas à prova de causar, a mera existência da pessoa jurídica, obstáculo ao ressarcimento de prejuízos causados aos consumidores.[55]

Pensamos, todavia, que essa interpretação da desconsideração da personalidade jurídica está sendo levada a um extremo que ultrapassa o enunciado da lei consumerista. Com efeito, se nos casos de falência, insolvência e encerramento da empresa, a lei permite a desconsideração da personalidade jurídica, independentemente de verificação do abuso de direito, do excesso de poder, de infração da lei, de ato ilícito ou violação do contrato social, o certo é que os eventos causadores da ruína econômica da pessoa jurídica só acarretam a responsabilidade solidária dos sócios em benefício do consumidor, quando "provocados por má administração", segundo o art. 28, *caput*, *in fine*. Logo, não é a falência ou a extinção da pessoa jurídica que, por si só, permitem a desconsideração. É a má administração da sociedade que leva a essa medida excepcional, a qual terá de ser pesquisada e demonstrada em juízo, seja nos autos da falência ou insolvência, seja nos próprios autos da ação indenizatória, durante a tramitação do incidente de desconsideração da personalidade jurídica.

Na verdade, se não há o elemento subjetivo culpa no ato gerador do dever de indenizar (vício ou fato do produto ou serviço), existe sua presença no momento da ruína ou extinção da sociedade fornecedora. Por outro lado, essa extensão da responsabilidade não se volta contra todos os sócios, mas apenas contra aqueles que exercem a direção da empresa, ou nela influem efetivamente. É que a desconsideração em tela, como já visto, é prevista, de acordo com o CDC, apenas para a ruína derivada de "má administração". Entre os alcançáveis, porém, incluem-se os sócios controladores, já que mesmo não ocupando cargo de gerência, podem figurar entre os causadores da política gerencial ruinosa.

Por sua vez, o § 5º, do art. 28 não pode ser interpretado como disposição que invalide o *caput*, de modo a autorizar a desconsideração sem requisito algum, tornando devedor solidário o sócio pelo simples fato de ser sócio do fornecedor pessoa jurídica. Penso que o parágrafo em questão representa um facilitador da desconsideração, mas haverá de ter algum liame fático-jurídico que relacione o sócio do evento gerador da obrigação estabelecida entre o fornecedor e o consumidor. Imagine-se uma sociedade anônima com centenas e até milhares de acionistas que nunca interferiram, de maneira alguma, na gestão societária. Estender a todos eles, indiscriminada e injustificadamente, a responsabilidade pelas obrigações consumeristas da companhia, seria um absurdo tão grande, que repugna qualquer tentativa de aplicar o § 5º do art. 28 para justificá-lo. Mesmo nas sociedades limitadas, o cotista que apenas colocou seus recursos para integralizar o capital social, sem jamais ter ocupado qualquer atividade de gestão da empresa, nem mesmo ter recebido qualquer reembolso na sua liquidação, não há como estender-lhe a corresponsabilidade pelas obrigações da pessoa jurídica, apenas porque qualificáveis como consumeristas.

---

[55] STJ, 3ª T., REsp. 279.273/SP, Rel. p/ acórdão Min. Nancy Andrighi, ac. 04.12.2003, *DJU* 29.03.2004, p. 230. No mesmo sentido: STJ, 4ª T., AgRg no REsp. 1.106.072/MS, Rel. Min. Marco Buzzi, ac. 02.09.2014, *DJe* 18.09.2014.

De fato, a doutrina controverte se a norma, em razão de sua amplitude, adquiriu caráter principal ou subsidiário ao caput, que prevê requisitos específicos para a desconsideração.[56]

A jurisprudência do STJ, como já se viu, vem aplicando a norma de forma ampla, admitindo a desconsideração sem qualquer demonstração de culpa ou ato ilícito, bastando a impossibilidade financeira da empresa para arcar com a indenização ao consumidor.

Entretanto, até mesmo nessa situação, o entendimento do STJ é no sentido de não admitir que a desconsideração atinja patrimônio pessoal de membros do Conselho Fiscal, sem que haja ao menos indício de sua participação para o evento danoso:

> 4. No entanto, mesmo sendo aplicada a teoria menor no presente caso, em que não se exige a prova do abuso da personalidade jurídica, o art. 28, § 5º, do Código de Defesa do Consumidor não pode ser interpretado de forma tão ampla a permitir a responsabilização de quem jamais integrou a diretoria ou o conselho de administração da cooperativa, como no caso do ora recorrente, que exerceu, por breve período, apenas o cargo de conselheiro fiscal, o qual não possui função de gestão da sociedade.
>
> 5. Dessa forma, salvo em casos excepcionais, em que houver comprovação de que o conselheiro fiscal tenha agido com fraude ou abuso de direito, ou, ainda, tenha se beneficiado, de forma ilícita, em razão do cargo exercido, não se revela possível a sua responsabilização por obrigações da sociedade cooperativa.[57]

Nesse contexto, a desconsideração só pode afetar o patrimônio de quem figura no quadro societário no momento da incidência da norma, ou seja, quando a dificuldade financeira é constatada:

> A despeito de não exigir prova de abuso ou fraude para fins de aplicação da Teoria Menor da desconsideração da personalidade jurídica, tampouco de confusão patrimonial, o § 5º do art. 28 do CDC não dá margem para admitir a responsabilização pessoal de quem não integra o quadro societário da empresa, ainda que nela atue como gestor. Precedente".[58]

As relações de consumo se travam no mercado, onde atuam as pessoas jurídicas, cujo regime é disciplinado por leis especiais que regulam a autonomia da personalidade, do patrimônio e das obrigações, e que preveem quando os sócios respondem solidariamente por dívidas da sociedade. A desconsideração da personalidade jurídica somente pode ser vista como figura excepcional, justificada por conduta anômala do sócio à frente dos negócios societários, sob pena de desequilibrar as estruturas empresariais sobre que se apoia o mercado no Estado Democrático de Direito.

---

[56] MIRAGEM, Bruno. Curso de direito do consumidor. 8. ed. São Paulo: Thomson Reuters Brasil, 2019, p. 818-819.
[57] STJ, 3ª T., REsp. 1.804.579/SP, Rel. Min. Marco Aurélio Bellizze, ac. 27.04.2021, DJe 04.05.2021. No mesmo sentido: STJ, 3ª T., REsp. 1.766.093/SP, Rel. p/ acórdão Min. Ricardo Villas Bôas Cueva, ac. 12.11.2019, DJe 28.11.2019.
[58] STJ, 3ª T., REsp. 1.862.557/DF, Rel. Min. Ricardo Villas Bôas Cueva, ac. 165.06.2021, DJe 21.06.2021.

O § 5º do art. 28 do CDC, numa visão sistêmica do direito empresarial – no qual o consumidor figura como um dos respectivos sujeitos – há de ser lido e aplicado, com mais flexibilidade, a fim de dar interpretação ampliativa e analógica às hipóteses do *caput* do dispositivo, nunca como instrumento de responsabilização genérica e imotivada do sócio pelas obrigações consumeristas da sociedade. Alguma anomalia no comportamento do sócio em face dos negócios da pessoa jurídica terá de justificar a desconsideração, alguma irregularidade haverá de ter ocorrido para torná-la censurável pelo consumidor, ainda que fora da tipicidade das infrações catalogadas no *caput* do dispositivo legal comentado.

A nosso ver, o parágrafo em questão contém uma cláusula geral que dilarga o conteúdo do *caput*, sem, entretanto, se alhear por completo das hipóteses neste censuradas. Enfim, toda desconsideração da personalidade jurídica parte de uma censura a algum tipo de conduta do sócio no uso da personalidade jurídica societária. Não é sua função simplesmente anular o tipo societário a que a pessoa jurídica se liga. É razoável até que se jogue com a inversão do ônus da prova, para atribuir ao sócio a prova de que nenhuma interferência irregular tenha cometido sobre a gestão da empresa. Mas, o que se nos afigura inaceitável é simplesmente aplicar o § 5º do art. 28 do CDC, de forma autônoma, para tornar solidário, indiscriminada e imotivadamente, todo e qualquer sócio por obrigação de qualquer tipo de sociedade, apenas pela circunstância de tratar-se de dívida contraída perante consumidor.

Nesta perspectiva, não se pode, *concessa venia*, endossar a tese do STJ de que: "é possível a desconsideração da personalidade jurídica da sociedade empresária – acolhida em nosso ordenamento jurídico, excepcionalmente, no Direito do Consumidor – bastando, para tanto, a mera prova de insolvência da pessoa jurídica para o pagamento de suas obrigações, independentemente da existência de desvio de finalidade ou de confusão patrimonial, é o suficiente para se 'levantar o véu' da personalidade jurídica da sociedade empresária".[59]

É que, ao contrário da afirmação do acórdão, a insolvência da pessoa jurídica não é objeto do § 5º, mas do *caput* do art. 28, no qual se apresenta como causa da desconsideração somente quando a incapacidade de pagamento da pessoa jurídica derivar de "má administração". A vontade da lei, portanto, está explícita, e não pode ser anulada por uma visão puramente literal do § 5º, cujo sentido é bem outro, como já tentamos explicar.

Outro caso de desconsideração é legalmente previsto para as "sociedades integrantes dos grupos societários e as sociedades controladas", entre as quais se reconhece responsabilidade subsidiária pelas obrigações oriundas das relações de consumo (CDC, art. 28, § 2º). Explica-se esta desconsideração pelas íntimas intervinculações patrimoniais e obrigacionais estabelecidas entre as sociedades agrupadas, que, para o consumidor, se apresentam como uma unidade.

Entre as sociedades consorciadas impõe o CDC a solidariedade pelas aludidas obrigações (art. 28, § 3º). Mas "as sociedades coligadas só responderão por culpa" (art. 28, § 4º). Aqui está, expressamente, prevista a causa ética da solidariedade.

---

[59] STJ, 4ª T., AgRg no REsp. 1.106.072/MS, Rel. Min. Marco Buzzi, ac. 02.09.2014, *DJe* 18.09.2014.

Finalmente, "também poderá ser desconsiderada a pessoa jurídica sempre que sua personalidade for, de alguma forma, obstáculo ao ressarcimento de prejuízos causados aos consumidores" (CDC, art. 28, § 5º), regra que já comentamos e cuja aplicação reclama alguma ponderação.

O STJ aplicou o disposto no art. 28, *caput* e § 5º do CDC, a um caso de resolução de compromisso de compra e venda de imóvel em construção, cuja obra foi paralisada, tornando-se inativa a empresa responsável. Os fundamentos do julgado foram: a) reconhecidamente, "houve inatividade da pessoa jurídica, decorrente da má administração, circunstância apta, de per si, a ensejar a desconsideração, com fundamento no art. 28, *caput*, do CDC"; b) "no contexto das relações de consumo, em atenção ao art. 28, § 5º, do CDC, os credores não negociais da pessoa jurídica podem ter acesso ao patrimônio dos sócios, mediante a aplicação da *disregard doctrine*, bastando a caracterização da dificuldade de reparação dos prejuízos sofridos em face da insolvência da sociedade empresária".[60] Sem embargo do segundo fundamento, o certo é que o julgador partiu, corretamente, do pressuposto de que a inatividade da empresa decorreu de má administração da construtora, elemento suficiente para a desconsideração da personalidade jurídica.

II – Procedimento

O Código de Processo Civil de 2015 regulou o procedimento para que o juiz desconsidere a personalidade jurídica da empresa nos arts. 133 a 137. A lei processual nova previu duas oportunidades para se requerer a desconsideração da personalidade jurídica: (i) juntamente com a inicial; ou, (ii) em petição autônoma, como incidente processual, protocolada no curso da ação. Em qualquer caso, o pedido pode ser feito pela parte ou pelo Ministério Público, quando lhe couber intervir no processo (art. 133, *caput*). O requerimento deve demonstrar, ainda, o preenchimento dos pressupostos legais específicos, que, em se tratando de ação de consumo, são trazidos pelo art. 28, do CDC.

a) Desconsideração requerida com a petição inicial:

Pode o autor, ao ajuizar a ação, apresentar provas da utilização indevida da personalidade jurídica da empresa e requerer a sua desconsideração, para atingir os bens particulares dos sócios ou administradores responsáveis pelos atos fraudulentos. Nesse caso, o requerente promoverá a citação do sócio ou da pessoa jurídica para integrar a lide e contestar o pedido de desconsideração (CPC/2015, art. 134, § 2º). Assim, não será necessária a instauração de um incidente específico, nem mesmo a suspensão do processo, na medida em que a defesa a respeito da desconsideração será apresentada pelos réus com a contestação. De igual forma, as provas eventualmente requeridas serão realizadas durante a instrução processual, devendo o juiz julgar o pedido de desconsideração com a sentença.

---

[60] STJ, 3ª T., REsp. 737.000/MG, Rel. Min. Paulo de Tarso Sanseverino, ac. 01.09.2011, *DJe* 12.09.2011. Precedente: STJ, 3ª T., REsp. 279.273/SP, Rel. p/ ac. Min. Nancy Andrighi, ac. 04.12.2003, *DJU* 29.03.2004, p. 230.

b) Desconsideração requerida como incidente:

Se o requerente não tiver conhecimento da fraude ao ajuizar a ação, o pedido pode ser feito posteriormente, durante a marcha processual, por meio de simples petição em que se comprovem os requisitos legais. Em tal circunstância, a instauração do incidente suspenderá o processo (CPC/2015, art. 134, § 3º). O incidente pode ser instaurado em todas as fases do processo de conhecimento, no cumprimento de sentença e na execução fundada em título executivo extrajudicial (art. 134, *caput*).

A instauração do incidente de desconsideração será imediatamente comunicada ao distribuidor para as anotações devidas (art. 134, § 1º), em decorrência da ampliação subjetiva da relação processual originária. Além disso, o sócio ou a pessoa jurídica serão citados para apresentar defesa e requerer as provas cabíveis no prazo de quinze dias (art. 135), a fim de cumprir-se a garantia fundamental do contraditório.

O incidente deverá ser julgado pelo juiz logo após a defesa ou depois de realizada a instrução, se necessária, por meio de decisão interlocutória, contra a qual caberá agravo de instrumento (arts. 136, *caput* e 1.015, IV). Se o incidente for resolvido em sede recursal, pelo relator, a decisão será atacável por meio de agravo interno (art. 136, parágrafo único).

c) Desconsideração requerida em execução ou no cumprimento de sentença:

Na hipótese de a desconsideração da personalidade jurídica ser requerida nos autos da execução ou durante o cumprimento de sentença, mesmo quando a formulação do pedido se der na própria petição inicial ou no requerimento do cumprimento da sentença, será sempre obrigatória a observância do incidente regulado pelos arts. 134 a 136, do CPC/2015. É que o procedimento executivo, em sua forma pura, não tem sentença para resolver sobre a responsabilidade nova (a do sócio ou da pessoa jurídica não devedores originariamente) e, sem tal decisão, faltará título executivo para sustentar o redirecionamento da execução. Somente, portanto, por meio do procedimento incidental em tela é que, cumprido o contraditório, se chegará a um título capaz de justificar o redirecionamento. Cabe, pois, ao incidente a função de constituir o título legitimador da execução contra aqueles a que se imputa a responsabilidade patrimonial pela obrigação contraída em nome de outrem.

III – Decadência

Segundo o entendimento jurisprudencial dominante, o pedido de desconsideração da personalidade jurídica é direito potestativo da parte prejudicada. Uma vez que a lei não estatuiu prazo para o seu exercício, não sofre os efeitos da decadência:

1. A desconsideração da personalidade jurídica é técnica consistente na ineficácia relativa da própria pessoa jurídica – *rectius*, ineficácia do contrato ou estatuto social da empresa –, frente a credores cujos direitos não são satisfeitos, mercê da autonomia patrimonial criada pelos atos constitutivos da sociedade.

2. Ao se pleitear a superação da pessoa jurídica, depois de verificado o preenchimento dos requisitos autorizadores da medida, é exercido verdadeiro direito potestativo de ingerência na esfera jurídica de terceiros – da sociedade e dos sócios –, os quais, inicialmente, pactuaram pela separação patrimonial.

3. Correspondendo a direito potestativo, sujeito a prazo decadencial, para cujo exercício a lei não previu prazo especial, prevalece a regra geral da inesgotabilidade ou da perpetuidade, segundo a qual os direitos não se extinguem pelo não uso. Assim, à míngua de previsão legal, o pedido de desconsideração da personalidade jurídica, quando preenchidos os requisitos da medida, poderá ser realizado a qualquer tempo.[61]

Entretanto, se se pretende incluir na lide sócio ou administrador por dívida da sociedade (ou vice-versa), é preciso, primeiro, acertar a existência do fato constitutivo dessa excepcional responsabilidade por obrigação alheia, para que se possa dar início à atividade executiva sobre seu patrimônio pessoal. Esse acertamento – que irá criar o "título executivo" superveniente ao título originário – somente poderá se aperfeiçoar legitimamente se se respeitar, em sua constituição, o devido processo legal, ainda que isso se passe em incidente da execução, e não em processo ordinário específico e autônomo.

O tema não é novo e já foi muito questionado e explorado no âmbito das execuções de créditos tributários, uma vez que o CTN prevê a responsabilidade de sócios e administradores por dívidas de pessoa jurídica, em situações análogas àquelas que atualmente fundamentam, no art. 50 do Código Civil e 28 do CDC, a desconsideração da personalidade jurídica.

Está assente na jurisprudência do STJ,[62] tal como se passa no sistema do art. 28 do CDC, que não é objetiva e automática a responsabilidade do sócio/administrador pela dívida tributária contraída pela sociedade. Admite-se, no entanto, *redirecionamento da execução*, da pessoa jurídica para o sócio-gerente, em algumas situações tipificadas em lei. Por outro lado, e uma vez que tal redirecionamento pressupõe apuração e certeza da coobrigação tributária atribuída ao sócio, o procedimento incidental destinado a tal objetivo terá de ser promovido, obrigatoriamente, "mediante citação do mesmo",[63] como tem decidido o STJ.

Se o sócio que se torna obrigado pelo débito tributário da sociedade só pode suportar o redirecionamento da execução mediante prévia citação para o incidente de acertamento de sua responsabilidade e para sujeição de seus bens particulares à atividade executiva, por que não haverá de prevalecer igual cautela em face da aplicação incidental da desconsideração da personalidade jurídica, quando fundada no art. 50 do Código Civil ou no art. 28 do CDC?

Entretanto, a citação do sócio a ser responsabilizado não pode ocorrer a qualquer momento, mas haverá de sujeitar-se ao prazo prescricional da obrigação. O posicionamento tranquilo do STJ em relação à execução fiscal é no sentido de admitir a prescrição,

---

[61] STJ, 4ª T., REsp. 1.312.591/RS, Rel. Min. Luis Felipe Salomão, ac. 11.06.2013, DJe 01.07.2013. No mesmo sentido: STJ, 4ª T., EDcl no REsp. 1.401.234/CE, Rel. Min. Luis Felipe Salomão, ac. 01.09.2015. DJe 08.09.2015.

[62] STJ, 1ª T., REsp. 738.502/SC, Rel. Min. Luiz Fux, ac. 18.10.2005, DJ 14.11.2005, p. 217. No mesmo sentido: STJ, 1ª Seção, REsp 1.101.728/SP, Rel. Min. Teori Albino Zavascki, ac. 11.03.2009, DJe 23.03.2009.

[63] STJ, 2ª T., REsp. 278.744/SC, Rel.ª Min.ª Eliana Calmon, ac. 19.03.2002, DJ 29.04.2002, p. 220.

exigindo que o redirecionamento contra o sócio se dê no prazo de 05 anos a contar do ato interruptivo em relação à pessoa jurídica, sob pena de tornar imprescritível a dívida fiscal,[64] o que seria inconstitucional.

Para o sócio, opera-se a interrupção da prescrição por força do mesmo ato interruptivo praticado em face da pessoa jurídica (CTN, art. 174, parágrafo único). Todavia, como o sócio não integra a relação processual estabelecida apenas contra a pessoa jurídica, para que o Fisco possa pretender a sua responsabilização preciso é que pratique ato adequado no curso do executivo, qual seja: o redirecionamento da execução contra o sócio, medida que só se concretiza pela efetiva citação daquele que se pretende responsável pelo débito da sociedade. É preciso ainda que o faça dentro do prazo de 05 anos contados do ato interruptivo (CTN, art. 174).[65]

Para evitar a prescrição em relação ao sócio, portanto, não basta que pratique atos na execução aparelhada contra a pessoa jurídica. É indispensável que se volte diretamente contra o sócio, praticando ato inequívoco no sentido de sua responsabilização direta, qual seja requerimento tempestivo de despacho ordenando a citação e, ainda, a efetivação de citação válida. A inércia pelo prazo de 05 anos na adoção desta providência, após interrompida a prescrição para a sociedade, enseja a sua consumação para o sócio.

O raciocínio utilizado no redirecionamento da execução fiscal é o mesmo observável quando se trata do incidente de desconsideração da personalidade jurídica nas execuções civis.

1.4. DENUNCIAÇÃO À LIDE

O art. 88, do CDC veda expressamente a denunciação da lide nas ações de consumo. Entretanto, o comerciante que vier a realizar o pagamento ao consumidor, nas ações de responsabilidade pelo fato do produto ou do serviço, não ficará prejudicado, uma vez que o mesmo dispositivo legal permite que a ação de regresso seja ajuizada em processo autônomo, ou prossiga nos próprios autos da ação ajuizada pelo consumidor.

A vedação legal se justifica para que se evite retardamentos na ação do consumidor. Ora, a denunciação da lide consiste em chamar o terceiro (denunciado), que mantém um vínculo de direito com a parte (denunciante), para vir responder pela garantia do negócio jurídico, caso o denunciante saia vencido no processo. Destarte, cria nova ação, no bojo da anteriormente ajuizada, com o fim específico de decidir a relação jurídica existente entre denunciante e denunciado.

---

[64] STJ, 2ª T., AgRg-Ag 1.246.859/SP, Rel. Min. Castro Meira, ac. 17.12.2009, *DJe* 10.02.2010. "A citação da empresa executada interrompe a prescrição em relação aos seus sócios-gerentes para fins de redirecionamento da execução fiscal. No entanto, *com a finalidade de evitar a imprescritibilidade das dívidas fiscais, vem-se entendendo, de forma reiterada, que o redirecionamento da execução contra os sócios deve dar-se no prazo de cinco anos contados da citação da pessoa jurídica*" (g.n.) (STJ, 2ª T., AgRg no Ag 1.211.213/SP, Rel. Min. Mauro Campbell Marques, ac. 15.02.2011, *DJe* 24.02.2011).

[65] "Art. 174. A ação para a cobrança do crédito tributário prescreve em cinco anos, contados da data da sua constituição definitiva. Parágrafo único. A prescrição se interrompe: I – pelo despacho do juiz que ordenar a citação em execução fiscal; [...]".

Muitas vezes, a denunciação irá discutir questão totalmente estranha ao consumidor e à ação por ele ajuizada, o que poderia retardar o julgamento da ação de consumo, em evidente prejuízo da parte vulnerável da relação consumerista. Eis a razão pela qual a lei veda essa intervenção de terceiro.

A jurisprudência é cediça nesse sentido:

1. "É vedada a denunciação da lide nas relações de consumo, nos termos do art. 88 do CDC" (AgRg no REsp 1288943/SP, Rel. Ministro João Otávio de Noronha, 3ª T., j. 15.09.2015, DJe 21.092015).[66]

Importante se faz ressaltar o entendimento do STJ no sentido de ampliar a vedação da denunciação da lide para as ações de acidente de consumo, não se limitando àquelas relativas à responsabilidade civil pelo fato do produto ou serviço:

1. A vedação à denunciação da lide prevista no art. 88 do CDC não se restringe à responsabilidade de comerciante por fato do produto (art. 13 do CDC), sendo aplicável também nas demais hipóteses de responsabilidade civil por acidentes de consumo (arts. 12 e 14 do CDC).[67]

Por fim, deve-se destacar que a vedação à denunciação da lide é norma de proteção do consumidor. Destarte, não pode ser alegada pelo fornecedor denunciado para eximir-se de sua responsabilidade:

1 – A norma do art. 88 do CDC, que proíbe a denunciação à lide, consubstancia-se em regra insculpida em benefício do consumidor, atuando em prol da brevidade do processo de ressarcimento de seus prejuízos, em face da responsabilidade objetiva do fornecedor, devendo, por esse motivo, ser arguida pelo próprio consumidor, em seu próprio benefício.

2 – Desse modo, na hipótese de deferimento da denunciação requerida pelo réu sem insurgência do consumidor promovente, legitimado a tal, descabe ao denunciado fornecedor invocar em seu benefício a regra de afastamento da denunciação para eximir-se de suas responsabilidades perante o denunciante, desvirtuando regra concebida em favor do consumidor em juízo.

3 – *In casu*, tendo havido já condenação nas instâncias ordinárias, sem prejuízo para o consumidor, a interpretação do art. 88 do CPC deve ser realizada em harmonia com o princípio da facilitação do acesso do consumidor aos órgãos judiciários, bem como da celeridade e economia processual para todas as partes do processo, não havendo justificativa, no caso, para se cassar a decisão de admissão da denunciação da lide.[68]

---

[66] STJ, 4ª T., AgInt no AREsp. 803.824/RJ, Rel. Min. Maria Isabel Gallotti, ac. 10.05.2016, DJe 18.05.2016.
[67] STJ, 3ª T., REsp. 1.165.279/SP, Rel. Min. Paulo de Tarso Sanseverino, ac. 22.05.2012, DJe 28.05.2012. No mesmo sentido: STJ, 3ª T., AgRg no AREsp. 153.703/SP, Rel. Min. João Otávio de Noronha, ac. 13.10.2015, DJe 19.10.2015.
[68] STJ, 4ª T., REsp. 913.687/SP, Rel. Min. Raul Araújo, ac. 11.10.2016, DJe 04.11.2016.

1.5. DISPENSA DE ADVOGADO NAS AÇÕES DO JUIZADO ESPECIAL

Muitas ações de consumidor são ajuizadas nos juizados especiais que, em algumas comarcas, possuem vara específicas do consumidor. Assim, nos termos do *caput* do art. 9º da Lei nº 9.099/1995, se o valor da causa for de até vinte salários mínimos, o consumidor poderá comparecer pessoalmente ao juizado, sem a assistência de advogado, e expor ao funcionário responsável a sua pretensão, que será reduzida a termo e enviada ao juiz para apreciação. Entretanto, se o valor da causa for superior a vinte salários mínimos, a assistência de advogado é obrigatória. Por fim, "sendo facultativa a assistência, se uma das partes comparecer assistida por advogado, ou se o réu for pessoa jurídica ou firma individual, terá a outra parte, se quiser, assistência judiciária prestada por órgão instituído junto ao Juizado Especial, na forma da lei local" (art. 9º, § 1º, da Lei).

1.6. LEGITIMIDADE DO MINISTÉRIO PÚBLICO PARA AJUIZAR AÇÃO CIVIL PÚBLICA INDIVIDUAL COMO SUBSTITUTO PROCESSUAL

Com efeito, o Ministério Público possui legitimidade para ajuizar ação civil pública (ação coletiva, portanto) em defesa de consumidores (Lei nº 7.347/1985, art. 5º, I). Entretanto, a jurisprudência vai além e admite a sua legitimidade para ajuizar ação individual relativa ao direito de saúde, como substituto processual de pessoa idosa:

> 1. Recurso especial no qual se discute se as ações de fornecimento de medicamentos/tratamento médico, ajuizadas pelo Ministério Público em substituição processual de cidadão idoso enfermo, podem ser julgadas pelos Juizados Especiais da Fazenda Pública.
>
> 2. Não há óbice para que os Juizados Especiais procedam ao julgamento de ação que visa o fornecimento de medicamentos/tratamento médico, quando o Ministério Público atua como substituto processual de cidadão idoso enfermo.
>
> 3. Embora o direito à saúde se insira no gênero dos direitos difusos, sua defesa pode-se dar tanto por meio de ações coletivas, como individuais; e a intenção do legislador federal foi de excluir da competência dos Juizados Especiais a defesa coletiva do direito à saúde, e não a defesa individual.[69]

O STJ editou a Súmula 601, no sentido de que "o Ministério Público tem legitimidade ativa para atuar na defesa de direitos difusos, coletivos e individuais homogêneos dos consumidores, ainda que decorrentes da prestação de serviço público".

---

[69] STJ, 1ª T., REsp. 1.409.706/MG, Rel. Min. Benedito Gonçalves, ac. 07.11.2013, *DJe* 21.11.2013. No mesmo sentido: STJ, 2ª T., AgRg no REsp. 1.354.068/RS, Rel. Min. Assusete Magalhães, ac. 18.06.2015, *DJe* 01.07.2015.

Capítulo II
OS PODERES DO JUIZ NA CONCRETIZAÇÃO DO DIREITO

2.1. DIREITO E SUBSTÂNCIA

O homem por sua essência gregária não pode prescindir da sociedade, que por sua vez não cumpre sua função em face do homem sem o direito, que a sistematiza e a mantém útil e fiel a seu destino.

Sente-se o direito, compreende-se o seu conteúdo, comprova-se seu desiderato. Não se consegue, porém, atribuir-lhe um conceito universalmente aceito. As coisas mais simples e mais evidentes são as mais difíceis de conceituação.

Do direito tem-se uma *ideia* que corresponde a um *esquema* ou um *projeto* que aponta para certos objetivos, de maneira que, na convivência social, o direito representa o sentido de algo que se tende a realizar para que a vida social se torne viável segundo os padrões valorizados pela coletividade ou pela facção dominante.

Nessa ordem de ideias, o direito é cambiante e não se consegue detectar uma *substância jurídica*, já que a forma de projetar a organização social é vária, e não única. Todo comportamento que se pretenda submeter a alguma forma de coação torna-se jurídico (isto é, relevante para o direito). Todo comportamento, para o qual a organização social impositiva não volte sua preocupação disciplinadora, torna-se não jurídico (ou seja, irrelevante para o direito).

Problemas de ordem religiosa, ou de ordem cívica, conforme a cultura de determinada época, podem ser abrangidos por normas e sanções jurídicas. Em outras, passam a figurar num plano pelo qual não se interessa o ordenamento jurídico. Não há, portanto, como aprioristicamente definir a essência do direito, ou a substância do jurídico. O direito abrange, pois, o que ele entende conveniente regular.

O direito, na realidade, define-se a si mesmo e constitui uma categoria que pode abranger os mais variados conteúdos.[1] Por isso, Santi Romano adverte que é tarefa inútil e infrutífera pretender fixar os caracteres diferenciadores do fenômeno jurídico

---

[1] BATALHA, Campos. Dialética da Abstração e da Concreticidade no Direito. *Revista Forense*, v. 269, p. 399, jan.-fev.-mar./1980.

diante daqueles próprios da religião, da moral, dos costumes, das chamadas convenções sociais, da economia, das regras técnicas etc.[2] "Cada uma daquelas manifestações do espírito humano pode ser, no todo ou em parte, absorvida no mundo jurídico e formar o seu conteúdo. Quando se disse que o direito representa o *minimum* ético (Jellinek), afirmou-se algo verdadeiro, mas também enorme inexatidão: o direito representa não apenas uma quantidade de moral, mas também de economia, de costume, de técnica etc., e essa quantidade, que não pode ser circunscrita e medida *a priori*, não constitui obrigatoriamente um *minimum*".[3]

Historicamente, houve épocas em que o Estado incorporou ao direito as regras religiosas, outras em que ampliou a juridicização da moral e, em tempos como o nosso, o direito econômico impôs-se como exigência de uma sociedade superindustrializada, onde as relações de massa se generalizaram.

2.2. DIREITO E OUTRAS NORMAS DE COMPORTAMENTO SOCIAL

Estando a vida social condicionada a imposições de normas provenientes de diversas fontes, os cientistas estão sempre preocupados em delimitar e diferenciar os distintos regramentos por meio da identificação do conteúdo e essência de cada um deles, como, por exemplo, se dá no cotejo entre direito e moral, técnica profissional e ética, religião e moral etc.

Nessa tentativa de separar o campo de atuação das diferentes normas que condicionam o comportamento em sociedade, chegar-se-á, porém, à conclusão de que há normas sociais jurídicas e não jurídicas, mas "toda norma social é suscetível de tornar-se regra de direito".[4] Assim, uma regra técnica profissional, alguma receita culinária, certos preceitos de composição literária, bem como determinados mandamentos religiosos, tudo isto, em determinado momento, pode ser absorvido por alguma regra de direito, tornando-se, portanto, objeto de direito, daí em diante.

Já o mesmo não se passa no sentido inverso, isto é, entre o jurídico e o não jurídico, ou no interrelacionamento entre as outras normas sociais que não as de direito.

Logo, alguns corolários se impõem:

> Que, ao contrário de outras normas sociais, cada uma das quais tem seu objeto específico, a regra legal tem um conteúdo abstrato indeterminado, ou melhor, que nem sequer tem conteúdo, que funciona como um simples conteúdo; que a lei não corresponde a um sistema particular de valores, que está ligada a um sistema de valores apenas indiretamente, por intermédio de outros sistemas normativos, aos quais traz consagração (emprestando-lhes sua restrição ou a arbitragem de seus juízes).[5]

---

[2] SANTI ROMANO. *L'ordinamento giuridico*, 1945. p. 37. *In:* Dialética da Abstração e da Concreticidade no Direito. *Revista Forense*, v. 269, p. 399, jan.-fev.-mar./1980.
[3] SANTI ROMANO. *Op. cit. Apud* CAMPOS BATALHA. *Op. cit.*, p. 399.
[4] PINTO, Roger; GRAWITZ, Madeleine. *Méthodes des sciences sociales*, 1964, t. I, n. 69, *apud* CARBONNIER, Jean. *Essais sur les Lois*. 2. ed. Paris: Repertoire du Notariat Defrénois, 1995, p. 293.
[5] *Qu'au rebours des autres normes sociales, dont chacune a son objet concret, la règle juridique a un contenu indéterminé, abstrait, ou plutôt qu'elle n'a même pas de contenu, qu'elle fonctionne comme un*

Enfim, não se pode pensar que o jurídico seja algo inerente à natureza da coisa, algo imutável e sempre presente em certo comportamento humano.

O que o direito faz é manejar a técnica de aperfeiçoar e tornar possível a vida social ou gregária, da qual o homem não pode prescindir. Mas o faz segundo uma perspectiva do futuro na do passado: a antevisão do que se deseja fazer acontecer, e não do que naturalmente deveria acontecer. É a própria sociedade que vai jurisdicizando o que entende necessário exigir de seus membros, e dessa maneira vai criando as regras do direito positivo, aproveitando-se, quase sempre, de outras fontes normativas não cogentes, como a ética, a religião, a política, a economia etc.

Assim sendo, o direito não é uma obra da natureza, porém, um fenômeno social. Daí não ser uma obra de um só homem, mas de vários homens; não só de uma época, mas de várias épocas. Não é ciência do ser; é a ciência do dever ser. Logo, é fenômeno não somente *social*, mas também *cultural*.[6]

2.3. DO AUTORITARISMO AO ESTADO DE DIREITO

Um problema é o de criar as normas que formarão o direito positivo, outro é o de fazer atuar esse direito quando violado ou posto em dúvida.

Nos Estados primitivos, o governo era rusticamente estruturado. Não havia especialização de funções estatais. Um único agente assumia todas elas, e o soberano não só criava a norma, como lhe dava aplicação diante dos conflitos. Na maioria das vezes, a solução do litígio era feita segundo apenas a vontade autoritária do soberano.

A evolução da civilização conduziu à democratização do Estado, à valorização da lei e à especialização da função jurisdicional. No Estado de Direito, não apenas os indivíduos se sujeitam à lei, emanada do Poder especializado em criar as regras do ordenamento jurídico, mas todos os agentes do governo, em qualquer nível, também se subordinam ao império da lei. É que, como ocorre entre nós, dentre as garantias fundamentais consagradas pela Constituição, figura a solene declaração de que ninguém será obrigado a fazer ou deixar de fazer alguma coisa senão em virtude de lei (CF, art. 5º, II). E, por outro lado, para que a vontade da lei não deixe de ser observada, outra garantia fundamental assegura que nenhuma lesão ou ameaça a direito será subtraída à apreciação do Poder Judiciário (CF, art. 5º, XXXV).

Com isso, equipa-se o Estado Democrático de Direito com os mecanismos que lhe permitem implantar, de forma efetiva, a garantia, também fundamental, do *devido processo legal* (CF, art. 5º, LIV e LV), que, em resumo, consta da figura do juiz natural, do procedimento em contraditório e da ampla defesa, tudo com o propósito de compor os litígios segundo a lei e da maneira mais efetiva e justa que a Justiça estatal possa fazer.

---

simple contenant; que le droit ne correspond pas à un système particulier de valeurs, qu'il ne se rattache à un système de valeurs qu'indirectement, par l'intermédiaire des autres systèmes normatifs, auxquels il apporte sa consécration (en leur prêtant sa contrainte ou l'arbitrage de ses juges) (CARBONNIER. *Essais sur les Lois*, cit., p. 293).

[6] AMORIM, Edgar Carlos de. *O juiz e a aplicação das leis*. 3. ed. Rio de Janeiro: Forense, 1997, p. 28.

Com o devido processo legal, a realização do direito, na pacificação dos litígios, escapa do autoritarismo, porque quem a realiza não é o administrador estatal nem o criador da norma legal, mas um órgão neutro, independente e imparcial, cujo compromisso máximo é com a lei e cujo limite do poder é a própria lei.

2.4. O JUIZ REVELA E APLICA O DIREITO *IN CONCRETO*

No Estado Democrático de Direito, os indivíduos são livres para governar sua conduta em sociedade e gozam da garantia de que apenas a lei poderá interferir para dimensionar e delimitar essa liberdade.

As leis, emanadas do organismo especializado a que a comunidade delega a função de regrar a convivência social, são, no entanto, preceitos genéricos e abstratos. São regras que não retratam a interpretação de fenômenos já acontecidos, mas que se propõem a antever acontecimentos passíveis de ocorrer no futuro. É para condicioná-los ou sancioná-los que se traçam as normas jurídicas.

O direito, assim, não retrata o resultado de experiências pretéritas sobre o ser (o que *é*), tal como nas ciências matemáticas ou físicas. Seu mundo é o do prognóstico e suas leis visam ao hipotético: o que se imagina que *deva ser*, e não o que *já é*.

Como a organização social, dentro da concepção jurídica, não pode ser arbitrária nem despótica, cabe ao legislador e ao aplicador da lei orientarem-se segundo certos *valores*, pois não é de relações exatas e permanentes que se nutre o direito, mas de certas *ideias* ou *critérios* que, como preocupações máximas e constantes, se prestam a identificar as aspirações que, em plenitude, dominam a sociedade. Ainda que, por sua magnitude, o homem jamais consiga implementá-los de forma absoluta, essas ideias, esses valores culturais, estão sempre presentes, a impulsionar as criações sociais para certos rumos e desígnios.

No Estado Democrático de Direito, alguns valores supremos são constantemente lembrados e invocados como inalienáveis e, por isso mesmo, inafastáveis da criação da lei e de sua aplicação prática, como *Justiça, Segurança e Bem Comum*.[7]

Mas a própria ideia a respeito desses valores é excessivamente *vaga* e *abstrata*, pois varia conforme o grau de civilização e os costumes de cada povo e de cada época.

Em qualquer lugar e em qualquer tempo o direito sempre estará preocupado com o justo, com a segurança e com o bem comum, pelo que se podem tê-los como eternos. Essa eternidade liga-se, porém, a seu caráter abstrato e genérico. Perde-se logo essa perenidade, quando tais valores saem do seu primitivo estado de abstração e caem no plano prático, isto é, quando concretamente se lhes atribui conteúdo.

É que, ao passar para o mundo prático das normas do ordenamento jurídico, deixam de ser princípios e tornam-se regras, e, aí, o mundo cambiante da vida irá

---

[7] "Em todo sistema jurídico coexistem dois valores ético-sociais: a justiça e segurança" (SOUZA, Carlos Aurélio Mota de. *Poderes éticos do juiz*. Porto Alegre: Fabris, 1987, p. 19). Não se pode, pois, tutelar a liberdade sem reportar-se a "segurança e justiça", como exigências indispensáveis para se alcançar ordem e paz social (*idem, ibidem*).

não eliminar os valores eternos, mas dimensioná-los de acordo com as exigências, os critérios e os costumes dominantes da sociedade em sua época.

Não apenas as ideias de justiça, segurança e bem comum variam concretamente, como também a escala de hierarquia e precedência entre elas sofrem influência da ideologia dominante em determinadas sociedades e em certos momentos históricos. Num Estado puramente liberal, a segurança das relações jurídicas pode, de certa maneira, preceder a preocupação com o substrato do justo nas relações jurídicas. Num Estado autoritário, o bem comum pode servir de pretexto para a anulação das liberdades individuais, colocando em segundo plano os valores intrínsecos do justo e da segurança.

A missão do aplicador do direito, assim, não se restringe a simplesmente fazer com que, na prática, prevaleça a regra abstrata traçada pelo legislador. Sua tarefa é muito maior, pois terá de interpretar o seu sentido e determinar-lhe o alcance, inspirando-se, para tanto, não apenas no enunciado da norma, mas no desígnio dela e na sua harmonização com os valores que a inspiraram e que continuam influenciando o comportamento global da sociedade.

Para vencer o longo espaço que se mete entre a generalidade da lei e a concretude da aplicação em juízo, cabe ao magistrado estabelecer um confronto entre aquilo que o legislador programou e aquilo que realmente aconteceu na experiência concreta da vida. Se a vida humana se submetesse a uma cristalização, de modo que os atos sociais fossem sempre iguais, sempre os mesmos, a missão do juiz seria muito mais simples, pois padronizar-se-ia como a do matemático e a do físico, que sempre aplicam a mesma regra e chegam sempre ao mesmo e exato resultado. Mas os agentes que, posteriormente ao estabelecimento da norma legal, irão praticar os atos antevistos pelo legislador são homens e, como tais, sujeitos a novos e imprevisíveis fatores, quer psicológicos, quer do meio sociocultural em que atuam. Esses homens, simplesmente, não serão aqueles que o legislador conheceu ou supôs conhecer quando traçou a regra legal para o futuro.

Cada ser humano, no dizer de Recaséns Siches insere-se em novas objetivações da vida, que lhes interfere profundamente na consciência e na conduta que põe em prática. Assim, os homens *revivem* a experiência vivida pelo legislador já, então, sob nova ótica dos objetos culturais. O lastro valorativo, embora perene, sofre o impacto da realidade de um novo homem dentro de um novo contexto social. Daí por que o juiz não pode restringir seu conhecimento ao plano da regra legal, ignorando as mudanças do contexto social renovado. Assim como a sociedade se altera e seus valores são reavaliados, igualmente as regras jurídicas terão de ser revistas e reavaliadas em seu sentido prático e valorativo. Terão, em uma palavra, de ser revividas, por obra e engenho do juiz.

Adverte Recaséns Siches:

> *Al revivir una norma jurídica acontece que las gentes que la cumplen espontáneamente, a los órganos jurisdiccionales que la aplican, la adptan a las circunstáncias concretas de cada caso singular, y la individualizan para ese caso particular. Y acontece también que, al correr del tiempo, cuando las normas jurídicas preexistentes son aplicadas a nuevas situaciones de la vida social, en esa operación de ser aplicadas a nuevos hechos, van*

engendrando nuevos sentidos, cobran alcance diferente, y producen otras consecuencias diferentes de las que produjeron antaño.[8]

Lembra Kelsen que a interpretação de uma lei não tem de conduzir sempre e necessariamente a uma única decisão como correta, mas pode se dar de diversas maneiras, embora, para cada caso julgado, somente uma dessas interpretações alcançará a força de ser direito positivo no ato da sentença judicial.[9]

Garcia Mainez, embora não concorde com toda a extensão da afirmativa de Kelsen, pois ninguém nega que a função jurisdicional não é a de legislar, mas a de aplicar normas abstratas adrede concebidas pelo ordenamento jurídico, reconhece a procedência da tese quando conclui que as decisões judiciais *"son normas distintas de las de caráter genérico que los correspondientes órganos invocan para fundarlas"*. Dentro desse enfoque, mostra-se indiscutível, para o tradutor de Kelsen, o aspecto criador da atividade jurisdicional, já que a tarefa dos juízes *"culmina siempre en la formulación de normas que antes no existian".*[10]

Com efeito, a solução do caso concreto não depende só da regra abstrata da lei, mas também, e sobretudo, da análise do fato e da valoração deste em face da norma genérica. Além do mais, a previsão do legislador, como simples programa abstrato, nunca consegue prever todas as nuances da infinita variabilidade da vida. Os fatos não se moldam restritivamente às posições legais; estas é que têm de ser adaptadas à riqueza multifária do comportamento humano. E, então, por mais clara e detalhada que tenha sido a regra abstrata, o juiz jamais poderá omitir-se no dever de complementá-la e adaptá-la para chegar à norma concreta, qual seja, àquela que corresponderá à solução efetiva do litígio que as partes deduziram em juízo.

É óbvio, porém, que, estando o Estado Democrático de Direito assentado sobre a repartição de poderes e submetido ao princípio da supremacia da lei, a atividade criativa do juiz não pode ser exercida a partir do desprezo à vontade abstrata da norma legislada. A formulação da regra concreta pode não corresponder à simples reprodução das palavras do legislador. Jamais, porém, poderá partir do nada, para enunciar a solução do conflito segundo, apenas e tão somente, a vontade do julgador. Se esta é importante na formulação da lei individual do caso concreto, não é superior, nem indiferente, à regra geral traçada pelo legislador, que, de forma alguma, pode ser descartada.

2.5. A ARTE DE JULGAR

Para aplicar a lei, o juiz, como já se viu, não age como um cientista que tenha de descobrir a verdade, imutável e exata em torno da regra de direito.

"O julgar é mais arte" – observa Edgar Carlos Amorim.[11] "Não basta conhecer a lei e o processo para ir em busca da solução. É preciso conhecer o caso, as suas

---

[8] SICHES, Recaséns. *Nueva filosofia a la interpretación del derecho*. México: Fondo de Cultura Económica, 1956, p. 133.
[9] KELSEN, Hans. *Teoria general del derecho y del Estado*. Trad. de Garcia Mainez, 1950, p. 140 e s.
[10] MAINEZ, Garcia. *Lógica del raciocínio jurídico*. México: Editorial Fondo de Cultura Económica, 1964, p. 33.
[11] AMORIM, Edgar Carlos de. *Op. cit.*, p. 9.

ramificações, as suas raízes, as causas e os efeitos produzidos no meio social ou no grupo de onde se originou. Tudo isto requer uma habilidade nata capaz de entender a verdade e expô-la, não a seu modo, mas como o grupo aceita e aplaude. Neste trabalho, o juiz há de entender a lei no rumo predeterminado."[12]

"O direito" – prossegue o jurista cearense – "não está só na norma. É preciso ir buscá-lo na norma, mas nunca sem esquecer o *fato* e o *valor de justiça*. O fato, antes de ser jurídico, foi social. E, assim, deverá sempre descer às origens, ou seja, aos elementos básicos que o geraram e contribuíram para o seu evento".[13]

A boa aplicação do direito exige do juiz o domínio não apenas das regras sociais, mas também da filosofia do direito, para chegar às raízes e princípios da ciência do direito, e, sobretudo, da sociologia jurídica, para compreender as aspirações da sociedade que concebeu a ordem jurídica, cuja realização foi atribuída ao Poder Judiciário.

Nesse sentido, "o bom juiz não é aquele que sabe apenas o direito como norma, mas, principalmente, adequar cada caso à lei, visando, com isto, a identificar a lei com os anseios da sociedade".[14]

Ser fiel aos anseios sociais, contudo, não implica submeter-se facilmente à aparente "opinião pública", quando esta se encontra manejada ou dominada momentaneamente por grupos de pressão, que nem sempre traduzem os reais e efetivos propósitos da comunidade como um todo. O compromisso do magistrado é com o ordenamento jurídico tal como foi programado pelo organismo social, em momento de serenidade e reflexão. Os momentos de paixão e exaltação, que cercam a eclosão de certos fatos, podem conduzir segmentos da sociedade a agir mais por instinto do que pela razão e pelos sentimentos nobres que presidiram a instituição da norma jurídica.

O juiz, como realizador da vontade concreta da lei, tem de se preocupar com a justiça a ser feita diante do caso submetido a seu julgamento. Tem, por outro lado, de ser imparcial, independente e corajoso para enfrentar todas as forças e pressões, honestas ou desonestas, que tentem conduzir sua sentença para rumo diverso do planejado pelo ordenamento jurídico.

Realizar, portanto, os anseios da sociedade, por meio da prestação jurisdicional, não é sucumbir simplesmente às manifestações de momento de setores da comunidade. É, ao mesmo tempo, compreender os desígnios da lei, atualizando-os, compatibilizando-os com o momento de incidência da norma, mas sempre comprometido com o sistema jurídico vigente. A coragem e o destemor são virtudes inafastáveis da judicatura. Devem ser exercidas, ainda quando desagradem o poder, qualquer que seja sua fonte.

A independência do juiz, no Estado Democrático de Direito, só não pode ultrapassar dois limites básicos: os ditames de sua própria consciência assentados sobre o ideal de justiça e a vontade social transformada em ordem jurídica pelo poder normativo estatal, sem cuja observância não se logra realizar o valor segurança, de que a sociedade também não pode prescindir.

---

[12] *Idem. Ibidem.*
[13] AMORIM, Edgar Carlos de. *Op. cit.*, n. 5, p. 9-10.
[14] AMORIM. *Op. cit.*, n. 6, p. 16.

2.6. LIMITES DA ATIVIDADE CRIADORA DO JUIZ

A aplicação judicial do direito passa, necessariamente, por uma operação de concreção e atualização da regra geral e abstrata traçada pelo legislador. A base obrigatória da individualização da norma jurídica, operada pelo juiz, continua, porém, sendo a regra geral e abstrata da lei. Sua tarefa específica é justamente a de equacionar o relacionamento necessário entre a regra concreta da sentença e a norma abstrata da lei. E isto só é possível de se fazer quando se respeita o pressuposto da *segurança jurídica*, cujos alicerces correspondem ao princípio fundamental de que ninguém será obrigado a fazer ou não fazer alguma coisa senão em virtude da lei.

O juiz, então, pode valorar o contexto em que a lei foi concebida abstratamente, pode definir, de maneira criativa, nas novas circunstâncias em que o fato se concretizou, o melhor significado e alcance da norma legal; mas não lhe é dado anular simplesmente a vontade abstrata do legislador para substituí-la integralmente pela sua.

A vontade da lei sempre estará num plano superior ao da vontade concretizada pelo juiz, embora a esta se reserve importante força criadora. Até onde, pois, poderá ir a sentença judicial em sua função de criar a norma individual ou concreta? Irá o juiz até o ponto próprio da atividade interpretativa, qual seja, aquela em que se descobre o melhor sentido para a regra abstrata traçada pelo legislador. E esse melhor sentido será um dentre os diversos que o texto legal possa comportar e não o de simples abandono da lei abstrata para substituí-la pelo critério pessoal de justiça do julgador.

Dois são os parâmetros recomendados, para o desempenho dessa tarefa, por Mainez, para que a solução interpretativa se adéque de modo mais perfeito ao contexto normativo dentro do qual atua o julgador: um de ordem *lógica* e outro de ordem *axiológica*. O primeiro funda-se no princípio contextual, que reclama a consideração dos costumes à época da edição da norma geral e as alterações ocorridas posteriormente, as circunstâncias objetivas ponderadas pelo legislador e as particularidades do caso concreto etc. O segundo parâmetro leva em conta os princípios axiológicos inspiradores do sistema de que faz parte o preceito abstrato que se pretende concretizar. "*La mejor interpretación será aquella que, sin violentar el sentido contextual de la expresión interpretada, realice en mayor medida, en lo que a la specie respecta, esos supremos principios*".[15]

Assim, há de reconhecer-se, de um lado, que a tarefa do juiz na formulação da regra concreta encontra na regra abstrata da lei o limite máximo de "verdade ou falsidade de seu entendimento". De outro lado, impõe-se, também, reconhecer que a interpretação, sem a qual não se soluciona o caso concreto, terá de ser feita de maneira criativa pelo juiz, mas não será qualquer interpretação que a vontade arbitrária do julgador resolva lhe dar. Terá de ser aquela, "dentre as interpretações possíveis, que permita a determinação da norma *in concreto*".[16] Incumbe-lhe "reviver" a norma, atualizá-la, para assegurar-lhe o cumprimento no caso particular.

O juiz, assim, não ignora a lei geral. Busca cumpri-la em cada caso particular, mas não simplesmente reproduzindo-a em sua forma primitiva, e, sim, adaptando sua pauta genérica à singularidade do caso *sub iudice*. Cumprir a lei, nessa ordem de ideias,

---

[15] MAINEZ, Garcia. *Op. cit., loc. cit.*
[16] BATALHA, Campos. *Op. cit.*, p. 404.

consiste, para Recaséns Siches, em "cumprir de modo concreto na conduta singular o sentido formulado em termos genéricos e abstratos pela norma geral".[17] Isso se faz segundo uma lógica que não é matemática, porque baseada em valores humanos, e não em equações físicas, mas que se contenta com a razoabilidade. Não há, porém, espaço para a arbitrariedade e o autoritarismo judicial.

> *El proceso de interpretación de una norma general respeto de los casos singulares, la individualización de las consecuencias de esa norma para tales casos, y las variaciones que la interpretación o la individualización deban ir experimentando, todo eso, debe caer bajo el domínio del logos de lo humano, del logos de la acción humana. No es algo fortuito, ni tampoco algo que pueda ser decidido arbitrariamente. Es algo que debe ser resuelto razonablemente. Pero para eso no sirven las razones de tipo matemático. La lógica tradicional, la de la razón pura, no sirve para tratar ni resolver tales problemas. Necesitamos otro tipo de lógica, la cual es también lógica, pero diferente de la lógica tradicional: necesitamos la lógica de lo humano, la lógica de lo razonable, a diferencia de la lógica de lo racional.*[18]

Dessa forma – arremata Campos Batalha – "estabelece-se o enlace entre a norma abstrata e o comando concreto, *sem desrespeitar os limites impostos pela segurança jurídica*, mas reconduzindo o Direito à sua realidade profundamente humana, que é a realidade do caso concreto a exigir solução, que não seja apenas abstratamente lógica, mas que seja concretamente razoável, na imensa perspectiva do *logos de lo humano*".[19]

Embora, em muitos casos, a invocação do princípio da legalidade sirva para encobrir aquilo que Warat denomina uma "falácia jurídica", porque se presta justamente a obter, de forma ardilosa, um resultado contrário ao direito, o certo é que é pela sujeição ao princípio da legalidade que se cria a barreira para obstaculizar "a tendência natural de todo trabalho humano de estender a esfera de sua ação, com a qual o risco de atentar contra a *segurança*, que brinda o ordenamento jurídico, resulta *mínimo*".[20]

Só esse aspecto do princípio da legalidade já seria suficiente para mantê-lo, ainda que como falácia jurídica. Mas Warat vai mais além, apontando uma razão que afirma mais profunda e fundamental:

> Se se advertisse que o juiz, mesmo que seja em certos casos e colocadas determinadas condições, pudesse criar o direito, trabalhar como se fosse legislador, isto é, sem outro limite que o dado pela Constituição, resultaria muito fácil o órgão jurisdicional derivar da faculdade outorgada um princípio legal com igual hierarquia ao princípio da *legalidade*, que por essas circunstâncias poderia chegar a anulá-lo, tirar-lhe a eficácia e com isto depreciar o ordenamento jurídico, que perderia seus atributos de predictibilidade, previsibilidade e seguridade.[21]

---

[17] SICHES, Recaséns. *Nueva filosofía a la interpretación, cit.* p. 138.
[18] SICHES, Recaséns. *Op. cit., loc. cit.*
[19] BATALHA, Campos. *Op. cit.*, p. 405.
[20] WARAT, Luis Alberto. As Falácias Jurídicas. *Revista sequência*. Florianópolis, n. 10, p. 123, ago./1985.
[21] WARAT, Luis Alberto. *Op. cit.*, p. 127-128.

Ninguém melhor do que o criador da teoria da tripartição dos poderes estatais entreviu a impossibilidade de uma judicatura afastada dos limites da lei:

> Ainda não há liberdade se o poder de julgar não estiver separado do poder legislativo e do executor. Se ele se unisse ao poder legislativo, o poder sobre a vida e a liberdade dos cidadãos seria arbitrário; porque o juiz seria legislador. Se unido ao poder de execução, o juiz poderia ter a força de um opressor. Tudo estaria perdido se o mesmo homem, ou o mesmo corpo de diretores, ou nobres ou pessoas exercesse esses três poderes: o de fazer leis, o de executar resoluções públicas e o de julgar crimes ou disputas individuais.[22]

2.7. A INCOMPATIBILIDADE DO *JUDGE MADE LAW* COM A SISTEMÁTICA DE NOSSO DIREITO FUNDAMENTAL

Se há sistema em que o juiz *faz a lei*, diante do caso concreto que lhe é submetido a julgamento, esse, porém, não é o modelo idealizado por nossa vigente ordem constitucional.

Para a ideologia de nosso ordenamento magno, o juiz deve aplicar a lei inspirado em interpretação consentânea com o ideal de justiça, mas não pode passar do papel de aplicador e intérprete da lei ao do *judge made law*.

Em célebre acórdão do Tribunal de Justiça de São Paulo, o aspecto do compromisso de nosso modelo jurídico com o direito legislado foi muito bem ressaltado, *in verbis*:

> No sistema brasileiro não pode o juiz lançar mão da *liberal construction* do Direito norte-americano. A construção do nosso Direito há de ter como ponto de partida o texto legal e estar em harmonia com a ordem jurídica vigente. É usando desse mecanismo que não pronunciará o *non liquet* do Direito Romano. A figura do *judge made law* é incompatível com a tripartição do Poder, pois gera o arbítrio do Judiciário, a par de invadir a esfera legiferante, atribuição de outro poder. Não importa que outras grandes nações hajam escolhido esse sistema. Adverte FREDERICO MARQUES que "mesmo quando a lei autoriza o juiz proceder como se fosse legislador, o órgão jurisdicional não faz a lei, não atua constitutivamente".[23] Onde irá a certeza do direito se cada juiz se arvorar em legislador?[24]

---

[22] Il n'y a point encore de liberté si la puissance de juger n'est pas separée de la puissance legislative et de l'exécutrice. Si elle était jointe à la puissance legislative, le pouvoir sur la vie et la liberté des citoyens serait arbitraire; car le juge serait législateur. Si elle était jointe à la puissance exécutrice, le juge pourrait avoir la force d'un oppresseur. Tout serait perdu si le même homme, ou le même corps des principaux, ou des nobles, ou du peuple, exerçaient ces trois pouvoirs: celui de faire des lois, celui d'exécuter les résolutions publiques, et celui de juger les crimes ou les différends des particuliers. (MONTESQUIEU. L'Esprit des Lois, *apud* NEVES, Celso. *Estrutura fundamental do processo civil*. 2. ed. Rio de Janeiro: Forense, 1997, n. 42, p. 22).

[23] Cf. MARQUES, José Frederico. *Instituições de direito processual civil*. Rio de Janeiro: Forense, 1958, v. I, p. 275.

[24] TJ-SP, Ap. 61.395-1, 4ª C., Rel. Des. Alves Braga, ac. 03.10.1985, *RT* 604/43.

São poéticos e fascinantes os devaneios dos apologistas do direito livre ou do direito alternativo, que transformam o juiz no "grande justiceiro do caso concreto", sujeitando-se apenas ao farol da justiça, sem maior compromisso, portanto, com as regras traçadas pelo legislador.

Não se deve esquecer que foi com base na *teoria do direito livre*, isto é, na proclamação da liberdade do órgão judicial para decidir segundo sua consciência de justiça, podendo, assim, julgar até mesmo contra o texto expresso da própria lei (Stammler, Zitelmann, Kantarowicz etc.), que a Alemanha nazista pôde impor, com certa facilidade, os seus desmandos e horrores, que culminaram, sem dúvida, por negar todos os sentimentos universais de justiça e direito.[25]

Em nosso sistema jurídico-constitucional de Estado Democrático de Direito, cabe ao juiz, antes de tudo, "aplicar as normas legais", e somente não as havendo é que estará autorizado a buscar solução para o litígio na analogia, nos costumes e nos princípios gerais do direito.[26]

Por isso considera-se ato ilícito capaz de gerar a responsabilidade pessoal do sentenciante, civil e regressivamente, por perdas e danos, enquadrável no art. 143, I, do CPC, o caso em que, para beneficiar uma das partes, ou por mero espírito de vingança contra uma delas, o juiz intencionalmente "julga contra o direito", ou seja, "pratica ato manifestamente ilegal".[27]

2.8. APLICAÇÃO DE "CLÁUSULAS GERAIS" PELO JUIZ

O uso de cláusulas gerais pelo legislador, que edita normas com conceitos vagos e indeterminados, propicia realmente uma oportunidade ao juiz de procurar soluções com maior dosagem de justiça diante dos casos concretos. Toca-lhe, nessas circunstâncias, uma força criadora do direito mais intensa para complementar a regra oriunda do legislador.

O critério tem vantagens mas também cria riscos evidentes para a ordem socioeconômica. No campo dos contratos, a insegurança se manifestará pela circunstância de que o contratante não tem condições de saber com precisão qual será o entendimento do juiz em torno do *comportamento devido*, já que a descrição dessa conduta não vem desde logo revelada na lei.[28]

De maneira alguma pode-se pensar que a cláusula geral abre ensejo a uma atividade arbitrária para o juiz. Sua criatividade será maior, nunca, porém, totalmente livre. A conduta devida com que preencherá a norma vaga da lei só poderá ser alcançada segundo "os valores da comunidade" com os quais se definirá "as condutas normalmente

---

[25] AMORIM. *Op. cit.*, p. 53.
[26] CPC, art. 126; Lei de Introdução, art. 4º.
[27] LESPRO, Orestes Nestor de Souza. *A responsabilidade civil do juiz*. São Paulo: RT, 2000, n. 10.2.1, p. 237, e n. 11.4, p. 252.
[28] AGUIAR JÚNIOR, Ruy Rosado de. O Poder Judiciário e a Concretização das Cláusulas Gerais: Limites e Responsabilidade. *Revista de Direito Renovar*, n. 18, p. 17, set.-dez./2000.

adotadas naquele lugar e naquelas circunstâncias" e, por conseguinte, se estabelecerá de que modo poderia a parte cumprir com tais expectativas.[29]

A responsabilidade do juiz na adoção dos parâmetros para implementar uma cláusula geral é enorme. Mais do que em qualquer outra ocasião, o dever de fundamentar suas decisões se revela premente, porque lhe cabe "explicar às partes e à comunidade jurídica como e porque tais condutas foram consideradas as devidas na situação do processo, pois foi nessa norma de dever (criada por ele, para o caso) que alicerçou a solução da causa".[30]

De qualquer maneira, o arbítrio fica totalmente afastado da obra jurisdicional. Em primeiro lugar, porque a regra concreta terá de ser extraída dos usos e costumes vigentes no meio em que o contrato foi celebrado e executado. Em segundo lugar, porque, qualquer que seja a solução criada na sentença, estará sempre submetida aos limites do ordenamento constitucional. Daí que "o desempenho arbitrário ou omisso", na aplicação da cláusula geral, "gera a responsabilidade social do juiz", aferível e exigível pela sociedade pelos meios de controle difuso que lhe cabem, especialmente pela imprensa e pela crítica doutrinária e especializada.[31]

2.9. CONCLUSÕES

A autonomia da função jurisdicional é uma das grandes conquistas do Estado moderno. Mas não há Estado Democrático de Direito sem que a lei, oriunda de órgãos de outra função soberana, se apresente como "expressão de uma vontade geral ou coletiva que vincula à sua disciplina os próprios órgãos do Estado".[32]

Como explica Calmon de Passos, o juiz não tem a função de se contrapor à ordem jurídica, mas a de realizá-la, desdobrando-a de seu enunciado genérico até as particularidades do caso concreto, por meio da operação interpretativa. O que era complexo, na generalidade, por permitir certas "opções" exegéticas aos interessados e, por isso mesmo, ensejava confronto de pretensões conflituosas, deve ser reduzido, pelo juiz, a um único entendimento; e com isso eliminada estará a divergência. Adverte, contudo, o eminente processualista:

> Esta redução última de complexidade, quando transferida ao julgador, não pode ser nem *arbitrária* nem *discricionária*, visto como se negaria, assim, o princípio que informou a primeira redução de complexidade" (isto é, a opção política do legislador por estatuir a regra legal de conduta), "que seria tornada *inócua* e *nenhuma*"; bem como anulado estaria "o postulado básico do Estado de Direito Democrático – *a submissão de todos à lei.*[33]

---

[29] AGUIAR JÚNIOR, Ruy Rosado de. *Op. cit., loc. cit.*
[30] AGUIAR JÚNIOR, Ruy Rosado de. O Poder Judiciário, cit. *Revista de Direito Renovar*, n. 18, p. 17, set.-dez./2000.
[31] AGUIAR JÚNIOR, Ruy Rosado de. O Poder Judiciário, cit. *Revista de Direito Renovar*, n. 18, p. 18-19, set.-dez./2000.
[32] NEVES, Celso. *Estrutura fundamental do processo*, cit. n. 51, p. 27.
[33] CALMON DE PASSOS, José Joaquim. *Poder, justiça e processo*. Rio de Janeiro: Forense, 1999, n. 83, p. 88.

Em todas reduções de complexidade, ou seja, tanto na concepção política da lei como na sua aplicação jurisdicional, a atividade dos agentes estatais só se legitima "havendo adequação do seu operar do devido processo legal constitucional".[34] A lei só é legítima quando os agentes do poder político, na operação legislativa, atuem com estrita observância do sistema idealizado constitucionalmente. E a sentença, ato do poder jurisdicional, por sua vez, somente será legítima se, dentro do devido processo legal, representar a aplicação da *previsível* vontade normativa traçada pelo poder político. Sem essa coerência, não haverá *segurança jurídica*, só configurável quando, pelos controles políticos e sociais, se "minimizem os riscos de desconfiguração, pelo agente do poder, de quanto tenha sido política e juridicamente definido com precedência".[35]

Se inexistirem essas condições, ou seja, se as leis forem estatuídas fora dos padrões constitucionais e se o juiz realizar a jurisdição sem respeitar a vontade normativa política traduzida na lei, "ter-se-á um sistema jurídico, porquanto assim deve ser entendido todo aquele em condições de assegurar sua *efetividade*, mas não será ele sistema jurídico de um Estado de Direito Democrático" – na enfática linguagem do notável Calmon de Passos.[36]

A escola do direito livre, que chegou a seduzir certo setor da doutrina, acha-se totalmente superada. Sua incompatibilidade com o moderno Estado Democrático de Direito é total. O clima gerado pelo princípio da legalidade, tônica maior da vitória contra o Estado autoritário, "repele a institucionalização de sentenças *contra legem*, ainda que 'a lei vigente conduza a resultados viciados ou injustos'".[37] A sujeição do juiz à lei, que não se traduz em culto servil às palavras destas, é impeditiva da "livre invenção jurídica", tendo-se o *governo das leis* como inerência dos sistemas jurídicos em que vivemos e como "imperativo axiológico da *segurança jurídica*".[38]

Cabe ao juiz interpretar a lei, pois é pela interpretação que a norma abstrata adquire vida. Sem o labor interpretativo, "a lei, isolada em sua abstração e generalidade, seria letra morta".[39] Uma coisa, porém, é determinar, pela interpretação, o sentido útil e adequado da norma, seu alcance, sua extensão e sua adaptação aos casos concretos.[40] Outra coisa é negar vigência à lei e criar, *ex novo*, regra contrária à do ordenamento jurídico, para atender ao senso pessoal de justiça do juiz.

O aprimoramento dos sistemas jurídicos do Estado Democrático de Direito, embora repila a jurisdição como fria operação de reproduzir a literalidade da lei

---

[34] CALMON DE PASSOS, José Joaquim. *Op. cit., loc. cit.*
[35] CALMON DE PASSOS, José Joaquim. *Op. cit.* n. 83, p. 88-89.
[36] CALMON DE PASSOS, José Joaquim. *Op. cit.* n. 83, p. 89.
[37] SPOTA, Alberto G. *El juez y el abogado y la formación del derecho a traves de la jurisprudencia*. Buenos Aires: Depalma, 1976, n. 4, p. 22-23.
[38] SPOTA, Alberto G. *Op. cit., loc. cit.*; DINAMARCO, Cândido Rangel. *A instrumentalidade do processo*. 5. ed. São Paulo: Malheiros, 1996, n. 28.3, p. 199.
[39] MAGGIORE apud GUSMÃO, Paulo Dourado. *Introdução ao estudo do direito*. 16. ed. Rio de Janeiro: Forense, 1994, p. 243.
[40] MEDEIROS, Morton Luiz Faria de. A Clareza da Lei e a Necessidade de o Juiz Interpretá-la. *Revista Jurídica*. Porto Alegre, v. 277, p. 47, nov./2000.

abstrata, não convive também com uma justiça do tipo salomônico, inspirada apenas na sabedoria, no equilíbrio e nas qualidades individuais do julgador. Se isto pode funcionar na maestria de um juiz de extremada sensibilidade, apresenta-se, todavia, como sério risco de arbitrariedade e insegurança diante do comum dos julgadores. Daí a inclinação dos ordenamentos contemporâneos por "uma técnica de aplicação do direito que se vincula a elementos não subjetivos, a uma estrutura normativa que possibilita aos membros da sociedade, que vão a Juízo, contarem com a mesma segurança, no processo, quer estejam perante um juiz dotado de inteligência, cultura e sensibilidade invulgares, quer estejam diante de um juiz que não tenha sido agraciado com os mesmos predicados".[41]

Assim, a atividade do juiz não pode centrar-se na sua própria ideologia, na sua própria concepção de vida, nas suas crenças pessoais. Seu dever é, segundo Benjamin Cardoso, "conformar aos *standards* aceitos da comunidade, os *mores* da época".[42] E esses parâmetros servem não para criar, para o caso concreto, norma diferente da que se encontra abstratamente contida na lei, mas para buscar, dentro do ordenamento jurídico, e graças à técnica interpretativa, "a *regra aplicável* a uma situação concreta".[43]

Por mais amplo que seja o labor interpretativo, por mais intenso que se mostre o recriar e o reviver a norma abstrata, o juiz não tem, em princípio, o poder de modificar a lei. A simples existência da lei "impede que o juiz julgue como se fosse livre o direito".[44]

É no princípio da razoabilidade que cada vez mais se busca identificar o limite da lei, que haverá de balizar o terreno onde deverá atuar a interpretação judicial. Assim, embora não se possa recusar ao juiz uma atividade criativa, para individualizar a norma genérica da lei, é imperativa sua submissão à ordem jurídica.

O juiz moderno, envolvido pela consciência do social, sente-se frequentemente atraído pela escola crítica e pela possibilidade de ampliar os horizontes da interpretação e aplicação da lei. Com isto é tentado a buscar "a solução mais fácil do direito além da lei, do direito amparado no seu próprio senso de justiça, nas suas crenças pessoais". Esse, porém, como adverte Menezes Direito, "é o risco que o juiz não deve correr porque ele ameaçará com tal comportamento todo o sistema democrático, que tem no Poder Judiciário o instrumento para assegurar o primado da Lei e do Direito. Se o juiz abandona esse cenário, pondo-se a emitir juízos desvinculados da ordem jurídica que lhe incumbe preservar, a sociedade não terá mais nem justiça nem liberdade, porque justiça e liberdade estarão limitados ao juízo de valor de um juiz ou tribunal".[45]

---

[41] GONÇALVES, Aroldo Plínio. *Técnica processual e teoria do processo*. Rio de Janeiro: Aide, 1992, p. 46.
[42] CARDOSO, Benjamin. *A natureza do processo e a evolução do direito*. Porto Alegre: Coleção Ajuris, 1978.
[43] ASCENSÃO, José de Oliveira. *O Direito* – Introdução e teoria geral. Rio de Janeiro: Renovar, 1994, p. 301 e s.
[44] DIREITO, Carlos Alberto Menezes. A Decisão Judicial. *Revista Forense*. Rio de Janeiro, v. 351. p. 23, jul.-set./2000.
[45] DIREITO, Carlos Alberto Menezes. *Op. cit.*, p. 28.

Enfim:

Não pode o juiz, sob alegação de que a aplicação do texto da lei à hipótese não se harmoniza com o seu sentimento de justiça ou equidade, substituir-se ao legislador para formular de próprio a regra de direito aplicável.

Mitigue o Juiz o rigor da lei, aplique-a com equidade e equanimidade, mas não a substitua pelo seu critério.[46]

Essa concepção – ressalte-se – não pode ser ignorada pelo aplicador das regras protetivas do CDC, tendo sempre em conta que elas não são as únicas a incidirem nas relações entre fornecedores e consumidores, e ainda que acima delas se sobrepõem as regras, princípios e valores assegurados pela ordem constitucional. A tutela consumerista não haverá de se transformar em instrumento de puro paternalismo ou de mero assistencialismo, à margem do direito posto e com desprezo ao dever imperioso de harmonizá-la com o sistema normativo geral em vigor no Estado Democrático de Direito.

---

[46] STF, RE 93.701-3/MG, 1ª T., Rel. Min. Oscar Corrêa, ac. 24.09.1985, *Revista Amagis*, v. 8, p. 363, 1995.

Capítulo III
AÇÃO COLETIVA DE DIREITOS DO CONSUMIDOR

3.1. AS AÇÕES COLETIVAS

I – Histórico

O século XX, especialmente sua segunda metade, assistiu a uma enorme mudança de rumos no direito processual civil. De instrumento concebido, com exclusividade, para propiciar o exercício individual do direito de ação, passou a servir de palco, também, para a tutela dos interesses da sociedade como um todo ou de grupos representativos de grandes parcelas do aglomerado social.

Esse movimento da ordem jurídica para o social não se registrou apenas no campo do processo civil. Ao contrário, todos os ramos do Direito o sentiram, pois em nosso século o que realmente se deu foi a implantação definitiva do Estado Social de Direito, em lugar do antigo Estado de Direito, onde apenas o indivíduo era objeto de tutela.

Dentro da nova visão do Estado e suas funções, assumiram destaque os chamados interesses difusos e coletivos, para os quais o legislador dispensou especial atenção, tanto no plano material como processual.

Caracterizam-se, assim, as *ações coletivas* pela circunstância de atuar o autor não em defesa de um direito próprio, mas em busca de uma tutela que beneficia toda a comunidade ou grandes grupos, aos quais compete realmente a titularidade do direito material invocado.

Naturalmente, não se desprezou nem abandonou o direito clássico, de proteção ao indivíduo, sua pessoa, seus bens e seus direitos individuais. Tudo que o homem, como pessoa central do organismo social, logrou conquistar no domínio do direito, persiste sob amparo da ordem jurídica tradicional. O que se fez foi ampliar o campo de atuação do direito para nele incluir situações coletivas que até então permaneciam à margem dos mecanismos de disciplina, garantia e sanção do direito positivo.

Dessa maneira passaram a conviver, no bojo do ordenamento jurídico contemporâneo, normas de conteúdo e objetivo muito diversos, governadas, por isso mesmo, por princípios jurídicos também diferentes. Ao aplicador do direito atual, então, toca a tarefa de bem compreender o direito à luz de sua teleologia e, principalmente, em função dos princípios fundamentais vigentes em cada segmento da complexa tessitura normativa, a fim de encontrar o ponto de equilíbrio entre a tutela dos interesses individuais e a tutela dos interesses coletivos. É claro que todos eles têm de conviver no Estado Social de Direito, não podendo uns anular os outros.

Destacou, assim, não apenas o "homem social", pois o próprio "grupo" impôs-se à valoração jurídica. Primeiro realçou-se o papel conferido a associações, sindicatos e outros organismos para ensejar o melhor exercício das franquias individuais e coletivas. Depois, reconheceram-se direitos subjetivos que, a par dos *individuais*, eram atribuídos diretamente ao *grupo* e, que, por isso mesmo, teriam de ser qualificados como coletivos, e, como tais, haveriam de ser exercidos e protegidos.

Por meio da *ação popular* concebeu-se, entre nós, o primeiro procedimento judicial de tutela de *direitos coletivos*. Por seu intermédio qualquer cidadão foi legitimado a pleitear em juízo contra atos ilícitos de autoridade pública, lesivos ao patrimônio público (Constituição de 1934, art. 113, nº 38).

A ampliação da tutela jurisdicional, para introduzir as autênticas *ações coletivas*, ou de *grupo*, no direito processual pátrio, ocorreu com a instituição da *ação civil pública* por meio da Lei Complementar nº 40, de 13.12.81, e Lei nº 7.347, de 24.07.85. A partir de então, o campo de manifestação dos direitos coletivos ou difusos deixou de ser apenas o de atuação dos agentes do Poder Público, como se passava ao tempo da ação popular. A defesa coletiva tornou-se possível contra quem quer que cometesse ofensa aos interesses coletivos ou difusos, fosse um administrador público ou algum particular.

Os remédios processuais concebidos para a garantia de um tipo de interesse, entretanto, não podem ser transplantados para solução de conflitos na área onde o interesse ostenta natureza diversa. A situação é idêntica à que se nota na terapêutica humana. O medicamento aplicado fora do caso para que foi prescrito torna-se fonte de agressão ao organismo e de agravamento da enfermidade, em lugar de cumprir sua natural função curativa.

É para esse risco natural de disfunção dos remédios processuais coletivos que a doutrina atual faz um alerta sério:

> O uso generalizado e indiscriminado das ações civis públicas, como outrora do *habeas corpus*, dos interditos possessórios e do próprio mandado de segurança, pode constituir séria ameaça à ordem jurídica, e ensejar um clima de litigiosidade, insegurança e contestação generalizada, que é nocivo ao desenvolvimento do País. O risco apresentado é proporcional à densidade e efetividade do remédio, como está ocorrendo em relação às armas atômicas e antibióticos já antes referidos. O uso desenfreado dos novos remédios pode ameaçar a manutenção da ordem jurídica e impedir o bom funcionamento da administração, da justiça e da economia.[1]

---

[1] WALD, Arnoldo. Usos e Abusos da Ação Civil Pública (Análise de sua Patologia). *Revista Forense* 329/5, jan.-mar./1995.

II – Direito material coletivo e direito processual coletivo

O fato de a Lei nº 7.347/1985 ter instituído uma ação especial para defesa dos direitos coletivos ou difusos não quer dizer que todos os interesses de grupo automaticamente passaram a contar com a tutela jurisdicional da *ação civil pública*.

Tanto como os interesses individuais, os interesses difusos para alcançarem, *in concreto*, a tutela processual, têm de atingir a categoria de direito previsto em norma de natureza material. A lei processual não é, por si, fonte de direitos subjetivos materiais, mas apenas instrumento de proteção e realização daqueles previstos pelas normas de natureza material.

Tratando das ações coletivas, ensina Cappelletti que o que se protege, nesse novo tipo de processo civil, é "o interesse difuso, *na medida em que a lei substantiva* o transforma em direito", direito que "não é privado, nem público; nem completamente privado, nem completamente público".[2]

Segundo o mestre italiano, a evolução da tutela jurídica dos interesses difusos, tal como se dá, aliás, com os interesses individuais, envolve dois momentos sucessivos, encadeados de maneira lógica e necessária:

a) num primeiro estágio, normas constitucionais e infraconstitucionais tomam o rumo de defender os interesses difusos (ou, mais precisamente, alguns deles) e, assim, surgem "leis de direito substancial que protegem o consumidor, o ambiente, as minorias raciais, *civil rights*, direitos civis etc.";[3]

b) no segundo estágio, sente-se a necessidade de alterar o sistema tradicional de tutela processual, criando-se ações adequadas aos interesses difusos transformados em direitos pelas leis materiais.[4]

Nessa perspectiva, a Lei nº 7.347/1985 insere-se na preocupação de proteger processualmente os direitos difusos ou coletivos já definidos entre nós, ou que venham a ser definidos, por outros diplomas legais, tanto ordinários como constitucionais. Vale, portanto, a advertência do STF: trata-se de lei, em sua quase totalidade, de conteúdo normativo de natureza *processual*.[5] Daí que a definição e caracterização dos direitos difusos ou coletivos não serão encontrados na Lei da Ação Civil Pública, mas terão de ser buscadas em outras fontes junto ao direito material.[6]

---

[2] CAPPELLETTI, Mauro. Tutela dos interesses difusos. *Ajuris*, v. 33, p. 174.
[3] CAPPELLETTI, Mauro. *Op. cit.*, p. 172.
[4] CAPPELLETTI, Mauro. *Op. cit.*, p. 174.
[5] STF, Pleno, A 35/RJ, Rel. Min. Sydney Sanches, ac. 02.12.1987, *DJU* 01.12.1989, p. 17.759, *RTJ* 130/485-497.
[6] MEIRELLES, Hely Lopes. *Mandado de Segurança*. 31. ed. São Paulo: Malheiros, 2008, p. 122-123. Kazuo Watanabe destaca a interação existente entre a Lei de Ação Civil Pública e o CDC, alegando que "estão incorporadas ao sistema de defesa do consumidor as inovações introduzidas pela referida lei especial, da mesma forma que todos os avanços do Código são também aplicáveis ao sistema de tutela de direitos criado pela Lei n.º 7.347" (WATANABE, Kazuo. *Código brasileiro de defesa do Consumidor* – comentado pelos autores do Anteprojeto. 10. ed. Rio de Janeiro: Forense, 2011, v. II, p. 67).

III – Ações coletivas possíveis após o CDC

Diante da inovação criada pelo Código de Defesa do Consumidor, o horizonte das ações coletivas ampliou-se para além dos limites estabelecidos pela Lei da Ação Civil Pública (Lei nº 7.347/1985). Desde então, três são os tipos de ações coletivas existentes entre nós:[7]

a) as relativas a direitos *coletivos*;
b) as pertinentes a direitos *difusos*; e
c) as referentes a direitos *individuais homogêneos*.

Os direitos coletivos e difusos, embora definidos separadamente pelo CDC, têm em comum sua *transindividualidade* e *indivisibilidade*. Pertencem ao grupo e não podem ser exercidos e defendidos senão pelo grupo ou em seu benefício.

IV – Direitos individuais homogêneos

Quando a lei consumerista cuida da proteção coletiva dos direitos individuais homogêneos não está atribuindo a eles a categoria de direitos coletivos ou difusos. Apenas, por política processual lhes confere, no âmbito das relações de consumo, um remédio que possibilite, por economia processual, tratá-las cumulativamente num só processo. Essa ação especial, portanto, não pode ser confundida com a *ação civil pública* da Lei nº 7.347/1985, que tutela os verdadeiros direitos coletivos ou difusos, inclusive os dessa categoria originados de relações de consumo. É equivocado tanto tratar os direitos individuais homogêneos como espécie de direitos coletivos ou difusos como pretender que a ação civil pública seja destinada a resolver os conflitos em torno dos direitos individuais homogêneos.

Adverte Teori Albino Zavascki que "o legislador brasileiro criou mecanismos próprios para defesa dos chamados 'direitos individuais homogêneos', *distintos e essencialmente inconfundíveis*, dos que se prestam à defesa dos direitos difusos e coletivos".[8]

Assim é que o Título III do Código, que trata "da defesa do consumidor em juízo", estabelece neste tópico distinções importantes entre a configuração processual da defesa dos direitos coletivos e difusos dos consumidores e da defesa dos seus direitos individuais, traçando-lhes regimes *próprios e diferenciados*.[9]

V – Direitos difusos e coletivos

No sistema jurídico pátrio, a tutela dos interesses difusos e coletivos no âmbito das relações de consumo se faz por instrumento próprio, qual seja, a *ação civil pública* (Lei nº 7.347/1985), mormente quando promovida pelo Ministério Público. Trata-se de mecanismo moldado à natureza dos direitos e interesses a que se destina tutelar – ou seja, os difusos e coletivos.

---

[7] GRECO FILHO, Vicente. *Direito processual civil brasileiro*. 19. ed. São Paulo: Saraiva, 2008, v. 3, n. 89, p. 356.
[8] ZAVASCKI, Teori Albino. Defesa de direitos coletivos e defesa coletiva de direitos, *Revista Forense*, v. 329, p. 148, jan.-fev.-mar./1995.
[9] ZAVASCKI, Teori Albino. *Op. cit.*, p. 155.

Diante da destinação expressa que lhe foi dada pelo legislador e pelas próprias características com que foi concebida, a ação civil pública é talhada para defesa de direitos coletivos *lato sensu*, e "*não para defender coletivamente direitos subjetivos individuais, que têm, para isso, seus próprios mecanismos processuais*".[10]

Logo, vedada é a utilização do instrumento específico de defesa dos interesses e direitos difusos e coletivos para veicular pretensão destinada à tutela de direitos individuais homogêneos.

À proteção desta categoria de direitos destinou o legislador outros mecanismos de defesa coletiva, a saber: o *Mandado de Segurança Coletivo* (art. 5º, LXX, da CF) e a *Ação Civil Coletiva*, prevista nos arts. 91 a 100 do Código de Proteção e Defesa do Consumidor (Lei nº 8.078/1990).[11]

No âmbito da proteção aos direitos coletivos de consumidores, há regras específicas e indisponíveis, elencadas em capítulo próprio do Código do Consumidor. E só em relação a elas se poderá cogitar de uso da ação civil pública da Lei nº 7.347/1985.

A legitimação extraordinária concedida às pessoas do art. 82 do Código do Consumidor, em se tratando de tutela dos direitos individuais homogêneos, não é ampla, sendo, tão somente, "*restrita à ação coletiva de responsabilidade por danos individualmente sofridos por consumidores*".[12] Isto, porém, não se faz por meio da ação civil pública, como já se afirmou.

Entretanto, com a superveniente homogeneização procedimental das ações coletivas, deixou de ser relevante a distinção entre ação civil pública e ação coletiva de consumo, reduzida que foi apenas ao plano terminológico.

VI – Procedimento único

Vê-se, pois, que, originariamente, no ordenamento pátrio impossível era destinar-se os instrumentos de defesa dos direitos coletivos *lato sensu* à tutela de direitos individuais homogêneos e vice-versa. Com efeito, não se poderia veicular em sede de ação civil pública – talhada para defesa dos direitos difusos e coletivos – pretensão voltada para a proteção de direitos individuais homogêneos; ou, ainda, aviar ação civil coletiva – destinada à defesa de direitos individuais homogêneos – para postular a tutela de direitos coletivos ou difusos.

Em suma, não se poderia confundir *defesa de direitos coletivos* (objeto da ação civil pública) com *defesa coletiva de direitos* (realizável pela ação coletiva de consumo em prol dos titulares de direitos individuais homogêneos).

Embora essa distinção de substância dos objetos da ação civil pública e da ação coletiva de defesa dos consumidores tenha sido feita originariamente pela doutrina, veio a perder significado, do ponto de vista processual, diante da circunstância de ter a Lei nº 8.078/1990 mandado aplicar genericamente "à defesa dos direitos e interesses difusos, coletivos e individuais, no que for cabível, os dispositivos do Título III da

---

[10] ZAVASCKI, Teori Albino. *Op. cit.*, p. 151.
[11] Cf. BITTAR, Carlos Alberto. *Direitos do Consumidor*. Rio de Janeiro: Forense Universitária, 1990, p. 90-95; ZAVASCKI, Teori Albino. *Op. cit.*, p. 151, dentre outros.
[12] ZAVASCKI, Teori Albino. *Op. cit.*, p. 156.

lei que instituiu o Código de Defesa do Consumidor" (art. 21 acrescentado à Lei nº 7.347/1985, pelo art. 117 do CDC). Assim, uniformizou-se o procedimento observável, tanto quanto possível, de todas as ações coletivas, sejam elas manejadas na área da ação civil pública (Lei nº 7.347) ou da ação coletiva dos consumidores (Lei nº 8.078 – CDC).[13]

A partir da uniformização procedimental definida pela jurisprudência, a doutrina sentiu-se autorizada a ensaiar a revisão da tese, até então predominante, de inexistência de direito coletivo material no âmbito dos direitos individuais homogêneos, e sim mero critério processual de defesa coletiva de direitos divisíveis e individualizáveis.

Nessa nova linha de pensamento, *o coletivo, in casu*, também se apresenta como qualificativo dos interesses individuais homogêneos, aproximando-se, de certa forma, dos típicos direitos coletivos ou difusos. Explica Talamini que "não basta haver uma pluralidade de indivíduos, titulares de pretensões homogêneas", para que se justifique a movimentação da ação civil pública. Segundo o autor, "é preciso mais: a suposta lesão ou ameaça deve ter a potencialidade de atingir um número significativo de indivíduos".[14]

Um imóvel pertencente a um condomínio de duas ou três pessoas, por exemplo, quando sofrer dano derivado de ato ilícito, não poderá ser objeto de defesa pelo Ministério Público em ação coletiva. Mesmo diante de interesses homogêneos titularizados por mais de um proprietário, faltaria *o interesse coletivo* capaz de justificar a *tutela processual coletiva*.

Não é preciso, nessa ordem de ideias, que os interessados sejam de número indeterminado. Deve, porém, a *origem comum* dos direitos homogêneos ser adequada à justificação de uma meta transindividual, que autorize uma "condenação genérica", reveladora de "uma utilidade processual indivisível", a qual, na lição de Alcides Muñoz da Cunha, atue "em favor de todas as vítimas ou sucessores, em virtude de danos que têm origem comum".[15]

Admitido que a ação coletiva não pode reduzir-se a algo como um litisconsórcio especial, a indivisibilidade da pretensão coletiva perdura até a sentença genérica que a soluciona. Somente na fase de liquidação e execução é que o objeto da causa se mostrará divisível, para todos os fins de direito, material e processual. "Enquanto se buscar a condenação genérica, entretanto, estar-se-á buscando um *bem indivisível* para uma multiplicidade de vítimas com interesses convergentes na obtenção desta condenação".[16]

Na sociedade de massas, a ação coletiva de tutela dos direitos individuais homogêneos em sua integralidade e especificamente no mecanismo do art. 100, do CDC (liquidação e execução coletiva) são a resposta que o ordenamento processual dá a

---

[13] "Conforme comando inserto no art. 21 da Lei nº 7.347/1985, é possível a aplicação subsidiária do Código de Defesa do Consumidor às ações coletivas ainda que não versem sobre relação de consumo" (STJ, 5ª T., AgRg no REsp 486.919/RS, Rel. Min. Felix Fischer, ac. 05.02.2004, *DJU* 08.03.2004, p. 318).

[14] TALAMINI, Eduardo. Direitos individuais homogêneos e seu substrato coletivo: ação coletiva e os mecanismos previstos no Código de Processo Civil de 2015. *Revista de Processo*, v. 241, p. 349, mar./2015.

[15] CUNHA, Alcides Muñoz da. A evolução das ações coletivas no Brasil. *Revista de Processo*, v. 77, p. 233, jan.-mar./1995.

[16] CUNHA, Alcides Muñoz da. *Op. cit.*, p. 233-234.

uma demanda, uma necessidade, que provém do direito material. "Na sociedade de massas – conclui Talamini – é um valor jurídico material relevante – consubstanciado em *interesse difuso* titularizado pela coletividade – *coibir condutas ilícitas geradoras de lesões multitudinárias*".[17] É por isso que, mesmo sendo vários os prejudicados pelo dano de origem comum, nem sempre se haverá de cogitar de ação civil pública, se não configurado o interesse difuso voltado "à coibição e dissuasão da formação de conflitos de massa", sem cuja presença não se estabelece a "necessidade da tutela coletiva".[18]

3.2. CONDIÇÕES DA AÇÃO

Dentro do sistema jurídico de atuação da Justiça, a prestação jurisdicional não é dispensada à parte como simples assessoramento consultivo ou acadêmico; pressupõe, ao contrário, uma situação concreta litigiosa a dirimir, na qual o manejador do direito de ação tenha realmente interesse tutelável.

Sendo um método ou sistema, o processo subordina-se a requisitos e condições indispensáveis à sua própria existência e eficácia.

Não se pode alcançar, como é óbvio, a tutela jurisdicional mediante qualquer manifestação de vontade perante o órgão judicante. Tem-se, primeiro, de observar os requisitos de estabelecimento e desenvolvimento válidos da relação processual, como a capacidade da parte, a representação por advogado, a competência do juízo e a forma adequada do procedimento.

Inatendidos esses pressupostos, não há viabilidade de desenvolver-se regularmente o processo, que, assim, não funcionará como instrumento hábil à composição do litígio ou ao julgamento do mérito da causa.

Mas, para que o processo seja eficaz para atingir o fim buscado pela parte, não basta, ainda, a simples validade jurídica da relação processual regularmente estabelecida entre os interessados e o juiz. Para atingir-se a prestação jurisdicional, ou seja, a solução do mérito, é necessário que a lide seja deduzida em juízo com observância de alguns requisitos básicos, sem cuja presença o órgão jurisdicional não estará em situação de enfrentar o litígio e dar às partes uma solução que componha definitivamente o conflito de interesses.

É que, embora abstrata, a ação não é genérica, de modo que, para obter a tutela jurídica, é indispensável que o autor demonstre uma pretensão idônea a ser objeto da atividade jurisdicional do Estado. Vale dizer: a existência da ação depende de alguns requisitos constitutivos que se chamam "condições da ação", cuja ausência, de qualquer um deles, leva à "carência de ação", e cujo exame deve ser feito, em cada caso concreto, preliminarmente à apreciação do mérito, em caráter prejudicial.

Nessa ordem de ideias, *condições* ou *requisitos* da ação, como os conceitua Arruda Alvim, "são as categorias lógico-jurídicas, existentes na doutrina e, muitas vezes na lei (como é claramente o caso do direito vigente), mediante as quais se admite que alguém chegue à obtenção da sentença final".[19]

---

[17] TALAMINI, Eduardo. *Op. cit.*, p. 347.
[18] TALAMINI, Eduardo. *Op. cit.*, p. 349.
[19] ARRUDA ALVIM, *Código de Processo Civil comentado*. São Paulo: RT, 1975, v. I, p. 315.

Por conseguinte, à falta de uma condição da ação, o processo será extinto, prematuramente, sem que o Estado dê resposta ao pedido de tutela jurídica do autor, isto é, sem resolução de mérito (CPC/2015, art. 485, VI). Haverá ausência do direito de ação, ou, na linguagem corrente dos processualistas, ocorrerá *carência de ação*.[20]

Estatui, a propósito, o art. 485, IV e VI, do CPC/2015 que haverá extinção do processo, sem resolução do mérito, quando se "verificar a ausência de pressupostos de constituição e de desenvolvimento válido e regular do processo" e quando "verificar a ausência de legitimidade ou de interesse processual".

Como destaca Ada Pellegrini Grinover, "o fenômeno da carência de ação nada tem a ver com a existência do direito subjetivo afirmado pelo autor, nem com a possível inexistência dos requisitos, ou pressupostos, da constituição da relação processual válida. É situação que diz respeito apenas ao exercício do direito de ação e que pressupõe a autonomia desse direito".[21]

Por isso mesmo, "incumbe ao juiz, antes de entrar no exame do mérito, verificar se a relação processual que se instaurou desenvolveu-se regularmente (pressupostos processuais) e se o direito de ação pode ser validamente exercido, no caso concreto (condições da ação)".[22]

Como se vê, tanto os pressupostos processuais como as condições da ação são exigências ou requisitos preliminares, cuja inobservância impede o juiz de ter acesso ao julgamento do mérito. São verdadeiras questões prejudiciais de ordem processual e que, por isso mesmo, não se podem confundir com o mérito da causa, já que nada têm a ver com a justiça ou injustiça do pedido ou com a existência ou inexistência do direito material controvertido entre os litigantes.

Registra-se, atualmente, em certos segmentos da doutrina processual, uma resistência ao uso da expressão "condições da ação", preferindo-se falar em "requisitos da resolução do mérito da causa". Mas, se a lei fala em *pressupostos processuais*, como requisitos de formação válida e desenvolvimento regular da relação processual (CPC/2015, art. 485, IV) e da necessidade de ter interesse e legitimidade para postular em juízo (art. 17).

3.3. LEGITIMIDADE *AD CAUSAM*

A legitimidade da parte, uma das condições necessárias para que o processo seja conduzido até a sentença de mérito, é a titularidade ativa e passiva da ação, na linguagem de Liebman,[23] ou, segundo Buzaid, "é a pertinência subjetiva da ação".[24]

---

[20] Cf. nosso *Curso de direito processual civil*. 32. ed. Rio de Janeiro: Forense, 2000. v. I, n. 52, p. 46-47.
[21] GRINOVER, Ada Pellegrini. *As condições da ação penal* (uma tentativa de revisão). São Paulo: José Bushatsky, 1977, n. 16, p. 29.
[22] GRINOVER, Ada Pellegrini. Op. cit. loc. cit.
[23] LIEBMAN, Enrico Tullio. *Manuale di diritto processuale civile*. 2. ed. Milano: A Giuffrè, 1968, v. I, n. 14, p. 42.
[24] BUZAID, Alfredo. *Agravo de petição no sistema do Código de Processo Civil*. São Paulo: Saraiva, 1956, n. 39, p. 89.

Pode a legitimidade ser tanto *ordinária* como *extraordinária*. Legitimados *originários* são os sujeitos da lide, os titulares dos interesses conflitantes. São estes o autor, quando se apresenta como o possível titular do direito material que quer fazer atuar em juízo, e o réu, quando se coloca na posição de ser a pessoa indicada, em sendo procedente a ação, a suportar os efeitos oriundos da sentença.[25] A legitimidade *extraordinária* ocorre quando a lei autoriza, em conjunturas excepcionais, a demanda pela parte, em nome próprio, na defesa de direito alheio. Dá-se a esse tipo extraordinário de legitimidade a denominação *substituição processual*.

De qualquer maneira, não se tolera, no direito processual civil, o exercício do direito de ação entre pessoas que não sejam os sujeitos da lide ou da relação jurídica material litigiosa, a não ser nos excepcionais casos de substituição processual, que somente ocorrem nas situações especificamente enumeradas em lei (CPC/2015, art. 18).

Em hipóteses de ação coletiva, é comum seja o processo ajuizado contra apenas um réu, excluídos a União ou outro ente da administração direta ou indireta da União, a fim de manter a competência do juiz estadual. Entretanto, em situações da espécie, o STJ reconhece a necessidade de a União integrar a lide, determinando a remessa dos autos à Justiça Federal:

> 4. Orienta o abalizado escólio doutrinário que parte legítima para a causa é quem figura na relação como titular dos interesses em lide ou, ainda, como substituto processual. No tocante aos substituídos da ação civil pública e às inúmeras seguradoras e operadoras de planos de saúde rés, o pedido mediato da ação, bem como o decidido pelas instâncias ordinárias, pretensamente esvazia os efeitos do ato regulamentar administrativo (que vincula fornecedores e consumidores), a par de ensejar a possibilidade de coexistência de decisões inconciliáveis, caso o ato administrativo venha a ser questionado na Justiça Federal e considerado hígido.
>
> 5. Consoante a firme jurisprudência da Primeira Seção do STJ, há litisconsórcio passivo necessário quando o pedido formulado na inicial da ação afetar a esfera do poder regulador de entidade da administração pública. Nessa linha de intelecção, não se trata de ação coletiva visando dar cumprimento à regulamentação legal e/ou infralegal – hipótese mais frequente, em que é inquestionável a competência da Justiça estadual e a ausência de interesse institucional da União e da ANS –, mas de tentativa, por via transversa, sem a participação das entidades institucionalmente interessadas, de afastar os efeitos de disposição cogente infralegal, ocasionando embaraço às atividades fiscalizatórias e sancionatórias da ANS, sem propiciar às entidades da administração pública federal o exercício da ampla defesa e do contraditório, até mesmo para eventualmente demonstrarem o interesse público na manutenção dos efeitos da norma.
>
> 6. Recurso especial parcialmente provido para, em reconhecimento da necessidade de litisconsórcio passivo necessário a envolver a União e a ANS, cassar a sentença e o acórdão recorrido, determinando-se o encaminhamento dos autos para a Justiça Federal.[26]

---

[25] ARRUDA ALVIM. *Código de Processo Civil comentado*. São Paulo: RT, 1975, v. I, p. 319.
[26] STJ, 4ª T., REsp. 1.188.443/RJ, Rel. p/ acórdão Min. Luis Felipe Salomão, ac. 27.10.2020, *DJe* 18.12.2020.

3.4. A LEGITIMIDADE DE PARTE NAS AÇÕES DO CÓDIGO DE DEFESA DO CONSUMIDOR

I – Introdução

O Código de Defesa do Consumidor prevê, no âmbito do ressarcimento do dano ocorrido nas relações de consumo, tanto a *ação individual comum*, manejável pelo consumidor prejudicado, segundo as condições gerais do Código de Processo Civil, como a *ação coletiva*, exercitável por determinados organismos públicos ou privados em defesa do grupo de pessoas que tenham sido vítimas do mesmo tipo de lesão, dentro das características da respectiva legislação especial.

A legitimidade ativa, no campo da relação de consumo, para pleitear ressarcimento de danos oriundos de produtos ou serviços, cabe, normalmente, às vítimas (legitimidade *direta*) e, também, aos organismos instituídos para defesa coletiva dos consumidores (legitimidade *indireta*). Esses agentes especiais são, conforme o art. 82 do CDC, o Ministério Público, a União, os Estados, os Municípios e o Distrito Federal, certas entidades e órgãos da administração pública direta ou indireta e, por último, as associações civis organizadas por consumidores. Entre todos eles, a legitimação é concorrente.

Insere-se a ação coletiva de ressarcimento de dano aos consumidores na nova categoria das *ações de grupo*, que entre nós surgiram primeiro no âmbito do direito do trabalho e, posteriormente, no campo de aplicação da ação civil pública, ampliado, finalmente, pelo Código de Defesa do Consumidor.

Os interesses de grupo tuteláveis por meio das ações coletivas previstas no CDC são, de acordo com seu art. 81, de três espécies:

I – interesses ou direitos *difusos*, que vêm a ser os *transindividuais*, de natureza *indivisível*, cuja titularidade toca a pessoas indeterminadas e ligadas apenas por circunstâncias de fato;

II – interesses ou direitos *coletivos*, que são os *transindividuais* de natureza *indivisível*, cuja titularidade cabe a um grupo, categoria ou classe de pessoas ligadas entre si ou com a parte contrária por uma relação jurídica de base;

III – interesses ou direitos *individuais homogêneos*, que são perfeitamente divisíveis entre os respectivos titulares, mas que se aproximam pela origem comum.

Enquanto nos casos de interesses *difusos* ou *coletivos* não caiba aos indivíduos exercê-los individualmente, porque pertencem ao grupo e não podem ser divididos entre os indivíduos que o integram (meio ambiente, bens de valor histórico, paisagístico, cultural etc.), em relação aos *individuais homogêneos* a situação é completamente oposta: cada indivíduo lesado tem direito próprio a exercitar individualmente contra o fornecedor. Na sua essência, portanto, tais interesses não são coletivos, nem dependem do grupo para serem exercitados, singularmente, pelos interessados. A sua tutela por via de ação coletiva decorre de política legislativa inspirada no princípio de economia processual apenas, que se justifica por apresentarem os casos individuais agrupados certa uniformidade de origem, capaz de lhes conferir "coesão suficiente para destacá-los da massa de indivíduos isoladamente considerados".[27]

Em resumo: os interesses individuais homogêneos tanto podem ser tutelados individualmente, em ações movidas pelo ofendido, como coletivamente, em ações de grupo, como aquelas promovidas pelos sindicatos e associações.

Interessante acórdão do STJ demonstra a legitimidade do Município em defender interesses individuais homogêneos, afastando a exigência de pertinência temática e representatividade adequada:

> 1. O propósito do presente recurso especial é determinar se o Município de Brusque tem legitimidade *ad causam* para ajuizar ação civil pública em defesa de direitos consumeristas, questionando a cobrança de tarifas bancárias de "renovação de cadastro". [...]
>
> 3. O traço que caracteriza o direito individual homogêneo como coletivo – alterando sua disponibilidade – é a eventual presença de interesse social qualificado em sua tutela, correspondente à transcendência da esfera de interesses puramente particulares pelo comprometimento de bens, institutos ou valores jurídicos superiores, cuja preservação importa à comunidade como um todo.
>
> 4. A ação civil coletiva em que se defendem interesses individuais homogêneos se desdobra em duas fases: a) a primeira, caracterizada pela legitimidade extraordinária, na qual são definidos, em sentença genérica, os contornos homogêneos do direito questionado; e b) a segunda, onde impera a legitimidade ordinária, na qual são estabelecidos a titularidade do direito e o *quantum debeatur*, essenciais à exequibilidade da primeira sentença.
>
> 5. A qualidade moral e técnica necessária para a configuração da pertinência temática e da representatividade adequada tem íntima relação com o respeito das garantias processuais das pessoas substituídas, a legitimidade do provimento jurisdicional com eficácia ampla e a própria instrumentalização da demanda coletiva, evitando o ajuizamento de ações temerárias, sem fundamento razoável, ou propostas por motivos simplesmente políticos ou emulatórios.
>
> 6. Em relação ao Ministério Público e aos entes políticos, que tem como finalidades institucionais a proteção de valores fundamentais, como a defesa coletiva dos consumidores, não se exige pertinência temática e representatividade adequada.
>
> 7. Na hipótese dos autos, o Tribunal de origem recusou legitimidade ao ente político em virtude de ter considerado que o Município estaria defendendo unicamente os direitos do grupo de servidores públicos, por entender que a proteção de direitos individuais homogêneos não estaria incluída em sua função constitucional e por não vislumbrar sua representatividade adequada ou pertinência temática.
>
> 8. Ainda que tenha sido mencionada como causa de pedir e pedido a cobrança da tarifa de "renovação de cadastro" de servidores municipais, é certo que o di-

---

[27] GARRIDO, Renata Lorenzetti. Legitimidade Ativa das Associações para Propositura de Ações Coletivas. *Revista de Direito do Consumidor* 16/93, out.-dez./1995; MANCUSO, Rodolfo de Camargo. *Comentários ao Código de Proteção do Consumidor*. São Paulo: Saraiva, 1991, p. 278.

reito vindicado possui dimensão que extrapola a esfera de interesses puramente particulares dos citados servidores, o que é suficiente para o reconhecimento da legitimidade do ente político para essa primeira fase da tutela coletiva de interesses individuais homogêneos.[28]

II – Possibilidade de intervenção do consumidor em ação coletiva

Se, de fato, o consumidor individualmente não tem legitimidade para ajuizar ação coletiva, pode ele, excepcionalmente, intervir no processo como litisconsorte, nos termos do art. 94, do CDC, que determina a publicação de edital para "que os interessados possam intervir no processo como litisconsortes":

> 1. É sabido que o consumidor não tem legitimidade para ajuizar diretamente a ação coletiva. Contudo, previu o Código de Defesa do Consumidor, de forma excepcional, a possibilidade de sua integração facultativa ao feito na qualidade de litisconsorte, nos termos do art. 94. Nesse caso, sofrerá os efeitos de sua intervenção, em especial no que se refere à formação da coisa julgada material, pela qual será alcançado, nos termos da primeira parte do art. 472 do Código de Processo Civil, ficando impedido de intentar nova ação individual com o mesmo escopo (art. 103, § 2º, do Código de Defesa do Consumidor).
>
> 2. O pedido de intervenção no feito como litisconsorte nada mais é do que incidente processual, haja vista que o consumidor, aproveitando-se do poder de disposição em aderir ou não ao processo coletivo, solicita seu ingresso no feito, na qualidade de litisconsorte facultativo ulterior. Em sendo assim, não cabe condenação da ré em custas e honorários advocatícios nesta fase. Precedentes.[29]

Questão interessante se refere à consequência que a ausência de publicação de referido edital provoca ao processo: tratar-se-ia de nulidade absoluta ou relativa? A matéria parece ser controvertida na doutrina e jurisprudência.

O Superior Tribunal de Justiça, em acórdãos mais antigos, entendeu que o vício não era hábil a ensejar a extinção da ação civil pública, por se tratar de litisconsórcio facultativo:

> Não há nulidade na ausência de citação editalícia dos demais interessados (artigo 94 do CDC), pois trata-se, na verdade, de regra de litisconsórcio facultativo criada em benefício dos consumidores. Nada impede que aqueles que se sentirem prejudicados também proponham ação contra a empresa.[30]

A ausência de publicação do edital previsto no art. 94 do CDC, com vistas a intimar os eventuais interessados da possibilidade de intervirem no processo como litis-

---

[28] STJ, 3ª T., Resp. 1.509.586/SC, Rel. Min. Nancy Andrighi, ac. 15.05.2018, *DJe* 18.05.2018.
[29] STJ, 4ª T., REsp. 1.116.897/PR, Rel. Min. Luis Felipe Salomão, ac. 24.09.2013, *DJe* 15.10.2013.
[30] STJ, 2ª T., REsp. 138.411/DF, Rel. Min. Franciulli Netto, ac. 13.02.2001, *DJ* 10.09.2001, p. 367. No mesmo sentido: STJ, 2ª T., REsp 205.481/MG, Rel. Min. João Otávio de Noronha, ac. 19.04.2005, *DJ* 01.08.2005, p. 369.

consortes, constitui vício sanável, que não gera nulidade apta a induzir a extinção da ação civil pública, porquanto, sendo regra favorável ao consumidor, como tal deve ser interpretada.[31]

Nesse sentido também é o entendimento que parece prevalecer no Tribunal de Justiça de São Paulo:

> Decisão que determinou a expedição de edital (art. 94, do Código de Defesa do Consumidor) – A falta de publicação do edital não provoca nulidade do feito – Postulação tardia (após citação da ré, mais de dois anos após ajuizamento da ação) – Pleito que não se mostra razoável – Recurso provido.[32]

O Tribunal de Justiça de Minas Gerais, em algumas oportunidades, acolheu esse entendimento, acrescentando que se os consumidores se sentirem prejudicados, podem propor ação individual contra o réu.[33]

Bruno Miragem, embora não analise a questão sob a perspectiva da nulidade, afirma que a participação do consumidor, como litisconsorte ativo da ação coletiva, é contraproducente, porque,

> caso não venha a participar da demanda coletiva, e a decisão desta seja de improcedência, conserva a possibilidade de ingressar com ação individual para reclamar indenização dos danos pessoalmente sofridos em razão do mesmo fato. Contudo, se tiver intervindo na ação na condição de litisconsorte deverá submeter-se aos efeitos da improcedência do pedido (artigo 103, §2º, do CDC). Todavia, na hipótese de procedência do pedido da ação coletiva, seus efeitos irão contemplar o titular do direito individual tutelado, independente de sua intervenção ou não no processo (artigo 103, III, do CDC).[34]

Com efeito, apesar de o consumidor integrar a lide como litisconsorte – facultativo e unitário – não "poderá apresentar novas demandas, ampliando o objeto litigioso da ação coletiva à consideração de seus direitos pessoais, o que contrariaria todo o espírito de 'molecularização' da causa".[35] Isso porque não é ele parte legítima para ajuizar

---

[31] STJ, 2ª T., REsp. 1.377.400/SC, Rel. Min. Og Fernandes, ac. 18.02.2014, DJe 13.03.2014. No mesmo sentido: STJ, 3ª T., REsp 207.555/MG, Rel. Min. Ricardo Villas Bôas Cueva, ac. 06.12.2012, DJe 13.12.2012.

[32] TJSP, Órgão Julgador não identificado, feito não especificado 9038104-64.2007.8.26.0000, Rel. Des. Luiz Antonio de Godoy, ac. N/A, Data de Registro. 06.08.2007. No mesmo sentido: TJSP, 4ª Câmara (Extinto 1º TAC), Apelação com Revisão 9135922-21.2004.8.26.0000, Rel. Juiz. Elliot Akel, ac. N/A, Data de Registro: 12.12.2006.

[33] TJMG, 18ª Câmara Cível, Apelação Cível 1.0056.07.148231-1/001, Rel. Des. Arnaldo Maciel, ac. 09.11.2010, DJe 24.11.2010.

[34] MIRAGEM, Bruno. Curso de direito do consumidor. 8. ed. São Paulo: Thomson Reuters, 2019, p. 887.

[35] GRINOVER, Ada Pellegrini et al. Código Brasileiro de Defesa do Consumidor: comentado pelos autores do anteprojeto. Rio de Janeiro: Forense, 2011, v. II, p. 151.

diretamente a ação coletiva, sendo, por isso, substituído pelos entes que efetivamente detêm legitimidade.[36]

Entretanto, em 2019 o STJ julgou de forma contrária, ao argumento de que o art. 94 do CDC veicula exigência de ampla divulgação para que os interessados possam intervir no feito. Dessa forma, o edital deve ser publicado na fase de conhecimento, tão logo a ação seja proposta. Assim, manteve a decisão do tribunal de justiça que desconstituiu a sentença proferida sem a devida observância do requisito previsto no CPC, que entendeu obrigatório:

> 6. Com efeito, o Juízo de piso não observou o disposto no artigo 94 do CDC, segundo o qual proposta a ação, será publicado edital no órgão oficial, a fim de que os interessados possam intervir no processo como litisconsortes, sem prejuízo de ampla divulgação pelos meios de comunicação social por parte dos órgãos de defesa do consumidor.
>
> 7. Da leitura do citado dispositivo, constata-se que a exigência de ampla divulgação diz respeito à fase de conhecimento da Ação Coletiva, visando a permitir a quem tiver interesse na demanda, integrá-la como litisconsorte. Essa medida deve ser adotada assim que a Ação é proposta. Dessa forma, antes de prolatar a sentença, o Juízo de origem deveria ter possibilitado a participação dos possíveis interessados no processo, admitindo, ainda, a formulação, pelos interessados, de requerimento de inclusão da ANEEL no polo passivo da demanda, bem como a determinação de emenda à inicial, o que não ocorreu na espécie.[37]

O Tribunal de Justiça de Minas Gerais, em algumas oportunidades, declarou a nulidade de sentença proferida sem que o edital houvesse sido publicado:

> A ação civil pública para defesa de interesses individuais homogêneos rege-se pelas normas do Título III, Capítulo II, do CDC, cujo art. 94 determina que, uma vez proposta, será publicado edital no órgão oficial, de modo a permitir aos titulares dos interesses tutelados intervirem no processo. Desatendido tal procedimento, deve ser anulado o processo, desde o momento em que deveria ter sido publicado o edital, ressalvando-se a possibilidade de convalidação dos atos praticados, se assim for possível.[38]

---

[36] O STJ é tranquilo quanto aos efeitos suportados pelo consumidor por intervir na ação coletiva como litisconsorte facultativo: "É sabido que o consumidor não tem legitimidade para ajuizar diretamente a ação coletiva. Contudo, previu o Código de Defesa do Consumidor, de forma excepcional, a possibilidade de sua integração facultativa ao feito na qualidade de litisconsorte, nos termos do art. 94. Nesse caso, sofrerá os efeitos de sua intervenção, em especial no que se refere à formação da coisa julgada material, pela qual será alcançado, nos termos da primeira parte do art. 472 do Código de Processo Civil, ficando impedido de intentar nova ação individual com o mesmo escopo (art. 103, § 2°, do Código de Defesa do Consumidor)" (STJ, 4ª T., AgInt no AREsp 721.867/SP, Rel. Min. Luis Felipe Salomão, ac. 07.03.2017, DJe 15.03.2017). No mesmo sentido: STJ, 4ª T., REsp 1.116.897/PR, Rel. Min. Luis Felipe Salomão, ac. 24.09.2013, DJe 15.10.2013.

[37] STJ, 1ª T., REsp. 1.800.103/DF, Rel. Min. Napoleão Nunes Maia Filho, ac. 13.08.2019, DJe 16.08.2019.

[38] TJMG, 5ª Câmara Cível, Reexame Necessário-Cv 1.0024.98.099287-9/001, Rel. Des. Cláudio Costa, ac. 06.07.2006, DJ 29.08.2006. No mesmo sentido: TJMG, Apelação Cível 2.0000.00.138464-7/000, Rel. Des. Nepomuceno Silva, ac. 11.04.2003, DJ 24.05.2003.

Para Fredie Didier Júnior e Hermes Zaneti Júnior, a comunicação do processo coletivo aos membros do grupo é medida importantíssima, razão pela qual deve ser feita de forma adequada, pois "serve para que se possa fiscalizar a condução do processo, pelo legitimado extraordinário, assim como para que se possa exercer o direito de 'sair' da incidência da decisão coletiva". Daí concluírem que "a adequação da publicidade das ações coletivas é, certamente, um dos mais importantes aspectos a serem observados no desenvolvimento do devido processo legal coletivo".[39]

Não nos parece adequado, com a devida vênia, o posicionamento rígido em relação à falta de publicação do edital convocando os interessados a participarem da ação coletiva. Como bem ressalta Bruno Miragem, o consumidor não sofre prejuízo algum em não participar da ação coletiva, seja porque não é afetado por eventual sentença desfavorável, seja porque a procedência da ação lhe beneficia a despeito de não ter ingressado na ação como litisconsorte.

Com efeito, se a sistemática de nulidades do CPC/2015, que se aplica perfeitamente às ações coletivas, exige o prejuízo para a decretação (art. 282, §§ 1º e 2º), a posição rígida adotada pelos tribunais mostra-se incompatível com o ordenamento processual.

Ademais, o que em geral se passa na espécie, é que na verdade a entidade promotora da ação coletiva, diante da sentença que desacolhera sua demanda, lança mão da arguição de nulidade do processo com o único objetivo de tentar reabri-lo, na esperança de alcançar no rejulgamento melhor resultado no tribunal, já que agora conhece o motivo determinante do insucesso do pleito. Acontece, no entanto, que a regra do art. 94 do CDC tutela interesse não do autor da ação, mas de terceiros (eventuais litisconsortes facultativos). Não cabe, pois, a quem não é destinatário da norma invocar a respectiva infringência, porquanto dela não teria decorrido nenhum prejuízo próprio. Pas de nullité sans grief: eis o princípio maior do sistema de nulidades do CPC. Nulidade, se houvesse in casu, somente poderia ser arguida pelos titulares do interesse em jogo (os eventuais litisconsortes facultativos), os quais, todavia, nenhum prejuízo suportam em função da falta do questionado edital, conforme já restou demonstrado.

Por fim, importante destacar o entendimento do STJ no sentido de que, enquanto pendente a ação coletiva, devem ser suspensas as ações individuais ajuizadas pelos prejudicados isoladamente. Nesse sentido, acórdão dos embargos de declaração no recurso especial repetitivo:

1. Conforme a tese sufragada por este Colegiado, "até o trânsito em julgado das Ações Civis Públicas n. 5004891-93.2011.4004.7000 e n. 2001.70.00.019188-2", deverão ficar suspensas as ações individuais. O entendimento perfilhado, como demonstrado no acórdão ora recorrido, está consolidado no âmbito da jurisprudência do STJ, tendo sido sufragado em sede de recursos repetitivos julgados pela Primeira e Segunda Seções, e em inúmeros recursos julgados no âmbito da Corte Especial, inclusive com a invocação da Súmula 168/STJ.

---

39 DIDIER JÚNIOR, Fredie; ZANETI JÚNIOR, Hermes. *Curso de direito processual civil*. 11. ed. Salvador: JusPodivm, 2017, v. 4 (processo coletivo), p. 109.

2. Frisou-se que, no caso concreto, "fica bem nítida a inconveniência da tramitação do feito individual, pois, como relatado, consta no andamento processual das ações civis públicas inúmeras determinações probatórias, inclusive ofícios expedidos a órgãos públicos solicitando diversas providências".

3. Salientou-se que o desate do mérito ensejará o exame de aspectos técnicos de peculiar complexidade diante das inúmeras e inconciliáveis divergências verificadas entre os diversos órgãos que acompanharam o desenrolar da questão.[40]

III – Legitimidade do condomínio de adquirentes de edifício em construção

O STJ já decidiu pela legitimidade do condomínio de adquirentes de edifício em construção ajuizar ação contra a construtora, em defesa dos direitos dos adquirentes:

1. Polêmica em torno da possibilidade de inversão do ônus da prova para se atribuir a incorporadora demandada a demonstração da destinação integral do produto de financiamento garantido pela alienação fiduciária de unidades imobiliárias na incorporação em questão (patrimônio de afetação).

2. Aplicabilidade do Código de Defesa do Consumidor ao condomínio de adquirentes de edifício em construção, nas hipóteses em que atua na defesa dos interesses dos seus condôminos frente a construtora/incorporadora.

3. O condomínio equipara-se ao consumidor, enquanto coletividade que haja intervindo na relação de consumo. Aplicação do disposto no parágrafo único do art. 2º do CDC.

4. Imposição de ônus probatório excessivamente complexo para o condomínio demandante, tendo a empresa demandada pleno acesso às provas necessárias à demonstração do fato controvertido.[41]

IV – Sucessão do autor por outro colegitimado

Ajuizada a ação coletiva por um dos legitimados, é possível que outro o substitua, em razão da indisponibilidade dos interesses tutelados. Entretanto, num primeiro momento, o STJ não admitiu que uma associação assumisse o polo ativo de ação já em andamento:

1. Em linha de princípio, afigura-se possível que o Ministério Público ou outro legitimado, que necessariamente guarde uma representatividade adequada com os interesses discutidos na ação, assuma, no curso do processo coletivo (inclusive com a demanda já estabilizada, como no caso dos autos), a titularidade do polo ativo da lide, possibilidade, é certo, que não se restringe às hipóteses de desistência infundada ou de abandono da causa, mencionadas a título exemplificativo pelo legislador (*numerus apertus*).

2. Justamente por envolver interesses essencialmente ou acidentalmente coletivos (assim nominados, na lição de José Carlos Barbosa Moreira, in *Tutela Jurisdicional*

---

[40] STJ, 2ª Seção, EDcl no REsp. 1.525.327/PR, Rel. Min. Luis Felipe Salomão, ac. 09.10.2019, *DJe* 15.10.2019.

[41] STJ, 3ª T., REsp. 1.560.728/MG, Rel. Min. Paulo de Tarso Sanseverino, ac. 18.10.2016, *DJe* 28.10.2016.

dos Interesses Coletivos ou Difusos) – nos quais se constatam a magnitude dos bens jurídicos envolvidos, com assento constitucional; a peculiar e considerável dimensão das correlatas lesões; e a inerente repercussão destas na esfera jurídica de um elevado número de pessoas – a resolução dos conflitos daí advindos, por meio do processo coletivo, consubstancia, a um só tempo, destacada atuação do poder jurisdicional na distribuição de justiça social e nas políticas sociais do Estado, bem como verdadeiro anseio da sociedade.

2.1 Ante a natureza e a relevância pública dos interesses tutelados no bojo de uma ação coletiva, de inequívoca repercussão social, ressai evidenciado que os legitimados para promover a ação coletiva não podem proceder a atos de disposição material e/ou formal dos direitos ali discutidos, inclusive porque deles não são titulares.

2.2 No âmbito do processo coletivo, vigora o princípio da indisponibilidade (temperada) da demanda coletiva, seja no tocante ao ajuizamento ou à continuidade do feito, com reflexo direto em relação ao Ministério Público que, institucionalmente, tem o dever de agir sempre que presente o interesse social (naturalmente, sem prejuízo de uma ponderada avaliação sobre a conveniência e, mesmo, sobre possível temeridade em que posta a ação), e, indiretamente, aos demais colegitimados. Como especialização do princípio da instrumentalidade das formas, o processo coletivo é também norteado pelo princípio da primazia do conhecimento do mérito, em que este (o processo) somente atingirá sua função instrumental-finalística se houver o efetivo equacionamento de mérito do conflito.

3. Todavia, esta compreensão quanto à possibilidade de assunção do polo ativo por outro legitimado, não se aplica – ressalta-se – às associações porque de todo incompatível.

3.1 No específico caso das associações, de suma relevância considerar a novel orientação exarada pelo Supremo Tribunal Federal que, por ocasião do julgamento do Recurso Extraordinário n. 573.232/SC, sob o regime do art. 543-B do CPC, reconheceu, para a correta delimitação de sua legitimação para promover ação coletiva, a necessidade de expressa autorização dos associados para a defesa de seus direitos em juízo, seja individualmente, seja por deliberação assemblear, não bastando, para tanto, a previsão genérica no respectivo estatuto.

3.2 Esta exegese permite ao magistrado bem avaliar, no específico caso das associações, se a demandante efetiva e adequadamente representa os interesses da respectiva coletividade, de modo a viabilizar a consecução de direitos que alegadamente guardariam relevância pública e inequívoca repercussão social. Em relação aos demais legitimados, esta análise, ainda que pertinente, afigura-se naturalmente atenuada ante a finalidade institucional decorrente de lei.

3.3 Não se descurando da compreensão de que a lei, ao estabelecer os legitimados para promover a ação coletiva, presumivelmente reconheceu a correlação destes com os interesses coletivos a serem tutelados, certo é que o controle judicial da adequada representatividade, especialmente em relação às associações, consubstancia importante elemento de convicção do magistrado para mensurar a abrangência e, mesmo, a relevância dos interesses discutidos na ação, permitindo-lhe, inclusive, na ausência daquela, obstar o prosseguimento do feito, em observância ao princípio do devido processo legal à tutela jurisdicional coletiva, a fim de evitar o desvirtuamento do processo coletivo.

4. Reconhece-se, pois, a absoluta impossibilidade, e mesmo incompatibilidade, de outra associação assumir o polo ativo de ação civil pública promovida por ente associativo que, no curso da ação, veio a se dissolver (no caso, inclusive, por deliberação de seus próprios associados). Sob o aspecto da representação, afigura-se, pois, inconciliável a situação jurídica dos então representados pela associação dissolvida com a dos associados do "novo ente associativo", ainda que, em tese, os interesses discutidos na ação coletiva sejam comuns aos dois grupos de pessoas.

4.1 Na espécie, a partir da dissolução do ente associativo demandante, a subtrair-lhe não apenas a legitimação, mas a própria capacidade de ser parte em juízo, pode-se concluir com segurança que os então associados não mais são representados pela associação autora, notadamente na subjacente ação judicial. Por sua vez, a nova associação, que pretende assumir a titularidade do polo ativo da subjacente ação civil pública, não detém qualquer autorização para representar os associados do ente associativo demandante. Aliás, da petição de ingresso no presente feito, constata-se que o petitório não se fez acompanhar sequer da autorização de seus próprios associados para, no caso, prosseguir com a presente ação, o que, por si só, demonstra a inviabilidade da pretensão. E, ainda que hipoteticamente houvesse autorização nesse sentido (de prosseguimento no feito), esta, por óbvio, não teria o condão de suprir a ausência de autorização dos então associados da demandante, o que conduz à inarredável conclusão de que a associação interveniente não possui legitimidade para prosseguir com a presente ação.

4.2 *In casu*, o Ministério Público, ciente da dissolução da associação demandante, não manifestou interesse em prosseguir com a subjacente ação coletiva, o que enseja a extinção do feito, sem julgamento de mérito.[42]

Entretanto, em embargos de declaração, aquela Corte alterou o seu entendimento para permitir que a substituição ocorra por qualquer dos legitimados:

3. O microssistema de defesa dos interesses coletivos privilegia o aproveitamento do processo coletivo, possibilitando a sucessão da parte autora pelo Ministério Público ou por algum outro colegitimado, mormente em decorrência da importância dos interesses envolvidos em demandas coletivas.

4. Embargos de declaração acolhidos, com efeitos infringentes, para julgar improvido o recurso especial interposto pela parte adversa.[43]

3.5. O MINISTÉRIO PÚBLICO E AS AÇÕES COLETIVAS

I – Direitos individuais homogêneos

Se é certa a legitimidade do Ministério Público para patrocinar ações em defesa de direitos coletivos ou difusos, muito se tem discutido quando o caso é de tutela a direitos individuais homogêneos.

---

[42] STJ, 3ª T., REsp 1.405.697/MG, Rel. Min. Marco Aurélio Bellizze, ac. 17.09.2015, *DJe* 08.10.2015.
[43] STJ, 3ª T., EDcl no REsp 1.405.697/MG, Rel. Min. Marco Aurélio Bellizze, ac. 10.09.2019, *DJe* 17.09.2019.

Dispõe o art. 127 da Constituição Federal de 1988: "o Ministério Público é instituição permanente, essencial à função jurisdicional do Estado, incumbindo-lhe a defesa da ordem jurídica, do regime democrático e dos interesses sociais e *individuais indisponíveis*".

Observa-se, pois, que a Carta Magna fez menção exclusivamente a *direitos individuais indisponíveis* como de possível defesa por parte do Ministério Público. Portanto, a sua legitimação somente se verificaria quando houvesse a malversação de tal categoria de direitos, entendida como sendo "aqueles dos quais diz a palavra não se puder dispor, porque integrados na personalidade humana".[44]

A restrição imposta pelo legislador constituinte justifica-se, na medida em que ao Ministério Público é vedada a prática da advocacia (art. 128, § 5º, II, *b*). Advogar outra coisa não é senão a defesa de direitos individuais, particularmente os disponíveis.

É à luz do art. 127, pois, que se deve interpretar o art. 81, parágrafo único, III, do Código de Defesa do Consumidor, que autoriza o Ministério Público a promover a defesa coletiva dos interesses individuais homogêneos. Assim sendo, tem-se que somente em se tratando de direito individual homogêneo *indisponível* estará o Ministério Público legitimado à propositura da ação coletiva de consumo, jamais a ação civil pública.

Nesse sentido é a orientação da melhor doutrina que tem como seu representante Hugo de Brito Machado:

> Não se pode admitir a defesa, pelo Ministério Público, de um direito individual disponível, ao argumento de que se trata de um direito homogêneo. Como já dissemos, isso implicaria admitir a prática da advocacia pelo Ministério Público.[45]

Com efeito, "vedado, como é, aos membros do Ministério Público o exercício da advocacia, e sendo atribuição sua apenas a defesa dos interesses sociais e *individuais indisponíveis, não tem o parquet legitimidade para promover ações na defesa de interesses individuais disponíveis*".[46] Diversa não tem sido a orientação preconizada pelos Tribunais, em especial pelo *Superior Tribunal de Justiça*.[47]

Todavia, pode haver hipótese em que, num só ato, dois são os interesses lesados: um de natureza divisível, individual, subjetiva, cuja defesa cabe ao próprio lesado; e outro, de caráter indivisível, coletivo e difuso, de interesse social, cuja proteção se

---

[44] CORRÊA, Oscar Dias. *A Constituição de 1988* – contribuição crítica. Rio de Janeiro: Forense Universitária, 1991, p. 170.
[45] MACHADO, Hugo de Brito. Aspectos da competência do Ministério Público e atividade política, *Revista dos Tribunais*, v. 698, p. 27-28, dez./1993.
[46] MACHADO, Hugo de Brito. *Op. cit.*, p. 30.
[47] "Ação Civil Pública. Direitos Individuais *Disponíveis*. ICMS. Ilegitimidade do *Ministério Público*. A legitimidade do *Ministério Público* é para cuidar de *interesses* sociais difusos ou coletivos e não para patrocinar direitos individuais privados e *disponíveis*" (STJ, 1ª T., REsp 248.281/SP, Rel. Min. Garcia Vieira, ac. 02.05.2000, *DJU* 29.05.2000, p. 127). No mesmo sentido: STJ, 1ª Seção, EREsp 181.892/SP, Rel. Min. Garcia Vieira, ac. 10.04.2000, *DJU* 08.05.2000, p. 54; STJ, 3ª T., REsp 154.789/SP, Rel. Min. Waldemar Zveiter, ac. 07.12.1999, *DJU* 21.02.2000, p. 120, *RSTJ* 132, p. 314; STJ, 5ª T., REsp 114.908/SP, Rel. Min. José Arnaldo da Fonseca, ac. 10.08.1999, *DJU* 13.09.1999, p. 86.

impõe ao Ministério Público. São, *v.g.*, indivisíveis os interesses atinentes à saúde, à educação, ao transporte coletivo etc., porque uma vez ignorados geram grandes transtornos para a sociedade. O Ministério Público, então, estaria legitimado não pelo simples fato de haver uma soma de interesses individuais, mas sim pelo fato de a lesão a um direito subjetivo desse tipo causar repercussões prejudiciais a toda coletividade. Seria, então, o interesse social, como direito difuso, que estaria sendo protegido e tutelado pelo Ministério Público, e não apenas os direitos individuais homogêneos dos diversos prejudicados de *per si*. Nesse sentido, o STF assentou, por exemplo, que "o Ministério Público tem legitimidade para promover ação civil pública cujo fundamento seja a ilegalidade de reajuste de mensalidades escolares" (STF, Súmula nº 643).

Nesse sentido, a jurisprudência do STJ:

> 4. O Ministério Público está legitimado para promover a tutela coletiva de direitos individuais homogêneos, mesmo de natureza disponível, quando a lesão a tais direitos, visualizada em seu conjunto, em forma coletiva e impessoal, transcender a esfera de interesses puramente particulares, passando a comprometer relevantes interesses sociais. Na hipótese, consideradas a natureza e a finalidade social das diversas espécies securitárias, há interesse social qualificado na tutela coletiva dos direitos individuais homogêneos dos consumidores, alegadamente lesados por prática abusiva do ente segurador.[48]

A lição de Kazuo Watanabe reforça o entendimento, ao afirmar que "foi a relevância social da tutela a título coletivo dos interesses ou direitos individuais homogêneos que levou o legislador a atribuir ao Ministério Público e a outros entes públicos a legitimação para agir nessa modalidade de demanda molecular".[49]

Interesse social, conforme ensina Rodolfo de Camargo Mancuso,

> [...] é o interesse que reflete o que esta sociedade entende por "bem comum"; o anseio de proteção à *res publica*; a tutela daqueles valores e bens mais elevados, os quais essa sociedade, espontaneamente, *escolheu* como sendo os mais relevantes. Tomando-se o adjetivo "coletivo" num sentido amplo, poder-se-ia dizer que o interesse social equivale ao *exercício coletivo do interesse coletivo*.[50]

Não é pelo simples fato de serem tratados numa dimensão coletiva que os direitos individuais assumem relevância social. Alerta Teori Albino Zavascki que os "direitos individuais só devem ser considerados como de interesse social quando sua lesão tiver alcance mais amplo que o da simples soma das lesões individuais, por comprometer também valores comunitários especialmente privilegiados pelo ordenamento jurídico".[51]

---

[48] STJ, 3ª T., REsp. 1.594.024/SP, Rel. Min. Ricardo Villas Bôas Cueva, ac. 27.11.2018, *DJe* 05.12.2018.
[49] *Op. cit.*, p. 86.
[50] MANCUSO, Rodolfo de Camargo. *Interesses difusos*. 5. ed. São Paulo: RT, 2000, p. 27.
[51] ZAVASCKI, Teori Albino. *Op. cit.*, p. 159.

O Ministério Público não está legitimado a defender o interesse de pequenos grupos de consumidores, porque neste caso não estará afetado interesse da sociedade como um todo, mas apenas de parcela determinada dessa. É necessário que a lesão sofrida pelos titulares de direito subjetivo configure um interesse social.[52] Isto é, que desta situação decorra, a um só tempo, direitos individuais homogêneos e interesse social, de natureza difusa. Em outros termos, a defesa de interesse de um grupo determinado convém à sociedade como um todo, quando a violação de direitos individuais ofende também o direito da coletividade. Nesta hipótese confere-se ao Ministério Público legitimidade para agir exatamente porque busca a tutela do interesse de dimensão coletiva ou difusa. A proteção dos interesses individuais homogêneos se faz, portanto, por via reflexa. De outro modo, não se pode entender o interesse social.[53]

A maioria da doutrina é assente na necessidade de que haja a presença do interesse social na tutela do interesse individual homogêneo por parte do Ministério Público. A definição do que seja interesse social é que se mostra carregada de avaliação subjetiva, quando, na verdade, dever-se-iam adotar critérios objetivos, como ilustra no já citado aresto do STF o Ministro Sepúlveda Pertence.[54]

O Ministério Público, portanto, não está institucionalmente concebido como defensor de direitos individuais homogêneos, mas apenas dos que correspondam a "interesses sociais" (CF, art. 127). Os "interesses individuais" somente entram na esfera de atuação do *Parquet* quando sejam "indisponíveis",[55] jamais quando disponíveis.

---

[52] "4. Os arts. 1º e 5º da Lei 7.347/85 e 81 e 82 da Lei 8.078/90 conferem legitimidade ao Ministério Público para promover ação civil pública em defesa dos interesses difusos, coletivos e individuais homogêneos do consumidor. 5. Ainda que se trate de direito disponível, há legitimidade do Ministério Público quando a defesa do consumidor de forma coletiva é expressão da defesa dos interesses sociais. Arts. 127 e 129 da Constituição" (STJ, Corte Especial, EREsp 1.378.938/SP, Rel. Min. Benedito Gonçalves, ac. 20.06.2018, *DJe* 27.06.2018).

[53] A propósito, o Supremo Tribunal Federal no julgamento do RE 213.631, em voto da lavra do Em. Ministro Sepúlveda Pertence, salientou que não se pode dizer que "qualquer feixe de pretensões individuais homogêneas, seja qual for o seu objeto, possa ser tema de tutela jurisdicional coletiva por iniciativa do Ministério Público" (STF, Pleno, RE 213.631/MG, Rel. Min. Ilmar Galvão, ac. 09.12.1999, *DJU* 07.04.2000, p. 69, *RTJ* 173/305). Destacou o Em. Ministro "não bastar, à legitimidade ao Ministério Público no particular, a homogeneidade de quaisquer interesses individuais de um número significativo de sujeitos" (STF, RE 213.631 *cit.*, *RTJ* 173/305). Cita o ilustre Ministro inúmeros doutrinadores que adotam o mesmo entendimento, dentre eles Kazuo Watanabe, J. C. Barbosa Moreira, Teori A. Zavascki, Rodolfo C. Mancuso, Lúcia V. Figueiredo e Hugo N. Mazzili.

[54] "Creio, assim, que afora o caso de previsão legal expressa a afirmação do *interesse social* para o fim cogitado há de partir da identificação do seu assentamento nos pilares da ordem social projetada pela Constituição e na sua correspondência à persecução dos objetivos fundamentais da República, nela consagrados. [...] A Constituição ainda aponta como metas da República 'construir uma sociedade livre, justa e solidária' e 'erradicar a pobreza e a marginalização e reduzir as desigualdades sociais e regionais'" (STF, RE 213.631 *cit.*, *RTJ* 173/309). Naquele julgamento, concluiu o Ministro Sepúlveda Pertence acompanhando o voto do Min. Relator Ilmar Galvão que, por exemplo: "Não se me afigura sustentável que essa legitimação extraordinária do MP se possa prodigalizar, em nome do interesse social, para a defesa de qualquer resistência coletiva à tributação" (STF, RE 213.631 *cit.*, *RTJ* 173/309).

[55] RTJ 173/309, *cit.*

De maneira geral, os direitos do consumidor assumem feitio coletivo, com repercussão social, razão pela qual a jurisprudência inclina-se por reconhecer, com maior amplitude, a legitimidade do Ministério Público para a ação coletiva em sua defesa, até mesmo quando se trate de direitos individuais homogêneos.[56]

Não se pode admitir, todavia, que o Ministério Público use sua titularidade da ação civil pública (coletiva por natureza) para utilizá-la em ação singular na defesa individual e isolada de determinado consumidor.[57] A substituição processual ocorre sempre como exceção aberta pela lei (CPC/2015, art. 18). A que se dá na ação civil pública é necessariamente coletiva. Pode até existir substituição processual exercitável pelo Ministério Público em relação a indivíduo apartado de qualquer coletividade, mas isto dependerá de previsão em lei especial.[58] Fora dessas situações excepcionais, o Ministério Público é carecedor de ação individual em defesa de consumidor.[59]

Em suma: a posição assentada pelo Supremo Tribunal Federal e pelo Superior Tribunal de Justiça destaca a natureza e o interesse sociais como decisivos para o reconhecimento da legitimidade do Ministério Público, na espécie. Assim, não seriam quaisquer direitos individuais homogêneos que poderiam ser demandados coletivamente pelo Ministério Público,[60] mas os derivados de *relação de consumo*[61] e os dotados de *alto*

---

[56] "A legitimidade do Ministério Público para a defesa de direitos individuais homogêneos nas relações de consumo já foi reconhecida em diversas oportunidades por esta Corte" (STF, 2ª T., AgRg no AI-. 438.703/MG, Rel. Min. Ellen Gracie, ac. 28.03.2006, *DJU* 05.05.2006, p. 27). No mesmo sentido: STF, 1ª T., AgRg no RE-. 424.048/SC, Rel. Min. Sepúlveda Pertence, ac. 25.10.2005, *DJU* 25.11.2005, p. 11; STJ, 4ª T., REsp 105.215/DF, Rel. Min. Sálvio de Figueiredo Teixeira, ac. 24.06.1997, *DJU* 18.08.1997, p. 37.873, *RSTJ* 98/311; STJ, 3ª T., REsp 308.486/MG, Rel. Min. Menezes Direito, ac. 24.06.2002, *DJU* 02.09.2002, p. 183; STJ, 3ª T., REsp 332.331/SP, Rel. Min. Castro Filho, ac. 26.11.2002, *DJU* 19.02.2002, p. 361.

[57] "Falece legitimidade ativa ao Ministério Público para propor ação ordinária, como substituto processual, no sentido de defender interesse individual de determinada pessoa a exame médico, mormente quando existe, na localidade, Defensoria Pública" (STJ, 1ª T., REsp 740.850/RS, Rel. Min. José Delgado, ac. 21.03.2006, *DJU* 03.04.2006, p. 259; *RJTJRGS* 256/32).

[58] É, *v.g.*, o caso da ação de investigação de paternidade regulada pela Lei nº 8.560, de 29.12.1992.

[59] "[...] só em casos específicos é que [o MP] atua em favor do representado ou substituído. [...] o artigo 25, IV, *a*, da Lei 8.625/93, [...] dispõe, apenas, acerca de sua legitimidade para propor ações civis públicas"[ações coletivas] (STJ, 1ª T., REsp 740.850/RS, cit., *RJTJRGS* 256/32). Inadmissível, pois, basear-se em tal legitimidade, fora do campo das ações coletivas, e em ação confessadamente individual. Isso ocorrendo, o caso, como acentuou o STJ, no acórdão cit., é de carência de ação por ilegitimidade ativa do Ministério Público, nos termos do art. 267, VI, do CPC [de 1973, art. 485, IV, do CPC/2015]. A jurisprudência atual do STJ, no entanto, tende ao reconhecimento de que pode o MP usar a ação civil pública para defesa de direito individual, desde que *indisponível* (STJ, 1ª S., EREsp 819.010/SP, Rel. p/ac. Min. Teori Albino Zavascki, ac. 13.02.2008, *DJe* 29.09.2008; STJ, 2ª T., REsp 716.712/RS, Rel. Min. Herman Benjamin, ac. 15.09.2009, *DJe* 08.02.2010; STJ, 4ª T., REsp 589.612/RJ, Rel. p/ac. Honildo Amaral de Mello Castro, ac. 15.09.2009, *DJe* 01. 03.2010.

[60] Não são "direitos individuais homogêneos, [os] decorrentes de contratos de compromisso de compra e venda que não se identificam com 'interesses sociais e individuais indisponíveis'(CF, art. 157)" (STF, 2ª T., AgRg no RE 204.200/SP, Rel. Min. Carlos Velloso, ac. 08.10.2002, *DJU* 08.11.2002, p. 55).

[61] STF, 1ª T., AgRg no AI 491.195/SC, Rel. Min. Sepúlveda Pertence, ac. 06.04.2004, *DJU* 07.05.2004, p. 21; STF, 2ª T., A AgRg no AI 438.703/MG, Rel. Min. Ellen Gracie, ac. 28.03.2006, *DJU* 05.05.2006,

relevo social, como, *v.g.*, os relacionados com os contratos de financiamento pelo Sistema Financeiro da Habitação,[62] com a saúde e a educação[63] ou com transportes coletivos.[64]

Por fim, destaque-se exemplo de Kazuo Watanabe, a justificar a atuação do Ministério Público nessas situações:

> Mas há também *relevância social* da própria tutela coletiva em razão da peculiaridade do conflito de interesses. Imagine-se o caso de um fabricante de óleo comestível que esteja lesando os consumidores em quantidade bem pequena, insuficiente para motivar um ou mais consumidores isoladamente a procurar a justiça para reclamar a reparação do seu prejuízo. Se é ínfima a lesão individual, não o será, certamente, a lesão na perspectiva coletiva, que poderá estar afetando milhões de consumidores. Em casos assim, de dispersão muito grande de consumidores lesados e de insignificância da lesão na perspectiva individual, haverá certamente *relevância social na tutela coletiva*, para que o fornecedor seja obstado no prosseguimento da prática ilícita.[65]

II – Direitos individuais indisponíveis

Conforme já afirmado, a ação civil pública foi legalmente concebida para defesa de interesses coletivos, originariamente difusos e coletivos, e, posteriormente, ampliada para os direitos individuais homogêneos. Não haveria, pois, como o Ministério Público utilizar essa modalidade de ação para defender direito, ainda que indisponível, mas de titularidade de uma só pessoa. Entendia-se que, *in casu*, sendo hipossuficiente o interessado, deveria socorrer-se da Defensoria Pública, e não do Ministério Público, pois àquela, e não a este, competia patrocinar ações singulares de litigante carente.

A jurisprudência do STJ, todavia, tomou rumo diverso e passou a reconhecer ao Ministério Público, além da ação coletiva, "a ação civil pública com objetivo de resguardar o interesse individual de menor que necessita [por exemplo] de tratamento médico",[66] ou, mais genericamente, para "defesa de direito individual indisponível à

---

    p. 27; STF, 1ª T., AgRg no RE 424.048/SC, Rel. Min. Sepúlveda Pertence, ac. 25.10.2005, *DJU* 25.11.2005, p. 11.

[62] STF, 2ª T., AgRg no RE 470.135/MT, Rel. Min. Cezar Peluso, ac. 22.05.2007, *DJU* 29.06.2007, p. 138.

[63] "A Primeira Seção pacificou a tese de que o *Parquet* tem legitimação para garantir, por ação civil pública, a tutela dos direitos individuais indisponíveis à saúde e à vida [...]. 'Na referida ação, atua o *Parquet* como substituto processual da sociedade e, como tal, pode defender o interesse de todas as crianças do Município para terem assistência educacional, configurando a ilegitimidade quando a escolha se dá na proteção de um único menor' [...] [STF] (AgRg no RE 410.715/SP, 2ª T., Rel. Min. Celso de Mello, *DJU* 03.02.2006)" (STJ, 1ª Seção, Emb. Div. no REsp. 734.493/RS, Rel. Min. Castro Meira, ac. 27.09.2006, *DJU* 16.10.2006, p. 279).

[64] STJ, 1ª T., REsp. 610.235/DF, Rel. Min. Denise Arruda, ac. 20.03.2007, *DJU* 23.04.2007, p. 231; STJ, 1ª T., REsp. 417.804/PR, Rel. Min. Teori Albino Zavascki, ac. 19.04.2005, *DJU* 16.05.2005, p. 230.

[65] *Op. cit.*, p. 88-89.

[66] STJ, 2ª T., REsp. 688.052/RS, Rel. Humberto Gomes de Barros, ac. 03.08.2006, *DJU* 17.08.2006, p. 340; STJ, 1ª Seção, Emb. Div. no REsp. 734.493/RS, Rel. Min. Castro Meira, ac. 27.09.2006, *DJU* 16.10.2006, p. 279; STJ, 1ª Seção, Emb. Div. no REsp. 485.969/SP, Rel. Min. José Delgado, ac. 23.08.2006, *DJU* 11.09.2006, p. 220; STJ, 1ª Seção, Emb. Div. no REsp. 712.395/RS, Rel. Min. Eliana Calmon, ac. 28.03.2007, *DJU* 16.04.2007, p. 160.

saúde de hipossuficiente".⁶⁷ Afirma-se que, em face do enfermo carente de medicamento de elevado custo, estão em jogo "os direitos à vida e à saúde de que tratam os arts. 5º, *caput*, e 196 da Constituição". Dessa maneira, "a legitimidade ativa [do MP] afirma-se não por se tratar de tutela de direitos individuais homogêneos, mas por se tratar de interesses individuais indisponíveis".⁶⁸

No mesmo rumo da jurisprudência do STJ, há a previsão na Lei nº 10.741, de 01.10.2003, que dispõe competir ao Ministério Público "instaurar o inquérito civil e ação civil pública para a proteção dos direitos e interesses difusos e coletivos, individuais indisponíveis e individuais homogêneos do idoso".⁶⁹

3.6. A AÇÃO COLETIVA INTENTADA POR ASSOCIAÇÃO CIVIL

I – Introdução

No sistema norte-americano, o juiz pode reconhecer a um indivíduo "representação adequada" para defender direitos de toda uma classe.

O CDC brasileiro, porém, não adotou semelhante legitimação para defesa de interesses coletivos. Aqui, ou o indivíduo age isoladamente e obtém defesa apenas para si, ou determinados órgãos propõem ações coletivas na medida de sua capacidade de representação institucional de toda a coletividade ou apenas de determinados grupos.

Não se pode, todavia, pretender que todos estes órgãos públicos e privados representem a coletividade como um todo. Há de se aferir até onde vai, caso a caso, sua aptidão de representação. Entre o órgão substituto e os indivíduos substituídos tem de haver um *vínculo necessário*, seja de ordem pública ou privada.

Assim é que, na legitimidade para as ações coletivas de consumidores, incluem-se órgãos públicos com aptidão institucional para defesa genérica de toda a coletividade e órgãos privados instituídos convencionalmente para defesa dos interesses de seus associados.

Na sistemática constitucional que estabeleceu a legitimidade das associações para atuar, em juízo, na defesa de seus associados, criou-se uma situação de substituição processual, pois a entidade estará autorizada a demandar na defesa de direitos que não são seus, mas, sim, de seus sócios.

As associações são legitimadas para ações coletivas em circunstâncias diversas:

a) podem defender, em ação civil pública, direitos difusos ou coletivos (Lei nº 7.347/1985, art. 5º, V);

b) podem defender direitos individuais homogêneos de seus associados, de forma genérica (CDC, arts. 82, IV, e 91);

---

67 STJ, 2ª T., REsp. 920.217/RS, Rel. Min. Eliana Calmon, ac. 17.05.2007, *DJU* 06.06.2007, p. 259.
68 STJ, 2ª T., REsp. 913.356/RS, Rel. Min. Humberto Martins, ac. 03.05.2007, *DJU* 15.05.2007, p. 271.
69 STJ, 1ª T., REsp. 860.840/MG, Rel. Min. Denise Arruda, ac. 20.03.2007, *DJU* 23.04.2007, p. 237; TJRGS, 7ª CC, Ap. 70009464884, Rel. Des. José Carlos Teixeira Giordis, ac. 10.11.2004, *RJTJRGS*, v. 244, p. 225.

c) podem, ainda, em ação comum, propor ação em defesa de seus associados, representando-os na forma do art. 5º, inciso XXI, da Constituição, sem sujeitar-se ao regime procedimental do CDC.

A previsão do Código do Consumidor de que ações coletivas, para ressarcimento de danos, possam ser intentadas por associações, tem de ser entendida dentro da regra fundamental da Constituição, que delimitou a área de substituição processual aplicável à espécie (CF, art. 5º, XXI).

Analisando a matéria, destaca José Afonso da Silva que a Constituição de 1988 alterou o sistema tradicional da *legitimatio ad causam* individual, para instituir também casos de "representação coletiva de interesses coletivos ou mesmo individuais integrados numa coletividade". Destaca, porém, que as associações, quando estatutariamente autorizadas, "têm legitimidade para *representar seus filiados em juízo* ou fora dele (art. 5º, XXI)".[70]

Assim, ao cuidar do mandado de segurança coletivo, que é uma das ações que se permite seja proposta por associações, Celso Agrícola Barbi ensina que a ação de grupo se destina "a reclamar *direitos subjetivos individuais* dos membros dos sindicatos e dos associados de entidades de classe e associações".[71] A conclusão a que chega este último autor é categórica: "A redação do texto, realmente, vincula a defesa de seus membros e associados às entidades relacionadas na alínea *b*, pelo que, sem nenhuma dúvida, não podem defender interesses de não membros ou não associados".[72]

Com efeito, o inciso XXI do art. 5º da CF, que se aplica a todas as ações coletivas, inclusive às referentes a direitos individuais homogêneos previstas no CDC – conforme Celso Ribeiro Bastos –, permite às entidades associativas, quando expressamente autorizadas, "representarem seus filiados em juízo ou fora dele".[73] O que a Constituição diz, e isto deve ser aplicado a todas as ações de grupo, é que "poderá haver a representação de seus filiados por parte de entidades associativas quando expressamente autorizadas", o que diz respeito tanto ao filiado que seja portador de "um interesse difuso quanto o de um coletivo ou mesmo de um individual".[74]

O problema da legitimidade das associações para intentar ações coletivas, na esfera dos direitos do consumidor, foi muito bem solucionado pela lição de Vicente Greco Filho, *in verbis*:

> No que concerne, porém, à legitimação das associações de defesa do consumidor, deve ser interpretada a legitimação em consonância com o inciso XXI do art. 5º da Constituição, ou seja, que as associações poderão promover a ação em favor de seus associados ou filiados, para usar o termo da Constituição. Isso porque, se a Constituição assegura o direito de não se associar (art. 5º, XX), consequentemente não

---

[70] SILVA, José Afonso da. *Curso de direito constitucional positivo*. 15. ed. São Paulo: Malheiros, 1998, p. 264.
[71] BARBI, Celso Agricola, a*pud* SILVA, José Afonso da. *Op. cit.*, p. 459.
[72] SILVA, José Afonso da. *Op. cit.*, p. 460.
[73] BASTOS, Celso Ribeiro. *Comentários à Constituição do Brasil*. São Paulo: Saraiva, 1989, v. II, p. 111.
[74] BASTOS, Celso Ribeiro. *Op. cit.*, p. 113.

se pode submeter o direito de alguém a decisão judicial obtida por entidade de que não participe. Isso sem falar do abuso que poderia ocorrer por parte das associações questionando direitos de pessoas indeterminadas e estranhas.[75]

Em jurisprudência, embora não haja um volume considerável de decisões acerca do tema, já se decidiu que o IDEC (associação civil de defesa do consumidor) é parte ilegítima "para postular interesses individuais homogêneos de não associados". Afirmou-se, como fundamento do aresto, que ocorre a "impossibilidade de se ampliar a incidência do art. 82, IV, do Código de Proteção e Defesa do Consumidor além dos limites estabelecidos na Constituição Federal (art. 5º, XXI)".[76]

A função da associação civil é privada e não vai além do interesse dos seus associados. Não se pode, portanto, pretender sua atuação como órgão de defesa e representação de toda a coletividade:

> Associações são aglutinadoras de interesses coletivos, difusos e individuais homogêneos. *Representam seus associados e são legitimadas ativas para propositura de ações coletivas na defesa de interesses dos mesmos, desde que conste em seus estatutos esta finalidade.*[77]

Somente órgãos públicos como o Ministério Público e outras instituições integrantes da Administração Pública podem agir, em juízo, na defesa genérica da comunidade, nunca simples associações privadas.

Dentro da conjugação entre a Constituição Federal (art. 5º, XXI) e o CDC (art. 82, IV), a associação, para propor ação indenizatória coletiva (direitos individuais homogêneos), terá de fazê-lo apenas em nome de seus associados, demonstrando, a um só tempo, a qualidade, de todos ou de parte deles, de consumidores *lesados* dentro da relação de consumo abrangida pela Lei nº 8.078/1990, e, ainda, a existência de autorização estatutária para agir em defesa dos interesses dos lesados. Só assim se demonstrará a existência de interesse legítimo da parte-autora no provimento jurisdicional, e, consequentemente, a sua legitimidade *ad causam*.

Em nosso modo de ver, não há dúvida de que, em face da sistemática criada pela Constituição de 1988, as associações gozam de legitimidade *ad causam* especial, para defender consumidores lesados de maneira coletiva, mas apenas dentro do universo de seus associados.

Com efeito, está claramente enunciado no art. 5º, XXI, da Carta Magna que "as entidades associativas, quando expressamente autorizadas, têm legitimidade para representar seus filiados judicial e extrajudicialmente". Daí que o campo subjetivo alcançado numa ação coletiva proposta por associação não ultrapassa o quadro de

---

[75] GRECO FILHO, Vicente. *Comentários ao Código de Defesa do Consumidor.* São Paulo: Saraiva, 1991, p. 352.
[76] 1º TACiv., São Paulo, 9ª Câm., Embs. Inf. 582.718-0/00, ac. 11.11.1997, Rel. João Carlos Garcia, *JUIS – Jurisprudência Informatizada Saraiva,* n. 14.
[77] GARRIDO, Renata Lorenzetti. Legitimidade ativa das associações para propositura de ações coletivas. *Revista de Direito do Consumidor,* v. 16, p. 97, out.-dez./1995.

seus sócios. E caso venha a intentar ação com objetivo maior, qual seja, o de defender uma comunidade anônima e universal, incorrerá em evidente carência de ação, por falta de *legitimatio ad causam*.

Admite-se que uma associação maneje ação coletiva, como, *v.g.*, o mandado de segurança, na defesa de direito de alguns de seus associados, não sendo indispensável a unanimidade deles. Mas o que se tem de observar é a pertinência do referido direito a pelo menos um grupo de associados, e nunca de estranhos ao seu quadro social. Nesse sentido, o STJ já entendeu inexistir pertinência temática para que uma associação ajuíze ação civil pública com a finalidade de tutelar interesses coletivos de beneficiários do seguro DPVAT. Segundo a Corte Superior, sendo o seguro DPVAT instituído e imposto por lei, não se consubstancia, sequer reflexamente, uma relação consumerista, o que afastaria a pertinência temática:

> 5. Ausente, sequer tangencialmente, relação de consumo, não se afigura correto atribuir a uma associação, com fins específicos de proteção ao consumidor, legitimidade para tutelar interesses diversos, como é o caso dos que se referem ao seguro DPVAT, sob pena de desvirtuar a exigência da representatividade adequada, própria das ações coletivas. A ausência de pertinência temática é manifesta. Em se tratando do próprio objeto da lide, afinal, como visto, a causa de pedir encontra-se fundamentalmente lastreada na proteção do consumidor, cuja legislação não disciplina a relação jurídica subjacente, afigura-se absolutamente infrutífera qualquer discussão quanto à possibilidade de prosseguimento da presente ação por outros entes legitimados.[78]

No plano do processo, a associação, ao impetrar o mandado de segurança coletivo (ou outra ação coletiva, como as ações previstas no Código de Defesa do Consumidor), coloca-se na posição de "substituto processual de seus associados; não como mandatários destes".[79]

Em outros termos, a associação age, em juízo, em nome próprio (como *autora* da causa), mas defende direito alheio (isto é, direito de seus associados). Defende, como *substituto processual*, justamente "aqueles direitos para cuja tutela manifestaram (os titulares) interesse em filiar-se à associação".[80]

Atendendo ao escopo da Carta Constitucional, e dando interpretação autêntica ao alcance da legitimação processual das associações, fez-se inserir o art. 2º-A e parágrafo único na Lei nº 9.494/1997, determinando que

> [...] a sentença civil prolatada em *ação de caráter coletivo* proposta por *entidade associativa*, na defesa dos interesses e direitos dos seus associados, abrangerá apenas

---

[78] STJ, 2ª Seção, REsp 1.091.756/MG, Rel. p/ Acórdão Min. Marco Aurélio Bellizze, ac. 13.12.2017, *DJe* 05.02.2018.
[79] MACHADO, Hugo de Brito. *Mandado de segurança em matéria tributária*. 2. ed. São Paulo: RT, 1995, n. 4.2.4.4, p. 73.
[80] BULOS, Uadi Lamêgo. *Mandado de segurança coletivo*. São Paulo: RT, 1996, p. 57; CALMON DE PASSOS, José Joaquim. *Mandato de segurança coletivo, Mandado de injunção,* Habeas data. Rio de Janeiro: Forense, 1991, n. 1.4, p. 12.

os *substituídos* que tenham, na data da propositura da ação, domicílio no âmbito da competência territorial do órgão prolator.

Parágrafo único. Nas ações coletivas propostas contra entidades da administração direta, autárquica e fundacional da União, dos Estados, do Distrito Federal, os Municípios e suas autarquias e fundações a petição inicial deverá obrigatoriamente estar instruída com a ata da assembleia da entidade associativa que a autorizou, acompanhada com relação nominal dos seus associados e indicação dos respectivos endereços.[81]

O dispositivo legal nada mais faz que consagrar aquilo que já vinha serenamente entendendo o Supremo Tribunal Federal, na apreciação das ações coletivas intentadas por entidades associativas, *in verbis*:

Constitucional. Processual Civil. Ação ordinária coletiva. Legitimação. Entidade de classe. Autorização expressa. CF, art. 5º, XXI.

I – Porque a recorrente é entidade ou associação de classe, e porque tem-se, no caso, ação ordinária coletiva, é aplicável a regra do art. 5º, XXI, da CF: exigência de autorização expressa dos filiados.

II – Agravo não provido.[82]

Com a legitimação especial instituída pela Constituição em prol das associações, criou-se a possibilidade de uma só parte defender dois direitos subjetivos distintos nas ações coletivas, ou seja: "o direito subjetivo da entidade ou associação a fazer valer, em nome próprio, o direito subjetivo individual de associados seus, quando tenha esse direito subjetivo individual nexo com o interesse que opera como vínculo associativo".[83]

Não é diferente o que se passa com a substituição processual conferida às associações nos casos de ações coletivas na defesa de direitos individuais homogêneos disciplinados pelo Código de Defesa do Consumidor. As entidades associativas têm legitimidade própria para estar em juízo, mas apenas para substituir processualmente seus sócios, nunca para se transformarem num defensor universal e indiscriminado de todos os ofendidos, possíveis e imagináveis.

Além disso, deve existir pertinência finalística entre o objetivo da associação e o interesse a ser tutelado na ação coletiva.[84] Não basta que a associação tenha sido genericamente autorizada a atuar na defesa de todo e qualquer interesse coletivo, "sendo necessário que da análise do estatuto reste claro que sua finalidade é a de atuar na defesa de uma categoria de interesses que guardem pertinência lógica com o objeto da ação".[85]

---

[81] Alterações introduzidas pela MP 2.180-35, de 2001.
[82] STF, 2ª T., RE 225.965 AgR/DF, Rel. Min. Carlos Velloso, ac. 15.12.1998, *DJU* 05.03.1999, p. 14.
[83] CALMON DE PASSOS. *Op. cit.*, n. 1.5, p. 16.
[84] CARVALHO FILHO, José dos Santos. *Ação civil pública*. 2. ed. Rio de Janeiro: Lumen Juris, 1999, p. 122-123. Também para João Batista de Almeida "deve haver pertinência temática, ou seja, deve haver correspondência entre a finalidade institucional e o bem tutelado objeto da lesão ou da ameaça, sob pena de faltar-lhe interesse na tutela" (ALMEIDA, João Batista de. *Aspectos controvertidos da ação civil pública*. São Paulo: RT, 2001, p. 112).
[85] BEZERRA, Márcia Fernandes. Tutela dos interesses coletivos do consumidor no direito brasileiro: A questão da legitimidade. *Revista de Processo*, n. 150, p. 56, ago./2007.

II – Defesa dos direitos coletivos e dos individuais homogêneos

Nesses casos, ocorre ação coletiva, em que os possíveis direitos individuais ofendidos são apenas genericamente beneficiados pela sentença de procedência do pleito patrocinado pela associação, como substituta processual. Cabe a cada consumidor ou interessado promover a liquidação e execução do prejuízo individual enquadrável na força da condenação genérica. A execução poderá, também, ser movida coletivamente pela associação, mas, já então, o caso será de representação, devendo cada interessado conferir-lhe poderes para a defesa de sua situação individual. É nesse sentido que o art. 95 do CDC qualifica como genérica a condenação obtida em ação coletiva de defesa de direitos individuais homogêneos. A ação de cognição desenvolve-se sob o regime de substituição processual, e, na fase de execução, submete-se ao de representação.

III – Defesa coletiva de direitos dos associados

A atividade da associação nessa situação é, desde a origem, enquadrada na figura processual da representação, pois como literalmente se prevê no art. 5°, inciso XXI, da Constituição, as entidades associativas só representam seus filiados em juízo "quando expressamente autorizadas". Quando, então, a associação já ingressa em juízo como representante de seus filiados, e o faz para reclamar direitos individuais deles, desde logo identificados e líquidos, não há de se exigir nova representação para legitimá-la a promover o subsequente cumprimento da sentença ou a liquidação da condenação acaso obtida de forma ilíquida.

O permissivo constitucional, *in casu*, não é de uma ação coletiva como aquela regulada pelo CDC; é, na verdade, de uma ação singular, com vários titulares previamente definidos, todos representados pela associação. O efeito prático, querido pela regra constitucional, é apenas o de simplificar o procedimento, tornando a entidade associativa sujeito ativo da demanda, para eliminar os inconvenientes do litisconsórcio tradicional. Daí que não se hão de aplicar as normas de liquidação e habilitação individuais cogitadas pelos arts. 94 a 98 do CDC. A sentença, sendo líquida quanto à pretensão de cada associado representado pela entidade autora, terá o respectivo cumprimento promovido pela mesma entidade, não havendo que se cogitar de credores sujeitos a habilitação, nem de créditos genéricos pendentes de liquidação.

Enfim, a associação, nos moldes do art. 5°, XXI, da Constituição (e não do art. 91 do CDC), não age por legitimação apenas legal. Representa os associados porque estes lhe delegaram a representação que, em última análise, se desempenha no processo. Não se trata (diversamente do regime das ações coletivas do CDC) de simples imposição legal, mas de representação consentida pela ordem jurídica e autorizada pelos representados. Tendo a associação representação plena para o foro, habilitada se acha para obter a condenação, bem como para promover a competente execução, sem depender de novo ato de legitimação dos associados.

O entendimento exposto – advirta-se – vale para a ação comum intentada por associação, na defesa de interesses individuais perfeitamente identificados e individualizados desde a propositura da demanda (CF, art. 5°, XXI). Se a pretensão deduzida pela associação é genérica, não só quantitativamente, mas também subjetivamente, o grupo de interessados se apresenta aberto e não definido com precisão, de sorte que a ação realmente será coletiva e se sujeitará ao regime processual tratado pelo CDC, para a tutela dos direitos individuais homogêneos, especialmente no que toca à disciplina dos arts. 95, 97 e 98. A substituição processual se completa com a obtenção de sentença genérica, e a execução terá de se processar, segundo o interesse individual de cada associado, conforme o regime de representação,[86] caso não queira o próprio credor promover pessoalmente o cumprimento da sentença na parte que lhe diz respeito.

IV – A associação e a ação civil pública

Para que seja legitimada a propor a ação civil pública, é necessário que a associação tenha sido constituída há, pelo menos, um ano (Lei nº 7.347/1985, art. 5º, V, *a*), nos termos da lei civil (Cód. Civ., arts. 45 e 53). É exigido ainda que se inclua, entre suas finalidades institucionais, a proteção ao patrimônio público e social, ao meio ambiente, ao consumidor, à ordem econômica, à livre concorrência, aos direitos de grupos raciais, étnicos ou religiosos ou ao patrimônio artístico, estético, histórico, turístico e paisagístico (Lei nº 7.347/1985, art. 5º, V, *b*). O requisito temporal será analisado abaixo, no item 3.8.

V – As decisões do STF e do STJ a respeito da legitimidade das associações

Em 2014, julgando recurso extraordinário interposto nos autos de ação coletiva movida pela Associação Catarinense do Ministério Público – ACMP – onde se postulou a "incidência e os pagamentos reflexos do percentual correspondente a 11,98% sobre a gratificação eleitoral, retroativamente a março de 1994" (voto do Relator Ricardo Lewandowski) – o STF decidiu que "o disposto no artigo 5º, inciso XXI, da Carta da República encerra representação específica, não alcançando previsão genérica do estatuto da associação a revelar a defesa dos interesses dos associados".[87]

Posteriormente, em 2017, a Corte Superior decidiu, no RE 612.043/PR, sobre os limites subjetivos da coisa julgada nas ações coletivas propostas por associações, consignando que "beneficiários do título executivo, no caso de ação proposta por associação, são aqueles que, residentes na área compreendida na jurisdição do órgão julgador, detinham, antes do ajuizamento, a condição de filiados e constaram da lista apresentada com a peça inicial".[88] A ação coletiva foi proposta por associação, objetivando a repetição de valores descontados a título de imposto de renda de servidores, incidente sobre férias não usufruídas por necessidade do serviço.

---

[86] STJ, 3ª T., REsp 880.385/SP, Rel. Min. Nancy Andrighi, ac. 02.09.2008, *DJe* 16.09.2008. Em matéria, porém, de ação coletiva promovida por entidade sindical, a jurisprudência do STF e do STJ firmou-se no sentido de que, tanto na fase de conhecimento, como na de liquidação ou de cumprimento da sentença, a atuação do sindicato se dá na qualidade de substituto processual, e não de representante dos titulares de direitos individuais homogêneos (ver, nosso *Curso de direito processual civil*. 51. ed., v. II, n. 557, p. 803-804).

[87] STF, Plenário, RE 573.232/SC, Rel. p/ acórdão Min. Marco Aurélio, ac. 14.05.2014, *DJe* 19.09.2014.

[88] STF, Plenário, RE 612.043/PR, Rel. Min. Marco Aurélio, ac. 10.05.2017, *DJe* 06.10.2017.

Em sede de embargos de declaração, o Ministro relator esclareceu quanto ao alcance da tese que "se mostra restrita às ações coletivas de rito ordinário", prevalecendo o entendimento de que a tese não diz respeito à ação civil pública.[89]

Após esses julgamentos, alterando sua jurisprudência, o STJ passou a adotar o entendimento do STF, modulando os seus efeitos para consignar que antes da extinção do feito sem a resolução do mérito, deve-se permitir que a parte autora regularize sua representação processual.[90] Com efeito, considerando que se trata de defeito de representação processual, configura-se vício sanável nas instâncias ordinárias (art. 76 do CPC/2015), razão pela qual "o juiz deve oportunizar à parte a correção do vício e, apenas caso não atendida a determinação é que o feito deve ser extinto sem julgamento de mérito".[91]

A leitura das ementas dos acórdãos acima destacados pode levar a crer que qualquer ação ajuizada por associação seria realizada por representação e, portanto, necessária seria a autorização expressa de cada associado, limitando-se subjetivamente a coisa julgada aos associados residentes na área compreendida na jurisdição e que constassem da lista apresentada com a inicial.

Todavia, esta não é, absolutamente, a melhor interpretação.

Consoante já demonstrado acima, no item I, a associação é legitimada para ações coletivas em três circunstâncias. Ao defender direitos difusos ou coletivos e direitos individuais homogêneos de seus associados, de forma genérica, age legitimada pelos microssistemas das ações civis públicas (art. 5º, V, da Lei nº 7.147/1985) e do consumidor (arts. 82, IV, e 91, do CDC). Nessas oportunidades, atua com legitimação ordinária ou como substituta processual, sendo desnecessária a autorização expressa de cada associado, bastando sua constituição há mais de um ano e a pertinência temática.

---

[89] STF, EDcl no RE 612.043/PR, Rel. Min. Marco Aurélio, ac. 06.06.2018, *DJe* 06.08.2018. PIZZOL, Patricia Miranda. *Tutela coletiva:* processo coletivo e técnicas de padronização das decisões. São Paulo: Thompson Reuters Brasil, 2019, p. 273.

[90] "3. Na forma da jurisprudência desta Corte, 'o Supremo Tribunal Federal, no julgamento do Recurso Extraordinário n. 573.232/SC, em 14/5/2014, firmou entendimento de que a atuação das associações não enseja substituição processual, mas representação específica, consoante o disposto no art. 5º, XXI, da Constituição Federal, sendo necessária, para tanto, autorização expressa dos associados e a lista destes juntada à inicial. Confira-se a ementa do referido julgado do STF: (RE n. 573.232, Relator(a): Min. Ricardo Lewandowski, relator(a) p/ Acórdão: Min. Marco Aurélio, Tribunal Pleno, julgado em 14/5/2014, DJe-182 Divulg 1809-2014 Public 19-9-2014 Ement VOL-02743-01 PP-00001)' (EDcl no AgInt no REsp 1.907.343/PE, Rel. Ministro Francisco Falcão, Segunda Turma, *DJe* 27/8/2021). 4. Em processo análogo ao deste caso concreto – ajuizamento de ação coletiva em momento anterior ao julgamento do RE 573.232/SC –, o STJ já se posicionou no sentido de que, a despeito da necessidade de aplicação do entendimento firmado pelo STF, apresenta-se razoável, antes da extinção do feito sem a resolução do mérito, permitir que a parte autora regularize sua representação processual. Nesse sentido: AgRg no REsp 1.424.142/DF, Rel. Ministro HERMAN BENJAMIN, SEGUNDA TURMA, DJe 4/2/2016" (STJ, 1ª T., REsp 1.977.830/MT, Rel. Min. Sérgio Kukina, ac. 22.03.2022, *DJe* 25.03.2022).

[91] STJ, 3ª T., REsp. 1.993.506/MT, Rel. Min. Nancy Andrighi, ac. 26.04.2022, *DJe* 28.04.2022.

Mas a defesa dos direitos de seus associados pode ser feita, também, por meio de ação comum, na qualidade de representante, na forma do art. 5º, inciso XXI, da Constituição Federal, sem sujeitar-se, portanto, ao regime procedimental do CDC ou da Lei de Ação Civil Pública. Nessa hipótese é que se exige a autorização dos associados. Nesse sentido, a jurisprudência do STJ:

> 3. A atuação das associações em processos coletivos pode ser de duas maneiras: na ação coletiva ordinária, como representante processual, com base no art. 5º, XXI, da CF/1988; e na ação civil pública, como substituta processual, nos termos do Código de Defesa do Consumidor e da Lei da Ação Civil Pública. Como representante, o ente atua em nome e no interesse dos associados, de modo que há necessidade de apresentar autorização prévia para essa atuação, ficando os efeitos da sentença circunscritos aos representados. Na substituição processual, há defesa dos interesses comuns do grupo de substituídos, não havendo, portanto, necessidade de autorização expressa e pontual dos seus membros para a sua atuação em juízo.[92]

As decisões do STF e do STJ ora analisadas foram prolatadas em ações ajuizadas por associações na defesa de direitos subjetivos individuais de associados seus, desde logo identificados e líquidos, razão pela qual o fizeram na modalidade própria da representação, nos termos da Constituição Federal. Isso, entretanto, não afasta a possibilidade de uma associação agir substituindo processualmente seus sócios, na defesa de direitos individuais homogêneos, com legitimação extraordinária, nos moldes do CDC e da Lei de Ação Civil Pública. Assim, a única interpretação condizente com a Constituição e os microssistemas de tutela coletiva é que a autorização expressa de cada associado é necessária apenas quando a associação age como representante e não na hipótese de ajuizar a ação como substituta processual. Vale dizer: não se pode generalizar a tese para que seja adotada sempre que uma associação ajuizar ação coletiva.

Esse, inclusive, o entendimento já esposado pelo STJ no julgamento do REsp. 1.325.857/RS, acima referido:

> 4. No caso dos autos, a associação ajuizou ação civil pública para defesa dos consumidores em face da instituição bancária, sendo o objeto de tutela direito individual homogêneo, que decorre de origem comum (art. 81, parágrafo único, III, do CDC), com titular identificável e objeto divisível.
>
> 5. O STF, no julgamento do RE n. 573.232/SC, fixou a tese segundo a qual é necessária a apresentação de ata de assembleia específica, com autorização dos associados para o ajuizamento da ação, ou autorização individual para esse fim, sempre que a associação, em prol dos interesses de seus associados, atuar na qualidade de representante processual. Aqui, a atuação das associações se deu na qualidade de representantes, em ação coletiva de rito ordinário.
>
> 6. Inaplicável à hipótese a tese firmada pelo STF, pois, como dito, a Suprema Corte tratou, naquele julgamento, exclusivamente das ações coletivas ajuizadas, sob o rito ordinário, por associação quando atua como representante processual dos associados,

---

[92] STJ, 2ª Seção, REsp. 1.325.857/RS, Rel. Min. Luis Felipe Salomão, ac. 30.11.2021, *DJe* 01.02.2022.

segundo a regra prevista no art. 5º, XXI, da CF, hipótese em que se faz necessária, para a propositura da ação coletiva, a apresentação de procuração específica dos associados, ou concedida pela Assembleia Geral convocada para esse fim, bem como lista nominal dos associados representados.

7. Na presente demanda, a atuação da entidade autora deu-se, de forma inequívoca, no campo da substituição processual, sendo desnecessária a apresentação nominal do rol de seus filiados para ajuizamento da ação.

8. Nesses termos, tem-se que as associações instituídas na forma do art. 82, IV, do CDC estão legitimadas para propositura de ação civil pública em defesa de interesses individuais homogêneos, não necessitando para tanto de autorização dos associados. Por se tratar do regime de substituição processual, a autorização para a defesa do interesse coletivo em sentido amplo é estabelecida na definição dos objetivos institucionais, no próprio ato de criação da associação, não sendo necessária nova autorização ou deliberação assemblear.

De fato, a exigência de autorização para a ação coletiva relativa a direito individual homogêneo em regime de substituição processual, como bem explica Patricia Miranda Pizzol, limitaria a atuação da associação, ferindo os princípios do devido processo legal, da inafastabilidade do controle jurisdicional e da isonomia.[93] Além disso, "não sendo a ação coletiva proposta pela associação suficiente para tutelar o direito de toda a coletividade atingida, será necessária a propositura de outas ações, o que poderá gerar resultados diferentes, restando violada a segurança jurídica, além do princípio da economia processual".[94]

Bruno Miragem, ao analisar a determinação contida no art. 2º-A da Lei nº 9.494/97 – que estabelece que a inicial de ação coletiva proposta contra a União, os Estados, o Distrito Federal, os Municípios e suas autarquias e fundações, seja acompanhada da relação nominal dos seus associados e indicação dos respectivos endereços –, na esteira da lição de Kazuo Watanabe e Sérgio Shimura, explica que:

> A norma em destaque opera confusão entre a atuação da associação em representação de seus associados, e a sua condição de legitimada ativa para interposição de ações coletivas, nas quais atuam por direito próprio. Ensina da mesma forma, Sérgio Shimura, ao assinalar que "a associação pode agir (1) com legitimação ordinária (na defesa de direitos difusos e coletivos), (2) extraordinária (na defesa de direitos individuais homogêneos) ou (3) como mera representação (quando age em nome e na defesa do direito de seus associados). Quando ajuíza ação coletiva, a associação atua sempre em nome próprio, seja como legitimada ordinária, seja como extraordinária, conforme é do sistema da tutela jurisdicional coletiva (artigos 5º da LACP e 82 do CDC)". Entende-se assim, que a exigência de juntada da ata da assembleia que deliberou pela interposição da ação só tem lugar quando se trate de ação coletiva na qual a associação atue em representação dos seus associados

---

[93] PIZZOL, Patricia Miranda. *Tutela coletiva e processo coletivo e técnicas de padronização das decisões*. São Paulo: RT, 2019, p. 274.
[94] *Ob. cit.*, p. 275.

(hipótese do art. 5º, XXI, da Constituição), mas não no que se refere à legitimação em nome próprio, para interposição de ação coletiva para defesa de direitos difusos, coletivos e individuais homogêneos.[95]

VI – Ações coletivas promovidas por sindicatos

Assegura a Constituição, ainda, uma outra legitimação para as ações coletivas aos sindicatos, a quem é conferida, *ex lege*, a defesa dos direitos e interesses coletivos ou individuais da categoria, inclusive em questões judiciais ou administrativas (CF, art. 8º, III). As entidades sindicais, portanto, têm legitimidade ativa para demandar em juízo a tutela de direitos subjetivos individuais homogêneos dos integrantes da categoria, desde que "guardem relação de potencialidade com os fins institucionais do sindicato demandante".[96]

O sindicato, quando patrocina a defesa de direitos individuais homogêneos da categoria, atua como substituto processual, em busca de sentença genérica, nos moldes do art. 95 do CDC (Lei nº 8.078/1990), "sem qualquer juízo a respeito da situação particular dos substituídos". Por isso, dispensável é, nas ações coletivas sindicais, "a autorização individual dos substituídos".[97]

Obtida a condenação genérica por obra do sindicato, cabe a cada um dos substituídos demandar as vantagens individuais, se não forem satisfeitas espontaneamente. Para esse fim, isolada ou conjuntamente, será proposta ação de execução da sentença coletiva. Se preferida a via coletiva, a execução será sob a forma de *representação* ou de *substituição processual*? Já se decidiu na 1ª Turma do STJ que a *substituição* exercida pelo sindicato prevaleceria apenas até a sentença e que, na fase de execução, o regime processual passaria a ser o de *representação*. Teria, por isso, o órgão sindical de comprovar a outorga dos exequentes e de liquidar os valores que individualmente correspondam a cada representado.[98]

Em decisão da Corte Especial, porém, o STJ consagrou o entendimento de que a passagem da fase cognitiva para a de cumprimento da sentença não altera o regime de atuação processual do sindicato, que continua sendo o de substituição processual e não o de representação. Esse regime tem raízes constitucionais, e no art. 8º, III, da Constituição Federal, que o embasa, não se encontra ressalva capaz de autorizar a distinção da forma de atuação sindical no estágio anterior e no posterior à sentença. Desnecessária, portanto, a autorização dos filiados para que a execução coletiva tenha curso. Isto, porém, não afasta a necessidade lógica de que, no cumprimento da sentença, a entidade promovente da execução coletiva tenha de individualizar os credores substituídos e os valores dos respectivos créditos.[99]

---

[95] MIRAGEM, Bruno. *Curso de direito do consumidor*. 8. ed. São Paulo: Thomson Reuters Brasil, 2019, p. 880.
[96] STJ, 1ª T., REsp 766.134/DF, Rel. Min. Francisco Falcão, ac. 15.05.2008, *DJe* 27.08.2008 (voto vencedor do Min. Teori Zavascki).
[97] STJ, REsp 766.134/DF, *cit.*
[98] STJ, REsp 766.134/DF, *cit.*
[99] STJ, Corte Especial, EREsp 760.840-RS, Rel. Min. Nancy Andrighi, ac. 4.11.2009, *DJe* 12.5.2010, Precedentes citados: STF, Pleno, RE 213.111/SP, Rel. Min. Joaquim Barbosa, ac. 12.06.2006, *DJe*

3.7. AS ASSOCIAÇÕES E OS DIREITOS DIFUSOS

A associação pode ser instituída para defesa de interesses individuais de seus associados, e, sendo estes homogêneos, caber-lhe-á pleitear a respectiva tutela por ação coletiva. Há possibilidade, também, de a instituição ter sido concebida para defesa, no âmbito do interesse de seus associados, tanto de direitos individuais como de direitos difusos e coletivos. Nessa conjuntura, a associação atuará, por ação civil pública, na defesa de interesses que, naturalmente, ultrapassarão os de seus associados.

Mas apenas quando a associação, no interesse de seus associados, agir na defesa de *direitos difusos e coletivos* é que se poderá entrever, na demanda coletiva, benefício não só dos seus filiados, mas também de terceiros; por isso tais direitos se caracterizam pela indivisibilidade (CF, art. 129, III, § 1º).[100]

Não pode, porém, o legislador ordinário desbordar desses limites constitucionais para conferir às entidades associativas, "onde o constituinte não o fez, a qualidade de substituto processual, a ser exercitada com dispensa da autorização de seus filiados; ou a legitimação para atuar além da esfera jurídica destes, não se tratando de direitos difusos e coletivos (ou seja, aqueles que se caracterizam pela indivisibilidade)".[101]

A defesa coletiva de direitos individuais homogêneos, prevista na Lei nº 8.078/1990, CDC, deve ser interpretada à luz do sistema estatuído na CF, especialmente no art. 5.º, XXI, não podendo, então, versar sobre os direitos individuais homogêneos (que são divisíveis e têm titularidade determinada) além dos limites do grupo de seus filiados.[102]

Enfim, a ação civil pública somente será manejável pelas entidades associativas quando voltada para a defesa de *interesses difusos e coletivos* – CF, art. 129, III e § 1º. Incabível, pois, sua utilização para a defesa de *direitos individuais*, já que estes, ainda quando *homogêneos*, não deixam de ser individuais, de titularidade identificada, divisíveis e disponíveis. Sua defesa, por meio de associações, está constitucionalmente franqueada apenas quando autorizadas por seus filiados e em benefício exclusivo destes, mediante representação, nos termos da CF, art. 5º, XXI.[103]

23.08.2007; STJ, 6ª T., REsp 1.082.891/RN, Rel. Min. Jane Silva (Des. convocada, TJMG), dec. Monocrática, *DJe* 24.09.2008.

[100] DIZ, Nelson Nascimento. Apontamentos sobre a Legitimação das Entidades Associativas para a Propositura de Ações Coletivas em Defesa de Direitos Individuais Homogêneos de Consumidores. *Revista Forense*, v. 350, p. 125, abr.-jun./2000.

[101] *Ibidem*.

[102] *Ibidem*.

[103] DIZ, Nelson Nascimento. *Apontamentos...*, cit., p. 125-126. "A associação que tenha entre suas finalidades institucionais a defesa do consumidor está legitimada a propor ações coletivas que visem à tutela judicial de seus propósitos" (STJ, 3ª T., REsp. 226.803/SP, Rel. Min. Ari Pargendler, ac. 10.09.2002, *DJU* 18.11.2002, p. 210 – A ação foi proposta pelo IDEC, "em defesa de seus associados", em face de "aumento abusivo" de mensalidades de planos de assistência médica). "O IDEC [associação civil] tem legitimidade ativa para a defesa dos interesses dos seus associados, como tem sido em outros recursos" (STJ, 4ª T., REsp. 253.589/SP, Rel. Min. Ruy Rosado de Aguiar, ac. 16.08.2001, *DJU* 18.03.2002, p. 255). "O IDEC tem legitimidade para promover ação civil pública para defesa dos interesses de seus consorciados, aplicadores em cadernetas de poupança, para

3.8. O REQUISITO DA PRÉ-CONSTITUIÇÃO DA ASSOCIAÇÃO CIVIL

Ao tratar das ações coletivas de defesa dos interesses dos consumidores, a Lei nº 8.078/1990 concedeu legitimidade ativa concorrente ao Ministério Público, aos Estados e Municípios, ao Distrito Federal e à União, a órgãos e entidades públicos encarregados da defesa dos interesses e direitos dos consumidores e, ainda, às associações legalmente constituídas há pelo menos um ano e que incluam entre seus fins institucionais a defesa dos interesses e direitos protegidos pelo Código de Defesa do Consumidor.

Pretendeu, evidentemente, o legislador ampliar a legitimação para agir, com o escopo nítido de fomentar a associação, e, consequentemente, a participação da sociedade nas iniciativas de defesa de interesses coletivos e sociais. A associação civil tem especial relevo, quando se trata de defesa dos consumidores, e "elevada importância na melhor organização das relações de consumo, pois constituem elas um instrumento de participação da sociedade civil no aperfeiçoamento da Política Nacional de Relações de Consumo (art. 4º, II, b), e uma forma eficiente de evitar que continue o paternalismo estatal exagerado na proteção do consumidor".[104]

Seguindo o mesmo espírito, previu a Lei nº 8.078/1990, ainda, a isenção de custas, emolumentos, honorários periciais e demais despesas processuais, estabelecendo, outrossim, que não haverá condenação em honorários de advogado, custas e despesas processuais, salvo comprovada má-fé.

Para coibir o abuso em razão da ampliação do acesso à Justiça e, ainda, para conferir verdadeira e adequada representatividade à associação, o legislador estabeleceu o requisito da pré-constituição. Estabeleceu, ainda, severas penas aos atos de litigância temerária (art. 87, parágrafo único, do CDC).

Se tem relevância a socialização das ações coletivas, evitando a multiplicação e banalização das ações individuais, há de se proteger também o aparelho estatal e os fornecedores de produtos e serviços da conduta abusiva daqueles que tiveram amplo acesso à Justiça, facilitados pela ausência de custas e despesas processuais, e se livraram do ônus da sucumbência.

O Código de Defesa do Consumidor, outrossim, presume que a associação regularmente constituída há mais de um ano esteja apta, madura e responsável a representar a coletividade de seus associados, como se tivesse adquirido a maioridade civil.

Trata-se de medida profilática, coibidora de abusos, de formações premeditadas de associações com o fim único de beneficiar-se da *irresponsabilidade* garantida pelas ações coletivas de proteção dos consumidores. Segundo adverte Vladimir Passos de Freitas, "seu objetivo é o de evitar a constituição de pessoa jurídica para tratar de um caso específico ou mesmo com objetivos escusos".[105]

---

definição dos índices de correção dos saldos" (STJ, 4ª T., REsp. 198.807/SP, Rel. Min. Ruy Rosado de Aguiar, ac. 19.04.2001, *DJU* 20.08.2001, p. 469).

[104] WATANABE, Kazuo. *In*: GRINOVER, Ada Pellegrini et al. *Código Brasileiro de Defesa do Consumidor – comentado pelos autores do Anteprojeto*. 10. ed. Rio de Janeiro: Forense, 2011, v. II, p. 95.

[105] FREITAS, Vladimir Passos de. Da Defesa do Consumidor em Juízo. *In*: CRETELLA JR., José; DOTTI, René Ariel (coord.) *et al. Comentários ao Código do Consumidor*. Rio de Janeiro: Forense, 1992, n. 447, p. 332.

Se existem associações sérias de defesa dos interesses dos consumidores, já regularmente constituídas, dotadas de verdadeira representatividade de associados, ou órgãos institucionais de defesa dos interesses sociais, como o Ministério Público e outros órgãos estatais, todos aptos e prontos para aviar ações coletivas fundadas, não há por que se enfraquecerem as ações de grupo, franqueando-as a toda e qualquer associação de pessoas que não tenha sido consagrada pela adesão de filiados e resistido ao interregno anual que corresponde a um estágio probatório de representatividade e competência.

Só se admite, teleológica e legalmente, a dispensa do requisito da pré-constituição nas exatas hipóteses do art. 82, § 1º, ou seja: "quando haja manifesto *interesse social* evidenciado pela *dimensão ou característica do dano*, ou relevância do *bem jurídico* a ser protegido".

É com base em tal ordem de valores que deverá o juiz avaliar a possibilidade de dispensa do requisito da pré-constituição. E somente com decisão neles fundamentada é que se admitirá presente a legitimidade ativa de uma recém-criada associação para intentar ações coletivas para defesa de interesses de seus filiados.

Na averiguação desses requisitos legais, há de pautar-se o julgador conforme o critério da representação adequada. Ou seja, ao dispensar a exigência do inciso IV do art. 82, seguirá os critérios do parágrafo primeiro do mesmo dispositivo legal, investigando, *caso a caso*, a *representatividade* da associação autora, e aferirá, em face das características peculiares àquela agremiação, em especial a sua composição, credibilidade, seriedade e capacidade, se está ela apta a representar e defender *manifesto interesse social*, impedir *significativo dano* e proteger relevante *bem jurídico*.

Segundo Kazuo Watanabe:

> O requisito da pré-constituição foi estabelecido para o fim de coibir os abusos consistentes em constituição *ad hoc,* não raro por razões políticas, de associações para a propositura de certas ações coletivas. Semelhante perigo, porém, deixa de existir quando, pela "dimensão ou característica do dano", ou pela "relevância do bem jurídico a ser protegido", avaliação a ser feita no caso concreto, consiga o magistrado detectar "manifesto interesse social' na admissão em juízo de associação constituída há menos de um ano pela sua representatividade e aptidão como órgão veiculador dos interesses transindividuais".[106]

Em suma, nesse juízo, haverá de pautar o magistrado por juízos de valor objetivos e subjetivos que revelarão, fundamentadamente, a representação adequada dos direitos perseguidos pela associação autora.

Destarte, ainda que, em tese, a pretensão inicial seja relevantíssima, de alto valor comunitário, como sói em todas as demandas tendentes à proteção dos interesses difusos e coletivos, não estarão presentes os requisitos da dispensa da exigência da pré-constituição ânua, se não demonstrar a associação que ela mesma representa parcela relevante da comunidade atingida pela suposta ofensa, ou ainda se não demonstrar o mínimo

---

[106] WATANABE, Kazuo. *Código brasileiro de defesa do consumidor, cit.,* p. 97.

interesse de seus associados no provimento daquela demanda. Pois, conforme já demonstrado e defendido anteriormente, a legitimidade das associações para propositura das ações coletivas, embora franqueadas à defesa de interesses difusos e coletivos, só pode ser concebida quando tais interesses se refiram a direitos dos consumidores que representa. Não podem elas usurpar a competência institucional do Ministério Público e se dispor a defender universalmente todos os possíveis e imagináveis consumidores não associados.

O STJ, recentemente, entendeu ser dispensável o requisito temporal para associação ajuizar ação civil pública para discutir a necessidade de prestar informações ao consumidor sobre a existência de glúten em alimentos:

1. Trata-se de Ação Civil Pública com a finalidade de obrigar a parte recorrida a veicular no rótulo dos alimentos industrializados que produz a informação acerca da presença ou não da proteína glúten.

2. É dispensável o requisito temporal da associação (pré-constituição há mais de um ano) quando presente o interesse social evidenciado pela dimensão do dano e pela relevância do bem jurídico tutelado (REsp 1.479.616/GO, Rel. Ministro Ricardo Villas Bôas Cueva, Terceira Turma, julgado em 3/3/2015, DJe 16/4/2015).

3. É fundamental assegurar os direitos de informação e segurança ao consumidor celíaco, que está adstrito à dieta isenta de glúten, sob pena de graves riscos à saúde, o que, em última análise, tangencia a garantia a uma vida digna.[107]

Segundo o Relator,

[...] o caso concreto versa acerca de interesses individuais homogêneos, conhecidos como transindividuais, referindo-se a um grupo determinável de pessoas, no caso, os doentes celíacos, cujos interesses excedem sobremaneira o âmbito estritamente individual, tendo em vista as circunstâncias de fato de origem comum (incolumidade da saúde). Assim, a relação consumerista subjacente e divisível é pertinente a todo indivíduo que adquira produtos alimentícios no mercado de consumo e que tenha suscetibilidade à referida proteína.

Com efeito, atualmente se admite que as ações coletivas, quando propostas por uma associação, *longa manus* da coletividade, pressupõem uma legitimação prévia, oriunda do fim institucional relativo à tutela de interesses difusos (meio ambiente, saúde pública, consumidor, dentre outros), cujos interesses dos seus associados podem se sobrepor ao requisito da constituição temporal, formalidade superável em virtude da dimensão do dano ou relevância do bem jurídico a ser protegido e cuja defesa coletiva é ínsita à própria razão de ser da requerente.

[...]

Em verdade, cumpre um mandamento constitucional, pois o art. 196 prevê que a "saúde é direito de todos e dever do Estado, garantido mediante políticas sociais e econômicas que visem à redução do risco de doenças e de outros agravos e ao acesso universal e igualitário às ações e serviços para sua promoção, proteção e recuperação".

---

[107] STJ, 2ª T., REsp. 1.600.172/GO, Rel. Min. Herman Benjamin, ac. 15.09.2016, DJe 11.10.2016.

Sob a ótica do direito público, o risco da falta de informação a que está submetido o consumidor celíaco, hipervulnerável por natureza, também já foi objeto de julgamento nesta Corte no REsp nº 586.316 (DJe 19/3/2009), de relatoria do Ministro Herman Benjamim, que considerou pertinente o pedido formulado pelo Procon quanto à necessidade de advertência dos malefícios do glúten em embalagens de produtos alimentícios, sob pena de sanções administrativas.

Por fim, consigne-se que a concessão da legitimidade às associações e entes afins para a propositura da ação civil pública visa, em última análise, mobilizar a sociedade civil para participar de questões de ordem pública, coadunando-se com a ideia de Estado Democrático de Direito, ao facilitar, por meio do Poder Judiciário, a discussão de eventual interesse público, ampliando o acesso da sociedade civil à Justiça.

3.9. LEGITIMIDADE DA DEFENSORIA PÚBLICA PARA AJUIZAR AÇÃO COLETIVA

Como visto anteriormente, o Código de Defesa do Consumidor ampliou a legitimação para as causas coletivas, a fim de abarcar o maior número possível de legitimados e, assim, lograr uma maior proteção do consumidor.

O rol de legitimados aumentou com a Lei nº 11.448/2007, que incluiu a Defensoria Pública como legitimada a ajuizar ação civil pública, "ampliação essa que, em razão da interação entre o *Código* e a Lei nº 7.347/1985, vale também para a tutela dos direitos do consumidor".[108]

O STJ, num primeiro momento, reconheceu a legitimidade da Defensoria Pública para ajuizar ações coletivas em defesa de direitos difusos, coletivos ou individuais homogêneos, mas limitou a sua atuação em favor dos necessitados economicamente:

> 5. A Defensoria Pública tem pertinência subjetiva para ajuizar ações coletivas em defesa de interesses difusos, coletivos ou individuais homogêneos, sendo que no tocante aos difusos, sua legitimidade será ampla (basta que possa beneficiar grupo de pessoas necessitadas), haja vista que o direito tutelado é pertencente a pessoas indeterminadas. No entanto, em se tratando de interesses coletivos em sentido estrito ou individuais homogêneos, diante de grupos determinados de lesados, a legitimação *deverá ser restrita às pessoas notadamente necessitadas*.
>
> 6. No caso, a Defensoria Pública propôs ação civil pública requerendo a declaração de abusividade dos aumentos de determinado plano de saúde em razão da idade.
>
> 7. Ocorre que, ao optar por contratar plano particular de saúde, *parece intuitivo que não se está diante de consumidor que possa ser considerado necessitado a ponto de ser patrocinado, de forma coletiva, pela Defensoria Pública*. Ao revés, trata-se de grupo que ao demonstrar capacidade para arcar com assistência de saúde privada evidencia ter condições de suportar as despesas inerentes aos serviços jurídicos de que necessita, sem prejuízo de sua subsistência, não havendo falar em necessitado (grifamos).[109]

---

[108] WATANABE, Kazuo. *Op. cit.*, p. 83.
[109] STJ, 4ª T., REsp. 1.192.577/RS, Rel. Min. Luis Felipe Salomão, ac. 15.05.2014, *DJe* 15.08.2014.

Esse entendimento foi criticado por Fábio Schwartz, especialmente em razão da Emenda Constitucional 80, de 2014, que alterou o art. 134 da Constituição, nos seguintes termos:

> Art. 134. A Defensoria Pública é instituição permanente, essencial à função jurisdicional do Estado, incumbindo-lhe, como expressão e instrumento do regime democrático, fundamentalmente, a orientação jurídica, *a promoção dos direitos humanos e a defesa, em todos os graus, judicial e extrajudicial, dos direitos individuais e coletivos, de forma integral e gratuita, aos necessitados*, na forma do inciso LXXIV do art. 5º desta Constituição Federal (grifamos).

Segundo o autor, ao estabelecer, como função da Defensoria, a defesa de direitos individuais e coletivos dos necessitados, a Constituição não a limitou ao aspecto econômico. Com efeito,

> [...] não há óbice para que a lei infraconstitucional amplie o rol da atuação da Defensoria Pública, a qual não fica adstrita apenas a atuação em favor dos necessitados apenas do ponto de vista econômico. As misérias humanas, não apenas as decorrentes da escassez de recursos econômicos, se multiplicam, exsurgindo vulnerabilidades de sentidos os mais diversos, sendo certo que a Defensoria Pública tem muito a contribuir para a sociedade neste aspecto. Não há outra interpretação possível sob pena de violação da vontade da própria Constituição.[110]

A posição de Fábio Schwartz encontra sustentação na lição de Ada Pellegrini Grinover que, em parecer sobre o tema, ressaltou a existência dos necessitados do ponto de vista organizacional, a autorizar a atuação da Defensoria Pública em sua defesa:

> Isso porque existem os que são necessitados no plano econômico, mas também existem os *necessitados do ponto de vista organizacional*. Ou seja, todos aqueles que são *socialmente vulneráveis*: os consumidores, os usuários de serviços públicos, os usuários de planos de saúde, os que queiram implementar ou contestar políticas públicas, como as atinentes à saúde, à moradia, ao saneamento básico, ao meio ambiente etc.
>
> Em estudo posterior, ainda afirmei surgir, razão da própria estruturação da sociedade de massa, uma nova categoria de hipossuficientes, ou seja, a dos *carentes organizacionais*, a que se referiu Mauro Cappelletti, ligada à questão da vulnerabilidade das pessoas em face das relações sociojurídicas existentes na sociedade contemporânea. [...]
>
> Saliente-se, ainda, que a necessidade de *comprovação* da insuficiência de recursos se aplica exclusivamente às demandas individuais, porquanto, nas ações coletivas, esse requisito resultará naturalmente do objeto da demanda – o pedido formulado. [...]
>
> Assim, mesmo que se queira enquadrar as funções da Defensoria Pública no campo da defesa dos necessitados e dos que comprovarem insuficiência de recursos, os

---

[110] SCHWARTZ, Fabio. Legitimidade da Defensoria Pública para ações coletivas – Comentário ao REsp. 1.192.577, 3ª T., j. 13.05.2014, Rel. Luis Felipe Salomão, *DJe* 15.08.2014. *Revista de Direito do Consumidor*, n. 96, p. 431, nov.-dez./2014.

conceitos indeterminados da Constituição autorizam o entendimento – aderente à ideia generosa do amplo acesso à justiça – de que compete a instituição a defesa dos necessitados do ponto de vista organizacional, abrangendo portanto os componentes de grupos, categorias ou classes de pessoas na tutela de seus interesses ou direitos difusos, coletivos e individuais homogêneos (grifos no original).[111]

Posteriormente, em sede de embargos de divergência em recurso especial, o STJ alterou o entendimento acerca da defesa apenas dos necessitados econômicos, nos seguintes termos:

1. Controvérsia acerca da legitimidade da Defensoria Pública para propor ação civil pública em defesa de direitos individuais homogêneos de consumidores idosos, que tiveram seu plano de saúde reajustado, com arguida abusividade, em razão da faixa etária.

2. A atuação primordial da Defensoria Pública, sem dúvida, é a assistência jurídica e a defesa dos necessitados econômicos, entretanto, também exerce suas atividades em auxílio a necessitados jurídicos, não necessariamente carentes de recursos econômicos, como é o caso, por exemplo, quando exerce a função do curador especial, previsto no art. 9.º, inciso II, do Código de Processo Civil, e do defensor dativo no processo penal, conforme consta no art. 265 do Código de Processo Penal.

3. No caso, o direito fundamental tutelado está entre os mais importantes, qual seja, o direito à saúde. Ademais, o grupo de consumidores potencialmente lesado é formado por idosos, cuja condição de vulnerabilidade já é reconhecida na própria Constituição Federal, que dispõe no seu art. 230, sob o Capítulo VII do Título VIII ("Da Família, da Criança, do Adolescente, do Jovem e do Idoso"): "A família, a sociedade e o Estado têm o dever de amparar as pessoas idosas, assegurando sua participação na comunidade, defendendo sua dignidade e bem-estar e garantindo-lhes o direito à vida".

4. "A expressão 'necessitados' (art. 134, *caput*, da Constituição), que qualifica, orienta e enobrece a atuação da Defensoria Pública, deve ser entendida, no campo da Ação Civil Pública, em sentido amplo, de modo a incluir, ao lado dos estritamente carentes de recursos financeiros – os miseráveis e pobres –, os hipervulneráveis (isto é, os socialmente estigmatizados ou excluídos, as crianças, os idosos, as gerações futuras), enfim todos aqueles que, como indivíduo ou classe, por conta de sua real debilidade perante abusos ou arbítrio dos detentores de poder econômico ou político, 'necessitem' da mão benevolente e solidarista do Estado para sua proteção, mesmo que contra o próprio Estado. Vê-se, então, que a partir da ideia tradicional da instituição forma-se, no *Welfare State*, um novo e mais abrangente círculo de sujeitos salvaguardados processualmente, isto é, adota-se uma compreensão de *minus habentes* impregnada de significado social, organizacional e de dignificação da pessoa humana" (REsp 1.264.116/RS, Rel. Ministro Herman Benjamin, Segunda Turma, julgado em 18/10/2011, *DJe* 13/04/2012).

---

[111] GRINOVER, Ada Pellegrini. Legitimidade da Defensoria Pública para ação civil pública. *Revista de Processo*, n. 165, nov./2008, p. 308-309.

5. O Supremo Tribunal Federal, a propósito, recentemente, ao julgar a ADI 3943/DF, em acórdão ainda pendente de publicação, concluiu que a Defensoria Pública tem legitimidade para propor ação civil pública, na defesa de interesses difusos, coletivos ou individuais homogêneos, julgando improcedente o pedido de declaração de inconstitucionalidade formulado contra o art. 5.º, inciso II, da Lei n.º 7.347/1985, alterada pela Lei n.º 11.448/2007 ("Art. 5.º Têm legitimidade para propor a ação principal e a ação cautelar: [...] II – a Defensoria Pública").

6. Embargos de divergência acolhidos para, reformando o acórdão embargado, restabelecer o julgamento dos embargos infringentes prolatado pelo Terceiro Grupo Cível do Tribunal de Justiça do Estado do Rio Grande do Sul, que reconhecera a legitimidade da Defensoria Pública para ajuizar a ação civil pública em questão.[112]

No mesmo sentido:

2. A Defensoria Pública é um órgão voltado não somente à orientação jurídica dos necessitados, mas também à proteção do regime democrático e à promoção dos direitos humanos e dos direitos individuais e coletivos.

3. A pertinência subjetiva da Defensoria Pública para intentar ação civil pública na defesa de interesses transindividuais está atrelada à interpretação do que consiste a expressão "necessitados" (art. 134 da CF) por "insuficiência de recursos" (art. 5º, LXXXIV, da CF).

4. Deve ser conferido ao termo "necessitados" uma interpretação ampla no campo da ação civil pública para fins de atuação inicial da Defensoria Pública, de modo a incluir, para além do necessitado econômico (em sentido estrito), o necessitado organizacional, ou seja, o indivíduo ou grupo em situação especial de vulnerabilidade existencial.

5. O juízo prévio acerca da coletividade de pessoas necessitadas deve ser feito de forma abstrata, em tese, bastando que possa haver, para a extensão subjetiva da legitimidade, o favorecimento de grupo de indivíduos pertencentes à classe dos hipossuficientes, mesmo que, de forma indireta e eventual, venha a alcançar outros economicamente mais favorecidos.[113]

O STJ também já reconheceu a legitimidade da Defensoria Pública para ajuizar ação coletiva em defesa de direitos individuais homogêneos em saúde suplementar:

8. A Defensoria Pública tem legitimidade ativa para propor ação civil pública na defesa dos direitos individuais homogêneos dos beneficiários contra abusividades praticadas pelas operadoras de plano de saúde e administradoras de benefícios, nas relações contratuais envolvendo a saúde suplementar.[114]

---

[112] STJ, Corte Especial, EREsp. 1.192.577/RS, Rel. Min. Laurita Vaz, ac. 21.10.2015, DJe 13.11.2015.
[113] STJ, 3ª T., REsp. 1.449.416/SC, Rel. Min. Ricardo Villas Bôas Cueva, ac. 15.03.2016, DJe 29.03.2016.
[114] STJ, 3ª T., REsp. 1.832.004/RJ, Rel. Min. Nancy Andrighi, ac. 03.12.2019, DJe 05.12.2019.

3.10. CONCEITO DE INTERESSES E DIREITOS INDIVIDUAIS HOMOGÊNEOS

As ações coletivas previstas no Código do Consumidor não se prestam apenas a tutelar direitos coletivos propriamente ditos, ou seja, aqueles indetermináveis em relação aos titulares, ou transindividuais. Outorgou-se às associações e aos órgãos previstos no art. 82 do CDC legitimidade para promover a defesa de direitos apenas formalmente coletivos. Tais direitos foram, então, denominados individuais homogêneos, mas classificados como coletivos porque, apesar de pertencerem a indivíduos determináveis, formariam um todo uniforme.

O que permite classificar determinado direito ou interesse como individual homogêneo é a *natureza* da *"pretensão material"* e da *"tutela jurisdicional"* que se busca na ação judicial.[115]

A um só tempo, um mesmo fenômeno jurídico pode alcançar interesses ou direitos difusos e individuais homogêneos. É assim o objeto da demanda, o pedido de provimento jurisdicional, que determinará a classificação do direito do autor.

Se a pretensão, pois, é de tutela a direito plenamente divisível, e identificáveis são seus titulares, tratar-se-á de tutela coletiva quando possam ser formalmente reunidos por terem *origem comum* e serem *homogêneos*.

A *origem comum* será encontrada, pois, no mesmo fato jurídico ou em fatos que sejam considerados juridicamente como iguais. Já o atributo da *homogeneidade* se refere à qualidade da pretensão de direito material.

Porém, os direitos homogêneos devem ser apurados objetivamente, sem que concorram para o seu nascimento as características pessoais e as peculiaridades de cada relação de consumo.

Na delimitação de uma sorte de direitos individuais homogêneos,

[...] devem ser desprezadas e necessariamente desconsideradas as peculiaridades agregadas à situação pessoal e diferenciada de cada consumidor, exatamente porque refogem tais aspectos da *homogeneidade*, e, por essa razão, se assim não tivesse sido previsto, inviabilizariam praticamente um pedido a título coletivo, no bojo de uma ação coletiva, no processo de conhecimento.[116]

Se no nexo causal dos danos individuais concorrem fatores diversos, ainda que todos os interessados sejam consumidores do mesmo produto, não há de se falar em homogeneidade para os efeitos da ação coletiva. Na verdade, nem mesmo a origem comum é identificável. Quando muito se terá um quadro que reúne efeitos assemelhados, mas de causas individualmente múltiplas ou diversas.

---

[115] Cf. NERY JÚNIOR, Nelson. Disposições Finais. *In*: GRINOVER, Ada Pellegrini (coord.) *et al*. *Código Brasileiro de Defesa do Consumidor*: comentado pelos autores do anteprojeto. 10. ed. Rio de Janeiro: Forense, 2011, v. II, p. 225.

[116] ARRUDA ALVIM, José Manoel *et al*. *Código do Consumidor Comentado*. 2. ed. São Paulo: RT, 1995, p. 380.

Imagine os usuários de um determinado automóvel que tenham sofrido acidente, um por defeito do sistema de carburação, outro por deficiência do sistema de iluminação, outro por defeito do sistema de suspensão e um último que tenha dado causa ao acidente por imperícia e inadequação de uso do veículo. Todos terão um prejuízo final assemelhado e todos terão usado o mesmo tipo de veículo. No entanto, é evidente que não haverá homogeneidade alguma na causação dos eventos.

Isso torna certo que para se falar em ação coletiva é preciso descobrir e assentar um "evento-regra", vale dizer: o uso do produto tem de revelar um defeito constante, um resultado objetivo uniforme e um nexo causal igual ligando sempre o mesmo defeito ao mesmo dano, qualitativamente considerado.

A sentença proferida em ação coletiva que defende direitos individuais homogêneos, embora genérica, não pode ser hipotética. Nem, tampouco, simplesmente declaratória de suposições ou meras probabilidades. Esse tipo de sentença tem de chegar a uma conclusão geral, mas que seja certa e positiva.

Destarte, não são homogêneos os direitos que dependam de apuração da causa, ou culpa, individualmente, segundo as características da vítima e peculiaridades do fato concreto.

Por fim, a sentença proferida em ação coletiva que verse sobre direitos individuais homogêneos não se submete à remessa necessária, pois a coletivização desses direitos "tem um sentido meramente instrumental, com a finalidade de permitir uma tutela mais efetiva em juízo", assim, não se deve admitir o cabimento da remessa necessária, tal qual determinado pela Lei de Ação Popular.[117]

3.11. LIMITE TERRITORIAL DA SENTENÇA E SUA PUBLICIDADE

A Lei nº 7.347/1985, em seu art. 16, estatui que "a sentença civil fará coisa julgada *erga omnes*, nos limites da competência territorial do órgão prolator, exceto se o pedido for julgado improcedente por insuficiência de provas, hipótese em que qualquer legitimado poderá intentar outra ação com idêntico fundamento, valendo-se de nova prova". Interpretando referido dispositivo, parte da doutrina sustenta que a eficácia da sentença proferida na ação coletiva deve ser limitada ao território de atuação do órgão prolator.

Entretanto, grande parte dos doutrinadores pátrios discordam do entendimento, ao argumento de que essa interpretação daria lugar ao ajuizamento de várias demandas, acarretando a sobrecarga do Poder Judiciário, bem como contrariando "toda a filosofia dos processos coletivos, destinados justamente a resolver molecularmente os conflitos de interesses, ao invés de atomizá-los e pulverizá-los".[118]

O STJ, inicialmente, esposou entendimento no sentido de que: "Em sede de ação civil pública, a sentença civil fará coisa julgada *erga omnes* nos limites da competência territorial do órgão prolator, consoante o art. 16 da Lei nº 7.347/1985, alterado pela Lei nº 9.494/1997".[119]

---

[117] STJ, 3ª T., REsp. 1.374.232/ES, Rel. Min. Nancy Andrighi, ac. 26.09.2017, DJe 02.10.2017.
[118] GRINOVER, Ada Pellegrini. A ação civil pública refém do autoritarismo. *Revista de Processo* n. 96, p. 32, out.-dez./1999.
[119] STJ, 3ª T., AgRg no REsp. 1.134.957/SP, Rel. Min. Nancy Andrighi, ac. 11.12.2012, DJe 17.12.2012.

Entretanto, aquela Corte Superior, posteriormente, sinalizou a intenção de modificar esse entendimento, consoante se depreende dos seguintes julgados:

a) "4. A Corte Especial do STJ já decidiu ser válida a limitação territorial disciplinada pelo art. 16 da LACP, com a redação dada pelo art. 2-A da Lei 9.494/97. Precedente. Recentemente, contudo, a matéria permaneceu em debate.

5. A distinção, defendida inicialmente por Liebman, entre os conceitos de eficácia e de autoridade da sentença, torna inócua a limitação territorial dos efeitos da coisa julgada estabelecida pelo art. 16 da LAP. A coisa julgada é meramente a imutabilidade dos efeitos da sentença. Mesmo limitada aquela, os efeitos da sentença produzem-se *erga omnes*, para além dos limites da competência territorial do órgão julgador".[120]

b) "1.1. A liquidação e a execução individual de sentença genérica proferida em ação civil coletiva pode ser ajuizada no foro do domicílio do beneficiário, porquanto os efeitos da sentença proferida em ação coletiva não estão limitados a lindes geográficos, mas aos limites objetivos e subjetivos do que foi decidido levando-se em conta, para tanto, sempre a extensão do dano e a qualidade dos interesses metaindividuais postos em juízo (arts. 468, 472 e 474, CPC e 93 e 103, CDC)".[121]

Posteriormente a esses acórdãos acima colacionados, o STJ já voltou a decidir quanto à limitação dos efeitos da sentença:

"3. A restrição do alcance subjetivo da eficácia *erga omnes* da sentença proferida em ação civil pública envolvendo direitos individuais homogêneos aos limites da competência territorial do órgão prolator, constante do art. 16 da Lei nº 7.347/1985, está plenamente em vigor".[122]

Em 2021, o STF analisou a questão, com repercussão geral, declarando a inconstitucionalidade do art. 16 da Lei nº 7.347/1985, nos seguintes termos:

5. Recursos extraordinários desprovidos, com a fixação da seguinte tese de repercussão geral: "I – É inconstitucional a redação do art. 16 da Lei 7.347/1985, alterada pela Lei 9.494/1997, sendo repristinada sua redação original. II – Em se tratando de ação civil pública de efeitos nacionais ou regionais, a competência deve observar o art. 93, II, da Lei 8.078/1990 (Código de Defesa do Consumidor). III – Ajuizadas múltiplas ações civis públicas de âmbito nacional ou regional e fixada a competência nos termos do item II, firma-se a prevenção do juízo que primeiro conheceu de uma delas, para o julgamento de todas as demandas conexas".[123]

---

[120] STJ, 3ª T., REsp. 1.243.386/RS, Rel. Min. Nancy Andrighi, ac. 12.06.2012, *DJe* 26.06.2012. O STJ chegou a reconhecer a divergência interna quanto à questão, admitindo Embargos de Divergência nesse recurso especial. Entretanto, antes do julgamento da divergência, houve pedido desistência dos embargos.
[121] STJ, Corte Especial, REsp. 1.243.887/PR, Rel. Min. Luis Felipe Salomão, ac. 19.10.2011, *DJe* 12.12.2011.
[122] STJ, 3ª T., REsp. 1.331.948/SP, Rel. Min. Ricardo Villas Bôas Cueva, ac. 14.06.2016, *DJe* 05.09.2016.
[123] STF, Pleno, RE 1.101.937, Rel. Min. Alexandre de Moraes, ac. 08.04.2021, DJE 14.06.2021.

No julgamento, o relator asseverou que a alteração promovida pela Lei 9.494/1997 "veio na contramão do avanço institucional de proteção aos direitos metaindividuais, na tentativa de restringir os efeitos erga omnes da coisa julgada nas demandas coletivas aos limites da competência territorial do órgão prolator". Explicou, ainda, que "a sentença espraia seus efeitos aos limites objetivos e subjetivos da lide, não importando onde se localizem as partes beneficiadas, não se relacionando com a competência territorial do órgão jurisdicional, que somente limita o exercício da jurisdição, e não os efeitos ou a eficácia da sentença, os quais têm correlação com os limites da lide e das questões decididas".

Para o relator, esse fracionamento meramente territorial dos efeitos da decisão realizado pela alteração legislativa "parece ignorar o longo processo jurídico-político de amadurecimento do sistema protetivo aos interesses difusos e coletivos e contrariar, frontalmente, o comando constitucional de imprimir maior efetividade à sua real efetivação, contrariando o princípio constitucional da eficiência". Donde restar patente o desrespeito aos princípios da igualdade, da eficiência, da segurança jurídica e da efetiva tutela jurisdicional, concluindo que:

> *em respeito à unidade da Constituição*, que exige da interpretação constitucional evitar contradições entre suas normas; *à máxima efetividade ou à eficiência*, pela qual a uma norma constitucional deve ser atribuído o sentido que maior eficácia lhe conceda e *à justeza ou à conformidade funcional*, em que os órgãos encarregados da interpretação da norma constitucional não poderão chegar a uma posição que subverta, altere ou perturbe o esquema organizatório-funcional constitucionalmente estabelecido pelo legislador constituinte originário, não é possível compatibilizar a indevida restrição criada pelo artigo 16 da LACP com os princípios da igualdade e da eficiência na prestação jurisdicional, bem como torna-se incompatível com a consagração constitucional da ação civil pública como verdadeiro instrumento de garantia dos direitos fundamentais de terceira geração.

Dessa forma, Presidente, eu concluo pela inconstitucionalidade do art. 16 da Lei 7.347, com a redação dada pela Lei 9.494, e, consequentemente, pela aplicação dos efeitos repristinatórios, ou seja, ao se declarar a inconstitucionalidade dessa alteração, a redação original do art. 16 terá reconhecida sua plena vigência e eficácia, sem qualquer solução de descontinuidade, uma vez que a alteração declarada inconstitucional é nula, não tendo o condão de efetivar qualquer revogação.

Consoante se vê, o problema foi definitivamente resolvido pelo STF, declarando inconstitucional o questionado dispositivo, com a repristinação da norma primitiva, de modo que a sentença civil fará coisa julgada erga omnes, sem qualquer limitação territorial.

Esse entendimento mostra-se no sentido de nossa doutrina, que criticava a inconveniência da orientação legal diante das tendências atuais de proteção jurisdicional coletiva. De fato, era incoerente a limitação porque, dentro do próprio Código, as ações da espécie podem ser utilizadas para solução de danos de âmbito nacional ou regional, assinalando a lei que a sentença haverá de resolver litígios de abrangência muitas vezes superiores à base territorial normal do julgador (art. 93, II, do CDC). Configurada, portanto, uma competência regional ou nacional, é lógico que o juiz estará julgando o litígio nas dimensões em que ele foi aforado. Seria um contrassenso entender que sua decisão valesse apenas para sua comarca. Se fosse essa a intenção da lei, estaria em contradição com a própria competência atribuída ao juiz das ações coletivas regionais ou nacionais.

Por isso, sempre defendemos a orientação que estendia a jurisdição do juiz, em ações da espécie, às dimensões do conflito, de modo que se poderia reconhecer a base territorial de que fala o art. 16 da Lei nº 7.347/1985 como sendo a definida pelas medidas do dano retratado no objeto do processo. O superado art. 16 só teria alcance, por exemplo, de evitar a extensão da eficácia de uma ação de defesa de direitos individuais homogêneos proposta numa comarca, para além do respectivo território, quando na inicial não tivesse sido descrito dano acontecido fora da circunscrição do juízo. Aí sim, a sentença se resumiria, em sua eficácia, aos titulares dos direitos lesados dentro do território do juízo, já que somente estes seriam o objeto da ação.

Nesse sentido, o STJ também já havia decidido, antes da declaração de inconstitucionalidade do art. 16 da Lei nº 7.347 pelo STF, que "os efeitos e a eficácia da sentença não estão circunscritos a lindes geográficos, mas aos limites objetivos e subjetivos do que foi decidido, possuindo a sentença, portanto, validade em todo o território nacional".[124]

3.11.1. Divulgação da sentença coletiva

Uma vez que o CDC quer que, desde o início da ação coletiva, seja divulgada sua existência, por edital, para conhecimento de todos os interessados (art. 94), ensejando-lhes participar do processo, é de toda conveniência que providência semelhante se tome após encerramento da fase cognitiva, com vistas à execução da sentença.

A propósito, o Superior Tribunal de Justiça entende que a publicação de edital pela rede mundial de computadores é o meio mais eficaz de a informação atingir um grande número de pessoas, razão pela qual pode ser o meio efetivo para se conferir publicidade à sentença de procedência proferida em ação coletiva. Isto porque, a defesa de interesses individuais homogêneos se desdobra em duas fases: *(i)* a primeira, de conhecimento, em que se reconhece o direito tutelado; e, *(ii)* a segunda, de execução, em que se efetiva o direito admitido na primeira fase, que é feita individualmente por iniciativa de cada tutelado.

Nessa esteira, é essencial que todos os interessados tomem ciência da sentença de procedência da ação coletiva para que possam providenciar a execução individual. Sob a égide da legislação processual de 1973, entendia-se que os editais deveriam ser publicados em jornal de grande circulação. Entretanto, o Código de Processo Civil de 2015, estabeleceu a regra de publicação de editais pela rede mundial de computadores, meio propício e eficaz para que a informação atinja um elevado número de pessoas. A par dessa circunstância, a publicação pela internet é menos onerosa do que aquela feita em jornais impressos, razão pela qual, pelos princípios da proporcionalidade e razoabilidade, deve prevalecer.[125]

---

[124] STJ, 3ª T., REsp. 1.658.568/RJ, Rel. Min. Nancy Andrighi, ac. 16.10.2018, *DJe* 18.10.2018.
[125] STJ, 3ª T., REsp. 1.821.688, Rel. Min. Nancy Andrighi, ac. 24.09.2029, *DJe* 03.10.2019.

3.12. COISA JULGADA

A coisa julgada nas ações em que se tutelam direitos difusos ou coletivos caracteriza-se por sua eficácia *erga omnes*, e isto se passa tanto nas ações populares como nas ações civis públicas. É, aliás, um dos motivos pelos quais a doutrina chega à conclusão de que ambas são apenas espécies do mesmo gênero. Outro traço comum é a não formação da coisa julgada nas rejeições dessas ações, quando o julgamento negativo se baseia na falta ou insuficiência de prova.[126]

Nas ações populares ou civis públicas cujo objeto seja direito *difuso* ou *coletivo* propriamente dito, não há concorrência entre direitos de grupo e direitos individuais, porque o que se tutela é um direito transindividual e indivisível entre os membros da comunidade. Nenhum indivíduo pessoalmente pode reclamar para si o bem comum a todos. Só uma ação coletiva, movida no interesse de todo o grupo, pode tutelá-lo. De forma conexa, no entanto, podem coexistir a lesão ao direito coletivo (transindividual) e o prejuízo pessoal de certos membros da coletividade (lesão reflexa de direito individual). Nesse caso, surgem os direitos individuais homogêneos, se vários forem aqueles que pessoalmente sofrerem prejuízos, que tanto podem ser tutelados singular como coletivamente.

No caso, porém, da tutela dos interesses individuais homogêneos, não há mais direito do grupo. A ação coletiva se forma por conveniência prática, já que os direitos são diretamente tutelados no interesse dos indivíduos. Os efeitos positivos da demanda beneficiam todos os titulares de situação jurídica igual à deduzida em juízo; mas nenhum deles está obrigado a aceitar a tutela coletiva e, não tendo figurado no processo, não tem, no direito brasileiro, que sofrer os prejuízos do insucesso da causa.[127]

Em regra, os benefícios se expandem além dos sujeitos presentes no processo, não os prejuízos. A relação entre a coisa julgada na ação coletiva e os interesses individuais homogêneos dos membros da coletividade representada na causa, segundo o direito positivo brasileiro, pode ser assim sintetizada:

> a) Se a ação coletiva é *rejeitada*, seja por insuficiência de prova ou não, os particulares não serão alcançados pela coisa julgada que se manifestará apenas entre os legitimados para a ação coletiva; poderão os particulares exercitar suas ações individuais para buscar ressarcimento para os danos pessoalmente suportados (CDC, art. 103, § 3º); apenas serão prejudicados os "interesses individuais" dos que efetivamente figuraram no processo coletivo (art. 94 c/c art. 103, § 2º).

---

[126] SANTOS, Ernane Fidelis dos. *Ação popular e ações de interesse coletivo*, Relatório para o Congresso de Roma, 2002, *apud* THEODORO JÚNIOR, Humberto. Relatório Geral Luso-Americano. *Revista Iberoamericana de Derecho Procesal*, nº 2, Buenos Aires, 2002, p. 125, nota 81.

[127] Consideram-se, no direito brasileiro, diferentes os objetos da ação coletiva e da ação singular, embora ambas se relacionem com o mesmo evento. "O réu (da ação coletiva) pode ser demandado, por exemplo, para abster-se de poluir e vencer a demanda (reconhecimento de não poluir), sem que se obste que o particular pleiteie indenização pela poluição que lhe causou prejuízos. Causas completamente diversas" (SANTOS, Ernane Fidelis dos. *Ação popular e ações de interesse coletivo*, Relatório *cit.*, *apud* THEODORO JÚNIOR, Humberto. Relatório Geral Luso-Americano. *Revista Iberoamericana de Derecho Procesal*, nº 2, Buenos Aires, 2002, p. 125, nota 82.

b) Se a ação coletiva é julgada *procedente*, os particulares deverão valer-se da *coisa julgada*, ficando dispensados de nova ação individual condenatória; apenas terão de liquidar o montante de seus prejuízos individuais em procedimento de *liquidação de sentença* (CDC, arts. 97 e 100). A exemplo do que se passa com a sentença penal condenatória, também a sentença de procedência da ação civil coletiva representa para as vítimas uma coisa julgada acerca da *causa petendi* da pretensão indenizatória.[128] Dá-se o "transporte, à ação individual, da sentença coletiva favorável", ampliando a Lei "o objeto da ação coletiva" para nele incluir a indenização de danos sofridos individualmente.[129]

Há um caso, porém, em que os benefícios da coisa julgada *erga omnes* deixam de operar; é o que se passa com a vítima do dano comum que, diante da ação coletiva, se abstém de suspender sua ação individual nos trinta dias seguintes à ciência da causa comum. A concorrência entre ação coletiva e ações individuais não é vedada pela lei. Mas a pessoa que quiser se beneficiar dos efeitos da coisa julgada da ação coletiva terá de requerer, oportunamente, a suspensão da demanda individual (CDC, art. 104).

---

[128] GRINOVER, Ada Pellegrini. *A marcha do processo*. Rio de Janeiro: Forense Universitária, 2000.
[129] SAAD, Eduardo Gabriel. *Comentário ao Código de Defesa do Consumidor*. 2. ed. São Paulo: LTr, 1997, n. 282, p. 608.

Capítulo IV
TUTELA PROVISÓRIA EM AÇÃO CIVIL

4.1. INTROITO

O estudo que se segue foi fruto, originariamente, do exame feito sobre uma ação cautelar[1] pública intentada pelo Ministério Público do Estado do Maranhão contra três empresas administradoras de consórcio, no qual obteve, em despacho da petição inicial, um rol de providências que ultrapassava de muito os limites da tutela preventiva, mesmo em se tratando de preparação de futura ação coletiva. Essa causa ensejou oportunidade para ponderações em torno da função do *parquet* e da extensão de suas faculdades processuais no importante terreno da defesa dos consumidores e dos titulares de direitos difusos e coletivos, cuja atualidade se mantém. É o que passaremos a expor nos tópicos seguintes.

4.2. PROCESSO E CONSTITUIÇÃO

Longe vai o tempo em que a ordem jurídica constitucional contentava-se com solenes e formais declarações de direitos dos cidadãos. Depois de inúmeras vicissitudes, o Estado Liberal cedeu lugar ao Estado Social de Direito, porque restou sobejamente comprovado que, no plano das instituições jurídicas, não basta a declaração de direitos, nem tampouco a definição de órgãos competentes para sua tutela. É imperioso que o titular possa contar com instrumentos e mecanismos de provocação e atuação efetiva das garantias jurídicas.

---

[1] O atual Código de Processo Civil alterou o antigo "processo cautelar" do Código de 1973. Agora, sob o rótulo de "Tutela Provisória", o novo CPC reúne três técnicas processuais de tutela provisória, prestáveis eventualmente em complemento e aprimoramento eficacial da tutela principal, a ser alcançada mediante o provimento que, afinal, solucionará definitivamente o litígio configurador do objeto do processo. Nesse aspecto, as ditas "tutelas provisórias" arroladas pela legislação processual renovada correspondem, em regra, a incidentes do processo, e não a processos autônomos e distintos. De tal sorte que a antiga dicotomia do processo em principal (de cognição ou execução) e cautelar, existente no código revogado, não mais subsiste na nova lei, pelo menos como regra geral, restando bastante simplificado o procedimento. Entretanto, é possível à parte obter "tutela cautelar" requerida "em caráter antecedente", com a finalidade de assegurar o resultado útil do processo (CPC/2015, arts. 305 e ss.).

No Estado de Direito, essa sistemática centra-se no aparelhamento judicial e apoia-se, na ordem operacional, sobre os instrumentos do direito processual.

O drama maior do direito, qualquer que seja seu ramo, é sempre vivido no processo, cuja estruturação tem como fim a programação do debate judicial em busca da resolução do conflito jurídico sob autoridade do Poder Estatal.

Aproximando-se a Constituição do Direito Processual, pode-se aquilatar o elevado grau de importância que, no Estado Democrático de Direito, assume esse ramo do direito ordinário. A efetividade das regras sobre direitos fundamentais praticamente não ocorre, nas situações litigiosas ou críticas, a não ser por via do processo.

As normas constitucionais localizam-se numa espécie de *limbo* enquanto não chamadas a atuar na vida quotidiana pelos instrumentos processuais. Sob tal enfoque, Liebman lembra que se deverá reconhecer no processo *"não apenas um instrumento de justiça, mas também um instrumento – ou se preferir – uma garantia de liberdade"*.[2]

Na verdade, como adverte Ramiro Podetti, o direito processual é a grande garantia de todo o sistema normativo do Estado Democrático, porque é ao processo que incumbe, na ordem prática da vida:

1º) resolver os litígios entre os indivíduos; e

2º) conter os particulares e o próprio Estado no limite do direito alheio.[3]

Paralelamente à evolução do Estado Democrático progrediu também o processo. Principalmente por meio de sua *publicização*, grande parcela da função social do Estado moderno veio recair sobre a função jurisdicional, e o processo se revelou, então, como instrumento mais apropriado (e mesmo indispensável) para proteção dos direitos fundamentais, já que deixou de ser visto como simples *chose privée des parties*.[4]

Há, em nossos tempos, até mesmo um novo capítulo do Direito Constitucional, que se formou e está avolumando à base da aproximação e interrelacionamento da Constituição e do Processo. Trata-se do Direito Constitucional Processual, que procura coordenar a metodologia e a sistemática dos princípios constitucionais aplicados ao processo.[5]

Mas, assim como o uso adequado do processo representa a garantia maior das franquias constitucionais diante de situações litigiosas, pode também o instrumento do Poder Judiciário transformar-se no pior ultraje às liberdades individuais quando manipulado contra seu espírito e sua finalidade institucional. Em suma: o uso arbitrário ou o abuso dos poderes processuais, por parte da autoridade judiciária é, em última análise, a negação das garantias fundamentais com que a Constituição procurou cercar o homem no convívio politicamente organizado.

---

[2] *"Non solo uno strumento de giustizia, ma anche uno strumento o – se si preferisce – una garanzia di libertá"* (LIEBMAN, Enrico Tullio. *Problemi del processo civile*. Napoli: Morano, 1962, p. 150-151).

[3] PODETTI, Ramiro. *Teoria y técnica del processo civil*. Buenos Aires: Ediar, 1963, n. 23, p. 54-55.

[4] VESCOVI. *Les garanties fondamentales des parties dans la procédure civile en Amérique Latine*. Apud CAPPELLETTI, Mauro. *Les garanties fondamentales des parties dans le procès civil*. Milano: Giuffrè, 1973, p. 106.

[5] BONAVIDES, Paulo. *Direito constitucional*. 2. ed. Rio de Janeiro: Forense, 1986, p. 14.

4.3. A GARANTIA DO DEVIDO PROCESSO LEGAL

No Estado Democrático de Direito, a *ação* apresenta-se como um *direito cívico*, porque é por meio dela que se opera o relacionamento entre a lei, a justiça e a liberdade, que, numa palavra, é a própria "relação entre indivíduo, sociedade e Estado". "Vãs seriam as liberdades do indivíduo, se não pudessem ser reivindicadas e defendidas em juízo".[6]

Para que o processo cumpra o seu desiderato de garantia cívica dos direitos fundamentais, mister se faz a sua configuração como o *due process of law*. E como devido processo legal entende-se aquele que, pelo menos, assegure:

a) o juiz natural;

b) o direito de defesa; e

c) as formalidades essenciais do procedimento.[7]

Na garantia do *juiz natural*, compreende-se não apenas a exclusão dos juízos de exceção, mas também as providências que asseguram a *imparcialidade* e a *confiabilidade* do juiz.[8]

Quanto ao *direito de defesa*, sua realização se dá por meio do *princípio do contraditório*, que traduz no campo de processo o *direito fundamental da igualdade* de todos os governados perante a lei.[9]

No que toca às *formalidades essenciais*, urge ter em mente que as formas do processo não são concebidas por puro amor ao rito ou à solenidade, mas como instrumentos indispensáveis à efetivação dos direitos individuais envolvidos no litígio. As formas existem como garantia dos mesmos direitos e não se transformam em barreiras ou obstáculos à sua materialização. No grande e generalizado anseio de implantar o *devido processo legal*, uma das maiores preocupações é com a "efetividade" da tutela jurisdicional. E, ao cuidar do tema, anota Barbosa Moreira que alguns requisitos são unanimemente apontados, entre eles: "A necessidade de o *processo* dispor de instrumentos *adequados* aos direitos a cuja tutela se destina".[10]

O caso submetido a exame, *data venia*, ultrajou o princípio do devido processo legal em toda extensão. Como a seguir demonstraremos, foram desrespeitados, a um só tempo, as garantias da imparcialidade do juiz, da liberdade e da igualdade das partes e das formalidades essenciais do processo, todas tão caras ao *due process of law*.

Assim é que se utilizou a antiga ação cautelar fora de suas formalidades naturais e com desvio de função, transformando uma simples medida preventiva em ação de

---

[6] GRINOVER, Ada Pellegrini. *As garantias constitucionais do direito de ação*. São Paulo: RT, 1973, n. 6 e 7, p. 14 e 15.
[7] FIX-ZAMUDIO, Héctor. *Las Garantias Constitucionales del Processo Civil*. México: UNAM, 1974, n. 9, p. 31-32.
[8] VIGORETTI, *Garanzie costituzionali del processo civile*. Milano: Giuffrè, 1973, n. 26, p. 156.
[9] FIX-ZAMUDIO. *Op. cit.*, n. 9, p. 32; VIGORETTI. *Op. cit.*, n. 26, p. 156.
[10] BARBOSA MOREIRA, José Carlos. *Temas de direito processual*. 3. ed. São Paulo: Saraiva, 1984, p. 27-28.

investigação, *ad instar* de verdadeiro inquérito policial, com imediata e sumária suspensão de direitos, sem forma nem figura de juízo.

4.4. A AÇÃO CIVIL PÚBLICA

O Ministério Público do Maranhão, com invocação da Lei nº 7.347/1985, intentou *ação cautelar pública* contra três empresas administrativas de consórcios para aquisição de veículos que atuam em São Luiz, baseando-se em simples rumores de abusos administrativos que os gestores de tais empresas viriam cometendo contra os consorciados.

De fato, a Lei nº 7.347/1985 credencia o Ministério Público a agir em juízo na defesa de *interesses difusos* para responsabilizar aqueles que tenham causado danos ao meio ambiente, ao consumidor e ao patrimônio artístico, estético etc. (arts. 1º e 5º).

O primeiro problema, porém, consiste em definir o que sejam os "interesses difusos", posto que sem uma exata conceituação dessa figura jurídica não se pode medir o terreno franqueado ao Ministério Público para promover a *ação civil pública*.

Não foi a lei, mas a doutrina, que, numa longa assimilação da experiência de direito comparado, chegou primeiro a um conceito de interesses difuso.

Não é, segundo esse ponto de vista, o número elevado de pessoas numa determinada relação jurídica ou num feixe de relações jurídicas determinadas que propicia o surgimento do chamado interesse difuso.

As "notas essenciais" ou "as categorias" que se reúnem para delinear "os traços básicos" dos interesses difusos – segundo o magistério de Barbosa Moreira – são as seguintes:

> Primeiro a existência de uma pluralidade de titulares, em *número indeterminado* e, ao menos para fins práticos, *indeterminável*; segundo a indivisibilidade do objeto do interesse, cuja satisfação necessariamente aproveita em conjunto a todos, e cuja postergação a todos em conjunto prejudica.[11]

Ada Pellegrini Grinover esclarece que interesse público e interesses coletivos não se confundem com interesses difusos. Por interesse público entende-se o que se exerce em relação ao Estado (ordem pública, segurança pública). E por interesses coletivos, os que dizem respeito a uma coletividade, mas em relação a um vínculo jurídico definido que as congrega (sociedade, condomínio, sindicato, cooperativa etc.):

> O outro grupo de interesses metaindividuais, o dos *interesses difusos* propriamente ditos, compreende interesses que não encontram apoio em uma relação-base bem definida, reduzindo-se o vínculo entre as pessoas a fatores *conjunturais* ou *extremamente genéricos*, a dados de fato frequentemente *acidentais* e *mutáveis*: habitar a mesma região, consumir o mesmo produto, viver sob determinadas condições socioeconômicas, sujeitar-se a determinados empreendimentos etc.[12]

---

[11] BARBOSA MOREIRA, José Carlos. A Proteção Jurisdicional dos Interesses Coletivos ou Difusos. *Apud* GRINOVER, Ada Pellegrini *et al*. *A tutela dos interesses difusos*. São Paulo: Max Limonad, 1984, p. 99.
[12] GRINOVER, Ada Pellegrini *et al*. *A tutela dos interesses difusos*. São Paulo: Max Limonad, 1984, p. 30.

Para a ilustre publicista, não é a ligação de inúmeros indivíduos a um negócio ou a uma situação definida que enseja o interesse difuso. São "*interesses* espalhados e informais à tutela de *necessidades*, também coletivas, sinteticamente referidas à *qualidade de vida*. Donde o destaque para dois pressupostos essenciais:

a) um relativo à *titularidade*, "pois pertencem a uma só *série indeterminada de sujeitos*"; e

b) outro relativo a seu *objeto*, "que é sempre um *bem coletivo*, insuscetível de divisão, sendo que a satisfação de um interessado implica necessariamente a satisfação de todos, ao mesmo tempo em que a lesão de um indica a lesão de toda a coletividade".[13]

Essa também é a lição de Wolgram Junqueira Ferreira.[14]

O Código de Defesa do Consumidor, que veio complementar a Lei de Ação Civil Pública, na busca de tutela para os interesses difusos e coletivos, manteve-se fiel à lição doutrinária consolidada, dando-lhes as seguintes definições:

a) *interesses ou direitos difusos, para os fins do CDC*, são "os transindividuais, de natureza indivisível, de que sejam titulares pessoas indeterminadas e ligadas por circunstâncias de fato" (art. 81, parágrafo único, inciso I);

b) *interesses ou direitos coletivos*, para efeitos do CDC, são "os transindividuais de natureza indivisível de que seja titular grupo, categoria ou classe de pessoas ligadas entre si ou com a parte contrária por uma relação jurídica base" (art. 81, parágrafo único, inciso II).

Ora, diante desta concepção, não se podem entrever *interesses difusos* numa conjuntura como a da ação movida pelo Ministério Público contra as empresas administrativas de consórcio de São Luiz, em que se discutem contas que só dizem respeito a um número certo e preciso de consorciados, todos ligados a vínculos contratuais determinados.

O que se discute não são as condições ou qualidades de bens e serviços oferecidos à coletividade anônima dos consumidores, mas, sim, o cumprimento de cláusulas negociais e a apresentação de contas devidas e contratantes atuais e determinados. O que se imputa às rés é, em suma, inadimplemento contratual.

Assim, o Ministério Público não está reclamando tutela para o público, mas *advogando interesses individuais*, reclamando exibição de *documentos* e *prestação de contas* de grupos fechados em favor de restritos associados integrantes dos mesmos grupos.

Para defender créditos particulares, ainda que pertencentes a diversos titulares, descabe a ação civil pública e, consequentemente, *carecedor de ação* se apresenta o Ministério Público.

Os exemplos de ação em defesa de interesses difusos de consumidor são, segundo os exemplos de doutrina, aqueles ligados ao *abuso do poder econômico*, como a dominação do mercado nacional; a eliminação de concorrência; a elevação de preços

---

[13] GRINOVER, Ada Pellegrini *et al*. *Op. cit.*, p. 31.
[14] FERREIRA, Wolgram Junqueira. *Ação civil pública*. Campinas: Julex Livros, 1987, n. 31, p. 16.

monopolizados etc., as fraudes de *pesos e medidas*; as manipulações perigosas de produtos alimentares; os atentados às medidas sanitárias etc.[15]

Barbosa Moreira cita como casos que merecem a denominada "proteção do consumidor" os de interesses fundados "na honestidade da propaganda comercial, na proscrição de alimentos e medicamentos nocivos à saúde, na adoção de medidas de segurança para os produtos perigosos, na eficiência da prestação de serviços ao público".[16]

Todos esses exemplos, como facilmente se vê, traduzem o *anonimato* da titularidade dos interesses que se busca preservar, a *indeterminação* do número dos destinatários da tutela. À evidência, tal não se dá no caso em que se exige prestação de contas no interesse de grupo de consorciados, ainda que numeroso.

Porque a Constituição atribui ao Ministério Público a defesa dos interesses individuais apenas quando indisponíveis, entendemos que a ação coletiva em torno dos direitos individuais homogêneos (CDC, art. 81, parágrafo único, III) não se incluiria entre suas atribuições funcionais. Haveria de ser manejada por outras entidades a quem a lei também confere a defesa dos consumidores. No entanto, é forçoso reconhecer que a jurisprudência se orientou no sentido contrário e tem reconhecido que "o Ministério Público tem legitimidade extraordinária para a propositura de ação coletiva, em defesa de interesses e direitos individuais homogêneos, quando sejam estes indisponíveis, ou, sendo embora disponíveis, expressem valores jurídicos de transcendente importância social".[17] Assim, se tem admitido ação coletiva patrocinada pelo *parquet* em defesa de pais de alunos quanto a mensalidade escolar, de adquirentes de unidades habitacionais defeituosamente construídas e outras situações de evidente disputa coletiva sobre direitos individuais.[18]

4.5. A LEI Nº 7.347/1985

Ao regular a ação civil pública, a Lei nº 7.347/1985 concebeu uma regulamentação puramente formal ou processual. De sorte que "a ação e a condenação devem basear-se em disposição de alguma norma substantiva, de direito material, da União, do Estado ou do Município, que tipifique a infração a ser reconhecida e punida pelo judiciário".[19]

In casu, a ação sob o rótulo de medida cautelar reclamou prestações processuais definitivas, como as de *execução de obrigação de fazer* (CPC/73, arts. 632/639)[20] e as que constam da regulamentação das *ações de prestação de contas* (CPC/73, arts. 914/919),[21]

---

[15] FERREIRA, Wolgran Junqueira. *Op. cit.*, n. 5, p. 49-62.
[16] BARBOSA MOREIRA, José Carlos. *Op. cit.*, p. 99.
[17] TJ-SP, Ag. 261.450-1, Rel. Des. Cézar Peluso, ac. 23.04.1996, *JTJSP* 192/227.
[18] TJ-SP, Ap. 159.266-1/2, Rel. Des. Euclides de Oliveira, ac. 12.05.1992, *RT* 690/65; STJ, REsp. 120.143/MG, 4ª T., Rel. Min. César Asfor Rocha, ac. 17.09.1998, *DJU* 16.11.1998, p. 95. Sobre o tema, ver item 3.5, do Capítulo III, da Parte IV desta obra.
[19] MEIRELLES, Hely Lopes. *Mandado de segurança, ação popular e ação civil pública*. 11. ed. São Paulo: RT, 1987, p. 116.
[20] CPC/2015, arts. 815 a 821.
[21] CPC/2015, arts. 550 a 553.

além das relacionadas com a *exibição de documentos* (CPC/73, art. 844/845).[22] Não há indicação de uma norma sequer de direito material que autorize a pleitear, de forma coletiva, condenação das empresas acionadas, ao "cumprimento das obrigações" exigidas em juízo.[23]

Quanto às normas processuais, a Lei nº 7.347 institui várias novidades, em tema de legitimação, principalmente, e em assuntos interessantes como o da coisa julgada e o inquérito civil, entre outros. Mas o CPC continuou aplicável à ação civil pública, em tudo que não contrarie as disposições da nova lei (Lei nº 7.347, art. 19).

Portanto, "quanto ao processo dessa ação é o ordinário, comum do CPC".[24] Também, em matéria de tutela cautelar, inexistindo inovação na Lei nº 7.347, o rito e os pressupostos continuam disciplinados, inteiramente, pelo Código.[25]

4.6. A AÇÃO CAUTELAR MOVIDA PELO MINISTÉRIO PÚBLICO CONTRA AS ADMINISTRADORAS DE CONSÓRCIO

No bojo de simples ação cautelar,[26] o Ministério Público requereu e obteve, em caráter liminar (sem citação e, por isso mesmo, *sem direito de defesa*), a ordem judicial para que *três empresas* se sujeitassem, de imediato, às seguintes prestações:

a) *exibição* de toneladas de documentos, a respeito de inúmeros contratos, numa devassa total e completa na contabilidade, nos arquivos, nas atas de assembleias, nas contas bancárias, não só quanto ao presente, mas em projeção no passado, de maneira a *investigar*, em minúcias, todos os grupos de consórcios ora existentes e já encerrados;

b) *execução de prestações de fazer*, como:

- *relacionar* nomes, endereços e telefones de todos os sorteados;
- *relacionar* as contas bancárias, grupo por grupo, *discriminando* valores de prestações, juros e multas;
- *relacionar* todos os veículos entregues e todos os que faltam para ser entregues;
- *justificar* a movimentação bancária dos grupos;
- *informar e comprovar* as aplicações financeiras;
- *relacionar* todos os consorciados desistentes e valores pagos;

---

[22] CPC/2015, sem correspondente.
[23] Muito embora a ação tenha sido ajuizada sob a égide do CPC de 1973, a conclusão seria a mesma agora, na incidência do atual Código. Isto porque, apesar de a nova legislação ter retirado o caráter autônomo da tutela cautelar, seus requisitos e limites de atuação foram mantidos.
[24] MEIRELLES, Hely Lopes. *Op. cit.*, p. 120.
[25] Cf. LOPES NETO, Antônio; ZUCHERATTO, José Maria. *Teoria e prática da ação civil pública*. São Paulo: Saraiva, 1987, p. 40.
[26] Atualmente, essa ação cautelar equivaleria ao pedido de tutela cautelar em caráter antecedente (CPC/2015, arts. 305 a 310). Embora esse pedido de tutela seja um incidente do processo principal (e não mais uma ação autônoma), os requisitos são os mesmos da ação cautelar do CPC/73, quais sejam: *fumus boni iuris* e perigo de dano ou de risco ao resultado útil do processo.

- *obter e fornecer* cópia dos certificados do DETRAN relativos a todos os veículos sorteados e entregues;
- *relacionar* todas as ações de apreensão de veículos com *especificação* do destino dado aos bens apreendidos;
- *elaborar e fornecer* cópia de faturas relativas a todos os veículos entregues;

c) *prestação de contas, em forma mercantil*, a respeito:
- de todos os consórcios encerrados, sem prestação de contas, liquidados ou em liquidação, e de todos os em andamento;
- do reajuste dos saltos de caixa repassados aos consorciados;
- das prestações pagas pelos desistentes e respectivas devoluções.

Para fundamentar o cabimento dessas imposições, invocaram-se as regras do CPC de 1973, contidas nos arts. 844/845 (*ação cautelar exibitória*), 632/639 (*execução de obrigação de fazer*) e 914/919 (*ação de prestação de contas*), tudo conjugado com o poder geral de cautela, disciplinado pelos arts. 798 e 799.

Para *compelir* os requeridos a cumprirem, sem *direito de prévia defesa*, toda a gama de prestações que constituem os objetivos da ação cautelar, decretou-se a *interdição total e completa das empresas*, suspendendo-se "*o recebimento das prestações dos consórcios em formação ou em andamento*", enquanto não satisfeitas todas as "*obrigações*" impostas pela ação cautelar. Em suma, foram "suspensos todos os contratos atualmente em vigor até fiel cumprimento das *obrigações* referidas", segundo palavras textuais do ato judicial aludido.

Destarte, todos os limites que o direito traça para o poder cautelar foram, como veremos a seguir, violentados pelas estranhas e exorbitantes providências, que nada têm de *preventivas* e que cumprem, com enorme abuso, apenas funções *satisfativas*, sem o mínimo amparo em lei.

4.7. VIOLAÇÃO DOS PRINCÍPIOS DA TUTELA CAUTELAR

I – Notícia sobre as medidas provisórias de urgência no CPC/2015

Antes de adentrarmos na análise da ação em questão, impende trazer uma breve notícia sobre as medidas provisórias de urgência no CPC/2015.

Conforme já noticiado, as medidas cautelares no regime do Código revogado eram objeto de ação apartada do processo principal, embora tivessem seus efeitos atrelados ao destino deste (arts. 796 e 800 a 804, CPC de 1973). Já as medidas satisfativas urgentes eram invocáveis sempre no bojo do próprio processo principal (art. 273, CPC de 1973), não dependendo, portanto, do manejo de ação distinta. Eram, assim, objeto de mero incidente do processo já em curso.

O atual Código eliminou essa dualidade de regime processual. Tanto a tutela conservativa como a satisfativa são tratadas, em regra, como objeto de mero incidente processual, que pode ser suscitado na petição inicial ou em petição avulsa (CPC/2015, art. 294, parágrafo único).

Como as particularidades do caso podem dificultar o imediato aforamento do pedido principal, o Código atual prevê também a possibilidade de ser o pedido de tutela de urgência formulado em caráter antecedente. Em tal circunstância a petição inicial, tratando-se de tutela cautelar, conterá apenas o pedido da medida urgente, fazendo sumária indicação da lide, seu fundamento de fato e de direito (art. 305). Quando se referir à tutela satisfativa, exige-se que, também, se proceda "à indicação do pedido de tutela final", além dos requisitos reclamados para a medida cautelar antecedente (art. 303, *caput*).

Porém, mesmo quando se trata de tutela antecedente, o pedido principal deverá ser formulado, nos mesmos autos, no prazo de trinta dias da efetivação da medida urgente, se esta for de natureza cautelar (art. 308). Sendo de natureza satisfativa, o prazo será de quinze dias (art. 303, § 1º, I). Isto é, mesmo nas tutelas urgentes cautelares, em que o promovente não necessita desde logo anunciar o pedido principal, este, a seu tempo, será formulado nos próprios autos em que ocorrer o provimento antecedente ou preparatório, sem necessidade de iniciar uma ação principal apartada. Não haverá, como se vê, dois processos. Ainda que o caso seja de tutela urgente antecedente, tudo se passa dentro de um só processo. O pedido principal superveniente observará o regime da adição de pedidos, do qual participará, também, a causa de pedir. De tal sorte, quando a medida for cautelar, pedido principal e causa *petendi* não precisam ser formulados desde logo na petição inicial das tutelas antecedentes. Podem ser apresentados e explicitados no aditamento previsto no art. 308, *caput*, e § 2º.

Já no caso de medida satisfativa, exige o art. 303, *caput*, que a petição inicial desde logo indique "o pedido de tutela final", que poderá ser confirmado e complementado em seus fundamentos, no prazo de quinze dias (ou naquele maior fixado pelo juiz) contados da concessão da medida antecedente (art. 303, § 1º, I).

II – O caso em análise

Sob invocação dos arts. 798 e 799 do CPC/73,[27] várias providências definitivas foram impostas aos réus, *in limine litis*, sem oportunidade de defesa.

Com isso violou-se o devido *processo legal*, porque princípios comezinhos da tutela cautelar e do processo de mérito foram simplesmente ignorados e desrespeitados frontalmente.

O poder geral de cautela permite ao juiz conceber providências preventivas, além das previstas pelo legislador como medidas *típicas ou específicas*. Mas não lhe confere um poder arbitrário e absoluto que lhe abra oportunidade para traçar qualquer restrição possível e imaginável aos direitos dos litigantes.[28]

Segundo o texto do art. 798, do CPC/73,[29] as medidas que ao magistrado compete tomar são apenas as que forem *necessárias* para coibir o *risco* concreto de *lesão grave*

---

[27] CPC/2015, art. 297.
[28] O poder geral de cautela não apenas foi mantido pelo NCPC (art. 297, *caput*), como tornou-se mais amplo, uma vez que se estende a todas as medidas provisórias, sejam elas fundadas na urgência ou na evidência e não se restringem às figuras ou hipóteses previamente definidas em lei (arts. 297 e 301). Em verdade, evitou-se a regulamentação de medidas cautelares típicas, ficando tudo a depender das exigências concretas de medidas urgentes, caso a caso.
[29] CPC/2015, arts. 297, *caput* e 305.

e de *difícil reparação*, que ameace o direito de uma das partes, *antes do julgamento do processo principal*.

Fácil é, pois, concluir que os requisitos das medidas atípicas são os mesmos das medidas típicas, isto é:

a) o *fumus boni iuris*, que é o interesse em jogo ao processo principal, sob forma de *direito plausível*; e

b) o *periculum in mora*, que é o *fundado receio de dano*, que há de ser grave e de difícil reparação, e que deve ser previsível para concretizar-se antes que se alcance a solução final do processo principal.

Subordinado a pressupostos especificados pela lei, o poder geral de cautela é genérico e amplo, mas nem por isso ilimitado ou arbitrário.

Jurisprudência e doutrina estão, em face do sistema legal, acordes em que as medidas cautelares atípicas devem se sujeitar, entre outros, aos limites:

a) da *necessidade*; e

b) da *provisoriedade*.

Por necessária, entende-se a providência indispensável para cumprir a função de reprimir o perigo de dano a que se acha exposto o direito eventual do litigante antes do julgamento da causa de mérito.[30]

Em torno da "necessidade", ensina Calvosa que a situação substancial, para justificar a medida atípica, deve ser, por sua natureza, suscetível de modificações no tempo, e que tais modificações possam acarretar prejuízo grave. Fora daí a medida preventiva fica *sem ambiente adequado* sobre que possa influir. A decisão de mérito, por si só, será capaz de compor satisfatoriamente a lide, sem necessidade de proteção ou auxílio da tutela cautelar.[31]

Quanto à natureza "provisória" da medida cautelar, essa característica se opõe à natureza "satisfativa" que é própria do processo principal.

Sobre essa matéria, ressalta Lopes da Costa que a medida cautelar "não deve transpor os limites que definem a sua natureza provisória".[32] Anota, ainda, que "a medida deve restringir-se aos limites do direito cuja realização se pretende assegurar, providências a que o requerente, mesmo que vencesse na causa principal, não teria direito, não lhe podem ser concedidas. Se, por exemplo, tem ele um direito de uso comum, este não pode ser garantido como medida que conceda uso exclusivo. Não se concede, finalmente, medida preventiva que não se possa aplicar em execução de sentença em ação satisfativa. Por exemplo, o restabelecimento da vida conjugal; a prestação de serviços; a prisão, para obrigar a exibição de bens para arresto".[33]

---

[30] THEODORO JÚNIOR, Humberto. *Curso de direito processual civil*. 28. ed. Rio de Janeiro: Forense, 2000, v. II, n. 996, p. 348-349.
[31] CALVOSA, Carlo. *Il processo cautelar*. Torino: UTET, 1970, p. 768.
[32] LOPES DA COSTA, Alfredo Araújo. *Medidas preventivas*. 2. ed. Belo Horizonte: B. Alvares, 1958, n. 16, p. 21.
[33] LOPES DA COSTA, Alfredo Araújo. *Op. cit.*, n. 16, p. 22.

As injunções, positivas ou negativas, que se emitem no exercício do poder geral de cautela, têm como finalidade natural e necessária apenas a "conservação do estado de fato e de direito" a que se vinculam os interesses que se vão defender no processo principal.[34] Não podem essas medidas, portanto, assumir feição "satisfativa", pois seu escopo não é mais do que "garantir" a utilidade e eficácia da futura prestação jurisdicional de mérito, esta sim de natureza satisfativa, no que diz respeito ao direito substancial da parte.

Precisamente porque têm caráter apenas "conservativo", as medidas atípicas não deverão ter conteúdo igual ao da prestação a que corresponde a realização do próprio direito subjetivo que se discute na lide. Com elas, lembram Rocco e Calvosa, não se obtém uma antecipação da decisão de mérito, nem se procede a uma execução provisória do direito substancial do promovente.[35] Tão somente se conservam bens ou valores necessários ao bom desempenho do processo principal. Jamais se defere, prematuramente, o próprio direito material pleiteado em juízo.

A razão de ser dessa restrição está em que o atribuir caráter satisfativo a medidas provisórias, sem oportunidade adequada de defesa, importaria quebra do princípio da ampla discussão da causa, que se torna indispensável para assegurar o *devido processo legal* e, consequentemente, ofensa à garantia de *isonomia* que deve presidir a tutela jurisdicional *definitiva* ou *satisfativa*.

A prestação jurisdicional não pode *pender* para a defesa desproporcional dos interesses de um dos litigantes, enquanto não exaurido todo o percurso do processo principal. Somente ao fim do processo de mérito é que a força da soberania estatal tem legitimidade de atuar na defesa e satisfação do direito subjetivo de uma parte contra a outra.

Medida satisfativa que fosse conferida a uma das partes antes da ampla defesa da outra importaria quebra do *contraditório* e, por isso mesmo, quebra do tratamento *igualitário* e *imparcial* que o Estado deve aos litigantes enquanto pende o processo. Só a necessidade de preservar a *utilidade e eficácia* do próprio processo, por isso, justifica *medida provisória*, que, entretanto, não atinja a satisfação precoce de um direito da parte ainda não definido.[36]

A jurisprudência à época do CPC/73 seguia o mesmo rumo da doutrina, na apreciação do caráter não satisfativo das medidas cautelares:

> a) "O juiz só pode determinar medidas provisórias, com base no art. 798 do CPC, quando houver fundado receio de que uma das partes, antes do julgamento, cause ao direito da outra lesão grave e de difícil reparação, mas terão que ser medidas cautelares, e não medidas de caráter satisfativo."[37]

---

[34] ROCCO, Ugo. *Tratado de derecho procesal civil*. Bogotá: Temis, 1969-1977, v. V, p. 435, nota 50.
[35] ROCCO, Ugo. *Op. cit., loc. cit.*; CALVOSA, Carlo. *Op. cit., loc. cit.*, p. 782-783.
[36] O art. 273 do CPC/73 (com a redação das Leis nº 8.952, de 13.12.1994, e nº 10.444, de 07.05.2002) permite, excepcionalmente, medidas de antecipação de tutela de mérito, mas o faz sob observância de pressupostos especiais e sob rigoroso controle de necessidade, tendo cuidado muito maior do que o observado nas medidas puramente cautelares. No CPC/2015, o art. 300 admite a tutela de urgência também quando preenchidos os requisitos da "probabilidade do direito e o perigo de dano ou o risco ao resultado útil do processo".
[37] TJ-SC, AI 1.067, Rel. Des. Raoul Buendgens, ac. 27.07.1978, *RT* 542/230.

b) "É vedado ao juiz *a quo* decidir no processo cautelar o que só poderia ser discutido, equacionando ou resolvido na ação principal."[38]

c) "A pretensão de forçar a Municipalidade a cumprir o contrato celebrado refoge ao âmbito da medida cautelar, cuja finalidade é apenas evitar dano irreparável escorado em fumaça do bom direito, até que por via própria seja decidida a pendência existente de fato ou já em juízo."[39]

Segundo a Constituição, "ninguém será obrigado a fazer ou deixar de fazer alguma coisa senão em virtude da lei" (art. 5º, II). Portanto, quando uma decisão cautelar impõe prestações fora dos limites da lei, o que, na realidade, está sendo violado é uma das garantias fundamentais do homem no Estado de Direito. É o devido processo legal que está sendo desprezado em detrimento do princípio da liberdade individual, que ao Estado cumpre definir e, especialmente, ao Poder Judiciário cumpre tutelar de maneira efetiva e concreta.

Aliás, o art. 799 do CPC/73, ao delimitar e explicitar os limites do poder geral de cautela, deixa bem evidente que nele não se inclui a imposição de obrigações de fazer ao requerido. O que o aludido dispositivo legal permite é que o juiz, *apenas "para evitar o dano", vede ao requerido "a prática de determinados atos"*, e ao requerente *permita* a prática de outros. Não se cogitou, portanto, em momento algum, de *criar obrigações de fazer*, como se passou na ação coletiva aqui enfocada.

Prestação de contas em cumprimento de obrigação contratual não é, nem nunca foi, prestação preventiva que se pudesse reclamar a título de medida cautelar. A regulamentação de prestação de contas, conforme os dispositivos legais que a própria inicial arrolou (CPC/73, arts. 914/919), inclui esse tipo de atividades entre aquelas que só se impõem ao réu depois de sentença de mérito transitada em julgado (art. 915, § 2º).

Seu campo, portanto, é o das ações principais, único que se aplica às medidas satisfativas.

Da mesma forma, inúmeras prestações de fazer foram impostas às rés, de forma sumária e mesmo antes da citação para a causa cautelar. E também as obrigações de fazer e não fazer são ordinariamente previstas como só exequíveis compulsoriamente após sentença passada em julgado (CPC/73, arts. 632, 639 e 641).[40]

Mesmo com a redação do art. 461 do CPC/73,[41] oriunda das Leis nº 8.952, de 13.12.1994, e 10.444, de 07.05.2002, que introduziram a possibilidade de antecipação de tutela nas ações que versem sobre obrigações de fazer e não fazer, a situação jurídica exposta não se altera.

As antecipações de medidas de mérito sempre dependem da preexistência de um direito subjetivo material fora de dúvida. Nesse sentido, o art. 273 do CPC/73[42] exige

---

[38] TJ-MG, Ap. 57.397, 2ª Câm. Cív., Rel. Des. Rubens Eulálio, ac. 29.09.1981, *RT* 565/201.
[39] TJ-SP, Ap. 49.687-1, Rel. Des. Penteado Manente, ac. 04.09.1984, *RT* 591/85.
[40] Os arts. 639 a 641 do CPC de 1973 foram revogados pela Lei nº 11.232/2005 e substituídos pelos novos arts. 466-A a 466-C, ainda na vigência daquele Código.
[41] CPC/2015, arts. 497, 499, 500 e 537.
[42] CPC/2015, arts. 300 e 303.

que seu deferimento seja apoiado, invariavelmente, em prova inequívoca, capazes de formar um juízo de verossimilhança, tanto a respeito do direito da parte como do risco de dano de difícil reparação que ele corre.

Para obter-se tutela antecipada de mérito, portanto, não bastam meras alegações da parte, mas impõe-se a produção imediata de provas efetivas e convincentes.

Além disso, as medidas antecipatórias não podiam, à época, ser requeridas avulsamente, antes de existir o processo principal. São incidentes que só se admitem no bojo de ação de conhecimento já em andamento. Atualmente, o CPC/2015 admite o pedido de tutela antecipada em caráter antecedente. Mas, uma vez deferida, o autor deverá aditar a petição inicial, com a complementação de sua argumentação e documentos, no prazo de quinze dias, se outro não for fixado pelo juiz (CPC/2015, art. 303, § 1º, I).

Se, pois, não existe um vínculo obrigacional prévio entre as partes que sujeite o demandado a uma prestação de fazer ou não fazer, em favor do autor, impossível será invocar-se o art. 461 do CPC/73, para que, *in limine litis*, o juiz, por vontade própria, institua obrigação de tal natureza. O que se antecipa são efeitos de obrigação de fazer ou não fazer preexistente; nunca a instituição de obrigação jamais existente, seja na lei, seja na convenção. Daí que, sem prova pré-constituída do vínculo obrigacional, ou pelo menos uma justificação preparatória a seu respeito, não se mostra cabível a liminar cogitada no art. 461, § 3º,[43] do CPC/73.

Logo, coagir alguém a realizar prestações de fazer sem amparo na lei e fora do processo principal executivo, que há de ser necessariamente precedido de sentença condenatória de mérito, é, igualmente, violar o devido processo legal e agredir frontalmente a garantia do art. 5º, II, da Carta Magna.

Dentre as prestações acolhidas na ação cautelar ora em cogitação, uma só teria condição de figurar em ação preventiva: a exibitória de documentos (CPC/73, arts. 844 e 845). Mas, ainda aqui, a pretensão de forçar a exibição *initio litis*, antes da defesa do demandado, representa, também, violação do devido processo legal, porque, em se tratando de procedimento cautelar específico, a lei traça um rito próprio em que assegura prévia defesa ao acionado, antes de proferir a ordem de exibição (CPC/73, arts. 845 c/c 355/363 e 381/382). E em se tratando de exibição cautelar entre as próprias partes do processo principal, nem sequer o mandado final de exibição compulsória é autorizado, posto que a lei se contenta com o efeito de se presumirem verdadeiros os fatos a que se referia a prova a ser obtida com o documento sonegado (CPC/73, art. 359).

Impor, destarte, ordem sumária e peremptória de exibição forçada de documentos, em nível de liminar de ação cautelar, configura também grave violação do *devido processo legal*.

Em suma: todas as drásticas medidas sumariamente decretadas em nenhum momento foram correlacionadas com pressupostos indispensáveis da tutela cautelar, já que:

a) Não se explicou o porquê da extrema urgência das medidas de coação, nem se demonstrou a impossibilidade de obtê-las no curso da ação principal; nem muito menos

---

[43] CPC/2015, sem correspondente.

se evidenciou o risco de frustrar-se a eficácia do processo principal sem as enormes restrições e sacrifícios que foram liminarmente impostos às empresas demandadas.

b) Por outro lado, nem se identificou qual seria o objeto da ação principal a ser proposta com base nos documentos e dados exigidos dos sujeitos passivos da ação cautelar; enquanto é por demais sabido que "a concessão da medida cautelar depende da demonstração da viabilidade do processo principal".[44] Sob pena de inépcia, o requerente deve "na inicial explicitar a natureza da ação posterior a ser ajuizada".[45]

c) Como a evidenciar o efeito *satisfativo* de direito do autor, o próprio despacho do juiz da cautelar que deferiu a liminar não cogitou de nenhuma urgência em afastar situação perigosa e comprometedora de eficácia de futuro processo principal. O que impôs o ato judicial foi uma *pura e sumária condenação* – como se estivesse julgando o mérito de um processo principal – a que "todas as Administradoras de Consórcio requeridas se abstenham de imediato sob as Cominações das Leis aos recebimentos de quaisquer pagamentos [...] *até que prestem satisfação das obrigações* pertinentes ao requerimento feito na inicial pelo Ministério Público" (fls. 260, dos autos).

Em seguida, e em total subversão das finalidades do *poder geral de cautela*, acrescentou: "nos termos dos arts. 798 e 799 da Lei Adjetiva Civil, ficam suspensos todos os contratos atualmente em vigor até fiel CUMPRIMENTO DAS OBRIGAÇÕES referidas".

Do exposto, torna-se evidente que nenhum perigo de dano ao processo principal foi cogitado, nem na petição inicial do Ministério Público, nem no ato judicial deferidor da liminar. Tudo se passou como se existisse uma OBRIGAÇÃO das empresas a ser SATISFEITA perante o requerente. Maior e mais completa violação da tutela cautelar não seria, pois, imaginável.

Logo, não houve obediência aos pressupostos da tutela cautelar nem quanto ao *periculum in mora*, nem quanto ao *fumus boni iuris*, nem tampouco quanto à delimitação do campo próprio da atividade provisória, que é o único que enseja o exercício do poder geral de cautela.

Embora o caso analisado tenha ocorrido sob o regime do CPC/1973, as críticas realizadas ao pedido do Ministério Público e ao seu deferimento pelo juiz continuam válidas para a atual sistemática de medidas de urgência no CPC/2015, uma vez que a legislação mantém os seus requisitos e âmbito de atuação.

4.8. IMPOSSIBILIDADE DE TRANSFORMAR A AÇÃO CAUTELAR INOMINADA EM INQUÉRITO PARA DEVASSA NA ATIVIDADE EMPRESARIAL DOS DEMANDADOS

Toda ação judicial deve iniciar-se em petição onde precisos o *pedido* e os *fatos jurídicos* que o sustentam (*causa petendi*).

---

[44] TA-MG, Ap. 24.535, *Revista da AMAGIS* 5/183.
[45] TJ-PR, Ap. 1.123/80. *In:* DE PAULA, Alexandre. *O processo civil à luz da jurisprudência*. Rio de Janeiro: Forense, 1985, v. VII, n. 14.271/B, p. 261; 1º TACiv.-SP, Ap. 274.180, *RT* 555/140.

O juiz há de comandar o processo como árbitro *independente, imparcial* e *confiável*. Por isso a figura do juiz inquisidor é lembrança de passado remoto, totalmente inconciliável com o juiz dos tempos modernos do Estado Democrático.

Se a missão do juiz fosse a de um *livre investigador* de provas incertas ou imprecisas, para justificar fatos e pretensões, também incertos e imprecisos no interesse de uma das partes, antes mesmo da instauração de qualquer processo contencioso, comprometido estaria o princípio da *imparcialidade*, porque a tarefa do magistrado passaria a atuar a serviço de um litigante contra o interesse do outro.

É um dos requisitos do devido processo legal, como já se expôs, a figura do juiz *imparcial*, de sorte que o comprometimento desse predicado do magistrado é, em última análise, uma negação da garantia constitucional do *due process of law*. Reduzir, pois, o juiz ao papel de *investigador* ou *inquisidor* é violar o princípio constitucional em tela.

Por isso mesmo o autor não pode ingressar em juízo sem dispor de elementos que sejam suficientes para determinar e explicitar o pedido e a causa de pedir, já que inviável será contar com um juiz para suprir tais pressupostos da ação.

No caso da ação civil pública, prevendo a lei a dificuldade para o Ministério Público se munir dos dados necessários para a propositura da ação em defesa dos interesses difusos, foi instituído o *inquérito civil*, como procedimento meramente administrativo, de caráter pré-processual, realizado extrajudicialmente (art. 8º, § 1º).

A lei não tornou sempre obrigatório o inquérito civil, a ser realizado sob a presidência do Ministério Público, porque, independentemente dele, pode o autor da ação civil pública, em muitos casos, contar com documentos e dados suficientes para instruir adequadamente a petição inicial da demanda.

Mas o certo é que "esses poderes atribuídos ao Ministério Público para a propositura da *ação civil pública* não justificam o ajuizamento de lide temerária ou sem base legal, *nem autorizam a concessão de liminar suspensiva de obras e serviços públicos ou particulares*, regularmente aprovados pelos órgãos técnicos e administrativos competentes, sob a simples alegação de dano ao meio ambiente. A petição inicial há de vir *embasada em disposição de lei* que tipifique a ocorrência ou o fato como lesivo ao bem a ser protegido, *apresentando ou indicando as provas existentes* ou a serem produzidas no processo, não bastando o juízo subjetivo do Ministério Público para a procedência da ação".[46] Daí a enorme importância reservada a procedimento preparatório do inquérito civil.

Esse inquérito – lembra o mesmo autor – "desempenha relevante função instrumental. Constitui meio destinado a coligir provas e quaisquer outros elementos de convicção, que possam *fundamentar a atuação processual do Ministério Público*".[47]

Trata-se de importantíssima providência administrativa, que configura "procedimento preparatório, destinado a viabilizar o *exercício responsável* da ação pública. Com ele, frustra-se a possibilidade, sempre eventual, de instauração de *lides temerárias*.[48]

Mas o inadmissível é que o Ministério Público, não dispondo de elementos probatórios para detectar com precisão o prejuízo dos interesses difusos, venha, com base

---

[46] MEIRELLES, Hely Lopes. *Op. cit.*, n. III/2, p. 118-119.
[47] MEIRELLES, Hely Lopes. *Op. cit.*, p. 118, nota 7.
[48] MEIRELLES, Hely Lopes. *Op. cit., loc. cit.*

em simples reclamações de partes interessadas, transformar a tutela cautelar em palco de investigações para fazer as vezes do inquérito.

A apuração de dados e provas em estado pré-processual, preparatório da ação civil pública, é encargo administrativo do Ministério Público, não do Poder Judiciário.

O caso ora em exame apresenta-se como nítido exemplo desse desvio de função do processo judicial. O Ministério Público não dispõe de nada de concreto em torno do fato que embasa a petição inicial. Sem documentos idôneos e sem promover o inquérito civil, aventurou-se, assim mesmo, a instauração cautelar sem a mínima atenção aos pressupostos desse tipo de atividade jurisdicional preventiva, e com o evidente propósito de realizar uma ampla e completa devassa nas empresas acionadas à cata de elementos e provas que eventualmente possam embasar futura ação civil pública.

Aquilo que não se apurou na via administrativa (como era de competência e função do Ministério Público), quer o requerente que se investigue e pesquise por meio do Poder Judiciário. Isso, a todas as luzes, não tem cabimento, sob pena de aceitar-se a transformação da justiça e do processo judicial em simples instrumentos de *investigação* ou *inquérito*.

Filiando-se à concepção democrática e liberal de governo, nosso processo civil, em harmonia com os princípios que inspiram nossa Constituição, é predominantemente *dispositivo*, tanto no que toca à iniciativa do processo, que é exclusiva da parte (CPC/2015, art. 2º), como também, e principalmente, pela posição de *neutralidade do juiz*, a quem se atribui, de forma expressa, o dever de manter, em todo curso da demanda, a situação de absoluta *igualdade* entre os contendores (CPC, art. 139, I).

A autoridade do juiz não existe senão dentro dos limites institucionais do processo e sempre é exercida sob o pálio da *imparcialidade*, que é a garantia maior da igualdade das partes, assegurada em nível de direito constitucional. Por isso o mesmo juiz *parcial* é juiz *impedido* ou *suspeito* e, consequentemente, tem de ser afastado do processo (CPC, arts. 144 e 145).

Como, então, imaginar que um processo se transforme em *inquérito* de pesquisa de elementos que unilateralmente interessam apenas a uma das partes do futuro processo principal?

4.9. SÍNTESE GERAL

A ação cautelar ora em apreciação desbordou do terreno do *devido processo legal* em diversos níveis.

Violado foi, em primeiro plano, o princípio da *liberdade* insculpido no art. 5º, II, da Constituição, porque múltiplas, complexas e onerosas prestações de fazer foram impostas sumariamente aos demandados, sem amparo em lei.

Violada, igualmente, foi a garantia do "livre exercício do trabalho" (CF, art. 5º, II), porque, como simples instrumento de coação para compelir às legais prestações de fato, houve interdição das atividades normais, por prazo indeterminado das empresas requeridas. Mais grave se torna a abusiva medida, por se tratar, na espécie, de empresas que atuam sob autorização e controle do Governo Federal (Lei nº 5.768/1971, arts. 7º e 19; Dec. Federal nº 70.951/1972, arts. 31, 40 e 74).

Violado, também, foi o *devido processo legal*, porque:

a) Admitiu-se como medida cautelar providências *satisfativas* que, legalmente, só seriam possíveis em processo principal em sentença definitiva ou excepcionalmente em antecipação de tutela, desde que observadas com rigor as exigências dos arts. 273 a 461 do CPC/73, em sua última redação.

b) Desrespeitou-se o sistema do *contraditório*, impondo-se prestações onerosíssimas sem prévia audiência dos demandados e fora dos pressupostos da excepcional atividade jurisdicional cautelar, com o que ulcerada restou a garantia de *igualdade* de todos perante a lei (CF, art. 5º, *caput*).

c) Descumpriu-se o princípio da *imparcialidade do juiz*, transformando uma ação cautelar, onde não se registram o *fumus boni iuris* nem o *periculum in mora*, em verdadeiro inquérito, onde o magistrado abdicou de sua posição de indispensável neutralidade para assumir a pequena dimensão de um agente *inquisidor* do requerente à busca de elementos que apenas a este interessam; o que, também, configura o ultraje da garantia constitucional de *igualdade* (CF, art. 5º, *caput*).

d) Ignorou-se, totalmente, o requisito do poder geral de cautela, no que se relaciona com a defesa de direito da parte em risco de lesão grave e irreparável, enquanto se aguarda a solução do processo principal. A interdição das atividades empresariais das demandadas nada tem de natureza cautelar. Como confessado instrumento de coação, seus resultados práticos – a par de ilegais – voltam-se contra os próprios interesses que se pretendeu tutelar. Com efeito, a paralisação dos grupos de consórcio, pelo seu caráter cooperativo, só pode redundar em impensáveis *prejuízos para os próprios consorciados*, que, afinal, são os que suportam todos os custos e ônus do negócio mutual.

e) Exorbitou, finalmente, o Ministério Público, de seus poderes de tutela dos interesses do consumidor, porque, ao promover diretamente arbitrária fiscalização das atividades dos consórcios, esqueceu-se de que existe lei expressa a declarar que tal fiscalização "será exercida *privativamente* pela Secretaria da Receita Federal do Ministério da Fazenda" (Lei n. 5.768/1971, art. 19). Em se tratando de atividade econômica sob controle governamental, qualquer intromissão fiscalizadora por órgãos estranhos importaria, sem dúvida, enorme subversão administrativa, gerando tumulto em setor de largo interesse social, e por isso mesmo subordinado a um mecanismo próprio e específico de controle. Pode-se, mesmo, qualificar como usurpação de função, mediadas como as instauradas na presente ação cautelar, à revelia do Órgão Federal que detém a *exclusiva* competência para controlar a atividade econômica cogitada.

Em Belo Horizonte, há algum tempo, o Ministério Público de Minas Gerais ensaiou medida cautelar abusiva como a ora intentada em São Luiz. Houve agravo das administradoras prejudicadas e mandado de segurança impetrado junto ao Egrégio Tribunal de Justiça mineiro, onde, mediante liminar, se obteve imediata suspensão das ilegais e abusivas medidas tomadas em primeiro grau, a título de *ação cautelar pública*. Eis o ato que assegurou às empresas a continuidade de suas operações:

> Vistos etc. Consórcio Mila Sociedade Ltda. Impetra Mandado de Segurança contra ato do MM. Juiz de Direito da 1.ª Vara Cível da Capital, o qual, através da decisão que se vê de fls. 40/44, concedeu liminar – para que todas as requeridas neste pleito,

uma a uma, se abstenham de receber ou dar quitação das prestações ainda não pagas dos consórcios em andamento ou de grupos em formação até satisfação completa das obrigações a que ora lhes imponho[...]

Ora, a liminar concedida determina que todas as requeridas se abstenham de receber ou dar quitação das prestações ainda não pagas dos consórcios em andamento ou de grupos em formação.

Postula a impetrante a concessão do efeito suspensivo ao agravo de instrumento que interpôs, vez que sem tal providência o *mandamus* resultará ineficaz para coibir a *ilegalidade cometida*.

Concedo a liminar solicitada, conferindo ao agravo de instrumento o efeito suspensivo [...]

Belo Horizonte, 08 de outubro de 1987

a) Des. Guimarães Mendonça, Relator (*DJMG* 09.10.1987).

4.10. CONCLUSÕES

Diante de tudo o que se expôs, impõem-se as seguintes conclusões:

1º) A lei expressamente subordina o exercício do poder geral de cautela do pressuposto da aparência do bom direito e do perigo de lesão grave e de difícil reparação antes do julgamento do processo principal (CPC/73, art. 798).[49]

2º) O caráter não satisfativo é da essência das medidas cautelares, que, em princípio, se limitam a preservar, de maneira neutra, a utilidade e eficácia do processo principal, e ao antecipar realização satisfativa do direito subjetivo da parte, ainda pendente de apreciação e acertamento no processo principal. A prestação de contas e a execução de obrigações de fazer são objetos próprios de ação principal e, como tais, representam medidas satisfativas incompatíveis com o estreito campo das medidas cautelares. A antecipação de tutela, no tocante a medidas satisfativas, somente tem lugar, em caráter excepcional, quando preenchidas com rigor todas as exigências dos arts. 273 e 461 do CPC/73,[50] com as inovações da Lei nº 10.444, de 07.05.2002.

3º) A exibição de documentos e de escrituração contábil[51] é objeto de procedimento cautelar específico onde a lei assegura a prévia audiência ao requerido. Só pode, destarte, ser decretada em sentença final, e nunca em medida liminar *inaudita altera parte*.

4º) Medida de puro feitio compulsivo não se enquadra no sistema cautelar. As medidas preventivas existem apenas para resguardar situações fáticas contra perigo de dano. Não se encontram em seu rol providências tendentes a, tão somente, coagir a parte a cumprir pretensas obrigações de fazer.

---

[49] CPC/2015, art. 297.
[50] CPC/2015, arts. 300 e 497.
[51] No CPC/2015 não existe mais um procedimento cautelar de exibição de documentos. Tudo ocorre dentro do processo principal, como mero incidente.

Capítulo V
EXECUÇÃO EM AÇÃO COLETIVA

5.1. EXECUÇÃO DE SENTENÇA COLETIVA

O objetivo da ação civil pública pode ser a condenação ao pagamento de uma certa soma de dinheiro, ou ao cumprimento de uma obrigação de fazer e não fazer (Lei nº 7.347/1985, art. 3º). A regra, diante dos direitos coletivos ou difusos, é a reparação *in natura,* ou seja, por meio das obras ou medidas tendentes a eliminar o dano aos bens da comunidade. Deve o responsável, portanto, restaurar, agindo de forma positiva ou negativa, os bens lesados. A condenação a uma indenização em dinheiro somente acontecerá quando o dano for irreversível.

Para a execução das obrigações de fazer e não fazer, o juiz adotará as medidas preconizadas pelos arts. 84 do CDC, 21 da Lei nº 7.347/1985, e 497 do CPC/2015. Com isso, é possível conferir à tutela o caráter mandamental, que justifica o emprego de medidas coercitivas, inclusive a multa por atraso no cumprimento da sentença.[1]

Nas condenações pecuniárias, a execução seguirá o procedimento das obrigações de quantia certa, mas o produto não será recolhido pelo exequente; reverterá a um fundo próprio, cujo montante possa ser empregado em restauração dos bens lesados (Lei nº 7.347/1985, art. 13).

A legitimação natural para a execução é do autor da ação civil pública. Quando este, entretanto, for uma associação e se mantiver inerte por mais de sessenta dias após o trânsito em julgado, o Ministério Público ou outros entes legitimados previstos no art. 5º poderão tomar a iniciativa da execução da sentença (Lei nº 7.347/1985, art. 15).

No caso de danos a direitos individuais homogêneos, a condenação ao respectivo ressarcimento será genérica (CDC, art. 95). Ter-se-á de proceder à liquidação para definir o prejuízo de cada consumidor que se habilitar. Tal procedimento liquidatório poderá ser promovido pela entidade autora da ação ou pelas vítimas e seus sucessores

---

[1] LUCON, Paulo Henrique dos Santos. *In:* MARCATO, Antônio Carlos (coord.). *Código de Processo Civil Interpretado.* São Paulo: Atlas, 2004, p. 1.870-1.871, nota 16; BUENO, Cassio Scarpinella. *In:* MARCATO, Antônio Carlos (coord.). *Código de Processo Civil Interpretado.* São Paulo: Atlas, 2004, p. 1.406, nota 17.

(CDC, art. 98), bem como por outros legitimados que, eventualmente, não tenham participado do processo condenatório. A execução, assim, será também coletiva.[2]

É possível, outrossim, a execução individual, no interesse exclusivo de uma vítima, a par da execução coletiva a benefício de todos os interessados (CDC, art. 98, *caput*). A execução é da competência do juízo da liquidação ou da ação condenatória, quando se trata de execução individual; e do juízo da condenação, quando coletiva a execução (CDC, art. 98, § 2º).

O STJ, alterando entendimento anterior, decidiu que se a liquidação de sentença coletiva for promovida pelo Ministério Público não será apta a interromper a prescrição para o exercício da respectiva pretensão dos verdadeiros titulares do direito tutelado, modulando os efeitos da decisão para atingir apenas as situações cujas sentenças sejam proferidas após a publicação do acórdão:

> 4. Ressalvada a hipótese da reparação fluida do art. 100 do CDC, o Ministério Público não tem legitimidade para promover a liquidação correspondente aos danos individualmente sofridos pelas vítimas ou sucessores, tampouco para promover a execução coletiva da sentença, sem a prévia liquidação individual, incumbindo a estes – vítimas e/ou sucessores – exercer a respectiva pretensão, a contar da sentença coletiva condenatória.
>
> 5. A ilegitimidade do Ministério Público se revela porque: (i) a liquidação da sentença coletiva visa a transformar a condenação pelos prejuízos globalmente causados em indenizações pelos danos particularmente sofridos, tendo, pois, por objeto os direitos individuais disponíveis dos eventuais beneficiados; (ii) a legitimidade das vítimas e seus sucessores prefere à dos elencados no rol do art. 82 do CDC, conforme prevê o art. 99 do CDC; (iii) a legitimação para promover a liquidação coletiva é subsidiária, na forma do art. 100 do CDC, e os valores correspondentes reverterão em favor do Fundo Federal de Direitos Difusos, ou de seus equivalentes em nível estadual e/ou municipal.
>
> 6. Ainda que se admita a possibilidade de o Ministério Público promover a execução coletiva, esta execução coletiva a que se refere o art. 98 diz respeito aos danos individuais já liquidados.

---

[2] Em se tratando de direitos individuais homogêneos, o normal será a liquidação e execução promovidas pelas vítimas do dano, individualmente, já que os substitutos processuais, em regra, não disporão de elementos para individualizar os créditos exequíveis. A execução coletiva é também possível quando a liquidação dos direitos individuais homogêneos já tiver sido promovida pelos próprios titulares ou sucessores (STJ, 4ª T., REsp 869.583/DF, Rel. Min. Luís Felipe Salomão, ac. 05.06.2012, *DJe* 05.09.2012, RT, 928/502-503). Portanto, não há dúvida de que, por exemplo, os sindicatos, como substitutos processuais, têm legitimidade para atuar "tanto nos feitos cognitivos, quanto nas liquidações, como, ainda, nas execuções" (STJ, 2ª T., REsp 1.225.034/RJ, Rel. Min. Eliana Calmon, ac. 16.10.2012, *DJe* 22.10.2012; STJ, 1ª T., AgRg no Ag 1.399.632/PR, Rel. Min. Arnaldo Esteves Lima, ac. 04.12.2012, *DJe* 10.12.2012). Entretanto, os entes públicos previstos no art. 82 do CDC carecem de legitimidade para liquidar a sentença genérica, antes da iniciativa dos titulares dos direitos individuais homogêneos, dada a disponibilidade de tais direitos pelos interessados (STJ, 4ª T., REsp 869.583/DF, *cit.*).

7. Uma vez concluída a fase de conhecimento, o interesse coletivo, que autoriza o Ministério Público a propor a ação civil pública na defesa de direitos individuais homogêneos, enquanto legitimado extraordinário, cede lugar, num primeiro momento, ao interesse estritamente individual e disponível, cuja liquidação não pode ser perseguida pela instituição, senão pelos próprios titulares. Num segundo momento, depois de passado um ano sem a habilitação dos interessados em número compatível com a gravidade do dano, a legislação autoriza a liquidação coletiva – e, em consequência, a respectiva execução – pelo *Parquet*, voltada à quantificação da reparação fluida, porque desse cenário exsurge, novamente, o interesse público na perseguição do efetivo ressarcimento dos prejuízos globalmente causados pelo réu, a fim de evitar o enriquecimento sem causa do fornecedor que atentou contra as normas jurídicas de caráter público, lesando os consumidores.

8. Consequência direta da conclusão de que não cabe ao Ministério Público promover a liquidação da sentença coletiva para satisfazer, um a um, os interesses individuais disponíveis das vítimas ou seus sucessores, por se tratar de pretensão não amparada no CDC e que foge às atribuições institucionais do *Parquet*, é reconhecer que esse requerimento – acaso seja feito – não é apto a interromper a prescrição para o exercício da respectiva pretensão pelos verdadeiros titulares do direito tutelado.

9. Em homenagem à segurança jurídica e ao interesse social que envolve a questão, e diante da existência de julgados anteriores desta Corte, nos quais se reconheceu a interrupção da prescrição em hipóteses análogas à destes autos, gerando nos jurisdicionados uma expectativa legítima nesse sentido, faz-se a modulação dos efeitos desta decisão, com base no § 3º do art. 927 do CPC/15, para decretar a eficácia prospectiva do novo entendimento, atingindo apenas as situações futuras, ou seja, as ações civil públicas cuja sentença seja posterior à publicação deste acórdão.

10. Convém alertar que a liquidação das futuras sentenças coletivas, exaradas nas ações civis públicas propostas pelo Ministério Público e relativas a direitos individuais homogêneos, deverão ser promovidas pelas respectivas vítimas e seus sucessores, independentemente da eventual atuação do *Parquet*, sob pena de se sujeitarem os beneficiados à decretação da prescrição.[3]

As regras do art. 98, todavia, não excluem outras que, a benefício do consumidor, constam do CDC. Assim, o foro da condenação pode ser afastado pelo foro do domicílio do beneficiário, por aplicação da regra tutelar que permite ao consumidor ajuizar no seu próprio foro as demandas individuais relativas à responsabilidade do fornecedor (CDC, art. 101, I).

Com efeito, ao tratar da execução singular da sentença coletiva, o CDC estabeleceu dois foros: o da condenação e o da liquidação (art. 98, § 2º, I). Sendo assim, o juízo da causa não pode ser visto como absoluto para a execução, já que a lei prevê que o cumprimento de sentença também possa ocorrer no juízo da liquidação. Ora, a liquidação, *in casu*, representa uma *ação* individual subsequente à condenação genérica coletiva, sujeitando-se à regra do art. 101, I, do CDC, onde se acha facultada a propositura da ação individual no foro do autor (*i.e.*, do consumidor).

---

[3] STJ, Corte Especial, REsp. 1.758.708/MS, Rel. Min. Nancy Andrighi, ac. 20.04.2022, *DJe* 11.05.2022.

Daí a interpretação jurisprudencial do que "a analogia com o art. 101, I, do CDC e a integração desta regra com a contida no art. 98, § 2º, I, do mesmo diploma legal garantem ao consumidor a prerrogativa processual do ajuizamento da execução individual derivada de decisão proferida no julgamento de ação coletiva no foro de seu domicílio".[4] É tese que também prevalece na doutrina.[5]

5.2. EXECUÇÃO DA SENTENÇA DE AÇÃO COLETIVA INTENTADA POR MEIO DE ASSOCIAÇÃO

As associações são legitimadas para ações coletivas em circunstâncias diversas: a) podem defender, em ação civil pública, direitos difusos ou coletivos (Lei nº 7.347/1985, art. 5º, V); b) podem defender direitos individuais homogêneos de seus associados, de forma genérica (CDC, arts. 82, IV, e 91); c) podem, ainda, em ação comum, propor ação em defesa de seus associados, representando-os na forma do art. 5º, inciso XXI, da Constituição, sem sujeitar-se ao regime procedimental do CDC.

Nos dois primeiros casos, ocorre ação coletiva, em que os possíveis direitos individuais ofendidos são apenas genericamente beneficiados pela sentença de procedência do pleito patrocinado pela associação, como substituta processual. Cabe a cada consumidor ou interessado promover a liquidação e execução do prejuízo individual enquadrável na força da condenação genérica. A execução poderá, também, ser movida coletivamente pela associação, mas, já então – segundo antiga jurisprudência –, o caso seria de representação, devendo cada interessado conferir-lhe poderes para a defesa de sua situação individual. É nesse sentido que o art. 95 do CDC qualifica como genérica a condenação obtida em ação coletiva de defesa de direitos individuais homogêneos. A ação de cognição desenvolve-se sob o regime de substituição processual e, na fase de execução, submeter-se-ia ao de representação. Na terceira situação, a atividade da associação é, desde a origem, enquadrada na figura processual da representação, pois, como literalmente se prevê no art. 5º, inciso XXI, da Constituição, as entidades associativas só *representam* seus filiados em juízo "quando expressamente autorizadas". Quando, então, a associação já ingressa em juízo como representante de seus filiados, e o faz para reclamar direitos individuais deles, desde logo identificados e líquidos, não há de se exigir nova representação para legitimá-la a promover o subsequente cumprimento da sentença ou a liquidação, da condenação acaso obtida de forma ilíquida.

---

[4] STJ, 3ª T., REsp 1.098.242/GO, Rel. Min. Nancy Andrighi, ac. 21.10.2010, DJe 28.10.2010. "Não se pode obrigar os beneficiários de sentença coletiva a liquidá-la e executá-la no foro em que a ação coletiva fora processada julgada, sob pena de inviabilizar a tutela dos seus direitos" (STJ, 2ª T., REsp 1.112.292/GO, Rel. Min. Castro Meira, ac. 21.09.2010, DJe 04.10.2010. No mesmo sentido: STJ, 3ª Seção, CC. 96.682/RJ, Rel. Min. Arnaldo Esteves Lima, ac. 10.02.2010, DJe 23.03.2010; STJ, 3ª T., AgRg no Ag 633.994/PR, Rel. Min. Vasco Della Giustina, ac. 08.06.2010, DJe 24.06.2010; STJ, 3ª T., AgRg no REsp 755.429/PR, Rel. Min. Sidnei Beneti, ac. 17.12.2009, DJe 18.12.2009).

[5] GRINOVER, Ada Pellegrini; WATANABE, Kazuo; NERY JÚNIOR, Nelson. *Código brasileiro de defesa do consumidor*: comentado pelos autores do anteprojeto. 10. ed. Rio de Janeiro: Forense, 2011, v. II, p. 161; BENJAMIN, Antônio Herman; MARQUES, Cláudia Lima; MIRAGEM Bruno. *Comentários ao Código de Defesa do Consumidor*. São Paulo: RT, 2006, p. 1.098-1.097.

O permissivo constitucional, *in casu*, não é de uma ação coletiva como aquela regulada pelo CDC; é, na verdade, de uma ação singular, com vários titulares previamente definidos, todos representados pela associação. O efeito prático, querido pela regra constitucional, é apenas o de simplificar o procedimento, tornando a entidade associativa sujeito ativo da demanda, para eliminar os inconvenientes do litisconsórcio tradicional. Daí que não se hão de aplicar as normas de liquidação e habilitação individuais cogitadas pelos arts. 94 a 98 do CDC. A sentença, sendo líquida quanto à pretensão de cada associado representado pela entidade autora, terá o respectivo cumprimento promovido pela mesma entidade, não havendo de se cogitar de credores sujeitos a habilitação, nem de créditos genéricos pendentes de liquidação.

Enfim, a associação, nos moldes do art. 5º, XXI, da Constituição (e não do art. 91 do CDC), não age por legitimação apenas legal. Representa os associados porque estes lhe delegaram a representação que, em última análise, se desempenha no processo. Não se trata (diversamente do regime das ações coletivas do CDC) de simples imposição legal; mas de representação consentida pela ordem jurídica e autorizada pelos representados. Tendo a associação representação plena para o foro, habilitada se acha para obter a condenação, bem como para promover a competente execução, sem depender de novo ato de legitimação dos associados.

O entendimento exposto – advirta-se – vale para a ação comum intentada por associação, na defesa de interesses individuais perfeitamente identificados e individualizados desde a propositura da demanda (CF, art. 5º, XXI). Se a pretensão deduzida pela associação é genérica não só quantitativamente, mas também subjetivamente, o grupo de interessados se apresenta aberto e não definido com precisão, de sorte que a ação realmente será coletiva e se sujeitará ao regime processual traçado pelo CDC, para a tutela dos direitos individuais homogêneos, especialmente no que toca à disciplina dos arts. 95, 97 e 98. A substituição processual – conforme a antiga jurisprudência já aludida – se completaria com a obtenção da sentença genérica, e a execução teria de se processar, segundo o interesse individual de cada interessado, de acordo com o regime de representação, caso não tivesse optado o próprio credor por promover pessoalmente o cumprimento da sentença na parte que lhe diz respeito.

Modernamente, surgiram, no entanto, vários acórdãos do STJ no sentido de ampliar a legitimação do órgão sindical para agir tanto na ação coletiva como na execução coletiva na forma de substituto processual e não de representante de seus filiados. No AgRg no REsp. 1.209.640/RJ, *v.g*, restou assentado que "os sindicatos possuem legitimidade para atuarem nas ações de conhecimento, assim como para proverem a liquidação e execução do julgado, porquanto agem como substituto processual. Trata-se de hipótese de substituição processual e não representação o que dispensa a autorização dos substituídos".[6]

---

[6] STJ, 2ª T., AgRg no REsp. 1.209.640/RJ, Rel. Min. Humberto Martins, ac. 7.12.2010, *DJe* 14.12.2010. No mesmo sentido: STJ, 1ª T., AgRg no Ag 1.399.632/PR, Rel. Min. Arnaldo Esteves Lima, ac. 04.12.2012, *DJe* 10.12.2012.

5.3. EXECUÇÃO DA SENTENÇA DE AÇÃO COLETIVA PROMOVIDA POR SINDICATO

Assegura a Constituição, ainda, uma outra legitimação para as ações coletivas aos sindicatos, a quem é conferida, *ex lege*, a defesa dos direitos e interesses coletivos ou individuais da categoria, inclusive em questões judiciais ou administrativas (CF, art. 8º, III). As entidades sindicais, portanto, têm legitimidade ativa para demandar em juízo a tutela de direitos subjetivos individuais homogêneos dos integrantes da categoria, desde que "guardem relação de potencialidade com os fins institucionais do sindicato demandante".[7]

O sindicato, quando patrocina a defesa de direitos individuais homogêneos da categoria, atua como substituto processual, em busca de sentença genérica, nos moldes do art. 95 do CDC (Lei nº 8.078/1990), "sem qualquer juízo a respeito da situação particular dos substituídos". Por isso, dispensável é, nas ações coletivas sindicais "a autorização individual dos substituídos".[8]

Obtida a condenação genérica por obra do sindicato, cabe a cada um dos substituídos demandar as vantagens individuais, se não forem satisfeitas espontaneamente. Para esse fim, isolada ou conjuntamente, será proposta ação de execução da sentença coletiva. Se preferida a via coletiva, a execução não mais se daria sob regime de substituição, e sim de representação. Haveria o sindicato de comprovar a outorga dos exequentes e de liquidar os valores que individualmente correspondem a cada representado, conforme se observou no item anterior.

Para ter acesso à execução, não basta invocar a sentença condenatória genérica. A situação individual de cada exequente, isto é, o fato constitutivo do direito subjetivo de cada interessado, tem de ser demonstrado na fase de cumprimento do julgado coletivo.[9] Os valores e os sujeitos da execução devem ser quantificados e identificados, ao mesmo tempo em que se procede à certificação das situações fático-jurídicas individuais. A execução coletiva, por meio da entidade sindical, dependeria, em regra, de: a) existência da sentença condenatória coletiva; b) instrumento de mandato conferido pelos interessados ao sindicato, para a liquidação e execução; c) prova da situação individual enquadrável na situação reconhecida pela sentença genérica; d) mensuração do direito subjetivo de cada exequente realizada no procedimento preparatório de liquidação da sentença.

Convém registrar, porém, que a jurisprudência do STJ evoluiu para admitir que o sindicato atue como substituto processual também na execução coletiva.[10] Consolidado

---

[7] STJ, 1ª T., REsp. 766.134/DF, Rel. Min. Francisco Falcão, ac. 15.05.2008, *DJe* 27.08.2008 (voto vencedor do Min. Teori Zavascki).
[8] STJ, REsp. 766.134/DF, *cit.*
[9] STJ, REsp. 766.134/DF, *cit.*
[10] STJ, 2ª T., AgRg no REsp. 1.209.640/RJ, Rel. Min. Humberto Martins, ac. 07.12.2010, *DJe* 14.12.2010. Precedentes invocados no acórdão: REsp. 1.159.101/RS, Rel. Min. Herman Benjamin, 2ª T., j. em 03.08.2010, *DJe* 14.09.2010; AgRg no REsp. 1.106.701/RS, Rel. Min. Herman Benjamin, 2ª T., j. em 09.06.2009, *DJe* 21.08.2009; EREsp. 847.034/RS, Rel. Min. Napoleão Nunes Maia Filho, Terceira Seção, j. em 25.08.2010, *DJe* 03.09.2010; AgRg no AgRg no Ag 1.157.523/GO, Rel. Min. Arnaldo

esse entendimento (o que parece já ter ocorrido), a entidade sindical não dependerá de novo mandato para promover a execução coletiva. Deverá, no entanto, definir e provar a situação de cada titular de direito individual homogêneo beneficiado pela sentença genérica.

5.4. EXECUÇÃO COLETIVA POR SINDICATO. POSIÇÃO CONSOLIDADA DO STF E DO STJ

Depois de idas e vindas, o STF consolidou sua jurisprudência no sentido de que, tanto na fase de conhecimento, como na de liquidação ou de cumprimento da sentença proferida em ações em que se discutam direitos individuais homogêneos, a atuação do sindicato se dá na qualidade de substituto processual, sem necessidade de prévia autorização dos trabalhadores.[11]

Diante da posição assumida pelo STF, o STJ que também vinha enfrentando divergências internas adotou, por sua Corte Especial, em decisão unânime, a mesma tese esposada pelo STF. É de se lembrar que, ao longo do tempo, duas correntes se formaram no STF: (i) uma que se baseava em argumento puramente processual para defender a atuação do órgão sindical como simples representante dos seus associados, na fase de cumprimento da sentença; (ii) outra que, à luz do direito constitucional, entendia que o intérprete da lei ordinária não poderia reduzir o alcance de uma regra cuja raiz se situava na própria Constituição.

A opção por argumentos predominantemente processuais, contudo, não prevaleceu no Supremo, visto que se considerou por expressiva maioria que sua adoção conduziria a uma restrição não desejada pela Constituição, reduzindo o acesso à justiça sob ótica apenas processual, numa subversão de hierarquia normativa. O objetivo da regra maior, isto é, da Constituição, teria sido sem dúvida o de fortalecer a atuação judicial dos órgãos sindicais por meio da *substituição processual*, não havendo razão para enfraquecê-la com a distinção entre o caráter da atuação do sindicato na fase de cognição e o da fase de execução. Enfim, a corrente vitoriosa, ao assentar que nas ações coletivas a entidade sindical é sempre um substituto processual, pouco importando que a atuação se dê durante o procedimento cognitivo ou na fase de cumprimento da sentença, que, dessa maneira, melhor se atenderia a garantia constitucional de duração razoável do processo e de adoção de medidas tendentes à celeridade de sua conclusão (CF, art. 5º, LXXVIII).[12]

No âmbito do STJ, decidiu-se por unanimidade da Corte Especial que, tendo em vista a pacificação do tema no âmbito do STF, não havia como se manter, naquela

---

Esteves Lima, 5ª T., j. em 17.06.2010, *DJe* 02.08.2010. No mesmo sentido: STJ, 1ª T., AgRg no Ag 1.399.632/PR, Rel. Min. Arnaldo Esteves Lima, ac. 04.12.2012, *DJe* 10.12.2012; STJ, Corte Especial, EREsp. 766.637/RS, Rel. Min. Eliana Calmon, ac. 19.06.2013, *DJe* 01.07.2013.

[11] STF, Pleno, RE 193.503/SP; Rel. Originário Min. Carlos Velloso, ac. 12.6.2006. *DJU* 24.08.2007, p. 56; RE 193.579/SP, *idem, idem, DJU* 24.08.2007, p. 194; RE 208.983/SC *idem, idem, DJU* 24.08.2007, p. 197; RE 210.029/RS, *idem, idem, DJU* 17.08.2007, p. 25; RE 211.874/RS, *idem, idem, DJU* 24.08.2007, p. 197; RE 213.111/SP, *idem, idem, DJU* 24.08.2007, p. 197. Em todos estes julgados, funcionou o Min. Joaquim Barbosa como relator para o acórdão.

[12] Voto vencedor do Min. Joaquim Barbosa nos RE relacionados na nota anterior.

Corte, entendimento que dele divergisse. Destacou a Min.ª Nancy Andrighi (Relatora) que, aliás, a própria legislação autoriza as entidades sindicais a atuarem na condição de substitutos processuais da categoria, sem qualquer restrição (art. 3º, Lei nº 8.073/1990). "Da leitura conjunta com o que dispõem os arts. 97 e 98 do CDC, verifica-se que a execução coletiva pode ser promovida pelos legitimados a ajuizar a ação de conhecimento. E, se ao sindicato é autorizado o ajuizamento de ação coletiva, razão não há para obstar que ele também atue no cumprimento da sentença proferida. No que toca às garantias constitucionais, não é dado ao intérprete restringir o que o legislador não restringiu".

Assim, concluiu o aresto da Corte Especial do STJ: "diante do contexto legal e constitucional da atualidade, que prima pela celeridade e efetividade processuais, a fim de alcançar uma prestação jurisdicional rápida e efetiva, não há lugar para restringir, nestes termos, a garantia constitucional de atuação dos sindicatos na defesa dos interesses e direitos individuais e coletivos da categoria. Essa interpretação, contudo, não afasta a necessidade de que a execução coletiva indique, individualmente, o credor substituído e o valor devido".[13]

5.5. EXECUÇÃO DA SENTENÇA DA AÇÃO CIVIL PÚBLICA RELATIVA A DIREITOS INDIVIDUAIS HOMOGÊNEOS EM GERAL

Não é diferente o regime processual observável no cumprimento das sentenças das ações civis públicas que envolvam direitos individuais homogêneos. Tal como no caso dos sindicatos, nota-se uma legitimação concorrente entre a entidade promotora da ação coletiva e os próprios titulares individuais dos direitos tutelados. Enquanto, porém, no processo de conhecimento o objeto da demanda é enfocado de forma indivisa, na fase de execução a divisibilidade se torna imperiosa, forçando a dedução de pretensões não só quantificadas como individualizadas.

Assim, como entende o STJ, "no ressarcimento individual (arts. 97 e 98 do CDC), a liquidação e a execução serão obrigatoriamente personalizadas e divisíveis, devendo prioritariamente ser promovidas pelas vítimas ou seus sucessores de forma singular, uma vez que o próprio lesado tem melhores condições de demonstrar a existência do seu dano pessoal, o nexo etiológico com o dano globalmente reconhecido, bem como o montante equivalente à sua parcela". Ainda na ótica do STJ, "o art. 98 do CDC preconiza que a execução 'coletiva' terá lugar quando já houver sido fixado o valor da indenização devida em sentença de liquidação, a qual deve ser – em sede de direitos individuais homogêneos – promovida pelos próprios titulares ou sucessores".[14]

---

[13] STJ, Corte Especial, EREsp. 760.840/RS, Rel. Min. Nancy Andrighi, ac. 04.11.2009, DJe 14.12.2009.
[14] STJ, 4ª T., REsp. 869.583/DF, Rel. Min. Luís Felipe Salomão, ac. 05.06.2012, DJe 05.09.2012. Consta do acórdão que ao Ministério Público (assim como ocorre com os demais entes públicos indicados no art. 82 do CDC) falece "legitimidade para a liquidação da sentença genérica, haja vista a própria conformação constitucional desse órgão e o escopo precípuo dessa forma de execução, qual seja, a satisfação de interesses individuais personalizados que, apesar de se encontrarem circunstancialmente agrupados, não perdem sua natureza disponível". Há, para o aresto, uma concorrência de legitimidades para a execução da sentença coletiva, a qual poderá ser promovida

5.6. EXECUÇÃO DA SENTENÇA COLETIVA PELOS LEGITIMADOS, QUANDO NÃO HOUVER HABILITAÇÃO DE INTERESSADOS EM NÚMERO COMPATÍVEL COM A GRAVIDADE DO DANO

O art. 100, do CDC, dispõe que "decorrido o prazo de um ano sem habilitação de interessados em número compatível com a gravidade do dano, poderão os legitimados do art. 82 promover a liquidação e execução da indenização devida". A legislação consumerista adotou o chamado *fluid recovery* do direito norte americano.

Esse dispositivo trata de situações em que os danos sejam insignificantes em sua individualidade, mas elevados se se analisar o conjunto de lesados. É o caso, por exemplo, de um produto em cuja embalagem conste peso ou quantidade não correspondente ao preço cobrado. Cada consumidor individualmente será lesado em parcela ínfima, não justificando a execução. Entretanto, se se analisar a gama de pessoas prejudicadas, o prejuízo torna-se significativo, autorizando a execução coletiva.[15] Nessas situações, todavia, o valor arrecadado na execução não será revertido para os prejudicados individualmente, mas, sim, para um Fundo criado pela Lei nº 7.347/1985.

Ada Pellegrini Grinover destaca ser adequado "o pedido de indenização, por lesão aos interesses individuais homogêneos, com indicação de sua reversão ao Fundo, somente na hipótese de não haver habilitações dos interessados, ou em as havendo, a da reversão pelo eventual resíduo não reclamado".[16]

Nesses casos, a liquidação terá por finalidade quantificar o prejuízo globalmente causado.[17] Se, entretanto, a liquidação e execução forem aforadas pelos legitimados em conjunto com liquidações das vítimas para aferir os danos pessoalmente sofridos, a *fluid recovery* consistirá "em um verdadeiro 'resíduo não reclamado'", oportunidade em que "o juiz deverá levar em conta as indenizações pessoais apuradas, para efeito de compensação".[18]

Nesse sentido, o entendimento do STJ:

3. A recuperação fluida (*fluid recovery*), prevista no art. 100 do CDC, constitui específica e acidental hipótese de execução coletiva de danos causados a interesses indi-

---

tanto pelos titulares do direito material como pelos legitimados do art. 82 do CDC. No entanto, "o art. 97 [daquele Código] impõe uma gradação de preferência que permite a legitimidade coletiva *subsidiariamente*, uma vez que, nessa fase, o ponto central é o dano pessoal sofrido por cada uma das vítimas".

[15] GRINOVER, Ada Pellegrini. *In:* GRINOVER, Ada Pellegrini; WATANABE, Kazuo; NERY JÚNIOR, Nelson. *Código brasileiro de defesa do consumidor, cit.*, v. II, p. 163. Nesse sentido, também, a lição de Luiz Rodrigues Wambier: "Assim, minha proposta de interpretação do art. 100 do CDC é no sentido de que esse dispositivo somente seja aplicado nos casos em que o *quantum* individualmente considerado revele-se irrisório, sendo significativo, porém, se computado de uma forma 'global'" (WAMBIER, Luiz Rodrigues. Execução coletiva de direitos individuais homogêneos. *O processo em perspectiva:* jornadas brasileiras de direito processual, São Paulo: Revista dos Tribunais, 2013, p. 276.

[16] *Idem*, p. 164.
[17] *Idem, ibidem.*
[18] *Idem*, p. 165.

viduais homogêneos, instrumentalizada pela atribuição de legitimidade subsidiária aos substitutos processuais do art. 82 do CDC para perseguirem a indenização de prejuízos causados individualmente aos substituídos, com o objetivo de preservar a vontade da Lei e impedir o enriquecimento sem causa do fornecedor que atentou contra as normas jurídicas de caráter público, lesando os consumidores. Precedentes.

4. Os sujeitos previstos no rol do art. 82 do CDC têm legitimidade subsidiária para a liquidação e execução da sentença coletiva, na forma dos arts. 97 e 98 do CDC, caso não haja habilitação por parte dos beneficiários ou haja em número incompatível com a gravidade do dano, nos termos do art. 100 do CDC.[19]

O STJ já se posicionou no sentido de que o prazo de um ano previsto no art. 100 do CDC começa a fluir apenas após a publicação de editais para cientificar os interessados acerca da sentença exequenda, para que, se quiserem, possam se habilitar para a execução:

a) "2. Nos termos do artigo 100, *caput*, do Código de Defesa do Consumidor, 'decorrido o prazo de um ano sem habilitação de interessados em número compatível com a gravidade do dano, poderão os legitimados do art. 82 promover a liquidação e execução da indenização devida', hipótese denominada reparação fluida – *fluid recovery*, inspirada no modelo norte-americano da *class action*.

2.1. Referido instituto, caracterizado pela subsidiariedade, aplica-se apenas em situação na qual os consumidores lesados desinteressam-se quanto ao cumprimento individual da sentença coletiva, transferindo à coletividade o produto da reparação civil individual não reclamada, de modo a preservar a vontade da Lei, qual seja a de impedir o enriquecimento sem causa do fornecedor que atentou contra as normas jurídicas de caráter público, lesando os consumidores.

2.2. Assim, se após o escoamento do prazo de um ano do trânsito em julgado, não houve habilitação de interessados em número compatível com a extensão do dano, exsurge a legitimidade do Ministério Público para instaurar a execução, nos termos do mencionado artigo 100 do Código de Defesa do Consumidor; nesse contexto, conquanto a sentença tenha determinado que os réus publicassem a parte dispositiva em dois jornais de ampla circulação local, esta obrigação, frise-se, destinada aos réus, não pode condicionar a possibilidade de reparação fluida, ante a ausência de disposição legal para tanto e, ainda, a sua eventual prejudicialidade à efetividade da ação coletiva, tendo em vista as dificuldades práticas para compelir os réus ao cumprimento.

2.3. Todavia, no caso em tela, observa-se que não obstante as alegações do Ministério Público Estadual, deduzidas no recurso especial, no sentido de que 'no presente caso houve a regular publicação da sentença, conforme documento da fl. 892 [dos autos de agravo de instrumento, correspondente à fl. 982, e-STJ]', ao compulsar os autos, verifica-se que a mencionada folha refere-se à publicação do edital, em 20/02/2003, relativo à cientificação dos interessados sobre a propositura da ação coletiva. Assim, o citado edital não se destinou à cientificação dos interessados quanto ao conteúdo da sentença, mas à propositura da ação coletiva, o que constitui óbice à sua habilita-

---

[19] STJ, 3ª T., REsp. 1.955.899/PR, Rel. Min. Nancy Andrighi, ac. 15.03.2022, *DJe* 21.03.2022.

ção, razão pela qual não se pode reputar iniciado o prazo do artigo 100 do Código de Defesa do Consumidor. Precedente: REsp 869583/DF, Rel. Ministro Luis Felipe Salomão, Quarta Turma, *DJe* 05/09/2012".[20]

b) "6. A legitimidade do Ministério Público para instaurar a execução exsurgirá – se for o caso – após o escoamento do prazo de um ano do trânsito em julgado se não houver a habilitação de interessados em número compatível com a gravidade do dano, nos termos do art. 100 do CDC. É que a hipótese versada nesse dispositivo encerra situação em que, por alguma razão, os consumidores lesados desinteressam-se quanto ao cumprimento individual da sentença, retornando a legitimação dos entes públicos indicados no art. 82 do CDC para requerer ao Juízo a apuração dos danos globalmente causados e a reversão dos valores apurados para o Fundo de Defesa dos Direitos Difusos (art. 13 da LACP), com vistas a que a sentença não se torne inócua, liberando o fornecedor que atuou ilicitamente de arcar com a reparação dos danos causados.

7. No caso sob análise, não se tem notícia acerca da publicação de editais cientificando os interessados acerca da sentença exequenda, o que constitui óbice à sua habilitação na liquidação, sendo certo que o prazo decadencial nem sequer iniciou o seu curso, não obstante já se tenham escoado quase treze anos do trânsito em julgado".[21]

5.7. MORA NA AÇÃO COLETIVA SOBRE DIREITOS INDIVIDUAIS HOMOGÊNEOS

Discute-se sobre a incidência dos juros de mora nas ações coletivas relacionadas com direitos individuais homogêneos. Fluiriam eles a partir da citação realizada no processo de conhecimento, segundo a regra geral do CPC/2015 aplicável às obrigações ilíquidas (art. 240), ou a partir da liquidação posterior à sentença genérica da ação civil pública (CDC, art. 97)?

As ações coletivas da espécie – é bom lembrar – são essencialmente genéricas, já que redundam em declarações de possíveis direitos de pessoas ainda não identificadas individualmente, versando sobre bens também não ainda quantificados. Procedente a demanda coletiva de defesa de direitos individuais homogêneos – afirma o art. 95 –, "a condenação será genérica", e terá como objeto apenas a *fixação da responsabilidade do réu pelos danos causados*. Sem a ulterior liquidação, não se saberá quem são as vítimas a serem indenizadas, nem qual a indenização a que, *in concreto*, estará obrigado o réu (CDC, art. 98).[22] A execução da sentença coletiva nos termos do art. 97 do CDC não será possível juridicamente, sem que a liquidação da condenação genérica seja

---

[20] STJ, 4ª T., REsp. 1.156.021/RS, Rel. Min. Marco Buzzi, ac. 06.02.2014, *DJe* 05.05.2014.
[21] STJ, 4ª T., REsp. 869.583/DF, Rel. Min. Luis Felipe Salomão, ac. 05.06.2012, *DJe* 05.09.2012.
[22] "A sentença de procedência na ação coletiva tendo por causa de pedir danos referentes a direitos individuais homogêneos, nos moldes do disposto no artigo 95 do Código de Defesa do Consumidor, será, em regra, genérica, de modo que depende de superveniente liquidação, *não apenas para apuração do* quantum debeatur, *mas também para aferir a titularidade do crédito*, por isso denominada pela doutrina 'liquidação imprópria'" (STJ, 4ª T., AgRg no REsp. 1.348.512/DF, Rel. Min. Luís Felipe Salomão, ac. 18.12.2012, *DJe* 04.02.2013).

instaurada pela vítima ou pelos legitimados de que trata o art. 82 do CDC. E, se a iniciativa for de algum substituto processual, seu desenvolvimento dependerá, em regra, das habilitações dos credores individuais beneficiados pela sentença genérica (CDC, art. 100). De qualquer maneira, a sentença da ação coletiva, *in casu*, não é, por si só, título executivo capaz de atestar o crédito individual do respectivo titular e de colocar o devedor em mora, desde logo.

Diante de tais particularidades das ações coletivas sobre direitos individuais homogêneos, o STJ assentou o entendimento de que a mora, em demandas da espécie, não se constitui somente com a citação no processo de conhecimento.

A partir da citação para a liquidação dos créditos individuais alcançáveis pela condenação genérica o réu será constituído em mora; e desde então é que fluirão os juros moratórios pertinentes.[23]

---

[23] STJ, AgRg no REsp. 1.348.512/DF, *cit.*

Capítulo VI
AS AÇÕES DE RESPONSABILIDADE CIVIL DO FORNECEDOR DE PRODUTOS E SERVIÇOS

6.1. NOÇÃO DE AÇÃO DE RESPONSABILIDADE CIVIL

A responsabilidade civil, em direito material, consiste na obrigação de reparar o dano ilicitamente causado a outrem, ou, nos termos do art. 927 do Código Civil, "aquele que, por ato ilícito (arts. 186 e 187), causar dano a outrem, fica obrigado a repará-lo". Ação de responsabilidade civil, nas relações de consumo, é, pois, aquela em que se demanda do fornecedor de produtos ou serviços a indenização pelos danos por estes acarretados às respectivas vítimas.

Para exercitar o direito de ser indenizado pelo fornecedor, que infringe as regras do Código de Defesa do Consumidor, o ofendido pode contar com tutela *individual* ou *coletiva*. Por sua vez, as vítimas legitimadas a reclamar em juízo as reparações civis, no campo das relações de consumo, não são apenas o consumidor que adquiriu o produto ou serviço diretamente do fornecedor, mas também qualquer pessoa que tenha sido vítima de dano provocado pelos bens colocados no mercado de consumo.

O art. 81 do CDC é muito claro ao dispor que as indenizações em causa beneficiam tanto os *consumidores* como também as *vítimas* de danos, ainda que nenhum vínculo negocial tenham estabelecido com o fornecedor.

6.2. AÇÕES INDIVIDUAIS E AÇÕES COLETIVAS

É ainda o art. 81, *caput*, do CDC que autoriza, no caso de dano no âmbito das relações consumeristas, o uso tanto de ação *individual* como *coletiva*. A primeira é manejável pela vítima (ou seus sucessores), segundo o procedimento comum do CPC, podendo, também, ter curso perante os Juizados Especiais, dedicados às causas cíveis de menor complexidade (CDC, art. 5º, IV).

A tutela coletiva, em matéria de danos produzidos por produtos ou serviços colocados pelo fornecedor no mercado de consumo, tem, ordinariamente, como objeto os chamados "direitos individuais homogêneos", ou seja, a pretensão indenizatória compreende lesões a múltiplos direitos individuais "decorrentes de origem comum" (CDC, art. 81, parágrafo único, III). Nesse caso, a ação indenizatória coletiva é movida por uma entidade a que a lei confere *legitimidade extraordinária*, ou seja, a autorização para demandar em nome próprio a tutela de direito alheio (substituição processual) (CDC, art. 91).

Essa legitimação extraordinária o CDC confere, concorrentemente: (i) ao Ministério Público; (ii) à União, aos Estados, aos Municípios e ao Distrito Federal; (iii) às entidades e órgãos da administração pública direta ou indireta, ainda que sem personalidade jurídica, especificamente destinados à defesa dos interesses e direitos protegidos por este Código; (iv) às associações legalmente constituídas há pelo menos um ano e que incluam entre seus fins institucionais a defesa dos interesses e direitos protegidos por este Código, dispensada a autorização assemblear (CDC, art. 82, *caput*). A Lei nº 11.448/2007, alterando o art. 5º da Lei da Ação Civil Pública, permitiu que também a Defensoria Pública passasse a ser legitimada à propositura da ação coletiva.

Embora não haja expressa menção no CDC aos Municípios, reconhece-se também sua legitimação para a defesa coletiva dos consumidores, com base na previsão constitucional de que tal defesa cabe ao Estado, em sentido amplo (CF, art. 5º, XXXII).[1] Aliás, a Lei da Ação Civil Pública, que se aplica a todas as ações coletivas, atribui legitimidade ativa expressamente aos Municípios (art. 5º, III). A ação coletiva de consumo é da competência da Justiça Comum – Federal ou Estadual, conforme o caso (ver item 1.1, do Capítulo I, da Parte IV, desta obra). Não pode ser aforada nos juizados especiais.

A ação coletiva de consumo rege-se, processualmente, pelo CDC e pela Lei nº 7.347/1985 (Lei da Ação Civil Pública) (LACP, art. 21).

Tanto na ação individual como na coletiva, a respeito da responsabilidade civil do fornecedor, há regras especiais como as pertinentes à "prevenção e reparação de danos individuais, coletivos e difusos" e à "facilitação da defesa dos direitos do consumidor", que já foram tratados na Parte I, Capítulo III – Direitos básicos do consumidor, desta obra. Especial atenção à sistemática do ônus da prova e sua eventual inversão, se deu no Capítulo I da Parte IV (itens 1.2 e 1.2.1 a 1.2.6).

A matéria pertinente à *competência* acha-se, também, no Capítulo I, para Parte IV (item 1.1), capítulo este que enfrenta questões processuais relevantes e frequentes nas ações de responsabilidade civil do fornecedor, como (i) desconsideração da personalidade jurídica (item 1.3); (ii) denunciação da lide (item 1.4); (iii) dispensa de advogado nas ações intentadas no Juizado Especial (item 1.5); e o Ministério Público como substituto processual em ação individual (item 1.6).

Particularmente quanto à ação coletiva, suas peculiaridades processuais foram exploradas no Capítulo III, da Parte IV, com destaque para a legitimação *ad causam* (itens 3.3 a 3.9) e para a coisa julgada.

---

[1] WATANABE, Kazuo. Comentários ao art. 82 do CDC. *In:* GRINOVER, Ada Pellegrini *et al*. *Código brasileiro de defesa do consumidor*, cit., v. II, p. 93.94; MANCUSO, Rodolfo Camargo. O Município enquanto colegitimado para a tutela dos interesses difusos. *Revista de Processo*, v. 84, p. 45-63, São Paulo, out.-dez./1996.

6.3. REPARAÇÃO POR VÍCIO DE PRODUTO

Contempla o art. 21 do CDC uma regra especial que impõe ao fornecedor responsável pela reparação de qualquer produto a obrigação de empregar no respectivo conserto "componentes de reposição originais adequados e novos, ou que mantenham as especificações técnicas do fabricante". Portanto, o emprego de componentes usados ou de características diferentes das peças originais só é possível mediante expressa autorização do consumidor, como ressalva textualmente o referido dispositivo.

A norma em questão, como observa Rizzato Nunes, "é dirigida ao prestador de serviço que faz consertos", como se passa com a concessionária de veículos ao fazer reparos mecânicos, elétricos, de lataria etc., assim como às oficinas de assistência técnica de eletrodomésticos e eletroeletrônicos. Esclarece, ainda, o mesmo autor que "por componentes de reposição (peças, pedaços de peças, fios elétricos, parafusos etc.) originais há de entender aqueles que contêm o selo de garantia e/ou qualidade do fabricante do produto que está sendo restaurado".[2]

Dessa exigência legal decorre que a cobrança dos serviços efetuados pelo fornecedor ou pelo assistente autorizado só pode ser feita mediante comprovação (notas fiscais) da originalidade das peças repostas, principalmente nos casos de consertos cobertos por contratos de seguro.[3]

Da mesma forma, quando se tratar de indenização, pelo fornecedor, dos gastos de reparação efetuados pelo consumidor, o cálculo também será feito à luz do custo das peças originais utilizadas.

---

[2] NUNES, Rizzato. *Comentários ao Código de Defesa do Consumidor*. 8. ed. São Paulo: Saraiva, 2016, comentários ao art. 21.

[3] TJSP, 30ª Cam. de Dir Priv., Ap. 1005998-83.2019.8.26.0189, Rel. Des. Maria Lúcia Pizzotti, *DJ* 04.06.2020; STJ, 1ª T., AgInt no AREsp 1.252.057/SP, Rel. Min. Napoleão Nunes Maia Filho, ac. 15.12.2020, *DJe* 18.12.2020.

Capítulo VII
A DISCIPLINA SUBSTANCIAL E PROCESSUAL DO SUPERENDIVIDAMENTO DO CONSUMIDOR

7.1. DA PREVENÇÃO E DO TRATAMENTO DO SUPERENDIVIDAMENTO DO CONSUMIDOR

I – Introdução

Em 1º de julho de 2021, foi editada a Lei nº 14.181, que acrescentou vários artigos ao Código de Defesa do Consumidor, com o duplo objetivo de prevenir e solucionar o problema do superendividamento do consumidor. Trata-se de lei "que tem como alvo aperfeiçoar o mercado, reforçando a cultura do pagamento das dívidas, por meio da educação para um consumo consciente de todos os envolvidos no mercado de crédito".[1] Visa a proteção do mínimo existencial para, em última instância, preservar a dignidade da pessoa humana.[2]

A nova lei, de um lado, oferece aos consumidores que não conseguem pagar seus empréstimos e crediários em geral uma forma de renegociação consensual ou compulsória das dívidas e de recuperação de sua saúde financeira. E de outro lado, como meio de prevenção do superendividamento, a lei obriga o fornecedor de crédito a prestar informações prévias e adequadas sobre a operação, a fim de que

---

[1] SAMPAIO, Marília de Ávila e Silva; FREITAS FILHO, Roberto. Apontamentos sobre a responsabilidade civil na Lei nº 14.181/2021. *Revista Síntese: direito civil e processual civil*, n. 138, p. 9, jul.-ago./2022.

[2] Regulamentando a preservação e o não comprometimento do *mínimo existencial* "para fins de prevenção, tratamento e conciliação de situações de superendividamento em dívidas de consumo, nos termos do disposto na Lei nº 8.078, de 11 de setembro de 1990 – Código de Defesa do Consumidor", o Decreto nº 11.150/2022 dispõe que se considera mínimo existencial "a renda mensal do consumidor pessoa natural equivalente a vinte e cinco por cento do salário mínimo vigente" (art. 3º). A propósito da matéria, o Ministério Público e a Defensoria Pública já questionaram esse limite do mínimo existencial perante o STF, através das ADPFs 1005 e 1006, qualificando-o como incompatível com a dignidade humana, "pois impede a fruição de uma vida digna e dos direitos sociais correlatos a ela, além de vulnerar a proteção ao consumidor". Decreto que fixa valor da renda a ser protegido do endividamento é questionado no STF. Disponível em: <https://portal.stf.jus.br/noticias/verNoticiaDetalhe.asp?idConteudo=493211&ori=1>. Acesso em: 29.09.2022.

o consumidor tenha total conhecimento de todos os custos do negócio, de modo a obter um crédito responsável (CDC, arts. 54-B, 54-C, 54-D e 54-G). Tudo isso se passa fora do processo de execução do devedor insolvente e sem prejuízo dele (art. 104-A, § 5º, do CDC).

A norma criou dois novos princípios para o microssistema: (i) o fomento de ações direcionadas à educação financeira e ambiental dos consumidores[3] e (ii) a prevenção e o tratamento do superendividamento como forma de evitar a exclusão social do consumidor (art. 4º, IX e X).

Em países como o Brasil, em que a desigualdade social é grande, o crédito mostra-se bastante relevante, razão pela qual o legislador incluiu, como dever do Estado, o fomento à educação financeira e o estímulo ao crédito responsável.[4]

Além disso, instituiu novos instrumentos para a execução da Política Nacional das Relações de Consumo, quais sejam: mecanismos de prevenção e tratamento extrajudicial e judicial do superendividamento e de proteção do consumidor pessoa natural e núcleos de conciliação e mediação de conflitos oriundos de superendividamento (art. 5º, VI e VII). Essa política visa "garantir direitos constitucionais mínimos de acesso a bens e serviços disponíveis no mercado de consumo".[5]

Criou, ainda, três novos direitos básicos do consumidor, referentes à: (i) garantia de práticas de crédito responsável, de educação financeira e de prevenção e tratamento de situações de superendividamento, preservado o mínimo existencial, por meio da revisão e da repactuação da dívida; (ii) preservação do mínimo existencial na repactuação de dívidas e na concessão de crédito; e (iii) informação acerca dos preços dos produtos por unidade de medida, tal como por quilo, por litro, por metro ou por outra unidade, conforme o caso (art. 6º, XI, XII e XIII). Por fim, passou a considerar abusivas cláusulas contratuais que (i) condicionem ou limitem de qualquer forma o acesso aos órgãos do Poder Judiciário; e (ii) estabeleçam prazos de carência em caso de impontualidade das prestações mensais ou impeçam o restabelecimento integral dos direitos do consumidor e de seus meios de pagamento a partir da purgação da mora ou do acordo com os credores (art. 51, XVII e XVIII).

II – Dever de informação, regulação da publicidade e proibição de assédio

O dever de informação foi rigorosamente tratado pela lei, ao enumerar as informações extras, a par das obrigatórias previstas no art. 52 do CDC, que devem ser repassadas, de forma prévia e adequada, ao consumidor no momento da oferta (art. 54-B). Procurou-se proibir práticas irresponsáveis na concessão de crédito, extremamente prejudiciais ao consumidor.

---

[3] "A educação financeira do consumidor é objetivo em comum a ser alcançado pelo Estado, pela sociedade e pelos próprios fornecedores, e agora está disciplinada explicitamente no Código de Defesa do Consumidor como um princípio importante na prevenção e tratamento do superendividamento" (OLIVEIRA, Júlio Moraes. Mudanças trazidas pela lei do superendividamento. *Revista Bonijuris*, nº 34, p. 72, jun.-jul./2022).

[4] OLIVEIRA, Júlio Moraes. Mudanças trazidas pela lei do superendividamento cit., p. 72.

[5] OLIVEIRA, Júlio Moraes. *Ob. cit., loc. cit.*

Com efeito, "a complexidade dos contratos de crédito e de algumas informações exigem que elas se associem a uma outra obrigação: aquela de esclarecimento e conselho, especialmente considerando a idade do consumidor".[6]

Juntamente com a informação, o fornecedor é obrigado a avaliar, de forma responsável, as condições de crédito do consumidor, mediante a análise das informações disponíveis em bancos de dados de proteção ao crédito (art. 54-D, II). Esse dever possui duas dimensões, individual e coletiva:

> Representa o dever de boa-fé em relação ao candidato tomador do crédito, visando impedir, dar causa ou agravar situação de superendividamento; mas é também dever que o fornecedor do crédito respeita em favor da coletividade, prevenindo seu próprio risco de sofrer inadimplemento em níveis que comprometa sua própria higidez econômica, e sua repercussão para o próprio sistema financeiro e ao mercado em geral.[7]

Além disso, regulou a publicidade da oferta de crédito, vedando as seguintes condutas lesivas ao consumidor: (i) indicar que a operação de crédito poderá ser concluída sem consulta a serviços de proteção ao crédito ou sem avaliação da situação financeira do consumidor; (ii) ocultar ou dificultar a compreensão sobre os ônus e os riscos da contratação do crédito ou da venda a prazo; e (iii) condicionar o atendimento de pretensões do consumidor ou o início de tratativas à renúncia ou à desistência de demandas judiciais, ao pagamento de honorários advocatícios ou a depósitos judiciais (art. 54-C).

A lei coibiu, ainda, o assédio,[8] ao proibir o fornecedor de pressionar o consumidor para contratar o fornecimento de produto, serviço ou crédito, principalmente se se tratar de consumidor idoso, analfabeto, doente ou em estado de vulnerabilidade agravada ou se a contratação envolver prêmio.

A proteção contra o assédio tem fundamento na "frustração do direito do consumidor exercer a liberdade e a autodeterminação no âmbito do mercado de consumo", possuindo natureza extrapatrimonial e, até mesmo, transindividual, na medida em que "protege a higidez do próprio mercado de consumo".[9]

O descumprimento de qualquer das obrigações previstas nos arts. 52 e 54-C da lei pode acarretar "a redução dos juros, dos encargos ou de qualquer acréscimo ao principal e a dilação do prazo de pagamento previsto no contrato original, conforme a gravidade da conduta do fornecedor e as possibilidades financeiras do consumidor, sem prejuízo de outras sanções e de indenização por perdas e danos, patrimoniais e morais, ao consumidor" (art. 54-D, parágrafo único). Trata-se de nova espécie de revisão do

---

[6] MARQUES, Cláudia Lima; BENJAMIN Antonio Herman Vasconcellos; MIRAGEM, Bruno. *Comentários ao Código de Defesa do Consumidor*. 7. ed. São Paulo: RT, 2021, p. 1283.

[7] MARQUES, Cláudia Lima; BENJAMIN Antonio Herman Vasconcellos; MIRAGEM, Bruno. *Comentários*. 7. ed., *cit.*, p. 1.285.

[8] A Diretiva Europeia 2005/29/CE, relativa às práticas comerciais desleais das empresas em face dos consumidores, considera o assédio como prática comercial agressiva, enumerando, em seu art. 9º, os elementos para a caracterização do assédio, da coação e da influência indevida.

[9] SAMPAIO, Marília de Ávila e Silva; FREITAS FILHO, Roberto. Apontamentos sobre a responsabilidade civil na Lei n.º 14.181/2021, *cit.*, p. 12.

contrato de consumo, em razão de descumprimento de dever legal no oferecimento de crédito ao consumidor.

III – Superendividamento

Entende-se por superendividamento, segundo a lei, "a impossibilidade manifesta de o consumidor pessoa natural, de boa-fé, pagar a totalidade de suas dívidas de consumo, exigíveis e vincendas, sem comprometer seu mínimo existencial" (art. 54-A, § 1º, do CDC).

A lei limitou a utilização da prevenção e tratamento do superendividamento às pessoas naturais, talvez porque as pessoas jurídicas possuem instrumento próprio na lei de recuperação judicial e falência (Lei nº 11.101/2005). Questiona-se, na doutrina, se essa exclusão não seria contraditória ao próprio microssistema, que conceitua o consumidor como sendo toda pessoa física ou jurídica que adquire ou utiliza produto ou serviço como destinatário final (art. 2º), e à orientação jurisprudencial que adota, para a qualificação de consumidor, a teoria do finalismo aprofundado.[10] Há, também, quem defenda que as regras do superendividamento se aplicam ao empresário individual.[11]

Outro requisito para a aplicação da lei é a boa-fé do consumidor, que se presume, cabendo ao credor demonstrar, no caso concreto, a má-fé.[12]

IV – Dívidas abrangidas pela lei

As dívidas abrangidas pela lei são "quaisquer compromissos financeiros assumidos decorrentes de relação de consumo, inclusive operações de crédito, compras a prazo e serviços de prestação continuada" (art. 54-A, §2º). São as chamadas dívidas de consumo, a exemplo das contas de água, luz, empréstimos e financiamentos. Podem ser exigíveis ou vincendas (art. 54-A, §1º).

Não se beneficiam, contudo, dessa lei os consumidores "cujas dívidas tenham sido contraídas mediante fraude ou má-fé, sejam oriundas de contratos celebrados dolosamente com o propósito de não realizar o pagamento ou decorram da aquisição ou contratação de produtos e serviços de luxo de alto valor" (art. 54-A, § 3º, do CDC).

Além das dívidas fraudulentas, excluem-se do regime especial do superendividamento, também, aquelas provenientes de "contratos de crédito com garantia real, de financiamentos imobiliários e de crédito rural" (art. 104-A, § 1º, CDC).

---

[10] Essa teoria abrandou a concepção finalista, para acrescer à noção de destinatário final econômico a ideia de hipossuficiência. Assim, admite-se a aplicação do CDC, excepcionalmente, às pessoas jurídicas que demonstrarem vulnerabilidade (ver item 1.3, IV, do Capítulo I, da Parte I, dessa obra).

[11] VASCONCELOS, João Paulo A.; GODOY, Sandro Marcos; MARCONI, Lícia Pimentel. O empresário individual como destinatário da lei do Superendividamento? Disponível em: https://www.migalhas.com.br/depeso/349433/o-empresario-individual-como-destinatario-da-lei-do-superendividamento. Acesso em: 09.08.2022.

[12] MARQUES, Cláudia Lima; BENJAMIN Antonio Herman V; MIRAGEM, Bruno. *Comentários ao Código de Defesa do Consumidor*. 7. ed., cit., p. 1.257.

V – Conexão entre contratos

A lei determinou que os contratos de crédito são conexos, coligados ou interdependentes ao contrato principal de fornecimento de produto ou serviço, quando o fornecedor de crédito, (i) recorrer aos serviços do fornecedor de produto ou serviço para a preparação ou a conclusão do contrato de crédito ou (ii) oferecer o crédito no local da atividade empresarial do fornecedor de produto ou serviço financiado ou onde o contrato principal for celebrado (art. 54-F, I e II).

Assim, o direito de arrependimento exercido em relação ao contrato principal, implica a resolução de pleno direito do contrato que lhe seja conexo (art. 54-F, § 1º). Da mesma forma, havendo inadimplemento de qualquer das obrigações e deveres do fornecedor do produto ou serviço, o consumidor poderá requerer a rescisão do contrato não cumprido contra o fornecedor do crédito (§ 2º). Além disso, a invalidade ou a ineficácia do contrato principal implicará, de pleno direito, a do contrato de crédito que lhe seja conexo, ressalvado, contudo, ao fornecedor do crédito o direito de obter do fornecedor do produto ou serviço a devolução dos valores entregues, inclusive relativamente a tributos (§ 4º).

VI – Práticas abusivas

O art. 54-G enumerou uma série de práticas consideradas abusivas em relação ao crédito, bem como estabeleceu a obrigação de o fornecedor informar e esclarecer o consumidor a respeito de qualquer ponto contratual e entregar-lhe a minuta do negócio e cópia do contrato após a sua conclusão.

VII – Procedimento traçado pela lei

A grande novidade trazida pela Lei nº 14.181/2021 é a possibilidade de o consumidor fazer uma negociação em bloco de todas as suas dívidas, com o que viabilizará o pagamento do "conjunto das suas dívidas com sua única fonte de renda", pondo fim ao "tormento psicológico de pagar uma dívida e faltar dinheiro para pagar outras".[13] Trata-se de uma espécie de recuperação judicial para o consumidor pessoa física.

O procedimento traçado pela inovação do CDC pode ser assim esquematizado:

a) O juízo competente para processar e julgar a repactuação do consumidor superendividado é o do domicílio do autor, segundo a regra geral do artigo 101, inc. I, do CDC.

b) Na expectativa de obter uma solução consensual, o consumidor requererá ao juiz a designação de audiência conciliatória presidida pelo magistrado ou por conciliador credenciado no juízo, para a qual serão chamados a participar todos os credores, pessoalmente ou por procurador com poderes especiais e plenos para transigir. Na oportunidade, o consumidor apresentará proposta de plano de pagamento com prazo máximo de 5 (cinco) anos, preservados o mínimo existencial, as garantias e as formas de pagamento originalmente pactuadas (art. 104-A, do CDC).

---

[13] Informativo CNJ Serviço: o que muda com a lei do superendividamento? *Revista Síntese Direito Civil e Processual Civil*, n. 133, set.-out./2021, p. 66.

c) O credor que não comparecer, injustificadamente, à audiência, terá a exigibilidade do crédito suspensa, com a interrupção dos encargos da mora. A sua ausência (ou do procurador) também poderá acarretar a sujeição compulsória ao plano de pagamento da dívida, se o montante de seu crédito for certo e conhecido do consumidor, devendo o pagamento a esse credor ocorrer apenas após a quitação de todos os credores presentes à audiência (art. 104-A, § 2º, do CDC).

d) A conciliação será feita havendo ou não adesão de todos os credores. Com qualquer número de aderentes, lavrar-se-á termo de acordo contendo o plano de pagamento da dívida, o qual, uma vez homologado pelo juiz, adquirirá entre os signatários eficácia de título executivo e força de coisa julgada (art. 104-A, § 3º, do CDC).

e) Do plano constarão: (i) medidas de dilação dos prazos de pagamento e de redução dos encargos da dívida ou da remuneração do fornecedor, entre outras destinadas a facilitar o pagamento da dívida; (ii) referência à suspensão ou à extinção das ações judiciais em curso; (iii) data a partir da qual será providenciada a exclusão do consumidor de bancos de dados e de cadastros de inadimplentes; e (iv) condicionamento de seus efeitos à abstenção, pelo consumidor, de condutas que importem no agravamento de sua situação de superendividamento (art. 104-A, § 4º, do CDC).

f) O pedido de renegociação não importará declaração de insolvência civil e poderá ser repetido após o prazo de dois anos, "contado da liquidação de todas as obrigações previstas no plano de pagamento homologado" (art. 104-A, § 5º, do CDC).

g) Não havendo êxito na conciliação em relação a qualquer credor, o juiz, a pedido do consumidor, "instaurará processo por superendividamento para revisão e integração dos contratos e repactuação das dívidas remanescentes, mediante plano judicial compulsório", promovendo a citação de todos os credores cujos créditos não foram incluídos no acordo porventura celebrado (art. 104-B, *caput*, do CDC).

h) Citados, os credores terão 15 dias para juntar documentos e expor as razões da negativa de aceder ao plano voluntário ou de renegociar (art. 104-B, § 2º, do CDC).

i) O juiz poderá nomear um administrador, se isso não onerar as partes, o qual, em até 30 dias, deverá apresentar um plano de pagamento que contemple medidas de temporização ou de atenuação de encargos (art. 104-B, § 3º, do CDC). Esse plano judicial compulsório deverá assegurar aos credores, no mínimo, o valor do principal, corrigido monetariamente por índices oficiais de preço, com prazo de pagamento de, no máximo, 5 anos, assegurando ao devedor até 180 dias para o pagamento da primeira parcela. O restante da dívida deverá ser pago em parcelas mensais iguais e sucessivas (art. 104-B, § 4º, do CDC).

j) Por fim, é facultado aos órgãos públicos integrantes do Sistema Nacional de Defesa do Consumidor realizar a fase conciliatória e preventiva do processo de repactuação de dívidas. Os acordos firmados com a participação desses órgãos registrarão a data a partir da qual será providenciada a exclusão do consumidor do banco de dados e cadastros de inadimplentes, bem como o condicionamento de seus efeitos "à abstenção, pelo consumidor, de condutas que importem no agravamento de sua situação de superendividamento, especialmente a de contrair novas dívidas" (art. 104-C, §§ 1º e 2º, do CDC).

Caso exista entre os credores pessoa jurídica de direito público federal, a competência, para alguns autores, continuará sendo da Justiça Comum. Isso porque, se o art. 109, I, da CF excepciona a competência da Justiça Federal em causas de falência, a regra deve ser abrangida para qualquer procedimento de natureza concursal.[14]

VIII – Incentivo à instituição de Núcleos de Conciliação e Mediação de Conflitos oriundos de superendividamento (Recomendação/CNJ nº 125, de 24/12/2021)

Para valorizar e estimular a solução conciliatória dos problemas do superendividamento do consumidor, o Conselho Nacional de Justiça baixou a Recomendação nº 125/2021 "que dispõe sobre os mecanismos de prevenção e tratamento do superendividamento e a instituição de Núcleos de Conciliação e Mediação de conflitos oriundos de superendividamento, previstos na Lei nº 14.181/2021",

No art. 1º do referido ato normativo, o CNJ recomenda "aos tribunais brasileiros a implementação de Núcleos de Conciliação e Mediação de Conflitos oriundos de superendividamento, os quais poderão funcionar perante aos CEJUSCs já existentes, responsáveis principalmente pela realização do procedimento previsto no art. 104-A, do Código de Defesa do Consumidor".

Em medida de caráter prático, e a fim de assegurar a uniformidade nos procedimentos das atividades desenvolvidas nos Núcleos, recomendou-se aos magistrados e magistradas coordenadores e coordenadoras a adoção do Fluxograma, bem como do Formulário Padrão, constantes nos Anexos I e II da Recomendação 125/2021 (art. 1º, parágrafo único).

A par disso, recomendou-se expressamente aos tribunais "que envidem esforços para celebrar os convênios necessários à consecução dos objetivos da Política Nacional das Relações de Consumo, em especial com os órgãos integrantes do Sistema Nacional de Defesa do Consumidor (SNDC) e instituições financeiras, a fim de promoverem e facilitarem a solução de conflitos oriundos do superendividamento, e também oferecerem oficinas interdisciplinares de educação na área de finanças e preparação de proposta e plano de repactuação, além de prestar serviços de orientação, assistência social e acompanhamento psicológico dos consumidores superendividados, na medida das suas possibilidades econômico-financeiras" (art. 2º).

Disciplinando a organização do Núcleo, a Recomendação do CNJ foi no sentido de que "o Núcleo de Conciliação e Mediação de Conflitos oriundos de superendividamento terá 1 um(a) juiz(a) coordenador(a), que poderá ser o mesmo do CEJUSC, com competência para homologar os acordos, e aplicar as sanções previstas no § 2º do art. 104-A do Código de Defesa do Consumidor (CDC) (art. 3º).

Recomendou-se, finalmente, que os coordenadores dos Núcleos, quando o acordo envolver contratos de crédito consignado, oficiem ao Instituto Nacional do Seguro Social (INSS) para as providências cabíveis, bem como as instituições mantedoras dos bancos de dados negativos e positivos, preferencialmente por meio dos sistemas

---

[14] GAGLIANO, Paulo Stolze; OLIVEIRA, Carlos Eduardo Elias de. Lei do superendividamento: questões práticas no procedimento judicial de repactuação das dívidas. *Revista Jus Navigandi*, ano 26, nº 6.732, dez./2021. Disponível em: https://jus.com.br/artigos/95307. Acesso em: 05.08.2022.

auxiliares eletrônicos, para os fins previstos no art.104-A do CDC, § 4º, incisos II e III. Ou seja, para cumprimento das medidas referentes à suspensão ou à extinção das ações judiciais em curso, bem como à exclusão do consumidor de bancos de dados e de cadastros de inadimplentes.

7.2. SUPERENDIVIDAMENTO DO CONSUMIDOR E INSOLVÊNCIA CIVIL

O pedido de repactuação de dívida, nos moldes da Lei nº 14.181/2021, não importa confissão de insolvência para efeito de execução concursal contra devedor civil (art. 104-A, § 5º, do CDC). Por sua vez, os credores de obrigações sujeitas à referida repactuação, aderindo ou não ao plano, ficam impedidos de recorrer ao procedimento comum da insolvência civil: (i) os aderentes, porque se sujeitam aos tempos e condições de pagamento do plano de repactuação; (ii) os não aderentes, porque somente terão retomada a exigibilidade de seus créditos após cumprido o plano de repactuação.

Ocorrendo, porém, descumprimento do acordo homologado, autorizada estará a sua resolução e consequentemente aberta estará a oportunidade para a execução singular ou coletiva contra o consumidor inadimplente.

Os efeitos do plano de repactuação não atingem os credores excepcionados pelo artigo 104-A, § 1º (débitos provenientes de contratos de crédito com garantia real, de financiamento imobiliário e de crédito rural), motivo pelo qual não ficam impedidos de promover a execução cabível.

BIBLIOGRAFIA

AGUIAR JÚNIOR, Ruy Rosado de. A boa-fé na relação de consumo. *Revista de Direito do Consumidor*, n. 14, abr.-jun./1995.

AGUIAR JÚNIOR, Ruy Rosado de. O Poder Judiciário e a Concretização das Cláusulas Gerais: Limites e Responsabilidade. *Revista de Direito Renovar*, n. 18, set.-dez./2000.

AGUIAR JÚNIOR, Ruy Rosado de. *Os contratos bancários e a jurisprudência do Superior Tribunal de Justiça*. Série de Pesquisas do CEJ, Brasília: Conselho da Justiça Federal, 2003, v. 11.

AGUILA-REAL, Jesus Alfaro. *Las condiciones generales de la contratación*. Madrid: Editorial Civitas, 1991.

AGUIRRE, Martinez de; ALDAZ, C. *Derecho comunitário y protección de los consumidores*. Madrid: Actualidad, 1990.

ALMEIDA, Aliete Marisa S. D. N. A publicidade enganosa e o controle estabelecido pelo Código de Defesa do Consumidor. *Revista de Direito do Consumidor*, São Paulo: RT, ano 14, n. 53, jan.-mar./2005.

ALMEIDA, Carlos Ferreira de. *Direito do Consumo*. Coimbra: Almedina, 2005.

ALMEIDA, João Batista de. *Aspectos controvertidos da ação civil pública*. São Paulo: RT, 2001.

ALVIM, Pedro. *O contrato de seguro*. 3. ed. Rio de Janeiro: Forense, 1999.

AMARAL, Renata Campetti; GONÇALVES, Caroline Visentini Ferreira; KRETZMANN, Renata Pozzi. A proteção da confiança do consumidor por meio da adoção de boas práticas na era da transparência radical. *Revista Brasileira de Direito Comercial*, nº 25, out.-nov./2018, p. 27-39.

AMARAL JÚNIOR, Alberto. *Comentários ao Código de Proteção do Consumidor*. São Paulo: Saraiva, 1991.

AMARAL SANTOS, Moacyr. *Prova judiciária no cível e no comercial*. 4. ed. São Paulo: Max Limonad, 1970, v. I.

AMORIM, Edgar Carlos de. *O juiz e a aplicação das leis*. 3. ed. Rio de Janeiro: Forense, 1997.

AMORIM FILHO, Agnelo. Critério Científico para distinguir a prescrição da decadência e para identificar ações imprescritíveis. *Revista de Direito Processual Civil*, São Paulo, Saraiva, v. 3, jan./1962.

ANDREWS, Neil. *O moderno processo civil* – formas judiciais e alternativas de resolução de conflitos na Inglaterra. 2. ed. São Paulo: RT, 2012.

ARRUDA, Maria Cecília Coutinho de. *Apud* FILOMENO, José Geraldo Brito. *In*: GRINOVER, Ada Pellegrini; BENJAMIN, Antônio Herman de Vasconcellos e; FINK, Daniel Roberto; FILOMENO, José Geraldo Brito; NERY JÚNIOR, Nelson; DENARI, Zelmo. *Código Brasileiro de Defesa do Consumidor* – comentado pelos autores do Anteprojeto. 10. ed. Rio de Janeiro: Forense, 2011, v. 1.

ARRUDA ALVIM. A função social dos contratos no Novo Código Civil. *In*: PASINI, Nelson; LAMERA, Antonio Valdir Úbeda; TALAVERA, Glauber Moreno (coords.). *Simpósio sobre o novo Código Civil brasileiro*. São Paulo: Método, 2003.

ARRUDA ALVIM. *Código de Processo Civil comentado*. São Paulo: RT, 1975, v. I.

ARRUDA ALVIM; ALVIM, Thereza; ALVIM, Eduardo Arruda; MARINS, James. *Código do Consumidor comentado*. 2. ed. São Paulo: RT, 1995.

ASCENSÃO, José de Oliveira. *O Direito* – Introdução e teoria geral. Rio de Janeiro: Renovar, 1994.

ATALIBA, Geraldo. Limites à Revisão Constitucional de 1993. *Revista Trimestral de Direito Público*, v. 3, out./1993.

AUBRY ET RAU, *apud* AMARAL SANTOS, Moacyr. *Prova judiciária no cível e no comercial*. 4. ed. São Paulo: Max Limonad, 1970, v. I.

AZEVEDO, Álvaro Villaça. O novo Código Civil Brasileiro: Tramitação; Função Social do Contrato; Boa-fé Objetiva; Teoria da Imprevisão; e, em Especial, Onerosidade Excessiva – *Laesio Enormis*. *Revista Jurídica*. Porto Alegre, v. 308, jun/2003.

AZEVEDO, Antonio Junqueira de. Responsabilidade Pré-Contratual no Código de Defesa do Consumidor: Estudo Comparativo com a Responsabilidade Pré-Contratual no Direito Comum. *Revista de Direito do Consumidor*, v. 18, abr.--jun./1996.

AZEVEDO, Antonio Junqueira de. *Estudos e pareceres de direito privado*. São Paulo: Saraiva, 2004.

AZEVEDO, Antonio Junqueira de. Princípios do novo direito contratual e desregulamentação do mercado (parecer). *Revista dos Tribunais*, v. 750, abr./1998.

AZEVEDO, Marina Barbosa; MAGALHÃES, Vanessa de Pádua Rios. A responsabilidade dos influenciadores digitais pelos produtos e serviços divulgados nas redes sociais. *Revista Síntese: direito civil e processual civil*. n. 138, jul.-ago./2022.

BARBERO, Domenico. *Sistema del diritto privato italiano*. 6. ed. Torino: UTET, 1962, v. 2.

BARBERO, Domenico. *Sistema del derecho privado*. Trad. de Sentis Melendo. Buenos Aires: EJEA, 1967, v. I.

BARBI, Celso Agricola, *apud* SILVA, José Afonso da. *Curso de direito constitucional positivo*. 15. ed. São Paulo: Malheiros, 1998.

BARBOSA MOREIRA, Carlos Roberto. Notas sobre a Inversão do Ônus da Prova em Benefício do Consumidor. In: BARBOSA MOREIRA, José Carlos (coord.). *Estudos de direito processual em memória de Luiz Machado Guimarães*. Rio de Janeiro: Forense, 1997.

BARBOSA MOREIRA, José Carlos. *Tema de direito processual*. 3. ed. São Paulo: Saraiva, 1984.

BARBOSA MOREIRA, José Carlos. A Proteção Jurisdicional dos Interesses Coletivos ou Difusos. *Apud* GRINOVER, Ada Pellegrini et al. *A tutela dos interesses difusos*. São Paulo: Max Limonad, 1984.

BARBOSA, Oriana Piske de A; FARIA, Cláudio Nunes; SILVA, Cristiano Alves da. 26 anos do Código de Defesa do Consumidor (CDC): Marco em inovação e cidadania. *Juris Penum*, v. 74, Caxias do Sul, mar/2017.

BARENGHI, A. *La nuova disciplina delle clausole vessatorie nel codice civile*. Napoli: Jovene, 1996.

BARLETTA, Fabiana Rodrigues. *A revisão contratual no Código Civil e no Código de Defesa do Consumidor*. São Paulo: Saraiva, 2002.

BARROS MONTEIRO, Washington de. *Curso de direito civil* – parte geral. 39. ed. São Paulo: Saraiva, 2003.

BARROS MONTEIRO, Washington de. *Curso de direito civil*. 28. ed. São Paulo: Saraiva, 1995, v. V.

BASTOS, Celso Ribeiro. *Comentários à Constituição do Brasil*. São Paulo: Saraiva, 1989, v. II.

BATALHA, Campos. Dialética da Abstração e da Concreticidade no Direito. *Revista Forense*, v. 269, jan.-fev.-mar./1980.

BENJAMIN, Antonio Herman de Vasconcellos e. O conceito jurídico de consumidor. *Revista dos Tribunais*, São Paulo: ano 77, n. 628, fev./1988.

BENJAMIN, Antonio Herman de Vasconcellos e; MARQUES, Cláudia Lima; MIRAGEM Bruno. *Comentários ao Código de Defesa do Consumidor*. São Paulo: RT, 2006.

BENJAMIN, Antonio Herman de Vasconcellos e. In: GRINOVER, Ada Pellegrini; BENJAMIN, Antônio Herman de Vasconcellos e; FINK, Daniel Roberto; FILOMENO, José Geraldo Brito; NERY JÚNIOR, Nelson; DENARI, Zelmo. *Código Brasileiro de Defesa do Consumidor* – comentado pelos autores do Anteprojeto. 10. ed. Rio de Janeiro: Forense, 2011, v. 1.

BENJAMIN, Antonio Herman de Vasconcellos e; MARQUES, Cláudia Lima; BESSA, Leonardo Roscoe. *Manual de direito do consumidor*. 5. ed. São Paulo: RT, 2013.

BENJAMIN, Antonio Herman de Vasconcellos e. *In:* COELHO, Fábio Ulhoa *et al*. *Comentários ao código de proteção do consumidor* (coord. De Juarez de Oliveira). São Paulo: Saraiva, 1991, p. 66.

BERGSTEIN, Laís; MARQUES, Cláudia Lima. A valorização e a tutela do tempo do consumidor: a nova posição do STJ sobre responsabilidade do comerciante por vícios. *Revista dos Tribunais*, v. 997, nov. 2018, p. 219, p. 211 a 226.

BESSA, Leonardo Roscoe. Fornecedor equiparado. *Revista de Direito do Consumidor*. n. 61, jan.-mar./2007.

BESSA, Leonardo Roscoe. Responsabilidade pelo fato do produto: questões polêmicas. *Revista de Direito do Consumidor*, n. 89, set.-out./2013.

BESSA, Leonardo Roscoe; MOURA, Walter. Nota de esclarecimento – Resp. n. 1.061.530. *Revista de Direito do Consumidor*, n. 69, jan.-mar./2009.

BEVILÁQUA, Clóvis. *Teoria geral do direito*. Ed. atualizada por Caio Mário da Silva Pereira. Rio de Janeiro: Ed. Rio-Livraria Francisco Alves, 1975.

BEZERRA, Márcia Fernandes. Tutela dos interesses coletivos do consumidor no direito brasileiro: A questão da legitimidade. *Revista de Processo*, n. 150, ago/2007.

BIDINE JUNIOR, Hamid Charaf. Responsabilidade civil em infecção hospitalar e na anestesiologia. *In*: SILVA, Regina Beatriz Tavares da (coord.). *Responsabilidade civil da área de saúde*. São Paulo: Saraiva, 2007.

BITTAR, Carlos Alberto. Do dano moral coletivo no atual contexto jurídico brasileiro. *Revista de Direito do Consumidor*, n. 12, out.-dez./1994.

BITTAR, Carlos Alberto. *Direitos do Consumidor*. Rio de Janeiro: Forense Universitária, 1990.

BITTAR, Carlos Alberto. Os contratos de adesão e o sancionamento de cláusulas abusivas. *Revista dos Tribunais*, v. 648, out./1989.

BOBBIO, Norberto. Igualdad y dignidad de lós hombres. In: *El tiempo de los derechos*. Madrid: Sistema, 1991.

BONAVIDES, Paulo. *Direito constitucional*. 2. ed. Rio de Janeiro: Forense, 1986.

BORDA, Alejandro. *La teoría de los actos propios*. 2. ed. Buenos Aires: Abeledo-Perrot, 1993.

BORGES, Gustavo; MOTTIN, Roberta Weirich. Responsabilidade civil por ausência de consentimento informado no atendimento médico: panorama jurisprudencial do STJ. *Revista de Direito Privado*, n. 64, out.-dez./2015.

BORGES, Nelson. A Teoria da Imprevisão do Direito Português. *Gênesis* – Revista de Direito Processual Civil, v. 13.

BORREGO, Christiane. As relações de consumo e a teoria do valor do desestímulo em face da globalização dos negócios jurídicos. *Revista Síntese:* Direito Civil e Processual Civil, n. 104, nov.-dez./2016.

BRASIL. Informativo CNJ. Serviço: o que muda com a lei do superendividamento. *Revista Síntese: Direito Civil e Processual Civil*, n. 133, set.-out./2021.

BRAUNER, Daniela Corrêa Jacques. Estado, mercado e defesa do consumidor: uma leitura da proteção constitucional ao consumidor superendividado à luz da intervenção do Estado na ordem econômica. *Revista de Direito do Consumidor*, n. 96, nov.-dez./2014.

BRESSAN, Lucia. Le aste on line. *In*: *Commercio eletronico e tutela del consumatore* (a cura di G. Cassano). Milano, 2003.

BRESSER-Pereira, Luiz Carlos. *Direito e desenvolvimento econômico*. Disponível em: <http://www.bresserpereira.org.br/articles/08.12.Direito_e_Desenvolvimento.pdf>. Acesso em: 03.08.2015.

BRICKS, Helène, *apud* MARQUES, Cláudia Lima. *Contratos no Código de Defesa do Consumidor*. 5. ed. São Paulo: RT, 2005.

BRUNHARI, Andrea de Almeida; ZULIANI, Ênio Santarelli. O consumidor e seus direitos diante de erros médicos e falhas de serviços hospitalares. *Revista Síntese:* Direito Civil e Processual Civil, v. 77, mai-jun/2012.

BUENO, Cassio Scarpinella. *In*: MARCATO, Antônio Carlos (coord.). *Código de Processo Civil Interpretado*. São Paulo: Atlas, 2004.

BULOS, Uadi Lamêgo. *Mandado de segurança coletivo*. São Paulo: RT, 1996.

BUZAID, Alfredo. *Agravo de petição no sistema do Código de Processo Civil*. São Paulo: Saraiva, 1956.

CABRAL, Plínio. *Propaganda, técnica da comunicação industrial e comercial*. São Paulo: Atlas, 1986.

CALAIS-AULOY, Jean; STEINMETZ, Frank. *Droit de la consommation*. 6. ed. Paris: Dalloz, 2003.

CALAIS-AULOY, Jean; STEINMETZ, Frank. *Droit de la consommation*. 4. ed. Paris: Dalloz, 1996.

CALMON DE PASSOS, José Joaquim. O risco na sociedade moderna e seus reflexos na teoria da responsabilidade civil e na natureza jurídica do contrato de seguro. *I Fórum de Direito do Seguro José Sollero Filho*: anais. São Paulo: Max Limonad, 2001.

CALMON DE PASSOS, José Joaquim. *Mandato de segurança coletivo, Mandado de injunção*, Habeas data. Rio de Janeiro: Forense, 1991.

CALMON DE PASSOS, José Joaquim. *Poder, justiça e processo*. Rio de Janeiro: Forense, 1999.

CALVOSA, Carlo. *Il processo cautelar.* Torino: UTET, 1970.

CANOTILHO, J. J. Gomes. *Direito Constitucional.* 4. ed. 2. Reimp. Coimbra: Almedina, 1989.

CAPPELLETTI, Mauro. Tutela dos interesses difusos. *Ajuris*, v. 33.

CARBONIER, Jean. *Derecho civil.* Barcelona: Bosch, 1971. V. II.

CARBONIER, Jean. *Essais sur les Lois.* 2. ed. Paris: Repertoire du Notariat Defrénois, 1995.

CARDOSO, Benjamin. *A natureza do processo e a evolução do direito.* Porto Alegre: Coleção Ajuris, 1978.

CARLINI, Angélica. *Judicialização da saúde pública e privada.* Porto Alegre: Livraria do Advogado, 2014.

CARPENA, Heloisa. Afinal, quem é o consumidor? Campo de aplicação do CDC à luz do princípio da vulnerabilidade. *Revista Trimestral de Direito Civil*, Rio de Janeiro: Renovar, v. 19, jul.-set./2004.

CARPENTER, Luiz F. *Da Prescrição.* 3. ed. Rio de Janeiro: Ed. Nacional de Direito, 1958, v. 1.

CARVALHO, José Carlos Maldonado de. Decadência e prescrição no CDC: vício e fato do produto e do serviço. *Revista da EMERJ* – Escola da Magistratura do Rio de Janeiro, v. 10, n. 140, 2007.

CARVALHO FILHO, José dos Santos. *Ação civil pública.* 2. ed. Rio de Janeiro: Lumen Juris, 1999.

CASTRO BISNETTO, Lauro Simões de; CAMACHO, Henrique. Contrato de alienação fiduciária nas relações de consumo: uma leitura fundamental. *Revista Brasileira de Direito Comercial*, v. 12, ago.-set./2016.

CAVALIERI FILHO, Sérgio. *Programa de responsabilidade civil.* 2. ed. São Paulo: Malheiros, 1998.

CAVALIERI FILHO, Sérgio. A Responsabilidade do Incorporador/Construtor no Código do Consumidor. *Revista de Direito do Consumidor*, v. 26, abr.-jun./1998.

CAVALIERI FILHO, Sérgio. *Programa de responsabilidade civil.* 6. ed. rev., aum. e atual. 2. tir. Malheiros: São Paulo, 2005.

CAVALIERI FILHO, Sérgio. *Programa de responsabilidade civil.* 7. ed. São Paulo: Atlas, 2007.

CHALHUB, Melhim. A promessa de compra e venda no contexto da incorporação imobiliária e os efeitos do desfazimento do contrato. *Revista de Direito Civil Contemporâneo*, v. 7, abr.-jun./2016.

COELHO, Fábio Ulhoa. *Os empresários e o direito do consumidor.* São Paulo: Saraiva, 1994.

COELHO, Fábio Ulhoa. *Curso de direito comercial.* 5. ed. São Paulo: Saraiva, 2005. v. 3.

COELHO, Fábio Ulhoa. A publicidade enganosa no Código de Defesa do Consumidor. *Revista de Direito do Consumidor,* São Paulo: RT, out.-dez./1993.

COELHO, Fábio Ulhoa. *Comentários ao Código do Consumidor.* São Paulo: Saraiva, 1991.

COMPARATO, Fábio Konder. *Para viver a democracia.* São Paulo: Brasiliense, 1989.

COMPARATO, Fábio Konder. A proteção do consumidor: Importante capítulo do Direito Econômico. *Revista de Direito Mercantil, Industrial, Econômico, Financeiro,* São Paulo, 15/16, nova série, 1974.

COMPARATO, Fábio Konder. A proteção do consumidor na Constituição brasileira, *Revista de Direito Mercantil,* v. 80, out.-dez./1990.

CONSIDERANDOS DA DIRETIVA 2000/31/CEE, versão em português disponível em: <http://eur-lex.europa.eu/legal-content/PT/TXT/PDF/?uri=CELEX:32000L0031&rid=1>. Acesso em: 03.01.2017.

CONSIDERANDOS DA DIRETIVA 85/374/CEE, versão em português disponível em: <http://eur-lex.europa.eu/legalcontent/PT/TXT/PDF/?uri=CELEX:31985L0374&qid=1482837564338&from=EN>. Acesso em: 27.12.2016.

CORDEIRO, Carlos José; GOMES, Josiane Araújo. Revisão judicial dos contratos como instrumento de equilíbrio econômico contratual. *Revista Síntese – Direito Civil e Processual Civil,* v. 73, set.-out./2011.

CORNU, Gérard; FOYER, Yean. *Procedure civile.* 3. ed. Paris: P-U-E, 1966.

CORRÊA, Oscar Dias. *A Constituição de 1988* – contribuição crítica. Rio de Janeiro: Forense Universitária, 1991.

COUTO E SILVA, Almiro do. Prescrição Quinquenária da Pretensão Anulatória da Administração Pública com Relação a seus Atos Administrativos. *Revista de Direito Administrativo,* v. 204, abr.-jun./1996.

COUTO E SILVA, Almiro do. Princípios da Legalidade da Administração Pública e da Segurança Jurídica no Estado de Direito Contemporâneo. *Revista de Direito Administrativo,* v. 84, out.-dez./1987.

COVAS, Silvânio. Senado Federal aprova a Lei do Cadastro Positivo, *In: Tribuna de Direito,* 213/13. Apud MORATO, Antônio Carlos. O cadastro positivo de consumidores e seu impacto nas relações de consumo. *Revista de Direito Bancário e do Mercado de Capitais,* v. 53, jul.-set./2011.

CRETELLA JR., José; DOTTI, René Ariel (coord.) et al. *Comentários ao Código do Consumidor.* Rio de Janeiro: Forense, 1992.

CUNHA, Alcides Muñoz da. A evolução das ações coletivas no Brasil. *Revista de Processo,* v. 77, jan.-mar./1995.

DALLARI, Dalmo de Abreu. Segurança e Direito. *In: Renascer do direito.* 2. ed. São Paulo: Saraiva, 1980.

DANZ, E. *La interpretación de los negocios jurídicos.* Trad. Francisco Bonet Ramon. Madrid: Editorial Revista de Derecho Privado, 1955.

DE LUCCA, Newton. O direito de arrependimento no âmbito do comércio eletrônico. *Revista Luso-Brasileira do Direito do Consumo*, Curitiba: JM Livraria e Editora Ltda., v. 8, 2011, p. 11-40.

DE PAULA, Alexandre. *O processo civil à luz da jurisprudência*. Rio de Janeiro: Forense, 1985, v. VII.

DELGADO, José Augusto. Interpretação dos Contratos Regulados pelo Código de Proteção ao Consumidor. *Revista Jurídica*, v. 263, set/1999.

DENARI, Zelmo. *In:* GRINOVER, Ada Pellegrini; BENJAMIN, Antônio Herman de Vasconcellos e; FINK, Daniel Roberto; FILOMENO, José Geraldo Brito; NERY JÚNIOR, Nelson; DENARI, Zelmo. *Código brasileiro de Defesa do Consumidor – comentado pelos autores do Anteprojeto*. 10. ed. Rio de Janeiro: Forense, 2011, v. 1.

DETROZ, Deslayne; PINHEIRO, Rosalice Fidalgo. A hipervulnerabilidade e os direitos fundamentais do consumidor idoso no direito brasileiro. *In Revista Luso-Brasileira do Direito do Consumo*. Curitiba: JM Livraria e Editora Ltda., v. 8, 2011, p. 129 a 164.

DIDIER JÚNIOR, Fredie; ZANETI JÚNIOR, Hermes. *Curso de direito processual civil*. 11. ed. Salvador: JusPodivm, 2017. v. 4.

DI PIETRO, Maria Silvia. *Direito administrativo*. São Paulo: Editora Atlas, 2005.

DINAMARCO, Cândido Rangel. *A instrumentalidade do processo*. 5. ed. São Paulo: Malheiros, 1996.

DINIZ, Maria Helena. *Curso de direito civil brasileiro*. São Paulo: Saraiva, 1988, v. III.

DIREITO, Carlos Alberto Menezes. A Decisão Judicial. *Revista Forense*. Rio de Janeiro, v. 351. jul.-set./2000.

DIRETIVA 2000/31/CEE, versão em português disponível em: <http://eur-lex.europa.eu/legal-content/PT/TXT/PDF/?uri=CELEX:32000L0031&rid=1>. Acesso em: 03.01.2017.

DIRETTIVA 93/13/CEE *apud* ITALIA, Vittorio (coord.). *Codice del Consumo*. Milano: Giuffrè, 2006.

DIZ, Nelson Nascimento. Apontamentos sobre a Legitimação das Entidades Associativas para a Propositura de Ações Coletivas em Defesa de Direitos Individuais Homogêneos de Consumidores. *Revista Forense*, v. 350, abr.-jun./2000.

DONA, Massimiliano. *Il codice del consumo*. Torino: G. Giappichelli Editore, 2005.

DONNINI, Rogério Ferraz. *A revisão dos contratos no Código Civil e no Código de Defesa do Consumidor*. São Paulo: Saraiva, 1999.

DUQUE, Marcelo Schenk. O dever fundamental do Estado de proteger a pessoa da redução da função cognitiva provocada pelo superendividamento. *Revista de Direito do Consumidor*, n. 94, jul.-ago./2014.

ESPOLADOR, Rita de Cássia Resquetti Tarifa; PAVÃO, Juliana Carvalho. Termo de consentimento livre e esclarecido como mecanismo de afastamento do erro nos negócios biojurídicos. *Revista dos Tribunais*, v. 1001, São Paulo, março de 2019, p. 189 a 204.

FANTONI JÚNIOR, Neyton. Segurança Jurídica e Interpretação Constitucional. *Revista Jurídica*, v. 238, ago/1997.

FARIAS, Cristiano Chaves de; ROSENVALD, Nelson. *Curso de direito civil*: contratos. 8. ed. rev. e atual. Salvador: JusPodivm, 2018.

FERREIRA, Wolgram Junqueira. *Ação civil pública*. Campinas: Julex Livros, 1987.

FILOMENO, José Geraldo Brito. *In*: GRINOVER, Ada Pellegrini; BENJAMIN, Antônio Herman de Vasconcellos e; FINK, Daniel Roberto; FILOMENO, José Geraldo Brito; NERY JÚNIOR, Nelson; DENARI, Zelmo. *Código Brasileiro de Defesa do Consumidor* – comentado pelos autores do Anteprojeto. 10. ed. Rio de Janeiro: Forense, 2011, v. 1.

FILOMENO, José Geraldo Brito. Resolução Contratual e o Art. 53 do Código do Consumidor. *In: Uma vida dedicada ao direito, estudos em homenagem a Carlos Henrique de Carvalho*. São Paulo: RT, 1995.

FINATTI, Mauro André Mendes. A política do consumidor na Comunidade Europeia. *In*: CASELLA, Paulo Borba (coord.). *Contratos internacionais e direito econômico no Mercosul* – Após o término do período de transição. São Paulo: LTr, 1996.

FIX-ZAMUDIO, Héctor. *Las Garantias Constitucionales del Processo Civil*. México: UNAM, 1974.

FORIERS, Paul Alain. *La caducité des obligations contractuelles par disparition d'um élément essentiel à leur formation*. Bruxelles: Bruylant, 1998.

FRADERA, Véra Jacob de. Pode o credor ser instado a diminuir o próprio prejuízo? *Revista Trimestral de Direito Civil*, v. 19, Rio de Janeiro, jul.-set./2004.

FRANCO, J. Nascimento. *Incorporações imobiliárias*. 2. ed. São Paulo: RT, 1984.

FREITAS, Vladimir Passos de. Da Defesa do Consumidor em Juízo. *In*: CRETELLA JR., José; DOTTI, René Ariel (coord.) *et al. Comentários ao Código do Consumidor*. Rio de Janeiro: Forense, 1992.

FROZZA, Nicole Barzotto; TIECHER, Vitória. A normatividade dos dados sensíveis na LGPD e a conexão com o direito do consumidor. *Revista Síntese de Direito Civil e Processual Civil*, n. 128, nov.-dez./2020.

GAGLIANO, Paulo Stolze; OLIVEIRA, Carlos Eduardo Elias de. Lei do Superendividamento: questões práticas no procedimento judicial de repactuação das dívidas. *Revista Jus Navigandi*, ano 26, n. 6.732, dez./2021. Disponível em: https://jus.com.br/artigos/95307. Acesso em: 05.08.2022.

GAIO JÚNIOR, Antônio Pereira. *O consumidor e sua proteção na União Europeia e Mercosul*. Curitiba: Juruá Editora, 2014.

GANDOLFI, Giuseppe (Coord.). *Code européen des contracts*. Milano: Giuffrè, 1999.

GARRIDO, Renata Lorenzetti. Legitimidade Ativa das Associações para Propositura de Ações Coletivas. *Revista de Direito do Consumidor*, 16, out.-dez./1995.

GARSONNET, apud AMARAL SANTOS, Moacyr. *Prova judiciária no cível e no comercial*. 4. ed. São Paulo: Max Limonad, 1970, v. I.

GASPAR, Alan Monteiro. Responsabilidade civil pela perda indevida do tempo útil do consumidor. *Revista Síntese: Direito Civil e Processual Civil*, nov.-dez./2016.

GHESTIN, Jacques. Avant. *In:* JAMIN, Christophe; MAZEAUD, Denis. *La nouvelle crise du contrat*. Paris: Dalloz, 2003.

GIDI, Antônio. Aspectos da inversão do ônus da prova no Código do Consumidor. *Gênesis*, v. 3.

GIOVANNI, Maria Uda. Integracione del contrato, solidarietà sociale e correspettività delle prestazionni. *Rivista di diritto commerciale*, n. 5-6, 1990. Apud MARTINS-COSTA, Judith. *A boa-fé no direito privado*. São Paulo: RT, 1999.

GODOY, Cláudio Luiz Bueno de. Terceirização nos serviços prestados na área de saúde. *In:* SILVA, Regina Beatriz Tavares da (coord.). *Responsabilidade civil da área de saúde*. São Paulo: Saraiva, 2007.

GOLDIM JR. *Apud* BORGES, Gustavo; MOTTIN, Roberta Weirich. Responsabilidade civil por ausência de consentimento informado no atendimento médico: panorama jurisprudencial do STJ. *Revista de Direito Privado*, n. 64, out.-dez./2015.

GOMES, Fernando de Paula. Do contrato: interpretação e boa-fé. *Revista de Direito Privado*, v. 27, jul.-set./2006.

GOMES, Orlando. *Transformações gerais do direito das obrigações*. São Paulo: RT, 1967.

GOMES, Orlando. *Contratos*. 25. ed. Rio de Janeiro: Forense, 2002.

GOMES, Orlando. *Contratos*. 23. ed. Rio de Janeiro: Forense, 2001.

GOMES, Orlando. *Contratos*. 19. ed. Rio de Janeiro: Forense, 1999.

GOMES, Orlando. *Introdução ao direito civil*. 18.ed. Rio de Janeiro: Forense, 2002.

GONÇALVES, Aroldo Plínio. *Técnica processual e teoria do processo*. Rio de Janeiro: Aide, 1992.

GONÇALVES, Caroline Visentini Ferreira; AMARAL, Renata Campetti; KRETZMANN, Renata Pozzi. A proteção da confiança do consumidor por meio da adoção de boas práticas na era da transparência radical. *Revista Brasileira de Direito Comercial*, n. 25, out.-nov./2018.

GONZÁLEZ, María Paz Sánchez. *Alteraciones económicas y obligaciones contractuales: la cláusula Rebus Sic Stantibus*. Madrid: Editorial Tecnos, 1990.

GORASSINI, Attilio. *Contributo per un sistema della responsabilità del produtore*. Milano: Giuffrè, 1990.

GRAU, Eros Roberto. Déspota de si mesmo. *In: Decisão*, Belo Horizonte: Amagis, set/2007.

GRAU, Eros Roberto. Um novo Paradigma dos Contratos? *Revista Trimestral de Direito Civil*, v. 5, jan.-mar./2001.

GRAU, Eros Roberto. Um novo paradigma dos contratos? *Revista da Faculdade de Direito da Universidade de São Paulo*, n. 96, 2001.

GRAZIUSO, Emilio. Comentário ao art. 33 do Codice del Consumo. *In*: ITALIA, Vittorio (coord.). *Codice del Consumo*. Milano: Giuffrè, 2006.

GRECO FILHO, Vicente. *Comentários ao Código de Defesa do Consumidor*. São Paulo: Saraiva, 1991.

GRECO FILHO, Vicente. *Direito processual civil brasileiro*. 19. ed. São Paulo: Saraiva, 2008, v. 3.

GRINBERG, Rosana. Fato do produto ou do serviço: acidentes do consumo. *Revista de Direito do Consumidor*, São Paulo, v. 35, jul.-set./2000.

GRINOVER, Ada Pellegrini; BENJAMIN, Antônio Herman de Vasconcellos e; FINK, Daniel Roberto; FILOMENO, José Geraldo Brito; NERY JÚNIOR, Nelson; DENARI, Zelmo. *Código Brasileiro de Defesa do Consumidor* – comentado pelos autores do Anteprojeto. 10. ed. Rio de Janeiro: Forense, 2011, v. 1.

GRINOVER, Ada Pellegrini (coord.) et al. *Código Brasileiro de Defesa do Consumidor comentado pelos autores do anteprojeto*. 12. ed. Rio de Janeiro: Forense, 2012.

GRINOVER, Ada Pellegrini. *Código Brasileiro de Defesa do Consumidor*: comentado pelos autores do anteprojeto. Rio de Janeiro: Forense, 2011, v. II.

GRINOVER, Ada Pellegrini. *As condições da ação penal (uma tentativa de revisão)*. São Paulo: José Bushatsky, 1977.

GRINOVER, Ada Pellegrini. Legitimidade da Defensoria Pública para ação civil pública. *Revista de Processo*, n. 165, nov./2008.

GRINOVER, Ada Pellegrini. A ação civil pública refém do autoritarismo. *Revista de Processo*, n. 96, out.-dez./1999.

GRINOVER, Ada Pellegrini. *A marcha do processo*. Rio de Janeiro: Forense Universitária, 2000.

GRINOVER, Ada Pellegrini. *As garantias constitucionais do direito de ação*. São Paulo: RT, 1973.

GRINOVER, Ada Pellegrini et al. *A tutela dos interesses difusos*. São Paulo: Max Limonad, 1984.

GRINOVER, Ada Pellegrini; WATANABE, Kazuo; NERY JÚNIOR, Nelson. *Código brasileiro de defesa do consumidor*: comentado pelos autores do anteprojeto. 10. ed. Rio de Janeiro: Forense, 2011, v. II.

GUERRA FILHO, Willis Santiago. *Processo constitucional e direitos fundamentais*. 4. ed. São Paulo: RCS, 2005.

GUSMÃO, Paulo Dourado. *Introdução ao estudo do direito*. 16. ed. Rio de Janeiro: Forense, 1994.

HIERRO, J. Manuel Fernández. *La modificación del contrato*. Pamplona: Aranzadi Editorial, 1992.

INFORMATIVO do CNJ. CNJ Serviço: o que muda com a lei do superendividamento. *Revista Síntese: Direito Civil e Processual Civil*, n. 133, set.-out./2021.

ITURRASPE, Jorge Mosset. *Contratos conexos*. Buenos Aires: Rubinzal-Culzoni Editores, 1999.

ITURRASPE, Jorge Mosset. *Justicia contractual*. Buenos Aires: Ediar, 1977.

IUDICA, Giovani. ZATTI, Paolo. *Linguaggio e regole del diritto privato*. 3. ed. Padova: CEDAM, 2002.

KANT, Immanuel. *Fundamentação da metafísica dos costumes*. Trad. De Paulo Quintela. Lisboa: Edições 70, 2005, p. 69. *Apud*: MARQUES, Vinícius Pinheiro; LORENTINO, Sérgio Augusto Pereira. A dignidade humana no pensamento de Kant como fundamento do princípio da lealdade processual. *Revista Boni-Juris*, Curitiba, n. 62, nov./2014.

KELSEN, Hans. *Teoria general del derecho y del Estado*. Trad. De Garcia Mainez, 1950.

KLANG, Márcio. *A teoria da imprevisão e a revisão dos contratos*. São Paulo: RT, 1983.

KLEE, Antonia Espindola Longoni. *Comércio eletrônico*. São Paulo: RT, 2014.

KRETZMANN, Renata Pozzi; AMARAL, Renata Campetti; GONÇALVES, Caroline Visentini Ferreira. A proteção da confiança do consumidor por meio da adoção de boas práticas na era da transparência radical. *Revista Brasileira de Direito Comercial*, nº 25, out.-nov./2018.

LARROZA, Ricardo Osvaldo. Imprevisión Contractual. *In*: STIGLITZ, Rubén S. (coord.). *Contratos* – Teoría general. Buenos Aires: Depalma, 1993, v. II.

LEÃES, Luiz Gastão Paes de Barros. *A responsabilidade do fabricante pelo fato do produto*. São Paulo: Resenha Tributária, 1984, p. 221; *apud* FILOMENO, Jose Geraldo Brito. *In*: GRINOVER, Ada Pellegrini *et al*. *Código Brasileiro de Defesa do Consumidor* – comentado pelos autores do Anteprojeto. 10. ed. Rio de Janeiro: Forense, 2011, v. 1.

LEONARDI, Marcel. Responsabilidade civil dos provedores de serviços de Internet, 2005. Disponível em: <http://www.estig.ipbeja.pt/~ac direito/mlrcpsi.pdf>. Acesso em: 06.04.2011.

LESPRO, Orestes Nestor de Souza. *A responsabilidade civil do juiz*. São Paulo: RT, 2000.

LIEBMAN, Enrico Tullio. *Manual de direito processual civil*. Rio de Janeiro: Forense, 1984, v. I.

LIEBMAN, Enrico Tullio. *Manuale di diritto processuale civile*. 2. ed. Milano: A Giuffrè, 1968, v. I.

LIEBMAN, Enrico Tullio. *Problemi del processo civile*. Napoli: Morano, 1962.

LIMA, Clarissa Costa de. Diretiva 2014/17/EU do Parlamento Europeu e do Conselho relativa aos contratos de crédito aos consumidores para imóveis de habitação. *Revista de Direito do Consumidor*, n. 93, mai.-jun./2017.

LIMBERGER, Têmis. A vulnerabilidade do consumidor pela (des)informação e a responsabilidade civil dos provedores na Internet. *Revista de Direito do Consumidor*, n. 9, jan.-mar./1994.

LINS, Jair. Observações ao Anteprojeto de Código das Obrigações. *Revista do Instituto da Ordem dos Advogados de Minas Gerais*.

LOBÃO, Manuel de Almeida e Souza de. *Apud* AMARAL SANTOS, Moacyr. *Prova judiciária no cível e no comercial*. 4. ed. São Paulo: Max Limonad, 1970, v. I.

LOPES DA COSTA, Alfredo Araújo. *Medidas preventivas*. 2. ed. Belo Horizonte: B. Alvares, 1958.

LOPES NETO, Antônio; ZUCHERATTO, José Maria. *Teoria e prática da ação civil pública*. São Paulo: Saraiva, 1987.

LUCON, Paulo Henrique dos Santos. *In:* MARCATO, Antônio Carlos (coord.). *Código de Processo Civil Interpretado*. São Paulo: Atlas, 2004.

MACHADO, Hugo de Brito. Aspectos da competência do Ministério Público e atividade política, *Revista dos Tribunais*, v. 698, dez./1993.

MACHADO, Hugo de Brito. *Mandado de segurança em matéria tributária*. 2. ed. São Paulo: RT, 1995.

MAGGIORE *apud* GUSMÃO, Paulo Dourado. *Introdução ao estudo do direito*. 16. ed. Rio de Janeiro: Forense, 1994.

MAINEZ, Garcia. *Lógica del raciocínio jurídico*. México: Editorial Fondo de Cultura Económica, 1964.

MALHEIRO, Emerson Penha; PIMENTA, Enki Della Santa. A responsabilidade civil do *digital influencer* nas relações de consumo na sociedade da informação. *Revista de Direito do Consumidor*, v. 137, set.-out./2021.

MANCUSO, Rodolfo de Camargo. *Comentários ao Código de Proteção do Consumidor*. São Paulo: Saraiva, 1991.

MANCUSO, Rodolfo de Camargo. *Interesses difusos*. 5. ed. São Paulo: RT, 2000.

MANCUSO, Rodolfo de Camargo. O município enquanto colegitimado para a tutela dos interesses difusos. *Revista de Processo*, v. 84, São Paulo, out.-dez./1996.

MARÇAL, Sérgio Pinheiro. Código de defesa do consumidor: definições, princípios e o tratamento da responsabilidade civil. *Revista de Direito do Consumidor*, n. 6, abr.-jun./1993.

MARINS, James. *Responsabilidade da empresa pelo fato do produto:* os acidentes de consumo no Código de Proteção e Defesa do Consumidor. São Paulo: RT, 1993.

MARQUES, Cláudia Lima. *Contratos no Código de Defesa do Consumidor.* 5. ed. São Paulo: RT, 2005.

MARQUES, Cláudia Lima; BENJAMIN, Antônio Herman Vasconcellos; MIRAGEM, Bruno. *Comentários ao Código de Defesa do Consumidor.* São Paulo: RT, 2003.

MARQUES, Cláudia Lima; BENJAMIN, Antonio Herman Vasconcellos; MIRAGEM, Bruno. *Comentários ao Código de Defesa do Consumidor.* 7. ed. São Paulo: RT, 2021.

MARQUES, Cláudia Lima. Algumas perguntas e respostas sobre prevenção e tratamento do superendividamento dos consumidores pessoas físicas. *Revista de Direito do Consumidor*, n. 75, jul.-set./2010.

MARQUES, Cláudia Lima; KLEE, Antônia Espínola. Os direitos do consumidor e a regulamentação do uso da internet no Brasil: convergência no direito às informações claras e completas nos contratos de prestação de serviços de internet. In: LEITE, George Salomão; LEMOS, Ronaldo (Coord.). *Marco civil da internet.* São Paulo: Atlas, 2014.

MARQUES, Cláudia Lima. *Confiança no comércio eletrônico e a proteção do consumidor.* São Paulo: RT, 2004.

MARQUES, Cláudia Lima. Notas sobre o Sistema de Proibição de Cláusulas Abusivas no Código Brasileiro de Defesa do Consumidor. *Revista Jurídica*, v. 268, fev/2000.

MARQUES, Cláudia Lima. In: SILVA, Luís Renato Ferreira da. *Revisão dos contratos.* Rio de Janeiro: Forense, 1999.

MARQUES, Cláudia Lima. Solidariedade na doença e na morte: sobre a necessidade de ações afirmativas em contratos de planos de saúde e de planos funerários frente ao consumidor idoso. In SARLET, Ingo Wolfgang (org.). *Constituição, direitos fundamentais e direito privado.* Porto Alegre: Livraria do Advogado, 2003.

MARQUES, Cláudia Lima; BERGSTEIN, Laís. A valorização e a tutela do tempo do consumidor: a nova posição do STJ sobre responsabilidade do comerciante por vícios. *Revista dos Tribunais*, v. 997, nov/2018, p. 219, p. 211-226.

MARQUES, José Frederico. *Instituições de direito processual civil.* Rio de Janeiro: Forense, 1958, v. I.

MARQUES, Vinicius Pinheiro; LORENTINO, Sérgio Augusto Pereira. A dignidade humana no pensamento de Kant como fundamento do princípio da lealdade processual. *Revista Boni-juris*. Curitiba, n. 612, nov/2014.

MARTINS, Guilherme Magalhães. *Responsabilidade civil por acidente de consumo na internet.* São Paulo: RT, 2008.

MARTINS-COSTA, Judith; BRANCO, Gerson Luiz Carlos. *Diretrizes teóricas do novo Código Civil brasileiro.* São Paulo: Saraiva, 2002.

MARTINS-COSTA, Judith. *A boa-fé no direito privado*. São Paulo: RT, 1999.

MASSIMO BIANCA, C. *Diritto civile*. 2. ed. Ristampa. Milano: Giuffrè, 2000, v. III.

MEDEIROS, Morton Luiz Faria de. A Clareza da Lei e a Necessidade de o Juiz Interpretá-la. *Revista Jurídica*. Porto Alegre, v. 277, nov./2000.

MEIRELLES, Hely Lopes. *Mandado de Segurança*. 31. ed. São Paulo: Malheiros, 2008.

MEIRELLES, Hely Lopes. *Mandado de segurança, ação popular e ação civil pública*. 11. ed. São Paulo: RT, 1987.

MELLO, Fernando de Paula Batista. O dano não patrimonial transindividual. *Revista de Direito do Consumidor*, n. 96, nov.-dez./2014.

MELLO, Leonardo Tozarini. A mecanização da vida humana, sociedade de consumo e indenização pela perda do tempo útil do consumidor. *Revista dos Tribunais*, v. 1040, jun./2022.

MENDES JÚNIOR, João, *apud* AMARAL SANTOS, Moacyr. *Prova judiciária no cível e no comercial*. 4. ed. São Paulo: Max Limonad, 1970, v. I.

MENDONÇA, J. X. Carvalho de. *Tratado de direito comercial*. 5. ed. Rio de Janeiro: Freitas Bastos, 1955, v. VI, parte 1.

MENEZES CORDEIRO, António Manuel da Rocha e. *Da boa-fé no direito civil*. Coimbra: Almedina, 1997, v. I, t. I.

MENKE, Fabiano. A interpretação das cláusulas gerais: a subsunção e a concreção dos conceitos. *Revista de Direito do Consumidor*, v. 50, São Paulo, abr/ 2004.

MESSINEO, Francesco. *Doctrina general del contrato*. Buenos Aires: EJEA, 1986, t. II.

MIRAGEM, Bruno. Aperfeiçoamento das competências dos órgãos administrativos de defesa do consumidor – PROCONS. *Revista de Direito do Consumidor*, n. 86, mar.-abr./2013.

MIRAGEM, Bruno. Aspectos característicos da disciplina do comércio eletrônico de consumo – Comentários ao Dec. 7.962, de 15.03.2013. *Revista de Direito do Consumidor*, n. 86, mar.-abr./2013.

MIRAGEM, Bruno. *Curso de direito do consumidor*. 4. ed. São Paulo: RT, 2013.

MIRAGEM, Bruno. *Curso de direito do consumidor*. 8. ed. São Paulo: RT, 2019.

MIRAGEM, Bruno. Prazo de inscrição em bancos de dados restritivos de crédito. *Revista de Direito do Consumidor*, v. 84, out.-dez./2012.

MIRAGEM, Bruno. Comentários ao Dec. 7.829/2012. *Revista de Direito do Consumidor*, v. 84, out.-dez./2012.

MIRAGEM, Bruno. A Lei Geral de Proteção de Dados (Lei 13.709/2018) e o Direito do Consumidor. *Revista dos Tribunais*, v. 1.009, ano 108, nov./2019.

MONTESQUIEU. L'Esprit des Lois, *apud* NEVES, Celso. *Estrutura fundamental do processo civil*. 2. ed. Rio de Janeiro: Forense, 1997.

MORAES, Alexandre de. *Direito Constitucional*. 5. ed. São Paulo: Atlas, 1999.

MORAES, Paulo Valério Dal Pai. Os tabeliães, os oficiais e os registradores e o CDC. *Revista de Direito do Consumidor*, v. 61, jan.-mar./2007.

MORAES, Voltaire de Lima. Dos Direitos Básicos do Consumidor. *In*: CRETELLA JR., José; DOTTI, René Ariel (coord.) *et al. Comentários ao Código do Consumidor.* Rio de Janeiro: Forense, 1992.

MORAES, Voltaire de Lima. Reflexões sobre o art. 285-B do Código de Processo Civil. *Revista de Direito do Consumidor*, n. 88, jul.-ago./2013.

MOREIRA, Carlos Roberto Barbosa. Notas sobre a Inversão do Ônus da Prova em Benefício do Consumidor. *In*: MOREIRA, José Carlos Barbosa (coord.). *Estudos de direito processual em memória de Luiz Machado Guimarães*. Rio de Janeiro: Forense, 1997.

MOTTA FILHO, Carlos Fernando Carvalho. Ensaio sobre a lesão contratual nas relações de consumo, segundo a nova ordem civil. *Revista Forense*, v. 371, jan.--fev./2004.

MOURA, Walter. Aplicação do Código de Defesa do Consumidor. Comentários ao acórdão que julgou o ApCiv 0198704-73.2008.8.19.0001, proferido pelo TJRJ. *Revista de Direito do Consumidor*, v. 88, jul.-ago./2013.

MUNIZ, Igor; CANTIDIANO, Luiz Leonardo (orgs). *Temas de direito bancário e do mercado de capitais*. Rio de Janeiro: Renovar, 2014, *apud* CHALHUB Melhim. A promessa de compra e venda no contexto da incorporação imobiliária e os efeitos do desfazimento do contrato. *Revista de Direito Civil Contemporâneo*, v. 7, abr.--jun./2016.

MUÑOZ, Miguel Ruiz. *La nulidad parcial del contrato y la defensa de los consumidores*. Valladolid: Editorial Lex Nova, 1993.

NADER, Paulo. *Curso de direito civil*. 3. ed. Rio de Janeiro: Forense, 2008. v. 3.

NASCIMENTO, Tupinambá Miguel Castro do. *Comentários ao Código do Consumidor*. 3. ed. Rio de Janeiro: Aide, 1991.

NEGRÃO, Theotônio; GOUVÊA, José Roberto F. *Código Civil e legislação civil em vigor*. 27. ed. São Paulo: Saraiva, 2008.

NEGREIROS, Teresa. *Teoria do contrato: novos paradigmas*. 2. ed. Rio de Janeiro: Renovar, 2006.

NERY JÚNIOR, Nelson, *apud*. FILOMENO, José Geraldo Brito. *In*: GRINOVER, Ada Pellegrini *et al. Código Brasileiro de Defesa do Consumidor* – comentado pelos autores do Anteprojeto. 10. ed. Rio de Janeiro: Forense, 2011, v. 1.

NERY JÚNIOR, Nelson. *In*: GRINOVER, Ada Pellegrini, *et al. Código Brasileiro de Defesa do Consumidor* – comentado pelos autores do Anteprojeto. 10. ed. Rio de Janeiro: Forense, 2011, v. 1.

NERY JÚNIOR, Nelson. Disposições Finais. *In*: GRINOVER, Ada Pellegrini (coord.); WATANABE, Kazuo; NERY JÚNIOR, Nelson. *Código Brasileiro de Defesa do Consumidor:* comentado pelos autores do anteprojeto. 10. ed. Rio de Janeiro: Forense, 2011, v. II.

NEVES, Celso. *Estrutura fundamental do processo civil.* 2. ed. Rio de Janeiro: Forense, 1997.

NORONHA, Fernando. Significado da tutela do consumidor e suas limitações. *Informativo INCIJUR*, n. 61, ago./2004.

NUNES, Rizzatto. Luiz Antônio. *Curso de direito do consumidor:* com exercícios. São Paulo: Saraiva, 2004.

NUNES, Rizzatto. A boa-fé objetiva como paradigma da conduta na sociedade capitalista contemporânea. *Revista dos Tribunais*, v. 1000, fev. 2009, p. 327-333.

NUNES, Rizzato. *Comentários ao Código de Defesa do Consumidor.* 8. ed. São Paulo: Saraiva, 2016.

NUSDEO, Fábio. Da Política Nacional de Relações de Consumo. *In*: CRETELLA JR., José; DOTTI, René Ariel (coord.) *et al. Comentários ao Código do Consumidor.* Rio de Janeiro: Forense, 1992.

OLIVEIRA, Júlio Moraes. Mudanças trazidas pela Lei do Superendividamento: novo paradigma promove o acesso ao crédito responsável e à educação financeira e evita a exclusão social do devedor de boa-fé. *Revista Bonijuris.* Curitiba, ano 34, edição 676, jun.-jul./2022.

OLIVEIRA, Ubirajara Mach de. Princípios Informadores do Sistema de Direito Privado: Autonomia da Vontade e Boa-fé Objetiva. *Revista de Direito do Consumidor.* São Paulo, v. 23-24, jul.-dez./1997.

PASOLD, Cesar Luiz. *Função social do estado contemporâneo.* Florianópolis, 1984. *Apud* SANTOS, Eduardo Sens dos. A função social do contrato – Elementos para uma Conceituação. *Revista de Direito Privado*, São Paulo: RT, v. 13, jan.--mar./2003.

PASQUALOTTO, Adalberto; BASTOS, Ísis Boll de Araujo. Aplicação dos meios adequados de transformação dos conflitos nas relações de consumo. *Revista Brasileira de Direito Comercial, empresarial, concorrencial e do consumidor*, v. 13, out.-nov./2016.

PAVÃO, Juliana Carvalho; ESPOLADOR, Rita de Cássia Resquetti Tarifa. Termo de consentimento livre e esclarecido como mecanismo de afastamento do erro nos negócios biojurídicos. *Revista dos Tribunais*, v. 1001, São Paulo, mar/2019, p. 189 a 204.

PEREIRA, Caio Mário da Silva. *Instituições de direito civil.* 10. ed. Rio de Janeiro: Forense, 1997, v. III.

PEREIRA, Caio Mário da Silva. *Instituições de direito civil.* 11. ed. Rio de Janeiro: Forense, 2003, v. III.

PEREIRA, Caio Mário da Silva. *Instituições de direito civil*. 11. ed. 3. tir. Rio de Janeiro: Forense, 2004, v. III.

PEREIRA, Caio Mário da Silva. Código de Defesa do Consumidor e as Incorporações Imobiliárias. *Revista dos Tribunais*, v. 712, fev./1995.

PEREIRA, Caio Mário da Silva. *Condomínio e incorporações*. 10. ed. Rio de Janeiro: Forense, 1999.

PINHEIRO, Rosalice Fidalgo; DETROZ, Deslayne. A hipervulnerabilidade e os direitos fundamentais do consumidor idoso no direito brasileiro. *In Revista Luso-Brasileira do Direito do Consumo*. Curitiba: JM Livraria e Editora Ltda., v. 8, 2011, p. 129 a 164.

PINTO, Henrique Alves. A vulnerabilidade do consumidor deformada pela ótica subjetiva do intérprete. *Revista de Direito Comercial, empresarial, concorrencial e do consumidor*, v. 13, out.-nov./2016.

PINTO, Roger; GRAWITZ, Madeleine. *Méthodes des sciences sociales*, 1964, t. I, n. 69, apud CARBONNIER, Jean. *Essais sur les Lois*. 2. ed. Paris: Repertoire du Notariat Defrénois, 1995.

PIZZOL, Patricia Miranda. *Tutela coletiva e processo coletivo e técnicas de padronização das decisões*. São Paulo: RT, 2019.

PODETTI, Ramiro. *Teoria y tecnica del processo civil*. Buenos Aires: Ediar, 1963.

PONTES DE MIRANDA, Francisco Cavalcanti. *Tratado de direito privado*. 2. ed. Rio de Janeiro: Borsói, 1962, t. XXXIX.

PRATES, Marcelo Madureira. Código de Defesa do Consumidor e Consumidores Bancários: ainda as repercussões da ADin n. 2.591/DF. A perspectiva publicística. *Revista de Direito Bancário e do Mercado de Capitais*, n. 40, abr.-jun./2008.

REALE, Miguel. *O direito como experiência Apud* MARTINS-COSTA, Judith. *A boa-fé no direito privado*. São Paulo: RT, 1999.

REGO, Werson. Breves apontamentos acerca dos fatos e das questões jurídicas abordadas no Acórdão do Recurso Especial n. 1.300.418-SC (2012/0000392-9). *Revista do Superior Tribunal de Justiça* – Edição comemorativa dos 25 anos do Código de Defesa do Consumidor – 2015, apud CHALHUB, Melhim. A promessa de compra e venda no contexto da incorporação imobiliária e os efeitos do desfazimento do contrato. *Revista de Direito Civil Contemporâneo*, v. 7, abr.--jun./2016.

REINALDO FILHO, Demócrito Ramos. *Responsabilidade por publicações na internet*. Rio de Janeiro: Forense, 2005.

REINALDO FILHO, Demócrito Ramos. Da ação de revisão de contrato bancácio – algumas questões processuais. *Revista Forense*, v. 417, jan.-jun./2013.

RIBEIRO, Gustavo Pereira. *Arbitragem nas relações de consumo*. Curitiba: Juruá, 2011.

RIBEIRO, Joaquim de Souza. Direitos dos Contratos e Regulação do Mercado. *Revista Brasileira de Direito Comparado*. Rio de Janeiro: Instituto de Direito Comparado LusoBrasileiro, 1º sem. 2002.

RIZZARDO, Arnaldo. *Contratos*. 2. ed. Rio de Janeiro: Forense, 2001.

ROCCO, Ugo. *Tratado de derecho procesal civil*. Bogotá: Temis, 1969-1977, v. V.

ROCHA, Roberto Silva. Natureza jurídica dos contratos celebrados com *sites* de intermediação no comércio eletrônico. *Revista de Direito do Consumidor*, São Paulo, v. 61, jan.-mar./2007.

RODRIGUES, Silvio. *Direito civil*. 24. ed. São Paulo: Saraiva, 1997, v. III.

ROPPO, Enzo. *O contrato*. Trad. Portuguesa. Coimbra: Almedina, 1988.

ROSELVALD, Nelson. *As funções da responsabilidade civil*: a reparação e a pena civil. São Paulo: Atlas, 2013. *Apud* BORREGO, Christiane. As relações de consumo e a teoria do valor do desestímulo em face da globalização dos negócios jurídicos. *Revista Síntese: Direito Civil e Processual Civil*, n. 104, nov.-dez./2016.

SAAD, Eduardo Gabriel. *Comentário ao Código de Defesa do Consumidor*. 2. ed. São Paulo: LTr, 1997.

SAMPAIO, Marília de Ávila e Silva; FREITAS FILHO, Roberto. Apontamentos sobre a responsabilidade civil na Lei n.º 14.181/2021. *Revista Síntese: Direito Civil e Processual Civil*, n. 138, jul.-ago./2022.

SAMPAIO, Marília de Ávila e Silva; MIRANDA, Thainá Bezerra. A responsabilidade civil dos influenciadores digitais diante do Código de Defesa do Consumidor. *Revista de Direito do Consumidor*, São Paulo, v. 133, jan.-fev./2021.

SANSEVERINO, Paulo de Tarso Vieira. *Responsabilidade civil no Código do Consumidor e a defesa do fornecedor*. 3. ed. São Paulo: Saraiva, 2010.

SANSEVERINO, Paulo de Tarso Vieira. *Responsabilidade civil no Código de Defesa do Consumidor e a Defesa do Fornecedor*. São Paulo: Saraiva, 2002.

SANTI ROMANO. *L'ordinamento giuridico*, 1945. p. 37. In: Dialética da Abstração e da Concreticidade no Direito. *Revista Forense*, v. 269, jan.-fev.-mar./1980.

SANTOS, Eduardo Sens dos. A função social do contrato – Elementos para uma Conceituação. *Revista de Direito Privado*, São Paulo: RT, v. 13, jan.-mar./2003.

SANTOS, Ernane Fidelis dos. *Ação popular e ações de interesse coletivo*, Relatório para o Congresso de Roma, 2002, *apud* THEODORO JÚNIOR, Humberto. Relatório Geral Luso-Americano. *Revista Iberoamericana de Derecho Procesal*, nº 2, Buenos Aires, 2002.

SANTOS, Fabíola Meira de Almeida; ANDRADE, Vitor Morais de. A carga da prova de vícios e defeitos nas relações de consumo. *Revista de Direito Privado*, n. 54, abr.-jun./2013.

SANTOS, J. M. Carvalho. *Código civil brasileiro interpretado*. 6. ed. Rio de Janeiro: Freitas Bastos, 1958, v. XIV.

SANTOS BRIZ, Jaime. *La responsabilidad civil*. 7. ed. Madrid: Editorial Montecorvo, 1993. v. II.

SARLET, Gabrielle Bezerra Salles; CALDEIRA, Cristina. O consentimento informado e a proteção de dados pessoais de saúde na internet: uma análise das experiências legislativas de Portugal e do Brasil para a proteção integral da pessoa humana. *Civilistica.com*. Disponível em: <https://civilistica.emnuvens.com.br/redc/article/view/411/345>. Acesso em: 05.05.2022.

SAVATIER, René. *Traité de la responsabilitè civile em droit français*. 2. ed. Paris: LGDG, 1951, t. II.

SAVIGNY. *Sistema del diritto romano atuale*. Trad. Vittorio Scialoja. Torino: UTET, 1889, v. IV.

SCHMIDT-RIMPLER. Zum Problem der Geschäftsgrundlage, FS Nipperdey, 1955. Apud MENEZES CORDEIRO, António Manuel da Rocha e. *Da boa-fé no direito civil*. Coimbra: Almedina, 1997.

SCHWARTZ, Fabio. Legitimidade da Defensoria Pública para ações coletivas – Comentário ao REsp. 1192577, 3ª T., j. 13.05.2014, Rel. Luis Felipe Salomão, *DJe* 15.08.2014. *Revista de Direito do Consumidor*, n. 96, nov.-dez./2014.

SEBASTIÃO, Jurandir. Responsabilidade civil médico/hospital e o ônus da prova. *Revista Jurídica UNIJUS*, v. 9, nov./2006.

SERPA LOPES, Miguel Maria de. *Curso de direito civil*. 4. ed. Rio de Janeiro: Freitas Bastos, 1964, v. III.

SICHES, Recaséns. *Nueva filosofia a la interpretación del derecho*. México: Fondo de Cultura Económica, 1956.

SILVA, José Afonso da. *Curso de direito constitucional positivo*. 10. ed. São Paulo: Malheiros, 1995.

SILVA, José Afonso da. *Curso de direito constitucional positivo*. 15. ed. São Paulo: Malheiros, 1998.

SILVA, Luis Renato Ferreira da. Causas de Revisão Judicial dos Contratos Bancários. *Revista de Direito do Consumidor*, v. 26, abr.-jun./1998.

SILVA, Luis Renato Ferreira da. *Revisão dos contratos*. Rio de Janeiro: Forense, 1999.

SILVA, Marcus Vinícius Fernandes Andrade da. As relações contratuais de consumo e o fato superveniente do covid-19. *Revista Síntese – Direito civil e processual civil*, v. 125, mai.-jun./2020.

SILVA NETO, Orlando Celso da. Responsabilidade civil pela perda do tempo útil: tempo é um ativo indenizável. *Revista de Direito Civil Contemporâneo*. v. 4, p. 139-162, jul.-set./2015.

SILVESTRI, Elisabetta. Osservazioni in tema di strumenti alternativi per la risoluzione delle contoversie. *Rivista Trimestrale di Diritto e Procedura Civile*, n. 1, 1999.

SOBRINO, Waldo Augusto R. Algunas de las nuevas responsabilidades legales derivadas dela Internet. *Revista do Direito do Consumidor*, São Paulo, n. 38, abr.--jun./2001.

SOTO, Alonso. Verbete "Seguro". *Enciclopédia jurídica básica*. Madri: Civitas, 1995, v. IV.

SOUTO, Marcos Juruena Villela. O Controle dos Contratos e o Código de Defesa do Consumidor. *Revista Forense* 325, jan.-mar./1994.

SOUZA, Carlos Affonso Pereira de. As cinco faces da proteção à liberdade de expressão no Marco Civil da Internet. In: DE LUCCA, Newton; SIMÃO FILHO, Adalberto; LIMA, Cíntia Rosa Pereira de (org.). *Direito e Internet III*: Marco civil da internet. São Paulo: Quartier Latin, 2015, t. II.

SOUZA, Carlos Aurélio Mota de. *Poderes éticos do juiz*. Porto Alegre: Fabris, 1987.

SOUZA, Sylvio Capanema de. A prescrição no contrato de seguro e o novo Código Civil. *Revista da EMERJ*. Rio de Janeiro, v. 6, n. 21, 2003.

SOUZA, Valeria Bononi Gonçalves de et al. *Comentários ao Código Civil brasileiro*. Rio de Janeiro: Forense, 2004, v. 7.

SPOTA, Alberto G. *El juez y el abogado y la formación del derecho a traves de la jurisprudencia*. Buenos Aires: Depalma, 1976.

SQUEFF, Tatiana Cardoso; BURILLE, Cíntia. Desafios à tutela do consumidor: a responsabilidade objetiva e solidária dos influenciadores digitais diante da inobservância do dever jurídico de informação. *Revista de Direito do Consumidor*, n. 140, mar.-abr./2022.

STIGLITZ, Rubén S. *Contratos – Teoría general*. Buenos Aires: Depalma, 1993, v. II.

STIGLITZ, Rubén S. *Derecho de seguros*. 3. ed. Buenos Aires: Abeledo-Perrot, 2001.

STOCCO, Rui. *Tratado de responsabilidade civil*. 6. ed. São Paulo: RT, 2004.

TALAMINI, Eduardo. Direitos individuais homogêneos e seu substrato coletivo: ação coletiva e os mecanismos previstos no Código de Processo Civil de 2015. *Revista de Processo*, v. 241, mar./2015.

TAORMINA, Gilles. *Théorie et pratique du droit de la consommation*. Aix-en-Provence: Librairie de l'Université d'Aix-en-Provence, 2004.

TARTUCE, Fernanda; QUEIROZ, Roger Moreira de. Distinção conceitual entre vulnerabilidade e hipossuficiência no sistema jurídico brasileiro. *Revista Magister de Direito Civil e Processual Civil*, n. 97, jul.-ago./2020.

TARTUCE, Flávio; NEVES, Daniel Amorim Assumpção. *Manual de Direito do Consumidor*: direito material e processual. 2. ed. São Paulo: Método, 2003.

TARZIA, Giuseppe. *Problemi del processo civile di cognizione*. Padova: CEDAM, 1989.

TEIXEIRA, Tarcisio. Responsabilidade civil no comércio eletrônico: a livre-iniciativa e a defesa do consumidor. In: DE LUCCA, Newton; SIMÃO FILHO, Adalberto; LIMA, Cíntia Rosa Pereira de (org.). *Direito e Internet III:* Marco civil da internet. São Paulo: Quartier Latin, 2015, t. II.

TEODORO, Rafael. Lei de defesa dos usuários de serviços públicos e a aplicação do Código de Defesa do Consumidor: estudo sobre as inconstitucionalidades por omissão e o ativismo judicial do STF na ADO 24 MC/DF. *Revista Jurídica* de jure, v. 12, jul.-dez./2013.

TEPEDINO, Gustavo. *Temas de direito civil.* Rio de Janeiro: Renovar, 1999.

TEPEDINO, Gustavo et al. *Fundamentos do direito civil –* 4 Reponsabilidade civil. Rio de Janeiro: Forense, 2020.

THEODORO JÚNIOR, Humberto. *Comentários ao novo Código Civil.* 4. ed. Rio de Janeiro: Forense, 2008, v. III, t. II.

THEODORO JÚNIOR, Humberto. *O contrato imobiliário e a legislação tutelar do consumo.* Rio de Janeiro: Forense, 2002.

THEODORO JÚNIOR, Humberto. *O contrato e sua função social.* Rio de Janeiro: Forense, 2014.

THEODORO JÚNIOR, Humberto. *O contrato e sua função social.* 3. ed. Rio de Janeiro: Forense, 2008.

THEODORO JÚNIOR, Humberto. *Curso de direito processual civil.* 32. ed. Rio de Janeiro: Forense, 2000. v. I.

THEODORO JÚNIOR, Humberto. *Curso de direito processual civil.* 28. ed. Rio de Janeiro: Forense, 2000, v. II.

TREVISAN, Gustavo Obata. O "dever" de mitigar o dano e o exercício tardio do direito de ação em contratos bancários existenciais. *Revista Brasileira de Direito Comercial, Empresarial, Concorrencial e do Consumidor,* v. 13, São Paulo, out.--nov./2016.

TUGENDHAT, Ernest. *Lições sobre ética.* 3. ed. Petrópolis: Vozes, 1996.

TZIRULNIK, Ernesto; QUEIROZ B., Flávio de; CAVALCANTI, Ayrton Pimentel. *O contrato de seguro, de acordo com o novo Código Civil Brasileiro.* 2. ed. São Paulo: RT, 2003.

VARELA, Antunes. Dos Efeitos e da Execução do Contrato no Anteprojeto do Código Europeu dos Contratos. *Revista Brasileira de Direito Comparado.* Rio de Janeiro: Instituto de Direito Comparado Luso-Brasileiro, v. 18, jan.-jun./2000.

VASCONCELOS, João Paulo A.; GODOY, Sandro Marcos; MARCONI, Lícia Pimentel. *O empresário individual como destinatário da lei do Superendividamento?* Disponível em: https://www.migalhas.com.br/depeso/349433/o-empresario--individual-como-destinatario-da-lei-do-superendividamento. Acesso em: 09.08.2022.

VENOSA, Sílvio de Salvo. A força vinculante da oferta no Código civil e no Código de Defesa do Consumidor. *Revista de Direito do Consumidor*, São Paulo: RT, out.--dez./1993.

VERGUEIRO, Luiz Fabricio Thaumaturgo. Marco civil da internet e guerra cibernética: análise comparativa à luz do Manual de Talin sobre os princípios do direito internacional aplicáveis à guerra cibernética. In: DE LUCCA, Newton; SIMÃO FILHO, Adalberto; LIMA, Cíntia Rosa Pereira de (org.). *Direito e Internet III: marco civil da internet*. São Paulo: Quartier Latin, 2015, t. II.

VESCOVI. Les garanties fondamentales des parties dans la procédure civile en Amérique Latine. Apud CAPPELLETTI, Mauro. *Les garanties fondamentales des parties dans le procès civil*. Milano: Giuffrè, 1973.

VETTORI, Giuseppe. Il diritto dei contratti fra Costituzione, Códice Civile e Codici di settore. *Revista Jurídica Empresarial*, Ed. Nota Dez, n. 1, mar.-abr./2008.

VIDAL, Luisa Ferreira; MILAGRES, Marcelo de Oliveira. Função punitiva da responsabilidade civil pelo direito brasileiro. *Revista de Direito Privado*, v. 60, São Paulo, out.-dez./2014.

VIEGAS, Cláudia Mara de Almeida Rabelo; PAMPLONA FILHO, Rodolfo. Distrato imobiliário: natureza jurídica da multa prevista na Lei 13.786/2018. *Revista dos Tribunais*, v. 1008, out./2019.

VIGORETTI, *Garanzie costituzionali del processo civile*. Milano: Giuffrè, 1973.

WALD, Arnoldo. *Obrigações e contratos*. 10. ed. São Paulo: RT, 1992.

WALD, Arnoldo. Usos e abusos da Ação Civil Pública (Análise de sua Patologia). *Revista Forense*, 329, jan.-mar./1995.

WALD, Arnoldo. A evolução do contrato no terceiro milênio e o novo Código Civil. Arruda Alvim et al. *Aspectos controvertidos do novo Código Civil*. São Paulo: RT, 2003.

WAMBIER, Luiz Rodrigues. Execução coletiva de direitos individuais homogêneos. *O processo em perspectiva*: jornadas brasileiras de direito processual. São Paulo: Revista dos Tribunais, 2013.

WAMBIER, Teresa Arruda Alvim. Noções Gerais sobre o Processo no Código do Consumidor. *Revista de Direito do Consumidor*, v. 10, abr.-jun./1994.

WARAT, Luis Alberto. As Falácias Jurídicas. *Revista sequência*. Florianópolis, n. 10, ago./1985.

WATANABE, Kazuo. In: GRINOVER, Ada Pellegrini; WATANABE, Kazuo; NERY JÚNIOR, Nelson. *Código Brasileiro de Defesa do Consumidor* – comentado pelos autores do Anteprojeto. 10. ed. Rio de Janeiro: Forense, 2011, v. II.

WEINGARTEN, Celia. La Equidad como Principio de Seguridad Económica para los Contratantes. *Revista de Direito do Consumidor*, São Paulo, v. 39, jul.-set./2001.

ZAVASCKI, Teori Albino. Defesa de direitos coletivos e defesa coletiva de direitos, *Revista Forense*, v. 329, jan.-fev.-mar./1995.